CURSO DE
DIREITO PENAL

PARTE ESPECIAL
ARTS. 213 A 361 DO CÓDIGO PENAL

VOL. 3

O GEN | Grupo Editorial Nacional – maior plataforma editorial brasileira no segmento científico, técnico e profissional – publica conteúdos nas áreas de concursos, ciências jurídicas, humanas, exatas, da saúde e sociais aplicadas, além de prover serviços direcionados à educação continuada.

As editoras que integram o GEN, das mais respeitadas no mercado editorial, construíram catálogos inigualáveis, com obras decisivas para a formação acadêmica e o aperfeiçoamento de várias gerações de profissionais e estudantes, tendo se tornado sinônimo de qualidade e seriedade.

A missão do GEN e dos núcleos de conteúdo que o compõem é prover a melhor informação científica e distribuí-la de maneira flexível e conveniente, a preços justos, gerando benefícios e servindo a autores, docentes, livreiros, funcionários, colaboradores e acionistas.

Nosso comportamento ético incondicional e nossa responsabilidade social e ambiental são reforçados pela natureza educacional de nossa atividade e dão sustentabilidade ao crescimento contínuo e à rentabilidade do grupo.

GUILHERME DE SOUZA **NUCCI**

CURSO DE
DIREITO PENAL

PARTE ESPECIAL
ARTS. 213 A 361 DO CÓDIGO PENAL

VOL. 3

9ª edição revista e atualizada

Editora
FORENSE

■ **Atendimento ao cliente: (11) 5080-0751 | faleconosco@grupogen.com.br**

■ Direitos exclusivos para a língua portuguesa
Copyright © 2025 *by*
Editora Forense Ltda.
Uma editora integrante do GEN | Grupo Editorial Nacional
Travessa do Ouvidor, 11 – Térreo e 6º andar
Rio de Janeiro – RJ – 20040-040
www.grupogen.com.br

■ Capa: Aurélio Corrêa

CIP-BRASIL. CATALOGAÇÃO NA PUBLICAÇÃO
SINDICATO NACIONAL DOS EDITORES DE LIVROS, RJ

N876c
9. ed.

Nucci, Guilherme de Souza
Curso de direito penal : parte especial : arts. 213 a 361 do código penal / Guilherme de Souza Nucci. - 9. ed., rev. e reform. - [2. Reimp.] - Rio de Janeiro : Forense, 2025.
776 p. ; 24 cm.   (Curso de direito penal ; 3)

Apêndice
Inclui bibliografia
ISBN 978-85-3099-683-3

1. Direito penal - Brasil. I. Título. II. Série.

25-96280   CDU: 343.2(81)

Meri Gleice Rodrigues de Souza - Bibliotecária - CRB-7/6439

Sobre o Autor

Livre-docente em Direito Penal, Doutor e Mestre em Direito Processual Penal pela PUC-SP. Professor associado da PUC-SP, atuando nos cursos de Graduação e Pós-graduação (Mestrado e Doutorado). Desembargador na Seção Criminal do Tribunal de Justiça de São Paulo.

www.guilhermenucci.com.br

Sumário

PARTE 2

CRIMES CONTRA A FAMÍLIA

PARTE 3

CRIMES CONTRA A INCOLUMIDADE PÚBLICA

PARTE 4

CRIMES CONTRA A PAZ PÚBLICA

PARTE 5

CRIMES CONTRA A FÉ PÚBLICA

PARTE 6

CRIMES CONTRA A ADMINISTRAÇÃO PÚBLICA

PARTE 7

CRIMES CONTRA O
ESTADO DEMOCRÁTICO DE DIREITO

PARTE 1

CRIMES CONTRA A DIGNIDADE SEXUAL

Crimes contra a Liberdade Sexual

1. CRIMES CONTRA A DIGNIDADE SEXUAL

A Lei 12.015/2009 provocou a alteração da nomenclatura do Título VI, substituindo a expressão *Dos crimes contra os costumes* pela atual, dando relevo à dignidade sexual, que é corolário natural da dignidade da pessoa humana, bem jurídico tutelado nos termos do art. 1.º, III, da Constituição Federal.

Houve patente evolução na legislação penal, em consonância com a modernização dos costumes na sociedade. Somente para ilustrar, note-se como era definido o vocábulo *costumes*, nas palavras de NÉLSON HUNGRIA: "hábitos da vida sexual aprovados pela moral prática, ou, o que vale o mesmo, a conduta sexual adaptada à conveniência e disciplina sociais. O que a lei penal se propõe a tutelar, *in subjecta materia*, é o interesse jurídico concernente à preservação do *mínimo ético* reclamado pela experiência social em torno dos fatos sexuais".[1] E acrescenta NORONHA: "*costumes* aqui deve ser entendido como a conduta sexual determinada pelas necessidades ou conveniências sociais. Os crimes capitulados pela lei representam infrações ao mínimo ético exigido do indivíduo nesse setor de sua vida de relação".[2]

Há muito tempo, defendíamos que não mais se concretizam no seio social tais sentimentos ou princípios denominados *éticos* no tocante à sexualidade. A sociedade evoluiu e houve uma autêntica liberação dos apregoados *costumes*, de modo que o Código Penal estava a merecer uma autêntica reforma nesse contexto. O que o legislador deve policiar, à luz da Constituição Federal

---

[1] *Comentários ao Código Penal*, v. 8, p. 103-104.

[2] *Direito penal*, v. 3, p. 112.

de 1988, é a dignidade da pessoa humana, e não os hábitos sexuais que porventura os membros da sociedade resolvam adotar, livremente, sem qualquer constrangimento e sem ofender direito alheio, ainda que, para alguns, possam ser imorais ou inadequados.

Foi-se o tempo em que a mulher era vista como um símbolo ambulante de castidade e recato, no fundo autêntico objeto sexual do homem. Registre-se a opinião de HUNGRIA acerca da mulher: "desgraçadamente, porém, nos dias que correm [final dos anos 50] verifica-se uma espécie de *crise* do pudor, decorrente de causas várias. Despercebe a mulher que o seu maior encanto e a sua melhor defesa estão no seu próprio recato. Com a sua crescente deficiência de reserva, a mulher está contribuindo para abolir a espiritualização do amor (...). Com a decadência do pudor, a mulher perdeu muito do seu prestígio e *charme*. Atualmente, meio palmo de coxa desnuda, tão comum com as saias modernas, já deixa indiferente o transeunte mais *tropical*, enquanto, outrora, um tornozelo feminino à mostra provocava sensação e versos líricos. As moças de hoje, em regra, madrugam na posse dos segredos da vida sexual, e sua falta de *modéstia* permite aos namorados liberdades excessivas. Toleram os contatos mais indiscretos e comprazem-se com anedotas e *boutades* picantes, quando não chegam a ter a iniciativa delas, escusando-se para tanto inescrúpulo com o argumento de que a mãe Eva não usou *folha de parreira* na boca...".[3]

Pela simples leitura do texto, percebe-se, nitidamente, o interesse em manter, nessa época, a mulher alheia à vida sexual, sendo sempre o objeto, nunca a condutora dos interesses ou desejos, razão pela qual era, nesse prisma, difícil ou impossível conceber o "estupro do homem pela mulher", o que é perfeitamente possível de ocorrer, tanto assim que há, também, incriminação em outros países – Argentina, Itália, Uruguai, Venezuela e México.[4]

O Código Penal estava a merecer, nesse contexto, reforma urgente, compreendendo-se a realidade do mundo moderno, sem que isso represente atentado à moralidade ou à ética, mesmo porque tais conceitos são mutáveis e acompanham a evolução social. Na atualidade, há nítida liberação saudável da sexualidade e não poderia o legislador ficar alheio ao mundo real. Portanto, merece aplauso o advento da Lei 12.105/2009, inserindo mudanças estruturais no Título VI da Parte Especial do Código Penal.

Ao mencionar a *dignidade sexual* como bem jurídico protegido, ingressa-se em cenário moderno e harmônico com o texto constitucional, afinal, *dignidade* possui a noção de decência, compostura e respeitabilidade, atributos ligados à honra. Associando-se ao termo *sexual*, insere-se no campo da satisfação da lascívia ou da sensualidade. Ora, considerando-se o direito à intimidade, à vida privada e à honra (art. 5.º, X, CF), nada mais natural do que garantir a satisfação dos desejos sexuais do ser humano de forma digna e respeitada, com liberdade de escolha, porém, vedando-se qualquer tipo de exploração, violência ou grave ameaça. Ainda assim, poderia a referida lei ter sido mais ousada, extirpando figuras como "mediação para satisfazer a lascívia de outrem", "lugar para exploração sexual" ou "ato obsceno" (ver notas a respeito), que poderiam ser resolvidas de outra maneira, se efetivamente abusivas, sem a necessidade de se valer do direito penal para tanto.

Como já tivemos oportunidade de expor, "o respeito à dignidade humana conduz e orquestra a sintonia das liberdades fundamentais, pois estas são os instrumentos essenciais para alicerçar a autoestima do indivíduo, permitindo-lhe criar seu particular mundo, no qual se desenvolve, estabelece laços afetivos, conquista conhecimento, emite opiniões, expressa seu pensamento, cultiva seu lar, forma família, educa filhos, mantém *atividade sexual*, satisfaz suas

---

[3]   *Comentários ao Código Penal*, v. 8, p. 92-93.

[4]   SCARANCE FERNANDES e DUEK MARQUES, Estupro – Enfoque vitimológico, p. 269.

necessidades físicas e intelectuais e se sente, enfim, imerso em seu próprio *casulo*".[5] Decorre, pois, do princípio regente da dignidade da pessoa humana o novo Título VI da Parte Especial do Código Penal: a dignidade sexual.[6]

Acesse e escute
**o podcast sobre
Dignidade sexual.**

> http://uqr.to/1ynoz

1.1 Instinto sexual

Na evolução dos seres humanos, desde os primórdios, a libido sempre foi causa de problemas de relacionamento, agressões da toda ordem, disputas entre tribos e clãs e, por evidente, origem de vários tipos de crimes.

Como bem esclarece CHRYSOLITO DE GUSMÃO, "a função sexual, como a da alimentação, decorre dum instinto de significação profunda, primordial em toda a infinita seriação dos seres vivos, monocelulares ou pluricelulares. É a sinfonia da vida buscando, pela alimentação, conservar o indivíduo e, pela função sexual, continuar a espécie através da reprodução. Essa, a causalidade finalística ou a sua finalidade causal".[7]

É inequívoco possuir o prazer sexual o caráter estimulante para as relações sexuais entre homem e mulher, a fim de proporcionar a reprodução humana. Sem o prazer ou havendo dor, em seu lugar, o número de nascimentos cairia – e muito.

No entanto, o instinto sexual desperta o ser humano não somente para o ato de reprodução, mas o conforta, dando-lhe satisfação, como outras funções orgânicas e fisiológicas. Eis o ponto marcante para que os insaciáveis ou incontroláveis trilhem o caminho criminoso da libido, prejudicando a autodeterminação de terceiros, a voluntariedade para o sexo e a dignidade da pessoa humana.

Há, inclusive, quem sustente constituir, *v.g.*, o estupro o pior crime previsto na legislação penal, colocando-o acima, até mesmo, do homicídio. Os traumas deixados na vítima – especialmente quando infante ou jovem – são imensos, podendo gerar, a partir do ocorrido, estragos incomensuráveis na formação da sua personalidade.

Lidando na área criminal, percebe-se o grande número de estupradores que, na infância ou adolescência, foram vítimas de abuso sexual de um adulto. Nada acontece por acaso no campo da violência sexual.

---

[5] NUCCI, *Crimes contra a dignidade sexual*, p. 23.

[6] Há outros sistemas penais estrangeiros, que continuam a valorar, como bem jurídico, nos casos de violência sexual, a liberdade sexual, o pudor individual, a liberdade e a honra sexuais, entre outros (JOSÉ MARÍA PALACIOS MEJÍA, Um caso particular de violación impropia en la realidad hondureña, In: MANUEL JAÉN VALLEJO (Dir.); LUIS REYNA ALFARO (Coord.). *Sistemas penales iberoamericanos*. Libro homenaje al Profesor Dr. D. Enrique Bacigalupo en su 65 aniversario, p. 964-965. Segundo GUSTAVO EDUARDO ABOSO, na Argentina, o denominado *direito penal sexual* tutela os seguintes bens jurídicos: a) o pudor pessoal e o social; b) a fidelidade, a decência pública e a ordem familiar; c) a liberdade ou reserva sexual em seu sentido negativo; d) a autodeterminação sexual e a segurança sexual dos menores e incapazes (*Derecho penal sexual*, p. 24-62).

[7] *Dos crimes sexuais*, p. 13.

Deve-se ter atenção para o fato de existirem desvios sexuais de naturezas diversas, alguns deles gerando o instinto perverso ou sádico no agente. Por isso, afirmar que o estupro pode ser cometido *apenas* por vingança, sem *libido*, é um dos maiores equívocos doutrinários. A excitação tendente à punição da vítima é característica da anormalidade psíquica do agente. Obter ereção para o coito anal simplesmente pelo desejo de vingança é fato surreal. A ereção advém do instinto sexual perverso, que elege, como fator vingativo, justamente a agressão sexual, que gera humilhação e trauma.

Gusmão lembra que "os atos sexuais, que estão ligados, intimamente, a todo o sistema orgânico e, particularmente, ao sistema nervoso, podem sofrer desvios que assumem o caráter ou de mera anormalidade ou de feição mórbida, podendo quanto ao primeiro aspecto assumir a feição ou de regressão atávica ou de vícios adquiridos, distinções essas que nem sempre se fazem com a necessária técnica, de modo a surgirem, a respeito, deploráveis confusões".[8]

Por que ocorrem estupros provocados por agentes jovens em mulheres septuagenárias ou mais velhas? Não se trata de atração sexual normal, mas, geralmente, de alguma espécie de psicose sexual. Uma delas, o satirismo ou satiríase (excitação muito intensa nos homens), pode levar um indivíduo a estuprar uma senhora muito idosa apenas para satisfação fisiológica.

Enfim, o instinto sexual provoca, em muitos, uma série de anomalias sexuais, algumas delas verdadeiras aberrações sexuais, constituindo, inclusive, enfermidade mental. É preciso, portanto, cautela ao julgar delitos sexuais para conferir se o agente não padece de alguma enfermidade justificadora de medida de segurança em lugar de pena.

2. ESTUPRO

Acesse e escute
**o podcast sobre
Crime de estupro.**

> http://uqr.to/1ynp0

2.1 Crime hediondo

Preceitua a Lei 8.072/1990 (art. 1.º, V) ser o estupro um delito hediondo, trazendo, por consequência, todas as privações impostas pela referida lei, entre as quais: o cumprimento da pena inicialmente em regime fechado (há decisão do STF proclamando a inconstitucionalidade da obrigatoriedade do início em regime fechado; consultar o HC 111.840/ES); a impossibilidade de obtenção de liberdade provisória, com fiança; o considerável aumento de prazo para a obtenção do livramento condicional, bem como para a progressão de regime; a impossibilidade de concessão de indulto, graça ou anistia, entre outros.[9]

Havia posição considerando que o estupro e o atentado violento ao pudor, hoje unificados na figura do art. 213, na forma *simples*, não eram delitos hediondos. Levava-se em conta que assim não estaria previsto no art. 1.º, V e VI (este inciso cuidava do atentado violento ao pudor), da Lei 8.072/1990, tendo em vista a menção feita: "estupro (art. 213 e sua combinação com o

---

[8]   *Dos crimes sexuais*, p. 29.

[9]   Como diz Noronha, "de todos os delitos carnais é o estupro certamente um dos que mais demonstram a temibilidade do delinquente" (*Crimes contra os costumes*, p. 11).

art. 223, *caput* e parágrafo único)" e "atentado violento ao pudor (art. 214 e sua combinação com o art. 223, *caput* e parágrafo único)". Pretendia-se indicar que somente os referidos crimes na forma qualificada pelo resultado poderiam ser hediondos. Não era a posição majoritária na doutrina, nem na jurisprudência, uma vez que o texto legal apontava, nitidamente, serem o estupro (art. 213) *e*, também, a *sua* combinação com o art. 223, isto é, quando qualificado pelo resultado lesão grave ou morte, hediondos. A questão foi superada pela nova redação dada ao art. 1.º, V, da Lei 8.072/1990, considerando hediondo o "estupro (art. 213, *caput* e §§ 1.º e 2.º)", logo, a sua forma simples e as suas formas qualificadas pelo resultado.

2.2 Estrutura do tipo penal incriminador

Constranger significa tolher a liberdade, forçar ou coagir. Nesse caso, o cerceamento destina-se a obter a conjunção carnal ou outro ato libidinoso. No entanto, no passado, o termo possuía outros significados. "*Stuprum*, no sentido próprio, significa *desonra, vergonha*." Envolvia, na realidade, atos impudicos praticados com homens ou mulheres, com violência, cujo resultado é a desonra.[10] "No direito romano a violência carnal era punida com a pena de morte pela 'Lex Julia de vi publica'. Era considerada 'crimen vis', porque se tinha mais em vista a violência empregada do que o fim do agente. Não se lhe aplicava também a denominação de estupro. 'Stuprum' na 'Lex Julia de adulteriis' era a conjunção carnal ilícita com virgem ou viúva honesta, cometida sem violência."[11] É o conteúdo do art. 213 do CP.

Na definição de Chrysolito de Gusmão, em visão mais atual, "é o ato pelo qual o indivíduo abusa de seus recursos físicos ou mentais para, por meio de violência, conseguir ter conjunção carnal com a sua vítima, qualquer que seja o seu sexo".[12]

A reforma trazida pela Lei 12.015/2009 unificou numa só figura típica o estupro e o atentado violento ao pudor, fazendo desaparecer este último, como rubrica autônoma, inserindo-o no contexto do estupro, que passa a comportar condutas alternativas.[13] O objeto do constrangimento é qualquer pessoa, pois o termo usado é *alguém*. No mais, o referido constrangimento a alguém, mediante violência ou grave ameaça, pode ter as seguintes finalidades complementares: a) ter conjunção carnal; b) praticar outro ato libidinoso; c) permitir que com ele se pratique outro ato libidinoso. Outro ponto, quando houver estupro contra vulnerável, mesmo que violento, utiliza-se a figura especial do art. 217-A.

A pena para quem comete o crime previsto no *caput* do art. 213 do Código Penal é de reclusão, de 6 a 10 anos. Se da conduta resultar lesão corporal de natureza grave ou se a vítima

---

[10] João Mestieri, *Do delito de estupro*, p. 3. No entanto, a mulher livre romana estava moralmente obrigada a não ter contato sexual com ninguém, antes do matrimônio, e não fazê-lo, durante este, a não ser com seu marido. Pelo contrário, o homem somente se submetia a esta prescrição moral até certo ponto, a saber: enquanto não devia causar ofensa à honestidade das donzelas nem das esposas de outros homens" (Mommsen, *Derecho penal romano*, p. 160; tradução livre).

[11] Noronha, *Crimes contra os costumes*, p. 14.

[12] *Dos crimes sexuais*, p. 89.

[13] E fez bem, pois as confusões entre as duas anteriores figuras eram comuns há muito tempo, como demonstra Chrysolito de Gusmão: "a distinção feita entre o estupro consumado, a tentativa de estupro e o atentado ao pudor, tem constituído, porém, um dos escolhos delicados da criminalidade sexual e que tem dado lugar a deploráveis confusões em alguns escritores de nota, o que se justifica, de certa forma, dados os pontos de contato e aproximação dos contornos de uma e outra figura penológica" (*Dos crimes sexuais*, p. 150).

possui menos de 18 anos de idade ou mais de 14 anos de idade, a pena será de reclusão, de 8 a 12 anos (art. 213, § 1.º, CP). Se da conduta resultar morte, a pena será de reclusão, de 12 a 30 anos (art. 213, § 2.º, CP).

2.3   Estupro como crime único de condutas alternativas

A atual redação do crime de estupro, unificado ao atentado violento ao pudor, tornou-se muito semelhante ao tipo do art. 146 (constrangimento ilegal), do qual, aliás, emerge como uma figura especial (princípio da especialidade). *Constranger alguém, mediante violência ou grave ameaça, a ter conjunção carnal ou a praticar ou permitir que com ele se pratique outro ato libidinoso* é a figura do art. 213. É constituída de verbos em associação: a) constranger alguém a ter conjunção carnal; b) constranger alguém a praticar outro ato libidinoso; c) constranger alguém a permitir que com ele se pratique outro ato libidinoso.[14]

Violência é a coação física, enquanto a *grave ameaça* é a violência moral, consistente numa intimidação séria e grave. A ameaça deve ser analisada objetiva e subjetivamente, sob o aspecto da suficiência. "Há certos tipos de ameaça que, por si sós, nos dão a certeza de provocarem, no espírito da vítima, séria perturbação. Nessa ordem, as ameaças de morte, expressas de forma real ou simbólica, como enviar uma coroa de flores, fazer uma cruz à porta etc. Nesses casos, presente o requisito da seriedade, nenhuma dúvida haverá sobre o poder inibidor de tal promessa. Nos outros casos vários cuidados são exigidos. Muita vez o exame puramente objetivo da ameaça não será suficiente. Faz-se imprescindível uma valoração, senão perfeita, ao menos aproximada da impressão causada à paciente. Não poucas vezes os Tribunais se têm detido no exame dos reflexos íntimos do mal *subjetivamente grave*. A idoneidade objetiva será analisada conjuntamente com o aspecto subjetivo para determinar-se, fora de dúvidas, a impossibilidade ou a *relevante inconveniência* em resistir."[15]

São três possibilidades de realização do estupro, *de forma alternativa*, ou seja, o agente pode realizar uma das condutas ou as três, desde que contra a mesma vítima, no mesmo local e horário, constituindo um só delito. *Constranger alguém, mediante violência ou grave ameaça, ou depois de lhe haver reduzido, por qualquer outro meio, a capacidade de resistência, a não fazer o que a lei permite, ou a fazer o que ela não manda* é a figura do art. 146. Note-se a mesma estrutura: a) constranger alguém a não fazer o que a lei permite; b) constranger alguém a fazer o que ela não manda. Se o agente desenvolver ambas as condutas contra a mesma vítima, no mesmo cenário, comete um só delito de constrangimento ilegal.[16]

Há quem sustente tratar-se a nova figura típica do art. 213 de um tipo misto cumulativo, devendo-se separar as condutas (ao menos duas delas): a) constranger alguém à conjunção carnal; b) constranger alguém à prática de outro ato libidinoso. Se o agente desenvolver as duas, ainda que contra a mesma vítima, no mesmo cenário, deveria responder por dois delitos em concurso material, somando-se as penas. Essa posição nos parece injustificável. Basta conhecer o tipo cumulativo autêntico para perceber a nítida diferença entre as situações.

---

[14]   Igualmente, FABIO AGNE FAYET: "o crime de estupro, com a redação que lhe foi dada pela Lei n. 12.015/2009, passou a ser crime de ação múltipla, de conduta variável, não mais permitindo a possibilidade de concurso material entre o estupro e a prática de atos libidinosos quaisquer, no mesmo contexto de ação, como bem ocorria na vigência da antiga tipificação" (*O delito de estupro*, p. 116).

[15]   JOÃO MESTIERI, *Do delito de estupro*, p. 77.

[16]   Como defendemos: PIERANGELI e CARMO ANTÔNIO DE SOUZA, *Crimes sexuais*, p. 6.

Verifiquemos o disposto no art. 208: *Escarnecer de alguém publicamente por motivo de crença ou função religiosa; impedir ou perturbar cerimônia ou prática de culto religioso; vilipendiar publicamente ato ou objeto de culto religioso*. Observam-se, com clareza, três episódios distintos: a) a conduta de escarnecer de alguém; b) a conduta de impedir ou perturbar (alternativa nesse ponto) cerimônia ou culto; c) a conduta de vilipendiar ato ou objeto de culto. Todas essas condutas são ofensivas ao bem jurídico *liberdade de culto e crença*, porém são totalmente distintas.

Caso o agente cometa as três, deve responder por três delitos cumulados. Acrescente-se que o autor nem mesmo conseguirá agir contra a mesma vítima, no mesmo cenário. Eis a cumulação que não se pode, nem em tese, aplicar ao delito do art. 213, de constituição visivelmente diversa. Por isso, a modificação introduzida pela Lei 12.015/2009, no cenário do estupro e do atentado violento ao pudor, foi produto de política criminal legislativa legítima, pois não há crime *sem lei* que o defina, cabendo ao Poder Legislativo a sua composição. Ao Judiciário cabe interpretar a lei, criticá-la até, mas não pode deixar de cumpri-la, a pretexto de não ser a norma ideal. Cabe, ainda, deixar de aplicá-la se ofender a Constituição Federal. Assim não sendo, respeita-se o fruto proveniente do Legislativo.

Em suma, após vários anos de vigência da redação do art. 213, dada em 2009, o Judiciário pacificou, por seus julgados, o entendimento de se tratar de um tipo misto alternativo.

2.4   Sujeitos ativo e passivo

O sujeito ativo pode ser qualquer pessoa, do mesmo modo que o sujeito passivo. A alteração provocada pela Lei 12.015/2009 transformou o delito de estupro em crime comum. Há variadas formas de realização e os envolvidos no delito podem ser homem-mulher, mulher--homem, homem-homem, mulher-mulher, enfim, qualquer contato libidinoso entre pessoas humanas. Assim sendo, deixa-se de falar em crime próprio.

É importante ressaltar que a cópula pênis-vagina, caracterizadora da conjunção carnal, demanda apenas a existência de *homem* e *mulher*, mas pouco interessa quem é o sujeito ativo e o passivo. A mulher que, mediante ameaça, obrigue o homem a com ela ter conjunção carnal comete o crime de estupro. O fato de ela ser o sujeito ativo não eliminou o fato, vale dizer, a concreta existência de uma conjunção carnal (cópula pênis-vagina).

Há os que duvidam dessa situação, alegando ser *impossível* que a mulher constranja o homem à conjunção carnal. Abstraída a posição nitidamente machista, em outros países, que há muito convivem com o estupro da forma como hoje temos no Código Penal, existem vários registros a esse respeito. Alguns chegam a mencionar ser crime impossível, pois, se o homem for ameaçado, não seria capaz de obter a ereção necessária para a conjunção carnal. Ora, há vários tipos de ameaça grave, não necessariamente exercida com emprego de armas no local do delito. Ademais, existem inúmeros medicamentos dispostos a fomentar a ereção masculina na atualidade. E, por derradeiro, quem está ameaçado pode, perfeitamente, fazer valer a sua lascívia, que depende unicamente de comando mental. No mais, ainda que se possa dizer rara a hipótese, está bem distante de ser impossível. Além disso, qualquer toque lascivo da mulher no corpo do homem, valendo-se de violência ou grave ameaça, hoje, também é capaz de configurar o estupro, independentemente da cópula carnal.

Quanto ao sujeito passivo, deve-se considerar qualquer pessoa, independentemente de suas qualidades (honesta ou desonesta, recatada ou promíscua, virgem ou não, casada ou solteira, velha ou moça). Saliente-se que nem sempre foi assim. O Código Penal de 1830 fazia distinção entre o estupro cometido contra "mulher honesta" – note-se que *honestidade* era requisito essencial para a mulher *poder* ser vítima do crime – e a violência sexual praticada contra prostituta. O primeiro tinha pena variável de três a doze anos, enquanto o segundo previa pena de um mês a dois anos. No Código Penal de 1890, manteve o legislador a discriminação, mencionando que o estupro havia de ter como sujeito passivo a mulher *honesta*, ainda que não fosse virgem. A pena era de um a seis anos. Se fosse *mulher pública ou prostituta*, a pena seria de seis meses a dois anos. O Código Penal de 1940 manteve apenas a discriminação no tocante ao homem, afastando-o do contexto do estupro, mas deixou de considerar a *honestidade* da mulher. A Lei 12.015/2009 igualou homem e mulher, desprezando qualquer qualidade especial que possam ter, aliás, o mínimo que se espera de uma lei justa.

2.5   Elemento subjetivo

É o dolo. Não existe a forma culposa. Há, também, a presença do elemento subjetivo específico, consistente na finalidade de obter a conjunção carnal ou outro ato libidinoso, satisfazendo a lascívia.[17] Aliás, tal objetivo é que diferencia o estupro do constrangimento ilegal.

Na análise do elemento subjetivo, vale relembrar o destaque formulado por MESTIERI: "A crença, sincera, de que a vítima apresenta oposição ao congresso carnal apenas por recato ou para tornar o jogo do amor mais difícil ou interessante (*vis haud ingrata*) deve sempre de ser entendida em favor do agente".[18]

Embora exista a possibilidade de o estupro ocorrer com a finalidade de vingança – ou mesmo para humilhar e constranger moralmente a vítima –, tal situação, em nosso entender, não elimina o elemento subjetivo específico de satisfação da lascívia, até porque, nessas situações, encontra-se a satisfação *mórbida* do prazer sexual, incorporada pelo desejo de vingança ou outros sentimentos correlatos. Estímulos sexuais pervertidos podem levar alguém a se valer dessa forma de crime para ferir a vítima, inexistindo incompatibilidade entre tal desiderato e a finalidade lasciva do delito do art. 213. Conferir o item 1.1 *supra*.

Acrescente-se, ainda, que somente os sexualmente pervertidos utilizam esse meio para a vingança. Portanto, ilustrando, introduzir um objeto no ânus ou na vagina de alguém, a pretexto de se vingar, não passa de uma perversão, apta a gerar prazer sexual ao agente, mesmo que intimamente, sem exteriorização. PATRÍCIA EASTEAL chega a mencionar que o "estupro não é um ato sexual. É um ato de violência que usa o sexo como arma. O estupro é motivado pela agressão e pelo desejo de exercer poder e humilhação".[19]

No mesmo sentido segue o pensamento de MAGALHÃES NORONHA ao dizer que "um indivíduo que, tendo ódio acirrado a um inimigo e a toda família, obriga, de revólver em punho, a esposa desse à 'fellatio in ore' [sexo oral], ou tem com o filho menor coito 'inter femora', ainda que nenhum prazer ou volúpia sinta, mas antes seja impulsionado pelo ódio cego destituído de qualquer prazer sexual, e só tenha em mira vingar-se do adversário, não terá praticado atos caracteristicamente libidinosos? Não nos parece possível a negativa. (...) Já se têm registrado casos de estupro, de tentativa de estupro e atentado ao pudor, sendo o réu impelido pelo ódio".[20]

---

[17]   É o que FABIO AGNE FAYET denomina de tipo penal de *tendência*. "São delitos em que o sujeito expressa um ânimo lúbrico, sensual, lascivo, libidinoso, consistindo na finalidade de excitar ou satisfazer o impulso sexual" (*O delito de estupro*, p. 71). O mesmo pensamento expõe MAGALHÃES NORONHA, exigindo o *dolo específico*, que é a satisfação da lascívia (*Crimes contra os costumes*, p. 33). A essas opiniões junta-se ALUÍZIO BEZERRA FILHO (*Crimes sexuais*, p. 27).

[18]   *Do delito de estupro*, p. 92.

[19]   *Voices of Survivors, apud* SHEILA JEFFREYS, *The idea of prostitution*, p. 244.

[20]   *Crimes contra os costumes*, p. 81.

2.6   Particularidades do crime de estupro

2.6.1   Estupro de prostituta

Certamente, pode a pessoa prostituída ser sujeito passivo do delito de estupro, mas a prova do ocorrido, com a segurança exigida para configurar o crime, é muito difícil. Afinal, se o estupro for cometido, mediante o emprego de grave ameaça, portanto, sem deixar vestígios materiais, geralmente o que se tem é a palavra do autor contra a palavra da vítima. Muitas vezes, diz-se ter havido discordância quanto ao preço estabelecido, tornando-se muito difícil haver condenação, afinal, na dúvida, decide-se em favor do réu.

Nem sempre foi assim. Noronha ensina que houve três fases: a) primeiro, não se punia o estupro de meretriz; b) depois, punia-se o estupro contra a prostituta e a mulher honesta, lastreando-se no "ódio ao pecado"; c) finalmente, mitigava-se a pena do estupro à prostituta. Hoje, não há diferença entre a meretriz e a mulher honesta, mas o autor é contrário a tal posição. "A meretriz estuprada, além da violência que sofreu, não sofre qualquer outro dano. Sem reputação e sem honra, nada tem a temer como consequência do crime. A mulher honesta, entretanto, arrastará por todo o sempre a mancha indelével com que a poluiu o estuprador – máxime se for virgem, caso que assume, em nosso meio, proporções de dano irreparável."[21]

Outros tempos estamos vivendo hoje. Não mais se menciona na lei a expressão *mulher honesta* (eliminada em 2005) do cenário dos crimes sexuais. Logo, a prostituta tem exatamente a mesma proteção que qualquer mulher no tocante a ser vitimizada pelo estupro. No entanto, remanesce a questão por nós levantada linhas atrás. O difícil, para quem comercializa o corpo, é *provar* o estupro, a menos que haja violência real e alguma testemunha. Afinal, a relação sexual, mediante pagamento, já corta o ponto relativo ao consentimento inicial; diante disso, havendo somente grave ameaça, a prova do constrangimento torna-se complexa, nem sempre com resultado positivo para a condenação do agente.

2.6.2   O cônjuge como sujeito ativo

Deve-se incluir o *marido* ou a esposa, uma vez que o cônjuge não é objeto sexual, cada qual possuindo iguais direitos no contexto da sociedade conjugal, como lhe assegura a Constituição Federal de 1988 (art. 226, § 5.º).[22]

Antigamente, tinha o homem o direito de subjugar a mulher à conjunção carnal, com o emprego de violência ou grave ameaça, somente porque o direito civil assegura a ambos o débito conjugal. Alegava-se exercício regular de direito. Comentando os crimes sexuais, na década de 1940, Noronha dizia que "as relações sexuais são pertinentes à vida conjugal, constituindo direito e dever recíprocos dos que casaram. O marido tem o direito à posse sexual da mulher, direito ao qual ela não se pode opor. Casando-se, dormindo sob o mesmo teto, aceitando a vida em comum, a mulher não pode furtar-se ao congresso sexual, cujo fim mais nobre é a perpetuação da espécie. Qualquer violência da parte do marido não constituirá, em princípio, crime de estupro, desde que a razão da esposa para se furtar à união sexual seja um mero capricho ou um fútil motivo, podendo, entretanto, ele responder pelo excesso cometido".[23]

---

[21]   *Crimes contra os costumes*, p. 36.

[22]   No mesmo sentido, Fabio Agne Fayet, *O delito de estupro*, p. 53.

[23]   *Crimes contra os costumes*, p. 43-44.

Admite o autor que a mulher se recuse à relação sexual se for anormal (sexo anal) ou o marido estiver acometido de doença venérea. No mesmo caminho, CHRYSOLITO DE GUSMÃO reconhecia que as relações sexuais eram um dos deveres do casamento; portanto, se o marido usasse violência para obter a submissão da esposa ao ato sexual normal, poderia ofender a ética matrimonial, mas não havia ilícito penal.[24]

No entanto, hoje, a recusa da mulher à relação sexual não cria o *direito* de *estuprar* a esposa, mas sim o de exigir, se for o caso, o término da sociedade conjugal na esfera civil, por infração a um dos deveres do casamento.[25]

"O que aproxima os cônjuges é o amor ou, se quisermos, o desejo sexual, jamais uma regra jurídica."[26] Os direitos à incolumidade física e à liberdade sexual estão muito além do simples desejo sexual que um cônjuge possa ter em relação ao outro, pois, acima da sua condição de parte na relação conjugal, prevalece a condição de ser humano, possuidor, por natural consequência, do direito inviolável à vida, à liberdade, à igualdade e à segurança (art. 5.º, *caput*, CF); além do que "homens e mulheres são iguais em direitos e obrigações" (art. 5.º, I, CF).

Infelizmente, a mulher sempre foi considerada objeto sexual do homem e, por isso, o estupro tinha por sujeito passivo somente pessoas do sexo feminino. A situação alterou-se com a nova redação do art. 213, de forma que ambos (homem e mulher) são protegidos no cenário da liberdade sexual. Não se desconhece, por certo, a dificuldade probatória que advém de um estupro cometido no recanto doméstico, inexistindo, muitas vezes, testemunhas da violência ou da grave ameaça, mas também porque a singela alegação da mulher (ou do homem) de ter sido estuprada(o) pelo(a) marido(esposa) pode dar margem a uma vindita, de ordem pessoal, originária de conflitos familiares.

Entretanto, a complexidade da prova, nessas situações, jamais poderá servir de pretexto para o Judiciário fechar as portas à mulher violentada pelo marido (ou ao marido estuprado pela esposa), sob o vetusto argumento de ter havido *exercício regular de direito*. Havia penalistas que sustentavam a possibilidade de a mulher não consentir na relação sexual *apenas* no caso de ter *justo motivo*. Tal assertiva não se sustenta e vamos além, pois ela pode recusar-se sempre que quiser. Se o marido não suportar tal situação, o caminho é a separação judicial, mas jamais o estupro. O mesmo se diga em relação ao homem quando não quiser a relação sexual. Finalizamos com NILO BATISTA: "A posição predominante pode assim ser sintetizada: o marido não pode cometer violência contra a mulher, salvo se for para obrigá-la à conjunção carnal. Se isto faz algum sentido, é o sentido de que a bestialidade e o desrespeito só encontram guarida no matrimônio".[27]

2.6.3   *Dificuldade de prova do estupro cometido pelo cônjuge*

Admitida a possibilidade de haver estupro por parte do cônjuge, afastando-se a indevida aplicação do exercício regular de direito, deve-se destacar a imensa dificuldade de produzir prova a esse respeito, pois o constrangimento se passa no recôndito do lar, normalmente sem

---

[24]   *Dos crimes sexuais*, p. 162. No mesmo sentido, VIVEIROS DE CASTRO, *Os delictos contra a honra da mulher*, p. 124-125.

[25]   No mesmo prisma, WALTER PERRON, El reciente desarrollo de los delitos sexuales en el derecho pena alemán. *Delitos contra la libertad sexual*, p. 60.

[26]   JOÃO MESTIERI, *Do delito de estupro*, p. 58.

[27]   Estupro – O marido como sujeito ativo, *Decisões criminais comentadas*, p. 71.

testemunhas, sendo insuficiente a palavra da vítima contra a palavra da parte agressora. Por isso, é indispensável que existam provas sólidas, a fim de não se justificarem abusos de toda ordem, originários de meras brigas domésticas.

Acesse e assista ao **vídeo sobre Estupro no casamento.**

> http://uqr.to/1ynp1

2.6.4 Participação e coautoria

Admitem-se tanto a participação quanto a coautoria. Exemplos: a) enquanto uma mulher segura outra (praticando, pois, parte do tipo penal), o homem mantém com a vítima a conjunção carnal. Há coautoria entre a mulher e o homem agressores; b) quando a mulher instiga um homem a estuprar a vítima, há participação.

2.6.5 Autoria mediata

Há, ainda, a possibilidade de qualquer pessoa ser autora mediata do crime de estupro, situação que pode ocorrer, por exemplo, quando uma mulher convencer um homem, doente mental, a manter conjunção carnal, mediante violência, com outra mulher.

2.6.6 Concurso de pessoas a distância

Há possibilidade. Para haver concurso de agentes, por ocasião da prática de estupro, não é exigível que todos estejam no mesmo ambiente, constrangendo, ao mesmo tempo, a vítima, bastando que se apresentem no mesmo cenário, dando apoio um à prática delituosa do outro.

Acesse e assista **ao vídeo sobre Estupro virtual.**

> http://uqr.to/1ynp2

2.6.7 Conjunção carnal

É uma expressão específica, dependente de apreciação particularizada, que significa a introdução do pênis na vagina. "*Restritivo* é o critério pelo qual apenas se admite como conjunção carnal a cópula *secundum naturam*; *amplo*, o compreensivo da cópula normal e da anal; e *amplíssimo* o que engloba o ato sexual e qualquer equivalente do mesmo; assim, a cópula vaginal, a anal e a *fellatio in ore*."[28]

O critério prevalente, no Brasil, é o restritivo. Tal interpretação advém, entre outros motivos, do fato de o legislador ter utilizado, no mesmo art. 213, a expressão "outro ato libidinoso", dando mostras de que, afora a união pênis-vagina, todas as demais formas de libidinagem estão compreendidas nesse tipo penal. Não importa, para a configuração do estupro, se houve ou não ejaculação por parte do homem e muito menos se o hímen rompeu-se (no caso da mulher virgem).

---

[28] JOÃO MESTIERI, *Do delito de estupro*, p. 59.

2.6.8   Ato libidinoso e o beijo lascivo

É o ato voluptuoso, lascivo, que tem por finalidade satisfazer o prazer sexual, tais como o sexo oral ou anal, o toque em partes íntimas, a masturbação, o beijo lascivo, a introdução na vagina dos dedos ou de outros objetos, entre outros. Quanto ao beijo, excluem-se os castos, furtivos ou brevíssimos, tais como os dados na face ou rapidamente nos lábios ("selinho").[29] Incluem-se os beijos voluptuosos, com "longa e intensa descarga de libido", nas palavras de HUNGRIA, dados na boca, com a introdução da língua.

No entanto, anota CHRYSOLITO DE GUSMÃO que, quanto ao beijo, obtido de modo violento, a doutrina estrangeira se divide, alguns entendendo tratar-se de um atentado ao pudor (hoje, estupro) e outros refutando o caráter criminoso. Houve época, inclusive, em que o beijo arrancado à força chegou a provocar a pena de morte, fato ocorrido em 1562, na Itália.[30]

2.6.9   Consumação

Na forma da *conjunção carnal*, não se exige a introdução completa do pênis na vagina, bastando que ela seja incompleta. Como já se mencionou no item 2.6.7, não se exigem, ainda, a ejaculação, tampouco a satisfação do desejo sexual do agente. No tocante aos outros atos libidinosos, basta o toque físico eficiente para gerar a lascívia ou o constrangimento efetivo da vítima, que se expõe sexualmente ao autor do delito, de modo que este busque a obtenção do prazer sexual. Entretanto, o *iter criminis* deve ser analisado caso a caso, pois existem inúmeras formas de satisfação da lascívia, por meio do constrangimento de alguém.

Para FABIO AGNE FAYET, é preferível "a consumação independente da forma escolhida pelo agente (se conjunção carnal ou ato libidinoso), na medida em que o primeiro ato de libidinagem, praticado mediante violência ou grave ameaça, capaz de constranger a liberdade sexual individual é suficiente para lesionar o bem jurídico tutelado".[31]

2.6.10   Estupro por inseminação artificial

Há impossibilidade. O tipo penal exige, para a sua configuração, a conjunção carnal, que é a introdução do pênis na cavidade vaginal, ou outro ato libidinoso entre agente e vítima. Logo, se houver inseminação artificial forçada, deve o autor responder somente por constrangimento ilegal.[32]

2.6.11   Impotência sexual e estupro

A atual figura do estupro contempla a possibilidade de realização do delito por meio da conjunção carnal (cópula entre pênis e vagina) e outros atos libidinosos (atos sexuais aptos a satisfazer a libido). Portanto, mesmo sem a ereção, o agente pode esfregar o seu órgão genital na vítima, obtendo alguma forma de prazer. Se isto for cometido por meio de violência ou grave ameaça, configura-se o estupro, até porque o estímulo sexual encontra-se na mente do autor.

---

[29]   No mesmo sentido, RENATO MARCÃO E PLÍNIO GENTIL, Crimes contra a dignidade sexual, p. 101.

[30]   *Dos crimes sexuais*, p. 161.

[31]   *O delito de estupro*, p. 73.

[32]   Nessa ótica, também, a lição de RENÉ ARIEL DOTTI, *O incesto*, p. 90-92.

2.6.12 Violência exercida contra pessoa diversa da vítima

É viável para configurar o crime, dependendo das circunstâncias do caso concreto. Acolhemos o magistério de João Mestieri, no sentido de que "essa espécie de violência, exercitada sobre terceira pessoa *com o fim* de obrigar a vítima à conjunção carnal [ou outro ato libidinoso], seja válida e eficaz, e assim deva ser considerada como elemento do estupro. É inegável constituir a ameaça de dano, físico ou moral, a pessoas especialmente caras, terrível arma de *constrangimento*".[33]

2.6.13 Violência exercida contra coisa

Em tese, é possível que a situação possa configurar-se como grave ameaça. Imagine-se que o agente do estupro intimide a vítima para que ceda à relação sexual, ameaçando destruir coisa que lhe é extremamente cara e relevante. Naturalmente, dependendo da análise particularizada da situação, pode-se chegar à conclusão de ter havido violência moral, logo, constrangimento ilegal. Não se trata de tutela da coisa destruída, mas de elemento constrangedor à pessoa.[34]

2.6.14 (In)justiça da ameaça

Tem sido posição dominante pouco importar a justiça da ameaça. Diz Hungria: "O agente pode ter a faculdade ou mesmo o dever de ocasionar o mal, mas não pode prevalecer-se de uma ou outro para obter a posse sexual da vítima contra a vontade desta. Não se eximiria à acusação de estupro, por exemplo, o agente de polícia que anulasse a resistência da vítima sob ameaça de denunciar crime que saiba tenha ela praticado (art. 66, I, da Lei das Contravenções Penais), hipótese que muito difere daquela em que a mulher, para evitar a denúncia, transige amigavelmente, de sua própria iniciativa, com o ameaçante, dispondo-se à prestação de um favor em troca de outro".[35]

Embora, em tese, seja possível concordar com tal postura, é preciso destacar que a prova desse congresso sexual forçado é das mais difíceis, não se podendo, em hipótese alguma, utilizar presunções para a condenação. Não é incomum, de fato, poder haver transigência à ameaça que teve início com a proposta de relação sexual para evitar uma denúncia. Pode ser conveniente à mulher, no caso supramencionado, manter a cópula, de modo a garantir a impunidade do seu crime.

O simples fato de a proposta ter partido do agente policial não afasta a incidência da pronta concordância da vítima. Portanto, não se deve exigir, nesses casos, como diz Hungria, que a mulher deva ter a iniciativa da troca de um favor por outro, sendo suficiente que ela aquiesça à referida troca. Justamente por isso, torna-se muito difícil provar tal constrangimento à conjunção carnal efetuado por ameaça consistente na prática de um mal *justo*. Diga-se o mesmo no contexto do ato libidinoso obtido de idêntica maneira.

Note-se a posição oposta de Noronha: "a ameaça deve ter por objeto um dano grave e injusto. Cremos que ainda ele seja grave, se lhe faltar o caráter de injusto, de ilegal, não haverá ameaça". Cita o exemplo de Manci, referindo-se ao credor que, obtendo sentença favorável,

---

[33]   *Do delito de estupro*, p. 74.

[34]   João Mestieri, *Do delito de estupro*, p. 75.

[35]   *Comentários ao Código Penal*, v. 8, p. 122.

ameaça a devedora ou a filha do devedor de executar a sentença, reduzindo-a à miséria, se com ele não casar. Pode-se até substituir o casamento pela relação sexual. Noronha, avaliando o referido exemplo, diz que "não há dúvida que, em casos como esse, não se pode falar em coação ou constrangimento. O que houve foi uma transação, vendendo-se a mulher e recebendo em pagamento a liberalização da dívida. Desde que, assim nos parece, a ameaça não tenha por objeto um mal *injusto*, apesar de indigno e baixo o ato do delinquente, ela não existirá, no sentido legal".[36]

Sob outro prisma, Chrysolito de Gusmão anota deva ser a ameaça um "mal sério e grave, presente e irreparável", mas "é de se notar que tudo depende do temperamento da vítima, da sua idade, pois convém não esquecer a impossibilidade de, a respeito da violência moral em geral, fixar regras, como já fizemos sentir".[37]

2.6.15 Grau de resistência da vítima

Ensinam Scarance Fernandes e Duek Marques, tratando da mulher como vítima, que "a tendência, contudo, é a de não se exigir da ofendida a atitude de mártir, ou seja, de quem em defesa de sua honra deva arriscar a própria vida, só consentindo no ato após ter se esgotado toda a sua capacidade de reação. É importante, em cada caso concreto, avaliar a superioridade de forças do agente, apta a configurar o constrangimento através da violência",[38] com o que concordamos plenamente.

Torna-se importante, entretanto, verificar se a vítima demonstrou dissenso durante todo o ato sexual. Oportuno o alerta de João Mestieri: "O dissenso precisa estar presente durante todo o processo executivo; não assim a resistência. (...) O principal requisito da resistência é o de ser *verdadeira*. Sua *intensidade* não precisa ser tal que se deva chamar de heroica ou desesperada".[39]

No mesmo prisma, Magalhães Noronha diz que "a lei, entretanto, não pode exigir que ela vá ao extremo da sua resistência, até ao risco da própria vida. Seria exigir que ela fosse mártir da sua virtude. Ela exige que a resistência da ofendida seja sincera, mas não pode impor se prolongue até o instante do desfalecimento ou do trauma psíquico. É necessário considerar também que a agressão produz geralmente na vítima medo de um mal maior. Uma tímida e fraca donzela, em lugar ermo, após debater-se e lugar com o ofensor, pode, ainda com forças para resistir, aterrar-se antes a sua disposição e entregar-se por temer perder a vida. Neste caso ninguém certamente afirmará tratar-se de coito lícito e não ter sido ela estuprada".[40]

Cuidando-se da vítima, com a atual redação do art. 213, tanto a mulher quanto o homem não precisam ser *heróis* para resistirem bravamente, colocando em risco a vida ou a integridade física, quando obrigados à prática sexual. Demanda-se, apenas, um dissenso visível e detectável, dentro dos limites da razoabilidade.

2.6.16 Duração do dissenso da vítima

Segundo nos parece, deve acompanhar todo o desenvolvimento do ato sexual. Se houver concordância, em alguma fase posterior ao início, mas *antes* do final, permitindo concluir que

---

[36] *Crimes contra os costumes*, p. 32.
[37] *Dos crimes sexuais*, p. 109.
[38] Estupro – Enfoque vitimológico, p. 268.
[39] *Do delito de estupro*, p. 82-83.
[40] *Crimes contra os costumes*, p 26-27.

a relação terminou de maneira consentida, desfaz-se a figura criminosa do estupro. Por outro lado, em consequência lógica do que acabamos de expor, se a mulher ou o homem, durante o ato sexual, inicialmente consentido, manifestar a sua discordância quanto à continuidade, é de se exigir que a outra parte cesse a sua atuação. Se persistir, forçando a vítima, física ou moralmente, permite o surgimento do crime de estupro.

Em contrário está a posição de MESTIERI, tratando, à época, somente da mulher como vítima: "O consentimento da mulher *durante* o ato sexual é irrelevante para o tipo; o momento consumativo do delito é o da efetiva penetração. Na mesma linha, o caso de a mulher consentir na cópula e durante ela, por sentir dores muito agudas, solicitar sua imediata interrupção. Se o agente prossegue no ato sexual, não se pode falar em dolo de estupro e nem mesmo na tipicidade objetiva desse crime".[41]

A visão adotada pelo referido autor é oposta à nossa. A anuência da mulher, no exemplo apresentado, é extremamente relevante, mormente no contexto do estupro, em que há natural dificuldade de se produzir prova acerca da existência ou não de verdadeira resistência (em especial, quando não há violência física, mas somente grave ameaça). Por isso, se a relação sexual tem início de maneira *forçada*, portanto, contra a vontade da mulher, é evidente que ela deva manter-se em dissenso até o final (lembre-se, dissenso é diverso de resistência, conforme exposto na nota anterior). Uma vez que, durante o ato sexual, termine concordando com a sua prática, torna írrita eventual punição do agente. Seria evidentemente paradoxal ouvir o depoimento da vítima, afirmando ao magistrado, por exemplo, que a relação sexual foi uma das melhores que já experimentou, embora se tenha iniciado a contragosto. Ainda assim, somente para argumentar, haveria condenação do autor por estupro. Vale o mesmo para o caso de ser vítima o homem. Por outro lado, respeitada a vontade da mulher ou do homem, iniciado o ato sexual, desejando que este cesse, sua manifestação há de ser acatada. A partir do momento em que surge o dissenso, ocorrendo insistência por parte do agente, emerge o constrangimento ilegal, configurador do estupro. Em suma, a conjunção carnal, ou outro ato libidinoso, não pode ser equiparada à assinatura de um contrato, que se dá de maneira instantânea. Há um desenvolvimento em vários atos, que se arrastam por algum tempo, situação suficiente para avaliar, autenticamente, a vontade da pessoa, potencialmente vítima do crime.

2.6.17 *Exame de corpo de delito*

É prescindível. Pode-se demonstrar a ocorrência do estupro por outras provas, inclusive pela palavra da vítima, quando convincente e segura. É o que ocorre quando o estupro é praticado mediante grave ameaça. Porém, havendo o emprego de violência contra a pessoa, torna-se viável a realização do exame pericial. Nesse contexto, deve-se lembrar da edição da Lei 13.721/2018, alterando o art. 158 do Código de Processo Penal para inserir o parágrafo único, nos seguintes termos: "dar-se-á prioridade à realização do exame de corpo de delito quando se tratar de crime que envolva: **I** – violência doméstica e familiar contra mulher; **II** – violência contra criança, adolescente, idoso ou pessoa com deficiência".

2.6.18 *Ausência de lesões à vítima*

É irrelevante, pois o estupro pode ocorrer pelas vias de fato, que não deixam marcas visíveis e passíveis de constatação por exame de corpo de delito. Além disso, pode se dar por meio da grave ameaça, que também não deixa vestígios.

---

[41] *Do delito de estupro*, p. 93.

2.6.19   *Condenação por estupro baseada na palavra da vítima*

Existe a possibilidade de condenação, mas devem ser considerados todos os aspectos que constituem a personalidade do ofendido, seus hábitos, seu relacionamento anterior com o agente, entre outros fatores. Cremos ser fundamental, ainda, confrontar as declarações prestadas pela parte ofendida com as demais provas existentes nos autos. A aceitação isolada da palavra da vítima pode ser tão perigosa, em função da certeza exigida para a condenação, quanto uma confissão do réu. Por isso, a cautela se impõe redobrada.

2.6.20   *Apoio à vítima de violência sexual*

Um dos delitos que mais trauma gera à pessoa ofendida é o estupro, razão pela qual o Estado precisa assumir uma postura mais atenta e efetiva no tocante a ela. Editou-se a Lei 12.845/2013 com esse objetivo. *In verbis*: "Art. 1.º Os hospitais devem oferecer às vítimas de violência sexual atendimento emergencial, integral e multidisciplinar, visando ao controle e ao tratamento dos agravos físicos e psíquicos decorrentes de violência sexual, e encaminhamento, se for o caso, aos serviços de assistência social. Art. 2.º Considera-se violência sexual, para os efeitos desta Lei, qualquer forma de atividade sexual não consentida. Art. 3.º O atendimento imediato, obrigatório em todos os hospitais integrantes da rede do SUS, compreende os seguintes serviços: I – diagnóstico e tratamento das lesões físicas no aparelho genital e nas demais áreas afetadas; II – amparo médico, psicológico e social imediatos; III – facilitação do registro da ocorrência e encaminhamento ao órgão de medicina legal e às delegacias especializadas com informações que possam ser úteis à identificação do agressor e à comprovação da violência sexual; IV – profilaxia da gravidez; V – profilaxia das Doenças Sexualmente Transmissíveis – DST; VI – coleta de material para realização do exame de HIV para posterior acompanhamento e terapia; VII – fornecimento de informações às vítimas sobre os direitos legais e sobre todos os serviços sanitários disponíveis. § 1.º Os serviços de que trata esta Lei são prestados de forma gratuita aos que deles necessitarem. § 2.º No tratamento das lesões, caberá ao médico preservar materiais que possam ser coletados no exame médico-legal. § 3.º Cabe ao órgão de medicina legal o exame de DNA para identificação do agressor".

Acesse e escute
o podcast sobre
A cultura do estupro e o
comportamento da vítima.
> *http://uqr.to/1ynp3*

2.6.21   *Declarações de crianças e adolescentes*

O ideal é buscar o denominado *depoimento sem dano*, quando se ouve a criança, por meio de profissionais especializados (psicólogos) com o acompanhamento do juiz e das partes (a distância). No entanto, nem sempre é viável tal método. Quando o magistrado faz a inquirição do menor de 18 anos, deve ter a cautela de extrair os fatos de maneira simples e objetiva. Por outro lado, é sabido que crianças fantasiam e, também, são facilmente manipuláveis por adultos. Tal situação não significa o completo descrédito das declarações infantojuvenis, mas a integral credibilidade não é, igualmente, uma realidade. Depende do caso concreto. A composição dos fatos, conforme as provas colhidas nos autos, fará com que o julgador forme o seu convencimento.

2.7   Causa de aumento de pena trazida pela Lei dos Crimes Hediondos

Não mais subsiste o aumento de metade da pena, constante do art. 9.º da Lei 8.072/1990. Na realidade, esse artigo faz referência ao art. 224 do Código Penal, que foi revogado pela Lei 12.015/2009. Eliminada a fonte de referência, perde o sentido a aplicação do mencionado art. 9.º. Quando o aumento previsto no art. 9.º da Lei 8.072/1990 tiver sido aplicado a casos anteriores ao advento da Lei 12.015/2009, que eliminou a referência ao art. 224, impedindo a concretização do mencionado aumento, torna-se imperiosa a aplicação retroativa da lei penal benéfica. Em outros termos, se, atualmente, como exemplo, quem praticar uma extorsão mediante sequestro contra pessoa vulnerável não mais terá o aumento de metade em sua pena, é evidente que os condenados anteriormente devem ser beneficiados pela novel lei. Cumpre-se, afinal, o disposto no art. 5.º, XL, da Constituição Federal.

2.8   Estupro e importunação sexual

Tratando-se de crime hediondo, sujeito a uma pena mínima de seis anos, não se pode dar uma interpretação muito aberta ao tipo do art. 213. Portanto, atos ofensivos ao pudor, como passar a mão nas pernas ou nos seios da vítima, devem ser considerados uma infração penal de menor intensidade.

Durante vários anos, a doutrina nacional sustentou a indispensabilidade de se criar um tipo penal intermediário entre o estupro e a contravenção penal de importunação ofensiva ao pudor (art. 61, Lei das Contravenções Penais). O primeiro é muito grave, com penalidade elevada; a segunda, muito branda, com sanção iníqua.

Finalmente, com a edição da Lei 13.718/2018, emerge o tipo penal intermediário do art. 215-A, titulado como *Importunação Sexual*. Essa mesma Lei revogou a contravenção penal do art. 61 supramencionada. Comentaremos o novel tipo em tópico próprio.

2.8.1   *Aproveitamento de situação em local apertado ou lotado*

Trata-se do típico evento ocorrido em vagões de trem ou metrô, ônibus, locais repletos de pessoas em aglomerações, onde se nota que o agente passa a mão em genitália alheia ou encosta-se demais, de maneira a lhe dar prazer sexual.

Inequivocamente, é uma situação muito desagradável para a vítima dessa atitude, mas não se pode chegar a uma condenação por estupro, considerando esse ato como violento. É preferível tipificar na importunação sexual (art. 215-A, CP).

2.9   Distinção entre estupro e constrangimento ilegal

O tipo penal do estupro é considerado *complexo em sentido amplo*, pois é formado pela união do constrangimento ilegal (art. 146, CP) associado à finalidade libidinosa. Portanto, quando não se prova a referida finalidade, resta a aplicação do *tipo de reserva*, o constrangimento ilegal.

2.10   Concurso de crimes no contexto do estupro

Em princípio, os atos sexuais violentos (conjunção carnal ou outro ato libidinoso) cometidos contra a mesma vítima no mesmo contexto configuram crime único. Há um só bem jurídico lesado: a liberdade sexual da pessoa ofendida. Surge o delito continuado, quando se puder detectar a sucessividade das ações no tempo, podendo-se, também, captar mais de uma lesão ao bem jurídico tutelado. O crime continuado é uma ficção, criada em favor do réu, buscando uma justa aplicação da pena, quando se observa a prática de várias ações, separadas no tempo, mas com proximidade suficiente para se supor serem umas continuações das outras.

Pode dar-se no contexto do estupro. O agente estupra uma mulher em determinado dia (lesão à sua liberdade sexual); retorna na semana seguinte e repete a ação, sob outro contexto (novamente fere a sua liberdade sexual). Pode-se sustentar o crime continuado. Inexiste crime único, pois a ação de constranger alguém, com violência ou grave ameaça, à prática sexual fechou-se no tempo por duas vezes distintas. Houve dois constrangimentos em datas diversas. O crime único demanda um constrangimento, cujo objeto final podem ser tanto a conjunção carnal quanto outro ato libidinoso ou ambos. O concurso material poderá ser aplicado entre estupros cometidos reiteradamente, quando os requisitos do art. 71 do CP não estiverem presentes. Finalmente, o concurso formal somente tem sentido quando, no mesmo cenário, o agente constrange duas pessoas a lhe satisfazerem a libido, ao mesmo tempo. Pode-se debater se houve ou não desígnios autônomos, aplicando-se a primeira ou a segunda parte do art. 71, *caput*, do CP.

2.11 Objetos material e jurídico

O objeto material é a pessoa, que sofre o constrangimento. O objeto jurídico é a liberdade sexual.

2.12 Classificação

Trata-se de crime comum (aquele que não demanda sujeito ativo qualificado ou especial); material (delito que exige resultado naturalístico, consistente no efetivo tolhimento da liberdade sexual da vítima). Há quem entenda ser crime de mera conduta, com o que não podemos concordar, pois o legislador não pune unicamente uma conduta, que não possui resultado naturalístico. A pessoa violentada pode sofrer lesões de ordem física – se houver violência – e, invariavelmente, sofre graves abalos de ordem psíquica, constituindo, com nitidez, um resultado detectável no plano da realidade. É, ainda, delito de forma livre (pode ser cometido por meio de qualquer ato libidinoso); comissivo ("constranger" implica ação) e, excepcionalmente, comissivo por omissão (omissivo impróprio, ou seja, é a aplicação do art. 13, § 2.º, do Código Penal); instantâneo (cujo resultado se dá de maneira instantânea, não se prolongando no tempo); de dano (consuma-se apenas com efetiva lesão a um bem jurídico tutelado); unissubjetivo (que pode ser praticado por um só agente); plurissubsistente (como regra, vários atos integram a conduta); admite tentativa, embora de difícil comprovação.[42]

2.13 Crime qualificado pelo resultado lesão grave

A Lei 12.015/2009 transferiu do art. 223 (hoje, revogado) para os parágrafos do art. 213 e do art. 217-A as figuras denominadas *crimes qualificados pelo resultado*. Alterou-se a redação, aprimorando-a. Anteriormente, o art. 223, *caput*, mencionava: "se da violência resulta lesão corporal de natureza grave", enquanto o parágrafo único destacava: "se do fato resulta morte". Somente pela diversidade de elementos surgia a discussão se, afinal, era a violência

---

[42]   Tratando-se de ato libidinoso, Bento de Faria não admite a possibilidade de haver tentativa (*Código Penal brasileiro comentado*, v. VI, p. 26). Igualmente, Vicente Sabino Junior (*Direito penal*, v. 3, p. 868).

o fator a desencadear o resultado qualificador ou o *fato*, abrangidas neste tanto a violência quanto a grave ameaça.

Posições diversas surgiram, mas foram sepultadas pela nova redação dada aos parágrafos dos arts. 213 e 217-A. Consta, pois, o seguinte: "se da conduta resulta...". Mais adequada, certamente, a colocação referente à *conduta* do agente, pois abrange a ação exercida com violência e a praticada com grave ameaça. No caso do art. 217-A, a violência ou grave ameaça é uma presunção oculta, atualmente, inserida no conceito de vulnerabilidade. De todo modo, tanto a violência quanto a grave ameaça podem gerar o resultado qualificador: lesão grave ou morte.

O delito qualificado pelo resultado pode ocorrer com dolo na *conduta* antecedente (violência sexual) e dolo ou culpa quanto ao resultado qualificador (lesão grave). Logo, são as seguintes hipóteses: a) lesão grave consumada + estupro consumado = estupro qualificado pelo resultado lesão grave; b) lesão grave consumada + tentativa de estupro = estupro consumado qualificado pelo resultado lesão grave, dando-se a mesma solução do latrocínio (Súmula 610 do STF). O crime é hediondo (art. 1.º, V, da Lei 8.072/1990).

2.14 Aplicação fiel do art. 19 do Código Penal (dolo e culpa no resultado)

Cuidando dos delitos qualificados pelo resultado, o art. 19 menciona que o resultado qualificador deve advir, no mínimo, por culpa. Com isso, quer-se, obviamente, acolher que também o dolo é elemento subjetivo capaz de permear o resultado mais grave. E afasta-se a aplicação da responsabilidade objetiva, ou seja, se o resultado agravante advier de caso fortuito, sem dolo e sem culpa do agente, a ele não será debitado. No entanto, deve-se cessar, de uma vez por todas, a posição doutrinária e jurisprudencial que enxerga no tipo penal do estupro, quando ocorre lesão grave ou morte, um delito estritamente preterdoloso, ou seja, deve haver dolo do agente na conduta antecedente (estupro) e culpa na conduta consequente (geradora da lesão grave ou morte). Se houver dolo na antecedente e culpa na consequente, haverá a quebra do tipo penal em dois outros: estupro e lesão grave ou estupro e homicídio. Qual a razão científica para que tal medida se implemente? Com a devida vênia, inexiste.

Devem-se considerar o estupro e suas formas qualificadas pelo resultado nos mesmos termos em que se confere tratamento ao roubo e suas formas qualificadas, afinal, na essência, são idênticas modalidades de crimes compostos por duas fases, contendo dois resultados. Assim sendo, exigem-se dolo na conduta antecedente (violência ou grave ameaça gerando o constrangimento) e dolo ou culpa no tocante ao resultado qualificador (lesão grave ou morte). Justamente por existirem, como possíveis, dois resultados (constrangimento violento + lesão ou morte), previu o legislador um crime único, com penalidade própria (§§ 1.º ou 2.º do art. 213, CP). Não está autorizado o juiz a *quebrar* essa unidade, visualizado concurso material (estupro + homicídio, por exemplo), em que não existem duas ações completamente distintas. Da conduta violenta, no cenário sexual, advém a morte da vítima. Inexiste concurso de delitos, mas um crime qualificado pelo resultado.

Aplica-se, literalmente, o disposto pelo art. 19 do Código Penal, vale dizer, o resultado qualificador deve ocorrer, ao menos, culposamente. E, por derradeiro, vale frisar que o delito autenticamente preterdoloso, na criação da doutrina italiana, é aquele que somente pode realizar-se com dolo na conduta antecedente e culpa na conduta subsequente. Não porque o magistrado assim quer, mas pelo fato de ser impossível ocorrer de outra forma. Exemplo disso é a lesão corporal seguida de morte. Somente existe essa modalidade caso haja dolo quanto à lesão e culpa quanto à morte. Afinal, se houver dolo quanto à lesão e dolo quanto à morte, desaparecerá o tipo penal de lesão corporal e emergirá do tipo penal de homicídio. Não é o caso do estupro seguido de lesão grave ou morte.

Finalizemos com a lição de ESTHER DE FIGUEIREDO FERRAZ, à qual aderimos: "O agente, 'impulsionado pelo desejo de satisfazer sua sexualidade', o 'criminoso sexual, para satisfazer sua lascívia', pode deixar-se possuir pelo *animus laedendi* ou *necandi*, pode querer, pelo menos eventualmente, matar ou ferir a vítima, *quando ela oponha resistência* aos seus propósitos libidinosos. Resistência cuja duração e intensidade são capazes de levá-lo a redobrar a intensidade da violência inicial, já contida nos atos de 'estupro' e 'atentado violento ao pudor', até que ela atinja os limites da 'lesão corporal de natureza grave' ou a 'morte'. As crônicas policiais e judiciárias contêm, às centenas ou milhares, exemplos de casos em que o sujeito ativo, contrariado em seus propósitos lascivos, não hesita ante a necessidade ou a eventualidade de ferir ou matar a vítima. O que demonstra a possibilidade de coexistirem, em boa harmonia, o *animus laedendi* ou *necandi*, de um lado, com a vontade de estuprar ou de praticar, violentamente, atos libidinosos. Para que as figuras contempladas nos arts. 213 e 214, combinados com o art. 223 e seu parágrafo único [anteriormente à Lei 12.015/2009], excluíssem o 'dolo' direto ou eventual, em relação aos eventos 'morte' e 'lesão corporal', seria necessário, pois, que o legislador, à semelhança do que fez em relação ao § 3.º do art. 129 ('lesão corporal seguida de morte'), *afastasse essa modalidade de elemento subjetivo*, valendo-se da fórmula empregada nesse último dispositivo: 'se resulta morte [ou lesão corporal de natureza grave] e as circunstâncias evidenciam que o agente *não quis o resultado, nem assumiu o risco de produzi-lo*'. Não o tendo feito, é de se admitir que a lesão à vida ou à integridade pessoal possa assumir, nessas hipóteses, *tanto a forma culposa quanto a dolosa*. Tanto mais que a própria redação dos dispositivos que definem e apenam essas figuras qualificadas *é idêntica* à dos artigos que contemplam o crime de latrocínio (art. 157, § 3.º), e ninguém poderá negar, em boa doutrina, que no latrocínio sejam dolosos os delitos de 'homicídio' ou 'lesão corporal' que acompanham o crime de 'roubo'".[43]

2.15 Qualificadora

A circunstância de ser a vítima menor de 18 anos e (a partícula *ou* foi mal colocada no § 1.º do art. 213) maior de 14 anos, portanto, adolescente, confere maior ênfase à tutela penal. Se houver estupro, com violência ou grave ameaça, nesses casos, a pena será elevada para o patamar de 8 a 12 anos.

2.16 Crime qualificado pelo resultado morte

Além das observações constantes dos itens 2.13 e 2.14, aplicáveis nessa hipótese, convém destacar que o delito pode ser cometido com dolo na conduta antecedente (violência sexual) e dolo ou culpa quanto ao resultado qualificador (morte). Portanto, afiguram-se as seguintes hipóteses: a) estupro consumado + morte consumada = estupro consumado com resultado morte; b) estupro consumado + homicídio tentado = tentativa de estupro seguido de morte; c) estupro tentado + homicídio tentado = tentativa de estupro seguido de morte; d) estupro tentado + homicídio consumado = estupro consumado seguido de morte.

Tecnicamente, dá-se uma tentativa de estupro seguido de morte, pois o delito sexual não atingiu a consumação. Entretanto, tem-se entendido possuir a vida humana valor tão

---

[43] *Os delitos qualificados pelo resultado no regime do Código Penal de 1940*, p. 89-90.

superior à liberdade sexual que, uma vez atingida fatalmente, deve levar à forma consumada do delito qualificado pelo resultado. É o que ocorre no cenário do latrocínio, cuja base é a Súmula 610 do STF ("Há crime de latrocínio, quando o homicídio se consuma, ainda que não realize o agente a subtração de bens da vítima").

É importante observar que o resultado *morte* nem sempre é causado pela violência provocada pelo agente para vencer a resistência da vítima ao ato sexual. Noronha narra situações nas quais o coito anal pode provocar a morte. Ilustrou com um caso no qual ele mesmo atuou como promotor de justiça: "em comarca onde exercemos nosso cargo, tivemos ocasião de acusar um indivíduo que matou uma mulher, introduzindo-lhe os dedos no ânus, produzindo-lhe uma dilaceração na ampola retal e consequente hemorragia que a vitimou".[44]

2.17 Quadro-resumo

Previsão legal	**Estupro** **Art. 213.** Constranger alguém, mediante violência ou grave ameaça, a ter conjunção carnal ou a praticar ou permitir que com ele se pratique outro ato libidinoso: Pena – reclusão, de 6 (seis) a 10 (dez) anos. § 1.º Se da conduta resulta lesão corporal de natureza grave ou se a vítima é menor de 18 (dezoito) ou maior de 14 (catorze) anos: Pena – reclusão, de 8 (oito) a 12 (doze) anos. § 2.º Se da conduta resulta morte: Pena – reclusão, de 12 (doze) a 30 (trinta) anos.
Sujeito ativo	Qualquer pessoa
Sujeito passivo	Qualquer pessoa
Objeto material	Pessoa que sofre o constrangimento
Objeto jurídico	Liberdade sexual
Elemento subjetivo	Dolo + elemento subjetivo específico
Classificação	Comum Material Forma livre Comissivo Instantâneo Dano Unissubjetivo Plurissubsistente
Tentativa	Admite
Circunstâncias especiais	Qualificadora Resultado qualificador

[44] *Crimes contra os costumes*, p. 78.

3. VIOLAÇÃO SEXUAL MEDIANTE FRAUDE

Acesse e escute **o podcast sobre Violação sexual mediante fraude.**

> http://uqr.to/1ynp4

3.1 Estrutura do tipo penal incriminador

Esse delito não encontra precedente na legislação penal brasileira, surgindo apenas no Código Penal de 1940. Em nosso entendimento, parecia-nos configurar um tipo incriminador desnecessário, respeitando-se o princípio da intervenção mínima. Entretanto, refazemos o nosso entendimento, em especial após editar o livro *Tratado de crimes sexuais*, quando pudemos notar o relevo e a frequência da fraude para obter favores sexuais, enganando a vítima e gerando traumas similares aos do estupro.

Muitos agentes deste crime *abusam*, em grau excessivo, da confiança das vítimas e conseguem atingir atos sexuais, capazes de lhes satisfazer o prazer, em nítido prejuízo das pessoas ofendidas. Os exemplos, infelizmente, são muitos, envolvendo o universo dos médicos[45] e dos ministros religiosos, que se valem da sua *autoridade* para manipular o corpo das vítimas, sob o pretexto de cura ou diagnóstico.[46]

Portanto, não se pode olvidar a proteção das vítimas nessas situações vergonhosas e penalmente relevantes, distanciando-se de um delito de pequena ofensividade.

Ter é conseguir, alcançar ou obter, sendo o objeto a conjunção carnal ou outro ato libidinoso, nos termos do art. 215 do CP. O mecanismo para atingir o resultado pretendido é a fraude (utilização do ardil, da cilada, do engano) ou outro meio que impeça ou dificulte a livre manifestação de vontade da vítima. Quanto a este último mecanismo, pode tratar-se de qualquer um disposto a conturbar o tirocínio da vítima. Naturalmente, não se refere o tipo penal a qualquer forma de violência ou grave ameaça.[47]

Liga-se o mencionado meio a artifícios semelhantes à fraude. Por isso, exemplificando, a vítima relativamente alcoolizada pode aquiescer à relação sexual sem estar na plenitude do seu raciocínio. O tipo é misto alternativo, podendo o agente ter conjunção carnal e praticar ato libidinoso contra a mesma vítima, no mesmo local e hora, para se configurar crime único.

Conjunção carnal é a cópula vagínica, ou seja, a introdução do pênis na cavidade vaginal.

---

[45] Aliás, o número de médicos envolvidos neste crime é impressionante, bastando consultar os registros criminais.

[46] Ver o caso de João de Deus, o médium ou curador que se valia da sua posição para impor, por meio de fraude, às vítimas, toques voluptuosos e lascivos, gerando traumas graves. Muitas de suas atitudes configuraram, além da violação mediante fraude, o estupro de vulnerável. Consultar Cristina Fibe, *João de Deus. O abuso da fé.*

[47] Entretanto, NORONHA traça um paralelo entre a fraude empregada pelo agente e a violência presumida. Diz: "o agente usou de fraude foi porque sabia da oposição da vítima ao ato, se lho revelasse e quisesse consumá-lo com o seu conhecimento, e assim faltando a resistência e a oposição da vítima, o seu dissenso é presumido" (*Crimes contra os costumes*, p. 98).

Ato libidinoso é o ato capaz de gerar prazer sexual, satisfazendo a lascívia (ex.: coito anal, sexo oral, beijo lascivo).

Carmo Antônio de Souza, desembargador do Tribunal de Justiça do Amapá, narra o seguinte: "no exercício da atividade judicial por mais de vinte anos, nunca havia me deparado com um caso concreto. Contudo, recentemente, coube-me a relatoria de um fato inusitado: a noiva dormia em um dos quartos da casa do noivo e este comunicou a ela que sairia, mas voltaria em minutos. A noiva, sonolenta, concordou e voltou a dormir. Logo depois acordou com alguém lhe tocando e, pensando tratar-se do noivo, aquiesceu com a relação sexual. Em certo momento, percebendo a diferença anatômica do corpo que a possuía com o do noivo, acendeu a luz. Para sua surpresa, era um desconhecido que saiu correndo".[48]

A pena prevista para este crime é de reclusão, de 2 a 6 anos. Se o crime for cometido com a finalidade de obter vantagem econômica, aplica-se também multa (art. 215, parágrafo único, do CP).

3.1.1 Confusão com o art. 217-A e cautela na aplicação do art. 215

É preciso precaução para não misturar os elementos do tipo previstos no art. 217-A com os elementos do art. 215. Afinal, no cenário do estupro de vulnerável, há referência a quem, por enfermidade ou deficiência mental, não tiver o necessário discernimento para o ato, bem como aquele que, por qualquer outra causa, não possa oferecer resistência.

São similares os elementos dos dois tipos penais, mas é preciso vislumbrar as diferenças existentes: a) no contexto do art. 217-A, em qualquer das duas hipóteses, busca-se uma *ausência* de discernimento para a prática do ato ou uma *completa* falta de resistência; b) no art. 215, está-se diante de aspectos *relativos* da livre manifestação, ou seja, a vítima, mesmo enferma ou deficiente, tem condições mínimas para perceber o que se passa e manifestar a sua vontade. Diga-se o mesmo acerca da resistência; quando esta for relativa, insere-se a conduta no art. 215, mas, quando for absoluta, utiliza-se o art. 217-A. Ainda assim, torna-se necessário agir com cuidado, pois há várias pessoas que têm relação sexual em estado de embriaguez, não se podendo dizer, automaticamente, ter havido um crime (art. 215 ou art. 217-A).

É fundamental verificar os fatos antecedentes a tal relação, bem como o que houve depois. Em outros termos, tratando-se de pessoas que se conhecem, já mantiveram relações noutra data, bem como continuam a se comunicar normalmente após o ato sexual, não há que falar na figura do art. 215. Reserva-se esse tipo penal para o caso de pessoas estranhas, como regra, em que uma, sóbria, leva outra, embriagada, para a cama, mantendo qualquer ato libidinoso do qual a pessoa ofendida não tinha plena capacidade de entender.

3.2 Sujeitos ativo e passivo

O sujeito ativo pode ser qualquer pessoa, assim como o sujeito passivo. A relação mantida com menor de 14 anos configura estupro de vulnerável (art. 217-A), mesmo que seja com fraude ou outro mecanismo similar. É importante ressaltar que há um número peculiar

---

[48] *Crimes sexuais*, p. 31.

de médicos como agentes desse crime, justamente porque têm a roupagem da profissão para acesso mais próximo em relação à vítima, além de muitos terem acesso à pessoa para exames e consultas em cenário de intimidade.[49]

Antes da reforma penal introduzida pelas Leis 11.106/2005 e 12.015/2009, exigia-se, como sujeito passivo, a mulher honesta, uma nítida manifestação machista da sociedade da época de edição do Código de 1940. Dizia MAGALHÃES NORONHA ser "mulher honesta a mulher honrada, a mulher de decoro, decência e compostura".[50] No fundo, era aquela que se preservava sexualmente até o casamento.

3.3   Elemento subjetivo

É o dolo. Não existe a forma culposa. Há elemento subjetivo específico, consistente em satisfazer a lascívia por meio da conjunção carnal ou do ato libidinoso.

3.4   Objetos material e jurídico

O objeto material é a pessoa que sofre a violação. O jurídico é a liberdade sexual.

3.5   Classificação

Trata-se de crime comum (aquele que não demanda sujeito ativo qualificado ou especial); material (delito que exige resultado naturalístico, consistente na conjunção carnal ou na prática de ato libidinoso); de forma livre (pode ser cometido por qualquer meio eleito pelo agente); comissivo ("ter" implica ação); instantâneo (cujo resultado se dá de maneira instantânea, não se prolongando no tempo); de dano (consuma-se apenas com efetiva lesão a um bem jurídico tutelado); unissubjetivo (que pode ser praticado por um só agente); plurissubsistente (como regra, vários atos integram a conduta); admite tentativa.

3.6   Aplicação da multa

Havendo, por parte do agente, a finalidade de obtenção de vantagem econômica, deve o magistrado aplicar também a pena de multa (art. 215, parágrafo único, CP). Entretanto, parece-nos muito rara uma hipótese em que o autor tenha finalidade de lucro no cenário da violação sexual mediante fraude. Pode-se, eventualmente, imaginar a mulher que deseje engravidar de um milionário, motivo pelo qual, embriagando-o, não completamente, termina por manter a relação sexual, sem preservativo, buscando, sem dúvida, vantagem econômica, ainda que por meio da criança (pensão alimentícia ou herança).

---

[49]   Um dos casos notórios a respeito disso é o do ex-médico condenado, Roger Abdelmassih, que conseguia a confiança de suas pacientes por meio de fraude, investindo contra elas em diversas situações. Muitos dos casos terminaram tipificados como estupro de vulnerável, porque as pacientes eram violadas quando estavam anestesiadas ou em estado pós-anestésico. De qualquer forma, o acesso às ofendidas decorria da fraude decorrente da confiança firmada entre médico e paciente. Conferir: VICENTE VILARDAGA. A clínica. A farsa e os crimes de Roger Abdelmassih. Rio de Janeiro-São Paulo: Editora Record, 2016.

[50]   Crimes contra os costumes, p. 99.

3.7   Quadro-resumo

Previsão legal	**Violação Sexual Mediante Fraude** **Art. 215.** Ter conjunção carnal ou praticar outro ato libidinoso com alguém, mediante fraude ou outro meio que impeça ou dificulte a livre manifestação de vontade da vítima: Pena – reclusão, de 2 (dois) a 6 (seis) anos. **Parágrafo único.** Se o crime é cometido com o fim de obter vantagem econômica, aplica-se também multa.
Sujeito ativo	Qualquer pessoa
Sujeito passivo	Qualquer pessoa
Objeto material	Pessoa que sofre a violação
Objeto jurídico	Liberdade sexual
Elemento subjetivo	Dolo + elemento subjetivo específico
Classificação	Comum Material Forma livre Comissivo Instantâneo Dano Unissubjetivo Plurissubsistente
Tentativa	Admite
Circunstâncias especiais	Ampliação do tipo Multa

4.   IMPORTUNAÇÃO SEXUAL

4.1   Estrutura do tipo penal incriminador

O tipo penal é constituído pelo verbo principal *praticar*, que significa realizar, executar algo ou exercitar, em suas formas básicas. A realização refere-se a um ato *libidinoso* (ato voluptuoso, lascivo, apto à satisfação do prazer sexual). Para deixar clara a existência de uma vítima direta – e não algo voltado à coletividade (como é o caso da prática de ato obsceno – art. 233, CP) –, inseriu-se a expressão contra alguém (contra qualquer pessoa humana, sem distinção de gênero). Mesmo sendo desnecessário, ingressou-se com elementos pertinentes à ilicitude, moldando a expressão *sem a sua anuência* (sem autorização, sem consentimento válido). E, finalizando, o tipo penal indica a finalidade específica do ato libidinoso, que é praticamente óbvia: satisfação da própria lascívia (prazer sexual) ou de terceiro.[51]

Em cenário sexual, pessoas acima de 14 anos podem dar consentimento válido para o contato sexual. Por outro lado, *sem o consentimento*, inúmeras condutas podem

---

[51]   Este crime teve origem em caso concreto, ocorrido em ônibus, na cidade de S. Paulo, nos idos de 2017, quando um sujeito se masturbou e ejaculou sobre uma moça sentada num dos bancos do coletivo. Não havia possibilidade de enquadrar a situação em estupro, ao mesmo tempo em que se percebeu a inocuidade de se tipificar como contravenção penal.

ser inseridas no contexto do novo crime: masturbar-se na frente de alguém de maneira persecutória; ejacular em alguém ou próximo à pessoa, de modo que esta se constranja; exibir o pênis a alguém de maneira persecutória; tirar a roupa diante de alguém, igualmente, de maneira persecutória, entre outros atos envolvendo libidinagem, *desde que se comprove a finalidade específica de satisfação da lascívia*, ao mesmo tempo que constranja a liberdade sexual da vítima.

Sob outro prisma, quem faz xixi na rua pode até exibir o pênis, mas a sua finalidade não tem nenhum liame com prazer sexual. Diga-se o mesmo do ato de tirar a roupa: pode ter conotação artística, naturista, necessária para algo, mas sempre *desprovida* de libidinagem. E, se forem tais atitudes tipificadas, o crime diz respeito ao ato obsceno (art. 233, CP).

A pena é de reclusão, de 1 a 5 anos, se não constituir crime mais grave (como o estupro).

4.2   Sujeitos ativo e passivo

O sujeito ativo é o autor do ato libidinoso, logo, qualquer pessoa. O sujeito passivo é o alvo do ato libidinoso, podendo ser qualquer pessoa. Lembre-se de que, cuidando-se de menor de 14 anos, conforme o caso concreto, pode configurar-se o estupro de vulnerável, nos termos do art. 217-A.[52]

4.3   Elemento subjetivo

É o dolo. Existe o elemento subjetivo específico, consistente em *satisfazer a própria lascívia ou a de terceiro*. Não há a forma culposa.

4.4   Objetos material e jurídico

O objeto material é a pessoa contra a qual o ato libidinoso é dirigido. O objeto jurídico é a liberdade sexual.

4.5   Classificação

Trata-se de crime comum (pode ser cometido por qualquer pessoa); material (delito que exige um resultado naturalístico, consistente na efetiva prática do ato libidinoso, visível e certo para a vítima, acarretando-se lesão à sua liberdade sexual); de forma livre (a libidinagem pode ser realizada de qualquer maneira); comissivo (trata-se de crime de ação, conforme evidencia o verbo nuclear do tipo); instantâneo (o resultado se dá de modo determinado na linha do tempo); de dano (consuma-se com a lesão à liberdade sexual de alguém); unissubjetivo (pode ser cometido por uma só pessoa); plurissubsistente (a regra é que a prática libidinosa envolva vários atos); admite tentativa.

---

[52] Sobre o tema, o Superior Tribunal de Justiça decidiu que "presente o dolo específico de satisfazer à lascívia, própria ou de terceiro, a prática de ato libidinoso com menor de 14 anos configura o crime de estupro de vulnerável (art. 217-A do CP), independentemente da ligeireza ou da superficialidade da conduta, não sendo possível a desclassificação para o delito de importunação sexual (art. 215-A do CP)" (REsp 1.954.997/SC, Rel. Ribeiro Dantas, 3.ª Seção, 08.06.2022, *DJe* 01.07.2022).

4.6   Quadro-resumo

Previsão Legal	**Importunação sexual** **Art. 215-A.** Praticar contra alguém e sem a sua anuência ato libidinoso com o objetivo de satisfazer a própria lascívia ou a de terceiro: Pena – reclusão, de 1 (um) a 5 (cinco) anos, se o ato não constitui crime mais grave **Atentado ao Pudor Mediante Fraude** **Art. 216.** *Revogado pela Lei 12.015/2009.*
Sujeito ativo	Qualquer pessoa
Sujeito passivo	Qualquer pessoa
Objeto material	Pessoa a quem o ato libidinoso é dirigido
Objeto jurídico	Liberdade sexual
Elemento subjetivo	Dolo + elemento subjetivo específico
Classificação	Comum Material Forma livre Comissivo Instantâneo Dano Unissubjetivo Plurissubsistente
Tentativa	Admite

5.   ASSÉDIO SEXUAL

Acesse e escute
**o podcast sobre
Assédio sexual.**

> http://uqr.to/1ynp5

5.1   Estrutura do tipo penal incriminador

Constranger tem significados variados – tolher a liberdade, impedir os movimentos, cercear, forçar, vexar, oprimir –, embora prevaleça, quando integra tipos penais incriminadores, o sentido de forçar alguém a fazer alguma coisa. No caso presente, no entanto, a construção do tipo penal não foi bem-feita.[53] Nota-se que o verbo *constranger* exige um complemento. Constrange-se alguém *a alguma coisa*. Assim, no caso do constrangimento ilegal (art. 146, CP), força-se alguém a não fazer o que a lei permite ou a fazer o que ela não manda. No contexto do crime sexual previsto no art. 213 do Código Penal, obriga-se pessoa a manter

---

[53]   Havia possibilidade de se descrever de maneira mais simples e menos confusa o assédio sexual. Ilustra-se com o art. 220-A do CP panamenho: "quem, por motivações sexuais e abusando de sua posição, assedie uma pessoa de um ou outro sexo, será sancionado com pena de prisão de 1 a 3 anos" (traduzimos). Pode não ser a melhor fórmula, mas já é mais clara que o art. 216-A do nosso CP (Virginia Arango Durling, Il delito de acoso sexual. In: Manuel Jaén Vallejo (Dir.); Luis Reyna Alfaro (Coord.). *Sistemas penales iberoamericanos.* Libro homenaje al Profesor Dr. D. Enrique Bacigalupo en su 65 aniversario, p. 979).

conjunção carnal ou outro ato libidinoso (estupro). Logo, há sentido na construção do tipo penal, a ponto de se poder sustentar ser o delito de estupro complexo em sentido amplo, isto é, aquele que se forma pela junção de um tipo incriminador com outra conduta qualquer. O estupro, por exemplo, é a união do constrangimento ilegal associado à conjunção carnal ou outro ato libidinoso. Por isso, trata-se de um constrangimento ilegal específico, voltando-se a ofensa à liberdade sexual.

O tipo penal do art. 216-A, no entanto, menciona, apenas, o verbo *constranger*, sem qualquer complementação, dando a entender que está incompleto. Afinal, a previsão "com o intuito de obter vantagem ou favorecimento sexual" é somente elemento subjetivo específico, dizendo respeito à vontade, sem qualquer ligação com a conduta retratada pelo constrangimento. Queremos crer que a única maneira viável de se compatibilizar essa redação defeituosa com o intuito legislativo, ao criar a figura criminosa do assédio sexual, é interpretar que se trata de um constrangimento ilegal específico, apto a acossar, importunar e envergonhar a pessoa ofendida.[54]

Assim, deve-se entender que a intenção do autor do assédio é forçar a vítima a fazer algo que a lei não manda ou não fazer o que ela permite, desde que ligado a vantagens e favores sexuais. Quer o agente obter, em última análise, a satisfação da sua libido – por isso o favorecimento é sexual – de qualquer forma. A concessão de vantagem sexual não é, por si, ilegal, mas, ao contrário, trata-se de fruto da liberdade de qualquer pessoa. Por isso, somente quando o superior força o subordinado a lhe prestar tais favores, sem a sua concordância livre e espontânea, termina *constrangendo* a vítima a fazer o que a lei não manda.

Buscando explicar o tipo, ALUÍZIO BEZERRA FILHO menciona que "a primeira fase da execução, o seu começo, pois está dentro do próprio tipo, é a proposição indecente, na forma de ameaça ou chantagem, pois traz consigo alguma retaliação se a pessoa negar-se a prestá--la. A integração do delito consubstancia-se com a efetiva realização dos fatos projetados de forma positiva ou negativa, afetando diretamente o bem jurídico tutelado, a liberdade sexual, a dignidade e a não discriminação laboral".[55]

Em síntese: qualquer conduta opressora, tendo por fim obrigar a parte subalterna, na relação laborativa, à prestação de qualquer favor sexual, configura o assédio sexual. Aliás, melhor teria sido descrever o crime em comento com os significados verdadeiramente pertinentes ao contexto para o qual o delito foi idealizado. *Assediar* significa "perseguir com propostas; sugerir com insistência; ser importuno ao tentar obter algo; molestar".[56] E, na mesma obra, cuida-se do *assédio sexual*, nos seguintes termos: "Insistência importuna de alguém em posição privilegiada, que usa dessa vantagem para obter favores sexuais de um subalterno".[57]

O que se pretendeu atingir foi o superior, na relação empregatícia, que persegue os funcionários, insistentemente, com propostas sexuais, importunando-os. Atinge-lhes a liberdade sexual; em última análise, a dignidade sexual. Essa deveria, pois, ter sido a descrição feita no tipo penal incriminador e jamais a utilização inoportuna do verbo *constranger*, que é

---

[54] ANDRÉ BOIANI E AZEVEDO, no mesmo sentido, narra que "o verbo 'constranger', com o sentido de coagir, é transitivo direto e indireto, ou seja, '(...) *transita direta e indiretamente para o seu complemento*'. Em outras palavras, o agente constrange alguém a alguma coisa" (*Assédio sexual*. Aspectos penais, p. 89). Na mesma ótica, PIERANGELI e CARMO DE SOUZA (*Crimes sexuais*, p. 36-37).

[55] *Crimes sexuais*, p. 71.

[56] *Dicionário Houaiss da língua portuguesa*, p. 319.

[57] *Dicionário Houaiss da língua portuguesa*, p. 319.

algo mais sério e vinculado a um objeto certo, o que não figurou no art. 216-A. Finalmente, acrescente-se que o verbo central deve ser conjugado com a figura secundária *prevalecer-se* – levar vantagem, tirar proveito. O constrangimento associa-se à condição de tirar vantagem de alguém, em razão da condição de superior hierárquico ou ascendência no exercício de cargo, função ou emprego.

Quanto à expressão *vantagem,* quer dizer ganho ou proveito; *favorecimento* significa benefício ou agrado. Na essência, são termos correlatos e teria sido suficiente utilizar apenas um deles na construção do tipo penal, pois, na prática, é impossível diferenciá-los com segurança.[58]

O agente do crime deve valer-se de sua superioridade perante a vítima. O tipo penal lança duas possibilidades: superior hierárquico ou ascendência, ambas inerentes ao exercício do emprego, cargo ou função.

Superior hierárquico é uma expressão utilizada para designar o funcionário possuidor de maior autoridade na estrutura administrativa pública, civil ou militar, que possui poder de mando sobre outros. Não se admite, nesse contexto, a relação de subordinação existente na esfera civil. Aliás, tal interpretação está em consonância com o entendimento dominante a respeito da obediência hierárquica – excludente de culpabilidade – somente utilizável na esfera do direito público. Não se configura o crime de assédio sexual caso os funcionários possuam o mesmo nível, tampouco quando o de menor poder de mando assedia o chefe ou superior.

Ascendência significa superioridade ou preponderância. No caso presente, refere-se ao maior poder de mando, que possui um indivíduo, na relação de emprego, no tocante a outro. Liga-se ao setor privado, podendo tratar-se tanto do dono da empresa quanto do gerente ou outro chefe, também empregado. Não há qualquer possibilidade de haver assédio sexual quando envolver empregados de igual escalão, tampouco quando o de menor autoridade assediar o de maior poder de mando.

Exercício de emprego, cargo ou função une-se à superioridade hierárquica e à ascendência. *Emprego* é a relação trabalhista estabelecida entre aquele que emprega, pagando remuneração pelo serviço prestado, e o empregado, aquele que presta serviços de natureza não eventual, mediante salário e sob ordem do primeiro. Refere-se, nesse caso, às relações empregatícias na esfera civil. *Cargo,* para os fins deste artigo, é o público, que significa o posto criado por lei na estrutura hierárquica da Administração Pública, com denominação e padrão de vencimentos próprios. *Função,* para os fins deste crime, é a pública, significando o conjunto de atribuições inerentes ao serviço público, não correspondentes a um cargo ou emprego.[59] O crime de assédio sexual somente se aperfeiçoa se o sujeito ativo constranger a vítima, sua subordinada, por conta de relação de emprego ou estrutura hierárquica da administração, *valendo-se* do cargo, função ou emprego. Caso o assédio se realize, por exemplo, num local de lazer, como um clube, desvinculado da relação patrão-empregado (ou superior-subordinado), o tipo penal do art. 216-A não se concretiza.

---

[58] Com razão, ANDRÉ BOIANI E AZEVEDO expressa que "melhor seria, então, que o legislador tivesse utilizado as já consagradas expressões 'conjunção carnal' ou 'ato libidinoso diverso desta', pois, embora seja verdade que tais expressões também trazem problemas de interpretação (beijo lascivo, contemplação lasciva etc.), já foram estes exaustivamente estudados e solidificados na doutrina e jurisprudência" (*Assédio sexual.* Aspectos penais, p. 96-97).

[59] MARIA SYLVIA ZANELLA DI PIETRO, *Direito administrativo*, p. 420-421.

Em igual ótica, define Laerte I. Marzagão Jr.: "no Direito pátrio, a figura do assédio sexual restringe-se ao constrangimento criminoso, manifestado única e tão somente em um contexto laboral, por parte do chefe, patrão ou superior hierárquico contra o empregado ou subordinado, com o objetivo de se auferir vantagem de natureza sexual".[60]

5.1.1   Sobre o princípio da intervenção mínima

Acreditávamos ser desnecessária a criação do delito de assédio sexual no Brasil, porque esses conflitos, embora ilícitos, poderiam ser resolvidos de forma satisfatória pelas esferas civil e trabalhista. E, quando no âmbito público, também pela órbita administrativa.

Historicamente, André Boiani e Azevedo narra que o caso *Willims v. Saxbe* "deu início ao que doutrinariamente se passou a chamar de assédio sexual *quid pro quo*, ou *something for something* (isto por aquilo – assédio por chantagem)". Salienta o autor que o número de ações por assédio sexual cresceu muito entre 1991 e 1993, abrangendo, inclusive, a acusação de Anita Hill ao Magistrado da Suprema Corte Americana Clarence Thomas. Na sequência, o assunto repercutiu na Europa e, em 27 de novembro de 1991, a Comissão da União Europeia aprovou uma recomendação relativa à proteção da integridade da mulher e do homem no trabalho, reconhecendo a existência do assédio sexual.[61]

Poder-se-ia destacar o fato de que a punição por tal conduta ilícita seria compatível com os ramos extrapenais. No entanto, há condutas visivelmente transgressoras e abusivas, aptas a traumatizar a vítima, que se sente diminuída e desrespeitada no âmbito da dignidade sexual.

Boiani e Azevedo aquiesce em face da imensa dificuldade de se estabelecer um limite seguro entre o assédio sexual ilícito e a normal liberdade de expressão voltada a relacionamentos amorosos ou sexuais.[62] Ainda assim, há condutas afrontosas à liberdade sexual de funcionários, com as quais não se pode contemporizar.

Desse modo, atualmente, entendemos que, além das sanções trabalhistas, administrativas e civis, há condutas tão graves que precisam figurar no ambiente penal. Não se desconhece a dificuldade probatória, visto que muitos delitos dependem exclusivamente da palavra da vítima, embora isto se dê, também, em outros crimes sexuais

A pena para quem comete o crime previsto no *caput* do art. 216-A do CP é de detenção, de 1 a 2 anos. Se a vítima é menor de 18 anos, a pena será aumentada em até 1/3 (art. 216-A, § 2.º, do CP).

5.2   Sujeitos ativo e passivo

O sujeito ativo somente pode ser pessoa que seja superior ou tenha ascendência, em relação laborativa, sobre o sujeito passivo. Este, por sua vez, só pode ser o subordinado ou empregado de menor escalão.

Por se tratar de delito sexual, é importante mencionar que a figura típica não faz qualquer distinção relativamente ao sexo dos sujeitos envolvidos, podendo ser sujeito ativo tanto o homem quanto a mulher, valendo o mesmo para o sujeito passivo. Pouco importa, ainda, se o interesse é heterossexual ou homossexual. Pessoas de vida libertina (como prostitutas)

---

[60]   *Assédio sexual e seu tratamento no direito penal*, p. 66.

[61]   *Assédio sexual*. Aspectos penais, p. 40, 44-45.

[62]   *Assédio sexual*. Aspectos penais, p. 48.

podem ser sujeitos passivos do crime, embora seja ainda mais difícil comprovar a existência da infração penal.

Como demonstra LAERTE I. MARZAGÃO JR., "inegável o fato de as mulheres serem as principais vítimas do assédio sexual nos dias de hoje, porém, importa asseverar, que não se identifica no texto legal, qualquer restrição ao sexo da vítima para configuração do crime. Homens e mulheres podem, indistintamente, figurar como sujeitos passivos da conduta criminosa praticada por pessoa do sexo oposto ou do mesmo sexo (assédio sexual heterossexual ou homossexual)".[63]

5.3   Elemento subjetivo

É o dolo. Exige-se elemento subjetivo específico, consistente no "intuito de obter vantagem ou favorecimento sexual". Não há a forma culposa.

5.4   Seriedade da ameaça

Embora não se exija, no tipo penal, que exista uma ameaça grave, é preciso considerar que a obtenção de favor sexual do subordinado não deve prescindir de uma ameaça desse tipo, capaz de comprometer a tranquilidade da vítima, podendo ser de qualquer espécie – desemprego ou preterição na promoção, por exemplo.

A fragilidade da ameaça, porque inconsistente o gesto do autor ou por conta do tom de gracejo do superior, não é capaz de configurar o delito. Do contrário, qualquer tipo de abordagem estaria vetado, coibindo-se a prática milenar de flerte entre as pessoas, motivada por desejos sexuais. Não é, naturalmente, esse o objetivo da norma penal criada. Por outro lado, havendo a utilização da prática de mal injusto e grave, que configuraria o delito do art. 147 (ameaça), está este absorvido pelo assédio sexual, pois a ameaça, seja de mal injusto ou justo, faz parte do tipo penal. O crime-meio pode ser a ameaça (art. 147) para atingir o crime-fim (art. 216-A).

5.5   Injustiça da ameaça

Não é exigida. Para a caracterização do delito, basta que o agente, prevalecendo-se de seu poder de mando, constranja a vítima, por meio de gestos ameaçadores, com finalidade de obter favor sexual. Se o fizer, invocando ameaça justa – ex.: preterir o empregado na próxima promoção, o que iria mesmo ocorrer, porque outro funcionário, mais bem preparado, está à sua frente –, o crime está identicamente concretizado. O cerne é infundir temor ao empregado, pouco interessando se há justiça ou injustiça na ameaça velada, transmitida pelo superior para conseguir favorecimento sexual.

5.6   Objetos material e jurídico

O objeto material do crime é a pessoa que sofre o constrangimento. O objeto jurídico é a liberdade sexual. Outras legislações penais estrangeiras consideram o bem jurídico tutelado a dignidade humana, a honestidade, a integridade moral, entre outros.[64]

---

[63]   *Assédio sexual*, p. 150-151.

[64]   VIRGINIA ARANGO DURLING, El delito de acoso sexual, In: MANUEL JAÉN VALLEJO (Dir.); LUIS REYNA ALFARO (Coord.). *Sistemas penales iberoamericanos*. Libro homenaje al Profesor Dr. D. Enrique Bacigalupo en su 65 aniversario, p. 980-981.

5.7   Classificação

Trata-se de crime próprio (aquele que só pode ser cometido por sujeito qualificado, no caso é o superior hierárquico ou chefe da vítima); formal (crime que não exige, para sua consumação, resultado naturalístico, consistente em obter o agente o favor sexual almejado). Caso consiga o benefício sexual, o delito atinge o exaurimento; de forma livre (aquele que pode ser cometido de qualquer forma eleita pelo agente); comissivo (o verbo *constranger* implica ação); instantâneo (cuja consumação não se prolonga no tempo, dando-se em momento determinado); unissubjetivo (aquele que pode ser cometido por um único sujeito); unissubsistente (praticado num único ato) ou plurissubsistente (delito cuja ação é composta por vários atos, permitindo-se o seu fracionamento), conforme o caso concreto; admite tentativa na forma plurissubsistente, embora seja de difícil configuração.

5.8   Particularidades do crime de assédio sexual

5.8.1   Relação entre docente e aluno

Não configura o delito. O tipo penal foi bem claro ao estabelecer que o constrangimento necessita envolver superioridade hierárquica ou ascendência *inerentes* ao exercício de emprego, cargo ou função. Ora, o aluno não exerce emprego, cargo ou função na escola que frequenta, de modo que na relação entre professor e aluno, embora possa ser considerada de ascendência do primeiro no tocante ao segundo, não se trata de vínculo de trabalho. Mencionando ser também a posição de Cezar Roberto Bitencourt, André Boiani e Azevedo conclui ser essa a posição "mais coerente, apesar de não haver dúvida de que o professor pode assediar sexualmente seus alunos, fato que não autoriza suplantar-se o princípio da legalidade, ou seja, não se pode suprir eventuais 'falhas' da lei interpretando-as extensivamente".[65]

Não vemos problema em utilizar a interpretação extensiva, no direito penal, para beneficiar ou prejudicar o acusado, pois não se trata de integração de lacuna, como se faz com a analogia, mas somente a extração do real significado da norma. No entanto, na hipótese retratada neste item não se vislumbra campo para a utilização de interpretação extensiva. Embora o tipo contenha vários defeitos, foi claro ao indicar uma relação hierárquica ou de ascendência no tocante a quem exerce emprego, cargo ou função. Ora, o aluno não se encaixa em nenhuma dessas situações. Não há espaço nem mesmo interpretação extensiva.

No entanto, há julgado do Superior Tribunal de Justiça, valendo-se de interpretação teleológica, para acolher a relação entre professor e aluno como apta a configurar este tipo penal. Note-se que essa forma de interpretação pode produzir maior ampliação do alcance do tipo incriminador do que a própria interpretação extensiva, abrangendo diversas outras situações, como a de ministro religioso e fiel, médico e paciente, entre outros, o que nos parece excessivo.

5.8.2   Relação entre ministro religioso e fiel

Não se configura o crime de assédio sexual, pelas mesmas razões já expostas na nota anterior. O padre, por exemplo, não tem relação laboratória, caracterizadora de poder de mando, estando fora da figura típica. Não deveria estar alheio a esse delito, pois há possibilidade

---

[65]   *Assédio sexual.* Aspectos penais, p. 109.

fática de existir assédio sexual nesse contexto, ainda que motivada a subserviência pela fé, visto existir o liame de ascendência de um (sacerdote) sobre outro (fiel).

5.8.3   Relação entre patrão e empregada doméstica

Pode configurar o crime, pois existe a relação de emprego e há ascendência de um (patrão) sobre a outra (doméstica).

5.8.4   Paixão do agente pela vítima

Não serve para excluir o delito. O art. 28, I, do Código Penal é claro ao dispor que a emoção e a paixão não afastam a responsabilidade penal. Assim, ainda que o autor do delito esteja, realmente, apaixonado pela vítima, exigindo dela favores sexuais, valendo-se da condição de superior na relação empregatícia, o crime está configurado. Entretanto, pode a paixão justificar uma perseguição mais contundente do superior à vítima, sem que isso configure assédio sexual, desde que a intenção do agente fique nitidamente demonstrada, ou seja, não se trata de atingir um mero favorecimento sexual, mas uma relação estável e duradoura. Faltaria, nessa hipótese, o elemento subjetivo específico, que é a obtenção de *vantagem* ou *favor* sexual – algo incompatível com a busca de um relacionamento sólido. O que é inadmissível, no entanto, é valer-se da condição de superior para exigir um contato sexual, a fim de garantir uma proximidade maior com a parte ofendida, mesmo que seja para posterior comprometimento sério. Em outras palavras, se o superior ficar atrás de uma funcionária, por exemplo, propondo-lhe namoro ou casamento, mas sem ameaçá-la, não há assédio. Se propuser, em nome do sentimento, contato sexual, sem qualquer ameaça, também não há crime. É o que defende Aluízio Bezerra Filho: "a paquera, a cantada ou até mesmo a busca por um relacionamento amoroso ou sexual não configura a conduta típica de assédio sexual no ambiente de trabalho. (...) O galanteio ou o elogio, proporcionadores de elevação da autoestima das pessoas, massageando seus egos e contribuindo para o bem-estar, não caracterizam assédio sexual, porquanto não envolvem o uso funcional como instrumento de sua finalidade".[66] Entretanto, se, em nome da paixão, constranger a vítima a conceder-lhe favores sexuais, certo de que, dessa forma, conseguirá conquistá-la, termina incidindo na figura do assédio sexual.

5.9   Causas de aumento da pena

Aplicam-se a esse delito as causas de aumento da pena (um quarto até metade), previstas no art. 226 do Código Penal, com alguns reparos. Se o crime for cometido por duas ou mais pessoas (inciso I), não há problema algum. Entretanto, se for ascendente, pai adotivo, padrasto, irmão, tutor ou curador, torna-se preciso que seja, também, empregador ou superior hierárquico do filho, enteado, irmão, tutelado ou curatelado.

Não é possível aplicar a causa de aumento referente a preceptor, pois se refere ao professor, não abrangido pelo crime de assédio sexual. Quanto a ser empregador, também não se aplica a causa de aumento, pois já faz parte do tipo penal do art. 216-A, não se prestando ao *bis in idem*. Pode não ser aplicável, ainda, a circunstância de ter, por qualquer outro título, autoridade sobre a vítima, desde que essa autoridade seja proveniente da relação de superioridade ou ascendência da relação laboral, pois característica do tipo básico.

---

[66]   *Crimes sexuais*, p. 77.

5.10 Veto ao parágrafo único

Dizia o dispositivo que "incorre na mesma pena quem cometer o crime: I – prevalecendo-se de relações domésticas, de coabitação ou de hospitalidade; II – com abuso ou violação de dever inerente a ofício ou ministério". A razão do veto, embora incompreensível, foi a seguinte: "No tocante ao parágrafo único projetado para o art. 216-A, cumpre observar que a norma que dele consta, ao sancionar com a mesma pena do *caput* o crime de assédio sexual cometido nas situações que descreve, implica inegável quebra do sistema punitivo adotado pelo Código Penal, e indevido benefício que se institui em favor do agente ativo daquele delito. É que o art. 226 do Código Penal institui, de forma expressa, causas especiais de aumento de pena, aplicáveis genericamente a todos os crimes contra os costumes, dentre as quais constam as situações descritas nos incisos do parágrafo único projetado para o art. 216-A.

Assim, no caso de o parágrafo único projetado vir a integrar o ordenamento jurídico, o assédio sexual praticado nas situações nele previstas não poderia receber o aumento de pena do art. 226, hipótese que evidentemente contraria o interesse público, em face da maior gravidade daquele delito, quando praticado por agente que se prevalece de relações domésticas, de coabitação ou de hospitalidade".

O veto é injustificado, pois o art. 226 menciona hipóteses perfeitamente compatíveis com as relações domésticas, de coabitação ou de hospitalidade. Trata do aumento de pena para quem agir em concurso de duas ou mais pessoas ou quando o agente for ascendente, pai adotivo, padrasto, irmão, tutor ou curador, preceptor ou empregador da vítima ou por qualquer outro título tenha autoridade sobre ela, bem como se for casado. Ora, o assédio sexual, tal como previsto no *caput*, ocorre nas relações empregatícias, não se referindo a relações domésticas, nem de coabitação e muito menos de hospitalidade. Tampouco o art. 226 se refere a elas. Logo, ainda que o art. 216-A tivesse o parágrafo único, seria possível aplicar, quando compatível, o art. 226. Talvez tivesse o Poder Executivo fixado as vistas apenas no tocante à relação entre pai e filho que, ao mesmo tempo em que pode ser de coabitação ou doméstica, também está prevista como causa de aumento no art. 226. Do modo como ficou, no entanto, se o pai assediar sexualmente a filha, por exemplo, não será punido, salvo se constituir outro crime sexual qualquer.

5.11 Causa específica de aumento de pena

Volta-se à figura do adolescente, vítima de assédio sexual no seu ambiente de trabalho. Conforme previsão constitucional, aptos a exercer atividade laborativa regularmente estão os menores com 16 e 17 anos (art. 7.º, XXXIII, CF). Abrange, ainda, o aprendiz, com 14 e 15 anos. No mais, se houver assédio em relação a menor de 14 anos, ainda que este esteja trabalhando irregularmente, configura-se estupro de vulnerável (ou tentativa), dependendo do caso concreto.

5.11.1 Aumento de até um terço

Prevê-se o aumento de *até um terço*, o que constitui nítida inovação no cenário da aplicação da pena. Entretanto, segundo nos parece, uma novidade infeliz. A fixação dos valores mínimo e máximo para as causas de aumento cabe ao legislador. Do contrário, o magistrado pode estabelecer o aumento de um dia (não deixa de ser quantidade que não ultrapassa um terço) na pena, o que frustraria a ideia de existência de causa de aumento da pena. O erro legislativo parece-nos claro. Exemplificando, o assédio sexual cometido contra menor de 18 anos poderia ser apenado em um ano e um dia de detenção, como pena mínima. O aumento seria pífio, logo, desnecessário e inútil.

5.12 Quadro-resumo

Previsão Legal	**Assédio Sexual** **Art. 216-A.** Constranger alguém com o intuito de obter vantagem ou favorecimento sexual, prevalecendo-se o agente de sua condição de superior hierárquico ou ascendência inerentes ao exercício de emprego, cargo ou função: Pena – detenção, de 1 (um) a 2 (dois) anos. **Parágrafo único.** *Vetado.* § 2.º A pena é aumentada em até um terço se a vítima é menor de 18 (dezoito) anos.
Sujeito ativo	Pessoa superior ou com ascendência laborativa sobre sujeito passivo
Sujeito passivo	Subordinado ou empregado de menor escalão
Objeto material	Pessoa que sofre o constrangimento
Objeto jurídico	Liberdade sexual
Elemento subjetivo	Dolo + elemento subjetivo específico
Classificação	Próprio Formal Forma livre Comissivo Instantâneo Dano Unissubjetivo Unissubsistente ou plurissubsistente
Tentativa	Admite na forma plurissubsistente

RESUMO DO CAPÍTULO

	Estupro Art. 213	Violação sexual mediante fraude Art. 215	Importunação sexual Art. 215-A	Assédio sexual Art. 216-A
Sujeito ativo	Qualquer pessoa	Qualquer pessoa	Qualquer pessoa	Pessoa superior ou com ascendência laborativa sobre sujeito passivo
Sujeito passivo	Qualquer pessoa	Qualquer pessoa	Qualquer pessoa	Subordinado ou empregado de menor escalão
Objeto material	Pessoa que sofre o constrangimento	Pessoa que sofre a violação	Pessoa a quem o ato libidinoso é dirigido	Pessoa que sofre o constrangimento

	Estupro Art. 213	Violação sexual mediante fraude Art. 215	Importunação sexual Art. 215-A	Assédio sexual Art. 216-A
Objeto jurídico	Liberdade sexual	Liberdade sexual	Liberdade sexual	Liberdade sexual
Elemento subjetivo	Dolo + elemento subjetivo específico	Dolo + elemento subjetivo específico	Dolo + elemento subjetivo específico	Dolo + elemento subjetivo específico
Classificação	Comum Material Forma livre Comissivo Instantâneo Dano Unissubjetivo Plurissubsistente	Comum Material Forma livre Comissivo Instantâneo Dano Unissubjetivo Plurissubsistente	Comum Material Forma livre Comissivo Instantâneo Dano Unissubjetivo Plurissubsistente	Próprio Formal Forma livre Comissivo Instantâneo Dano Unissubjetivo Unissubsistente ou plurissubsistente
Tentativa	Admite	Admite	Comum	Admite na forma plurissubsistente
Circunstâncias especiais	Qualificadora Resultado qualificador	Ampliação do tipo Multa	____	____

Capítulo I-A
Exposição da Intimidade Sexual

1. REGISTRO NÃO AUTORIZADO DA INTIMIDADE SEXUAL

1.1 Estrutura do tipo penal incriminador

Este é um exemplo de conduta geradora de um clamor social, captado pelo legislador e transformado em crime. Não se trata, portanto, de um *delito de mídia*, ou seja, um modismo qualquer ou ainda uma pressão de veículos de comunicação. A sociedade muito debateu o tema, antes de se tornar figura criminosa. Houve casos de adolescentes – especialmente meninas – que chegaram ao suicídio porque foram expostas pelo namorado ou pela companhia com quem saíram certa vez, quando este transmitiu pela rede mundial de computadores as fotos íntimas dos dois, ou somente as dela.

Criou-se o tipo de *registro não autorizado da intimidade sexual* (art. 216-B, CP) trazendo várias condutas, que são alternativas, ou seja, a prática de uma delas ou mais de uma gera um único crime, quando encaixados no mesmo contexto. No entanto, se o agente, por exemplo, fotografar alguém durante ato sexual, sem sua autorização, para, depois, tornar a fazer o mesmo com outra pessoa, naturalmente ingressa o concurso material de crimes, respondendo por dois delitos.

Sob outro aspecto, caso o agente fotografe a vítima nua e depois divulgue a foto pela internet, poderá responder, igualmente, por dois crimes: arts. 216-B e 218-C.

Os verbos são *produzir* (criar ou gerar algo), *fotografar* (inserir na memória de máquina), *filmar* (inserir dado em filme) ou *registrar* (inscrever algo na memória de qualquer máquina), tendo por objeto um *conteúdo com cena de nudez ou ato sexual ou libidinoso de caráter íntimo e privado*. Pouco importa se o agente participa disso ou não. Afinal, mesmo que ele filme ato sexual seu com outra pessoa, esta última é a vítima, caso inexista autorização. O modo de execução do delito é a *forma livre*, porque no tipo se lançou o termo *por qualquer meio*. Pode-se fotografar alguém diretamente ou fazê-lo de maneira camuflada, o que é indiferente para a configuração do crime. Porém, conforme a astúcia ou premeditação do agente, o juiz pode levar isso em conta no momento de fixar a pena (análise das circunstâncias judiciais do art. 59 do Código Penal).

Por outro lado, a cena de nudez pode ser total ou parcial, já que o tipo não especifica. Não havia necessidade de se inserir o termo *sexual* (algo relativo aos órgãos sexuais), pois está embutido no *ato libidinoso* (qualquer ato envolvendo prazer ou apetite sexual ou sensual). Esse ato – sexual ou libidinoso – é de caráter amplo, abrangendo qualquer espécie de volúpia (conjunção carnal, sexo oral, sexo anal, masturbação etc.).

Incluiu-se na descrição típica um elemento normativo, referente à ilicitude: "sem autorização dos participantes". Porém, havendo a referida autorização, que pode ser verbal ou por escrito, o fato se torna atípico. Como já frisamos, pode ser autor do crime um dos participantes da cena de nudez ou ato voluptuoso, quando capta imagens dos demais, *sem a autorização destes*. Pode-se dizer o mesmo no tocante a quem faz montagem (parágrafo único) de cenas de nudez ou atos de libidinagem, incluindo-se no quadro; o crime remanesce desde que os outros não tenham autorizado a referida montagem. Caso o agente promova o registro (ou montagem) e divulgue, o crime atinge o exaurimento, vale dizer, já se consumara quando a captação foi feita; a partir da sua publicidade, por qualquer meio, alcança-se o esgotamento do delito. Porém, o exaurimento foi tipificado à parte, inserindo-se no tipo penal do art. 218-C (divulgação de cena de estupro ou de cena de estupro de vulnerável, de cena de sexo ou de pornografia).

O registro não autorizado de cenas de nudez ou sexo explícito ou pornográfico envolvendo menores de 18 anos deve ser punido sob a órbita do Estatuto da Criança e do Adolescente (arts. 240, 241, 241-A, 241-B e 241-C).

Há, também, no parágrafo único do art. 216-B outras condutas, igualmente, delituosas: *realizar* (colocar algo em prática, criar), *montagem* (junção de peças ou partes de alguma coisa) em qualquer base material apta a captar e inserir imagens e sons (foto, vídeo, áudio etc.) relativa a determinada pessoa nos termos já declinados: em cena de nudez, total ou parcial; praticando ato sexual ou libidinoso, de caráter íntimo (reservado, privado).

A diferença da figura prevista no parágrafo único e a do *caput* é a seguinte: neste último, o agente capta imagens e/ou sons da vítima; no âmbito do parágrafo único, o agente monta quadros envolvendo a vítima, valendo-se de peças separadas (ex.: une fotos, reúne filmes etc.). Geralmente, a montagem é falsa (coloca-se a vítima em cena libidinosa, juntando fotos que, isoladamente, representam outra coisa), enquanto a captação é autêntica.

1.2 Sujeitos ativo e passivo

Os sujeitos ativo e passivo podem ser qualquer pessoa. No caso concreto, o sujeito passivo é a pessoa envolvida em cena de nudez ou ato libidinoso ou montagem com o mesmo caráter, sofrendo a exposição da sua intimidade sexual. É importante observar que recortar de uma revista pornográfica (ou dela tirar foto) para guardar não configura este tipo penal, visto que a pornografia, envolvendo sexo entre adultos, deu-se com o consentimento e por um valor comercial. Logo, a foto (ou filme) se torna pública. Quem deseja preservar a sua intimidade sexual não deve trabalhar nesse contexto.

1.3 Elemento subjetivo

É o dolo. Não há, na figura do *caput*, qualquer elemento subjetivo específico. O agente pode, ilustrando, fotografar uma mulher nua, por meio camuflado, tanto para satisfazer a sua lascívia como para dela se vingar, por qualquer razão, expondo a sua intimidade sexual. Não existe a forma culposa.

Na figura do parágrafo único, demanda-se, também, o dolo, e há o elemento subjetivo específico: *com o fim de incluir pessoa em cena de nudez ou ato sexual ou libidinoso de caráter íntimo*. Não há a forma culposa.

1.4 Objetos material e jurídico

Na figura do *caput*, o objeto material é o conteúdo produzido, fotografado, filmado ou registrado contendo cena de nudez ou ato sexual ou libidinoso de caráter íntimo e privado. O objeto jurídico é a dignidade sexual, envolvendo a intimidade e a privacidade da pessoa.

No tocante ao crime do parágrafo único (montagem de cena) o objeto material é a montagem realizada com cena de nudez ou ato sexual ou libidinoso de caráter íntimo e privado. O objeto jurídico é a dignidade sexual, envolvendo a intimidade e a privacidade da pessoa.

1.5 Classificação

Cuidam-se ambas as formas (*caput* e parágrafo único) de crime comum (pode ser cometido por qualquer pessoa); formal (consuma-se com a prática das condutas, independentemente de resultado naturalístico); de forma livre (pode ser executado por qualquer meio escolhido pelo agente); comissivo (cuida-se de delito de ação); instantâneo (consuma-se em determinado momento detectável na linha do tempo); unissubjetivo (pode ser praticado por uma só pessoa); plurissubsistente (cometido por vários atos). Admite tentativa.

1.6 Excludente de ilicitude ou de culpabilidade

Se alguém fotografou ou filmou uma cena de sexo, com o consentimento da outra parte, cuida-se de fato atípico. Mesmo que, em seguida, um dos fotografados ou filmados volte atrás e queira apagar a imagem. No momento em que houve o registro não havia ilicitude alguma, pois houve o consentimento de todos os participantes da imagem. Não se confunda o consentimento para a foto ou filmagem com a divulgação disso, pois são situações diferentes.

Por outro lado, imagine-se que um(a) artista famoso(a), já cansado de ser extorquido(a) por pessoas que dele(a) se aproveitam para pedir dinheiro depois da relação sexual, do contrário vai alegar ter havido estupro, gravar a cena, com o intuito de se prevenir. Não pretende usar para nada. Uma vez que seja acusado(a) de estupro, exibe a gravação, demonstrativa do ato sexual consensual. Está agindo dentro da excludente de culpabilidade de inexigibilidade de conduta diversa.

Poderia ser legítima defesa? Em tese, sim, desde que a gravação tenha início, após a outra parte dizer que vai denunciá-lo(a) por estupro. Nesse caso, houve agressão injusta, iminente, fazendo com que a parte ameaçada grave tudo, inclusive onde estão e em que estado (nus, por exemplo), captando inclusive a tentativa de extorsão que ali surge. Está registrando tudo para se defender.

RESUMO DO CAPÍTULO

Previsão legal	**Registro não autorizado da intimidade sexual** **Art. 216-B.** Produzir, fotografar, filmar ou registrar, por qualquer meio, conteúdo com cena de nudez ou ato sexual ou libidinoso de caráter íntimo e privado sem autorização dos participantes: Pena – detenção, de 6 (seis) meses a 1 (um) ano, e multa. **Parágrafo único.** Na mesma pena incorre quem realiza montagem em fotografia, vídeo, áudio ou qualquer outro registro com o fim de incluir pessoa em cena de nudez ou ato sexual ou libidinoso de caráter íntimo.
Sujeito ativo	Qualquer pessoa
Sujeito passivo	Qualquer pessoa
Objeto material	Material produzido, fotografado, filmado ou registrado contendo cena de nudez ou ato sexual ou libidinoso de caráter íntimo e privado
Objeto jurídico	A dignidade sexual
Elemento subjetivo	Dolo
Classificação	Comum Formal Forma livre Comissivo Instantâneo Unissubjetivo Plurissubsistente
Tentativa	Admite
Circunstâncias especiais	Possibilidade de excludente de ilicitude ou de culpabilidade

Capítulo II

Crimes Sexuais
contra Vulnerável

1. ESTUPRO DE VULNERÁVEL

Acesse e escute
**o podcast sobre
Estupro de
vulnerável.**

> *http://uqr.to/1ynp6*

1.1 Vulnerabilidade

Uma das modificações introduzidas pela Lei 12.015/2009 teve por fim eliminar a antiga denominação acerca da presunção de violência e sua classificação valendo-se de situações fáticas. Revogou-se o art. 224 e criou-se o art. 217-A para consolidar tal alteração, que, em verdade, foi positiva.

Mencionava o art. 224: "Presume-se a violência, se a vítima: *a)* não é maior de 14 (catorze) anos; *b)* é alienada ou débil mental, e o agente conhecia esta circunstância; *c)* não pode, por qualquer outra causa, oferecer resistência". O fulcro da questão era, simplesmente, demonstrar que tais vítimas (enumeradas nas alíneas *a, b* e *c*) não possuíam consentimento válido para ter qualquer tipo de relacionamento sexual (conjunção carnal ou outro ato libidinoso). A partir dessa premissa, estabeleceu o legislador a chamada *presunção de violência*, ou seja, se tais pessoas, naquelas situações retratadas no art. 224, não tinham como aceitar a relação sexual, pois incapazes para tanto, naturalmente era de se presumir tivessem sido obrigadas ao ato. Logo, a conduta do agente teria sido violenta, ainda que de forma indireta. Muita polêmica gerou essa expressão, pois em direito penal torna-se difícil aceitar qualquer tipo de presunção *contra* os interesses do réu, que é inocente até sentença condenatória definitiva.

Mesmo assim, desde o início da vigência do art. 224 do Código Penal de 1940, a doutrina questionou o critério de se inserir na lei uma idade fixa para o consentimento sexual, pois o amadurecimento varia de pessoa para pessoa. No entanto, a maior parte das legislações penais estrangeiras optou por uma idade fixa, evitando a apreciação do juiz, caso a caso, inexistindo tanta variação de decisões. Fez o mesmo o Brasil, elegendo os 14 anos, em 1940. E, depois, repetindo a mesma idade em 2009, como se nada tivesse mudado no comportamento dos jovens de lá para cá.

A mudança na terminologia configura-se adequada, retirando-se a expressão *presunção de violência*. Emerge o estado de vulnerabilidade e desaparece qualquer tipo de presunção.[1] São consideradas pessoas vulneráveis (despidas de proteção, passível de sofrer lesão), no campo sexual, os menores de 14 anos, os enfermos e deficientes mentais, quando não tiverem o necessário discernimento para a prática do ato, bem como aqueles que, por qualquer causa, não possam oferecer resistência à prática sexual. Independentemente de se falar em violência, considera a lei inviável, logo, proibida, a relação sexual mantida com tais vítimas, hoje enumeradas no art. 217-A do Código Penal. Não deixa de haver uma presunção nesse caso: baseado em certas probabilidades, supõe-se algo. E a suposição diz respeito à falta de capacidade para compreender a gravidade da relação sexual.

É bem verdade que a proteção construída pelo legislador eleva o ato sexual à categoria de ato pernicioso, ao menos quando exercido sem consentimento (aliás, justamente por isso, pune-se severamente o estupro). De uma relação sexual podem advir consequências negativas, sem dúvida: gravidez não desejada, transmissão de doenças, lesão à honra e à dignidade, entre outras. Atualmente, portanto, lida-se com um novo conceito introduzido no Código Penal, qual seja o da vulnerabilidade. Os pontos polêmicos em relação ao novel termo serão explorados em notas específicas.

1.1.1   Crime hediondo

Preceitua a Lei 8.072/1990 (art. 1.º, VI) ser o estupro de vulnerável um delito hediondo, trazendo, por consequência, todas as privações impostas pela referida lei, dentre as quais: o cumprimento da pena inicialmente em regime fechado (há decisão do STF proclamando a inconstitucionalidade da obrigatoriedade do início em regime fechado; consultar o HC 111.840/ES); a impossibilidade de obtenção de liberdade provisória, com fiança; o considerável aumento de prazo para a obtenção do livramento condicional, bem como para a progressão de regime; a impossibilidade de concessão de indulto, graça ou anistia, entre outros fatores.

1.2   Vulnerabilidade absoluta e vulnerabilidade relativa

Ao longo de anos, sem haver um consenso definitivo, debateram a doutrina e a jurisprudência se a presunção de violência, prevista no art. 224 do CP (revogado pela Lei 12.015/2009), em particular no tocante à pessoa menor de 14 anos, seria absoluta (não comportando prova em contrário) ou relativa (comportando prova em contrário). Em outros termos, poderia haver algum

---

[1]   Outros sistemas penais preferem denominar a situação como *violência imprópria* (José María Palacios Mejía, Um caso particular de violación impropia en la realidad hondureña, In: Manuel Jaén Vallejo (Dir.); Luis Reyna Alfaro (Coord.). *Sistemas penales iberoamericanos*. Libro homenaje al Profesor Dr. D. Enrique Bacigalupo en su 65 aniversario, p. 968).

caso concreto em que o menor de 14 anos tivesse a perfeita noção do que significaria a relação sexual, de modo que estaria afastada a presunção de violência? Muitas decisões de tribunais pátrios, mormente quando analisavam situações envolvendo menores de 14 anos já prostituídos, terminavam por afastar a presunção de violência, absolvendo o réu. Seria, então, uma presunção relativa.

A modificação introduzida pela Lei 12.015/2009, eliminando a terminologia relativa à presunção de violência e inserindo o conceito de vulnerabilidade, parecia ter colocado um fim a tal debate, apontando para a vulnerabilidade absoluta. Entretanto, assim não nos soou razoável, na ocasião. Somente pelo fato de a lei ter assumido outra roupagem na descrição da *presunção de violência* passaria a vulnerabilidade a ser considerada absoluta? Ter relação sexual com menor de 14 anos seria, sempre, estupro (art. 217-A)? Defendíamos devesse haver cautela nessa interpretação, levando-se o princípio da razoabilidade, especialmente no contexto dos adolescentes (12 e 13 anos).

Entretanto, a Lei 13.718/2018 introduziu o § 5.º no art. 217-A ("As penas previstas no *caput* e nos §§ 1.º, 3.º e 4.º deste artigo aplicam-se independentemente do consentimento da vítima ou do fato de ela ter mantido relações sexuais anteriormente ao crime"), ratificando o entendimento formado pela jurisprudência majoritária de que a vulnerabilidade é, sempre, absoluta para qualquer menor de 14 anos em qualquer situação.

A inclusão desse parágrafo possui o nítido objetivo de tornar claro o caminho escolhido pelo Parlamento, buscando colocar um fim à divergência doutrinária e jurisprudencial, no tocante à vulnerabilidade da pessoa menor de 14 anos. Elege-se a vulnerabilidade absoluta, ao deixar nítido que é punível a conjunção carnal ou o ato libidinoso com menor de 14 anos *independentemente de seu consentimento* ou *do fato de ela já ter tido relações sexuais anteriormente ao crime*. Em primeiro lugar, há de se concluir que qualquer pessoa com menos de 14 anos, podendo consentir ou não, de modo válido, leia-se, mesmo compreendendo o significado e os efeitos de uma relação sexual, está proibida, por lei, de se relacionar sexualmente. Descumprido o preceito, seu (sua) parceiro(a) será punido(a) (maior de 18, estupro de vulnerável; menor de 18, ato infracional similar ao estupro de vulnerável). Cai, por força de lei, a vulnerabilidade relativa de menores de 14 anos. Associa-se a lei ao entendimento esposado pelo Superior Tribunal de Justiça (Súmula 593). A segunda parte está enfocando, primordialmente, a prostituição infantojuvenil; afinal, a norma penal refere-se, de propósito, a *relações sexuais* (no plural), pretendendo apontar para a irrelevância da experiência sexual da vítima. Essa experiência, como regra, advém da prostituição.

O legislador, na área penal, manteve-se fiel a uma postura conservadora, ignorando a viabilidade de proibir somente as relações sexuais de menores de 12 anos (crianças), permitindo a verificação, no caso concreto, do grau de consentimento do adolescente (maior de 12 anos), seguindo a terminologia do Estatuto da Criança e do Adolescente.

Dispõe o art. 2.º deste Estatuto (Lei 8.069/1990) considerar-se criança a pessoa até doze anos de idade incompletos (11 anos completos) e adolescente aquela entre doze e dezoito anos (de 12 a 17 anos completos). Portanto, a vulnerabilidade deveria ser absoluta, no campo do consentimento sexual, para as crianças, mas relativa quanto aos adolescentes. Sendo absoluta, não comporta prova em contrário; se relativa, admite prova em sentido diverso para uma especial situação concreta. Afinal, os adolescentes já podem sofrer, a partir dos 12 anos, medidas socioeducativas, pelos atos infracionais praticados, mais severas que as crianças. Significa terem maior conhecimento e amadurecimento.

A despeito de ter a lei optado pela vulnerabilidade absoluta, há, em nossa visão, uma exceção à regra, visto que o Brasil é um país de natureza continental, com costumes e valores diferenciados em suas regiões. Sabe-se da existência de casais, em união estável, inclusive com filhos, possuindo a mãe seus 12 ou 13 anos no início da relação. Formou-se uma família, cuja proteção advém da Constituição Federal, não podendo prevalecer a lei ordinária. Preceitua o art. 226, *caput*, da CF: "a família, base da sociedade, tem especial proteção do Estado". Para efeito de proteção estatal, reconhece-se a união estável. Além disso, é uma entidade familiar toda comunidade formada por qualquer dos pais e seus descendentes. No art. 227 da Constituição, confere-se particular tutela à criança e ao adolescente, garantindo-lhe, entre outros direitos, a convivência familiar. Pode-se sustentar deva ser protegida a adolescente, que tenha tido relação sexual, dando à luz um filho, na sua dimensão familiar, evitando-se punir seu companheiro. As tensões entre as normas constitucionais e entre estas e as ordinárias tornam-se evidentes. Estabelecida a família, pela união estável, com filhos, parece-nos inconstitucional retirar o companheiro desse convívio com base em *vulnerabilidade absoluta*, reconhecida em lei ordinária. Acima de tudo, encontram-se a entidade familiar e o direito da criança nascida de conviver com seus pais em ambiente adequado. Punir o jovem pai com uma pena mínima de oito anos de reclusão não se coaduna com a tutela da família, base da sociedade, merecedora da proteção estatal. Diante disso, a única hipótese na qual se deve, privilegiando o texto constitucional em prol da família e da criança nascida, absolver o pai da acusação de estupro de vulnerável é esta. A supremacia do bem jurídico *entidade familiar* e a do princípio da *absoluta prioridade de proteção à criança* são suficientes para afastar a aplicação do § 5.º do art. 217-A.

Em outro prisma, quanto à enfermidade ou deficiência mental, cuida-se de vulnerabilidade relativa, porque a própria lei aponta para a verificação do seu discernimento para a prática sexual. Somente é vulnerável o enfermo ou deficiente mental que "não tiver o necessário discernimento para a prática do ato", nos termos do § 1.º do art. 217-A. Ver o tópico 1.10 *infra*.

Finalmente, a vulnerabilidade pode ser relativa, conforme a causa apta a gerar o estado de incapacidade de resistência. A completa incapacidade torna absoluta a vulnerabilidade; a pouca, mas existente, capacidade de resistir faz nascer a relativa vulnerabilidade. Em todas as situações descritas acerca da vulnerabilidade relativa, pode-se desclassificar a infração penal do art. 217-A para a figura do art. 215 e, até mesmo, conforme o caso concreto, considerar a conduta atípica. Ver o item 1.11 *infra*.

Retornando à temática da relação sexual do(a) menor de 14 anos, há julgados condenando jovens namorados, geralmente porque a garota teve relação sexual com o rapaz, este com 18 anos e aquela com menos de 14. No entanto, existe, no Brasil, especialmente no interior de Estados menos desenvolvidos, o nascimento precoce da atividade sexual, até porque também passam a existir os deveres muito cedo. E a situação, muito mais social do que penal, ocorre em países cujo interior apresenta características similares ao nosso país, como é o caso de Honduras. Palacio Mejía narra que crianças de 9, 10 anos, já estão ajudando seus pais nos afazeres domésticos e nos trabalhos agrícolas. As acomodações são simples e geralmente toda a família reside num só cômodo. Muito cedo nasce o desejo de formar um casal e essas crianças se unem para constituir uma família. Namoram e unem-se com o propósito de viver juntos, criar seus filhos, até que "a morte os separe". Veem-se, com frequência, vários desses casais chegar à maturidade e à velhice ainda juntos. Completa, então, que, nesse cenário, não se pode atribuir nenhuma relevância jurídico-penal. Trata-se de um comportamento natural para as pessoas da região. Ninguém se importa com fatos dessa natureza.[2]

---

[2]   Un caso particular de violación impropia en la realidad hondureña, In: Manuel Jaén Vallejo (Dir.); Luis Reyna Alfaro (Coord.). *Sistemas penales iberoamericanos*. Libro homenaje al Profesor Dr. D. Enrique Bacigalupo en su 65 aniversario, p. 972-973.

No Brasil, conforme o local, a situação não é muito diferente. Pode-se constatar a existência da gravidez de meninas menores de 14 anos, sem que isso se vincule a qualquer forma de abuso sexual; ao contrário, são situações nas quais há a formação da família e o casal, embora muito jovem, chega a ter filhos e viver em comum. É preciso distinguir esse cenário específico de outras formas de violência sexual, inclusive as perniciosas investidas que ocorrem no contexto doméstico. A realidade também escreve as linhas do direito e da justiça.

1.3   Precedente jurisprudencial sobre presunção de violência

Confira-se debate no Supremo Tribunal Federal nesse sentido, em decisão que se tornou histórica à sua época. Voto do Min. Marco Aurélio (relator): "O quadro revela-se estarrecedor, porquanto se constata que menor, contando com apenas doze anos, levava vida promíscua, tudo conduzindo à procedência do que articulado pela defesa sobre a aparência de idade superior aos citados doze anos. A presunção de violência prevista no art. 224 do Código Penal [atualmente revogado pela Lei 12.015/2009] cede à realidade. Até porque não há como deixar de reconhecer a modificação de costumes havido, de maneira assustadoramente vertiginosa, nas últimas décadas, mormente na atual quadra. Os meios de comunicação de um modo geral, e, particularmente, a televisão, são responsáveis pela divulgação maciça de informações, não as selecionando sequer de acordo com medianos e saudáveis critérios que pudessem atender às menores exigências de uma sociedade marcada pela dessemelhança. Assim é que, sendo irrestrito o acesso à mídia, não se mostra incomum reparar-se a precocidade com que as crianças de hoje lidam, sem embaraços quaisquer, com assuntos concernentes à sexualidade, tudo de uma forma espontânea, quase natural. Tanto não se diria nos idos dos anos 40, época em que exsurgia, glorioso e como símbolo da modernidade e liberalismo, o nosso vetusto e ainda vigente Código Penal. Àquela altura, uma pessoa que contasse doze anos de idade era de fato considerada criança e, como tal, indefesa e despreparada para os sustos da vida. Ora, passados mais de cinquenta anos – e que anos: a meu ver, correspondem, na história da humanidade, a algumas dezenas de séculos bem vividos –, não se há de igualar, por absolutamente inconcebível, as duas situações. Nos nossos dias não há crianças, mas moças de doze anos. Precocemente amadurecidas, a maioria delas já conta com discernimento bastante para reagir ante eventuais adversidades, ainda que não possuam escala de valores definida a ponto de vislumbrarem toda a sorte de consequências que lhes podem advir. Tal lucidez é que de fato só virá com o tempo, ainda que o massacre da massificação da notícia, imposto por uma mídia que se pretende onisciente e muitas vezes sabe-se irresponsável diante do papel social que lhe cumpre, leve à precipitação de acontecimentos que só são bem-vindos com o tempo, esse amigo inseparável da sabedoria. Portanto, é de se ver que já não socorrem à sociedade os rigores de um Código ultrapassado, anacrônico e, em algumas passagens, até descabido, porque não acompanhou a verdadeira revolução comportamental assistida pelos hoje mais idosos. Com certeza, o conceito de liberdade é tão discrepante daquele de outrora que só seria comparado aos que norteavam antigamente a noção de libertinagem, anarquia, cinismo e desfaçatez. Alfim, cabe uma pergunta que, de tão óbvia, transparece à primeira vista como que desnecessária, conquanto ainda não devidamente respondida: a sociedade envelhece; as leis, não? Ora, enrijecida a legislação – que, ao invés de obnubilar a evolução dos costumes, deveria acompanhá-la, dessa forma protegendo-a –, cabe ao intérprete da lei o papel de arrefecer tanta austeridade, flexibilizando, sob o ângulo literal, o texto normativo, tornando-o, destarte, adequado e oportuno, sem o que o argumento da segurança transmuda-se em sofisma e servirá, ao reverso, ao despotismo inexorável dos arquiconservadores de plantão, nunca a uma sociedade que se quer global, ágil e avançada – tecnológica, social e espiritualmente. De qualquer forma, o núcleo do tipo é o constrangimento, e, à medida que a vítima deixou patenteado haver mantido relações sexuais espontaneamente, não se tem, mesmo à mercê da potencialização da idade, como concluir, na espécie, pela caracterização. *A presunção não é absoluta, cedendo às peculiaridades do caso* como são as já apontadas, ou seja, *o fato de a vítima aparentar mais idade, levar vida dissoluta, saindo altas horas da noite e mantendo relações sexuais com outros rapazes, como reconhecido no seu depoimento* e era de *conhecimento público*" (grifamos).

E, no mesmo caso, votou o Min. Maurício Correa, salientando: "Sr. Presidente, a jurisprudência é construída em cada caso concreto, e por isso mesmo não estou generalizando este meu entendimento para a incidência a outras hipóteses, como precedente *erga omnes*, reservando-me, evidentemente, na análise de novo julgamento de que eventualmente venha a participar, para traduzir minha visão, quem sabe sob outro ângulo, que é aqui restrita a tal *quaestio*, ressalva essa que faço questão de anotar".

Por outro lado, destacou o Min. Carlos Velloso: "O que deve ser considerado é que uma menina de doze anos não possui suficiente capacidade para consentir livremente na prática do coito. É que uma menina de 12 anos, já se tornando mulher, o instinto sexual tomando conta de seu corpo, cede, com mais facilidade, aos apelos amorosos. É precária a sua resistência, natural mesmo a sua insegurança, dado que não tem ela, ainda, condições de avaliar as consequências do ato. O instinto sexual tende a prevalecer. Por isso, a lei institui em seu favor a presunção de que foi levada à consumação do ato sexual mediante violência (Código Penal, art. 224, *a [atualmente revogado pela Lei 12.015/2009]*). A afirmativa no sentido de que a menor era leviana não me parece suficiente para retirar-lhe a proteção da lei penal. Leviana talvez o seja, porque imatura, não tem ainda condições de discernir livremente. Uma menina de doze anos está, indiscutivelmente, em formação, não sabe ainda querer. (...) O paciente é que, com vinte e quatro anos de idade, deveria ter pensado duas vezes antes de realizar o coito, de induzi-la ao coito. Ao que leio das declarações, foi ela induzida, levada à consumação do ato sexual, mediante beijos, abraços e outras carícias. Diz ela, ainda, está nas declarações que li para os eminentes Ministros, que não tem medo de pegar AIDS e que depois veio a se relacionar com outro homem. Quem presta tais declarações não é capaz de decidir, é uma imatura. Na verdade, uma jovem de 12 anos não é ainda uma mulher, não sabe discernir a respeito dos seus instintos sexuais. Essa imaturidade, que impede a compreensão do exato sentido do ato, revela-se, justamente, nas declarações que foram prestadas, em que a menina-moça se preocupa em parecer mulher de vida livre. Isto decorre da imaturidade. Fosse ela mulher feita, pudesse ela discernir como adulta, e suas declarações seriam outras, ela tentaria se defender, parecer moça austera, circunspecta" (STF, HC 73.662/MG, 2.ª T., rel. Marco Aurélio, 21.05.1996 – votos favoráveis à presunção relativa e à absolvição do paciente: Marco Aurélio, Francisco Rezek e Maurício Correa; contrários: Carlos Velloso e Néri da Silveira). O *habeas corpus* foi concedido em favor do agente.

1.4   Estrutura do tipo penal incriminador

Ter (alcançar, conseguir obter algo) é o verbo nuclear, cujo objeto pode ser a conjunção carnal (expressão que tem interpretação restritiva, no Brasil, envolvendo apenas a cópula entre pênis e vagina) ou outro ato libidinoso (ato passível de gerar prazer sexual, satisfazendo a lascívia). A pessoa com a qual o agente pretende ter a relação sexual é o vulnerável. No *caput*, menciona-se o menor de 14 anos. Entretanto, no § 1.º estão enumerados os outros (enfermos e doentes mentais e privados de resistência). O tipo, nos mesmos moldes do estupro previsto no art. 213, é misto alternativo.

O agente pode ter conjunção carnal e praticar outro ato libidinoso contra a mesma vítima, no mesmo local e hora, para responder por um só delito. Note-se que o relacionamento libidinoso pode ser obtido de forma violenta ou não violenta, pois irrelevante. O tipo penal enfoca a vítima, como critério de tutela jurídico-penal, vedando-lhe o consentimento para o ato sexual. O art. 213 do CP, quando há violência real, deve ser utilizado, exclusivamente, para os não vulneráveis ou quando houver dúvida sobre a vulnerabilidade e houver incidência de violência.

A pena para quem comete o crime previsto no *caput* do art. 217-A do CP é de reclusão, de 8 a 15 anos. Caso a conjunção carnal ou outro ato libidinoso for praticado com menor de 14 anos que, por enfermidade ou deficiência mental, não tem o necessário discernimento para a prática do ato, ou que, por qualquer outra causa, não pode oferecer resistência, a pena para o autor do crime também será de reclusão, de 8 a 15 anos (art. 217-A, § 1.º, do CP).

Se da conduta resultar lesão corporal de natureza grave, a pena será de reclusão, de 10 a 20 anos (art. 217-A, § 3.º, do CP).

Por fim, se da conduta resultar morte, a pena será de reclusão, de 12 a 30 anos (art. 217-A, § 4.º, do CP).

1.4.1 Erro de tipo

Além do debate acerca da vulnerabilidade – se absoluta ou relativa –, é preciso considerar a hipótese de ocorrência do *erro de tipo*. Muitas pessoas, embora menores de 14 anos, podem aparentar a terceiros já ter atingido a referida idade. Há as que possuem um corpo físico avantajado ou se maquiam em excesso; outras, pelas suas atitudes (ex.: prostituição de longa data), parecem ter mais idade do que realmente têm; enfim, a confusão com o elemento do tipo *menor de 14 anos* pode eliminar o dolo (não se pune a título de culpa).

1.4.2 União estável da ofendida com o agressor

A família formada, por vezes com a presença de filhos nascidos dessa relação, merece proteção constitucional, acima da lei ordinária. Diante disso, se o casal se une, não vemos nenhum sentido em processar o companheiro pela prática de estupro de vulnerável, lançando-o ao cárcere por, no mínimo, oito anos. Sem dúvida, não se está defendendo a união entre um maior e uma criança, mas entre um rapaz e uma adolescente. Ao menos nesses casos é preciso que os juízes considerem relativa a vulnerabilidade, atestando a atipicidade do fato.

1.4.3 Pedofilia

Embora existam autores a definir a pedofilia como um simples *amor por crianças*, na prática, é completamente diferente. No âmbito da medicina legal, "é a excitação e prazer sexuais obtidos através do contato sexual com criança. Em relação à pedofilia, o diagnóstico inclui a identificação no agente dos seguintes critérios: a) ao longo de um período mínimo de 6 meses, deve ter fantasias sexualmente excitantes recorrentes e intensas, impulsos sexuais ou comportamentos envolvendo atividade sexual com uma (ou mais de uma) criança pré-púbere (geralmente com 13 anos ou menos); b) as fantasias, impulsos sexuais ou comportamentos devem causar sofrimento clinicamente significativo ou prejuízo no funcionamento social ou ocupacional ou em outras áreas importantes da vida do indivíduo; c) o indivíduo deve ter no mínimo 16 anos e ser pelo menos 5 anos mais velho que a criança ou crianças no Critério A. Não incluir neste diagnóstico o indivíduo no final da adolescência envolvido em um relacionamento sexual contínuo com uma criança com 12 ou 13 anos".[3]

Lúcia Williams afirma que a pedofilia se insere no quadro das *parafilias*, constituindo um transtorno sexual, composto por anseios, fantasias ou comportamentos sexuais recorrentes e intensos, envolvendo objetos, atividades ou situações incomuns ou bizarras, aptas a provocar sofrimento significativo ou dificuldades sociais na vida do indivíduo. Ilustrando, as parafilias envolvem o exibicionismo (expor genitais a um estranho); fetichismo (usar objetos inanimados para atos sexuais); *frotteurismo* (tocar e esfregar-se em pessoa sem o seu consentimento); masoquismo sexual (sentir dor ou ser humilhado na relação sexual); sadismo sexual (sentir excitação sexual ao impor humilhação ou dor a terceiro); travestismo fetichista (homens que se vestem de mulher para sentir prazer sexual); *voyeurismo* (observar atos sexuais ou nudez alheia); necrofilia (atração sexual por cadáver); zoofilia (atração sexual por animais); e outras parafilias sem especificação.[4]

Os transtornos sexuais, em geral, como os supracitados, não constituem *doenças mentais*, capazes de gerar a inimputabilidade, com aplicação de medida de segurança em lugar da pena. São passíveis de tratamento psicológico, desde que a pessoa afetada se disponha a tanto.

1.4.4   Estupro recíproco

Essa expressão tem sido utilizada para indicar uma situação possível, quando uma pessoa menor de 14 anos tem relação sexual com outra pessoa menor de 14 anos. Imagine-se um garoto de 13 anos tendo ato libidinoso com uma garota de 11 anos. Haveria um estupro de vulnerável recíproco. Ambos são considerados vulneráveis e incapazes de consentir sexualmente, merecendo a proteção que lhes é destinada pelo Estatuto da Criança e do Adolescente. A situação demonstra um quadro indesejável para duas pessoas imaturas, logo, nada impede que o juiz da infância e da juventude seja acionado para impor medidas educativas, cuja finalidade é proteger os destinatários, que não tiveram das suas famílias a orientação necessária para deixar de se envolver em ato libidinoso. Isso não significa a utilização de medidas drásticas, como a internação, mas o encaminhamento aos pais, a orientação e o apoio especializado, a requisição de tratamento psicológico, enfim, medidas prontas a esclarecer aos menores de 14 anos qual a postura ideal nessa faixa etária. De outro lado, se a menina de 11 anos engravidar, houve um estupro (como ato infracional), o que é suficiente para que possa pleitear o aborto, representada pelos pais (art. 128, II, CP).

1.5   Sujeitos ativo e passivo

O sujeito ativo pode ser qualquer pessoa. O sujeito passivo deve ser pessoa vulnerável.

1.6   Elemento subjetivo

É o dolo. Não existe a figura culposa. Exige-se o elemento subjetivo específico, consistente em buscar a satisfação da lascívia.

---

[3]   BENFICA e VAZ, *Medicina legal*, p. 109.
[4]   *Pedofilia. Identificar e prevenir*, p. 12-13.

1.7   Objetos material e jurídico

O objeto material é a pessoa vulnerável. O objeto jurídico é a liberdade sexual.

1.8   Classificação

Trata-se de crime comum (aquele que não demanda sujeito ativo qualificado ou especial); material (delito que exige resultado naturalístico, consistente no efetivo tolhimento da liberdade sexual da vítima). Há quem entenda ser crime de mera conduta, com o que não podemos concordar, pois o legislador não pune unicamente uma conduta, que não possui resultado naturalístico. A pessoa violentada pode sofrer lesões de ordem física – se houver violência – e, invariavelmente, passa por graves abalos de ordem psíquica, constituindo, com nitidez, um resultado detectável no plano da realidade. É, ainda, delito de forma livre (pode ser cometido por meio de qualquer ato libidinoso); comissivo ("constranger" implica ação); instantâneo (cujo resultado se dá de maneira instantânea, não se prolongando no tempo); de dano (consuma-se apenas com efetiva lesão a um bem jurídico tutelado); unissubjetivo (que pode ser praticado por um só agente); plurissubsistente (como regra, vários atos integram a conduta); admite tentativa, embora de difícil comprovação.

1.9   Outras pessoas vulneráveis

Além do menor de 14 anos, constante do *caput*, enumera o art. 217-A, § 1.º, outras situações de vulnerabilidade. O enfermo ou doente mental e aquele que não pode oferecer resistência também não possuem consentimento válido para a relação sexual. Por tal motivo, presume-se tenha havido coerção. Esse é o motivo da criminalização por estupro. Entretanto, há de se analisar o grau da vulnerabilidade, se absoluta ou relativa. Não se pode olvidar, nesse contexto, que pessoas enfermas ou doentes mentais, com base no princípio da dignidade da pessoa humana, têm direito, quando possível, à vida sexual saudável. Sentem necessidade e desejo e podem manter relacionamentos estáveis, inclusive, conforme o caso. Registre-se o disposto na Lei 13.146/2015 (Estatuto da Pessoa com Deficiência): "art. 6.º A deficiência não afeta a plena capacidade civil da pessoa, inclusive para: I – casar-se e constituir união estável; II – exercer direitos sexuais e reprodutivos; (...)".

Por outro lado, a incapacidade de oferecer resistência, igualmente, merece avaliação ponderada do magistrado. Afinal, há aquele que se coloca em posição de risco, sabendo das possíveis consequências, de modo que, advindo um ato libidinoso qualquer, não pode, depois, alegar estupro. Ex.: pessoa embriaga-se voluntariamente e decide participar de orgia sexual, envolvendo vários indivíduos. Ora, havendo relação sexual, por mais alcoolizado que esteja, tinha plena noção do que iria enfrentar. Essa incapacidade de resistência, em nosso entendimento, deve ser vista com reserva e considerada relativa. A prova produzida pelo réu de que a vítima tinha perfeita ciência de que haveria um bacanal e que ela mesma estava se embriagando para isso faz com que se afaste a *vulnerabilidade*.

Na jurisprudência, confira-se julgado interessante analisando a questão da ingestão de bebida alcoólica: TJAM: "No mérito, o apelante requer a reforma da sentença que absolveu os acusados A. L. S. R., E. B. P. e R. R. S. S. do delito previsto no art. 217-A, § 1.º, do Código Penal. 3. No presente caso, a vulnerabilidade da vítima seria em decorrência do seu estado de embriaguez causada, segundo a denúncia, pela ingestão de bebida alcoólica oferecida pelos acusados. Nesse aspecto, vale salientar que as provas produzidas durante a ação penal demonstram, de forma evidente, que a vítima ingeriu bebida com teor alcoólico por livre e espontânea vontade. Chega-se a essa conclusão pela análise dos depoimentos da própria vítima e das testemunhas I. S. L. e J. C. A. S. 4. Não há nos autos provas de que a vítima não tinha condições de manifestar vontade sobre a prática de atos sexuais com os acusados, o que gera dúvida insuperável a respeito da culpabilidade dos réus. 5. É cediço que em crimes dessa natureza o depoimento da vítima tem especial relevância probatória, sobretudo quando corroborado por outros elementos de prova. No caso *sub exame*, a vítima ofereceu declarações distintas, apresentando relevantes contradições que enfraquecem seus depoimentos e não podem prevalecer diante da presunção de inocência. 6. Assim sendo, imprescindível a aplicação do princípio *in dubio pro reo*, no qual a dúvida milita em favor do réu, devendo ser mantida a absolvição dos acusados. 7. Recurso conhecido e não provido. Sala de sessões do Egrégio Tribunal de Justiça do Estado do Amazonas, em Manaus" (Ap. Crim. 0009170-23.2014.8.04.0000/AM, 1.ª C. Crim., rel. Jorge Manoel Lopes Lins, 20.07.2015).

1.10 Conflito aparente de normas

Desde a reforma introduzida pela Lei 12.015/2009 ao Capítulo II, que cuida dos crimes sexuais contra vulnerável, tem-se apontado na redação do § 1.º do art. 217-A um *avanço* em face do que constava na antiga letra do art. 224, *b*, do CP. O progresso se deu pelo fato de se ter realizado o reconhecimento de que a pessoa com enfermidade ou deficiência mental não pode ser privada, de modo absoluto, do relacionamento sexual. Note-se, inclusive, a existência do casamento de pessoas com síndrome de Down.

O texto do referido § 1.º amenizou a vedação absoluta à relação sexual, pois mencionou ser crime quem tiver relacionamento libidinoso com alguém que, por enfermidade ou deficiência mental, "não tem o necessário discernimento para a prática do ato". Assim sendo, tornou a vulnerabilidade relativa. O deficiente mental que possuir *discernimento* para o relacionamento sexual não pode ser impedido de concretizá-lo.

A partir da edição do § 5.º, apontando ser irrelevante o consentimento das pessoas do § 1.º, emerge um conflito de normas. Pensamos deva a questão ser decidida pela especialidade do § 1.º com relação ao § 5.º. Este faz referência geral ao *caput*, §§ 1.º, 3.º e 4.º. No entanto, o § 1.º trata, com especial deferência, do direito ao prazer sexual das pessoas mentalmente enfermas (ou deficientes mentais) desde que essa prática lhes seja inteligível ou desejável. A especialidade do assunto disposto pelo § 1.º afasta a generalidade do § 5.º.

1.11 Enfoque especial para a pessoa incapaz de oferecer resistência

Nessa situação, por mais que o § 5.º expresse ser o consentimento inválido (com ou sem relações sexuais antes), a realidade determina ser a vulnerabilidade *relativa*.

Afinal, não basta simplesmente supor ou afirmar que a vítima, com quem o agente teve relação sexual, era incapaz de oferecer resistência; é preciso provar o grau de incapacidade. A relatividade é fator inerente à referida avaliação. Imagine-se quem ingere bebida alcoólica: vai perdendo a capacidade de resistência, conforme a bebida faz efeito em seu organismo; porém, há pessoas mais resistentes que outras; logo, há quem esteja alcoolizado e plenamente capaz de ter uma relação sexual consentida, assim como existe aquele que, sob efeito de altas doses, já se encontra prostrado, sem condições de consentir.

Esse quadro demonstra que a terceira hipótese de vulnerabilidade é sempre relativa, dependente da prova de incapacidade de resistência.

1.12 Crime qualificado pelo resultado lesão grave

Consultar os tópicos 2.13 e 2.14 do art. 213.

1.13 Crime qualificado pelo resultado morte

Consultar os tópicos 2.14 e 2.16 do art. 213.

1.14 Erro de tipo e erro de proibição

É preciso atenção para detectar eventuais casos de erros escusáveis, que levam à absolvição do agente. No contexto do erro de tipo, torna-se possível que o agente imagine ter relação sexual com alguém maior de 14 anos, embora seja pessoa com 12 ou 13 anos, mas de compleição avantajada. Se o engano for razoável, impõe-se o reconhecimento do erro de tipo escusável (art. 20, *caput*, CP). Por outro lado, torna-se viável que o agente, pessoa simples, sem cultura, jamais imagine ser vedada a relação sexual com doente mental. Mantido o relacionamento sexual, é preciso verificar se houve erro de proibição escusável. Assim constatado, o caminho é a absolvição (art. 21, *caput*, CP).

1.15 Lei mais gravosa e retroatividade benéfica

O art. 217-A traz a pena mínima de oito anos, enquanto a anterior modalidade de estupro, com presunção de violência, permitia a fixação em seis anos. No entanto, se praticado contra menor de 14, deficiente ou pessoa incapacitada para resistir, deveria o juiz aumentar a pena na metade, resultando em nove, conforme dispunha o art. 9.º da Lei dos Crimes Hediondos, baseando-se no antigo art. 224 do CP.

Seria mais gravosa a anterior figura e menos severa a atual. Entretanto, para quem não aplicava o aumento de metade, previsto no art. 9.º da Lei dos Crimes Hediondos, ao estupro com presunção de violência, pela idade ou outro fator, por entender a ocorrência de *bis in idem*, a pena seria somente de seis anos. Nesse caso, o atual art. 217-A é mais severo, com pena mínima de oito anos. Por outro lado, quando houvesse estupro com violência real contra pessoa menor de 14 anos, deficiente ou incapacitada para resistir, haveria o aumento de metade, resultando, então, em nove anos. Nessa situação, a atual Lei (12.015/2009), incluindo o art. 217-A, com o mínimo de oito anos, é mais benéfica. Logo, depende do caso concreto para saber qual é a melhor lei a aplicar.

1.16 Infiltração de agentes

Para o combate a vários tipos penais relativos à tutela das crianças e adolescentes, no cenário da dignidade sexual, a Lei 13.441/2017 introduziu os arts. 190-A a 190-E no Estatuto da Criança e do Adolescente.

O principal dos novos artigos preceitua que "a infiltração de agentes de polícia na internet com o fim de investigar os crimes previstos nos arts. 240, 241, 241-A, 241-B, 241-C e 241-D desta Lei e nos arts. 154-A, 217-A, 218, 218-A e 218-B do Decreto-lei 2.848, de 7 de dezembro de 1940 (Código Penal), obedecerá às seguintes regras: I – será precedida de autorização judicial devidamente circunstanciada e fundamentada, que estabelecerá os limites da infiltração para obtenção de prova, ouvido o Ministério Público; II – dar-se-á mediante requerimento do Ministério Público ou representação de delegado de polícia e conterá a demonstração de sua necessidade, o alcance das tarefas dos policiais, os nomes ou apelidos das pessoas investigadas e, quando possível, os dados de conexão ou cadastrais que permitam a identificação dessas pessoas; III – não poderá exceder o prazo de 90 (noventa) dias, sem prejuízo de eventuais renovações, desde que o total não exceda a 720 (setecentos e vinte) dias e seja demonstrada sua efetiva necessidade, a critério da autoridade judicial" (art. 190-A).

1.17 Quadro-resumo

Previsão legal	**Estupro de Vulnerável** **Art. 217-A.** Ter conjunção carnal ou praticar outro ato libidinoso com menor de 14 (catorze) anos: Pena – reclusão, de 8 (oito) a 15 (quinze) anos. § 1.º Incorre na mesma pena quem pratica as ações descritas no *caput* com alguém que, por enfermidade ou deficiência mental, não tem o necessário discernimento para a prática do ato, ou que, por qualquer outra causa, não pode oferecer resistência. § 2.º *Vetado.* § 3.º Se da conduta resulta lesão corporal de natureza grave: Pena – reclusão, de 10 (dez) a 20 (vinte) anos. § 4.º Se da conduta resulta morte: Pena – reclusão, de 12 (doze) a 30 (trinta) anos. § 5.º As penas previstas no *caput* e nos §§ 1.º, 3.º e 4.º deste artigo aplicam-se independentemente do consentimento da vítima ou do fato de ela ter mantido relações sexuais anteriormente ao crime.
Sujeito ativo	Qualquer pessoa
Sujeito passivo	Pessoa vulnerável
Objeto material	Pessoa vulnerável
Objeto jurídico	Liberdade sexual
Elemento subjetivo	Dolo + elemento subjetivo específico
Classificação	Comum Material Forma livre Comissivo Instantâneo Dano Unissubjetivo Plurissubsistente
Tentativa	Admite
Circunstâncias especiais	Vulnerabilidade

2. CORRUPÇÃO DE MENORES

Acesse e escute **o podcast sobre Corrupção de menores.**

> http://uqr.to/1ynp7

2.1   Estrutura do tipo penal incriminador

Induzir significa dar a ideia ou sugerir algo a alguém. O objeto da indução é o menor de 14 anos, tendo por finalidade a satisfação da lascívia de outra pessoa. Esse tipo equivale à figura do art. 227 do CP, portanto, é uma *mediação de vulnerável para satisfazer a lascívia de outrem*. O tipo penal do art. 218 do CP, criado pela Lei 12.015/2009, é desnecessário e pode causar problemas.

Terminou-se por dar origem a uma exceção pluralística à teoria monística, ou seja, a *participação moral no estupro de vulnerável* passa a ter pena mais branda. Afinal, se utilizássemos apenas o disposto no art. 29 do CP, no tocante ao induzimento de menor de 14 anos a ter relação sexual com outra pessoa, poder-se-ia tipificar na figura do art. 217-A (consumado ou tentado). No entanto, passa a existir figura autônoma, beneficiando o partícipe. Pode-se sustentar, num primeiro momento, que o verbo nuclear diz respeito somente a *induzir*, logo, quem instigar ou auxiliar poderia responder pelo art. 217-A em combinação com o art. 29 do CP. Assim não nos parece. Deve-se utilizar a analogia *in bonam partem* para produzir resultado favorável ao réu. Aliás, seria ilógico que o indutor respondesse pela figura do art. 218, enquanto o instigador, pela figura do art. 217-A, com pena muito mais elevada.[5]

Lembremos, ademais, serem similares as condutas de induzir, instigar e auxiliar, tanto que todas são formatos de participação e não de coautoria. Entretanto, porque este tipo é uma exceção pluralista à teoria monista, parece-nos adequado manter apenas a conduta de *induzir*. Outros atos podem ser enquadrados como participação em estupro de vulnerável. Outro ponto relevante diz respeito ao momento consumativo do crime. Em tese, seguindo-se apenas a interpretação literal, trata-se de crime formal. E assim precisa ser, pois o título do delito é a corrupção de menor, considerada pelo STJ um crime formal (Súmula 500). Consuma-se independentemente da prova da efetiva corrupção do menor de 14 anos.

Sustentávamos a tese de ser o delito material, apenas para justificar que uma punição de reclusão de 2 a 5 anos seria muito elevada para um mero induzimento. No entanto, estamos diante de uma infração penal formal, cuja mera indução é suficiente para configurar o crime; afinal, atos mais ousados devem ser tipificados no cenário do art. 217-A.

A pena para quem comete o crime previsto no art. 218 do CP é de reclusão, de 2 a 5 anos.

2.2   Sujeitos ativo e passivo

O sujeito ativo pode ser qualquer pessoa; o sujeito passivo necessita ser pessoa menor de 14 anos.

2.3   Elemento subjetivo

É o dolo. Não há a forma culposa. Exige-se o elemento subjetivo específico, consistente na vontade de levar o menor à satisfação da lascívia alheia.

2.4   Objetos material e jurídico

O objeto material é o menor de 14 anos. O objeto jurídico é a proteção à liberdade sexual.

---

[5]   Criticando, igualmente, Pierangeli e Carmo de Souza (*Crimes sexuais*, p. 57).

2.5   Classificação

Trata-se de crime comum (aquele que não demanda sujeito ativo qualificado ou especial); formal (delito que não exige resultado naturalístico, consistente na efetiva corrupção do menor); de forma livre (pode ser cometido por qualquer meio eleito pelo agente); comissivo ("induzir" implica ação); instantâneo (cujo resultado se dá de maneira determinada, não se prolongando no tempo); unissubjetivo (pode ser praticado por um só agente); plurissubsistente (como regra, vários atos integram a conduta); admite tentativa, embora de rara configuração.

2.6   Corrupção de menores

Com a reforma trazida pela Lei 12.015/2009, transferiu-se o crime de corrupção de menores do art. 218, cuidando do âmbito da formação sexual do adolescente, para os arts. 218-A e 218-B.

Quanto à corrupção de menores, no contexto do cometimento de crimes, prevista na Lei 2.252/1954, revogada esta última, transferiu-se a figura típica para o art. 244-B da Lei 8.069/1990 (Estatuto da Criança e do Adolescente).

2.7   Quadro-resumo

Previsão legal	**Mediação de vulnerável para satisfazer a lascívia de outrem** **Art. 218.** Induzir alguém menor de 14 (catorze) anos a satisfazer a lascívia de outrem: Pena – reclusão, de 2 (dois) a 5 (cinco) anos. **Parágrafo único.** *Vetado.*
Sujeito ativo	Qualquer pessoa
Sujeito passivo	Pessoa menor de 14 anos
Objeto material	Menor de 14 anos
Objeto jurídico	Liberdade sexual
Elemento subjetivo	Dolo + elemento subjetivo específico
Classificação	Comum Formal Forma livre Comissivo Instantâneo Dano Unissubjetivo Plurissubsistente
Tentativa	Admite
Circunstâncias especiais	Exceção à teoria monística

3.   SATISFAÇÃO DE LASCÍVIA MEDIANTE PRESENÇA DE CRIANÇA OU ADOLESCENTE

3.1   Estrutura do tipo penal incriminador

Praticar significa realizar, executar ou levar a efeito; *induzir* quer dizer dar a ideia ou sugerir; *presenciar* significa assistir ou ver algo. Essas são as condutas, que têm por objeto o menor de 14 anos. Na realidade, pode-se dividir o tipo penal do art. 218-A do CP em duas partes: a) praticar à vista de menor de 14 anos conjunção carnal (cópula entre pênis e vagina) ou outro ato libidinoso (ato apto a satisfazer o prazer sexual); b) induzir menor de 14 anos a presenciar conjunção carnal ou outro ato libidinoso. A finalidade de ambas é a satisfação da lascívia própria ou de outrem. É o disposto no art. 218-A do CP.

Nota-se, portanto, a criação de um tipo incriminador voltado a punir quem aprecia realizar atos sexuais diante de menor de 14 anos. A perversão sexual diz respeito a uma forma invertida de *voyeurismo*. Afinal, o *voyeur* é aquele que gosta de presenciar ato sexual entre outras pessoas. Isso lhe dá prazer. Entretanto, no caso do art. 218-A, o agente do crime quer que menor de 14 anos atue como *voyeur* de ato sexual seu ou de outrem. O tipo é misto alternativo: praticar o ato sexual na presença do menor *ou* induzi-lo a presenciar o ato sexual. A realização de ambas as condutas, contra a mesma vítima, no mesmo local e hora, dá origem a um só delito.

Registre-se que, no caso presente, o agente não tem qualquer contato físico com o menor de 14 anos, sob pena de se caracterizar o estupro de vulnerável (ou tentativa). Não é exigível a presença física no mesmo espaço onde se realize a conjunção carnal ou outro ato libidinoso. Basta que a relação sexual seja realizada à vista do menor. Este, no entanto, pode estar distante, visualizando tudo por meio de equipamentos eletrônicos (câmera e vídeo). O contrário também é viável. O menor está ao lado do agente, que lhe exibe filmes pornográficos, contendo cenas de conjunção carnal ou outro ato libidinoso. De toda forma, o menor está *presenciando* libidinagem alheia.[6]

Neste tipo penal, deve-se utilizar *interpretação extensiva*: onde se lê *induzir* (que é o menos), leia-se também *instigar* (fomentar, incentivar) e *auxiliar* (dar suporte material ou moral).

A prevista para esse crime é de reclusão, de 2 a 4 anos (art. 218-A do CP).

3.2   Sujeitos ativo e passivo

O sujeito ativo pode ser qualquer pessoa. O sujeito passivo é o menor de 14 anos.

3.3   Elemento subjetivo

É o dolo. Não há a forma culposa. Exige-se o elemento subjetivo específico, consistente na vontade de satisfazer prazer sexual próprio ou alheio.

3.4   Objetos material e jurídico

O objeto material é o menor de 14 anos. O objeto jurídico é a liberdade sexual, em especial no prisma moral.

3.5   Classificação

Trata-se de crime comum (aquele que não demanda sujeito ativo qualificado ou especial); formal (delito que não exige resultado naturalístico, consistente no efetivo comprometimento moral do menor ou na satisfação da lascívia); de forma livre (pode ser cometido por qualquer

---

6   Em sentido diverso, PIERANGELI e CARMO DE SOUZA: "nesse primeiro momento, em que poucas foram as manifestações a respeito, não nos parece possibilitar à estrutura típica tamanho elastério, até porque a ação visa a satisfação da libido própria ou de outrem diante de uma atitude contemplativa do menor" (*Crimes sexuais*, p. 67).

meio eleito pelo agente); comissivo ("praticar" e "induzir" implicam ações); instantâneo (cujo resultado se dá de maneira determinada, não se prolongando no tempo); unissubjetivo (pode ser praticado por um só agente); plurissubsistente (como regra, vários atos integram a conduta); admite tentativa, embora de rara configuração.

3.6   Distinção com o delito previsto no art. 241-D da Lei 8.069/1990

Nessa última figura típica, o acesso do menor ao material pornográfico destina-se a convencê-la a com o agente praticar qualquer ato libidinoso. Na situação delineada pelo art. 218-A, a mera presença do menor durante a prática sexual é o objetivo do agente, que, com isso, se satisfaz ou atende à satisfação alheia.

3.7   Quadro-resumo

	Satisfação de Lascívia Mediante Presença de Criança ou Adolescente
Previsão legal	**Art. 218-A.** Praticar, na presença de alguém menor de 14 (catorze) anos, ou induzi-lo a presenciar, conjunção carnal ou outro ato libidinoso, a fim de satisfazer lascívia própria ou de outrem: Pena – reclusão, de 2 (dois) a 4 (quatro) anos.
Sujeito ativo	Qualquer pessoa
Sujeito passivo	Menor de 14 anos
Objeto material	Menor de 14 anos
Objeto jurídico	Liberdade sexual, em especial no prisma moral
Elemento subjetivo	Dolo + elemento subjetivo específico
Classificação	Comum Formal Forma livre Comissivo Instantâneo Dano Unissubjetivo Plurissubsistente
Tentativa	Admite
Circunstâncias especiais	Presença física do menor

4.   FAVORECIMENTO DA PROSTITUIÇÃO OU DE OUTRA FORMA DE EXPLORAÇÃO SEXUAL DE CRIANÇA OU ADOLESCENTE OU DE VULNERÁVEL

4.1   Estrutura do tipo penal incriminador

Submeter (subjugar, dominar, sujeitar alguém a algo), *induzir* (dar a ideia, sugerir) ou *atrair* (seduzir, chamar a atenção de alguém para algo) são os verbos alternativos, cujo objeto é a prostituição ou outra forma de exploração sexual de pessoa menor de 18 anos ou que, em virtude de enfermidade ou deficiência mental, não tenha o discernimento necessário para a prática do ato, nos termos do art. 218-B do CP. Cuida-se de crime hediondo (art. 1.º, VIII, Lei 8.072/1990).

A segunda parte do tipo penal prevê as seguintes condutas alternativas: *facilitar* (tornar acessível ou à disposição); *impedir* (obstar, colocar qualquer obstáculo) ou *dificultar* (tornar algo complicado). A primeira delas (facilitar) diz respeito à prostituição ou outra forma de exploração sexual, de modo que, num primeiro momento, parece estar mal colocada nessa parte do tipo, devendo integrar o primeiro cenário, com os verbos *submeter, dominar, induzir* e *atrair*. Entretanto, o objetivo almejado foi o seguinte: na primeira parte, o agente capta a vítima, inserindo-a na prostituição ou outra forma de exploração sexual; na segunda parte, já no universo da prostituição ou outra forma de exploração sexual, parte o agente para a mantença da vítima nesse cenário, facilitando a sua permanência ou de algum modo impedindo ou dificultando.

Os outros verbos (impedir e dificultar) ligam-se ao abandono da prostituição ou outra forma de exploração sexual. De toda forma, o conjunto das condutas descritas espelha um tipo misto alternativo: a prática de mais de duas condutas implica o cometimento de um só crime.

Poder-se-ia dizer que o menor de 14 anos, se for submetido à prostituição ou outra forma de exploração sexual, daria ensejo ao preenchimento do tipo penal do art. 218-B e, também, do art. 217-A. Portanto, se ele tivesse relação sexual com alguém, mediante paga, tratar-se-ia de concurso de crimes. Assim não nos parece, pois o objeto jurídico tutelado é exatamente o mesmo: a proteção à liberdade sexual do vulnerável. Ademais, cuida-se da mesma pessoa (vítima), razão pela qual deve prevalecer, pelo critério da absorção, a infração penal mais grave, cujos fatos são mais abrangentes, vale dizer, o tipo penal do estupro de vulnerável, constante do art. 217-A.

A pena para quem comete o crime previsto no art. 218-B do CP é de reclusão, de 4 a 10 anos. Se o crime for praticado com a finalidade de obter vantagem econômica, aplica-se também multa (art. 218-B, § 1.º, CP). Quem praticar conjunção carnal ou outro ato libidinoso com alguém menor de 18 e maior de 14 anos na situação descrita no *caput* do art. 218-B incorre na pena de reclusão, de 4 a 10 anos (art. 218-B, § 2.º, I, CP). Já o proprietário, o gerente ou o responsável pelo local em que se verifiquem as práticas referidas no *caput* do art. 218-B incorre na pena de reclusão, de 4 a 10 anos e, também, terá cassada a licença de localização e de funcionamento do estabelecimento (art. 218-B, § 2.º, II e § 3.º, CP).

4.1.1 *Exploração sexual*

A Lei 12.015/2009 inseriu em vários tipos penais a expressão *exploração sexual*. O art. 234-C que a definia foi vetado. Logo, criou-se um elemento normativo do tipo, dependente de valoração cultural. Em primeiro plano, deve-se considerar a sua similitude com a prostituição, pois o próprio texto legal menciona a prostituição *ou outra forma de exploração sexual*.

Explorar significa tirar proveito de algo ou enganar alguém para obter algo. Unindo esse verbo com a atividade sexual, visualiza-se o quadro de tirar proveito da sexualidade alheia ou enganar alguém para atingir práticas sexuais. Explora-se sexualmente outrem, a partir do momento em que este é ludibriado para qualquer relação sexual ou quando o ofendido propicia lucro a terceiro, em virtude de sua atividade sexual.

A expressão *exploração sexual* difere de *violência sexual*. Logo, o estuprador não é um explorador sexual. Por outro lado, *exploração sexual* não tem o mesmo sentido de *satisfação sexual*. Portanto, a relação sexual, em busca do prazer, entre pessoa maior de 18 anos com pessoa menor de 18 anos não configura exploração sexual. Desse modo, podemos considerar crimes ligados à exploração sexual as figuras dos arts. 215, 216-A, 218-B, 227, § 2.º, parte final, e § 3.º, 228 e 229.

Vale ressaltar que, na ótica da medicina legal, a exploração sexual limita-se a circunscrever "qualquer atividade comercial, que utiliza o corpo de uma criança para obter proveito de caráter sexual, implícito ou não, com base numa relação de poder ou coerção, física ou psicológica".[7] Sem dúvida, sob esse cenário, a exploração sexual é nítida e verdadeira. No entanto, comparar a relação sexual entre adultos, seja gratuita ou por dinheiro, como exploração sexual é pura bobagem.

4.1.2   Confronto com o art. 244-A do Estatuto da Criança e do Adolescente

Todo o conteúdo do art. 244-A ("submeter criança ou adolescente, como tais definidos no *caput* do art. 2.º desta Lei, à prostituição ou à exploração sexual. Pena – reclusão de quatro a dez anos e multa, além da perda de bens e valores utilizados na prática criminosa em favor do Fundo dos Direitos da Criança e do Adolescente da unidade da Federação (Estado ou Distrito Federal) em que foi cometido o crime, ressalvado o direito de terceiro de boa-fé") foi reproduzido pelo art. 218-B. O art. 244-A, no entanto, encontra-se inserido em lei especial (Lei 8.069/1990), logo, deve prevalecer sobre o art. 218-B do Código Penal, na parte referente ao verbo *submeter*. Quanto às condutas *induzir* e *atrair*, além de *facilitar*, *impedir* e *dificultar*, continua a prevalecer o art. 218-B. Em suma, no confronto entre o art. 244-A do ECA e o art. 218-B do CP, prevalece o primeiro para as situações ali retratadas (*caput*, §§ 1.º e 2.º); no mais, quanto às demais situações não previstas no art. 244-A, permanece a utilização do art. 218-B do Código Penal.

4.2   Sujeitos ativo e passivo

O sujeito ativo pode ser qualquer pessoa. O sujeito passivo é o menor de 18 anos e maior de 14 (afinal, quando a pessoa, menor de 14 anos, estiver envolvida em qualquer atividade sexual, configura-se o estupro de vulnerável, nos termos do art. 217-A; ver, ainda, o item 4.1 *supra*) ou a pessoa enferma ou deficiente mental. Ademais, note-se o disposto no § 2.º, I, mencionando apenas o menor de 18 e *maior de 14 anos*.

Observa-se a tendência de se estabelecer a diferença entre vulnerabilidade absoluta e vulnerabilidade relativa. No contexto do art. 217-A, são considerados vulneráveis os menores de 14 anos, os enfermos e deficientes mentais e os que não podem opor resistência. Entretanto, no art. 218-B, cuja titulação também trata de pessoa vulnerável, inclui-se o menor de 18 anos. Ora, nada mais lógico que concluir ser o menor de 18 e maior de 14 anos uma pessoa relativamente vulnerável. Desse modo, se um menor, com 17 anos, procurar a prostituição por sua conta, sem qualquer intermediação, cônscio da situação na qual se insere, não se pode falar em crime. O fato é atípico. No tocante aos enfermos e deficientes mentais, o mesmo prisma deve ser adotado. Há vulnerabilidade absoluta quando o discernimento para a prática do ato for nulo. Há vulnerabilidade relativa quando o discernimento for razoável. Nesta hipótese,

---

[7]   BENFICA e VAZ, *Medicina legal*, p. 255.

existindo exploração sexual, configura-se o crime do art. 218-B; fora do contexto da exploração sexual, pode dar-se a figura do art. 215.

4.3 Elemento subjetivo

É o dolo. Não se pune a forma culposa, nem se exige elemento subjetivo específico, salvo na forma do § 1.º ("com o fim de obter vantagem econômica").

4.4 Objetos material e jurídico

O objeto material é o menor de 18 e maior de 14 anos (vide o item 4.1 *supra*) ou a pessoa enferma ou deficiente mental. O objeto jurídico é a proteção à liberdade sexual do vulnerável.

4.5 Classificação

Trata-se de crime comum (aquele que não demanda sujeito ativo qualificado ou especial); material (delito que exige resultado naturalístico, consistente na efetiva prática da prostituição ou outra forma de exploração sexual); de forma livre (pode ser cometido por qualquer meio eleito pelo agente); comissivo (todos os verbos implicam ações); instantâneo (cujo resultado se dá de maneira determinada, não se prolongando no tempo); unissubjetivo (pode ser praticado por um só agente); plurissubsistente (como regra, vários atos integram a conduta); admite tentativa, nas formas *impedir* e *dificultar*. Não cabe tentativa nas formas *submeter*, *atrair*, *induzir* e *facilitar*, pois é crime condicionado, dependente da prática da prostituição ou outra forma de exploração sexual.

4.6 Finalidade de obtenção de vantagem econômica

Como regra, a imersão no universo da prostituição demanda vantagens econômicas tanto para quem agencia quanto para quem a pratica. Cumula-se, nessa hipótese (§ 1.º do art. 218-B), a pena pecuniária à pena privativa de liberdade. Entretanto, há outras formas de exploração sexual (ex.: advinda de fraude), que podem não possuir conotação econômica. Por isso, nessas situações, não se aplica a pena de multa.

4.7 Partícipe do favorecimento da prostituição ou outra forma de exploração sexual

Prevê-se punição para o cliente da pessoa (menor de 18 e maior de 14 anos, enfermo ou deficiente mental) submetida, atraída, induzida à prostituição ou outra forma de exploração sexual, bem como com a pessoa que tem a exploração sexual ou prostituição facilitada, obstada ou dificultada em relação ao abandono. Pune-se com a mesma pena de reclusão, de quatro a dez anos.

Entretanto, há de se observar não somente o caráter da vulnerabilidade, que é relativa, admitindo prova em contrário no tocante ao discernimento da vítima, como também é fundamental encontrar o menor de 18 ou o enfermo (ou deficiente mental) em situação de exploração sexual por terceiro. Lembre-se que a prostituição, em si, não é ato criminoso, pois inexiste tipificação. Logo, quer-se punir, de acordo com o art. 218-B, *caput*, aquele que insere o menor de 18 anos e maior de 14 no cenário da prostituição ou outra forma de exploração sexual, facilita sua permanência ou impede ou dificulta a sua saída da atividade. A partir disso, almeja-se punir o cliente do cafetão, agenciador dos menores de 18 anos, que tenha conhecimento da exploração sexual.

O referido cliente atua, na essência, como partícipe. Não há viabilidade de configuração do tipo penal do art. 218-B, § 2.º, I, quando o menor de 18 anos e maior de 14 procurar a prostituição por sua conta e mantiver relação sexual com outrem. Afinal, ele não se encontra na "situação descrita no *caput* deste artigo" (expressa menção feita no § 2.º, I, parte final). Quisesse o legislador punir a prostituição juvenil por inteiro, deveria ter construído o tipo penal de forma mais clara, sem qualquer remissão ao *caput*.

Entretanto, o Superior Tribunal de Justiça proferiu decisão em outro sentido, acolhendo a ideia de que a relação de *sugar daddy* e *sugar baby* (relação de afeto e sexo, mediante contraprestação entre pessoa bem mais velha e aquela que recebe os benefícios materiais) não pode ocorrer, licitamente, quando a pessoa mais jovem tem entre 14 e 17 anos. Entendeu ter havido o crime previsto no art. 218-B, § 2.º, I, do Código Penal: "2. A denúncia detalhou atos que configuram exploração sexual, conforme o art. 218-B, § 2.º, I, do Código Penal. Não há incongruência entre a denúncia e a sentença, pois a peça acusatória especifica a conduta do acusado ao atrair a vítima para seu domínio, sob o pretexto de ajudá-la, mas com o objetivo de exploração sexual. 3. Constata-se dos autos que o réu foi acusado de facilitar e promover a exploração sexual de uma adolescente, maior de 14 e menor de 18 anos, por meio de um site de relacionamentos, oferecendo transporte, hospedagem e outras vantagens econômicas indiretas. A vítima, atraída para um hotel de luxo sob a promessa de auxílio em sua carreira de influencer digital, foi submetida a atos libidinosos pelo réu. 4. A relação conhecida como sugar, em que um adulto oferece vantagens econômicas a um adolescente em troca de favores sexuais, caracteriza exploração sexual quando envolve menores de 18 anos. Essa prática, independentemente do consentimento da vítima, configura o crime previsto no art. 218-B, § 2.º, I, do Código Penal, dada a vulnerabilidade presumida dessa faixa etária e a natureza mercantilista da relação. 4.1. Tese fixada: O relacionamento entre adolescente maior de 14 e menor de 18 anos (*sugar baby*) e um adulto (*sugar daddy* ou *sugar mommy*) que oferece vantagens econômicas configura o tipo penal previsto no art. 218-B, § 2.º, I, do Código Penal, porquanto essa relação se constrói a partir de promessas de benefícios econômicos diretos e indiretos, induzindo o menor à prática de conjunção carnal ou qualquer outro ato libidinoso" (Ag. em REsp 2.529.631/RJ, 5.ª T., rel. Ribeiro Dantas, 10.09.2024, v.u.).

4.8   Outra possibilidade de participação do favorecimento da prostituição ou outra forma de exploração sexual

Busca-se punir, igualmente, o proprietário, gerente ou o responsável pelo local em que se verifiquem as práticas referidas no *caput* do artigo, ou seja, onde ocorra a exploração sexual do menor de 18 anos e maior de 14, do enfermo ou deficiente mental (§ 2.º, II). Do mesmo modo, é preciso considerar que a remissão feita ao *caput* exige a prova de que o menor de 18 anos, por exemplo, esteja submetido por terceiro à prostituição ou à exploração sexual. O menor de 18 anos, que age por conta própria, não permite a adequação típica às várias situações descritas no *caput*. Logo, o responsável pelo local onde ocorra a prostituição ou a exploração sexual necessita ter conhecimento de que há submissão, atração ou induzimento à prática sexual, ou que ocorre facilitação, impedimento ou dificultação para o abandono. Do contrário, ausente o dolo, inexiste infração penal.

4.9   Efeito da condenação

Prevê-se, no caso de punição do gerente, proprietário ou responsável pelo local onde se verifique a exploração sexual, como efeito obrigatório da condenação (§ 3.º), a cassação da licença de localização e de funcionamento do estabelecimento. Embora efeito obrigatório, ele não é automático, devendo o juiz estabelecê-lo na sentença condenatória, propiciando a execução imediata após o trânsito em julgado. Do contrário, se omissa a decisão, parece-nos deva servir a sentença condenatória de instrumento para que, na esfera administrativa ou civil, promova-se a interdição do local. A legitimidade para tanto é, primordialmente, do Ministério Público para essa tarefa.

4.10 Quadro-resumo

Previsão legal	**Favorecimento da Prostituição ou de Outra Forma de Exploração Sexual de criança ou adolescente ou de Vulnerável** **Art. 218-B.** Submeter, induzir ou atrair à prostituição ou outra forma de exploração sexual alguém menor de 18 (dezoito) anos ou que, por enfermidade ou deficiência mental, não tem o necessário discernimento para a prática do ato, facilitá-la, impedir ou dificultar que a abandone: Pena – reclusão, de 4 (quatro) a 10 (dez) anos. § 1.º Se o crime é praticado com o fim de obter vantagem econômica, aplica-se também multa. § 2.º Incorre nas mesmas penas: I – quem pratica conjunção carnal ou outro ato libidinoso com alguém menor de 18 (dezoito) e maior de 14 (catorze) anos na situação descrita no *caput* deste artigo; II – o proprietário, o gerente ou o responsável pelo local em que se verifiquem as práticas referidas no *caput* deste artigo. § 3.º Na hipótese do inciso II do § 2.º, constitui efeito obrigatório da condenação a cassação da licença de localização e de funcionamento do estabelecimento.
Sujeito ativo	Qualquer pessoa
Sujeito passivo	Menor de 18 anos e maior de 14 ou a pessoa enferma ou deficiente mental
Objeto material	Menor de 18 e maior de 14 anos ou a pessoa enferma ou deficiente mental
Objeto jurídico	Liberdade sexual
Elemento subjetivo	Dolo (só se exige elemento subjetivo específico na forma do § 1.º)
Classificação	Comum Material Forma livre Comissivo Instantâneo Dano Unissubjetivo Plurissubsistente
Tentativa	Admite nas formas "impedir" e "dificultar"; não admite nas formas "submeter", "atrair", "induzir" e "facilitar"
Circunstâncias especiais	Exploração sexual

5. DIVULGAÇÃO DE CENA DE ESTUPRO OU DE CENA DE ESTUPRO DE VULNERÁVEL, DE CENA DE SEXO OU DE PORNOGRAFIA

5.1 Estrutura do tipo penal incriminador

O novo tipo do art. 218-C espelha várias condutas: *oferecer* (colocar à disposição de alguém; exibir); *trocar* (permutar; entregar alguma coisa para receber algo em retorno);

disponibilizar (tornar acessível; colocar algo ao alcance de outrem); *transmitir* (passar algo a outrem; propagar); *vender* (alienar alguma coisa mediante o pagamento de determinado preço); *expor à venda* (apresentar algo para ser alienado mediante o pagamento do preço); *distribuir* (espalhar; entregar algo a diversos receptores); *publicar* (levar algo ao conhecimento do público); *divulgar* (propagar; fazer algo ser conhecido) são os verbos, espelhando ações alternativas, muitas das quais são sinônimas, cujo objeto é a fotografia, o vídeo ou outro registro audiovisual que contenha cena de estupro ou de estupro de vulnerável ou que faça apologia ou induza a sua prática. Lembre-se de que a prática de mais de uma conduta alternativa, no mesmo contexto, representa o cometimento de um só delito do art. 218-C.

O tipo penal foi criado com destino certo: tutelar a exposição, pela internet, de foto/vídeo de: a) estupro nas duas formas: típica (art. 213, CP) e contra vulnerável (art. 217-A, CP) ou a sua apologia (defesa, elogio, enaltecimento) ou induzimento (dar a ideia; incentivo); b) sexo, nudez ou pornografia (forma de explorar o sexo de maneira chula ou grosseira). Esses dois objetivos advieram dos vários casos concretos, acompanhados pela sociedade brasileira, nos últimos tempos. Houve quem estuprasse uma moça, inconsciente ou semi-inconsciente, colocando o vídeo dessa conduta na internet para conhecimento público. Houve, ainda, quem divulgasse foto de namorada nua ou de relação sexual mantida entre namorados, igualmente, para ciência pública em redes sociais.

Há vários exemplos, agora abrangidos por este novo tipo penal, que possui nove verbos, detalhados meios de execução e sete objetos. O meio de execução do crime aponta a fórmula *por qualquer meio*, o que já seria suficiente; mesmo assim, o legislador insere uma frase explicativa desnecessária: *inclusive por meio de comunicação de massa ou sistema de informática ou telemática*.

A justificativa para o surgimento deste tipo incriminador lastreia-se, objetivamente, na divulgação de dados referentes a nudez e sexo, expondo as vítimas a um grande público. Há de destacar que a prática do estupro e sua divulgação por rede social, por exemplo, deveriam gerar dois delitos, pois lesam-se a liberdade sexual e a honra da vítima. O tipo, porém, proclama-se expressamente subsidiário, cedendo espaço a delitos mais graves que o envolvam. Diante disso, quem comete o estupro e divulga, segundo nos parece, pratica somente estupro; a seguinte divulgação é fato posterior não punido. A pena é de reclusão, de 1 a 5 anos, se o fato não constitui crime mais grave.

5.2   Sujeitos ativo e passivo

O sujeito ativo pode ser qualquer pessoa. O sujeito passivo, igualmente, pode ser qualquer pessoa.

5.3   Elemento subjetivo

É o dolo. Não há elemento subjetivo específico, vale dizer, o agente pode divulgar fotos ou vídeos de crimes sexuais ou relacionamentos sexuais por qualquer finalidade. Poderá haver finalidade específica quando se configurar uma das causas de aumento. Inexiste a forma culposa.

5.4   Objetos material e jurídico

O objeto material é a fotografia, o vídeo ou outro registro audiovisual, contendo as cenas indicadas no tipo. O objeto jurídico é a dignidade sexual, mas também envolve a honra da vítima.

5.5   Classificação

Trata-se de crime comum (pode ser cometido por qualquer pessoa); formal (delito que se consuma mediante a prática da conduta, independentemente de haver resultado naturalístico); de forma livre (a divulgação pode ser realizada de qualquer maneira); comissivo (trata-se de crime de ação, conforme evidenciam os verbos nucleares do tipo); instantâneo (o resultado se dá de modo determinado na linha do tempo), nas formas *oferecer, trocar, vender, distribuir, publicar* e *divulgar*, porém podem assumir o caráter permanente (o resultado arrasta-se no tempo) os modelos *transmitir* (cuidando-se de transmissão ininterrupta de um vídeo na internet, por exemplo); *expor à venda; disponibilizar* (quando se torna uma foto ou vídeo acessível, pode dar-se de maneira contínua); de dano (consuma-se com a lesão à dignidade sexual/honra de alguém); unissubjetivo (pode ser cometido por uma só pessoa); plurissubsistente (a regra é que a prática libidinosa envolva vários atos); admite tentativa.

5.6   Causa de aumento

Prevista no § 1.º do art. 218-C, aplica-se a elevação, na terceira fase da individualização da pena, no montante de 1/3 a 2/3 quando ocorrerem as seguintes hipóteses: a) prática do delito por agente que mantém ou tenha mantido relação íntima de afeto com a vítima; b) quando houver, por parte do agente, o fim de vingança ou humilhação. Entende-se mais grave a conduta diante da relação de confiança normalmente existente entre pessoas que se relacionam intimamente, com afeto; o agente que, quebrando essa confiança, divulga, por exemplo, um vídeo da relação sexual na internet, sem o consentimento da outra parte envolvida, por certo, merece uma pena maior.

O aumento deve ser graduado de 1/3 a 2/3 conforme o grau de estabilidade da relação íntima de afeto. Ilustrando, quem assim age após a primeira noite de sexo com alguém que conheceu há pouco tempo merece uma elevação de 1/3; quem já é noivo ou casado com a vítima merece um aumento de 2/3. No tocante à segunda causa de aumento, está-se no cenário da finalidade específica de agir, pretendendo vingança ou a humilhação da vítima. A quantidade de elevação da pena deve obedecer ao caso concreto, avaliando-se, igualmente, o grau de relação existente entre agente e vítima; afinal, quanto mais próximos, mais grave a conduta; quanto mais distantes, menos grave. Pode-se, ainda, indicar o aumento de 2/3 para o agente que, mantendo relação íntima de afeto com a vítima, divulga sua nudez para humilhá-la.

5.7   Exclusão da ilicitude

Com acerto, preveem-se, no § 2.º do art. 218-C, as hipóteses em que inexiste afronta ao ordenamento jurídico, pois outros valores relevantes estão em cena.

A divulgação (e outras condutas descritas no *caput*) de fotos ou vídeos para atender a liberdade de informação jornalística (art. 220, § 1.º, CF), a expressão de atividade científica, cultural ou acadêmica está em harmonia com a Constituição e demais leis ordinárias.

Além disso, o texto desse parágrafo é claro ao exigir a adoção de recurso que preserve a identificação da vítima. Coloca-se, ainda, uma exceção: se a pessoa ofendida for maior de 18 anos e der prévia autorização para a divulgação de sua imagem. Enfim, ainda que divulgar fotos e vídeos de conteúdo sexual (criminoso ou não) possa constituir um fato típico, adequado ao art. 218-C, não se trata de ilícito.

5.8   Quadro-resumo

Previsão legal	**Divulgação de cena de estupro ou de cena de estupro de vulnerável, de cena de sexo ou de pornografia** **Art. 218-C.** Oferecer, trocar, disponibilizar, transmitir, vender ou expor à venda, distribuir, publicar ou divulgar, por qualquer meio – inclusive por meio de comunicação de massa ou sistema de informática ou telemática –, fotografia, vídeo ou outro registro audiovisual que contenha cena de estupro ou de estupro de vulnerável ou que faça apologia ou induza a sua prática, ou, sem o consentimento da vítima, cena de sexo, nudez ou pornografia: Pena – reclusão, de 1 (um) a 5 (cinco) anos, se o fato não constitui crime mais grave. **Aumento de pena** § 1.º A pena é aumentada de 1/3 (um terço) a 2/3 (dois terços) se o crime é praticado por agente que mantém ou tenha mantido relação íntima de afeto com a vítima ou com o fim de vingança ou humilhação. **Exclusão de ilicitude** § 2.º Não há crime quando o agente pratica as condutas descritas no *caput* deste artigo em publicação de natureza jornalística, científica, cultural ou acadêmica com a adoção de recurso que impossibilite a identificação da vítima, ressalvada sua prévia autorização, caso seja maior de 18 (dezoito) anos.
Sujeito ativo	Qualquer pessoa
Sujeito passivo	Qualquer pessoa
Objeto material	Fotografia, vídeo ou outro registro audiovisual, contendo as cenas indicadas no tipo
Objeto jurídico	Dignidade sexual
Elemento subjetivo	Dolo
Classificação	Comum Formal Forma livre Comissivo Instantâneo ou permanente Dano Unissubjetivo Plurissubsistente
Tentativa	Admite

RESUMO DO CAPÍTULO

	Estupro de vulnerável Art. 217-A	Indução de vulnerável à lascívia Art. 218	Satisfação de lascívia mediante presença de criança ou adolescente Art. 218-A	Favorecimento da prostituição ou de outra forma de exploração sexual de criança ou adolescente ou de vulnerável Art. 218-B	Divulgação de cena de estupro ou de cena de estupro de vulnerável, de cena de sexo ou de pornografia Art. 218-C
Sujeito ativo	Qualquer pessoa	Qualquer pessoa	Qualquer pessoa	Qualquer pessoa	Qualquer pessoa
Sujeito passivo	Pessoa vulnerável	Pessoa menor de 14 anos	Menor de 14 anos	Menor de 18 anos e maior de 14 ou a pessoa enferma ou deficiente mental	Qualquer pessoa
Objeto material	Pessoa vulnerável	Menor de 14 anos	Menor de 14 anos	Menor de 18 e maior de 14 anos ou a pessoa enferma ou deficiente mental	Fotografia, vídeo ou outro registro audiovisual, contendo as cenas indicadas no tipo
Objeto jurídico	Liberdade sexual	Liberdade sexual	Liberdade sexual, em especial no prisma moral	Liberdade sexual	Dignidade sexual
Elemento subjetivo	Dolo + elemento subjetivo específico	Dolo + elemento subjetivo específico	Dolo + elemento subjetivo específico	Dolo (só se exige elemento subjetivo específico na forma do § 1.º)	Dolo
Classificação	Comum Material Forma livre Comissivo Instantâneo Dano Unissubjetivo Plurissubsistente	Comum Material Forma livre Comissivo Instantâneo Dano Unissubjetivo Plurissubsistente	Comum Formal Forma livre Comissivo Instantâneo Dano Unissubjetivo Plurissubsistente	Comum Material Forma livre Comissivo Instantâneo Dano Unissubjetivo Plurissubsistente	Comum Formal Forma livre Comissivo Instantâneo ou permanente Dano Unissubjetivo Plurissubsistente
Tentativa	Admite	Admite	Admite	Admite nas formas "impedir" e "dificultar"; não admite nas formas "submeter", "atrair", "induzir" e "facilitar"	Admite
Circunstâncias especiais	Vulnerabilidade	Exceção à teoria monística	Presença física do menor	Exploração sexual	——

Capítulo III

Ação Penal e
Aumento de Pena

1. AÇÃO PENAL

1.1 Ação penal pública

Torna-se regra, a partir da edição da Lei 13.718/2018, ser a ação penal, em todos os delitos contra a dignidade sexual (Capítulos I e II do Título VI do Código Penal), pública incondicionada.

A opção legislativa foi drástica, vale dizer, considerar sempre a ação pública incondicionada no cenário dos delitos sexuais. Afinal, sempre se contou com a vontade da vítima em processar o agente no âmbito dessa espécie de criminalidade, visto envolver a intimidade e a honra das pessoas.

Se antes da Lei 12.015/2009 prevalecia a ação penal privada, com a ressalva estabelecida pela Súmula 608 do STF ("no crime de estupro, praticado mediante violência real, a ação penal é pública incondicionada"), agora tem-se o predomínio da ação pública incondicionada, proporcionando a atuação do Ministério Público, queira ou não a vítima.

Desse modo, o denominado "escândalo do processo" foi colocado em segundo plano. A pessoa sexualmente ofendida não pode mais abafar o caso, evitando especulações inconvenientes. Não andou bem o legislador ao padronizar a publicidade da ação penal. O ideal seria considerar casos violentos como ação pública incondicionada; casos sem violência, ação pública condicionada ou privada.

1.2 A Súmula 608 do STF

Prevê a referida súmula: "no crime de estupro, praticado mediante violência real, a ação penal é pública incondicionada". A edição da Lei 13.718/2018, prevendo ser pública incondicionada a ação penal em todos os casos, torna inútil a referida Súmula.

2.   AUMENTO DE PENA

Obriga-se o magistrado a elevar a pena em um quarto, na hipótese descrita no inciso I do art. 226, bem como em metade, ocorrendo a situação descrita no inciso II, podendo, se for o caso, romper o teto fixado pelo tipo penal sancionador.

O concurso de duas ou mais pessoas está previsto no inciso I. Não se exige sejam todos coautores, podendo-se incluir nesse contexto, para a configuração da causa de aumento, os partícipes. Portanto, se duas ou mais pessoas tomaram parte na prática do delito, antes ou durante a execução, é suficiente para aplicar a elevação da pena. Aplica-se apenas a causa de aumento do inciso IV – e não esta – quando houver estupro coletivo, evitando-se o *bis in idem* (dupla punição pelo mesmo fato).

Ter o agente autoridade sobre a vítima é a hipótese do art. 226, inciso II. Diz respeito à natural hegemonia que muitas dessas pessoas podem possuir sobre a parte ofendida, diminuindo a sua capacidade de resistência. Desse modo, quando o autor do delito for ascendente, padrasto ou madrasta, tio, irmão (mais velho, como regra), cônjuge, companheiro, tutor, curador, preceptor (professor ou instrutor) ou empregador da vítima, ou pessoa que, por outro título, tenha autoridade sobre a parte ofendida, está-se diante de hipótese para uma pena mais severa (metade).

Criaram-se mais duas causas específicas de elevação da pena, previstas no inciso IV, provocando aumento de 1/3 a 2/3. São as seguintes: a) *estupro coletivo:* trata-se da atuação de dois ou mais agentes contra a mesma vítima, promovendo o constrangimento, mediante violência ou grave ameaça, para o fim de praticar ato libidinoso com a pessoa ofendida (art. 213, CP). Ou, ainda, ter relação sexual com menor de 14 anos, pessoa enferma ou deficiente mental ou quem não é capaz de oferecer resistência (art. 217-A, CP). Conforme o título dado pelo legislador (estupro coletivo), são esses os dois crimes sujeitos a esta causa de aumento do inciso IV, *a.* No entanto, qualquer outro crime sexual dos Capítulos I e II, havendo duas ou mais pessoas como autoras, comporta a causa de aumento prevista no inciso I deste artigo. No mais, a elevação é variável de 1/3 a 2/3. Cremos que o aumento deve pautar-se pelo número de pessoas envolvidas. Se duas, aumento de 1/3; se muitas, elevação de 2/3; b) *estupro corretivo*: cuida-se da agressão sexual contra pessoa considerada *desviada* de seu gênero biológico (arts. 213 e 217-A). Volta-se, basicamente, à pessoa homossexual, bissexual, pansexual, transgênero, transexual, entre outros. O objetivo da violência sexual é *corrigir* o "pretenso" erro na demonstração de sua orientação sexual; por exemplo, estupra-se a mulher lésbica para que ela "entenda" ser "mulher", logo, deva ter relacionamento sexual com homem. A elevação – de 1/3 a 2/3 – deve relacionar-se ao caso concreto, levando-se em consideração o grau de violência ou ameaça utilizado, o número de atos sexuais e suas espécies, tal como se deve fazer em qualquer caso de estupro (art. 213, CP).

RESUMO DO CAPÍTULO

Previsão legal	**Art. 223.** *Revogado pela Lei 12.015/2009.* **Art. 224.** *Revogado pela Lei 12.015/2009.* **Ação Penal** **Art. 225.** Nos crimes definidos nos Capítulos I e II deste Título, procede-se mediante ação penal pública incondicionada. **Parágrafo único.** *Revogado pela Lei 13.718/2018.*

Previsão legal	**Aumento de Pena**
	Art. 226. A pena é aumentada:
	I – de quarta parte, se o crime é cometido com o concurso de 2 (duas) ou mais pessoas;
	II – de metade, se o agente é ascendente, padrasto ou madrasta, tio, irmão, cônjuge, companheiro, tutor, curador, preceptor ou empregador da vítima ou por qualquer outro título tiver autoridade sobre ela;
	III – *Revogado pela Lei 11.106/2005.*
	IV – de 1/3 (um terço) a 2/3 (dois terços), se o crime é praticado:
	Estupro coletivo
	a) mediante concurso de 2 (dois) ou mais agentes;
	Estupro corretivo
	b) para controlar o comportamento social ou sexual da vítima.
Ação penal	Ação penal pública incondicionada, a partir da edição da Lei 13.718/2018

Capítulo IV

Lenocínio e Tráfico de Pessoa para Prostituição ou Outra Forma de Exploração Sexual

1. CONCEITO DE LENOCÍNIO E SUA DECADÊNCIA COMO CONTROLE MORAL

É a prestação de apoio, assistência e incentivo à vida voluptuosa de outra pessoa, dela tirando proveito. Os agentes do lenocínio são peculiarmente chamados de rufião (ou cafetão) e proxeneta. "Por lenocínio, com origem no latim *lenocinium*, lexicamente, tem--se o ato de proporcionar, estimular ou facilitar a devassidão ou a corrupção de alguém. Em se pretendendo um Direito Penal não sexista ou não vincado à questão do gênero (e outras discriminações quaisquer), não haveria de se terem tipos absolutamente abertos e não limitados ao exercício de liberdade individual. Em outras palavras, só deveriam se aceitar incriminações quando estas digam respeito a constrangimentos pessoais. Da mesma forma, Mezger afirmava, em tempos outros, que nem toda a relação de impudicícia deve ser levada em conta no tipo acusado, devendo-se ter por dignidade penal apenas relações que afetem a autodeterminação de alguém que venha a ter violada a sua vontade própria. Ora, nesse aspecto, a legislação nacional parece pecar de sério vício, ainda de herança moral indelével."[1]

PAULO QUEIROZ vai além, considerando todos os tipos que criminalizam a intermediação da prostituição adulta inconstitucionais. "É consenso entre os autores que a prostituição não constitui crime; logo, homens e mulheres adultos podem livremente praticá-la, não podendo sofrer nenhum tipo de constrangimento legal ou ilegal. (...) Essa liberdade de autodeterminação sexual compreende, entre outras, a de ter relações sexuais gratuita ou onerosamente, e, inclusive, exercer a prostituição. (...) a criminalização do lenocínio é inconstitucional, por implicar a proibição indireta de uma atividade diretamente permitida (ou tolerada). Afinal,

---

[1]   RENATO DE MELLO JORGE SILVEIRA, *Crimes sexuais*, p. 334-335.

aquilo que a lei não pode proibir pela via direta (prostituição), não pode vedar pela via indireta (lenocínio)".[2]

Na realidade, a tutela penal em relação ao lenocínio advém da Lei de Augusto quanto ao adultério, por achar que seriam atos facilitadores do cometimento do adultério ou do estupro. Observe-se: a) receber dos maridos alguma recompensa para a traição aos cônjuges; b) ceder a morada para união carnal de outras pessoas, especialmente a pederastia (crime); c) deixar livre um marido adúltero surpreendido em flagrante e não pedir o divórcio; d) aceitar ou facilitar a aceitação de uma soma de dinheiro em troca de não promover ou de desistir do adultério; e) transigir sobre uma disputa de adultério já ajuizada e retirá-la; f) contrair matrimônio com uma mulher antes condenado por adultério ou estupro.[3]

Tratamos desse assunto na nossa obra *Prostituição, lenocínio e tráfico de pessoas.*

2.   MEDIAÇÃO PARA SERVIR A LASCÍVIA DE OUTREM

2.1   Estrutura do tipo penal incriminador

Induzir é dar a ideia ou inspirar alguém a fazer alguma coisa. No caso do art. 227 do CP, guarda relação com a satisfação da lascívia de outrem, que significa saciar o prazer sexual ou a sensualidade de outra pessoa, homem ou mulher, de qualquer maneira.

Esse tipo penal fere o princípio da intervenção mínima, pois a sua prática não tem o condão de lesar o bem jurídico tutelado (dignidade sexual). Incentivar um adulto a ter relação sexual com outro não significa *nada* em matéria de prejuízo para qualquer das partes envolvidas. Logicamente, a única forma que seria viável de se proteger penalmente diria respeito ao emprego de violência, grave ameaça ou fraude; porém, nesse caso, já não seria mera mediação, passando-se à esfera do estupro.

A pena para quem comete o crime previsto no *caput* do art. 227 do CP é de reclusão, de 1 a 3 anos. Se a vítima é maior de 14 e menor de 18 anos, ou se o agente é seu ascendente, descendente, cônjuge ou companheiro, irmão, tutor ou curador ou pessoa a quem esteja confiada para fins de educação, de tratamento ou de guarda, a pena será de reclusão, de 2 a 5 anos (art. 227, § 1.º, CP). Caso o crime tenha sido cometido com emprego de violência, grave ameaça ou fraude, a pena será de reclusão, de 2 a 8 anos, além da pena correspondente à violência (art. 227, § 2.º, CP). Por fim, se o crime é cometido com o fim de lucro, aplica-se também multa (art. 227, § 3.º, CP).

2.2   Sujeitos ativo e passivo

Podem ser qualquer pessoa. É o tipo de crime que exige a participação necessária do sujeito passivo, que, no entanto, não é punido. Lembremos, entretanto, que a sociedade figura como sujeito passivo secundário, em razão do objeto jurídico tutelado (moralidade da vida sexual em geral). Há quem sustente que, em caso de vítima já sexualmente corrompida, o delito deve persistir. De nossa parte, entendemos que o delito nem mesmo deveria subsistir, quanto mais considerando-se sujeito passivo a pessoa que já está corrompida pela vida de luxúria que leva, como é o caso da prostituta.

---

[2]   *Curso de direito penal* – Parte especial, p. 547.

[3]   *Derecho penal romano*, p. 169-170; tradução livre.

É característica fundamental do tipo penal que a pessoa ofendida seja determinada. Se o agente induz várias pessoas, ao mesmo tempo, falando-lhes genericamente a respeito da satisfação da luxúria alheia, não se pode considerar configurado o crime. Aliás, dá-se o mesmo se o autor do induzimento fizer com que a vítima satisfaça a lascívia de várias pessoas. Por falta de adaptação ao art. 227, não há delito.

Não cremos, como alguns sustentam, que, nessa hipótese, estaria configurado o tipo do art. 228. Neste último, fala-se em "prostituição", e não simplesmente em satisfação da lascívia. Ora, a prostituição pressupõe uma contraprestação, pois toda prostituta cobra pelos seus serviços. Entretanto, a conduta de satisfazer a lascívia não exige, no *caput*, o intuito de lucro. Aliás, este é facultativo: se estiver presente, aplica-se ainda o § 3.º.

2.3 Elemento subjetivo

É o dolo, com a finalidade específica de satisfação da luxúria ou do prazer sexual de outra pessoa (elemento subjetivo específico). Não existe a forma culposa.

2.4 Objetos material e jurídico

O objeto material é a pessoa induzida. Os objetos jurídicos são o regramento e a moralidade na vida sexual. Trata-se, a nosso ver, de crime que mereceria ser extirpado do Código Penal, pois a liberdade sexual, exercida sem violência ou grave ameaça, não deve ser tutelada pelo Estado.

Crendo-se ainda necessária tal figura típica, está-se fechando os olhos para a realidade, pois basta consultar as inúmeras ofertas de sexo feitas pelos mais variados meios de comunicação de massa do País para verificar o excessivo número de pessoas que estão, dia após dia, induzindo outras à satisfação da lascívia alheia e – o que é mais ostensivo – com a nítida finalidade de lucro.

2.5 Classificação

Trata-se de crime comum (aquele que não demanda sujeito ativo qualificado ou especial); material (delito que exige resultado naturalístico, consistente na efetiva satisfação da lascívia, que não significa atingir o orgasmo); de forma livre (podendo ser cometido por qualquer meio eleito pelo agente); comissivo ("induzir" implica ação); instantâneo (cujo resultado se dá de maneira instantânea, não se prolongando no tempo); unissubjetivo (que pode ser praticado por um só agente); plurissubsistente (como regra, vários atos integram a conduta); admite tentativa.

2.6 Figura qualificada do § 1.º

Há duas hipóteses, uma delas múltipla: a) sendo a vítima menor de 18 anos e maior de 14, aplica-se mais severamente a pena (primeira parte do § 1.º do art. 227). Lembremos que, no caso da vítima menor de 14 anos, induzida à satisfação da lascívia de outrem, por não apresentar consentimento válido, configura-se para o delito previsto no art. 218, CP.

Eventualmente, pode concretizar, também, hipótese de estupro desde que o indutor tenha ciência de que encaminha menor de 14 anos a uma *específica* relação sexual com outra pessoa. Ingressaria no delito como partícipe; b) quando o agente é ascendente, descendente, cônjuge ou companheiro(a), irmão, tutor ou curador ou pessoa que cuide da educação, tratamento ou guarda da vítima, torna-se mais grave a punição, uma vez que não se admitiria tal postura justamente daqueles que deveriam zelar pela integridade moral da pessoa sob sua proteção (segunda parte do § 1.º do art. 227).

2.7   Figura qualificada pelo emprego de violência, grave ameaça ou fraude do § 2.º

Trata-se de figura típica razoável, pois ofensiva à liberdade sexual. Não há cabimento em admitir que alguém induza outrem à satisfação da lascívia alheia, empregando métodos violentos, ameaçadores ou fraudulentos.

Utiliza-se o legislador do sistema da acumulação material, determinando a aplicação concomitante da pena resultante do crime violento. Entretanto, não deixa de ser estranho o tipo penal, visto que o induzimento representa o convencimento pela força da palavra, não envolvendo qualquer contato físico. Diante disso, ingressando, no cenário, a violência física ou grave ameaça, estar-se-ia diante do estupro ou figura correlata (constrangimento ilegal).

2.8   Finalidade de lucro

Não se trata de uma qualificadora, mas apenas do acréscimo da pena pecuniária ao tipo secundário (§ 3.º). Não se exige que o agente obtenha lucro, mas apenas que o faça pensando em conseguir vantagem econômica. É figura formal e a doutrina o tem nomeado de *lenocínio questuário* (ambicioso ou interesseiro).

2.9   Quadro-resumo

Previsão legal	**Mediação para Servir a Lascívia de Outrem** **Art. 227.** Induzir alguém a satisfazer a lascívia de outrem: Pena – reclusão, de um a três anos. § 1.º Se a vítima é maior de 14 (catorze) e menor de 18 (dezoito) anos, ou se o agente é seu ascendente, descendente, cônjuge ou companheiro, irmão, tutor ou curador ou pessoa a quem esteja confiada para fins de educação, de tratamento ou de guarda: Pena – reclusão, de dois a cinco anos. § 2.º Se o crime é cometido com emprego de violência, grave ameaça ou fraude: Pena – reclusão, de dois a oito anos, além da pena correspondente à violência. § 3.º Se o crime é cometido com o fim de lucro, aplica-se também multa.
Sujeito ativo	Qualquer pessoa
Sujeito passivo	Qualquer pessoa; sociedade
Objeto material	Pessoa induzida
Objeto jurídico	Regramento e a moralidade na vida sexual
Elemento subjetivo	Dolo + elemento subjetivo específico
Classificação	Comum Material Forma livre Comissivo Instantâneo Unissubjetivo Plurissubsistente

Tentativa	Admite
Circunstâncias especiais	Figura qualificada
	Acumulação material
	Multa

3. FAVORECIMENTO DA PROSTITUIÇÃO OU OUTRA FORMA DE EXPLORAÇÃO SEXUAL

3.1 Estrutura do tipo penal incriminador

Há multiplicidade de condutas, no tipo do art. 228 do CP: a) *induzir* é inspirar ou dar a ideia a alguém para fazer alguma coisa. Além disso, inclui-se nesse tipo a conduta de *atrair*, que significa seduzir ou chamar alguém a fazer alguma coisa; b) *facilitar* quer dizer dar acesso mais fácil ou colocar à disposição; c) *impedir* tem o significado de colocar obstáculo ou estorvar alguém; *dificultar* quer dizer tornar algo mais custoso a ser feito; ambos os verbos se constituem de *abandonar,* que representa largar ou deixar. Portanto, o tipo misto alternativo é composto das figuras de induzir pessoa à prostituição (outra forma de exploração sexual) ou atrair pessoa à prostituição (ou outra forma de exploração sexual), como primeira parte.

Na segunda parte do tipo há outras condutas alternativas. Por isso, o agente pode facilitar o desenvolvimento da prostituição ou outra forma de exploração sexual, como pode impedir ou dificultar o abandono.

Em suma, a prática de uma só conduta leva à configuração do delito. No entanto, a prática de mais de uma conduta, em face da alternatividade, configura, igualmente, um só crime. Mais uma vez, somos levados a ressaltar que o tipo é vetusto. Dissemina-se na sociedade a prostituição, que não é punida em si, mas ainda subsiste o tipo penal voltado a punir o indivíduo que contribui, de alguma forma, com a prostituição alheia. Ora, se a pessoa induzida, atraída, facilmente inserida, dificultada ou impedida (por argumentos e não por violência, ameaça ou fraude, que configuraria o § 2.º) de largar a prostituição é maior de 18 anos, trata-se de figura socialmente irrelevante. Cuidaria melhor o legislador de proteger o menor de idade ou aquele que é vítima de atos violentos, ameaçadores ou fraudulentos, mas não a pessoa adulta que foi convencida a levar vida promíscua.

Ressaltemos, se tal conduta fosse realmente relevante e danosa à sociedade, não se teria a proliferação de anúncios e propagandas de toda ordem nessa área, com o beneplácito das autoridades. Confira-se trecho de acórdão do Tribunal de Justiça de Goiás, cuidando do tema: "Ademais, vejo nisso tudo um exagero descomunal, quando se lê nos jornais de circulação diária as ofertas das chamadas 'acompanhantes' e até mesmo 'garotos de programa'. Nas recheadas páginas jornalísticas deparamo-nos com a descarada mercancia do corpo humano, com a oferta se fazendo com o aceite de pagamento com cheque pré-datado, cartão de crédito e, ironicamente, até em troca de vale-refeição. E tudo isso com endereço e telefone dos prostituídos, sem que o aparelho policial mova uma palha sequer para conter tais abusos, ou apologias" (HC 21580-0/217, 1.ª C., rel. Paulo Tales, 04.09.2003, empate na votação, *RDPPP* 25/04, p. 101).[4] Em suma, o favorecimento à prostituição, quando não violento ou fraudulento, deveria ser eliminado da legislação penal.

A pena para quem comete o crime previsto no *caput* do art. 228 do CP é de reclusão, de 2 a 5 anos, e multa. Caso o agente seja ascendente, padrasto, madrasta, irmão, enteado, cônjuge,

---

[4]   Embora antigo, o acórdão serve perfeitamente à ilustração que pretendíamos fazer.

companheiro, tutor ou curador, preceptor ou empregador da vítima, ou se assumiu, por lei ou outra forma, obrigação de cuidado, proteção ou vigilância, a pena será de reclusão, de 3 a 8 anos (art. 228, § 1.º, CP). Se o crime for cometido com emprego de violência, grave ameaça ou fraude, a pena será de reclusão, de 4 a 10 anos, além da pena correspondente à violência (art. 228, § 2.º, CP). Na hipótese de o crime ter sido cometido com a finalidade de obter lucro, aplica-se também multa (art. 228, § 3.º, CP).

3.1.1   Prostituição

É o comércio *habitual* de atividade sexual. Não se pode considerar uma pessoa prostituta porque uma única vez obteve vantagem econômica em troca de um relacionamento sexual, daí por que o crime deve ser visto como condicionado. Note-se que *induzir, atrair, facilitar, dificultar* e *impedir* não são condutas caracterizadas pela habitualidade, mas o termo *prostituição* o é. Portanto, para configurar a conduta do agente, depende-se da habitualidade da conduta da vítima. A indução, por exemplo, só é penalmente relevante se a vítima efetivamente passar a se prostituir – comercializar o próprio corpo habitualmente. Além disso, pretendeu o legislador equiparar a prostituição à exploração sexual, mas, a bem da verdade, a maior parte das pessoas prostituídas não se sente, nem é explorada. Age como tal porque deseja.

3.1.2   Exploração sexual

Eis um conceito de difícil elaboração, constituindo nítida fórmula de valor, carregada de subjetivismo. *Explorar* significa *tirar proveito* em detrimento de outrem. A exploração *sexual* simboliza o proveito extraído de alguém no campo da lascívia. Em primeiro lugar, a própria prostituição não caracteriza, necessariamente, uma forma de exploração de uma pessoa sobre outra. A prostituição, quando praticada individualmente, é atividade lícita.

Cuida-se de uma avença entre cliente e profissional do sexo para a satisfação da lascívia do primeiro mediante pagamento ao segundo. Cada um visualize como quiser tal relacionamento – se moral ou imoral –, mas o direito não deve intervir. Portanto, conceituar *exploração sexual*, fora do campo da prostituição, é tarefa inglória. Pode-se argumentar com o uso de fraude para enganar alguém a praticar ato libidinoso com outra pessoa, viciando sua vontade. Exploramos, em detalhes, tal conceito em nosso livro *Prostituição, lenocínio e tráfico de pessoas*.

3.2   Sujeitos ativo e passivo

Podem ser qualquer pessoa. Entendemos que, querendo-se aplicar essa figura típica, deve-se afastar a possibilidade de considerar sujeito passivo a pessoa já prostituída, por total atipicidade. Como punir, por exemplo, aquele que induz (dá a ideia) alguém à prostituição se essa pessoa já está prostituída? A "disciplinada vida sexual", objeto jurídico do tipo penal, está nitidamente comprometida nessa hipótese, de forma que não se vê razão lógica para a punição do agente. Ingressa, ainda, como sujeito passivo secundário a sociedade, em virtude do bem jurídico tutelado.

É preciso que a pessoa ofendida seja certa e identificada, não se configurando o tipo penal caso o agente, genericamente, leve pessoas indeterminadas à prostituição ou a outra forma de exploração sexual.

3.3   Elemento subjetivo

É o dolo, exigindo-se o elemento subjetivo específico, consistente na vontade de enfronhar alguém no comércio profissional do amor sexual ou em outra forma de exploração sexual.[5] Não há a forma culposa.

3.4   Objetos material e jurídico

O objeto material é a pessoa levada à prostituição ou a outra forma de exploração sexual. O objeto jurídico é a moralidade sexual pública.

3.5   Classificação

Trata-se de crime comum (aquele que não demanda sujeito ativo qualificado ou especial); material (delito que exige resultado naturalístico, consistente na efetiva prática da prostituição, ou outra forma de exploração sexual, pelo sujeito passivo); de forma livre (podendo ser cometido por qualquer meio eleito pelo agente); comissivo (os verbos indicam ações); instantâneo (cujo resultado se dá de maneira instantânea, não se prolongando no tempo). Há quem sustente que, na forma de impedir, o crime é permanente. Não concordamos com tal postura, pois a conduta, nesse caso, deve ser exercida sem violência, grave ameaça ou fraude, que é o tipo previsto no § 2.º. Portanto, a única forma de impedir, nesse caso, é pela força do argumento. O crime está consumado quando o agente convence a pessoa a não abandonar a prostituição ou qualquer outra forma de exploração sexual, não se podendo presumir ou aceitar que esse convencimento foi – ou é – tão forte que perdura no tempo, a ponto de não mais cessar enquanto a vítima estiver prostituída. É verdade que, havendo o emprego de violência, por exemplo, para que a vítima não largue a prostituição, pode se tratar de delito permanente. A forma do crime permanente é limitada e não extensiva. É crime unissubjetivo (que pode ser praticado por um só agente); plurissubsistente (como regra, vários atos integram a conduta); não admite tentativa nas formas *induzir ou atrair*, por se tratar de crime condicionado. Nas formas facilitar, *impedir e dificultar* poderia configurar, mas, para nós, como já exposto, é figura de configuração impossível no campo fático. Se prostituição é uma conduta habitual e o sujeito passivo desse crime não pode ser pessoa *já prostituída*, logo, na forma *impedir* (quando não há violência, ameaça ou fraude), inexiste viabilidade de consumação. Argumentar de modo contrário seria admitir que a força de um simples "não" pudesse fazer com que uma prostituta – pessoa experiente e calejada – cedesse aos caprichos de outrem, continuando na sua vida sexual *já desregrada*. Cremos ser hipótese inverossímil. Nessa ótica: TJRS: "Sendo o crime em tela delito de resultado, sua consumação está condicionada ao efetivo exercício da prostituição pela vítima, que, até então, seja alheia a tal conduta; a indução inidônea, que não convence a vítima a se prostituir ou que convence aquela que já era prostituída, não configura o crime. Lição de Guilherme de Souza Nucci".[6]

---

[5]   No mesmo sentido, Paulo José da Costa Jr., mencionando ser a doutrina estrangeira praticamente unânime ao demandar o elemento específico para este crime (*Comentários ao Código Penal*, p. 750). Em contrário, Fragoso sustenta o dolo genérico, pois o delito independe de qualquer fim especial de agir, estando perfeito qualquer que seja o propósito do agente (*Lições de direito penal*, v. 3, p. 519).

[6]   Ap. 70037127966, 5.ª C. Crim., rel. Amilton Bueno de Carvalho, 26.01.2011, v.u.

3.6   Pena pecuniária

Inseriu-se a multa cumulativa à pena privativa de liberdade, na figura do *caput*, pois, na maioria dos casos, o agente atua com intenção de lucro.

Restou, ainda, o disposto no art. 228, § 3.º, prevendo a multa como medida facultativa. Esta última previsão torna-se aplicável apenas às figuras violentas, descritas no § 2.º, quando for o caso.

3.7   Figura qualificada do § 1.º

Considera-se o delito mais grave, quando o agente tem nítida ascendência moral sobre a vítima, pois há uma relação de confiança, respeito e temor reverencial, como regra. Por isso, menciona-se o ascendente, o padrasto ou madrasta, o irmão (geralmente, mais velho), o enteado (também, quando mais velho), cônjuge ou companheiro, tutor, curador, preceptor (professor) ou empregador da vítima.

Cita-se, ainda, o garante, aquele que assumiu, por lei ou outra forma, obrigação de cuidado, proteção ou vigilância (cf. art. 13, § 2.º, CP).

3.8   Figura qualificada pelo emprego de violência, grave ameaça, fraude ou meio similar do § 2.º

Trata-se de figura típica razoável, pois ofensiva à liberdade sexual. Não há cabimento em admitir que alguém induza outrem à satisfação da lascívia alheia, empregando métodos violentos, ameaçadores ou fraudulentos. Utiliza-se o legislador do sistema da acumulação material, determinando a aplicação concomitante da pena resultante do crime violento.

Adota-se o sistema da acumulação material: ainda que configurado o crime do art. 228, § 2.º, pode-se punir o agente pela violência praticada contra a vítima, em concurso.

3.9   Quadro-resumo

	Favorecimento da Prostituição ou Outra Forma de Exploração Sexual
Previsão legal	**Art. 228.** Induzir ou atrair alguém à prostituição ou outra forma de exploração sexual, facilitá-la, impedir ou dificultar que alguém a abandone:
	Pena – reclusão, de 2 (dois) a 5 (cinco) anos, e multa.
	§ 1.º Se o agente é ascendente, padrasto, madrasta, irmão, enteado, cônjuge, companheiro, tutor ou curador, preceptor ou empregador da vítima, ou se assumiu, por lei ou outra forma, obrigação de cuidado, proteção ou vigilância:
	Pena – reclusão, de 3 (três) a 8 (oito) anos.
	§ 2.º Se o crime é cometido com emprego de violência, grave ameaça ou fraude:
	Pena – reclusão, de quatro a dez anos, além da pena correspondente à violência.
	§ 3.º Se o crime é cometido com o fim de lucro, aplica-se também multa.
Sujeito ativo	Qualquer pessoa
Sujeito passivo	Qualquer pessoa (exceto pessoa já prostituída); sociedade
Objeto material	Pessoa levada à prostituição ou outra forma de exploração sexual
Objeto jurídico	Moralidade sexual pública
Elemento subjetivo	Dolo + elemento subjetivo específico

Classificação	Comum
	Material
	Forma livre
	Comissivo
	Instantâneo
	Unissubjetivo
	Plurissubsistente
Tentativa	Não admite

4. LOCAL DE EXPLORAÇÃO SEXUAL

4.1 Estrutura do tipo penal incriminador

Manter quer dizer sustentar, fazer permanecer ou conservar, o que fornece a nítida visão de algo habitual ou frequente. O objeto da conservação é o estabelecimento destinado à exploração sexual. A retirada do título do art. 229, que era "casa de prostituição", faz com que se remeta o tipo penal ao título anterior, vinculado ao art. 228: favorecimento da prostituição ou outra forma de exploração sexual. Por outro lado, o tipo penal indica ser indiferente que o agente atue com ou sem intuito de lucro, o que se nos afigura bizarro. Não se tem notícia de um estabelecimento de exploração sexual gratuito; se houver, por óbvio, visa ao lucro. No mais, o crime possui bases retrógradas e a realidade das efetivas punições, quase inexistentes, demonstra a sua integral desnecessidade no cenário nacional.

Na jurisprudência, vale conferir o notório acórdão que cuidou da situação do Bahamas (local de prostituição em São Paulo): TJSP: "A conduta, que envolve o ora apelante O. M. e o Bahamas, não é novidade nesta Colenda Câmara. Com efeito. Por ocasião do julgamento da Apelação Criminal n. 993.02.003223-1, em brilhante v. aresto conduzido pelo eminente Desembargador Salles Abreu, assentou-se, de forma acertada e unânime, que o estabelecimento em destaque é casa destinada ao encontro de pessoas adultas que buscam diversão como beber, ouvir música, fazer sauna, nadar, dançar e, se possível, mediante consenso, fazer sexo pago. Destarte, estribado em lição do ilustre Celso Bastos, decidiu-se no precitado voto condutor *e aqui está o fundamento absolutório* que casa de prostituição requesta a característica irrefutável de que as prostitutas precisam residir ou possuir forte vínculo com o sítio dos fatos e ali permanecer sob o *jugo tirânico do cáften*, sob pena de desnaturar o crime. Tal parecer foi acostado aos presentes autos, às fls. 225/245, com aditamento às fls. 246/255, merecendo destaque o seguinte trecho: 'casas de prostituição tinha um significado muito diferente das casas noturnas de hoje, voltadas a encontros amorosos. Na conceituação do Decreto-lei n. 2.848, de 7 de dezembro de 1940, entendia-se por aquela expressada as casas em que efetivamente as mulheres habitavam e trabalhavam. Elas, na verdade, acabavam reduzidas a autênticas escravas, por ausência de liberdade que se via atrofiada pela pressão exercida pelas circunstâncias; fundamentalmente, a de estar sempre na dependência do local para sobreviver, posto que lá residiam. Isto lhes impedia de assumir uma posição alternativa, ficando sempre ao sabor das exigências, normalmente de uma mulher, a cafetina, para saber o que lhe poderia ser oferecido e quanto. Nos dias de hoje, estas circunstâncias estão completamente ausentes nas casas noturnas, como a do proprietário em questão, que podem, evidentemente, prestar-se, inclusive para encontros dos quais resultarão relações carnais. Nesse sentido, bares, motéis, hotéis também podem se prestar para o mesmo fim (fls. 247). Em suma, para tipificação da conduta ilícita, é imperioso que as prostitutas residam no local e, paralelamente, que ele se destine à prostituição. E, com a devida vênia, mais uma vez, tais fatos não ocorreram na hipótese vertente. Noutros dizeres, dentre as múltiplas atividades exercidas no interior do Bahamas (*v.g.*, restaurante, *American bar*, sauna, bilhar, pista de dança, piscina) era possível o encontro sexual mediante pagamento que, ressalte-se, à luz da prova concatenada na espécie, não há lastro de que era repassado à casa noturna. É isso que se conclui dos vários depoimentos prestados por pessoas na instrução que se intitularam invariavelmente como garotas de programa (...). Não são poucos os precedentes desta Corte que fazem coro à decisão lançada. A este teor, confiram-se: Apelação Criminal 0004394-23.2005.8.26.0019, Rel. Des. Salles Abreu, julgada em 24.05.2011; Apelação Criminal 0006135-30.2007.8.26.0407, Rel. Des. Newton Neves, julgada em 15.02.2011; Apelação Criminal 990.10.270936-1, rel. Des. Antonio Manssur, julgada em 15.12.2010; Apelação Criminal 0023534-91.2004.8.26.0564, Rel. Des. Souza Nucci, julgada em 14.02.2012. Por fim, anota-se que a ilustre Procuradora de Justiça do Ministério Público do Estado de São Paulo, Dra. Luiza Nagib Eluf, em artigo publicado no jornal *Folha de S. Paulo*, edição de 1.10.09, defende que, hoje, para a ocorrência do tipo penal previsto no art. 229 do Código Penal, se tornou imprescindível demonstração da *exploração sexual* no estabelecimento, circunstância que, como se viu, jamais ocorreu no caso em apreço. Para essa douta representante do Ministério Público, *crime é manter a pessoa em condição de explorada, sacrificada, obrigada a fazer o que não quer. Explorar é colocar em situação análoga a de escravidão, impor a prática de sexo contra a vontade ou, no mínimo, induzir a isso, sob as piores condições, sem remuneração nem liberdade de escolha. A prostituição forçada é exploração sexual, um delito escabroso, merecedor de punição severa, ainda mais se praticado contra crianças. O resto não merece a atenção do direito penal. A profissional do sexo, por opção própria, maior de 18 anos, deve ser deixada em paz, regulamentando-se a atividade.* Continua ela: *a meu ver, com a recente alteração trazida pela nova lei [Lei 12.015/2009], os processos que se encontram em tramitação pelo crime de casa de prostituição, se não envolverem exploração sexual, deverão resultar em absolvição, pois a conduta de manter casa para fins libidinosos, por si só, não mais configura crime. Os inquéritos nas mesmas condições comportarão arquivamento e muita gente que estava sendo processada se verá dispensada da investigação.* (...) Feita tal introdução, respeitadas as balizadas vozes dissonantes, anota-se que o tipo penal não alcança a pessoa maior de dezoito anos de idade que, ao tempo do fato, se encontrava prostituída, ou seja, que já exercia, ainda que esporadicamente, o sexo pago. Ora, com a devida vênia, como o réu O. poderia atrair e facilitar prostituição das treze mulheres ouvidas na fase pretoriana, se todas, maiores de idade, indistintamente, admitiram que, antes dos fatos descritos na peça matriz, exerciam a atividade de garota de programa e foram até o Bahamas a convite de amigas para realizar encontros sexuais mediante remuneração, pagando, inclusive, ingresso para adentrar o estabelecimento? Noutros dizeres, as vítimas dão conta na instrução que se sentiram atraídas pela casa Bahamas porque ali, segundo pessoas de suas conveniências, era possível sexo consensual pago, podendo, inclusive, receber dos clientes pagamento por meio de cartão de crédito. E, em consequência, inexiste lastro de que o réu O., ou seus funcionários e sócia, auferiam alguma espécie de lucro com os encontros sexuais voluntariamente entabulados por essas mulheres dentro do Bahamas. (...) Ora, como falar em favorecimento à prostituição na hipótese vertente se inclusive há oferta diária de acompanhante e de programas sexuais mediante pagamento do cliente até nos jornais de grande circulação? O tipo penal, portanto, mais uma vez, não se aperfeiçoou" (Ap. Crim. 0002569-48.2005.8.26.0050, São Paulo, 4.ª C., rel. Euvaldo Chaib, 09.04.2013, m.v.).

A teoria de que se deve elaborar sindicância prévia para comprovar a habitualidade é incabível. Falar em sindicância para provar a habitualidade, que se demonstra pela investigação oficial do Estado, ou seja, por intermédio do inquérito policial, chega a ser ilógico. Quem precisa de sindicância para provar o flagrante, com certeza, não o tem.

Destacamos: como provar a habitualidade, que é inerente ao tipo penal, no auto de prisão em flagrante? Faz-se a prisão antes e comprova-se se é fato típico depois? Cremos ser conduta indevida, pois, se não ficar demonstrada a habitualidade no auto respectivo, o Estado terá praticado uma arbitrariedade; logo, não há de ser autorizada a prisão "para averiguar a tipicidade".

A manutenção do estabelecimento em que ocorra exploração sexual pode ser feita diretamente pelo agente, que paga o aluguel e as contas, por exemplo, ou por terceira pessoa, isto é, outrem paga as contas e mantém o local, enquanto o uso é feito pelo agente. Se o terceiro desconhece a finalidade do uso, não se torna partícipe; do contrário, ingressa na figura típica pelo concurso de agentes.

O intuito de lucro é dispensável. Havendo ou não, configura-se o delito, visto que a moralidade sexual teria sido, de qualquer modo, ofendida.

A mediação direta ou indireta é irrelevante para caracterizar o tipo penal do art. 229.

A pena para quem comete o crime previsto no art. 229 do CP é de reclusão, de 2 a 5 anos e multa.

4.1.1 Prostituição e exploração sexual

A Lei 12.015/2009 alterou a redação do art. 229, retirando os termos "casa de prostituição" e "lugar destinado a encontros para fim libidinoso", para inserir, em seu lugar, a expressão "estabelecimento em que ocorra exploração sexual". Não houve nenhum avanço, nem melhora positiva na redação. Ao contrário, mantém um tipo penal vetusto e, com o novo texto, bizarro.

A exploração sexual é o gênero do qual se extrai a prostituição. Por outro lado, torna-se necessário lembrar que a prostituição não é crime, razão pela qual deveria haver um lugar onde ela fosse desenvolvida sem qualquer obstáculo. Entretanto, o legislador brasileiro, embora não criminalize a prostituição, pretende punir quem, de alguma forma, a favorece. Não consegue visualizar que a marginalização da pessoa prostituída somente traz maiores dramas. Sem o abrigo legal, a pessoa prostituída cai na clandestinidade e é justamente nesse momento que surgem os aproveitadores. É evidente haver casas de prostituição de todos os moldes possíveis, com fachadas inocentes, mas onde a autêntica exploração sexual pode acontecer. Afinal, a pessoa prostituída vive na obscuridade, pois o Estado não pode puni-la, mas quer acertar contas com outras pessoas, as fornecedoras de qualquer auxílio à prostituição. É evidente ser necessária a punição do rufião, agressor e controlador da pessoa prostituída, atuando com violência ou grave ameaça. No entanto, se alguém mantém lugar para o exercício da prostituição, protegendo e abrigando a pessoa prostituída, menor mal causa à sociedade. Retirar-se-ia da via pública a prostituição, passando-a a abrigos controlados e fiscalizados pelo Estado. Em nossa visão, exploração sexual é expressão ligada a tirar proveito de alguém, em detrimento dessa pessoa, valendo-se, primordialmente de fraude ou ardil. Não se pode confundi-la com violência sexual, nem com satisfação sexual.

Há quem enumere as seguintes formas de exploração sexual: prostituição, turismo sexual, pornografia, tráfico para fins sexuais.[7] Ora, quanto à prostituição, como espécie de exploração

---

[7]   Rogério Sanches Cunha, *Comentários à reforma criminal de 2009*, p. 68-69.

sexual, já tecemos os comentários pertinentes. Quanto ao denominado turismo sexual, na verdade, só pode ser, igualmente, prostituição. É para essa finalidade que estrangeiros podem vir ao Brasil. Turismo sexual, sem prostituição, inexiste. Afinal, não se trata de passear pelas praias acompanhando o desfile de lindos corpos caminhando pela areia. Pornografia, por outro lado, é atividade lícita, em que há, inclusive, o recolhimento de impostos ao Estado. Afasta-se dela os menores de 18 anos. No mais, pode ser até mesmo formas e expressões de arte. Não há nenhuma exploração sexual nisso. Pensando-se na pessoa que participa de fotos ou filmes pornográficos, não se pode denominar de exploração, mas de trabalho lícito, com remuneração, tal como qualquer outro filme ou sessão de fotos.

Quanto ao tráfico para fins sexuais, cuida-se de figura típica autônoma (art. 149-A, CP). Pode ser exploração sexual, sem dúvida, mas já há o tipo penal próprio. Enfim, a expressão *exploração sexual*, lançada ao acaso, como se, por si mesma, significasse algo, é frugal. As formas ilícitas de exploração sexual já possuem tipos próprios para a punição do agente. Desse modo, inserir, no art. 229, a mantença de estabelecimento em que ocorra exploração sexual não traz benefício algum. Maiores problemas na interpretação desse novo elemento normativo do tipo surgirão. Podem-se imaginar as seguintes hipóteses: a) no estabelecimento ocorre prostituição (é a antiga *casa de prostituição*). Se assim for, não precisaria haver alteração alguma; b) no estabelecimento ocorrem vários crimes sexuais com fraude (violação sexual mediante fraude, por exemplo). Parece incrível que alguém crie um lugar especialmente destinado ao cometimento de crimes. Logo, a modificação não confere modernidade alguma à lei penal.

4.1.2 *Estabelecimento em que ocorra exploração sexual*

A descrição do local constitutivo do cerne do tipo penal incriminador é pífia. Afinal, em qualquer estabelecimento pode ocorrer exploração sexual. Tomando-se por base a prostituição, sabe-se, por certo, inexistirem, na atualidade, como regra, lugares exclusivos para a prática de relações sexuais mediante remuneração. Em verdade, vários estabelecimentos, com finalidades múltiplas, são usados para tanto. Ilustrando: motel, hotel, quarto de pensão, cinema, boate, bar etc. Não significa, portanto, que o proprietário ou responsável por um cinema deva ser punido porque, no escuro, pessoas praticam atos libidinosos, mediante paga. Afinal, cinemas não são *destinados* a isso.

O mesmo ocorre com outros lugares comerciais, de finalidade diversa do cultivo à exploração sexual. Enfim, retirando-se a surrada alegação da *casa de prostituição*, qual seria outra forma de exploração sexual ocorrida em estabelecimentos a isso destinados? Lembremos que o verbo *manter*, implicando habitualidade, permaneceu. Não se pode sugerir como exemplo um lugar onde ocorra a exploração sexual do menor, pois o responsável seria partícipe do crime existente para tutelar a dignidade sexual do menor. A questão permanece em aberto. Em nossa visão, a pobreza da linguagem constante do tipo torna a aplicação do art. 229 inócua. E vamos além: toda a jurisprudência já consagrada, afastando a criminalização de hotéis, motéis, *drive-in*, boates, saunas, casas de massagem etc., por não se tratar de lugares exclusivos para a prostituição, continuará vigorando. Logo, o tipo penal do art. 229, em sua novel redação, é um natimorto.

4.1.3 *Ofensa ao princípio constitucional da intervenção mínima*

Demanda-se, no Estado Democrático de Direito, uma intervenção estatal abrandada, na esfera penal, de modo a preservar valores mais relevantes do indivíduo, tais como intimidade e vida privada. O direito penal agigantado, buscando intervir na vida de todos e em inúmeros conflitos sociais, é totalitário e incompatível com a dignidade da pessoa humana. Vivemos em época diversa do tempo em que foi editado o Código Penal (1940), razão pela qual os atuais legisladores precisam dar-se conta dos avanços advindos. Não é crível que, até hoje, persista a cantilena de preservar os bons costumes, sem nem mesmo definir quais sejam, colocando o direito penal na procura pelo impossível.

A prostituição é fato concreto e, mais, fato penalmente irrelevante. O estabelecimento que abrigue a prostituição nada mais faz do que um favor às pessoas que assim agem. Inexiste qualquer ofensividade a bem jurídico, merecedora de tutela penal. Por isso, a intervenção mínima é desrespeitada. O Estado deve restringir sua atuação aos atos violentos e ameaçadores, capazes de comprometer a segurança e a tranquilidade dos cidadãos. Punir o rufião, explorador de prostitutas, sob ameaças variadas, é desejável. No entanto, prever punição para quem auxiliar a prostituição, de modo pacífico e consensual, torna-se invasivo e intolerante. Entretanto, o Judiciário, no Brasil, carece de força suficiente para declarar inaplicável (ou inconstitucional) o tipo penal incriminador, considerado excessivo ou invasor da privacidade ou da intimidade do indivíduo. Por isso, ainda estamos na dependência de uma maior sensibilização do Poder Legislativo para, realmente, modernizar a legislação penal brasileira. Considerando *inconstitucional* esse tipo penal, por ferir o princípio da intervenção mínima, encontra-se a lição de ANDRÉ ESTEFAM.[8]

4.2   Sujeitos ativo e passivo

O sujeito ativo pode ser qualquer pessoa.[9] É o chamado *proxeneta* – aquele que pratica o lenocínio, mantendo locais destinados a encontros libidinosos, ou serve de mediador para a satisfação do prazer sexual alheio.

O sujeito passivo é a coletividade, tendo em vista afetar a moralidade sexual e os bons costumes. Há quem inclua, como sujeito passivo, a pessoa que exerce a prostituição ou outra forma de exploração sexual, com o que não podemos concordar. A pessoa que se prostitui, por exemplo, não é sujeito passivo, tendo em vista que o ato em si não é considerado ilícito penal, além do que ela também está ferindo os bons costumes, ao ter vida sexualmente desregrada, de modo que não pode ser vítima de sua própria liberdade de ação.

4.2.1   Diferença entre proxeneta e rufião

Reserva-se o termo *proxeneta* à pessoa que intermedeia encontros amorosos para terceiros, mantendo locais próprios para tanto, auferindo ou não lucro; para o *rufião* (ou *cafetão*)

---

[8]   *Direito penal*, v. 3, p. 206. Sobre esse tipo, PIERANGELI e CARMO DE SOUZA dizem: "pensamos da mesma forma e acreditamos que o legislador perdeu uma grande oportunidade de eliminar da relação dos crimes sexuais a estabelecimentos em que ocorra a exploração sexual. Ao invés de remodelar o artigo 229, deveria tê-lo revogado, abolindo a figura, como vem ocorrendo nas legislações mais atuais" (*Crimes sexuais*, p. 117).

[9]   Segundo FRAGOSO, podem ser coautores todos os que auxiliem na manutenção do estabelecimento, como o gerente e demais empregados, desde que saibam o que ocorre. O mesmo se dá com o proprietário do imóvel, que o cede (gratuitamente ou a título oneroso) para esse destino (*Lições de direito penal*, v. 3, p. 521). Em contrário, PAULO JOSÉ DA COSTA JR. sustenta ser justo excluir os funcionários, punindo-se somente o proprietário, o administrador ou o gerente, como se faz na Itália (*Comentários ao Código Penal*, p. 751).

guarda-se o conceito de pessoa que vive da prostituição alheia, fazendo-se sustentar pela(o) prostituta(o), com ou sem o emprego de violência.

4.3   Elemento subjetivo

É o dolo, acrescido do elemento subjetivo específico, consistente na vontade de *manter* lugar com o fim de exploração sexual.[10] É o que Santoro denomina *habitus*, elemento psicológico indispensável para a caracterização do delito habitual.[11] Não existe a forma culposa.

4.4   Objetos material e jurídico

O objeto jurídico é formado pela moralidade sexual e os bons costumes. O objeto material é o estabelecimento em que ocorre exploração sexual. Como mencionamos, os tribunais pátrios não vêm condenando os proprietários de vários estabelecimentos, onde há prostituição, sob o pretexto de que não são lugares destinados, *exclusivamente*, à exploração sexual, mas motéis, bares, saunas ou casas de massagem, que *podem* abrigar, eventualmente, condutas configuradoras da prostituição.

Não se critica a jurisprudência; ao contrário, deve-se censurar a lei, persistindo em impingir um comportamento moralmente elevado – ou eleito como tal – à coletividade mediante sanções penais. Os que forem contrários aos locais de prostituição devem buscar sanar o que consideram um problema por meio de campanhas de esclarecimento ou educação moral, mas jamais se valendo do direito penal, que há muito tempo se mostra ineficaz para combater esse comportamento.

4.4.1   *Casas de massagem, motéis, hotéis de alta rotatividade, saunas, bares ou cafés,* drive-in, *boates, casas de relaxamento* (relax for men)

Não configuram o tipo penal, segundo jurisprudência e doutrina majoritárias. A explicação, como abordado no item anterior, é simples: não são lugares específicos para a exploração sexual, de onde se destaca a prostituição, pois têm outra finalidade, como a hospedagem, o serviço de massagem ou relaxamento, a sauna, o serviço de bar etc. Sabe-se perfeitamente que, em muitos desses locais, trata-se de autêntica *casa de prostituição* disfarçada com um nome mais moderno e adaptado à realidade, embora antiquado e decadente seja o tipo penal.

Por isso, a tentativa de aperfeiçoar o tipo penal, editando-se a Lei 12.015/2009, foi um fracasso. Note-se o conteúdo da Lei da Prostituição na Itália (Lei de 20 de fevereiro de 1958, que substituiu os arts. 531 a 536 do Código Penal) prevendo ser crime, punido com pena de reclusão de dois a seis anos, além de multa, a conduta de quem, sendo proprietário de local de acesso público, tolera *habitualmente* a presença de uma ou mais pessoas que se entregam à prostituição (art. 3.3). Sem dúvida, o tipo penal é mais eficaz do que o previsto atualmente pelo art. 229 do Código Penal brasileiro.

---

[10]   Igualmente, Fragoso, *Lições de direito penal*, v. 3, p. 523; Bento de Faria, *Código Penal brasileiro comentado*, v. VI, p. 103; Paulo José da Costa Jr., *Comentários ao Código Penal*, p. 754; Pierangeli e Carmo de Souza, *Crimes sexuais*, p. 121. Em contrário, sustentando apenas o dolo genérico: Mirabete, *Manual de direito penal*, v. 2, p. 477.

[11]   *Manuale di diritto penale*, v. 1, p. 317.

4.5 Classificação

Trata-se de crime comum (aquele que não demanda sujeito ativo qualificado ou especial); formal (delito que não exige resultado naturalístico, consistente na efetiva degradação da moral sexual); de forma livre (podendo ser cometido por qualquer meio eleito pelo agente); comissivo ("manter" implica ação); unissubjetivo (que pode ser praticado por um só agente); plurissubsistente (como regra, vários atos integram a conduta). É delito habitual e não comporta tentativa (ver tópico destacado a seguir).

4.5.1 *Conflito entre habitualidade e permanência e inviabilidade da prisão em flagrante*

O crime habitual é aquele que somente é punido em face do estilo de vida ou do comportamento reiterado do agente, compondo um quadro pernicioso à vida social. Assim, não é típica a conduta de quem, vez ou outra, gerencia lugar destinado a alguma forma de exploração sexual, mas sim o comportamento reiterado nessa prática. A infração penal habitual deve ser analisada como um todo, e não com o mesmo tratamento que parte da doutrina lhe pretende dar, ou seja, classificar essa modalidade tão específica de crime como permanente, aquele cuja consumação se arrasta no tempo, permitindo consequências sensíveis, tal como a possibilidade de prisão em flagrante a qualquer tempo.

Em primeiro lugar, não admite tentativa o delito habitual, pois é impossível fracionar o *iter criminis*, vale dizer, é inaceitável considerar um fato isolado – que o legislador tratou como atípico – como fase de execução de um todo ainda não verificável. Quando, pela reiteração de condutas, houver a comprovação da *manutenção* de estabelecimento em que ocorra exploração sexual, pune-se o agente, estando consumada a infração penal. Enquanto pairar dúvida a respeito dessa *manutenção*, não se trata de fato típico. Não se preocupa a lei em punir uma conduta isolada, mas um *estilo* ou um *hábito* de vida. Não vemos como retirar do crime habitual um *iter criminis* individualizado e específico, que possa demonstrar a exata passagem da preparação (não punível) para a execução (punível). Por outro lado, há os que sustentam que, apesar de habitual, é delito permanente.

Ousamos divergir, pois, uma vez configurada a habitualidade, está consumado o crime, sem que o resultado se arraste no tempo. A ofensa à moralidade sexual e aos bons costumes se dá diante da habitualidade do agente, que, repita-se, precisa ser vista em conjunto, e não isoladamente. O crime habitual é um todo, e não parcelas detectáveis e passíveis de isolamento e individualização. Quem *mantém* estabelecimento destinado à exploração sexual – o próprio termo *prostituição*, como já vimos, implica habitualidade – tem um comportamento inaceitável, pouco interessando a continuidade desse malfadado estilo após ter-se evidenciado a referida habitualidade. Comprova-se, por exemplo, que "A" possui um local destinado, habitualmente, a encontros libidinosos, advindos da prostituição: sua maneira de conduzir a vida está errada e ele merece punição. Comprovado tal fato, ofendeu os bons costumes, não tendo qualquer repercussão a continuidade disso, pois o estilo de vida é *exatamente o mesmo*. Diversa é a situação do sujeito que sequestra a vítima.

A privação da liberdade – como conduta isolada no tempo – é suficiente para merecer reprovação do Estado e sanção penal. Portanto, continuando a privar a vítima de sua liberdade, permanece a infringir a norma penal. É o delito permanente. Não é o caso do habitual. Neste, o estilo de levar a vida é o que importa, e ele é único – um todo inseparável. Naquele, uma conduta é proibida e, caso se arraste no tempo, continua a sê-lo. Entendimentos contrários – no sentido de ser permanente – podem dar margem a injustiças e até à manipulação da lei penal para interesses escusos dos agentes do Estado. Imagine-se um estabelecimento onde ocorra a prostituição conhecida da polícia e da comunidade, em atividade há dez anos no mesmo local. Quando se tornou habitual a conduta e, portanto, passível de punição? Somente para argumentar, admitamos que foi ao término do primeiro ano de atividade. Se assim foi, deveria ter o Estado, através de seus agentes, proibido o seu funcionamento desde aquela época. E, caso alterada uma autoridade qualquer na cidade, resolva o Estado agir – uma década depois –, teria cabimento efetuar uma prisão em flagrante? Se fosse crime permanente, que leva em conta isoladamente o ato proibido, sim, pois ele ainda estaria sendo praticado.

Tratando-se de crime habitual, não, pois o estilo de vida é único. Imagine-se, ainda, somente para argumentar, que a polícia efetuasse a prisão em flagrante do proprietário desse estabelecimento dez anos depois, pois considerou crime permanente. Poderia prender uma pessoa que iniciou há alguns dias a atividade, recebendo-a de outra. Logicamente, tal situação poderia ser verificada e a situação sanada, mas o mal da prisão injusta já se teria consumado. Isto porque não há certeza de quando se consuma e quem efetivamente é o autor desse tipo de infração. Existiria plausibilidade para o Estado calar-se por anos a fio e, subitamente, porque uma determinada autoridade não mais admite a sua existência, invocando a tese do *crime permanente*, lavrar uma prisão em flagrante? Cremos que não. Imagine-se outra hipótese: alguém, com habitualidade, mantém estabelecimento onde ocorre a prostituição por vários anos até que é preso em flagrante sob a justificativa de ser crime permanente (seu estilo de vida prolongou-se no tempo, ferindo continuamente os bons costumes). Colocado em liberdade provisória no dia seguinte à prisão, volta ao negócio e o pratica por mais uma semana. Há novo crime ou continua-se do ponto de partida anterior? Ou seja, deve ele ser preso mais uma vez pela prática de um crime habitual, levando-se em conta os vários anos anteriores à prisão acrescidos de mais uma semana para demonstrar o seu estilo permanente de vida, ou, tendo cessado a permanência por conta da prisão efetuada, a nova semana não configura a prática de um crime, pois insuficiente para demonstrar a habitualidade? Entendemos que, tratando-se de crime habitual, interessa ao Estado punir o todo da vida do agente, e não ato após ato. É natural que, na hipótese *supra*, o sujeito não deveria nem ter sido preso em flagrante. Se o foi, não pode a nova semana ser computada como continuação dos atos que a antecederam, pois a "permanência teria cessado". A nova semana é situação atípica.

Se fosse considerado delito permanente, haveria a propagação da possibilidade de corrupção policial, exigindo-se de muitos comerciantes o pagamento de propina para não haver prisão em flagrante, esquecendo-se que o Estado quer punir um estilo de vida, e não dar margem a um jogo de interesses. Entendendo-se haver em funcionamento um estabelecimento onde ocorre a prostituição, instaura-se o inquérito, investiga-se e, provada a habitualidade, pode-se punir, aplicando a sanção, por meio do exercício da ação penal, sem necessidade alguma da violência da prisão em flagrante, duvidosa, sempre, e maliciosa, muitas outras vezes. Não destoa desse pensamento FREDERICO MARQUES, para quem o delito permanente comporta prisão em flagrante a qualquer tempo, tendo em vista que "existe sempre uma atualidade delituosa", vale dizer, uma conduta é crime, enquanto a reiteração dela também o é. Entretanto, o crime habitual, isolando-se uma ação no tempo, não faz nascer para o Estado o direito de punir, visto que somente a prova segura e efetiva do conjunto é que poderá configurar o tipo penal. E arremata: "Evidente se nos afigura, portanto, que não pode considerar-se em flagrante delito quem é surpreendido na prática de ação isolada de crime habitual, visto que se não pode dizer que, em tal situação, esteja ele cometendo a infração penal".[12]

Assim, também, TOURINHO FILHO: "Quando a Polícia efetua a prisão em flagrante, na hipótese de crime habitual, está surpreendendo o agente na prática de um só ato. O auto de prisão vai apenas e tão somente retratar aquele ato insulado. Não os demais. Ora, aquele ato isolado constitui um indiferente legal. O conjunto, a integralidade, não. Se a corrente é formada de dezenas de elos, não se pode dizer que um elo seja uma corrente. Assim, também, no crime habitual. O tipo integra-se com a prática de várias ações. Surpreendido alguém cometendo apenas uma das ações, evidente que o auto da prisão não vai retratar o tipo... e sim uma das ações que o integram".[13] Ensina SANTORO ser indispensável haver, para configurar o crime habitual, várias condutas vinculadas psicologicamente formando um todo que ofende uma única vez um único dispositivo penal, havendo o elemento psicológico constituído do *habitus*.[14]

Demonstrando a incompatibilidade do crime permanente com o habitual, preleciona ALFONSO ARROYO DE LAS HERAS ser permanente o delito que, como os instantâneos, se consuma *com uma só ação*, embora a situação antijurídica se prolongue no tempo voluntariamente pelo agente, ao passo que o crime habitual é aquele que *necessita de vários atos análogos* que, isoladamente considerados, são impuníveis, mas, constituindo-se em hábito do agente, devem ser sancionados *como delito único*.[15] E conclui, em obra singular, GIOVANNI LEONE ser o crime permanente composto por duas fases, uma comissiva e outra omissiva, podendo até ter, em sua estrutura, alguns elementos de contato e semelhança com o crime permanente, o que se dá somente na primeira fase, mas jamais na segunda. Isso significa que o delito permanente se realiza, como regra, em uma fase comissiva (ex.: sequestrar pessoa, privando-a da sua liberdade) e outra omissiva (deixar de soltá-la). O crime habitual, por sua vez, jamais é omissivo, possuindo sempre ações frequentes que o caracterizam. De outra sorte, o crime permanente é de execução contínua (ex.: a privação da liberdade da vítima do sequestro continua, sem cessar), enquanto o habitual é constituído de ações isoladas no tempo e no espaço, embora, no global, sejam consideradas um todo (ex.: receber dinheiro de prostituta como forma de sustento: cada conduta de entrega do dinheiro é um ato isolado, mas feito de maneira contínua). Por isso, são diferentes e não se encaixam na mesma classificação o delito habitual e o crime permanente, tampouco se deve levar em conta o delito habitual com o crime instantâneo.[16] Com isso concordamos plenamente, pois o delito permanente tem um ato isolado criminoso, que se pode prolongar no tempo. O delito habitual tem um conjunto de atos que, isoladamente, não são criminosos, de forma que não se arrastam no tempo. Pune-se o conjunto, e não a unidade. Não existe, pois, permanência no crime habitual.

Apesar do nosso entendimento, reconhecemos que a posição atualmente majoritária, no Brasil, aceita a possibilidade de ser considerado permanente o delito habitual: exemplifique-se com NORONHA[17] e DELMANTO.[18]

---

[12] *Elementos de direito processual penal*, v. 4, p. 89.
[13] *Processo penal*, v. 3, p. 438.
[14] *Manuale di diritto penale*, I, p. 316.
[15] *Manual de derecho penal* – El delito, p. 268.
[16] *Del reato abituale, continuato e permanente*, p. 469-471.
[17] *Direito penal*, v. 3, p. 327.
[18] *Código Penal comentado*, p. 441.

Há, ainda, quem sustente, minoritariamente, a possibilidade de se deixar de lado a própria habitualidade: é o caso de Damásio, para quem a prática de um único ato sexual, uma vez instalada a casa, já é suficiente para configurar o crime.[19] Se assim fosse, não se poderia sustentar a impossibilidade de tentativa, como o faz o ilustre penalista.[20] Sendo a habitualidade dispensável, o simples fato de o sujeito montar uma casa com a finalidade de proporcionar lugar para encontros libidinosos já seria suficiente para configurar a tentativa do crime previsto no art. 229. Entretanto, tal hipótese, para nós, como já frisamos, é inviável, pois a tentativa é impossível em crime nitidamente habitual.

4.6   Quadro-resumo

Previsão legal	**Casa de Prostituição** **Art. 229.** Manter, por conta própria ou de terceiro, estabelecimento em que ocorra exploração sexual, haja, ou não, intuito de lucro ou mediação direta do proprietário ou gerente: Pena – reclusão, de dois a cinco anos, e multa.
Sujeito ativo	Qualquer pessoa
Sujeito passivo	Coletividade
Objeto material	Estabelecimento em que ocorre exploração sexual
Objeto jurídico	Moralidade sexual e os bons costumes
Elemento subjetivo	Dolo + elemento subjetivo específico
Classificação	Comum Formal Forma livre Comissivo Habitual Unissubjetivo Plurissubsistente
Tentativa	Não admite
Circunstâncias especiais	Casas de massagem, motéis etc.

5.   RUFIANISMO

5.1   Conceito de rufianismo

É uma modalidade do lenocínio, que consiste em viver à custa da prostituição alheia. É a atividade exercida por aquele que explora prostitutas e, consequentemente, incentiva o comércio sexual. O termo equivalente é o cafetão ou cáften. A conduta, quando praticada sem violência, ameaça ou fraude, deveria ser penalmente irrelevante. Mais detalhes expomos em nosso *Prostituição, lenocínio e tráfico de pessoas*.

---

[19] *Código Penal anotado*, p. 719-720.
[20] *Código Penal anotado*, p. 720.

5.2 Estrutura do tipo penal incriminador

Tirar proveito significa extrair lucro, vantagem ou interesse. O objeto é o comércio habitual do prazer sexual promovido por alguém (art. 230, CP). As formas compostas do núcleo principal (*tirar proveito*) são *participando dos lucros* (reservando, para si, uma parte do ganho que a prostituta obtém com sua atividade) e *fazendo-se sustentar* (arranjando para ser mantido, provido de víveres ou amparado). Não se demanda seja essa a única fonte de renda do sujeito ativo, mas uma delas.

A prostituição, como já vimos, é o comércio habitual do amor sexual. Nota-se que o tipo penal ressaltou ser tal atividade de outra pessoa, que não do próprio agente, visto que a prostituição, em si, no Brasil, não é considerada ilícito penal.

Tirar proveito participando dos lucros ou *tirar proveito fazendo-se sustentar* são condutas nitidamente habituais, que implicam um conjunto. Isoladamente, o fato de a pessoa tirar proveito dos lucros da prostituta uma única vez é atípico, penalmente irrelevante. Globalmente, entretanto, fazendo disso seu método de vida, torna-se punível para o direito penal.

Exige-se seja o ganho obtido, nesse caso, diretamente auferido da prostituição, e não do comércio paralelo de outros produtos, como bebidas, alojamentos, alimentos, entre outros.

O rufianismo, por haver nítido intuito de lucro e de ser mantido graças à prostituição alheia, absorve o favorecimento (art. 228).

A pena para quem comete o crime previsto no *caput* do art. 230 do CP é de reclusão, de 1 a 4 anos e multa. Se a vítima é menor de 18 e maior de 14 anos de idade ou se o crime é cometido por ascendente, padrasto, madrasta, irmão, enteado, cônjuge, companheiro, tutor ou curador, preceptor ou empregador da vítima, ou por quem assumiu, por lei ou outra forma, obrigação de cuidado, proteção ou vigilância, a pena será de reclusão, de 3 a 6 anos e multa (art. 230, § 1.º, do CP). Caso o crime seja cometido mediante violência, grave ameaça, fraude ou outro meio que impeça ou dificulte a livre manifestação da vontade da vítima, a pena será de reclusão, de 2 a 8 anos, sem prejuízo da pena correspondente à violência (art. 230, § 2.º, do CP).

5.3 Sujeitos ativo e passivo

O sujeito ativo pode ser qualquer pessoa.[21] É o conhecido rufião ou cafetão. O sujeito passivo é a pessoa que exerce a prostituição. Secundariamente, é a coletividade, pois o delito é contra a moralidade sexual.

5.4 Elemento subjetivo

É o dolo. Não existe a forma culposa. Exige-se o elemento subjetivo específico, consistente no *habitus*, que é a vontade de praticar a conduta com habitualidade, como estilo de vida.

---

[21] Há quem sustente possa o companheiro ou marido da prostituta, que vive às suas custas, ser enquadrado como rufião (Vicente Sabino Junior, *Direito penal*, v. 3, p. 897), com o que não concordamos. Inúmeras são as mulheres que sustentam seus maridos e companheiros, algo que diz respeito, exclusivamente, à intimidade e à vida privada do casal. Pouco importa o modo como tal sustento se dá, inclusive quando advindo da prostituição. Não pode a sociedade ter qualquer interesse em imiscuir-se na vida privada alheia. Portanto, parece-nos fato atípico. O mesmo se dá no tocante ao jovem que se deixa sustentar pela prostituta (gigolô), constituindo fato atípico (Paulo José da Costa Jr., *Comentários ao Código Penal*, p. 755).

5.5   Objetos material e jurídico

O objeto material é a pessoa prostituída explorada. Os objetos jurídicos são a moralidade sexual e os bons costumes. Note-se que a prostituição em si não é moralmente elevada, nem eticamente suportável, dentro dos bons costumes, embora não seja penalmente punível. Entretanto, quem explora a prostituição pratica ato atentatório aos padrões médios de moralidade e, conforme a situação, penalmente relevante.

5.6   Classificação

Trata-se de crime comum (aquele que não demanda sujeito ativo qualificado ou especial); material (delito que exige resultado naturalístico, consistente no efetivo proveito auferido pelo agente em detrimento da vítima); de forma livre (podendo ser cometido por qualquer meio eleito pelo agente); comissivo ("tirar proveito" implica ação); habitual (modalidade específica de crime, cuja relevância penal somente se encontra analisando-se o conjunto dos atos do agente. Não se focaliza uma ação isolada, pois a consumação é um todo indefinido, que precisa ser provado no curso da investigação ou do processo);[22] unissubjetivo (que pode ser praticado por um só agente); plurissubsistente (como regra, vários atos integram a conduta, embora, por ser habitual, tais atos devam ser vistos no conjunto); não admite tentativa.

5.7   Figura qualificada por conta da vítima ou do agente do § 1.º

Considera-se o delito mais grave, quando a vítima tem mais de 14 e menos de 18 anos ou o agente tem nítida ascendência moral sobre o ofendido, pois há uma relação de confiança, respeito e temor reverencial, como regra. Por isso, mencionam-se o ascendente, o padrasto ou madrasta, o irmão (geralmente, mais velho), o enteado (também, quando mais velho), cônjuge ou companheiro, tutor, curador, preceptor (professor) ou empregador da vítima. Cita-se, ainda, o garante, aquele que assumiu, por lei ou outra forma, obrigação de cuidado, proteção ou vigilância (cf. art. 13, § 2.º, CP).

5.8   Figura qualificada por conta do meio empregado do § 2.º

Trata-se de correta qualificadora, pois nitidamente ofensiva à liberdade sexual. Não há cabimento em admitir que alguém tire proveito da prostituição alheia, empregando métodos violentos, ameaçadores, fraudulentos ou qualquer outro meio que impeça ou dificulte a livre manifestação de vontade da vítima. Por isso, a faixa de aplicação da pena é duplicada (reclusão, de 2 a 8 anos). Ademais, utiliza-se o legislador do sistema da acumulação material, determinando a aplicação concomitante da pena resultante do crime violento (ver a nota 101-A ao art. 69 do nosso *Código Penal comentado*). Desse modo, se houver lesão ou morte, responderá o agente também por lesão corporal (leve, grave ou gravíssima, conforme o caso) ou homicídio.

---

[22]   "O rufianismo, *per definitionem*, pressupõe a *habitualidade* e o *fim de lucro*" (HUNGRIA, *Comentários ao Código Penal*, v. VIII, p. 293). Igualmente, BITTENCOURT (*Tratado de direito penal*, v. 4, p. 97); PAULO JOSÉ DA COSTA JR. (*Comentários ao Código Penal*, p. 754).

5.9 Quadro-resumo

Previsão legal	**Rufianismo** **Art. 230.** Tirar proveito da prostituição alheia, participando diretamente de seus lucros ou fazendo-se sustentar, no todo ou em parte, por quem a exerça: Pena – reclusão, de um a quatro anos, e multa. § 1.º Se a vítima é menor de 18 (dezoito) e maior de 14 (catorze) anos ou se o crime é cometido por ascendente, padrasto, madrasta, irmão, enteado, cônjuge, companheiro, tutor ou curador, preceptor ou empregador da vítima, ou por quem assumiu, por lei ou outra forma, obrigação de cuidado, proteção ou vigilância: Pena – reclusão, de 3 (três) a 6 (seis) anos, e multa. § 2.º Se o crime é cometido mediante violência, grave ameaça, fraude ou outro meio que impeça ou dificulte a livre manifestação da vontade da vítima: Pena – reclusão, de 2 (dois) a 8 (oito) anos, sem prejuízo da pena correspondente à violência.
Sujeito ativo	Qualquer pessoa
Sujeito passivo	Pessoa que exerce a prostituição; coletividade
Objeto material	Pessoa prostituída explorada
Objeto jurídico	Moralidade sexual e os bons costumes
Elemento subjetivo	Dolo + elemento subjetivo específico
Classificação	Comum Material Forma livre Comissivo Habitual Unissubjetivo Plurissubsistente
Tentativa	Não admite
Circunstâncias especiais	Qualificadoras Acumulação material

6. TRÁFICO INTERNACIONAL DE PESSOA PARA FIM DE EXPLORAÇÃO SEXUAL

Revogado o art. 231 do Código Penal pela Lei 13.344/2016. Consultar o art. 149-A.

7. TRÁFICO INTERNO DE PESSOA PARA FIM DE EXPLORAÇÃO SEXUAL

Revogado o art. 231-A do Código Penal pela Lei 13.344/2016. Consultar o art. 149-A.

8. PROMOÇÃO DE MIGRAÇÃO ILEGAL

8.1 Aspectos gerais

A Lei 13.445/2017, denominada Lei de Migração, substituiu o Estatuto do Estrangeiro (Lei 6.815/1980). Disciplinou todos os casos referentes à migração, estabeleceu regras novas para a repatriação, deportação, expulsão e extradição de estrangeiros de passagem pelo Brasil. Fixou regras para a transferência de condenados e de execução penal. Além disso, criou o tipo penal do art. 232-A do Código Penal, inserindo-o no Título referente aos crimes contra a dignidade sexual. Por óbvio, o crime de migração ilegal não se vincula aos crimes sexuais, porém, em virtude da revogação dos arts. 231, 231-A e 232, o legislador encontrou um ponto *vago* para incluir o novel tipo incriminador. No entanto, deveria ter sido inserido entre os crimes contra a administração pública, pois este é o bem jurídico afetado, vale dizer, o interesse do Estado em regulamentar a presença de estrangeiro no Brasil e o encaminhamento de brasileiro ao exterior.

8.2   Estrutura do tipo penal incriminador

Promover significa impulsionar ou ser a causa de algo. O objeto é a entrada de estrangeiro em território nacional ou de brasileiro em país estrangeiro. Há o elemento normativo do tipo, consistente no termo *ilegal*, vale dizer, contra as regras do ordenamento jurídico brasileiro. Diante disso, se alguém dá ensejo a que outrem saia *ilegalmente* do Brasil, rumo ao exterior (primeira conduta), ou proporciona o ingresso *ilegal* de estrangeiro no Brasil (segunda conduta), pode cometer o crime de promoção de migração ilegal. Embora pareça um tipo misto alternativo por conta da partícula "ou", o correto é visualizá-lo como cumulativo. Afinal, há duas condutas bem distintas: proporcionar a entrada ilegal de estrangeiro no Brasil e dar meio para o ingresso de brasileiro, de modo ilegal, no território estrangeiro.

Acompanhando a formação do tipo incriminador, há mais dois elementos: o primeiro deles cuida da *forma de execução*, que foi deixada livre ("por qualquer meio"); o segundo aponta para o fim específico do agente ("obter vantagem econômica"). Portanto, para o crime tornar--se concretizado, é essencial dar condições para que um estrangeiro ingresse ilegalmente em território nacional (por terra, ar ou mar) com a finalidade lucrativa; ou, então, proporcionar que um brasileiro entre ilegalmente em território estrangeiro (por ar, mar ou terra) com fim de obtenção de vantagem econômica.

Trata-se de norma penal em branco, pois a interpretação do termo *ilegal* depende da análise das regras constantes na Lei de Migração; somente assim se poderá atingir o ambiente seguro para apontar a ilegalidade da entrada ou saída de alguém do país.

No § 1.º do art. 232-A o tipo envolve, igualmente, a saída de estrangeiro do Brasil para entrar ilegalmente em qualquer país estrangeiro. A hipótese não abordada pela nova figura típica é a promoção de saída de brasileiro do exterior para ingressar ilegalmente no Brasil. Essa situação não despertou interesse, tendo em vista o direito do brasileiro de estar em seu território; se o fizer de maneira ilegal (sem documentos apresentados no ponto correto de entrada), deve-se resolver no campo do ilícito administrativo. Não houve interesse, também, em cuidar penalmente da movimentação do apátrida e do asilado.

8.3   Sujeitos ativo e passivo

O sujeito ativo pode ser qualquer pessoa. O sujeito passivo é o Estado, que tem interesse em regular a entrada e saída de estrangeiros e brasileiros em território nacional ou estrangeiro. Secundariamente, pode ser a pessoa que se transfere de um lugar a outro acreditando fazê-lo legalmente, quando, na verdade, a migração é ilícita.

8.4   Elemento subjetivo

O crime é doloso. Não existe a forma culposa. Demanda-se o elemento subjetivo do tipo específico, consistente na finalidade de obter vantagem econômica.

8.5   Objetos material e jurídico

O objeto material é a entrada de estrangeiro em território nacional ou de brasileiro no estrangeiro, bem como a saída de estrangeiro do território nacional para país estrangeiro. O objeto jurídico é o interesse estatal em regular a entrada e saída de estrangeiros e brasileiros no território nacional ou no país estrangeiro.

8.6   Classificação

Trata-se de crime comum (aquele que não demanda sujeito ativo qualificado ou especial); formal (delito que não exige resultado naturalístico, consistente no efetivo ganho econômico por parte do agente); de forma livre (podendo ser cometido por qualquer meio eleito pelo agente); comissivo ("proporcionar" implica ação); instantâneo (delito que se consuma em momento determinado no tempo); unissubjetivo (que pode ser praticado por um só agente); plurissubsistente (como regra, vários atos integram a conduta); admite tentativa.

8.7   Causas de aumento de pena

Considera-se mais grave a promoção ilegal da migração quando envolver violência, deduzindo-se ser o estrangeiro ou brasileiro conduzido à força para o território nacional ou para o exterior. Porém, é preciso atenção para não confundir essa forma de migração com o tráfico de pessoas, tipificado pelo art. 149-A do CP. A diferença entre o tipo do art. 232-A e o previsto pelo art. 149-A é a finalidade da transferência do indivíduo de um lugar para outro. Além disso, o art. 232-A pode trazer qualquer modo de violência, não somente voltado a quem se transfere de um lugar a outro, mas contra pessoas que controlam a entrada e a saída, condutores de veículos utilizados para isso e outros envolvidos no processo de migração.

A segunda causa de aumento de pena cinge-se à submissão da vítima a ser transferida de um local a outro sob condições degradantes ou desumanas. Isso envolve, por exemplo, caminhões ou veículos lotados de pessoas, sem suficiente ar, alimentação, água etc. Pode abranger extensas caminhadas, passando frio ou calor, fome ou sede, bem como longo tempo de espera em lugares insalubres. Nesse enfoque, os elementos normativos *desumana* e *degradante* comportam vasta interpretação.

O aumento é de um sexto a um terço, devendo ser calibrado de acordo com a gravidade da violência ou com a intensidade e duração das condições desumanas ou degradantes.

8.8   Sistema da acumulação material

O § 3.º do art. 232-A estipula que "a pena prevista para o crime será aplicada sem prejuízo das correspondentes às infrações conexas". As infrações conexas são as ligadas aos crimes decorrentes do uso de violência, bem como aos fatores de submissão das pessoas a condições desumanas e degradantes.

8.9   Quadro-resumo

Previsão legal	**Promoção de migração ilegal** **Art. 232-A.** Promover, por qualquer meio, com o fim de obter vantagem econômica, a entrada ilegal de estrangeiro em território nacional ou de brasileiro em país estrangeiro: Pena – reclusão, de 2 (dois) a 5 (cinco) anos, e multa. § 1.º Na mesma pena incorre quem promover, por qualquer meio, com o fim de obter vantagem econômica, a saída de estrangeiro do território nacional para ingressar ilegalmente em país estrangeiro. § 2.º A pena é aumentada de 1/6 (um sexto) a 1/3 (um terço) se: I – o crime é cometido com violência; ou II – a vítima é submetida a condição desumana ou degradante. § 3.º A pena prevista para o crime será aplicada sem prejuízo das correspondentes às infrações conexas.
Sujeito ativo	Qualquer pessoa
Sujeito passivo	O Estado e a pessoa transferida de um lugar a outro
Objeto material	Entrada de estrangeiro em território nacional ou de brasileiro no estrangeiro, bem como a saída de estrangeiro do território nacional para país estrangeiro
Objeto jurídico	É o interesse estatal em regular a entrada e saída de estrangeiros e brasileiros no território nacional ou no país estrangeiro
Elemento subjetivo	Dolo + elemento subjetivo específico
Classificação	Comum Formal Forma livre Comissivo Instantâneo Unissubjetivo Plurissubsistente
Tentativa	Admite
Circunstâncias especiais	Causas de aumento e acumulação material

RESUMO DO CAPÍTULO

Previsão legal	Mediação para servir a lascívia de outrem Art. 227	Favorecimento da prostituição ou outra forma de exploração sexual Art. 228	Casa de Prostituição Art. 229	Rufianismo Art. 230	Promoção de migração ilegal Art. 232-A
Sujeito ativo	Qualquer pessoa	Qualquer pessoa	Qualquer pessoa	Qualquer pessoa	Qualquer pessoa
Sujeito passivo	Qualquer pessoa; sociedade	Qualquer pessoa (exceto pessoa já prostituída); sociedade	Coletividade	Pessoa que exerce a prostituição; coletividade	O Estado e a pessoa transferida de um lugar a outro

Previsão legal	Mediação para servir a lascívia de outrem Art. 227	Favorecimento da prostituição ou outra forma de exploração sexual Art. 228	Casa de Prostituição Art. 229	Rufianismo Art. 230	Promoção de migração ilegal Art. 232-A
Objeto material	Pessoa induzida	Pessoa levada à prostituição ou outra forma de exploração sexual	Estabelecimento em que ocorre exploração sexual	Pessoa prostituída explorada	Entrada de estrangeiro em território nacional ou de brasileiro no estrangeiro, bem como a saída de estrangeiro do território nacional para país estrangeiro
Objeto jurídico	Regramento e a moralidade na vida sexual	Moralidade sexual pública	Moralidade sexual e os bons costumes	Moralidade sexual e os bons costumes	É o interesse estatal em regular a entrada e saída de estrangeiros e brasileiros no território nacional ou no país estrangeiro
Elemento subjetivo	Dolo + elemento subjetivo específico	Dolo + elemento subjetivo específico	Dolo + elemento subjetivo específico	Dolo + elemento subjetivo específico	Dolo + elemento subjetivo específico
Classificação	Comum Material Forma livre Comissivo Instantâneo Unissubjetivo Plurissubsistente	Comum Material Forma livre Comissivo Instantâneo Unissubjetivo Plurissubsistente	Comum Formal Forma livre Comissivo Habitual Unissubjetivo Plurissubsistente	Comum Material Forma livre Comissivo Habitual Unissubjetivo Plurissubsistente	Comum Formal Forma livre Comissivo Instantâneo Unissubjetivo Plurissubsistente
Tentativa	Admite	Não admite	Não admite	Não admite	Admite
Circunstâncias especiais	Figura qualificada Acumulação material Multa	-----	Casas de massagem, motéis etc.	Qualificadoras Acumulação material	Causas de aumento e acumulação material

Capítulo V

Ultraje Público ao Pudor

1. CONCEITO DE ULTRAJE PÚBLICO AO PUDOR

Ultrajar significa ofender a dignidade, insultar ou afrontar; *pudor* é o sentimento de vergonha ou de desonra humilhante.[1] Portanto, o capítulo destina-se aos delitos voltados à afronta pública (exposta à coletividade) do sentimento de recato e decência nutrido pela sociedade. Trata-se de outro contexto, profundamente alterado da data da criação do Código (1940) até o presente.

Cremos devessem esses tipos penais (arts. 233 e 234) ser excluídos do Código Penal, reservando-se, se for o caso, para outros ramos do direito a punição merecida a quem pudesse ofender o pudor público.[2] Não é mais época de tutela penal absoluta dos costumes e este capítulo não foge à regra, mormente quando a sexualidade tornou-se mais explorada, inclusive comercial e artisticamente, bem como o sentimento de vergonha modificou-se estruturalmente. Ao homem médio já não choca, como no passado, a mesma exposição de *obscenidades* que anteriormente era motivo para punições exemplares. Suprimindo-se essas

[1] Vale lembrar, como ensina Fragoso, ser o pudor uma "afirmação da cultura. Não se trata de sentimento inato na espécie humana, pois é desconhecido entre os povos primitivos. Por outro lado, o conceito de pudor público é extremamente variável no espaço e no tempo (...)" (*Lições de direito penal*, v. 3, p. 537).

[2] Sobre as figuras dos arts. 233 e 234 do Código Penal, Renato de Mello Jorge Silveira afirma devam elas ser banidas do universo penal. "Condutas que sofreram influência nitidamente de gestores atípicos da moral, ambas as colocações não mais encontram sustentáculo em uma sociedade plural. Aqui, de se tê-las por divorciadas de um Direito Penal ideal, devendo ambas ser afastadas da norma codificada" (*Crimes sexuais*, p. 378).

figuras penais, acaba-se com a hipocrisia, por vezes reinante, em alguns setores da coletividade, que demandam um comportamento público que não possuem na sua vida privada. Fingem chocar-se com determinados atos, denominados *obscenos*, quando estão acostumados a vê-los, incentivá-los ou até praticá-los em locais e recintos privados.

Poder-se-ia dizer que essa não é a média da sociedade, vale dizer, nem todos compactuam, em suas esferas privadas, de atos tidos por obscenos, embora não seja menos real afirmar que toleram, com mais amplitude, atos alheios. Isso não significa que se deseje uma sociedade libertina ou despudorada, mas que o controle dos costumes deve ser restrito e condicionado. Imagine-se que alguém tire a roupa na praia e outra o faça em pleno centro da cidade, ambas à vista de todos os presentes. É bem possível que, na praia, não haja o mesmo choque – em face do aumento do nudismo como prática naturalista – que ocorreria na zona central, onde todos estão vestidos e muito preocupados com a imagem. Ocorre que, ainda que se tire a roupa no centro da cidade, é possível que os passantes não liguem, deixando de se sentir ofendidos pela conduta; ao contrário, pode a pessoa que assim agiu ser objeto de piedade ou compaixão, pela atitude disparatada que protagonizou. E, dependendo do exato local, pode ser aplaudida e incentivada, diante da sua ousadia contestatória ou seu propósito propagandista. Portanto, condutas como essas – ainda consideradas pelo tipo penal como obscenas – poderiam ser objeto de punição administrativa, com pesadas multas, se fosse o caso, da mesma forma que são aplicadas para quem não respeita regras de trânsito. E, insistindo-se na mantença do crime, ao menos se deveria considerá-lo sujeito à representação, portanto de ação pública condicionada. Se, porventura, alguém se sentisse ofendido pelo ato tido por obsceno, apresentaria representação, autorizando o Ministério Público a agir. O Promotor, por sua vez, analisaria o contexto dos fatos e os usos e costumes da época para chegar à conclusão de promover ou não a ação penal.

Tal problemática já foi abordada, embora de modo mais ameno, por NÉLSON HUNGRIA, nos idos de 1950, tratando da interpretação dos crimes de ultraje ao pudor público: "A interpretação deste, na espécie, não pode abstrair os *usos* e *costumes*, pois aí é que o exegeta tem de buscar o sentido e o valor do texto da incriminação legal. Para a fixação do conceito de *pudor público*, objetividade jurídica do crime em questão, é imprescindível que se consultem os hábitos sociais variáveis, no espaço e no tempo, no seio de um mesmo povo e até no âmbito de uma mesma cidade. (...) A lei penal não pode preocupar-se com uma moral *ideal* ou rigidamente estandardizada, pois, de outro modo, estaria fatalmente condenada à *desuetudo*. Incumbe-lhe apenas salvaguardar a mutável e relativa moralidade média no seio da comunhão civil. O juiz penal não pode perder de vista que, ao incriminar o 'ultraje público ao pudor', o legislador propôs-se a tutelar a *moral coletiva*, não segundo um tipo puro ou abstrato, mas como o *sentimento* (aspecto interno) e a conduta (aspecto externo) *comuns* ou *normais* em torno da sexualidade da vida social. A lei protege não só o pudor público, que é o sentimento médio de moralidade sob o ponto de vista sexual (pudicícia do *homo medius*), como assegura os bons costumes, que dizem com o decoro, conveniência e reserva *usuais*, no tocante aos fatos sexuais (conduta ético-social do *homo medius*)".[3]

É momento de descriminalização de condutas que podem ser punidas, se for o caso, por outros instrumentos, que não a via penal. Confira-se na expressão de LUIGI FERRAJOLI: "Comportamentos como o ato obsceno ou o desacato, por exemplo, correspondem a figuras delituosas, por assim dizer, 'em branco', cuja identificação judicial, devido à indeterminação de suas definições legais, remete inevitavelmente, muito mais do que a provas, a discricionárias

---

[3]   *Comentários ao Código Penal*, v. 8, p. 308-309.

valorações do juiz, que de fato esvaziam tanto o princípio formalista da legalidade quanto o empírico da fatualidade do desvio punível".[4]

2. ATO OBSCENO

2.1 Estrutura do tipo penal incriminador

Praticar é executar, levar a efeito ou realizar, implicando movimentação do corpo humano, e não simplesmente em palavras. O objeto é ato obsceno (art. 233, CP).

A conceituação de ato obsceno envolve, nitidamente, uma valoração cultural, demonstrando tratar-se de elemento normativo do tipo penal. Obsceno é o que fere o pudor ou a vergonha (sentimento de humilhação gerado pela conduta indecorosa), tendo sentido sexual. Trata-se de conceito mutável com o passar do tempo e deveras variável, conforme a localidade. Cremos ser, diante do que a mídia divulga todos os dias em todos os lugares, conduta de difícil configuração, atualmente. Ainda assim, o movimento corpóreo voluntário (ato) que tenha por fim ofender o sentimento de recato, resguardo ou honestidade sexual de outrem pode ser classificado como obsceno. Ex.: a pessoa que mostra o seu órgão sexual em público para chocar e ferir o decoro de quem presencia a cena.

O tipo demanda que o ato obsceno ocorra em lugar público ou aberto ao público.

Lugar público é o local de aberta frequência das pessoas, como ruas, praias, avenidas, entre outros. É o que Chassan denomina de "lugar público por natureza".[5]

Lugar aberto ou exposto ao público é o local aberto ao público que tem entrada controlada, mas admite uma variada gama de frequentadores, como os parques, cinemas, teatros, entre outros. Na classificação de Chassan, é o "lugar público por destino".[6]

O local exposto ao público é aquele que, mesmo sendo de natureza privada, consegue chegar às vistas do público, como a varanda aberta de uma casa que fica defronte a via pública. Na visão de Chassan, é o "lugar público por acidente".[7] Entendemos ser lugar "exposto ao público" aquele que está apenas sujeito à vista de várias pessoas (e não necessariamente visto por várias pessoas), ingressando nesse conceito, pois, o interior de veículo estacionado na rua, o quintal de uma residência cujos muros não sejam altos o suficiente para impedir acesso visual de terceiros, entre outros. Adotando posição similar, Fragoso diz que "não haverá crime se se demonstrar a impossibilidade de ser o ato observado por alguém. É o que ocorrerá se o ato for praticado em lugar sem iluminação e de acesso difícil ou raramente frequentado".[8]

A pena para quem comete o crime previsto no art. 233 do CP é de detenção, de três meses a um ano, ou multa.

2.2 Sujeitos ativo e passivo

O sujeito ativo pode ser qualquer pessoa. O sujeito passivo é a coletividade. Deveria ser, se mantida a figura criminosa, pessoa determinada, ou seja, alguém que efetivamente se sentisse ofendido pela conduta.

---

[4] Direito e razão, p. 32.

[5] Apud Hungria, Comentários ao Código Penal, v. 8, p. 311.

[6] Apud Hungria, Comentários ao Código Penal, v. 8, p. 311.

[7] Apud Hungria, Comentários ao Código Penal, v. 8, p. 311.

[8] Lições de direito penal, v. 3, p. 540.

2.3   Elemento subjetivo

É o dolo, exigindo-se, ainda, o elemento subjetivo específico, consistente na vontade particular de ofender o pudor alheio.[9] Não há a forma culposa.

2.4   Objetos material e jurídico

O objeto material é a pessoa que presencia o ato. O objeto jurídico é a moralidade pública, e, estando no contexto dos crimes contra a dignidade sexual, há de ter conotação sexual.

2.5   Classificação

Trata-se de crime comum (aquele que não demanda sujeito ativo qualificado ou especial); formal (delito que não exige resultado naturalístico, consistente na efetiva produção de um resultado ofensivo ao pudor de alguém). Pela redação do tipo penal, essa é a conclusão a que se deve chegar, embora, como já sustentamos, seja o caso de descriminalização ou, ao menos, de transformação em crime material, implicando a existência de alguém efetivamente ofendido pelo ato. É crime de forma livre (podendo ser cometido por qualquer meio eleito pelo agente); comissivo ("praticar" implica ação); unissubjetivo (que pode ser praticado por um só agente); unissubsistente (praticado por um único ato) ou plurissubsistente (como regra, vários atos integram a conduta), conforme o caso; admite tentativa na forma plurissubsistente.

Parcela da doutrina o considera um *crime de perigo* por existir a "possibilidade de ofensa ao pudor público".[10] Assim não nos parece. O delito de perigo tem por finalidade evitar a concretização de um dano. Exibir-se de maneira obscena configura, levando-se em consideração o atual Título VI do Código Penal (dos crimes contra a dignidade sexual), ofensa à dignidade alheia tanto quanto um ato físico, que poderia ser caracterizado até mesmo como estupro. Embora sejamos partidários da eliminação desse tipo penal, porque desnecessário ao campo penal, nos dias de hoje, enquanto for mantido, precisa ser corretamente subsumido ao bem jurídico maior tutelado, que é a dignidade sexual. Portanto, não vemos perigo algum, mas simples dano, como tantos outros delitos formais ou de mera conduta, que agridem bens jurídicos imateriais.

2.6   Crime impossível

Defendemos o ponto de vista de que a *publicidade* é essencial à figura típica, ou seja, se o agente pratica o ato obsceno em *lugar* público, pela sua natureza, mas completamente longe das vistas de qualquer pessoa, é crime impossível.

Não tem cabimento punir o agente que fica nu no meio de um estádio de futebol vazio, durante a madrugada, sem que ninguém tenha visto o seu ato. Ou punir aquele que resolve urinar no meio de uma rua deserta, ainda que exibindo, ostensivamente, seu órgão sexual. O objeto jurídico protegido é a moralidade pública, exigindo-se potencialidade lesiva nessa conduta, pois, do contrário, trata-se de objeto absolutamente impróprio (art. 17, CP).

---

[9]   Em contrário, sustentando apenas o *dolo genérico*, encontram-se Noronha (*Direito penal*, v. 3, p. 352); Fragoso (*Lições de direito penal*, v. 3, p. 541); Mirabete (*Manual de direito penal*, v. 2, p. 488).

[10]   Noronha, *Direito penal*, v. 3, p. 353, Hungria, *Comentários ao Código Penal*, v. VIII, p. 313.

Defender o contrário é sustentar ser um crime de perigo abstrato, quando, em verdade, o tipo fala em "praticar" + "ato obsceno" + "lugar público ou exposto ao público", que, segundo nos parece, forma um trinômio destinado à possibilidade *concreta* de ofensa ao pudor. Ora, sem público não pode haver obscenidade, tampouco a concretização da lesão aos bons costumes. Reconhecemos, no entanto, que a maioria da doutrina e da jurisprudência exige apenas a prática da obscenidade em local público, aberto ou exposto ao público, independentemente de ter sido visto por alguém. Basta que alguém, em tese, possa por ali passar no momento do ato obsceno.

Diz HUNGRIA: "Basta que o ato seja *potencialmente* escandaloso".[11] Justamente por não se exigir o escândalo na atual figura típica é que o Anteprojeto da Parte Especial do Código Penal estipulou em sentido contrário: "Praticar, em lugar público, aberto ou exposto ao público, ato obsceno *que cause escândalo*", o que melhora, consideravelmente, o tipo incriminador. Ainda assim, cremos ideal, além da exigência da produção de escândalo – se for para manter o crime no Código Penal –, que fosse condicionado à representação de alguém. *Ad argumentandum*, a se manter o rigorismo de interpretação do atual tipo penal, considerando-se, ainda, crime de perigo abstrato, bem como levando-se em conta alguns acórdãos disciplinando o assunto e fazendo incluir como ato obsceno o "beijo lascivo", a "bolinação", a "nudez em campanha publicitária", entre outros, estaríamos diante de um delito dos mais comuns, passível de prisão em flagrante em inúmeras danceterias, cinemas, parques, ruas e locais onde jovens, despreocupados com tanto pudor, cometem tais atos frequentemente.

2.7   A questão do beijo lascivo

Diversamente do beijo formal, dado no rosto ou na mão, o beijo na boca, considerado *de língua*, pode carregar intenso conteúdo libidinoso, visando à satisfação do prazer sexual. A doutrina tradicional costuma classificá-lo como *potencial ato obsceno*.[12]

NORONHA, por exemplo, ilustra com o "beijo *cinematográfico*, em que as mucosas labiais se unem em expansão insofismável de sensualidade. Não há negar, então, idoneidade para ofender o pudor público".[13]

O tempo passou e os grandes penalistas, que comentaram o Código Penal de 1940, nas décadas de 40, 50 e 60, tinham a sua razão e os seus fundamentos para determinadas considerações de época. Hoje, no entanto, quem ainda considerar o *beijo de língua* um ato obsceno está atrasado na sua mentalidade por décadas.

Se, porventura, um casal estiver se beijando de maneira expressiva, em lugar inadequado (por exemplo, durante o desenrolar de um concerto musical), deve ser dali retirado, mas não processado por crime de ato obsceno. O incômodo causado pelo beijo lascivo pode ser equiparado a qualquer outro ato desrespeitoso e indecente, praticado pela pessoa. Diante disso, a solução deve ser, basicamente, a expulsão do local público, sem maiores desdobramentos na área penal.

Na mesma trilha, PAULO JOSÉ DA COSTA JR. afirma que o beijo lascivo, "nos tempos atuais, não deve ser considerado ato obsceno por não ofender mais, como dantes, o pudor público

---

[11]   *Comentários ao Código Penal*, v. 8, p. 311.

[12]   NELSON HUNGRIA, *Comentários ao Código Penal*, v. VIII, p. 314; HELENO FRAGOSO, *Lições de direito penal*, v. 3, p. 540; BENTO DE FARIA, *Código Penal brasileiro comentado*, v. VI, p. 121.

[13]   *Direito penal*, v. 3, p. 351.

do *homo medius*. Algum conservador retrógrado poderá considerar-se ofendido, mas não é o bastante. É necessário que o sentimento comum dos homens venha a ser atingido, para que se possa falar em ultraje público ao pudor".[14]

2.8   Quadro-resumo

Previsão legal	**Ato Obsceno** **Art. 233.** Praticar ato obsceno em lugar público, ou aberto ou exposto ao público: Pena – detenção, de três meses a um ano, ou multa.
Sujeito ativo	Qualquer pessoa
Sujeito passivo	Coletividade
Objeto material	Pessoa que presencia o ato
Objeto jurídico	Moralidade pública
Elemento subjetivo	Dolo + elemento subjetivo específico
Classificação	Comum Formal Forma livre Comissivo Instantâneo Unissubjetivo Unissubsistente ou plurissubsistente
Tentativa	Admite na forma plurissubsistente
Circunstâncias especiais	Crime impossível

3.   ESCRITO OU OBJETO OBSCENO

3.1   Estrutura do tipo penal incriminador

Fazer (dar existência ou construir), *importar* (fazer ingressar no País vindo do estrangeiro), *exportar* (fazer sair do País com destino ao exterior), *adquirir* (obter ou comprar) e *ter sob sua guarda* (possuir sob sua vigilância e cuidado) são as condutas possíveis. O objeto é algo visível considerado obsceno. Trata-se de tipo misto alternativo: a prática de uma ou mais condutas implica a realização de um só delito (art. 234, CP).

Escrito é o material representado por letras; *desenho* é a representação de formas por escrito, evidenciando uma ilustração concreta ou abstrata; *pintura* é a aplicação de tintas em uma superfície para expressar formas ou figuras, trazendo a lume uma ilustração concreta ou abstrata (não envolve, nesse contexto, a simples aplicação de tinta corante em uma superfície); *estampa* é uma ilustração impressa. O tipo vale-se, ainda, da interpretação analógica, demonstrando que outros objetos semelhantes aos exemplificados, desde que obscenos, podem ser considerados.

---

[14]   *Comentários ao Código Penal*, p. 765.

A pena para quem comete o crime previsto no *caput* do art. 234 do CP é de detenção, de seis meses a dois anos, ou multa. Incorre na mesma pena quem vende, distribui ou expõe à venda ou ao público qualquer dos objetos referidos no art. 234 (art. 234, parágrafo único, I, do CP); realiza, em lugar público ou acessível ao público, representação teatral, ou exibição cinematográfica de caráter obsceno, ou qualquer outro espetáculo, que tenha o mesmo caráter (art. 234, parágrafo único, II, do CP) ou realiza, em lugar público ou acessível ao público, ou pelo rádio, audição ou recitação de caráter obsceno (art. 234, parágrafo único, III, do CP).

3.2   Sujeitos ativo e passivo

O sujeito ativo pode ser qualquer pessoa. O sujeito passivo é a coletividade. Deveria ser, também, alguém determinado, como no caso do art. 233, evitando-se que haja o indevido perigo abstrato nessa hipótese.

3.3   Elemento subjetivo

É o dolo. Exige-se elemento subjetivo específico, consistente na vontade de comercializar, distribuir ou expor algo que possa ofender a moralidade pública no campo sexual. Não há a forma culposa.

3.4   Objetos material e jurídico

Os objetos materiais são o escrito, o desenho, a pintura, a estampa ou qualquer objeto obsceno. O objeto jurídico é a moralidade pública no contexto sexual. Com maior razão do que já expusemos quanto ao art. 233, não há cabimento na manutenção desse tipo penal, especialmente após a edição da Constituição Federal de 1988, que busca eliminar toda forma de censura às atividades artísticas.

3.5   Inconstitucionalidade do art. 234

Defendíamos ser o art. 234 do Código Penal, atualmente, inaplicável em virtude de atipicidade material, justificada pelo princípio da adequação social. Melhor refletindo, pare-ce-nos, em verdade, ser inconstitucional. Logo, com maior razão, incabível a sua utilização. Não ofende, apenas, o princípio da legalidade, por via de seu corolário, a taxatividade, diante da falta de clara definição acerca do que vem a ser algo obsceno (elemento normativo do tipo de vagueza nítida). Fere, sobretudo, outras normas e princípios constitucionais, como a liberdade de expressão, especialmente no formato artístico, bem como a liberdade de comunicação social, sem qualquer tipo de censura.

Para conferir: "É livre a manifestação do pensamento, sendo vedado o anonimato" (art. 5.º, IV, CF); "É livre a expressão da atividade intelectual, artística, científica e de comunicação, independentemente de censura ou licença" (art. 5.º, IX, CF); "A manifestação do pensamento, a criação, a expressão e a informação, sob qualquer forma, processo ou veículo não sofrerão qualquer restrição, observado o disposto nesta Constituição" (art. 220, *caput*, CF); "É vedada toda e qualquer censura de natureza política, ideológica e artística" (art. 220, § 2.º, CF). Em suma, a Constituição Federal em nenhum ponto proíbe ou mesmo menciona a *obscenidade*, mormente a que estiver voltada a aspectos de manifestação artística. Objetos e escritos eróticos (ou mesmo pornográficos) poderiam ser considerados *obscenos*? Por certo, alguns erotofóbicos prontamente diriam, sempre, que sim. No entanto, eles não constituem a maioria da sociedade e não espelham a naturalidade com que o amor sexual, quando exercido livremente pela pessoa adulta, deve ser encarado na atualidade. Aliás, se tal conteúdo (erótico ou pornográfico) pudesse ser considerado obsceno, qualquer proprietário de uma *sex shop*, loja que comercializa tais produtos, abertamente, recolhendo impostos aos cofres públicos, deveria ser preso e processado como incurso no art. 234 do Código Penal.

Por outro lado, se a obscenidade diz respeito, essencialmente, ao conteúdo sexual da conduta humana, que possa causar ofensa ao pudor de outrem, inúmeros espetáculos, filmes, livros e revistas deveriam ser recolhidos e seus produtores e editores processados, com base no mencionado art. 234. Evidentemente, cuidar-se-ia de uma anomalia técnico-jurídica; uma afronta a direitos e garantias fundamentais expressamente previstos na Constituição Federal. Ilustrando, a cidade de São Paulo – como várias outras localidades mundo afora – foi palco, há alguns anos (27 de abril de 2002), no seu principal parque (Ibirapuera), de um ensaio fotográfico, quando inúmeras pessoas ficaram peladas e posaram para as devidas fotos *artísticas* do americano SPENCER TUNICK. Ao amanhecer de um sábado, quem chegasse ao parque público ainda poderia ver os indivíduos nus caminhando de um lado para outro. Trata-se de *obscenidade* ou *arte*? Ninguém foi detido; nenhum processo judicial houve. Aliás, os candidatos à nudez foram convidados ao mencionado ensaio pela internet e pela imprensa, à vista dos órgãos públicos. O que se deve proibir ou limitar – e leis federais existem para tanto – é o acesso de crianças e adolescentes a espetáculos em geral de conteúdo pornográfico, com o fito de respeitar a formação moral e intelectual das pessoas na faixa etária abaixo dos 18 anos, ainda imaturas.

Com razão, RENATO MARCÃO e PLÍNIO GENTIL destacam: "comportamentos que no passado se apresentavam aos olhos de muitos como justificadores de persecução penal, hoje constituem indiferente penal e revelam simples opção ou estilo de vida. Expressões e apresentações antes reprimidas hoje são patrocinadas pelo Poder Público, inclusive por intermédio de incentivos fiscais, e aplaudidas por multidões, como dão mostras os desfiles carnavalescos, dentre tantas outras manifestações populares e artísticas. (...) Mas no Brasil há uma contagiosa miopia social em relação a vários temas relevantes".[15]

Para tanto, há os tipos penais adequados, estes sim em harmonia com a Constituição, que são os arts. 240, 241 e 241-A a 241-E da Lei 8.069/1990 (Estatuto da Criança e do Adolescente). No mais, pessoas adultas não precisam da tutela do Estado para terem acesso ou não à pornografia. Se tal fosse feito, não se poderia sustentar a liberdade de expressão, nem se poderia dizer que, no Brasil, inexiste censura. Enfim, o disposto no art. 234 do Código Penal é inadequado e inconstitucional, bastando voltar os olhos à realidade para constatar o seu esquecimento na prática.

3.6   Classificação

Trata-se de crime comum (aquele que não demanda sujeito ativo qualificado ou especial); formal (delito que não exige resultado naturalístico, consistente na efetiva ofensa ao pudor público); de forma livre (podendo ser cometido por qualquer meio eleito pelo agente); comissivo (os verbos implicam ações); instantâneo (cujo resultado se dá de maneira instantânea, não se prolongando no tempo) e permanente (cuja consumação se arrasta no tempo) na

---

[15]   *Crimes contra a dignidade sexual*, p. 418 e 420.

modalidade "ter sob sua guarda"; unissubjetivo (que pode ser praticado por um só agente); plurissubsistente (como regra, vários atos integram a conduta); admite tentativa.

3.7   Figuras equiparadas do parágrafo único

3.7.1   *Venda, distribuição ou exposição de objeto obsceno*

3.7.1.1   Estrutura do tipo penal incriminador

Vender é alienar por determinado preço; *distribuir* significa espalhar para diferentes partes; *expor à venda* quer dizer mostrar ou colocar a descoberto com a finalidade de vender. É tipo misto alternativo, podendo o agente concretizar uma ou mais condutas para responder por um único crime (inciso I).

3.7.1.2   Sujeitos ativo e passivo

O sujeito ativo é qualquer pessoa. O sujeito passivo é a coletividade.

3.7.1.3   Elemento subjetivo

É o dolo, acrescido da vontade específica de ofender a moralidade pública sexual, com intenção comercial. Não há a forma culposa.

3.7.1.4   Objetos material e jurídico

O objeto material é qualquer objeto referido no *caput*. O objeto jurídico é a moralidade pública sexual.

3.7.1.5   Classificação

Trata-se de crime comum (aquele que não demanda sujeito ativo qualificado ou especial); formal (delito que não exige resultado naturalístico, consistente na efetiva ofensa ao pudor público); de forma livre (podendo ser cometido por qualquer meio eleito pelo agente); comissivo (os verbos implicam ações); instantâneo (cujo resultado se dá de maneira instantânea, não se prolongando no tempo), exceto na forma "expor à venda", que é permanente (a consumação se arrasta no tempo); unissubjetivo (que pode ser praticado por um só agente); plurissubsistente (como regra, vários atos integram a conduta); admite tentativa.

3.7.2   *Representação teatral ou exibição cinematográfica de caráter obsceno*

3.7.2.1   Estrutura do tipo penal incriminador

Realizar significa pôr em prática ou criar. Tem por objeto uma representação teatral ou cinematográfica ou espetáculo obsceno (inciso II).

Representação teatral é o ato de interpretar, por meio de cenas, uma determinada história ou situação da vida real para o público em geral.

Exibição cinematográfica é a mostra de uma película feita para cinema.

Outro espetáculo é a interpretação analógica, utilizada no tipo penal, como forma de permitir ao aplicador do direito incluir qualquer mostra pública onde se use a interpretação, semelhante à representação teatral ou à exibição cinematográfica (ex.: espetáculo de dança).

3.7.2.2 Sujeitos ativo e passivo

O sujeito ativo é qualquer pessoa. O sujeito passivo é a coletividade.

3.7.2.3 Elemento subjetivo

É o dolo, acrescido da vontade específica de ofender a moralidade pública sexual. Não há a forma culposa.

3.7.2.4 Objetos material e jurídico

O objeto material é representação teatral, exibição cinematográfica ou outro espetáculo obsceno. O objeto jurídico é a moralidade pública sexual.

3.7.2.5 Classificação

Trata-se de crime comum (aquele que não demanda sujeito ativo qualificado ou especial); formal (delito que não exige resultado naturalístico, consistente na efetiva ofensa ao pudor público); de forma livre (podendo ser cometido por qualquer meio eleito pelo agente); comissivo ("realizar" implica ação); permanente (cuja consumação se arrasta no tempo, enquanto o espetáculo estiver sendo realizado; unissubjetivo (que pode ser praticado por um só agente); plurissubsistente (como regra, vários atos integram a conduta); admite tentativa.

3.7.3 *Audição ou recitação de caráter obsceno*

3.7.3.1 Estrutura do tipo incriminador

Conferir o tópico 3.7.3.5. O objeto, nesse caso, é a audição ou a recitação obscena. *Audição* é o processo de fazer ouvir, enquanto *recitação* é a leitura em alta e clara voz.

3.7.3.2 Sujeitos ativo e passivo

O sujeito ativo é qualquer pessoa. O sujeito passivo é a coletividade.

3.7.3.3 Elemento subjetivo

É o dolo, acrescido da vontade específica de ofender a moralidade pública sexual. Não há a forma culposa.

3.7.3.4 Objetos material e jurídico

O objeto material é a audição ou recitação obscena. O objeto jurídico é a moralidade pública sexual.

3.7.3.5 Classificação

Trata-se de crime comum (aquele que não demanda sujeito ativo qualificado ou especial); formal (delito que não exige resultado naturalístico, consistente na efetiva ofensa ao pudor público); de forma livre (podendo ser cometido por qualquer meio eleito pelo agente); comissivo ("realizar" implica ação) e, excepcionalmente, comissivo por omissão (omissivo impróprio, ou seja, é a aplicação do art. 13, § 2.º, do Código Penal); permanente (cuja consumação se arrasta no tempo, enquanto a audição ou recitação estiver sendo realizada); unissubjetivo (que pode ser praticado por um só agente); plurissubsistente (como regra, vários atos integram a conduta); admite tentativa.

3.8 Quadro-resumo

Previsão legal	**Escrito ou Objeto Obsceno** **Art. 234.** Fazer, importar, exportar, adquirir ou ter sob sua guarda, para fim de comércio, de distribuição ou de exposição pública, escrito, desenho, pintura, estampa ou qualquer objeto obsceno: Pena – detenção, de seis meses a dois anos, ou multa. **Parágrafo único.** Incorre na mesma pena quem: I – vende, distribui ou expõe à venda ou ao público qualquer dos objetos referidos neste artigo; II – realiza, em lugar público ou acessível ao público, representação teatral, ou exibição cinematográfica de caráter obsceno, ou qualquer outro espetáculo, que tenha o mesmo caráter; III – realiza, em lugar público ou acessível ao público, ou pelo rádio, audição ou recitação de caráter obsceno.
Sujeito ativo	Qualquer pessoa
Sujeito passivo	Coletividade
Objeto material	Escrito, desenho, pintura, estampa ou qualquer objeto obsceno; audição ou recitação obscena
Objeto jurídico	Moralidade pública no contexto sexual
Elemento subjetivo	Dolo + elemento subjetivo específico
Classificação	Comum Formal Forma livre Comissivo Instantâneo e permanente Unissubjetivo Plurissubsistente
Tentativa	Admite
Circunstâncias especiais	Inconstitucionalidade

RESUMO DO CAPÍTULO

	Ato obsceno Art. 233	Escrito ou objeto obsceno Art. 234
Sujeito ativo	Qualquer pessoa	Qualquer pessoa
Sujeito passivo	Coletividade	Coletividade
Objeto material	Pessoa que presencia o ato	Escrito, desenho, pintura, estampa ou qualquer objeto obsceno; audição ou recitação obscena

	Ato obsceno Art. 233	Escrito ou objeto obsceno Art. 234
Objeto jurídico	Moralidade pública	Moralidade pública no contexto sexual
Elemento subjetivo	Dolo + elemento subjetivo específico	Dolo + elemento subjetivo específico
Classificação	Comum Formal Forma livre Comissivo Instantâneo Unissubjetivo Unissubsistente ou plurissubsistente	Comum Formal Forma livre Comissivo Instantâneo e permanente Unissubjetivo Plurissubsistente
Tentativa	Admite na forma plurissubsistente	Admite
Circunstâncias especiais	Crime impossível	Inconstitucionalidade

Capítulo VI

Causas de Aumento, Segredo de Justiça e Registro do Condenado

1. CAUSA DE AUMENTO DE PENA EM RAZÃO DE GRAVIDEZ

Preocupa-se o legislador, nesse caso, principalmente, com o delito de estupro, passível de gerar a concepção (art. 234-A, III, CP). A elevação da sanção penal tem por fim desestimular a ejaculação sem preservativo, com o risco de gravidez e, a partir disso, ocorrer um eventual aborto (art. 128, II, CP). Entretanto, se houver casamento entre o agente e a vítima, a causa de aumento torna-se desnecessária, embora a lei a tenha criado com o caráter de obrigatoriedade. Deveria ser facultativa, aplicando-se quando imprescindível e dependendo do cenário encontrado. Caberá ao magistrado, se ocorrer o matrimônio, ter a sensibilidade para considerar inaplicável o aumento, uma vez que o supedâneo para a existência dessa circunstância majorante não se confirmou (o trauma de gerar um filho não aceito, partindo para possível aborto). Lembremos, ainda, que, no passado, o casamento da ofendida com o agente permitia até mesmo a extinção da punibilidade.

A elevação da pena era fixa (metade). A partir da edição da Lei 13.718/2018, estabeleceu-se um aumento variável de metade a dois terços, que nos soa incompreensível. Gerando a gravidez, contra a vontade da mulher, a elevação poderia ser única. No entanto, ponderando-se haver a gradação do aumento, deve-se considerar a espécie do delito para optar pelo aumento maior ou menor. Havendo violência ou grave ameaça, indica-se a elevação de dois terços. Afora esse cenário, um aumento menor.

2. CAUSA DE AUMENTO EM FACE DE DOENÇA SEXUALMENTE TRANSMISSÍVEL

A transmissão de doença é outra preocupação legítima, dando ensejo ao aumento da pena (art. 234-A, IV, CP). Volta-se, mais uma vez, a contatos sexuais intensos, como no caso do estupro. Lembremos que, no caso do vírus da AIDS, prevalece o entendimento de se configurar a lesão corporal gravíssima (gerar doença incurável). No entanto, havendo crime sexual, aplica-se a causa de aumento, que absorve a lesão gravíssima.

Por outro lado, a opção pelo aumento menor (1/3) ou maior (2/3) depende do tipo de enfermidade transmitida. A doença curável gera uma elevação menor da pena. A enfermidade incurável, uma elevação maior.

Outro ponto consiste na utilização das expressões de que sabe (dolo direto) ou deve saber (dolo eventual), não se devendo interpretar qualquer incidência da figura culposa nesse contexto.

A Lei 13.718/2018 alterou essa causa de aumento em dois pontos: a) inseriu uma elevação variável mais acentuada (de um terço a dois terços); b) incluiu a vítima idosa ou pessoa com deficiência. Aliás, nesta última hipótese, temos observado na jurisprudência um número crescente de casos de estupros contra mulheres idosas e também deficientes físicas ou mentais. Seja pela maior facilidade de atingir tais vítimas, seja por um impulso sexual pervertido, o agente tem buscado violações sexuais nesse cenário.

3. SEGREDO DE JUSTIÇA

Os processos envolvendo os crimes sexuais (Título VI) devem correr em segredo de justiça. Acompanha-se, assim, a tendência natural de se resguardar a dignidade do agente (presumido inocente até a condenação definitiva) e da vítima. Somente o juiz, o órgão acusatório, a defesa e o réu terão acesso aos autos. O segredo de justiça deve imperar desde a fase do inquérito policial, embora o art. 234-B refira-se somente aos processos. Trata-se de consequência lógica da ideia de resguardar as informações sobre o delito sexual ocorrido. Mencione-se, ainda, a nova redação dada ao art. 201, § 6.º, do CPP (Lei 11.690/2008), prevendo o seguinte, com relação à vítima de qualquer crime: "o juiz tomará as providências necessárias à preservação da intimidade, vida privada, honra e imagem do ofendido, podendo, inclusive, determinar o segredo de justiça em relação aos dados, depoimentos e outras informações constantes dos autos a seu respeito para evitar sua exposição aos meios de comunicação".

4. REGISTRO E FISCALIZAÇÃO DO CONDENADO

A Lei 15.035/2024 inseriu os §§ 1.º a 3.º ao art. 234-B para constar que o sistema de consulta processual tornará de acesso público o nome completo do acusado, com CPF e a tipificação do fato, a partir da condenação de 1.ª instância, pelos crimes dos arts. 213, 216-B, 217-A, 218-B, 227, 228, 229 e 230 do Código Penal, indicando a pena ou medida de segurança imposta, salvo se o magistrado determinar, de modo fundamentado, a manutenção do sigilo. Caso o réu seja absolvido em grau recursal, deve ser restabelecido o sigilo das informações.

É preocupante o dispositivo, tal como se encontra, tendo em vista a divulgação dos dados e da condenação de alguém *antes do trânsito em julgado*, o que nos parece lesar o princípio constitucional da presunção de inocência (art. 5.º, LVII, CF). Se divulgação houver, deveria consolidar-se apenas quando a condenação se tornasse definitiva e durante a execução da pena. Outra medida, estendendo para um período indefinido, termina por afetar a ressocialização de quem cumpriu a pena.

Finalmente, a mesma lei previu a monitoração eletrônica para o condenado por esses delitos, por óbvio, durante o período em que cumpre pena, caso se encontre em regime aberto ou semiaberto. No regime fechado, estando recluso, não há motivo para monitoração.

PARTE 2

CRIMES CONTRA A FAMÍLIA

Capítulo I
Crimes contra o Casamento

Acesse e escute
o podcast sobre Crimes contra o casamento.
> http://uqr.to/1ynp8

1. PROTEÇÃO CONSTITUCIONAL

A Constituição Federal preceitua ser a família a base da sociedade, merecedora de especial proteção do Estado (art. 226, *caput*, CF). Por isso, são reconhecidos, como formadores de um núcleo familiar não somente o casamento, mas também a união estável. Esta, no entanto, está fora da proteção dispensada pelo direito penal. O primeiro texto constitucional que, expressamente, fez referência à família é o de 1934. Nessa Constituição, mencionava-se ser a família constituída pelo casamento indissolúvel, gozando de especial proteção do Estado. O mesmo foi previsto pelas Constituições de 1937, 1946 e 1967, inclusive com a Emenda Constitucional 1, de 1969. Em 1977, afastou-se a indissolubilidade do casamento, instituindo-se o divórcio no Brasil. A Constituição de 1988, apesar de inovadora na conceituação de família e de sua formação, continuou privilegiando o casamento como figura central na origem da entidade familiar.[1]

---

[1] GUILHERME CALMON NOGUEIRA DA GAMA, *A família no direito penal*, p. 37-43.

2. BIGAMIA

2.1 Conceito de bigamia

É a situação da pessoa que possui dois cônjuges. Entretanto, no contexto dos crimes contra o casamento, quer espelhar a hipótese do sujeito que se casa mais de uma vez, não importando quantas. Assim, quem se casa por quatro vezes, por exemplo, é considerado bígamo, embora seja autêntico polígamo.

"No direito romano, primeiramente, a bigamia era motivo de infâmia, com as consequências decorrentes dessa condição, passando muito depois a ser passível de pena criminal, especialmente pela influência do cristianismo, sem, contudo, assumir posição autonômica, considerando-se o caso de modo diverso, ora como adultério, ora como estupro."[2]

2.2 Estrutura do tipo penal incriminador

Contrair casamento significa ajustar a união entre duas pessoas de sexos diferentes, devidamente habilitadas e legitimadas pela lei civil, tendo por finalidade a constituição de uma família. Este é o conceito tradicional de casamento, mas, atualmente, em alguns Estados brasileiros, tem-se autorizado o casamento de pessoas do mesmo sexo. Desde que o matrimônio seja, realmente, celebrado, registrado e expedida a devida certidão, é viável que exista a bigamia, caso um desses cônjuges se case novamente. Exemplo: dois homens se casam; posteriormente, um deles se casa com uma mulher (ou com outro homem); torna-se bígamo.

O matrimônio, atualmente, não é a única forma de se constituir uma família, embora continue sendo uma das principais vias. A Constituição Federal reconhece a união estável como entidade familiar, *para efeito da proteção do Estado*, o que não significa que se forme, automaticamente, o laço matrimonial (art. 226, § 3.º, CF). Portanto, o crime de bigamia somente se dá quando o agente, já sendo casado, contrai novo *casamento*, não sendo suficiente a união estável.

É pressuposto para a configuração do delito a existência válida do primeiro casamento. Se as primeiras núpcias estão sendo discutidas na esfera civil, trata-se de questão prejudicial, provocadora da suspensão do feito criminal até a sua solução definitiva no foro competente (art. 92, CPP).

Como já mencionado, não se configura o delito – que é contra o casamento – caso o sujeito já casado principie uma união estável com outra pessoa. O segundo matrimônio, para a configuração do delito, necessita ser válido. Observe-se que a anulação de qualquer dos casamentos por conta da bigamia não faz o crime desaparecer, pois é um efeito civil provocado justamente pelo delito praticado.

O crime é necessariamente bilateral, pois dois devem ser os autores fato.[3]

A pena é de reclusão, de dois a seis anos. Na figura privilegiada do § 1.º, é de reclusão ou detenção, de um a três anos.

2.2.1 Exceção pluralística à teoria monística

Elegeu o tipo penal, no § 1.º, uma exceção à teoria monista, adotada no concurso de pessoas. O monismo significa que "quem concorre para o crime incide nas penas a ele cominadas", ou seja, há um só delito para coautores e partícipes.

---

[2]   GALDINO SIQUEIRA, *Tratado de direito penal*, t. I, p. 306.

[3]   GALDINO SIQUEIRA, *Tratado de direito penal*, t. I, p. 309.

No caso presente, como em outras exceções, preferiu o legislador punir mais brandamente a pessoa solteira que, tendo pleno conhecimento do estado civil do futuro cônjuge, contrai matrimônio com pessoa casada. Note-se que a pena é reduzida da metade.

Observe-se que o *elemento subjetivo* admite somente o dolo direto, em face da expressão "conhecendo essa circunstância".

2.3 Sujeitos ativo e passivo

O sujeito ativo somente pode ser a pessoa casada. O sujeito passivo é o Estado, em primeiro lugar, que tem o interesse maior na preservação da *base da sociedade*, que é a entidade familiar monogâmica.

Tanto isso é realidade que o sujeito, ainda que contando com a concordância do primeiro cônjuge, continuará sendo punido se contrair novo matrimônio. Entretanto, em segundo plano, está também o cônjuge do primeiro casamento. Pode ser considerado, ainda, o segundo cônjuge, caso não saiba que se está casando com pessoa impedida.

2.4 Elemento subjetivo

É o dolo. Não existe a forma culposa, nem se exige elemento subjetivo específico.

Sobre o dolo, GALDINO SIQUEIRA, dado o caráter bilateral do crime, narra as seguintes hipóteses: a) "dolo não existiu em nenhum dos pseudocônjuges, porque ambos, já casados, se consideravam livres ou porque, sendo um já casado, outro não, o primeiro se considerava livre, o segundo ignorava o vínculo do outro; b) o dolo existiu em ambos os pseudocônjuges, porque ambos já eram casados respectivamente e o sabiam ser ainda (culpados ambos de bigamia); porque, ainda, que um só deles fosse e soubesse ser já vinculado por casamento (bígamo punível), o outro conhecia a existência de tal vínculo (corréu de bigamia); em ambas estas hipóteses, há responsabilidade penal para casa um; c) o dolo existiu em um só dos pseudocônjuges, porque, embora sendo ambos já respectivamente casados, um só sabia que o precedente casamento era apto de efeitos civis, posto que o outro considerava, erroneamente, que não existisse o vínculo próprio e ignorava o vínculo do primeiro; porque um só deles era e sabia ser casado, posto que o outro, livre, ignorava o vínculo do primeiro; nestas duas hipóteses, não obstante o fato incriminado seja materialmente verificado e obra de ambos, é imputável psiquicamente e responsável penalmente o primeiro dos dois. Assim, fica excluído o crime, por excluir o dolo, a boa-fé ou a convicção, por parte do agente, de que estava livre no momento de seu segundo casamento".[4]

2.5 Objetos material e jurídico

O objeto material é o casamento. O objeto jurídico é o interesse estatal na preservação da família como base da sociedade e do casamento monogâmico, eleito como a forma mais estável de constituição familiar.

2.6 Classificação

Trata-se de crime próprio (aquele que demanda sujeito ativo qualificado ou especial); material (delito que exige resultado naturalístico, consistente na efetiva ofensa aos laços

---

[4] *Tratado de direito penal*, t. I, p. 310.

matrimoniais); de forma vinculada (só podendo ser cometido pela contração de um segundo matrimônio, que exige uma série de formalidades legais); comissivo ("contrair" implica ação); instantâneo (cujo resultado se dá de maneira instantânea, não se prolongando no tempo). É este um típico exemplo do fenômeno que a doutrina chama de *crime instantâneo de efeitos permanentes*, isto é, o delito é instantâneo, sem prolongamento da consumação, mas aparenta ser permanente, pois o bígamo permanece casado com duas pessoas ao mesmo tempo, dando a impressão de continuar ofendendo o bem jurídico protegido.[5] É crime plurissubjetivo (que somente pode ser praticado por mais de um agente), não significando que os dois serão punidos, ou seja, se o segundo cônjuge não souber que a pessoa com quem se casa já é casada, houve erro de tipo; plurissubsistente (como regra, vários atos integram a conduta); admite tentativa, embora de rara configuração. O processo de habilitação do casamento não deve ser considerado ato executório do crime, mas meramente fase de preparação. A execução tem início com a celebração.

2.7   Prescrição

Possui regra especial. Em que pese ser crime instantâneo, a prescrição não começa a correr a partir da data da celebração do segundo casamento, mas sim do momento em que o fato se tornou conhecido (art. 111, IV, CP), justamente porque o delito de bigamia costuma ser camuflado, tornando mais difícil para o Estado punir o agente. Ver nota a respeito no art. 111.

2.8   Concurso de crimes

A contração de mais de dois casamentos pode dar ensejo ao crime continuado. Portanto, a união matrimonial realizada pelo agente depois de já se ter casado duas vezes deve ser considerada novo delito, aplicando-se, se preenchidos os requisitos, a regra do art. 71 do Código Penal. Há posição contrária, sustentando tratar-se sempre de concurso material.[6]

2.9   Bigamia e erro de proibição

Somente é possível acolher a afirmativa de ter havido erro quanto à ilicitude do fato caso o agente demonstre efetivo desconhecimento da potencialidade lesiva de sua conduta. Se se utilizarem inúmeras evasivas e tergiversações para encobrir o ato, estar-se-á demonstrando que tinha plena ciência da proibição do segundo casamento.

2.10   Pena alternativa

A pena privativa de liberdade tem valores abstratos fixos – de 1 a 3 anos –, embora tenha permitido o legislador que o juiz opte entre reclusão e detenção. A diferença prática entre ambas as penas é, basicamente, imperceptível, mas a detenção é mais branda que a reclusão.

---

[5]   É raro encontrar um penalista que, realmente, sabe o que é um crime instantâneo de efeitos permanentes. Por isso, vale mencionar a lição de GALDINO SIQUEIRA: "consuma-se o crime com a celebração do casamento, concluída pela declaração do presidente do ato (...), pelo que não requer a conjunção carnal dos contraentes. É, pois, um crime *instantâneo*, e não *contínuo* ou *permanente*, embora seus efeitos sejam permanentes" (*Tratado de direito* penal, t. I, p. 310).

[6]   NORONHA, *Direito penal*, v. 3, p. 372.

Portanto, deve o magistrado levar em consideração as circunstâncias do art. 59 do Código Penal para optar entre uma e outra.

2.11 Concurso de pessoas

É admissível o concurso de pessoas no contexto da bigamia. Imagine-se a hipótese do sujeito que instiga outro a casar-se duas vezes. É partícipe, embora, como bem lembra DEL-MANTO,[7] deva responder como incurso nas penas do § 1.º, e não do *caput*. Afinal, se aquele que se casa, possibilitando a consumação do crime, tem pena menor, também o partícipe deve ser beneficiado pela redução.

2.12 Causa específica de exclusão da tipicidade

Se o primeiro casamento, existente à época do crime, for posteriormente anulado, torna-se atípica a conduta do agente, que passará a manter casamento com uma só pessoa (§ 2.º). A declaração de nulidade do primeiro casamento provoca efeito *ex tunc*, demonstrando que o agente não se casou, sendo casado. Logo, bigamia não houve.

2.13 Princípio da intervenção mínima

Há muito o vetusto Código Penal já deveria ter sido atualizado, respeitando o princípio da intervenção mínima. Há vários conflitos que podem ser solucionados na esfera extrapenal; um deles é exatamente a bigamia.

Confira-se o entendimento de GIOVANE SANTIN: "considerando o caráter subsidiário do direito penal, sua intervenção só se justifica quando as demais formas de controle social forem ineficazes, as quais incluem intervenções morais, culturais, religiosas e os demais ramos do direito. Se o atual Código Civil veda o casamento de pessoas casadas, não há razão para a intervenção penal do Estado, pois o que busca a legislação penal já está tutelado pela norma civil, quando, esta, eiva de nulidade o casamento realizado na constância de outro matrimônio".[8]

2.14 Quadro-resumo

Previsão legal	**Bigamia**
	Art. 235. Contrair alguém, sendo casado, novo casamento:
	Pena – reclusão, de dois a seis anos.
	§ 1.º Aquele que, não sendo casado, contrai casamento com pessoa casada, conhecendo essa circunstância, é punido com reclusão ou detenção, de um a três anos.
	§ 2.º Anulado por qualquer motivo o primeiro casamento, ou o outro por motivo que não a bigamia, considera-se inexistente o crime.
Sujeito ativo	Pessoa casada
Sujeitos passivos	O Estado; cônjuge do primeiro casamento e segundo cônjuge
Objeto material	Casamento

---

[7]   *Código Penal comentado*, p. 449.

[8]   *Curso de direito penal* – Parte especial, Coordenação de PAULO QUEIROZ, p. 631.

Objeto jurídico	Interesse estatal na preservação da família
Elemento subjetivo	Dolo
Classificação	Próprio
	Material
	Forma vinculada
	Comissivo
	Instantâneo
	Dano
	Plurissubjetivo
	Plurissubsistente
Tentativa	Admite
Circunstâncias especiais	Figura privilegiada
	Excludente de tipicidade

3. INDUZIMENTO A ERRO ESSENCIAL E OCULTAÇÃO DE IMPEDIMENTO

3.1 Estrutura do tipo penal incriminador

Contrair casamento significa, como já visto no artigo anterior, ajustar a união entre duas pessoas de sexos diferentes, devidamente habilitadas e legitimadas pela lei civil, tendo por finalidade a constituição de uma família. No entanto, já existem decisões judiciais considerando a viabilidade de celebração do casamento também de pessoas do mesmo sexo, de forma a autorizar o registro em cartório.

No caso do art. 236 do CP, acrescentam-se as condutas de *induzir* (inspirar ou incutir) em erro e *ocultar* (esconder) impedimento. Portanto, há duas situações possíveis: *a)* contrair casamento levando a outra pessoa a incidir em engano fundamental; *b)* contrair casamento escondendo impedimento matrimonial. Nesses casos, ingressa algum tipo de fraude, de modo a ludibriar a boa-fé do outro contraente.

A pena é de detenção, de seis meses a dois anos.

3.2 Sujeitos ativo e passivo

O sujeito ativo pode ser qualquer pessoa que se case induzindo outrem a erro ou ocultando-lhe impedimento. Os sujeitos passivos são o Estado – que busca manter a regularidade do casamento monogâmico – e a pessoa ludibriada.

3.3 Elemento subjetivo

É o dolo. Não existe a forma culposa, nem se exige elemento subjetivo específico.

3.4 Erro essencial

Trata-se de norma penal em branco. Deve-se utilizar o disposto no art. 1.557 do Código Civil, que preceitua tratar-se de erro essencial sobre a pessoa do outro cônjuge os seguintes casos: "I – o que diz respeito à sua identidade, sua honra e boa fama, sendo esse erro tal que o seu conhecimento ulterior torne insuportável a vida em comum ao cônjuge enganado; II – a ignorância de crime, anterior ao casamento, que, por sua natureza, torne insuportável a vida conjugal; III – a ignorância, anterior ao casamento, de defeito físico irremediável que não caracterize deficiência ou de moléstia grave e transmissível, por contágio ou por herança, capaz de pôr em risco a saúde do outro cônjuge ou de sua descendência; IV – (revogado)". Assim, qualquer dessas situações que configuram *erro essencial* pode, em tese, dar margem à configuração desse delito. O agente que convence o outro contraente, por meio de ações – não sendo suficiente a mera ocultação – na inexistência de quaisquer dessas situações previstas na lei civil pode cometer o crime do art. 236.

Cremos, no entanto, ser figura defasada e antiquada, merecendo a devida abolição. Deve-se concentrar a resolução do problema na esfera cível, pois o direito penal, de acordo com o princípio da intervenção mínima, é a *ultima ratio*, não servindo como opção para esse tipo de ilícito.

3.5 Impedimento matrimonial

Tratando-se de norma penal em branco, é preciso buscar socorro no Código Civil, que prevê as hipóteses de impedimento, no art. 1.521. "Não podem casar: I – os ascendentes com os descendentes, seja o parentesco natural ou civil; II – os afins em linha reta; III – o adotante com quem foi cônjuge do adotado e o adotado com quem o foi do adotante; IV – os irmãos, unilaterais ou bilaterais, e demais colaterais, até o terceiro grau inclusive; V – o adotado com o filho do adotante; VI – as pessoas casadas; VII – o cônjuge sobrevivente com o condenado por homicídio ou tentativa de homicídio contra o seu consorte".

Configura-se o delito quando o agente esconde impedimento do outro contraente, justamente para que o casamento seja celebrado. Há quem entenda tratar-se de conduta comissiva, isto é, a ocultação precisa ser ativa, buscando o agente convencer a outra parte de que são livres para o matrimônio. Assim não nos parece. Enquanto na primeira forma usa-se o verbo *induzir*, indicando conduta positiva, na segunda vale-se o tipo de *ocultar*, que demonstra apenas a omissão em contar. Se isso for realizado dolosamente, será suficiente para configurar o crime.

O tipo penal ressalva a hipótese de impedimento prevista no art. 1.521, VI, do Código Civil (pessoas casadas), pois o casamento celebrado com pessoa já casada configura o delito de bigamia.

3.6 Objetos material e jurídico

O objeto material é o casamento. O objeto jurídico é o interesse do Estado em manter regulares os casamentos realizados, pois estes constituem forma comum de formação da família, base da sociedade.

3.7 Classificação

Trata-se de crime próprio (aquele que demanda sujeito ativo qualificado ou especial, que é o cônjuge); formal (delito que não exige resultado naturalístico, consistente na efetiva dissolução do matrimônio por conta do erro ou do impedimento); de forma vinculada (podendo ser cometido apenas pela indução em erro essencial ou ocultação de impedimento, submetendo-se o agente ao processo de casamento, que é rigidamente previsto em lei); comissivo ("contrair" implica ação); instantâneo (cujo resultado se dá de maneira instantânea, não se prolongando no tempo); plurissubjetivo (que somente pode ser praticado por mais de uma pessoa); plurissubsistente (em regra, vários atos integram a conduta); não admite tentativa, porque é crime condicionado (ver parágrafo único).[9]

---

[9]   No mesmo prisma, GALDINO SIQUEIRA, secundando lição de MANZINI (*Tratado de direito penal*, t. I, p. 302).

3.8   Ação penal privada personalíssima

É ação penal que somente pode ser intentada pelo cônjuge enganado. Trata-se de ação privada personalíssima, de modo que, ocorrendo a morte do querelante durante o processo, extingue-se a punibilidade do agente.

3.9   Condição de procedibilidade e objetiva de punibilidade

Não vemos inconveniente na eleição de uma causa mista. Criou o legislador uma condição para haver a punição do agente: ser o casamento anulado efetivamente. Assim, ainda que tenha sido enganado, pode ser que o agente permaneça casado, por exemplo, no caso da pessoa que se casa com quem padece de defeito físico irremediável que não caracterize deficiência. Logo, não há punição alguma para o autor. Apesar de configurado o delito, não há punibilidade. Essa condição objetiva, que não depende do dolo do agente, é também condição de procedibilidade para o ingresso da queixa-crime.

No sentido de ser condição objetiva de punibilidade: GUILHERME CALMON NOGUEIRA DA GAMA;[10] MAGALHÃES NORONHA.[11] Considerando condição de procedibilidade: DAMÁSIO E. DE JESUS.[12]

3.10   Quadro-resumo

Previsão legal	**Induzimento a Erro Essencial e Ocultação de Impedimento** **Art. 236.** Contrair casamento, induzindo em erro essencial o outro contraente, ou ocultando-lhe impedimento que não seja casamento anterior: Pena – detenção, de seis meses a dois anos. **Parágrafo único.** A ação penal depende de queixa do contraente enganado e não pode ser intentada senão depois de transitar em julgado a sentença que, por motivo de erro ou impedimento, anule o casamento.
Sujeito ativo	Qualquer pessoa
Sujeitos passivos	O Estado e a pessoa ludibriada
Objeto material	Casamento
Objeto jurídico	Interesse estatal em manter regulares os casamentos realizados
Elemento subjetivo	Dolo
Classificação	Próprio Formal Forma vinculada Comissivo Instantâneo Dano Plurissubjetivo Plurissubsistente
Tentativa	Não admite
Circunstâncias especiais	Ação privada personalíssima

---

[10]   *A família no direito penal*, p. 158.

[11]   *Direito penal*, v. 3, p. 377.

[12]   *Código Penal anotado*, p. 734.

4. CONHECIMENTO PRÉVIO DE IMPEDIMENTO

4.1 Estrutura do tipo penal incriminador

Contrair casamento significa, como já visto, ajustar a união entre duas pessoas de sexos diferentes, devidamente habilitadas e legitimadas pela lei civil, cuja finalidade é a constituição de uma família.[13] Essa hipótese pune o agente que se casa *ciente* do impedimento matrimonial, causador de nulidade absoluta (art. 1.521, I a VII, c.c. o art. 1.548, II, CC), nos termos do art. 237 do CP.

Embora atualmente existam celebrações de casamento, cuidando de uniões homoafetivas, essa posição deve ser interpretada, para fins penais, de modo restritivo. Logo, não se inclui nas normas incriminadoras deste capítulo.

A pena para quem comete o crime previsto no art. 237 do CP é de detenção, de três meses a um ano.

4.2 Sujeitos ativo e passivo

O sujeito ativo pode ser qualquer pessoa que se case impedida pela lei civil, enganando outra pessoa. O sujeito passivo é o Estado; secundariamente, o cônjuge que não conhecia o impedimento.

4.3 Elemento subjetivo

É o dolo. Não existe a forma culposa, nem se exige elemento subjetivo específico. Observe-se que o tipo penal exige *dolo direto*, ao mencionar "conhecendo a existência de impedimento".

4.4 Impedimento que lhe cause a nulidade absoluta

Como mencionado, trata-se de norma penal em branco, que deve ser complementada pelo art. 1.521, I a VII, c.c. o art. 1.548, II, do Código Civil. Os impedimentos que provocam nulidade são os seguintes: "I – os ascendentes com os descendentes, seja o parentesco natural ou civil; II – os afins em linha reta; III – o adotante com quem foi cônjuge do adotado e o adotado com quem o foi do adotante; IV – os irmãos, unilaterais ou bilaterais, e demais colaterais, até o terceiro grau inclusive; V – o adotado com o filho do adotante; VI – as pessoas casadas; VII – o cônjuge sobrevivente com o condenado por homicídio ou tentativa de homicídio contra o seu consorte".

4.5 Objetos material e jurídico

O objeto material é o casamento. O objeto jurídico é o interesse do Estado na regular formação da família, base da sociedade, por meio do casamento válido.

---

[13] Atualmente, depois da decisão do STF reconhecendo a união estável entre pessoas do mesmo sexo, já existem Estados da Federação autorizando o casamento entre pessoas do mesmo sexo, por meio de decisão administrativa, advinda da Corregedoria do Tribunal de Justiça, que transmite ordem ao cartório de registro civil.

4.6   Classificação

Trata-se de crime próprio (aquele que demanda sujeito ativo qualificado ou especial, ou seja, o cônjuge); material (delito que exige resultado naturalístico, consistente na efetiva anulação do casamento); de forma vinculada (podendo ser cometido somente pelo casamento, que é repleto de formalidades legais); comissivo ("contrair" implica ação); instantâneo (cujo resultado se dá de maneira instantânea, não se prolongando no tempo); plurissubjetivo (que só pode ser praticado por mais de uma pessoa, ainda que a outra não seja punida); plurissubsistente (em regra, vários atos integram a conduta); admite tentativa. Nesse sentido, Noronha afirma tratar-se de crime material, que admite fracionamento, apresentando *iter criminis*. E fornece o seguinte exemplo: "se, *v.g.*, os nubentes já se acham em sala que é dada como do Registro Civil, se certa pessoa se apresenta como juiz, se outro, dando-se como escrivão, ali se acha e se tem início a cerimônia, mas nesse instante alguém revela ao enganado que tudo aquilo é um mistifório, cremos não há negar que se *tentou simular casamento*, enganando outra pessoa".[14]

4.7   Quadro-resumo

Previsão legal	**Conhecimento Prévio de Impedimento** **Art. 237.** Contrair casamento, conhecendo a existência de impedimento que lhe cause a nulidade absoluta: Pena – detenção, de três meses a um ano.
Sujeito ativo	Qualquer pessoa
Sujeitos passivos	O Estado; o cônjuge que não conhecia o impedimento
Objeto material	Casamento
Objeto jurídico	Interesse do Estado na regular formação da família
Elemento subjetivo	Dolo
Classificação	Próprio Formal Forma vinculada Comissivo Instantâneo Dano Plurissubjetivo Plurissubsistente
Tentativa	Admite

5.   SIMULAÇÃO DE AUTORIDADE PARA CELEBRAÇÃO DE CASAMENTO

5.1   Estrutura do tipo penal incriminador

Atribuir-se significa imputar-se ou dar a si mesmo. O agente proclama-se autoridade para celebração de casamento. *Falsamente* é elemento valorativo, que quer dizer *contrário à realidade ou fictício*. Esse é o núcleo do art. 238 do CP.

---

[14]   *Direito penal*, v. 3, p. 383.

A autoridade para celebração de casamento é, como regra, o juiz de paz. Não se pode considerar, como alguns fazem,[15] o oficial do registro, que efetivamente não é *autoridade* para celebrar casamento, mas somente aquele que vai documentar o ato.

Preceitua a Constituição Federal (art. 98, II) que a justiça de paz é composta de "cidadãos eleitos pelo voto direto, universal e secreto, com mandato de quatro anos e competência para, na forma da lei, *celebrar casamentos*, verificar, de ofício ou em face de impugnação apresentada, o processo de habilitação e exercer atribuições conciliatórias, sem caráter jurisdicional, além de outras previstas na legislação" grifamos). A Constituição do Estado de São Paulo estipula (art. 16, Disposições Transitórias) que, "até a elaboração da lei que criar e organizar a Justiça de Paz, ficam mantidos os atuais juízes e suplentes de juiz de casamentos, até a posse de novos titulares, assegurando-lhes os direitos e atribuições conferidos aos juízes de paz de que tratam o art. 98, II, da Constituição Federal, o art. 30 do Ato das Disposições Constitucionais Transitórias e o art. 89 desta Constituição". Portanto, a única autoridade constituída especificamente para celebrar casamentos é o juiz de paz. Entretanto, pode-se considerar no mesmo contexto o ministro religioso que possua atribuição para celebrar casamento religioso, uma vez que este pode ser transformado em civil (art. 226, § 2.º, CF, c.c. o art. 1.515, CC).

Se outro crime mais grave for cometido, absorve a prática da simulação de autoridade para celebração de casamento. Exemplo disso seria o agente que usurpa função pública auferindo vantagem: responde pelo delito do art. 328, parágrafo único, do Código Penal, que absorve o crime do art. 238.

A pena para quem comete o crime previsto no art. 238 do CP é de detenção, de um a três anos, se o fato não constitui crime mais grave.

5.2 Sujeitos ativo e passivo

O sujeito ativo pode ser qualquer pessoa. Os sujeitos passivos são o Estado e os cônjuges ludibriados.

5.3 Elemento subjetivo

É o dolo. Não existe a forma culposa, nem se exige elemento subjetivo específico.

5.4 Objetos material e jurídico

O objeto material é o casamento. O objeto jurídico é o interesse do Estado na regular constituição do casamento, criador da família, base da sociedade.

5.5 Classificação

Trata-se de crime comum (aquele que não demanda sujeito ativo qualificado ou especial); formal (delito que não exige resultado naturalístico, consistente na efetiva celebração de casamento por quem não está autorizado a fazê-lo); de forma livre (podendo ser cometido por qualquer meio eleito pelo agente); comissivo ("atribuir-se" implica ação);

---

[15]   Vide Romão Côrtes de Lacerda, In: Hungria, *Comentários ao Código Penal*, v. 8, p. 375. Citando, também, Côrtes de Lacerda, encontra-se a posição de Galdino Siqueira, que não concorda com essa posição, acolhendo somente a autoridade do juiz de paz (*Tratado de direito penal*, t. I, p. 381).

instantâneo (cujo resultado se dá de maneira instantânea, não se prolongando no tempo); unissubjetivo (que pode ser praticado por um só agente); unissubsistente (constituído por um único ato) ou plurissubsistente (em regra, vários atos integram a conduta), conforme o caso; admite tentativa somente na forma plurissubsistente, embora rara. No sentido que defendemos: NORONHA.[16] Para ROMÃO CÔRTES DE LACERDA, a tentativa é sempre inadmissível.[17]

5.6   Quadro-resumo

Previsão legal	Simulação de Autoridade para Celebração de Casamento **Art. 238.** Atribuir-se falsamente autoridade para celebração de casamento: Pena – detenção, de um a três anos, se o fato não constitui crime mais grave.
Sujeito ativo	Qualquer pessoa
Sujeitos passivos	O Estado; cônjuges ludibriados
Objeto material	Casamento
Objeto jurídico	Interesse do Estado na regular constituição do casamento
Elemento subjetivo	Dolo
Classificação	Comum Formal Forma livre Comissivo Instantâneo Dano Unissubjetivo Unissubsistente ou plurissubsistente
Tentativa	Admite na forma plurissubsistente

6.   SIMULAÇÃO DE CASAMENTO

6.1   Estrutura do tipo penal incriminador

Simular significa fingir, disfarçar ou aparentar aquilo que não é. Objetiva-se, nessa figura do art. 239 do CP, proteger a formalização do casamento.

Não basta que o agente finja estar se casando, sendo indispensável que o faça por meio do *engano* (armadilha, logro, ilusão) do outro contraente. Assim, aquele que representa estar contraindo matrimônio para pregar uma peça em seus amigos não responde pelo delito, pois não está ludibriando a pessoa que aceita o papel de contraente.

Se outra figura típica mais grave ocorrer, esta será absorvida. O objetivo do agente pode ser a violação sexual mediante fraude (art. 215), que prevalecerá sobre a simulação de casamento.

A pena para quem comete o crime previsto no art. 239 do CP é de detenção, de um a três anos, se o fato não constitui elemento de crime mais grave.

---

[16]   *Direito penal*, v. 3, p. 382.
[17]   In: HUNGRIA, *Comentários ao Código Penal*, v. 8, p. 375.

6.2 Sujeitos ativo e passivo

O sujeito ativo pode ser qualquer pessoa. O sujeito passivo há de ser o Estado, bem como a pessoa enganada.

6.3 Elemento subjetivo

É o dolo. Não existe a forma culposa, nem se exige elemento subjetivo específico.

6.4 Objetos material e jurídico

O objeto material é o casamento simulado. O objeto jurídico é o interesse do Estado de preservar o casamento, base primordial de formação da família.

6.5 Classificação

Trata-se de crime comum (aquele que não demanda sujeito ativo qualificado ou especial); formal (delito que não exige resultado naturalístico, consistente em efetivos desdobramentos da conduta simulatória); de forma vinculada (podendo ser cometido por intermédio da celebração de um ato solene, que é o casamento); comissivo ("simular" implica ação); instantâneo (cujo resultado se dá de maneira instantânea, não se prolongando no tempo); unissubjetivo (que pode ser praticado por uma pessoa, embora, no caso presente, exija o concurso da própria vítima, que não é punida); plurissubsistente (em regra, vários atos integram a conduta); admite tentativa.

6.6 Quadro-resumo

Previsão legal	**Simulação de Casamento** **Art. 239.** Simular casamento mediante engano de outra pessoa: Pena – detenção, de um a três anos, se o fato não constitui elemento de crime mais grave.
Sujeito ativo	Qualquer pessoa
Sujeitos passivos	O Estado; pessoa enganada
Objeto material	Casamento simulado
Objeto jurídico	Interesse do Estado de preservar o casamento
Elemento subjetivo	Dolo
Classificação	Comum Formal Forma vinculada Comissivo Instantâneo Dano Unissubjetivo Plurissubsistente
Tentativa	Admite

RESUMO DO CAPÍTULO

	Bigamia Art. 235	Induzimento a erro essencial e ocultação de impedimento Art. 236	Conhecimento prévio de impedimento Art. 237	Simulação de autoridade para celebração de casamento Art. 238	Simulação de casamento Art. 239
Sujeito ativo	Pessoa casada	Qualquer pessoa	Qualquer pessoa	Qualquer pessoa	Qualquer pessoa
Sujeitos passivos	O Estado; cônjuge do primeiro casamento e segundo cônjuge	O Estado e a pessoa ludibriada	O Estado; o cônjuge que não conhecia o impedimento	O Estado; cônjuges ludibriados	O Estado; pessoa enganada
Objeto material	Casamento	Casamento	Casamento	Casamento	Casamento simulado
Objeto jurídico	Interesse estatal na preservação da família	Interesse estatal em manter regulares os casamentos realizados	Interesse do Estado na regular formação da família	Interesse do Estado na regular constituição do casamento	Interesse do Estado de preservar o casamento
Elemento subjetivo	Dolo	Dolo	Dolo	Dolo	Dolo
Classificação	Próprio Material Forma vinculada Comissivo Instantâneo Dano Plurissubjetivo Plurissubsistente	Próprio Formal Forma vinculada Comissivo Instantâneo Dano Plurissubjetivo Plurissubsistente	Próprio Formal Forma vinculada Comissivo Instantâneo Dano Plurissubjetivo Plurissubsistente	Comum Formal Forma livre Comissivo Instantâneo Dano Unissubjetivo Unissubsistente ou plurissubsistente	Comum Formal Forma vinculada Comissivo Instantâneo Dano Unissubjetivo Plurissubsistente
Tentativa	Admite	Não admite	Admite	Admite na forma plurissubsistente	Admite
Circunstâncias especiais	Figura privilegiada Excludente de tipicidade	Ação privada personalíssima	——	——	——

Capítulo II

Crimes contra o Estado de Filiação

1. REGISTRO DE NASCIMENTO INEXISTENTE

1.1 Estrutura do tipo penal incriminador

Promover significa gerar ou dar origem. O objeto é o registro civil de pessoa. *Nascimento* é o ato de nascer, ou seja, ter início a vida do ser humano. Se inexistente é porque, de fato, não ocorreu, isto é, o feto foi expelido morto ou nunca foi gerado. "O que se pretende é atribuir personalidade a ente imaginário, ou mesmo real, mas natimorto e, pois, incapaz de adquirir estado civil, visando a capacidade só atribuída ao vivo."[1]

O delito do art. 241 absorve o crime de falsidade ideológica (art. 299, CP), por ser especial.

A pena para quem comete o crime previsto no art. 241 do CP é de reclusão, de dois a seis anos.

1.2 Sujeitos ativo e passivo

O sujeito ativo pode ser qualquer pessoa. O sujeito passivo é o Estado. Secundariamente, a pessoa prejudicada pelo registro inexistente.

1.3 Elemento subjetivo

É o dolo. Não existe a forma culposa, nem se exige elemento subjetivo específico.

1.4 Objetos material e jurídico

O objeto material é o registro civil realizado. O objeto jurídico é o estado de filiação, que deve ser preservado pelo Estado, pois, em última análise, é medida protetora da família.

---

[1] GALDINO SIQUEIRA, *Tratado de direito penal*, t. I, p. 329.

1.5   Classificação

Trata-se de crime comum (aquele que não demanda sujeito ativo qualificado ou especial); formal (delito que não exige resultado naturalístico, consistente no efetivo prejuízo para alguém diante do falso registro); de forma livre (podendo ser cometido por qualquer meio eleito pelo agente); comissivo ("promover" implica ação); instantâneo (cujo resultado se dá de maneira instantânea, não se prolongando no tempo); unissubjetivo (que pode ser praticado por um só agente); plurissubsistente (em regra, vários atos integram a conduta); admite tentativa.

1.6   Prescrição

Tem prazo inicial diferenciado, nos termos do art. 111, IV, do Código Penal (quando o fato se tornou conhecido).

1.7   Quadro-resumo

Previsão legal	**Registro de Nascimento Inexistente** **Art. 241.** Promover no registro civil a inscrição de nascimento inexistente: Pena – reclusão, de dois a seis anos.
Sujeito ativo	Qualquer pessoa
Sujeitos passivos	O Estado; pessoa prejudicada pelo registro inexistente
Objeto material	Registro civil realizado
Objeto jurídico	Estado de filiação
Elemento subjetivo	Dolo
Classificação	Comum Formal Forma livre Comissivo Instantâneo Dano Unissubjetivo Plurissubsistente
Tentativa	Admite
Circunstâncias especiais	Prescrição diferenciada

2.   PARTO SUPOSTO. SUPRESSÃO OU ALTERAÇÃO DE DIREITO INERENTE AO ESTADO CIVIL DE RECÉM-NASCIDO

2.1   Estrutura do tipo penal incriminador

Dar, nesse tipo, tem o sentido de considerar ou tornar; *registrar* quer dizer lançar em livro ou consignar; *ocultar* é encobrir ou esconder; *substituir* quer dizer tomar o lugar de algo ou alguém; *suprimir* significa eliminar ou fazer desaparecer; *alterar* é modificar ou transformar. O objeto protegido é o estado de filiação. Trata-se de *tipo misto cumulativo e alternativo*. É o teor do art. 242 do Código Penal. Segundo GALDINO SIQUEIRA, "a punibilidade assentava, pois, não no simples fato de simular prenhez, mas quando acompanhada ou completa pelo aparecimento de uma criança alheia, porque é, então, que advém dano à ordem da família, com a introdução nela de um indivíduo estranho, e prejuízos aos legítimos herdeiros, a quem caberiam os bens, se não houvesse essa falsidade. Suponha-se um casal, cujo marido morra sem filhos e a viúva se diz prenhe, o ser com vida uterina já tem direito à sucessão, é o filho póstumo, a quem a lei manda dar curador. Mas a viúva não está grávida, finge-se como tal e, mais tarde, apresenta como seu filho um recém-nascido".[2] O legislador se preocupou em tipificar essa conduta, pois ela tem plena aptidão para enganar terceiros.

São previstas três condutas diferenciadas, embora, entre elas, exista alternatividade: *a)* dar parto alheio como próprio; *b)* registrar como seu o filho de outrem; *c)* ocultar *ou* substituir recém-nascido. Em todas incide, ainda, a consequência de suprimir ou alterar direito inerente ao estado civil. Assim, caso o agente pratique as três condutas, responderá por três delitos. Somente no caso da última é que pode praticar uma ou as duas e cometerá um só crime (ocultar ou substituir).

O parto alheio, objeto da primeira conduta, é considerar como seu o ato de outra pessoa, que dá à luz o feto. Assim agindo, precisa, de algum modo, suprimir ou alterar direito inerente ao estado civil, isto é, provocar mudança na situação jurídica do indivíduo em relação à sua família. Dessa forma, fazendo parecer seu o parto de outra pessoa, termina fazendo com que alguém tenha, juridicamente, outros pais, diversos dos biológicos. Nessa figura, exige-se a *simulação da gravidez* para que possa a mulher considerar como seu o parto de outrem.[3] O registro é dispensável, embora possa ser conduta naturalmente sequencial. Lembra NORONHA que a hipótese inversa não é crime, isto é, dar parto próprio como alheio, por ausência de tipicidade.[4]

O registro de filho de outra pessoa, a segunda conduta, é fazer consignar no registro civil outra filiação, diferente dos pais biológicos, fazendo com que o estado civil seja suprimido ou alterado. É o que se chama de "adoção à brasileira". Muitas pessoas, em vez de ingressarem em filas para adotar crianças, resolvem tratar diretamente com a mãe, registrando, diretamente, como seu o filho de outra pessoa. Por vezes, há intenção elevada, visto que pode ser a avó, ainda jovem, registrando o neto como filho, tendo em vista que sua filha, ainda imatura, não tem condições de cuidar da criança. Absorve, por ser especial, o crime de falsidade que venha a ocorrer pela inscrição no registro.

A ocultação ou substituição de recém-nascido é a terceira conduta, configurando-se em esconder a criança que acabou de nascer, impedindo seu correto registro, ou trocar o recém-nascido por outro, que nasceu de pessoa diversa. Nas duas hipóteses, o estado civil verdadeiro deve ser alterado ou eliminado. No exemplo de BENTO DE FARIA, "o delito ocorrerá, por exemplo, quando no berço fosse colocado um recém-nascido, filho de outra mãe. Sendo ele introduzido, por esta forma, em família que não é a sua, com a atribuição de nome e direitos que não lhe pertencem, lhe é outorgado um estado civil que não é o seu, mas pertencente ao neonato substituído".[5]

---

[2]   *Tratado de direito penal*, t. 1, p. 331.

[3]   Embora em posição minoritária, SOUZA LIMA critica a exigência de *simulação de gravidez*, pois o tipo penal menciona apenas o *parto alheio*. Se quisesse, deveria ter inserido *ter a mulher simulado gestação...*, mas não o fez (*apud* GALDINO SIQUEIRA, *Tratado de direito penal*, t. 1, p. 332).

[4]   *Direito penal*, v. 3, p. 392.

[5]   *Código Penal brasileiro comentado*, v. VI, p. 178. NORONHA repete o mesmo exemplo de BENTO DE FARIA, indicando a fonte (*Direito penal*, v. 3, p. 392).

A pena é de reclusão, de dois a seis anos. Se o crime for praticado por motivo de reconhecida nobreza, a pena será de detenção, de um a dois anos, podendo o juiz deixar de aplicar a pena (art. 242, parágrafo único, do CP).

2.2   Sujeitos ativo e passivo

O sujeito ativo pode ser: *a)* só a mulher na primeira figura; *b)* pai ou mãe na segunda figura; c) qualquer pessoa na terceira. Os sujeitos passivos são o Estado, que deseja a regularidade da formação da família, e a pessoa prejudicada (os herdeiros, nas duas primeiras situações; o próprio recém-nascido, na terceira).

2.3   Elemento subjetivo

É o dolo. Não existe a forma culposa. Exige-se, no entanto, elemento subjetivo específico, consistente na vontade de suprimir ou alterar estado civil. Esse elemento deve ser aplicado às três figuras, igualmente, pois não teria sentido "dar parto alheio como próprio" sem a finalidade de alterar direito inerente ao estado civil, o que esvaziaria por completo o crime *contra o estado de filiação*.

2.4   Objetos material e jurídico

O objeto material pode ser o recém-nascido ou o registro. O objeto jurídico é o estado de filiação.

2.5   Classificação

Trata-se de crime próprio (aquele que demanda sujeito especial), nas 1.ª e 2.ª figuras, e comum (aquele que não demanda sujeito ativo qualificado), na 3.ª figura; material (delito que exige resultado naturalístico, consistente na efetiva supressão ou alteração do estado civil); de forma livre (podendo ser cometido por qualquer meio eleito pelo agente); comissivo (os verbos implicam ações); instantâneo (cujo resultado se dá de maneira instantânea, não se prolongando no tempo), exceto na modalidade "ocultar", que é permanente (delito de consumação prolongada no tempo); unissubjetivo (que pode ser praticado por um só agente); plurissubsistente (em regra, vários atos integram a conduta); admite tentativa.

2.6   Figura privilegiada ou perdão judicial

Praticando qualquer das condutas típicas por *motivo de reconhecida nobreza*, isto é, se a razão que levou o agente a assim agir for nitidamente elevada ou superior, pode o juiz julgar extinta a punibilidade. Nem sempre o criminoso tem má intenção, podendo querer salvar da miséria um recém-nascido, cuja mãe reconhecidamente não o quer. Assim, termina registrando, por exemplo, o filho de outra pessoa como se fosse seu.

Eventualmente, não sendo o caso de aplicar o perdão, porque o magistrado detectou outras condições pessoais desfavoráveis (ex.: maus antecedentes, reincidência, péssima conduta social), incide, então, a figura privilegiada, aplicando-se pena bem menor do que a prevista no *caput*. Lembremos que há duas opções fixadas pelo legislador ao juiz, quando houver motivo de reconhecida nobreza: aplicar o privilégio (pena menor) ou o perdão judicial (extinção da punibilidade), razão pela qual pode ele valer-se dos fatores pessoais do agente para essa avaliação.

Entretanto, havendo alegação da defesa nesse sentido, o julgador *deve* apreciar a questão, acolhendo-a ou afastando-se, sob pena de nulidade da sentença.[6]

2.7 Prescrição

O prazo começa a correr quando o fato se tornar conhecido da autoridade pública (art. 111, IV, CP).

2.8 Quadro-resumo

Previsão legal	**Parto Suposto. Supressão ou Alteração de Direito Inerente ao Estado Civil de Recém--nascido** **Art. 242.** Dar parto alheio como próprio; registrar como seu o filho de outrem; ocultar recém-nascido ou substituí-lo, suprimindo ou alterando direito inerente ao estado civil: Pena – reclusão, de dois a seis anos. **Parágrafo único.** Se o crime é praticado por motivo de reconhecida nobreza: Pena – detenção, de um a dois anos, podendo o juiz deixar de aplicar a pena.
Sujeito ativo	Só a mulher; qualquer pessoa
Sujeitos passivos	O Estado e a pessoa prejudicada
Objeto material	Recém-nascido; registro
Objeto jurídico	Estado de filiação
Elemento subjetivo	Dolo + elemento subjetivo específico
Classificação	Próprio ou comum Material Forma livre Comissivo Instantâneo ou permanente Dano Unissubjetivo Plurissubsistente
Tentativa	Admite
Circunstâncias especiais	Perdão judicial

3. SONEGAÇÃO DE ESTADO DE FILIAÇÃO

3.1 Estrutura do tipo penal incriminador

Deixar, no sentido do texto, significa largar ou abandonar; *ocultar* é esconder; e *atribuir* significa imputar ou conferir. O objeto da conduta é o filho próprio ou alheio. O abandono pode ligar-se aos pais que deixam seu filho em instituição de assistência ou àquele que larga filho de outra pessoa. A criança desamparada não pode estar registrada, pois o objetivo previsto é *ocultar* filiação ou *atribuir-lhe* outra. Esse abandono se dá em *asilo de expostos* (orfanato ou lugar que abriga crianças abandonadas) ou *instituição de assistência* (qualquer tipo de creche ou abrigo). É o disposto no art. 243 do CP.

---

[6]   No mesmo sentido, Bento de Faria, citando um julgado (*Código Penal brasileiro comentado*, v. VI, p. 179).

O abandono em local diverso de um abrigo para crianças pode caracterizar o delito do art. 133 do Código Penal. E, cuidando-se de local ermo, caso o infante sobreviva, uma tentativa de homicídio (art. 121, *caput*, c.c. o art. 14, II, CP).

A pena para quem comete o crime previsto no art. 243 do CP é de reclusão, de um a cinco anos, e multa.

3.2   Sujeitos ativo e passivo

O sujeito ativo pode ser qualquer pessoa. Os sujeitos passivos são o Estado e a pessoa prejudicada.

3.3   Elemento subjetivo

É o dolo. Exige-se o elemento subjetivo específico, que é a vontade de prejudicar direito inerente ao estado civil. Não há a forma culposa.

3.4   Objetos material e jurídico

O objeto material é a criança abandonada. O objeto jurídico é o estado de filiação.

3.5   Classificação

Trata-se de crime comum (aquele que não demanda sujeito ativo qualificado ou especial); formal (delito que não exige resultado naturalístico, consistente em efetivo prejuízo ao estado civil); de forma livre (podendo ser cometido por qualquer meio eleito pelo agente); comissivo (apesar de parecer omissivo, por conta do verbo *deixar*, trata-se de ação); instantâneo (cujo resultado se dá de maneira instantânea, não se prolongando no tempo); unissubjetivo (que pode ser praticado por um só agente); plurissubsistente (em regra, vários atos integram a conduta); admite tentativa.[7]

3.6   Quadro-resumo

	Sonegação de Estado de Filiação
Previsão legal	**Art. 243.** Deixar em asilo de expostos ou outra instituição de assistência filho próprio ou alheio, ocultando-lhe a filiação ou atribuindo-lhe outra, com o fim de prejudicar direito inerente ao estado civil: Pena – reclusão, de um a cinco anos, e multa.
Sujeito ativo	Qualquer pessoa
Sujeitos passivos	O Estado e a pessoa prejudicada
Objeto material	Criança abandonada
Objeto jurídico	Estado de filiação
Elemento subjetivo	Dolo + elemento subjetivo específico

---

[7]   "Haverá tentativa quando, não obstante a idoneidade dos meios adotados, não conseguir o mesmo agente a questionada ocultação do verdadeiro estado civil do sujeito passivo" (BENTO DE FARIA, *Código Penal brasileiro comentado*, v. VI, p. 180).

Classificação	Comum
	Formal
	Forma livre
	Comissivo
	Instantâneo
	Dano
	Unissubjetivo
	Plurissubsistente
Tentativa	Admite

RESUMO DO CAPÍTULO

	Registro de nascimento inexistente Art. 241	Parto suposto. Supressão ou alteração de direito inerente ao estado civil de recém--nascido Art. 242	Sonegação de estado de filiação Art. 243
Sujeito ativo	Qualquer pessoa	Só a mulher; qualquer pessoa	Qualquer pessoa
Sujeitos passivos	O Estado; pessoa prejudicada pelo registro inexistente	O Estado e a pessoa prejudicada	O Estado e a pessoa prejudicada
Objeto material	Registro civil realizado	Recém-nascido; registro	Criança abandonada
Objeto jurídico	Estado de filiação	Estado de filiação	Estado de filiação
Elemento subjetivo	Dolo	Dolo + elemento subjetivo específico	Dolo + elemento subjetivo específico
Classificação	Comum	Próprio ou comum	Comum
	Formal	Material	Formal
	Forma livre	Forma livre	Forma livre
	Comissivo	Comissivo	Comissivo
	Instantâneo	Instantâneo ou permanente	Instantâneo
	Dano	Dano	Dano
	Unissubjetivo	Unissubjetivo	Unissubjetivo
	Plurissubsistente	Plurissubsistente	Plurissubsistente
Tentativa	Admite	Admite	Admite
Circunstâncias especiais	Prescrição diferenciada	Perdão judicial	——

Capítulo III

Crimes contra a Assistência Familiar

1. PROTEÇÃO CONSTITUCIONAL

Prevê o art. 229 que "os pais têm o dever de assistir, criar e educar os filhos menores, e os filhos maiores têm o dever de ajudar e amparar os pais na velhice, carência ou enfermidade".

2. ABANDONO MATERIAL

2.1 Estrutura do tipo penal incriminador

Deixar de prover a subsistência significa não mais dar sustento para assegurar a vida ou a saúde; *não proporcionar recursos* quer dizer deixar de fornecer auxílio; *faltar ao pagamento* é deixar de remunerar; *deixar de socorrer* é abandonar a defesa ou proteção. É mais um tipo *misto cumulativo e alternativo*, significando que a prática de mais de uma conduta implica a punição por mais de um delito, em concurso material.

São, em verdade, três condutas típicas, duas delas alternativas: *a)* deixar de prover a subsistência de cônjuge, filho ou ascendente, não lhes proporcionando recursos necessários. Esse é o teor do art. 244 do CP.

A conduta é mista, pois a simples falta de provisão não significa o desamparo, uma vez que podem as pessoas ter recursos para manter o sustento; *b)* deixar de prover à subsistência de pessoa credora de alimentos, faltando ao pagamento de pensão alimentícia. Há uma presunção de que, se foi fixada pensão alimentícia, é porque a pessoa dela necessita, de modo que, não havendo o pagamento, há falta de provisão à subsistência; *c)* deixar de socorrer parente enfermo. Assim, as duas primeiras condutas são alternativas, implicando um só delito.

A terceira é autônoma; se praticada com uma das duas anteriores, provoca dupla punição. Para a configuração do crime, torna-se imprescindível que a vítima fique, realmente, ao desamparo, uma vez que, se a assistência for prestada por outro familiar ou amigo, não há preenchimento do tipo penal.

Sem justa causa significa uma conduta não amparada por lei. Assim, havendo estado de necessidade, é natural que possa o pai deixar de alimentar o filho, pois não teria cabimento punir aquele que não tem condições de sustentar nem a si mesmo.

Os objetos de tais condutas são o cônjuge (pessoa casada), não sendo cabível considerar sujeito passivo do crime a companheira ou concubina. Ainda que se dê, atualmente, proteção à união estável, não há equiparação ao casamento.

Depois, o filho menor de 18 anos é, presumidamente, incapaz de se cuidar. Deve-se, no entanto, considerar o caso concreto, pois, em alguns casos, o filho pode ganhar mais do que os pais, razão pela qual não pode ser sujeito passivo do crime. O filho inapto para o trabalho pode ter qualquer idade e a inaptidão não necessita decorrer, necessariamente, de deficiência física ou mental. Um filho, que seja vítima de grave acidente e esteja em recuperação, pode estar inapto para o trabalho.[1]

Destaca ROGÉRIO GRECO um importante aspecto da atualidade, não devendo a lei penal fomentar o ócio: "Com a virada do século XX para século XXI, surgiu uma nova geração de filhos, que ficou conhecida como geração 'canguru', uma vez que esta, ao contrário do que acontecia com a geração da década de 1980 [e anteriores], se recusa a sair da casa dos pais, pois ali encontra o conforto necessário sem que, para tanto, tenha que desembolsar qualquer importância. Mesmo maiores e capazes, continuam a viver à custa de seus genitores. Nesse caso, não havendo qualquer motivo justificado que os incapacitem para o trabalho, seus pais estão liberados da obrigação de mantê-los, não podendo a lei penal obrigá-los a isso, sob pena de ser premiada a total inversão de valores, vale dizer, o trabalho pela vadiagem".[2]

Acrescente-se, ainda, o teor de reportagens recentes de filhos com 30/40 anos que ainda vivem na morada dos pais, como se crianças fossem, com a mãe fazendo tudo por eles e o pai alimentando o seu bolso, que *não pretendem* largar essa *vida boa*. É o oposto do retratado nesse artigo, que cuida do abandono material.

Finalmente, o *ascendente* (ancestral, que pode ser o pai [mãe], o avô [avó], o bisavô [bisavó] e assim sucessivamente. *Inválida* é a pessoa que está debilitada e incapaz de se sustentar. *Idosa* é a pessoa maior de 60 anos, conforme conceituação feita pela Lei 10.741/2003. O que se tem observado, na maioria das famílias, é o ascendente idoso continuar sustentando todos (ou muitos) os descendentes, por vezes com ganhos elevados, noutras vezes com sua parca pensão previdenciária. No entanto, incontáveis descendentes ainda convivem com o fato de obrigar o idoso a sustentá-los, sem o menor pudor. Essa geração de *encostados* já nem é mais *canguru,* mas autênticos *bichos-preguiça.*

Denomina-se *recurso necessário* o auxílio indispensável à sobrevivência, não incluindo, portanto, qualquer supérfluo ou luxo.

---

[1] Não cabe o auxílio se, "podendo trabalhar e sendo-lhe proporcionado trabalho compatível com a sua condição social, prefere, entretanto, não trabalhar para viver na ociosidade, à custa alheia" (BENTO DE FARIA, *Código Penal brasileiro comentado*, v. VI, p. 187).

[2] *Curso de direito penal*, v. 3, p. 257.

A pensão alimentícia judicialmente acordada, fixada ou majorada é a renda mensal que pode ser fixada por acordo – homologado pelo juiz – ou então ser decorrência de sentença condenatória, que a estabeleceu ou majorou. É evidente que, cessando o direito à pensão – porque o juiz assim determinou –, não há mais possibilidade de se concretizar o tipo penal.

A enfermidade grave, para configurar a terceira figura típica, torna-se indispensável que o descendente (filho, neto, bisneto etc.) ou o ascendente (pai, avô, bisavô etc.) esteja com algum tipo de doença séria, não mais podendo prover ao seu sustento ou mesmo à sua sobrevivência.

Quando essa figura típica foi instituída, havia dois modelos que poderiam ter sido seguidos: o francês, muito restrito, e o italiano, excessivamente aberto. Segundo o sistema francês, o abandono da família só se configuraria se o devedor de alimentos deixasse de pagar por, pelo menos, três meses consecutivos. Seria o abandono pecuniário. Na órbita do direito italiano, incriminou-se, inclusive, o abandono moral, sem promover critérios objetivos para a sua caracterização. Diante dessas contraposições, o sistema pátrio preferiu um tipo intermediário, denominando-o de *abandono material*.[3]

A pena para quem comete o crime previsto no *caput* do art. 244 do CP é de detenção, de 1 a 4 anos e multa, de uma a dez vezes o maior salário mínimo vigente no País. Nas mesmas penas incide quem, sendo solvente, frustra ou ilide, de qualquer modo, inclusive por abandono injustificado de emprego ou função, o pagamento de pensão alimentícia judicialmente acordada, fixada ou majorada (art. 244, parágrafo único, do CP).

2.2 Sujeitos ativo e passivo

Na primeira e na segunda figuras, os sujeitos ativos podem ser o cônjuge, os pais, os descendentes ou o devedor da pensão; na terceira, podem ser os ascendentes ou os descendentes. Os sujeitos passivos podem ser, na ordem inversa, o cônjuge, os filhos, os ascendentes ou o credor de alimentos (nas primeira e segunda figuras) ou os descendentes ou ascendentes (na terceira figura). Secundariamente, o Estado, interessado na proteção à família.

2.3 Elemento subjetivo

É o dolo. Não existe a forma culposa, nem se exige elemento subjetivo específico.

2.4 Objetos material e jurídico

O objeto material pode ser renda, pensão ou outro auxílio. O objeto jurídico é a proteção dispensada pelo Estado à família.

2.5 Classificação

Trata-se de crime próprio (aquele que demanda sujeito ativo qualificado ou especial); formal (delito que não exige resultado naturalístico, consistente no efetivo prejuízo para a vítima); de forma livre (podendo ser cometido por qualquer meio eleito pelo agente); omissivo (os verbos implicam abstenções); permanente (cujo resultado se prolonga no tempo, em face do bem jurídico protegido que continua a ser aviltado); unissubjetivo (que pode ser praticado

---

3   GALDINO SIQUEIRA, *Tratado de direito*, t. I, p. 337; NORONHA, *Direito penal*, v. 3, p. 400; BENTO DE FARIA, *Código Penal brasileiro comentado*, v. VI, p. 184.

por um só agente); unissubsistente (delito que pode ser praticado por um único ato); não admite tentativa, pois o delito é omissivo próprio.[4]

2.6   Pena de multa fixada em salário mínimo

É uma exceção ao dia-multa, decorrente da Reforma Penal de 1984. Continua-se, pois, a fixar a pena pecuniária em salários mínimos.

2.7   Figura equiparada

2.7.1   Estrutura do tipo penal incriminador

Frustrar significa enganar ou iludir; *elidir* (forma correta) quer dizer suprimir ou eliminar. As condutas ligam-se a pessoa que pode (solvente), mas não quer, pagar pensão alimentícia, valendo-se de subterfúgios variados ou recursos processuais meramente protelatórios. É o disposto no art. 244, parágrafo único, do CP.

2.7.2   Sujeitos ativo e passivo

O sujeito ativo é o devedor de alimentos. Os sujeitos passivos são o credor de alimentos e, secundariamente, o Estado, que tem por finalidade proteger a família.

2.7.3   Qualquer modo

Indica, nitidamente, a forma livre do crime, ou seja, pode ser cometido por qualquer meio eleito pelo agente.

2.7.4   Abandono injustificado de emprego ou função

Não são poucos, lamentavelmente, os casos de pessoas que, somente para não pagar pensão alimentícia, mormente quando estão em litígio com o beneficiário, largam contratos de trabalho, passando ao desemprego ou ao trabalho camuflado ou informal, somente para não quitar o seu débito. Quem assim agir propicia a configuração do tipo penal.

2.8   Quadro-resumo

Previsão legal	**Abandono Material** **Art. 244.** Deixar, sem justa causa, de prover a subsistência do cônjuge, ou de filho menor de 18 (dezoito) anos ou inapto para o trabalho, ou de ascendente inválido ou maior de 60 (sessenta) anos, não lhes proporcionando os recursos necessários ou faltando ao pagamento de pensão alimentícia judicialmente acordada, fixada ou majorada; deixar, sem justa causa, de socorrer descendente ou ascendente, gravemente enfermo: Pena – detenção, de 1 (um) a 4 (quatro) anos e multa, de uma a dez vezes o maior salário mínimo vigente no País. **Parágrafo único.** Nas mesmas penas incide quem, sendo solvente, frustra ou ilide, de qualquer modo, inclusive por abandono injustificado de emprego ou função, o pagamento de pensão alimentícia judicialmente acordada, fixada ou majorada.

---

[4]   No mesmo sentido, Noronha, afirmando que "trata-se de delito omissivo próprio – a própria omissão constitui o delito – não comportando o *conatus*: até o momento em que o agente pode praticar o ato, a ausência deste não concretiza a tentativa; se não mais o pode, o delito se consuma" (*Direito penal*, v. 3, p. 404).

Sujeito ativo	Cônjuge, pais, descendentes, devedor da pensão (1.ª e 2.ª figuras), ascendentes ou descendentes (3.ª figura)
Sujeito passivo	Cônjuge, filhos, ascendentes ou credor de alimentos (1.ª e 2.ª figuras), descendentes ou ascendentes (3.ª figura); secundariamente o Estado
Menor de 18 anos	Renda, pensão ou outro auxílio
Objeto jurídico	Proteção dispensada pelo Estado à família
Elemento subjetivo	Dolo
Classificação	Próprio Formal Forma livre Omissivo Permanente Dano Unissubjetivo Unissubsistente
Tentativa	Não admite
Circunstâncias especiais	Tipo misto alternativo cumulativo Elemento normativo Multa

3.   ENTREGA DE FILHO MENOR A PESSOA INIDÔNEA

3.1   Estrutura do tipo penal incriminador

Entregar significa passar algo ou alguém à posse de outrem, necessitando esta ser inidônea (não confiável) em cuja companhia saiba ou deva saber que o menor fica moral ou materialmente em perigo. O objeto, no tipo penal do art. 245 do CP, é o filho menor de 18 anos.

O menor de 18 anos é a pessoa que, por presunção legal, é imatura, não sabendo se defender sozinha. O Código Penal, em face da previsão da inimputabilidade do menor de 18 anos (art. 27), que é absoluta, terminou por proteger o filho com essa faixa etária, fundamentando-se no mesmo pressuposto, ou seja, de incapacidade de se proteger de más companhias. Atualmente, segundo cremos, do mesmo modo que a idade penal deve ser reduzida, porque não mais se justifica tratar como inimputável aquele que, efetivamente, não o é, também essa figura típica merece revisão, reduzindo-se a faixa etária da vítima.

Perigo material é o que se pode verificar sensitivamente (permitir que o menor se envolva com atividades de extremo risco, comprometedoras de sua integridade física); *perigo moral* é o que não é detectado pelos sentidos, referindo-se às atividades comprometedoras da boa formação moral da pessoa humana (permitir que o menor se envolva com prostituição ou atividades criminosas).

ANDRÉ ESTEFAM, comentando esse tipo e visando a dar um exemplo, constrói o seguinte: "não basta à configuração do crime que o local em que se deu a entrega seja de má reputação (poderá, neste caso, cogitar-se do crime do art. 247, desde que presentes seus requisitos legais), pois é necessário que a pessoa a quem o menor foi passado representar uma *companhia perigosa*. Assim, por exemplo, se um pai entrega seu filho a um conhecido (idôneo) para com ele permanecer por determinado período, efetuando-se a cessão logo após o horário de trabalho deste como garçom em uma casa noturna destinada a encontros amorosos, não há o crime em estudo".[5] A ilustração feita é bem restrita; qualquer modificação pode afetar o caso e configurar o crime. Note-se que a afirmativa de abertura não coincide com a finalização do exemplo: "não basta à configuração do crime que o local em que se deu a entrega seja de má reputação" e depois "efetuando-se a cessão [do menor] logo após o horário de trabalho do garçom na casa de prostituição". Ora, o próprio autor notou o despropósito de afirmar que "não importa o local onde se dá a entrega", tanto que construiu um exemplo de cessão do menor *após o horário de trabalho do garçom* na casa de prostituição.

Em verdade, importa, sim, que o local onde o menor de 18 anos seja entregue também seja idôneo. Observe-se a previsão do tipo: entregar filho menor de 18 anos a pessoa em cuja companhia *saiba ou deva saber que o menor fica moral ou materialmente em perigo*. Como não importa o local? Se o menor for entregue a um garçom, que mora nos fundos da casa de prostituição e ali trabalha todas as noites, não tendo com quem deixar a criança, leva-a consigo para seu lugar de atividade. Pode ser o garçom mais idôneo de que se tem notícia, mas o lugar é pernicioso, mormente para uma criança, que pode ficar, sem dúvida, exposta a perigos morais ou materiais. Possivelmente, o autor baseou-se no título do tipo para fazer a sua afirmação (entrega de filho menor a pessoa inidônea), mas olvidou a redação do tipo penal incriminador, que se preocupa com o local onde estará o menor na companhia da pessoa, idônea ou não.

Aquiescemos que a entrega do menor diretamente a uma pessoa não idônea (como um chefe de gangue de rua) já configura o delito, pois em sua companhia o jovem ou infante terminará em locais perigosos. Contudo, avaliar o local faz parte da análise da pessoa.

Finalmente, nem sempre irá configurar o crime do art. 247, pois esse tipo exige habitualidade quanto aos verbos "frequentar" (incisos I e II); demanda "residir" ou "trabalhar" (inciso III); e "mendigar" (inciso IV). Enfim, o art. 245, embora de rara configuração, leva em conta a pessoa e para onde essa pessoa levar o menor.

A pena para quem comete o crime previsto no *caput* do art. 245 do CP é de detenção, de 1 a 2 anos. Se o agente pratica delito para obter lucro, ou se o menor é enviado para o exterior, a pena será de reclusão, de 1 a 4 anos (art. 245, § 1.º, do CP). Incorre também na pena de reclusão, de 1 a 4 anos, quem, embora excluído o perigo moral ou material, auxilia a efetivação de ato destinado ao envio de menor para o exterior com o fim de obter lucro (art. 245, § 2.º, do CP).

3.2   Sujeitos ativo e passivo

Os sujeitos ativos só podem ser os pais. O sujeito passivo é o filho menor de 18 anos.

3.3   Elemento subjetivo

É o dolo. Não existe a forma culposa, nem se exige elemento subjetivo específico. A figura típica indica, nitidamente, a intenção de envolver o dolo direto – "saiba" – e o dolo eventual – "deva saber". Há posição contrária, sustentando que a expressão "deve saber" é justificativa de culpa, e não de dolo, pois neste o agente sabe o que vai acontecer e é indiferente ao resultado.

Insistimos, no entanto, que a culpa deve estar *expressa* no tipo, não se podendo considerar culposo o que não ficou nítido pela lei. Além do mais, a previsão do dolo eventual é exatamente

---

[5]   *Direito penal*, v. 3, p. 292.

idêntica à da culpa consciente, de modo que ele não *sabe* existir o resultado, sendo-lhe indiferente, como afirmou o autor. Em verdade, o agente *prevê a possibilidade* de ocorrer o resultado, sendo-lhe indiferente que tal ocorra. O resultado, que não deseja, mas suporta, não é certo. Se fosse, tratar-se-ia do dolo direto. Portanto, quando se utiliza da expressão "deve saber", está o legislador legitimando o entendimento que já expôs na definição do dolo (art. 18, I, CP), isto é, pode o agente querer diretamente o resultado ("sabe" que vai ocorrer) ou pode assumir o risco de produzi-lo ("deve saber" que pode ocorrer). Além disso, não há o menor cabimento – e não tem sido essa a postura do legislador nos demais crimes – equiparar a conduta dolosa à culposa, prevendo idêntica pena para ambas. Fosse de modo diverso e o agente, *tendo certeza* de colocar o menor em risco ao entregá-lo para outra pessoa, responderia pela mesma pena destinada a quem, *sendo negligente*, entrega o filho a outra pessoa, sem desejar qualquer risco para a sua integridade, o que é um contrassenso.

3.4   Objetos material e jurídico

O objeto material é o menor. O objeto jurídico é a proteção da família ao menor.

3.5   Classificação

Trata-se de crime próprio (aquele que demanda sujeito ativo qualificado ou especial); formal (delito que não exige resultado naturalístico, consistente em efetivo dano para o menor); de forma livre (podendo ser cometido por qualquer meio eleito pelo agente); comissivo ("entregar" implica ação); instantâneo (cujo resultado se dá de maneira instantânea, não se prolongando no tempo); unissubjetivo (que pode ser praticado por um só agente); plurissubsistente (em regra, vários atos integram a conduta); admite tentativa.

3.6   Confronto com o art. 238 da Lei 8.069/1990 (Estatuto da Criança e do Adolescente)

Estabelece o referido art. 238: "Prometer ou efetivar a entrega de filho ou pupilo a terceiro, mediante paga ou recompensa: Pena – reclusão, de um a quatro anos, e multa. Parágrafo único. Incide nas mesmas penas quem oferece ou efetiva a paga ou recompensa". Confrontando-se com o art. 245 do Código Penal, conclui-se pela concomitante vigência de ambos. Entretanto, o art. 238, por ser especial, afasta a aplicação do art. 245, quando a situação concreta assim exigir. Este, por seu turno, fica reservado para outras hipóteses, mais genéricas, como o pai que entrega o filho menor de 18 anos a pessoa de má reputação, para simples convivência, com ou sem intuito de lucro, mas sem caráter definitivo.

3.7   Figuras qualificadas

A pena é aumentada de detenção para reclusão, bem como dobra o máximo em abstrato previsto, quando o agente tem a intenção de obter lucro ou se o menor segue para o exterior.

3.7.1   Elemento subjetivo

No caso do § 1.º, exige-se, na primeira figura, além do dolo, o elemento subjetivo específico, consistente na vontade de obter lucro. Na segunda figura, tratando-se de crime qualificado pelo resultado, admitem-se, quanto à ida do menor para o exterior, tanto dolo quanto culpa.

3.7.2   Classificação

Trata-se de crime próprio (aquele que exige sujeito ativo especial); formal (delito que não exige resultado naturalístico, consistente em obter lucro), na primeira figura, e material (delito que exige resultado naturalístico, consistente na ida do menor para o exterior), na segunda figura; de forma livre (podendo ser cometido por qualquer meio eleito pelo agente), comissivo ("entregar" implica ação); instantâneo (cujo resultado se dá de maneira instantânea, não se prolongando no tempo); unissubjetivo (que pode ser praticado por um só agente); plurissubsistente (em regra, vários atos integram a conduta); admite tentativa.

3.7.3   Confronto com o art. 239 da Lei 8.069/1990 (Estatuto da Criança e do Adolescente)

Melhor analisando detidamente os dois tipos penais, cremos que o art. 239 da Lei 8.069/1990, por ser mais abrangente e também especial, revogou, tacitamente, o referido art. 245, § 2.º, do Código Penal. Neste, o agente auxilia a efetivação de ato destinado ao envio de menor para o exterior, *com o fito de obter lucro*. Naquele, o autor auxilia *ou promove* a efetivação de ato destinado a enviar criança ou adolescente ao exterior, com o fito de obter lucro ou *com inobservância das formalidades legais*. Logo, mais amplo e abrangente.

3.8   Quadro-resumo

	Entrega de Filho Menor a Pessoa Inidônea
Previsão legal	**Art. 245.** Entregar filho menor de 18 (dezoito) anos a pessoa em cuja companhia saiba ou deva saber que o menor fica moral ou materialmente em perigo: Pena – detenção, de 1 (um) a 2 (dois) anos. § 1.º A pena é de 1 (um) a 4 (quatro) anos de reclusão, se o agente pratica delito para obter lucro, ou se o menor é enviado para o exterior. § 2.º Incorre, também, na pena do parágrafo anterior quem, embora excluído o perigo moral ou material, auxilia a efetivação de ato destinado ao envio de menor para o exterior, com o fito de obter lucro.
Sujeito ativo	Pais
Sujeito passivo	Filho menor de 18 anos
Menor de 18 anos	Menor
Objeto jurídico	Proteção da família ao menor
Elemento subjetivo	Dolo
Classificação	Próprio Formal Forma livre Comissivo Instantâneo Dano Unissubjetivo Plurissubsistente
Tentativa	Admite
Circunstâncias especiais	Figuras qualificadas

4.   ABANDONO INTELECTUAL

4.1   Estrutura do tipo penal incriminador

Deixar de prover significa não mais providenciar alguma coisa. No caso do tipo penal do art. 246 do CP, é a instrução primária do filho menor. Trata-se de uma espécie de *abandono moral*.

Sem justa causa significa algo ilícito, não amparado por lei. Logo, é um elemento de antijuridicidade colocado dentro do tipo penal. É natural que situações extremadas, como a pobreza ou miserabilidade dos pais e mesmo a falta de instrução destes, podem servir de justificativa para o não preenchimento do tipo penal. O mesmo se pode dizer da falta de vagas em escolas públicas, uma vez que cabe ao Estado proporcionar educação a todos os brasileiros, especialmente aos menos favorecidos economicamente.

A instrução primária refere-se ao 1.º grau, quando se alfabetiza uma pessoa, ensinando-lhe os conceitos básicos e fundamentais da sua formação educacional.

A idade escolar é o período de vida que abrange a pessoa dos quatro aos dezessete anos completos. Dispõe a Constituição Federal ser dever do Estado promover a educação básica, obrigatória e gratuita, para todos os que a ela não tiverem acesso na idade própria. O acesso ao ensino obrigatório e gratuito constitui direito público subjetivo (art. 208, I e § 1.º). Em razão da modificação trazida pela Emenda Constitucional 59/2009, considera-se a *idade escolar* dos quatro aos dezessete anos.

A pena para quem comete o crime previsto no art. 246 do CP é de detenção, de quinze dias a um mês, ou multa.

4.2   Sujeitos ativo e passivo

Os sujeitos ativos só podem ser os pais. O sujeito passivo é o filho em idade escolar.

4.3   Elemento subjetivo

É o dolo. Não existe a forma culposa, nem se exige elemento subjetivo específico.

4.4   Objetos material e jurídico

O objeto material é a instrução de filho. Os objetos jurídicos são a educação e a instrução de menores de 18 anos, que o Estado tem por finalidade preservar.

4.5   Classificação

Trata-se de crime próprio (aquele que demanda sujeito ativo qualificado ou especial); formal (delito que não exige resultado naturalístico, consistente na efetiva falta de instrução da vítima); de forma livre (podendo ser cometido por qualquer meio eleito pelo agente); omissivo ("deixar" implica omissão); permanente (aquele cuja consumação se prolonga no tempo, enquanto estiver o menor em idade escolar, sem qualquer instrução); unissubjetivo (que pode ser praticado por um só agente); unissubsistente (crime que pode ser cometido por um ato); não admite tentativa.

4.6   Quadro-resumo

Previsão legal	**Abandono Intelectual** **Art. 246.** Deixar, sem justa causa, de prover à instrução primária de filho em idade escolar: Pena – detenção, de quinze dias a um mês, ou multa.
Sujeito ativo	Pais
Sujeito passivo	Filho em idade escolar
Menor de 18 anos	Instrução de filho
Objeto jurídico	Educação e instrução de menores de 18 anos
Elemento subjetivo	Dolo
Classificação	Próprio Formal Forma livre Omissivo Permanente Dano Unissubjetivo Unissubsistente
Tentativa	Não admite

5.   ABANDONO MORAL[6]

5.1   Estrutura do tipo penal incriminador

Conforme disposto pelo art. 247 do CP, *permitir* é dar liberdade ou licença, de forma expressa ou implícita. Associa-se às seguintes condutas: a) *frequentar* (visitar reiteradamente) casa de jogo ou mal-afamada; b) *conviver* (viver em contato íntimo) com pessoa viciosa; c) *frequentar* espetáculo ofensivo à moral; d) *participar* (tomar parte) de representação dessa natureza; e) *residir* (morar ou viver) ou *trabalhar* (ocupar-se de alguma atividade) em casa de prostituição; f) *mendigar* (pedir esmola ou amparo) ou *servir a mendigo* (trabalhar para pedinte).

Quando o tipo penal utiliza o verbo *frequentar*, está indicando uma conduta habitual, reiterada. Dessa forma, não se pode considerar concretizado o crime quando o agente permite ao menor que vá, uma vez ou outra, a uma casa de jogo. Assim agindo, inexiste *frequência*, de modo que não há delito. Trata-se de um crime *instantâneo de continuidade habitual*.

---

[6] Esse título inexiste no Código Penal, mas a doutrina, em geral, o acolheu. O legislador inseriu o art. 247, na sequência do art. 246, que é nomeado *abandono intelectual*; logo, parece outra forma de abandono intelectual, o que não deixa de ser verdadeiro. Deixar um jovem trabalhar em casa de prostituição ou mendigar é uma forma de não lhe proporcionar a correta educação. No entanto, titular o crime do art. 246 como *abandono moral* também é certo, pois as condutas ali previstas ferem valores morais nítidos. Assim já se expressava GALDINO SIQUEIRA na década de 1950 (*Tratado de direito penal*, t. I, p. 340).

Casa de jogo é o local onde se pratica jogo de azar ou onde se faz aposta (bilhar ou sinuca). É natural que, para guardar a coerência com o objeto jurídico protegido, não se possa considerar "casa de jogo" o lugar autorizado pelo Estado para funcionar, como é o caso das lotéricas. *Mal-afamada* é a localidade de péssima reputação. Atualmente, é mais difícil a configuração desse tipo penal, em face do avanço nos costumes e da quebra permanente de tabus. Assim, o que antigamente se podia considerar local "mal-afamado", como um bar noturno, hoje não mais o é.

Viciosa é a pessoa adepta a desregramentos habituais, enquanto a *má vida* significa, nesse contexto, moralmente imperfeita ou inadequada.

Espetáculo é uma representação teatral ou exibição de cinema ou televisão. *Perverter* significa corromper ou depravar. *Ofender o pudor* quer dizer envergonhar. Assim, é preciso que o menor vá com habitualidade a espetáculos que exibam cenas depravadas ou despudoradas, de modo a poder ser prejudicada sua formação moral.

A casa de prostituição é o lugar destinado ao comércio habitual de relacionamento sexual. Não pode, naturalmente, o menor morar ou trabalhar nesse lugar, o que seria drástico para sua formação moral.

Mendigo que excita a comiseração alheia é o pedinte que tem por finalidade receber esmola de outrem. *Comiseração pública* é a piedade ou compaixão provocada na sociedade.

A pena para quem comete o crime previsto no art. 247 do CP é de detenção, de um a três meses, ou multa.

5.2 Critério da especialidade

Se o menor trabalhar diretamente no espetáculo, em cena de sexo explícito ou pornografia, configura-se crime do Estatuto da Criança e do Adolescente(Art. 240. Produzir, reproduzir, dirigir, fotografar, filmar ou registrar, por qualquer meio, cena de sexo explícito ou pornográfica, envolvendo criança ou adolescente: Pena – reclusão, de 4 (quatro) a 8 (oito) anos, e multa).

5.3 Sujeitos ativo e passivo

O sujeito ativo pode ser o pai, a mãe ou qualquer outra pessoa que tenha poder sobre o menor, como o tutor ou o guardião. O sujeito passivo é o menor de 18 anos.

5.4 Elemento subjetivo

É o dolo. Não existe a forma culposa, nem se exige elemento subjetivo específico. No caso da mendicância, está presente, ainda, o elemento subjetivo específico, que é a vontade de despertar a piedade alheia.

5.5 Objetos material e jurídico

O objeto material é o menor de 18 anos. O objeto jurídico é educação moral do menor.

5.6 Classificação

Trata-se de crime próprio (aquele que demanda sujeito ativo qualificado ou especial); formal (delito que não exige resultado naturalístico, consistente na efetiva má formação moral do menor); de forma livre (podendo ser cometido por qualquer meio eleito pelo agente);

comissivo (implicando ação) ou omissivo (implicando abstenção), conforme o caso concreto; instantâneo (cujo resultado se dá de maneira instantânea, não se prolongando no tempo); unissubjetivo (que pode ser praticado por um só agente); unissubsistente (praticado num único ato) ou plurissubsistente (em regra, vários atos integram a conduta); admite tentativa, na forma plurissubsistente, embora rara.

5.7　Quadro-resumo

Previsão legal	**Art. 247.** Permitir alguém que menor de dezoito anos, sujeito a seu poder ou confiado à sua guarda ou vigilância: I – frequente casa de jogo ou mal-afamada, ou conviva com pessoa viciosa ou de má vida; II – frequente espetáculo capaz de pervertê-lo ou de ofender-lhe o pudor, ou participe de representação de igual natureza; III – resida ou trabalhe em casa de prostituição; IV – mendigue ou sirva a mendigo para excitar a comiseração pública: Pena – detenção, de um a três meses, ou multa.
Sujeito ativo	Pai, mãe, tutor, guardião
Sujeito passivo	Menor de 18 anos
Menor de 18 anos	Menor de 18 anos
Objeto jurídico	Educação moral do menor
Elemento subjetivo	Dolo
Classificação	Próprio Formal Forma livre Comissivo ou omissivo Instantâneo Unissubjetivo Unissubsistente ou plurissubsistente
Tentativa	Admite na forma plurissubsistente
Circunstâncias especiais	Especialidade

RESUMO DO CAPÍTULO

	Abandono material Art. 244	Entrega de filho menor a pessoa inidônea Art. 245	Abandono intelectual Art. 246	Abandono intelectual Art. 247
Sujeito ativo	Cônjuge, pais, descendentes, devedor da pensão (1.ª e 2.ª figuras), ascendentes ou descendentes (3.ª figura)	Pais	Pais	Pai, mãe, tutor, guardião
Sujeito passivo	Cônjuge, filhos, ascendentes ou credor de alimentos (1.ª e 2.ª figuras), descendentes ou ascendentes (3.ª figura); secundariamente o Estado	Filho menor de 18 anos	Filho em idade escolar	Menor de 18 anos
Menor de 18 anos	Renda, pensão ou outro auxílio	Menor	Instrução de filho	Menor de 18 anos
Objeto jurídico	Proteção dispensada pelo Estado à família	Proteção da família ao menor	Educação e instrução de menores de 18 anos	Educação moral do menor
Elemento subjetivo	Dolo	Dolo	Dolo	Dolo
Classificação	Próprio Formal Forma livre Omissivo Permanente Dano Unissubjetivo Unissubsistente	Próprio Formal Forma livre Comissivo Instantâneo Dano Unissubjetivo Plurissubsistente	Próprio Formal Forma livre Omissivo Permanente Dano Unissubjetivo Unissubsistente	Próprio Formal Forma livre Comissivo ou omissivo Instantâneo Unissubjetivo Unissubsistente ou plurissubsistente
Tentativa	Não admite	Admite	Não admite	Admite na forma plurissubsistente
Circunstâncias especiais	Tipo misto alternativo cumulativo Elemento normativo Multa	Figuras qualificadas	——	Especialidade

Capítulo IV
Crimes contra o Pátrio Poder, Tutela ou Curatela[1]

1. INDUZIMENTO A FUGA, ENTREGA ARBITRÁRIA OU SONEGAÇÃO DE INCAPAZES

1.1 Estrutura do tipo penal incriminador

Induzir significa dar a ideia ou inspirar. O objeto é o menor de 18 anos ou interdito. Associa-se à conduta de *fugir* (escapar ou afastar-se). A segunda figura típica cuida de *confiar*, querendo dizer entregar em confiança, menor de 18 anos ou interdito, a outrem, ou *deixar de entregá-lo* (reter ou segurar) a quem de direito. Trata-se de tipo misto *cumulativo e alternativo*. A primeira conduta (induzir menor ou interdito a fugir) pode ser associada à segunda, que é alternativa (confiar a outrem *ou* deixar de entregá-lo), configurando dois delitos. Esses os termos do art. 248 do Código Penal.

O menor de 18 anos é, por força de presunção legal, baseando-se em critério cronológico, considerado imaturo para decidir seu próprio destino, enquanto o interdito é a pessoa que está sob interdição, impossibilitado de reger sua pessoa e seus bens, sendo natural não poder decidir onde deve viver, afastando-se do seu curador ou responsável legal.

---

[1] PAULO BUSATO faz uma crítica a esse Capítulo IV, propondo a sua completa eliminação do Código Penal: "a abolição completa do capítulo não deixaria a descoberto as situações jurídicas dignas de proteção penal, ao mesmo tempo que aliviaria o Código de incriminações de escassa relevância" (*Direito penal*, v. 3, p. 63). Somos entusiastas da descriminalização de inúmeras condutas do Código Penal, em verdadeira operação *pente-fino*. Entretanto, o art. 249 tem sido muito útil às contendas por guarda de filhos e, quando um genitor subtrai o incapaz de quem o tem sob guarda, que o encontra mais rapidamente é a polícia. Eis um ponto a ser considerado. Possivelmente, a reformulação do Código Civil, com maiores poderes ao juiz de família pudesse resolver esse problema.

O lugar específico é o local onde os pais ou tutores determinarem, pessoas que sobre eles possuem autoridade legal ou judicial, isto é, advinda da própria lei (poder familiar) ou de ordem proferida por juiz de direito (curatela).

Há o elemento normativo do tipo *sem ordem do pai, do tutor ou do curador* vinculado à ilicitude introduzido no tipo penal, transformando-se em elementar. Assim, quando não houver autorização, configura-se o crime, mas, existindo, é fato atípico.

Há mais de um elemento normativo do tipo no caso do art. 248. Na mesma conduta existem dois elementos normativos relativos à ilicitude. O primeiro, já visto ("sem justa causa"), compõe com este ("legitimamente") o contexto do delito. É exigível ser a pessoa que deseja receber o menor ou o interdito *legalmente* habilitada a reclamá-lo. Assim, o fato de ser pai, por exemplo, não confere, automaticamente, o direito de reclamar a entrega do filho menor de 18 anos, caso seja a mãe a guardiã legal do filho.

A pena para quem comete o crime previsto no art. 248 do CP é de detenção, de um mês a um ano, ou multa.

1.2   Sujeitos ativo e passivo

O sujeito ativo pode ser qualquer pessoa. O sujeito passivo é a pessoa que detém a guarda ou exerce sobre o menor ou interdito autoridade. Secundariamente, o menor de 18 anos ou o interdito.

1.3   Elemento subjetivo

É o dolo. Não existe a forma culposa, nem se exige elemento subjetivo específico.

1.4   Objetos material e jurídico

O objeto material é o menor de 18 anos ou o interdito. O objeto jurídico é a proteção ao poder familiar, tutela ou curatela.

1.5   Classificação

Trata-se de crime comum (aquele que não demanda sujeito ativo qualificado ou especial); formal (delito que não exige resultado naturalístico, consistente em efetivo prejuízo para o menor ou interdito ou a seus pais, tutores ou curadores); de forma livre (podendo ser cometido por qualquer meio eleito pelo agente); comissivo (implicando ação), nas formas "induzir" e "confiar", e omissivo (implicando abstenção), na forma "deixar de entregar"); instantâneo (cujo resultado se dá de maneira instantânea, não se prolongando no tempo) nas modalidades "induzir" e "confiar", podendo ser permanente (cuja consumação se arrasta no tempo) na forma "deixar de entregar"; unissubjetivo (que pode ser praticado por um só agente); plurissubsistente (em regra, vários atos integram a conduta), nas duas primeiras condutas, mas unissubsistente (um ato é suficiente para perfazer a conduta criminosa) na forma omissiva; admite tentativa na modalidade plurissubsistente. É fundamental lembrar, como faz FRAGOSO, que a indução à fuga é o início da execução, consumando-se o crime quando o menor foge.[2] Por isso, é plurissubsistente.

---

2   *Lições de direito penal*, v. 3, p. 607.

1.6   Quadro-resumo

	Induzimento a Fuga, Entrega Arbitrária ou Sonegação de Incapazes
Previsão legal	**Art. 248.** Induzir menor de dezoito anos, ou interdito, a fugir do lugar em que se acha por determinação de quem sobre ele exerce autoridade, em virtude de lei ou de ordem judicial; confiar a outrem sem ordem do pai, do tutor ou do curador algum menor de dezoito anos ou interdito, ou deixar, sem justa causa, de entregá-lo a quem legitimamente o reclame: Pena – detenção, de um mês a um ano, ou multa.
Sujeito ativo	Qualquer pessoa
Sujeito passivo	Pessoa que detém a guarda ou exerce autoridade sobre o menor ou interdito; secundariamente o menor de 18 anos ou interdito
Objeto material	Menor de 18 anos ou o interdito
Objeto jurídico	Proteção ao poder familiar, tutela ou curatela
Elemento subjetivo	Dolo
Classificação	Comum Formal Forma livre Comissivo (nas formas "induzir" e "confiar") e omissivo (na forma "deixar de entregar") Instantâneo ou permanente Dano Unissubjetivo Unissubsistente ou plurissubsistente
Tentativa	Admite na modalidade plurissubsistente

2.   SUBTRAÇÃO DE INCAPAZES

2.1   Estrutura do tipo penal incriminador

Subtrair significa retirar, fazer escapar ou afastar. O objeto é o menor de 18 anos ou o interdito.

Quanto ao poder advindo da guarda, pode uma pessoa tornar-se guardiã de um menor de 18 anos ou de um interdito, por força de lei (como ocorre com os pais no exercício do poder familiar) ou por ordem judicial (é o que acontece com o curador nomeado pelo magistrado para cuidar do interdito). A idade de 18 anos é o marco escolhido pelo direito penal para fixar a imputabilidade, de modo que aqueles que ainda não a atingiram são presumidamente imaturos.

Somente pune-se o agente pela prática de subtração de incapaz, caso não se configure, com a subtração, crime mais grave, por exemplo, subtrair o menor, privando-o de sua liberdade, para exigir resgate da família (extorsão mediante sequestro).

É fato atípico a ação do menor ou interdito afastar-se de quem o tem sob guarda para estar na companhia de outra pessoa. FRAGOSO acrescenta que "o auxílio prestado pelo agente à iniciativa do menor (sem qualquer participação moral) será também impunível por ausência de tipicidade (o agente não o subtrai)".[3]

---

3   *Lições de direito penal*, v. 3, p. 616.

A pena para quem comete o crime previsto no art. 249 do CP é de detenção, de dois meses a dois anos, se o fato não constitui elemento de outro crime.

2.2   Sujeitos ativo e passivo

O sujeito ativo pode ser qualquer pessoa. O sujeito passivo é a pessoa que tem o menor ou o interdito sob sua guarda ou detém autoridade sobre ele. Secundariamente, pode-se considerar também o menor ou o interdito, levado da sua esfera legal de proteção.

2.3   Elemento subjetivo

É o dolo. Não existe a forma culposa, nem se exige elemento subjetivo específico.

2.4   Objetos material e jurídico

O objeto material é o menor ou o interdito. O objeto jurídico é a proteção ao poder familiar, tutela ou curatela.

2.5   Classificação

Trata-se de crime comum (aquele que não demanda sujeito ativo qualificado ou especial); formal (delito que não exige resultado naturalístico, consistente em efetiva privação do poder familiar, tutela ou curatela); de forma livre (podendo ser cometido por qualquer meio eleito pelo agente); comissivo ("subtrair" implica ação); instantâneo (cujo resultado se dá de maneira instantânea, não se prolongando no tempo); unissubjetivo (que pode ser praticado por um só agente); plurissubsistente (em regra, vários atos integram a conduta); admite tentativa.

2.6   Confronto com o art. 237 da Lei 8.069/1990 (Estatuto da Criança e do Adolescente)

Preceitua o referido art. 237: "Subtrair criança ou adolescente ao poder de quem o tem sob sua guarda em virtude de lei ou ordem judicial, com o fim de colocação em lar substituto: Pena – reclusão, de dois a seis anos, e multa". Portanto, há um conflito aparente de normas em relação ao art. 249 do Código Penal. Resolve-se, nesse caso, com a utilização de três critérios, concomitantemente: a) subsidiariedade: prevalece o art. 237, pois o art. 249 estabelece, no preceito sancionador, o seu caráter de tipo de reserva ("se o fato não constitui elemento de outro crime"); b) especialidade: prevalece o art. 237, uma vez que há uma finalidade específica por parte do agente ("com o fim de colocação em lar substituto"); c) sucessividade: prevalece, ainda, o art. 237, por se tratar de lei mais recente.

2.7   Norma explicativa

Estabelece o § 1.º que o pai – inclua-se também a mãe –, o tutor ou o curador, *desde que* destituídos ou privados temporariamente do poder familiar, tutela, curatela ou guarda (coloca--se esta porque o pai pode perder a guarda para a mãe, mas não o poder familiar), podem ser agentes deste crime. Se não existisse o parágrafo, cremos que seria cabível, do mesmo modo, a punição, embora pudesse haver controvérsias. Por tal razão, fez-se a devida explicação.

2.8   Perdão judicial

Quando o agente devolve o menor ou o interdito a quem de direito sem que tenha sofrido qualquer tipo de privação ou maus-tratos, pode o juiz deixar de aplicar a pena, isto é, aplicar-lhe o perdão judicial, que é causa extintiva da punibilidade (art. 107, IX, CP).

NORONHA, referindo-se à crítica feita por ROMÃO DE LACERDA,[4] não compreende qual a razão de o legislador ter inserido o perdão judicial no art. 249 – que reputa mais grave –, não o fazendo igualmente no art. 248, que possui pena mais branda.

Cremos que uma das explicações plausíveis para tal ter ocorrido é que a subtração do incapaz faz com que o agente mantenha, de certo modo, o menor ou o interdito sob a sua esfera de proteção. Logo, é possível restituí-lo a quem de direito. No caso do art. 248, quando convence o menor ou o interdito a fugir, não se sabe para onde o incapaz vai e o que irá fazer, de forma que fica praticamente impossível conduzi-lo de volta a lugar seguro. O mesmo se diga da conduta de "confiar o incapaz a terceiro", pois o agente perde o contato com o menor ou interdito. Na última figura não teria mesmo cabimento falar em perdão, pois a negativa do agente é de restituir o menor, o que não poderia dar margem à aplicação do perdão ("restituir incapaz são e salvo"). Não é, pois, despropositada a ausência do perdão judicial no contexto do art. 248.

2.9 Quadro-resumo

Previsão legal	**Subtração de Incapazes** **Art. 249.** Subtrair menor de dezoito anos ou interdito ao poder de quem o tem sob sua guarda em virtude de lei ou de ordem judicial: Pena – detenção, de dois meses a dois anos, se o fato não constitui elemento de outro crime. § 1.º O fato de ser o agente pai ou tutor do menor ou curador do interdito não o exime de pena, se destituído ou temporariamente privado do pátrio poder, tutela, curatela ou guarda. § 2.º No caso de restituição do menor ou do interdito, se este não sofreu maus-tratos ou privações, o juiz pode deixar de aplicar pena.
Sujeito ativo	Qualquer pessoa
Sujeito passivo	Pessoa que tem menor ou interdito sob sua guarda ou detém autoridade sobre ele; menor ou interdito levado de sua esfera legal de proteção
Objeto material	Menor de 18 anos ou o interdito
Objeto jurídico	Proteção ao poder familiar, tutela ou curatela
Elemento subjetivo	Dolo
Classificação	Comum Formal Forma livre Comissivo Instantâneo Dano Unissubjetivo Plurissubsistente
Tentativa	Admite
Circunstâncias especiais	Subsidiariedade explícita Perdão judicial

---

4   *Direito penal*, v. 3, p. 419.

RESUMO DO CAPÍTULO

	Induzimento a fuga, entrega arbitrária ou sonegação de incapazes Art. 248	Subtração de incapazes Art. 249
Sujeito ativo	Qualquer pessoa	Qualquer pessoa
Sujeito passivo	Pessoa que detém a guarda ou exerce autoridade sobre o menor ou interdito; secundariamente o menor de 18 anos ou interdito	Pessoa que tem menor ou interdito sob sua guarda ou detém autoridade sobre ele; menor ou interdito levado de sua esfera legal de proteção
Objeto material	Menor de 18 anos ou o interdito	Menor de 18 anos ou o interdito
Objeto jurídico	Proteção ao poder familiar, tutela ou curatela	Proteção ao poder familiar, tutela ou curatela
Elemento subjetivo	Dolo	Dolo
Classificação	Comum Formal Forma livre Comissivo (nas formas "induzir" e "confiar") e omissivo (na forma "deixar de entregar") Instantâneo ou permanente Dano Unissubjetivo Unissubsistente ou plurissubsistente	Comum Formal Forma livre Comissivo Instantâneo Dano Unissubjetivo Plurissubsistente
Tentativa	Admite na modalidade plurissubsistente	Admite
Circunstâncias especiais	——	Subsidiariedade explícita Perdão judicial

CRIMES CONTRA A INCOLUMIDADE PÚBLICA

Crimes de Perigo Comum[1]

1. INCÊNDIO

1.1 Estrutura do tipo penal incriminador

Causar significa provocar, dar origem ou produzir. O objeto da conduta é incêndio. Compõe-se com *expor* (arriscar), que, em verdade, já contém o fator perigo, podendo-se dizer que "expor alguém" é colocar a pessoa em perigo. Ainda assim, complementa-se o tipo exigindo o perigo à vida, à integridade física ou ao patrimônio de outrem.

Incêndio é o fogo intenso que tem forte poder de destruição e de causação de prejuízos, com pouca possibilidade de ser apagado rapidamente.[2] A História já registrou inúmeros incêndios, ocorridos em vilas, tribos, cidades e grandes metrópoles, chegando a destruir praticamente tudo o que encontrava pela frente. Muitos desses incêndios originaram-se de modo acidental, mas houve os criminosos. Em face do número de pessoas que podem ser atingidas, o delito é grave. Lembra HELENO FRAGOSO que, na Idade Média, o incêndio foi considerado crime gravíssimo, punido em geral com a pena de morte pelo fogo e outros suplícios.[3] Cuida-se da infração penal mais antiga nas legislações penais, justamente pelo imenso perigo por ela provocado.

---

[1] Diversamente dos crimes de perigo individual, que atingem uma só pessoa ou um grupo determinado delas, previstos nos arts. 130 a 136 do Código Penal, ingressa-se, a partir deste Título VIII da Parte Especial, no contexto dos crimes de perigo comum, abrangendo um número indeterminado de pessoas. Por isso, são mais graves estes do que aqueles. De qualquer modo, o perigo pode ser concreto (dependente de prova do risco) ou abstrato (basta a prova do fato, sem necessidade de se provar o risco, presumido em lei).

[2] No mesmo prisma, ANTOLISEI, *Manuale di diritto penale* – Parte speciale, II, p. 10.

[3] *Lições de direito penal*, v. 3, p. 624.

A expressão *expondo a perigo* indica uma situação que evidencia o risco iminente de dano. O perigo, segundo nos parece, é constituído de uma hipótese e de um trecho da realidade. No caso presente, o tipo penal está exigindo a prova de uma situação de perigo, não se contentando com mera presunção, nem simplesmente com a conduta ("causar incêndio"), razão pela qual cuida-se de *perigo concreto*.

Nos crimes de perigo, partindo-se do pressuposto de que o perigo possui existência física, embora não seja tão nítida quanto a apresentada pelo dano, cremos que o crime de perigo abstrato é de atividade, ou seja, de mera conduta ou formal, conforme o caso, sem necessidade de provar um resultado naturalístico. Por outro lado, o crime de perigo concreto é de resultado (material), sendo indispensável, para sua consumação, a prova do risco iminente de dano surgido para alguém, ainda que não seja pessoa identificada.

Por isso, lembra BENTO DE FARIA que não se deve confundir o *perigo do incêndio*, ou seja, o perigo resultante dele, com o *perigo de incêndio*, vale dizer, a possibilidade de surgir um incêndio pela aplicação do fogo em algum lugar.[4]

Por outro lado, MARCUS MOTA MOREIRA LOPES argumenta que "incendiar não é sinônimo de 'incêndio' ou de 'causar incêndio', que constam do tipo penal. Incendiar, nos sentidos denotativos que nos interessam quer dizer apenas 'fazer arder ou arder, inflamar (-se), incender(-se)' e 'pôr, atear fogo a; fazer arder; queimar' (...)". A partir disso, conclui que "a conduta de incendiar é bem mais ampla do que a de causar incêndio, haja vista que só diz respeito a um ato próximo de colocar fogo, independentemente do risco. Já 'incêndio', em princípio, nos remete a uma concepção próxima ou remota de periculosidade social".[5]

Segundo nos parece, essa questão de linguagem pode levar à indagação de quando se pode considerar já deflagrado o incêndio com a consumação do delito ou quando o agente ainda está ateando fogo (ou incendiando), em atos executórios, que podem redundar em tentativa, caso interrompidos. FRAGOSO menciona que os autores alemães consideram *incêndio* a produção de fogo autônomo, que pode seguir adiante, propagando-se sozinho.[6] Com essa posição concorda HUNGRIA, alertando, inclusive, que o fogo não precisa gerar labaredas imensas, pois a combustão lenta e discreta pode ser incêndio perigoso.[7]

Em resumo, o ato de pôr fogo ou incendiar é a execução do crime de incêndio, que, para atingir a consumação, precisa espalhar-se sozinho, sem mais a ajuda da mão humana, gerando o perigo concreto.[8] Noutra visão, LUZÓN CUESTA volta os olhos à possibilidade (ou não) de se apagar o fogo de pronto. Se isso é viável, fica o agente na esfera da tentativa; do contrário, consuma-se.[9] Esse posicionamento é realístico, pois, ao se espalhar sozinho, visualizam-se a força do incêndio e a geração do perigo concreto; logo, o fogo não se apaga rapidamente.

A pena é de reclusão, de três a seis anos, e multa. A pena aumenta 1/3 nas hipóteses previstas no § 1.º do art. 250 do CP. Se o incêndio for culposo, a pena é de detenção, de seis meses a dois anos (art. 250, § 2.º, CP).

---

[4]   *Código Penal brasileiro comentado*, v. VI, p. 205.

[5]   *Curso de direito penal* – Parte especial, p. 676.

[6]   *Lições de direito penal*, v. 3, p. 627.

[7]   *Comentários ao Código Penal*, v. 9, p. 26.

[8]   GALDINO SIQUEIRA não se afasta dessa ideia, pois defende que, no sentido jurídico, há incêndio quando gera o perigo comum, que é concreto, visível e pode ser demonstrado (*Tratado de direito penal*, v. 4, p. 496).

[9]   *Compendio de derecho penal* – Parte especial, p. 298.

1.2   Sujeitos ativo e passivo

O sujeito ativo pode ser qualquer pessoa, inclusive o proprietário da coisa por ele incendiada. O sujeito passivo é a sociedade. Trata-se, pois, de crime vago. É certo que pessoas determinadas podem sofrer diretamente o perigo, embora não seja indispensável identificá-las para que o agente possa ser punido.

1.2.1   Concurso de pessoas

O delito admite coautoria e participação (moral e material). Quem ateia fogo com outra pessoa, causando o incêndio, são os coautores. Quem induz, instiga ou fornece auxílio (dando o combustível, por exemplo), a pessoa que incendeia é o partícipe (moral: induz e instiga; e material: auxilia).

No entanto, havemos de imaginar a viabilidade de alguém *aumentar* a intensidade do incêndio, fazendo-o, por exemplo, propagar-se mais rápido ou para outros lugares. Seria ele um concorrente dos que iniciaram o incêndio? Cremos que não, pois não se pode acolher a participação ou a coautoria *após* a consumação. Então, cuida-se de outro autor, vale dizer, alguém que *também* causa incêndio (em intensidade e localidade diversa). Logo, são dois crimes diversos, embora o fato pareça único.

1.3   Elemento subjetivo

É o dolo de perigo, ou seja, a vontade de gerar um risco não tolerado a terceiros. Não se exige elemento subjetivo específico.[10] A forma culposa é punida no § 2.º.

1.4   Objetos material e jurídico

O objeto material é a substância ou o objeto incendiado. O objeto jurídico é a incolumidade pública.

1.5   Classificação

Trata-se de crime comum (aquele que pode ser cometido por qualquer pessoa); formal (delito que não exige, para sua consumação, a ocorrência de resultado naturalístico, consistente na efetiva ocorrência de dano para alguém). Havendo dano, ocorre o exaurimento; de forma livre (pode ser cometido por qualquer meio eleito pelo agente); comissivo (o verbo implica ação); instantâneo (cuja consumação não se prolonga no tempo, dando-se em momento determinado); de perigo comum concreto (aquele que coloca um número indeterminado de pessoas em perigo, mas precisa ser provado); unissubjetivo (aquele que pode ser cometido por um único sujeito); unissubsistente (praticado num único ato) ou plurissubsistente (delito cuja ação é composta por vários atos, permitindo-se o seu fracionamento), conforme o caso concreto; admite tentativa, na forma plurissubsistente.

A doutrina,[11] em geral, classifica-o como instantâneo, como fizemos; porém, quando o incêndio se propaga sozinho, sem o auxílio de quem o causou, *parece* que ainda está em franca consumação; porém, são os efeitos permanentes de uma ação instantânea.

---

[10]   Em contrário, ANTOLISEI, sustentando haver o elemento específico, consistente no objetivo de danificar coisa alheia (*Manuale di diritto penale* – Parte speciale, II, p. 13). Embora essa meta possa estar presente na mente de muitos causadores de incêndio, há vários outros motivos para se provocar o fogo incontrolável. O tipo não exige especificidade, logo, parece-nos suficiente o dolo.

[11]   ROGÉRIO GRECO, *Curso de direito penal*, v. 3, p. 298; BITENCOURT, *Tratado de direito penal*, v. 4, p. 271.

1.6   Exame pericial

É necessário. Preceitua o art. 173 do Código de Processo Penal que, "no caso de incêndio, os peritos verificarão a causa e o lugar em que houver começado, o perigo que dele tiver resultado para a vida ou para o patrimônio alheio, a extensão do dano e o seu valor e as demais circunstâncias que interessarem à elucidação do fato".

1.7   Concurso de crimes

Parece-nos perfeitamente admissível a possibilidade de haver concurso entre o delito do art. 250, que protege a incolumidade pública, exigindo um incêndio (fogo de grandes proporções), colocando em risco a vida ou a integridade física de pessoas, bem como o patrimônio alheio, com o crime do art. 171, § 2.º, V (modalidade de estelionato que prevê a destruição de coisa própria para obter valor de seguro), que protege o patrimônio da seguradora. No primeiro caso, gerou-se perigo comum a inúmeras pessoas, enquanto na segunda situação há o dano ao patrimônio individualizado de uma empresa. Não são incompatíveis as duas ocorrências, nem há *bis in idem*. É certo que, se o ânimo de lucro já foi utilizado para tipificar o crime do art. 171, § 2.º, V, cremos que o incêndio deve ser punido na modalidade simples.

1.8   Causas de aumento da pena

As hipóteses estão configuradas nos dois incisos do § 1.º; sendo o incêndio doloso, aplica-se o aumento de um terço na pena.

1.8.1   Finalidade específica

Configura-se quando há intuito especial do agente na obtenção de vantagem (ganho, lucro) pecuniária (realizável em dinheiro ou conversível em dinheiro) para seu proveito ou de terceiro. É o elemento subjetivo do tipo específico, previsto no inciso I.

Há posição sustentando não ser admissível a configuração da causa de aumento quando o agente atuar mediante paga, isto é, tendo recebido dinheiro *antes* de causar o incêndio.[12] Não vemos razão, no entanto, para tal posição, uma vez que a interpretação extensiva, para buscar o real conteúdo da norma, merece ter lugar. A obtenção de vantagem pecuniária é a origem da causa de aumento, pouco importando se ela foi auferida antes ou depois da prática do delito.

O objetivo da elevação da pena é o ânimo de lucro, algo que pode ocorrer tanto no caso de paga quanto no de promessa de recompensa, pois há, por parte do agente, "intuito de obter vantagem pecuniária". Aliás, se ele receber a vantagem ou não, o crime comporta o agravamento da pena do mesmo modo, razão pela qual não se há de negar que o recebimento anterior não afasta o "intuito de lucro" que move o incendiário.

1.8.2   Razão do aumento no caso das hipóteses previstas no inciso II

Em todas as hipóteses do inciso II há possibilidade de se encontrar grande quantidade de pessoas, o que aumenta consideravelmente o risco de dano. Além disso, em determinados

---

12   Delmanto, *Código Penal comentado*, p. 468.

locais, o risco de propagação do incêndio é bem maior, como ocorre em depósitos de explosivo, combustível ou inflamável, poços de petróleo, galerias de mineração, lavouras, pastagens, matas ou florestas.

1.8.2.1 Casa habitada ou destinada a habitação

Casa é o edifício destinado a servir de moradia a alguém. Estar *habitada* significa que se encontra ocupada, servindo, efetivamente, de residência a uma ou mais pessoas. Ser *destinada a habitação* quer dizer um prédio reservado para servir de morada a alguém, embora possa estar desocupado.

A cautela do tipo penal, ao mencionar as duas formas ("habitada" e "destinada a habitação"), deve-se ao fato de a casa poder estar ocupada por alguém ou não. Assim, configura-se a causa de aumento ainda que seja uma residência de veraneio, desocupada, pois é destinada a habitação.

1.8.2.2 Edifício público ou destinado ao público

Quando o prédio for de propriedade do Estado ou tiver destinação pública, isto é, finalidade de atender a muitas pessoas (ex.: teatros, prédios comerciais em horário de expediente, estádios de futebol). Inclui-se nesta última hipótese a utilização por obra de assistência social ou cultural, porque não deixa de ser uma utilidade pública.

1.8.2.3 Embarcação, aeronave, comboio ou veículo de transporte coletivo

Embarcação é toda construção destinada a navegar sobre a água; *aeronave* é "todo aparelho manobrável em voo, que possa sustentar-se e circular no espaço aéreo, mediante reações aerodinâmicas, apto a transportar pessoas ou coisas" (art. 106 do Código Brasileiro de Aeronáutica); *comboio* significa trem; *veículo de transporte coletivo* é qualquer meio utilizado para conduzir várias pessoas de um lugar para outro (ônibus, por exemplo).

1.8.2.4 Estação ferroviária ou aeródromo

Estação ferroviária é o local onde se processam o embarque e o desembarque de passageiros ou cargas de trens; *aeródromo* é o aeroporto, isto é, área destinada a pouso e decolagem de aviões. Não abrange, obviamente, rodoviárias e portos.

1.8.2.5 Estaleiro, fábrica ou oficina

Estaleiro é o local onde se constroem ou consertam navios; *fábrica* é o estabelecimento industrial destinado à produção de bens de consumo e de produção; *oficina* é o local onde se executam consertos de modo geral.

1.8.2.6 Depósito de explosivo, combustível ou inflamável

Depósito é o lugar onde se guarda ou armazena alguma coisa. *Explosivo* é a substância capaz de estourar; *combustível* é a substância que tem a propriedade de se consumir em chamas; *inflamável* é a substância que tem a propriedade de se converter em chamas.

1.8.2.7   Poço petrolífero ou galeria de mineração

Poço petrolífero é a cavidade funda, aberta na terra, que atinge lençol de combustível líquido natural; *galeria de mineração* é a passagem subterrânea, extensa e larga, destinada à extração de minérios.

1.8.2.8   Lavoura, pastagem, mata ou floresta

Lavoura é plantação ou terreno cultivado; *pastagem* é o terreno onde há erva para o gado comer; *mata* é o terreno onde se desenvolvem árvores silvestres; *floresta* é o terreno onde há grande quantidade de árvores unidas pelas copas. Essa figura está derrogada pelo art. 41 da Lei 9.605/1998, no tocante a causar incêndio em mata ou floresta. Aplicam-se os princípios da especialidade e da sucessividade. Restam, apenas, os incêndios provocados em lavoura e pastagem.

1.9   Figura culposa

Demanda-se, no § 2.º, a comprovação de ter agido o incendiário com imprudência, negligência ou imperícia, infringindo o dever de cuidado objetivo, bem como tendo previsibilidade do resultado. A pena é sensivelmente menor (detenção, de seis meses a dois anos).

1.10   Queimada

A *queimada* é um incêndio provocado em plantações ou mato, com o objetivo de preparar o solo para nova semeadura. Quem o causa, geralmente, é o próprio dono das terras ou seus prepostos. No entanto, agindo sem as cautelas necessárias para evitar a sua expansão para outros lugares, leva à punição de quem ateou o fogo (e de quem ordenou).

1.11   Quadro-resumo

Previsão legal	**Incêndio** **Art. 250.** Causar incêndio, expondo a perigo a vida, a integridade física ou o patrimônio de outrem: Pena – reclusão, de três a seis anos, e multa. **Aumento de Pena** § 1.º As penas aumentam-se de um terço: I – se o crime é cometido com intuito de obter vantagem pecuniária em proveito próprio ou alheio; II – se o incêndio é: *a)* em casa habitada ou destinada a habitação; *b)* em edifício público ou destinado a uso público ou a obra de assistência social ou de cultura; *c)* em embarcação, aeronave, comboio ou veículo de transporte coletivo; *d)* em estação ferroviária ou aeródromo; *e)* em estaleiro, fábrica ou oficina; *f)* em depósito de explosivo, combustível ou inflamável; *g)* em poço petrolífero ou galeria de mineração; *h)* em lavoura, pastagem, mata ou floresta. **Incêndio Culposo** § 2.º Se culposo o incêndio, a pena é de detenção, de seis meses a dois anos.

Sujeito ativo	Qualquer pessoa
Sujeito passivo	Sociedade
Objeto material	Substância ou objeto incendiado
Objeto jurídico	Incolumidade pública
Elemento subjetivo	Dolo de perigo ou culpa
Classificação	Comum Formal Forma livre Comissivo Instantâneo Perigo comum concreto Unissubjetivo Unissubsistente ou plurissubsistente
Tentativa	Admite na forma dolosa plurissubsistente
Circunstâncias especiais	Causas de aumento

2. EXPLOSÃO

2.1 Estrutura do tipo penal incriminador

Expor (arriscar), em verdade, já contém o fator perigo, ínsito no seu significado, podendo-se dizer que "expor alguém" é colocar a pessoa em perigo. Ainda assim, o tipo penal explicita que a exposição é a perigo voltado à vida, à integridade física ou ao patrimônio de alguém. As formas de concretizá-lo são por meio de explosão, arremesso e colocação de engenho de dinamite ou substância análoga. É o disposto pelo art. 251 do CP.

Há formas de expor a perigo a vida: a) *explosão*: é o abalo seguido de forte ruído causado pelo surgimento repentino de uma energia física ou expansão de gás;[13] b) *arremesso de engenho de dinamite*: é o efeito de atirar para longe, com força, um aparelho ou maquinismo envolvendo explosivo à base de nitroglicerina; c) *simples colocação de engenho de dinamite*: é a aposição do engenho em algum lugar, de maneira singela, isto é, sem necessidade de preparação para detonar.

Nessa hipótese, pelo perigo que a bomba em si representa, pune-se a conduta do agente; d) qualquer das três condutas anteriormente descritas pode ser associada, por interpretação analógica, a *substância de efeitos análogos*, ou seja, qualquer outro artefato, semelhante a um engenho de dinamite, serve para configurar o tipo penal.

O perigo é concreto e precisa ser demonstrado, mesmo que haja apenas idoneidade relativa para ferir pessoas.

---

[13] Para BENTO DE FARIA é "a ruptura do recipiente contendo os vapores ou gases comprimidos, ou na brusca transformação química de substâncias com a produção de um volume de gás considerável num espaço capaz de o conter sob pressão atmosférica, quer esse espaço esteja verdadeiramente isolado, quer se encontre apenas fechado" (*Comentários ao Código Penal brasileiro*, p. 215).

Sobre os elementos do tipo, com enfoque na dinamite, NÉLSON HUNGRIA menciona ser ela "a nitroglicerina, que Nobel tornou mais praticamente utilizável mediante absorção dela por certas matérias sólidas, comumente terras ou areias silicosas. O *absorvente* pode ser *ativo*, isto é, um outro explosivo, como, por exemplo, o algodão-pólvora, aumentando-se, então, a potência destruidora. Há grande variedade de substâncias explosivas com efeitos idênticos aos da dinamite: os derivados de nitrobenzina (belite), do nitrotolueno (trotil ou tolite), do nitro-cresol (cresilite), da nitronaftalina (schneiderite), a chedite, a sedutite, a ruturite, a grisulite, a melinite, as gelatinas explosivas, os explosivos TNT, os explosivos à base de ar líquido etc.".[14]

A pena é de reclusão, de três a seis anos, e multa.

2.2   Sujeitos ativo e passivo

O sujeito ativo pode ser qualquer pessoa. O sujeito passivo é a sociedade.

2.3   Elemento subjetivo

É o dolo de perigo, ou seja, a vontade de gerar um risco não tolerado a terceiros, nem se exige elemento subjetivo específico.

2.4   Objetos material e jurídico

O objeto material é o engenho de dinamite ou a substância análoga. O objeto jurídico é a incolumidade pública.

2.5   Classificação

Trata-se de crime comum (aquele que pode ser cometido por qualquer pessoa); formal (delito que não exige, para sua consumação, a ocorrência de resultado naturalístico, consistente na efetiva existência de dano para alguém). Havendo dano, trata-se de exaurimento; de forma livre (pode ser cometido por qualquer meio eleito pelo agente); comissivo (o verbo implica ação); instantâneo (cuja consumação não se prolonga no tempo, dando-se em momento determinado); de perigo comum concreto (aquele que coloca um número indeterminado de pessoas em perigo, mas precisa ser provado); unissubjetivo (aquele que pode ser cometido por um único sujeito); unissubsistente (praticado num único ato) ou plurissubsistente (delito cuja ação é composta por vários atos, permitindo-se o seu fracionamento), conforme o caso concreto; admite tentativa, na forma plurissubsistente.

2.6   Tipo privilegiado

Quando a substância explosiva não é dinamite – considerada pelo legislador mais perigosa do que outras – ou análoga a esta (ex.: utilização de pólvora), a pena diminui nos patamares mínimo e máximo (reclusão, de um a quatro anos, e multa).

2.7   Causa de aumento

Eleva-se em um terço a pena se acontecerem as seguintes hipóteses, no caso de explosão: a) houver o intuito de obter vantagem pecuniária em proveito próprio ou alheio (art. 250, § 1.º, I); b) atingir ou tiver por fim atingir casa habitada ou destinada a habitação, edifício público

---

[14]   *Comentários ao Código Penal*, v. 9, p. 38.

ou destinado ao público ou a obra assistencial ou cultural, embarcação, aeronave, comboio, veículo de transporte coletivo, estação ferroviária, aeródromo, estaleiro, fábrica, oficina, depósito de explosivo, combustível ou inflamável, poço petrolífero, galeria de mineração, lavoura, pastagem, mata ou floresta (art. 250, § 1.º, II).

2.8 Figura culposa

Nesse caso, no § 3.º, havendo imprudência, negligência ou imperícia, com resultado previsível ao agente, pune-se a forma culposa, embora o tipo penal só tenha levado em conta a *explosão*, e não o arremesso ou colocação (se a explosão é de dinamite ou substância de efeitos análogos, a pena é de detenção, de seis meses a dois anos; nos demais casos, detenção, de três meses a um ano).

2.9 Quadro-resumo

Previsão legal	**Explosão** **Art. 251.** Expor a perigo a vida, a integridade física ou o patrimônio de outrem, mediante explosão, arremesso ou simples colocação de engenho de dinamite ou de substância de efeitos análogos: Pena – reclusão, de três a seis anos, e multa. § 1.º Se a substância utilizada não é dinamite ou explosivo de efeitos análogos: Pena – reclusão, de um a quatro anos, e multa. **Aumento de Pena** § 2.º As penas aumentam-se de um terço, se ocorre qualquer das hipóteses previstas no § 1.º, I, do artigo anterior, ou é visada ou atingida qualquer das coisas enumeradas no n.º II do mesmo parágrafo. **Modalidade Culposa** § 3.º No caso de culpa, se a explosão é de dinamite ou substância de efeitos análogos, a pena é de detenção, de seis meses a dois anos; nos demais casos, é de detenção, de três meses a um ano.
Sujeito ativo	Qualquer pessoa
Sujeito passivo	Sociedade
Objeto material	Engenho de dinamite ou substância análoga
Objeto jurídico	Incolumidade pública
Elemento subjetivo	Dolo de perigo ou culpa
Classificação	Comum Formal Forma livre Comissivo Instantâneo Perigo comum concreto Unissubjetivo Unissubsistente ou Plurissubsistente
Tentativa	Admite na forma dolosa plurissubsistente

Circunstâncias especiais	Formas privilegiadas
	Causas de aumento

3. USO DE GÁS TÓXICO OU ASFIXIANTE

3.1 Estrutura do tipo penal incriminador

Expor (arriscar), como já visto, já contém o fator perigo, ínsito no seu significado, po-dendo-se dizer que "expor alguém" é colocar a pessoa em perigo. Ainda assim, o tipo penal explicita que a exposição deve colocar em perigo a vida, a integridade física ou o patrimônio de alguém. A forma de concretizá-lo é a utilização de gás tóxico ou asfixiante. Trata-se do disposto pelo art. 252 do CP.

Gás tóxico é o fluido compressível que envenena; *gás asfixiante* é o produto químico que provoca sufocação no organismo.

Noronha explica que esse tipo penal passou a ter importância após a Primeira Grande Guerra, quando os alemães inauguraram a agressão mediante a utilização de gases asfixiantes".[15]

Eventualmente, "a provocação do gás pode ser determinada por um ato normal neces-sário, o que sucede em relação ao *gás de iluminação* (mistura de hidrocarburetos, de óxido e anidrido carbônico), ao denominado *gasogêneo* (monóxido de carbono), que foi utilizado nos automóveis e outros veículos. Nesse caso, o perigo eventual, quando decorrente da prática, sem as devidas cautelas, faz surgir a modalidade culposa. O gás lacrimogêneo é possivelmente asfixiante, com efeito direto sobre as mucosas, como também tóxico, conforme a quantidade empregada. É resultante da *acroleína*, que se obtém pela mistura de glicerina com ácido fos-fórico anidro. Não exclui esse conceito o seu emprego pela autoridade policial, o qual deve ser limitado ao efeito de paralisar a ação dos adversários, por ocasião de desordens ou motins de certa gravidade. Nem sempre, porém, procedem seus agentes com esse critério e abusam do seu emprego".[16]

Por outro lado, ensina Hungria que "o perigo, porém, tal como no tocante ao incêndio e à explosão, tem de ser averiguado ou comprovado *in concreto*, isto é, cumpre demonstrar que a vida, integridade física ou patrimônio de outrem correu efetivo risco".[17]

A pena é de reclusão, de um a quatro anos, e multa.

3.2 Sujeitos ativo e passivo

O sujeito ativo pode ser qualquer pessoa. O sujeito passivo é a sociedade.

3.3 Elemento subjetivo

É o dolo de perigo, ou seja, a vontade de gerar um risco não tolerado a terceiros, nem se exige elemento subjetivo específico.

---

[15]   *Direito penal*, v. 3, p. 443. No mesmo sentido, Hungria, *Comentários ao Código Penal*, v. 9, p. 41.

[16]   Bento de Faria, *Código Penal brasileiro comentado*, p. 218.

[17]   *Comentários ao Código Penal*, v. 9, p. 42.

3.4   Objetos material e jurídico

O objeto material é o gás tóxico ou asfixiante. O objeto jurídico é a incolumidade pública.

3.5   Classificação

Trata-se de crime comum (aquele que pode ser cometido por qualquer pessoa); formal (delito que não exige, para sua consumação, a ocorrência de resultado naturalístico, consistente na efetiva existência de dano para alguém). Havendo dano, cuida-se de exaurimento; de forma livre (pode ser cometido por qualquer meio eleito pelo agente); comissivo (o verbo implica ação) e, excepcionalmente, omissivo impróprio ou comissivo por omissão (quando o agente tem o dever jurídico de evitar o resultado, nos termos do art. 13, § 2.º, CP); instantâneo (cuja consumação não se prolonga no tempo, dando-se em momento determinado); de perigo comum concreto (aquele que coloca um número indeterminado de pessoas em perigo, mas precisa ser provado); unissubjetivo (aquele que pode ser cometido por um único sujeito); unissubsistente (praticado num único ato) ou plurissubsistente (delito cuja ação é composta por vários atos, permitindo-se o seu fracionamento), conforme o caso concreto; admite tentativa, na forma plurissubsistente.

3.6   Tipo culposo

Se, em vez de dolo, houver imprudência, negligência ou imperícia, com previsibilidade do resultado pelo agente, pune-se o agente culposamente. A pena é consideravelmente reduzida (detenção, de três meses a um ano).

3.7   Quadro-resumo

Previsão legal	**Uso de Gás Tóxico ou Asfixiante** **Art. 252.** Expor a perigo a vida, a integridade física ou o patrimônio de outrem, usando de gás tóxico ou asfixiante: Pena – reclusão, de um a quatro anos, e multa. **Modalidade Culposa** **Parágrafo único.** Se o crime é culposo: Pena – detenção, de 3 (três) meses a 1 (um) ano.
Sujeito ativo	Qualquer pessoa
Sujeito passivo	Sociedade
Objeto material	Gás tóxico ou asfixiante
Objeto jurídico	Incolumidade pública
Elemento subjetivo	Dolo de perigo ou culpa
Classificação	Comum Formal Forma livre Comissivo Instantâneo Perigo comum concreto Unissubjetivo Unissubsistente ou plurissubsistente
Tentativa	Admite na forma dolosa plurissubsistente

4. FABRICO, FORNECIMENTO, AQUISIÇÃO, POSSE OU TRANSPORTE DE EXPLOSI-VOS OU GÁS TÓXICO, OU ASFIXIANTE

4.1 Estrutura do tipo penal incriminador

Fabricar (construir ou manufaturar); *fornecer* (dar ou prover); *adquirir* (obter ou comprar); *possuir* (ter a posse de algo ou usufruir); *transportar* (levar de um lugar a outro ou conduzir). O objeto é substância ou engenho explosivo, gás tóxico ou asfixiante ou material destinado à sua fabricação. É tipo misto alternativo, isto é, a prática de uma ou mais condutas implica a realização de um único crime, desde que em idêntico contexto fático. É o teor do art. 253 do CP.

A expressão, constante do tipo, *sem licença da autoridade* é elemento da ilicitude levado para dentro do tipo. É preciso que se saibam quais as hipóteses em que existe tal licença, a fim de verificar a concretização do delito. Pode-se, pois, falar em *norma penal em branco*.

Substância ou engenho explosivo é a substância inflamável, capaz de produzir explosão (abalo seguido de forte ruído causado pelo surgimento repentino de uma energia física ou expansão de gás).

Gás tóxico é o fluido compressível que envenena; *gás asfixiante* é o produto químico que provoca sufocação no organismo.

A parte final – material destinado à sua fabricação – busca punir quem possui, sem autorização, a matéria-prima para fabricar o engenho explosivo ou o gás. Significa qualquer substância destinada à construção de alguma coisa. No caso desse tipo penal, trata-se de material voltado à fabricação de substância ou engenho explosivo, gás tóxico ou asfixiante. Não é preciso que a substância *só* possa ser utilizada para o fabrico de explosivo, mas que, em determinado contexto, seja usada para tal fim.

A pena é de detenção, de seis meses a dois anos, e multa.

4.2 Sujeitos ativo e passivo

O sujeito ativo pode ser qualquer pessoa. "Frequentemente haverá coautoria: tanto praticará o crime o industrial que produz o explosivo, sem a devida autorização, como o operário que, ciente da ilicitude, o fabrica, devendo, entretanto, quanto a este, atentar-se, conforme o caso, à não exigibilidade de outra conduta."[18]

O sujeito passivo é a sociedade.

4.3 Elemento subjetivo

É o dolo de perigo, ou seja, a vontade de gerar um risco não tolerado a terceiros. Não existe a forma culposa, nem se exige elemento subjetivo específico.

4.4 Objetos material e jurídico

O objeto material é a substância ou engenho explosivo, gás tóxico ou asfixiante ou material destinado à sua fabricação. O objeto jurídico é a incolumidade pública.

---

[18] NORONHA, *Direito penal*, v. 3, p. 446.

4.5   Classificação

Trata-se de crime comum (aquele que pode ser cometido por qualquer pessoa); formal (delito que não exige, para sua consumação, a ocorrência de resultado naturalístico, consistente na efetiva existência de um risco iminente de dano para alguém); de forma livre (pode ser cometido por qualquer meio eleito pelo agente); comissivo (os verbos implicam ações); instantâneo (cuja consumação não se prolonga no tempo, dando-se em momento determinado) nas formas "fabricar", "fornecer" e "adquirir", mas permanente (cuja consumação se prolonga no tempo) nas modalidades "possuir" e "transportar"; de perigo comum abstrato (aquele que coloca um número indeterminado de pessoas em perigo, sendo presumido pelo legislador); unissubjetivo (delito que pode ser cometido por um único sujeito); unissubsistente (praticado num único ato) ou plurissubsistente (delito cuja ação é composta por vários atos, permitindo-se o seu fracionamento), conforme o caso concreto.

Não admite tentativa, pois já é uma exceção, em que se punem os atos preparatórios do crime de explosão e do uso de gás tóxico ou asfixiante.

4.6   Quadro-resumo

Previsão legal	**Fabrico, Fornecimento, Aquisição, Posse ou Transporte de Explosivos ou Gás Tóxico, ou Asfixiante** **Art. 253.** Fabricar, fornecer, adquirir, possuir ou transportar, sem licença da autoridade, substância ou engenho explosivo, gás tóxico ou asfixiante, ou material destinado à sua fabricação: Pena – detenção, de seis meses a dois anos, e multa.
Sujeito ativo	Qualquer pessoa
Sujeito passivo	Sociedade
Objeto material	Substância ou engenho explosivo, gás tóxico ou asfixiante ou material destinado à sua fabricação
Objeto jurídico	Incolumidade pública
Elemento subjetivo	Dolo de perigo
Classificação	Comum Formal Forma livre Comissivo Instantâneo (nas formas "fabricar" "fornecer", "adquirir") ou permanente ("possuir" e "transportar") Perigo comum abstrato Unissubjetivo Unissubsistente ou Plurissubsistente
Tentativa	Não admite
Circunstâncias especiais	Preparação Norma penal em branco

5.   INUNDAÇÃO

5.1   Estrutura do tipo penal incriminador

Causar significa provocar, dar origem ou produzir. O objeto da conduta é inundação. Compõe-se com *expor* (arriscar), que, em verdade, já contém o fator perigo, podendo-se dizer que "expor alguém" é colocar a pessoa em perigo. Ainda assim, complementa-se o tipo exigindo o perigo à vida, à integridade física ou ao patrimônio de outrem. Trata-se do art. 254 do CP.

Inundação é um alagamento ou uma enchente. Interessante anotar a observação de HUNGRIA: "Entende-se por *inundação* o alagamento de um local de notável extensão, não destinado a receber águas (...), sendo necessário que não esteja mais no poder do agente dominar a força natural das águas, cujo desencadeamento provocou, criando uma situação de perigo comum".[19] Ou ainda "é o alagamento provocado pela saída das águas de seus limites naturais ou artificiais, em volume e extensão tais que ocasionem perigo comum".[20] Segue, ainda, a definição de ANTOLISEI: "é o alagamento em virtude da invasão de água no lugar não destinado, no momento do fato, a recebê-la e em extensão suficiente a constituir um perigo para a incolumidade pública".[21]

A pena é de reclusão, de três a seis anos, e multa, no caso de dolo; detenção, de seis meses a dois anos, no caso de culpa.

5.2   Sujeitos ativo e passivo

O sujeito ativo pode ser qualquer pessoa. O sujeito passivo é a sociedade.

5.3   Elemento subjetivo

É o dolo de perigo, ou seja, a vontade de gerar um risco não tolerado a terceiros. Não se exige elemento subjetivo específico. Pune-se a culpa, com pena substancialmente menor.

HELENO FRAGOSO levanta uma questão interessante, baseada na existência tanto do crime de inundação quanto no de perigo de inundação, demonstrando que "a tentativa do crime de inundação pode corresponder materialmente ao crime de perigo de inundação consumado (por exemplo, na forma de destruição de diques ou barragens). A diferença entre um e outro caso reside no elemento subjetivo, pois no perigo de inundação o agente não quer o alagamento, nem assume o risco de produzi-lo. Sendo o dolo genérico, é irrelevante o fim do agente. O propósito de salvar a sua propriedade ou bens (a menos que se configure o estado de necessidade) não descriminará a ação".[22]

5.4   Objetos material e jurídico

O objeto material é a água liberada em grande quantidade. O objeto jurídico é a incolumidade pública.

---

[19] *Comentários ao Código Penal*, v. 9, p. 48-49.
[20] FRAGOSO, *Lições de direito penal*, v. 3, p. 644.
[21] *Manuale de diritto penale* – Parte speciale, II, p. 15.
[22] *Lições de direito penal*, v. 3, p. 645.

5.5   Classificação

Trata-se de crime comum (aquele que pode ser cometido por qualquer pessoa); formal (delito que não exige, para sua consumação, a ocorrência de resultado naturalístico, consistente na efetiva existência de dano para alguém). Havendo dano, ocorre o exaurimento; de forma livre (pode ser cometido por qualquer meio eleito pelo agente); comissivo (o verbo implica ação) e, excepcionalmente, omissivo impróprio ou comissivo por omissão (quando o agente tem o dever jurídico de evitar o resultado, nos termos do art. 13, § 2.º, CP); instantâneo (cuja consumação não se prolonga no tempo, dando-se em momento determinado); de perigo comum concreto (aquele que coloca um número indeterminado de pessoas em perigo, mas precisa ser provado); unissubjetivo (aquele que pode ser cometido por um único sujeito); plurissubsistente (delito cuja ação é composta por vários atos, permitindo-se o seu fracionamento); admite tentativa, na forma plurissubsistente e desde que não seja na modalidade culposa.

5.6   Quadro-resumo

Previsão legal	**Inundação** **Art. 254.** Causar inundação, expondo a perigo a vida, a integridade física ou o patrimônio de outrem: Pena – reclusão, de três a seis anos, e multa, no caso de dolo, ou detenção, de seis meses a dois anos, no caso de culpa.
Sujeito ativo	Qualquer pessoa
Sujeito passivo	Sociedade
Objeto material	Água liberada em grande quantidade
Objeto jurídico	Incolumidade pública
Elemento subjetivo	Dolo de perigo ou culpa
Classificação	Comum Formal Forma livre Comissivo Instantâneo Perigo comum concreto Unissubjetivo Plurissubsistente
Tentativa	Admite na forma dolosa plurissubsistente

6.   PERIGO DE INUNDAÇÃO

6.1   Estrutura do tipo penal incriminador

Remover (mudar de um lugar para outro ou afastar), *destruir* (arruinar ou fazer desaparecer) ou *inutilizar* (tornar inútil ou invalidar) são condutas que se compõem com o verbo *expor*, que, como já dissemos, significa arriscar.

Em verdade, já contém o fator perigo, podendo-se dizer que "expor alguém" é colocar a pessoa em perigo. Ainda assim, complementa-se o tipo exigindo o perigo à vida, à integridade física ou ao patrimônio de outrem. Trata-se de tipo misto alternativo, ou seja, o cometimento de uma ou mais condutas provoca a punição por um único crime, desde que no mesmo contexto fático. É o conteúdo do art. 255 do CP.

Os objetos das condutas são o prédio próprio ou alheio, obstáculo natural ou obra destinada a impedir inundação.

Prédio é o edifício ou casa (construção de alvenaria ou madeira, ocupando certo espaço de terreno e limitada por teto e paredes, destinando-se a servir de moradia ou comércio).

Obstáculo natural é barreira ou impedimento produzido pela natureza, como morros ou rochedos.

Obra destinada a impedir inundação é a construção sólida realizada pelo ser humano com a finalidade de servir de barragem à força das águas, como os diques.

"Esse perigo deve existir, imediata ou mediatamente, podendo, entretanto, não coincidir com a prática que o determinar."[23]

A pena é de reclusão, de um a três anos, e multa.

6.2 Sujeitos ativo e passivo

O sujeito ativo pode ser qualquer pessoa, inclusive o proprietário do local. O sujeito passivo é a sociedade.

6.3 Elemento subjetivo

É o dolo de perigo, ou seja, a vontade de gerar um risco não tolerado a terceiros. Não existe a forma culposa, nem se exige elemento subjetivo específico. Consultar o item 5.3 *supra*.

6.4 Objetos material e jurídico

O objeto material é o obstáculo natural ou a obra destinada a impedir inundação. O objeto jurídico é a incolumidade pública.

6.5 Classificação

Trata-se de crime comum (aquele que pode ser cometido por qualquer pessoa); formal (delito que não exige, para sua consumação, a ocorrência de resultado naturalístico, consistente na efetiva existência de dano para alguém). Havendo dano, ocorre o exaurimento; de forma livre (pode ser cometido por qualquer meio eleito pelo agente); comissivo (os verbos implicam ações); instantâneo (cuja consumação não se prolonga no tempo, dando-se em momento determinado); de perigo comum concreto (aquele que coloca um número indeterminado de pessoas em perigo, mas precisa ser provado); unissubjetivo (aquele que pode ser cometido por um único sujeito); unissubsistente (praticado num único ato) ou plurissubsistente (delito cuja ação é composta por vários atos, permitindo-se o seu fracionamento), conforme o caso concreto; não admite tentativa, pois é fase preparatória do crime de inundação, excepcionalmente tipificada.

6.6 Quadro-resumo

Previsão legal	**Perigo de Inundação** **Art. 255.** Remover, destruir ou inutilizar, em prédio próprio ou alheio, expondo a perigo a vida, a integridade física ou o patrimônio de outrem, obstáculo natural ou obra destinada a impedir inundação: Pena – reclusão, de um a três anos, e multa.
Sujeito ativo	Qualquer pessoa
Sujeito passivo	Sociedade

---

[23] BENTO DE FARIA, *Código Penal brasileiro comentado*, v. VI, p. 226.

Objeto material	Obstáculo natural ou obra destinada a impedir inundação
Objeto jurídico	Incolumidade pública
Elemento subjetivo	Dolo de perigo
Classificação	Comum Formal Forma livre Comissivo Instantâneo Perigo comum concreto Unissubjetivo Unissubsistente ou plurissubsistente
Tentativa	Não admite
Circunstâncias especiais	Preparação

7. DESABAMENTO OU DESMORONAMENTO

7.1 Estrutura do tipo penal incriminador

Causar significa provocar, dar origem ou produzir. O objeto da conduta é desabamento ou desmoronamento. Compõe-se com *expor* (arriscar), que, em verdade, já contém o fator perigo, podendo-se dizer que "expor alguém" é colocar a pessoa em perigo. Ainda assim, complementa-se o tipo exigindo o perigo à vida, à integridade física ou ao patrimônio de outrem. É o tipo penal do art. 256 do CP.

Desabar significa ruir ou cair (refere-se a construções de modo geral); *desmoronar* quer dizer vir abaixo ou soltar-se (refere-se a morros, pedreiras ou semelhantes).

Como lembra HUNGRIA, "não basta para a consumação do crime criar-se o perigo de desabamento ou desmoronamento: é preciso que tal resultado ocorra efetivamente ameaçando *in concreto* pessoas ou coisas, isto é, criando perigo comum".[24] E FRAGOSO lembra a gravidade e a extensão deste crime, cujo perigo concreto pode alcançar inúmeras pessoas.[25]

Infelizmente, no Brasil, já houve vários casos de desabamentos de prédios inteiros, causando centenas de mortes e perigo para outras centenas de passantes. Entretanto, caem pontes, ciclovias (o último evento derrubou uma delas à beira-mar, no Rio de Janeiro, pela força das ondas do mar), viadutos, casas (nesses casos tristes, várias delas são construídas em encostas inapropriadas, em que a chuva de maior proporção é capaz de provocar o deslizamento de terra, com centenas de soterrados). Enfim, casos concretos não faltam para ilustrar esse delito. Por isso, consideramos baixa a pena prevista.

A pena é de reclusão, de um a quatro anos, e multa.

7.2 Sujeitos ativo e passivo

O sujeito ativo pode ser qualquer pessoa. O sujeito passivo é a sociedade. Pode ser, ainda, a pessoa diretamente prejudicada pelo desabamento ou desmoronamento.

---

24 *Comentários ao Código Penal*, v. 9, p. 51.
25 *Lições de direito penal*, v. 3, p. 647.

7.3   Elemento subjetivo

É o dolo de perigo, ou seja, a vontade de gerar um risco não tolerado a terceiros. Não se exige elemento subjetivo específico. A forma culposa está prevista no parágrafo único.

7.3.1   Concurso de crimes pela alteração do elemento subjetivo

Bem lembra ROGÉRIO GRECO que, "se a finalidade do agente era, por meio do desabamento ou desmoronamento, causar a morte de alguém, e se com esse comportamento tiver também exposto a perigo a vida, a integridade física ou o patrimônio de outrem, deverá ser responsabilizado por homicídio qualificado (tentado ou consumado) em concurso formal com o delito previsto no art. 256 do Código Penal. Caso não tenha havido perigo para a incolumidade pública, o dano causado pelo desabamento, que foi utilizado como meio para a prática do homicídio, será absorvido por este".[26] Quanto à parte final, não tendo havido perigo concreto para terceiros, o fato é atípico; quanto ao dano mencionado seria uma referência ao delito de dano, que ficaria absorvido pelo crime mais grave, o homicídio.

7.4   Objetos material e jurídico

O objeto material é a construção, morro, pedreira ou semelhante. O objeto jurídico é a incolumidade pública.

7.5   Classificação

Trata-se de crime comum (aquele que pode ser cometido por qualquer pessoa); formal (delito que não exige, para sua consumação, a ocorrência de resultado naturalístico, consistente na efetiva existência de dano para alguém). Havendo dano, trata-se de exaurimento; de forma livre (pode ser cometido por qualquer meio eleito pelo agente); comissivo (o verbo implica ação); instantâneo (cuja consumação não se prolonga no tempo, dando-se em momento determinado); de perigo comum concreto (aquele que coloca um número indeterminado de pessoas em perigo, mas precisa ser provado); unissubjetivo (aquele que pode ser cometido por um único sujeito); unissubsistente (praticado num único ato) ou plurissubsistente (delito cuja ação é composta por vários atos, permitindo-se o seu fracionamento), conforme o caso concreto; admite tentativa, na forma plurissubsistente.

7.6   Figura culposa

Pune-se o agente que agir com imprudência, negligência ou imperícia, tendo possibilidade de prever o resultado, que é o desabamento ou desmoronamento. A pena é de detenção, de seis meses a um ano.

7.7   Quadro-resumo

Previsão legal	**Desabamento ou Desmoronamento** **Art. 256.** Causar desabamento ou desmoronamento, expondo a perigo a vida, a integridade física ou o patrimônio de outrem: Pena – reclusão, de um a quatro anos, e multa. **Modalidade Culposa** **Parágrafo único.** Se o crime é culposo: Pena – detenção, de seis meses a um ano.

---

[26]   *Curso de direito penal*, v. 3, p. 345.

Sujeito ativo	Qualquer pessoa
Sujeito passivo	Sociedade
Objeto material	Construção, morro, pedreira ou semelhante
Objeto jurídico	Incolumidade pública
Elemento subjetivo	Dolo de perigo ou culpa
Classificação	Comum Formal Forma livre Comissivo Instantâneo Perigo comum concreto Unissubjetivo Unissubsistente ou plurissubsistente
Tentativa	Admite na forma dolosa plurissubsistente
Circunstâncias especiais	——

8.   SUBTRAÇÃO, OCULTAÇÃO OU INUTILIZAÇÃO DE MATERIAL DE SALVAMENTO

8.1   Estrutura do tipo penal incriminador

Subtrair (tirar ou apoderar-se), *ocultar* (esconder ou encobrir) e *inutilizar* (tornar inútil ou danificar) são as condutas que têm por objeto aparelho, material ou outro meio destinado ao serviço de combate ao perigo, de socorro ou salvamento. *Impedir* (colocar obstáculo ou embaraçar) e *dificultar* (tornar mais custoso) conjugam-se com serviço de tal natureza. É tipo misto alternativo, querendo significar que a prática de uma ou mais condutas consome-se num único crime, desde que no mesmo contexto fático.

O delito só tem lugar se praticado durante a ocorrência de incêndio, inundação, naufrágio ou outro desastre ou calamidade.

É indispensável que o instrumento seja *especificamente* voltado ao combate a perigo, à prestação de socorro ou ao salvamento ou *manifestamente* adequado ao serviço de debelação do perigo ou de salvamento, como bombas de incêndio, alarmes, extintores, salva-vidas, escadas de emergência, medicamentos etc. Acompanhamos, nesse prisma, a posição de HUNGRIA.[27] Em contrário, FRAGOSO defende que a expressão "destinado" tanto se refere a materiais, meios e instrumentos voltados ao socorro ou salvamento quanto aos que são úteis, em face das circunstâncias acarretadas pelo aumento.[28]

A pena é de reclusão, de dois a cinco anos, e multa.

8.2   Sujeitos ativo e passivo

O sujeito ativo pode ser qualquer pessoa. O sujeito passivo é a sociedade.

---

[27]   *Comentários ao Código Penal*, v. 9, p. 54.

[28]   *Lições de direito penal*, v. 3, p. 651.

8.3   Elemento subjetivo

É o dolo de perigo, ou seja, a vontade de gerar um risco não tolerado a terceiros. Não existe a forma culposa, nem se exige elemento subjetivo específico.

8.4   Objetos material e jurídico

O objeto material é o aparelho, material ou qualquer meio destinado a serviço de combate ao perigo, de socorro ou salvamento. O objeto jurídico é a incolumidade pública.

8.5   Classificação

Trata-se de crime comum (aquele que pode ser cometido por qualquer pessoa); formal (delito que não exige, para sua consumação, a ocorrência de resultado naturalístico, consistente na efetiva existência de um risco iminente de dano para alguém). Havendo dano, cuida-se de exaurimento; de forma livre (pode ser cometido por qualquer meio eleito pelo agente); comissivo (os verbos implicam ações); instantâneo (cuja consumação não se prolonga no tempo, dando-se em momento determinado), nas formas "subtrair", "inutilizar", "impedir" e "dificultar", mas permanente (cuja consumação se prolonga no tempo) na modalidade "ocultar"; de perigo comum abstrato (aquele que coloca um número indeterminado de pessoas em perigo, não precisando ser provado); unissubjetivo (aquele que pode ser cometido por um único sujeito); plurissubsistente (delito cuja ação é composta por vários atos, permitindo-se o seu fracionamento); admite tentativa, na forma plurissubsistente.

8.6   Quadro-resumo

	Subtração, Ocultação ou Inutilização de Material de Salvamento
Previsão legal	**Art. 257.** Subtrair, ocultar ou inutilizar, por ocasião de incêndio, inundação, naufrágio, ou outro desastre ou calamidade, aparelho, material ou qualquer meio destinado a serviço de combate ao perigo, de socorro ou salvamento; ou impedir ou dificultar serviço de tal natureza: Pena – reclusão, de dois a cinco anos, e multa.
Sujeito ativo	Qualquer pessoa
Sujeito passivo	Sociedade
Objeto material	Aparelho, material ou qualquer meio destinado a serviço de combate ao perigo, de socorro ou salvamento
Objeto jurídico	Incolumidade pública
Elemento subjetivo	Dolo de perigo
Classificação	Comum Formal Forma livre Comissivo Instantâneo ou permanente Perigo comum abstrato Unissubjetivo Unissubsistente ou plurissubsistente
Tentativa	Admite na forma plurissubsistente

9. FORMAS QUALIFICADAS DE CRIME DE PERIGO COMUM

Dispõe o art. 258 do Código Penal que, "se do crime doloso de perigo comum resulta lesão corporal de natureza grave, a pena privativa de liberdade é aumentada de metade; se resulta morte, é aplicada em dobro. No caso de culpa, se do fato resulta lesão corporal, a pena aumenta-se de metade; se resulta morte, aplica-se a pena cominada ao homicídio culposo, aumentada de um terço".

Trata-se de uma modalidade de crime qualificado pelo resultado, denominada preter-doloso, havendo dolo de perigo, na conduta antecedente, que somente se compatibiliza com a culpa, na conduta consequente. Portanto, havendo inicialmente dolo de perigo, apenas se aceita, quanto ao resultado qualificador, culpa. No tocante à conduta antecedente culposa, é natural que o resultado mais grave possa ser, também, imputado ao agente a título de culpa, pois inexiste incompatibilidade.

9.1 Quadro-resumo

	Formas Qualificadas de Crime de Perigo Comum
Previsão legal	**Art. 258.** Se do crime doloso de perigo comum resulta lesão corporal de natureza grave, a pena privativa de liberdade é aumentada de metade; se resulta morte, é aplicada em dobro. No caso de culpa, se do fato resulta lesão corporal, a pena aumenta-se de metade; se resulta morte, aplica-se a pena cominada ao homicídio culposo, aumentada de um terço.
Sujeito ativo	Crime qualificado pelo resultado

10. DIFUSÃO DE DOENÇA OU PRAGA

10.1 Confronto com o art. 61 da Lei 9.605/1998

Preceitua o art. 61: "Disseminar doença ou praga ou espécies que possam causar dano à agricultura, à pecuária, à fauna, à flora ou aos ecossistemas: Pena – reclusão, de um a quatro anos, e multa". Sobre o tema, ao comentarmos o mencionado artigo em nossa obra *Leis penais e proces-suais penais comentadas* – vol. 2, escrevemos o seguinte: "Prevalece o art. 61 da Lei 9.605/98 não somente por ser lei especial, mas também por ser a mais recente. Revogado está, implicitamente, o art. 259, que, aliás, é menos abrangente que o art. 61. Há, na verdade, uma alteração importante. Afastado o art. 259, deixa de subsistir a forma culposa nele prevista, mas não repetida no art. 61 desta Lei. Logo, se a disseminação se der por imprudência do agente, por exemplo, é fato atípico".

10.2 Quadro-resumo

	Difusão de Doença ou Praga
Previsão legal	**Art. 259.** Difundir doença ou praga que possa causar dano a floresta, plantação ou animais de utilidade econômica: Pena – reclusão, de dois a cinco anos, e multa. **Modalidade Culposa** **Parágrafo único.** No caso de culpa, a pena é de detenção, de um a seis meses, ou multa.
Observação	Implicitamente revogado. Confronto com o art. 61 da Lei 9.605/1998.

RESUMO DO CAPÍTULO

	Incêndio Art. 250	Explosão Art. 251	Uso de gás tóxico ou asfixiante Art. 252	Fabrico, fornecimento, aquisição, posse ou transporte de explosivos ou gás tóxico ou asfixiante Art. 253	Inundação Art. 254	Perigo de inundação Art. 255	Desabamento ou desmoronamento Art. 256	Subtração, ocultação ou inutilização de material de salvamento Art. 257
Sujeito ativo	Qualquer pessoa	Qualquer pessoa	Qualquer pessoa	Qualquer pessoa	Qualquer pessoa	Qualquer pessoa	Qualquer pessoa	Qualquer pessoa
Sujeito passivo	Sociedade	Sociedade	Sociedade	Sociedade	Sociedade	Sociedade	Sociedade	Sociedade
Objeto material	Substância ou objeto incendiado	Engenho de dinamite ou substância análoga	Gás tóxico ou asfixiante	Substância ou engenho explosivo, gás tóxico ou asfixiante ou material destinado à sua fabricação	Água liberada em grande quantidade	Obstáculo natural ou obra destinada a impedir inundação	Construção, morro, pedreira ou semelhante	Aparelho, material ou qualquer meio destinado a serviço de combate ao perigo, de socorro ou salvamento
Objeto jurídico	Incolumidade pública	Incolumidade pública	Incolumidade pública	Incolumidade pública	Incolumidade pública	Incolumidade pública	Incolumidade pública	Incolumidade pública
Elemento subjetivo	Dolo de perigo ou culpa	Dolo de perigo ou culpa	Dolo de perigo ou culpa	Dolo de perigo	Dolo de perigo ou culpa	Dolo de perigo	Dolo de perigo ou culpa	Dolo de perigo
Classificação	Comum Formal Forma livre Comissivo Instantâneo Perigo comum concreto Unissubjetivo Unissubsistente ou plurissubsistente	Comum Formal Forma livre Comissivo Instantâneo Perigo comum concreto Unissubjetivo Unissubsistente ou plurissubsistente	Comum Formal Forma livre Comissivo Instantâneo Perigo comum concreto Unissubjetivo Unissubsistente ou plurissubsistente	Comum Formal Forma livre Comissivo Instantâneo (nas formas "fabricar" "fornecer", "adquirir") ou permanente ("possuir" e "transportar") Perigo comum abstrato Unissubjetivo Unissubsistente ou plurissubsistente	Comum Formal Forma livre Comissivo Instantâneo Perigo comum concreto Unissubjetivo Plurissubsistente	Comum Formal Forma livre Comissivo Instantâneo Perigo comum concreto Unissubjetivo Unissubsistente ou plurissubsistente	Comum Formal Forma livre Comissivo Instantâneo Perigo comum concreto Unissubjetivo Unissubsistente ou plurissubsistente	Comum Formal Forma livre Comissivo Instantâneo ou permanente Perigo comum abstrato Unissubjetivo Unissubsistente ou plurissubsistente

	Incêndio Art. 250	Explosão Art. 251	Uso de gás tóxico ou asfixiante Art. 252	Fabrico, fornecimento, aquisição, posse ou transporte de explosivos ou gás tóxico ou asfixiante Art. 253	Inundação Art. 254	Perigo de inundação Art. 255	Desabamento ou desmoronamento Art. 256	Subtração, ocultação ou inutilização de material de salvamento Art. 257
Tentativa	Admite na forma dolosa plurissubsistente	Admite na forma dolosa plurissubsistente	Admite na forma dolosa plurissubsistente	Não admite	Admite na forma dolosa plurissubsistente	Não admite	Admite na forma dolosa plurissubsistente	Admite na forma plurissubsistente
Circunstâncias especiais	Causas de aumento	Formas privilegiadas Causas de aumento	——	Preparação Norma penal em branco	——	Preparação	——	——

Crimes contra a Segurança dos Meios de Comunicação e Transporte e Outros Serviços Públicos

1. PERIGO DE DESASTRE FERROVIÁRIO

1.1 Estrutura do tipo penal incriminador

Impedir significa impossibilitar a execução ou obstar; *perturbar* quer dizer causar embaraço ou dificuldade. O objeto das condutas é o serviço de estrada de ferro, compondo-se com as ações descritas nos incisos. É tipo misto alternativo, isto é, a prática de uma ou mais condutas implica o cometimento de um único delito, desde que no mesmo contexto fático. É o teor do art. 260 do CP.

No § 3.º, há uma norma penal explicativa, evidenciando o que se entende por estrada de ferro. O serviço de estrada de ferro é o desempenho de trabalho ou a prestação de auxílio referente a qualquer "via de comunicação em que circulem veículos de tração mecânica, em trilhos ou por meio de cabo aéreo".

Afirma FRAGOSO que "este crime está ligado ao aparecimento das ferrovias que somente se operou no século passado. A primeira importante aplicação da locomotiva a vapor foi feita na Inglaterra, em 1825, num percurso de 25 milhas. Este meio de transporte desenvolveu-se largamente, adquirindo extraordinária significação econômica, no transporte de pessoas e coisas, e logo se cogitou de legislação especial para reprimir o atentado à segurança do tráfego, exposto por sua própria natureza a uma série de riscos".[1]

O tipo penal do art. 260 do Código Penal é de forma vinculada, pois os incisos I a IV evidenciam *como* o perigo de desastre ferroviário pode configurar-se.

No inciso I, as condutas são: *destruir* (arruinar ou fazer desaparecer); *danificar* (causar dano ou deteriorar); *desarranjar* (alterar a boa ordem ou embaraçar), tendo por objeto linha

---

[1] *Lições de direito penal*, v. 3, p. 656-657.

férrea, material rodante ou de tração, obra de arte ou instalação. Pode se dar *total ou parcialmente*: significa que a destruição, danificação ou desarranjo pode ser completo ou incompleto, dando margem, de qualquer forma, à configuração do crime. O objeto dessas condutas é a *linha férrea* (via permanente fixa consubstanciada em trilhos, destinada à passagem de material rodante). É bem verdade que *linha férrea* pode ser considerada genericamente, também, o serviço de estrada de ferro, mas, na hipótese desse inciso, é mais adequado o conceito restrito, porque o tipo menciona, separadamente, os demais componentes da linha, que são o material rodante ou de tração, as obras e as instalações.

Pode também ser alvo das condutas supradescritas qualquer *material rodante*, que são os veículos ferroviários, compreendendo os de tração, como as locomotivas, e os rebocados, como os carros de passageiros e vagões de carga; o *material de tração*, que é elemento já contido no termo anterior ("material rodante"). É o veículo ferroviário que serve de tração para os demais. Na composição ferroviária, trata-se da locomotiva ou automotriz.

E, também, são objetos a *obra de arte* (estruturas que se repetem ao longo de uma estrada ou linha férrea, tais como pontes, viadutos, túneis, muros de arrimo e outros) ou *instalação* (conjunto de aparelhos ou de peças que possui certa utilidade. No caso desse inciso, são os sinais da linha férrea, cabos, cancelas, entre outros).

No inciso II, *colocar* significa situar ou pôr em algum lugar. O objeto é obstáculo na linha do trem. Tem-se por obstáculo a barreira ou impedimento, que pode ser de qualquer espécie.

No inciso III, *transmitir* quer dizer enviar ou mandar de um lugar ao outro; *interromper* significa provocar a suspensão da continuidade de alguma coisa; *embaraçar* quer dizer causar impedimento ou perturbar. Os objetos podem ser, respectivamente, falso aviso sobre movimentação de veículos ou telégrafo, telefone ou radiotelegrafia. O *falso aviso* significa a notícia que não correspondente à realidade. O telégrafo é o sistema de transmissão de mensagens entre pontos diversos, mediante o envio de sinais. Telefone é o aparelho que serve para transmitir a palavra falada a certa distância. A radiotelegrafia é a telegrafia sem fio, por ondas eletromagnéticas.

No inciso IV, menciona-se *outro ato de que possa resultar desastre*, em clara forma de interpretação analógica, isto é, o tipo penal fornece exemplos de condutas que causam perigo ao serviço de transportes, capazes de gerar desastre, para, depois, generalizar, mediante o emprego de um processo de semelhança, para "outro ato" que possa causar acidente ou grande prejuízo. Imagine-se, pois, a conduta de quem embaraça a transmissão de uma mensagem solicitando socorro.

A pena é de reclusão, de dois a cinco anos, e multa.

1.2   Sujeitos ativo e passivo

O sujeito ativo pode ser qualquer pessoa, inclusive empregados da ferrovia. Bento de Faria insere como sujeito ativo aquele que pretende suicidar-se e deita-se na linha do trem;[2] está provocando um perigo de desastre ferroviário, precisamente com base no art. 260, II. Naturalmente, sobrevivendo àquela tentativa de suicídio, será processado pelo crime de perigo, embora não seja punido pela tentativa de se matar, por falta de previsão legal.

O sujeito passivo é a sociedade.

---

[2]   *Código Penal brasileiro comentado*, v. VI, p. 240.

1.3 Elemento subjetivo

É o dolo de perigo, ou seja, a vontade de gerar um risco não tolerado a terceiros. Não se exige elemento subjetivo específico, nem se pune a forma culposa, se não houver o resultado qualificador (conforme dispõe o § 2.º).

1.4 Objetos material e jurídico

O objeto material é linha férrea, material rodante ou de tração, obra de arte ou instalação, telégrafo, telefone ou radiotelegrafia. O objeto jurídico é a incolumidade pública, voltada, especificamente, para a segurança dos meios de comunicação, transportes e outros serviços públicos.

1.5 Classificação

Trata-se de crime comum (aquele que pode ser cometido por qualquer pessoa); formal (crime que não exige, para sua consumação, resultado naturalístico, consistente em gerar efetivo dano para alguém). Havendo dano, trata-se de exaurimento. É a figura qualificada pelo resultado; de forma vinculada (só pode ser cometido pelos meios eleitos pelo tipo penal); comissivo (os verbos implicam ações); instantâneo (cuja consumação não se prolonga no tempo, dando-se em momento determinado); de perigo comum concreto (aquele que coloca um número indeterminado de pessoas em perigo, que necessita ser provado); unissubjetivo (delito que pode ser cometido por um único sujeito); plurissubsistente (delito cuja ação é composta por vários atos, permitindo-se o seu fracionamento); admite tentativa.

1.6 Concurso com furto

Ao retirar peças da linha férrea, com o intuito de lucro, o agente comete furto, mas, concomitantemente, atenta contra a segurança dos meios de transporte. Mesmo que não haja dolo direto, configura-se o dolo eventual, pois assume o risco de perigo de desastre ferroviário. Aplica-se o concurso formal.

1.7 Crime qualificado pelo resultado do § 1.º

Sendo as primeiras condutas determinadas pelo dolo de perigo, somente admite-se, na sequência, a modalidade culposa. Portanto, se houver o desastre (acidente, com grave prejuízo e de larga extensão), há de ser causado por imprudência, negligência ou imperícia, havendo previsibilidade do resultado. Se a conduta principal (ex.: perturbar serviço de estrada de ferro) causar a morte de uma pessoa apenas – que não pode ser considerada um *desastre* –, a melhor hipótese de tipificação é de homicídio culposo.

Nesse caso, a pena é de reclusão, de quatro a doze anos, e multa.

1.8 Crime qualificado pelo resultado, com culpa, do § 2.º

Nesse caso, as primeiras condutas são causadas por culpa (imprudência, negligência ou imperícia), sendo natural exigir que a sequência também seja determinada pelo mesmo elemento subjetivo, ou seja, culpa. Observe-se, no entanto, que a modalidade culposa está restrita ao advento do efeito "desastre", isto é, as figuras descritas no art. 260, *caput* e parágrafos, somente são puníveis por culpa se houver o evento qualificador.

A pena é de detenção, de seis meses a dois anos.

1.9   Quadro-resumo

Previsão legal	**Perigo de Desastre Ferroviário** **Art. 260.** Impedir ou perturbar serviço de estrada de ferro: I – destruindo, danificando ou desarranjando, total ou parcialmente, linha férrea, material rodante ou de tração, obra de arte ou instalação; II – colocando obstáculo na linha; III – transmitindo falso aviso acerca do movimento dos veículos ou interrompendo ou embaraçando o funcionamento de telégrafo, telefone ou radiotelegrafia; IV – praticando outro ato de que possa resultar desastre: Pena – reclusão, de dois a cinco anos, e multa. **Desastre Ferroviário** § 1.º Se do fato resulta desastre: Pena – reclusão, de quatro a doze anos, e multa. § 2.º No caso de culpa, ocorrendo desastre: Pena – detenção, de seis meses a dois anos. § 3.º Para os efeitos deste artigo, entende-se por estrada de ferro qualquer via de comunicação em que circulem veículos de tração mecânica, em trilhos ou por meio de cabo aéreo.
Sujeito ativo	Qualquer pessoa
Sujeito passivo	Sociedade
Objeto material	Linha férrea, material rodante ou de tração, obra de arte ou instalação, telégrafo, telefone ou radiotelegrafia
Objeto jurídico	Incolumidade pública, voltada para a segurança dos meios de comunicação, transportes e outros serviços públicos
Elemento subjetivo	Dolo de perigo ou culpa
Classificação	Comum Formal Forma vinculada Comissivo Instantâneo Perigo comum concreto Unissubjetivo Plurissubsistente
Tentativa	Admite
Circunstâncias especiais	Tipo analógico Qualificado pelo resultado Norma explicativa

2.   ATENTADO CONTRA A SEGURANÇA DE TRANSPORTE MARÍTIMO, FLUVIAL OU AÉREO

2.1   Estrutura do tipo penal incriminador

Expor (arriscar) é conduta que já contém o fator perigo (causação de risco iminente de dano), podendo-se dizer que "expor alguém" é colocar a pessoa em perigo. O objeto é embarcação ou aeronave. A segunda conduta é *praticar*, que significa realizar ou concretizar, tendo por objeto ato tendente a impedir (obstar) ou dificultar (tornar mais custosa) navegação marítima, fluvial ou aérea. Assim preceitua o art. 261 do CP.

Trata-se de tipo misto alternativo, ou seja, a realização de uma ou mais condutas implica a concretização de um único crime, desde que no mesmo contexto fático. Cuida-se de norma penal em branco, sendo indispensável buscar o complemento em regulamentos específicos para a navegação de embarcações e aeronaves.

Embarcação é a construção destinada a navegar sobre a água. *Aeronave* é "todo aparelho manobrável em voo, que possa sustentar-se e circular no espaço aéreo, mediante reações aerodinâmicas, apto a transportar pessoas ou coisas" (art. 106 do Código Brasileiro de Aeronáutica).

Entende-se por *navegação marítima, fluvial e aérea* o percurso realizado em embarcação por mar (marítima), por rio (fluvial) ou, em aeronave, por ar, normalmente conduzindo algo ou alguém de um ponto a outro. Não envolve a navegação lacustre, porque o art. 262 abrange-a.

A pena para quem comete o crime previsto no *caput* do art. 261 do CP é de reclusão, de dois a cinco anos. Já o § 1.º do mesmo artigo prevê pena de reclusão, de quatro a doze anos. Se o agente pratica o crime com intuito de obter vantagem econômica, para si ou para outrem, aplica-se, também, multa (§ 2.º). Por fim, o § 3.º traz hipótese em que a pena é de detenção, de seis meses a dois anos.

2.1.1 Itens prejudiciais à navegação aérea

Como ilustração, pode-se citar a Portaria 2526/SPO/AR, de 29 de outubro de 2014, publicada no *Diário Oficial da União* de 30 de outubro de 2014, seção 1, página 4, disciplinando a utilização de dispositivos eletrônicos portáteis a bordo de voos.

O objetivo é proteger a aeronave e seus instrumentos de navegação das interferências eletromagnéticas. Nessa portaria, encontra-se, basicamente, quatro categorias: a) aeronave tolerante a PED (dispositivo eletrônico portátil): é a "aeronave que foi testada ou avaliada especificamente quanto à imunidade a interferência de PEDs, conforme normas aplicáveis e reconhecidas para este tipo de avaliação"; b) modo avião: "estado em que o T-PED permanece desabilitado a transmitir intencionalmente sinais de radiofrequência, como chamadas telefônicas, comunicação de dados, *Wi-Fi, Bluetooth* etc."; c) PEDs emissores não intencionais: "dispositivos eletrônicos que não possuem circuitos e antenas transmissoras de radiofrequência, porém são fontes de emissões espúrias inerentes ao funcionamento de seus circuitos internos. Ex.: MP3 *player*, jogos eletrônicos, *laptops* etc. Aparelhos que permitem que suas funções de transmissão sejam desabilitadas, como telefones celulares em modo avião, *laptops* e *tablets* com comunicações *Wi-Fi* e *bluetooth* desabilitadas, também podem ser tratados como PEDs emissores não intencionais, desde que as instruções de cabine orientem os passageiros a desabilitar o modo de transmissão"; d) PEDs emissores intencionais (T-PEDs): "dispositivos que possuem antenas transmissoras de radiofrequência e irradiam intencionalmente em faixas determinadas de frequência. Ex.: telefone celular, *Wi-Fi, bluetooth* etc.".

São liberados em todas as fases do voo: máquinas fotográficas, *flashes*, câmeras filmadoras, gravadores de som, aparelhos de marca-passo, relógios eletrônicos, aparelhos auditivos, aparelhos de barbear, equipamentos médico-eletrônicos indispensáveis. Ilustrando, são aparelhos que podem ser permitidos – ou não – de acordo com a cabine de voo: telefones celulares, controles remotos, toca-discos CD, *scanners* de computador, radiotransmissores, jogos eletrônicos, entre outros.

2.2   Sujeitos ativo e passivo

O sujeito ativo pode ser qualquer pessoa. O sujeito passivo é a sociedade.

2.3   Elemento subjetivo

É o dolo de perigo, ou seja, a vontade de gerar um risco não tolerado a terceiros. Não se exige elemento subjetivo específico, nem se pune a forma culposa, salvo se houver sinistro (§ 3.°).

2.4   Objetos material e jurídico

O objeto material é a embarcação ou aeronave. O objeto jurídico é a incolumidade pública, voltada, especificamente, para a segurança dos meios de comunicação, transportes e outros serviços públicos.

2.5   Classificação

Trata-se de crime comum (aquele que pode ser cometido por qualquer pessoa); formal (crime que não exige, para sua consumação, resultado naturalístico, consistente em ocorrer efetivo dano a alguém). Se houver dano, é o exaurimento. Ver figura qualificada pelo resultado descrita nos itens 2.6 e 2.8; de forma livre (pode ser cometido por qualquer meio eleito pelo agente); comissivo (os verbos implicam ações); instantâneo (cuja consumação não se prolonga no tempo, dando-se em momento determinado); de perigo comum concreto (aquele que coloca um número indeterminado de pessoas em perigo, que precisa ser provado); unissubjetivo (delito que pode ser cometido por um único sujeito); plurissubsistente (delito cuja ação é composta por vários atos, permitindo-se o seu fracionamento); admite tentativa.

2.6   Crime qualificado pelo resultado do § 1.°

O dolo de perigo serve para preencher as condutas previstas no tipo penal, sendo natural exigir, para o resultado mais grave (naufrágio, submersão, encalhe, queda ou destruição), apenas a existência de culpa. Afinal, o dolo de perigo é totalmente incompatível com o sequencial dolo de dano. Quando o delito se realiza, unicamente, na forma de dolo no antecedente e culpa no consequente, a doutrina costuma classificá-lo como preterdoloso.

Naufrágio é a perda da embarcação que vai a pique;[3] *submersão* é o afundamento da embarcação (em tese, pode não haver perda); *encalhe* é ficar em lugar seco.

Queda é a descida sobre a terra; *destruição* é a ruína, desaparecimento ou extinção de algo.

2.7   Figura qualificada do § 2.°

Aumenta-se a pena, em abstrato, acrescentando-se a multa, quando a finalidade do agente é a obtenção de vantagem (ganho ou lucro) econômica (resultante em dinheiro ou que possa ser representada, de algum modo, pecuniariamente).

---

[3]   Ressalva Bento de Faria que, segundo o direito marítimo, não é necessário que a embarcação desapareça totalmente sob as águas, bastando a perda quase total que inviabilize a sua navegação ou o transporte ao qual se destina (*Código Penal brasileiro*, v. VI, p. 242).

2.8 Crime qualificado pelo resultado do § 3.º

Trata-se de outra figura anômala, quando se pune a forma culposa da conduta descrita no *caput* somente quando houver resultado qualificador (ocorrência do sinistro). Assim, a mera exposição a perigo, sem haver sinistro, quando efetivada por imprudência, negligência ou imperícia, é atípica.

Sinistro significa desastre, dano ou grande prejuízo.

2.9 Quadro-resumo

Previsão legal	**Atentado contra a Segurança de Transporte Marítimo, Fluvial ou Aéreo** **Art. 261.** Expor a perigo embarcação ou aeronave, própria ou alheia, ou praticar qualquer ato tendente a impedir ou dificultar navegação marítima, fluvial ou aérea: Pena – reclusão, de 2 (dois) a 5 (cinco) anos. **Sinistro em Transporte Marítimo, Fluvial ou Aéreo** § 1.º Se do fato resulta naufrágio, submersão ou encalhe de embarcação ou a queda ou destruição de aeronave: Pena – reclusão, de quatro a doze anos. **Prática do Crime com o Fim de Lucro** § 2.º Aplica-se, também, a pena de multa, se o agente pratica o crime com intuito de obter vantagem econômica, para si ou para outrem. **Modalidade Culposa** § 3.º No caso de culpa, se ocorre o sinistro: Pena – detenção, de seis meses a dois anos.
Sujeito ativo	Qualquer pessoa
Sujeito passivo	Sociedade
Objeto material	Embarcação ou aeronave
Objeto jurídico	Incolumidade pública, voltada para a segurança dos meios de comunicação, transportes e outros serviços públicos
Elemento subjetivo	Dolo de perigo ou culpa
Classificação	Comum Formal Forma livre Comissivo Instantâneo Perigo comum concreto Unissubjetivo Plurissubsistente
Tentativa	Admite
Circunstâncias especiais	Qualificado pelo resultado Multa

3.   ATENTADO CONTRA A SEGURANÇA DE OUTRO MEIO DE TRANSPORTE

3.1   Estrutura do tipo penal incriminador

Expor (arriscar) é conduta que já contém o fator perigo (causação de risco iminente de dano), podendo-se dizer que "expor alguém" é colocar a pessoa em perigo. O objeto é qualquer outro meio de transporte não previsto nas hipóteses anteriormente descritas. Há, ainda, as seguintes condutas: *impedir* (obstar ou interromper) e *dificultar* (tornar mais custoso). Trata-se de tipo misto alternativo, vale dizer, a realização de uma ou mais condutas implica o cometimento de um único crime, desde que no mesmo contexto fático. É o disposto pelo art. 262 do CP.

Outro meio de transporte público, valendo-se de interpretação analógica, significa a inserção de qualquer *outro* meio de transporte, desde que seja público. Assim, podem-se incluir nesse caso o ônibus, os automóveis de aluguel e a navegação lacustre.

A pena é de detenção, de um a dois anos.

3.2   Sujeitos ativo e passivo

O sujeito ativo pode ser qualquer pessoa. O sujeito passivo é a sociedade.

3.3   Elemento subjetivo

É o dolo de perigo, ou seja, a vontade de gerar um risco não tolerado a terceiros. Não se exige elemento subjetivo específico e somente se pune a forma culposa quando houver desastre (§ 2.º).

3.4   Objetos material e jurídico

O objeto material é qualquer meio de transporte público não abrangido nos artigos antecedentes. O objeto jurídico é a incolumidade pública, voltada, especificamente, para a segurança dos meios de comunicação, transporte e outros serviços públicos.

3.5   Classificação

Trata-se de crime comum (aquele que pode ser cometido por qualquer pessoa); formal (crime que não exige, para sua consumação, resultado naturalístico, consistente em haver efetivo dano para alguém). Havendo dano, ocorre o exaurimento; de forma livre (pode ser cometido por qualquer meio eleito pelo agente); comissivo (os verbos implicam ações); instantâneo (cuja consumação não se prolonga no tempo, dando-se em momento determinado); de perigo comum concreto (aquele que coloca um número indeterminado de pessoas em perigo, que precisa ser provado); unissubjetivo (aquele que pode ser cometido por um único sujeito); plurissubsistente (delito cuja ação é composta por vários atos, permitindo-se o seu fracionamento); admite tentativa.

3.6   Crime qualificado pelo resultado do § 1.º

O dolo de perigo, exigível na conduta descrita no *caput*, somente se compatibiliza com a conduta culposa na conduta sequencial. Por isso, havendo desastre (acidente de vasta proporção, com grande prejuízo), exige-se, quanto a este, imprudência, negligência ou imperícia, com previsibilidade do resultado. A pena é de reclusão, de dois a cinco anos.

3.7 Crime qualificado pelo resultado do § 2.º

Trata-se de forma anômala, punindo-se a conduta prevista no *caput* a título de culpa *somente* se houver resultado qualificador, consistente em desastre (igualmente culposo). A pena é de detenção, de três meses a um ano.

3.8 Quadro-resumo

Previsão legal	**Atentado contra a Segurança de Outro Meio de Transporte** **Art. 262.** Expor a perigo outro meio de transporte público, impedir-lhe ou dificultar-lhe o funcionamento: Pena – detenção, de um a dois anos. § 1.º Se do fato resulta desastre, a pena é de reclusão, de dois a cinco anos. § 2.º No caso de culpa, se ocorre desastre: Pena – detenção, de três meses a um ano.
Sujeito ativo	Qualquer pessoa
Sujeito passivo	Sociedade
Objeto material	Qualquer meio de transporte público não abrangido nos artigos antecedentes
Objeto jurídico	Incolumidade pública, voltada para a segurança dos meios de comunicação, transportes e outros serviços públicos
Elemento subjetivo	Dolo de perigo ou culpa
Classificação	Comum Formal Forma livre Comissivo Instantâneo Perigo comum concreto Unissubjetivo Plurissubsistente
Tentativa	Admite
Circunstâncias especiais	Qualificado pelo resultado

4. FORMA QUALIFICADA REMETIDA

Dispõe o art. 263 que, "se de qualquer dos crimes previstos nos arts. 260 a 262, no caso de desastre ou sinistro, resulta lesão corporal ou morte, aplica-se o disposto no art. 258".

O art. 263 faz remissão ao art. 258, significando que, havendo desastre ou sinistro, nos crimes descritos nos arts. 260, 261 e 262, resultando morte ou lesão grave, a pena terá outro acréscimo.

4.1 Quadro-resumo

Previsão legal	**Forma Qualificada** **Art. 263.** Se de qualquer dos crimes previstos nos arts. 260 a 262, no caso de desastre ou sinistro, resulta lesão corporal ou morte, aplica-se o disposto no art. 258.
Observações	Remissão ao art. 258

5. ARREMESSO DE PROJÉTIL

5.1   Estrutura do tipo penal incriminador

Arremessar significa atirar com força para longe. O objeto é projétil, voltado a veículo em movimento, cujo fim é o transporte público por terra, água ou ar. Trata-se do art. 264 do CP.

Projétil é qualquer objeto sólido que serve para ser arremessado, inclusive por arma de fogo ou instrumento similar, como armas de *airsoft* ou *paintball*.

Veículo destinado a transporte público é qualquer meio dotado de mecanismo, habitualmente utilizado para conduzir pessoas ou cargas de um lugar para outro, de uso comum.

Exigência da movimentação consta do tipo penal e refere-se, expressamente, à necessidade de estar o veículo em deslocamento. Parece-nos, no entanto, que tal expressão não pode ter seu significado restringido, pois o veículo parado num congestionamento está em movimentação, levando pessoas de um local a outro, embora, momentaneamente, não esteja em marcha. Assim, somente não se configura o tipo penal do art. 264 quando o veículo estiver estacionado. Por isso, Vicente Sabino Jr. faz questão de complementar a ideia de estar o veículo em movimento, demonstrando que ele precisa estar recolhido, sem uso no momento ou em reparo. A simples parada para recolher passageiros é considerada situação de movimento.[4]

É preciso lembrar que há certo *trato político* dessa situação, pois pode-se constatar, em situações estressantes – graves, movimentos sindicais, protestos, manifestações –, que muitos atiram projéteis em veículos de transporte e a polícia *finge* que não vê, pois a ordem parte de cima. Imagine-se uma negociação para finalizar uma greve de ônibus, enquanto alguns poucos atiram pedras dos veículos. Se forem presos, haverá radicalização do movimento e a negociação pode falhar. Vale destacar tal fato, pois até mesmo ônibus são incendiados e mal se tem notícia de quem o fez e se foi punido. Na verdade, fora desses momentos de caos social, é muito difícil a concretização desse delito, como situação isolada.

A pena é de detenção, de um a seis meses.

5.2   Sujeitos ativo e passivo

O sujeito ativo pode ser qualquer pessoa. O sujeito passivo é a sociedade.

5.3   Elemento subjetivo

É o dolo de perigo, ou seja, a vontade de gerar um risco não tolerado a terceiros. Não há elemento subjetivo específico, nem se pune a forma culposa.

5.4   Objetos material e jurídico

O objeto material é o projétil. O objeto jurídico é a incolumidade pública, voltada, especificamente, para a segurança dos meios de comunicação, transporte e outros serviços públicos.

5.5   Classificação

Trata-se de crime comum (aquele que pode ser cometido por qualquer pessoa); formal (crime que não exige, para sua consumação, resultado naturalístico, consistente em gerar efetivo dano para alguém). Havendo dano, é o exaurimento; de forma livre (pode ser cometido

---

4   *Direito penal*, v. 4, p. 1107-1108.

por qualquer meio eleito pelo agente); comissivo (o verbo implica ação); instantâneo (cuja consumação não se prolonga no tempo, dando-se em momento determinado); de perigo comum abstrato (aquele que coloca um número indeterminado de pessoas em perigo, que é presumido pela lei); unissubjetivo (aquele que pode ser cometido por um único sujeito); unissubsistente (praticado num único ato) ou plurissubsistente (delito cuja ação é composta por vários atos, permitindo-se o seu fracionamento), conforme o caso concreto; admite tentativa na forma plurissubsistente.

Há posições em sentido contrário, sustentando ser inadmissível o fracionamento da conduta nuclear, consistente em arremessar.[5] Cremos poder haver, entretanto, em certos casos, possibilidade para a ocorrência da tentativa. Imagine-se o sujeito, seguro pelo braço pela ação de terceiro, no exato momento em que lança uma pedra contra um ônibus. O projétil pode desviar-se, pelo tranco, caindo ao solo, sem ter sido efetivamente *lançado*.

Trata-se de um início de execução, pois ato idôneo e unívoco para atingir o resultado. Admitindo-a também: Paulo José da Costa Júnior.[6] Além disso, em exemplo convincente, André Estefam admite a hipótese de haver tentativa, "porque o *iter criminis* pode ser fracionado. Pode alguém, por exemplo, preparar o arremesso do projétil no sentido do veículo de transporte público aéreo, marítimo, fluvial, lacustre ou terrestre, mas ver frustrado seu intento pela falha ocasional no engenho utilizado para o lançamento do objeto sólido".[7]

Em nossa visão, é até uma temeridade negar a possibilidade de haver tentativa, pois vários atentados podem ser cometidos contra veículos de transporte público e, caso falhem pela interferência de elementos estranhos à vontade do agente, ficariam impunes.

5.6 Crime qualificado pelo resultado do parágrafo único

Havendo lesão corporal ou morte, em virtude do lançamento de projétil contra o veículo público em movimento, aplica-se pena mais grave por conta do resultado qualificador. Tendo em vista que o dolo de perigo, exigível na conduta antecedente ("arremessar"), é incompatível com o dolo de dano, somente é cabível culpa na conduta subsequente. A pena é de detenção, de seis meses a dois anos, se houver lesão corporal; é de detenção, de um a três anos, aumentada de um terço, se houver morte.

5.7 Quadro-resumo

Previsão legal	**Arremesso de Projétil**
	Art. 264. Arremessar projétil contra veículo, em movimento, destinado ao transporte público por terra, por água ou pelo ar:
	Pena – detenção, de um a seis meses.
	Parágrafo único. Se do fato resulta lesão corporal, a pena é de detenção, de seis meses a dois anos; se resulta morte, a pena é a do artigo 121, § 3.º, aumentada de um terço.
Sujeito ativo	Qualquer pessoa

---

[5] Delmanto (*Código Penal comentado*, p. 483); Vicente Sabino Jr. (*Direito penal*, v. 4, p. 1108); Fragoso (*Lições de direito penal*, v. 4, p. 671); Hungria (*Comentários ao Código Penal*, v. 9, p. 86); Marcus Mota Moreira Lopes (Curso de direito penal – Parte especial, p. 813).

[6] *Direito penal* – Curso completo, p. 582.

[7] *Direito penal*, v. 3, p. 412. No mesmo sentido, Cleber Masson, *Direito penal*, v. 3, p. 290.

Sujeito passivo	Sociedade
Objeto material	Projétil
Objeto jurídico	Incolumidade pública, voltada para a segurança dos meios de comunicação, transportes e outros serviços públicos
Elemento subjetivo	Dolo de perigo
Classificação	Comum Formal Forma livre Comissivo Instantâneo Perigo comum abstrato Unissubjetivo Unissubsistente ou plurissubsistente
Tentativa	Admite na forma plurissubsistente
Circunstâncias especiais	Qualificado pelo resultado com remissão

6. ATENTADO CONTRA A SEGURANÇA DE SERVIÇO DE UTILIDADE PÚBLICA

6.1 Estrutura do tipo penal incriminador

Atentar significa perpetrar atentado ou colocar em risco, por meio de atos executórios, alguma coisa ou alguém. O objeto é a segurança ou o funcionamento de serviço de água, luz, força ou calor ou outro de utilidade pública. É o foco do art. 265 do CP.

Segurança é condição daquilo em que se pode confiar; *funcionamento* é a movimentação de algo com regularidade. Objetiva-se a proteção dos serviços de água, luz, força, calor ou outro de utilidade pública.

O serviço de água, luz, força, calor ou outro de utilidade pública presta o poder público à sociedade, mantendo-os em rigoroso controle, para evitar qualquer dano ("segurança") e cortes indesejáveis no abastecimento ("funcionamento"). Dessa forma, qualquer tentativa de colocar em risco a segurança ou o funcionamento encaixa-se nesse tipo penal. Nota-se, por fim, que, uma vez mais, valeu-se o legislador da interpretação analógica, ou seja, forneceu exemplos de serviços de utilidade pública (luz, água, força, calor) para generalizar pela expressão "outro de utilidade pública", como ocorre com o gás. Nesse tipo não se encaixa a telefonia, que encontra amparo no próximo artigo. Como bem lembra HUNGRIA, "o dispositivo faz casuística, para rematar com uma cláusula genérica. São expressamente mencionados os serviços de *água, luz, força e calor* (aquecimento, calefação), mas vários outros podem ser exemplificados: serviço de *assistência hospitalar, serviço de gás, serviço de limpeza pública* etc.".[8]

A pena é de reclusão, de um a cinco anos, e multa. Se o dano ocorrer em virtude de subtração de material essencial ao funcionamento dos serviços, a pena será aumentada de 1/3 até a metade (art. 265, parágrafo único, CP).

---

[8]   *Comentários ao Código Penal*, v. 9, p. 88.

6.2 Sujeitos ativo e passivo

O sujeito ativo pode ser qualquer pessoa. O sujeito passivo é a sociedade.

6.3 Elemento subjetivo

É o dolo de perigo, ou seja, a vontade de gerar um risco não tolerado a terceiros. Inexiste elemento subjetivo específico, não se punindo a forma culposa.

6.4 Objetos material e jurídico

O objeto material é o serviço de água, luz, força, calor ou outro de utilidade pública. O objeto jurídico é a incolumidade pública, especialmente voltada para a segurança dos meios de comunicação e transporte, bem como outros serviços públicos.

6.5 Classificação

Trata-se de crime comum (aquele que pode ser cometido por qualquer pessoa); formal (crime que não exige, para sua consumação, resultado naturalístico, consistente em efetivo dano para alguém). Ocorrendo dano, trata-se do exaurimento; de forma livre (pode ser cometido por qualquer meio eleito pelo agente); comissivo (o verbo implica ação); instantâneo (cuja consumação não se prolonga no tempo, dando-se em momento determinado); de perigo comum abstrato (aquele que coloca um número indeterminado de pessoas em perigo, que é presumido pela lei); unissubjetivo (aquele que pode ser cometido por um único sujeito); plurissubsistente (delito cuja ação é composta por vários atos, permitindo-se o seu fracionamento). Não admite tentativa por ser crime de atentado, vale dizer, a lei já pune como crime consumado o mero início da execução. Seria, em nosso entender, ilógico sustentar a hipótese de "tentativa de tentar".[9]

Há posição em sentido contrário, admitindo a tentativa; alguns reconhecendo ser de difícil configuração.[10]

6.6 Crime qualificado pelo resultado

Trata-se de uma figura híbrida, inserindo a possibilidade de maior punição, por meio de uma causa de aumento de pena, mas exigindo um resultado danoso qualificador, constituído pelo dano resultante da subtração de material essencial ao funcionamento dos serviços. Assim, se houver a referida subtração, porém não ocorrer o dano, inexistirá a elevação da pena. O mesmo acontecerá se houver o dano, mas não em virtude da subtração. O resultado mais grave deve advir em virtude de culpa, já que a conduta antecedente deve ser inspirada pelo dolo de perigo.

---

[9]   No mesmo sentido: VICENTE SABINO JR., *Direito penal*, v. 4, p. 1109.

[10]   DELMANTO, *Código Penal comentado*, p. 484; PAULO JOSÉ DA COSTA JÚNIOR, *Direito penal – Curso completo*, p. 583; ROGÉRIO GRECO, *Curso de direito penal*, v. 3, p. 395; CLEBER MASSON, *Direito penal*, v. 3, p. 294.

6.7   Quadro-resumo

Previsão legal	**Atentado contra a Segurança de Serviço de Utilidade Pública** **Art. 265.** Atentar contra a segurança ou o funcionamento de serviço de água, luz, força ou calor, ou qualquer outro de utilidade pública: Pena – reclusão, de 1 (um) a 5 (cinco) anos, e multa. **Parágrafo único.** Aumentar-se-á a pena de 1/3 (um terço) até a metade, se o dano ocorrer em virtude de subtração de material essencial ao funcionamento dos serviços.
Sujeito ativo	Qualquer pessoa
Sujeito passivo	Sociedade
Objeto material	Serviço de água, luz, força, calor ou outro de utilidade pública
Objeto jurídico	Incolumidade pública, voltada para a segurança dos meios de comunicação, transportes e outros serviços públicos
Elemento subjetivo	Dolo de perigo
Classificação	Comum Formal Forma livre Comissivo Instantâneo Perigo comum abstrato Unissubjetivo Plurissubsistente
Tentativa	Não admite
Circunstâncias especiais	Qualificadora

7.   INTERRUPÇÃO OU PERTURBAÇÃO DE SERVIÇO TELEGRÁFICO, TELEFÔNICO, INFORMÁTICO, TELEMÁTICO OU DE INFORMAÇÃO DE UTILIDADE PÚBLICA

7.1   Estrutura do tipo penal incriminador

Interromper significa fazer cessar ou romper a continuidade; *perturbar* quer dizer causar embaraço ou atrapalhar; *impedir* tem o significado de impossibilitar a execução ou obstruir; *dificultar* significa tornar mais custoso ou colocar obstáculo. O objeto é o serviço telegráfico, radiotelegráfico ou telefônico. Trata-se de tipo misto alternativo, quanto às condutas "interromper" ou "perturbar", podendo o agente realizar uma ou as duas, implicando um único crime. É, também, cumulativo, pois a segunda forma de agir é diversa – "impedir ou dificultar o restabelecimento" –, embora, caso o agente cometa as duas (interrompe e impede o restabelecimento), a última delas deva ser considerada "fato posterior não punível", pois mero desdobramento da primeira. É o disposto no art. 266 do Código Penal.

O serviço telegráfico, radiotelegráfico ou telefônico é o desempenho de atividades ligadas aos sistemas de transmissão de mensagens entre pontos diversos, mediante o envio de sinais (telegrafia), de telegrafia sem fio, por ondas eletromagnéticas (radiotelegrafia) e de transmissão da palavra falada a certa distância (telefonia).

A pena para quem comete o crime previsto no art. 266 do CP é de detenção, de um a três anos, e multa. Incorre na mesma pena quem interrompe serviço telemático ou de informação de utilidade pública, ou impede ou dificulta-lhe o restabelecimento (§ 1.º). Se o crime é cometido em ocasião de calamidade pública, aplicam-se as penas em dobro (§ 2.º).

7.2 Sujeitos ativo e passivo

O sujeito ativo pode ser qualquer pessoa. O sujeito passivo é a sociedade.

7.3 Elemento subjetivo

É o dolo de perigo, ou seja, a vontade de gerar um risco não tolerado a terceiros. Não há elemento subjetivo específico, nem se pune a forma culposa.

7.4 Objetos material e jurídico

O objeto material é o serviço de telegrafia, radiotelegrafia e telefonia. O objeto jurídico é a incolumidade pública, voltada para a segurança dos meios de comunicação, transporte e outros serviços públicos.

7.5 Classificação

Trata-se de crime comum (aquele que pode ser cometido por qualquer pessoa); formal (crime que não exige, para sua consumação, resultado naturalístico, consistente em efetivamente causar dano a alguém). Havendo dano, é o exaurimento; de forma livre (pode ser cometido por qualquer meio eleito pelo agente); comissivo (os verbos implicam ações); instantâneo (cuja consumação não se prolonga no tempo, dando-se em momento determinado); de perigo comum abstrato (aquele que coloca um número indeterminado de pessoas em perigo, que é presumido pela lei); unissubjetivo (aquele que pode ser cometido por um único sujeito); plurissubsistente (delito cuja ação é composta por vários atos, permitindo-se o seu fracionamento); admite tentativa.

7.6 Figura similar do § 1.º

Interromper significa fazer cessar ou romper a continuidade. A conduta se volta a *serviço telemático* (transmissão de informes por meio de computador combinado com outros meios de telecomunicação; por exemplo: *modem*, banda larga, cabo etc.) ou *serviço de informação de utilidade pública* (hipótese genérica, sem especificação apropriada, ferindo a taxatividade, visto poder se dar em qualquer linha de transmissão). Outra peculiaridade é a menção a serviço *informático*, no título do crime, sem a sua inserção no tipo penal, logo, inaplicável. Entretanto, o termo *telemática* já é suficiente para o cenário ora proposto. As figuras alternativas, tal como ocorre no *caput*, são: *impedir* (impossibilitar a execução de algo) e *dificultar* (tornar algo mais custoso, colocando obstáculo).

Voltam-se ao restabelecimento do serviço interrompido. Logo, responde pelo crime tanto quem interrompe o serviço como quem impede ou dificulta o seu restabelecimento. Se for o mesmo agente para todas as condutas, responde por um só crime, pois trata-se de tipo misto alternativo.

7.6.1 Sujeitos ativo e passivo

O sujeito ativo pode ser qualquer pessoa. O sujeito passivo é a sociedade.

7.6.2   Elemento subjetivo

É o dolo de perigo (gerar risco intolerável a terceiros). Não há elemento subjetivo específico, nem se pune a forma culposa.

7.6.3   Objetos material e jurídico

O objeto material é o serviço telemático ou de informação de utilidade pública. O objeto jurídico é a incolumidade pública, voltada à segurança dos meios de comunicação.

7.6.4   Classificação

Trata-se de crime comum (pode ser cometido por qualquer pessoa); formal (delito que não exige resultado naturalístico, consistente na efetiva lesão a alguém, embora possa ocorrer); de forma livre (pode ser cometido por qualquer meio eleito pelo agente); comissivo (as condutas implicam ações); instantâneo (o resultado se dá de maneira determinada na linha do tempo); de perigo comum abstrato (gera risco a um número indeterminado de pessoas, cujo perigo é presumido por lei); unissubjetivo (pode ser cometido por uma só pessoa); plurissubsistente (cometido por vários atos); admite tentativa.

7.6.5   Figura qualificada do § 2.º

Dobra-se a pena do agente quando a interrupção ou perturbação dos serviços telegráficos ou telefônicos ocorre durante estado de calamidade pública (desgraça que atinge várias pessoas), tendo em vista a maior reprovabilidade da conduta, uma vez que, nessas situações, os serviços mencionados são essenciais.

7.7   Quadro-resumo

Previsão legal	**Interrupção ou Perturbação de Serviço Telegráfico, Telefônico, Informático, Telemático ou de Informação de Utilidade Pública** **Art. 266.** Interromper ou perturbar serviço telegráfico, radiotelegráfico ou telefônico, impedir ou dificultar-lhe o restabelecimento: Pena – detenção, de um a três anos, e multa. § 1.º Incorre na mesma pena quem interrompe serviço telemático ou de informação de utilidade pública, ou impede ou dificulta-lhe o restabelecimento. § 2.º Aplicam-se as penas em dobro se o crime é cometido por ocasião de calamidade pública.
Sujeito ativo	Qualquer pessoa
Sujeito passivo	Sociedade
Objeto material	Serviço de telegrafia, radiotelegrafia e telefonia, bem como serviço telemático ou de informações de utilidade pública
Objeto jurídico	Incolumidade pública, voltada à segurança dos meios de comunicação, transportes e outros serviços públicos
Elemento subjetivo	Dolo de perigo

Classificação	Comum Formal Forma livre Comissivo Instantâneo Perigo comum abstrato Unissubjetivo Plurissubsistente
Tentativa	Admite
Circunstâncias especiais	Serviço telemático

RESUMO DO CAPÍTULO

	Perigo de desastre ferroviário Art. 260	Atentado contra a segurança de transporte marítimo, fluvial ou aéreo Art. 261	Atentado contra a segurança de outro meio de transporte Art. 262	Arremesso de projétil Art. 264	Atentado contra a segurança de serviço de utilidade pública Art. 265	Interrupção ou perturbação de serviço telegráfico, telefônico, informático, telemático ou de informação de utilidade pública Art. 266
Sujeito ativo	Qualquer pessoa	Qualquer pessoa	Qualquer pessoa	Qualquer pessoa	Qualquer pessoa	Qualquer pessoa
Sujeito passivo	Sociedade	Sociedade	Sociedade	Sociedade	Sociedade	Sociedade
Objeto material	Linha férrea, material rodante ou de tração, obra de arte ou instalação, telégrafo, telefone ou radiotelegrafia	Embarcação ou aeronave	Qualquer meio de transporte público não abrangido nos artigos antecedentes	Projétil	Serviço de água, luz, força, calor ou outro de utilidade pública	Serviço de telegrafia, radiotelegrafia e telefonia, bem como serviço telemático ou de informações de utilidade pública
Objeto jurídico	Incolumidade pública, voltada para a segurança dos meios de comunicação, transportes e outros serviços públicos	Incolumidade pública, voltada para a segurança dos meios de comunicação, transportes e outros serviços públicos	Incolumidade pública, voltada para a segurança dos meios de comunicação, transportes e outros serviços públicos	Incolumidade pública, voltada para a segurança dos meios de comunicação, transportes e outros serviços públicos	Incolumidade pública, voltada para a segurança dos meios de comunicação, transportes e outros serviços públicos	Incolumidade pública, voltada à segurança dos meios de comunicação, transportes e outros serviços públicos
Elemento subjetivo	Dolo de perigo ou culpa	Dolo de perigo ou culpa	Dolo de perigo ou culpa	Dolo de perigo	Dolo de perigo	Dolo de perigo

	Perigo de desastre ferroviário Art. 260	Atentado contra a segurança de transporte marítimo, fluvial ou aéreo Art. 261	Atentado contra a segurança de outro meio de transporte Art. 262	Arremesso de projétil Art. 264	Atentado contra a segurança de serviço de utilidade pública Art. 265	Interrupção ou perturbação de serviço telegráfico, telefônico, informático, telemático ou de informação de utilidade pública Art. 266
Classificação	Comum Formal Forma vinculada Comissivo Instantâneo Perigo comum concreto Unissubjetivo Plurissubsistente	Comum Formal Forma livre Comissivo Instantâneo Perigo comum concreto Unissubjetivo Plurissubsistente	Comum Formal Forma livre Comissivo Instantâneo Perigo comum concreto Unissubjetivo Plurissubsistente	Comum Formal Forma livre Comissivo Instantâneo Perigo comum abstrato Unissubjetivo Unissubsistente ou plurissubsistente	Comum Formal Forma livre Comissivo Instantâneo Perigo comum abstrato Unissubjetivo Plurissubsistente	Comum Formal Forma livre Comissivo Instantâneo Perigo comum abstrato Unissubjetivo Plurissubsistente
Tentativa	Admite	Admite	Admite	Admite na forma plurissubsistente	Não admite	Admite
Circunstâncias especiais	Tipo analógico Qualificado pelo resultado Norma explicativa	Qualificado pelo resultado Multa	Qualificado pelo resultado	Qualificado pelo resultado com remissão	Qualificadora	Serviço telemático

Capítulo III

Crimes contra a
Saúde Pública[1]

1. EPIDEMIA

1.1 Estrutura do tipo penal incriminador

Causar significa dar origem ou produzir. O objeto é epidemia. Conjuga-se com a conduta de *propagar*, isto é, espalhar ou disseminar. É o disposto no art. 267 do CP. Segundo NÉLSON HUNGRIA, o crime se desenvolve em dois momentos: a ação de propagar os germes patogênicos e o resultado *epidemia*. Assim, para a consumação, torna-se necessário um número razoável de casos sucessivos da enfermidade; se medidas sanitárias forem prontamente tomadas, cortando o contágio com eficiência, cuida-se de mera tentativa.[2]

A propagação pode dar-se por qualquer meio, pois o legislador não especificou um modo de execução. Pode o agente atirar um líquido contaminado na água ou pode espalhar no solo; pode também inserir em alimentos, inocular em pessoas, colocar em roupas e objetos, levar a ambientes esterilizados, como hospitais, casas de saúde e clínicas, introduzir na ventilação de um espaço público ou de uma empresa, enfim, disseminar de qualquer jeito. Lembremos que espalhar os germes é fase executória; consuma-se quando se iniciar a epidemia, com vários infectados, sem cura imediata.

Epidemia significa uma doença que acomete, em curto espaço de tempo e em determinado lugar, várias pessoas. Exemplos: peste, sarampo, varíola, tifo, febre amarela, dengue e suas variantes, gripe H1N1, difteria etc. Alguns desses surtos, no passado, mataram milhares de

---

[1] Nessa classe de delitos incluem-se "todos os atos, pelos quais certas substâncias, destinadas à nutrição e à manutenção da vida de uma população e, em geral, às suas necessidades diárias, são corrompidas e adulteradas e convertidas em causas de moléstias, da deterioração da saúde e até da morte de um número indefinido de cidadãos. Trata-se, pois, de crimes de perigo comum, enquadráveis na classe geral de crimes contra a incolumidade pública" (GALDINO SIQUEIRA, *Tratado de direito penal*, v. 4, p. 511).

[2] *Comentários ao Código Penal*, v. 9, p. 101.

pessoas. Hoje, a maioria foi controlada, mas todos os dias surge algum germe inédito, pronto a desencadear outra contaminação de extensos efeitos.

Diferencia, corretamente, a doutrina a epidemia da endemia (enfermidade que existe, com frequência, em determinado lugar, atingindo número indeterminado de pessoas) e da pandemia (doença de caráter epidêmico que abrange várias regiões ao mesmo tempo).

Germes patogênicos são os microrganismos capazes de gerar doenças, como os vírus, os bacilos e as bactérias, entre outros.

A pena é de reclusão, de dez a quinze anos. Se do fato resulta morte, a pena é aplicada em dobro (art. 267, § 1.º, CP). No caso de culpa, a pena é de detenção, de um a dois anos, ou, se resulta morte, de dois a quatro anos (art. 267, § 2.º, CP).

1.2 Sujeitos ativo e passivo

O sujeito ativo pode ser qualquer pessoa. O sujeito passivo é a sociedade.

1.3 Elemento subjetivo

É o dolo de perigo, ou seja, a vontade de gerar um risco não tolerado a terceiros. Não se exige elemento subjetivo específico. A forma culposa é prevista no § 2.º.

1.4 Objetos material e jurídico

O objeto material é o germe patogênico. O objeto jurídico é a saúde pública.

1.5 Classificação

Trata-se de crime comum (aquele que pode ser cometido por qualquer pessoa); material (delito que exige, para sua consumação, a ocorrência de resultado naturalístico, consistente em haver epidemia, algo que, por si só, é atentatório à saúde pública); de forma vinculada (delito que somente pode ser cometido por meio da propagação de germes patogênicos); comissivo (o verbo implica ação).

Há quem sustente ser delito passível de cometimento na forma omissiva,[3] com o que discordamos, porque *causar* é dar origem a alguma coisa, parecendo-nos ser sempre forma ativa de conduta. A única hipótese viável de omissão é a descrita – e já mencionada – no art. 13, § 2.º, quando o agente tem o dever jurídico de impedir o resultado.

É delito instantâneo (cuja consumação não se prolonga no tempo, dando-se em momento determinado); de perigo comum concreto (aquele que coloca um número indeterminado de pessoas em perigo, que necessita ser provado). Há voz em sentido oposto, acolhendo a possibilidade de ser crime de perigo abstrato.[4] Assim não se nos afigura, uma vez que o tipo *exige* que o sujeito *provoque* o surgimento de uma epidemia. Ora, havendo a disseminação de uma doença rapidamente, numa localidade, é certo que o perigo surgido é concreto. Cremos inexistir possibilidade de muitas pessoas ficarem doentes ao mesmo tempo e isso não ser considerado um perigo efetivo para a saúde pública.

Existe, ainda, posição intermediária[5] sustentando ser crime, concomitantemente, de dano (para as pessoas lesadas pela doença) e de perigo (para os que não foram atingidos).

---

[3]   NORONHA, *Direito penal*, v. 4, p. 5; DELMANTO, *Código Penal comentado*, p. 486.

[4]   DELMANTO, *Código Penal comentado*, p. 486.

[5]   PAULO JOSÉ DA COSTA JÚNIOR, *Direito penal* – Curso completo, p. 585.

Mantemos nossa posição, classificando-o como de perigo concreto, pois o objeto jurídico protegido não é a incolumidade individual, e sim coletiva, além de ser crime contra a saúde pública, e não individual. Logo, a ocorrência da doença em alguns faz parte do perigo concreto determinado pelo tipo penal. Fosse a conduta do agente voltada somente a alguns indivíduos e estaríamos diante de um crime de lesão corporal, cuja pena é muito menor. Quem espalha doença, no entanto, pode terminar condenado a uma pena elevada de dez anos de reclusão.

Portanto, trata-se de um delito de perigo concreto, punido com especial rigor, justamente porque efetivamente atinge pessoas.[6] É crime unissubjetivo (aquele que pode ser cometido por um único sujeito); unissubsistente (praticado num único ato) ou plurissubsistente (delito cuja ação é composta por vários atos, permitindo-se o seu fracionamento), conforme o caso concreto; admite tentativa na forma plurissubsistente. Exemplo dado por HUNGRIA: pode haver mera tentativa caso as autoridades sanitárias adotem medidas suficientes para evitar o surto.[7] E acrescentamos: ainda assim, houve um início de contágio geral, de modo que o perigo se concretizou.

1.6   Crime qualificado pelo resultado do § 1.º

A conduta antecedente deve ser sustentada pelo dolo de perigo, enquanto a consequente (morte) somente comporta a culpa. Nesse caso, está-se diante de crime hediondo, conforme preceitua o art. 1.º, VII, da Lei 8.072/1990.

1.7   Forma culposa e qualificada pelo resultado

A primeira parte do § 2.º é punida a título de culpa, caso o agente atue com imprudência, negligência ou imperícia, havendo previsibilidade do resultado. A segunda parte cuida da figura qualificada pelo resultado, em que há culpa na conduta antecedente e culpa no tocante ao resultado qualificador.

1.8   Quadro-resumo

Previsão legal	**Epidemia** **Art. 267.** Causar epidemia, mediante a propagação de germes patogênicos: Pena – reclusão, de dez a quinze anos. § 1.º Se do fato resulta morte, a pena é aplicada em dobro. § 2.º No caso de culpa, a pena é de detenção, de um a dois anos, ou, se resulta morte, de dois a quatro anos.
Sujeito ativo	Qualquer pessoa
Sujeito passivo	Sociedade
Objeto material	Germe patogênico
Objeto jurídico	Saúde pública
Elemento subjetivo	Dolo de perigo ou culpa

---

[6]   No sentido que defendemos: LUIZ REGIS PRADO, *Código Penal anotado*, p. 823.

[7]   *Comentários ao Código Penal*, v. 9, p. 101.

Classificação	Comum
	Material
	Forma vinculada
	Comissivo
	Instantâneo
	Perigo comum concreto
	Unissubjetivo
	Unissubsistente ou Plurissubsistente
Tentativa	Admite na forma plurissubsistente
Circunstâncias especiais	Crime hediondo
	Qualificado pelo resultado

2. INFRAÇÃO DE MEDIDA SANITÁRIA PREVENTIVA

2.1 Estrutura do tipo penal incriminador

Infringir quer dizer violar ou transgredir; *impedir* significa obstruir ou tornar impraticável. O objeto é a determinação do poder público.

Determinação do poder público é a ordem ou resolução dos órgãos investidos de autoridade para realizar as finalidades do Estado. Trata-se de norma penal em branco, dependente de outra que venha a complementá-la, para que se conheça o seu real alcance. É o disposto no art. 268 do CP.

A pandemia provocada pelo novo coronavírus (Covid-19) gerou a edição da Lei 13.979/2020, que serviu de complemento a este tipo penal, associada a portarias editadas pelo Ministério da Saúde. Para ilustrar, preceitua o art. 3.º da referida lei: "para enfrentamento da emergência de saúde pública de importância internacional de que trata esta Lei, as autoridades poderão adotar, no âmbito de suas competências, entre outras, as seguintes medidas: I – isolamento; II – quarentena; III – determinação de realização compulsória de: a) exames médicos; b) testes laboratoriais; c) coleta de amostras clínicas; d) vacinação e outras medidas profiláticas; ou e) tratamentos médicos específicos; III-A – uso obrigatório de máscaras de proteção individual; IV – estudo ou investigação epidemiológica; V - exumação, necropsia, cremação e manejo de cadáver; VI – restrição excepcional e temporária, por rodovias, portos ou aeroportos, de: a) entrada e saída do País; b) locomoção interestadual e intermunicipal; VII – requisição de bens e serviços de pessoas naturais e jurídicas, hipótese em que será garantido o pagamento posterior de indenização justa; e VIII – autorização excepcional e temporária para a importação e distribuição de quaisquer materiais, medicamentos, equipamentos e insumos da área de saúde sujeitos à vigilância sanitária sem registro na Anvisa considerados essenciais para auxiliar no combate à pandemia do coronavírus, desde que: a) registrados por pelo menos 1 (uma) das seguintes autoridades sanitárias estrangeiras e autorizados à distribuição comercial em seus respectivos países: 1. Food and Drug Administration (FDA); 2. European Medicines Agency (EMA); 3. Pharmaceuticals and Medical Devices Agency (PMDA); 4. National Medical Products Administration (NMPA). (...) § 1.º As medidas previstas neste artigo somente poderão ser determinadas com base em evidências científicas e em análises sobre as informações estratégicas em saúde e deverão ser limitadas no tempo e no espaço ao mínimo indispensável à promoção e à preservação da saúde pública. § 2.º Ficam assegurados às pessoas afetadas pelas medidas previstas neste artigo: I – o direito de serem informadas permanentemente sobre o seu estado de saúde e a assistência à família conforme regulamento; II – o direito de receberem tratamento gratuito; III – o pleno respeito à dignidade, aos direitos humanos e às liberdades fundamentais das pessoas, conforme preconiza o Artigo 3 do Regulamento Sanitário Internacional, constante do Anexo ao Decreto n.º 10.212, de 30 de janeiro de 2020. § 3.º Será considerado falta justificada ao serviço público ou à atividade laboral privada o período de ausência decorrente das medidas previstas neste artigo. § 4.º As pessoas deverão sujeitar-se ao cumprimento das medidas previstas neste artigo, e o descumprimento delas acarretará responsabilização, nos termos previstos em lei. § 5.º Ato do Ministro de Estado da Saúde: I – disporá sobre as condições e os prazos aplicáveis às medidas previstas nos incisos I e II do *caput* deste artigo; (...) § 6.º Ato conjunto dos Ministros de Estado da Saúde, da Justiça e Segurança Pública e da Infraestrutura disporá sobre as medidas previstas no inciso VI do *caput* deste artigo, observado o disposto no inciso I do § 6.º-B deste artigo. (...) § 7.º As medidas previstas neste artigo poderão ser adotadas: I – pelo Ministério da Saúde, exceto a constante do inciso VIII do *caput* deste artigo; II – pelos gestores locais de saúde, desde que autorizados pelo Ministério da Saúde, nas hipóteses dos incisos I, II, III-A, V e VI do *caput* deste artigo; III – pelos gestores locais de saúde, nas hipóteses dos incisos III, IV e VII do *caput* deste artigo; IV – pela Anvisa, na hipótese do inciso VIII do *caput* deste artigo. (...)". Além disso, o STF firmou entendimento no sentido de que o art. 268 pode ser complementado por decisões tomadas por órgãos dos Estados e dos Municípios concorrentemente: "Nos termos da jurisprudência desta Suprema Corte a competência para proteção da saúde, seja no plano administrativo, seja no plano legislativo, é compartilhada entre a União, o Distrito Federal, os Estados e os Municípios, inclusive para impor medidas restritivas destinadas a impedir a introdução ou propagação de doença contagiosa. 2. A infração a determinações sanitárias do Estado, ainda que emana de atos normativos estaduais, distrital ou municipais, permite seja realizada a subsunção do fato ao crime tipificado no artigo 268 do Código Penal, afastadas as alegações genéricas de inconstitucionalidade de referidas normas por violação da competência privativa da União. 3. Agravo em recurso extraordinário conhecido. Apelo extremo provido. 4. Fixada a seguinte tese: O art. 268 do Código Penal veicula norma penal em branco que pode ser complementada por atos normativos infralegais editados pelos entes federados (União, Estados, Distrito Federal e Municípios), respeitadas as respectivas esferas de atuação, sem que isso implique ofensa à competência privativa da União para legislar sobre direito penal (CF, art. 22, I)" (Repercussão Geral no Recurso Extraordinário com Agravo n. 1.418.846-RS, Plenário, rel. Rosa Weber, 24.03.2023, v. u.).

Por isso, a imposição de medidas administrativas, como o uso obrigatório de máscara de proteção individual em locais públicos ou a restrição de funcionamento a certos lugares, pode dar ensejo à configuração do tipo penal do art. 268 do Código Penal, caso sejam infringidas.

A alteração do complemento da norma penal em branco provoca divergência doutrinária a respeito, embora nos pareça mais correta a posição daqueles que sustentam haver *possibilidade* de aplicação do princípio da retroatividade benéfica, dependendo do caso concreto. É exatamente a posição defendida por Magalhães Noronha: "em princípio, somos pela irretroatividade, embora reconheçamos que não se pode deixar de fazer concessões".[8]

Afinal, saber qual foi exatamente a causa da revogação da norma destinada a impedir a introdução ou propagação da doença contagiosa é fundamental para a inteligência do tipo

---

[8]   *Direito penal*, v. 4, p. 12.

penal. Caso o poder público revogue a medida, por considerá-la, por exemplo, inócua para o efetivo resultado pretendido, não há razão para punir o agente. Entretanto, se a revogação se der porque já foi contida a doença, é preciso aplicar o art. 3.º do Código Penal, considerando ultrativo o complemento, mantendo-se a punição do agente.

Introdução e propagação de doença contagiosa significa que a determinação do poder público deve voltar-se à *introdução* (ingresso ou entrada) ou à *propagação* (proliferação ou multiplicação) de *doença contagiosa* (enfermidade que se transmite de um indivíduo a outro por contato imediato ou mediato).

A pena é de detenção, de um mês a um ano, e multa (art. 268, *caput*, CP). A pena é aumentada de um terço, se o agente é funcionário da saúde pública ou exerce a profissão de médico, farmacêutico, dentista ou enfermeiro (art. 268, parágrafo único, CP).

2.2   Sujeitos ativo e passivo

O sujeito ativo pode ser qualquer pessoa. O sujeito passivo é a sociedade.

2.3   Elemento subjetivo

É o dolo de perigo, ou seja, a vontade de gerar um risco não tolerado a terceiros. Não se exige elemento subjetivo específico, nem se pune a forma culposa.

2.4   Objetos material e jurídico

O objeto material é a determinação do poder público. O objeto jurídico é a saúde pública.

2.5   Classificação

Trata-se de crime comum (aquele que pode ser cometido por qualquer pessoa); formal (crime que não exige, para sua consumação, resultado naturalístico, consistente em gerar efetivo dano a alguém). Havendo dano, ocorre o exaurimento; de forma livre (pode ser cometido por qualquer meio eleito pelo agente); comissivo (o verbo implica ação);[9] instantâneo (cuja consumação não se prolonga no tempo, dando-se em momento determinado); de perigo comum abstrato (aquele que coloca um número indeterminado de pessoas em perigo, que é presumido pela lei); unissubjetivo (aquele que pode ser cometido por um único sujeito); plurissubsistente (delito cuja ação é composta por vários atos, permitindo-se o seu fracionamento); admite tentativa.

2.6   Causa de aumento da pena do parágrafo único

Se o autor do crime for funcionário da saúde pública, médico, farmacêutico, dentista ou enfermeiro, que exercem a profissão, agrava-se especialmente a pena, pois tais pessoas têm obrigação de evitar a propagação ou introdução de doenças contagiosas, pelo próprio dever inerente ao cargo ou à função que possuem. Note-se que a causa de aumento exige habitualidade na atividade profissional do médico, farmacêutico, dentista ou enfermeiro, não bastando, pois, que ostentem tais títulos.

---

[9]   Pode-se configurar, eventualmente, na forma omissiva imprópria, porque fiscais sanitários *devem* averiguar, por exemplo, quem entra no País. Permitindo a entrada de pessoas infectadas, está cometendo o delito na forma omissiva.

2.7 Quadro-resumo

Previsão legal	**Infração de Medida Sanitária Preventiva** **Art. 268.** Infringir determinação do poder público, destinada a impedir introdução ou propagação de doença contagiosa: Pena – detenção, de um mês a um ano, e multa. **Parágrafo único.** A pena é aumentada de um terço, se o agente é funcionário da saúde pública ou exerce a profissão de médico, farmacêutico, dentista ou enfermeiro.
Sujeito ativo	Qualquer pessoa
Sujeito passivo	Sociedade
Objeto material	Determinação do poder público
Objeto jurídico	Saúde pública
Elemento subjetivo	Dolo de perigo
Classificação	Comum Formal Forma livre Comissivo Instantâneo Perigo comum abstrato Unissubjetivo Plurissubsistente
Tentativa	Admite
Circunstâncias especiais	Causa de aumento

3. OMISSÃO DE NOTIFICAÇÃO DE DOENÇA

3.1 Estrutura do tipo penal incriminador

Deixar de denunciar significa não delatar ou negar conhecimento sobre alguma coisa. O objeto é doença de notificação obrigatória. O autor é o médico e a autoridade visada é o órgão do Estado encarregado de fazer cumprir as leis ou determinações do poder público. No caso desse tipo penal, deve ser a autoridade apta a cuidar da saúde pública.

Doença de notificação compulsória é a enfermidade cuja ciência, pelo poder público, é obrigatória. Trata-se de norma penal em branco, necessitando de complemento para ser compreendida, isto é, torna-se indispensável conhecer o rol das doenças de que o Estado deseja tomar conhecimento.

A alteração do complemento da norma penal em branco provoca divergência doutrinária a respeito, embora nos pareça mais correta a posição daqueles que sustentam haver *possibilidade* de aplicação do princípio da retroatividade benéfica, dependendo do caso concreto. É exatamente a posição defendida por Magalhães Noronha: "em princípio, somos pela irretroatividade, embora reconheçamos que não se pode deixar de fazer concessões".[10]

---

[10]   *Direito penal*, v. 4, p. 12.

Afinal, saber qual foi exatamente a causa da revogação da norma destinada a provocar o médico à comunicação compulsória é fundamental para a inteligência do tipo penal. Caso o poder público revogue a medida, por considerá-la, por exemplo, inócua para o efetivo resultado pretendido, não há razão para punir o agente. Entretanto, se a revogação se der porque já foi contida a doença, é preciso aplicar o art. 3.º do Código Penal, considerando ultrativo o complemento, mantendo-se a punição do agente.

A pena para quem comete o crime previsto no art. 269 do CP é de detenção, de seis meses a dois anos, e multa.

3.2   Sujeitos ativo e passivo

O sujeito ativo somente pode ser o médico. O sujeito passivo é a sociedade.

De acordo com BENTO DE FARIA, nos regulamentos e decretos, há outras pessoas enumeradas, que estão obrigadas a comunicar a doença infectocontagiosa, como os dirigentes de casas de habitação coletiva, asilos, creches, orfanatos, escolas etc., assim como o enfermeiro ou pessoa que acompanhe o doente. Nos casos de lepra, a obrigação incumbe ao próprio doente. Entretanto, o tipo penal optou por punir somente o médico. Outras pessoas serão eventualmente punidas no âmbito administrativo.[11]

3.3   Elemento subjetivo

É o dolo de perigo, ou seja, a vontade de gerar um risco não tolerado a terceiros. Não se demanda elemento subjetivo específico, nem se pune a forma culposa.

3.4   Objetos material e jurídico

O objeto material é a notificação compulsória. O objeto jurídico é a saúde pública.

3.5   Classificação

Trata-se de crime próprio (aquele que demanda sujeito ativo especial ou qualificado); de mera conduta (crime que não possui, para sua consumação, qualquer resultado naturalístico); de forma vinculada (crime que só pode ser cometido pelo meio eleito pelo tipo penal, ou seja, mediante o não envio de notificação à autoridade pública); omissivo (o verbo implica omissão); instantâneo (cuja consumação não se prolonga no tempo, dando-se em momento determinado); de perigo comum abstrato (aquele que coloca um número indeterminado de pessoas em perigo, que é presumido pela lei); unissubjetivo (aquele que pode ser cometido por um único sujeito); unissubsistente (praticado num único ato); não admite tentativa por se tratar de delito omissivo próprio, sem possibilidade de fracionamento do *iter criminis*.

3.6   Quadro-resumo

	Omissão de Notificação de Doença
Previsão legal	**Art. 269.** Deixar o médico de denunciar à autoridade pública doença cuja notificação é compulsória: Pena – detenção, de seis meses a dois anos, e multa.

---

[11] *Código Penal brasileiro comentado*, v. VI, p. 257.

Sujeito ativo	Médico
Sujeito passivo	Sociedade
Objeto material	Notificação compulsória
Objeto jurídico	Saúde pública
Elemento subjetivo	Dolo de perigo
Classificação	Próprio Mera conduta Forma vinculada Omissivo Instantâneo Perigo comum abstrato Unissubjetivo Unissubsistente
Tentativa	Não admite

4. ENVENENAMENTO DE ÁGUA POTÁVEL OU DE SUBSTÂNCIA ALIMENTÍCIA OU MEDICINAL

4.1 Estrutura do tipo penal incriminador

Envenenar significa misturar substância que altera ou destrói as funções vitais do organismo em alguma coisa ou intoxicar. O objeto é água potável ou substância alimentícia ou medicinal. É o conteúdo do art. 270 do CP.

"Não se requer que seja usado um veneno absolutamente mortífero, bastando que possa gerar perigo para a saúde da pessoa."[12]

Água potável é a água boa para beber, sem risco à saúde. Quando o lançamento de alguma substância na água torná-la visivelmente imprópria para consumo, consuma-se o crime do art. 271 (corrupção ou poluição de água potável). Sobre a água potável, adverte-se que "limitar a proteção penal simplesmente à água bioquimicamente potável seria o mesmo que o Estado se declarar indiferente ao envenenamento ou poluição da única água acessível às pessoas e animais. Assim, potável, no caso, deve abranger não só a potabilidade bioquímica, mas também a potabilidade menos rigorosa, mas incomparavelmente mais encontradiça no Brasil e consistente em servir para beber e cozinhar, segundo a apreciação popular. Água de que se possa razoavelmente utilizar será 'água potável', para os fins da lei penal".[13]

O tipo penal menciona o *uso comum ou particular*, significando que pode a água estar situada numa fonte, lago ou qualquer lugar de livre acesso público, portanto, de uso comum, ou mesmo em propriedade particular, sendo de uso privativo de alguém.

Substância alimentícia é a matéria que se destina a nutrir e sustentar o organismo.

Substância medicinal é a matéria voltada à cura de algum mal orgânico.

Não basta ser substância alimentícia ou medicinal, exigindo o tipo penal seja ainda reservada para consumo, isto é, destinada a ser utilizada e ingerida por um número indeterminado de pessoas.

---

[12]   Galdino Siqueira, *Tratado de direito penal*, v. 4, p. 516.

[13]   Magalhães Drummond, *apud* Galdino Siqueira, *Tratado de direito penal*, v. 4, p. 516.

A pena é de reclusão, de dez a quinze anos. Está sujeito à mesma pena quem entrega a consumo ou tem em depósito, para o fim de ser distribuída, a água ou a substância envenenada (art. 270, § 1.º, CP). Se o crime é culposo, a pena será de detenção, de seis meses a dois anos (art. 270, § 2.º, CP).

4.1.1 Desproporcionalidade da pena

Trata-se de um crime de perigo, cuja pena é muito maior que vários delitos de dano. Na realidade, a pena, considerada a pena mínima, é maior (dez anos) do que a do homicídio (seis anos) ou do estupro (seis anos).

Note-se que o envenenamento efetivo não precisa ocorrer, bastando o risco para o crime consumar-se. Logo, a pena é completamente desproporcional ao resultado jurídico possível.

Pode-se sustentar a sua inconstitucionalidade, como já vem ocorrendo no caso do art. 273 do CP.

4.2 Sujeitos ativo e passivo

O sujeito ativo pode ser qualquer pessoa. O sujeito passivo é a sociedade.

4.3 Elemento subjetivo

É o dolo de perigo, ou seja, a vontade de gerar um risco não tolerado a terceiros. Não existe elemento subjetivo específico. A forma culposa está prevista no § 2.º.

4.4 Objetos material e jurídico

O objeto material é a água potável ou substância alimentícia ou medicinal. O objeto jurídico é a saúde pública.

4.5 Classificação

Trata-se de crime comum (aquele que pode ser cometido por qualquer pessoa); formal (delito que não exige, para sua consumação, a ocorrência de resultado naturalístico, consistente na efetiva existência de um dano para alguém). Se houver dano, ocorre o exaurimento; de forma livre (pode ser cometido por qualquer meio eleito pelo agente); comissivo (o verbo implica ação); instantâneo (cuja consumação não se prolonga no tempo, dando-se em momento determinado); de perigo comum abstrato (aquele que coloca um número indeterminado de pessoas em perigo, sendo presumido pelo tipo penal); unissubjetivo (delito que pode ser cometido por um único sujeito); unissubsistente (praticado num único ato) ou plurissubsistente (delito cuja ação é composta por vários atos, permitindo-se o seu fracionamento), conforme o caso concreto; admite tentativa, na forma plurissubsistente.

4.5.1 Delito que era considerado hediondo

A Lei 8.072/1990 incluiu-o na relação dos delitos hediondos, embora, com o advento da Lei 8.930/1994, tenha sido esse artigo retirado desse rol. A despeito disso, tratando-se de crime de perigo abstrato – não dependente de prova da existência efetiva do perigo, que é presumido pela lei –, possui pena excessivamente elevada. Imagine-se a conduta de alguém que envenene uma fonte de propriedade particular, com raríssimo acesso de alguém ao local: poderia ser processado pela prática de envenenamento de água potável, ainda que não tivesse havido perigo concreto para qualquer pessoa, recebendo, no mínimo, dez anos de reclusão. Lesar-se-ia o princípio da proporcionalidade.

4.6   Figura equiparada do § 1.º

Entregar significa passar à posse de outra pessoa, gratuita ou onerosamente, para o fim de ser ingerida ou degustada. *Ter em depósito* é conservar em local seguro. O objeto é a água ou a substância envenenada.

Na modalidade *ter em depósito* o delito é permanente, cuja consumação se prolonga no tempo.

No tocante à conduta de *entregar a consumo* a água envenenada, se for cometida pelo mesmo agente que a envenenou, pode-se considerar conduta posterior não punível, evitando-se o excesso punitivo. Da mesma forma que a pessoa ao subtrair uma coisa móvel (furto), caso, depois, a danifique, responde somente por furto e não por concurso material (furto e dano).

4.7   Elemento subjetivo

Na hipótese do § 1.º, segunda parte ("ter em depósito"), exige-se *finalidade específica*, consistente em ver a água ou substância envenenada distribuída (espalhada ou entregue a várias pessoas).

4.8   Figura culposa

Se a prática da conduta descrita no *caput* ou no § 1.º é fruto da imprudência, negligência ou imperícia, havendo previsibilidade do resultado, pune-se o agente com pena substancialmente menor.

4.9   Quadro-resumo

Previsão legal	**Envenenamento de Água Potável ou de Substância Alimentícia ou Medicinal** **Art. 270.** Envenenar água potável, de uso comum ou particular, ou substância alimentícia ou medicinal destinada a consumo: Pena – reclusão, de dez a quinze anos. § 1.º Está sujeito à mesma pena quem entrega a consumo ou tem em depósito, para o fim de ser distribuída, a água ou a substância envenenada. **Modalidade Culposa** § 2.º Se o crime é culposo: Pena – detenção, de seis meses a dois anos.
Sujeito ativo	Qualquer pessoa
Sujeito passivo	Sociedade
Objeto material	Água potável
Objeto jurídico	Saúde pública
Elemento subjetivo	Dolo de perigo ou culpa

Classificação	Comum
	Formal
	Forma livre
	Comissivo
	Instantâneo
	Perigo comum abstrato
	Unissubjetivo
	Unissubsistente ou plurissubsistente
Tentativa	Admite na forma plurissubsistente
Circunstâncias especiais	Era crime hediondo
	Fato não punível

5. CORRUPÇÃO OU POLUIÇÃO DE ÁGUA POTÁVEL

5.1 Estrutura do tipo penal incriminador

Corromper significa adulterar ou estragar; *poluir* quer dizer sujar ou tornar prejudicial à saúde. O objeto é água potável. Trata-se de tipo misto alternativo, de modo que a prática de uma ou das duas condutas implica um único delito, quando no mesmo contexto. É o conteúdo do art. 271 do CP.

Água potável é a água boa para beber, sem risco à saúde. Se a água já estiver, de algum modo, conspurcada e, portanto, imprópria para ser ingerida, configura-se a hipótese do crime impossível.

Mencionar a impropriedade do consumo ou nocividade à saúde significa que a água deve tornar-se imprestável a ser utilizada e ingerida por um número indeterminado de pessoas ("consumo") ou prejudicial à saúde.

Entretanto, como ressalta NORONHA, "deve ela ser *potável*, o que não implica pureza absoluta, bastando seja própria para beber por indeterminado número de pessoas ou entre na preparação alimentar. Excluem-se outras águas (destinadas a animais, à atividade industrial etc.). Frisa o dispositivo que a corrupção ou a poluição devem tornar a água imprópria para o consumo ou nociva à saúde. No primeiro caso, ela perde a potabilidade, ainda que se não torne prejudicial à saúde. No segundo, é nociva a esta, ou seja, por suas condições, por elementos que contém, prejudica, faz mal, causa dano à saúde".[14]

A pena é de reclusão, de dois a cinco anos. Se o crime é culposo, a pena será de detenção, de dois meses a um ano (art. 271, parágrafo único, CP).

5.2 Sujeitos ativo e passivo

O sujeito ativo pode ser qualquer pessoa. O sujeito passivo é a sociedade.

5.3 Elemento subjetivo

É o dolo de perigo, ou seja, a vontade de gerar um risco não tolerado a terceiros. Não se exige elemento subjetivo específico. Pune-se a forma culposa nos termos do parágrafo único.

---

[14] *Direito penal*, v. 4, p. 24.

5.4   Objetos material e jurídico

O objeto material é a água potável. O objeto jurídico é a saúde pública.

5.5   Classificação

Trata-se de crime comum (aquele que pode ser cometido por qualquer pessoa); formal (crime que não exige, para sua consumação, resultado naturalístico, consistente em gerar efetivo dano a alguém). Havendo dano, ocorre o exaurimento; de forma livre (pode ser cometido por qualquer meio eleito pelo agente); comissivo (os verbos implicam ações); instantâneo (cuja consumação não se prolonga no tempo, dando-se em momento determinado); de perigo comum abstrato (aquele que coloca um número indeterminado de pessoas em perigo, que é presumido pela lei); unissubjetivo (delito que pode ser cometido por uma só pessoa); plurissubsistente (delito cuja ação é composta por vários atos, permitindo-se o seu fracionamento); admite tentativa.[15]

5.6   Forma culposa

Caso o delito seja fruto da imprudência, negligência ou imperícia do agente, que possuía previsibilidade do resultado, é ele punido com pena substancialmente menor.

5.7   Quadro-resumo

Previsão legal	**Corrupção ou Poluição de Água Potável** **Art. 271.** Corromper ou poluir água potável, de uso comum ou particular, tornando-a imprópria para consumo ou nociva à saúde: Pena – reclusão, de dois a cinco anos. **Modalidade Culposa** **Parágrafo único.** Se o crime é culposo: Pena – detenção, de dois meses a um ano.
Sujeito ativo	Qualquer pessoa
Sujeito passivo	Sociedade
Objeto material	Água potável
Objeto jurídico	Saúde pública
Elemento subjetivo	Dolo de perigo ou culpa
Classificação	Comum Formal Forma livre Comissivo Instantâneo Perigo comum abstrato Unissubjetivo Plurissubsistente
Tentativa	Admite

---

[15]   Admitindo a tentativa, NORONHA, *Direito penal*, v. 4, p. 25.

6. FALSIFICAÇÃO, CORRUPÇÃO, ADULTERAÇÃO OU ALTERAÇÃO DE SUBSTÂNCIA OU PRODUTOS ALIMENTÍCIOS

6.1   Estrutura do tipo penal incriminador

Corromper é estragar ou alterar para pior; *adulterar* significa deformar ou deturpar; *falsificar* significa reproduzir, por meio de imitação, ou contrafazer; *alterar* é transformar ou modificar. Todas as condutas devem compor-se com *tornar* (converter em algo) nocivo à saúde ou *reduzir* (diminuir as proporções) o valor nutritivo. O objeto é substância ou produto alimentício destinado a consumo. É o preceituado pelo art. 272 do CP.

Trata-se de tipo misto alternativo, isto é, a prática de uma ou mais condutas implica a realização de um único delito, desde que no mesmo contexto fático.

Substância ou produto alimentício é a matéria que se destina a nutrir e sustentar o organismo.

Destinação a consumo é a finalidade de ser utilizada e ingerida por um número indeterminado de pessoas.

Nocivo à saúde significa algo prejudicial às normais funções orgânicas, físicas e mentais. Destaque-se que a nocividade à saúde não diz respeito às condutas típicas, mas sim ao produto alimentício destinado a consumo, de modo que este somente se torna objeto do crime quando for prejudicial às normais funções orgânicas, físicas e mentais, do ser humano. O crime, no entanto, é de perigo abstrato, isto é, basta que se prove a adulteração do alimento, por exemplo, fazendo com que fique nocivo à saúde, e está concretizado, independentemente da prova de ter ele a possibilidade efetiva de atingir alguém.

Valor nutritivo é a qualidade de servir para alimentar e sustentar, própria dos alimentos.

A pena para quem comete o crime previsto no *caput*, § 1.º-A ou § 1.º do art. 272 do CP, é a mesma: reclusão, de quatro a oito anos, e multa. Se o crime for culposo, a pena será de detenção, de um a dois anos, e multa (art. 272, § 2.º).

6.2   Sujeitos ativo e passivo

O sujeito ativo pode ser qualquer pessoa. O sujeito passivo é a sociedade.

6.3   Elemento subjetivo

É o dolo de perigo, ou seja, a vontade de gerar um risco não tolerado a terceiros. Não se exige elemento subjetivo específico. A forma culposa está prevista no § 2.º.

6.4   Objetos material e jurídico

O objeto material é substância ou produto alimentício destinado a consumo. O objeto jurídico é a saúde pública.

6.5   Classificação

Trata-se de crime comum (aquele que pode ser cometido por qualquer pessoa); formal (delito que não exige, para sua consumação, a ocorrência de resultado naturalístico, consistente na efetiva existência de um dano para alguém). Havendo dano, ocorre o exaurimento; de forma livre (pode ser cometido por qualquer meio eleito pelo agente); comissivo (os verbos implicam ações) e, excepcionalmente, omissivo impróprio ou comissivo por omissão (quando o agente tem o dever jurídico de evitar o resultado, nos termos do art. 13, § 2.º, CP);[16] instantâneo (cuja consumação não se prolonga no tempo, dando-se em momento determinado); de perigo comum abstrato (aquele que coloca um número indeterminado de pessoas em perigo, que é presumido); unissubjetivo (aquele que pode ser cometido por um único sujeito); plurissubsistente (delito cuja ação é composta por vários atos, permitindo-se o seu fracionamento); admite tentativa.

6.6 Crítica à pena excessiva e desproporcional

O tipo penal prevê punição idêntica para aquele que torna prejudicial à saúde a substância alimentícia e para quem apenas lhe diminui o valor nutritivo, embora, neste último caso, possa não existir, em grande parte das vezes, qualquer perigo imediato e razoável para a saúde. Aliás, tal modificação, introduzida pela Lei 9.677/1998, também alterou a pena, que era de reclusão, de dois a seis anos, e multa, para reclusão, de quatro a oito anos, mantendo-se a multa.

6.7 Figura equiparada do § 1.º-A

Fabricar significa manufaturar ou construir; *vender*, alienar por certo preço; *expor à venda*, pôr à vista para ser alienado; *importar,* trazer de fora para dentro do País; *ter em depósito para vender*, manter guardado até que seja alienado; *distribuir*, espalhar ou entregar a uns e outros; *entregar a consumo*, passar às mãos de alguém para que seja ingerido. O objeto das condutas é a substância alimentícia ou o produto falsificado, corrompido ou adulterado.

É preciso ressaltar que, se o mesmo agente corromper o produto alimentício e depois o distribuir, este último fato pode se tratar de situação não punível, por política criminal, tendo em vista já existir punição suficiente pela figura do *caput*.

6.7.1 Sujeitos ativo e passivo

O sujeito ativo pode ser qualquer pessoa. O sujeito passivo é a sociedade.

6.7.2 Elemento subjetivo

É o dolo de perigo, ou seja, a vontade de gerar um risco não tolerado a terceiros. Não se exige elemento subjetivo específico, exceto na modalidade "ter em depósito para vender". Nessa hipótese é preciso que o agente mantenha a substância guardada com a finalidade de aliená-la a certo preço.

A conduta "expor à venda" é composta e só tem sentido conjuntamente interpretada, de forma que prescinde de vontade específica. Ninguém simplesmente "expõe" (mostra ou põe à vista) substância corrompida, adulterada ou falsificada, pois não há nisso interesse algum, nem perigo à saúde. Aliás, há outras formas compostas que só têm sentido se interpretadas

---

[16] Confira-se o exemplo dado por Noronha: "não só por ação, mas também por omissão dolosa, pode ocorrer a corrupção. O agente falta agora, propositadamente, com os cuidados necessários e previamente regrados para conservação da substância. Conforme a natureza desta, lembrem-se 'o frio, o calor, a dessecação, a concentração, o salgamento e o uso de substâncias adequadas, a esterilização, a eliminação do ar, o acondicionamento, o emprego de aparelhagem e utensílios asseados para seu preparo etc." (*Direito penal*, v. 4, p. 28).

conjuntamente, como ocorre com a expressão "empregar no fabrico" (art. 274), que não faz nascer nenhum elemento subjetivo específico. A forma culposa está prevista no § 2.º do art. 272.

6.7.3   Objetos material e jurídico

O objeto material é a substância alimentícia ou produto falsificado, corrompido ou adulterado. O objeto jurídico é a saúde pública.

6.7.4   Classificação

Trata-se de crime comum (aquele que pode ser cometido por qualquer pessoa); formal (delito que não exige, para sua consumação, a ocorrência de resultado naturalístico, consistente na efetiva existência de um dano para alguém). Havendo dano, trata-se de exaurimento; de forma livre (pode ser cometido por qualquer meio eleito pelo agente); comissivo (os verbos implicam ações) e, excepcionalmente, omissivo impróprio ou comissivo por omissão (quando o agente tem o dever jurídico de evitar o resultado, nos termos do art. 13, § 2.º, CP); instantâneo (cuja consumação não se prolonga no tempo, dando-se em momento determinado), nas formas "fabricar", "vender", "importar", "distribuir" e "entregar", mas permanente (crime cuja consumação se arrasta no tempo) nas modalidades "expor à venda" e "ter em depósito". É delito de perigo comum abstrato (aquele que coloca um número indeterminado de pessoas em perigo, que é presumido); unissubjetivo (aquele que pode ser cometido por um único sujeito); plurissubsistente (delito cuja ação é composta por vários atos, permitindo-se o seu fracionamento); admite tentativa.

6.8   Extensão às bebidas

Além de visar à proteção das substâncias alimentícias, que podem ser líquidas, para evitar qualquer dúvida foram incluídas no tipo as bebidas (líquidos potáveis), com ou sem álcool. Esse acréscimo foi determinado pela Lei 9.677/1998.

6.9   Figura culposa

Pode dar-se em qualquer das formas. O agente, por imprudência, negligência ou imperícia, com previsibilidade do resultado, pratica as condutas descritas nos tipos anteriores (caput e §§ 1.º-A e 1.º). Essa é também a opinião de HUNGRIA, que inclui a falsificação – por alguns outros autores excluída, sob o argumento de que a "falsificação" necessita ser, sempre, dolosa –, como se vê, in verbis: "Pode existir não intenção maligna, mas grosseira desatenção quanto à deturpação ou falsificação da substância".[17]

A Lei 9.677/1998 alterou a pena, elevando-a de seis meses a um ano, e multa, para detenção de um a dois anos, mantendo-se a multa.

6.10   Quadro-resumo

	Falsificação, Corrupção, Adulteração ou Alteração de Substância ou Produtos Alimentícios
Previsão legal	**Art. 272.** Corromper, adulterar, falsificar ou alterar substância ou produto alimentício destinado a consumo, tornando-o nocivo à saúde ou reduzindo-lhe o valor nutritivo: Pena – reclusão, de 4 (quatro) a 8 (oito) anos, e multa. § 1.º-A. Incorre nas penas deste artigo quem fabrica, vende, expõe à venda, importa, tem em depósito para vender ou, de qualquer forma, distribui ou entrega a consumo a substância alimentícia ou o produto falsificado, corrompido ou adulterado.

---

[17]   *Comentários ao Código Penal*, v. 9, p. 116.

Previsão legal	§ 1.º Está sujeito às mesmas penas quem pratica as ações previstas neste artigo em relação a bebidas, com ou sem teor alcoólico. **Modalidade Culposa** § 2.º Se o crime é culposo: Pena – detenção, de 1 (um) a 2 (dois) anos, e multa.
Sujeito ativo	Qualquer pessoa
Sujeito passivo	Sociedade
Objeto material	Substância alimentícia ou produto falsificado, corrompido ou adulterado
Objeto jurídico	Saúde pública
Elemento subjetivo	Dolo de perigo ou culpa
Classificação	Comum Formal Forma livre Comissivo Instantâneo ou permanente Perigo comum abstrato Unissubjetivo Plurissubsistente
Tentativa	Admite
Circunstâncias especiais	Pena excessiva

7. FALSIFICAÇÃO, CORRUPÇÃO, ADULTERAÇÃO OU ALTERAÇÃO DE PRODUTO DESTINADO A FINS TERAPÊUTICOS OU MEDICINAIS

7.1 Estrutura do tipo penal incriminador

Falsificar significa reproduzir, por meio de imitação, ou contrafazer; *corromper* é estragar ou alterar; *adulterar* significa deformar ou deturpar; *alterar* é transformar ou modificar. O objeto é produto destinado a fins terapêuticos ou medicinais. Trata-se de tipo misto alternativo, ou seja, a prática de uma ou mais condutas implica sempre um único delito, quando no mesmo contexto. São os termos do art. 273 do CP.

Produto destinado a fins terapêuticos ou medicinais é a substância voltada ao alívio ou à cura de doenças (terapêuticos), bem como ao combate de males e enfermidades (medicinais).

Não resta dúvida de que esse tipo penal foi alterado em função do chamado *direito penal de emergência*; surge um (ou mais) fato concreto, que mobiliza o noticiário nacional e os parlamentares resolvem agir, no campo penal, como autênticos *justiceiros*, embora sem a eficácia destes. Com pertinência, Cristiano Avila Maronna afirma haver, no Brasil, uma *perene emergência*: "É sabido que o legislador penal brasileiro age por impulsos, ou melhor, por espasmos: a cada novo escândalo, a cada novo caso rumoroso, surge uma nova lei penal. O estrépito funciona como combustível da máquina legislativa. (...) Pois bem, após a eclosão do 'escândalo da pílula da farinha' (denominação por meio da qual a mídia rotulou o episódio) e sua exploração sensacionalista pelos veículos de comunicação social, a utilização do direito penal como panaceia para todos os males que afligem a lavoura nacional uma vez mais se fez valer e veio a lume a Lei n. 9.677/1998, que deu ao art. 273 do CP nova redação"[18] e novas penas. Ver a nossa crítica no tópico 7.7 *infra*.

---

[18] Cristiano Avila Maronna, O crime do art. 273 do Código Penal e o caso dos medicamentos fitoterápicos, In: Renato de Mello Jorge Silveira et al., *Direito penal na pós-modernidade*, p. 137-138.

A pena para quem pratica o previsto no *caput*, § 1.º ou § 1.º-B do art. 273 do CP é de reclusão, de 10 a 15 anos, e multa. Se o crime for culposo, a pena será de detenção, de 1 a 3 anos, e multa (art. 273, § 2.º, CP).

7.2   Sujeitos ativo e passivo

O sujeito ativo pode ser qualquer pessoa. O sujeito passivo é a sociedade.

7.3   Elemento subjetivo

É o dolo de perigo, ou seja, a vontade de gerar um risco não tolerado a terceiros. Não se demanda elemento subjetivo específico, punindo-se a forma culposa no § 2.º.

7.4   Objetos material e jurídico

O objeto material é o produto destinado a fins terapêuticos ou medicinais. O objeto jurídico é a saúde pública.

7.5   Classificação

Trata-se de crime comum (aquele que pode ser cometido por qualquer pessoa); formal (delito que não exige, para sua consumação, a ocorrência de resultado naturalístico, consistente na efetiva existência de dano para alguém). Ocorrendo dano, cuida-se de exaurimento. É a figura qualificada pelo resultado de forma livre (pode ser cometido por qualquer meio eleito pelo agente); comissivo (os verbos implicam ações) e, excepcionalmente, omissivo impróprio ou comissivo por omissão (quando o agente tem o dever jurídico de evitar o resultado, nos termos do art. 13, § 2.º, CP); instantâneo (cuja consumação não se prolonga no tempo, dando-se em momento determinado); de perigo comum abstrato (aquele que coloca um número indeterminado de pessoas em perigo, que é presumido).

Em sentido contrário, sustentando dever existir perigo concreto: DELMANTO.[19] Como já sustentamos ao tratar dos crimes de perigo (ver nota introdutória ao capítulo "Da periclitação da vida e da saúde"), não há qualquer inconstitucionalidade em admitir o perigo abstrato, que é fruto da experiência auferida pelo legislador, passada à elaboração do tipo penal, prerrogativa sua e não do Poder Judiciário. Fosse assim e dever-se-ia exigir, igualmente, perigo concreto de *todas* as infrações de perigo, pois, se a presunção não pode ser válida para um determinado tipo incriminador, também não deve sê-lo para os demais.

Além disso, a mesma postura não vem sendo defendida no tocante aos delitos previstos na Lei de Drogas, de perigo abstrato. O grande ponto da modificação trazida pela Lei 9.677/1998 foi a elevação abrupta e excessiva da pena de um crime de perigo abstrato, que passou a ser superior à de graves crimes de dano, como é o caso do homicídio simples. A solução não nos parece ser, para contornar a elevada sanção, a transformação do perigo de abstrato para concreto, mas uma minuciosa análise do conjunto probatório, deixando-se de admitir provas inseguras, como a confissão extrajudicial, por exemplo, para condenar. É delito unissubjetivo (aquele que pode ser cometido por um único sujeito); plurissubsistente (delito cuja ação é composta por vários atos, permitindo-se o seu fracionamento); admite tentativa.

---

[19]   *Código Penal comentado*, p. 495.

7.6   Crime hediondo

A Lei 9.677/1998 alterou substancialmente as penas desse delito, passando-as de um a três anos, e multa, para dez a quinze anos, mantendo-se a multa. Houve, ainda, a criação de novas condutas típicas, tanto no *caput* quanto nos parágrafos. Em seguida, a Lei 9.695/1998 classificou esse delito como hediondo, ao incluí-lo no rol do art. 1.º da Lei 8.072/1990.

7.7   Pena desproporcional

Noticiou-se uma onda de eventos, trazendo à tona alguns problemas relativos à falsificação e adulteração de remédios, em particular, no contexto das pílulas anticoncepcionais. Por conta disso, em função da explosiva carga da mídia, o Legislativo, mais uma vez, editou lei penal, alterando o tipo penal do art. 273, bem como sua faixa de penas. Para um delito de perigo abstrato, criou-se a impressionante cominação de 10 a 15 anos de reclusão, algo equivalente a um homicídio qualificado. Há condutas tipificáveis nesse artigo que são nitidamente frágeis em matéria de ofensividade, razão pela qual jamais poderiam atingir tais reprimendas. O outro oposto seria considerar *bagatela* a falsificação, corrupção, adulteração ou alteração de remédios e similares, bem como outras condutas previstas nos parágrafos do art. 273. Exagero, por certo.[20]

Há relevância jurídica em punir tais atitudes, mas o ponto fulcral é a absurda penalidade *inventada* pelo legislador, sem qualquer critério. Diante disso, em homenagem ao princípio da proporcionalidade, muitos julgados têm optado por soluções alternativas: alguns absolvem, *alegando* falta de provas (quando elas, na verdade, estão presentes); outros preferem usar a analogia *in bonam partem*, aplicando a pena do tráfico de drogas – o que me parece a mais sensata; terceiros, ainda, simplesmente, ignoram a pena e punem tal como prevê a lei. O choque de ideias é evidente, nascendo da confusa atividade legislativa, que, há tempos, domina o cenário brasileiro. Em nosso entendimento, o ideal seria o meio-termo: entre a excessiva pena do art. 273 e a absolvição, por qualquer causa, quando presentes as provas suficientes, o ideal é o uso da analogia, com aplicação da pena do tráfico de drogas (art. 33, *caput*, Lei 11.343/2006). Posteriormente, o Superior Tribunal de Justiça, analisando esse preceito sancionador, em função do princípio da proporcionalidade, declarou a inconstitucionalidade da pena do art. 273, § 1.º-B, V, deste Código, apontando para o uso da analogia *in bonam partem*, aplicando a pena do tráfico ilícito de drogas, que é de reclusão de 5 a 15 anos e multa (AI no HC 239.363-PR, Corte Especial, rel. Sebastião Reis Júnior, j. 26.02.2015, m.v.).

Entretanto, em 2021, o Plenário do Supremo Tribunal Federal, por maioria, apreciando o tema 1.003 de repercussão geral, fixou o entendimento de que a sanção penal do art. 273, § 1.º-B, inciso I, do Código Penal, é desproporcional e estabeleceu a seguinte tese: "É inconstitucional a aplicação do preceito secundário do art. 273 do Código Penal, com redação dada pela Lei n.º 9.677/98 (reclusão, de 10 a 15 anos, e multa), à hipótese prevista no seu § 1.º-B, I, que versa sobre a importação de medicamento sem registro no órgão de vigilância sanitária. Para esta situação específica, fica repristinado o preceito secundário do art. 273, na redação originária (reclusão, de 1 a 3 anos, e multa)", vencidos os Ministros Marco Aurélio, Ricardo Lewandowski e Edson Fachin (RE 979.962, 24.03.2021). Parece-nos mais adequado utilizar a analogia *in bonam partem*, aplicando a pena do tráfico ilícito de drogas, visto que o instituto da repristinação deve ser realizado por meio da edição de lei. Entretanto, deve prevalecer a

---

[20]   No mesmo sentido, ROGÉRIO GRECO, *Curso de direito penal*, v. 3, p. 447.

posição do Pretório Excelso. Retorna-se a pena à faixa de reclusão de um a três anos, e multa. Porém, remanesce a dúvida em relação às demais figuras do art. 273, pois o STF abordou, especificamente, o disposto pelo § 1.º-B, inciso I, desse dispositivo. Parece-nos que o fundamento relativo à desproporcionalidade da sanção penal cominada (reclusão, de dez a quinze anos, e multa) envolve todas as condutas previstas no referido art. 273, que é crime de perigo abstrato, não comportando uma penalidade tão severa, equivalente a um homicídio qualificado.

7.8   Figura equiparada do § 1.º

Importar (trazer algo de fora para dentro do País); *vender* (alienar por certo preço); *expor à venda* (colocar à vista com o fim de alienar a certo preço); *ter em depósito para vender* (manter algo guardado com o fim de alienar a certo preço); *distribuir* (dar para várias pessoas em várias direções ou espalhar); *entregar a consumo* (passar algo às mãos de terceiros para que seja ingerido ou gasto). O objeto é produto falsificado, corrompido, adulterado ou alterado.

7.8.1   Sujeitos ativo e passivo

O sujeito ativo pode ser qualquer pessoa. O sujeito passivo é a sociedade.

7.8.2   Elemento subjetivo

É o dolo de perigo, ou seja, a vontade de gerar um risco não tolerado a terceiros. Não se demanda elemento subjetivo específico, punindo-se a forma culposa no § 2.º. Discordamos daqueles que sustentam ser a forma "expor à venda" acrescida do elemento subjetivo específico ("para vender"), pois isso descaracteriza a conduta, que é naturalmente composta.

Não se pune, porque sem sentido, a conduta de *expor* (mostrar, exibir), mas sim a de mostrar para vender. O mesmo raciocínio é usado no tocante ao "ter em depósito", que não significa "ter + a finalidade específica de ter para guardar (depósito)". A conduta é composta, ou seja, "ter em depósito" é uma única conduta, sem necessidade de se falar em elemento subjetivo específico.

No caso do tipo penal em questão, para a forma "ter em depósito" existe o elemento subjetivo específico, que é acrescido de "para vender". Assim, a conduta composta "ter em depósito", tradicionalmente utilizada em outros tipos penais, nesse caso ganha uma finalidade especial, que é a vontade de alienar a certo preço. O mesmo não ocorre, no entanto, com a conduta de "expor à venda", que poderia ser *traduzida* como "apresentar ao comprador".

7.8.3   Objetos material e jurídico

O objeto material é o produto falsificado, corrompido, adulterado ou alterado. O objeto jurídico é a saúde pública.

7.8.4   Classificação

Trata-se de crime comum (aquele que pode ser cometido por qualquer pessoa); formal (delito que não exige, para sua consumação, a ocorrência de resultado naturalístico, consistente na efetiva existência de um dano para alguém). Ocorrendo dano, fala-se em exaurimento; de forma livre (pode ser cometido por qualquer meio eleito pelo agente); comissivo (os verbos implicam ações); instantâneo (cuja consumação não se prolonga no tempo, dando-se em momento determinado), nas formas "importar", "vender", "distribuir" e "entregar", mas permanente (delito cuja consumação se arrasta no tempo) nas modalidades "expor à venda" e "ter em depósito". É de perigo comum abstrato (aquele que coloca um número indeterminado de pessoas em perigo, que é presumido); unissubjetivo (aquele que pode ser cometido por um único sujeito); plurissubsistente (delito cuja ação é composta por vários atos, permitindo-se o seu fracionamento), conforme o caso concreto; admite tentativa.

7.9   Extensão do objeto e eventual lesão ao princípio da proporcionalidade

Além dos produtos destinados a fins terapêuticos ou medicinais, houve por bem o legislador fazer inserir no § 1.º-A outros objetos, alguns dos quais, com bom senso, já poderiam ser considerados incluídos no *caput*. A propósito, vejam-se: *medicamento* é remédio, isto é, substância voltada à cura de males e doenças (produto medicinal, em última análise); *matéria-prima* é a substância bruta com que se fabrica alguma coisa. É natural que, nesse caso, não se esteja falando de qualquer matéria-prima, mas sim a que serve de base para a constituição de uma substância destinada a fins terapêuticos ou medicinais. Assim, em essência, já está contida no *caput*.

Entretanto, para evitar dissabores na interpretação, fez-se questão de mencionar tanto o medicamento – que contém o produto destinado a fins terapêuticos ou medicinais – como a matéria-prima – que serve para construir o produto destinado aos fins expostos. Pode-se, então, concluir que a matéria-prima serve ao produto destinado a fins terapêuticos ou medicinais, que, por sua vez, se presta para constituir o medicamento. Além dessas duas, há os *insumos farmacêuticos* (produtos combinados de variadas matérias-primas, com a finalidade de servir de medicamentos); os *cosméticos* (produtos destinados à limpeza, à conservação e à maquilagem da pele); os *saneantes* (produtos de limpeza em geral); e os produtos usados em diagnóstico (são os instrumentos para a detecção ou determinação de uma doença). Há quem se insurja contra a inclusão, nesse tipo, dos cosméticos e saneantes, alegando ferir o princípio da proporcionalidade.[21]

Com isso não concordamos integralmente. Se exagero houve, foi na fixação da pena elevada, que varia de dez a quinze anos. Nesse ponto, sem dúvida, pode-se sustentar a falta de proporcionalidade entre a pena cominada e o possível resultado gerado pelo delito. No mais, é preciso verificar que um cosmético entra em contato direto com o organismo humano, tanto quanto um medicamento, de forma que os danos à saúde podem ser de igual monta, caso sejam adulterados ou falsificados. O mesmo se diga dos saneantes, que servem à higienização de muitos locais, como hospitais, clínicas e consultórios, ligando-se diretamente à questão da saúde.

7.10   Outra extensão relativa aos produtos

Vinculando os produtos previstos nos incisos com as condutas de importar, vender, expor à venda, ter em depósito para vender, distribuir e entregar a consumo, há um novo acréscimo quanto ao objeto do crime (§ 1.º-B). Incluem-se, também, os seguintes produtos: a) *sem registro, quando exigível, no órgão de vigilância sanitária competente*: é o produto que, embora não adulterado de qualquer forma, deixou de ser devidamente inscrito no órgão governamental de controle da saúde e da higiene pública. Menciona-se, nessa hipótese, que é preciso ser *exigível* tal registro, de modo que é norma penal em branco; b) *em desacordo com a fórmula constante do registro previsto no inciso anterior*: isto é, faz-se a inscrição do produto no órgão competente, embora seja ele alienado, por exemplo, com conteúdo diverso do que consta no registro. Não deixa de ser, nesse caso, uma modalidade específica de alteração do produto, além de norma penal em branco; c) *sem as características de identidade e qualidade admitidas para*

---

21   Por todos, ver DELMANTO, *Código Penal comentado*, p. 496.

a sua comercialização: ou seja, é o produto que não corresponde exatamente àquele que conta com autorização governamental para ser vendido ao público, seja porque mudou sua forma de apresentação, seja porque não preenche, na essência, o objetivo da vigilância sanitária. Trata-se de norma penal em branco; d) *com redução de seu valor terapêutico ou de sua atividade*: significando que o produto, tal como é conhecido, deveria apresentar certa eficácia para o combate a determinados males e doenças, deixando de manifestá-la porque foi alterado, perdendo capacidade terapêutica ou diminuindo-se o tempo de duração de seus efeitos. É outra modalidade específica de adulteração ou alteração; e) *de procedência ignorada*: ou seja, é o produto sem origem, sem nota e sem controle, podendo ser verdadeiro ou falso, mas dificultando, sobremaneira, a fiscalização da autoridade sanitária. É um nítido perigo abstrato; f) *adquiridos de estabelecimento sem licença da autoridade sanitária competente*: isto é, compõem o universo dos produtos originários de comércio clandestino de substâncias medicinais ou terapêuticas. Tendo em vista o perigo abstrato existente na comercialização de produtos sem o controle sanitário, é natural que não se possa adquiri-los de lugares não licenciados.

7.10.1 *Inconstitucionalidade declarada pelo Superior Tribunal de Justiça*

Embora não tenha sido uma ampla decisão, envolvendo o preceito sancionador do art. 273 para todas as hipóteses, o STJ, em homenagem ao princípio da proporcionalidade, declarou a inconstitucionalidade do preceito secundário do art. 273, § 1.º-B, V, deste Código. *In verbis*: "Arguição de Inconstitucionalidade. Preceito secundário do art. 273, § 1.º-B, V, do CP. Crime de ter em depósito, para venda, produto destinado a fins terapêuticos ou medicinais de procedência ignorada. Ofensa ao princípio da proporcionalidade. 1. A intervenção estatal por meio do Direito Penal deve ser sempre guiada pelo princípio da proporcionalidade, incumbindo também ao legislador o dever de observar esse princípio como proibição de excesso e como proibição de proteção insuficiente. 2. É viável a fiscalização judicial da constitucionalidade dessa atividade legislativa, examinando, como diz o Ministro Gilmar Mendes, se o legislador considerou suficientemente os fatos e prognoses e se utilizou de sua margem de ação de forma adequada para a proteção suficiente dos bens jurídicos fundamentais. 3. Em atenção ao princípio constitucional da proporcionalidade e razoabilidade das leis restritivas de direitos (CF, art. 5.º, LIV), é imprescindível a atuação do Judiciário para corrigir o exagero e ajustar a pena cominada à conduta inscrita no art. 273, § 1.º-B, do Código Penal. 4. O crime de ter em depósito, para venda, produto destinado a fins terapêuticos ou medicinais de procedência ignorada é de perigo abstrato e independe da prova da ocorrência de efetivo risco para quem quer que seja. E a indispensabilidade do dano concreto à saúde do pretenso usuário do produto evidencia ainda mais a falta de harmonia entre o delito e a pena abstratamente cominada (de 10 a 15 anos de reclusão) se comparado, por exemplo, com o crime de tráfico ilícito de drogas - notoriamente mais grave e cujo bem jurídico também é a saúde pública. 5. A ausência de relevância penal da conduta, a desproporção da pena em ponderação com o dano ou perigo de dano à saúde pública decorrente da ação e a inexistência de consequência calamitosa do agir convergem para que se conclua pela falta de razoabilidade da pena prevista na lei. A restrição da liberdade individual não pode ser excessiva, mas compatível e proporcional à ofensa causada pelo comportamento humano criminoso. 6. Arguição acolhida para declarar inconstitucional o preceito secundário da norma" (AI no HC 239.363-PR, Corte Especial, rel. Sebastião Reis Júnior, j. 26.02.2015, m. v.).

Em voto vencedor, o Ministro Luis Felipe Salomão entendeu viável aplicar a posição que sustentamos: "Guilherme de Souza Nucci sugere, como solução, uma interpretação conforme a Constituição no sentido de aplicar, nos casos em que não há enormes danos, o preceito secundário da lei de entorpecentes. (...) Tal solução parece a mais adequada, pois não se pode negar que a conduta tipificada merece reprimenda penal, mesmo quando não existir a possibilidade de causar enormes danos à sociedade. Entretanto, nesse caso, o Poder Judiciário, por mandamento constitucional, deve aplicar penalidade compatível com a conduta, em atenção aos princípios da lesividade e da proporcionalidade".

7.11 Forma culposa

Quando as condutas são cometidas por imprudência, negligência ou imperícia do agente, que tem previsibilidade do resultado, compõe-se a modalidade culposa do crime. Abrange todas as figuras anteriormente previstas, inclusive a falsificação que, como HUNGRIA bem coloca, pode ser cometida não com intenção maligna, mas por "grosseira desatenção".[22]

7.12 Quadro-resumo

Previsão legal	**Falsificação, Corrupção, Adulteração ou Alteração de Produto Destinado a Fins Terapêuticos ou Medicinais** **Art. 273.** Falsificar, corromper, adulterar ou alterar produto destinado a fins terapêuticos ou medicinais: Pena – reclusão, de 10 (dez) a 15 (quinze) anos, e multa. § 1.º Nas mesmas penas incorre quem importa, vende, expõe à venda, tem em depósito para vender ou, de qualquer forma, distribui ou entrega a consumo o produto falsificado, corrompido, adulterado ou alterado. § 1.º-A. Incluem-se entre os produtos a que se refere este artigo os medicamentos, as matérias-primas, os insumos farmacêuticos, os cosméticos, os saneantes e os de uso em diagnóstico. § 1.º-B. Está sujeito às penas deste artigo quem pratica as ações previstas no § 1.º em relação a produtos em qualquer das seguintes condições: I – sem registro, quando exigível, no órgão de vigilância sanitária competente; II – em desacordo com a fórmula constante do registro previsto no inciso anterior; III – sem as características de identidade e qualidade admitidas para a sua comercialização; IV – com redução de seu valor terapêutico ou de sua atividade; V – de procedência ignorada; VI – adquiridos de estabelecimento sem licença da autoridade sanitária competente. **Modalidade Culposa** § 2.º Se o crime é culposo: Pena – detenção, de 1 (um) a 3 (três) anos, e multa.
Sujeito ativo	Qualquer pessoa
Sujeito passivo	Sociedade
Objeto material	Produto destinado a fins terapêuticos ou medicinais; produto falsificado, corrompido, adulterado ou alterado
Objeto jurídico	Saúde pública
Elemento subjetivo	Dolo de perigo ou culpa

---

[22] *Comentários ao Código Penal*, v. 9, p. 116.

Classificação	Comum
	Formal
	Forma livre
	Comissivo
	Instantâneo ou permanente
	Perigo comum abstrato
	Unissubjetivo
	Plurissubsistente
Tentativa	Admite
Circunstâncias especiais	Crime hediondo

8.   EMPREGO DE PROCESSO PROIBIDO OU DE SUBSTÂNCIA NÃO PERMITIDA

8.1   Estrutura do tipo penal incriminador

Empregar significa fazer uso de algo ou aplicar. O objeto é o fabrico de produto destinado a consumo, revestimento, gaseificação artificial, matéria corante, substância aromática, antisséptica, conservadora ou outra não permitida. É norma penal em branco, tornando-se indispensável conhecer o conteúdo da legislação referente à proteção da saúde e da higiene pública. É o exposto pelo art. 274 do CP.

Fabrico de produto destinado a consumo é a manufatura ou preparo de substância voltada ao gasto ou à ingestão por um número indeterminado de pessoas.

Revestimento é tudo aquilo que cobre uma determinada superfície, tendo por fim protegê-la ou adorná-la.

Gaseificação artificial é a operação provocada por processo não natural, que tem por finalidade reduzir algo sólido ou líquido a gás ou vapor.

Matéria corante é a substância voltada a colorir ou tingir alguma coisa.

Substância aromática é o corpo cuja composição contém propriedades odoríferas, ou seja, de perfume agradável.

Substância antisséptica é o corpo cuja composição contém elementos capazes de impedir a proliferação de microrganismos, por meio da sua eliminação.

Substância conservadora é o corpo cuja composição contém propriedades capazes de impedir ou atrasar a modificação de alimento, diante da ação de microrganismos ou enzimas.

Qualquer outra não expressamente permitida pela legislação sanitária insere-se no contexto da interpretação analógica. O tipo penal fornece os exemplos de substâncias ou processos que somente podem ser utilizados no fabrico de algum produto destinado a consumo quando houver autorização legal, como o revestimento, a gaseificação artificial, a matéria corante e a substância aromática, antisséptica ou conservadora, e, a partir daí, generaliza para qualquer outro igualmente não permitido, semelhante aos primeiros. Trata-se, como já mencionado, de norma penal em branco, tendo em vista ser necessário conhecer o conteúdo da legislação sanitária.

A pena é de reclusão, de um a cinco anos, e multa.

8.2   Sujeitos ativo e passivo

O sujeito ativo pode ser qualquer pessoa. O sujeito passivo é a sociedade.

8.3   Elemento subjetivo

É o dolo de perigo, ou seja, a vontade de gerar um risco não tolerado a terceiros. Não se demanda elemento subjetivo específico, nem se pune a forma culposa.

8.4   Objetos material e jurídico

O objeto material é o produto fabricado e destinado a consumo. O objeto jurídico é a saúde pública.

8.5   Classificação

Trata-se de crime comum (aquele que pode ser cometido por qualquer pessoa); formal (crime que não exige, para sua consumação, resultado naturalístico, consistente em provocar efetivo dano a alguém). Se houver dano, cuida-se de exaurimento; de forma livre (pode ser cometido por qualquer meio eleito pelo agente); comissivo (o verbo implica ação); instantâneo (cuja consumação não se prolonga no tempo, dando-se em momento determinado); de perigo comum abstrato (aquele que coloca um número indeterminado de pessoas em perigo, que é presumido pela lei); unissubjetivo (aquele que pode ser cometido por um único sujeito); plurissubsistente (delito cuja ação é composta por vários atos, permitindo-se o seu fracionamento); admite tentativa.

8.6   Quadro-resumo

Previsão legal	**Emprego de Processo Proibido ou de Substância Não Permitida** **Art. 274.** Empregar, no fabrico de produto destinado a consumo, revestimento, gaseificação artificial, matéria corante, substância aromática, antisséptica, conservadora ou qualquer outra não expressamente permitida pela legislação sanitária: Pena – reclusão, de 1 (um) a 5 (cinco) anos, e multa.
Sujeito ativo	Qualquer pessoa
Sujeito passivo	Sociedade
Objeto material	Produto fabricado e destinado a consumo
Objeto jurídico	Saúde pública
Elemento subjetivo	Dolo de perigo
Classificação	Comum Formal Forma livre Comissivo Instantâneo Perigo comum abstrato Unissubjetivo Plurissubsistente
Tentativa	Admite

9.   INVÓLUCRO OU RECIPIENTE COM FALSA INDICAÇÃO

9.1   Estrutura do tipo penal incriminador

Inculcar significa apontar, citar, gravar ou imprimir. O objeto é a substância não encontrada no invólucro ou recipiente de produtos alimentícios, terapêuticos ou medicinais ou que nele existe em quantidade menor do que a mencionada. É o conteúdo do art. 275 do CP.

Invólucro é tudo aquilo que serve para encerrar ou conter alguma coisa, como capa plástica ou de papel; *recipiente* é o objeto destinado a encerrar em si substâncias líquidas ou sólidas, como frascos ou sacos plásticos.

Produtos alimentícios, terapêuticos e medicinais são as substâncias destinadas a nutrir ou sustentar o organismo (alimentícias), a aliviar ou curar doenças (terapêuticos) ou a combater males e enfermidades (medicinais).

A conduta do agente é gravar no invólucro ou recipiente de algum produto alimentício, terapêutico ou medicinal a *existência* de substância que, na realidade, nele inexiste ou, alternativamente, mandar imprimir que há substância em quantidade maior do que efetivamente existe no seu conteúdo.

Vicente Sabino Jr. lembra que "não é só o emprego de processo proibido em fabricação em produto destinado ao consumo que a lei penal incrimina. Pune também o uso, em invólucro ou recipiente de produto alimentício ou medicinal, de indicação inculcando a existência de substância que não se encontra em seu conteúdo ou que nele exista em quantidade menor do que a mencionada (...). A incriminação abrange, pois, não apenas a errônea indicação, em invólucro ou recipiente, do emprego de determinada substância, considerada essencial à respectiva fabricação, mas o seu uso em quantidade menor do que a prescrita em lei ou regulamento. Com isso, a lei tutela a saúde do consumidor, pondo-o ao abrigo do perigo que poderá advir da inobservância dolosa ou culposa das prescrições que regem a fabricação do produto. A inculcação, que é o propósito de iludir o consumidor com falsa ou errônea indicação, pode ser feita por meio da impressão ou carimbo, e deve constar do recipiente ou invólucro. A que se faça pela imprensa não configura a infração em exame. Também não a configura a indicação de determinada quantidade de uma substância em desacordo com a que deverá constar do produto, se esta foi observada em sua fabricação".[23]

A pena é de reclusão, de um a cinco anos, e multa.

9.2   Sujeitos ativo e passivo

O sujeito ativo pode ser qualquer pessoa. O sujeito passivo é a sociedade.

9.3   Elemento subjetivo

É o dolo de perigo, ou seja, a vontade de gerar um risco não tolerado a terceiros. Não se exige elemento subjetivo específico, nem se pune a forma culposa.

9.4   Objetos material e jurídico

O objeto material é o invólucro ou recipiente de produtos alimentícios, terapêuticos ou medicinais. O objeto jurídico é a saúde pública.

---

[23]   *Direito penal*, v. 4, p. 1118-1119.

9.5   Classificação

Trata-se de crime comum (aquele que pode ser cometido por qualquer pessoa); formal (crime que não exige, para sua consumação, resultado naturalístico, consistente em gerar, efetivamente, dano para alguém). Se houver dano, é o exaurimento; de forma livre (pode ser cometido por qualquer meio eleito pelo agente); comissivo (o verbo implica ação); instantâneo (cuja consumação não se prolonga no tempo, dando-se em momento determinado); de perigo comum abstrato (aquele que coloca um número indeterminado de pessoas em perigo, que é presumido pela lei); unissubjetivo (delito que pode ser cometido por uma só pessoa); plurissubsistente (delito cuja ação é composta por vários atos, permitindo-se o seu fracionamento); admite tentativa.

9.6   Quadro-resumo

Previsão legal	**Invólucro ou Recipiente com Falsa Indicação** **Art. 275.** Incular, em invólucro ou recipiente de produtos alimentícios, terapêuticos ou medicinais, a existência de substância que não se encontra em seu conteúdo ou que nele existe em quantidade menor que a mencionada: Pena – reclusão, de 1 (um) a 5 (cinco) anos, e multa.
Sujeito ativo	Qualquer pessoa
Sujeito passivo	Sociedade
Objeto material	Invólucro ou recipiente de produtos alimentícios, terapêuticos ou medicinais
Objeto jurídico	Saúde pública
Elemento subjetivo	Dolo de perigo
Classificação	Comum Formal Forma livre Comissivo Instantâneo Perigo comum abstrato Unissubjetivo Plurissubsistente
Tentativa	Admite

10.   PRODUTO OU SUBSTÂNCIA NAS CONDIÇÕES DOS DOIS ARTIGOS ANTERIORES

10.1   Estrutura do tipo penal incriminador

Vender (alienar por certo preço); *expor à venda* (colocar à vista com o fim de alienar a certo preço); *ter em depósito para vender* (manter algo guardado com o fim de alienar a certo preço); *entregar a consumo* (passar algo às mãos de terceiros para que seja ingerido ou gasto). O objeto é o produto nas condições descritas nos arts. 274 e 275. Trata-se de tipo penal remetido, passível de compreensão desde que se consulte o conteúdo dos mencionados artigos, bem como alternativo, isto é, a prática de uma ou mais condutas implica um único crime. É o disposto pelo art. 276 do Código Penal.

A pena é de reclusão, de um a cinco anos, e multa.

10.2 Sujeitos ativo e passivo

O sujeito ativo pode ser qualquer pessoa. O sujeito passivo é a sociedade.

10.3 Elemento subjetivo

É o dolo de perigo, ou seja, a vontade de gerar um risco não tolerado a terceiros. Não se exige elemento subjetivo específico, salvo no caso "ter em depósito *para vender*", que demanda a finalidade de guardar objeto para aliená-lo a certo preço. Inexiste a forma culposa.

10.4 Objetos material e jurídico

O objeto material é o produto nas condições determinadas pelos arts. 274 e 275. O objeto jurídico é a saúde pública.

10.5 Classificação

Trata-se de crime comum (aquele que pode ser cometido por qualquer pessoa); formal (crime que não exige, para sua consumação, resultado naturalístico, consistente em gerar efetivo dano a alguém). Se houver dano, é o exaurimento; de forma livre (pode ser cometido por qualquer meio eleito pelo agente); comissivo (os verbos implicam ações); instantâneo (cuja consumação não se prolonga no tempo, dando-se em momento determinado) nas formas "vender" e "entregar", mas permanente (delito cuja consumação se arrasta no tempo) nas modalidades "expor à venda" e "ter em depósito";[24] de perigo comum abstrato (aquele que coloca um número indeterminado de pessoas em perigo, que é presumido pela lei); unissubjetivo (aquele que pode ser cometido por um único sujeito); plurissubsistente (delito cuja ação é composta por vários atos, permitindo-se o seu fracionamento); admite tentativa.

10.6 Quadro-resumo

Previsão legal	**Produto ou Substância nas Condições dos Dois Artigos Anteriores** **Art. 276.** Vender, expor à venda, ter em depósito para vender ou, de qualquer forma, entregar a consumo produto nas condições dos artigos 274 e 275: Pena – reclusão, de 1 (um) a 5 (cinco) anos, e multa.
Sujeito ativo	Qualquer pessoa
Sujeito passivo	Sociedade
Objeto material	Produto nas condições determinadas pelos arts. 274 e 275
Objeto jurídico	Saúde pública
Elemento subjetivo	Dolo de perigo
Classificação	Comum Formal Forma livre Comissivo Instantâneo ou permanente Perigo comum abstrato Unissubjetivo Plurissubsistente
Tentativa	Admite

---

[24] No mesmo prisma, HUNGRIA, *Comentários ao Código Penal*, v. 9, p. 121.

11. SUBSTÂNCIA DESTINADA À FALSIFICAÇÃO

11.1 Estrutura do tipo penal incriminador

Vender (alienar por certo preço); *expor à venda* (colocar à vista com o fim de alienar a certo preço); *ter em depósito* (manter algo guardado); *ceder* (colocar algo à disposição de alguém). O objeto é substância destinada à falsificação de produtos alimentícios, terapêuticos ou medicinais. Trata-se de tipo misto alternativo, ou seja, a prática de uma ou mais condutas implica a realização de um só delito, desde que no mesmo contexto fático. É o preceituado pelo art. 277 do CP.

A substância deve ser *especificamente* voltada à falsificação, embora se deva verificar essa finalidade no caso concreto, e não de maneira geral. Assim, quando uma substância tiver múltipla destinação, sendo uma delas a de produzir alimentos ou remédios falsos, é preciso que fique bem demonstrado na situação concreta ser essa a razão de agir do autor. No mais, parece-nos extremado rigorismo pretender que a substância sirva *unicamente* para falsificar os produtos mencionados. É o mesmo modo de interpretar utilizado no caso do art. 253 ("substância ou engenho explosivo, gás tóxico ou asfixiante, ou material destinado à sua fabricação"). Há posição em sentido contrário, exigindo que a substância tenha finalidade *inequívoca* de falsificação.[25]

Produtos alimentícios, terapêuticos e medicinais são as substâncias destinadas a nutrir ou sustentar o organismo (alimentícias), a aliviar ou curar doenças (terapêuticos) ou a combater males e enfermidades (medicinais).

A pena é de reclusão, de um a cinco anos, e multa.

11.2 Sujeitos ativo e passivo

O sujeito ativo pode ser qualquer pessoa. O sujeito passivo é a sociedade.

11.3 Elemento subjetivo

É o dolo de perigo, ou seja, a vontade de gerar um risco não tolerado a terceiros. Exige o tipo penal elemento subjetivo específico, ou seja, a finalidade de atuar, vendendo, colocando à venda, tendo em depósito ou cedendo substância *destinada* à falsificação. Não se pune a forma culposa.

11.4 Objetos material e jurídico

O objeto material é substância destinada à falsificação de produtos alimentícios, terapêuticos ou medicinais. O objeto jurídico é a saúde pública.

11.5 Classificação

Trata-se de crime comum (aquele que pode ser cometido por qualquer pessoa); formal (crime que não exige, para sua consumação, resultado naturalístico, consistente em gerar efetivo dano para alguém). Havendo dano, é o exaurimento; de forma livre (pode ser cometido por qualquer meio eleito pelo agente); comissivo (o verbo implica ação); instantâneo (cuja consumação não se prolonga no tempo, dando-se em momento determinado), nas formas

---

[25] DELMANTO, *Código Penal comentado*, p. 500.

"vender" e "ceder", mas permanente (delito cuja consumação se prolonga no tempo) nas modalidades "expor à venda" e "ter em depósito"; de perigo comum abstrato (aquele que coloca um número indeterminado de pessoas em perigo, que é presumido pela lei); unissubjetivo (aquele que pode ser cometido por um único sujeito); plurissubsistente (delito cuja ação é composta por vários atos, permitindo-se o seu fracionamento).

Cremos não admitir tentativa, pois trata-se de fase de preparação dos delitos dispostos nos arts. 272 e 273. Note-se que deve ser usado o mesmo raciocínio já exposto por ocasião do delito do art. 253, que é fase preparatória do previsto no art. 251. Não teria sentido punir a preparação de um determinado delito – que normalmente não é punível (ver art. 14, II, CP) – como crime autônomo, prevendo-se para este também a figura da tentativa. Seria a ilogicidade de punir a tentativa de preparação de um delito que somente é objeto de punição porque, excepcionalmente, o legislador construiu um tipo penal para tanto. Assim, ter em depósito substância destinada à falsificação de um produto medicinal, não fosse o tipo do art. 277, seria conduta impunível, não podendo ser considerada ato executório do crime do art. 273, porque mera preparação. É incabível, pois, ao intérprete aumentar a exceção criada pelo legislador.

11.6 Quadro-resumo

	Substância Destinada à Falsificação
Previsão legal	**Art. 277.** Vender, expor à venda, ter em depósito ou ceder substância destinada à falsificação de produtos alimentícios, terapêuticos ou medicinais: Pena – reclusão, de 1 (um) a 5 (cinco) anos, e multa.
Sujeito ativo	Qualquer pessoa
Sujeito passivo	Sociedade
Objeto material	Substância destinada à falsificação de produtos alimentícios, terapêuticos ou medicinais
Objeto jurídico	Saúde pública
Elemento subjetivo	Dolo de perigo + elemento subjetivo do tipo
Classificação	Comum Formal Forma livre Comissivo Instantâneo ou permanente Perigo comum abstrato Unissubjetivo Plurissubsistente
Tentativa	Não admite

12. OUTRAS SUBSTÂNCIAS NOCIVAS À SAÚDE PÚBLICA

12.1 Estrutura do tipo penal incriminador

Fabricar (manufaturar ou construir); *vender* (alienar por certo preço); *expor à venda* (colocar à vista com o fim de alienar a certo preço); *ter em depósito para vender* (manter algo guardado com a finalidade de alienar por certo preço); *entregar a consumo* (passar algo às mãos de terceiros para que seja ingerido ou gasto). O objeto é coisa ou substância nociva à saúde. É o teor do art. 278 do CP.

Coisa ou substância nociva à saúde é o objeto ou a matéria prejudicial às funções orgânicas, físicas e mentais do ser humano.

O tipo penal, para evitar dúvidas, tornou expressa a reserva quanto à aplicação desse artigo no tocante aos produtos alimentícios ou medicinais. Assim, caso estes sejam de qualquer modo adulterados, tornando-se nocivos à saúde, deve o agente ser punido pelos tipos dos arts. 272 e 273, com penas mais severas. Entretanto, se porventura o produto for nocivo à saúde, não se encaixando nos destinados à alimentação ou a fins medicinais, responde o agente pelo delito do art. 278.

Como diz HUNGRIA, "certos objetos ou substâncias, embora não destinados à ingestão, podem, em virtude de sua má ou irregular composição, prejudicar, e às vezes seriamente, a saúde de quem deles se utiliza. É o que pode acontecer em relação, por exemplo, às pastas dentifrícias, colutórios em geral, cosméticos, batons, perfumes, cigarros, chupetas e mamadeiras para crianças, utensílios de cozinha, talheres etc. É preciso que a coisa ou substância seja destinada a consumo (ou uso)".[26]

A pena é de detenção, de um a três anos, e multa (art. 278, *caput,* CP). Se o crime é culposo, a pena será de detenção, de dois meses a um ano (art. 278, parágrafo único, CP).

12.2 Sujeitos ativo e passivo

O sujeito ativo pode ser qualquer pessoa. O sujeito passivo é a sociedade.

12.3 Elemento subjetivo

É o dolo de perigo, ou seja, a vontade de gerar um risco não tolerado a terceiros. Não se exige elemento subjetivo específico, salvo na conduta de "ter em depósito", que pede a finalidade de venda. A forma culposa está prevista no parágrafo único.

12.4 Objetos material e jurídico

O objeto material é coisa ou substância nociva à saúde. O objeto jurídico é a saúde pública.

12.5 Classificação

Trata-se de crime comum (aquele que pode ser cometido por qualquer pessoa); formal (delito que não exige, para sua consumação, a ocorrência de resultado naturalístico, consistente na efetiva existência de dano para alguém). Havendo dano, cuida-se de exaurimento; de forma livre (pode ser cometido por qualquer meio eleito pelo agente); comissivo (os verbos implicam ações); instantâneo (cuja consumação não se prolonga no tempo, dando-se em momento determinado) nas formas "fabricar", "vender" e "entregar", mas permanente (crime cuja consumação se arrasta no tempo) nas modalidades "expor à venda" e "ter em depósito"; de perigo comum abstrato (aquele que coloca um número indeterminado de pessoas em perigo, que é presumido); unissubjetivo (aquele que pode ser cometido por um único sujeito); plurissubsistente (delito cuja ação é composta por vários atos, permitindo-se o seu fracionamento); admite tentativa.

12.6 Figura culposa

Caso o delito seja cometido por imprudência, negligência ou imperícia, havendo previsibilidade do agente quanto ao resultado, pune-se com pena substancialmente menor (detenção, de dois meses a um ano).

---

[26] *Comentários ao Código Penal*, v. 9, p. 123.

12.7 Quadro-resumo

Previsão legal	**Outras Substâncias Nocivas à Saúde Pública** **Art. 278.** Fabricar, vender, expor à venda, ter em depósito para vender ou, de qualquer forma, entregar a consumo coisa ou substância nociva à saúde, ainda que não destinada à alimentação ou a fim medicinal: Pena – detenção, de um a três anos, e multa. **Modalidade Culposa** **Parágrafo único.** Se o crime é culposo: Pena – detenção, de dois meses a um ano.
Sujeito ativo	Qualquer pessoa
Sujeito passivo	Sociedade
Objeto material	Coisa ou substância nociva à saúde
Objeto jurídico	Saúde pública
Elemento subjetivo	Dolo de perigo ou culpa
Classificação	Comum Formal Forma livre Comissivo Instantâneo ou permanente Perigo comum abstrato Unissubjetivo Plurissubsistente
Tentativa	Admite

13. MEDICAMENTO EM DESACORDO COM RECEITA MÉDICA

13.1 Estrutura do tipo penal incriminador

Fornecer significa prover ou pôr à disposição de alguém. O objeto é substância medicinal. É o disposto pelo art. 280 do CP.

Substância medicinal é a matéria voltada à cura de algum mal orgânico.

Inclui-se elemento pertinente à ilicitude no tipo penal, fazendo com que, quando houver receita médica (prescrição escrita feita pelo médico, devidamente identificado) *de acordo*, ou seja, autorizando, a conduta se torne atípica. Sendo crime de perigo abstrato, pouco importa se a medicação fornecida melhorou o estado de saúde do paciente ou se serviu para piorar.

A pena é de detenção, de um a três anos, ou multa.

13.2 Sujeitos ativo e passivo

O sujeito ativo pode ser qualquer pessoa, admitindo-se que o farmacêutico é o mais provável. Entende MAGALHÃES NORONHA ser crime próprio, ou seja, somente podendo ser o farmacêutico ou o prático (farmacêutico não formado), devidamente autorizado.[27] Assim não nos parece, pois o tipo penal fala simplesmente em "fornecer", o que pode ser feito gratuita ou onerosamente, além do que a substância medicinal pode chegar às mãos de

---

[27] *Direito penal*, v. 4, p. 58. Assim também HUNGRIA, *Comentários ao Código Penal*, v. 9, p. 124.

alguém licitamente, que a entrega a terceiros, contrariamente ao que dispõe a receita médica. Inclui-se, nesse tipo, o balconista da farmácia, por exemplo. O sujeito passivo é a sociedade.

13.3 Elemento subjetivo

É o dolo de perigo, ou seja, a vontade de gerar um risco não tolerado a terceiros. Não se exige elemento subjetivo específico. A forma culposa é prevista no parágrafo único.

13.4 Objetos material e jurídico

O objeto material é a substância medicinal. O objeto jurídico é a saúde pública.

13.5 Classificação

Trata-se de crime comum (aquele que pode ser cometido por qualquer pessoa). Há voz em contrário (ver nota ao sujeito ativo); formal (delito que não exige, para sua consumação, a ocorrência de resultado naturalístico, consistente na efetiva existência de dano para alguém). Se houver dano, é o exaurimento; de forma livre (pode ser cometido por qualquer meio eleito pelo agente); comissivo (o verbo implica ação); instantâneo (cuja consumação não se prolonga no tempo, dando-se em momento determinado); de perigo comum abstrato (aquele que coloca um número indeterminado de pessoas em perigo, que é presumido); unissubjetivo (aquele que pode ser cometido por um único sujeito); plurissubsistente (delito cuja ação é composta por vários atos, permitindo-se o seu fracionamento); admite tentativa.

13.6 Forma culposa

Se o agente fornece a substância medicinal, em desacordo com receita, mas por fruto da sua imprudência, negligência ou imperícia, havendo previsibilidade do resultado, é apenado mais brandamente (detenção, de dois meses a um ano).

13.7 Falha legislativa

Deveria ter sido prevista, também para o tipo culposo, a pena de multa alternativa, embora o juiz possa corrigir essa falha, substituindo-a, quando a lei o permitir (art. 60, § 2.º, CP).

13.8 Quadro-resumo

Previsão legal	**Medicamento em Desacordo com Receita Médica** **Art. 280.** Fornecer substância medicinal em desacordo com receita médica: Pena – detenção, de um a três anos, ou multa. **Modalidade Culposa** **Parágrafo único.** Se o crime é culposo: Pena – detenção, de dois meses a um ano.
Sujeito ativo	Qualquer pessoa
Sujeito passivo	Sociedade
Objeto material	Substância medicinal
Objeto jurídico	Saúde pública
Elemento subjetivo	Dolo de perigo ou culpa

Classificação	Comum
	Formal
	Forma livre
	Comissivo
	Instantâneo
	Perigo comum abstrato
	Unissubjetivo
	Plurissubsistente
Tentativa	Admite

14. EXERCÍCIO ILEGAL DA MEDICINA, ARTE DENTÁRIA OU FARMACÊUTICA

14.1 Estrutura do tipo penal incriminador

Exercer implica desempenhar algo habitualmente. Significa, pois, que o agente necessita atuar com regularidade e frequência, uma vez que a punição se volta ao estilo de vida, e não a um comportamento isolado. É o disposto pelo art. 282 do CP.

O caráter *habitual* é fornecido não somente pelo verbo, mas também pelo complemento, que é a profissão (atividade remuneratória que se pratica com habitualidade). O objeto é a profissão de médico, dentista ou farmacêutico.

O tipo menciona que o profissional pode exercer a sua atividade *mesmo a título gratuito*, o que é questionado por alguns penalistas, afirmando que *profissão* e *gratuidade* se repelem. HUNGRIA responde a tal crítica dizendo que, "em princípio, profissão é toda atividade habitual remunerada; mas uma profissão não deixa de ser tal ainda quando, excepcionalmente, seja exercida *sine pecunia accepta* [sem pagamento]. Assim, por exemplo, se um facultativo [praticante de medicina], por espírito filantrópico ou para angariar prestígio eleitoral, recusa honorários de seus clientes, nem por isso deixará de estar exercendo a profissão médica".[28]

A pena é de detenção, de seis meses a dois anos. Se o crime for praticado com intenção de lucro, aplica-se também a multa.

14.2 Sujeitos ativo e passivo

O sujeito ativo pode ser qualquer pessoa, quando se refere o tipo ao exercício da profissão de médico, dentista ou farmacêutico. Entretanto, necessita ser médico, dentista ou farmacêutico quando, na segunda parte, faz referência à ultrapassagem dos limites inerentes à profissão. O sujeito passivo é a sociedade. Secundariamente, a pessoa diretamente atingida pela conduta do agente.

14.3 Elemento subjetivo

É o dolo de perigo, ou seja, a vontade de gerar um risco não tolerado a terceiros. Não se pune a forma culposa. Exige-se, no entanto, o elemento subjetivo específico, porque se trata de crime habitual, que é a vontade de desempenhar a atividade usualmente, como estilo de vida.

---

[28] *Comentários ao Código Penal*, v. 9, p. 145.

14.4 Objetos material e jurídico

O objeto material é a profissão de médico, dentista ou farmacêutico. O objeto jurídico é a saúde pública.

14.5 Classificação

Trata-se de crime comum (aquele que pode ser cometido por qualquer pessoa), na primeira parte do tipo, e próprio (delito que exige sujeito ativo especial), na segunda; formal (delito que não exige, para sua consumação, a ocorrência de resultado naturalístico, consistente na efetiva existência de dano para alguém). Havendo dano, cuida-se de exaurimento; de forma livre (pode ser cometido por qualquer meio eleito pelo agente); comissivo (o verbo implica ação); habitual (crime cuja consumação somente se dá a partir da reiteração de ações, impossível de se determinar no tempo com precisão, de modo que somente a colheita da prova poderá estabelecer a tipicidade ou não da conduta). Sobre a impossibilidade de se lidar com o crime habitual como se fosse permanente, ver item 4.5.1 da Parte 1. É crime de perigo comum abstrato (aquele que coloca um número indeterminado de pessoas em perigo, que é presumido); unissubjetivo (aquele que pode ser cometido por um único sujeito); plurissubsistente (delito cuja ação é composta por vários atos, permitindo-se o seu fracionamento); não admite tentativa, por se tratar de delito habitual.

14.6 Quadro-resumo

Previsão legal	**Exercício Ilegal da Medicina, Arte Dentária ou Farmacêutica** **Art. 282.** Exercer, ainda que a título gratuito, a profissão de médico, dentista ou farmacêutico, sem autorização legal ou excedendo-lhe os limites: Pena – detenção, de seis meses a dois anos. **Parágrafo único.** Se o crime é praticado com o fim de lucro, aplica-se também multa.
Sujeito ativo	Qualquer pessoa, quando se refere ao exercício da profissão de médico, dentista ou farmacêutico
Sujeito passivo	Sociedade; pessoa diretamente atingida pela conduta do agente
Objeto material	Profissão de médico, dentista ou farmacêutico
Objeto jurídico	Saúde pública
Elemento subjetivo	Dolo de perigo + elemento subjetivo
Classificação	Comum Formal Forma livre Comissivo Habitual Perigo comum abstrato Unissubjetivo Plurissubsistente
Tentativa	Não admite
Circunstâncias especiais	Multa

15. CHARLATANISMO

15.1 Estrutura do tipo penal incriminador

Inculcar significa apregoar ou dar a entender; *anunciar* quer dizer divulgar ou fazer saber. O objeto das condutas é a cura por meio secreto ou infalível. É o preceito do art. 283 do CP.

Tem-se por fim punir aquele que, sendo médico ou não, se promove à custa de métodos questionáveis e perigosos de curar pessoas, de maneira oculta ou ignorada do paciente e do poder público, além de divulgar mecanismos inverídicos de cura, visto não existir nada infalível quando se trata de cura de enfermidades.

Como explica FLAMÍNIO FÁVERO, o "termo charlatanismo vem de charlar, do italiano *ciarlare*, que quer dizer conversar. De início, parece que só isso satisfazia os charladores. Enchiam o seu tempo e dos ouvintes, mais ou menos agradavelmente, conversando apenas. É como quem diz 'conversando fiado' ou 'dando pontos sem nós'. Depois, esses charladores julgaram de bom aviso unir o útil ao agradável e, então, vendiam drogas, apregoando-as com exagero: são os 'pontos com nós'... (...) Então surge a medicina desonesta. Os homens querem, mais do que o alívio e o consolo, a cura, e por qualquer preço. E assim confiam em tudo o que sejam promessas. E estimulam mesmo essas promessas, embora saibam que, às vezes, oferecem apenas embusteirice e impostura... É o terreno propício para os charlatães que medram como os cogumelos no terreno úmido e sombrio". Em suma, charlatanismo é "inculcar ou anunciar cura por meio secreto e infalível. No segredo e na infalibilidade estão os pontos fundamentais do ilícito moral e legal, porque a medicina não pode agir por meios secretos, devendo ser franca e leal em sua atuação e também porque nunca pode pretender a infalibilidade".[29]

Cura é o restabelecimento da saúde de alguém, que estava enfermo.

Sobre o meio secreto ou infalível, *meio* é o recurso utilizado para atingir um determinado objetivo, no caso, a cura do doente. Na modalidade *secreto* significa ser meio oculto ou ignorado do paciente. Sendo *infalível*, quer isso dizer sem qualquer chance de falhar.

A diferença entre quem exerce ilegalmente a medicina e o charlatão é a seguinte: "o primeiro acredita na eficácia do tratamento que aconselha ou aplica (indicado, aliás, ou não desaprovado pela ciência oficial, desde que prescrito por médico), ao passo que o segundo é um insincero, sabendo que nenhum efeito curativo pode ter o tratamento que inculca ou anuncia (as mais das vezes consistente em alguma *panaceia* não oficializada ou sem as virtudes atribuídas). Ainda mais: o agente do charlatanismo pode ser, e frequentemente o é, até mesmo um médico profissional e legalmente habilitado, que se torna, assim, um infrator consciente do código de ética da classe médica".[30]

A pena é de detenção, de três meses a um ano, e multa.

15.2 Sujeitos ativo e passivo

O sujeito ativo pode ser qualquer pessoa, inclusive o médico, dentista ou farmacêutico. O sujeito passivo é a sociedade.

15.3 Elemento subjetivo

É o dolo de perigo, ou seja, a vontade de gerar um risco não tolerado a terceiros. Ao contrário de outros autores, não vemos necessidade de se exigir do agente que saiba que o seu

---

[29] *Medicina legal*, p. 41-42.
[30] *Comentários ao Código Penal*, v. 9, p. 152.

método não é infalível ou ineficaz. Ainda que seja um crédulo no que faz, o fato é que não deve assim proceder, por colocar em risco a saúde pública, podendo levar pessoas a não se tratarem em outros locais para se aventurarem em seara desconhecida e perigosa. A vontade, pois, deve voltar-se a divulgar cura por método infalível, creia nisso ou não. Não há exigência do elemento subjetivo específico, nem se pune a forma culposa.

15.4 Objetos material e jurídico

O objeto material é o anúncio de cura secreta ou infalível. O objeto jurídico é a saúde pública.

15.5 Classificação

Trata-se de crime comum (aquele que pode ser cometido por qualquer pessoa); formal (delito que não exige, para sua consumação, a ocorrência de resultado naturalístico, consistente na efetiva existência de dano para alguém). Se houver dano, fala-se em exaurimento; de forma livre (pode ser cometido por qualquer meio eleito pelo agente); comissivo (os verbos implicam ações); instantâneo (cuja consumação não se prolonga no tempo, dando-se em momento determinado); de perigo comum abstrato (aquele que coloca um número indeterminado de pessoas em perigo, que é presumido); unissubjetivo (aquele que pode ser cometido por um único sujeito); plurissubsistente (delito cuja ação é composta por vários atos, permitindo-se o seu fracionamento); admite tentativa.

15.6 Quadro-resumo

Previsão legal	Charlatanismo
	Art. 283. Inculcar ou anunciar cura por meio secreto ou infalível:
	Pena – detenção, de três meses a um ano, e multa.
Sujeito ativo	Qualquer pessoa
Sujeito passivo	Sociedade
Objeto material	Anúncio de cura secreta ou infalível
Objeto jurídico	Saúde pública
Elemento subjetivo	Dolo de perigo
Classificação	Comum
	Formal
	Forma livre
	Comissivo
	Instantâneo
	Perigo comum abstrato
	Unissubjetivo
	Plurissubsistente
Tentativa	Admite

16. CURANDEIRISMO

16.1 Estrutura do tipo penal incriminador

Exercer significa desempenhar uma atividade com habitualidade. A conjugação dessa conduta se faz com as que vêm descritas nos incisos: a) *prescrever* (indicar como remédio ou receitar); *ministrar* (fornecer para ser ingerido ou utilizado por alguém); *aplicar* (empregar ou utilizar em alguém). O objeto, nesse caso, é qualquer substância (matéria que serve a alguma finalidade, por exemplo, a substância medicinal, destinada à cura de enfermidades); b) *usar gestos, palavras ou outros meios* (gesticular, falar ou agir de qualquer maneira que simbolize um ritual); c) *fazer* (produzir, executar, realizar), tendo por objeto o *diagnóstico*, que é o conhecimento de uma determinada doença por meio dos seus sintomas. A exigência da habitualidade é, sem dúvida, fundamental para a configuração do crime, porque, se não fosse assim, qualquer pessoa, um dia, estaria sujeita a cometer este delito, até porque há um costume generalizado de "agir como médico" no círculo doméstico ou social. É o disposto pelo art. 284 do Código Penal.

Sobre a tendência universal do ser humano de "prescrever" substâncias a terceiros, narra Flamínio Fávero a seguinte anedota a respeito de "Gonelle, bobo da corte do duque de Este. Apostou ele, com seu amo, que todos são médicos. Para demonstrá-lo, saiu certa manhã a percorrer a cidade, tendo amarrado ao queixo um lenço. E todos que o conheciam lhe indicavam um remédio esplêndido para a sua dor de dentes. Assim, reuniu ele para mais de trezentas receitas. Voltando ao palácio, o próprio duque, condoído dele, lhe deu uma prescrição. Então Gonelle, tirando o lenço do rosto, disse que havia ganho a aposta e que até seu amo era médico".[31]

O termo *curandeirismo* já possui uma significação peculiar, que é a atividade desempenhada pela pessoa que promove curas sem ter qualquer título ou habilitação para tanto, fazendo-o, geralmente, por meio de reza ou emprego de magia. Não haveria, em tese, necessidade de existir o complemento dado pelos incisos, mas, no caso presente, o tipo é de forma vinculada, exigindo que os atos somente sejam considerados penalmente relevantes quando tiverem a roupagem prescrita em lei.

Quanto aos passes e rituais de religiões e cultos, a Constituição Federal assegura a inviolabilidade de consciência e de crença, garantindo o livre exercício dos cultos religiosos (art. 5.º, VI). Assim, não se pode considerar *curandeirismo* a conduta daqueles que, crendo na ação de espíritos, fazem gestos com as mãos, nomeados *passes*, para a cura de males físicos ou psíquicos de alguém que, por sua vez, acredita neles. Assim, ambas as partes envolvidas estão vinculadas a uma religião, no caso o espiritismo, bem como a um culto (práticas consagradas para a exteriorização de uma religião ou crença). No mesmo patamar estão outras religiões que empregam gestos, palavras e outros meios para curar os males dos seus adeptos, invocando o nome de espíritos ou de ícones da sua crença, como Jesus Cristo, a fim de exercitarem e colocarem em prática a sua liturgia.[32]

Há excessos nas atividades religiosas, em face da proteção constitucional. E, também, pessoas que exercem autêntico *curandeirismo*, mas sob a veste de atividade religiosa. O Estado nada pode fazer para impedir a prática desses rituais, às vezes envolvendo a cura de males físicos mediante o emprego de "cirurgias espirituais", porque está envolvida a crença do paciente. Enquanto não se ultrapassar o limite do disponível, funciona o consentimento da vítima para afastar qualquer ilicitude. Entretanto, se o ofendido morrer ou sofrer lesão grave, como lamentavelmente já aconteceu por conta disso, o agente da "operação

---

[31]   *Medicina legal*, p. 46.

[32]   Hungria é totalmente contrário a isso, chamando os espíritas de *medicine-men*. Reputa fora de propósito a sua atividade, por meio de fluidos e passes, assim como considera outra casta errante os praticantes da umbanda. No entanto, admite serem manifestações religiosas ou filosóficas (*Comentários ao Código Penal*, v. 9, p. 155-156).

espiritual" deve ser responsabilizado pelo que causou à vítima, tendo em vista que a vida e a integridade corporal em determinados graus são consideradas bens indisponíveis, ainda que se tenha de afastar a aplicação da inviolabilidade de crença, pois nenhum direito é absoluto.

A pena é de detenção, de seis meses a dois anos. Se o delito for praticado mediante remuneração, o agente sujeita-se também à multa.

16.2 Sujeitos ativo e passivo

O sujeito ativo pode ser qualquer pessoa. O sujeito passivo é, primordialmente, a sociedade. Em segundo plano, a pessoa que é objeto da "cura" do agente.

16.3 Elemento subjetivo

É o dolo de perigo, vale dizer, a vontade de gerar um risco inadmissível a terceiros. Exige-se o elemento subjetivo específico, que é a vontade de desempenhar a conduta *habitualmente*. Não existe a forma culposa.

16.4 Objetos material e jurídico

O objeto material é a substância prescrita, o gesto, a palavra ou outro meio empregado e o diagnóstico realizado. O objeto jurídico é a saúde pública.

16.5 Classificação

Trata-se de crime comum (aquele que pode ser cometido por qualquer pessoa); formal (delito que não exige, para sua consumação, a ocorrência de resultado naturalístico, consistente na efetiva existência de dano para alguém). Havendo dano, é o exaurimento; de forma vinculada (delito que só pode ser cometido pelo meio eleito pelo tipo penal); comissivo (os verbos implicam ações); habitual (crime que pune um estilo de vida, isto é, a reiteração de várias ações consideradas, no seu conjunto, indesejáveis para a sociedade). Não se fala em instantaneidade ou permanência (ver item 4.5.1 da Parte 1). É crime de perigo comum abstrato (aquele que coloca um número indeterminado de pessoas em perigo, que é presumido); unissubjetivo (aquele que pode ser cometido por um único sujeito); plurissubsistente (delito cuja ação é composta por vários atos, permitindo-se o seu fracionamento); não admite tentativa, por se tratar de crime habitual.

16.6 Diferença do charlatanismo e do curandeirismo

No charlatanismo, qualquer pessoa, incluindo o médico, o dentista e o farmacêutico, promete cura por meios secretos ou infalíveis, em verdade totalmente inviáveis para o fim almejado, sem que a vítima disso tenha conhecimento. No curandeirismo, há uma pessoa qualquer, que não se passa por médico, dentista ou farmacêutico, do que a vítima tem noção, mas que habitualmente atua para curar males alheios.

16.7 Forma qualificada

Dispõe o art. 285 do Código Penal que se aplica o art. 258 aos crimes deste Capítulo, salvo quanto ao definido no art. 267.

Para configurar a forma qualificada pelo resultado referente aos crimes contra a saúde pública, o tipo faz remissão ao art. 258, já comentado. Excepciona o art. 267, que possui regra própria a respeito do agravamento da pena pelo resultado qualificador.

16.8 Quadro-resumo

Previsão legal	**Curandeirismo** **Art. 284.** Exercer o curandeirismo: I – prescrevendo, ministrando ou aplicando, habitualmente, qualquer substância; II – usando gestos, palavras ou qualquer outro meio; III – fazendo diagnósticos: Pena – detenção, de seis meses a dois anos. **Parágrafo único.** Se o crime é praticado mediante remuneração, o agente fica também sujeito à multa. **Forma Qualificada** **Art. 285.** Aplica-se o disposto no art. 258 aos crimes previstos neste Capítulo, salvo quanto ao definido no art. 267.
Sujeito ativo	Qualquer pessoa
Sujeitos passivos	Sociedade; pessoa "objeto" da cura do agente
Objeto material	Substância prescrita, o gesto, a palavra ou outro meio empregado e o diagnóstico realizado
Objeto jurídico	Saúde pública
Elemento subjetivo	Dolo de perigo + elemento subjetivo específico
Classificação	Comum Formal Forma vinculada Comissivo Habitual Perigo comum Abstrato Unissubjetivo Plurissubsistente
Tentativa	Não admite

RESUMO DO CAPÍTULO

	Epidemia Art. 267	Infração de medida sanitária preventiva Art. 268	Omissão de notificação de doença Art. 269	Envenenamento de água potável ou de substância alimentícia ou medicinal Art. 270	Corrupção ou poluição de água potável Art. 271	Falsificação, corrupção, adulteração ou alteração de substância ou produtos alimentícios Art. 272	Falsificação, corrupção, adulteração ou alteração de produto destinado a fins terapêuticos ou medicinais Art. 273	Emprego de processo proibido ou de substância não permitida Art. 274
Sujeito ativo	Qualquer pessoa	Qualquer pessoa	Médico	Qualquer pessoa	Qualquer pessoa	Qualquer pessoa	Qualquer pessoa	Qualquer pessoa
Sujeito passivo	Sociedade	Sociedade	Sociedade	Sociedade	Sociedade	Sociedade	Sociedade	Sociedade
Objeto material	Germe patogênico	Determinação do poder público	Notificação compulsória	Água potável	Água potável	Substância alimentícia ou produto falsificado, corrompido ou adulterado	Produto destinado a fins terapêuticos ou medicinais; produto falsificado, corrompido, adulterado ou alterado	Produto fabricado e destinado a consumo
Objeto jurídico	Saúde pública	Saúde pública	Saúde pública	Saúde pública	Saúde pública	Saúde pública	Saúde pública	Saúde pública
Elemento subjetivo	Dolo de perigo ou culpa	Dolo de perigo	Dolo de perigo	Dolo de perigo ou culpa	Dolo de perigo ou culpa	Dolo de perigo ou culpa	Dolo de perigo ou culpa	Dolo de perigo
Classificação	Comum Material Forma vinculada Comissivo Instantâneo Perigo comum concreto Unissubjetivo Unissubsistente ou plurissubsistente	Comum Formal Forma livre Comissivo Instantâneo Perigo comum abstrato Unissubjetivo Plurissubsistente	Próprio Mera conduta Forma vinculada Omissivo Instantâneo Perigo comum abstrato Unissubjetivo Unissubsistente	Comum Formal Forma livre Comissivo Instantâneo Perigo comum Abstrato Unissubjetivo Unissubsistente ou plurissubsistente	Comum Formal Forma livre Comissivo Instantâneo Perigo comum abstrato Unissubjetivo Plurissubsistente	Comum Formal Forma livre Comissivo Instantâneo ou permanente Perigo comum abstrato Unissubjetivo Plurissubsistente	Comum Formal Forma livre Comissivo Instantâneo ou permanente Perigo comum abstrato Unissubjetivo Plurissubsistente	Comum Formal Forma livre Comissivo Instantâneo Perigo comum abstrato Unissubjetivo Plurissubsistente

	Epidemia Art. 267	Infração de medida sanitária preventiva Art. 268	Omissão de notificação de doença Art. 269	Envenenamento de água potável ou de substância alimentícia ou medicinal Art. 270	Corrupção ou poluição de água potável Art. 271	Falsificação, corrupção, adulteração ou alteração de substância ou produtos alimentícios Art. 272	Falsificação, corrupção, adulteração ou alteração de produto destinado a fins terapêuticos ou medicinais Art. 273	Emprego de processo proibido ou de substância não permitida Art. 274
Tentativa	Admite na forma plurissubsistente	Admite	Não admite	Admite na forma plurissubsistente	Admite	Admite	Admite	Admite
Circunstâncias especiais	Crime hediondo Qualificado pelo resultado	Causa de aumento	——	Era crime hediondo Fato não punível	——	Pena excessiva	Crime hediondo	——

	Invólucro ou recipiente com falsa informação Art. 275	Produto ou substâncias nas condições dos dois artigos anteriores Art. 276	Substância destinada à falsificação Art. 277	Outras substâncias nocivas à saúde pública Art. 278	Medicamento em desacordo com receita médica Art. 280	Exercício ilegal da medicina, arte dentária ou farmacêutica Art. 282	Charlatanismo Art. 283	Curandeirismo Art. 284
Sujeito ativo	Qualquer pessoa	Qualquer pessoa	Qualquer pessoa	Qualquer pessoa	Qualquer pessoa	Qualquer pessoa, quando se refere ao exercício da profissão de médico, dentista ou farmacêutico	Qualquer pessoa	Qualquer pessoa

	Invólucro ou recipiente com falsa informação Art. 275	Produto ou substâncias nas condições dos dois artigos anteriores Art. 276	Substância destinada à falsificação Art. 277	Outras substâncias nocivas à saúde pública Art. 278	Medicamento em desacordo com receita médica Art. 280	Exercício ilegal da medicina, arte dentária ou farmacêutica Art. 282	Charlatanismo Art. 283	Curandeirismo Art. 284
Sujeito passivo	Sociedade	Sociedade	Sociedade	Sociedade	Sociedade	Sociedade; pessoa diretamente atingida pela conduta do agente	Sociedade	Sociedade; pessoa "objeto" da cura do agente
Objeto material	Invólucro ou recipiente de produtos alimentícios, terapêuticos ou medicinais	Produto nas condições determinadas pelos arts. 274 e 275	Substância destinada à falsificação de produtos alimentícios, terapêuticos ou medicinais	Coisa ou substância nociva à saúde	Substância medicinal	Profissão de médico, dentista ou farmacêutico	Anúncio de cura secreta ou infalível	Substância prescrita, o gesto, a palavra ou outro meio empregado e o diagnóstico realizado
Objeto jurídico	Saúde pública	Saúde pública	Saúde pública	Saúde pública	Saúde pública	Saúde pública	Saúde pública	Saúde pública
Elemento subjetivo	Dolo de perigo	Dolo de perigo	Dolo de perigo + elemento subjetivo do tipo	Dolo de perigo ou culpa	Dolo de perigo ou culpa	Dolo de perigo + elemento subjetivo	Dolo de perigo	Dolo de perigo + elemento subjetivo específico

	Invólucro ou recipiente com falsa informação Art. 275	Produto ou substâncias nas condições dos dois artigos anteriores Art. 276	Substância destinada à falsificação Art. 277	Outras substâncias nocivas à saúde pública Art. 278	Medicamento em desacordo com receita médica Art. 280	Exercício ilegal da medicina, arte dentária ou farmacêutica Art. 282	Charlatanismo Art. 283	Curandeirismo Art. 284
Classificação	Comum Formal Forma livre Comissivo Instantâneo Perigo comum abstrato Unissubjetivo Plurissubsistente	Comum Formal Forma livre Comissivo Instantâneo ou permanente Perigo comum abstrato Unissubjetivo Plurissubsistente	Comum Formal Forma livre Comissivo Instantâneo ou permanente Perigo comum abstrato Unissubjetivo Plurissubsistente	Comum Formal Forma livre Comissivo Instantâneo ou permanente Perigo comum abstrato Unissubjetivo Plurissubsistente	Comum Formal Forma livre Comissivo Instantâneo Perigo comum abstrato Unissubjetivo Plurissubsistente	Comum Formal Forma livre Comissivo Habitual Perigo comum abstrato Unissubjetivo Plurissubsistente	Comum Formal Forma livre Comissivo Instantâneo Perigo comum abstrato Unissubjetivo Plurissubsistente	Comum Formal Forma vinculada Comissivo Habitual Perigo comum abstrato Unissubjetivo Plurissubsistente
Tentativa	Admite	Admite	Não admite	Admite	Admite	Não admite	Admite	Não admite
Circunstâncias especiais	____	____	____	____	Multa	____	____	____

PARTE 4

CRIMES CONTRA A
PAZ PÚBLICA

Capítulo I
Crimes contra
a Paz Pública[1]

Acesse e escute
**o podcast sobre
Crimes contra a paz
pública.**
> http://uqr.to/1ynp9

1. INCITAÇÃO AO CRIME

1.1 Estrutura do tipo penal incriminador

Incitar significa impelir, estimular ou instigar. O objeto da conduta é a prática de crime. Trata-se do tipo penal do art. 286 do CP.

A instigação à prática do delito somente ganha relevo penal quando feita publicamente, isto é, de modo a atingir várias pessoas, em lugar público ou de acesso ao público. Não seria conduta típica a incitação feita em particular, de um amigo para outro, por exemplo. Como ensina HUNGRIA, "sem a circunstância da publicidade, o fato não seria ofensivo da *paz pública* (pois não acarretaria alarma coletivo)",[2] logo, seria fato atípico. Aliás, o referido autor lembra o perigo das incitações feitas em multidões em tumulto, uma vez que os ânimos estão exaltados

---

[1] HUNGRIA bem esclarece que, na maioria das legislações penais, o Título "Dos crimes contra a paz pública" é preterido em função do bem jurídico "ordem pública"; portanto, seriam "Dos crimes contra a ordem pública". No entanto, o legislador brasileiro preferiu seguir a orientação dos Códigos francês, alemão e uruguaio, à época, optando por *paz pública*, como bem jurídico protegido (*Comentários ao Código Penal*, v. 9, p. 162-163). Ademais, tanto faz se *paz pública* ou *ordem pública*, pois os tipos incriminadores constantes deste Título não afetam, realmente, o bem protegido, mas o colocam em risco. São crimes de perigo.

[2] *Comentários ao Código Penal*, v. 9, p. 166.

e suscetíveis a qualquer provocação. Esse é o ambiente preferido do incitador: a multidão, especialmente, quando os sentimentos são confusos, emergindo ódio, raiva, intolerância etc.

Noronha lembra que, sob a influência de multidão, o indivíduo perde o seu caráter ordinário e agrega-se ao que se chama *moral da agressão*, ou seja, "cada um procura não ficar atrás do outro no propósito delituoso".[3] Lembremos, também, a existência de uma atenuante para tal situação: "ter cometido o crime sob a influência de multidão em tumulto, se não o provocou" (art. 65, III, *e*, CP).

O lugar público deve ser de livre acesso a qualquer pessoa (estrada, rua, praça etc.) ou um local que sirva a um público específico (como um teatro, um cinema, um hotel etc.).[4] Enquadra-se até mesmo o domicílio de alguém, desde que esteja dando uma festa para várias pessoas. Caso se trate de um domicílio particular, em ambiente familiar ou em festa íntima, não se pode considerar um lugar público ou de acesso ao público, ainda que restrito. Os pontos fundamentais constituem em avaliar o número de pessoas presentes, a finalidade do encontro e o caráter privado/público da reunião.

O modo de execução pode ser variado, desde o uso da palavra oral, passando por escritos e panfletos até mesmo atingir meros gestos, desde que compreensíveis. No entanto, a incitação deve ser séria, capaz de influenciar terceiros; a brincadeira ou a afirmação de situações irreais não servem para constituir o delito.

O tipo penal menciona *crime*, não se admitindo a inclusão da contravenção penal, que é espécie de infração penal, mas não de delito.[5] Por outro lado, é indispensável que o agente instigue pessoas determinadas ou indeterminadas da coletividade a praticar crimes *específicos*, pois a menção genérica não torna a conduta típica. Inexiste, nesse delito, um destinatário certo, pois a vítima é a coletividade, e quem quer que seja incitado a cometer algum tipo de delito faz nascer intranquilidade social.

É preciso não abusar na utilização desse tipo penal, pois a pessoa que tem um ponto de vista a respeito da descriminalização de um crime, ao expor suas ideias, em público ou particularmente, não está incitando à prática de delito, mas manifestando um pensamento, o que é constitucionalmente assegurado. Ilustrando, defender o uso legalizado da maconha não é incitação ao crime; porém, pregar a uma plateia o uso da cocaína, sem modificação legal, porque é positivo, pode configurar. Ainda assim, depende do dolo, se estiver presente.

A pena é de detenção, de três a seis meses, ou multa.

1.2   Sujeitos ativo e passivo

O sujeito ativo pode ser qualquer pessoa. O sujeito passivo é a sociedade. É válido destacar que Fragoso insere o Estado como sujeito passivo, além da coletividade de cidadãos.[6] Assim não visualizamos, pois o bem jurídico tutelado (paz pública) não pertence ao Estado, mas é de interesse da sociedade.[7] Dizer que, secundariamente, é também o Estado, pois ele deve

---

[3]   *Direito penal*, v. 4, p. 118.

[4]   Bento de Faria, *Código Penal brasileiro comentado*, v. VII, p. 6.

[5]   Igualmente, Fragoso, *Lições de direito penal*, v. 3, p. 749.

[6]   *Lições de direito penal*, v. 3, p. 747. Assim também Noronha, *Direito penal*, v. 4, p. 116; Bitencourt, *Tratado de direito penal*, v. 4, p. 427.

[7]   No mesmo prisma, Cleber Masson (*Direito penal*, v. 3, p. 389); Luiz Regis Prado (*Tratado de direito penal*, v. 6, p. 233); André Estefam (*Direito penal*, v. 4, p. 56); Rogério Sanches Cunha (*Manual de direito penal*, p. 645).

garantir a segurança pública, então, pode-se afirmar ser ele o sujeito passivo secundário de *todos* os delitos previstos na legislação penal. Trata-se de um equívoco, visto que se analisa o sujeito passivo sob o ângulo do bem jurídico tutelado. E a paz pública, repita-se, não *pertence* ao Estado, por exemplo, no crime de sonegação previdenciária o sujeito passivo é o INSS (nem o Estado, nem a sociedade), pois a ele é destinada a contribuição.

1.3   Elemento subjetivo

É o dolo. Não se exige elemento subjetivo específico, nem se pune a forma culposa.

1.4   Objetos material e jurídico

O objeto material é a paz pública. Do mesmo modo, o objeto jurídico é a paz pública.

1.5   Classificação

Trata-se de crime comum (aquele que pode ser cometido por qualquer pessoa); formal (crime que não exige, para sua consumação, resultado naturalístico, consistente na efetiva perturbação da paz pública, com a prática de crimes); de forma livre (pode ser cometido por qualquer meio eleito pelo agente); comissivo (o verbo implica ação); instantâneo (cuja consumação não se prolonga no tempo, dando-se em momento determinado); de perigo comum (delito que expõe um número indeterminado de pessoas a perigo); unissubjetivo (aquele que pode ser cometido por um único sujeito); unissubsistente (praticado num único ato) ou plurissubsistente (delito cuja ação é composta por vários atos, permitindo-se o seu fracionamento), conforme o caso concreto; admite tentativa, na forma plurissubsistente.[8]

Entretanto, atinge a consumação, quando o agente, em uma assembleia, por exemplo, incita os ouvintes a linchar alguém, mas não é obedecido. O tipo penal não exige que os ouvintes aceitem o convite.[9]

1.6   Concurso de pessoas

Se o destinatário da instigação for único e efetivamente cometer o crime, pode o autor da incitação ser considerado partícipe (art. 29, CP). Nessa hipótese, o crime de perigo (art. 286) é absorvido pelo crime de dano cometido. Entretanto, se forem vários os destinatários da incitação e apenas um deles cometer o crime, haverá concurso formal, isto é, o agente da incitação responde pelo delito do art. 286 e também pelo crime cometido pela pessoa que praticou a infração estimulada.

1.7   Animosidade entre as Forças Armadas e outros poderes constitucionais

A Lei 14.197/2021 introduziu uma figura típica de equiparação ao tipo básico descrito no *caput* do art. 286. Substitui-se o antigo art. 23 da Lei de Segurança Nacional (revogada), nos seguintes termos: "incitar: I – à subversão da ordem política ou social; II – à animosidade entre as Forças Armadas ou entre estas e as classes sociais ou as instituições civis; III – à luta com violência entre as classes sociais; IV – à prática de qualquer dos crimes previstos nesta Lei. Pena: reclusão, de 1 a 4 anos".

---

8   Aceitando a hipótese de tentativa: ROGÉRIO SANCHES CUNHA, *Manual de direito penal*, p. 646.

9   NORONHA, *Direito penal*, v. 4, p. 116.

O tipo penal volta-se à incitação de animosidade entre as Forças Armadas ou entre elas e os poderes constitucionais, as instituições civis ou a sociedade. Não mais se criminaliza a denominada incitação à *subversão da ordem política ou social*, nem à *luta violenta entre classes sociais* e tampouco à prática de crimes contra a segurança nacional. A conduta criminalizada pelo parágrafo único do art. 286 limita-se a um relevante aspecto, aliás, já constatado nos últimos tempos, no Brasil.

Em primeiro lugar, cumpre destacar que essa conduta é grave e a pena prevista é muito branda, constituindo infração de menor potencial ofensivo. De todo modo, aquele que estimula ou instiga a animosidade (hostilidade ou aversão) entre as Forças Armadas (Exército contra Marinha, Exército contra Aeronáutica, Marinha contra Aeronáutica) ou entre qualquer dessas Forças em relação aos poderes da República (Executivo, Legislativo ou Judiciário) permite a configuração do crime. Além disso, o estímulo à hostilidade de qualquer das Forças Armadas com instituições civis (*v.g.*, Ordem dos Advogados do Brasil, Organizações não governamentais de diversas finalidades, Associações de profissionais, dentre outras) ou no tocante à sociedade (o conjunto dos brasileiros, sem uma personalidade jurídica) também concretiza o crime.

O que se verifica, na realidade, é um delito contra o Estado Democrático de Direito e não em relação à paz pública. Qualquer pessoa pode cometer este delito e o sujeito passivo é não somente o Estado, mas, igualmente, a sociedade, que, no contexto em que foi inserido, busca preservar a tranquilidade social e política. Cuida-se de um *crime político*, cuja competência para apurar e processar é da Justiça Federal (art. 109, IV, CF), pois o objeto jurídico não se limita à paz pública, mas à mantença de um regime democrático, que funcione sem a pressão de forças militares contra instituições civis e, também, entre elas.

1.8 Quadro-resumo

Previsão legal	**Incitação ao Crime** **Art. 286.** Incitar, publicamente, a prática de crime: Pena – detenção, de 3 (três) a 6 (seis) meses, ou multa. **Parágrafo único.** Incorre na mesma pena quem incita, publicamente, animosidade entre as Forças Armadas, ou delas contra os poderes constitucionais, as instituições civis ou a sociedade.
Sujeito ativo	Qualquer pessoa
Sujeito passivo	Sociedade
Objeto material	Paz pública
Objeto jurídico	Paz pública
Elemento subjetivo	Dolo
Classificação	Comum Formal Forma livre Comissivo Instantâneo Perigo comum Unissubjetivo Unissubsistente ou plurissubsistente

Tentativa	Admite na forma plurissubsistente
Circunstâncias especiais	Protestos ou marchas

2. APOLOGIA DE CRIME OU CRIMINOSO

Acesse e assista **ao vídeo sobre Crime de apologia ao delito.**

> http://uqr.to/1ynpa

2.1 Estrutura do tipo penal incriminador

Fazer significa produzir, executar ou dar origem. O objeto da conduta é a apologia (significa louvor, elogio ou discurso de defesa) de fato criminoso ou autor de crime. Por maior que possa ser a liberdade de pensamento e expressão, ela não pode resvalar no elogio ao crime ou ao criminoso, pois isso significa uma forma indireta de instigação à sua prática. Diverso é o caso de quem, por piedade ou na defesa de alguém, elogia o criminoso.[10]

VICENTE SABINO JR. destaca serem próximos os delitos de incitação ao crime e apologia ao crime ou criminoso. O traço que os distingue é que, no crime de incitação, cuida-se de uma instigação direta, enquanto a apologia é uma forma de instigação indireta. Ademais, a apologia por ser mediata, sem que o sujeito passivo esteja presente, bastando que chegue ao seu conhecimento.[11]

A apologia somente ganha relevo penal quando feita *publicamente*, isto é, de modo a atingir várias pessoas, em lugar público ou de acesso ao público. Não seria conduta típica se feita em particular, de um amigo para outro, por exemplo.

Os meios de execução são variados: palavra oral, escritos, gestos, entre outros. É preciso que fique clara a intenção do agente de enaltecer o crime ou o delinquente. HUNGRIA fornece o exemplo do preso que, ao passar escoltado, recebe *palmas* ardorosas de alguém.[12]

No tipo penal do art. 287, vale-se o legislador da expressão *fato criminoso*, como sinônimo de crime; portanto, continua não valendo a contravenção penal para configurar esse delito. Por outro lado, refere-se, basicamente, ao fato típico (homicídio – art. 121, CP; roubo – art. 157, CP; estupro – art. 213, CP etc.), ou seja, quer-se evitar o incentivo à prática das condutas proibidas descritas nos tipos incriminadores. Não se pretende discutir a completude do delito, para fim de condenação, incluindo ilicitude e culpabilidade.

---

[10] HUNGRIA, *Comentários ao Código Penal*, v. 9, p. 172.

[11] *Direito penal*, v. 4, p. 1136.

[12] *Comentários ao Código Penal*, v. 9, p. 173. O exemplo, se fosse aplicado nos dias de hoje, teria desencadeado várias prisões no conhecido caso "Mensalão", pois muitos dos condenados foram aplaudidos, quando passavam em direção à prisão. No próprio Congresso Nacional, alguns deputados (um deles já se encontra condenado e preso) fizeram gestos simbólicos de apoio aos mesmos condenados. No entanto, não se tem notícia de processo por apologia ao crime ou ao criminoso em relação a nenhum deles.

Autor de crime é a pessoa condenada, com trânsito em julgado, pela prática de um crime, não se incluindo a contravenção penal. Não é suficiente a mera acusação, pois o tipo não prevê apologia de pessoa *acusada* da prática de crime.

A pena é de detenção, de três a seis meses, ou multa.

2.2   Sujeitos ativo e passivo

O sujeito ativo pode ser qualquer pessoa. O sujeito passivo é a sociedade. Sobre esse tema, há controvérsia a respeito do sujeito passivo (consultar o item 1.2 *supra*).

2.3   Elemento subjetivo

É o dolo. Não se exige elemento subjetivo específico, nem se pune a forma culposa.

2.4   Objetos material e jurídico

Os objetos material e jurídico são a paz pública.

2.5   Classificação

Trata-se de crime comum (aquele que pode ser cometido por qualquer pessoa); formal (crime que não exige, para sua consumação, resultado naturalístico, consistente na efetiva perturbação social); de forma livre (pode ser cometido por qualquer meio eleito pelo agente); comissivo (o verbo implica ação); instantâneo (cuja consumação não se prolonga no tempo, dando-se em momento determinado); de perigo comum abstrato (aquele que coloca um número indeterminado de pessoas em perigo, que é presumido pela lei); unissubjetivo (crime que pode ser cometido por um único sujeito); unissubsistente (praticado num único ato) ou plurissubsistente (delito cuja ação é composta por vários atos, permitindo-se o seu fracionamento), conforme o caso concreto; admite tentativa na forma plurissubsistente.

2.6   Marchas, protestos, passeatas e outras manifestações

O objeto jurídico tutelado pelos crimes previstos pelos arts. 286 a 288-A é a *paz pública*. Não se quer a associação criminosa de pessoas porque, a qualquer momento, podem perturbar a paz pública, cometendo delitos de dano. Igualmente, não se desejam o incentivo público à prática de crime, nem o elogio de delito ou delinquente, para que não haja o cometimento de novas infrações penais, perturbando, com efetividade, a ordem pública. Situação bem diversa é o direito de se expressar do indivíduo e a liberdade de reunião pacífica, garantidos pela Constituição Federal (art. 5.º, incisos IV, IX e XVI).[13]

Portanto, organizar uma marcha ou protesto contra a criminalização de determinada conduta ou em favor da liberação de certas proibições constitui direito fundamental, típico do Estado Democrático de Direito. Em época recente, assistimos manifestações e passeatas em prol da *legalização* do uso da maconha.

Em contraposição, lamentavelmente, alguns setores do Judiciário resolveram *proibir* tais eventos, a pedido do Executivo-polícia, sob o argumento de incentivar a prática de

---

[13]   Já dizia HUNGRIA: "é bem de ver que se não apresenta o crime quando apenas se faz a defesa de uma tese sobre a ilegitimidade ou sem-razão da incriminação de tal ou qual fato, como, por exemplo, o *homicídio eutanásico* (...)" (*Comentários ao Código Penal*, v. 9, p. 171).

crime ou fazer apologia de fato criminoso. Ora, o objetivo das marchas era pela *liberação* oficial, dentro dos parâmetros legais, do uso de determinada droga; não havia nenhuma bandeira de instigação ao uso ilegal de maconha. Se as pessoas não puderem se expressar, favorável ou contrariamente a algum delito, como o Parlamento poderá sensibilizar-se a alterar a lei? O crime, materialmente considerado, configura-se pela vontade popular de que determinada conduta sofra sanção penal. Formalmente, o Legislativo transforma tal anseio em tipo incriminador. O caminho inverso pode dar-se, buscando-se a legalização de algo e, consequentemente, a revogação do tipo incriminador. Nada demais, afinal, o próprio legislador, em 2006, retirou toda e qualquer punição, com pena privativa de liberdade, ao usuário de drogas (art. 28, Lei 11.343/2006). A política criminal do Estado pode variar de tempos em tempos, constituindo direito do cidadão participar dessas movimentações ideológicas.

Fez-se justiça na questão da marcha pela liberação das drogas, pois o STF considerou-a direito individual – e não apologia ou incentivo a crime. O mesmo pode ocorrer, no futuro, se outras passeatas forem organizadas, em prol de outras liberações, por exemplo, do aborto – outra matéria controversa, que conta com diversas opiniões. Em suma, não há dolo de perturbar a paz pública nos eventos organizados para protestar contra alguma lei incriminadora ou fato criminoso.

2.7 Quadro-resumo

Previsão legal	**Apologia de Crime ou Criminoso** **Art. 287.** Fazer, publicamente, apologia de fato criminoso ou de autor de crime: Pena – detenção, de três a seis meses, ou multa.
Sujeito ativo	Qualquer pessoa
Sujeito passivo	Sociedade
Objeto material	Paz pública
Objeto jurídico	Paz pública
Elemento subjetivo	Dolo
Classificação	Comum Formal Forma livre Comissivo Instantâneo Perigo comum abstrato Unissubjetivo Unissubsistente ou plurissubsistente
Tentativa	Admite na forma plurissubsistente
Circunstâncias especiais	Protestos ou marchas (*ver nota ao artigo anterior*)

3.   ASSOCIAÇÃO CRIMINOSA

Acesse e assista
**ao vídeo sobre
Organização
criminosa.**

> http://uqr.to/1ynpb

3.1   Estrutura do tipo penal incriminador

Constitui novidade mais recente na História, envolvendo inúmeros países do mundo, o surgimento de determinados tipos penais voltados a combater o crime em grupo, associação ou organizado. E ainda os mesmos bandos, quando se voltam a atividades terroristas.

A organização criminosa vem disciplinada na Lei 12.850/2013, nos seguintes termos: "considera-se organização criminosa a associação de 4 (quatro) ou mais pessoas estruturalmente ordenada e caracterizada pela divisão de tarefas, ainda que informalmente, com objetivo de obter, direta ou indiretamente, vantagem de qualquer natureza, mediante a prática de infrações penais cujas penas máximas sejam superiores a 4 (quatro) anos, ou que sejam de caráter transnacional" (art. 1.º, § 1.º). A associação criminosa vem disciplinada no art. 288 do CP, havendo, ainda, a milícia, tipificada no art. 288-A do CP.

Basicamente, a especial diferença entre a organização criminosa e a associação criminosa é a sua *estrutura*, vale dizer, como se forma e atua. A primeira é uma autêntica *empresa do crime*, com hierarquia entre seus membros, divisão clara de tarefas, possuindo, no mínimo, quatro componentes, apresentando estabilidade e permanência. A segunda é um grupo, formando por, pelo menos, três pessoas, com o fim de cometer crimes, devendo apresentar estabilidade e permanência. Logo, a primeira é muito mais danosa à sociedade e à estrutura do Estado. Há uma associação particular, que é a milícia, um tipo penal inserido em época recente e desnecessário. Finalmente, surgiu na legislação brasileira a Lei do Terrorismo (Lei 13.260/2016), que, apesar de conter defeitos, ocupa uma lacuna existente há muito.

Muñoz Conde demonstra que, na prática, as diferenças entre as organizações e os grupos criminosos são sutis e difíceis de precisar. Diz, ainda, que o grupo criminal (ou associação criminosa) define-se porque, mesmo tendo uma estrutura similar à organização, não reúne nenhuma característica desta. Seus elementos são, segundo o referido autor: a) constituir um agrupamento; b) formação com pelo menos três pessoas (nisso coincide com a organização); c) ter caráter estável ou por tempo indefinido; d) repartir tarefas ou funções de maneira coordenada; e) ter a finalidade de cometer crimes. A organização criminosa vale-se da estabilidade e permanência e da repartição de tarefas entre seus membros, mas possui mais requisitos, como a hierarquia e sua autonomia em relação aos delitos que pretende praticar.[14]

Outra não é a visão de Mariona Llobet Anglí, no tocante ao conceito de grupo criminal (associação criminosa), que é a união de mais de duas pessoas, sem reunir as características da organização criminosa (muito mais estruturada e hierarquizada), tendo por finalidade o cometimento combinado de delitos. Diversamente, a autora sustenta não ser necessário exigir estabilidade e permanência do grupo criminoso e, por isso, torna-se difícil

---

[14]   *Derecho penal* – Parte especial, p. 779-780, tradução livre.

separá-lo da mera coautoria.[15] Discordamos da desnecessidade de estabilidade e permanência, pois esse é o ponto alto para distinguir uma associação criminosa de um crime cometido em concurso de pessoas.

Associar-se significa reunir-se em sociedade, agregar-se ou unir-se. O objeto da conduta é a finalidade de cometimento de crimes. A associação distingue-se do mero concurso de pessoas pelo seu caráter de durabilidade e permanência, elementos indispensáveis para a caracterização do crime previsto nesse tipo. É o disposto no art. 288 do Código Penal.

O tipo penal exige um número mínimo de três pessoas, mas não demanda que todas elas sejam imputáveis, de modo que se admite, para a composição do crime, a formação de associação criminosa entre maiores e menores de 18 anos. Esta tem sido a posição majoritária e NORONHA a explica muito bem: "é a pluralidade de agentes que tem em vista; é o perigo que sua associação representa para a sociedade. Ora, o crime do menor é o mesmo do maior (*v.g.*, o homicídio), o que falta apenas é a imputabilidade, que será tida em consideração no momento oportuno, mas que não impede a existência de fato da associação. Diga-se o mesmo dos outros inimputáveis, mas capazes de vontade e compreensão".[16] Segue-se com a visão de HUNGRIA: "para o reconhecimento do *quorum* mínimo de associados, podem ser computados mesmo os *irresponsáveis* ou *não puníveis*, desde que possam manifestar o *quantum satis* de entendimento e vontade para o acordo em torno do fim comum e sejam capazes de contribuição *pro parte virili*".[17]

É o que se denomina de "concurso impróprio". Natural, ainda, argumentar que depende muito da idade dos menores, uma vez que não tem cabimento, quando eles não têm a menor noção do que estão fazendo, incluí-los na associação. Se dois maiores se valem de uma criança de nove anos para o cometimento de furtos, não pode o grupo ser considerado uma associação criminosa, pois um deles não tem a menor compreensão do que está fazendo. É apenas uma hipótese de autoria mediata, ou seja, os maiores usam o menor para fins escusos. Entretanto, quando se tratar de adolescente que, não responsável penalmente, tem discernimento para proceder à associação, forma-se o grupo criminoso e configura-se o tipo penal.

Note-se que o ânimo associativo não depende do entendimento do caráter ilícito do fato, daí por que o adolescente já o possui, embora seja punido apenas pela Vara da Infância e Juventude, e não pela Vara Criminal.

Em posição contrária, está o magistério de MARCELO FORTES BARBOSA: "Ora, a característica fundamental da inimputabilidade é a ausência da capacidade de entender e de querer, e de autodeterminação e, consequentemente, do livre-arbítrio, e assim sendo, o menor não pode ser considerado pessoa para os fins de integralizar, com sua participação associativa, o crime do art. 288 do Código Penal".[18]

Outro ponto, com o qual já nos deparamos em nossa atividade jurisdicional, é a não identificação de todos os elementos componentes da associação criminosa, embora se tenha

---

[15] MARIONA LLOBET ANGLÍ, In: SILVA SÁNCHEZ (Dir.). *Lecciones de derecho penal* – Parte especial, p. 432.

[16] *Direito penal*, v. 4, p. 129. E também: MIRABETE (*Manual de direito penal*, v. 3, p. 188); DELMANTO (*Código Penal comentado*, p. 511); DAMÁSIO (*Código Penal anotado*, p. 818); ROGÉRIO GRECO (*Curso de direito penal*, v. 3, p. 514).

[17] *Comentários ao Código Penal*, v. 9, p. 178-179.

[18] *Latrocínio*, p. 96. No mesmo prisma, concordando com MANZINI, está a posição de BENTO DE FARIA, que afasta os irresponsáveis de todo gênero para a constituição do número mínimo (*Código Penal brasileiro comentado*, v. VII, p. 14). Assim também HELENO FRAGOSO (*Lições de direito penal*, v. 3, p. 756); BITENCOURT (*Tratado de direito penal*, v. 4, p. 464).

obtido provas suficientes de que havia mais de três indivíduos irmanados, em caráter estável, para o cometimento do crime. Assim sendo, o que for identificado pode ser processado pelo delito do art. 288 do CP.

O crime é permanente; a interrupção da permanência (consumação) ocorre com o recebimento da denúncia pelo crime de associação criminosa. Assim, caso os agentes permaneçam na mesma atividade criminosa, é possível nova acusação, inexistindo, nessa hipótese, *bis in idem*.

Cuidando do tema, sob a perspectiva da associação criminosa – antes denominada quadrilha ou bando – logo sem conhecer a organização criminosa, HUNGRIA tece fortes críticas a esse "banditismo organizado". E diz: "seus componentes, chefes ou gregários, íncubos ou súcubos, são, via de regra, *homens sem fé nem lei*, que não conhecem outra moral além dos aberrantes 'pontos de honra' com que requintam a solidariedade para o malefício. Pela mútua sugestão e pelo fermento de imoralidade no seio do 'bando' ou 'quadrilha', fazem do crime o seu meio de luta pela vida, caracterizando-se por singular impiedade, afrontoso desplante, menosprezo a todos os preconceitos, ou extrema insensibilidade ética".[19]

A pena é de reclusão, de um a três anos.

3.1.1 Quadrilha ou bando

Esses eram os termos utilizados para o título do crime previsto pelo art. 288 até o advento da Lei 12.850/2013. Cuidavam-se de termos sinônimos, significando a reunião de pessoas, com caráter estável e permanente, visando à prática de delitos, ainda que não os tenham efetivamente cometido. Diferenciar os termos *quadrilha* e *bando* sempre foi tarefa inglória, tanto porque o tipo penal não o fazia quanto porque o resultado seria exatamente o mesmo: bastava que, pelo menos, quatro pessoas (exigia-se, na época, o mínimo de quatro) se associassem para o cometimento de crimes para a concretização da infração penal.

Nas palavras de HELENO FRAGOSO: "*quadrilha* ou *bando* são termos que a lei emprega como sinônimos, definindo-se como associação estável de delinquentes (*societas delinquentium*), com o fim de praticar reiteradamente crimes, da mesma espécie ou não, mas sempre mais ou menos determinados".[20] No mesmo prisma de serem termos idênticos, podendo ser usados um pelo outro: PAULO JOSÉ DA COSTA JÚNIOR;[21] LUIZ REGIS PRADO;[22] MIRABETE;[23] DAMÁSIO.[24]

Em contrário, adotando a lição de JOÃO MARCELO DE ARAÚJO FILHO, está a posição de MARCELO FORTES BARBOSA, mencionando que *quadrilha* é urbana, e *bando* é rural. Diz: "Quadrilha é organizada e dirigida a um fim, portanto, teleológica, operacionalizada previamente e indicativa de *societas sceleris* racional. Bando é difuso, inorgânico, de regra, ocasionalmente

---

[19] *Comentários ao Código Penal*, v. 9, p. 175. Advindos das décadas de 40/50, esses escritos refletem bem a repugnância causada ao autor em face de quem se associa para cometer crimes. Imagine-se qual seria a sua reação se conhecesse, nos tempos atuais, a organização criminosa e os grupos terroristas... Fazendo referência ao Brasil, FRAGOSO também diz que "entre nós não existe praticamente o crime organizado..." (*Lições de direito penal*, v. 3, p. 755).

[20] *Lições de direito penal*, v. 3, p. 757.

[21] *Comentários ao Código Penal*, p. 886.

[22] *Comentários ao Código Penal*, p. 983.

[23] *Código Penal interpretado*, p. 1547-1548.

[24] *Código Penal anotado*, p. 818-819.

composto e sem articulação, demandando racionalidade maior".[25] O importante a destacar é a positiva alteração do título do delito para *associação criminosa*, advinda da edição da Lei 12.850/2013, pois a antiga denominação era, de fato, ultrapassada.

3.1.2   Finalidade específica

A reforma introduzida pela Lei 12.850/2013 incluiu, no tipo penal, o termo *específico*, referindo-se ao fim dos agentes. Nada mais fez o legislador que consagrar a orientação doutrinária e jurisprudencial no sentido de se exigir a finalidade especial de cometer crimes, o que configura o caráter de durabilidade e estabilidade da associação, diferenciando-se do mero concurso de agentes.

Por outro lado, é preciso ressaltar devam tais delitos, visados pelo agrupamento, ser *determinados*, vale dizer, não basta um singelo ajuntamento de pessoas que não têm a menor noção do que fazer. Além disso, para se concretizar a estabilidade e a permanência, devem os integrantes da associação pretender realizar *mais de um* delito. Não fosse assim e tratar-se-ia de concurso de agentes, como mencionado. Acrescentem-se, ainda, serem fatos atípicos o agrupamento de pessoas com outras finalidades especiais, sem o objetivo de conturbar a paz pública, mas, sim, com a meta de chamar a atenção para a solução de algum problema.

3.2   Sujeitos ativo e passivo

O sujeito ativo pode ser qualquer pessoa. Existe a cautela de se exigirem, pelo menos, três pessoas. O sujeito passivo é a sociedade.

3.3   Elemento subjetivo

É o dolo. Exige-se elemento subjetivo específico, consistente na finalidade de "cometer crimes". Não se pune a forma culposa.

3.4   Objetos material e jurídico

Os objetos material e jurídico são a paz pública. Nas palavras de MAGALHÃES NORONHA, "a existência do bando ou quadrilha [hoje denominados *associação criminosa*] atenta contra a paz pública. É este o objeto jurídico que se tem em vista. Ilícita que é, tendo o fim de cometer crimes, a associação de delinquentes perturba esse bem-interesse que é o sentimento de segurança que possui toda pessoa, fiada na obrigação que tem o Estado de garantir as condições indispensáveis para a vida em sociedade".[26] Na ótica de MARIONA LLOBET ANGLÍ, comentando o direito penal espanhol, o bem jurídico tutelado nesse crime – e também no caso de organização criminosa – é a ordem pública, pois o fenômeno da criminalidade organizada atenta contra a base da democracia.[27]

3.5   Classificação

Trata-se de crime comum (aquele que pode ser cometido por qualquer pessoa); formal (crime que não exige, para sua consumação, resultado naturalístico, consistente no cometimento efetivo do delito); de forma livre (pode ser cometido por qualquer meio eleito pelo agente); comissivo (o verbo implica ação); permanente (cuja consumação se prolonga no tempo); de perigo comum abstrato (coloca um número indeterminado de pessoas em perigo,

---

[25]   *Latrocínio*, p. 94.

[26]   *Direito penal*, v. 4, p. 128.

[27]   In: SILVA SÁNCHEZ (Dir.). *Lecciones de derecho penal* – Parte especial, p. 430, traduzimos.

que é presumido pela lei). Sustentando, também, tratar-se de crime de perigo abstrato: Juarez Tavares;[28] plurissubjetivo (delito que somente pode ser cometido por vários sujeitos); pluris-subsistente (delito cuja ação é composta por vários atos, permitindo-se o seu fracionamento); não admite tentativa, em razão da estabilidade e permanência requeridas (ou estão presentes e o crime está consumado ou estão ausentes, sendo um fato penalmente irrelevante).

3.6   Prática de crime continuado

O crime continuado é um benefício criado para permitir a aplicação de uma pena mais branda a quem realize mais de um delito da mesma espécie, que, pelas condições de tempo, lugar, maneira de execução e outras semelhantes, parecem ser uma continuação um do outro. É, segundo entendemos, autêntica ficção.

Por isso, é plausível supor que pessoas associadas para a prática de vários roubos, por exemplo, ainda que em continuidade delitiva, possam provocar a concretização do crime previsto no art. 288. Afinal, estão agrupadas com a finalidade de cometer *crimes*, ainda que venham a ser considerados, para efeito de aplicação da pena, uma continuidade. Essa é a corrente majoritária na doutrina, ressaltando Paulo José da Costa Jr. que o mesmo se dá na Itália.[29]

3.7   Concurso de pessoas

É controversa a aceitação do concurso de pessoas, na espécie *participação*, no contexto do crime de associação criminosa (plurissubjetivo). Há quem sustente a impossibilidade, pois a pessoa que dá algum tipo de auxílio para uma associação deve ser considerada integrante desta, isto é, coautor necessário.

Assim não pensamos, pois cremos admissível supor que um sujeito, conhecedor da existência de uma determinada associação criminosa, resolva, por uma só vez, auxiliar a sua organização, cedendo aos integrantes do grupo um local para o encontro. Tornou-se partícipe, sem integrar o grupo. É o que sustentam Antolisei, Cicola, Pannaim e Esther Figueiredo Ferraz, que faz a citação dos primeiros.[30]

3.8   Concurso do crime de associação criminosa com outro delito qualificado pela mesma circunstância

Cremos admissível a possibilidade de punição do agente pela associação criminosa, situação ofensiva à sociedade, tratando-se de crime de perigo abstrato e comum, com o roubo com causa de aumento, consistente na prática por duas ou mais pessoas, delito que se volta contra vítima determinada e é de dano.

Inexiste *bis in idem*, pois os objetos jurídicos são diversos, bem como a essência dos delitos. Fossem ambos de perigo ou ambos de dano, poder-se-ia falar em dupla punição pelo mesmo fato.

3.9   Pena diferenciada

Quando a associação criminosa se formar para o fim de cometer crimes hediondos, prática da tortura, tráfico ilícito de entorpecentes e drogas afins ou terrorismo, a pena será de três a seis anos (art. 8.º, Lei 8.072/1990).

---

[28] *Teoria do injusto penal*, p. 202.

[29] *Comentários ao Código Penal*, p. 885. Há posição em sentido contrário (por todos, Delmanto, *Código Penal comentado*, p. 512, destacando seguir a precedente lição de Hungria).

[30] *A codelinquência no direito penal brasileiro*, p. 134.

Havendo delação, quando o participante ou associado denunciar à autoridade o integrante da associação, acarretando o seu desmantelamento, a pena será reduzida de um a dois terços (art. 8.º, parágrafo único, Lei 8.072/1990). Nesta última hipótese, entendemos cabível a causa de diminuição de pena somente quando se tratar de crimes hediondos e equiparados (tortura, tráfico e terrorismo), pois é previsão feita no parágrafo único do art. 8.º da lei específica, não podendo ser generalizado para todos os casos do art. 288.

3.10 Prova autônoma dos crimes

O delito do art. 288 tem prova autônoma dos diversos crimes que a associação praticar. Assim, nada impede que o sujeito seja condenado pela prática de associação criminosa, porque as provas estavam fortes e seguras, sendo absolvido pelos crimes cometidos pelo grupo, tendo em vista provas fracas e deficitárias.

3.11 Causa de aumento de pena do parágrafo único

Deve o juiz elevar a pena até a metade se a associação é armada, vale dizer, fizer uso de arma. Como o tipo penal não estabelece qualquer restrição, entende-se possíveis para configurar a causa de aumento tanto a arma própria (instrumento destinado a servir de arma, como as armas de fogo, punhais, espadas etc.) como a imprópria (instrumento utilizado extraordinariamente como arma, embora sem ter essa finalidade, como ocorre com a faca de cozinha, pedaços de pau, entre outros).

Parece-nos possível configurar a causa de aumento quando apenas um dos membros da associação está armado, desde que todos saibam e concordem com isso. E mais, cremos ser indispensável que o porte das armas se faça de modo ostensivo, o que gera maior intranquilidade e conturbação à paz pública.

Outra hipótese para o aumento de pena é a participação de criança ou adolescente. Nesse caso, pouco importa se o menor de 18 anos é usado como mero instrumento ou se participa ativamente da associação (no caso de ser adolescente).

Merece crítica a previsão de aumento indefinida quanto ao mínimo. Determina-se o aumento de *até* metade. Ora, inexistindo previsão para o mínimo, deve-se entender cabível apenas um dia (art. 11, CP). No entanto, se o julgador aplicar o aumento de somente um dia, estaria tergiversando e contornando a intenção legal, voltada a uma pena realmente mais elevada para tais situações. Parece-nos plausível adotar o aumento mínimo de um sexto, que é a menor causa de aumento prevista no Código Penal.

3.12 Quadro-resumo

Previsão legal	**Associação Criminosa** **Art. 288.** Associarem-se 3 (três) ou mais pessoas, para o fim específico de cometer crimes: Pena – reclusão, de 1 (um) a 3 (três) anos. **Parágrafo único.** A pena aumenta-se até a metade se a associação é armada ou se houver a participação de criança ou adolescente.
Sujeito ativo	Qualquer pessoa (pelo menos três)
Sujeito passivo	Sociedade
Objeto material	Paz pública
Objeto jurídico	Paz pública

Elemento subjetivo	Dolo + elemento subjetivo específico
Classificação	Comum Formal Forma livre Comissivo Permanente Perigo comum abstrato Plurissubjetivo Plurissubsistente
Tentativa	Não admite
Circunstâncias especiais	Causa de aumento

4. CONSTITUIÇÃO DE MILÍCIA PRIVADA

4.1 Estrutura do tipo penal incriminador

Constituir (formar), *organizar* (estabelecer bases para algo), *integrar* (tomar parte), *manter* (sustentar, prover) ou *custear* (financiar) são as condutas alternativas, que têm por objeto a organização paramilitar (agrupamento de pessoas armadas, imitando a corporação militar oficial), milícia particular (grupo paramilitar, que age ao largo da lei), grupo ou esquadrão (agrupamento residual, envolvendo qualquer espécie de milícia).

O tipo penal do art. 288-A difere do anterior (associação criminosa) pelos seguintes motivos: a) é mais restrito quanto à finalidade, pois se circunscreve a grupo armado, semelhante ao militar, para cometer *crimes previstos no Código Penal* – não valendo para outros delitos, dispostos em legislação especial; b) não demanda o número mínimo de três pessoas; aliás, não fixa número algum. Assim sendo, pode constituir-se uma milícia ou grupo com apenas duas pessoas, exatamente como a associação criminosa da Lei de Drogas (Lei 11.343/2006). Sobre a composição do número mínimo com pessoas inimputáveis, ver a nota 3.1 *supra*.

O crime demanda estabilidade e durabilidade, nos mesmos moldes que a associação criminosa, pois é a forma indicada para distingui-lo do mero concurso de agentes para o cometimento de um só delito. Deveria ter sido incluída essa figura típica no rol dos crimes hediondos (art. 1.º, Lei 8.072/1990), mas tal medida não se deu.

Na realidade, esse tipo penal surgiu com décadas de atraso, pois as quadrilhas de justiceiros agiram na capital do Estado de São Paulo nos anos 80 e 90 ativamente, matando centenas de pessoas. À época, havia somente o enquadramento dos seus autores no crime de homicídio, que praticavam, além do delito de quadrilha ou bando (antiga denominação do delito de associação criminosa).

Não se quer, com isso, dizer não mais existirem grupos de extermínio Brasil afora; no entanto, a lentidão do Poder Legislativo para atacar um problema é visível.

A pena é de reclusão, de quatro a oito anos.

4.2 Sujeitos ativo e passivo

O sujeito ativo pode ser qualquer pessoa; o passivo é a sociedade. Quanto ao número mínimo de componentes, à falta de indicação legal, sugerimos pelo menos *duas pessoas*, que é o número estabelecido para a associação para o tráfico (art. 35 da Lei 11.343/2006). Além disso, não vemos óbice para que duas pessoas constituam uma milícia, no campo da realidade. Entretanto, a doutrina tende a empreender analogia com o tipo penal do art. 288 do CP (associação criminosa), demandando pelo menos três indivíduos[31] Existem os que adotam o número mínimo da organização criminosa (quatro pessoas), mas não explicam o motivo.[32] Existem os que apontam quatro pessoas e indicam o motivo.[33] E há os que apenas criticam e nada sugerem, como REGIS PRADO: "ao contrário do crime de associação criminosa, o tipo não exige um número mínimo de pessoas para caracterização da milícia privada, organização paramilitar, grupo ou esquadrão. O que agride o princípio da legalidade penal, visto não se faculta ao julgador a colmatação dessa lacuna, seja por analogia *in malam partem*, seja por qualquer outra forma integrativa".[34]

4.3   Elemento subjetivo

É o dolo. Existe elemento subjetivo específico, consistente na "finalidade de praticar qualquer dos crimes previstos no Código Penal". Não há a forma culposa.

4.4   Objetos material e jurídico

O objeto material é a segurança coletiva, que traduz o objeto jurídico, a paz pública.

4.5   Classificação

Trata-se de crime comum (aquele que pode ser cometido por qualquer pessoa); formal (crime que não exige, para sua consumação, resultado naturalístico, consistente no cometimento efetivo do delito); de forma livre (pode ser cometido por qualquer meio eleito pelo agente); comissivo (os verbos implicam ação); permanente (cuja consumação se prolonga no tempo), nas formas *constituir, organizar, integrar*, mas habitual nas modalidades *manter* e *custear*; de perigo comum abstrato (coloca um número indeterminado de pessoas em perigo, que é presumido pela lei); plurissubjetivo (delito que somente pode ser cometido por vários sujeitos); plurissubsistente (delito cuja ação é composta por vários atos, permitindo-se o seu fracionamento); não admite tentativa, em razão da estabilidade e permanência requeridas (ou estão presentes e o crime está consumado ou estão ausentes, sendo um fato

---

[31]   BITENCOURT, *Tratado de direito penal*, v. 4, p. 476. CLEBER MASSON, sustentando o número mínimo de três, apresenta tese interessante: quando o CP quer duas pessoas, ele é claro; quando quer quatro, também; porém, quando silencia, por "técnica legislativa", o número é de três. Com a devida vênia, não nos convence essa *técnica*, segundo ele, adotada no Brasil (por quem?). Somente para tomar como exemplo a rixa (citada pelo ilustre MASSON): a doutrina chegou à conclusão de o número mínimo ser constituído por três pessoas por absoluta necessidade e lógica. Note-se: a rixa é uma briga ou confusão generalizada; se forem dois contendores é uma simples briga com lesões recíprocas, não causando perigo à sociedade. Por isso, o número mínimo é de três, para que represente algo generalizado. Nada mais que isso. O restante das interpretações fica por conta da doutrina, e jamais do legislador. Fosse uma "técnica de elaboração legislativa", a doutrina seria unânime nesse caso, e está bem longe disso.

[32]   ROGÉRIO SANCHES CUNHA, *Manual de direito penal*, p. 657.

[33]   ROGÉRIO GRECO, baseado em lição de ALBERTO SILVA FRANCO, que faz uma análise do termo "grupo", para atingir a conclusão de serem necessários quatro indivíduos (*Curso de direito penal*, v. 3, p. 540-541). Embora seja uma análise puramente subjetiva do termo "grupo", ao menos há uma explicação.

[34]   *Tratado de direito penal*, v. 6, p. 253-254.

penalmente irrelevante). Além disso, há as condutas com caráter de habitualidade, que não comportam tentativa.

4.6   Penas elevadas

O delito tem penas elevadas, bem superior à associação criminosa. Se aplicada no mínimo, em tese, comporta pena alternativa e regime aberto, visto não se tratar de delito violento.

No entanto, a natureza do delito indica ser inviável, na maioria dos casos, regime inferior ao semiaberto, apontando a incompatibilidade natural com a pena restritiva de direitos. O mais indicado é a avaliação concreta no contexto da individualização da pena.

4.7   Quadro-resumo

Previsão legal	**Constituição de Milícia Privada** **Art. 288-A.** Constituir, organizar, integrar, manter ou custear organização paramilitar, milícia particular, grupo ou esquadrão com a finalidade de praticar qualquer dos crimes previstos neste Código: Pena – reclusão, de 4 (quatro) a 8 (oito) anos.
Sujeito ativo	Qualquer pessoa (mínimo de duas)
Sujeito passivo	Sociedade
Objeto material	Paz pública
Objeto jurídico	Paz pública
Elemento subjetivo	Dolo + elemento subjetivo específico
Classificação	Comum Formal Forma livre Comissivo Instantâneo Permanente ou habitual Perigo comum abstrato Plurissubjetivo Plurissubsistente
Tentativa	Admite, exceto na forma habitual

RESUMO DO CAPÍTULO

	Incitação ao crime Art. 286	Apologia de crime ou criminoso Art. 287	Associação criminosa Art. 288	Constituição de milícia privada Art. 288-A
Sujeito ativo	Qualquer pessoa	Qualquer pessoa	Qualquer pessoa (pelo menos três)	Qualquer pessoa (mínimo de duas)
Sujeito passivo	Sociedade	Sociedade	Sociedade	Sociedade
Objeto material	Paz pública	Paz pública	Paz pública	Paz pública
Objeto jurídico	Paz pública	Paz pública	Paz pública	Paz pública
Elemento subjetivo	Dolo	Dolo	Dolo + elemento subjetivo específico	Dolo + elemento subjetivo específico
Classificação	Comum Formal Forma livre Comissivo Instantâneo Perigo comum Unissubjetivo Unissubsistente ou plurissubsistente	Comum Formal Forma livre Comissivo Instantâneo Perigo comum abstrato Unissubjetivo Unissubsistente ou plurissubsistente	Comum Formal Forma livre Comissivo Permanente Perigo comum abstrato Plurissubjetivo Plurissubsistente	Comum Formal Forma livre Comissivo Instantâneo Permanente ou habitual Perigo comum abstrato Plurissubjetivo Plurissubsistente
Tentativa	Admite na forma plurissubsistente	Admite na forma plurissubsistente	Não admite	Admite, exceto na forma habitual
Circunstâncias especiais	Protestos ou marchas	Protestos ou marchas (*ver nota ao artigo anterior*)	Causa de aumento	——

PARTE 5

CRIMES CONTRA A FÉ PÚBLICA

Capítulo I
Da Moeda Falsa

1. CONCEITO DE FÉ PÚBLICA

A fé é uma crença ou uma confiança em algo ou alguém. No sentido jurídico-penal, acrescenta-se o termo pública, de modo a evidenciar ser uma confiança geral, que se estabelece em assuntos proporcionados pelo Estado. Tal contexto vincula-se à credibilidade existente em certos atos, símbolos, documentos, papéis ou formas em geral, impostas em lei, que merecem salvaguardar-se do seu maior algoz: o falso. Por isso, a moeda, cunhada pelo Estado, tem valor em si mesma, circulando nos meios comerciais, desde que goze de fé pública, vale dizer, todos acreditam na força do seu símbolo, representativo de dinheiro e, consequentemente, de patrimônio. O documento não foge à regra, mesmo sendo particular, pois ele vale por si mesmo, constituindo instrumento confiável para dar lastro a negócios dos mais variados tipos.[1]

A fé pública é a crença na autoridade, nas coisas que trazem o cunho de fidedignidade impresso pelo Estado, na ótica de CARRARA.[2] Ou, ainda, valendo-se de PESSINA, é a fé sancionada pelo Estado, transmitindo confiança geral a certos atos, símbolos ou formas a que a lei atribui valor jurídico.[3] Embora seja debate existente, filiamo-nos à corrente doutrinária que visualiza diferença essencial entre fraude e falso, devendo ser separados os bens jurídicos

---

[1] "Para os romanos, a *fides publica* era apenas a garantia inerente ao exercício de uma função pública. Os crimes que fundamentalmente constituem, nas legislações modernas, os delitos contra a fé pública eram pelos romanos incluídos na categoria de *falsum*. (...) A classificação de uma determinada espécie de delito sob a epígrafe de fé *pública* é recente, e foi pela primeira vez realizada por Filangieri (...) Com Manzini, o conceito de fé pública mais se alarga, para significar *a boa-fé pública*" (FRAGOSO, *Lições e direito penal*, v. 3, p. 761-765).

[2] *Apud* HUNGRIA, *Comentários do Código Penal*, v. IX, p. 185.

[3] *Apud* HUNGRIA, *Comentários do Código Penal*, v. IX, p. 185.

afetados por cada uma dessas condutas. A fraude atinge bens diversos da fé pública, quando tratada em sentido estrito, pois esta se calca em coisas que valem por si mesmas, por força de lei. Não é a fraude que altera uma moeda ou um documento, mas o falso.

O falsário atua para reconstituir moedas, papéis, documentos etc., com o fim de gerar uma coisa com aparência de valor, quando, em verdade, não mais o possui. O fraudador atua para ferir bens jurídicos diversos, em particular, o patrimônio, mas também extensivo aos interesses da administração pública. Pode-se até conjugar as condutas do falsário e do fraudador num único cenário criminoso, como ocorre com o cheque falsificado e entregue ao comerciante para obter um produto. Figuram, nesse contexto, o falso e a fraude, gerando falsidade documental e estelionato. Atualmente, entende-se que o estelionato absorve o falso, quando este nele se esgota. Portanto, são dois delitos diversos: o falso afetou a fé pública; a fraude, o patrimônio.

Em suma, há Códigos estrangeiros que cuidam de crimes como a violação de segredo funcional, a fraude no comércio ou em leilões, o falso testemunho, a usurpação de função pública, entre outros, como atentatórios à fé pública.

Preferimos considerar correta a observação de NÉLSON HUNGRIA a respeito: "qualquer desses crimes pode ofender a confiança de indivíduo para indivíduo ou a normalidade da ordem jurídico-administrativa, mas não a fé pública, no sentido de fé comum ou geral nos objetos, sinais ou formas a que a ordem jurídica empresta o cunho de atestação da genuinidade ou veracidade".[4] Por isso, a fé pública, como bem jurídico autonomamente tutelado, lida com as coisas impregnadas de valor próprio, advindo de lei, despertando a confiança geral nesses papéis, moedas e documentos. A porção criminosa, a afetar a fé pública, é a falsidade.

Portanto, neste Título X, os crimes são ligados a esse cenário: moeda falsa e assimilados; petrechos para falsificação de moeda; emissão de títulos ao portador sem permissão legal; falsificação de papéis públicos; petrechos de falsificação; falsificação de selo ou sinal público; falsificação de documento público; falsificação de documento particular; falsidade ideológica; falso reconhecimento de firma ou letra; certidão ou atestado ideologicamente falso; falsidade material de atestado ou certidão; falsidade de atestado médico; reprodução ou adulteração de selo ou peça filatélica; uso de documento falso; supressão de documento; falsidade do sinal empregado no contraste de metal precioso ou na fiscalização alfandegária, ou para outros fins; falsa identidade; fraude de lei sobre estrangeiros; adulteração de sinal identificador de veículo automotor.

2.   PROTEÇÃO INTERNACIONAL

O Brasil é signatário da Convenção Internacional para a Repressão da Moeda Falsa (Decreto 3.074/1938). Explica NORONHA que "a fé pública é um bem jurídico internacional. A cooperação entre as nações para a tutela desse interesse econômico universal firmou-se bem antes e bem mais amplamente no campo do Direito Penal, do que no chamado Direito Administrativo Internacional (união monetária latina, escandinava etc.). E isso se explica facilmente, refletindo-se que é muito mais fácil o acordo na reação contra a delinquência do que na sujeição a um único regime monetário. Hoje, portanto, com a incriminação do falso numário, não se limita a lei a proteger a soberania monetária do Estado, mas tutela a

---

[4]   *Comentários ao Código Penal*, v. IX, p. 193.

circulação monetária em geral, se bem que, em relação aos delitos cometidos no estrangeiro, o Estado naturalmente se preocupa em assegurar de modo especial o que mais o interessa".[5]

3.   MOEDA FALSA

3.1   Estrutura do tipo penal incriminador

Falsificar quer dizer reproduzir imitando, ou imitar com fraude. Associa-se essa conduta às seguintes: a) *fabricar* (manufaturar ou cunhar); b) *alterar* (modificar ou adulterar). O objeto é a moeda em curso no País ou no estrangeiro.[6] Exige-se que a reprodução imitadora seja convincente, pois, se for grosseira e bem diversa da versão original, não se configura o delito. Aliás, tratar-se-ia de crime impossível (objeto absolutamente impróprio). É o conteúdo do art. 289 do CP.

Entretanto, se o agente conseguir ludibriar a vítima, com uma falsificação grosseira qualquer, obtendo vantagem, pode-se, conforme a situação concreta, tipificar o crime de estelionato, de competência da justiça estadual (Súmula 73 do STJ: "A utilização de papel--moeda grosseiramente falsificado configura, em tese, o crime de estelionato, da competência da Justiça Estadual").

Moeda é o "valorímetro dos bens econômicos, o denominador comum a que se reduz o valor das coisas úteis".[7] No passado, utilizavam-se para confeccionar a moeda metais nobres, como ouro e prata, que, atualmente, não mais são usados. Os metais usados para o cunho de moedas são vulgares, sem valor em si mesmos. Por outro lado, passou-se a representar a moeda também pelo papel, chamado de *papel-moeda*, que são as notas ou cédulas de dinheiro.

Cabe ao Conselho Monetário Nacional regular o valor interno da moeda (art. 3.º, II, da Lei 4.595/1964), bem como autorizar as emissões de papel-moeda (art. 4.º, I, da mesma lei). Ao Banco Central do Brasil compete emitir papel-moeda e moeda metálica, conforme autorização dada pelo Conselho Monetário Nacional (art. 10 da citada lei, bem como art. 164 da Constituição Federal). Por outro lado, à Casa da Moeda cabe a fabricação, em caráter exclusivo, de papel-moeda e moeda metálica (art. 2.º da Lei 5.895/1973), fixando as características técnicas e artísticas do papel-moeda (art. 5.º da Lei 4.511/1964).

A expressão contida no tipo *curso legal*, referente às moedas ou papéis-moeda, é o meio circulante oficial (art. 2.º da Lei 4.511/1964; art. 1.º da Lei 9.069/1995), de peças legalmente fabricadas e emitidas. Lembre-se que moedas retiradas de circulação não podem ser objeto desse crime; quem as usa pode praticar estelionato.[8]

Levando-se em conta a obrigatoriedade de recebimento da moeda em curso legal no País, encontramos a contravenção penal do art. 43 da Lei das Contravenções Penais: "Recusar-se a receber pelo seu valor, moeda de curso legal no País: Pena – multa". Tendo em vista que não se permite a utilização de qualquer tipo de impresso que se assemelhe, de algum modo, às cédulas de papel-moeda ou às moedas metálicas (art. 13 da Lei 4.511/1964), temos o art. 44

---

[5]   *Direito penal*, v. 4, p. 146.

[6]   "Os povos primitivos desconheciam a moeda, servindo-se para as trocas, do gado (*pecus*) e outras coisas ou mercadorias" (FRAGOSO, *Lições e direito penal*, v. 3, p. 769). Do termo *pecus* advém hoje a palavra *pecúnia*, uma vez que antes bois e ovelhas eram usados como "moedas de troca".

[7]   HUNGRIA, *Comentários ao Código Penal*, v. 9, p. 202-203.

[8]   FRAGOSO, *Lições e direito penal*, v. 3, p. 773.

da Lei das Contravenções Penais: "Usar, como propaganda, de impresso ou objeto que pessoa inexperiente ou rústica possa confundir com moeda: Pena – multa".

A pena para quem comete o crime previsto no *caput* do art. 289 do CP é de reclusão, de três a doze anos, e multa. A competência é da Justiça Federal.

3.2   Sujeitos ativo e passivo

O sujeito ativo pode ser qualquer pessoa. O sujeito passivo é o Estado. Como prejudicados pelo crime, podem-se considerar as pessoas que tiveram prejuízo com a circulação da moeda falsa. Em nosso entendimento, não são eles sujeitos passivos secundários, pois o bem jurídico tutelado não lhes diz respeito direta ou indiretamente. Se podemos eleger um sujeito passivo secundário seria a sociedade, interessada em não haver o caos em face do rompimento da fé pública (confiança em algo) no tocante à moeda, que é importante valor de troca de bens, produtos e serviços.

3.3   Elemento subjetivo

É o dolo. Não se exige elemento subjetivo específico, nem se pune a forma culposa. Muitos podem imaginar devesse haver o objetivo especial de ter lucro. No entanto, é uma ideia equívoca, pois mesmo o que falsifica moedas por passatempo pratica o crime do mesmo modo.

Um determinado sujeito de posses, pensando em possível assalto à sua residência, conseguiu várias notas falsas de R$ 100,00, formando elevada quantia e inserindo em cofre visível. Acreditava que, havendo um roubo, poderia abrir aquele cofre e entregar o montante todo (falso) aos agentes do assalto. Assim, não teria prejuízo algum. Tal situação, de fato, ocorreu e quando os roubadores foram presos, ainda com o produto subtraído, o delegado percebeu a falsidade das notas. Foram todos processados: por roubo os agentes da subtração, que o fizeram com invasão ao domicílio e emprego de arma para exercer a grave ameaça; a vítima do roubo pelo crime de moeda falsa, com base no § 1.º do art. 289, pois adquiriu e guardou a moeda falsa.

3.4   Objetos material e jurídico

O objeto material é a moeda metálica ou papel-moeda ("símbolo de valor estabelecido pelo Estado").[9] ROGÉRIO GRECO, citando HUNGRIA, diz não se configurar o crime quando o agente falsifica moeda de modo a diminuir-lhe o valor; o sujeito deveria ser interditado, pois estaria *jogando fora* ou *rasgando dinheiro*.[10] Aliás, outro exemplo de HUNGRIA, dizendo que, se ocorrer o crime do art. 289, seria o caso do extorsionário que, para modificar as características do dinheiro recebido, modifica a sua numeração e estampa, sem alteração de valor, com o que não aquiesce NORONHA.[11] Na realidade, em nosso entendimento, falsificar *qualquer* moeda, de *qualquer modo*, é crime. Afinal, fere a fé pública, pouco importando se o sujeito está se prejudicando com isso. Falsificar a moeda, diminuindo-lhe o valor, é crime do mesmo jeito, pois essa moeda falsa pode circular e prejudicar pessoas. Da mesma forma, alterar a numeração e a estampa da cédula é tornar falsa a moeda, pois não foi expedida pelo Estado, que detém o monopólio dessa atividade.

O objeto jurídico é a fé pública.

---

9   FRAGOSO, *Lições e direito penal*, v. 3, p. 771.
10   *Curso de direito penal*, v. 3, p. 549.
11   Cita o exemplo este último (*Direito penal*, v. 4, p. 147).

3.5   Aplicação do princípio da insignificância

É inviável nesse crime, como regra, pois o objeto jurídico é a fé pública, isto é, a confiança que a sociedade deposita na moeda. Poder-se-ia dizer, como já tomamos conhecimento de decisão, que alguém, falsificando uma nota de R$ 2,00, somente para mostrar aos seus alunos alguns aspectos técnicos, estaria preenchendo formalmente o tipo, mas não materialmente, sendo fato atípico. No entanto, se a nota de R$ 2,00 for falsificada para circular, não importa o valor, porém o fato de estar maculada a fé pública.

3.6   Classificação

Trata-se de crime comum (aquele que pode ser cometido por qualquer pessoa); formal (crime que não exige, para sua consumação, resultado naturalístico, consistente em efetivo prejuízo para alguém); de forma vinculada (pode ser cometido somente pelo meio eleito em lei, uma vez que a fabricação e a emissão de moeda verdadeira têm processo específico); comissivo (os verbos implicam ações); instantâneo (cuja consumação não se prolonga no tempo, dando-se em momento determinado); unissubjetivo (aquele que pode ser cometido por um único sujeito); plurissubsistente (delito cuja ação é composta por vários atos, permitindo-se o seu fracionamento); admite tentativa. Não se deve olvidar que a fase de preparação para a falsificação de moeda pode ser considerada típica, diante da existência do crime previsto no art. 291 do Código Penal.

3.7   Figuras correlatas do § 1.º

3.7.1   Estrutura do tipo penal incriminador

Importar (trazer do exterior para dentro das fronteiras do País); *exportar* (remeter para fora do País); *adquirir* (obter ou comprar); *vender* (alienar por certo preço); *trocar* (permutar ou substituir uma coisa por outra); *ceder* (transferir a posse ou a propriedade a terceiro); *emprestar* (confiar algo a alguém, por determinado período, para ser devolvido); *guardar* (tomar conta ou vigiar); *introduzir* em circulação (fazer entrar). O objeto é moeda falsa.

Moeda falsa é a moeda que não tem validade, por não estar em curso legal no País ou no estrangeiro. "Cuida de fatos que representam meios de levar a *exaurimento* o crime de falsificação de moeda, isto é, operações que podem seguir-se à falsificação de moeda, isto é, operações que podem seguir-se à falsificação até o lançamento da moeda em circulação."[12]

Como bem observado por Bitencourt, "trata-se, na verdade, da previsão de diversas modalidades de condutas (tipo misto alternativo), a qual amplia o espectro de punibilidade do envolvimento diversificado com o *objeto material* do crime de moeda falsa, atingindo agentes que não tiveram participação no processo precedente de falsificação".[13]

Aliás, se quem falsificou (conduta do *caput* do art. 289) também coloca em circulação (§ 1.º do art. 289) pode responder pelos dois crimes em concurso material.

A pena é de reclusão, de três a doze anos, e multa.

---

[12]   Hungria, *Comentários ao Código Penal*, v. IX, p. 217.
[13]   *Tratado de direito penal*, v. 4, p. 552-553.

3.7.1.1   Falsificação grosseira

Como regra, em todos os tipos penais que abordam a falsidade material de peças, objetos e papéis, quando se tratar de falsidade *evidente*, facilmente perceptível, não se configura o delito. No entanto, é possível, conforme o caso concreto, concretizar o tipo do estelionato.

Segundo FRAGOSO, "a falsidade grosseira (como as notas do 'Banco da Felicidade'), capaz somente de iludir os cegos, os simples e imaturos de mente, não constituem perigo para a fé pública e não é punível como moeda falsa..."[14]

É o que se dá, também, quando o agente utiliza "papéis ou discos com o mesmo aspecto, como meio de reclame comercial, contendo anúncios ou avisos ao público, desde que não ocorra contrafação ou imitação completa".[15]

3.7.2   Sujeitos ativo e passivo

O sujeito ativo pode ser qualquer pessoa. O sujeito passivo é o Estado.

Há quem sustente também figurar como sujeito passivo aquele que recebeu a moeda falsa, no tipo previsto neste § 1.º do art. 289. Chega-se, inclusive, a permitir a aplicação de agravantes, tendo por pessoa tutelada algum parente ou pessoa enfraquecida.

Conferir: STJ: "Nos casos de prática do crime de introdução de moeda falsa em circulação (art. 289, § 1.º, do CP), é possível a aplicação das agravantes dispostas nas alíneas 'e' e 'h' do inciso II do art. 61 do CP, incidentes quando o delito é cometido 'contra ascendente, descendente, irmão ou cônjuge' ou 'contra criança, maior de 60 (sessenta) anos, enfermo ou mulher grávida'. De fato, a fé pública do Estado é o bem jurídico tutelado no delito do art. 289, § 1.º, do CP. Isso, todavia, não induz à conclusão de que o Estado seja vítima exclusiva do delito. Com efeito, em virtude da diversidade de meios com que a introdução de moeda falsa em circulação pode ser perpetrada, não há como negar que a vítima pode ser, além do Estado, uma pessoa física ou um estabelecimento comercial, dado o notório prejuízo experimentado por esses últimos. Efetivamente, a pessoa a quem, eventualmente, são passadas cédulas ou moedas falsas pode ser elemento crucial e definidor do grau de facilidade com que o crime será praticado, e a fé pública, portanto, atingida. A propósito, a maior parte da doutrina não vê empecilho para que figure como vítima nessa espécie de delito a pessoa diretamente ofendida" (HC 211.052/RO, 6.ª T., rel. Min. Sebastião Reis Júnior, rel. p/ acórdão Min. Rogerio Schietti Cruz, 05.06.2014, *Informativo* 546).

Segundo nos parece, o bem jurídico protegido é a fé pública e o sujeito passivo é somente o Estado, que emite a moeda de maneira exclusiva. Sem dúvida, quando a moeda falsa entra em circulação, há *prejudicados* pelo crime, aqueles que, tendo-a por verdadeira, utilizam-na para seus propósitos pessoais e podem sofrer algum prejuízo. Na realidade, quando a infração penal ocorre, além do sujeito passivo, existe também a figura do *prejudicado*. Ilustrando, a vítima do homicídio é a pessoa que perdeu a vida; o filho do falecido é o prejudicado, mas não é o titular do bem jurídico *vida*. É o que ocorre nesse crime (moeda falsa). O sujeito passivo é o Estado; quem toma contato com a moeda, sejam quantos forem, são prejudicados pelo delito. Por isso, não vemos sentido em aplicar agravantes pessoais, como crime cometido contra pai, mãe, idoso, mulher grávida etc. Se podemos eleger um

---

[14]   FRAGOSO, *Lições e direito penal*, v. 3, p. 774.

[15]   BENTO DE FARIA, *Código Penal brasileiro comentado*, v. VII, p. 21.

sujeito passivo secundário seria a sociedade, interessada em não haver o caos em face do rompimento da fé pública (confiança em algo) no tocante à moeda, que é importante valor de troca de bens, produtos e serviços.

3.7.3   Elemento subjetivo

É o dolo. Não se exige elemento subjetivo específico, nem se pune a forma culposa.

3.7.4   Objetos material e jurídico

O objeto material é a moeda metálica ou papel-moeda falso. "A quantidade e qualidade das moedas falsificadas é irrelevante para a configuração do delito, embora possa ser considerada na medida da pena."[16]

O objeto jurídico é a fé pública.

3.7.5   Classificação

Trata-se de crime comum (aquele que pode ser cometido por qualquer pessoa); formal (crime que não exige, para sua consumação, resultado naturalístico, consistente em efetivo prejuízo para alguém); de forma livre (pode ser cometido por qualquer meio eleito pelo agente); comissivo (os verbos implicam ações); instantâneo (cuja consumação não se prolonga no tempo, dando-se em momento determinado), mas permanente na forma "guardar"; unissubjetivo (aquele que pode ser cometido por um único sujeito); plurissubsistente (delito cuja ação é composta por vários atos, permitindo-se o seu fracionamento); admite tentativa. Não se deve olvidar que a fase de preparação para a falsificação de moeda pode ser considerada típica, diante da existência do crime previsto no art. 291 do Código Penal.

3.8   Figura correlata do § 2.º

3.8.1   Estrutura do tipo penal incriminador

Receber (aceitar ou tomar como pagamento); *restituir* (devolver); *conhecer* (ter informação ou saber) são as condutas típicas incriminadas. O objeto é a moeda falsa recebida como verdadeira. O tipo é *privilegiado*, pois a pena é alterada para menor, passando de reclusão para detenção e com o mínimo e o máximo caindo para seis meses a dois anos.

Pune-se quem recebe moeda falsa e, sabendo disso, para não ter prejuízo, a repassa a outrem. Menciona o tipo deva essa moeda ter sido recebida de boa-fé, como se verdadeira fosse. A situação, aparentemente, implica uma contradição, pois o sujeito que recebe moeda, a qualquer título, estando de boa-fé, certamente a está tomando como verdadeira. Seria incompreensível que alguém, de *boa-fé*, recebesse moeda falsa. A segurança da descrição típica fez com que o legislador especificasse a situação.

No tocante à restituição à circulação, a moeda tem como finalidade precípua circular, isto é, correr de mão em mão. Portanto, normalmente para evitar prejuízo, o recebedor de boa-fé, tomando conhecimento de que a moeda é falsa, passa-a adiante, de qualquer forma, lesionando, também, a fé pública. Esse é o núcleo deste delito. Logo, é nesse momento que o

---

[16]   FRAGOSO, *Lições e direito penal*, v. 3, p. 775.

dolo do agente opera, vale dizer, depois de ter recebido a moeda, acreditando ser verdadeira, o sujeito, cientificado de que se trata de dinheiro falso, passa adiante.

Na realidade, tomando conhecimento de se tratar de moeda falsa, deveria repassar à autoridade para destruição. Espera-se do recebedor da moeda uma atitude altiva e ética, ou seja, ficar com o prejuízo, porém não colocar o dinheiro de volta a circular.

Bento de Faria enumera os elementos para a constituição desse delito: a) recebimento da moeda. Pode receber em troco ou pagamento, mas não rouba ou furta; b) age de boa-fé no ato do recebimento, pois ignora a falsidade. Sem prova da boa-fé, essa figura não se aplica; c) nasce o dolo [o autor chama de superveniente, mas nos parece simplesmente *atual*, diante da situação], descobrindo ser falsa a moeda. Nesse estado, restitui à circulação, para não ficar no prejuízo.[17]

A pena para quem comete o crime descrito no § 2.º do art. 289 do CP é de detenção, de seis meses a dois anos, e multa.

3.8.2   Sujeitos ativo e passivo

O sujeito ativo pode ser qualquer pessoa.[18] O sujeito passivo é o Estado. Como prejudicados pelo crime, podem-se considerar as pessoas que tiveram prejuízo com a circulação da moeda falsa. Em nosso entendimento, não são eles sujeitos passivos secundários, pois o bem jurídico tutelado não lhes diz respeito direta ou indiretamente. Se podemos eleger um sujeito passivo secundário seria a sociedade, interessada em não haver o caos em face do rompimento da fé pública (confiança em algo) no tocante à moeda, que é importante valor de troca de bens, produtos e serviços.

3.8.3   Elemento subjetivo

É o dolo, embora se exija somente a forma *direta* ("depois de conhecer a falsidade"). Não há elemento subjetivo específico, nem se pune a forma culposa. Afirma Magalhães Noronha que, nesse caso, atua o chamado *dolo subsequente*, vale dizer, o sujeito recebe de boa-fé a moeda falsa, tomando ciência da falsidade, nasce do dolo e ele restitui à circulação.[19] Permitimo-nos discordar tanto desse caso quanto da apropriação indébita (citada pelo ilustre autor igualmente para exemplificar). Em nossa visão, inexistem *dolo antecedente* à conduta criminosa e muito menos *dolo subsequente* à conduta delituosa.

Observe-se o engano dessa argumentação nos seguintes pontos: a) em primeiro lugar, apesar de existirem dois verbos principais (receber a moeda; restituir a moeda), o único que efetivamente configura o delito é o segundo (restituir a moeda); b) em segundo lugar, como já afirmado, o dolo do agente se dá no exato momento em que ele, *sabendo da falsidade*, restitui a moeda à circulação. Antes não havia conduta delituosa, portanto também não havia dolo.

Diante disso, o dolo do agente não foi *subsequente* à conduta típica incriminadora, mas absolutamente atual e condizente com o momento em que praticou o ilícito: restituir a moeda falsa à circulação.

---

[17]   *Código Penal brasileiro comentado*, v. VII, p. 23-24.

[18]   Esse tipo jamais se aplica ao falsificador da moeda, pois depende do recebimento da moeda falsa com boa-fé (Noronha, *Direito penal*, v. 4, p. 155).

[19]   *Direito penal*, v. 4, p. 155.

3.8.4   Objetos material e jurídico

O objeto material é a moeda metálica ou papel-moeda falso. O objeto jurídico é a fé pública.

3.8.5   Classificação

Trata-se de crime comum (aquele que não demanda sujeito ativo qualificado ou especial); formal (delito que não exige resultado naturalístico, consistente no efetivo prejuízo a alguém, com a utilização de qualquer papel falsificado); de forma livre (podendo ser cometido por qualquer meio eleito pelo agente); comissivo (os verbos implicam ações); instantâneo (cujo resultado se dá de maneira instantânea, não se prolongando no tempo); unissubjetivo (delito que pode ser cometido por um só agente); unissubsistente (cometido em um único ato) ou plurissubsistente (em regra, vários atos integram a conduta), conforme o caso; admite tentativa, na forma plurissubsistente.

3.9   Figura qualificada do § 3.º

3.9.1   Estrutura do tipo penal incriminador

A pena máxima é aumentada para quinze anos, quando pessoa qualificada (funcionário público ou diretor, gerente ou fiscal de banco de emissão) pratica as seguintes condutas: a) *fabricar* (manufaturar ou cunhar); b) *emitir* (pôr em circulação); c) *autorizar a fabricação ou emissão* (dar permissão para manufaturar ou para colocar em circulação). O objeto é moeda. Trata-se, também, de norma penal em branco, pois é preciso o complemento dado por outra norma, a fim de saber qual é o título ou peso determinado *em lei* e qual é a quantidade *autorizada*.

No inciso I, menciona-se a moeda com título (texto contido na liga metálica; ex.: *1 Real*, na moeda metálica) ou peso (produto da massa de um corpo conforme a aceleração da gravidade, passível de determinação em medidas; aplica-se à moeda metálica, que possui peso determinado em lei) inferior ao determinado em lei.

No inciso II, aponta-se a emissão de papel-moeda em quantidade superior à autorizada (em lei e pela autoridade competente). Há um limite para a fabricação ou emissão de papel-moeda, controlado pelo Conselho Monetário Nacional e pelo Banco Central. Ultrapassar esse limite constitui crime. Exemplo desse controle de emissão de moeda no mercado pode ser constatado na época de mudança da moeda antiga para a atual (real). O art. 1.º da Lei 8.891/1994 estabeleceu o limite de um bilhão e quinhentos milhões de unidades para impressão de cédulas do novo padrão monetário.

É importante observar ser vedada a cunhagem de *moedas comemorativas*. Entretanto, a lei não fixa tipo incriminador para essa prática. Se ocorrer, dever-se-á resolver na esfera administrativa. Eventualmente, na área penal, poder-se-á configurar estelionato, se alguém for prejudicado em face disso.[20]

A pena para quem se enquadra na hipótese do § 3.º do art. 289 do CP é de reclusão, de três a quinze anos, e multa.

3.9.2   Sujeitos ativo e passivo

O sujeito ativo é qualificado: funcionário público ou diretor, gerente ou fiscal de banco de emissão. O sujeito passivo é o Estado. Como prejudicados pelo crime, pode-se considerar

---

[20]   Bento de Faria, *Código Penal brasileiro comentado*, v. VII, p. 25.

as pessoas que tiveram prejuízo com a circulação da moeda falsa. Em nosso entendimento, não são eles sujeitos passivos secundários, pois o bem jurídico tutelado não lhes diz respeito direta ou indiretamente. Se podemos eleger um sujeito passivo secundário seria a sociedade, interessada em não haver o caos em face do rompimento da fé pública (confiança em algo) no tocante à moeda, que é importante valor de troca de bens, produtos e serviços.

3.9.3   Elemento subjetivo

É o dolo, na forma direta (depois de conhecer a falsidade), não se admitindo o dolo eventual. Inexiste elemento subjetivo específico, nem se pune a forma culposa.

3.9.4   Objetos material e jurídico

O objeto material é a moeda metálica ou papel-moeda verdadeiro emitido em desconformidade à lei. O objeto jurídico é a fé pública.

Quanto ao objeto material do crime, o tipo menciona moeda com título ou peso inferior ao determinado em lei; depois, se refere, em outro inciso, ao papel-moeda, sob outra perspectiva, em quantidade superior à autoridade por lei. Emerge a polêmica: moedas emitidas em quantidade superior à permitida em lei é crime? Noronha diz que, acompanhando Baldessarini, Drummond, Fragoso, Soler e outros, sim. Houve uma lacuna no inciso I e é preciso utilizar uma interpretação sistemática, pois o tipo do art. 289, para fins de moeda falsa, não faz distinção entre moeda metálica e no formato de papel. Destaca o autor que Hungria discorda, dizendo constituir um ilícito administrativo, até pelo fato de que a emissão excessiva de moedas não causa o mesmo prejuízo que o de papel-moeda. Ambos não se aprofundam na questão.[21]

Segundo nos parece, a razão está com Hungria, pois o tipo, lacunoso ou não, é bem claro. Moedas não podem ter título ou peso inferior ao determinado em lei. Papel-moeda não pode ser emitido em quantidade superior ao determinado em lei. Inexiste, propriamente, uma lacuna a ser preenchida por analogia ou mediante um processo de interpretação mais aberto. O legislador considerou crime as condutas supramencionadas, provavelmente, como mencionou Hungria, porque emitir mais moedas do que o permitido constitua uma medida menos nociva do que ocorre com o papel-moeda. Não vislumbrando lacuna, cremos ser atípica a emissão de moedas em quantidades superiores ao determinado ou autorizado. Nada impede a punição na órbita administrativa.

3.9.5   Classificação

Trata-se de crime próprio (aquele que demanda sujeito ativo especial ou qualificado); formal (crime que não exige, para sua consumação, resultado naturalístico, consistente em causar efetivo prejuízo a alguém);[22] de forma vinculada (pode ser cometido somente pelo meio eleito em lei, uma vez que a fabricação e a emissão de moeda verdadeira têm processo

---

[21]   *Direito penal*, v. 4, p. 157.

[22]   Hungria e Fragoso concordam com a classificação, mas Noronha indica tratar-se de delito material (*Direito penal*, v. 4, p. 157). Com a devida vênia, cremos ser infração penal formal, pois a busca por resultado naturalístico precisa dar-se colocando como parâmetro o bem jurídico tutelado, que é a fé pública. Ora, a emissão de moedas e papéis-moeda de maneira irregular é a conduta punida, sem exigência de que isso realmente *abale* a fé pública.

específico); comissivo (os verbos implicam ações); instantâneo (cuja consumação não se prolonga no tempo, dando-se em momento determinado); unissubjetivo (aquele que pode ser cometido por um único sujeito); unissubsistente (praticado num único ato) ou plurissubsistente (delito cuja ação é composta por vários atos, permitindo-se o seu fracionamento), conforme o caso concreto; admite tentativa na forma plurissubsistente.

3.10   Figura equiparada ao § 3.º, prevista no § 4.º

3.10.1   Estrutura do tipo penal incriminador

Desviar (mudar a direção ou afastar-se de determinado ponto); *fazer circular* (promover a propagação ou colocar em curso) são as condutas típicas. O objeto é a moeda não autorizada a circular. Entretanto, trata-se de moeda verdadeira; o crime é a antecipação de sua circulação.

Trata-se de norma penal em branco, pois a autorização para a circulação da moeda deve ser buscada em outra norma, que merece ser analisada para a configuração desse tipo.

A pena é de reclusão, de três a quinze anos, e multa, nos termos do § 3.º, que proporciona a ligação com o § 4.º. Note-se não poder ser a pena do *caput*, pois este inspira as penas do § 1.º, somente. Depois, o legislador exibe, no § 3.º, tipos autônomos do *caput*, com penalidade própria. E faz seguir, por lógica, o § 4.º, como dependente deste último.

Aliás, é uma questão de interpretação lógico-sistemática. O § 3.º destina-se a funcionários públicos, evidenciando a razão de ter pena mais elevada que o *caput*. O § 4.º também cuida de funcionários públicos, logo, há motivo para acompanhar a penalidade do § 3.º.

Em visão diversa, seguindo Noronha e Fragoso, Bitencourt opta pela pena do *caput* para o delito do § 4.º, sob o argumento de que o parágrafo se subordina ao artigo.[23] Parece-nos que o termo *artigo*, nesse caso, subsume-se ao *caput*. Com a devida vênia, há um equívoco nessa interpretação. Em primeiro lugar, Noronha considera o tipo do § 4.º um crime comum, a ser cometido por qualquer pessoa, enquanto Bitencourt o classifica como próprio (logo, somente funcionários públicos). Diante disso, quando servidores públicos cometessem crimes no cenário da moeda, as penas seriam mais graves, o que torna incompatível remeter ao *caput*. Em segundo lugar, quando Noronha diz que o parágrafo remete ao artigo está simplificando, demais, a estrutura do tipo penal. Nada impede – ao contrário, é comum – que o legislador crie outras figuras típicas básicas (e não derivadas) nos parágrafos de um artigo. O *caput* prevê um determinado delito, o § 1.º, utilizando a mesma pena (nas mesmas penas incorre quem...), aponta *outras figuras* diversas do *caput* e não dele dependentes. Na sequência, o legislador pode criar outro parágrafo com tipos básicos, diversos do *caput* e *com penalidade autônoma*. É um tipo dentro de outro. Ora, se na sequência do parágrafo com tipo próprio e pena autônoma segue-se outro tipo autônomo, mas querendo aproveitar a penalidade deste último, insere-se a mesma fórmula (incorre nas mesmas penas quem...). Nas penas de onde? Do último parágrafo com tipos e penas independentes do *caput*.

Em suma, o § 4.º do art. 289 não é uma simples qualificadora ou causa de aumento de pena, mas um tipo autônomo, que se vale da pena do § 3.º, igualmente autônomo, com penalidade independente do *caput*.

---

[23]   *Tratado de direito penal*, v. 4, p. 560.

A pena prevista no § 4.º do art. 289 do CP é, portanto, de reclusão de três a quinze anos, e multa.

3.10.2 Sujeitos ativo e passivo

O sujeito ativo é qualificado: funcionário público ou diretor, gerente ou fiscal de banco de emissão. São as únicas pessoas com acesso ao dinheiro legitimamente produzido e que podem antecipar a circulação. Não vislumbramos a viabilidade de uma pessoa, fora do ambiente da Casa da Moeda, que possa realizar tal conduta.[24]

O sujeito passivo é o Estado. Como prejudicados pelo crime, podem-se considerar as pessoas que tiveram prejuízo com a circulação antecipada da moeda. Em nosso entendimento, não são eles sujeitos passivos secundários, pois o bem jurídico tutelado não lhes diz respeito direta ou indiretamente. Se podemos eleger um sujeito passivo secundário seria a sociedade, interessada em não haver o caos em face do rompimento da fé pública (confiança em algo) no tocante à moeda, que é importante valor de troca de bens, produtos e serviços.

3.10.3 Elemento subjetivo

É o dolo. Inexiste elemento subjetivo específico, nem se pune a forma culposa.

3.10.4 Objetos material e jurídico

O objeto material é a moeda metálica ou papel-moeda verdadeiro emitido antecipadamente, sem autorização de quem de direito. O objeto jurídico é a fé pública.

3.10.5 Classificação

Trata-se de crime próprio (aquele que demanda sujeito ativo especial ou qualificado); formal (crime que não exige, para sua consumação, resultado naturalístico, consistente em causar efetivo prejuízo a alguém);[25] de forma livre (pode ser cometido por qualquer meio eleito pelo agente); comissivo (os verbos implicam ações); instantâneo (cuja consumação não se prolonga no tempo, dando-se em momento determinado); unissubjetivo (aquele que pode ser cometido por um único sujeito); unissubsistente (praticado num único ato) ou plurissubsistente (delito cuja ação é composta por vários atos, permitindo-se o seu fracionamento), conforme o caso concreto; admite tentativa na forma plurissubsistente.

---

[24]   Assim também BITENCOURT, tratando como crime próprio (*Tratado de direito penal*, v. 4, p. 559). Contrariamente, NORONHA diz que pode ser o funcionário público ou qualquer pessoa, logo, o crime seria comum (*Direito penal*, v. 4, p. 158).

[25]   NORONHA indica tratar-se de delito material (Direito penal, v. 4, p. 158), assim como BITENCOURT (Tratado de direito penal, v. 4, p. 560). Cremos ser infração penal formal, pois a busca por resultado naturalístico precisa dar-se colocando como parâmetro o bem jurídico tutelado, que é a fé pública. A emissão de moedas e papéis-moeda de maneira irregular, porque antecipada, é a conduta punida, sem exigência de que isso realmente abale a fé pública.

3.11 Quadro-resumo

Previsão legal	**Moeda Falsa** **Art. 289.** Falsificar, fabricando-a ou alterando-a, moeda metálica ou papel-moeda de curso legal no País ou no estrangeiro: Pena – reclusão, de três a doze anos, e multa. § 1.º Nas mesmas penas incorre quem, por conta própria ou alheia, importa ou exporta, adquire, vende, troca, cede, empresta, guarda ou introduz na circulação moeda falsa. § 2.º Quem, tendo recebido de boa-fé, como verdadeira, moeda falsa ou alterada, a restitui à circulação, depois de conhecer a falsidade, é punido com detenção, de seis meses a dois anos, e multa. § 3.º É punido com reclusão, de três a quinze anos, e multa, o funcionário público ou diretor, gerente, ou fiscal de banco de emissão que fabrica, emite ou autoriza a fabricação ou emissão: I – de moeda com título ou peso inferior ao determinado em lei; II – de papel-moeda em quantidade superior à autorizada. § 4.º Nas mesmas penas incorre quem desvia e faz circular moeda, cuja circulação não estava ainda autorizada.
Sujeito ativo	Qualquer pessoa, como regra
Sujeito passivo	Estado
Objeto material	Moeda metálica ou papel moeda
Objeto jurídico	Fé pública
Elemento subjetivo	Dolo
Classificação	Comum ou próprio Formal ou material Forma livre ou vinculada Comissivo Instantâneo ou permanente Dano Unissubjetivo Unissubsistente ou plurissubsistente
Tentativa	Admite na forma plurissubsistente
Circunstâncias especiais	Forma privilegiada Qualificadora Competência da Justiça Federal

4. CRIMES ASSIMILADOS AO DE MOEDA FALSA

4.1 Estrutura do tipo penal incriminador

Formar (dar forma, construir ou compor), que é a primeira conduta, compõe-se com cédula, nota ou bilhete representativo de moeda, concebida a partir de fragmentos de cédulas, notas ou bilhetes verdadeiros; *suprimir* (eliminar ou fazer desaparecer), que é a segunda conduta, associa-se a sinal indicativo da sua inutilização; *restituir à circulação* (devolver ao manejo público) coordena-se com nota ou bilhete inutilizado ou recolhido. É sempre indispensável haver aparência de autenticidade nas cédulas, notas ou bilhetes para se configurar o delito. É o disposto pelo art. 290 do CP.

Trata-se de tipo misto cumulativo, havendo três condutas diversas, passíveis de punição autônoma. Entretanto, quanto à terceira conduta, aplica-se a teoria do *fato posterior não punível*, quando a restituição à circulação for feita pelo próprio agente que *fabricou* a cédula, nota ou bilhete, ou mesmo *suprimiu* sinal identificador da sua inutilização, por medida de política criminal.

O tipo menciona cédula, nota e bilhete representativo de moeda, todos termos correlatos, representativos do papel-moeda.

O termo *fragmento* é a parte de um todo ou pedaço de algo partido. Portanto, pune-se a conduta do agente que ajunta pedaços de cédulas, notas ou bilhetes verdadeiros para construir uma moeda falsa, como se verdadeira fosse.

A outra conduta é a colagem de notas verdadeiras, ou seja, se o agente ajuntar pedaços de uma cédula verdadeira em outra, cremos tratar-se da figura desse artigo, e não do crime de moeda falsa. Afinal, a cédula não é fabricada pelo agente, tampouco alterada – que seriam condutas do art. 289 –, mas apenas *composta* por cédulas verdadeiras. E HUNGRIA cita o seguinte exemplo: "No famoso 'Caso da Caixa de Conversão', as cédulas recolhidas (destinadas à incineração) eram picotadas, e os agentes do crime (funcionários da repartição) destacavam as múltiplas partes não atingidas pelo picote e com elas, habilmente ajustadas, formavam novas cédulas (e por muito tempo passou despercebido que cada um dos exemplares assim formados apresentava duplicidade de numeração)".[26]

Deve-se lembrar que o recolhimento do papel-moeda é efetivado toda vez que contiver marcas, símbolos, desenhos ou outros caracteres a ele estranhos, perdendo seu poder de circulação (art. 14 da Lei 4.511/64).

A menção feita no tipo penal a *sinal indicativo* de sua inutilização redunda na definição de *sinal* que é qualquer marca utilizada para servir de alerta, captado pelos sentidos, possibilitando reconhecer ou conhecer alguma coisa. No caso mencionado no tipo penal, a sua função é proporcionar a detecção das cédulas marcadas para destruição.

Finalmente, quando o tipo se refere à restituição à circulação de cédula, nota ou bilhete *em tais condições* significa aquela que já tiver sido *recolhida* por qualquer razão ou contiver *sinal indicativo* de que será inutilizada. Pode, também, ser a cédula *construída* por fragmentos verdadeiros, pois ela também retornará à circulação.

A pena é de reclusão, de dois a oito anos, e multa. A competência é da Justiça Federal.

4.2   Sujeitos ativo e passivo

O sujeito ativo pode ser qualquer pessoa. O sujeito passivo é o Estado.

4.3   Elemento subjetivo

É o dolo, não se exigindo elemento subjetivo específico nas formas "formar" e "restituir". Quanto à modalidade "suprimir", demanda-se o dolo, embora com elemento subjetivo específico, consistente na vontade de "restituí-los à circulação". Não se pune a forma culposa.

4.4   Objetos material e jurídico

O objeto material pode ser fragmento de cédula, nota ou bilhete verdadeiro ou moeda recolhida. O objeto jurídico é a fé pública.

---

[26]   *Comentários ao Código Penal*, v. 9, p. 211.

4.5   Classificação

Trata-se de crime comum (aquele que pode ser cometido por qualquer pessoa); formal (crime que não exige, para sua consumação, resultado naturalístico, consistente em haver efetivo prejuízo material ao Estado); de forma livre (pode ser cometido por qualquer meio eleito pelo agente); comissivo (os verbos implicam ações); instantâneo (cuja consumação não se prolonga no tempo, dando-se em momento determinado); unissubjetivo (aquele que pode ser cometido por um único sujeito); unissubsistente (praticado num único ato) ou plurissubsistente (delito cuja ação é composta por vários atos, permitindo-se o seu fracionamento), conforme o caso concreto; admite tentativa na forma plurissubsistente.

4.6   Figura qualificada prevista no parágrafo único

Aumenta-se a pena máxima para 12 anos de reclusão quando o crime for cometido por funcionário público, trabalhando justamente na repartição onde o dinheiro estava guardado, ou tendo acesso facilitado ao local, por conta do seu cargo.

Quanto à pena de multa, não é passível de elevação, uma vez que, após a Reforma Penal promovida pela Lei 7.209/1984, não mais se fala em valor nominal para a pena pecuniária, e sim em quantidade de dias-multa. Portanto, onde se lê "Cr$ 40.000", deve-se ler "multa". Ao fixar o número de dias-multa e o valor de cada um deles, deve o juiz levar em consideração que essa multa precisa ser superior àquela prevista no *caput*.

4.7   Quadro-resumo

Previsão legal	**Crimes Assimilados ao de Moeda Falsa** **Art. 290.** Formar cédula, nota ou bilhete representativo de moeda com fragmentos de cédulas, notas ou bilhetes verdadeiros; suprimir, em nota, cédula ou bilhete recolhidos, para o fim de restituí-los à circulação, sinal indicativo de sua inutilização; restituir à circulação cédula, nota ou bilhete em tais condições, ou já recolhidos para o fim de inutilização: Pena – reclusão, de dois a oito anos, e multa. **Parágrafo único.** O máximo da reclusão é elevado a doze anos e multa, se o crime é cometido por funcionário que trabalha na repartição onde o dinheiro se achava recolhido, ou nela tem fácil ingresso, em razão do cargo.
Sujeito ativo	Qualquer pessoa
Sujeito passivo	Estado
Objeto material	Fragmento de cédula, nota ou bilhete verdadeiro ou moeda recolhida
Objeto jurídico	Fé pública
Elemento subjetivo	Dolo + elemento subjetivo específico na modalidade "suprimir"
Classificação	Comum Formal Forma livre Comissivo Instantâneo Dano Unissubjetivo Unissubsistente ou plurissubsistente
Tentativa	Admite na forma plurissubsistente
Circunstâncias especiais	Qualificadora Multa

5.   PETRECHOS PARA FALSIFICAÇÃO DE MOEDA

5.1   Estrutura do tipo penal incriminador

Fabricar (construir ou cunhar); *adquirir* (obter ou comprar); *fornecer* (guarnecer ou prover), de forma onerosa (mediante o pagamento de certo preço) ou gratuita (sem contraprestação); *possuir* (ter a posse ou reter); *guardar* (vigiar ou tomar conta de algo). O objeto pode ser maquinismo, aparelho, instrumento ou outro objeto destinado à falsificação de moeda. É a disposição do art. 291 do Código Penal.

Nota-se que essa é a fase de preparação do crime de moeda falsa, que o legislador resolveu nivelar à categoria de delito autônomo. O tipo é misto alternativo: a prática de uma ou mais condutas implica sempre um único crime.

Maquinismo é o conjunto de peças de um aparelho ou mecanismo. *Aparelho* é o conjunto de mecanismos existente numa máquina. *Instrumento* é o objeto empregado para a execução de um trabalho.

Quando o tipo penal faz referência a *qualquer objeto*, vale-se de interpretação analógica, pois já lançou os exemplos pretendidos.

O termo *especialmente*, usado na parte final do tipo, é o maquinismo, aparelho, instrumento ou objeto que tem por finalidade *principal* falsificar moeda. Pode até ser utilizado para outros fins, embora se concentre na contrafação de moeda.

Bento de Faria, corretamente, demonstra que muitos aparelhos podem servir para outros fins, como prensas, metais etc., razão pela qual a destinação de tudo isso é *subjetiva*, dependendo da meta do agente. Se ele utilizar máquinas para cunhar moedas configura o delito.[27]

A pena é de reclusão, de dois a seis anos, e multa.

5.2   Sujeitos ativo e passivo

O sujeito ativo pode ser qualquer pessoa. O sujeito passivo é o Estado.

5.3   Elemento subjetivo

É o dolo. Não se exige elemento subjetivo específico, nem se pune a forma culposa.

5.4   Objetos material e jurídico

O objeto material é o maquinismo, aparelho, instrumento ou outro objeto destinado à falsificação de moeda. O objeto jurídico é a fé pública.

5.5   Classificação

Trata-se de crime comum (aquele que pode ser cometido por qualquer pessoa); formal (crime que não exige, para sua consumação, resultado naturalístico, consistente em efetivamente falsificar moeda com prejuízo do Estado); de forma livre (pode ser cometido por qualquer meio eleito pelo agente); comissivo (os verbos implicam ações); instantâneo (cuja consumação não se prolonga no tempo, dando-se em momento determinado) nas formas "fabricar", "adquirir" e "fornecer", mas permanente (cuja consumação se prolonga no tempo) nas modalidades "possuir" e "guardar"; unissubjetivo (aquele que pode ser cometido por um único sujeito);

---

[27]   *Código Penal brasileiro comentado*, v. VII, p. 30.

plurissubsistente (delito cuja ação é composta por vários atos, permitindo-se o seu fracionamento); não admite tentativa, pois se trata da tipificação da preparação do crime previsto no art. 289. Ora, a fase de preparação normalmente é penalmente irrelevante, pois o direito brasileiro adotou a teoria objetiva no campo da tentativa (ver notas ao art. 14, II). Assim, quando, por exceção, resolve o legislador criar o tipo penal especialmente para puni-la, é natural que não admita tentativa.[28]

5.6   Delito subsidiário

Trata-se da subsidiariedade implícita, isto é, quando um tipo envolve outro de modo tácito. O crime previsto neste tipo, como já mencionado, pode ser a fase preparatória do delito de moeda falsa, razão pela qual, se o agente fabricar um aparelho para falsificar moeda e terminar contrafazendo-a, responde unicamente pela infração principal, que é a do art. 289.

5.7   Quadro-resumo

Previsão legal	**Petrechos para Falsificação de Moeda** **Art. 291.** Fabricar, adquirir, fornecer, a título oneroso ou gratuito, possuir ou guardar maquinismo, aparelho, instrumento ou qualquer objeto especialmente destinado à falsificação de moeda: Pena – reclusão, de dois a seis anos, e multa.
Sujeito ativo	Qualquer pessoa
Sujeito passivo	Estado
Objeto material	Maquinismo, aparelho, instrumento ou outro objeto destinado à falsificação de moeda
Objeto jurídico	Fé pública
Elemento subjetivo	Dolo
Classificação	Comum Formal Forma livre Comissivo Instantâneo ou permanente Dano Unissubjetivo Plurissubsistente
Tentativa	Não admite

6.   EMISSÃO DE TÍTULO AO PORTADOR SEM PERMISSÃO LEGAL

6.1   Estrutura do tipo penal incriminador

Emitir significa colocar em circulação. O objeto é a nota, bilhete, ficha, vale ou título com promessa de pagamento em dinheiro. A finalidade de existência desse tipo penal é evitar que papéis não autorizados pela lei passem a ocupar, gradativamente, o lugar da moeda. Imagine-se

---

[28] Com integral razão, nesse ponto, CEZAR ROBERTO BITENCOURT ao negar a tentativa (*Tratado de direito penal*, v. 4, p. 597). O ilustre penalista aponta, como contrários, igualmente, PAULO JOSÉ DA COSTA JR. e LUIZ REGIS PRADO. Admitindo a tentativa, NORONHA, FRAGOSO, DAMÁSIO, entre outros.

que um empregador emita a seus funcionários vales, em lugar de efetuar o pagamento do salário em dinheiro. É o disposto pelo art. 292 do Código Penal.

Se esses vales tiverem um determinado valor em dinheiro e forem inominados, ou seja, devendo ser pagos a quem os apresentar ao empresário, no futuro, torna-se evidente que podem ser negociados, entrar em circulação e substituir a moeda. Proliferando, tendo credibilidade junto ao público, nada impede que algumas pessoas passem a aceitar os referidos *vales* como substitutivos do papel-moeda, colocando em grave risco a fé pública. Pode ocorrer de, subitamente, o empresário não mais honrar o pagamento dos vales, até mesmo porque fechou sua empresa, deixando vários beneficiários sem qualquer garantia.

A expressão *sem permissão legal,* tratando-se de um elemento normativo do tipo, representando um componente da ilicitude, foi inserido no tipo para indicar ser ele uma norma penal em branco, necessitando de um complemento para ser inteiramente compreendido. É preciso acesso à legislação específica para saber se há ou não autorização para a emissão dos títulos. Se houver a autorização, o fato é atípico.

Nota (cédula ou papel onde se insere um apontamento para lembrar alguma coisa); *bilhete* (título de obrigação ao portador); *ficha* (peça de qualquer material utilizada para marcar pontos num jogo, podendo representar quantias em dinheiro); *vale* (escrito informal, representativo de dívida); *título* (qualquer papel negociável).

Nesses papéis deve estar representada uma promessa de pagamento em dinheiro *ao portador,* isto é, sem beneficiário definido, ou quando *falte indicação* do beneficiário que receberá o dinheiro. Esclarecem HUNGRIA e NORONHA não estarem inseridos neste dispositivo legal os vales íntimos (os emitidos dentro de um estabelecimento agrícola, industrial ou comercial, de qualquer espécie, representativos de um simples lembrete para pagamento), os vales de caixa (emitidos no comércio para comprovar algum suprimento urgente ou retirada em dinheiro), os títulos representativos de algum negócio ou mercadoria (conhecimento de depósito, *warrant*, passagens de veículos, entre outros), pois não se destinam à circulação, fazendo concorrência com a moeda.[29]

É interessante observar alguns fatos, já registrados inclusive por reportagens dos meios de comunicação, pelos quais se observa haver comunidades, no Brasil, que utilizam *notas próprias* para circular produtos e serviços. São condutas tipificadas nesse artigo. Provavelmente, pela mínima extensão dessa circulação, o Estado não tome providências para coibir a circulação de um *dinheiro inventado*. Há até as comunidades ou pequenas cidades que reclamam da falta de moedas e, por isso, terminam criando um sistema próprio de título, substituindo a moeda oficial.

Eis a reportagem de uma delas: "está totalmente proibida a troca ou negociação desta moeda social por dinheiro. Ela só poderá ser utilizada como meio de bonificação, na aquisição de mercadorias, por serviços, com comércio ou pessoas conveniadas ao Banco Solidário de Gostoso. As normas de utilização estão impressas em cada uma das centenas de notas de 50 centavos, 1, 2, 5 e 10 gostosos, cédulas que circulam há um mês no comércio de São Miguel do Gostoso, que fica a 112 quilômetros de Natal. O município foi o primeiro do Rio Grande do Norte a aderir a um projeto desenvolvido pela Universidade Federal da Bahia (UFBA) e, consequentemente, pioneiro a utilizar uma moeda própria como incentivo à economia local. 'Nossa moeda tem valor agregado. A ideia é que os lojistas do município usem este dinheiro como complemento de renda, beneficiando seus funcionários, empregados e estimulando

---

[29]   Respectivamente, *Comentários ao Código Penal,* v. 9, p. 233-234; *Direito penal,* v. 4, p. 169.

o nosso comércio', explicou João Eudes Rodrigues, presidente da Associação de Mulheres, Jovens e Produtores de Tabua (AMJP), entidade gestora do Banco Solidário do Gostoso. 'Sim. Também temos um banco', acrescentou".[30]

Note-se que os *gostosos* (moeda local) têm paralelo com o *real* e, na comunidade, funciona normalmente como moeda para todos os fins, havendo até o *Banco Gostoso*.

A pena é de detenção, de um a seis meses, ou multa.

6.2 Sujeitos ativo e passivo

O sujeito ativo pode ser qualquer pessoa que os coloque em circulação. É possível haver participação daquele que subscreveu o título, desde que saiba que seria posto em circulação. O sujeito passivo é o Estado.

6.3 Elemento subjetivo

É o dolo. Não existe a forma culposa, nem se exige elemento subjetivo específico.

6.4 Objetos material e jurídico

O objeto material é a nota, bilhete, ficha, vale ou título que contenha promessa de pagamento em dinheiro. O objeto jurídico é a fé pública.

6.5 Classificação

Trata-se de crime comum (aquele que não demanda sujeito ativo qualificado ou especial); formal (delito que não exige resultado naturalístico, consistente na efetiva concorrência dos títulos com a moeda, prejudicando a fé pública); de forma livre (podendo ser cometido por qualquer meio eleito pelo agente); comissivo ("emitir" implica ação); instantâneo (cujo resultado se dá de maneira instantânea, não se prolongando no tempo); unissubjetivo (que pode ser praticado por um só agente); unissubsistente (delito praticado num único ato). Essa é, também, a posição de FRAGOSO. Em sentido contrário, admitindo a forma plurissubsistente estão as posições de NORONHA[31] e DELMANTO.[32] Para quem adota a posição de ser o crime unissubsistente, não se admite a tentativa. Cremos impossível encontrar *iter criminis* válido, pois a conduta punida é a *emissão* (colocação do título em circulação). Portanto, ou o agente efetivamente *emite* o título ou trata-se de um irrelevante penal.

6.6 Figura privilegiada do parágrafo único

6.6.1 Estrutura do tipo penal incriminador

Receber (aceitar em pagamento, tomar) e *utilizar* (empregar, fazer uso) são as condutas puníveis. O objeto é qualquer dos documentos citados no *caput* do art. 292 do CP (nota, bilhete, ficha, vale ou título que contenha promessa de pagamento em dinheiro). Tem-se por fim impedir que, uma vez emitidos os títulos, as pessoas deles façam uso como se dinheiro fossem.

A pena é de detenção, de quinze dias a três meses, ou multa.

---

[30] Disponível em: <http://g1.globo.com/rn/rio-grande-do-norte/noticia/2013/01/cidade-do-interior-do--rn-cria-moeda-propria-para-incentivar-economia-local.html>. Acesso em: 29 jul. 2016.

[31] *Direito penal*, v. 4, p. 170.

[32] *Código Penal comentado*, p. 520.

6.6.2   Sujeitos ativo e passivo

O sujeito ativo pode ser qualquer pessoa que os receba ou utilize. O sujeito passivo é o Estado.

6.6.3   Elemento subjetivo

É o dolo. Não existe a forma culposa, nem se exige elemento subjetivo específico.

6.6.4   Objetos material e jurídico

O objeto material é a nota, bilhete, ficha, vale ou título que contenha promessa de pagamento em dinheiro. O objeto jurídico é a fé pública.

6.6.5   Classificação

Trata-se de crime comum (aquele que não demanda sujeito ativo qualificado ou especial); formal (delito que não exige resultado naturalístico, consistente no efetivo prejuízo para a circulação da moeda e para a fé pública); de forma livre (podendo ser cometido por qualquer meio eleito pelo agente); comissivo (os verbos implicam ações); instantâneo (cujo resultado se dá de maneira instantânea, não se prolongando no tempo); unissubjetivo (que pode ser praticado por um só agente); unissubsistente (praticado num único ato) ou plurissubsistente (em regra, vários atos integram a conduta), conforme o caso concreto; admite tentativa na forma plurissubsistente.

6.7   Quadro-resumo

	Emissão de Título ao Portador Sem Permissão Legal
Previsão legal	**Art. 292.** Emitir, sem permissão legal, nota, bilhete, ficha, vale ou título que contenha promessa de pagamento em dinheiro ao portador ou a que falte indicação do nome da pessoa a quem deva ser pago: Pena – detenção, de um a seis meses, ou multa. **Parágrafo único.** Quem recebe ou utiliza como dinheiro qualquer dos documentos referidos neste artigo incorre na pena de detenção, de quinze dias a três meses, ou multa.
Sujeito ativo	Qualquer pessoa que o coloque em circulação
Sujeito passivo	Estado
Objeto material	Nota, bilhete, ficha, vale ou título que contenha promessa de pagamento em dinheiro
Objeto jurídico	Fé pública
Elemento subjetivo	Dolo
Classificação	Comum Formal Forma livre Comissivo Instantâneo Dano Unissubjetivo Unissubsistente
Tentativa	Não admite

RESUMO DO CAPÍTULO

	Moeda falsa Art. 289	Crimes assimilados ao de moeda falsa Art. 290	Petrechos para falsificação de moeda Art. 291	Emissão de título ao portador sem permissão legal Art. 292
Sujeito ativo	Qualquer pessoa, como regra	Qualquer pessoa	Qualquer pessoa	Qualquer pessoa que o coloque em circulação
Sujeito passivo	Estado	Estado	Estado	Estado
Objeto material	Moeda metálica ou papel-moeda	Fragmento de cédula, nota ou bilhete verdadeiro ou moeda recolhida	Maquinismo, aparelho, instrumento ou outro objeto destinado à falsificação de moeda	Nota, bilhete, ficha, vale ou título que contenha promessa de pagamento em dinheiro
Objeto jurídico	Fé pública	Fé pública	Fé pública	Fé pública
Elemento subjetivo	Dolo	Dolo + elemento subjetivo específico na modalidade "suprimir"	Dolo	Dolo
Classificação	Comum ou próprio Formal ou material Forma livre ou vinculada Comissivo Instantâneo ou permanente Dano Unissubjetivo Unissubsistente ou plurissubsistente	Comum Formal Forma livre Comissivo Instantâneo Dano Unissubjetivo Unissubsistente ou plurissubsistente	Comum Formal Forma livre Comissivo Instantâneo ou permanente Dano Unissubjetivo Plurissubsistente	Comum Formal Forma livre Comissivo Instantâneo Dano Unissubjetivo Unissubsistente
Tentativa	Admite na forma plurissubsistente	Admite na forma plurissubsistente	Não admite	Não admite
Circunstâncias especiais	Forma privilegiada Qualificadora Competência da Justiça Federal	Qualificadora Multa	____	____

Capítulo II

Falsidade de Títulos e Outros Papéis Públicos

1. FALSIFICAÇÃO DE PAPÉIS PÚBLICOS

1.1 Estrutura do tipo penal incriminador

Falsificar quer dizer reproduzir, imitando, ou contrafazer. Conjuga-se a conduta com as formas *fabricar* (manufaturar, construir, cunhar) e *alterar* (modificar, transformar). Os objetos estão descritos nos incisos do art. 293 do CP: "I – selo destinado a controle tributário, papel selado ou qualquer papel de emissão legal destinado à arrecadação de tributo; II – papel de crédito público que não seja moeda de curso legal; III – vale postal; IV – cautela de penhor, caderneta de depósito de caixa econômica ou de outro estabelecimento mantido por entidade de direito público; V – talão, recibo, guia, alvará ou qualquer outro documento relativo a arrecadação de rendas públicas ou a depósito ou caução por que o poder público seja responsável; VI – bilhete, passe ou conhecimento de empresa de transporte administrada pela União, por Estado ou por Município".

O *selo destinado a controle tributário* é a marca feita por carimbo, sinete, chancela ou máquina, inclusive por meio de estampilha (selo empregado como meio de pagamento ou prova de pagamento de impostos ou taxas), cuja finalidade é comprovar o pagamento de determinada quantia referente a tributo.

O *papel selado* é a estampilha fixa, ou seja, "o selo destinado a facilitar, assegurar e comprovar (atestar) o pagamento de certos impostos ou taxas (federais, estaduais ou municipais), seja na órbita administrativa, seja na órbita judiciária. Também pode ser *adesiva* ou *fixa*, constituindo neste último caso o *papel selado*, a que expressamente se refere o inciso em exame".[1] Depois de ter exemplificado (selo e papel selado), indica a norma penal, por interpretação analógica, que também se encaixam nesse artigo todas as outras formas eventualmente criadas pela

---

[1] HUNGRIA, *Comentários ao Código Penal*, v. 9, p. 238.

Administração para a mesma finalidade. Todos os papéis têm a finalidade de garantir o controle da arrecadação de tributos em geral.

Noronha observa que, "do próprio texto, verifica-se que o selo pode ser adesivo, fixo e estampado. O primeiro é a estampilha avulsa, que adere à sobrecarta; o segundo é o que é emitido nesta; o terceiro é o produzido por meio de máquina de franquiar".[2]

Papéis de crédito público são os títulos da dívida pública (federal, estadual ou municipal), que não representam moeda em curso, mas podem servir como meio de pagamento, como as apólices ou letras do Tesouro. "Não é incomum ver-se o poder público autorizar o pagamento de impostos ou taxas por meio de seus títulos, como sendo uma forma de resgatá-los."[3]

Vale postal é a letra de câmbio postal, ou seja, "um título de crédito emitido por alguma repartição do Departamento dos Correios e Telégrafos em favor de terceiros, por conta de quem aí deposita a quantia correspondente".[4] Entretanto, o inciso III foi substituído pelo art. 36 da Lei 6.538/1978 ("Falsificar, fabricando ou adulterando, selo, outra fórmula de franqueamento ou vale postal: Pena – reclusão, até oito anos, e pagamento de cinco a quinze dias-multa. Parágrafo único. Incorre nas mesmas penas quem importa ou exporta, adquire, vende, troca, cede, empresta, guarda, fornece, utiliza ou restitui à circulação, selo, outra fórmula de franqueamento ou vale postal falsificados").

Cautela de penhor é um documento público e título de crédito relativo a um penhor realizado, que pode ser resgatado pagando-se o devido, bem como retirando-se a coisa apenhada. "Os empréstimos sobre penhor somente podem ser feitos pelas caixas econômicas, não mais existindo as antigas casas de penhores."[5] Resta, hoje, a Caixa Econômica Federal, que, aliás, regularmente, realiza leilões de objetos penhorados que nunca mais foram resgatados.

Caderneta de depósito de caixa econômica é um documento praticamente inexistente nos dias de hoje e sem nenhuma valia para o falsificador, que dele não tirará proveito algum. É o livrete onde se registram os depósitos feitos em estabelecimento bancário de economia popular, denominados "caixa econômica".

Talão, como define Hungria, é o "documento de quitação que se destaca de adequado libreto, onde fica residualmente o denominado 'canhoto', com dizeres idênticos aos do correspondente talão".[6]

Recibo é a declaração escrita de quitação, pagamento ou recebimento efetuado.

Guia é o formulário utilizado para o pagamento de determinadas importâncias em repartições públicas.

Alvará é o documento passado por autoridade administrativa ou judiciária para autorizar depósito ou arrecadação (no contexto desse tipo penal).

A expressão *qualquer outro documento* é a interpretação analógica, determinando que outros papéis, equivalentes aos primeiros exemplificados, também podem ser objeto de falsificação, desde que destinados à arrecadação de rendas públicas ou a depósito ou caução de responsabilidade do poder público.

---

2   *Direito penal*, v. 4, p. 173.
3   Vicente Sabino Jr., *Direito penal*, v. 4, p. 1156.
4   Hungria, *Comentários ao Código Penal*, v. 9, p. 239.
5   Fragoso, *Lições de direito penal*, v. 4, p. 799.
6   *Comentários ao Código Penal*, v. 9, p. 241.

Bilhete é o papel que serve de senha para autorizar alguém a fazer percurso em determinado veículo coletivo. Segundo BENTO DE FARIA, abrange também o de acesso às estações ou dependências da empresa, desde que a lei não os restrinja aos da viagem.[7]

Passe é o bilhete, gratuito ou oneroso, normalmente fornecido com abatimento, que dá direito ao transporte público.

Conhecimento de empresa de transporte é o documento que "certifica a entrega de coisas para o transporte e legitima a ulterior restituição a quem o apresentar".[8]

A pena é de reclusão, de dois a oito anos, e multa.

1.2 Sujeitos ativo e passivo

O sujeito ativo pode ser qualquer pessoa. O sujeito passivo é o Estado.

1.3 Elemento subjetivo

É o dolo. Não existe a forma culposa, nem se exige elemento subjetivo específico.

1.4 Objetos material e jurídico

O objeto material pode ser selo destinado a controle tributário, papel selado, outro papel semelhante, papel de crédito público, vale postal, cautela de penhor, caderneta de depósito, talão, recibo, guia, alvará, outro documento semelhante, bilhete, passe ou conhecimento de empresa de transporte. O objeto jurídico é a fé pública.

1.5 Classificação

Trata-se de crime comum (aquele que não demanda sujeito ativo qualificado ou especial); formal (delito que não exige resultado naturalístico, consistente no efetivo prejuízo para alguém, com a utilização de qualquer papel falsificado); de forma livre (podendo ser cometido por qualquer meio eleito pelo agente); comissivo (os verbos implicam ações); instantâneo (cujo resultado se dá de maneira instantânea, não se prolongando no tempo), mas permanente (cujo resultado se arrasta no tempo) nas formas *guardar, possuir* ou *deter* do § 1.º, I, e na forma *guardar* do inciso II, e nas formas *expor à venda, manter em depósito, guardar* e *portar* do inciso III; unissubjetivo (que pode ser praticado por um só agente); plurissubsistente (em regra, vários atos integram a conduta); admite tentativa.

1.6 Figuras de equiparação previstas no § 1.º

1.6.1 Inciso I

1.6.1.1 Estrutura do tipo penal incriminador

No inciso I, têm-se as condutas *usar* (empregar com habitualidade, servir-se de algo); *guardar* (tomar conta, cuidar para que fique seguro); *possuir* (ter a posse ou propriedade de algo); *deter* (conservar em seu poder). Portanto, aquele que fizer uso, guardar, possuir ou meramente detiver qualquer dos papéis falsificados ou alterados, descritos nos incisos anteriores,

---

[7] *Código Penal brasileiro comentado*, v. VII, p. 37.

[8] HUNGRIA, *Comentários ao Código Penal*, v. 9, p. 241.

ligados ao *caput* (I a VI), responde igualmente pelo crime previsto no art. 293, cuja pena é de reclusão, de dois a oito anos, e multa.

Quanto ao uso, Bento de Faria entende que quem possuir *sem usar* não incide nesse tipo penal, assim como o convencimento do uso *já feito* de selo não pode advir de simples afirmação do funcionário em um auto por ele próprio lavrado, sem testemunhas ou na presença do pretenso infrator. Deve antes resultar de um exame pericial, pois deixa vestígios materiais.[9]

No caso presente, não se cogita de concurso de crimes com a falsificação. Se o agente falsificar o papel e depois utilizá-lo, por exemplo, deve responder somente pela falsificação, pois as figuras do § 1.º, I, representam *fato posterior não punível*.

A pena é de reclusão, de dois a oito anos, e multa.

1.6.1.2   Sujeitos ativo e passivo

O sujeito ativo pode ser qualquer pessoa. O sujeito passivo é o Estado.

1.6.1.3   Elemento subjetivo

É o dolo. Não existe a forma culposa, nem se exige elemento subjetivo específico.

1.6.1.4   Objetos material e jurídico

O objeto material pode ser selo destinado a controle tributário, papel selado, outro papel semelhante, papel de crédito público, vale postal, cautela de penhor, caderneta de depósito, talão, recibo, guia, alvará, outro documento semelhante, bilhete, passe ou conhecimento de empresa de transporte. O objeto jurídico é a fé pública.

1.6.1.5   Classificação

Trata-se de crime comum (aquele que não demanda sujeito ativo qualificado ou especial); formal (delito que não exige resultado naturalístico, consistente no efetivo prejuízo para alguém, com a utilização de qualquer papel falsificado); de forma livre (podendo ser cometido por qualquer meio eleito pelo agente); comissivo (os verbos implicam ações); instantâneo (cujo resultado se dá de maneira instantânea, não se prolongando no tempo), mas permanente (cujo resultado se arrasta no tempo) nas formas *guardar, possuir* ou *deter* do § 1.º, I, e na forma *guardar* do inciso II, e nas formas *expor à venda, manter em depósito, guardar* e *portar* do inciso III; unissubjetivo (que pode ser praticado por um só agente); plurissubsistente (em regra, vários atos integram a conduta); admite tentativa.

1.6.2   Inciso II

1.6.2.1   Estrutura do tipo penal incriminador

No inciso II do § 1.º, têm-se as seguintes condutas: *importar* (trazer algo do exterior para o território nacional); *exportar* (levar algo do território nacional para o exterior); *adquirir* (obter, conseguir); *vender* (trocar por certo preço); *trocar* (permutar, dar uma coisa

---

9   *Código Penal brasileiro comentado*, v. 7, p. 37-38.

por outra); *ceder* (transferir a posse ou a propriedade a outrem); *emprestar* (confiar o uso de algo a alguém por certo tempo, gratuitamente); *guardar* (tomar conta, cuidar para que fique seguro); *fornecer* (abastecer, prover); *restituir* (devolver) à circulação.

Essas inúmeras condutas alternativas têm por objeto o selo falsificado destinado a controle tributário. Logo, se no inciso I já se fala em quatro outras condutas diversas de falsificar, fabricar ou alterar (*caput*), no inciso II, na ânsia de abranger todos os comportamentos possíveis, chega-se a repetir, inutilmente, o verbo *guardar*. De toda forma, o inciso I é mais abrangente, pois envolve todos os papéis descritos nos incisos do art. 293, enquanto o inciso II faz referência apenas ao selo falsificado destinado a controle tributário. Caso o agente realize mais de uma conduta (ex.: importa, vende, cede e fornece selos), responde por um só crime.

A pena é de reclusão, de dois a oito anos, e multa.

1.6.2.2   Sujeitos ativo e passivo

O sujeito ativo pode ser qualquer pessoa. O sujeito passivo é o Estado.

1.6.2.3   Elemento subjetivo

É o dolo. Não existe a forma culposa, nem se exige elemento subjetivo específico.

1.6.2.4   Objetos material e jurídico

O objeto material pode ser selo destinado a controle tributário. O objeto jurídico é a fé pública.

1.6.2.5   Classificação

Trata-se de crime comum (aquele que não demanda sujeito ativo qualificado ou especial); formal (delito que não exige resultado naturalístico, consistente no efetivo prejuízo para alguém, com a utilização de qualquer papel falsificado); de forma livre (podendo ser cometido por qualquer meio eleito pelo agente); comissivo (os verbos implicam ações); instantâneo (cujo resultado se dá de maneira instantânea, não se prolongando no tempo), mas permanente (cujo resultado se arrasta no tempo) na forma *guardar*; unissubjetivo (que pode ser praticado por um só agente); plurissubsistente (em regra, vários atos integram a conduta); admite tentativa.

1.6.3   Inciso III

1.6.3.1   Estrutura do tipo penal incriminador

No inciso III do § 1.º, têm-se as seguintes condutas: *importar* (trazer algo do exterior para o território nacional); *exportar* (levar algo do território nacional para o exterior); *adquirir* (obter, conseguir); *vender* (trocar por certo preço); *expor à venda* (exibir ou mostrar com o intuito de vender); *manter em depósito* (conservar em lugar próprio); *portar* (carregar consigo); *utilizar* (fazer uso). Os objetos dessas condutas são os produtos ou mercadorias que contenham os selos falsificados ou que não contenham os que são obrigatórios. O tipo é misto alternativo, significando que a prática de uma só conduta ou mais de uma implica o cometimento de uma só infração penal.

A pena é de reclusão, de dois a oito anos, e multa.

1.6.3.2   Sujeitos do crime

O sujeito ativo é o comerciante ou industrial. Por equiparação (§ 5.º), pode ser, também, qualquer pessoa que possua comércio irregular ou clandestino. O sujeito passivo é o Estado.

1.6.3.3   Elemento subjetivo

É o dolo. Existe elemento subjetivo específico consistente em agir *em proveito próprio ou alheio*. Não existe a forma culposa.

1.6.3.4   Classificação

Trata-se de crime próprio (demanda sujeito ativo qualificado); formal (não exige resultado naturalístico, consistente na efetiva perda de arrecadação por parte do Estado); de forma livre (não há forma definida para a sua prática); comissivo (os verbos demonstram ação), excepcionalmente, comissivo por omissão (omissivo impróprio, ou seja, é a aplicação do art. 13, § 2.º, CP); instantâneo (o resultado se dá em tempo determinado), exceto nas formas *manter em depósito, guardar* e *portar*, que evidenciam permanência (o resultado se prolonga no tempo); unissubjetivo (pode ser cometido por um só agente); plurissubsistente (demanda a prática de mais de um ato); admite tentativa.

1.6.3.5   Excessiva cautela legislativa

Não há necessidade de haver essa figura típica (art. 293, § 1.º, III, *a*, CP). Quem guardar selo falsificado, por exemplo, já está incurso na figura do art. 293, § 1.º, I, e também no mesmo parágrafo, inciso II. Não bastasse, se o selo estiver colocado em alguma mercadoria (como cigarros ou bebidas), devidamente guardada, incide o sujeito na terceira figura típica simultânea.

Ora, o tipo foi alterado não para corrigir distorções, mas, simplesmente, mais uma vez, piorar o cenário das normas penais incriminadoras, confusas e de redação equivocada. Note-se que qualquer pessoa que utilize produto contendo selo falsificado, em última análise, está usando o próprio selo, pois se beneficia justamente do não pagamento do tributo devido. Logo, fazer uso do selo falsificado é mais do que suficiente (como constava na antiga redação do § 1.º do art. 293), não havendo necessidade alguma de inserir outras figuras, como vender mercadoria contendo selo falsificado, pois, nessa situação, está-se utilizando o selo do mesmo modo.

1.6.3.6   Crime contra a ordem tributária

Inseriu-se no § 1.º, III, *b*, um tipo penal que não tem por finalidade zelar pela fé pública, como os demais tipos deste capítulo, mas, ao contrário, volta-se exclusivamente para o combate à sonegação.

O comerciante ou industrial que importar, exportar, adquirir, vender (entre outras condutas dispostas no inciso III do § 1.º) produto ou mercadoria *sem selo oficial*, nos casos em que a legislação tributária determina a obrigatoriedade de sua aplicação, incorre nas penas do delito de *falsificação de papéis públicos*. Não há nenhuma relação direta entre falsificar selo e vender cigarro sem selo. A primeira conduta é lesiva à fé pública; a segunda é, apenas, sonegação de tributo.

1.7   Figura prevista no § 2.º

1.7.1   Estrutura do tipo penal incriminador

No § 2.º, prevê-se a conduta *suprimir* (eliminar ou fazer desaparecer). O objeto é carimbo ou sinal indicativo de sua inutilização dos papéis já enumerados, para reutilização.

O termo *legitimidade*, contido no tipo, significa legalidade, ou seja, produzido conforme determinação legal.

Carimbo é o instrumento destinado a produzir sinais ou o resultado da marca produzida; *sinal* é qualquer marca utilizada para servir de alerta, captado pelos sentidos, possibilitando reconhecer ou conhecer alguma coisa. Quando o papel contiver um carimbo ou sinal que identifique ter sido inutilizado, poderá ser objeto desse tipo penal.

A pena é de reclusão, de um a quatro anos, e multa.

1.7.2   Sujeitos ativo e passivo

O sujeito ativo pode ser qualquer pessoa. O sujeito passivo é o Estado.

1.7.3   Elemento subjetivo

É o dolo, acrescido do elemento subjetivo específico, que é a "finalidade de torná-los novamente utilizáveis". Não se pune a forma culposa.

1.7.4   Objetos material e jurídico

O objeto material é o papel legítimo inutilizado por sinal ou carimbo. O objeto jurídico é a fé pública.

1.7.5   Classificação

Trata-se de crime comum (aquele que não demanda sujeito ativo qualificado ou especial); formal (delito que não exige resultado naturalístico, consistente no efetivo prejuízo para a fé pública); de forma livre (podendo ser cometido por qualquer meio eleito pelo agente); comissivo ("suprimir" implica ação); instantâneo (cujo resultado se dá de maneira instantânea, não se prolongando no tempo); unissubjetivo (que pode ser praticado por um só agente); plurissubsistente (em regra, vários atos integram a conduta); admite tentativa.

1.7.6   Confronto com figura típica mais recente

Quando se tratar de selo ou vale postal, aplica-se o art. 37 da Lei 6.538/1978: "Suprimir, em selo, outra fórmula de franqueamento ou vale postal, quando legítimos, com o fim de torná-los novamente utilizáveis, carimbo ou sinal indicativo de sua utilização: Pena – reclusão, até quatro anos, e pagamento de cinco a quinze dias-multa".

1.8   Figura prevista no § 3.º

1.8.1   Estrutura do tipo penal incriminador

Nos termos do art. 293, § 3.º, *usar* significa empregar com habitualidade ou servir-se de algo. A pessoa que fizer uso dos documentos ou papéis mencionados no § 2.º responde igualmente pelas mesmas penas de quem suprimiu o sinal identificador da inutilização.

Portanto, a pena é de reclusão, de um a quatro anos, e multa.

1.8.2   Confronto com figura típica mais recente

Quando se tratar de selo ou vale postal, aplica-se o art. 37, § 1.º, da Lei 6.538/1978: "Incorre nas mesmas penas quem usa, vende, fornece ou guarda, depois de alterado, selo, outra fórmula de franqueamento ou vale postal".

1.9   Figura prevista no § 4.º

1.9.1   Estrutura do tipo penal incriminador

Usar (empregar ou fazer uso de algo) ou *restituir* (fazer voltar ou devolver) os papéis falsificados ou alterados compõem as condutas típicas. Exige-se, no entanto, a boa-fé de quem recebeu os mencionados papéis falsificados ou alterados.

A pena é de detenção, de seis meses a dois anos, ou multa.

1.9.2   Sujeitos ativo e passivo

O sujeito ativo pode ser qualquer pessoa que tenha recebido o papel de boa-fé. O sujeito passivo é o Estado.

1.9.3   Elemento subjetivo

É o dolo. Exige-se o dolo direto ("depois de conhecer a falsidade ou alteração"). Não se pune a forma culposa.

1.9.4   Objetos material e jurídico

O objeto material é o papel falsificado ou alterado. O objeto jurídico é a fé pública.

1.9.5   Classificação

Trata-se de crime comum (aquele que não demanda sujeito ativo qualificado ou especial); formal (delito que não exige resultado naturalístico, consistente no efetivo prejuízo para a fé pública); de forma livre (podendo ser cometido por qualquer meio eleito pelo agente); comissivo (os verbos implicam ações); instantâneo (cujo resultado se dá de maneira instantânea, não se prolongando no tempo); unissubjetivo (que pode ser praticado por um só agente); unissubsistente (praticado num único ato) ou plurissubsistente (em regra, vários atos integram a conduta), conforme o caso concreto; admite tentativa na forma plurissubsistente.

1.9.6   Confronto com figura típica mais recente

Quando se tratar de selo ou vale postal, aplica-se o art. 37, § 2.º, da Lei 6.538/1978: "Quem usa ou restitui à circulação, embora recebido de boa-fé, selo, outra fórmula de franqueamento ou vale postal, depois de conhecer a falsidade ou alteração, incorre na pena de detenção, de três meses a um ano, ou pagamento de três a dez dias-multa".

1.10 Comércio irregular ou clandestino

A norma de equiparação, inserida no § 5.º, teve a nítida finalidade de alcançar os camelôs, que comercializam cigarros importados sem o pagamento de tributos e, logicamente, sem o selo destinado à comprovação do referido pagamento. Por isso, fala-se em atividades exercidas em vias, praças ou outros logradouros públicos e em residências. Entretanto, novamente lança-se mão do direito penal, sem o devido respeito ao princípio da intervenção mínima, para buscar a tipificação de condutas de menor importância para o contexto global da arrecadação tributária. Bastaria uma fiscalização rigorosa e todos esses "comerciantes de rua" poderiam ter a mercadoria confiscada, ser enquadrados nos delitos já existentes (ex.: contrabando), se fosse o caso, e retirados de circulação.

No entanto, diante da inoperância estatal generalizada, cria-se mais um tipo penal incriminador, lançando-se à polícia a tarefa de retirar das ruas os camelôs, simplesmente porque vendem maços de cigarro sem o selo ou com selo falsificado. Confira-se, para finalizar, a exposição de motivos do Ministro da Fazenda quanto ao projeto de lei que deu origem à Lei 11.035/2004: "Pela presente proposta, passa a constituir crime a falsificação de selo destinado a controle tributário, ou qualquer tipo de comercialização de produto ou mercadoria em que tenha sido aplicado o referido selo falsificado, com o objetivo de desestimular práticas que conduzem à evasão fiscal, *especialmente no que diz respeito à comercialização de cigarros com selo de controle,* falsificado, ou sem a aplicação do selo oficial próprio e idôneo, exigível de conformidade com as normas tributárias pertinentes" (grifamos).

1.11 Quadro-resumo

	Falsificação de Papéis Públicos
Previsão legal	**Art. 293.** Falsificar, fabricando-os ou alterando-os:
	I – selo destinado a controle tributário, papel selado ou qualquer papel de emissão legal destinado à arrecadação de tributo;
	II – papel de crédito público que não seja moeda de curso legal;
	III – vale postal;
	IV – cautela de penhor, caderneta de depósito de caixa econômica ou de outro estabelecimento mantido por entidade de direito público;
	V – talão, recibo, guia, alvará ou qualquer outro documento relativo à arrecadação de rendas públicas ou a depósito ou caução por que o poder público seja responsável;
	VI – bilhete, passe ou conhecimento de empresa de transporte administrada pela União, por Estado ou por Município:
	Pena – reclusão, de dois a oito anos, e multa.
	§ 1.º Incorre na mesma pena quem:
	I – usa, guarda, possui ou detém qualquer dos papéis falsificados a que se refere este artigo;
	II – importa, exporta, adquire, vende, troca, cede, empresta, guarda, fornece ou restitui à circulação selo falsificado destinado a controle tributário;
	III – importa, exporta, adquire, vende, expõe à venda, mantém em depósito, guarda, troca, cede, empresta, fornece, porta ou, de qualquer forma, utiliza em proveito próprio ou alheio, no exercício de atividade comercial ou industrial, produto ou mercadoria:
	a) em que tenha sido aplicado selo que se destine a controle tributário, falsificado;
	b) sem selo oficial, nos casos em que a legislação tributária determina a obrigatoriedade de sua aplicação.
	§ 2.º Suprimir, em qualquer desses papéis, quando legítimos, com o fim de torná-los novamente utilizáveis, carimbo ou sinal indicativo de sua inutilização:

Previsão legal	Pena – reclusão, de um a quatro anos, e multa.
	§ 3.º Incorre na mesma pena quem usa, depois de alterado, qualquer dos papéis a que se refere o parágrafo anterior.
	§ 4.º Quem usa ou restitui à circulação, embora recebido de boa-fé, qualquer dos papéis falsificados ou alterados, a que se referem este artigo e o seu § 2.º, depois de conhecer a falsidade ou alteração, incorre na pena de detenção, de seis meses a dois anos, ou multa.
	§ 5.º Equipara-se a atividade comercial, para os fins do inciso III do § 1.º, qualquer forma de comércio irregular ou clandestino, inclusive o exercido em vias, praças ou outros logradouros públicos e em residências.
Sujeito ativo	Qualquer pessoa; comerciante ou industrial; pessoa que possua comércio irregular ou clandestino; qualquer pessoa que tenha recebido o papel de boa-fé
Sujeito passivo	Estado
Objeto material	Selo destinado a controle tributário, papel selado, outro papel semelhante, papel de crédito público, vale postal, cautela de penhor, caderneta de depósito, talão, recibo, guia, alvará, outro documento semelhante, bilhete, passe ou conhecimento de empresa de transporte; papel legítimo inutilizado por sinal ou carimbo; papel falsificado ou alterado
Objeto jurídico	Fé pública
Elemento subjetivo	Dolo + elemento subjetivo específico na modalidade "suprimir"
Classificação	Comum ou próprio Formal Forma livre Comissivo Instantâneo ou permanente Dano Unissubjetivo Unissubsistente ou plurissubsistente
Tentativa	Admite na forma plurissubsistente
Circunstâncias especiais	Forma privilegiada Norma de equiparação

2. PETRECHOS DE FALSIFICAÇÃO

2.1 Estrutura do tipo penal incriminador

Fabricar (construir, criar); *adquirir* (obter, comprar); *fornecer* (abastecer ou guarnecer); *possuir* (ter a posse de algo ou reter em seu poder); *guardar* (vigiar ou tomar conta de algo). Voltam-se tais condutas a objeto destinado a falsificar papéis. É ato preparatório do crime de falsificação de papéis públicos, tipificado como crime autônomo, conforme art. 294 do CP.

A expressão *objeto especialmente destinado à falsificação* significa qualquer coisa perceptível e manipulável que tenha a finalidade *particular* – embora possa servir para outros fins – de servir de instrumento para a construção de imitações dos papéis referidos no artigo anterior (cautela de penhor, títulos da dívida pública, talão, bilhete etc.).

É interessante a crítica formulada por Noronha, ao comparar essa figura típica com a prevista no art. 291, voltada a petrechos de falsificação de moeda. Diz ele: "a oração agora é mais concisa: não repetiu o Código a expressão 'a título oneroso ou gratuito', nem usou os substantivos 'maquinismo, aparelho e instrumento' daquele artigo. Preferimos a redação do presente dispositivo (...). A menção do ônus ou gratuidade é dispensável, tendo-se em vista a objetividade jurídica da fé pública, aqui tutelada. Por outro lado, o emprego da expressão *objeto* dispensa a menção dos citados substantivos. Aqui, como lá, a lei eleva à categoria de crime preparatório".[10] Não há o que contrapor, pois quanto mais conciso e objetivo o tipo penal, sem dúvida, mais apurada a sua redação. No tipo penal do art. 291, ao mencionar termos específicos, como maquinismo, aparelho e instrumento, há que se ponderar a destinação subjetiva desses objetos, pois muito têm fim útil e lícito. Enfim, nem sempre o legislador é feliz na redação dos tipos penais.

A pena para quem comete o crime previsto no art. 294 do CP é de reclusão, de um a três anos, e multa.

2.2 Sujeitos ativo e passivo

O sujeito ativo pode ser qualquer pessoa. O sujeito passivo é o Estado.

2.3 Elemento subjetivo

É o dolo. Não existe a forma culposa, nem se exige elemento subjetivo específico.

2.4 Objetos material e jurídico

O objeto material é o objeto destinado à falsificação. O objeto jurídico é a fé pública.

2.5 Classificação

Trata-se de crime comum (aquele que não demanda sujeito ativo qualificado ou especial); formal (delito que não exige resultado naturalístico, consistente na efetiva utilização do objeto para falsificar papéis); de forma livre (podendo ser cometido por qualquer meio eleito pelo agente); comissivo (os verbos implicam ações); instantâneo (cujo resultado se dá de maneira instantânea, não se prolongando no tempo) nas formas "fabricar", "adquirir" e "fornecer", mas permanente (cuja consumação se arrasta no tempo) nas modalidades "possuir" e "guardar"; unissubjetivo (que pode ser praticado por um só agente); unissubsistente (praticado num único ato) ou plurissubsistente (em regra, vários atos integram a conduta), conforme o caso concreto; não admite tentativa, porque se trata de crime cujo objetivo é punir os atos preparatórios de outro delito, que é a falsificação dos papéis. Refazemos a nossa posição pretérita, que passou por descuido, uma vez que, na Parte Geral, sempre defendemos a inviabilidade de *tentativa de tentativa* ou a *tentativa nos crimes excepcionais que punem atos preparatórios* de outros. E, também, deixamos a nossa posição clara no item 5.5 *supra*, ao tratar do art. 291.[11]

---

[10] *Direito penal*, v. 4, p. 177.

[11] Com integral razão, nesse ponto, Cezar Roberto Bitencourt ao negar a tentativa (*Tratado de direito penal*, v. 4, p. 597). O ilustre penalista aponta, como contrários, igualmente, Paulo José da Costa Jr. e Luiz Regis Prado. Admitindo a tentativa, Noronha, Fragoso, Damásio, entre outros.

2.5.1 *Fato anterior não punível*

Caso o agente adquira objeto destinado à falsificação e, em seguida, contrafaça um papel legítimo qualquer, o delito do art. 294 é absorvido pelo previsto no art. 293, pois considerado fato anterior não punível. Constitui crime-meio para chegar ao crime-fim.

2.6 Confronto com lei especial

Tratando-se de objeto destinado a falsificar selos ou vales postais, aplica-se o art. 38 da Lei 6.538/1978: "Fabricar, adquirir, fornecer, ainda que gratuitamente, possuir, guardar, ou colocar em circulação objeto especialmente destinado à falsificação de selo, outra fórmula de franqueamento ou vale postal: Pena – reclusão, até três anos, e pagamento de cinco a quinze dias-multa".

2.7 Causa de aumento da pena

Caso o agente dos delitos previstos nos arts. 293 e 294 seja funcionário público (ver art. 327, CP), a pena deve ser aumentada em um sexto (art. 295, CP). Por outro lado, exige-se que o funcionário tenha utilizado, de algum modo, as facilidades proporcionadas pelo seu cargo.

2.8 Quadro-resumo

Previsão legal	**Petrechos de Falsificação** **Art. 294.** Fabricar, adquirir, fornecer, possuir ou guardar objeto especialmente destinado à falsificação de qualquer dos papéis referidos no artigo anterior: Pena – reclusão, de um a três anos, e multa. **Art. 295.** Se o agente é funcionário público, e comete o crime prevalecendo-se do cargo, aumenta-se a pena de sexta parte.
Sujeito ativo	Qualquer pessoa
Sujeito passivo	Estado
Objeto material	Objeto destinado à falsificação
Objeto jurídico	Fé pública
Elemento subjetivo	Dolo
Classificação	Comum Formal Forma livre Comissivo Instantâneo ou permanente Dano Unissubjetivo Unissubsistente ou plurissubsistente
Tentativa	Admite na forma plurissubsistente
Circunstâncias especiais	Causa de aumento de pena (art. 295)

RESUMO DO CAPÍTULO

	Falsificação de papéis públicos Art. 293	Petrechos de falsificação Art. 294
Sujeito ativo	Qualquer pessoa; comerciante ou industrial; pessoa que possua comércio irregular ou clandestino; qualquer pessoa que tenha recebido o papel de boa-fé	Qualquer pessoa
Sujeito passivo	Estado	Estado
Objeto material	Selo destinado a controle tributário, papel selado, outro papel semelhante, papel de crédito público, vale postal, cautela de penhor, caderneta de depósito, talão, recibo, guia, alvará, outro documento semelhante, bilhete, passe ou conhecimento de empresa de transporte; papel legítimo inutilizado por sinal ou carimbo; papel falsificado ou alterado	Objeto destinado à falsificação
Objeto jurídico	Fé pública	Fé pública
Elemento subjetivo	Dolo + elemento subjetivo específico na modalidade "suprimir"	Dolo
Classificação	Comum ou próprio Formal Forma livre Comissivo Instantâneo ou permanente Dano Unissubjetivo Unissubsistente ou plurissubsistente	Comum Formal Forma livre Comissivo Instantâneo ou permanente Dano Unissubjetivo Unissubsistente ou plurissubsistente
Tentativa	Admite na forma plurissubsistente	Admite na forma plurissubsistente
Circunstâncias especiais	Forma privilegiada Norma de equiparação	――

Capítulo III
Falsidade Documental

1. FALSIFICAÇÃO DE SELO OU SINAL PÚBLICO

1.1 Estrutura do tipo penal incriminador

Falsificar quer dizer reproduzir imitando, ou contrafazer. Conjuga-se a conduta com as formas *fabricar* (manufaturar, construir, cunhar) e *alterar* (modificar, transformar). Os objetos estão descritos nos incisos do art. 296: "I – selo público destinado a autenticar atos oficiais da União, de Estado ou de Município; II – selo ou sinal atribuído por lei a entidade de direito público, ou a autoridade, ou sinal público de tabelião".[1]

Selo público (ou *sinal público*) tem duplo significado. Pode ser a marca estampada sobre certos papéis, para conferir-lhes validade ou autenticidade, representando o Estado, bem como o instrumento com que se fixa no papel ou noutro local apropriado a marca supramencionada. O selo pode integrar um documento, mas ele, em si, não é um documento.

É a peça que contém reproduzida em *negativo*, sobre superfície metálica ou de borracha, a figura que necessita ser impressa. É justamente esse instrumento que está protegido pelo tipo penal, na lição de Sylvio do Amaral,[2] e não a figura impressa. Assim se entende porque a lei pune, no § 1.º, I, quem faz uso do selo ou sinal falsificado, como crime autônomo,

---

[1] "A jurisprudência dos tempos posteriores agrupou sob a palavra *falsum*, que na linguagem moderna traduzimos por falsificação, a série de fatos aos quais nos referimos, ampliando-se o significado. Dita palavra, que por sua derivação terminológica (de *fallere*) significa fraude, e segundo o uso comum da linguagem quer dizer engano intencional de palavra ou obra, podia aplicar-se aos mais importantes fatos delituosos cominados em lei..." (Mommsen, *Derecho penal romano*, p. 138; tradução livre).

[2] *Falsidade documental*, p. 183.

demonstrando referir-se ao instrumento que falsifica. Fosse *selo público* também a marca falsificada e a sua utilização não iriam encaixar-se no referido § 1.º, I, mas sim no art. 304 (uso de documento falso). É o ensinamento de Soler.[3]

Autenticar significa reconhecer como verdadeiro. Os *atos oficiais*, na melhor definição de Noronha,[4] são os *documentos oficiais* (bases de conhecimento, materialmente fixadas, destinadas a fazer prova de algo, bem como servindo de consulta), pois são estes que reproduzem aqueles.

Selo e sinal são termos correlatos, significando a marca estampada sobre certos papéis, para conferir-lhes validade ou autenticidade, bem como o instrumento destinado a produzi--la. Devem estar, no caso desse inciso, devidamente previstos em lei para atribuição e uso de entidade de direito público (autarquia ou entidade paraestatal). Podem, ainda, ser atribuídos e de uso de autoridade (judiciária ou administrativa), como ocorre com as chancelas, bem como podem ser de atribuição e uso de tabelião.

Para alguns, o sinal do tabelião é a "assinatura especial deste, enfeitada, que constitui a sua *marca* de tabelião e que não se confunde com a assinatura simples (esta chamada *sinal raso*)".[5] Para outros, trata-se apenas do instrumento (sinete, timbre ou cunho), que tem por finalidade imprimir a rubrica ou desenho utilizado pelo tabelião para autenticar seus atos.[6]

Parece-nos correto este último entendimento, até porque a lei não se preocupa em diferenciar a sua utilização em documento público ou particular, o que certamente faria se se tratasse do desenho ou da marca. E porque os tabeliães lançam assinatura de próprio punho nos documentos, sem usar qualquer instrumento, não tem aplicação, atualmente, esse dispositivo.

O sinal público do tabelião, aponta Carlos Rocha de Siqueira, mencionado por Sylvio do Amaral, "provém de dispositivos das Ordenações até hoje não revogados explícita ou implicitamente. No Direito escrito, de promulgação mais recente, conforme as pesquisas feitas pelo aludido magistrado, só o art. 1.638, VIII [atual art. 1.869, parágrafo único], do Código Civil o contempla, expressamente, como um dos requisitos formais do testamento cerrado".[7]

Demonstra Hungria que a "falsificação pode operar-se mediante contrafação total (fabricação, formação *ex novo et ex integro*) ou alteração. O agente pode alcançar seu objetivo de contrafação, quer forjando imitativamente os instrumentos (sinetes, carimbos, cunhos etc.) com que são obtidos os selos ou sinais (por impressão a tinta ou compressão a seco, de modo plano, ou em alto ou baixo relevo etc.), quer procedendo diretamente à imitação destes (à pena, a *crayon*, mediante desenho ou incisão etc.). A alteração, como é óbvio, somente pode incidir sobre selos ou sinais verdadeiros (exemplo: substituir determinado característico de selo ou sinal genuíno de certa autoridade, para que aparente ser de outra autoridade)".[8]

A pena para quem comete crime previsto em qualquer dos incisos do art. 296 do CP é de reclusão, de dois a seis anos, e multa.

---

[3]   *Apud* Sylvio do Amaral, *Falsidade documental*, p. 184.
[4]   *Direito penal*, v. 4, p. 181.
[5]   Delmanto, *Código Penal comentado*, p. 524.
[6]   Sylvio do Amaral, *Falsidade documental*, p. 191.
[7]   *Falsidade documental*, p. 185.
[8]   *Comentários ao Código Penal*, v. 9, p. 259.

1.2   Sujeitos ativo e passivo

O sujeito ativo pode ser qualquer pessoa. O sujeito passivo é o Estado.

1.3   Elemento subjetivo

É o dolo. Não existe a forma culposa, nem se exige elemento subjetivo específico.

1.4   Objetos material e jurídico

O objeto material é o selo ou sinal. O objeto jurídico é a fé pública.

1.5   Classificação

Trata-se de crime comum (aquele que não demanda sujeito ativo qualificado ou especial); formal (delito que não exige resultado naturalístico, consistente no efetivo emprego do selo ou sinal falso para prejudicar alguém); de forma livre (podendo ser cometido por qualquer meio eleito pelo agente); comissivo (os verbos implicam ações); instantâneo (cujo resultado se dá de maneira instantânea, não se prolongando no tempo); unissubjetivo (que pode ser praticado por um só agente); plurissubsistente (em regra, vários atos integram a conduta); admite tentativa.

1.6   Figura equiparada do § 1.º

1.6.1   Estrutura do tipo penal incriminador

Fazer uso significa utilizar, empregar. O objeto é o selo ou sinal falsificado. É possível que o uso seja feito pela mesma pessoa que falsificou. Será, então, um fato posterior não punível, pois mera decorrência do primeiro (inciso I).

Utilizar significa fazer uso ou empregar. No caso desse inciso, pune-se a conduta daquele que, valendo-se de selo ou sinal verdadeiro, serve-se dele para prejudicar terceiro ou em proveito próprio ou alheio (inciso II).

O termo *indevidamente* quer dizer ilicitamente, ou seja, contra o disposto em lei. Não é por qualquer pessoa, nem para qualquer fim que se pode utilizar um selo ou sinal. Por isso, quem contrariar dispositivo legal pode incidir nessa figura.

Alterar significa deturpar ou modificar; *falsificar* quer dizer reproduzir, por meio de imitação, ou contrafazer; *fazer uso* significa utilizar ou empregar (inciso III). O tipo, acrescentado pela Lei 9.983/2000, tem redação defeituosa, não se encaixando com harmonia nas demais figuras previstas no *caput* e nos incisos anteriores. Note-se que, no *caput,* está prevista a conduta principal de *falsificar*, que é reproduzir alguma coisa, imitando o verdadeiro, conjugada com *fabricar* (manufaturar, construir algo novo) ou *alterar* (modificar o que já existe).

Assim, o ideal deveria ter sido a inserção de uma figura no inciso III do *caput*, contendo apenas o objeto da conduta principal (falsificação): "marcas, logotipos, siglas ou quaisquer outros símbolos utilizados ou identificadores de órgãos ou entidades da Administração Pública". Assim, não ficariam misturadas e equiparadas as condutas "alterar" e "falsificar", e, em verdade, o objetivo é punir quem "falsifica, através da alteração". Do modo como ficou constando no inciso III do § 1.º, a alteração parece ser autônoma em relação à falsificação, quando se sabe que esta envolve aquela. Além disso, deveria ter sido mantida a conduta de "fazer uso indevido..." sozinha no referido inciso III do § 1.º, para se harmonizar com as demais, previstas nos incisos I e II ("fazer uso" e "utilizar").

No inciso III, há a expressão "fazer uso *indevido*", que constitui elemento da ilicitude trazido para dentro do tipo, de forma que o uso devido, legal e autorizado faz desaparecer a tipicidade.

Ainda no inciso III: a) *marca*: é o sinal que serve de alerta, captado pelos sentidos, possibilitando reconhecer ou conhecer alguma coisa. Pode ser um desenho, um emblema ou uma letra especial; b) *logotipo*: é uma marca produzida por um grupo de letras ou siglas, especialmente desenhada para designar algum órgão ou empresa; c) *sigla*: é a reunião das letras iniciais de palavras essenciais, que designam algo ou alguém. São abreviaturas. Ex.: PM, designando a Polícia Militar. A expressão *outros símbolos* vale-se o tipo da interpretação analógica, isto é, tendo fornecido os exemplos, dissemina o uso do dispositivo penal para todos os outros símbolos (aquilo que, pela sua natureza, representa algo ou alguém) que se assemelhem aos primeiros (marcas, logotipos e siglas).

Exige-se que os símbolos adulterados ou de uso indevido sejam pertinentes à Administração Pública. Portanto, é crime usar, sem ser policial militar, por exemplo, os símbolos da corporação.

A pena para quem comete crime previsto em qualquer dos incisos do § 1.º do art. 296 do CP é de reclusão, de dois a seis anos, e multa.

1.6.2   Sujeitos ativo e passivo

O sujeito ativo pode ser qualquer pessoa. O sujeito passivo é o Estado.

1.6.3   Elemento subjetivo

É o dolo. Não existe a forma culposa, nem se exige elemento subjetivo específico.

1.6.4   Objetos material e jurídico

Os objetos materiais são a marca, o logotipo, a sigla, selo, sinal ou outro símbolo da Administração Pública. O objeto jurídico é a fé pública.

1.6.5   Classificação

Trata-se de crime comum (aquele que pode ser cometido por qualquer pessoa); formal (delito que não exige, para sua consumação, a ocorrência de resultado naturalístico); de forma livre (pode ser cometido por qualquer meio eleito pelo agente); comissivo (os verbos implicam ações); instantâneo (cuja consumação não se prolonga no tempo, dando-se em momento determinado); unissubjetivo (aquele que pode ser cometido por um único sujeito); unissubsistente (praticado num único ato) ou plurissubsistente (delito cuja ação é composta por vários atos, permitindo-se o seu fracionamento), conforme o caso concreto; admite tentativa, na forma plurissubsistente.

1.7   Causa de aumento de pena

Caso o agente seja funcionário público (ver art. 327, CP), a pena deve ser aumentada em um sexto (art. 296, § 2.º, CP). Por outro lado, exige-se que o funcionário tenha utilizado, de algum modo, as facilidades proporcionadas pelo seu cargo.

1.8   Quadro-resumo

Previsão legal	**Falsificação do Selo ou Sinal Público** **Art. 296.** Falsificar, fabricando-os ou alterando-os: I – selo público destinado a autenticar atos oficiais da União, de Estado ou de Município; II – selo ou sinal atribuído por lei a entidade de direito público, ou a autoridade, ou sinal público de tabelião: Pena – reclusão, de dois a seis anos, e multa. § 1.º Incorre nas mesmas penas: I – quem faz uso do selo ou sinal falsificado; II – quem utiliza indevidamente o selo ou sinal verdadeiro em prejuízo de outrem ou em proveito próprio ou alheio; III – quem altera, falsifica ou faz uso indevido de marcas, logotipos, siglas ou quaisquer outros símbolos utilizados ou identificadores de órgãos ou entidades da Administração Pública. § 2.º Se o agente é funcionário público, e comete o crime prevalecendo-se do cargo, aumenta-se a pena de sexta parte.
Sujeito ativo	Qualquer pessoa
Sujeito passivo	Estado
Objeto material	Marca, o logotipo, a sigla ou outro símbolo da Administração Pública
Objeto jurídico	Fé pública
Elemento subjetivo	Dolo
Classificação	Comum Formal Forma livre Comissivo Instantâneo Perigo abstrato Unissubjetivo Unissubsistente ou plurissubsistente
Tentativa	Admite na forma plurissubsistente
Circunstâncias especiais	Causa de aumento de pena

2.   FALSIFICAÇÃO DE DOCUMENTO PÚBLICO

2.1   Maior proteção aos documentos públicos

A punição para o falsificador de documento público é superior à prevista para o agente que falsifica documento particular. O mínimo em abstrato fixado para a pena passa de um ano de reclusão para o dobro, embora o aumento, quanto ao máximo, seja de apenas um ano, passando de cinco para seis anos de reclusão.

Nas palavras de Sylvio do Amaral, "tal ocorre porque a violação da verdade expressa nos documentos emitidos pelo Estado afeta diretamente o prestígio da organização política, além de atingir a fé pública inspirada pelo documento violado. Em torno do Estado existe a presunção da absoluta veracidade de todas as suas manifestações, documentais ou não, de modo tal que qualquer ato atentatório dessa presunção repercute desmesuradamente na confiança da coletividade, fazendo periclitar um dos fatores fundamentais da harmonia e da ordem nas relações do cidadão com o Estado. Assim, pois, o crédito incondicionado que os documentos expedidos pelo Estado merecem do povo a ele sujeito faz com que seja incomparavelmente maior a possibilidade de dano decorrente da falsificação desses documentos".[9]

2.2   Estrutura do tipo penal incriminador

Falsificar quer dizer reproduzir imitando, ou contrafazer; *alterar* significa modificar ou adulterar.[10] A diferença fundamental entre *falsificar* e *alterar* é que no primeiro caso o documento inexiste, sendo criado pelo agente, enquanto na segunda hipótese há um documento verdadeiro, atuando o agente para lhe modificar o aspecto original. É o disposto no art. 297 do CP. E salienta Sylvio do Amaral: "O que caracteriza a falsificação parcial e permite discerni--la da alteração é o fato de recair aquela, necessariamente, em documento composto de duas ou mais partes perfeitamente individualizáveis". O delinquente fabrica parte do documento, que é autônoma em relação às demais frações. O exemplo que fornece: a falsificação parcial pode dar-se ao pé de um requerimento genuíno de certidão negativa de impostos, lançando o interessado certidão apócrifa do teor desejado.[11]

O objeto é documento público. Esse tipo penal preocupa-se com a *forma* do documento, por isso cuida da *falsidade material*. Não há necessidade de resultado naturalístico, nem de posterior uso do documento falsificado.

Total ou parcialmente, a falsificação pode produzir um documento inteiramente novo (construído pelo agente) ou apenas alterar um documento verdadeiro, introduzindo-lhe pedaços não autênticos.

Em primeiro plano, vale conceituar *documento*, em acepção atual, como a base material, apta a receber e registrar dados em geral, como informações, fotografias, vídeos, disponível em diversos formatos, desde o tradicional papel, contendo um escrito ou uma imagem, até chegar às novas bases de firmamento de manifestações, como CD, DVD, *pen drive*, fita de vídeo, disco rígido de computador etc., destinado a produzir prova de algo. Autores da atualidade também ampliaram seus horizontes. Nas palavras de Silva Sánchez, documento é "todo suporte material que expresse ou incorpore dados, fatos ou narrações com eficácia probatória ou qualquer outro tipo de relevância jurídica".[12] Chega a apontar os tradicionais, como papel, madeira, tela, mas também os mais modernos, como disquetes, fitas de vídeo, disco rígido, CD etc.

No entanto, essa evolução não é tão simples de ser assimilada ao longo do tempo. Notem-se a definição de Nélson Hungria e sua repulsa aos instrumentos mais modernos da época: "é todo *escrito* especialmente destinado a servir ou eventualmente utilizável como meio de prova de fato juridicamente relevante. (...) Se é o *papel* a matéria sobre a

---

9   *Falsidade documental*, p. 7-8.

10   "A jurisprudência dos tempos posteriores agrupou sob a palavra *falsum*, que na linguagem moderna traduzimos por falsificação, a série de fatos aos quais nos referimos, ampliando-se o significado. Dita palavra, que por sua derivação terminológica (de *fallere*) significa fraude, e segundo o uso comum da linguagem quer dizer engano intencional de palavra ou obra, podia aplicar-se aos mais importantes fatos delituosos cominados em lei..." (*Derecho penal romano*, p. 138; tradução livre).

11   *Falsidade documental*, p. 50-51.

12   *Lecciones de derecho penal* – Parte especial, p. 344 (tradução livre).

qual *se escreve*, segue-se que o documento é, antes de tudo, um *papel escrito*. Nem todo papel escrito é documento, *mas o documento há de ser sempre um papel escrito*".[13] Após, mencionando MAURACH e MANZINI, que expõem novas possibilidades de documento àquela época (discos de vitrola, fitas de ditafone etc.), diz: "somos infensos a essa noção extensiva, notadamente no campo do Direito Penal, em que as palavras devem ser tomadas no seu sentido usual e não na sua significação etimológica ou filosófica".[14] Na realidade, não se trata de uma arbitrária interpretação extensiva, mas de evolução tecnológica em relação à qual todos estamos obrigados a acompanhar; desse modo, não é uma questão de opinião, como faz parecer HUNGRIA, mas um dever do operador do direito. Como ilustração importante basta visualizar o processo eletrônico, ganhando cada vez mais espaço. Não se aceita, em muitos fóruns, mais o papel. Até mesmo o documento que venha no formato de papel, acompanhando a inicial, é escaneado e vira um arquivo digital. Aquele passa a ser o documento sobre o qual o Judiciário irá se debruçar. E esse documento já pode ter sido produzido no formato digital, sem nunca ter visto um papel. Sinal dos tempos e, enquanto nossos vetustos Códigos Penal e de Processo Penal não mudarem, havemos nós que alterar a interpretação de certos institutos.

Documento público é definido como o escrito, revestido de certa forma, destinado a comprovar um fato, desde que emanado de funcionário público, com competência para tanto. Pode provir de autoridade nacional ou estrangeira (nesse caso, desde que respeitada a forma legal prevista no Brasil), abrangendo certidões, atestados, traslados, cópias autenticadas e telegramas emitidos por funcionários públicos, atendendo ao interesse público.

Caso o agente construa um documento novo, pratica a primeira conduta. Caso modifique, de qualquer modo, um documento verdadeiro, comete a segunda conduta. Ressalte-se que somente pode ser objeto do crime o documento válido, pois o que for considerado nulo está fora da proteção do tipo penal.

A pena é de reclusão, de dois a seis anos, e multa.

2.2.1 Documento formal e substancialmente público e formalmente público e substancialmente privado

É inócua tal diferença, pois o tipo penal abrange, indistintamente, as duas modalidades. O documento formal e substancialmente público seria aquele proveniente de ato legislativo, administrativo ou judicial, no interesse da Administração Pública, com natureza e relevo públicos. Ex.: carteira de identidade. O documento formalmente público e substancialmente privado seria aquele concernente a interesse privado, embora tenha sido elaborado por funcionário público. Ex.: testamento público.

2.2.2 Relevância jurídica do documento

É necessariamente do documento público, podendo não estar presente no documento privado a sua *relevância jurídica*, isto é, sempre representa alguma relação de direito que se cria, extingue ou modifica, com significação jurídica para o Estado ou para o cidadão.[15]

---

[13] *Comentários ao Código Penal*, v. 9, p. 250. Grifamos.

[14] *Comentários ao Código Penal*, v. 9, p. 251-252.

[15] SYLVIO DO AMARAL, *Falsidade documental*, p. 13.

2.2.3 Fotocópias sem autenticação

Não podem ser consideradas documentos públicos para os efeitos desse artigo.

2.2.4 Falsidade grosseira

Exige-se a potencialidade lesiva do documento falsificado ou alterado, pois a contrafação ou modificação grosseira, não apta a ludibriar a atenção de terceiros, é inócua para esse fim. Lembremos que o bem jurídico é a fé pública, logo, é preciso capacidade de iludir a credulidade da sociedade.

2.3 Sujeitos ativo e passivo

O sujeito ativo pode ser qualquer pessoa. Não é porque o documento é público (produzido por servidor público) que somente por sujeito especial pode ser falsificado. O sujeito passivo é o Estado, em primeiro plano. Secundariamente, pode ser a pessoa prejudicada pela falsificação.

2.4 Elemento subjetivo

É o dolo. Não existe a forma culposa, nem se exige elemento subjetivo específico.

2.5 Objetos material e jurídico

O objeto material é o documento público, verdadeiro ou não. O objeto jurídico é a fé pública.

2.6 Classificação

Trata-se de crime comum (aquele que não demanda sujeito ativo qualificado ou especial); formal (delito que não exige resultado naturalístico, consistente no efetivo prejuízo causado a alguém pela falsificação); de forma livre (podendo ser cometido por qualquer meio eleito pelo agente); comissivo (os verbos implicam ações); instantâneo (cujo resultado se dá de maneira instantânea, não se prolongando no tempo); unissubjetivo (que pode ser praticado por um só agente); plurissubsistente (em regra, vários atos integram a conduta); admite tentativa.

2.7 Crime de perigo abstrato

Entendemos ser o delito de perigo abstrato, como os demais crimes de falsificação. Assim, para configurar risco de dano à fé pública, que é presumido, basta a contrafação ou modificação do documento público. Tal posição não afasta a possibilidade de haver tentativa, desde que se verifique a forma plurissubsistente de realização do delito. Lembremos que o fato de alguém manter guardado um documento que falsificou pode configurar o tipo penal, uma vez que não é impossível que, algum dia, venha ele a circular e prejudicar interesses. Há, pois, o risco de dano.

2.8 Exame de corpo de delito

É necessário, pois é infração que deixa vestígios (art. 158, CPP).

2.9 Concurso de estelionato e falsidade

Aplica-se a Súmula 17 do Superior Tribunal de Justiça: "Quando o falso se exaure no estelionato, sem mais potencialidade lesiva, é por este absorvido". Trata-se da aplicação da regra de que o crime-fim absorve o crime-meio.

2.10 Concurso de falsificação e uso de documento falso

A prática dos dois delitos pelo mesmo agente implica o reconhecimento de um autêntico *crime progressivo*, ou seja, falsifica-se algo para depois usar (crime-meio e crime-fim). Deve o sujeito responder somente pelo uso de documento falso. No mesmo prisma, SYLVIO DO AMARAL.[16]

2.11 Concurso da falsidade com apropriação indébita ou outro crime patrimonial

Se a falsidade é realizada para encobrir delito patrimonial anterior, deve haver concurso de crimes, pois o objeto jurídico protegido é diverso.

2.12 Falsificação de certidão ou atestado emitido por escola

Cremos estar configurada a falsidade de documento público, e não o delito do art. 301 (certidão ou atestado ideologicamente falso e falsidade material de atestado ou certidão – § 1.º). Este último tipo penal prevê que o atestado ou a certidão seja destinada à habilitação de alguém a obter cargo público, isenção de ônus ou serviço público ou qualquer outra vantagem semelhante, o que não é necessariamente a finalidade do atestado ou da certidão escolar. Por isso, melhor é a aplicação da figura típica genérica do art. 297.

Quanto à competência para apurar o delito, é da Justiça Estadual (Súmula 104 do STJ: "Compete à Justiça Estadual o processo e julgamento dos crimes de falsificação e uso de documento falso relativo a estabelecimento particular de ensino").

2.13 Causa de aumento de pena do § 1.º

Sendo o agente funcionário público (art. 327, CP), é natural que sua conduta tenha mais desvalor, merecendo, pois, maior rigor punitivo. Aumenta-se de um sexto a pena (art. 297, § 1.º, CP). Deve ficar evidenciado que ele se valeu do cargo para chegar ao resultado típico.

2.14 Documento público por equiparação do § 2.º

Todo documento emanado de entidade paraestatal, bem como os títulos de crédito ao portador ou que possam circular mediante endosso, como os cheques, as notas promissórias, as duplicatas, entre outros (não mais havendo possibilidade de endosso, mas somente de transmissão por cessão civil, não se incluem nesse artigo), as ações de sociedade comercial, os livros mercantis e o testamento particular (também chamado de hológrafo: manifestação de última vontade do testador, devidamente reduzida por escrito, respeitada a forma descrita em lei – art. 1.876, § 1.º, do Código Civil), são equiparados a documento público para tipificar a conduta daquele que os falsifica.

---

[16] *Falsidade documental*, p. 179.

Note-se o caráter "em branco" da norma, que necessita buscar conceitos próprios do direito comercial para completar o seu sentido – títulos ao portador ou transmissíveis por endosso, ações de sociedade comercial e livros mercantis –, bem como do Direito Civil – testamento particular. Assim, o título falho, como a duplicata emitida sem a causa correspondente ou a nota promissória ao portador, não serve de objeto para a falsificação.

2.14.1 Entidade paraestatal

Conforme expusemos nos comentários ao art. 327, § 1.º, aos quais remetemos o leitor, o conceito de entidade paraestatal deve ser extensivamente interpretado, envolvendo entidade tipicamente paraestatal, como a autarquia, mas também sociedades de economia mista, empresas públicas e fundações instituídas pelo poder público.

Segundo MARIA SYLVIA ZANELLA DI PIETRO, o sentido mais utilizado para *entidade paraestatal* é o apregoado por HELY LOPES MEIRELLES, "de modo a abranger as entidades de direito privado que integram a Administração Indireta (empresas estatais de todos os tipos e fundações de Direito Privado), bem como os serviços sociais autônomos; a tais entidades têm-se que acrescentar, agora, as entidades de apoio (fundações, associações e cooperativas), as organizações sociais e as organizações da sociedade civil de interesse público. Em tal sentido deve ser interpretada a expressão entidade paraestatal no art. 327, parágrafo único, do Código Penal [atual art. 327, § 1.º, CP] e no art. 36 do Código Judiciário do Estado de São Paulo (Decreto-lei Complementar 3, de 27.08.1969), que confere juízo privativo às entidades paraestatais".[17]

2.15   Figuras equiparadas do § 3.º

2.15.1 Estrutura do tipo penal incriminador

Inserir significa introduzir ou colocar, enquanto *fazer inserir* é permitir que outrem introduza ou coloque. Os objetos das condutas vêm descritos nos incisos I a III do § 3.º do art. 297 do CP. Essa figura é fruto dos crimes previstos anteriormente na Lei 8.212/1991, art. 95, *g, h* e *i* (primeira parte), hoje revogados pela Lei 9.983/2000.

No inciso I do § 3.º do art. 297 do CP, menciona-se a *folha de pagamento*, que "é o montante total da remuneração que o empregador irá pagar aos trabalhadores colocados a seu serviço. (...) Incidirá, assim, a contribuição sobre todos os valores pagos pelas empresas aos que exercem atividade remunerada a qualquer título e com ela estão relacionados", inclusive o *pro labore* dos sócios e dos diretores que não sejam empregados.[18]

Segurado obrigatório é o segurado da previdência social nas seguintes condições: "I – como empregado: *a)* aquele que presta serviço de natureza urbana ou rural à empresa, em caráter não eventual, sob sua subordinação e mediante remuneração, inclusive como diretor empregado; *b)* aquele que, contratado por empresa de trabalho temporário, definida em legislação específica, presta serviço para atender a necessidade transitória de substituição de pessoal regular e permanente ou a acréscimo extraordinário de serviços de outras empresas; *c)* o brasileiro ou estrangeiro domiciliado e contratado no Brasil para trabalhar como empregado em sucursal ou agência de empresa nacional no exterior; *d)* aquele que presta serviço

---

[17]   *Direito administrativo brasileiro*, p. 399-400.

[18]   WAGNER BALERA, *Curso de direito previdenciário*, p. 47.

no Brasil a missão diplomática ou a repartição consular de carreira estrangeira e a órgãos a ela subordinados, ou a membros dessas missões e repartições, excluídos o não brasileiro sem residência permanente no Brasil e o brasileiro amparado pela legislação previdenciária do país da respectiva missão diplomática ou repartição consular; *e)* o brasileiro civil que trabalha para a União, no exterior, em organismos oficiais brasileiros ou internacionais dos quais o Brasil seja membro efetivo, ainda que lá domiciliado e contratado, salvo se segurado na forma da legislação vigente do país do domicílio; *f)* o brasileiro ou estrangeiro domiciliado e contratado no Brasil para trabalhar como empregado em empresa domiciliada no exterior, cuja maioria do capital votante pertença a empresa brasileira de capital nacional; *g)* o servidor público ocupante de cargo em comissão, sem vínculo efetivo com a União, Autarquias, inclusive em regime especial, e Fundações Públicas Federais; *h)* o exercente de mandato eletivo federal, estadual ou municipal, desde que não vinculado a regime próprio de previdência social [a Resolução do Senado Federal 26/2005 (*DOU* 22.06.2005) suspendeu a execução desta alínea]; *i)* o empregado de organismo oficial internacional ou estrangeiro em funcionamento no Brasil, salvo quando coberto por regime próprio de previdência social; *j)* o exercente de mandato eletivo federal, estadual ou municipal, desde que não vinculado a regime próprio de previdência social; II – como empregado doméstico: aquele que presta serviço de natureza contínua a pessoa ou família, no âmbito residencial desta, em atividades sem fins lucrativos; [os incisos III e IV foram revogados pela Lei 9.876/99]; V – como contribuinte individual: *a)* a pessoa física, proprietária ou não, que explora atividade agropecuária, a qualquer título, em caráter permanente ou temporário, em área superior a 4 (quatro) módulos fiscais; ou, quando em área igual ou inferior a 4 (quatro) módulos fiscais ou atividade pesqueira, com auxílio de empregados ou por intermédio de prepostos; ou ainda nas hipóteses dos §§ 10 e 11 deste artigo; *b)* a pessoa física, proprietária ou não, que explora atividade de extração mineral-garimpo, em caráter permanente ou temporário, diretamente ou por intermédio de prepostos, com ou sem o auxílio de empregados, utilizados a qualquer título, ainda que de forma não contínua; *c)* o ministro de confissão religiosa e o membro de instituto de vida consagrada, de congregação ou de ordem religiosa; [alínea *d* revogada pela Lei 9.876/99]; *e)* o brasileiro civil que trabalha no exterior para organismo oficial internacional do qual o Brasil é membro efetivo, ainda que lá domiciliado e contratado, salvo quando coberto por regime próprio de previdência social; *f)* o titular de firma individual urbana ou rural, o diretor não empregado e o membro de conselho de administração de sociedade anônima, o sócio solidário, o sócio de indústria, o sócio-gerente e o sócio cotista que recebam remuneração decorrente de seu trabalho em empresa urbana ou rural, e o associado eleito para cargo de direção em cooperativa, associação ou entidade de qualquer natureza ou finalidade, bem como o síndico ou administrador eleito para exercer atividade de direção condominial, desde que recebam remuneração; *g)* quem presta serviço de natureza urbana ou rural, em caráter eventual, a uma ou mais empresas, sem relação de emprego; *h)* a pessoa física que exerce, por conta própria, atividade econômica de natureza urbana, com fins lucrativos ou não; VI – como trabalhador avulso: quem presta, a diversas empresas, sem vínculo empregatício, serviços de natureza urbana ou rural definidos no regulamento; VII – como segurado especial: a pessoa física residente no imóvel rural ou em aglomerado urbano ou rural próximo a ele que, individualmente ou em regime de economia familiar, ainda que com o auxílio eventual de terceiros a título de mútua colaboração, na condição de: *a)* produtor, seja proprietário, usufrutuário, possuidor, assentado, parceiro ou meeiro outorgados, comodatário ou arrendatário rurais, que explore atividade: 1. agropecuária em área de até 4 (quatro) módulos fiscais; ou 2. de seringueiro ou extrativista vegetal que exerça suas atividades nos termos do inciso XII do *caput* do art. 2.º da Lei 9.985, de 18 de julho de 2000, e faça dessas atividades o principal meio de vida; *b)* pescador artesanal ou a este assemelhado, que faça da pesca profissão habitual ou principal meio de vida; e *c)* cônjuge ou companheiro, bem como filho maior de 16 (dezesseis) anos de idade ou a este equiparado, do segurado de que tratam as alíneas *a* e *b* deste inciso, que, comprovadamente, trabalhem com o grupo familiar respectivo" (art. 12 da Lei 8.212/1991).

No inciso II do § 3.º do art. 297 do CP, o termo *declaração* tem significado variado: a) *afirmação*; b) *relato*; c) *depoimento*; d) *manifestação*. Ressalte-se que, havendo necessidade de comprovação – objetiva e concomitante – pela autoridade da autenticidade da declaração, não se configura o crime, caso ela seja falsa ou, de algum modo, dissociada da realidade. Ex.: declaração falsa de antecedentes, feita pelo empregado, quando o empregador tiver acesso à certidão comprobatória da situação de condenado do interessado.

É seguida dos elementos normativos *falsa* ou *diversa da que deveria ter sido escrita,* que são elementos de valoração jurídica, pois cada documento possui informes esperados. A introdução de algo não correspondente à realidade compõe a falsidade (ex.: incluir na carteira de trabalho um vínculo empregatício inexistente) e a inserção de declaração não compatível com a que se esperava fosse colocada compõe a outra situação (ex.: inserir valor de salário diverso do real).

Vale mencionar o confronto com o art. 49 do Decreto-lei 5.452/1943 (CLT). Se a falsidade gerada na Carteira de Trabalho e Previdência Social disser respeito ou produzir prejuízo no cenário dos direitos trabalhistas do empregado, aplica-se o mencionado art. 49 (ver item 4.8 ao art. 299). Entretanto, se a referida falsidade se voltar ao contexto da Previdência Social, aplica-se o disposto no art. 297, § 3.º, II, do CP. Afinal, cada um dos tipos penais tutela objeto jurídico diverso (direito do trabalhador *versus* direito relativo à Previdência Social).

No inciso III, *documento contábil* é todo escrito, produzido por alguém determinado, revestido de certa forma, destinado a comprovar atividades negociais, transações e operações econômicas da empresa ou do empregador.

Quem comete crime previsto no § 3.º do art. 297 do CP será apenado com reclusão, de dois a seis anos, e multa.

2.15.1.1 Falsidade ideológica no contexto da falsidade material

A colocação do § 3.º, que cuida da falsidade ideológica, no contexto da falsidade material foi equivocada, causando indevida confusão de conceitos. Merecia ter sido introduzido no art. 299, prevendo-se pena especial para o delito, se é que o objetivo do legislador foi aproveitar a pena de reclusão, de dois a seis anos, e multa, prevista para a falsidade material, portanto superior à da falsidade ideológica.

2.16 Figura omissiva do § 4.º

Quem deixa de inserir nos documentos mencionados no parágrafo anterior (folha de pagamento, carteira de trabalho e previdência social ou documento contábil), quando for pertinente, o nome do segurado, seus dados pessoais, a remuneração e a vigência do contrato responde também por falsificação ideológica na modalidade omissiva. É a reprodução da figura típica anteriormente prevista no art. 95, *i,* parte final, da Lei 8.212/1991, atualmente revogada pela Lei 9.983/2000.

A pena para quem comete crime previsto no § 4.º do art. 297 do CP é de reclusão, de dois a seis anos, e multa.

2.17 Quadro-resumo

Previsão legal	**Falsificação de Documento Público** **Art. 297.** Falsificar, no todo ou em parte, documento público, ou alterar documento público verdadeiro: Pena – reclusão, de dois a seis anos, e multa. § 1.º Se o agente é funcionário público, e comete o crime prevalecendo-se do cargo, aumenta-se a pena de sexta parte. § 2.º Para os efeitos penais, equiparam-se a documento público o emanado de entidade paraestatal, o título ao portador ou transmissível por endosso, as ações de sociedade comercial, os livros mercantis e o testamento particular. § 3.º Nas mesmas penas incorre quem insere ou faz inserir: I – na folha de pagamento ou em documento de informações que seja destinado a fazer prova perante a previdência social, pessoa que não possua a qualidade de segurado obrigatório; II – na Carteira de Trabalho e Previdência Social do empregado ou em documento que deva produzir efeito perante a previdência social, declaração falsa ou diversa da que deveria ter sido escrita; III – em documento contábil ou em qualquer outro documento relacionado com as obrigações da empresa perante a previdência social, declaração falsa ou diversa da que deveria ter constado. § 4.º Nas mesmas penas incorre quem omite, nos documentos mencionados no § 3.º, nome do segurado e seus dados pessoais, a remuneração, a vigência do contrato de trabalho ou de prestação de serviços.
Sujeito ativo	Qualquer pessoa
Sujeito passivo	Estado; pessoa prejudicada pela falsificação
Objeto material	Documento público, verdadeiro ou não
Objeto jurídico	Fé pública
Elemento subjetivo	Dolo
Classificação	Comum Formal Forma livre Comissivo Instantâneo Perigo abstrato Unissubjetivo Plurissubsistente
Tentativa	Admite
Circunstâncias especiais	Causa de aumento de pena Norma de equiparação

3.   FALSIFICAÇÃO DE DOCUMENTO PARTICULAR

3.1   Estrutura do tipo penal incriminador

Falsificar, como já visto, quer dizer reproduzir imitando, ou contrafazer; *alterar* significa modificar ou adulterar.[19] O objeto é documento particular. O tipo penal preocupa-se com a *forma*

---

[19]   "A jurisprudência dos tempos posteriores agrupou sob a palavra *falsum*, que na linguagem moderna traduzimos por falsificação, a série de fatos aos quais nos referimos, ampliando-se o significado. Dita

do documento, por isso cuida da *falsidade material*. Por outro lado, exige-se a potencialidade lesiva do documento falsificado ou alterado, pois a contrafação ou modificação grosseira, não apta a ludibriar a atenção de terceiros, é inócua para esse fim. Eventualmente, pode-se tratar de estelionato, quando, a despeito de grosseiramente falso, tiver trazido vantagem indevida, em prejuízo de outra pessoa, para o agente. É o conteúdo do art. 298 do CP.

Total ou parcialmente significa que a falsificação pode produzir um documento inteiramente novo (construído pelo agente) ou apenas alterar um documento verdadeiro, introduzindo-lhe pedaços não autênticos.

O *documento*[20] *particular* é todo escrito, produzido por alguém determinado, que não seja funcionário público no exercício da função, revestido de certa formalidade, destinado a comprovar um fato, ainda que seja a manifestação de uma vontade.

O documento particular, por exclusão, é aquele que não se enquadra na definição de público, isto é, não emanado de funcionário público ou, ainda que o seja, sem preencher as formalidades legais. Assim, o documento público, emitido por funcionário sem competência a tanto, por exemplo, pode equiparar-se ao particular. Diz Hungria que a "fórmula preferida para defini-lo, porém, tem cunho *negativo*, ou se obtém por exclusão: é o documento não reconhecível, nem mesmo por equiparação, como *público*".[21]

O cheque como documento particular somente deve ser assim considerado quando já tiver sido apresentado ao banco e recusado por falta de fundos, visto não ser mais transmissível por endosso.

Para preencher o tipo penal, como objeto material, é preciso que o documento tenha algum interesse jurídico. Se for totalmente irrelevante para o direito, é objeto absolutamente impróprio. Além disso, não se exige que saia da esfera do agente falsificador, vale dizer, não é necessário o uso do documento falso. Por sinal, o seu uso constitui outro delito (art. 304, CP).

A pena para quem comete o crime previsto no art. 298 do CP é de reclusão, de um a cinco anos, e multa.

3.2   Sujeitos ativo e passivo

O sujeito ativo pode ser qualquer pessoa. O sujeito passivo é o Estado, em primeiro plano. Secundariamente, pode ser a pessoa prejudicada pela falsificação.

3.3   Elemento subjetivo

É o dolo. Não se exige elemento subjetivo específico, nem se pune a forma culposa.

3.4   Potencialidade da falsidade para causar prejuízo

Além de não se configurar o delito de falsificação, em qualquer de suas modalidades, quando se cuidar de falsidade grosseira, bem como ser preciso que o documento falsificado

---

palavra, que por sua derivação terminológica (de *fallere*) significa fraude, e segundo o uso comum da linguagem quer dizer engano intencional de palavra ou obra, podia aplicar-se aos mais importantes fatos delituosos cominados em lei..." (*Derecho penal romano*, p. 138; tradução livre).

[20]   Sobre o conceito atual de documento, consultar o item 2.2 *supra* referente ao art. 297.

[21]   *Comentários sobre o Código Penal*, v. 9, p. 268. No mesmo sentido, Fragoso, *Lições de direito penal*, v. 4, p. 826.

tenha algum relevo jurídico, torna-se indispensável que a falsidade, mesmo que não seja grosseira ou o documento possua relevo jurídico, tenha aptidão para gerar prejuízo, conforme o meio eleito pelo agente para a prática da infração penal.

Note-se: não se trata de transformar o crime de falsidade em material, ou seja, aquele que exige resultado naturalístico, mas de evidenciar que não é toda falsificação um meio hábil a prejudicar a fé pública.

Convém registrar que, no presente caso, ainda que se pudesse falar em *falsidade grosseira*, perceptível pelo oficial de justiça de pronto, há outro fator a considerar: o meio usado pelo agente e a citação validamente realizada em seguida. O serventuário somente notou a falsidade porque o advogado voltou à sua presença *minutos depois*, o que não configuraria período razoável para obter outra procuração do cliente. Por isso, constatou a falsidade. Esta, repita-se, pode até não ter sido *grosseira*, mas o método utilizado foi ineficaz. Além disso, na sequência, a citação realizou-se corretamente, com um instrumento autêntico, com poderes para recebê-la. O crime impossível configurou-se não pela falsificação em si, mas pelo método usado pelo agente. E mais: a fé pública nem chegou a ser abalada, pois o ato processual foi corretamente realizado.

As fotocópias sem autenticação, documentos impressos sem assinatura ou documentos anônimos não podem ser considerados documentos particulares para os efeitos desse artigo.

3.5   Objetos material e jurídico

O objeto material é o documento particular. O objeto jurídico é a fé pública.

3.6   Classificação

Trata-se de crime comum (aquele que não demanda sujeito ativo qualificado ou especial); formal (delito que não exige resultado naturalístico, consistente no efetivo prejuízo causado a alguém pela falsificação); de forma livre (podendo ser cometido por qualquer meio eleito pelo agente); comissivo (os verbos implicam ações); instantâneo (cujo resultado se dá de maneira instantânea, não se prolongando no tempo); unissubjetivo (que pode ser praticado por um só agente); plurissubsistente (em regra, vários atos integram a conduta); admite tentativa.

3.6.1   Crime de perigo abstrato

Como já visto, entendemos ser o delito de perigo abstrato, como os demais crimes de falsificação. Assim, para configurar risco de dano à fé pública, que é presumido, basta a contrafação ou modificação do documento. Tal posição não afasta a possibilidade de haver tentativa, desde que se verifique a forma plurissubsistente de realização do delito. Lembremos que o fato de alguém manter guardado um documento que falsificou pode configurar o tipo penal, uma vez que não é impossível que, algum dia, venha ele a circular e prejudicar interesses. Há, pois, o risco de dano.

3.6.2   Documento particular por equiparação conforme parágrafo único

O cartão de crédito ou débito, por si mesmo, não é um documento (base material disposta a estampar informe ou outro dado), mas assim será considerado para fins de falsificação. Enquanto a nota promissória e o cheque são títulos de crédito igualados a documento público, pois podem circular no comércio, gerando maiores danos a terceiros, o cartão de crédito e débito é equiparado a documento particular, cuja pena é menor. A diferença é consistente, pois o cartão não circula.

3.7   Quadro-resumo

Previsão legal	**Falsificação de Documento Particular** **Art. 298.** Falsificar, no todo ou em parte, documento particular ou alterar documento particular verdadeiro: Pena – reclusão, de um a cinco anos, e multa. **Falsificação de Cartão** **Parágrafo único.** Para fins do disposto no *caput*, equipara-se a documento particular o cartão de crédito ou débito.
Sujeito ativo	Qualquer pessoa
Sujeito passivo	Estado; pessoa prejudicada pela falsificação
Objeto material	Documento particular
Objeto jurídico	Fé pública
Elemento subjetivo	Dolo
Classificação	Comum Formal Forma livre Comissivo Instantâneo Perigo abstrato Unissubjetivo Plurissubsistente
Tentativa	Admite
Circunstâncias especiais	Potencialidade lesiva Normas de equiparação

4.   FALSIDADE IDEOLÓGICA

4.1   Estrutura do tipo penal incriminador

Omitir (deixar de inserir ou não mencionar); *inserir* (colocar ou introduzir); *fazer inserir* (proporcionar que se introduza).[22] Os objetos das condutas devem ser declarações relevantes a constar em documentos públicos e particulares, conforme o art. 299 do CP.[23]

---

[22] "A jurisprudência dos tempos posteriores agrupou sob a palavra *falsum*, que na linguagem moderna traduzimos por falsificação, a série de fatos aos quais nos referimos, ampliando-se o significado. Dita palavra, que por sua derivação terminológica (de *fallere*) significa fraude, e segundo o uso comum da linguagem quer dizer engano intencional de palavra ou obra, podia aplicar-se aos mais importantes fatos delituosos cominados em lei..." (*Derecho penal romano*, p. 138; tradução livre).

[23] "A omissão há de ser *ilegítima*, pois o funcionário não é obrigado a consignar as declarações quando falsas ou contrárias ao direito ou a alguma norma jurídica" (BENTO DE FARIA, *Código Penal brasileiro comentado*, v. VII, p. 55).

A diferença fundamental entre *inserir* e *fazer inserir* é o modo pelo qual o agente consegue a introdução de declaração indevida no documento: no primeiro caso, age diretamente; no segundo, proporciona meios para que terceiro o faça. Na falsidade ideológica, como ensina Sylvio do Amaral, "não há rasura, emenda, acréscimo ou subtração de letra ou algarismo. Há, apenas, uma mentira reduzida a escrito, através de documento que, sob o aspecto material, é de todo verdadeiro, isto é, realmente escrito por quem seu teor indica".[24] E Hungria demonstra que a falsidade ideológica apresenta uma genuinidade formal, mas é intrinsecamente falso, ou seja, o documento é genuíno ou materialmente verdadeiro, porém seu conteúdo intelectual é inverídico.[25]

Declaração tem significado variado: a) *afirmação*; b) *relato*; c) *depoimento*; d) *manifestação*. Ressalte-se que, havendo necessidade de comprovação – objetiva e concomitante –, pela autoridade, da autenticidade da declaração, não se configura o crime, caso ela seja falsa ou, de algum modo, dissociada da realidade. Ex.: declaração falsa de endereço, quando se exige o acompanhamento de documento comprobatório, como conta de luz ou água. Nessa hipótese, de maneira objetiva e imediata, pode o funcionário conferir o endereço antes de providenciar a expedição do documento que interessa ao agente.

A expressão *dele devia constar* é indicativa de um juízo valorativo jurídico, pertinente ao conteúdo esperado do documento. Ex.: em uma carteira de habilitação, espera-se que conste, quando for o caso, que o motorista precisa usar óculos para dirigir. Se houver omissão desse dado relevante, trata-se de *declaração que dele devia constar.*

Falsa ou diversa da que devia ser escrita são elementos de valoração jurídica, pois cada documento possui informes esperados. A introdução de algo não correspondente à realidade compõe a falsidade (ex.: incluir na carteira de habilitação que o motorista pode dirigir qualquer tipo de veículo, quando sua permissão limita-se aos automóveis de passeio) e a inserção de declaração não compatível com a que se esperava fosse colocada integra a outra situação (ex.: se a idade do portador da carteira de identidade é alterada). Como ressalta Fragoso, "a falsidade ideológica somente pode ser constatada pela verificação dos fatos a que se refere o teor do documento".[26]

A pena é de reclusão, de um a cinco anos, e multa, se o documento é público, e reclusão de um a três anos, e multa, se o documento é particular (art. 299, *caput*, CP). Se o agente é funcionário público, e comete o crime prevalecendo-se do cargo, ou se a falsificação ou alteração é de assentamento de registro civil, aumenta-se a pena de sexta parte (art. 299, parágrafo único, CP).

4.1.1   Documento sem assinatura

É imprestável para caracterizar o delito de falsidade ideológica, pois inexiste bem jurídico a tutelar, vale dizer, não há ofensa à fé pública.

4.1.2   Contrato com "laranjas"

A inserção de nomes fictícios ou de pessoas que, de fato, não tomam parte na sociedade, em contratos específicos, constitui crime de falsidade ideológica.

---

[24] *Falsidade documental*, p. 53.

[25] *Comentários ao Código Penal*, v. 9, p. 272.

[26] *Lições de direito penal*, v. 4, p. 830.

4.1.3   Petição de advogado

Não é considerada documento, para fins penais. Na realidade, o documento é uma peça que tem possibilidade intrínseca (e extrínseca) de produzir prova, sem necessidade de outras verificações. Aliás, essa é a segurança da prova documental. Portanto, se alguém apresenta a sua cédula de identidade, quem a consulta tem a certeza de se tratar da pessoa ali retratada, com seus dados pessoais. Não se faz verificação do conteúdo desse documento. No entanto, a petição do advogado é constituída de alegações (do início ao fim), que merecem ser verificadas e comprovadas. Por tal motivo, não pode ser considerada documento. Em suma, ela não vale por si mesma.

Entretanto, há uma parte relevante da petição que pode conter uma falsidade ideológica, dizendo respeito à identificação e assinatura do advogado. Se um estagiário assinar como se advogado fosse, pode-se cuidar de falsidade ideológica.

4.1.4   Declaração de pobreza para obter os benefícios da justiça gratuita

Não pode ser considerada documento para os fins desse artigo, pois é possível produzir prova a respeito do estado de miserabilidade de quem pleiteia o benefício da assistência judiciária. O juiz pode, à vista das provas colhidas, indeferir o pedido, sendo, pois, irrelevante a declaração apresentada.

4.1.5   Procuração ad judicia

Depende do texto alterado, para o fim de configurar o delito previsto nesse artigo. Se o agente insere, falsamente, as cláusulas referentes ao mandato propriamente dito, criando relação jurídica inexistente, concretiza-se o tipo penal, pois trata-se de fato juridicamente relevante. No entanto, a inclusão de dados secundários ou periféricos, tais como endereço, estado civil e correlatos, não é suficiente para gerar a falsidade ideológica.

4.1.6   Declaração cadastral para qualquer fim

Não é considerada documento, para fins penais, pois não se destina, por si só, a produzir prova. Há vários outros documentos que podem ser solicitados para a demonstração de um fato juridicamente relevante. Ex.: preenchimento de ficha para hospedagem em hotel ou estabelecimento similar; ficha de abertura de crédito.

4.1.7   Laudo médico

Pode configurar a falsidade ideológica se o médico afirmar, em laudo, que o paciente tem uma doença inexistente, mas não se pode considerar como tal a sua conclusão – meramente opinativa – acerca do período necessário para repouso ou afastamento do trabalho. Quando se tratar de atestado, ver o art. 302.

4.1.8   Declaração particular prestada em cartório de notas

Se a finalidade do declarante era produzir prova, não há cabimento em se considerar concretizada a falsidade ideológica, porque se trata de meio ilegítimo de produção de provas. Logo, não há qualquer relevância jurídica nessa declaração por não ter o potencial de "prejudicar direito, criar obrigação ou alterar a verdade sobre fato juridicamente relevante" (art. 299, *caput*, parte final, CP).

4.2   Sujeitos ativo e passivo

O sujeito ativo pode ser qualquer pessoa. O sujeito passivo é o Estado, principalmente; em segundo plano, a pessoa que for prejudicada pela falsificação.

4.3   Elemento subjetivo

É o dolo, mas exige-se o elemento subjetivo específico, consistente na vontade de "prejudicar direito, criar obrigação ou alterar a verdade sobre fato juridicamente relevante". Dessa forma, a falsificação que não conduza a qualquer desses três resultados deve ser considerada penalmente indiferente. Não se pune a forma culposa.

4.4   Objetos material e jurídico

O objeto material é o documento público ou particular. O objeto jurídico é a fé pública.

4.5   Classificação

Trata-se de crime comum (aquele que pode ser cometido por qualquer pessoa); formal (delito que não exige, para sua consumação, a ocorrência de resultado naturalístico, consistente na efetiva ocorrência de um dano para alguém); de forma livre (pode ser cometido por qualquer meio eleito pelo agente); comissivo (o verbo implica ação), na forma "inserir" ou "fazer inserir", e omissivo (o verbo indica abstenção), na modalidade "omitir". Excepcionalmente, pode ser cometido na modalidade omissivo impróprio ou comissivo por omissão (quando o agente tem o dever jurídico de evitar o resultado, nos termos do art. 13, § 2.º, CP); instantâneo (cuja consumação não se prolonga no tempo, dando-se em momento determinado); unissubjetivo (aquele que pode ser cometido por um único sujeito); unissubsistente (praticado num único ato) ou plurissubsistente (delito cuja ação é composta por vários atos, permitindo-se o seu fracionamento), conforme o caso concreto; admite tentativa, na forma plurissubsistente, que não é o caso da conduta "omitir".

4.6   Diferenças entre falsidade material e ideológica

São, basicamente, as seguintes: a) a *falsidade material* altera a forma do documento, construindo um novo ou alterando o que era verdadeiro. A *falsidade ideológica*, por sua vez, provoca uma alteração de conteúdo, que pode ser total ou parcial. O documento, na falsidade material, é perceptivelmente falso, isto é, nota-se que não foi emitido pela autoridade competente ou pelo verdadeiro subscritor. Ex.: o falsificador obtém, numa gráfica, impressos semelhantes aos das carteiras de habilitação, preenchendo-os com os dados do interessado e fazendo nascer uma carteira não emitida pelo órgão competente. Na falsidade ideológica, o documento não possui uma falsidade sensivelmente perceptível, pois é, na forma, autêntico. Assim, o sujeito, fornecendo dados falsos, consegue fazer com que o órgão de trânsito emita uma carteira de habilitação cujo conteúdo não corresponde à realidade. Imagine-se a pessoa que só tem permissão para dirigir determinado tipo de veículo e consegue, mediante algum tipo de fraude, que tal categoria seja alterada na sua carteira, ampliando-a para outros veículos, o que a torna ideologicamente falsa; b) quando a *falsidade for material*, há dois tipos diferentes: um para os documentos públicos; outro para os documentos particulares; quando a *falsidade for ideológica*, tanto os públicos quanto os particulares ingressam no mesmo tipo.

4.7 Exame pericial

Diversamente da falsidade material, na ideológica não é cabível.

4.8 Falsificação de Carteira de Trabalho e Previdência Social

A aplicação de legislação específica, com as penas previstas no art. 299. Ver art. 49 do Decreto-lei 5.452/1943 (CLT): "Para os efeitos da emissão, substituição ou anotação de Carteiras de Trabalho e Previdência Social, considerar-se-á, crime de falsidade, com as penalidades previstas no art. 299 do Código Penal: I – fazer, no todo ou em parte, qualquer documento falso ou alterar o verdadeiro; II – afirmar falsamente a sua própria identidade, filiação, lugar de nascimento, residência, profissão ou estado civil e beneficiários, ou atestar os de outra pessoa; III – servir-se de documentos, por qualquer forma falsificados; IV – falsificar, fabricando ou alterando, ou vender, usar ou possuir Carteira de Trabalho e Previdência Social assim alterada; V – anotar dolosamente em Carteira de Trabalho e Previdência Social ou registro de empregado, ou confessar ou declarar em juízo, ou fora dele, data de admissão em emprego diversa da verdadeira".

4.9 Falsificação em folha de papel em branco

Há três posições possíveis a adotar: "a) *é crime de falsidade ideológica*: se a folha foi abusivamente preenchida pelo agente, que tinha sua posse legítima; b) *se o papel estava sob a guarda do agente, ou foi obtido por meio criminoso*: sendo preenchida de forma abusiva, há crime de falsidade material (arts. 297 ou 298); c) *quando*, na hipótese anterior, *houver revogação do mandato ou 'tiver cessado a obrigação ou faculdade de preencher o papel'*: o agente também responde por falsidade material".[27]

Parece-nos que, havendo a entrega de folha de papel em branco, assinada por alguém, para o fim de preenchimento em outra oportunidade com termos específicos, ocorrendo a deturpação do conteúdo, é a concretização de falsidade ideológica. Logo, não se trata de falsidade material, que pressupõe a desfiguração do documento, transformando-o em algo diverso. A folha em branco é construída pelo agente do crime e quem a forneceu já sabia que o conteúdo seria formado posteriormente.

4.10 Causa de aumento de pena

Sendo o agente funcionário público (art. 327, CP), prevê-se maior rigor na valoração da sua conduta, aumentando em um sexto a sua pena (art. 299, parágrafo único, CP). Deve ficar evidenciado que ele se valeu do cargo para chegar ao resultado típico. Por vezes, pode-se pensar que, se o documento é público, significa ter sido elaborado por funcionário público, razão pela qual seria indevido esse aumento, porque cuida de autor funcionário público, prevalecendo-se do seu cargo. É apenas aparente a hipótese de *bis in idem*.

O delito do art. 299 é comum, qualquer pessoa pode cometê-lo, funcionário ou não. Assim, caso um funcionário proporcione a inserção de dados falsos em documento particular,

---

27   Luiz Regis Prado e Cezar Roberto Bitencourt, *Código Penal anotado e legislação complementar*, p. 900.

sua pena é de um a três anos, e multa, com o aumento de um sexto. No entanto, o funcionário pode fazer o mesmo em relação à elaboração de um documento por outro funcionário público, motivo pelo qual sua pena igualmente eleva-se de um a cinco anos, e multa, para um patamar acrescido de um sexto. Ainda que o próprio funcionário, elaborando o documento público, insira dados incorretos, a pena é aumentada, uma vez que o que se protege, com pena mais grave (um a cinco anos, e multa), é o objeto, isto é, ser público o documento; a causa de aumento gira em torno da qualidade do autor do delito, que é funcionário público. Outra vez, não há *bis in idem*.

4.11 Segunda causa de aumento de pena

Se a falsificação se voltar a documento público, consistente em assentamento de registro civil, diante da segurança que tal tipo de escrito precisa proporcionar, a pena também deve ser aumentada em um sexto.

4.12 Assentamento de registro civil

É a escrituração correspondente ao registro civil das pessoas naturais e ao registro civil das pessoas jurídicas (art. 1.º, § 1.º, I e II, da Lei 6.015/1973).

4.13 Quadro-resumo

Previsão legal	**Falsidade Ideológica** **Art. 299.** Omitir, em documento público ou particular, declaração que dele devia constar, ou nele inserir ou fazer inserir declaração falsa ou diversa da que devia ser escrita, com o fim de prejudicar direito, criar obrigação ou alterar a verdade sobre fato juridicamente relevante: Pena – reclusão, de um a cinco anos, e multa, se o documento é público, e reclusão de um a três anos, e multa, se o documento é particular. **Parágrafo único.** Se o agente é funcionário público, e comete o crime prevalecendo-se do cargo, ou se a falsificação ou alteração é de assentamento de registro civil, aumenta-se a pena de sexta parte.
Sujeito ativo	Qualquer pessoa
Sujeito passivo	Estado; pessoa prejudicada pela falsificação
Objeto material	Documento público ou particular
Objeto jurídico	Fé pública
Elemento subjetivo	Dolo + elemento subjetivo específico
Classificação	Comum Formal Forma livre Comissivo ou omissivo Instantâneo Perigo abstrato Unissubjetivo Unissubsistente ou plurissubsistente
Tentativa	Admite na forma plurissubsistente
Circunstâncias especiais	Objeto impróprio

5.   FALSO RECONHECIMENTO DE FIRMA OU LETRA

5.1   Estrutura do tipo penal incriminador

Reconhecer significa admitir como certo ou constatar. Tem por objeto firma ou letra de alguém. Exige-se a conjugação com o elemento normativo *como verdadeira* (real, autêntica), isto é, indica a conduta de quem admite que determinada firma foi produzida por certa pessoa, quando, na realidade, não o foi. Ver o art. 300 do CP.

Conforme ensina Vicente Sabino Jr., "o reconhecimento de firma ou letra é, assim, formalmente, a atestação oficial da sua autenticidade. Faz-se, geralmente, 'por semelhança'. O reconhecimento diz-se: a) autêntico – quando o oficial público porta por fé que a assinatura foi lançada na sua presença, pelo próprio signatário; b) por abonação – quando a autenticidade da assinatura é assegurada por pessoas idôneas de seu conhecimento; c) por semelhança – quando o oficial público deduz a veracidade da firma ou letra do confronto com outra emanada da mesma pessoa e constante de seu arquivo; ou, por último, d) semiautêntico – se o oficial público certifica que a pessoa, sua conhecida, cuja assinatura lhe é apresentada, a reconhecera como de seu próprio punho".[28]

O exercício da função pública exige que o reconhecimento ocorra *no exercício* da função, não sendo admitida a autenticação feita por funcionário público sem atribuição para tanto ou afastado das suas atividades funcionais.

Firma é a assinatura manuscrita de alguém; *letra* é o sinal gráfico, representativo de vocábulos da linguagem escrita.

A pena é de reclusão, de um a cinco anos, e multa, se o documento é público; e de um a três anos, e multa, se o documento é particular.

5.2   Sujeitos ativo e passivo

O sujeito ativo somente pode ser o funcionário que possui fé pública para reconhecer a firma ou a letra. O sujeito passivo é o Estado, em primeiro plano; secundariamente, inclui-se a pessoa prejudicada.

5.3   Elemento subjetivo

É o dolo. Não se exige elemento subjetivo específico, nem se pune a forma culposa.

5.4   Objetos material e jurídico

O objeto material é a firma ou letra. O objeto jurídico é a fé pública.

5.5   Classificação

Trata-se de crime próprio (aquele que demanda sujeito ativo especial ou qualificado); formal (crime que não exige, para sua consumação, resultado naturalístico, consistente no

---

[28]   *Direito penal*, v. 4, p. 1173. Infelizmente, o Brasil ainda é um país *cartorário*, requerendo cada vez mais assinaturas reconhecidas por autenticidade (já não serve a semelhança, como para compra e venda de carros), cópias autenticadas de documentos e vários outros empecilhos para negócios e atos que produzam consequências jurídicas, públicas ou privadas. Alguns podem dizer que isso é sinônimo de segurança jurídica; outros podem alegar que é sinônimo de desonestidade presumida.

efetivo prejuízo para a fé pública com a utilização de documento contendo firma ou letra irregularmente reconhecida); de forma vinculada (pode ser cometido apenas pelo meio previsto no tipo, que é procedimento específico). Contra, prevendo qualquer meio eleito pelo agente: CEZAR ROBERTO BITENCOURT.[29]

É comissivo (o verbo implica ação) e, excepcionalmente, omissivo impróprio ou comissivo por omissão (quando o agente tem o dever jurídico de evitar o resultado, nos termos do art. 13, § 2.º, CP); instantâneo (cuja consumação não se prolonga no tempo, dando-se em momento determinado); unissubjetivo (aquele que pode ser cometido por um único sujeito); unissubsistente (praticado num único ato). Em nosso entendimento, o agente reconhece a assinatura em ato único, não sendo cabível fracioná-lo para representar o *iter criminis*; não admite tentativa. Em sentido contrário, admitindo tentativa: CEZAR ROBERTO BITENCOURT.[30]

5.6   Quadro-resumo

Previsão legal	**Falso Reconhecimento de Firma ou Letra** **Art. 300.** Reconhecer, como verdadeira, no exercício de função pública, firma ou letra que o não seja: Pena − reclusão, de um a cinco anos, e multa, se o documento é público; e de um a três anos, e multa, se o documento é particular.
Sujeito ativo	Funcionário que possui fé pública para reconhecer a firma ou letra
Sujeito passivo	Estado; pessoa prejudicada pela falsificação
Objeto material	Firma ou letra
Objeto jurídico	Fé pública
Elemento subjetivo	Dolo
Classificação	Próprio Formal Forma vinculada Comissivo Instantâneo Perigo abstrato Unissubjetivo Unissubsistente
Tentativa	Não admite

6.   CERTIDÃO OU ATESTADO IDEOLOGICAMENTE FALSO

6.1   Estrutura do tipo penal incriminador

Atestar (afirmar ou demonstrar algo por escrito); *certificar* (afirmar a certeza de algo). Certificar é mais forte que atestar, pois representa a afirmação de algo que encontra respaldo em documento arquivado em alguma repartição do Estado e é, efetivamente, verdadeiro, estando na esfera de atribuição do funcionário público, enquanto o atestar representa uma afirmação passível de questionamento. É o disposto no art. 301 do CP.

---

[29]   *Tratado de direito penal*, v. 4, p. 622.

[30]   *Tratado de direito penal*, v. 4, p. 622.

Assim, atesta-se a idoneidade de alguém e certifica-se que a pessoa foi demitida do serviço público. *Atestar* provém do latim *testis*, ou seja, testemunhar, por isso é documento que contém o testemunho do signatário a respeito de um fato.[31] Sustentando a mesma diferença: HUNGRIA.[32] O objeto das condutas é o fato ou circunstância que habilite alguém a obter cargo, isenção, serviço ou outra vantagem. Trata-se da falsidade ideológica de atestado ou certidão.

O elemento normativo do tipo *falsamente* é indicativo de valoração jurídica, pois corresponde ao que não é real, segundo as regras estabelecidas pelo ordenamento jurídico.

A expressão *em razão de função pública* não exige, como no tipo anterior, que o funcionário esteja *exercendo* a sua função, mas apenas que execute as condutas típicas *em razão* dela, isto é, valendo-se das facilidades proporcionadas pela atividade funcional.[33]

Fato é um acontecimento ou uma ocorrência; *circunstância* é a situação, condição ou estado que envolve alguém ou algo. Conforme demonstra o tipo penal, torna-se indispensável que o fato, ou a circunstância, seja apto para levar alguém a obter cargo público, isenção de ônus, serviço de caráter público ou outra vantagem.

Finalmente, *cargo público* é o posto criado por lei na estrutura hierárquica da Administração Pública, com denominação e padrão de vencimentos próprios.[34]

A isenção de ônus público dispensa do cumprimento de alguma obrigação de interesse público.

O serviço de caráter público é o exercício de uma função obrigatória que tenha interesse público.

Quando o tipo menciona *qualquer outra vantagem*, por interpretação analógica, o tipo penal fornece exemplos – cargo público, isenção de ônus, isenção de serviço de caráter público – para depois generalizar, por meio do processo de semelhança. Portanto, quando, em virtude do atestado ou da certidão falsa, a pessoa obtiver qualquer vantagem relativa ao setor público, configura-se o crime.

A pena é de detenção, de dois meses a um ano.

6.2   Sujeitos ativo e passivo

O sujeito ativo só pode ser o funcionário público, com atribuição para expedir o atestado ou a certidão. O sujeito passivo é o Estado.

6.3   Elemento subjetivo

É o dolo. Exige-se elemento subjetivo específico, consistente na finalidade de proporcionar a alguém a obtenção de "cargo público, isenção de ônus ou de serviço de caráter público, ou qualquer outra vantagem". Não se pune a forma culposa.

6.4   Objetos material e jurídico

O objeto material é o atestado ou a certidão. O objeto jurídico é a fé pública.

---

[31]   SYLVIO DO AMARAL, *Falsidade documental*, p. 126-127.

[32]   *Comentários ao Código Penal*, v. 9, p. 292-293.

[33]   Em outro sentido, FRAGOSO exige que o funcionário esteja *na execução de ato de ofício* (*Lições de direito penal*, v. 4, p. 841).

[34]   MARIA SYLVIA ZANELLA DI PIETRO, *Direito administrativo*, p. 420.

6.5   Classificação

Trata-se de crime próprio (aquele que demanda sujeito ativo especial ou qualificado); formal (crime que não exige, para sua consumação, resultado naturalístico, consistente na efetiva obtenção, pelo beneficiário do atestado ou da certidão, da vantagem indevida); de forma livre (pode ser cometido por qualquer meio eleito pelo agente); comissivo (os verbos implicam ações); instantâneo (cuja consumação não se prolonga no tempo, dando-se em momento determinado); unissubjetivo (aquele que pode ser cometido por um único sujeito); unissubsistente (praticado num único ato) ou plurissubsistente (delito cuja ação é composta por vários atos, permitindo-se o seu fracionamento), conforme o caso concreto; admite tentativa na forma plurissubsistente.

6.6   Falsidade material de atestado ou certidão

6.6.1   Estrutura do tipo penal incriminador

Falsificar, como já visto, quer dizer reproduzir imitando, ou contrafazer; *alterar* significa modificar ou adulterar. O objeto, nesse caso, é atestado ou certidão. O tipo penal preocupa-se com a *forma* do documento, por isso cuida da *falsidade material.* Por outro lado, exige-se a potencialidade lesiva do documento falsificado ou alterado, pois a contrafação ou modificação grosseira, não apta a ludibriar a atenção de terceiros, é inócua para esse fim. Eventualmente, pode se tratar de estelionato, quando, a despeito de grosseiramente falso, tiver trazido vantagem indevida ao agente, em prejuízo de outra pessoa. Ver o art. 301, § 1.º, CP.

Total ou parcialmente: a falsificação pode produzir um atestado ou certidão inteiramente nova (construída pelo agente) ou apenas alterar um verdadeiro, introduzindo-lhe pedaços não autênticos.

A pena é de detenção, de três meses a dois anos (art. 301, § 1.º, CP). Se houver fim de lucro, aplica-se a multa (art. 301, § 2.º, CP).

6.6.2   Sujeitos ativo e passivo

O sujeito ativo pode ser qualquer pessoa. O sujeito passivo é o Estado.

6.6.3   Elemento subjetivo

É o dolo. Exige-se elemento subjetivo específico consistente na finalidade de habilitar alguém à obtenção de cargo público, isenção de ônus ou de serviço público ou outra vantagem. Não há a forma culposa.

6.6.4   Habilitação de terceira pessoa, e não do próprio agente

Houve falha legislativa nessa hipótese, pois o tipo penal não contempla a possibilidade de o agente falsificar o atestado ou certidão – ou alterar o seu teor – para prova de fato ou circunstância que o habilite a obter cargo público. A jurisprudência, no entanto, vem corrigindo essa falha, interpretando o termo "alguém" como abrangente do próprio autor da falsificação ou da alteração. É a utilização da interpretação extensiva.

6.6.5   Objetos material e jurídico

O objeto material é o atestado ou certidão. O objeto jurídico é a fé pública.

6.6.6   Classificação

Trata-se de crime comum (aquele que pode ser cometido por qualquer pessoa); formal (crime que não exige, para sua consumação, resultado naturalístico, consistente em causar efetivo ganho para o beneficiário do atestado ou certidão falso); de forma livre (pode ser cometido por qualquer meio eleito pelo agente); comissivo (os verbos implicam ações); instantâneo (cuja consumação não se prolonga no tempo, dando-se em momento determinado); unissubjetivo (aquele que pode ser cometido por um único sujeito); plurissubsistente (delito cuja ação é composta por vários atos, permitindo-se o seu fracionamento), conforme o caso concreto; admite tentativa.

6.6.7   Crítica à brandura da pena

A pena fixada para o delito de falsificação de atestado ou certidão é muito menor do que a estabelecida para os outros tipos de falsificação (ver arts. 297 e 298), o que não se justifica. Note-se a ponderação de Sylvio do Amaral: "Andou mal o legislador, por certo, quando assim, *a priori*, seguindo as trilhas da lei italiana, estabeleceu diferença tão substancial entre umas e outras hipóteses de falsidade, tão só porque versam sobre documentos formalmente diferentes. Não se vê por que deva ser considerada menos perigosa, *em tese*, a falsificação de uma certidão que a falsificação do documento original, do qual foi extraída. O argumento da maior dificuldade de restauração da verdade, na falsificação do documento original, ou da *maggior facilita di scoprire il falso*, na violação do documento derivado, sobre apreciar a nocividade da ação delituosa sob ângulo demais restrito, não teria aplicação aos atestados em geral e às certidões expedidas pelos funcionários que têm fé pública, documentos que são, também, originais, e não se reportam a outros, necessariamente".[35]

6.7   Figura qualificada

A intenção de obter lucro (qualquer vantagem econômica) do agente que falsifica ou altera atestado ou certidão faz aumentar, abstratamente, a pena prevista, acrescendo a multa. Trata-se, pois, de autêntica qualificadora.

6.8   Quadro-resumo

Previsão legal	**Certidão ou Atestado Ideologicamente Falso** **Art. 301.** Atestar ou certificar falsamente, em razão de função pública, fato ou circunstância que habilite alguém a obter cargo público, isenção de ônus ou de serviço de caráter público, ou qualquer outra vantagem: Pena – detenção, de dois meses a um ano. **Falsidade Material de Atestado ou Certidão** § 1.º Falsificar, no todo ou em parte, atestado ou certidão, ou alterar o teor de certidão ou de atestado verdadeiro, para prova de fato ou circunstância que habilite alguém a obter cargo público, isenção de ônus ou de serviço de caráter público, ou qualquer outra vantagem: Pena – detenção, de três meses a dois anos. § 2.º Se o crime é praticado com o fim de lucro, aplica-se, além da pena privativa de liberdade, a de multa.
Sujeito ativo	Funcionário público, com atribuição para expedir o atestado ou a certidão; qualquer pessoa

---

[35]   *Falsidade documental*, p. 129.

Sujeito passivo	Estado
Objeto material	Atestado ou a certidão
Objeto jurídico	Fé pública
Elemento subjetivo	Dolo + elemento subjetivo específico
Classificação	Próprio ou comum Formal Forma livre Comissivo Instantâneo Perigo abstrato Unissubjetivo Unissubsistente ou plurissubsistente
Tentativa	Admite na forma plurissubsistente
Circunstâncias especiais	Qualificadora Multa

7. FALSIDADE DE ATESTADO MÉDICO

7.1 Estrutura do tipo penal incriminador

Dar é ceder ou produzir. O objeto é o atestado falso, que deve versar, segundo doutrina majoritária, sobre *fato* relevante (constatação de enfermidade, por exemplo), e não sobre opinião ou prognóstico do profissional. É o conteúdo do art. 302 do CP.

O tipo exige *no exercício da profissão*, não bastando que o médico forneça o atestado falso, sendo indispensável fazê-lo no exercício da sua profissão. Exemplificando: se o médico der um atestado de idoneidade a alguém, ainda que falso, não se configura o delito.

Atestado é o documento que contém a afirmação ou a declaração acerca de algo.

Cuida-se, como bem lembra HELENO FRAGOSO, de uma modalidade de falsidade ideológica, que também ofende a fé pública.[36]

A pena é de detenção, de um mês a um ano.

7.2 Sujeitos ativo e passivo

O sujeito ativo somente pode ser o médico, diplomado e no exercício da profissão. O sujeito passivo é o Estado; secundariamente, o terceiro prejudicado.

7.3 Elemento subjetivo

É o dolo. Não existe a forma culposa, nem se exige elemento subjetivo específico.

7.4 Objetos material e jurídico

O objeto material é o atestado falso. O objeto jurídico é a fé pública.

---

[36] *Lições de direito penal*, v. 4, p. 844.

7.5   Classificação

Trata-se de crime próprio (aquele que demanda sujeito ativo qualificado ou especial); formal (delito que não exige resultado naturalístico, consistente no efetivo prejuízo à fé pública); de forma livre (podendo ser cometido por qualquer meio eleito pelo agente); comissivo ("dar" implica ação); instantâneo (cujo resultado se dá de maneira instantânea, não se prolongando no tempo); unissubjetivo (que pode ser praticado por um só agente); plurissubsistente (em regra, vários atos integram a conduta); admite tentativa.

7.6   Crítica à brandura da pena

Aponta a doutrina, com razão, ter sido indevida a previsão de pena mais branda ao médico, profissional que deveria sempre respeitar os deveres inerentes ao seu grau, que dá atestado falso, do que a prevista para o cidadão comum que mente para a composição de um documento (art. 299 – falsidade ideológica).

7.7   Figura qualificada

Havendo intuito de obter qualquer vantagem ou ganho de natureza econômica, a pena abstrata recebe o acréscimo da multa, qualificando o crime (art. 302, parágrafo único, CP).

7.8   Quadro-resumo

Previsão legal	**Falsidade de Atestado Médico** **Art. 302.** Dar o médico, no exercício da sua profissão, atestado falso: Pena – detenção, de um mês a um ano. **Parágrafo único.** Se o crime é cometido com o fim de lucro, aplica-se também multa.
Sujeito ativo	Médico
Sujeito passivo	Estado; terceiro prejudicado
Objeto material	Atestado falso
Objeto jurídico	Fé pública
Elemento subjetivo	Dolo
Classificação	Próprio Formal Forma livre Comissivo Instantâneo Perigo abstrato Unissubjetivo Plurissubsistente
Tentativa	Admite
Circunstâncias especiais	Multa

8. REPRODUÇÃO OU ADULTERAÇÃO DE SELO OU PEÇA FILATÉLICA

8.1 Substituição

O tipo penal foi substituído pelo art. 39 da Lei 6.538/1978: "Reproduzir ou alterar selo ou peça filatélica de valor para coleção, salvo quando a reprodução ou alteração estiver visivelmente anotada na face ou no verso do selo ou peça: Pena – detenção, até dois anos, e pagamento de três a dez dias-multa. Parágrafo único. Incorre nas mesmas penas quem, para fins de comércio, faz uso de selo ou peça filatélica de valor para coleção, ilegalmente reproduzidos ou alterados". Os comentários são aplicáveis ao tipo substitutivo.

8.2 Quadro-resumo

Previsão legal	**Reprodução ou Adulteração de Selo ou Peça Filatélica** **Art. 303.** Reproduzir ou alterar selo ou peça filatélica que tenha valor para coleção, salvo quando a reprodução ou a alteração está visivelmente anotada na face ou no verso do selo ou peça: Pena – detenção, de um a três anos, e multa. **Parágrafo único.** Na mesma pena incorre quem, para fins de comércio, faz uso do selo ou peça filatélica.
Sujeito ativo	Qualquer pessoa
Sujeito passivo	Estado
Objeto material	Selo ou peça filatélica
Objeto jurídico	Fé pública
Elemento subjetivo	Dolo
Classificação	Comum Formal Forma livre Comissivo Instantâneo Perigo abstrato Unissubjetivo Plurissubsistente
Tentativa	Admite

9. USO DE DOCUMENTO FALSO

9.1 Estrutura do tipo penal incriminador

Fazer uso significa empregar, utilizar ou aplicar. Os objetos são os papéis falsificados ou alterados constantes nos arts. 297 a 302. Exige-se que a utilização seja feita como se o documento fosse autêntico, além do que a situação envolvida há de ser juridicamente relevante. Trata-se de *tipo remetido*, aquele que indica outros tipos para ser integralmente compreendido. Nesse caso, a amplitude do conceito de "papel falsificado ou alterado" depende da verificação do conteúdo dos arts. 297 a 302. É o disposto no art. 304 do CP.

A falsidade grosseira do documento é fato atípico, pois não afeta o bem jurídico tutelado – fé pública.

Conferir, ainda, a Súmula 546 do STJ: "A competência para processar e julgar o crime de uso de documento falso é firmada em razão da entidade ou órgão ao qual foi apresentado o documento público, não importando a qualificação do órgão expedidor".

A pena é a cominada à falsificação ou à alteração.

9.2 Sujeitos ativo e passivo

O sujeito ativo pode ser qualquer pessoa. O sujeito passivo é o Estado; secundariamente, a pessoa prejudicada.

9.3 Elemento subjetivo

É o dolo. Não existe a forma culposa, nem se exige elemento subjetivo específico.

9.4 Papéis constantes nos arts. 297 a 302

São os seguintes: documento público, documento particular, papel onde constar firma ou letra falsamente reconhecida, atestado ou certidão pública ou, ainda, o atestado médico.

9.4.1 Exame de corpo de delito

É indispensável a realização de perícia para apontar a falsidade documental. Sem o laudo não se comprova, satisfatoriamente, a materialidade da infração penal.

9.5 Dúvida quanto à falsidade

Pode elidir o crime, pois, em tese, afasta o dolo, que deve ser abrangente, isto é, envolver todos os elementos objetivos do tipo. Entretanto, sendo o delito passível de punição por dolo direto ou eventual, caso o agente faça uso de documento por mera imprudência, a conduta é atípica. No entanto, se o agente assume o risco de estar se valendo de documento falso, o crime está configurado.

9.5.1 Carteira de habilitação falsa

Não há necessidade de laudo específico, na medida em que o órgão de trânsito atesta a sua falta de autenticidade. Ademais, há um trâmite para se tirar a referida habilitação, motivo pelo qual o sujeito que a adquire de outrem, pagando certo preço, tem natural ciência de se tratar de documento falso.

9.6 Objetos material e jurídico

O objeto material é o papel falsificado ou alterado. O objeto jurídico é a fé pública. A simples cópia de um documento não pode ser objeto material do crime de falso ou de uso de documento falso.

9.7 Classificação

Trata-se de crime comum (aquele que não demanda sujeito ativo qualificado ou especial); formal (delito que não exige resultado naturalístico, consistente no efetivo prejuízo para a fé pública); de forma livre (podendo ser cometido por qualquer meio eleito pelo agente); comissivo ("fazer uso" implica ação); instantâneo (cujo resultado se dá de maneira instantânea, não se prolongando no tempo);[37] unissubjetivo (que pode ser praticado por um só agente); unissubsistente (praticado num único ato) ou plurissubsistente (em regra, vários atos integram a conduta); admite tentativa na forma plurissubsistente, embora seja rara a sua ocorrência. Aliás, sobre a possibilidade de fracionamento do *iter criminis*, ver o item "desistência voluntária" a seguir.[38]

9.8   Apresentação espontânea, exigência e apreensão pela autoridade

Cremos ser totalmente irrelevante se o agente utiliza o documento falso em ato unilateral ou se o faz porque qualquer autoridade assim exige. Há perfeita possibilidade de configuração do tipo penal quando a exibição de uma carteira de habilitação falsa, por exemplo, é feita a um policial rodoviário que exige a sua apresentação, por estar no exercício da sua função fiscalizadora. Assim tem sido a posição majoritária da jurisprudência em geral. Aliás, no tocante à carteira de habilitação, BITENCOURT sustenta que "apenas portá-la" já significa "fazer uso".[39] Em sentido contrário, afirmando que o documento deve sair da esfera do agente por iniciativa dele mesmo: DELMANTO.[40]

Ressalte-se, no entanto, que o encontro casual do documento falso em poder de alguém (como ocorre por ocasião de uma revista policial) não é suficiente para configurar o tipo penal, pois o núcleo é claro: "fazer uso".[41]

9.9   Exigência de apresentação por autoridade incompetente

Não configura o delito de uso de documento falso, pois configura-se a ilegalidade do ato de *exigir* identificação por quem não tem o poder legal de fazê-lo. Seria o mesmo que um particular exigir do outro um documento qualquer. Diversamente, quando o autor do delito apresenta, por sua conta, o documento falso ao particular (por exemplo, para fazer uma compra em loja).

9.10   Documento falso para escapar da prisão

Não elimina a configuração do delito previsto nesse artigo. O uso de documento falso pressupõe a falsificação documental, ambos crimes cujo bem jurídico é a fé pública. Há limite para a autodefesa, que não pode adentrar o âmbito da insegurança documental.

9.11   Desistência voluntária

Possibilidade, embora de difícil configuração. Se é admissível, ainda que raro, o fracionamento do *iter criminis*, para efeito de desistência voluntária, é natural que possa haver, também, para a tentativa.

---

[37]   É interessante observar que HUNGRIA considera o delito *instantâneo de efeitos permanentes*, significando que a prescrição começa a ser computada do primeiro uso; a reiteração pode ser considerada continuidade delitiva (*Comentários ao Código Penal*, v. 9, p. 299).

[38]   Para FRAGOSO, a tentativa é inadmissível, pois qualquer ato de uso já significa expressão da consumação (*Lições de direito penal*, v. 4, p. 852).

[39]   *Tratado de direito penal*, v. 4, p. 630.

[40]   *Código Penal comentado*, p. 541.

[41]   No mesmo prisma, BITENCOURT, *Tratado de direito penal*, v. 4, p. 630.

9.12 Concurso com o crime de falsidade

Se o agente falsificador usa o documento, o delito do art. 304 deve absorver o falso, por ser considerado o crime-fim. Pensamos seja o correto, pois quem falsifica, como regra, não o faz para guardar na gaveta, mas para *usar*.

Entretanto, há posição contrária, afirmando a possibilidade do concurso de crimes, embora minoritária.[42]

Existem, ainda, aqueles que sustentam dever o falso absorver o uso de documento falso. Nesse caso, há vários penalistas que preferem considerar a falsidade o principal crime e o uso de documento falso como fato posterior não punível.[43]

9.13 Quadro-resumo

Previsão legal	**Uso de Documento Falso** **Art. 304.** Fazer uso de qualquer dos papéis falsificados ou alterados, a que se referem os artigos 297 a 302: Pena – a cominada à falsificação ou à alteração.
Sujeito ativo	Qualquer pessoa
Sujeito passivo	Estado; pessoa prejudicada
Objeto material	Papel falsificado ou alterado
Objeto jurídico	Fé pública
Elemento subjetivo	Dolo
Classificação	Comum Formal Forma livre Comissivo Instantâneo Perigo abstrato Unissubjetivo Unissubsistente ou plurissubsistente
Tentativa	Admite na forma plurissubsistente
Circunstâncias especiais	Apresentação espontânea

10. SUPRESSÃO DE DOCUMENTO

10.1 Estrutura do tipo penal incriminador

Destruir (fazer desaparecer ou extinguir o documento por completo); *suprimir* (eliminar o documento como tal, ou seja, permanece o papel, mas desaparece o documento, como ocorre se for coberto de tinta); *ocultar* (esconder ou camuflar). O objeto das condutas é o documento público ou particular, do qual não tinha a disposição.

---

[42]   Vicente Sabino Jr., *Direito penal*, v. 4, p. 1177.

[43]   Nesta última hipótese está a posição de Bitencourt, citando Damásio (*Tratado de direito penal*, v. 4, p. 632).

"A destruição ou inutilização importa, portanto, no desaparecimento da utilidade do documento, tendo em vista o fim a que era destinado. Pode ser praticada por qualquer meio: pelo fogo, ou dilaceração, e ainda pelo fato de riscar, borrar, raspar, apagar palavras, frases, assinaturas, indispensáveis ou substanciais a validade do título. E ainda por ingestão, como no caso do devedor que engole o papel representativo do seu débito, após arrebatá-lo das mãos do respectivo credor."[44]

O delito está indevidamente inserido no Capítulo III, referente à falsidade documental, pois não cuida disso. Suprimir um documento não significa fabricá-lo ou alterá-lo de qualquer modo.

Incluiu-se no tipo penal elemento pertinente à ilicitude da conduta, que é "não poder dispor" do objeto material. Assim, havendo autorização legal para que o possuidor do documento dele disponha – ou não havendo proibição para que não o faça –, é natural que a conduta de quem destruir, suprimir ou ocultar referido documento é atípica.

A pena para quem comete o crime previsto no art. 305 do CP é de reclusão, de dois a seis anos, e multa, se o documento é público, e reclusão, de um a cinco anos, e multa, se o documento é particular.

10.2 Sujeitos ativo e passivo

O sujeito ativo pode ser qualquer pessoa. O sujeito passivo é o Estado. Eventualmente, pode haver um segundo sujeito passivo, que é a pessoa prejudicada pela conduta típica.

10.3 Elemento subjetivo

É o dolo. Exige-se elemento subjetivo específico, consistente na vontade do agente de beneficiar a si mesmo ou a outrem, bem como poder agir em prejuízo alheio. Não se pune a forma culposa.

10.4 Autenticidade do documento

É exigida pelo tipo penal. Protege-se a fé pública e, consequentemente, o documento público ou particular *verdadeiro*. Caso o agente destrua, suprima ou oculte documento *falso*, estará consumindo prova de um crime, podendo, em tese, haver a configuração de outro tipo penal, por exemplo, os arts. 337 (subtração ou inutilização de livro ou documento) e 356 (sonegação de papel ou objeto de valor probatório).

Não se incluem nesse âmbito as cópias não autenticadas extraídas de documentos, nem os traslados e certidões de assentamentos. Há entendimento particular exigindo que o documento seja insubstituível em seu valor probatório, isto é, se for cópia autenticada, ainda que seja considerado documento (art. 232, parágrafo único, CPP), não o é para servir de objeto material desse delito, pois o original pode ocupar-lhe o lugar. Essa posição, segundo nos parece, é correta, desde que o original realmente exista e esteja disponível, pois, do contrário, a cópia autenticada pode ser o único meio de servir de prova de algo.

10.5 Objetos material e jurídico

O objeto material é o documento público ou particular. O objeto jurídico é a fé pública.

---

[44] Bento de Faria, *Código Penal brasileiro comentado*, v. VII, p. 67. Esta última forma (engolir o documento), embora pareça bizarra, já ocorreu em vários fóruns brasileiros. O devedor pede para ver o seu processo de execução (geralmente, por título extrajudicial), que é público; no balcão do fórum, arranca o título (cheque, promissória, duplicada etc.) e engole.

10.6 Classificação

Trata-se de crime comum (aquele que pode ser cometido por qualquer pessoa); formal (crime que não exige, para sua consumação, resultado naturalístico, consistente em haver efetivo prejuízo para a fé pública); de forma livre (pode ser cometido por qualquer meio eleito pelo agente); comissivo (os verbos implicam ações); instantâneo (cuja consumação não se prolonga no tempo, dando-se em momento determinado) nas formas "destruir" e "suprimir", mas permanente (delito cuja consumação se arrasta no tempo) na forma "ocultar"; unissubjetivo (aquele que pode ser cometido por um único sujeito); plurissubsistente (delito cuja ação é composta por vários atos, permitindo-se o seu fracionamento); admite tentativa.

10.7 Diferença entre supressão do documento, dano e furto

Tudo está a depender do intuito do agente. Se for para fazer o documento desaparecer para não servir da prova de algum fato relevante juridicamente, trata-se de delito contra a fé pública (art. 305); caso seja somente para causar um prejuízo para a vítima, é delito contra o patrimônio na forma de "dano" (art. 163); se for subtraído para ocultação, por ser valioso em si mesmo (como um documento histórico), trata-se de delito contra o patrimônio na modalidade "furto" (art. 155).

10.8 Diferença entre os crimes de supressão de documento e sonegação de papel ou objeto de valor probatório

O primeiro é praticado com a finalidade de evitar que o documento sirva de prova de algum fato, por isso é crime contra a fé pública; o segundo é cometido por advogado, ou procurador judicial, que elimina documento, com valor probatório, embora não seja intuito do agente eliminá-lo como prova. Este último é um dano contra o patrimônio do Estado.

10.9 Quadro-resumo

	Supressão de Documento
Previsão legal	**Art. 305.** Destruir, suprimir ou ocultar, em benefício próprio ou de outrem, ou em prejuízo alheio, documento público ou particular verdadeiro, de que não podia dispor: Pena – reclusão, de dois a seis anos, e multa, se o documento é público, e reclusão, de um a cinco anos, e multa, se o documento é particular.
Sujeito ativo	Qualquer pessoa
Sujeito passivo	Estado; pessoa prejudicada pela conduta típica
Objeto material	Documento público ou particular
Objeto jurídico	Fé pública
Elemento subjetivo	Dolo + elemento subjetivo específico
Classificação	Comum Formal Forma livre Comissivo Instantâneo ou permanente Perigo abstrato Unissubjetivo Plurissubsistente
Tentativa	Admite

RESUMO DO CAPÍTULO

	Falsificação do Selo ou Sinal Público Art. 296	Falsificação de Documento Público Art. 297	Falsificação de Documento Particular Art. 298	Falsidade Ideológica Art. 299	Falso Reconhecimento de Firma ou Letra Art. 300
Sujeito ativo	Qualquer pessoa	Qualquer pessoa	Qualquer pessoa	Qualquer pessoa	Funcionário que possui fé pública para reconhecer a firma ou letra
Sujeito passivo	Estado	Estado; pessoa prejudicada pela falsificação	Estado; pessoa prejudicada pela falsificação	Estado; pessoa prejudicada pela falsificação	Estado; pessoa prejudicada pela falsificação
Objeto material	Marca, o logotipo, a sigla ou outro símbolo da Administração Pública	Documento público, verdadeiro ou não	Documento particular	Documento público ou particular	Firma ou letra
Objeto jurídico	Fé pública	Fé pública	Fé pública	Fé pública	Fé pública
Elemento subjetivo	Dolo	Dolo	Dolo	Dolo + elemento subjetivo específico	Dolo
Classificação	Comum Formal Forma livre Comissivo Instantâneo Perigo abstrato Unissubjetivo Unissubsistente ou plurissubsistente	Comum Formal Forma livre Comissivo Instantâneo Perigo abstrato Unissubjetivo Plurissubsistente	Comum Formal Forma livre Comissivo Instantâneo Perigo abstrato Unissubjetivo Plurissubsistente	Comum Formal Forma livre Comissivo ou omissivo Instantâneo Perigo abstrato Unissubjetivo Unissubsistente ou plurissubsistente	Próprio Formal Forma vinculada Comissivo Instantâneo Perigo abstrato Unissubjetivo Unissubsistente
Tentativa	Admite na forma plurissubsistente	Admite	Admite	Admite na forma plurissubsistente	Não admite
Circunstâncias especiais	Causa de aumento de pena	Causa de aumento de pena Norma de equiparação	Potencialidade lesiva Normas de equiparação	Objeto impróprio	――

	Certidão ou atestado ideologicamente falso Art. 301	Falsificação de atestado médico Art. 302	Reprodução ou adulteração de selo ou peça filatélica Art. 303	Uso de documento falso Art. 304	Supressão de documento Art. 305
Sujeito ativo	Funcionário público, com atribuição para expedir o atestado ou a certidão; qualquer pessoa	Médico	Qualquer pessoa	Qualquer pessoa	Qualquer pessoa
Sujeito passivo	Estado	Estado; terceiro prejudicado	Estado	Estado; pessoa prejudicada	Estado; pessoa prejudicada pela conduta típica
Objeto material	Atestado ou a certidão	Atestado falso	Selo ou peça filatélica	Papel falsificado ou alterado	Documento público ou particular
Objeto jurídico	Fé pública	Fé pública	Fé pública	Fé pública	Fé pública
Elemento subjetivo	Dolo + elemento subjetivo específico	Dolo	Dolo	Dolo	Dolo + elemento subjetivo específico
Classificação	Próprio ou comum Formal Forma livre Comissivo Instantâneo Perigo abstrato Unissubjetivo Unissubsistente ou Plurissubsistente	Próprio Formal Forma livre Comissivo Instantâneo Perigo abstrato Unissubjetivo Plurissubsistente	Comum Formal Forma livre Comissivo Instantâneo Perigo abstrato Unissubjetivo Plurissubsistente	Comum Formal Forma livre Comissivo Instantâneo Perigo abstrato Unissubjetivo Unissubsistente ou plurissubsistente	Comum Formal Forma livre Comissivo Instantâneo ou permanente Perigo abstrato Unissubjetivo Plurissubsistente
Tentativa	Admite na forma plurissubsistente	Admite	Admite	Admite na forma plurissubsistente	Admite
Circunstâncias especiais	Qualificadora Multa	Multa	———	Apresentação espontânea	———

Capítulo IV
Outras Falsidades

1. FALSIFICAÇÃO DO SINAL EMPREGADO NO CONTRASTE DE METAL PRECIOSO OU NA FISCALIZAÇÃO ALFANDEGÁRIA, OU PARA OUTROS FINS

1.1 Estrutura do tipo penal incriminador

Falsificar quer dizer reproduzir imitando, ou contrafazer. Conjuga-se a conduta com as formas *fabricar* (manufaturar, construir ou cunhar) e *alterar* (modificar ou transformar). Outra das condutas típicas é *usar* (empregar ou utilizar). O objeto é marca ou sinal empregado no contraste de metal precioso ou na fiscalização alfandegária. O tipo é misto alternativo, de modo que o agente pode falsificar e usar ou somente falsificar ou, ainda, somente usar, para incorrer na prática de um só delito. É o disposto pelo art. 306 do CP.

Marca ou *sinal* – termos correlatos – é aquilo que serve de alerta, captado pelos sentidos, possibilitando reconhecer ou conhecer alguma coisa. *Contraste de metal precioso* é a marca feita no metal, consistindo o seu título (relação entre o metal fino introduzido e o total da liga) em indicador de peso e quilate. *Marca de fiscalização alfandegária* é a representação gráfica utilizada pela fiscalização realizada na alfândega, a fim de demonstrar que uma mercadoria foi liberada ou para outra finalidade relativa ao controle de entrada e saída de mercadorias no País. Essa enumeração é taxativa, não admitindo qualquer forma de extensão.[1]

---

[1] FRAGOSO, *Lições de direito penal*, v. 4, p. 860.

A *marca ou sinal falsificado por outra pessoa* equipara o tipo penal, para fins de punição, a conduta de quem falsifica a marca ou sinal à conduta de usar o material falsificado por outra pessoa, pois o prejuízo à fé pública é o mesmo.

A pena é de reclusão, de dois a seis anos, e multa.

1.2   Sujeitos ativo e passivo

O sujeito ativo pode ser qualquer pessoa. O sujeito passivo é o Estado.

1.3   Elemento subjetivo

É o dolo. Não se exige elemento subjetivo específico, nem se pune a forma culposa.

1.4   Objetos material e jurídico

O objeto material é a marca ou sinal utilizado para contraste de metal precioso ou para fiscalização alfandegária. O objeto jurídico é a fé pública.

1.5   Classificação

Trata-se de crime comum (aquele que pode ser cometido por qualquer pessoa); formal (crime que não exige, para sua consumação, resultado naturalístico, consistente em haver efetivo prejuízo para alguém); de forma livre (pode ser cometido por qualquer meio eleito pelo agente); comissivo (os verbos implicam ações); instantâneo (cuja consumação não se prolonga no tempo, dando-se em momento determinado); unissubjetivo (aquele que pode ser cometido por um único sujeito); unissubsistente (praticado num único ato) ou plurissubsistente (delito cuja ação é composta por vários atos, permitindo-se o seu fracionamento), conforme o caso concreto; admite tentativa na forma plurissubsistente.

1.6   Figura privilegiada do parágrafo único

Trata-se de um privilégio, pois há possibilidade de modificação da qualidade da pena (de reclusão para detenção), bem como de redução da metade dos prazos mínimo e máximo previstos pelo *caput*. Assim, caso o agente falsifique ou use marca ou sinal referente à fiscalização sanitária ou para autenticação ou encerramento de determinados objetos, responde pelo tipo privilegiado. *Fiscalização sanitária* é a vigilância exercida pelo Estado para assegurar a saúde e a higiene públicas. Quanto à autenticação e encerramento de objetos, *autenticar* significa reconhecer como verdadeiro; *encerrar*, nesse contexto, quer dizer guardar em lugar que se fecha. Pode o Poder Público valer-se de algum tipo de sinal ou lacre para cerrar um objeto dentro de um local qualquer, a fim de ter certeza de que não será modificado ou subtraído. A pessoa que falsificar esse sinal ou utilizá-lo indevidamente responde pelo tipo privilegiado.

No tocante à comprovação do cumprimento de formalidade legal, *comprovar* significa auxiliar a provar ou confirmar. Portanto, quando a autoridade pública (federal, estadual ou municipal) tem um determinado sinal para confirmar que determinada formalidade legal (rotina ou praxe prevista em lei para validar algo) foi executada, havendo a falsificação da referida marca ou o uso indevido do sinal alterado, responde pelo tipo privilegiado.

A pena é de reclusão ou detenção, de um a três anos, e multa.

1.7 Quadro-resumo

Previsão legal	**Falsificação do Sinal Empregado no Contraste de Metal Precioso ou na Fiscalização Alfandegária, ou para Outros Fins.** **Art. 306.** Falsificar, fabricando-o ou alterando-o, marca ou sinal empregado pelo poder público no contraste de metal precioso ou na fiscalização alfandegária, ou usar marca ou sinal dessa natureza, falsificado por outrem: Pena – reclusão, de dois a seis anos, e multa. **Parágrafo único.** Se a marca ou sinal falsificado é o que usa a autoridade pública para o fim de fiscalização sanitária, ou para autenticar ou encerrar determinados objetos, ou comprovar o cumprimento de formalidade legal: Pena – reclusão ou detenção, de um a três anos, e multa.
Sujeito ativo	Qualquer pessoa
Sujeito passivo	Estado
Objeto material	Marca ou sinal utilizado para contraste de metal precioso ou para fiscalização alfandegária
Objeto jurídico	Fé pública
Elemento subjetivo	Dolo
Classificação	Comum Formal Forma livre Comissivo Instantâneo Dano Unissubjetivo Unissubsistente ou plurissubsistente
Tentativa	Admite na forma plurissubsistente
Circunstâncias especiais	Figura privilegiada

2. FALSA IDENTIDADE

2.1 Estrutura do tipo penal incriminador

Atribuir significa considerar como autor ou imputar. As condutas são: a) imputar a si mesmo identidade falsa; b) imputar a outrem identidade falsa. Não se inclui na figura típica o ato da pessoa que se omite diante da falsa identidade que outrem lhe atribui. É o conteúdo do art. 307 do Código Penal.

Conferir a Súmula 522 do STJ: "a conduta de atribuir-se falsa identidade perante autoridade policial é típica, ainda que em situação de alegada autodefesa".

Identidade é o conjunto de características peculiares de uma pessoa determinada, que permite reconhecê-la e individualizá-la, envolvendo o nome, a idade, o estado civil, a filiação, o sexo, entre outros dados. Não se inclui no conceito de identidade o endereço ou telefone de alguém.[2]

---

[2] No mesmo prisma, NORONHA, *Direito penal*, v. 4, p. 238.

Considerá-la *falsa* significa que não corresponde à realidade, isto é, não permite identificar ou reconhecer determinada pessoa tal como ela é. Há polêmica no sentido de se estreitar ou alargar o conceito de *identidade*, inserindo-se ou não dados que vão além do nome, como idade, profissão, naturalidade etc. Cremos que a solução deve impor-se de acordo com a necessidade do dado identificador. Se a pessoa já está *identificada*, reconhecida individualmente, pelo nome e filiação, por exemplo, a menção falsa a outro dado, nesse caso secundário, como a profissão, não serve para configurar o delito.

Entretanto, caso seja essencial obter determinado informe para individualizar a pessoa, como acontece com a idade ou a filiação, em casos de homonímia, é certo que a apresentação de dado falso constitui o crime do art. 307. Não nos parece socorrer o entendimento adotado por alguns de que os arts. 309 e 310 estariam evidenciando existir diferença entre *nome* e *qualidade*, razão pela qual a *qualidade* da pessoa não poderia ser confundida com seu nome. Ocorre que o termo *identidade* é mais abrangente que esses dois, envolvendo todos os caracteres da pessoa, que servem para individualizá-la. Ademais, nos tipos que vêm a seguir (arts. 309 e 310), os termos têm significação própria, pois não foi interessante ao legislador ampliá-los.

Assim, quando o estrangeiro pretende ingressar no País, colhe-se apenas seu nome, para saber se está ou não impedido, enquanto, ao mencionar "qualidade", envolve-se o direito a visto (para trabalhar ou simplesmente para turismo), de modo que, mesmo individualizado como pessoa, a profissão passa a ter grande interesse para as autoridades que controlam a imigração. Isso não quer dizer que a profissão não auxilie, quando for o caso, à individualização de alguém.

A pena para quem comete o crime previsto no art. 307 do CP é de detenção, de três meses a um ano, ou multa, se o fato não constitui elemento de crime mais grave.

2.1.1 Autodefesa

Temos a particular posição de não constituir infração penal a conduta do agente que se atribui falsa identidade *para escapar da ação policial, evitando sua prisão*. Note-se: ele está no meio da via pública, prestes a ser preso; ora, se tem o direito de fugir e não pode ser por isso punido, igualmente, não pode ser sancionado porque se atribui falsa identidade. Está, em verdade, buscando fugir ao cerceamento da sua liberdade. Reitere-se: se a lei permite que a pessoa já presa possa fugir, sem emprego de violência, considerando isso fato atípico, é natural que a atribuição de falsa identidade para atingir o mesmo fim também não possa ser assim considerada. No entanto, para isso, pode apresentar-se, verbalmente, com outro nome ao policial; não lhe é permitido ofertar documento falso para isso. Afinal, o uso de documento falso afeta a fé pública, razão pela qual constitui crime. Se o fizer verbalmente, sem documento algum, cabe ao agente da polícia verificar os dados, visto que a mera menção a um nome, sem conferência, nos parece muito frágil para pretender a tipificação no art. 307, cuja finalidade é proteger a *fé pública*. Esta não se perfaz por meio de simples apresentação verbal; a identificação de uma pessoa não se dá, nesse nível, pela palavra.

Não abrange, no entanto, o momento de qualificação, seja na polícia, seja em juízo, pois o direito de silenciar ou mentir que possui o acusado não envolve essa fase do interrogatório, ato formal, em que se demanda a verdade da pessoa qualificada. Não há, como já visto em itens anteriores, qualquer direito absoluto, de modo que o interesse na escorreita administração da justiça, impedindo-se que um inocente seja julgado em lugar do culpado, prevalece nesse ato. Daí por que, falseando quanto à sua identidade, pode responder pelo crime do art. 307.

Segundo cremos, a nossa posição não confronta a Súmula 522 do STJ, que menciona a fase de qualificação diante da autoridade policial, momento em que o sujeito, já detido, não pode falsear sua identidade.

Acesse e assista **ao vídeo sobre Falsa identidade e autodefesa.**

> http://uqr.to/1ynpc

2.2 Sujeitos ativo e passivo

O sujeito ativo pode ser qualquer pessoa. O sujeito passivo é o Estado. Pode haver um segundo sujeito passivo, que é a pessoa prejudicada pela atribuição indevida.

2.3 Elemento subjetivo

É o dolo. Exige-se, ainda, elemento subjetivo específico, consistente em "obter vantagem para si ou para outrem" ou "provocar dano a terceiro". Não se pune a forma culposa.

2.4 Objetos material e jurídico

O objeto material é a identidade. O objeto jurídico é a fé pública.

2.5 Classificação

Trata-se de crime comum (aquele que pode ser cometido por qualquer pessoa); formal (crime que não exige, para sua consumação, resultado naturalístico, consistente na obtenção efetiva de vantagem ou na causação de prejuízo para outrem); de forma livre (pode ser cometido por qualquer meio eleito pelo agente); comissivo (o verbo implica ação); instantâneo (cuja consumação não se prolonga no tempo, dando-se em momento determinado); unissubjetivo (aquele que pode ser cometido por um único sujeito); plurissubsistente (delito cuja ação é composta por vários atos, permitindo-se o seu fracionamento); admite tentativa, embora de difícil configuração.

2.6 Delito subsidiário

Somente se pune o agente pela concretização do tipo penal da falsa identidade se outro crime mais grave, que o contenha, não seja praticado. Pode o sujeito atribuir-se falsa identidade para praticar um estelionato, fazendo com que responda somente por este último crime, que é o principal.

2.7 Confronto com a contravenção penal do art. 68 do Decreto-lei 3.688/1941

Quando houver a recusa ao fornecimento de dados identificadores ou o fornecimento de dados inverídicos, sem a finalidade de obter vantagem ou prejudicar alguém, trata-se de contravenção penal. Entretanto, havendo tal intuito e sendo conduta comissiva ("atribuir--se"), passa a ser o crime do art. 307, até mesmo porque o art. 68, parágrafo único, da Lei das Contravenções Penais menciona, expressamente, ser tipo subsidiário ("se o fato não constitui infração penal mais grave").

2.8   Outra forma de falsa identidade

2.8.1   Estrutura do tipo penal incriminador

Usar quer dizer empregar ou utilizar; *ceder* significa pôr à disposição ou emprestar. O objeto é passaporte, título de eleitor, caderneta de reservista ou outro documento de identidade alheia. Trata-se do art. 308 do CP.

O tipo penal visa à punição de quem usa esses documentos alheios como próprios. Ou cede para que terceiro use tais documentos seus como se fossem dele. Trata-se de crime de *falsa identidade* e é um delito subsidiário (somente pune-se se não houver infração mais grave).[3]

Usar como próprio indica estar o agente passando-se por outra pessoa, embora sem atribuir-se a falsa identidade, mas única e tão somente valendo-se de documento alheio. Não deixa de ser uma modalidade específica do crime de falsa identidade.

Passaporte é o documento oficial que autoriza a pessoa a sair do País, bem como a ingressar e identificar-se em países estrangeiros.

Título de eleitor é o documento que comprova a situação de eleitor do indivíduo, ou seja, a pessoa que está apta a votar, participando, democraticamente, da escolha do governo e do legislador.

Caderneta de reservista é o documento que comprova a regularidade da situação de alguém diante do serviço militar obrigatório. Reservista é o indivíduo que serviu ou foi dispensado das fileiras das Forças Armadas, podendo ser convocado a qualquer momento.

A menção a *qualquer documento de identidade*, após terem sido mencionados os exemplos – passaporte, título de eleitor, caderneta de reservista –, ingressa a interpretação analógica: "ou qualquer documento de identidade", que serve, naturalmente, para identificar uma pessoa. É o que se pode considerar a carteira funcional. A utilização de carteira de identidade de terceiro pode ingressar no contexto desse artigo ou do art. 307. Se o agente se vale do documento alheio para ingressar em algum lugar, por exemplo, sem necessidade de "atribuir-se" a identidade constante no documento, é a conduta do art. 308. Entretanto, se usa o documento para identificar-se, imputando-se caracteres alheios, está configurado o crime do art. 307.

A pena é de detenção, de quatro meses a dois anos, e multa, se o fato não constitui elemento de crime mais grave.

2.8.1.1   Alteração de fotografia do documento

Pode constituir o crime do art. 297 – caso o intuito seja diverso da atribuição de falsa identidade – ou o delito do art. 307 – se a intenção for imputar-se falsa identidade.

Nota-se, pois, que o uso de identidade alheia há de ser feito com a singela apresentação do documento, sem que contenha alteração e sem que o agente se atribua a identidade que não lhe pertence.

2.8.2   Sujeitos ativo e passivo

O sujeito ativo pode ser qualquer pessoa. O sujeito passivo é o Estado. Eventualmente, pode ser a pessoa prejudicada pelo mau uso do documento identificador alheio.

---

3   NORONHA, *Direito penal*, v. 4, p. 240.

2.8.3   Elemento subjetivo

É o dolo. Não se exige elemento subjetivo específico no tocante ao uso. Entretanto, quanto à cessão do documento, cremos estar presente a finalidade de que seja o objeto "utilizado por outrem". Não se pune a forma culposa.

2.8.4   Objetos material e jurídico

O objeto material é o documento de identificação alheio. O objeto jurídico é a fé pública.

2.8.5   Classificação

Trata-se de crime comum (aquele que pode ser cometido por qualquer pessoa); formal (crime que não exige, para sua consumação, resultado naturalístico, consistente no efetivo prejuízo para alguém); de forma livre (pode ser cometido por qualquer meio eleito pelo agente); comissivo (os verbos implicam ações); instantâneo (cuja consumação não se prolonga no tempo, dando-se em momento determinado); unissubjetivo (aquele que pode ser cometido por um único sujeito); unissubsistente (praticado num único ato) ou plurissubsistente (delito cuja ação é composta por vários atos, permitindo-se o seu fracionamento), conforme o caso concreto; admite tentativa na forma plurissubsistente.

2.8.6   Delito subsidiário

Somente pune-se o agente pela concretização do tipo penal do uso de identidade alheia se outro crime mais grave, que o contenha, não seja praticado.

2.9   Quadro-resumo

	Falsa Identidade	Uso de identidade falsa
Previsão legal	**Art. 307.** Atribuir-se ou atribuir a terceiro falsa identidade para obter vantagem, em proveito próprio ou alheio, ou para causar dano a outrem: Pena – detenção, de três meses a um ano, ou multa, se o fato não constitui elemento de crime mais grave.	**Art. 308.** Usar, como próprio, passaporte, título de eleitor, caderneta de reservista ou qualquer documento de identidade alheia ou ceder a outrem, para que dele se utilize, documento dessa natureza, próprio ou de terceiro: Pena – detenção, de quatro meses a dois anos, e multa, se o fato não constitui elemento de crime mais grave.
Sujeito ativo	Qualquer pessoa	Qualquer pessoa
Sujeito passivo	Estado; pessoa prejudicada pela atribuição indevida	Estado; pessoa prejudicada pelo mau uso do documento identificador alheio
Objeto material	Identidade	Documento de identificação alheio
Objeto jurídico	Fé pública	Fé pública
Elemento subjetivo	Dolo + elemento subjetivo específico	Dolo

Classificação	Comum Formal Forma livre Comissivo Instantâneo Dano Unissubjetivo Plurissubsistente	Comum Formal Forma livre Comissivo Instantâneo Dano Unissubjetivo Unissubsistente ou plurissubsistente
Tentativa	Admite	Admite na forma plurissubsistente
Circunstâncias especiais	Autodefesa	Subsidiariedade explícita

3.   FRAUDE DE LEI SOBRE ESTRANGEIROS

3.1   Estrutura do tipo penal incriminador

Usar significa empregar ou fazer uso de algo. Compõe-se com as condutas *entrar,* que quer dizer passar de fora para dentro ou penetrar, e *permanecer,* que significa conservar-se ou demorar-se. O objeto é nome que não lhe pertence. É o disposto no art. 309 do CP.

O nome é a designação patronímica de uma pessoa, usado pelo estrangeiro para ingressar no Brasil. "O uso de nome falso frauda, portanto, a cautela ditada pela lei, na defesa dos interesses nacionais, em relação à entrada e permanência de estrangeiros. Pouco importa que o nome seja de outra pessoa ou fictício: a fraude se dá do mesmo modo."[4]

A competência é da Justiça Federal.

A pena é de detenção, de um a três anos, e multa.

3.2   Sujeitos ativo e passivo

O sujeito ativo somente pode ser o estrangeiro, pessoa que não seja brasileira ou apátrida. O sujeito passivo é o Estado.

3.3   Elemento subjetivo

É o dolo. Não existe a forma culposa. Exige-se elemento subjetivo específico consistente na vontade de ingressar ou permanecer no território brasileiro.

3.4   Objetos material e jurídico

O objeto material é o nome que não pertence ao agente. O objeto jurídico é a fé pública, envolvendo o interesse do Estado no controle da imigração.

3.5   Classificação

Trata-se de crime próprio (aquele que demanda sujeito ativo qualificado ou especial); formal (delito que não exige resultado naturalístico, consistente no efetivo prejuízo para a fé pública); de forma livre (podendo ser cometido por qualquer meio eleito pelo agente); comissivo ("usar"

---

4   NORONHA, *Direito penal*, v. 4, p. 245.

implica ação); instantâneo (cujo resultado se dá de maneira instantânea, não se prolongando no tempo); unissubjetivo (que pode ser praticado por um só agente); unissubsistente (delito cometido num único ato) ou plurissubsistente (por via de regra, vários atos integram a conduta), conforme o caso concreto; admite tentativa na forma plurissubsistente.

3.6 Forma qualificada prevista no parágrafo único do art. 309

3.6.1 Estrutura do tipo penal incriminador

Atribuir significa imputar ou fazer recair algo em alguém, sendo o objeto a falsa qualidade. Compõe-se com a conduta de *promover a entrada* (favorecer o ingresso ou a admissão). Nesse caso, não se inclui a *permanência* no território nacional.

O autor do crime atribuiu a estrangeiro uma qualidade que ele não possui para que possa ingressar em território nacional. *Falsa qualidade* significa uma propriedade ou condição ostentada por alguém para individualizá-la, mas que não corresponde à realidade.

A pena é de reclusão, de um a quatro anos, e multa. A competência é da Justiça Federal.

3.6.2 Sujeitos ativo e passivo

O sujeito ativo pode ser qualquer pessoa. O sujeito passivo é o Estado.

3.6.3 Elemento subjetivo

É o dolo. Exige-se elemento subjetivo específico, consistente na vontade de promover a entrada do estrangeiro no território nacional. Não se pune a forma culposa.

3.6.4 Objetos material e jurídico

O objeto material é a falsa qualidade. O objeto jurídico é a fé pública, especialmente voltada ao interesse do Estado no controle da imigração.

3.6.5 Classificação

Trata-se de crime comum (aquele que não demanda sujeito ativo qualificado ou especial); formal (delito que não exige resultado naturalístico, consistente na efetiva entrada do estrangeiro no País); de forma livre (podendo ser cometido por qualquer meio eleito pelo agente); comissivo ("atribuir" implica ação); instantâneo (cujo resultado se dá de maneira instantânea, não se prolongando no tempo); unissubjetivo (que pode ser praticado por um só agente); unissubsistente (praticado num único ato) ou plurissubsistente (em regra, vários atos integram a conduta), conforme o caso concreto; admite tentativa na forma plurissubsistente.

3.7 Outra forma de fraude de lei sobre estrangeiros prevista no art. 310 do CP

3.7.1 Estrutura do tipo penal incriminador

Prestar-se a figurar significa ser útil ou estar disposto a representar algo. O objeto é ser proprietário ou possuidor de ação, título ou valor pertencente a estrangeiro. Esclarece HUNGRIA que esse dispositivo penal atende ao "interesse de evitar burla ao objetivo constitucional de nacionalização de certas companhias ou empresas ou de certos bens (ou valores).

(...) O que procura conjurar, na espécie, é o 'homem de palha', o 'testa de ferro' que se presta a dissimular a interferência capitalística de estrangeiro na vida das sociedades ou empresas em questão ou a vedada propriedade ou posse de determinados bens ou valores por parte de estrangeiro".[5]

Proprietário é a pessoa que tem a propriedade de alguma coisa; *possuidor* é aquele que tem o gozo ou o desfrute de algo.

Ação é o título representativo do capital das sociedades; *título* é qualquer papel negociável; *valor* é um papel representativo de dinheiro ou um título negociável em bolsa.

Trata-se, neste caso, de uma norma penal em branco, pois torna-se indispensável conhecer a legislação específica que autoriza ou veda a propriedade ou a posse de tais bens por estrangeiros a fim de poder complementar o dispositivo penal.

A pena é de detenção, de seis meses a três anos, e multa. A competência é da Justiça Federal.

3.7.2   Sujeitos ativo e passivo

O sujeito ativo poder ser qualquer pessoa, desde que brasileiro. O sujeito passivo é o Estado.

3.7.3   Elemento subjetivo

É o dolo. Não existe a forma culposa. Há o elemento subjetivo específico, consistente na finalidade de promover a entrada o estrangeiro no País.[6]

3.7.4   Objetos material e jurídico

O objeto material é a ação, título ou valor. O objeto jurídico é a fé pública, voltando-se para a ordem econômica.

3.7.5   Classificação

Trata-se de crime comum (aquele que não demanda sujeito ativo qualificado ou especial); formal (delito que não exige resultado naturalístico, consistente no efetivo prejuízo para a fé pública ou a ordem econômica); de forma livre (podendo ser cometido por qualquer meio eleito pelo agente); comissivo ("prestar-se a figurar" implica ação); instantâneo (cujo resultado se dá de maneira instantânea, não se prolongando no tempo), podendo tornar-se permanente (delito cuja consumação se arrasta no tempo); unissubjetivo (que pode ser praticado por um só agente); plurissubsistente (em regra, vários atos integram a conduta); admite tentativa.

---

[5]   *Comentários ao Código Penal*, v. 9, p. 310-311.
[6]   Igualmente, FRAGOSO, *Lições de direito penal*, v. 4, p. 867.

3.8   Quadro-resumo

	Fraude de Lei sobre Estrangeiros **Art. 309.** Usar o estrangeiro, para entrar ou permanecer no Território Nacional, nome que não é o seu: Pena – detenção, de um a três anos, e multa. **Parágrafo único.** Atribuir a estrangeiro falsa qualidade para promover-lhe a entrada em território nacional: Pena – Reclusão de um a quatro anos e multa.	Fraude de lei sobre estrangeiros **Art. 310.** Prestar-se a figurar como proprietário ou possuidor de ação, título ou valor pertencente a estrangeiro, nos casos em que a este é vedada por lei a propriedade ou a posse de tais bens: Pena – detenção de seis meses a três anos e multa.
Previsão legal		
Sujeito ativo	Estrangeiro	Qualquer pessoa
Sujeito passivo	Estado	Estado
Objeto material	Nome que não pertence ao agente	Ação, título ou valor
Objeto jurídico	Fé pública	Fé pública, voltando-se para a ordem econômica
Elemento subjetivo	Dolo + elemento subjetivo específico	Dolo
Classificação	Próprio Formal Forma livre Comissivo Instantâneo Dano Unissubjetivo Unissubsistente ou plurissubsistente	Comum Formal Forma livre Comissivo Instantâneo ou permanente Dano Unissubjetivo Plurissubsistente
Tentativa	Admite na forma plurissubsistente	Admite
Circunstâncias especiais	Competência da Justiça Federal	——

4.   ADULTERAÇÃO DE SINAL IDENTIFICADOR DE VEÍCULO AUTOMOTOR

4.1   Estrutura do tipo penal incriminador

Adulterar quer dizer falsificar ou mudar; *remarcar* significa tornar a marcar; *suprimir* exprime eliminar, abolir ou exterminar (esta última conduta foi adicionada porque fazia falta na aplicabilidade do tipo penal a casos concretos).

São as condutas alternativas (a prática de uma ou mais de uma no mesmo contexto concretiza um só delito), previstas no *caput* do art. 311 do Código Penal, cujo objeto é o número de chassi (estrutura de material rígido, como aço, para suportar o veículo; o seu número funciona como a identidade do carro), monobloco (é o ajuntamento de peças, colocado em cima do chassi para formar o veículo; pode ser utilizado, também, como sinônimo de chassi), motor (mecanismo produtor da energia que movimenta o veículo), placa de identificação (cuida-se da chapa de metal em que constam letras e números para identificar, externamente, o veículo) – havia jurisprudência afastando a modificação de placa por entender que não seria um particular modo de identificação do automóvel, o que sempre nos pareceu conclusão inadequada – ou qualquer sinal identificador (cláusula aberta para abranger toda espécie de identificação do automóvel, como a colocação de decalque do número de chassi no vidro).

Todos esses sinais referem-se a veículo (meio de transporte) automotor (movido por sua própria fonte de energia, geralmente a combustão), elétrico (movido pela fonte elétrica de energia), híbrido (movido tanto pela combustão como pela energia elétrica), de reboque (transportador de carga atrelado ao veículo motorizado), de semirreboque (além de servir de transportador, ligado a um veículo motorizado, vale-se deste para ser apoiado), de suas combinações (mesclas de ambos) e dos componentes e equipamentos instalados nos veículos.

A modificação da identificação do veículo (ou similar) pode ser feita desde que *autorizada* pelo órgão competente, como o Denatran (Departamento Nacional de Trânsito) ou o Detran (Departamento Estadual de Trânsito).

A Lei 14.562/2023 alterou o *caput* do art. 311 justamente para abranger todos os veículos e similares, além de suas variadas possibilidades de identificação, com o fim de contornar os julgados restritivos à interpretação do tipo em questão, reduzindo o seu alcance.

Sobre a adulteração de placa ou outro sinal identificador, pode se tratar de falsificação de ordem material (a placa, *v.g.*, é fabricada falsamente por alguém) ou ideológica (a placa é emitida pelo órgão de trânsito competente, mas baseada essa emissão em documentos falsos). É preciso lembrar que, quando a adulteração for realizada pelo próprio condutor, deve ele responder, em concurso material, pela falsificação (material ou ideológica) juntamente com o art. 311 do Código Penal.

A pena é de reclusão, de três a seis anos, e multa.

No § 2.º, incisos I, II e III, do art. 311 do Código Penal, há outras condutas típicas, igualmente puníveis.

No inciso I, estabelece-se a hipótese de favorecimento ou participação. *Licenciar* (autorizar o veículo a circular pela via pública) e *registrar* (inserir no banco de dados do órgão de trânsito o veículo identificado e seu proprietário) são as condutas indispensáveis a todos os veículos para que os órgãos estatais tenham o controle e a fiscalização da circulação dos variados tipos de automóveis, podendo promover a responsabilização de seus proprietários ou motoristas pelas infrações de trânsito e acidentes em geral.

Portanto, o servidor encarregado dessas atividades pode irmanar-se com quem promove a adulteração de qualquer sinal identificador do veículo, possibilitando transferir um automóvel do seu legítimo proprietário a outrem, que pode saber ou não assumir a titularidade de um bem de origem criminosa.

Essa contribuição se dá por meio do fornecimento, naturalmente indevido, de qualquer material (impressos a serem posteriormente preenchidos, por exemplo) ou informação oficial (número disponível de placa para ser usado, ilustrando). De qualquer maneira, esse auxílio pode ter sido tratado antes ou depois da adulteração do sinal identificador. Se antes, cuida-se de uma espécie de participação; se depois, há um tipo de favorecimento pessoal ou real (arts. 348 e 349, CP), mas com a pena, em qualquer hipótese, prevista no *caput* do artigo (reclusão, de 3 a 6 anos, e multa). A causa de aumento do § 1.º do art. 311 incide nesta figura do § 2.º, inciso I, do mesmo artigo. Inexiste *bis in idem* (dupla apenação pelo mesmo fato), pois a causa de aumento incide para o servidor público que adultera o sinal do veículo ou para o que contribui para o seu licenciamento.

Resta a situação de o funcionário público desenvolver a figura do *caput* (ex.: adulterar o chassi de um veículo) e, depois, contribuir para o seu registro. Parece-nos que, nesta hipótese, a segunda conduta pode ser considerada *fato posterior não punível*, como um exaurimento da primeira, embora o julgador possa levar em conta como circunstância judicial negativa. Evita-se um excesso punitivo, que seria promover o concurso material entre a adulteração (*caput*) e a contribuição para o licenciamento (§ 2.º, I), mas se leva em consideração todos os aspectos da infração penal.

No inciso II, busca-se punir a preparação do crime, por se entender conduta grave, que antecede a efetiva adulteração do sinal identificador. Essas ações formam um tipo misto alternativo, ou seja, pode o autor praticar uma ou mais de uma, no mesmo contexto, para responder por crime único. Pode-se observar que o objeto das condutas pode ser qualquer máquina, aparelho, instrumento ou objeto apropriado para a contrafação planejada. A peculiaridade desta figura típica é não admitir tentativa, tendo em vista já constituir exceção à regra, vale dizer, pune-se a adulteração – que aceita tentativa –, mas adquirir um objeto apto a produzir modificação veicular deve ser preenchido e punido como crime consumado ou é apenas uma figura atípica. Não nos soa cabível, como situação punitiva plausível, *tentar preparar* um delito, fugindo ao padrão de penalização – pela teoria objetiva da tentativa – somente dos atos executórios.

No inciso III, cuida-se da receptação de veículo cujo sinal de identificação foi modificado. Propicia a punição de quem recebe coisa de origem ilícita, nesta hipótese, o veículo automotor, elétrico, híbrido, de reboque, semirreboque ou suas combinações ou partes, quando estiverem com a sua identidade original de qualquer forma adulterada. Observe-se que essa figura típica não demanda o dolo direto – como no caput da receptação do art. 180 do CP –, mas se contenta com o dolo eventual – devesse saber –, do mesmo modo que ocorre com a receptação qualificada do art. 180, § 1.º, do Código Penal. Poderia o legislador ter deixado claro o saber ou dever saber, inserindo ambas as expressões, mas não o fez. Então, deve-se levar em consideração a interpretação hoje dominante no cenário da receptação qualificada, lendo-se que, havendo punição pelo simples dolo eventual (o menos), por óbvio, quem agir com dolo direto (o mais) deverá ser igualmente punido.

4.1.1 Placa fria fornecida pelo órgão de trânsito

Mesmo que a placa seja desvirtuada de sua função, desde que não seja falsa, não se configura o crime. É o que decidiu o Supremo Tribunal Federal, cuidando de caso da denominada "placa fria", fornecida a autoridades para uso em serviço público, porém utilizada em atividade particular. "No caso, o acusado recebera do Detran um par de placas reservadas à Polícia Federal, em razão de requisição feita por outro magistrado, também denunciado, cuja finalidade consistiria em viabilizar investigações de caráter sigiloso. Posteriormente, apurara-se que referidas placas teriam sido utilizadas para outro fim, tendo substituído placas originais de veículos particulares – v. *Informativo* 400. Entendeu-se que a substituição de placas particulares por outras fornecidas pelo Detran não pode configurar qualquer adulteração ou falsificação, já que esse órgão sempre tem a possibilidade de verificar a existência de placa reservada, a sua origem e a razão de ser da sua utilização, perante as autoridades públicas ou quem mais tivesse interesse no assunto. Considerou-se que, para a configuração do crime, é imprescindível que a substituição da placa se faça por outra placa, falsa. Ressaltou-se, por fim, que a prática dos citados atos pode consistir em irregularidade administrativa, passível de responsabilização nessa esfera" (HC 86.424/SP, 2.ª T., rel. p/ acórdão Gilmar Mendes, 11.10.2005, m.v., *Informativo* 405).[7]

---

[7]   Embora antigo, o acórdão é bem ilustrativo e provém do STF.

4.1.2   Falsidade grosseira com fita adesiva

Não serve para tipificar a infração penal, constituindo mera infração administrativa. Segue-se a mesma diretriz de que qualquer falsidade grosseira não serve para enganar verdadeiramente o poder público. Logo, o fato é atípico. Entretanto, se a falsificação tiver a potencialidade de ludibriar terceiros, configura-se o crime do art. 311, pois a placa é sinal de identificação do veículo.

4.2   Sujeitos ativo e passivo

O sujeito ativo pode ser qualquer pessoa. O sujeito passivo é o Estado; secundariamente, é a pessoa prejudicada pela adulteração ou remarcação.

4.3   Elemento subjetivo

É o dolo. Não existe a forma culposa, nem se exige elemento subjetivo específico.

4.4   Objetos material e jurídico

O objeto material é o número do chassi, monobloco, motor, placa de identificação ou qualquer sinal identificador de veículo. O objeto jurídico é a fé pública, voltando-se o interesse do Estado à proteção da propriedade e da segurança no registro de automóveis.

4.5   Classificação

Trata-se de crime comum (aquele que não demanda sujeito ativo qualificado ou especial); formal (delito que não exige resultado naturalístico, consistente em efetivo prejuízo para alguém); de forma livre (podendo ser cometido por qualquer meio eleito pelo agente); comissivo (os verbos implicam ações); instantâneo (cujo resultado se dá de maneira instantânea, não se prolongando no tempo), porém de efeitos permanentes (o delito deixa, após consumado, rastros visíveis); unissubjetivo (que pode ser praticado por um só agente); plurissubsistente (em regra, vários atos integram a conduta); admite tentativa.

4.6   Causa de aumento

Sendo o agente funcionário público (ver art. 327, CP), exercendo sua função ou prevalecendo-se dela, há um aumento de um terço na pena, nos termos do § 1.º do art. 311 do CP. Nessa hipótese, o crime é próprio.

4.7   Receptação qualificada

No § 3.º do art. 311, prevê-se uma figura mais grave, como foi feito no cenário do art. 180, § 1.º, do Código Penal, para punir com mais severidade o recebimento e a utilização de veículos com sinal falsificado, bem como a lida com maquinário destinado ao preparo da adulteração, quando for realizado no exercício de atividade comercial ou industrial, dada a maior facilidade de que esses profissionais consigam adquirir e repassar os carros adulterados ou ter os mecanismos para tanto.

No § 4.º, insere-se uma norma penal explicativa, indicando-se a intenção de abranger todo e qualquer tipo de comércio, em particular os *informais*, sem qualquer visibilidade, para o fim de negociar os veículos adulterados, incluindo os comerciantes de fundo de *quintal* (exercido em residência). Ademais, várias formas de modificação de sinal identificador de carros e outros similares são realizadas em ambiente oculto e longe da regularidade de uma atuação empresarial.

4.8   Quadro-resumo

Previsão legal	**Adulteração de sinal identificador de veículo** **Art. 311.** Adulterar, remarcar ou suprimir número de chassi, monobloco, motor, placa de identificação, ou qualquer sinal identificador de veículo automotor, elétrico, híbrido, de reboque, de semirreboque ou de suas combinações, bem como de seus componentes ou equipamentos, sem autorização do órgão competente: Pena – reclusão, de 3 (três) a 6 (seis) anos, e multa. § 1.º Se o agente comete o crime no exercício da função pública ou em razão dela, a pena é aumentada de 1/3 (um terço). § 2.º Incorrem nas mesmas penas do *caput* deste artigo: I – o funcionário público que contribui para o licenciamento ou registro do veículo remarcado ou adulterado, fornecendo indevidamente material ou informação oficial; II – aquele que adquire, recebe, transporta, oculta, mantém em depósito, fabrica, fornece, a título oneroso ou gratuito, possui ou guarda maquinismo, aparelho, instrumento ou objeto especialmente destinado à falsificação e/ou adulteração de que trata o *caput* deste artigo; ou III – aquele que adquire, recebe, transporta, conduz, oculta, mantém em depósito, desmonta, monta, remonta, vende, expõe à venda, ou de qualquer forma utiliza, em proveito próprio ou alheio, veículo automotor, elétrico, híbrido, de reboque, semirreboque ou suas combinações ou partes, com número de chassi ou monobloco, placa de identificação ou qualquer sinal identificador veicular que devesse saber estar adulterado ou remarcado. § 3.º Praticar as condutas de que tratam os incisos II ou III do § 2.º deste artigo no exercício de atividade comercial ou industrial: Pena – reclusão, de 4 (quatro) a 8 (oito) anos, e multa. § 4.º Equipara-se a atividade comercial, para efeito do disposto no § 3.º deste artigo, qualquer forma de comércio irregular ou clandestino, inclusive aquele exercido em residência.
Sujeito ativo	Qualquer pessoa
Sujeito passivo	Estado; pessoa prejudicada pela adulteração ou remarcação
Objeto material	Número do chassi, monobloco, motor, placa de identificação ou qualquer sinal identificador de veículo
Objeto jurídico	Fé pública, voltando-se o interesse do Estado à proteção da propriedade e da segurança no registro de automóveis
Elemento subjetivo	Dolo
Classificação	Comum Formal Forma livre Comissivo Instantâneo de efeitos permanentes Dano Unissubjetivo Plurissubsistente
Tentativa	Admite
Circunstâncias especiais	Falsidade grosseira não constitui crime, porque não afeta a fé pública

RESUMO DO CAPÍTULO

	Falsificação do sinal empregado no contraste de metal precioso ou na fiscalização alfandegária, ou para outros fins Art. 306	Falsa identidade Art. 307	Uso de identidade falsa Art. 308	Fraude de lei sobre estrangeiros Art. 309	Fraude de lei sobre estrangeiros Art. 310	Adulteração de sinal identificador de veículo Art. 311
Sujeito ativo	Qualquer pessoa	Qualquer pessoa	Qualquer pessoa	Estrangeiro	Qualquer pessoa	Qualquer pessoa
Sujeito passivo	Estado	Estado; pessoa prejudicada pela atribuição indevida	Estado; pessoa prejudicada pelo mau uso do documento identificador alheio	Estado	Estado	Estado; pessoa prejudicada pela adulteração ou remarcação
Objeto material	Marca ou sinal utilizado para contraste de metal precioso ou para fiscalização alfandegária	Identidade	Documento de identificação alheio	Nome que não pertence ao agente	Ação, título ou valor	Número do chassi, monobloco, motor, placa de identificação ou qualquer sinal identificador de veículo
Objeto jurídico	Fé pública	Fé pública	Fé pública	Fé pública	Fé pública, voltando-se para a ordem econômica	Fé pública, voltando-se o interesse do Estado à proteção da propriedade e da segurança no registro de automóveis
Elemento subjetivo	Dolo	Dolo + elemento subjetivo específico	Dolo	Dolo + elemento subjetivo específico	Dolo	Dolo

	Falsificação do sinal empregado no contraste de metal precioso ou na fiscalização alfandegária, ou para outros fins Art. 306	Falsa identidade Art. 307	Uso de identidade falsa Art. 308	Fraude de lei sobre estrangeiros Art. 309	Fraude de lei sobre estrangeiros Art. 310	Adulteração de sinal identificador de veículo Art. 311
Classificação	Comum Formal Forma livre Comissivo Instantâneo Dano Unissubjetivo Unissubsistente ou plurissubsistente	Comum Formal Forma livre Comissivo Instantâneo Dano Unissubjetivo Plurissubsistente	Comum Formal Forma livre Comissivo Instantâneo Dano Unissubjetivo Unissubsistente ou plurissubsistente	Próprio Formal Forma livre Comissivo Instantâneo Dano Unissubjetivo Unissubsistente ou plurissubsistente	Comum Formal Forma livre Comissivo Instantâneo ou permanente Dano Unissubjetivo Plurissubsistente	Comum Formal Forma livre Comissivo Instantâneo de efeitos permanentes Dano Unissubjetivo Plurissubsistente
Tentativa	Admite na forma plurissubsistente	Admite	Admite na forma plurissubsistente	Admite na forma plurissubsistente	Admite	Admite
Circunstâncias especiais	Figura privilegiada	Autodefesa	Subsidiariedade explícita	Competência da Justiça Federal	——	Falsidade grosseira

Capítulo V
Fraudes em Certames de Interesse Público

1. INDEVIDA INSERÇÃO NO TÍTULO X (DOS CRIMES CONTRA A FÉ PÚBLICA)

A Lei 12.550, de 15 de dezembro de 2011, autoriza o Poder Executivo a criar a empresa pública denominada Empresa Brasileira de Serviços Hospitalares. São 17 artigos cuidando do tema, que diz respeito à saúde e à administração pública. Eis que, de repente, aproveita-se um espaço qualquer, em lei absolutamente estranha, para editar matéria penal, criando-se um tipo penal incriminador e uma nova pena restritiva de direitos (arts. 18 e 19).[1]

Um tema tão relevante como esse foi tratado de maneira secundária, lançado em lei de criação de empresa pública na área da saúde. Não bastasse, com vários erros, como já é hábito em leis penais.

Inseriu-se o Capítulo V, após vários outros tratando de falsidades, no Título X, referente à fé pública. Ora, em primeiro lugar, a fraude em certames públicos não diz respeito ao bem jurídico tutelado pelo Título X. A fé pública, como já se disse, ocupa-se da credibilidade existente em moedas, papéis e documentos, por força de lei. Os crimes que podem afetar o referido bem jurídico dizem respeito às falsidades em geral – e não às fraudes. Estas são capazes de afetar o patrimônio ou o interesse da administração pública, nos seus aspectos material e moral.

Logo, está deslocado este Capítulo V no Título IX. Deveria ter sido inserido no Título XI (Dos crimes contra a administração pública), especificamente no Capítulo II (Dos crimes praticados por particular contra a administração em geral). Ou, ainda, poderia constituir um capítulo próprio, ao final, intitulado "Dos crimes praticados por particular e por funcionário público contra a administração em geral". Enfim, o bem jurídico afetado pelo delito previsto no art. 311-A não é

---

[1] Criticando, igualmente, a forma de criação deste tipo penal: BITENCOURT, *Tratado de direito penal*, v. 4, p. 653.

a fé pública, na essência, mas a administração pública, nos seus aspectos material e moral, o que certamente abrange a lisura em certames de interesse público.

2. TITULAÇÃO EQUIVOCADA

Nomeou-se o capítulo V como "das fraudes em certames de interesse público", para, em seguida, conferir o mesmo título ao crime descrito pelo art. 311-A. Trata-se de pobreza de linguagem e equívoco técnico.

O Título cuida do bem maior, em caráter abrangente e genérico; o capítulo evidencia o objeto jurídico tutelado; o crime nomeia exatamente o objeto material. Notem-se, como exemplos: no Título I, encontramos "Dos crimes contra a pessoa" (bem maior protegido é o ser humano); no capítulo I, tem-se "Dos crimes contra a vida" (objeto jurídico tutelado é a vida humana); no art. 121, a rubrica é "homicídio simples" (o objeto material é a pessoa que perde a vida). O mesmo se encontra em vários outros títulos, capítulos e crimes.

No caso da Lei 12.550/2011, inseriu-se o capítulo V no Título X – primeiro equívoco – para, na sequência, nomear da mesma forma o capítulo e o crime – segundo equívoco. Neste último caso, o erro está na titulação do capítulo, pois o objeto jurídico é o interesse da administração na lisura dos certames públicos, algo não contemplado pelo legislador. Expandiu-se o nome do delito para compor o capítulo. Seria o mesmo que inserir no capítulo I do Título I da Parte Especial: Dos homicídios.

3. RUBRICA DO CRIME

Parece-nos correta, pois o termo certame envolve uma competição para atingir lugares premiados ou um ato público por meio do qual várias pessoas (físicas ou jurídicas) concorrem para lograr graduação mais elevada. Diante disso, é o gênero, do qual são espécies o concurso público, a avaliação ou exame público, o processo seletivo para ingressar em ensino superior e os demais exames ou processos seletivos previstos em lei.

A inclusão do termo fraudes no *nomen juris* do delito arrasta o tipo incriminador para a esfera do estelionato, composto, basicamente, por fraude, em seus inúmeros aspectos: erro, mediante artifício ou ardil e demais mecanismos enganosos. Por isso, cremos ser indispensável incluir o ânimo fraudulento no elemento subjetivo dessa infração penal.

4. FRAUDES EM CERTAMES DE INTERESSE PÚBLICO

4.1 Estrutura do tipo penal incriminador

Compõe-se de dois verbos, sendo um deles de caráter bem abrangente, que é utilizar (tornar algo útil, aproveitar, fazer uso de algo, empregar com utilidade, usar). O outro é divulgar (espalhar, propagar, tornar público ou conhecido). Ambos se voltam ao objeto conteúdo sigiloso de concurso, avaliação, exame, processo seletivo, em geral. É o conteúdo do art. 311-A do CP.

O tipo é misto alternativo, podendo o agente utilizar e divulgar o conteúdo sigiloso, cometendo um só delito. É indiferente praticar uma conduta ou as duas previstas no tipo, desde que no mesmo cenário. Deve compor-se, como já mencionado, a conduta (utilizar ou divulgar) com o mecanismo de fraude (forma enganosa de contornar a atenção e a vigilância alheia), previsto no próprio título do tipo penal. O conteúdo sigiloso diz respeito, em grande parte, às provas tecidas, em segredo, justamente para assegurar idoneidade, lisura e igualdade a todos no certame. Entretanto, conteúdo é tudo o que está contido em algo; nesse caso, cuida-se do concurso, avaliação, exame ou processo seletivo, não envolvendo somente a prova, mas também o gabarito, contendo as respostas da referida prova. Abrange, também, todos os demais pontos constituídos em segredo para garantir a igualdade de todos perante a avaliação. Exemplo: os temas do concurso podem ser sigilosos, antes de se publicar o edital, razão pela qual fazem parte do conteúdo sigiloso do evento. O tipo não especifica, de modo que se pode interpretar de maneira ampla o contexto do certame: desde a escolha da banca ou dos examinadores, com a seleção de pontos, divulgação do edital, período de inscrições, feitura das provas, realização destas, correção e finalização, com a publicação dos aprovados.

Nos incisos I a IV do art. 311-A estão indicados os objetos da fraude:

a) *concurso público*: é o certame organizado para o provimento de cargos e empregos públicos, nos termos do art. 37, II, da Constituição Federal: "a investidura em cargo ou emprego público depende de aprovação prévia em concurso público de provas ou de provas e títulos, de acordo com a natureza e a complexidade do cargo ou emprego, na forma prevista em lei...". Há leis disciplinando a realização de vários concursos públicos, além de ser um padrão de regras, igualmente, os editais de cada um;

b) *avaliação ou exame público*: trata-se de qualquer espécie de prova para testar conhecimento, promovida pela administração ou entidade por ela fiscalizada, com o fim de estabelecer padrões e graduações, necessários a atingir alguma habilitação, licença ou alvará. Exemplo: o exame para tirar a carteira de habilitação;

c) *processo seletivo para ingresso no ensino superior*: é o procedimento utilizado para eleger quais os mais indicados e aptos candidatos a ocupar vaga em curso superior, particularmente quando houver carência de vagas e excesso de candidatos. Denomina-se, ainda, para várias instituições de ensino, como vestibular. Outras formas de seleção podem ser indicadas, mas desde que assegure igualdade e probidade na realização do certame;

d) *exame ou processo seletivo previsto em lei*: é a forma residual dos demais, abrangendo qualquer certame.

Incluiu-se no tipo o termo *indevidamente*, sinalizando um elemento normativo vinculado à legalidade ou ilegalidade do ato. Não havia necessidade. Se fora estivesse, quem divulgasse o conteúdo sigiloso de concurso, de maneira lícita, estaria no exercício regular do direito. Portanto, seria uma exclusão da ilicitude. No entanto, preferiu o legislador inserir o elemento do injusto diretamente no tipo incriminador, razão pela qual quem utilizar ou divulgar o conteúdo sigiloso, nos termos legais, incorre em conduta atípica.

A pena é de reclusão de um a quatro anos, e multa. Se o concurso for federal, a competência é da Justiça Federal; se for estadual, da Justiça Estadual.

4.1.1 Cola eletrônica

Trata-se de uma espécie de estelionato, pois o agente ouvia as respostas, enquanto realizava a prova, por meio de outra pessoa, a quem tinha acesso por equipamento eletrônico. Uma fraude típica, que conferia a agente vantagem indevida. O STF, entretanto, considerou atípica a conduta, pois não se enquadrava, com perfeição, à figura típica do estelionato, conforme previsão feita pelo art. 171 do Código Penal. Não se poderia admitir qualquer forma de analogia para prejudicar o réu.

Hoje, com o advento da Lei 12.550/2011, segundo nos parece, o problema está resolvido. Afinal, é impossível obter as respostas às perguntas se estas não forem divulgadas a terceiros, que não fazem parte do certame, em momento inadequado. Por isso, preenche-se o tipo penal incriminador. Ilustrando, o concurseiro que utiliza as questões da prova (conteúdo sigiloso para quem está fora do certame), com o fim de obter as respostas, comete o delito do art. 311-A. O elemento subjetivo específico é, igualmente, preenchido, pois o seu fim é o benefício próprio e, além disso, atua com fraude.

Sobre a *cola eletrônica*, Auriney Brito faz interessantes observações, no sentido de que "as respostas jurídicas para fatos que envolvem a utilização das novas tecnologias da informação estão sempre carregadas de elementos fomentadores de discussões doutrinárias. A última delas referiu-se à antiga prática da cábula, popularmente conhecida como *cola*, que, quando incrementada com o uso da tecnologia, desnorteou os aplicadores do Direito, gerando uma celeuma que durou anos para ser decidida. (...) De uma ingênua prática escolar, a cola – agora com roupagem *hi-tech* denominada *cola eletrônica* – passou a ser o *modus operandi* de poderosos esquemas montados para fraudar vestibulares e concursos públicos, com a utilização das mais modernas ferramentas tecnológicas disponíveis no mercado, como celulares, *pagers*, internet e outras. Recentemente, na Operação Calouro, a Polícia Federal desbaratou uma quadrilha que fraudava vestibulares por todo o País. Foram expedidos mais de 70 mandados de prisão e 73 mandados de busca e apreensão sob a fundamentação de que os investigados estavam falsificando documentos para que outra pessoa fizesse a prova no lugar do estudante, ou utilizando altas tecnologias para auxiliar os candidatos na resolução das questões da prova do vestibular de Medicina. Chegaram a usar transmissores em carteiras porta-cédulas, pontos no ouvido e óculos com câmeras que filmavam as questões para serem respondidas e enviadas respostas pelo celular. Para isso cobravam até 80 mil reais em caso de aprovação".[2]

Quanto ao tipo penal incriminador do art. 311-A, diz que, "se o legislador realmente quis resolver o problema da tipicidade da cola eletrônica, ele deixou a desejar com relação à clareza. As elementares dispostas no novel art. 311-A do CP não atendem completamente àquelas demandas que foram levadas ao STJ e ao STF. Ou seja, as fraudes realizadas com a cola eletrônica continuarão deixando alguns responsáveis impunes dependendo da forma que for praticada (...)". Demonstra, a título de ilustração, o caso de pessoa que, falsificando documentos, tome o lugar de outra para fazer a prova. Afirma, também, que o candidato pode pesquisar sozinho as respostas e utilizar outros equipamentos eletrônicos para obter informações, sem o auxílio de terceiro. Seriam exemplos não preenchedores do tipo penal do art. 311-A do CP. O primeiro ponto, referente à fraude de comparecimento de uma pessoa em lugar de outra, nem pode ser chamado de cola eletrônica, porque se perfaz uma nítida falsidade documental. O segundo caso parece-nos acessível ao tipo do art. 171, pois o sujeito utilizou, para si, instrumento fraudulento para levar vantagem, o que seria uma modalidade anômala de *cola eletrônica*.

4.2   Sujeitos ativo e passivo

O sujeito ativo pode ser qualquer pessoa. O sujeito passivo é o Estado. Secundariamente, todos os prejudicados pela fraude no certame.

---

[2]   *Direito penal informático*, p. 113-114; 119-120.

4.3   Elemento subjetivo

É o dolo, não se punindo a figura culposa. Exige-se elemento subjetivo específico, consistente em obter benefício para si, obter benefício a outrem ou comprometer a credibilidade do certame, todos eles envoltos pelo *animus lucri faciendi*, ou seja, a intenção de defraudar (lesar alguém de modo fraudulento).

4.4   Objetos material e jurídico

O objeto material é o conteúdo sigiloso do certame (provas, gabaritos, questões, pontos etc.). O objeto jurídico, segundo a inserção legal, embora equívoca, é a fé pública. Preferimos indicar como objeto jurídico a administração pública, nos aspectos material e moral.

4.5   Classificação

Trata-se de crime comum (pode ser cometido por qualquer pessoa); formal (a simples prática da conduta permite a consumação, independentemente de atingir resultado naturalístico, que seria o prejuízo efetivo para o certame); de forma livre (pode ser cometido por qualquer meio eleito pelo agente); comissivo (os verbos implicam ações); instantâneo (a consumação se dá em momento certo na linha do tempo); unissubjetivo (pode ser cometido por uma só pessoa); plurissubsistente (cometido, como regra, em vários atos); admite tentativa.

4.6   Forma similar prevista no § 1.º

4.6.1   Estrutura do tipo penal incriminador

Trata-se de outro tipo básico, com condutas diferentes do *caput*. *Permitir* significa consentir em algo, dar permissão para alguma coisa, autorizar a fazer uso de algo. *Facilitar* quer dizer tornar mais fácil ou simples alguma coisa ou, também, pôr à disposição de alguém. A permissão ou a facilitação se volta ao conteúdo sigiloso do certame.

Geralmente, o autor do crime tem acesso a tais dados, devendo até zelar pelo seu segredo. Outros são funcionários públicos, que serão apenados, inclusive, com a causa de aumento prevista no § 3.º desse artigo. O crime se dá quando o detentor do conteúdo sigiloso do certame permite ou facilita que terceiros, não autorizados, tenham acesso a tais informações. As condutas permitem tanto a forma comissiva quanto a omissiva, pois permitir e facilitar aceitam a versão do não fazer.

A pena para quem comete o crime previsto no § 1.º do art. 311-A do CP é de reclusão, de 1 a 4 anos, e multa.

4.6.2   Sujeitos ativo e passivo

O sujeito ativo pode ser qualquer pessoa. O sujeito passivo é o Estado. Secundariamente, os que foram lesados pela fraude no certame.

4.6.3   Elemento subjetivo

É o dolo, não se punindo a forma culposa. Não se prevê o elemento subjetivo específico explícito, mas cremos existente o ânimo de fraude, com fundamento na titulação do próprio delito.

4.6.4   Objetos material e jurídico

O objeto material é o conteúdo sigiloso do certame. O objeto jurídico, segundo a inserção legal, embora equívoca, é a fé pública. Preferimos indicar como objeto jurídico a administração pública, nos aspectos material e moral.

4.6.5   Classificação

Trata-se de crime comum (pode ser cometido por qualquer pessoa); formal (a simples prática da conduta permite a consumação, independentemente de atingir resultado naturalístico, que seria o prejuízo efetivo para o certame); de forma livre (pode ser cometido por qualquer meio eleito pelo agente); comissivo ou omissivo (os verbos implicam ações ou omissões, dependendo do caso concreto); instantâneo (a consumação se dá em momento certo na linha do tempo); unissubjetivo (pode ser cometido por uma só pessoa); plurissubsistente (cometido, como regra, em vários atos), na modalidade comissiva, ou unissubsistente (praticado num único ato), quando na forma omissiva; admite tentativa, na forma comissiva e plurissubsistente.

4.7   Forma qualificada pelo resultado prevista no § 2.º

Estabeleceu-se a forma qualificada pelo resultado. O crime se consuma com a conduta, sem a exigência de resultado naturalístico, consistente em prejuízo efetivo para o certame e para a administração pública, mas, se da conduta resultar dano (efetivo, naturalístico), eleva-se a pena. Atingir o resultado danoso significa o exaurimento do delito.

A sanção passa a ser de reclusão, de dois a seis anos, e multa.

4.8   Causa de aumento de pena prevista no § 3.º

Se o autor do delito for funcionário público, pessoa que deve zelar, em primeiro plano, pelos interesses da administração, a pena deve ser elevada em um terço. Aplica-se na terceira fase de aplicação da pena. Essa circunstância de aumento é aplicável às três figuras típicas (*caput*, § 1.º e § 2.º). Observe-se o conceito de funcionário público, para fins penais, no art. 327 deste Código.

RESUMO DO CAPÍTULO

	Fraudes em Certames de Interesse Público
Previsão legal	**Art. 311-A.** Utilizar ou divulgar, indevidamente, com o fim de beneficiar a si ou a outrem, ou de comprometer a credibilidade do certame, conteúdo sigiloso de: I – concurso público; II – avaliação ou exame públicos; III – processo seletivo para ingresso no ensino superior; ou IV – exame ou processo seletivo previstos em lei: Pena – reclusão, de 1 (um) a 4 (quatro) anos, e multa. § 1.º Nas mesmas penas incorre quem permite ou facilita, por qualquer meio, o acesso de pessoas não autorizadas às informações mencionadas no *caput*. § 2.º Se da ação ou omissão resulta dano à administração pública: Pena – reclusão, de 2 (dois) a 6 (seis) anos, e multa. § 3.º Aumenta-se a pena de 1/3 (um terço) se o fato é cometido por funcionário público.

Sujeito ativo	Qualquer pessoa
Sujeito passivo	Estado. Secundário: prejudicado pela anulação do certame
Objeto material	Conteúdo sigiloso do certame (provas, gabaritos etc.)
Objeto jurídico	Fé pública, Administração pública
Elemento subjetivo	Dolo
Classificação	Comum Formal Forma livre Comissivo Instantâneo Unissubjetivo Plurissubsistente
Tentativa	Admite
Circunstâncias especiais	Exaurimento do crime (dano para a Administração pública) qualifica o crime Causa de aumento de 1/3 se o agente é funcionário público Cola eletrônica

PARTE 6

CRIMES CONTRA A ADMINISTRAÇÃO PÚBLICA

Capítulo I

Crimes Praticados por Funcionário Público contra a Administração em Geral

1. CONCEITO DE ADMINISTRAÇÃO PÚBLICA

Apesar de bastante amplo, o conceito de Administração Pública abrange, atualmente, toda a "atividade funcional do Estado e dos demais entes públicos", trazendo este Título do Código Penal uma gama de delitos voltados à proteção da atividade funcional do Estado e seus entes, variando única e tão somente o objeto específico da tutela penal.[1] Ou, ainda, nas palavras de URBINA GIMENO, o bem jurídico tutelado nesse cenário é o bom funcionamento da Administração Pública, sua capacidade de prestar serviços. Cada figura delitiva desse Título especifica uma faceta desse genérico interesse, protegendo as concretas qualidades que caracterizam o bom exercício da atividade administrativa.[2]

2. PECULATO

2.1 Estrutura do tipo penal incriminador

São duas as condutas típicas previstas no *caput* do artigo: a) *apropriar-se*, que significa tomar como propriedade sua ou apossar-se. É o que se chama de *peculato-apropriação*; b) *desviar*, que significa alterar o destino ou desencaminhar. É o que se classifica como *peculato-desvio*. Os objetos das condutas são dinheiro, valor ou outro bem móvel, público ou particular de que tem a posse em razão de seu cargo. Constitui o peculato *próprio*, em confronto com a figura prevista no § 1.º. O tipo integral constitui o teor do art. 312 do CP.

ANTONIO PAGLIARO e PAULO JOSÉ DA COSTA JÚNIOR, *Dos crimes contra a Administração Pública*, p. 16-18.

In: SILVA SÁNCHEZ (Dir.), *Lecciones de derecho penal* – Parte especial, p. 357 (tradução livre).

Conforme esclarece FERNANDO HENRIQUE MENDES DE ALMEIDA, "o étimo da palavra está em *pecus*, tal como em suas convizinhas pela raiz (*pecus* = gado) pecúnia, pecúlio, especular, e se reporta à época em que o gado foi havido como moeda. A palavra, como se sabe, designou, em sua evolução, a subtração da moeda, ou metal do Fisco, até que, finalmente, passou a significar furtos e apropriações indevidas, realizadas por prestadores de contas, bem como quaisquer fraudes em prejuízo da coisa pública".[3] Completa HUNGRIA demonstrando que "o crime de peculato tem a sua nítida gênese histórica no direito romano. À subtração de coisas pertencentes ao Estado chama-se *peculatus* ou *depeculatus*, sendo este *nomen juris* oriundo do tempo anterior à introdução da moeda, quando os bois e carneiros (*pecus*), destinados aos sacrifícios, constituíam a riqueza pública por excelência".[4]

Pode-se acrescentar, ainda, a menção de BASILEU GARCIA de que "o peculato foi outrora considerado gravíssimo delito, sujeito à pena capital, como quase todos os fatos delituosos que ofendiam diretamente o Estado e as prerrogativas do soberano".[5]

Dinheiro é a moeda em vigor, destinada a proporcionar a aquisição de bens e serviços; *valor* é tudo aquilo que pode ser convertido em dinheiro, possuindo poder de compra e trazendo para alguém, mesmo que indiretamente, benefícios materiais; *outro bem móvel* é fruto da interpretação analógica, isto é, dados os exemplos – dinheiro e valor –, o tipo penal amplia a possibilidade de qualquer outro bem, semelhante aos primeiros, poder constituir a figura do peculato. Assim, se o funcionário receber uma joia, configura-se a hipótese de "outro bem móvel".

Nas palavras de FERNANDO HENRIQUE MENDES DE ALMEIDA, "quanto ao valor econômico do bem, cumpre observar um pouco. Não se deve levar em conta unicamente o que possa ser estimado pecuniariamente. Antes, cumpre ter em atenção, também, o interesse moral. Se, por exemplo, um empregado de uma ferrovia estatizada vende a um passageiro um bilhete de viagem já utilizado, está claro que o bilhete já não tem valor. No entanto, houve peculato precisamente porque, não tendo valor o bilhete, o funcionário, ciente disto, ousou vendê-lo ao particular, considerando que tal passagem tem o mecanismo do título ao portador. Pouco importa que a ferrovia, provado o delito, não reembolse o passageiro, no exemplo aqui dado. Há o crime, apesar de o objeto não ter valor e a Administração Pública não reparar o dano econômico. Há o crime porque foi violada a confiança da Administração Pública".[6]

A origem do bem recebido pode ser de natureza pública – pertencente à Administração Pública – ou particular – pertencente a pessoa não integrante da Administração –, embora em ambas as hipóteses necessite estar em poder do funcionário público *em razão de* seu cargo.

Por outro lado, é irrelevante a menção feita no tipo incriminador se *em razão do cargo* ou *no exercício do cargo* (art. 313, CP), pois expressões sinônimas, para os efeitos de tutela à administração pública. Consultar a nota específica sobre esse tema no próximo artigo.

"A *posse*, a que se refere o texto legal, deve ser entendida em sentido amplo, compreendendo a simples *detenção*, bem como a posse indireta (disponibilidade jurídica

---

[3]   *Dos crimes contra a Administração Pública*, p. 11-12.

[4]   *Comentários ao Código Penal*, v. 9, p. 332. Seguindo a mesma linha, BERNALDO DE QUIRÓS, *Derecho penal* – Parte especial, t. 2, p. 344.

[5]   *Instituições de direito penal*, p. 222.

[6]   *Dos crimes contra a Administração Pública*, p. 14.

sem detenção material, ou poder de disposição exercível mediante ordens, requisições ou mandados)."[7]

Exemplo de apropriação de bem particular é o do carcereiro que, em razão do cargo, fica com bens ou valores pertencentes ao preso. No entanto, se o carcereiro toma dinheiro dos detentos para lhes fazer um favor pessoal (comprar alguma coisa, por exemplo), cuida-se de mera apropriação indébita (art. 168, CP), se não devolver a quantia.

É preciso que o funcionário tenha a posse nas modalidades previstas no *caput* do art. 312. A posse deve ser entendida em sentido lato, ou seja, abrange a mera detenção. Além disso, o funcionário necessita fazer uso de seu cargo para obter a posse de dinheiro, valor ou outro bem móvel. Se não estiver na esfera de suas atribuições o recebimento de determinado bem, impossível falar em peculato, configurando-se outro crime. O policial, por exemplo, não tem atribuição para receber valor correspondente a fiança. Se o fizer, poder-se-á configurar corrupção passiva ou apropriação indébita, conforme o caso.

Vale ressaltar o alerta feito por Noronha, no sentido de que a aprovação de contas pelo órgão competente, envolvendo o funcionário que praticou esse tipo penal, não impede a existência do crime. As contas, se aceitas ou rejeitadas, não constituem *condição de proce-dibilidade* para o processo criminal, com o que concordamos, pois seria confundir as esferas administrativa e penal, com paradigmas diferentes.[8]

A pena é de reclusão, de dois a doze anos, e multa.

2.1.1 Funcionário que recebe dinheiro ou outro valor de particular e aplica na própria repartição

Comete peculato-desvio, pois o valor foi destinado ao Estado, não sendo da esfera de atribuição do funcionário, sem autorização legal, aplicá-lo na repartição, ainda que para a melhoria do serviço público. Qualquer investimento nos prédios públicos depende de auto-rização e qualquer recebimento de vantagem exige a incorporação oficial ao patrimônio do Estado. Se receber valores indevidos, porque os solicitou ao particular, ingressa no contexto da corrupção passiva (art. 317, CP), ainda que os aplique na própria repartição em que trabalha.

2.2 Sujeitos ativo e passivo

O sujeito ativo somente pode ser o funcionário público, nos precisos termos do art. 327 do CP ("considera-se funcionário público, para os efeitos penais, quem, embora transitoria-mente ou sem remuneração, exerce cargo, emprego ou função pública"). O sujeito passivo é o Estado; secundariamente, a entidade de direito público ou o particular prejudicado (consultar o art. 327, § 1.º, CP).

Pode ser sujeito ativo o parlamentar e, além disso, pela função ocupada, ainda merece pena superior à do funcionário comum. Quando se tratar de militar, no exercício da sua função, o delito é militar e contra previsão no Código Penal Militar (art. 303).

Lembre-se que a condição de *funcionário público* é elementar do tipo (compõe o tipo básico), portanto comunica-se ao coautor ou partícipe que dela tenha conhecimento, apli-cando-se o disposto no art. 30 do CP. Por isso, o particular também pode cometer peculato, caso em concurso de pessoas com servidor público.

---

[7]   Hungria, *Comentários ao Código Penal*, v. 9, p. 339.

[8]   *Direito penal*, v. 4, p. 271.

2.3   Elemento subjetivo

É o dolo. Exige-se o elemento subjetivo específico, consistente na vontade de se apossar, definitivamente, do bem, em benefício próprio ou de terceiro. Entendemos que o elemento específico deve ser aplicado apenas à segunda figura, uma vez que a primeira já o possui ínsito ao verbo-núcleo do tipo – apropriar-se.[9] E, quanto à sua vontade de apossar-se do que não lhe pertence, não basta o funcionário alegar que sua intenção era restituir o que retirou da esfera de disponibilidade da Administração, devendo a prova ser clara nesse prisma, a fim de se afastar o ânimo específico de aproveitamento, tornando atípico o fato. A forma culposa vem prevista no § 2.º.

2.3.1   Peculato de uso

Assim como o furto, não se configura crime quando o funcionário público utiliza um bem qualquer infungível, em seu benefício ou de outrem, mas com a nítida intenção de devolver, isto é, sem que exista a vontade de se apossar do que não lhe pertence, mas está sob sua guarda.

A vontade de se apropriar demonstra que a intenção precisa estar voltada à conquista definitiva do bem móvel. Portanto, inexiste crime quando o agente utiliza um veículo que lhe foi confiado para o serviço público em seu próprio benefício, isto é, para assuntos particulares. Configura-se, nessa hipótese, mero ilícito administrativo.

Não se pode, ainda, falar em peculato de uso quando versar sobre dinheiro, ou seja, coisa fungível. Se o funcionário usar dinheiro que tem sob sua guarda para seu próprio benefício, pratica o delito de peculato.

Portanto, ainda que não punível penalmente, constitui ilícito administrativo dos mais graves. Sobre o tema, convém mencionar a lição de Antonio Pagliaro e Paulo José da Costa Júnior: "Nesta hipótese, para que se possa falar de apropriação indébita ou de desvio, é necessário que o uso, por sua natureza e por sua duração, seja tal que comprometa a utilidade da coisa para a Administração Pública ou para outro sujeito ao qual pertença. Naturalmente, para que se aperfeiçoe o crime, é preciso que haja um compromisso sério na utilização da coisa. Por isso, não haverá ilícito penal, mas somente um ato moralmente reprovável e suscetível de sanções disciplinares, se um funcionário público, por ocasião de uma festa, enfeitar sua casa com quadros de sua repartição, ou, então, usar, vez ou outra, máquinas de escrever, automóveis, que pertençam a terceiros e estejam em sua posse em razão do cargo. Se se verificar consumo de gasolina ou de outro material, poder-se-á configurar o peculato em relação a tais materiais".[10]

2.4   Objetos material e jurídico

O objeto material é constituído de dinheiro, valor ou qualquer outro bem móvel. O objeto jurídico é a Administração Pública, levando-se em conta seu interesse patrimonial e moral.

2.5   Classificação

Trata-se de crime próprio (aquele que somente pode ser cometido por sujeito ativo qualificado ou especial); material (crime que exige, para sua consumação, resultado naturalístico,

---

[9]   No mesmo prisma, Galdino Siqueira, *Tratado de direito penal*, v. 4, p. 563; Bento de Faria, *Código Penal brasileiro comentado*, v. VII, p. 89.

[10]   *Dos crimes contra a Administração Pública*, p. 46. Na legislação italiana, no entanto, o peculato de uso já se encontra previsto no Código Penal, como peculato privilegiado, com uma pena menor, desde que o agente com o objetivo único de fazer uso momentâneo da coisa, devolvendo imediatamente após (Antolisei, *Manuale di diritto penale* – Parte speciale, t. II, p. 292).

consistente no efetivo benefício auferido pelo agente nas duas figuras); de forma livre (pode ser cometido por qualquer meio eleito pelo agente); comissivo (os verbos implicam ações); instantâneo (cuja consumação não se prolonga no tempo, dando-se em momento determinado); unissubjetivo (aquele que pode ser cometido por um único sujeito), nas formas dolosas, porém plurissubjetivo (crime que exige pelo menos duas pessoas) na modalidade culposa (vide a nota 2.10 *infra*); plurissubsistente (delito cuja ação é composta por vários atos, permitindo-se o seu fracionamento); admite tentativa.

2.6   Concurso de pessoas

É admissível, segundo a regra do art. 30 do Código Penal. A condição pessoal do agente comunica-se ao coautor, porque elementar do crime.

2.7   Aplicação da defesa preliminar

Ao peculato e outros delitos funcionais aplica-se o procedimento do art. 514, *caput*, do Código de Processo Penal: "Nos crimes afiançáveis, estando a denúncia ou queixa em devida forma, o juiz mandará autuá-la e ordenará a notificação do acusado, para responder por escrito, dentro do prazo de quinze dias".

2.8   Estado de necessidade

Por vezes, o servidor público, alegando baixa remuneração ou má qualidade de seu posto de trabalho, desvia o dinheiro público para atender necessidades suas, até mesmo básicas e relevantes. Poderia alegar o estado de necessidade? Como regra, não, pois, como bem diz BENTO DE FARIA, aceitou a função, sabendo o valor do estipêndio fixado por lei, de modo que ele mesmo gerou o estado de insuficiência de recursos para atender suas próprias necessidades.[11] Não fosse assim, deveria ter procurado outro trabalho, com remuneração compatível com os seus gastos.

No entanto, não se pode descartar, completamente, essa excludente de ilicitude, que vale para qualquer delito, indistintamente. Caso o funcionário vivencie uma excepcional fase em sua vida, com uma doença gravíssima de seu filho, necessitando de dinheiro para uma cirurgia de urgência, pode-se até considerar o estado de necessidade. Sempre com a condição de ele restituir *in totum* o valor desviado.

Vale reproduzir o exemplo dado por BENTO DE FARIA, quando atuou como Procurador-Geral da República, antes de integrar o STF: "no caso que já tivemos ocasião de referir e sobre o qual nos manifestamos quando Procurador-Geral da República, com o apoio do Tribunal [STF]. Tratava-se de paupérrimo telegrafista no sertão da Bahia, o que teve necessidade de aplicar taxas recebidas para atender a enfermidade grave da sogra e dois filhos, que afinal faleceram, sendo ainda obrigado a recorrer a caridade pública para enterrá-los. Cumpre esclarecer que a União Federal não lhe pagava os vencimentos havia quatro meses e ainda que, posteriormente, processado, conseguiu por intervenção de parente próximo, residente em lugar distante, o dinheiro que restituiu. Seria justo condenar esse homem? Eu entendi que não e também o Supremo Tribunal Federal decidiu da mesma forma".[12]

---

[11]   *Código Penal brasileiro comentado*, v. VII, p. 89.

[12]   *Código Penal brasileiro comentado*, v. VII, p. 89-90.

2.9 Figura equiparada prevista no § 1.º

2.9.1 Estrutura do tipo penal incriminador

A conduta, nessa hipótese, é *subtrair* (tirar de quem tem a posse ou a propriedade), não se exigindo, portanto, que o funcionário tenha o bem sob sua guarda, o que é necessário para a figura do *caput*. Por isso, a doutrina classifica o § 1.º como *peculato-furto* ou peculato *impróprio*.

Note-se, ainda, que o tipo penal prevê outra hipótese, que é *concorrer para que seja subtraído*, dando mostra que considera conduta principal o fato de o funcionário colaborar para que outrem subtraia bem da Administração Pública. Se porventura não houvesse tal previsão, poder-se-ia indicar que o funcionário, colaborando para a subtração alheia, respondesse por furto, em concurso de pessoas, já que o executor material seria pessoa não ligada à Administração. No entanto, havendo expressamente essa disposição – "concorre para que seja subtraído" –, é natural supor que o particular, mesmo agindo como executor, ingressa no tipo do art. 312, que é especial em relação ao do art. 155 (furto), como coautor.

Valer-se de facilidade proporcionada pela qualidade de funcionário é fundamental para a configuração do *peculato-furto*. Assim, não basta que haja a subtração, sendo indispensável que ela se concretize em razão da facilidade encontrada pelo funcionário para tanto. Se o agente, ainda que funcionário, não se vale do cargo, nem de qualquer facilidade por ele proporcionada, para subtrair bem da Administração Pública, comete furto, e não peculato.

Quanto aos sujeitos, objetos, elemento subjetivo e classificação, são iguais aos já descritos para as figuras previstas para o *caput*.

A pena é de reclusão, de dois a doze anos, e multa.

2.10 Peculato culposo

É figura a ser preenchida por meio do elemento subjetivo *culpa*, isto é, imprudência, negligência ou imperícia. Na realidade, criou-se nesse dispositivo autêntica participação culposa em *ação* dolosa alheia (note-se que não se fala em participação culposa em *crime* doloso, o que é inviável pela teoria monística adotada no concurso de pessoas).

O funcionário, para ser punido, insere-se na figura do garante, prevista no art. 13, § 2.º, do Código Penal. Assim, tem ele o dever de agir, impedindo o resultado de ação delituosa de outrem. Não o fazendo, responde por peculato culposo. Exemplificando: se um vigia de prédio público se desvia de sua função de guarda, por negligência, permitindo, pois, que terceiros invadam o lugar e de lá subtraiam bens, responde por peculato culposo.

O funcionário, nesse caso, infringe o dever de cuidado objetivo, inerente aos crimes culposos, deixando de vigiar, como deveria, os bens da Administração que estão sob sua tutela. Vale ressaltar, ainda, que essa modalidade de peculato é sempre plurissubjetiva, isto é, necessita da concorrência de pelo menos duas pessoas: o funcionário (garante) e terceiro que comete o crime para o qual o primeiro concorre culposamente. É impossível que um só indivíduo seja autor de peculato culposo.

A pena é de detenção, de três meses a um ano (art. 312, § 2.º, CP).

2.10.1 Causa de extinção da punibilidade ou de redução da pena

Aplicável somente ao peculato culposo, é possível que o funcionário reconheça a sua responsabilidade pelo crime alheio e decida reparar o dano, restituindo à Administração o que lhe foi retirado. Nessa hipótese, extingue-se a punibilidade, se tal reparação se der antes do trânsito em julgado de sentença condenatória.

Caso a restituição seja feita posteriormente, é apenas uma causa de diminuição da pena. Nesta última hipótese, cabe ao juiz da execução penal aplicar o redutor da pena, por ter cessado a atividade jurisdicional do juiz da condenação.

A reparação do dano após o trânsito em julgado da sentença reduz de metade a pena imposta (art. 312, § 3.º, CP).

2.11 Quadro-resumo

Previsão legal	**Peculato** **Art. 312.** Apropriar-se o funcionário público de dinheiro, valor ou qualquer outro bem móvel, público ou particular, de que tem a posse em razão do cargo, ou desviá-lo, em proveito próprio ou alheio: Pena – reclusão, de dois a doze anos, e multa. § 1.º Aplica-se a mesma pena, se o funcionário público, embora não tendo a posse do dinheiro, valor ou bem, o subtrai, ou concorre para que seja subtraído, em proveito próprio ou alheio, valendo-se de facilidade que lhe proporciona a qualidade de funcionário. **Peculato Culposo** § 2.º Se o funcionário concorre culposamente para o crime de outrem: Pena – detenção, de três meses a um ano. § 3.º No caso do parágrafo anterior, a reparação do dano, se precede à sentença irrecorrível, extingue a punibilidade; se lhe é posterior, reduz de metade a pena imposta.
Sujeito ativo	Funcionário público
Sujeito passivo	Estado; entidade de direito público ou o particular prejudicado
Objeto material	Dinheiro, valor ou qualquer outro bem imóvel
Objeto jurídico	Administração Pública, levando em conta seu interesse patrimonial e moral
Elemento subjetivo	Dolo + elemento subjetivo específico
Classificação	Próprio Material Forma livre Comissivo Instantâneo Dano Unissubjetivo ou plurissubjetivo Plurissubsistente
Tentativa	Admite nas formas dolosas
Circunstâncias especiais	Peculato culposo Defesa preliminar

3. PECULATO MEDIANTE ERRO DE OUTREM

3.1 Estrutura do tipo penal incriminador

Apropriar-se, como mencionado, significa tomar algo como propriedade sua ou apossar-se. É o chamado *peculato-estelionato*[13] ou peculato impróprio, contido no art. 313 do CP.

---

[13] A nossa aceitação da expressão *peculato-estelionato* decorre da lógica, pois entendemos que pode o sujeito ativo colocar o sujeito passivo em erro, para receber e se apropriar da coisa. Quem assim não

O funcionário toma como seu dinheiro ou outra utilidade que, no exercício da sua função, caiu-lhe em mãos por erro de outrem.

Dinheiro é a moeda corrente oficial destinada a proporcionar a sua troca por bens e serviços. *Utilidade* é qualquer vantagem ou lucro. O tipo penal, valendo-se da interpretação analógica, generaliza, proporcionando que, por meio do exemplo dado ("dinheiro"), se consiga visualizar outras hipóteses, semelhantes a essa, que sejam úteis ao agente (por isso a menção a "utilidade"), sendo móveis e com valor econômico.

Esse tipo menciona *no exercício do cargo*, enquanto no *caput* do art. 312 fala-se *em razão do cargo*. Pelo nosso entendimento, são expressões sinônimas para o fim de aplicar o crime de peculato. Em ambas as hipóteses, o que se tem em conta é que o funcionário, prevalecendo-se das suas funções, consegue obter valor que não lhe chegaria às mãos não fosse o cargo exercido.[14]

O peculato-estelionato conta com o *erro de outrem*. O erro é a falsa percepção da realidade. Torna-se necessário que a vítima, por equivocar-se quanto à pessoa do funcionário público encarregado de receber o dinheiro ou a utilidade, termine entregando o valor a quem não está autorizado a receber. Este, por sua vez, interessado em se apropriar do bem, nada comunica à pessoa prejudicada, tampouco à Administração.

Aliás, é possível ainda que o ofendido entregue dinheiro ou outra utilidade *desnecessariamente* ao funcionário competente e este, aproveitando-se do erro, aproprie-se do montante. Defendíamos anteriormente que o erro deveria originar-se do próprio ofendido, não podendo ser causado pelo agente. Baseávamo-nos na interpretação da expressão "recebeu por erro *de outrem*", a indicar, aparentemente, que o equívoco brotou da vítima. E nesse prisma sustenta Hungria: "O erro de quem entrega (sujeito passivo) há de ser *espontâneo*: se provocado pelo funcionário *accipiens*, o crime a reconhecer será uma das modalidades da *concussão* (art. 316) ou estelionato".[15]

---

entende, naturalmente, pretende que se denomine essa forma de estelionato de outro modo, como *peculato-erro*. O mais difícil é entender o penalista que defende a designação de *peculato-estelionato* e não admite que o sujeito ativo induza o sujeito que entrega a coisa em erro. Segue a nossa lógica: Rogério Greco (*Curso de direito penal*, v. 3, p. 720). Nesse aspecto, é incoerente Nélson Hungria (*Comentários ao Código Penal*, v. 9, p. 353), por exemplo. São coerentes: Noronha (*Direito penal*, v. 4, p. 278) e Bitencourt (*Tratado de direito penal*, v. 5, p. 63).

[14] Ressaltamos que a maioria da doutrina acompanha o entendimento de que "em razão do cargo" é diferente de "no exercício do cargo". Sem dúvida, há uma diferença, mas o caso do peculato deve ser analisado de maneira também diferenciada. Não vemos sentido nessa divisão simplesmente observando a conduta do agente, que *se vale de seu cargo*, embora possa estar licenciado ou em férias para obter vantagem indevida. O prejuízo para a administração pública é exatamente o mesmo. Quem está no exercício do cargo e recebe algo por erro de outrem, apropriando-se, prejudica a administração material e moralmente, exatamente do mesmo modo que faz se, por erro de outrem, lhe é entregue algum valor (quando o funcionário estiver em férias, mas o sujeito passivo nem sabe disso) e ele se apropria. Quer dizer que um funcionário público, licenciado ou em férias, não é mais servidor público? Aposentado, demitido ou exonerado, sim. Deixa de ser funcionário público. No mais, com a devida vênia, a interpretação literal, feita por ilustres juristas, tende a prejudicar a Administração Pública. Preferimos, neste tipo penal, utilizar uma interpretação extensiva para considerar o exercício do cargo e em função do mesmo cargo como a verdadeira meta da proteção penal à Administração Pública.

[15] *Comentários ao Código Penal*, v. IX, p. 353-354. Concorda com Hungria, Magalhães Noronha, porém, tipificando como estelionato e não como concussão (*Direito penal*, v. 4, p. 279). Na doutrina mais recente, Bitencourt também sustenta deva o erro partir do sujeito passivo; se partir do sujeito

Meditando sobre o tema, não mais nos convencemos dessa postura. Se estamos diante do denominado *peculato-estelionato*, cuida-se, afinal, de uma forma de estelionato praticado por funcionário público, do mesmo modo que há o *peculato-furto*, estudado no art. 312, forma de furto cometido pelo funcionário. Qual a diferença de o erro brotar do ofendido espontaneamente e de haver a colaboração do funcionário para que tal se dê? Nenhuma. Não se pode pretender lançar o fato para o campo do estelionato puro, como sugere Hungria, na medida em que há uma apropriação de dinheiro público por um funcionário que induziu alguém em erro. E o tipo do art. 313 é especial em relação ao do art. 171. Muito menos se pode sustentar a ocorrência de concussão, cuja prática demanda a conduta de *exigir* no *caput*, e, quanto ao excesso de exação, previsto nos §§ 1.º e 2.º do art. 316 do CP, cuida-se de *exigência* ou *desvio* de tributo ou contribuição social – e não qualquer dinheiro ou utilidade.

Enfim, a modalidade prevista no art. 313 é um estelionato cometido por funcionário público em detrimento, primordialmente, do Estado, bem como, em segundo plano, da pessoa prejudicada. O importante é que exista apropriação de dinheiro ou outra utilidade decorrente de *erro* de terceiro, pouco importando se esse equívoco nasceu espontaneamente ou foi induzido pelo agente receptor.

No mesmo sentido, encontra-se a lição de Rogério Greco, lembrando, com propriedade, que "a lei penal não limita que o mencionado erro seja espontâneo, somente fazendo menção ao fato de que o agente tenha recebido o dinheiro ou qualquer outra utilidade mediante o erro de outrem. Como a hipótese é similar ao delito de estelionato, especializado pelo fato de se tratar de funcionário público, no exercício do cargo, não vemos motivo para afastar o delito quando o erro vier a ser provocado pelo agente, e reconhecer a infração penal quando ele for espontâneo".[16]

A pena é de reclusão, de um a quatro anos, e multa.

3.2   Sujeitos ativo e passivo

O sujeito ativo é somente o funcionário público. É correta a lembrança de Fernando Henrique Mendes de Almeida: "Se particular entrasse no fato, evidentemente, estaríamos defronte de uma usurpação de funções públicas em forma agravada (art. 328). De qualquer forma, o que importa é verificar que o peculato por erro de outrem é praticado na base inicial de uma usurpação de atribuições".[17] O sujeito passivo é o Estado; secundariamente, a entidade de direito público ou a pessoa prejudicada.

---

ativo, seria outra modalidade de peculato (*Tratado de direito penal*, v. 5, p. 60). Temos dificuldade de compreender essa posição, pois a situação provocada pelo sujeito ativo, salvo melhor juízo, caindo em suas mãos uma coisa, por erro do sujeito passivo, não se encaixa em outras figuras do peculato. Estaria o digno penalista fazendo uma interpretação mais que extensiva para encaixar o sujeito ativo em outra figura de peculato (tanto que Hungria e Noronha mencionam estelionato, por exemplo). As condutas de peculato-apropriação e peculato-desvio pressupõem que a coisa já está em mãos do sujeito ativo por conta de seu cargo – e não porque alguém a entregou por erro (para isto existe o tipo específico do art. 313). No peculato-furto, a coisa não está em seu poder, e nunca estaria se o sujeito ativo não a subtraísse, o que também não é compatível com a figura do art. 313. Então, defender o enquadramento do sujeito ativo, que provoca o erro no sujeito passivo, como outra modalidade de peculato implica ferir a taxatividade.

[16]   *Curso de direito penal*, v. 3, p. 720.

[17]   *Dos crimes contra a Administração Pública*, p. 27.

3.3   Elemento subjetivo

É o dolo. Entendemos não haver, também, elemento subjetivo específico. A vontade específica de pretender apossar-se de coisa pertencente a outra pessoa está ínsita no verbo "apropriar-se". Portanto, incidindo sobre o núcleo do tipo, o dolo é suficiente para configurar o crime de peculato-apropriação. Além disso, é preciso destacar que o dolo é atual, ou seja, ocorre no momento da conduta "apropriar-se", inexistindo a figura por alguns apregoada do "dolo subsequente". Não existe a figura culposa.

3.4   Objetos material e jurídico

O objeto material é dinheiro ou outra utilidade. O objeto jurídico é a Administração Pública (interesses patrimonial e moral).

3.5   Classificação

Trata-se de crime próprio (aquele que somente pode ser cometido por sujeito ativo qualificado ou especial); material (crime que exige, para sua consumação, resultado naturalístico, consistente no efetivo benefício auferido pelo agente); de forma livre (pode ser cometido por qualquer meio eleito pelo agente); comissivo (o verbo implica ação); instantâneo (cuja consumação não se prolonga no tempo, dando-se em momento determinado); unissubjetivo (aquele que pode ser cometido por um único sujeito); plurissubsistente (delito cuja ação é composta por vários atos, permitindo-se o seu fracionamento); admite tentativa.

3.6   Defesa preliminar

É cabível. Ver o tópico 2.7 *supra*.

3.7   Quadro-resumo

Previsão legal	**Peculato Mediante Erro de Outrem** **Art. 313.** Apropriar-se de dinheiro ou qualquer utilidade que, no exercício do cargo, recebeu por erro de outrem: Pena – reclusão, de um a quatro anos, e multa.
Sujeito ativo	Funcionário público
Sujeito passivo	Estado; entidade de direito público ou o particular prejudicado
Objeto material	Dinheiro ou outra utilidade
Objeto jurídico	Administração Pública (interesses patrimonial e moral)
Elemento subjetivo	Dolo
Classificação	Próprio Material Forma livre Comissivo Instantâneo Dano Unissubjetivo Plurissubsistente
Tentativa	Admite
Circunstâncias especiais	Peculato-estelionato

4.   INSERÇÃO DE DADOS FALSOS EM SISTEMA DE INFORMAÇÕES

4.1   Figura semelhante ao peculato impróprio

A criação desse tipo penal deve-se à Lei 9.983/2000 no contexto do peculato e equivale a compará-lo com o peculato impróprio ou o peculato-estelionato. Neste (figura do art. 313), o sujeito apropria-se de dinheiro ou outra utilidade que, exercendo um cargo, recebeu por engano de outrem. Naturalmente, é de considerar que o dinheiro deveria ter ido parar nos cofres da Administração Pública, mas termina com o funcionário (sujeito ativo específico).

Assim, ao inserir dados falsos em banco de dados da Administração Pública, pretendendo obter vantagem indevida, está, do mesmo modo, visando apossar-se do que não lhe pertence ou simplesmente desejando causar algum dano. Pelo ardil utilizado (alteração de banco de dados ou sistema informatizado), verifica-se a semelhança com o estelionato.

4.2   Estrutura do tipo penal incriminador

Inserir (introduzir ou incluir) ou *facilitar a inserção* (permitir que alguém introduza ou inclua), *alterar* (modificar ou mudar) ou *excluir* (remover ou eliminar) são as condutas puníveis. O objeto é o dado falso ou correto, conforme o caso. Nas duas primeiras – inserir ou facilitar a inserção – visa-se ao dado falso, que é a informação não correspondente à realidade. É o tipo previsto no art. 313-A do CP.

Tal conduta pode provocar, por exemplo, o pagamento de benefício previdenciário a pessoa inexistente. Nas duas últimas – alterar ou excluir – tem-se por fim o dado correto, isto é, a informação verdadeira, que é modificada ou eliminada, fazendo com que possa haver algum prejuízo para a Administração. Exemplo disso seria eliminar a informação de que algum segurado faleceu, fazendo com que a aposentadoria continue a ser paga normalmente.

Exige-se que a conduta do funcionário seja *indevida*, pois, se autorizada por lei ou por regulamento, ainda que cause prejuízo à Administração, não se configura o tipo penal.

Sistema informatizado é o conjunto de elementos, materiais ou não, coordenados entre si, que funcionam como uma estrutura organizada, tendo a finalidade de armazenar e transmitir dados, por meio de computadores. Pode significar uma rede de computadores ligados entre si, por exemplo, que transmitem informações uns aos outros, permitindo que o funcionário de uma repartição tome conhecimento de um dado, levando-o a deferir o pagamento de um benefício ou eliminar algum que esteja sendo pago.

O *sistema informatizado* é peculiar de equipamentos de informática, podendo possuir um banco de dados de igual teor. Assim, a diferença existente entre o sistema informatizado e o banco de dados é que o primeiro sempre se relaciona aos computadores, enquanto o segundo pode ter, como base, arquivos, fichas e papéis não associados à informática.

Banco de dados é a compilação organizada e inter-relacionada de informes, guardados em um meio físico, com o objetivo de servir de fonte de consulta para finalidades variadas, evitando-se a perda de informações. Pode ser organizado também de maneira informatizada.

A vantagem indevida, buscada pelo funcionário, pode ser qualquer lucro, ganho, privilégio ou benefício ilícito, ou seja, contrário ao direito, ainda que ofensivo apenas aos bons costumes. Entendíamos que o conteúdo da vantagem indevida deveria possuir algum conteúdo econômico, mesmo que indireto. Ampliamos o nosso pensamento, pois há casos concretos em que o funcionário deseja obter somente um elogio, uma vingança ou mesmo um favor sexual, enfim, algo imponderável no campo econômico, e, ainda assim, corrompe-se para prejudicar ato de ofício. Por vezes, já que a natureza humana é complexa para abarcar essas situações, uma vantagem não econômica pode surtir mais efeito do que se tivesse algum conteúdo patrimonial. Não se tratando de delitos patrimoniais, pode-se acolher essa amplitude.[18]

A pena é de reclusão, de dois a doze anos, e multa.

4.3   Sujeitos ativo e passivo

O sujeito ativo somente pode ser o funcionário público e, no caso presente, devidamente autorizado a lidar com o sistema informatizado ou banco de dados. O funcionário *não autorizado* somente pode praticar o crime se acompanhado de outro, devidamente autorizado. Cremos que a limitação não deveria ter sido estabelecida e qualquer funcionário público que tivesse acesso ao sistema, por qualquer meio, alterando-o, deveria ser igualmente punido. O sujeito passivo é o Estado e, secundariamente, a pessoa prejudicada.

Para obter esse acesso, sem o aparato de senhas utilizadas indevidamente, precisa-se de *hacker* (pessoa que navega na rede, invadindo computadores, para acessar ou destruir seus dados, visando a obter vantagem, ou não).

4.4   Elemento subjetivo

É o dolo. Exige-se elemento subjetivo específico consistente na finalidade de obter vantagem indevida para si ou para outrem ou para causar dano. Não se pune a forma culposa.

4.5   Objetos material e jurídico

O objeto material são os dados falsos ou verdadeiros de sistemas informatizados ou bancos de dados. O objeto jurídico é a Administração Pública, nos seus interesses material e moral.

4.6   Classificação

Trata-se de crime próprio (aquele que demanda sujeito qualificado); formal (delito que não exige, para sua consumação, a ocorrência de resultado naturalístico); de forma livre (pode ser cometido por qualquer meio eleito pelo agente); comissivo (os verbos implicam ações); instantâneo (cuja consumação não se prolonga no tempo, dando-se em momento determinado); unissubjetivo (aquele que pode ser cometido por um único sujeito); plurissubsistente (delito cuja ação é composta por vários atos, permitindo-se o seu fracionamento); admite tentativa.

4.7   Defesa preliminar

É preciso, conforme mencionado no item 2.7 *supra*.

---

[18]   No mesmo prisma, Bitencourt (*Tratado de direito penal*, v. 5, p. 69-70); Rogério Greco (*Curso de direito penal*, v. 3, p. 724); Ivan Luiz da Silva, in: Paulo Queiroz (*Curso de direito penal*, v. 2, p. 1124).

4.8   Quadro-resumo

	Inserção de Dados Falsos em Sistema de Informações
Previsão legal	**Art. 313-A.** Inserir ou facilitar, o funcionário autorizado, a inserção de dados falsos, alterar ou excluir indevidamente dados corretos nos sistemas informatizados ou bancos de dados da Administração Pública com o fim de obter vantagem indevida para si ou para outrem ou para causar dano: Pena – reclusão, de 2 (dois) a 12 (doze) anos, e multa.
Sujeito ativo	Funcionário público devidamente autorizado a lidar com o sistema informatizado ou banco de dados
Sujeito passivo	Estado; a pessoa prejudicada
Objeto material	Dados falsos ou verdadeiros de sistemas informatizados ou banco de dados
Objeto jurídico	Administração Pública (interesses patrimonial e moral)
Elemento subjetivo	Dolo + elemento subjetivo específico
Classificação	Próprio Formal Forma livre Comissivo; excepcionalmente pode ser omissivo impróprio ou comissivo por omissão Instantâneo Dano Unissubjetivo Plurissubsistente
Tentativa	Admite
Circunstâncias especiais	Vantagem indevida Defesa preliminar

5.   MODIFICAÇÃO OU ALTERAÇÃO NÃO AUTORIZADA DE SISTEMA DE INFORMAÇÕES

5.1   Estrutura do tipo penal incriminador

Modificar (imprimir um novo modo, transformar de maneira determinada) ou *alterar* (mudar de forma a desorganizar, decompor o sistema original). A primeira conduta implica dar nova forma ao sistema ou programa, enquanto a segunda tem a conotação de manter o sistema ou programa anterior, embora conturbando a sua forma original. O objeto é o sistema de informações ou programa de informática. É o disposto pelo art. 313-B do CP.

Sistema de informações é o conjunto de elementos materiais agrupados e estruturados visando ao fornecimento de dados ou instruções sobre algo. Embora pelo contexto tenha-se a impressão de se tratar de meio informatizado, cremos que pode ter maior abrangência, isto é, pode ser organizado por computadores ou não.

Programa de informática é o *software*, que permite ao computador ter utilidade, servindo a uma finalidade qualquer. Trata-se de uma sequência de etapas, contendo rotinas e funções, a serem executadas pelo computador, resolvendo problemas e alcançando determinados objetivos. Muitos desses programas envolvem, atualmente, as folhas de pagamento de vencimentos de servidores, aposentadorias ou outros benefícios a segurados etc.

O tipo menciona, ainda, a falta de *autorização* ou *solicitação* da autoridade competente para manipular o sistema de informações ou o programa de informática constitui elemento de ilicitude trazido para dentro do tipo. Assim, existindo a autorização ou a solicitação, em vez de lícita, torna-se atípica a conduta.

A pena é de detenção, de três meses a dois anos, e multa.

5.2   Sujeitos ativo e passivo

O sujeito ativo é somente o funcionário público. O sujeito passivo é o Estado.

5.3   Elemento subjetivo

É o dolo. Não existe a forma culposa, nem se exige elemento subjetivo específico.

5.4   Objetos material e jurídico

O objeto material pode ser o sistema de informações ou o programa de informática. O objeto jurídico é a Administração Pública (interesses material e moral).

5.5   Classificação

Trata-se de crime próprio (aquele que demanda sujeito qualificado); formal (delito que não exige, para sua consumação, a ocorrência de resultado naturalístico); de forma livre (pode ser cometido por qualquer meio eleito pelo agente); comissivo (os verbos implicam ações); instantâneo (cuja consumação não se prolonga no tempo, dando-se em momento determinado); unissubjetivo (aquele que pode ser cometido por um único sujeito); plurissubsistente (delito cuja ação é composta por vários atos, permitindo-se o seu fracionamento); admite tentativa.

5.6   Defesa preliminar

É preciso, conforme mencionado no item 2.7 *supra*.

5.7   Causa de aumento de pena do parágrafo único

Trata-se do exaurimento do crime. O delito é formal, de modo que basta a conduta (modificar ou alterar) para haver a consumação. Entretanto, o resultado naturalístico possível com tal conduta é justamente o prejuízo gerado para a Administração Pública ou para o administrado, razão pela qual, atingindo-o, o delito está exaurido, aumentando-se a pena em um terço até a metade.

5.8   Quadro-resumo

Previsão legal	**Modificação ou Alteração Não Autorizada de Sistema de Informações** **Art. 313-B.** Modificar ou alterar, o funcionário, sistema de informações ou programa de informática sem autorização ou solicitação de autoridade competente: Pena – detenção, de 3 (três) meses a 2 (dois) anos, e multa. **Parágrafo único.** As penas são aumentadas de 1/3 (um terço) até a metade se da modificação ou alteração resulta dano para a Administração Pública ou para o administrado.

Sujeito ativo	Funcionário público
Sujeito passivo	Estado
Objeto material	Sistema de informações ou o programa de informática
Objeto jurídico	Administração Pública (interesses patrimonial e moral)
Elemento subjetivo	Dolo
Classificação	Próprio Formal Forma livre Comissivo Instantâneo Dano Unissubjetivo Plurissubsistente
Tentativa	Admite
Circunstâncias especiais	Causa de aumento Defesa preliminar

6. EXTRAVIO, SONEGAÇÃO OU INUTILIZAÇÃO DE LIVRO OU DOCUMENTO

6.1 Estrutura do tipo penal incriminador

Extraviar é fazer com que algo não chegue ao seu destino; *sonegar* significa ocultar ou tirar às escondidas; *inutilizar* é destruir ou tornar inútil são as condutas típicas, cujos objetos são o livro oficial e documentos. Qualquer das condutas pode ser realizada *total* ou *parcialmente*, o que torna mais difícil a configuração da tentativa, já que a inutilização parcial de um documento constitui delito consumado, em face da descrição típica. É o conteúdo do art. 314 do CP.

Livro oficial é o livro criado por força de lei para registrar anotações de interesse para a Administração Pública. "Os livros oficiais de que fala a lei são: a) todos aqueles que, pelas leis e regulamentos, são guardados em arquivos da Administração Pública com a nota de que assim se devem considerar; b) todos os que, embora aparentemente possam conter fatos que, a juízo do funcionário que os guarda, não apresentam a característica de oficialidade, lhe são confiados como se a tivessem."[19] Infelizmente, esse artigo caminha para não ser mais utilizado, caso não seja modificado. Quanto ao termo documento, como se pode ver no próximo parágrafo, é adaptável à modernidade. No entanto transformar a palavra *livro* em *computador*, por exemplo, é exagerado e inviável, em face do princípio da legalidade. Contudo, os livros oficiais passaram a ter vida curta. Todos os informes administrativos estão sendo transportados para computadores de grande porte.

Documento é qualquer escrito, instrumento ou papel, de natureza pública ou privada, em visão tradicional. Entretanto, atualmente, trata-se de qualquer suporte material apto a registrar dados ou informes e até manifestações de vontade, que possuam relevância jurídica ou com o fim de produzir prova. Se, antes, falava-se apenas em papel, hoje, devem-se incluir CD, DVD, *pen drive*, disco rígido etc.[20]

---

[19] Fernando Henrique Mendes de Almeida, *Dos crimes contra a Administração Pública*, p. 35.

[20] Que a doutrina antiga ainda mencione os livros oficiais (alguns nem existem mais) no conceito tradicional de papéis amontoados e os documentos, igualmente, como pilhas de escritos em papel, admite-se. O

Como foi mencionado em tipos penais anteriores, o agente deve atuar *em razão do cargo* que ocupa.

A pena é de reclusão, de um a quatro anos, se o fato não constitui crime mais grave.

6.2   Sujeitos ativo e passivo

O sujeito ativo é somente o funcionário público. O sujeito passivo é o Estado; secundariamente, a entidade de direito público ou outra pessoa prejudicada.

6.3   Elemento subjetivo

É o dolo. Não se exige elemento subjetivo específico, nem se pune a forma culposa.

6.4   Objetos material e jurídico

O objeto material é o livro oficial ou outro documento. O objeto jurídico é a Administração Pública (nos enfoques patrimonial e moral).

6.5   Classificação

Trata-se de crime próprio (aquele que somente pode ser cometido por sujeito ativo qualificado ou especial); formal (crime que não exige, para sua consumação, resultado naturalístico, consistente no efetivo prejuízo para a Administração); de forma livre (pode ser cometido por qualquer meio eleito pelo agente); comissivo (quando implica ação), nas modalidades *extraviar* e *inutilizar,* ou omissivo (quando implica omissão), na forma *sonegar*); instantâneo (cuja consumação não se prolonga no tempo, dando-se em momento determinado); unissubjetivo (aquele que pode ser cometido por um único sujeito); unissubsistente (quando composto por um único ato) ou plurissubsistente (delito cuja ação é composta por vários atos, permitindo-se o seu fracionamento), conforme o caso (extraviar e inutilizar admitem a forma plurissubsistente; sonegar é unissubsistente); admite tentativa na modalidade plurissubsistente.

6.6   Delito subsidiário

Somente se aplica o art. 314 quando não houver figura típica mais grave. Se o sujeito, por exemplo, resolve extraviar um documento, de que tem a guarda, em função do cargo, por ter recebido alguma vantagem indevida, configura-se o delito de corrupção passiva, com pena de reclusão, de 2 a 12 anos, e multa, absorvendo o crime previsto no art. 314. Sob outro aspecto, se o extravio for de "livro oficial, processo fiscal ou qualquer documento, de quem tenha a guarda em razão da função; sonegá-lo ou inutilizá-lo, total ou parcialmente, acarretando pagamento indevido ou inexato de tributo ou contribuição social", prevalece o art. 3.º, I, da Lei 8.137/1990, em razão da especialidade, sobre a figura do art. 314 do Código Penal.

6.7   Defesa preliminar

É cabível. Ver o tópico 2.7 *supra.*

---

que nos causa surpresa é a parcela da doutrina atual, repetindo os exemplos antiquados, como se não vivesse num mundo completamente mudado.

6.8   Quadro-resumo

Previsão legal	**Extravio, Sonegação ou Inutilização de Livro ou Documento** **Art. 314.** Extraviar livro oficial ou qualquer documento, de que tem a guarda em razão do cargo; sonegá-lo ou inutilizá-lo, total ou parcialmente: Pena – reclusão, de um a quatro anos, se o fato não constitui crime mais grave.
Sujeito ativo	Funcionário público
Sujeito passivo	Estado; entidade de direito público ou o particular prejudicado
Objeto material	Livro oficial ou outro documento
Objeto jurídico	Administração Pública (interesses patrimonial e moral)
Elemento subjetivo	Dolo
Classificação	Próprio Formal Forma livre Comissivo ou omissivo Instantâneo Dano Unissubjetivo Unissubsistente ou plurissubsistente
Tentativa	Admite na modalidade plurissubsistente
Circunstâncias especiais	Subsidiariedade explícita

7.   EMPREGO IRREGULAR DE VERBAS OU RENDAS PÚBLICAS

7.1   Estrutura do tipo penal incriminador

Dar aplicação significa empregar ou utilizar. O objeto da conduta são as verbas ou rendas públicas. O agente destina essas verbas ou rendas para aplicação diversa da fixada em lei. É o que dispõe o art. 315.

Verba pública é a dotação de quantia em dinheiro para o pagamento das despesas do Estado; *renda pública* é qualquer quantia em dinheiro legalmente arrecadada pelo Estado.

Eventual finalidade justa do emprego irregular de verbas pouco importa. O funcionário tem o dever legal de ser fiel às regras estabelecidas pela Administração para aplicar o dinheiro público – logo, não havendo exigência, para esse delito, de elemento subjetivo específico, isto é, o objetivo de prejudicar o Estado, qualquer desvio serve para a configuração do crime.

"Outrossim, não importa demonstrar que o emprego irregular de verba ou renda pública obedeceu a propósitos honestos e teve também fins honestos. A lei positiva por que se deve reger a ordem jurídica somente coincide com o princípio de moral, quando o legislador o encampa. Finalmente, não aproveita, ainda, demonstrar que a aplicação irregular foi mais racional do que seria, se obedecida a lei. O argumento lógico, ainda quando realmente insuscetível de contestação, não é o que, em todos os casos se contém na lei. Esta, apesar de dura, de absurda, de injusta, de imoral, deve ser cumprida por aqueles a que se dirige, salvo se houver impossibilidade insuperável decorrente da natureza das coisas."[21]

O mesmo enfoque é exposto por HELENO FRAGOSO: "não há aqui para o Estado qualquer dano patrimonial: não há subtração nem apropriação de dinheiros públicos. As verbas ou rendas públicas são aplicadas no interesse da própria administração, porém em fim diverso do que é previsto em lei. A aplicação das verbas ou rendas para fins particulares (em proveito próprio ou alheio) seria peculato. Trata-se fundamentalmente de perturbação do regular funcionamento da administração pública, que exige a aplicação de fundos públicos em sua destinação legal".[22] Prevê, com razão, o autor a excepcionalidade do estado de necessidade. No entanto, nem seria preciso, pois essa é uma excludente que abrange todos os tipos incriminadores.

Tendo em vista tratar-se de dinheiro público, é preciso que se compreenda restritivamente o significado de *lei*. Portanto, é a norma emanada do Poder Legislativo, e não estão incluídos aí meros decretos, portarias, provimentos ou outras normas em sentido amplo. Nesse sentido, ver os arts. 163 e 165 da Constituição Federal.

A pena é de detenção, de um a três meses, ou multa.

7.2   Sujeitos ativo e passivo

O sujeito ativo é o funcionário público, cuja função é a manipulação da verba ou renda pública. O sujeito passivo é o Estado; secundariamente, a entidade de direito público prejudicada.

7.3   Elemento subjetivo

É o dolo. Não se exige elemento subjetivo específico, nem se pune a forma culposa.

7.4   Objetos material e jurídico

O objeto material é a verba ou a renda pública. O objeto jurídico é a Administração Pública, em seus interesses patrimonial e moral.

7.5   Classificação

Trata-se de crime próprio (aquele que somente pode ser cometido por sujeito ativo qualificado ou especial); material (crime que exige, para sua consumação, resultado naturalístico, consistente no efetivo emprego da verba ou da renda em finalidade diversa da prevista em lei); de forma livre (pode ser cometido por qualquer meio eleito pelo agente); comissivo ("dar" implica ação); instantâneo (cuja consumação não se prolonga no tempo, dando-se em momento determinado); unissubjetivo (aquele que pode ser cometido por um único sujeito); plurissubsistente (delito cuja ação é composta por vários atos, permitindo-se o seu fracionamento); admite tentativa.

7.6   Defesa preliminar

É cabível. Ver o tópico 2.7 *supra*.

---

[21]   FERNANDO HENRIQUE MENDES DE ALMEIDA, *Dos crimes contra a Administração Pública*, p. 43-44.
[22]   *Lições de direito penal*, v. 4, p. 898.

7.7   Quadro-resumo

Previsão legal	**Emprego Irregular de Verbas ou Rendas Públicas** Art. 315. Dar às verbas ou rendas públicas aplicação diversa da estabelecida em lei: Pena – detenção, de um a três meses, ou multa.
Sujeito ativo	Funcionário público
Sujeito passivo	Estado; entidade de direito público prejudicada
Objeto material	Verba ou a renda pública
Objeto jurídico	Administração Pública (interesses patrimonial e moral)
Elemento subjetivo	Dolo
Classificação	Próprio Material Forma livre Comissivo Instantâneo Dano Unissubjetivo Plurissubsistente
Tentativa	Admite

8.   CONCUSSÃO

8.1   Estrutura do tipo penal incriminador

Cuida-se de um dos mais graves crimes cometidos por funcionário público, ao lado da corrupção. Explica BASILEU GARCIA que a palavra *concussão* "liga-se ao verbo latino *concutere*, sacudir fortemente. Empregava-se o termo especialmente para alusão ao ato de sacudir com força uma árvore para que dela caíssem os frutos. Semelhantemente procede o agente desse crime: sacode o infeliz particular sobre quem recai a ação delituosa, para que caiam frutos, não no chão, mas no seu bolso".[23] Para BERNALDO DE QUIRÓS, "a concussão compreende toda classe de imposições ou exações ilegais cometidas por funcionário em relação às pessoas que têm alguma pendência administrativa. A palavra latina ('concussio, onis') equivale a como-ção, sacudida, expressando pitorescamente o efeito e a atitude de quem sofre a impressão desagradável da exação mesma, a 'mordida' com que não contava".[24]

Note-se, como dissemos no início do primeiro parágrafo, o paralelo entre concussão e corrupção, como os mais sérios delitos contra a Administração. GALDINO SIQUEIRA explica que, no direito romano, no título *repetundis*, o crime de concussão e o de corrupção eram confundidos, representando os abusos que os magistrados faziam de sua autoridade, seja exi-gindo contribuições das províncias por eles administradas, seja recebendo dinheiro das partes

---

[23]   *Dos crimes contra a Administração Pública*, p. 225.

[24]   *Derecho penal* – Parte especial, t. II, p. 344 (tradução livre).

a quem deviam administrar justiça gratuitamente.[25] Assim também Fragoso, demonstrando que, na Idade Média, confundiam-se concussão e corrupção.[26]

Não há dúvida que os tipos penais da concussão (art. 316) e os da corrupção (ativa – art. 333; passiva – art. 317) são similares, mas não se confundem. Na realidade, a concussão espelha uma conduta mais ousada do servidor público, que *exige* algo; a corrupção passiva forma-se com mais sutileza, pois o funcionário *solicita* ou simplesmente *recebe*; a corrupção ativa também é sutil na conduta de *oferecer* ou *prometer* vantagem.

Exigir significa ordenar ou demandar, havendo aspectos nitidamente impositivos e intimidativos na conduta, que não precisa ser, necessariamente, violenta, porém há de conter uma forma de ameaça. Não deixa de ser uma espécie de extorsão, embora colocada em prática por funcionário público. O objeto da conduta é uma vantagem indevida. É o conteúdo do art. 316 do CP.

Na análise de Fernando Henrique Mendes de Almeida, a concussão apresenta-se em três modalidades: a) típica (prevista no *caput*), em que se exige vantagem indevida, desconectada de qualquer tributo; b) própria, na qual há o abuso de poder, exigindo-se tributo ou contribuição indevida (§ 1.º, primeira parte); c) imprópria, em que se demanda, com abuso de poder, tributo ou contribuição devida (§ 1.º, segunda parte).[27]

É possível a configuração do delito caso o agente atue diretamente (sem rodeios e pessoalmente) ou fazendo sua exigência de modo indireto (disfarçado ou camuflado ou por interposta pessoa).

O tipo é explícito ao exigir que o agente se valha de sua função para demandar a vantagem indevida. Pode ele se encontrar fora da função (suspenso ou de licença), não ter, ainda, assumido suas atividades (nomeado, mas não empossado) ou já estar em pleno desenvolvimento de sua função. Entretanto, em qualquer caso, é indispensável que reclame a vantagem invocando sua atividade profissional.

Quanto ao conceito de *vantagem indevida*, pode ser qualquer lucro, ganho, privilégio ou benefício ilícito, ou seja, contrário ao direito, ainda que ofensivo apenas aos bons costumes. Entendíamos que o conteúdo da vantagem indevida deveria possuir algum conteúdo econômico, mesmo que indireto. Ampliamos o nosso pensamento, pois há casos concretos em que o funcionário deseja obter somente um elogio, uma vingança ou mesmo um favor sexual, enfim, algo imponderável no campo econômico e, ainda assim, corrompe-se para prejudicar ato de ofício. Por vezes, já que a natureza humana é complexa para abarcar essas situações, uma vantagem não econômica pode surtir mais efeito do que se tivesse algum conteúdo patrimonial. Não se tratando de delitos patrimoniais, pode-se acolher essa amplitude.[28] Na lei italiana, o tipo penal da concussão menciona que a exigência do funcionário é por dinheiro ou outra utilidade. Ao menos fica claro que o primeiro aspecto é patrimonial ou econômico;

---

[25]   *Tratado de direito penal*, v. 4, p. 567.

[26]   *Lições de direito penal*, v. 4, p. 901.

[27]   *Dos crimes contra a Administração Pública*, p. 50.

[28]   Assim também Fragoso, embora com a ressalva de que, como regra, é vantagem patrimonial (*Lições de direito penal*, v. 4, p. 903); Galdino Siqueira (*Tratado de direito penal*, v. 4, p. 568); Bitencourt (*Tratado de direito penal*, v. 5, p. 98-99); Bento de Faria (*Código Penal brasileiro comentado*, v. VII, p. 99); Rogério Greco, citando ainda Mirabete (*Curso de direito penal*, v. 3, p. 745); Rogério Sanches Cunha (*Manual de direito penal* – Parte especial, p. 760). Contra, demandando seja vantagem *econômica*: Noronha (*Direito penal*, v. 4, p. 295); Hungria (*Comentários ao Código Penal*, v. 9, p. 361).

no segundo, qualquer vantagem indevida. Mesmo assim, na doutrina italiana, debate-se se a utilidade não deve ter conteúdo econômico.[29]

A pena é de reclusão, de dois a doze anos, e multa.

8.2 Sujeitos ativo e passivo

O sujeito ativo é somente o funcionário público. O sujeito passivo é o Estado; secundariamente, a entidade de direito público ou a pessoa diretamente prejudicada.

8.3 Elemento subjetivo

É o dolo. Exige-se elemento subjetivo específico, consistente em destinar a vantagem para si ou para outra pessoa. Não existe a forma culposa.

8.4 Objetos material e jurídico

O objeto material é a vantagem indevida. O objeto jurídico é a Administração Pública (aspectos material e moral).

8.5 Classificação

Trata-se de crime próprio (aquele que somente pode ser cometido por sujeito ativo qualificado ou especial); formal (crime que não exige, para sua consumação, resultado naturalístico, consistente no efetivo benefício auferido pelo agente);[30] de forma livre (pode ser cometido por qualquer meio eleito pelo agente); comissivo (o verbo implica ação); instantâneo (cuja consumação não se prolonga no tempo, dando-se em momento determinado); unissubjetivo (aquele que pode ser cometido por um único sujeito); unissubsistente (crime praticado num único ato) ou plurissubsistente (delito cuja ação é composta por vários atos, permitindo-se o seu fracionamento), conforme o caso concreto; admite tentativa na forma plurissubsistente.

8.6 Prisão em flagrante

Se o crime é formal, a prisão em flagrante deve ocorrer no momento da exigência, e não por ocasião do recebimento da vantagem, instante em que há somente o exaurimento do delito. Assim, se o funcionário exige uma vantagem, prometido o pagamento para o dia seguinte, não há possibilidade de se lavrar prisão em flagrante por ocasião do recebimento.

O mesmo entendimento explana ROGÉRIO GRECO: "não é incomum a notícia de suposto flagrante quando o agente, após exigir da vítima o pagamento de uma vantagem indevida, impõe-lhe determinado prazo para o seu cumprimento. A vítima, assustada, procura ajuda da autoridade policial, que a orienta no sentido de marcar dia e hora para a entrega da vantagem, oportunidade em que será preparada a 'prisão em flagrante' do funcionário autor da indevida exigência. Nesse caso, pergunta-se: seria possível a realização da prisão em flagrante quando do ato da entrega da indevida vantagem? A resposta, aqui, só pode ser negativa, haja vista ter o crime se consumado quando da exigência da indevida vantagem, e não quando a sua efetiva

---

[29] Sustentando caber qualquer coisa, mesmo não econômica, ANTOLISEI (*Manuale di diritto penale* – Parte speciale, v. II, p. 298 e 304).

[30] Na mesma ótica, FRAGOSO, *Lições de direito penal*, v. 4, p. 903; BITENCOURT, *Tratado de direito penal*, v. 5, p. 108.

entrega pela vítima do agente".[31] Aliás, nessa hipótese, como o próprio autor menciona, somente para argumentar, seria um flagrante preparado, ou seja, crime impossível. Na realidade, não é crime impossível, porque já se consumou tempos antes, quando a exigência foi feita. Resta a hipótese tecnicamente correta: abuso de autoridade (realização de prisão em flagrante fora da situação de flagrância).

O correto, uma vez que o crime está consumado, seria a decretação da prisão preventiva, quando necessário, prendendo-se o agente no momento do recebimento, que serve para demonstrar, com maior nitidez, a concretização da concussão.

Quem admite a prisão em flagrante, no momento em que o sujeito ativo, que exigiu a vantagem indevida, no passado, volta para receber, no presente, argumenta que o *exaurimento* ainda é *consumação*. Se assim é, não vemos nem mesmo razão para diferenciar os termos. E não visualizamos sentido em separar os crimes de atividade dos delitos de resultado.

8.6.1   Flagrante e crime impossível

Nos casos de concussão, não se configura o flagrante preparado – aquele que é armado por policiais para incriminar alguém, sendo de consumação inviável –, aplicando-se a Súmula 145 do STF, quando a polícia, cientificada antecipadamente da conduta do funcionário, dá voz de prisão logo após feita a exigência. É o que se chama de flagrante esperado.

Cremos, como exposto no tópico anterior, ser incabível a prisão em flagrante no momento do pagamento da quantia, quando este constituir mero exaurimento do delito, porque feito muito depois da consumação. Ainda assim, se realizado o flagrante, isso não significa que seja motivo para reconhecer a ocorrência do crime impossível. Relaxa-se o flagrante, mas pune-se o funcionário.

8.7   Defesa preliminar

É cabível. Ver o tópico 2.7 *supra*.

8.8   Conceito de exação

É a cobrança pontual de tributos. Portanto, o que esse tipo penal tem por fim punir não é a exação em si mesma, mas o seu excesso, sabido que o abuso de direito é considerado ilícito. Assim, quando o funcionário cobra tributo além da quantia efetivamente devida, comete o *excesso de exação*.

8.9   Figura equiparada (art. 316, § 1.º)

8.9.1   Estrutura do tipo penal incriminador

Há duas formas para compor o excesso de exação: a) *exigir* (demandar, ordenar) o pagamento de tributo ou contribuição social indevidos; b) *empregar* (dar emprego ou usar) meio vexatório na cobrança. O objeto das condutas típicas é o tributo ou contribuição social. Cuida-se de uma forma diferenciada de abuso de autoridade, mas não foge a esse conceito.

Tributo é "toda prestação pecuniária compulsória, em moeda ou cujo valor nela se possa exprimir, que não constitua sanção de ato ilícito, instituída em lei e cobrada mediante atividade administrativa plenamente vinculada" (art. 3.º do Código Tributário Nacional).

---

[31]   O autor cita, no mesmo prisma, a posição de Paulo Rangel, *Curso de direito penal*, v. 3, p. 752.

São espécies de tributos: impostos, taxas e contribuições de melhoria. As contribuições sociais são, atualmente, consideradas também tributos, estando previstas nos arts. 149 e 195 da Constituição Federal. Há autores que as incluem, conforme a hipótese de incidência, como impostos, taxas ou contribuições de melhoria,[32] enquanto outros as colocam como autênticas espécies de tributos.[33] Não há possibilidade de ampliação do rol, em razão do princípio constitucional da reserva legal.

A cobrança, mesmo abusiva, de emolumentos, tarifas e custas não serve para configurar esse tipo penal.

O termo *indevido* evidencia que o tributo, ou a contribuição social, cobrado há de ser impróprio, vale dizer, de exigência ilícita, seja porque a lei não autoriza que o Estado o cobre, seja porque o contribuinte já o pagou, seja, ainda, porque está sendo demandado em valor acima do correto.

Meio vexatório é o que causa vergonha ou ultraje; *gravoso* é o meio oneroso ou opressor. É natural que o Estado não possa aceitar – nem fazer – uma cobrança vexatória ou gravosa, parecendo supérfluo mencionar, na parte final do tipo, a expressão "que a lei não autoriza". Seria inconstitucional se o fizesse, isto é, se lei autorizasse vexar ou oprimir o contribuinte.

Entretanto, foi melhor constar, a fim de não autorizar o entendimento de que o *vexame* ou o *gravame* seriam analisados do ponto de vista de quem contribui. Em verdade, verifica-se se o tributo ou a contribuição estão sendo corretamente cobrados de acordo com a lei, ainda que possa parecer a quem paga gravoso demais, por exemplo.

É preciso consultar os meios de cobrança de tributos e contribuições, instituídos em lei específica, para apurar se está havendo excesso de exação, o que demonstra tratar-se de norma penal em branco.

De qualquer forma, é preciso ressaltar que esse tipo é antigo. Pode ser que o excesso de exação existisse, com maior frequência, décadas atrás, quando o servidor (denominado coletor de impostos) ainda existia. O funcionário estatal saía atrás dos tributos. Hoje, quase tudo é puramente eletrônico. Não se tem mais contato direto com a pessoa física do funcionário dos vários setores governamentais que recolhem tributos e contribuições.

Um dia, cessará a aplicação do § 1.º do art. 316 por completo, a menos que algum programador consiga a proeza de emitir alguma *cobrança vexatória* por meio eletrônico.

A pena é de reclusão de três a oito anos, e multa.

8.9.2   Sujeitos ativo e passivo

O sujeito ativo é somente o funcionário público.[34] O sujeito passivo é o Estado; secundariamente, a entidade de direito público ou a pessoa diretamente prejudicada.

8.9.3   Elemento subjetivo

É o dolo, nas modalidades *direta* ("que sabe") e *indireta* ("que deveria saber"). Não há elemento subjetivo específico, nem se pune a forma culposa. Por exclusão, deixou claro

---

[32]   Roque Antonio Carrazza, *Curso de direito constitucional tributário*, p. 178.

[33]   Ricardo Cunha Chimenti, *Direito tributário*, p. 37.

[34]   Há quem delimite ao âmbito do funcionário com atribuição para cobrar o tributo, o que nos parece demasiado preciosismo. Aliás, justamente o servidor que não tiver essa atribuição, mas exigir o tributo, é que deve ser punido.

o tipo penal que a primeira modalidade (exigir tributo ou contribuição social) admite o dolo direto e o dolo eventual, mas a segunda, por não repetir a mesma fórmula, somente aceita o dolo direto.

8.9.4   Objetos material e jurídico

O objeto material é o tributo ou a contribuição social. O objeto jurídico é a Administração Pública (interesses material e moral).

8.9.5   Classificação

Trata-se de crime próprio (aquele que somente pode ser cometido por sujeito ativo qualificado ou especial); formal (delito que não exige resultado naturalístico, consistente no recebimento do tributo ou da contribuição não devidos) na forma "exigir" e material (crime que exige, para sua consumação, resultado naturalístico, consistente no efetivo emprego de meio vexatório ou gravoso) na modalidade "empregar na cobrança"; de forma livre (pode ser cometido por qualquer meio eleito pelo agente); comissivo (os verbos implicam ações); instantâneo (cuja consumação não se prolonga no tempo, dando-se em momento determinado); unissubjetivo (aquele que pode ser cometido por um único sujeito); unissubsistente (crime cometido por um único ato) ou plurissubsistente (delito cuja ação é composta por vários atos, permitindo-se o seu fracionamento), conforme o caso concreto; admite tentativa na forma plurissubsistente.

8.9.6   Defesa preliminar

É cabível. Ver o tópico 2.7 *supra*.

8.10   Excesso de exação por desvio (art. 316, § 2.º)

8.10.1   Estrutura do tipo penal incriminador

Quando o funcionário *desviar* (alterar o destino original) para si ou para outrem o que *recebeu indevidamente* (aceitar em pagamento sem previsão legal), pratica a figura qualificada do delito previsto no § 2.º. O recolhimento, apesar de indevido, destina-se, sempre, aos cofres públicos, uma vez que se trata de exação (cobrança de impostos).

A existência desse parágrafo permite deduzir que, no caso anterior, previsto no § 1.º, o servidor público, ao recolher o tributo, em lugar de destinar a si ou a outrem, coloca-o nos cofres públicos. Então, mesmo a primeira figura, que cita o recolhimento de tributo ou contribuição indevida, quer-se crer dirija-se a quantia para a administração. Se o agente não o fizer, incide, em tese, a figura do § 2.º.

Outra dedução a ser feita advém da segunda parte do § 1.º, que expõe o recolhimento de tributo devido, mas por meio vexatório: quer-se crer que, nesse caso, sendo o tributo devido (o meio de cobrança é que é criminoso), o agente vai destiná-lo aos cofres administrativos. E se, nesse caso, o servidor desviar o tributo para si? Incide o § 2.º? Parece-nos que não, pois o § 1.º fala em quantia *indevida* na primeira parte; na segunda, menciona um *modo indevido de cobrança*. Então, em interpretação restritiva, para adaptar a lei, mal escrita é verdade, somente a cobrança de tributo ou contribuição indevida pode redundar na situação prevista no § 2.º. Aliás, é até melhor que assim seja, pois, conforme exposto a seguir, nem se entende a razão de se acoimar de qualificada a figura do § 2.º, na medida em que pena mínima é até menor que a do § 1.º.

Embora se costume denominar a forma delituosa do § 2.º do art. 316 como *excesso de exação qualificado*, quanto à pena propriamente dita, somente a superior (12 anos) é maior que a do excesso de exação *simples* (8 anos). A pena básica da forma qualificada é de dois anos, enquanto da modalidade simples é de três anos. Logo, há inconsistência nessa designação, pois a espécie qualificada deveria ter o mínimo e o máximo superiores à forma simples. Assim sendo, é *mais prudente* que o servidor, ao recolher quantia indevida, fique com ela e não a destine à administração; se fizer desse modo, sua pena será de dois anos; caso destine aos cofres do Estado, a sua pena ficará em, pelo menos, três anos de reclusão. Esse é o nosso legislador.

A pena para quem comete o crime previsto no § 2.º do art. 316 do CP é de reclusão, de dois a doze anos, e multa.

8.10.2 Sujeitos ativo e passivo

O sujeito ativo é somente o funcionário público. O sujeito passivo é o Estado; secundariamente, a entidade de direito público ou a pessoa diretamente prejudicada.

8.10.3 Elemento subjetivo

É o dolo. Exige-se o elemento subjetivo específico, consistente na vontade de praticar a conduta "em proveito próprio ou de outrem". Não há a forma culposa.

8.10.4 Objetos material e jurídico

O objeto material é o tributo ou a contribuição social. O objeto jurídico é a Administração Pública (interesses material e moral).

8.10.5 Classificação

Trata-se de crime próprio (aquele que somente pode ser cometido por sujeito ativo qualificado ou especial); formal (delito que não exige resultado naturalístico, consistente no recebimento da vantagem indevida) na forma "exigir"; material (crime que exige, para sua consumação, resultado naturalístico, consistente no efetivo emprego de meio vexatório ou gravoso) na modalidade "empregar na cobrança", bem como no formato "desviar"; de forma livre (pode ser cometido por qualquer meio eleito pelo agente); comissivo (os verbos implicam ações); instantâneo (cuja consumação não se prolonga no tempo, dando-se em momento determinado); unissubjetivo (aquele que pode ser cometido por um único sujeito); unissubsistente (crime cometido por um único ato) ou plurissubsistente (delito cuja ação é composta por vários atos, permitindo-se o seu fracionamento), conforme o caso concreto; admite tentativa na forma plurissubsistente.

8.10.6 Defesa preliminar

É cabível. Ver o tópico 2.7 *supra*.

8.11   Quadro-resumo

Previsão legal	**Concussão** **Art. 316.** Exigir, para si ou para outrem, direta ou indiretamente, ainda que fora da função ou antes de assumi-la, mas em razão dela, vantagem indevida: Pena – reclusão, de 2 (dois) a 12 (doze) anos, e multa. **Excesso de Exação** § 1.º Se o funcionário exige tributo ou contribuição social que sabe ou deveria saber indevido, ou, quando devido, emprega na cobrança meio vexatório ou gravoso, que a lei não autoriza: Pena – reclusão, de três a oito anos, e multa. § 2.º Se o funcionário desvia, em proveito próprio ou de outrem, o que recebeu indevidamente para recolher aos cofres públicos: Pena – reclusão, de dois a doze anos, e multa.
Sujeito ativo	Funcionário público
Sujeito passivo	Estado; entidade de direito público ou o particular prejudicado
Objeto material	Vantagem indevida, tributo ou a contribuição social
Objeto jurídico	Administração Pública (interesses material e moral)
Elemento subjetivo	Dolo + elemento subjetivo específico
Classificação	Próprio Formal Forma livre Comissivo Instantâneo Dano Unissubjetivo Unissubsistente ou plurissubsistente
Tentativa	Admite na forma plurissubsistente
Circunstâncias especiais	Excesso de exação Qualificadora Flagrante Defesa preliminar

9.   CORRUPÇÃO PASSIVA

9.1   Introdução[35]

Vulgarmente, conceituar *corrupção* é uma tarefa quase impossível, pois o termo comporta inúmeros significados e extensa gama de consequências. Há, no entanto, um ponto em comum: trata-se de algo negativo; jamais positivo. Em dicionários, as definições não

---

[35]   Esta introdução advém da nossa monografia *Corrupção e anticorrupção*, um estudo detalhado sobre o tema. Fizemos um resumo para inserir neste *Curso*.

variam e perfilam o mesmo contexto: decompor, depravar, desmoralizar, subornar, tornar podre, enfim, destroçar algo.[36]

Juridicamente, a corrupção não foge do linguajar comum, pois as figuras criminosas punidas (arts. 317 e 333 do Código Penal, especificamente) nada mais significam do que a desmoralização concretizada no campo da Administração Pública, por meio de favores e vantagens ilícitas. Há, ainda, em leis especiais, como no Estatuto da Criança e do Adolescente, o surgimento da *corrupção* de menores de 18 anos, seja no campo da dignidade sexual (art. 244-A do ECA), seja no da prática do ilícito penal (art. 244-B do ECA).[37]

Não deixa de ser interessante anotar, desde logo, que qualquer pesquisa, hoje facilitada pela rede mundial de computadores, procura explorar a imagem da corrupção como a ligada a dinheiro (malas cheias de dinheiro, com notas escapando; a entrega de calhamaços de dinheiro de uma pessoa para outra; dinheiro amontoado nas cuecas[38] e meias etc.).[39]

A corrupção caracteriza-se, nitidamente, pela negociata, pelo pacto escuso, pelo acordo ilícito, pela depravação moral de uma pessoa, gerando, muitas vezes, imensos estragos ao Estado. Entretanto, a corrupção não se limita às fronteiras da Administração Pública, pois corre solta no ambiente privado, em particular, no cenário de empresas particulares. As maiores do mundo, que se autointitulam *honestas*, são surpreendidas, de tempos em tempos, imersas na podridão dos negócios malvistos e ilegais.

Houve época, no Brasil, nos anos 1970, somente para exemplificar, em que havia uma propaganda de cigarros, encabeçada por um famoso jogador de futebol, dizendo que o brasileiro precisava mesmo era *levar vantagem*. Noutros termos, tolo era quem cumpria a lei rigorosamente. Inteligente, sagaz e esperto seria quem a descumpria. Foi o lema dominante

---

[36] "A palavra corrupção deriva do latim *corruptus* que, numa primeira acepção, tem como significado 'quebrado em peças', mas pode também significar apodrecido ou pútrido. Pode-se dizer, pois, que se trata de expressão polissêmica, já que engloba significados diversos, tanto de natureza pública como privada. Junto a comportamentos de cunho sexual se somam outros, de caráter ético, comercial ou funcional. Assim, corrupção não é um conceito jurídico em si, mas um objeto que varia de acordo com o enfoque que lhe é dado pelo observador que sobre ela se detém" (CARLOS EDUARDO ADRIANO JAPIASSÚ, A corrupção em perspectiva internacional, p. 36). "Segundo a concepção romana, não era admissível que alguém recebesse recompensa por cumprir as elevadas obrigações de cidadão (...)" (MOMMSEN, *Derecho penal romano*, p. 174; tradução livre).

[37] Na voz de ROBERTO LIVIANU, "o conceito de corrupção pode ser considerado como o comportamento sistemático e reiterado de violação da moralidade administrativa por parte do funcionário público, no seu sentido amplo que causa danos sociais relevantes, atingindo o sistema social e as estruturas do Estado" (*Corrupção e direito penal*, p. 33). Nessa hipótese, por óbvio, está-se concentrando a definição no servidor público, logo, em sentido estrito, pois há outras formas de corrupção, como a ativa, que não envolve, necessariamente, a violação por parte do funcionário.

[38] "Certa vez, o FBI, há vinte anos, flagrou um político ocultando cédulas de dólar em sua cueca. Entretanto, no caso americano, o sistema judiciário assumiu o controle imediatamente e o servidor público não sentiu apenas vergonha, mas foi corrigido" (SÉRGIO MURILO MUNHOZ FONTANA, A necessidade de controle do comportamento político, p. 62).

[39] Estudo realizado na Espanha demonstra que "os delitos econômicos (relacionados à corrupção) não estão vinculados a situações de necessidade econômica ou dificuldades sociais. A imagem das pessoas envolvidas com as práticas investigadas está associada normalmente ao político ou ao empresário com grande poder econômico, que age por ganância e desprezo aos compromissos sociais relacionados ao modelo de Estado Social de Direito" (BRUNO AMARAL MACHADO, Ministério Público e controle penal da corrupção, p. 140-142).

durante a geração formada nessa década.[40] Ora, se levar vantagem sobre outra pessoa é uma das modalidades de corrupção, mesmo que moralmente inaceitável, tínhamos um lema de alcance nacional evidenciando o lado podre da sociedade brasileira.

O Parlamento brasileiro liga menos para a corrupção do que para outros ilícitos penais, alguns deles configuradores de condutas absolutamente irrelevantes. Há uma explicação para isso: grande parte da corrupção advém justamente do Congresso Nacional, com suas negociatas escusas pela liberação de verbas e indicação de apaniguados para cargos no Executivo. O delito de epidemia com resultado morte (art. 267, § 1.º, CP) é considerado hediondo (repugnante, cruel, aviltante), conforme prevê o art. 1.º, VII, da Lei 8.072/1990 (Lei dos Crimes Hediondos), embora nunca se tenha notícia de alguém ter sido processado e punido por tal crime. No entanto, qual é o obstáculo tão forte a impedir que a corrupção (ativa e passiva) se torne delito hediondo? Corromper, por si só, é depravar; o verbo já indica hediondez. O Parlamento foge dessa questão há décadas.

Por vezes, a corrupção não provoca grandes danos patrimoniais, mas, inequivocamente, gera prejuízos morais. Pode-se dizer que a moral difere do direito, uma verdade, mas, no cenário da *corrupção*, ambas se mesclam de maneira impressionante. Quem não tem pudor em *ficar com o troco* de uma venda (por vezes, algumas moedas), esquecido pelo cliente, já se mostra corrupto, embora se vislumbre a pequenez do dano patrimonial.

Ponto relevante é o desprezo pela meritocracia, desde o Brasil-colônia, substituída pela troca de favores e conchavos palacianos, uma vez que o ofício público era considerado como pertencente ao rei. A própria Coroa chegou a vender cargos. Daí se nota o descalabro pelo qual a história brasileira da corrupção passou, registrando, infelizmente até hoje, quase o mesmo sistema. Muitas nomeações políticas a cargos importantes advêm de trocas de favores, subserviência palaciana, esperteza nos relacionamentos e as sempre conhecidas *amizades* de mão dupla.

Havendo um generalizado *toma lá, dá cá*, o oferecimento de vantagens indevidas a servidores públicos torna-se tradição, sendo até mesmo marginalizado quem não aceita o suborno. Acarreta a *corrupção oficial* no interior da Administração Pública.

A par disso, no âmbito privado, pessoas físicas e jurídicas acostumam-se, igualmente, a comprar e dever favores, transfigurando qualquer proposta ética de comércio calcado apenas na qualidade do produto ou do serviço.

Desde que se passou a cuidar do Estado, nas figuras dos Poderes Executivo, Legislativo e Judiciário, buscava-se acreditar na imparcialidade e retidão deste último, praticamente imune à corrupção, o que a História não confirmou, nem os noticiários atuais o fazem. Quem não conhece algum caso de magistrado, de qualquer grau de jurisdição, que aceitou favores indevidos, proferiu decisões bizarras em benefício de amigos, diretos ou indiretos, segurou processos em sua gaveta, levando à prescrição, entre outros fatos? Se o Judiciário está enfermo de corrupção, o Legislativo e o Executivo encontram-se na UTI.[41]

Nos anos 1950, HUNGRIA já narrava: "de quando em vez, rebenta um escândalo, em que se ceva o sensacionalismo jornalístico. A opinião pública vozeia indignada e Têmis ensaia o seu gládio; mas os processos penais, iniciados com estrépito, resultam, as mais das vezes,

---

40   "Quando a honestidade passa a ser virtude, e não obrigação, há muito a ser corrigido" (MARCO VINICIO PETRELLUZI e RUBENS NAMAN RIZEK JR., *Lei anticorrupção*, p. 22).

41   "A corrupção chega a ser endêmica no país, e isso é atestado por um sem-número de trabalhos e pesquisas" (RENATO DE MELLO JORGE SILVEIRA, A ideia penal sobre a corrupção no Brasil, p. 408).

num completo fracasso, quando não na iniquidade da condenação de uma meia dúzia de *intermediários* deixados à sua própria sorte. São raras as moscas que caem na teia de Aracne. O 'estado-maior' da corrupção quase sempre fica resguardado, menos pela dificuldade de provas do que pela *razão de Estado*, pois a revelação de certas cumplicidades poderia afetar as próprias instituições".[42]

Se o texto fosse escrito hoje, teria absoluta pertinência e soaria perfeitamente amoldável à sociedade brasileira contemporânea. Vê-se entrar ano, acabar ano, entrar década, acabar década, entrar século, findar século, e a corrupção, sob seus mais variados formatos, campeia solta, sem freios eficazes. O próprio Estado, da forma como é estruturado e eleito para governar, não tem interesse real em combater a corrupção, acabar com os conchavos e prestigiar o mérito do servidor público, bem como a qualidade do empresariado privado.

O sólido alicerce da corrupção é a impunidade. Se o Estado quiser, realmente, combater esse ilícito, deve dispor-se a cortar a própria carne, em primeiro lugar, dando o exemplo. Para dar mostra de sua vontade em se contrapor à corrupção, deve-se extinguir o foro privilegiado.

Num segundo momento, expor de modo transparente à sociedade quais serão os mecanismos para combater as negociatas e os escusos conchavos. A seguir, deve editar uma lei dentro da mais perfeita adequabilidade à Constituição Federal, sem *inventar* institutos, que darão margem a questionamentos nos Tribunais, podendo-se anular tudo o que foi investigado, voltando-se à estaca zero. Tratar a sociedade com respeito e os operadores do direito com atenção poderá ser o passo firme e certo, que até agora não houve.

Sob outro aspecto, a luta contra a corrupção é longa e há de ser destemida, encampada pelo Estado e pela sociedade, cultivando a ética, como matéria e princípio, tanto nas escolas quanto nas faculdades e outros ambientes de aprendizado e cultura.

9.2   Estrutura do tipo penal incriminador

Solicitar significa pedir ou requerer; *receber* quer dizer aceitar em pagamento ou simplesmente aceitar algo. A segunda parte do tipo penal prevê a conduta de *aceitar promessa*, isto é, consentir em receber dádiva futura. Classifica a doutrina como *corrupção própria* a solicitação, recebimento ou aceitação de promessa de vantagem indevida para a prática de ato ilícito, contrário aos deveres funcionais, bem como de *corrupção imprópria*, quando a prática se refere a ato lícito, inerente aos deveres impostos pelo cargo ou função. Trata-se do disposto pelo art. 317 do Código Penal.

Na Espanha, o delito é classificado, no Código Penal, como *suborno* ativo e passivo. Explica Urbina Gimeno que "o Código utiliza cinco expressões para referir-se aos meios através dos quais se pode cometer o suborno: dádiva, favor, retribuição de qualquer classe, oferecimento e promessa".[43]

Pensávamos, ainda, que a modalidade "receber" implicaria um delito necessariamente bilateral, isto é, demandaria a presença de um corruptor (autor de corrupção ativa) para que o corrupto também fosse punido. E, se assim fosse, logicamente, a não identificação do corruptor não impediria a punição do corrupto, embora a absolvição do primeiro, conforme o caso (fato inexistente, por exemplo), devesse implicar a absolvição do segundo. Melhor refletindo e contrastando esse tipo penal do art. 317 com a descrição típica feita

42   Nelson Hungria, *Comentários ao Código Penal*, p. 364-365.
43   In: Silva Sanchéz, *Lecciones de derecho penal* – Parte especial, p. 365, tradução livre.

no art. 333, nota-se que existe possibilidade de se configurar a corrupção passiva, sem que haja a corrupção ativa. Afinal, esta demanda o *oferecimento* ou a *promessa* de vantagem indevida *para* que o funcionário faça ou deixe de fazer algo. Muñoz Conde, igualmente, esclarece: "não se trata, portanto, de um delito bilateral, no sentido de que o delito surge com o aperfeiçoamento de um acordo de vontades entre o particular e o funcionário, mas de dois delitos distintos e autonomamente castigados".[44]

Logo, a corrupção ativa é prévia à realização do ato. Ora, se um funcionário público receber, para si, vantagem indevida, em razão de seu cargo, configura-se, com perfeição, o tipo penal do art. 317, *caput*. A pessoa que fornece a vantagem indevida pode estar *preparando* o funcionário para que, um dia, dele necessitando, solicite algo, mas nada pretenda no momento da entrega do mimo. Ou, ainda, pode presentear o funcionário, depois de ter este realizado um ato de ofício. Cuida-se de corrupção passiva do mesmo modo, pois fere a moralidade administrativa, sem que se possa sustentar (por ausência de elementos típicos) a ocorrência da corrupção ativa. Em igual prisma, conferir Basileu Garcia.[45]

Classifica-se, ainda, a corrupção em antecedente, quando a retribuição é pedida ou aceita antes da realização do ato, e subsequente, quando o funcionário a solicita ou aceita somente após o cumprimento do ato.[46] Pode-se punir a corrupção subsequente? Fragoso explica que "nosso código não previu expressamente a corrupção subsequente. É *antecedente* a corrupção, quando o benefício é solicitado ou recebido para a prática de ato futuro; é *subsequente* quando se trata de solicitação ou recebimento de recompensa por ação ou omissão já realizada. (...) Nosso Código não subordina a solicitação ou recebimento à prática de um ato futuro (...), contentando-se em reconhecer a criminosidade da ação praticada *em razão da função pública* exercida pelo agente. É assim possível afirmar a punibilidade da corrupção subsequente, desde que o ato de ofício tenha sido viciado pela esperança da obtenção de um proveito, ou se a solicitação e o recebimento forem praticados em face de uma ação ou omissão funcional já realizada".[47] Observa-se, portanto, a viabilidade punitiva na corrupção subsequente, desde que se *provem* o nexo entre o ato de ofício e a vantagem indevida recebida ou solicitada, logo após.

Esclarece Basileu Garcia que "o crime de corrupção existia na Consolidação das Leis Penais sob nome diverso. Intitulava-se 'peita ou suborno'. Embora as palavras fossem empregadas como sinônimas, enunciavam, realmente, duas modalidades. Já era assim no Código Criminal do Império. No velho estatuto de 1830, havia a peita quando recebesse o funcionário dinheiro ou (acrescentava alternativamente o texto na colorida linguagem da época) 'ou algum donativo'. Suborno ocorria, quando se deixasse corromper o funcionário por influência ou (é textual) 'outro peditório de alguém'".[48]

A vantagem indevida pode ser qualquer lucro, ganho, privilégio ou benefício ilícito, ou seja, contrário ao direito, ainda que ofensivo apenas aos bons costumes. Entendíamos que o conteúdo da vantagem indevida deveria possuir algum conteúdo econômico, mesmo que indireto. Ampliamos o nosso pensamento, pois há casos concretos em que o funcionário deseja

---

[44]   *Derecho penal* – Parte especial, p. 873 (tradução livre).

[45]   *Dos crimes contra a Administração Pública*, p. 228.

[46]   Antonio Pagliaro e Paulo José da Costa Júnior, *Dos crimes contra a Administração Pública*, p. 102.

[47]   *Lições de direito penal*, v. 4, p. 915.

[48]   *Dos crimes contra a Administração Pública*, p. 226.

obter somente um elogio, uma vingança ou mesmo um favor sexual, enfim, algo imponderável no campo econômico e, ainda assim, corrompe-se para prejudicar ato de ofício.[49]

Por vezes, já que a natureza humana é complexa para abarcar essas situações, uma vantagem não econômica pode surtir mais efeito do que se tivesse algum conteúdo patrimonial. Não se tratando de delitos patrimoniais, pode-se acolher essa amplitude.

Se o delito de corrupção ativa ou passiva for cometido por militar, no exercício da função, aplica-se o disposto no Código Penal Militar (arts. 308 e 309). Do contrário, é competência da justiça comum. A pena é de reclusão, de dois a oito anos.

Já a pena para quem comete o crime previsto no *caput* do art. 317 do CP (corrupção passiva) é de reclusão, de dois a doze anos, e multa.

9.2.1 Ausência de menção à expressão ato de ofício

A figura típica da corrupção ativa, prevista no art. 333 do Código Penal, prevê, como meta da percepção da vantagem indevida pelo funcionário público, a prática, omissão ou retardamento de *ato de ofício*. Essa expressão significa o ato inerente às típicas atividades do servidor público. A partir disso, questiona-se o porquê da diferença entre o referido art. 333 e esse art. 317.

Parece-nos haver, sem dúvida, proposital omissão do *ato de ofício* nesse artigo. A corrupção passiva, como explicamos na nota anterior, pode ter por finalidade apenas deixar o funcionário *receptivo* a futuros pedidos. Não é preciso que o corruptor entregue a vantagem ao funcionário para a prática ou omissão de ato de ofício naquele momento. Qualquer percepção de benefício inadequado pelo servidor configura lesão à moralidade administrativa, representando a concretude do crime de corrupção passiva.

Por outro lado, quando se refere o art. 333 à corrupção ativa, é mais comum que o oferecimento ou a promessa de vantagem indevida pelo particular ao funcionário tenha, naquele momento, um determinado *ato de ofício*. Noutros termos, quando alguém pretende tornar o servidor *flexível e receptivo* a futuros pedidos, encaminha-lhe vantagem (solicitada ou não), cometendo o delito de corrupção passiva, como partícipe, uma vez que induziu o servidor a aceitar o indevido ou atendeu ao pedido dele. No entanto, quando o agente objetiva algo certo, oferta ou promete vantagem já visando ao ato de ofício, cometendo corrupção ativa.

9.2.2 Princípio da insignificância

Tem aplicação, nesse caso, o princípio da bagatela, ou seja, pequenos mimos ou lembranças, destinados a funcionários públicos, por exemplo, em datas comemorativas – como Natal, Páscoa etc. –, têm sido considerados conduta penalmente irrelevante, não configurando o tipo penal da corrupção passiva.[50]

"É certo que, para chegar à compreensão de que a cortesia é desinteressada, é preciso que não nos inspiremos no exemplo exagerado daquilo que, por costume (mas, evidentemente, mau costume apenas) se justifique entre altos funcionários. A regra limitativa deve ser esta: a) que o presente seja ocasional e não habitual, ou contínuo; b) que não ocorra correspondência

---

[49]   No mesmo prisma, FRAGOSO, *Lições de direito penal*, v. 4, p. 914.

[50]   É o que sempre sustentou a doutrina tradicional, como demonstra FRAGOSO, *Lições de direito penal*, v. 4, p. 916; HUNGRIA, *Comentários ao Código Penal*, v. 9, p. 370.

alguma entre o seu valor econômico e o ato de ofício, isto é, que não se possa formular, em face do fato, a relação que induza o caráter retributivo."[51] Entretanto, já é tempo de cessar essa *cortesia* com funcionários públicos, pois trata-se de uma conduta antiética. O servidor não está naquele local para receber mimos; está ali para cumprir um dever e quem o faz não merece recompensa alguma, apenas justa remuneração paga pelo Estado. Convém mencionar o teor da Súmula 599 do STJ: "O princípio da insignificância é inaplicável aos crimes contra a administração pública".

9.2.3　Vantagem indevida idônea

Não bastam meras ofertas de vantagens impossíveis ou não factíveis, incapazes de gerar no funcionário público uma real cobiça ou um atentado à moralidade administrativa. É preciso que o agente ofereça algo idôneo e verossímil, de acordo com suas condições, bem como harmônico com o seu contexto de vida.

9.2.4　Aspectos da consumação e a cifra negra da corrupção

A corrupção passiva é crime instantâneo, consumando-se no exato momento em que ocorre a solicitação ou a percepção, pelo funcionário, da vantagem indevida. Merecem consideração dois aspectos. O primeiro deles diz respeito à possibilidade de prisão em flagrante; assim que o servidor solicita a vantagem ao particular, consuma-se o crime, razão pela qual deveria ser efetuada a prisão em flagrante. Se o particular *não concorda* com o pleito, o caminho correto é dar voz de prisão ao corrupto. No entanto, quantos terão autonomia e coragem suficientes para tanto? Certamente, sem testemunhas, ninguém ousaria prender um funcionário público; afinal, a corrupção é feita, como regra, em absoluto sigilo.

Considerando-se a hipótese de que a prisão em flagrante é praticamente inviável, inúmeras condutas, que tipificam corrupção passiva, ficam ocultas, seja porque o funcionário solicitou e o particular concordou, seja porque não aquiesceu, mas também não deu voz de prisão, nem comunicou, posteriormente, as autoridades. A não comunicação, igualmente, deve-se ao temor de não conseguir provar o alegado (a palavra do particular contra a do funcionário). Há uma imensa *cifra negra* (crimes ocorridos e não punidos, que ficam fora das estatísticas oficiais) nesse cenário, demonstrativa do quanto se precisa fazer no campo da corrupção para evitar a impunidade.

9.2.5　Alinhamentos históricos

No estudo proporcionado por SÉRGIO SALOMÃO SHECAIRA, vislumbra-se o contorno maciço da corrupção entranhado nos principais momentos históricos da Humanidade, como, também, na evolução do Brasil.

Explica SHECAIRA que "o conceito de corrupção nas sociedades modernas é dos mais tormentosos, embora o problema não seja de forma alguma uma questão restrita ao nosso tempo. As Cidades-Estado da antiguidade já vivenciavam manifestações desse fenômeno, tendo sido o problema já normatizado pelas primeiras legislações e discutido pelos primeiros filósofos. (...) Entre nós, a forma como o Brasil foi colonizado permitiu o nascimento de um Estado que nasce marcado por práticas que misturam os interesses individuais aos

---

[51]　FERNANDO HENRIQUE MENDES DE ALMEIDA, *Dos crimes contra a Administração Pública*, p. 84-85.

coletivos sem qualquer desfaçatez. Nosso primeiro documento não é outra coisa senão expressão do que estaria por vir. Há a mistura do interesse da Coroa, com a descoberta de novas terras, em meio ao interesse de seu autor com o explícito interesse privado de sua família. (...) Os funcionários reais, por sua vez, não possuíam funções delimitadas ou hierarquias definidas; excedendo às ordens reais e assumindo, desta maneira, um caráter de puro mando e desmando a partir da posição que estes assumiam no controle do Estado. Os funcionários eram corruptos e infiéis às ordens do rei. Nesse período, outra característica a ser observada é a mistura entre os poderes, ou seja: as áreas de administração, legislativo e judiciário eram confundidos e exercidos pelas mesmas pessoas. Quem ocupava um cargo público se revestia de poderes e regalias que só esta condição lhes permitia. (...) Diretamente relacionados à concepção patrimonialista da cultura política das elites brasileiras, situam-se os fenômenos do *coronelismo* e *clientelismo*, os quais constituem a base histórica do populismo e do assistencialismo no país".[52]

Fauzi Hassan Choukr menciona ser a corrupção um "fenômeno de causas múltiplas e de variada possibilidade de análise". Afirma, ainda, aparecer a "corrupção de forma geral como um entrave à consolidação da democracia e a fruição de direitos a ela inerentes. Também surge nas reflexões que ligam essa atividade e a fragilidade da democracia ao crescimento da criminalidade dita 'organizada', concitando à reformulação das estruturas de controle do Estado para seu enfrentamento".[53]

9.3 Sujeitos ativo e passivo

O sujeito ativo é somente o funcionário público. O sujeito passivo é o Estado; secundariamente, a entidade de direito público ou a pessoa prejudicada. Vale destacar as exceções expostas por Basileu Garcia: "um funcionário pode ser autor do crime de corrupção ativa e o particular pode sê-lo do crime de corrupção passiva. Quanto à corrupção passiva, a lei adverte que o crime se poderá dar através de pedido ou recebimento indiretamente efetuado. Suponha-se que o funcionário relapso se utilize dos préstimos de um intermediário, que poderá ser outro funcionário, como também um particular. O nexo de coautoria o vinculará à responsabilidade do principal protagonista. Pode dar-se, também, que determinado servidor do Estado assedie outro, para obter dele a prática de algum ato funcional mediante remuneração: aí teremos como réu de corrupção ativa um funcionário".[54]

9.4 Elemento subjetivo

É o dolo. Exige-se elemento subjetivo específico, consistente na vontade de praticar a conduta "para si ou para outrem". Não há a forma culposa.

9.5 Objetos material e jurídico

O objeto material é a vantagem indevida. O objeto jurídico é a Administração Pública (aspectos patrimonial e moral).

---

[52] Corrupção ativa: atipicidade, *Estudos de direito penal III*, p. 87-94.

[53] Corrupção. As vias da internacionalização e o cenário brasileiro, In: Gamil Föppel, *Novos desafios do direito penal no terceiro milênio*, p. 487.

[54] *Dos crimes contra a Administração Pública*, p. 228-229.

9.6   Classificação

Trata-se de crime próprio (aquele que somente pode ser cometido por sujeito ativo qualificado ou especial); formal (delito que não exige resultado naturalístico, bastando a conduta para consumar-se); de forma livre (pode ser cometido por qualquer meio eleito pelo agente); comissivo (os verbos implicam ações) e, excepcionalmente, omissivo impróprio ou comissivo por omissão (quando o agente tem o dever jurídico de evitar o resultado, nos termos do art. 13, § 2.º, CP); instantâneo (cuja consumação não se prolonga no tempo, dando-se em momento determinado); unissubjetivo (aquele que pode ser cometido por um único sujeito); unissubsistente (delito praticado por um ato) ou plurissubsistente (delito cuja ação é composta por vários atos, permitindo-se o seu fracionamento), conforme o caso concreto; admite tentativa na forma plurissubsistente.

Em contrário, desautorizando a hipótese da tentativa em qualquer caso, Antonio Pagliaro e Paulo José da Costa Júnior;[55] Basileu Garcia.[56]

Convém mencionar a posição intermediária de Fernando Henrique Mendes de Almeida: "Entendemos, entretanto, que a tentativa da corrupção passiva, dependente como é este delito, deve existir, apenas, quando também a corrupção ativa fica igualmente frustrada. A tentativa da solicitação não é punível, se o agente não chega a realizar a solicitação de modo a colher eco ou resistência do particular. No primeiro caso, haverá tentativa de ambos os delitos (da corrupção ativa e da corrupção passiva) se for frustrada ação de ambos os sujeitos ativos do delito. Frustrado apenas por um, por iniciativa do particular, haverá tentativa, de um lado apenas, já que solicitar o indevido em razão de ofício 'já é, só por só, começo de crime'".[57]

9.7   Concurso de pessoas

O Código Penal, mais uma vez, abriu exceção à teoria unitária do crime (ou monista), criando outra figura típica (art. 333) para a pessoa que corrompe o funcionário. Assim, o particular que dá a vantagem indevida, em lugar de responder como partícipe do delito de corrupção passiva, comete o crime de corrupção ativa. Entretanto, pode o fornecedor do presente ao funcionário ser punido como partícipe do delito de corrupção passiva, caso o mimo seja fornecido após a prática do ato funcional ou sem que haja a promessa de realização de ato de ofício (ver a nota 9.2 *supra*), pois não há caracterização do crime de corrupção ativa.

9.8   Defesa preliminar

É cabível. Ver o tópico 2.7 *supra*.

9.9   Causa de aumento da pena o § 1.º

Eleva-se em um terço a pena do agente que, em razão da vantagem recebida ou prometida, efetivamente retarda (atrasa ou procrastina) ou deixa de praticar (não leva a efeito) ato de ofício que lhe competia desempenhar ou termina praticando o ato, mas desrespeitando o dever funcional. É o que a doutrina classifica de *corrupção exaurida*.

---

[55]   *Dos crimes contra a Administração Pública*, p. 121.
[56]   *Dos crimes contra a Administração Pública*, p. 228.
[57]   *Dos crimes contra a Administração Pública*, p. 67-69.

De fato, tendo em vista que o tipo penal é formal, isto é, consuma-se com a simples solicitação, aceitação da promessa ou recebimento de vantagem, mesmo que inexista prejuízo material para o Estado ou para o particular, quando o funcionário atinge o resultado naturalístico exaure-se (esgota-se) o crime.

9.10 Figura privilegiada

A corrupção tem forma privilegiada, alterando-se a pena de reclusão para detenção e os limites para três meses a um ano, ou multa (art. 317, § 2.º, CP), quando o funcionário pratica ou retarda o ato, bem como deixa de praticá-lo, levando em conta *pedido* (solicitação) ou *influência* (prestígio ou inspiração), mas sem qualquer vantagem indevida em questão.

9.11 Quadro-resumo

Previsão legal	**Corrupção Passiva** **Art. 317.** Solicitar ou receber, para si ou para outrem, direta ou indiretamente, ainda que fora da função ou antes de assumi-la, mas em razão dela, vantagem indevida, ou aceitar promessa de tal vantagem: Pena – reclusão, de 2 (dois) a 12 (doze) anos, e multa. § 1.º A pena é aumentada de um terço, se, em consequência da vantagem ou promessa, o funcionário retarda ou deixa de praticar qualquer ato de ofício ou o pratica infringindo dever funcional. § 2.º Se o funcionário pratica, deixa de praticar ou retarda ato de ofício, com infração de dever funcional, cedendo a pedido ou influência de outrem: Pena – detenção, de três meses a um ano, ou multa.
Sujeito ativo	Funcionário público
Sujeito passivo	Estado; entidade de direito público ou o particular prejudicado
Objeto material	Vantagem indevida
Objeto jurídico	Administração Pública (aspectos patrimonial e moral)
Elemento subjetivo	Dolo + elemento subjetivo específico
Classificação	Próprio Formal Forma livre Comissivo ou omissivo impróprio Instantâneo Dano Unissubjetivo Unissubsistente ou plurissubsistente
Tentativa	Admite na forma plurissubsistente
Circunstâncias especiais	Concurso de pessoas Causa de aumento Figura privilegiada Defesa preliminar

10. FACILITAÇÃO DE CONTRABANDO OU DESCAMINHO

10.1 Estrutura do tipo penal incriminador

Facilitar (tornar mais fácil, ou seja, sem grande esforço ou custo) a *prática* (exercício ou realização) de contrabando (importar mercadoria proibida) ou descaminho (importar mercadoria sem pagar o imposto devido), com infração do dever funcional. É o disposto pelo art. 318 do CP.

Esse delito é uma exceção pluralista à teoria monista, porque se desliga do concurso de agentes (art. 29, CP). Noutros termos, se o art. 318 do CP não existisse, quem facilitasse o contrabando ou o descaminho seria partícipe ou coautor dos crimes em referência (contrabando e descaminho). No entanto, optou o legislador por criar um tipo autônomo, com pena superior à dos delitos mencionados. Tal se dá porque nesse caso o autor é funcionário público, logo, prejudica a administração de modo mais grave, no mínimo, no campo da moralidade.[58]

A expressão *infração do dever funcional* integra a conduta típica, não sendo, pois, suficiente que o funcionário facilite o contrabando ou o descaminho, mas que o faça infringindo seu dever funcional, vale dizer, deixando de cumprir os deveres previstos em lei. Exige-se que o agente tenha a função de controlar, fiscalizar e impedir a entrada de mercadoria proibida no território nacional ou garantir o pagamento de imposto devido pela referida entrada.

A descrição típica desse crime faz referência expressa ao art. 334 (hoje, dividido em dois: 334 e 334-A), remetendo o aplicador do direito a outra figura típica, que a complementa.

Essa é outra exceção criada pelo legislador, prevendo pena mais grave para o funcionário público que *facilita* o contrabando, incidindo nessa figura típica, e sanção mais leve ao agente do contrabando ou descaminho, que incide na figura dos arts. 334 e 334-A. Se o funcionário público não infringir dever funcional, poderá ser coautor ou partícipe do delito de contrabando ou descaminho.

A pena para quem comete o crime previsto no art. 318 do CP é de reclusão, de três a oito anos, e multa.

A competência é da Justiça Federal, por se tratar de crime conexo ao contrabando ou descaminho, cujo interesse é da União, além de o funcionário encarregado de fiscalizar a fronteira, na maioria dos casos, ser federal.

10.2 Sujeitos ativo e passivo

O sujeito ativo é apenas o funcionário público. O sujeito passivo é o Estado.

10.3 Elemento subjetivo

É o dolo. Não se exige elemento subjetivo específico, nem se pune a forma culposa.

10.4 Objetos material e jurídico

O objeto material é a mercadoria contrabandeada ou o imposto não recolhido. O objeto jurídico é a Administração Pública (aspectos material e moral).

---

[58] Como diz HUNGRIA, o que faz nascer um crime autônomo é a infração do dever funcional (*Comentários ao Código Penal*, v. 9, p. 373).

10.5 Classificação

Trata-se de crime próprio (aquele que somente pode ser cometido por sujeito ativo qualificado ou especial); formal (crime que não exige, para sua consumação, resultado naturalístico, consistente no efetivo contrabando ou descaminho); de forma livre (pode ser cometido por qualquer meio eleito pelo agente); comissivo (ação) ou omissivo (inação), conforme o caso); instantâneo (cuja consumação não se prolonga no tempo, dando-se em momento determinado); unissubjetivo (aquele que pode ser cometido por um único sujeito); unissubsistente (praticado num único ato) ou plurissubsistente (delito cuja ação é composta por vários atos, permitindo-se o seu fracionamento); admite tentativa na forma plurissubsistente.

10.6 Defesa preliminar

É cabível. Ver o tópico 2.7 *supra*.

10.7 Quadro-resumo

Previsão legal	**Facilitação de Contrabando ou Descaminho** **Art. 318.** Facilitar, com infração de dever funcional, a prática de contrabando ou descaminho (art. 334): Pena – reclusão, de 3 (três) a 8 (oito) anos, e multa.
Sujeito ativo	Funcionário público
Sujeito passivo	Estado
Objeto material	Mercadoria contrabandeada ou o imposto não recolhido
Objeto jurídico	Administração Pública (aspectos patrimonial e moral)
Elemento subjetivo	Dolo
Classificação	Próprio Formal Forma livre Comissivo ou omissivo Instantâneo Dano Unissubjetivo Unissubsistente ou plurissubsistente
Tentativa	Admite na forma plurissubsistente
Circunstâncias especiais	Tipo remetido Exceção pluralística Defesa preliminar

11. PREVARICAÇÃO

Acesse e escute
**o podcast sobre
Prevaricação.**

> *http://uqr.to/1ynpd*

11.1   Estrutura do tipo penal incriminador

Em direito romano, como esclarece GALDINO SIQUEIRA, "*prevaricação* tinha um sentido restrito e designava o ato daquele que, depois de ter acusado alguém em um *judicium publicum*, se conluiava com ele para obter a sua absolvição (*prevaricatio propria*) e, também, o ato do *advocatus* ou *patronus*, que traía a causa, passando da parte do autor para o réu (*prevaricatio impropria*)".[59]

Hoje, pode-se verificar a *prevaricação* como a "infidelidade ao dever do ofício, à função exercida. É o não cumprimento das obrigações que lhe são inerentes, movido o agente por interesse ou sentimento próprios".[60]

Retardar significa atrasar ou procrastinar; *deixar de praticar* é desistir da execução; *praticar* é executar ou realizar. Há, pois, três condutas puníveis no crime de prevaricação. É o que se chama de *autocorrupção própria*, uma vez que o funcionário se deixa levar por vantagem indevida, violando deveres funcionais.[61] É o conteúdo do art. 319 do CP.

O tipo prevê o termo *indevidamente*, significando não ser permitido por lei, infringindo dever funcional. Assim, as duas primeiras condutas (retardar ou deixar de praticar) devem ser abrangidas por tal elemento. Exemplo da primeira conduta seria o funcionário que, por não se dar bem com o requerente de uma certidão, cuja expedição ficou ao seu encargo, deixa de expedi-la no prazo regular. Exemplo da segunda seria a conduta do delegado que, devendo instaurar inquérito policial, ao tomar conhecimento da prática de um crime de ação pública incondicionada, não o faz porque não quer trabalhar demais.

Integra igualmente a prevaricação, como objetos das condutas, o *ato de ofício*: ato que o funcionário público *deve* praticar, segundo seus deveres funcionais. Exige, pois, estar o agente no exercício da função.

Inclui-se, também, a expressão *contra disposição expressa de lei*, dizendo respeito ao ato de ofício, que também é algo ilícito e contrário aos deveres funcionais. É o caso do delegado que, ao término de um inquérito policial, promove o seu arquivamento, sem enviá-lo, como determina a lei, ao Ministério Público e ao Juiz de Direito, tendo por fim beneficiar o indiciado.

Duas finalidades específicas são importantes para o crime de prevaricação: satisfazer interesse pessoal ou sentimento pessoal.

O *interesse pessoal* é qualquer proveito, ganho ou vantagem auferido pelo agente, não necessariamente de natureza econômica. Aliás, sobre o assunto, dizem ANTONIO PAGLIARO e PAULO JOSÉ DA COSTA JÚNIOR que o interesse não deve ser de ordem econômica, pois isso configuraria a corrupção passiva.[62] *Sentimento pessoal* é a disposição afetiva do agente em relação a algum bem ou valor. O funcionário que, pretendendo fazer um favor a alguém, retarda ato de ofício, age com "interesse pessoal"; se fizer o mesmo para se vingar de um inimigo, age com "sentimento pessoal". A atuação do agente para satisfazer "interesse pessoal" consistente em livrar-se de processo administrativo ou judicial é considerada parte de seu direito à autodefesa, não se caracterizando o delito.

A pena é de detenção, de três meses a um ano, e multa.

---

[59]   *Tratado de direito penal*, v. 4, p. 574. No mesmo prisma, HUNGRIA, *Comentários ao Código Penal*, v. 9, p. 375.

[60]   NORONHA, *Direito penal*, v. 4, p. 314.

[61]   ANTONIO PAGLIARO e PAULO JOSÉ DA COSTA JÚNIOR, *Dos crimes contra a Administração Pública*, p. 134.

[62]   *Dos crimes contra a Administração Pública*, p. 138.

11.2　Sujeitos ativo e passivo

O sujeito ativo é somente o funcionário público. O sujeito passivo é o Estado; secundariamente, a entidade de direito público ou a pessoa prejudicada.

11.3　Elemento subjetivo

É o dolo. Exige-se elemento subjetivo específico consistente na vontade de "satisfazer interesse" ou "sentimento pessoal". Não existe a forma culposa.

11.4　Objetos material e jurídico

O objeto material é o ato de ofício. O objeto jurídico é a Administração Pública (interesses material e moral).

11.5　Classificação

Trata-se de crime próprio (aquele que somente pode ser cometido por sujeito ativo qualificado ou especial); formal (crime que não exige, para sua consumação, resultado naturalístico, consistente na efetiva satisfação do interesse ou do sentimento, prejudicando a Administração); de forma livre (pode ser cometido por qualquer meio eleito pelo agente); comissivo (quando implica ação) ou omissivo (quando resulta em abstenção). A conduta "retardar" pode ser praticada por ação (esconder os autos de um processo para a certidão não sair a tempo) ou por omissão (simplesmente não expedir a certidão no prazo); a conduta "deixar de praticar" é uma abstenção; a conduta "praticar" implica ação. É crime instantâneo (cuja consumação não se prolonga no tempo, dando-se em momento determinado); unissubjetivo (aquele que pode ser cometido por um único sujeito); unissubsistente (praticado num único ato) ou plurissubsistente (delito cuja ação é composta por vários atos, permitindo-se o seu fracionamento), conforme o caso concreto; admite tentativa na forma plurissubsistente, que só pode ser a comissiva.

11.6　Defesa preliminar

É cabível. Ver o tópico 2.7 *supra*.

11.7　Quadro-resumo

Previsão legal	**Prevaricação** **Art. 319.** Retardar ou deixar de praticar, indevidamente, ato de ofício, ou praticá-lo contra disposição expressa de lei, para satisfazer interesse ou sentimento pessoal: Pena – detenção, de três meses a um ano, e multa.
Sujeito ativo	Funcionário público
Sujeito passivo	Estado; entidade de direito público ou o particular prejudicado
Objeto material	Ato de ofício
Objeto jurídico	Administração Pública (interesses material e moral)
Elemento subjetivo	Dolo + elemento subjetivo específico

Classificação	Próprio
	Formal
	Forma livre
	Comissivo ou omissivo
	Instantâneo
	Dano
	Unissubjetivo
	Unissubsistente ou plurissubsistente
Tentativa	Admite na forma plurissubsistente
Circunstâncias especiais	Defesa preliminar

12. PREVARICAÇÃO EM PRESÍDIO DO ART. 319-A[63]

12.1 Estrutura do tipo penal incriminador

Deixar (não considerar, omitir, desviar-se de algo) é o verbo central que se associa a *cumprir seu dever de vedar* (proibir algo por obrigação legal). O objeto da omissão indevida é o acesso (alcance de alguma coisa) a aparelho telefônico (de qualquer espécie – fixo ou móvel), de rádio (aparelho que recebe e emite sinais radiofônicos, por meio do qual se ouve algo, mas também se podem transmitir mensagens) ou similar (qualquer outro aparelho que a moderna tecnologia capacite à comunicação entre pessoas, por exemplo, o computador, apto, atualmente, a promover conversação, seja por meio do teclado, seja em viva voz). A destinação dos mencionados aparelhos é a possibilidade de comunicação entre presos (do mesmo estabelecimento penal, em alas diferentes, ou em presídios diversos), bem como entre o preso e qualquer pessoa situada *fora* do ambiente carcerário, considerado pelo tipo penal como o *ambiente externo*. É o disposto no art. 319-A do CP.

Cuida-se de norma advinda do conhecido problema de troca de mensagens frequentes entre presos de diferentes lugares, bem como entre detentos e pessoas livres, gerando o aprimoramento do *crime organizado* e aperfeiçoando as formas de liderança das *organizações criminosas*. A Lei de Execução Penal, por datar de 1984, previu apenas, como direito do preso, o "contato com o mundo exterior por meio de correspondência escrita, da leitura e de outros meios de informação que não comprometam a moral e os bons costumes" (art. 41, XV, Lei 7.210/1984).

Naquela ocasião, quando não existia o aparelho de telefonia móvel (celular), ao menos no Brasil, para a utilização da população em geral, a forma de comunicação do preso com o ambiente externo se dava, fundamentalmente, por intermédio de cartas. Não se falava, ainda, em computadores pessoais, aptos a, igualmente, promover o contato entre pessoas situadas em lugares distantes uma da outra, tampouco em outros tipos de aparelhos de moderna tecnologia, habilitados à mesma função. Os telefones fixos existentes nos presídios eram de fácil controle por parte da direção e, para acessá-lo, somente se houvesse autorização

---

[63]   Cada doutrinador está livre para nomear esse crime, pois o legislador não o fez. Para nós, é uma espécie de *prevaricação, ocorrida em presídio*. Para BITENCOURT, trata-se de uma *prevaricação imprópria* (*Tratado de direito penal*, p. 142). ROGÉRIO GRECO nomeia como *omissão de dever de vedar ao preso o acesso a aparelho telefônico, de rádio ou similar* (*Curso de direito penal*, v. 3, p. 775).

ou à força, em caso de rebelião, por exemplo. As cartas sempre foram supervisionadas, justamente para controlar a segurança do estabelecimento penal, conduta aprovada pelos tribunais, especialmente pelo STF. No mais, com o advento, em especial, do telefone celular – diga-se, a bem da verdade, cada vez menores e mais baratos – muitos presos passaram a gozar de um privilégio incomum: continuar a vida criminosa profissional de dentro dos estabelecimentos penais. Embora com a liberdade cerceada, justamente em decorrência da prática de uma infração penal (ou várias), permanecia atuante, quando não liderando comparsas, que agiam como seus braços e pernas em sociedade. Ora, se um condenado ao regime fechado não pode permanecer em comunidade, seria, de fato, atingir o ápice da falta de organização, controle e disciplina de um presídio, permitir que ele conversasse, livremente, com outras pessoas, como se estivesse em sua residência particular – e não em um estabelecimento estatal, cumprindo pena.

Por isso, o Estado passou a atuar nesse campo, buscando, sempre atrasado, infelizmente, evitar a utilização do aparelho celular e outros similares por parte do preso. Presídios novos foram erguidos, em tese, equipados com mecanismos impeditivos de utilização desses tipos de aparelhos de telefonia móvel; leis mais rígidas foram estabelecidas, criando regimes novos, como o *regime disciplinar diferenciado* (RDD), de forma a evitar, a qualquer custo, a comunicação entre o preso e o ambiente externo. Sem essa providência, torna-se praticamente inútil a prisão de alguém, particularmente considerado perigoso. Lembremos que, no mundo atual, negócios de altíssimo valor, contatos políticos, contratos e tantas outras relevantes atitudes são tomadas por telefone ou outro meio de comunicação, leia-se, pois, sem qualquer contato pessoal entre os participantes da avença. Compras e vendas são feitas pela internet, sem que o consumidor tenha que ir ao estabelecimento comercial. Até mesmo as banais compras de supermercado podem ser feitas pelo computador e entregues em domicílio. O criminoso age do mesmo modo, valendo-se da tecnologia para os seus fins ilícitos.

Do exposto, ainda que lentamente, o Estado tenta coibir essa rica fonte de contato entre presos e entre estes e o mundo externo ao presídio com investimentos e com a edição de novas leis. Incluiu-se como falta grave, capaz de gerar prejuízos concretos ao preso (ex.: impossibilidade de progressão de regime), a posse, utilização ou fornecimento de aparelho telefônico, de rádio ou similar, em estabelecimentos penais (art. 50, VII, Lei 7.210/1984, alterada pela Lei 11.466/2007). Em decorrência disso, criou-se um tipo penal específico, visando à punição do funcionário público, especialmente aquele que atua em contato direto com o preso, quando permitir, de algum modo, que esses aparelhos cheguem ao alcance do preso ou não se impeça a sua utilização. Nasceu o art. 319-A (Lei 11.466, de 28 de março de 2007).

Não lhe forneceu o legislador um título, de modo que pode ser considerada outra forma de *prevaricação*. Sabemos que leis novas não constituem única forma de garantir a cessação de condutas consideradas indevidas, mas podem servir de fator de desestímulo a muitos servidores que, sob vários pretextos, passaram, nos últimos tempos, a colaborar com a introdução de celulares e outros aparelhos em presídios, valendo-se da lacuna existente no campo penal para criminalizar a conduta. Entretanto, a aplicação efetiva do art. 319-A dependerá da eficiência do Estado em controlar seus próprios agentes, o que nem sempre ocorre, motivo pelo qual campeia a corrupção em vários setores dos organismos estatais. A mera criação de novo tipo penal incriminador gera a expectativa de que, a partir de agora, a sociedade conta com mais um instrumento para coibir o nefasto uso do aparelho telefônico por presos. Frustrada tal expectativa, será apenas – e lamentavelmente – mais um fator a cultivar a imensa plantação de frutos da impunidade reinante no Brasil.

Quando se menciona no tipo o *acesso ao aparelho*, não se deve interpretar, restritivamente, tal situação. Ao contrário, merece ser dado à expressão o seu real alcance. Portanto, se o funcionário público deixar de retirar o celular das mãos de um preso, esteja o aparelho em uso ou não, constitui o crime previsto no art. 319-A. Do mesmo modo, se ele mesmo, servidor público, fizer chegar às mãos do preso o referido aparelho. Embora o tipo penal seja omissivo (deixar de cumprir seu dever de vedar o acesso), a partir do momento em que se fornece o aparelho (atitude comissiva), está-se, logicamente, deixando de vedar o acesso ao mesmo.

Em suma, o agente público deve fiscalizar, revistar, buscar e impedir que presos tenham ou usem qualquer meio de comunicação telefônico, de rádio ou similar. A famosa *vista grossa*, que significa *fingir não ver* o aparelho ou sua utilização, é suficiente para, quando houver dolo, gerar o crime previsto no novo tipo penal.

Há julgados admitindo, para a condenação, a descoberta de partes de um celular desmontado (bateria, chip, carregador etc.), sob o argumento de que o preso separa os componentes justamente para não ser punido (constitui falta grave). Entretanto, em homenagem ao princípio da legalidade estrita, há decisão do Superior Tribunal de Justiça exigindo que o aparelho seja encontrado por inteiro. Afinal, as partes do celular, individualmente consideradas, não são aptas para a comunicação.

A pena é de detenção, de três meses a um ano.

12.2   Sujeitos ativo e passivo

O sujeito ativo é o funcionário público (ver o conceito no art. 327, CP), embora o tipo faça questão de mencionar, o que era desnecessário, o *diretor de penitenciária e/ou agente público*. Aliás, ao fazer referência a *agente público*, está-se demonstrando ser o funcionário público, tal como previsto pelo próprio contexto onde foi inserido o art. 319-A.[64]

Não se imagine que a inclusão de *diretor de penitenciária* afastaria o diretor ou dirigente de *cadeia pública*, tampouco o delegado de polícia, que possua, em seu distrito, uma ou mais celas. Qualquer funcionário público, que tenha algum contato com o preso, permitindo a este o acesso ao aparelho mencionado no tipo, deve responder pela infração penal. Exemplo: caracteriza-se a infração penal se o policial que fizer a escolta do preso ao fórum permitir a alguém a transferência ao detido de um celular.

Não se compreende esse *novo estilo* legislativo de incluir um funcionário público em especial (diretor de penitenciária), como se fosse um crime somente a ele voltado, bem como adicionando-se as conjunções "e/ou", configurando lamentável forma de redação. Obviamente que o diretor do presídio pode responder, em concurso de pessoas, com o agente penitenciário se ambos permitirem o acesso do preso ao celular. E pode responder somente o diretor ou somente o agente penitenciário, a depender das provas que apontem a responsabilidade e o dolo de cada um deles. Por que, então, o uso do "e/ou", inaugurando uma nova fase de linguagem jurídico-penal? Vamos atribuir à pressa em solucionar o problema de uso de celular por presos nos estabelecimentos penais brasileiros. O sujeito passivo é o Estado. Secundariamente, a sociedade, que poderia ser prejudicada pelo uso do aparelho, propiciando o cometimento de novas infrações penais.

---

[64]   Temos dificuldade de entender a posição de BITENCOURT, que *fechou questão* no diretor de presídio ou quem lhe fizer as vezes (logo, na função de direção), sem admitir outro funcionário (*Tratado de direito penal*, p. 143). Ora, o tipo é bem claro ao dizer diretor e/ou agente público, vale dizer, qualquer um que trabalhe em presídio e permita a entrada do celular. No sentido que sustentamos, em interpretação sustentável na expressão *agente público*, está a posição de ROGÉRIO GRECO (*Curso de direito penal*, v. 3, p. 777).

12.3 Elemento subjetivo

É o dolo. Não há elemento subjetivo específico, nem se pune a forma culposa. Eis um crime que mereceria a tipicidade no formato culposo. Muitos funcionários públicos, em atitude claramente negligente, permitem o acesso de presos aos aparelhos telefônicos ou de comunicação em geral.

12.4 Objetos material e jurídico

O objeto material é o aparelho telefônico, de rádio ou similar. O objeto jurídico é a Administração Pública (interesses material e moral), com particular ênfase à segurança.

12.5 Classificação

Trata-se de crime próprio (aquele que demanda sujeito ativo qualificado ou especial); formal (delito que não exige resultado naturalístico, consistente em efetivo prejuízo para a Administração Pública ou qualquer outra pessoa); de forma livre (podendo ser cometido por qualquer meio eleito pelo agente); omissivo ("deixar de cumprir" implica inação), na essência, e por opção legislativa na redação do tipo penal; instantâneo (cujo resultado se dá de maneira instantânea, não se prolongando no tempo); de perigo abstrato (existe a probabilidade, presumida em lei, de haver prejuízo a alguém); unissubjetivo (pode ser praticado por um só agente); unissubsistente (como regra, basta um ato para a concretização do tipo); não admite tentativa por se tratar de crime omissivo.

12.6 Defesa preliminar

É cabível. Ver o tópico 2.7 *supra*.

12.7 Quadro-resumo

Previsão legal	**Art. 319-A.** Deixar o Diretor de Penitenciária e/ou agente público, de cumprir seu dever de vedar ao preso o acesso a aparelho telefônico, de rádio ou similar, que permita a comunicação com outros presos ou com o ambiente externo: Pena – detenção, de 3 (três) meses a 1 (um) ano.
Sujeito ativo	Funcionário público
Sujeito passivo	Estado; sociedade, prejudicada pelo uso do aparelho, propiciando cometimento de novas infrações penais
Objeto material	Aparelho telefônico, de rádio ou similar
Objeto jurídico	Administração Pública (interesses material e moral) com ênfase à segurança
Elemento subjetivo	Dolo
Classificação	Próprio Formal Forma livre Omissivo Instantâneo Perigo abstrato Unissubjetivo Unissubsistente
Tentativa	Não admite
Circunstâncias especiais	Defesa preliminar

13. CONDESCENDÊNCIA CRIMINOSA

13.1 Estrutura do tipo penal incriminador

Deixar de responsabilizar significa não imputar responsabilidade a quem cometeu uma infração, para que possa sofrer as sanções cabíveis; *não levar ao conhecimento* é ocultar ou esconder algo de alguém. É o delito previsto pelo art. 320 do CP e denominado *omissão indulgente*.[65]

A condescendência criminosa, na lição de Fernando Henrique Mendes de Almeida, tem alguns pontos a destacar: a) refere-se a uma forma de conivência, que se traduz em omissão e supõe infração a ela conectada; b) emerge de considerações relativas ao direito disciplinar administrativo; c) o conivente pode ser coautor do delito ocultado.[66]

O subordinado é a pessoa que, numa estrutura hierárquica, deve cumprir ordens de outra pessoa, considerada o superior. Nesse caso, é o protegido do autor do crime.

Para a configuração desse crime, não se exige que o subordinado seja sancionado pela infração cometida, tampouco que o superior seja obrigado a puni-lo. Quer-se levar em conta o dever funcional do superior de *apurar* a responsabilidade do subordinado pela infração, em tese, que praticou, no exercício do seu cargo.

Em que pese o tipo fazer referência à "falta de competência" do funcionário para punir outro que cometeu infração, é preciso destacar que o objetivo não é instituir a delação obrigatória no seio da Administração Pública. Em verdade, quando o funcionário tiver por atribuição a punição de subalternos pela prática de infrações funcionais, cabe-lhe, não sendo o competente para punir, acionar outro, que tenha tal atribuição. No mínimo, exige-se que seja superior hierárquico da pessoa que cometeu a infração. Em suma, somente é agente desse crime aquele funcionário que tem competência para punir outro ou, pelo menos, que seja superior hierárquico, com o dever de comunicar a falta a quem de direito.[67]

Essa conduta nem precisava ser crime, bastando constituir falta funcional, em homenagem ao princípio da intervenção mínima. Em épocas passadas, Galdino Siqueira defendia que essa incriminação se baseia na boa ordem e regularidade dos serviços administrativos, o que importa diretamente à comunidade. Isso não seria conquistado se não imperasse severa disciplina no serviço administrativo, punindo-se as faltas dos servidores, sem nenhuma condescendência.[68] No entanto, a sua manifestação ocorreu em tempos distantes da Lei 9.099/1995, que transformou essa infração em crime de menor potencial ofensivo. Diante disso, se fosse realmente importante para a administração, a pena seria muito mais elevada. Não sendo, é mais adequado à atualidade que deixe de ser delito.

A pena prevista no art. 320 do CP é de detenção, de quinze dias a um mês, ou multa.

13.2 Sujeitos ativo e passivo

O sujeito ativo somente pode ser o funcionário público de categoria superior a quem deu cobertura. O sujeito passivo é o Estado.

---

[65]   Bento de Faria, *Código Penal brasileiro comentado*, v. VII, p. 112.

[66]   *Dos crimes contra a Administração Pública,* p. 101.

[67]   Nesse prisma: Antonio Pagliaro e Paulo José da Costa Júnior, *Dos crimes contra a Administração Pública,* p. 147.

[68]   *Tratado de direito penal,* v. 4, p. 577.

13.3   Elemento subjetivo

É o dolo. Exige-se elemento subjetivo específico consistente na vontade de ser indulgente (tolerante ou benevolente). Não existe a forma culposa.

13.4   Objetos material e jurídico

O objeto material é a infração não punida ou não comunicada. O objeto jurídico é a Administração Pública, nos aspectos material e moral.

13.5   Classificação

Trata-se de crime próprio (aquele que somente pode ser cometido por sujeito ativo qualificado ou especial); formal (crime que não exige, para sua consumação, resultado natura-lístico, consistente na efetiva impunidade do infrator); de forma livre (pode ser cometido por qualquer meio eleito pelo agente); omissivo (os verbos implicam omissões); instantâneo (cuja consumação não se prolonga no tempo, dando-se em momento determinado); unissubjetivo (aquele que pode ser cometido por um único sujeito); unissubsistente (delito cuja ação pode ser composta por um único ato); não admite tentativa.

13.6   Defesa preliminar

É cabível. Ver o tópico 2.7 *supra*.

13.7   Quadro-resumo

Previsão legal	**Condescendência Criminosa** **Art. 320.** Deixar o funcionário, por indulgência, de responsabilizar subordinado que cometeu infração no exercício do cargo ou, quando lhe falte competência, não levar o fato ao conhecimento da autoridade competente: Pena – detenção, de quinze dias a um mês, ou multa.
Sujeito ativo	Funcionário público de categoria superior a quem deu cobertura
Sujeito passivo	Estado
Objeto material	Infração não punida ou não comunicada
Objeto jurídico	Administração Pública (aspectos material e moral)
Elemento subjetivo	Dolo + elemento subjetivo específico
Classificação	Próprio Formal Forma livre Omissivo Instantâneo Dano Unissubjetivo Unissubsistente
Tentativa	Não admite
Circunstâncias especiais	Defesa preliminar

14. ADVOCACIA ADMINISTRATIVA

14.1 Estrutura do tipo penal incriminador

Patrocinar significa proteger, beneficiar ou defender. O objeto da benesse é o interesse privado em confronto com o interesse da Administração Pública. O termo utilizado na rubrica ("advocacia") pode dar a entender tratar-se de um tipo penal voltado somente a advogados, o que não corresponde à realidade, pois está no sentido de "promoção de defesa" ou "patrocínio". É o tipo do art. 321 do CP.

Acrescente-se, ainda, que o patrocínio não exige, em contrapartida, a obtenção de qualquer ganho ou vantagem econômica. Pode significar para o agente um simples favor, o que, por si só, é fato típico.

"Esta expressão [advocacia administrativa], ao que tudo indica, se formou na língua portuguesa falada no Brasil, sendo provável que se trata de um brasileirismo. É certo que, desde 1905, pelo menos, julgados já a utilizam para significar o patrocínio indébito de interesse privado realizado por funcionário público perante repartições públicas (cf. 'Revista de Direito', vol. 17, pág. 348). A expressão 'advocacia administrativa', contudo, pode ser usada com o seu sentido honesto, isto é, o de exercício normal de patrocínio de causas em assuntos administrativos na pressuposição do estabelecido nas disposições que regulam a profissão de advogado. (...) Pelo direito romano, a advocacia administrativa já era contemplada. Como não havia, ainda, uma noção tão ampla do delito, figurava ela, a par da concussão e da corrupção, por igual confundidas, sob a generalidade dos chamados *crimina repetundarum*. Naquela legislação, pois, já se proibia terminantemente que funcionários por si ou interpostas pessoas emprestassem dinheiro ou outros bens adquiridos em heranças confiadas ao Fisco."[69]

Interesse privado é qualquer vantagem, ganho ou meta a ser atingida pelo particular. Esse interesse deve confrontar-se com o interesse público, isto é, aquele que é inerente à Administração Pública. Não significa, porém, que o interesse privado – para a caracterização do crime – há de ser ilícito ou injusto. O interesse da Administração é justamente poder decidir sem a interferência exterior de qualquer pessoa, mormente o particular. Quando alguém, pertencendo aos seus quadros, promove a defesa de interesse privado, está se imiscuindo, automaticamente, nos assuntos de interesse público, o que é vedado. Se o interesse for ilícito, a advocacia administrativa é própria; caso seja lícito, considera-se cometida na forma imprópria.[70]

A conduta tipificada volta-se justamente para a pessoa que, sendo funcionária pública, com seu prestígio com os colegas ou sua facilidade de acesso às informações ou à troca de favores, termina investindo contra o interesse maior da Administração de ser imparcial e isenta nas suas decisões e na sua atuação.

Alerta HUNGRIA que tal delito foi uma inovação trazida pelo legislador de 1940; antes, era somente ilícito administrativo ou falta disciplinar.[71] E deveria ter continuado exatamente assim, pois, hoje, com a pífia pena retratada, cuida-se de infração de menor potencial ofensivo, sem repercussão grave no seio da administração, a ponto de ser criminalmente tipificada.

A pena é de detenção, de um a três meses, ou multa.

---

[69] FERNANDO HENRIQUE MENDES DE ALMEIDA, *Dos crimes contra a Administração Pública*, p. 109-112.

[70] FERNANDO HENRIQUE MENDES DE ALMEIDA, *Dos crimes contra a Administração Pública*, p. 113.

[71] *Comentários ao Código Penal*, v. 9, p. 382.

14.2   Sujeitos ativo e passivo

O sujeito ativo é somente o funcionário público. O sujeito passivo é o Estado; eventualmente, em caráter secundário, a entidade de direito público ou a pessoa prejudicada.

14.3   Elemento subjetivo

É o dolo. Não se exige elemento subjetivo específico, nem se pune a forma culposa.

14.4   Objetos material e jurídico

O objeto material é o interesse privado. O objeto jurídico é a Administração Pública, nos seus aspectos material e moral.

14.5   Classificação

Trata-se de crime próprio (aquele que somente pode ser cometido por sujeito ativo qualificado ou especial); formal (crime que não exige, para sua consumação, resultado naturalístico, consistente no efetivo benefício auferido pelo particular); de forma livre (pode ser cometido por qualquer meio eleito pelo agente); comissivo (o verbo implica ação); instantâneo (cuja consumação não se prolonga no tempo, dando-se em momento determinado); unissubjetivo (aquele que pode ser cometido por um único sujeito); plurissubsistente (delito cuja ação é composta por vários atos, permitindo-se o seu fracionamento); admite tentativa.

14.6   Figura qualificada

A pena em abstrato é aumentada (mínimo e máximo), configurando uma qualificadora, quando o interesse privado patrocinado pelo funcionário público é ilegítimo (ilícito). Nota-se, portanto, que não existe necessidade, para configurar a advocacia administrativa, que o interesse seja, primariamente, ilícito. Somente na figura qualificada é que se exige tal qualificação. No mais, para aperfeiçoar o *caput*, basta a defesa de *qualquer* interesse privado.

A pena prevista no parágrafo único do art. 321 do CP é de detenção, de três meses a um ano, além da multa.

14.7   Defesa preliminar

É cabível. Ver o tópico 2.7 *supra*.

14.8   Quadro-resumo

Previsão legal	**Advocacia Administrativa**
	Art. 321. Patrocinar, direta ou indiretamente, interesse privado perante a administração pública, valendo-se da qualidade de funcionário:
	Pena – detenção, de um a três meses, ou multa.
	Parágrafo único. Se o interesse é ilegítimo:
	Pena – detenção, de três meses a um ano, além da multa.
Sujeito ativo	Funcionário público
Sujeito passivo	Estado; eventualmente entidade de direito público ou o particular prejudicado
Objeto material	Interesse privado
Objeto jurídico	Administração Pública (aspectos material e moral)

Elemento subjetivo	Dolo
Classificação	Próprio Formal Forma livre Comissivo Instantâneo Dano Unissubjetivo Plurissubsistente
Tentativa	Admite
Circunstâncias especiais	Qualificadora Defesa preliminar

15. VIOLÊNCIA ARBITRÁRIA

15.1 Revogação do art. 322 pela Lei de Abuso de Autoridade

Cremos estar revogado esse tipo penal pela Lei 4.898/1965, que disciplinou, integralmente, os crimes de abuso de autoridade. O fato de, agora, a Lei 13.869/2019 (nova lei de abuso de autoridade) ter revogado a anterior Lei 4.898/1965, em nada influencia o entendimento ora exposto, pois esta última nada mencionou quanto ao art. 322. Portanto, ele já fora revogado em 1965 e não tem como renascer após a revogação da Lei 4.898/1965. Seria uma hipótese indevida de repristinação. Assim, a violência praticada no exercício da função ou a pretexto de exercê-la deve encaixar-se em uma das figuras previstas na Lei 13.869/2019, não havendo mais necessidade de se utilizar o art. 322. Tendo em vista que há voz em contrário, sustentando a manutenção do delito de violência arbitrária, faremos as notas pertinentes ao tipo penal.

15.2 Estrutura do tipo penal incriminador

Praticar é executar ou realizar. O objeto é a violência. Depende do exercício da função ou a pretexto de exercê-la.

Violência é a coerção física cometida contra pessoa. Não se inclui no tipo, expressamente, se a violência contra coisa poderia configurar o delito do art. 322, sendo mais razoável supor, conferindo-se interpretação restritiva à figura típica, somente ser plausível a coerção contra ser humano. Tal postura fica confirmada pela previsão do preceito secundário do tipo, que demonstra ser punível, também, a prática da violência. Ora, só pode ser a coerção física contra a pessoa humana, tendo em vista que a violência contra a coisa, porque normalmente crime de ação privada (ver art. 167, CP), não conta com tal proteção indisponível do Estado.

Pode o agente atuar violentamente quando estiver *efetivamente* no desempenho da sua função ou pode simplesmente *argumentar* que se encontra desempenhando seu mister, quando na realidade não está. No título do crime, inseriu-se, com razão, o termo *arbitrária*, tendo em vista que os funcionários do Estado podem ser levados à utilização da violência em várias oportunidades – é o que ocorre, como regra, quando se efetua uma prisão –, estando, no entanto, no estrito cumprimento de um dever. Assim, somente o que for excessivo ou abusivo pode ser considerado ilícito ou arbitrário.

A pena é de detenção, de seis meses a três anos, além da pena correspondente à violência.

15.3   Sujeitos ativo e passivo

O sujeito ativo somente pode ser o funcionário público. O sujeito passivo é o Estado; secundariamente, a pessoa prejudicada.

15.4   Elemento subjetivo

É o dolo. Cremos presente, como nos crimes de abuso de autoridade, o elemento subjetivo específico, que é a vontade de abusar da sua autoridade. Não existe a forma culposa.

15.5   Objetos material e jurídico

O objeto material é a pessoa que sofre a violência. O objeto jurídico é a Administração Pública, nos aspectos material e moral.

15.6   Classificação

Trata-se de crime próprio (aquele que somente pode ser cometido por sujeito ativo qualificado ou especial); material (crime que exige, para sua consumação, resultado naturalístico, consistente no efetivo emprego de violência); de forma livre (pode ser cometido por qualquer meio eleito pelo agente); comissivo (o verbo implica ação); instantâneo (cuja consumação não se prolonga no tempo, dando-se em momento determinado); unissubjetivo (aquele que pode ser cometido por um único sujeito); plurissubsistente (delito cuja ação é composta por vários atos, permitindo-se o seu fracionamento); admite tentativa.

15.7   Concurso de crimes

Com a prática do art. 322, pune-se o delito violento contra a pessoa (lesões corporais, vias de fato, tentativa de homicídio, entre outros).

15.8   Defesa preliminar

É cabível. Ver o tópico 2.7 *supra*.

15.9   Quadro-resumo

Previsão legal	**Violência Arbitrária** **Art. 322.** Praticar violência, no exercício de função ou a pretexto de exercê-la: Pena – detenção, de seis meses a três anos, além da pena correspondente à violência.
Sujeito ativo	Funcionário público
Sujeito passivo	Estado; pessoa prejudicada
Objeto material	Pessoa que sofre a violência
Objeto jurídico	Administração Pública (aspectos material e moral)
Elemento subjetivo	Dolo + elemento subjetivo específico
Classificação	Próprio Material Forma livre Comissivo Instantâneo Dano Unissubjetivo Plurissubsistente

Tentativa	Admite
Circunstâncias especiais	Revogação pela Lei 4.898/1965
	Defesa preliminar

16. ABANDONO DE FUNÇÃO

16.1 Estrutura do tipo penal incriminador

Abandonar significa largar ou deixar ao desamparo. Objetiva-se proteger o regular funcionamento dos serviços públicos. Não se deve confundir a facilitação prevista no tipo penal do art. 318, que pode configurar-se em curto espaço de tempo, com o *abandono de cargo*, estabelecido em lei específica que rege a carreira do funcionário público, normalmente demandando um prazo fixo e relativamente extenso. Torna-se evidente que um funcionário público, fiscalizando um posto de fronteira, não precisa largar o cargo por 30 dias consecutivos para concretizar o delito. Basta que fique fora por tempo suficiente para determinar o seu descaso e o seu ânimo de se afastar da função. É o tipo previsto no art. 323 do CP.

Cargo público é o posto criado por lei na estrutura hierárquica da Administração Pública, com denominação e padrão de vencimentos próprios.[72] O cargo possui função, mas esta nem sempre possui o cargo correspondente. Por isso, está incorreta a rubrica do crime – abandono de *função* –, sendo melhor dizer que se trata de abandono de *cargo público*. O funcionário público, ao ocupar determinado cargo, deve prestar serviços essenciais à população, de forma que, largando-o sem orientador, sem alertar o superior hierárquico, enfim, sem dar satisfação do seu ato para que uma substituição seja providenciada, comete o delito previsto nesse tipo penal.

Como bem lembra BENTO DE FARIA, "o exercício da função pública impõe ao funcionário a obrigação de prestar, pessoal e pontualmente, os respectivos serviços. A segurança da sua continuidade, regularidade e eficiência no desenvolvimento normal da administração pública é o que constitui, portanto, o objeto da tutela penal".[73]

Ao mencionar que o abandono deve ocorrer "fora dos casos permitidos em lei", está o tipo penal prevendo a possibilidade de o funcionário deixar o cargo *licitamente*. Tal ocorre quando ingressar em licença de saúde ou em férias regulamentares, por exemplo.

A pena é de detenção, de quinze dias a um mês, ou multa.

16.2 Sujeitos ativo e passivo

O sujeito ativo só pode ser o funcionário público. O sujeito passivo é o Estado.

16.3 Elemento subjetivo

É o dolo. Não se exige elemento subjetivo específico, nem se pune a forma culposa.

---

[72] MARIA SYLVIA ZANELLA DI PIETRO, *Direito administrativo*, p. 420.
[73] *Código Penal brasileiro comentado*, v. VII, p. 116.

16.4   Objetos material e jurídico

O objeto material é o cargo público. O objeto jurídico é a Administração Pública, nos interesses material e moral.

16.5   Classificação

Trata-se de crime próprio (aquele que somente pode ser cometido por sujeito ativo qualificado ou especial), aliás, é delito de mão própria, que somente o funcionário, pessoalmente, pode praticar; formal (crime que não exige, para sua consumação, resultado naturalístico, consistente no efetivo prejuízo para a Administração, decorrente do abandono); de forma livre (pode ser cometido por qualquer meio eleito pelo agente); omissivo (o verbo implica omissão, ou seja, largar, deixar de atuar); instantâneo (cuja consumação não se prolonga no tempo, dando-se em momento determinado); unissubjetivo (aquele que pode ser cometido por um único sujeito); unissubsistente (delito cuja ação pode ser composta por um único ato); não admite tentativa.

16.6   Figura qualificada pelo resultado do § 1.º

A pena é aumentada no mínimo e no máximo, passando para detenção de três meses a um ano, e multa, configurando-se uma qualificadora, quando do abandono advier prejuízo público, ou seja, qualquer transtorno ou dano aos serviços públicos. Trata-se, naturalmente, de uma perturbação efetiva, pois o mero abandono já é uma presunção de dano para a Administração Pública.

16.7   Figura qualificada pelo local do § 2.º

Mais uma vez aumenta-se a pena, nos seus valores mínimo e máximo, expressando a existência de uma qualificadora, quando o cargo público for objeto de abandono em área de fronteira, passando para detenção, de um a três anos, e multa. O dano para o Estado é significativamente maior se um posto de fiscalização, por exemplo, em zona limítrofe com outro país for deixado acéfalo pelo funcionário público. Cremos ser aplicável essa qualificadora diretamente sobre a figura do *caput,* e não sobre o § 1.º. Assim, caso o abandono ocorra em zona fronteiriça e, ao mesmo tempo, resultar prejuízo para o serviço público, deve o juiz aplicar a pena prevista no § 2.º, levando em conta a existência da outra qualificadora (prejuízo) como circunstância judicial (art. 59) para elevar a pena-base.

Preceitua o art. 20, § 2.º, da Constituição Federal: "A faixa de até cento e cinquenta quilômetros de largura, ao longo das fronteiras terrestres, designada como faixa de fronteira, é considerada fundamental para defesa do território nacional, e sua ocupação e utilização serão reguladas em lei". Dispõe o art. 1.º da Lei 6.634/1979: "É considerada área indispensável à segurança nacional a faixa interna de 150 km (cento e cinquenta quilômetros) de largura, paralela à linha divisória terrestre do território nacional, que será designada como faixa de fronteira".

16.8   Defesa preliminar

É cabível. Ver o tópico 2.7 *supra.*

16.9   Quadro-resumo

Previsão legal	**Abandono de Função** **Art. 323.** Abandonar cargo público, fora dos casos permitidos em lei: Pena – detenção, de quinze dias a um mês, ou multa. § 1.º Se do fato resulta prejuízo público: Pena – detenção, de três meses a um ano, e multa. § 2.º Se o fato ocorre em lugar compreendido na faixa de fronteira: Pena – detenção, de um a três anos, e multa.
Sujeito ativo	Funcionário público
Sujeito passivo	Estado
Objeto material	Cargo público
Objeto jurídico	Administração Pública (interesses material e moral)
Elemento subjetivo	Dolo
Classificação	Próprio De mão própria Formal Forma livre Omissivo Instantâneo Dano Unissubjetivo Unissubsistente
Tentativa	Não admite
Circunstâncias especiais	Resultado qualificador Qualificadora Defesa preliminar

17. EXERCÍCIO FUNCIONAL ILEGALMENTE ANTECIPADO OU PROLONGADO

17.1   Estrutura do tipo penal incriminador

Entrar no exercício significa iniciar o desempenho de determinada atividade; *continuar a exercê-la* quer dizer prosseguir no desempenho de determinada atividade. O objeto é a função pública. A conduta de *exercer*, quando isolada, é considerada habitual, embora, no caso presente, não se possa dizer tratar-se de delito habitual. Começar o *exercício* tem o significado de dar início a uma prática que será, pela própria natureza da função pública, habitual. Como se fala em *entrar*, e não em *exercer*, há instantaneidade na conduta. O mesmo se diga da forma *continuar* a exercê-la, quando se pressupõe já existir a habitualidade, representativa do *exercício*, que apenas é reiniciada. É o preceituado pelo art. 324 do CP.

"Na verdade, algumas das figuras referidas no art. 324 são variantes das referidas no art. 328. Com efeito, se alguém não é funcionário, porque não adquiriu tal qualidade pela investidura, ou, porque prolongou por sua conta e risco um exercício de que foi demitido, exonerado, substituído etc., evidentemente é usurpador. (...) Há, porém, um grave inconveniente nisto: é que se, em razão dessa prorrogação ou dessa antecipação, o delinquente houver cometido outro delito, será qualificado este como de usurpador, o que prova a inadequação do art. 324, entre os delitos cometidos por funcionário público."[74] É também a visão de HUNGRIA, dizendo que esse delito advém da separação efetuada por quem entra antecipadamente em serviço (ou prolonga a sua permanência) e o crime de usurpação de função pública (art. 328).[75]

O tipo menciona o exercício ilegal da função, quando se é exonerado, removido, substituído ou suspenso.

Função pública é o conjunto de atribuições inerentes ao serviço público, que não correspondem a um cargo ou emprego.[76] Portanto, pode exercer função pública mesmo aquele que não tem cargo (posto criado por lei, cujo ingresso se dá por concurso) ou emprego (vínculo contratual, sob regência da CLT). Logicamente, para o efeito desse tipo penal, a função é genérica e abrange o cargo e o emprego.

A expressão "sem autorização" indica a ilicitude da conduta, ao passo que a continuidade do exercício, devidamente permitida pela Administração Pública, não configura o tipo penal.

Por outro lado, a comunicação oficial de que não mais pode exercer a função é exigida, e a prova de que o funcionário a recebeu incumbe à acusação: "O funcionário deverá ser oficialmente comunicado da sua exoneração, remoção, substituição ou suspensão. Não basta a publicação no *DO*, a menos que reste comprovado que o funcionário teve conhecimento dela".[77]

Existem atos oficiais que afastam o servidor:

a) *exoneração* é o ato que desveste o funcionário do cargo. Pode acontecer a pedido ou de ofício. Neste último caso, quando se tratar de cargo em comissão ou, em caso do término do estágio probatório, não houver confirmação na carreira. Ocorre, ainda, quando o funcionário nomeado não toma posse no prazo legal. Quando for a pedido, chama-se ato negocial, porque os efeitos são desejados por ambas as partes – funcionário e Administração.[78] Apesar de não constar expressamente, deve-se fazer uma interpretação extensiva do termo *exonerar*, para que abranja também a demissão, ou seja, quando a Administração, impondo uma sanção, desveste o funcionário público de seu cargo ou função. Não teria sentido o funcionário demitido continuar a exercer o cargo, sem incidir em qualquer figura penal. Ademais, a exoneração, por ser desejada pelo servidor, não o fará continuar no exercício da função, enquanto a demissão pode levá-lo a perpetuar-se na sua atividade. Inclua-se, ainda, a destituição, que é a pena aplicada ao funcionário em cargo em comissão ou em função comissionada (art. 127, V, Lei 8.112/1990);

b) o funcionário *aposentado compulsoriamente* deve imediatamente afastar-se do cargo, mesmo sem a formalização do ato. Não o fazendo, pode incidir nas penas do art. 324. Equipara-se, para os fins penais, ao exonerado que foi destituído do cargo. Vemos, nesse caso, uma interpretação extensiva, uma vez que os termos utilizados no tipo penal não precisam guardar exata sintonia com o direito administrativo. É justamente

[74]   FERNANDO HENRIQUE MENDES DE ALMEIDA, *Dos crimes contra a Administração Pública*, p. 132-133.

[75]   *Comentários ao Código Penal*, v. 9, p. 394.

[76]   MARIA SYLVIA ZANELLA DI PIETRO, *Direito administrativo*, p. 421.

[77]   ANTONIO PAGLIARO e PAULO JOSÉ DA COSTA JÚNIOR, *Dos crimes contra a Administração Pública*, p. 170.

[78]   MARIA SYLVIA ZANELLA DI PIETRO, *Direito administrativo*, p. 207.

o que ocorre com a inclusão da demissão – que é pena – no contexto da exoneração. Não há analogia *in malam partem*;

c) *remoção* é a mudança do funcionário de um posto para outro, embora mantendo o mesmo cargo. Não pode, naturalmente, continuar a exercer a sua função no posto anterior.

d) *substituição* é a colocação de um funcionário em lugar de outro. Altera-se a atividade, embora se mantenham o cargo e o local de trabalho;

e) *funcionário em férias ou licença:* cremos equiparar-se ao substituído, pois é justamente o que acontece quando um funcionário entra em gozo de férias ou de licença. Um juiz, por exemplo, que está em férias é substituído por outro, a fim de que o serviço público não padeça de solução de continuidade;

f) *suspensão:* é a sanção disciplinar que retira o funcionário, temporariamente, do seu cargo ou de sua função.

É preciso lembrar que se trata de norma penal em branco, pois as exigências legais para o funcionário público entrar no exercício do seu cargo são previstas em legislação específica, que merece ser consultada para poder complementar o tipo em questão. Como exemplo, pode-se citar o funcionário público que, antes da posse – ato formal que o investe no cargo –, começa a desempenhar suas atribuições.

A pena prevista no art. 324 do CP é detenção, de quinze dias a um mês, ou multa.

17.2 Sujeitos ativo e passivo

O sujeito ativo só pode ser o funcionário público nomeado, porém sem ter tomado posse. Na segunda hipótese, há de estar afastado ou exonerado. O sujeito passivo é o Estado.

17.3 Elemento subjetivo

É o dolo. Não se exige elemento subjetivo específico, nem se pune a forma culposa. Na segunda figura, em face da expressão "depois de saber", entendemos haver apenas dolo direto. Não teria sentido o funcionário *saber* que está fora da função e continuar a exercê-la atuando com dolo eventual. Inexiste a forma culposa.

17.4 Objetos material e jurídico

O objeto material é a função pública. O objeto jurídico é a Administração Pública, nos interesses material e moral.

17.5 Classificação

Trata-se de crime próprio (aquele que somente pode ser cometido por sujeito ativo qualificado ou especial), aliás, é delito de mão própria, que somente o funcionário, pessoalmente, pode cometer; formal (crime que não exige, para sua consumação, resultado naturalístico, consistente no efetivo prejuízo para a Administração com o exercício indevido); de forma livre (pode ser cometido por qualquer meio eleito pelo agente); comissivo (os verbos implicam ações); instantâneo (cuja consumação não se prolonga no tempo, dando-se em momento determinado); unissubjetivo (aquele que pode ser cometido por um único sujeito); plurissubsistente (delito cuja ação é composta por vários atos, permitindo-se o seu fracionamento); admite tentativa.

17.6   Defesa preliminar

É cabível. Ver o tópico 2.7 *supra*.

17.7   Quadro-resumo

	Exercício Funcional Ilegalmente Antecipado ou Prolongado
Previsão legal	**Art. 324.** Entrar no exercício de função pública antes de satisfeitas as exigências legais, ou continuar a exercê-la, sem autorização, depois de saber oficialmente que foi exonerado, removido, substituído ou suspenso: Pena – detenção, de quinze dias a um mês, ou multa.
Sujeito ativo	Funcionário público nomeado, porém sem ter tomado posse; na segunda hipótese, afastado ou exonerado
Sujeito passivo	Estado
Objeto material	Função pública
Objeto jurídico	Administração Pública (interesses material e moral)
Elemento subjetivo	Dolo
Classificação	Próprio (de mão própria) Formal Forma livre Comissivo Instantâneo Dano Unissubjetivo Plurissubsistente
Tentativa	Admite
Circunstâncias especiais	Defesa preliminar

18.   VIOLAÇÃO DE SIGILO FUNCIONAL

18.1   Estrutura do tipo penal incriminador

"A política administrativa, não obstante o princípio da publicidade que preside à atividade funcional do Estado moderno, exige, por conveniência da própria administração ou do interesse público, que certos fatos sejam mantidos em segredo, ainda que temporariamente. Tal necessidade excepcional de sigilo pode decorrer de expressa disposição de lei ou de regulamento, ou mesmo, eventualmente, de ordem (circular, aviso, instrução) administrativa".[79]

Revelar significa fazer conhecer ou divulgar; *facilitar* a revelação quer dizer tornar sem custo ou esforço a descoberta. O objeto é o fato que deva permanecer em segredo. É um delito variante daquele de que se ocupa o art. 154, genericamente dirigido à tutela penal da observância do princípio da inviolabilidade dos segredos.[80] Cuida-se do tipo do art. 325 do CP.

O tipo faz referência a *fato de que tem ciência*, ou seja, o *fato* (qualquer acontecimento) que chega ao conhecimento do funcionário justamente por conta do cargo que exerce. Esta

---

[79]   HUNGRIA, *Comentários ao Código Penal*, v. 9, p. 396.

[80]   FERNANDO HENRIQUE MENDES DE ALMEIDA, *Dos crimes contra a Administração Pública*, p. 138.

última expressão (em razão do cargo) significa que a informação somente chegou ao seu conhecimento porque exerce uma função pública. Não fosse funcionário público e desconheceria o ocorrido. Entretanto, se tomou ciência do fato por intermédio de outra fonte que não o seu cargo, não comete o delito previsto nesse tipo penal.

Por outro lado, *segredo* é o que deve ser mantido em sigilo, sem qualquer divulgação. Se o funcionário conta o fato sigiloso a quem dele já possui conhecimento, não se consuma a infração penal. Por outro lado, quando, em nome do interesse público, há necessidade da revelação do fato – para apuração de um crime mais grave que está sendo encoberto, por exemplo –, cremos não se configurar o crime.

A pena é de detenção, de seis meses a dois anos, ou multa, se o fato não constitui crime mais grave.

18.2 Sujeitos ativo e passivo

O sujeito ativo é o funcionário público, abrangendo o aposentado ou em disponibilidade. O sujeito passivo é o Estado; secundariamente, a pessoa prejudicada com a revelação.

18.3 Elemento subjetivo

É o dolo. Não existe a forma culposa, nem se exige elemento subjetivo específico.

18.4 Objetos material e jurídico

O objeto material é a informação sigilosa. O objeto jurídico é a Administração Pública (interesses material e moral).

18.5 Classificação

Trata-se de crime próprio (aquele que demanda sujeito ativo qualificado ou especial); formal (delito que não exige resultado naturalístico, consistente em prejuízo para a Administração ou para outra pessoa com a revelação); de forma livre (podendo ser cometido por qualquer meio eleito pelo agente); comissivo (os verbos implicam ações); instantâneo (cujo resultado se dá de maneira instantânea, não se prolongando no tempo); unissubjetivo (que pode ser praticado por um só agente); unissubsistente (um único ato perfaz o tipo penal) ou plurissubsistente (por via de regra, vários atos integram a conduta), conforme o caso; admite tentativa na forma plurissubsistente.

18.6 Delito subsidiário

Cede espaço à aplicação de norma penal mais severa quando esta se configurar.

18.7 Confronto com outros tipos especiais

Esse crime do art. 325 do CP não se aplica quando houver delito previsto em legislação específica. É o caso, por exemplo, da violação de sigilo de proposta em processo de licitação (Lei 14.133/2021).

18.8 Figuras equiparadas previstas no § 1.º, inciso I

No inciso I, *permitir* significa consentir ou dar liberdade para fazer alguma coisa; *facilitar* quer dizer tornar mais fácil ou eliminar obstáculos. O objeto é o acesso a sistemas de informações ou banco de dados da Administração Pública.

São os seguintes modos de atuação: a) *atribuir (conceder ou conferir) senha (fórmula convencionada por alguém, para impedir que terceiros tenham acesso a segredos guardados)*: Trata-se de conduta comum na Administração, quando se quer permitir que alguns funcionários, especialmente autorizados, ingressem em arquivos ou conheçam dados ou documentos confidenciais. Assim, por convenção, a determinado funcionário confere-se um código, que o identifica, permitindo-lhe entrar em salas ou sistemas informatizados. Tal conduta pode ocorrer, ainda, atribuindo-se *outra forma* de acesso, como falso crachá de identificação; b) *fornecer (entregar, confiar a alguém) senha*: A conduta difere da anterior, pois nesse caso o funcionário não confere um código a terceiro, para que este tome conhecimento de dados sigilosos, mas confia senha sua ou de outra pessoa para que o ingresso seja feito. A conduta também pode ser cometida mediante a entrega de *outra forma* de passagem, como uma chave; c) *emprestar (confiar a alguém determinada coisa para ser devolvida) instrumento de acesso*: Tal conduta não se adapta, perfeitamente, à senha, pois, quanto a esta, fornecendo-se o seu código, nada mais resta a fazer. Não se empresta senha, mas fornecem-se os seus caracteres. Portanto, a senha não é devolvida. Se o funcionário que a forneceu desejar tê-la de volta com a característica original de bloqueio de acesso a pessoas *não* autorizadas, necessita alterá-la. Trata-se de forma vinculada.

Pessoas não autorizadas são aquelas que não detêm da Administração Pública ou da própria lei liberdade para ingressar e tomar conhecimento de sistemas de informações ou banco de dados públicos. É elemento normativo do tipo, que depende de valoração.

Sistema de informações é o conjunto de elementos materiais agrupados e estruturados visando ao fornecimento de dados ou instruções sobre algo. Embora se possa ter a impressão de se tratar de meio informatizado, cremos que pode ter maior abrangência, isto é, pode ser organizado por computadores ou não.

Banco de dados é a compilação organizada e inter-relacionada de informes, guardados em um meio físico, com o objetivo de servir de fonte de consulta para finalidades variadas, evitando-se a perda de informações. Pode ser organizado também de maneira informatizada.

A pena para quem comete crime previsto no inciso I do § 1.º do art. 325 do CP é detenção, de seis meses a dois anos, ou multa, se o fato não constitui crime mais grave.

18.8.1 Sujeitos ativo e passivo

O sujeito ativo é somente o funcionário público, ainda que esteja aposentado ou em disponibilidade. O sujeito passivo é o Estado. Secundariamente, pode ser considerada a pessoa prejudicada pelo acesso à informação.

18.8.2 Elemento subjetivo

É o dolo. Não existe a forma culposa, nem se exige elemento subjetivo específico.

18.8.3 Objetos material e jurídico

O objeto material é o sistema de informações ou banco de dados. O objeto jurídico é a Administração Pública, nos seus aspectos material e moral.

18.8.4 Classificação

Trata-se de crime próprio (aquele que só pode ser cometido por sujeito qualificado); formal (delito que não exige, para sua consumação, a ocorrência de resultado naturalístico);

de forma livre (pode ser cometido por qualquer meio eleito pelo agente); comissivo (os verbos, quando conjugados, implicam ações. Ex.: permitir o acesso, atribuindo senha), mas pode configurar-se na modalidade omissiva (ex.: facilitar o acesso, largando a senha visível em cima da mesa); instantâneo (cuja consumação não se prolonga no tempo, dando-se em momento determinado) ou permanente (delito cuja consumação se arrasta no tempo), conforme o caso. Se o funcionário atribui uma senha de computador a alguém não autorizado, permitindo-lhe o acesso contínuo a dados da Administração Pública, o delito ganha contorno permanente. Entretanto, se o funcionário empresta sua chave para que a pessoa ingresse na sala do arquivo, para checar informações não autorizadas, o crime é instantâneo. É unissubjetivo (aquele que pode ser cometido por um único sujeito); unissubsistente (praticado num único ato) ou plurissubsistente (delito cuja ação é composta por vários atos, permitindo-se o seu fracionamento), conforme o caso concreto; admite tentativa, na forma plurissubsistente.

18.9   Figura equiparada prevista no § 1.º, inciso II

No inciso II, *utilizar-se* significa valer-se de algo ou usar. O objeto é o acesso restrito a sistema de informações ou banco de dados. Observe-se que *utilizar* não é simplesmente tomar conhecimento, de forma que o funcionário público, não autorizado, necessita valer-se dos dados para qualquer finalidade não permitida. O tipo previsto no inciso anterior destina-se ao funcionário público que libera a entrada no sistema restrito a qualquer pessoa não autorizada, enquanto este se volta ao funcionário público, sem autorização, que faz uso do sistema. O particular que ingressa no sistema de acesso restrito somente pratica crime se divulgar os dados conhecidos. O interesse maior é punir o funcionário que permite o acesso, e não aquele que toma conhecimento do seu conteúdo.

Insere-se o tipo o termo *indevidamente*, que se trata de elemento da ilicitude trazido para dentro do tipo. Logo, quando houver autorização para o acesso, a conduta será atípica.

Acesso restrito é o ingresso limitado a determinadas pessoas no sistema de informações ou banco de dados da Administração Pública.

A pena para quem comete crime previsto no inciso II do § 1.º do art. 325 do CP é de detenção, de seis meses a dois anos, ou multa, se o fato não constitui crime mais grave.

18.9.1   Sujeitos ativo e passivo

O sujeito ativo deve ser funcionário público. O sujeito passivo é o Estado; secundariamente, a pessoa prejudicada pelo conhecimento da informação sigilosa.

18.9.2   Elemento subjetivo

É o dolo. Não existe a forma culposa, nem se exige elemento subjetivo específico.

18.9.3   Objetos material e jurídico

O objeto material é o sistema de informações ou banco de dados. O objeto jurídico é a Administração Pública, nos seus aspectos material e moral.

18.9.4   Classificação

Trata-se de crime próprio (aquele que só pode ser cometido por sujeito qualificado); formal (delito que não exige, para sua consumação, a ocorrência de resultado naturalístico); de forma livre (pode ser cometido por qualquer meio); comissivo (o verbo implica ação) e, excepcionalmente, omissivo impróprio ou comissivo por omissão (quando o agente tem o dever jurídico de evitar o resultado, nos termos do art. 13, § 2.º, CP); instantâneo (cuja consumação não se prolonga no tempo, dando-se em momento determinado); unissubjetivo (aquele que pode ser cometido por um único sujeito); unissubsistente (praticado num único ato) ou plurissubsistente (delito cuja ação é composta por vários atos, permitindo-se o seu fracionamento), conforme o caso concreto; admite tentativa, na forma plurissubsistente.

18.10 Crime qualificado pelo resultado

Havendo dano à Administração Pública ou a outrem, qualifica-se o crime, aumentando-se a faixa abstrata de fixação da pena (mínimo e máximo).

A pena prevista no § 2.º do art. 325 do CP é de reclusão, de dois a seis anos, e multa.

18.11 Defesa preliminar

É cabível. Ver o tópico 2.7 *supra*.

18.12 Quadro-resumo

Previsão legal	**Violação de Sigilo Funcional** **Art. 325.** Revelar fato de que tem ciência em razão do cargo e que deva permanecer em segredo, ou facilitar-lhe a revelação: Pena – detenção, de seis meses a dois anos, ou multa, se o fato não constitui crime mais grave. § 1.º Nas mesmas penas deste artigo incorre quem: I – permite ou facilita, mediante atribuição, fornecimento e empréstimo de senha ou qualquer outra forma, o acesso de pessoas não autorizadas a sistemas de informações ou banco de dados da Administração Pública; II – se utiliza, indevidamente, do acesso restrito. § 2.º Se da ação ou omissão resulta dano à Administração Pública ou a outrem: Pena – reclusão, de 2 (dois) a 6 (seis) anos, e multa.
Sujeito ativo	Funcionário público, abrangendo o aposentado ou em disponibilidade
Sujeito passivo	Estado; pessoa prejudicada com a revelação
Objeto material	Informação sigilosa; sistema de informações ou banco de dados
Objeto jurídico	Administração Pública (interesses material e moral)
Elemento subjetivo	Dolo
Classificação	Próprio Formal Forma livre Comissivo ou omissivo Instantâneo ou permanente Dano Unissubjetivo Unissubsistente ou plurissubsistente

Tentativa	Admite na forma plurissubsistente
Circunstâncias especiais	Subsidiariedade explícita Resultado qualificador Defesa preliminar

19. VIOLAÇÃO DO SIGILO DE PROPOSTA DE CONCORRÊNCIA

O art. 326 do CP foi revogado tacitamente pelo art. 94 da Lei 8.666/1993 (Lei da Licitação). Mesmo havendo nova Lei de Licitações, o art. 326 continuará revogado, pois inexiste o efeito repristinatório. Ademais, de acordo com a Lei 14.133/2021, o referido art. 94 é substituído pelo art. 337-J do Código Penal.

Previsão legal	**Violação do Sigilo de Proposta de Concorrência** **Art. 326.** Devassar o sigilo de proposta de concorrência pública, ou proporcionar a terceiro o ensejo de devassá-lo: Pena – detenção, de três meses a um ano, e multa.

20. FUNCIONÁRIO PÚBLICO

20.1 Efeitos penais

O conceito de funcionário público não é o mesmo que o previsto no direito administrativo. No caso penal, por exemplo, é considerada como tal a pessoa que exerce função pública, ainda que sem remuneração. Aplica-se este artigo a toda a legislação, inclusive especial. Por isso, convém reproduzir a integralidade do art. 327 do Código Penal: "art. 327. Considera-se funcionário público, para os efeitos penais, quem, embora transitoriamente ou sem remuneração, exerce cargo, emprego ou função pública. § 1.º Equipara-se a funcionário público quem exerce cargo, emprego ou função em entidade paraestatal, e quem trabalha para empresa prestadora de serviço contratada ou conveniada para a execução de atividade típica da Administração Pública. § 2.º A pena será aumentada da terça parte quando os autores dos crimes previstos neste Capítulo forem ocupantes de cargos em comissão ou de função de direção ou assessoramento de órgão da administração direta, sociedade de economia mista, empresa pública ou fundação instituída pelo poder público".[81]

Na ótica de EDGARD ALBERTO DONNA, o termo funcionário público é normativo, sugestivo de interpretação jurídica, devendo ser extraído da estrutura do ilícito. Alguns requisitos: a) está ligado à Administração Pública; b) tem uma relação de profissionalismo, no sentido de cobrir um vácuo dentro da estrutura administrativa, ou seja, que não colabora estando fora; c) tem uma remuneração por parte da Administração Pública; d) tem um regime jurídico administrativo próprio. Entretanto, o autor concorda que o conceito é, acima de tudo,

---

[81] RAMOS MEJÍA afirmava que o termo *funcionário público* "devia entender-se no sentido admitido no Código Penal, coincida ou não com o alcance que possa ter a expressão no direito administrativo, e serve dessa forma para unificar a jurisprudência e para simplificar o complexo sistema do direito administrativo" (*apud* EDGARD ALBERTO DONNA, El concepto dogmático de funcionario público en el Código Penal, In: MANUEL JAÉN VALLEJO (Dir.); LUIS REYNA ALFARO (Coord.). *Sistemas penales iberoamericanos*. Libro Homenaje al Profesor Dr. D. Enrique Bacigalupo en su 65 Aniversario, p. 1095.

funcional, facilitando o entendimento, conforme espelha o art. 77 do CP argentino. Nesse sistema jurídico, o funcionário público é o garantidor dos bens jurídicos tutelados pelo Código Penal no tocante à Administração Pública.[82]

20.2 Conceitos de cargo, emprego ou função pública

Cargo público é o posto criado por lei na estrutura hierárquica da Administração Pública, com denominação e padrão de vencimentos próprios, ocupado por servidor com vínculo estatutário (ex.: cargo de delegado de polícia, de oficial de justiça, de auditor da receita etc.).

Emprego público é o posto criado por lei na estrutura hierárquica da Administração Pública, com denominação e padrão de vencimentos próprios, embora seja ocupado por servidor que possui vínculo contratual, sob a regência da CLT (ex.: escrevente judiciário contratado pelo regime da CLT, antes do advento da Constituição de 1988).

Função pública é a denominação residual, que envolve todo aquele que presta serviços para a Administração, embora não seja ocupante de cargo ou emprego (ex.: servidor contratado temporariamente, sem concurso público; servidor que exerce função de chefia, embora sem a existência de cargo).[83]

20.3 Podem ser considerados funcionários públicos

São exemplos: a) vereadores; b) serventuários da justiça; c) funcionários de cartórios; d) peritos judiciais; e) contador da prefeitura; f) prefeito municipal; g) inspetor de quarteirão; h) leiloeiro oficial, quando auxiliar do juízo; i) administrador de hospital que presta atendimento a segurados da Previdência Social; j) funcionários do Banco do Brasil; k) zelador de prédio municipal; l) advogado do município; m) estudante atuando como estagiário da Defensoria Pública; n) militar; o) guarda-noturno não particular; p) deputados e senadores; q) jurados, r) membro do Conselho Tutelar.[84]

20.3.1 Defensor dativo em convênio com órgão estatal

Pensamos tratar-se de funcionário público, para fins penais. O advogado, quando atua como defensor dativo (nomeado pelo juiz para patrocinar a defesa de pessoa pobre) ou *ad hoc* (apenas para determinado ato processual), *sem* receber remuneração dos cofres públicos, assim o faz no exercício de um *munus* público; nesse cenário, não pode ser considerado funcionário público.

No entanto, quando o advogado ingressa em convênio firmado entre a OAB e órgão estatal, como a Defensoria Pública, recebendo por sua atuação, parece-nos evidente a sua posição equiparada a servidor público para fins penais. Nesta última hipótese, é preciso lembrar que, a partir da Constituição Federal de 1988, o Estado garantiu proporcionar aos necessitados a devida assistência jurídica gratuita. O ideal é que a Defensoria Pública assumisse todas as causas criminais; entretanto, por falta de quadros suficientes, termina-se por indicar advogados, previamente inscritos em convênio, para tal mister.

---

[82] EDGARD ALBERTO DONNA, El concepto dogmático de funcionario público en el Código Penal, In: MANUEL JAÉN VALLEJO (Dir.); LUIS REYNA ALFARO (Coord.). *Sistemas penales iberoamericanos.* Libro Homenaje al Profesor Dr. D. Enrique Bacigalupo en su 65 Aniversario, p. 1096-1098.

[83] Consultar, ainda, MARIA SYLVIA ZANELLA DI PIETRO, *Direito administrativo*, p. 420-422.

[84] DELMANTO, *Código Penal comentado*, p. 578; DAMÁSIO, *Código Penal anotado*, p. 917-918; FERNANDO HENRIQUE MENDES DE ALMEIDA, *Dos crimes contra a Administração Pública*, p. 162-164.

Esses defensores suprem a atuação estatal, simbolizando função pública. Eis o motivo pelo qual podem responder, por exemplo, por corrupção passiva, caso solicitem ou recebam alguma vantagem indevida, como a cobrança de remuneração por fora do convênio.

20.4   Não são considerados funcionários públicos

Como exemplos: a) administrador judicial de massa falida; b) defensor dativo; c) administradores e médicos de hospitais privados credenciados pelo Governo; d) tutores e curadores; e) inventariantes; f) advogado, mesmo exercendo a função de representante classista ou remunerado por convênio público; g) dirigente sindical.[85]

20.5   Entidade paraestatal

Nesse caso, igualmente, o conceito deve ser extensivamente interpretado. É equiparada a funcionário público a pessoa que exerce cargo, emprego ou função não somente em entidade tipicamente paraestatal, como a autarquia, mas também em sociedades de economia mista, empresas públicas e fundações instituídas pelo poder público.

Aliás, concluindo, é preciso destacar que o § 2.º deste art. 327 menciona ser possível o aumento da pena da terça parte quando os autores dos crimes previstos neste Capítulo forem ocupantes de cargos em comissão ou de função de direção ou assessoramento de órgão da Administração direta, *sociedade de economia mista*, empresa pública ou fundação instituída pelo poder público. Ora, somente teria cabimento falar no aumento de pena para ocupantes de cargos diretivos em sociedades de economia mista, se eles fossem considerados funcionários públicos. Há opinião em contrário, sustentando interpretação restritiva, ou seja, somente a autarquia seria entidade paraestatal.[86]

20.6   Equiparação restrita ao sujeito ativo

Cremos ser exclusivamente o sujeito ativo dos crimes que pode ser equiparado nos termos do § 1.º, não havendo cabimento para estender o alcance dessa norma ao sujeito passivo. Trata-se, afinal, de artigo que encerra o capítulo dos delitos cometidos por *funcionário público*.[87]

Em outro prisma, equiparando o parlamentar ao funcionário público para fins penais, permitindo então que o Ministério Público ingresse com ação penal em caso de crime contra a honra, encontramos decisão do Supremo Tribunal Federal: "Considerou-se que a expressão 'funcionário público', para efeitos penais, nos termos do art. 327 do CP, haveria de ser entendida em seu sentido amplo, abrangendo a figura do agente político que exerce função pública, estando o MP legitimado por força do art. 40, I, *b*, da Lei 5.250/67 [O STF, na ADPF 130-7, declarou não recepcionado *pela Constituição de 1988 todo o conjunto de dispositivos da Lei de Imprensa*]" (Inq. 2040/RS, rel. Ellen Gracie, 27.05.2004).

---

[85]   DELMANTO, *Código Penal comentado*, p. 578; DAMÁSIO, *Código Penal anotado*, p. 918.

[86]   DAMÁSIO, *Código penal anotado*, p. 918.

[87]   Assim: DELMANTO, *Código Penal comentado*, p. 578; DAMÁSIO, *Código Penal anotado*, p. 919.

20.7 Empresa prestadora de serviço contratada ou conveniada para a execução de atividade típica da Administração Pública

Toda pessoa que trabalhar para empresa que celebra contrato de prestação de serviços ou celebra convênio com a Administração pode responder pelos delitos previstos nesse capítulo. Como ensina MARIA SYLVIA ZANELLA DI PIETRO, *contrato administrativo* é todo ajuste que a "Administração, nessa qualidade, celebra com pessoas físicas ou jurídicas, públicas ou privadas, para a consecução de fins públicos, segundo regime jurídico de direito público",[88] e *convênio* é a "forma de ajuste entre o Poder Público e entidades públicas ou privadas para a realização de objetivos de interesse comum, mediante mútua colaboração".[89]

20.8 Causa de aumento de pena do § 2.º

As pessoas, funcionários públicos próprios ou impróprios, quando exercerem cargos em comissão ou função de direção ou assessoramento, devem ser mais severamente punidas. Afinal, em lugar de dar o exemplo de probidade, quando cometem crimes funcionais, merecem maior reprovação social. Eleva-se a pena em um terço.

Essa causa de aumento, segundo já decidiu o STF, é aplicável ao Chefe do Poder Executivo.[90]

20.9 Quadro-resumo

Previsão legal	**Funcionário Público** **Art. 327.** Considera-se funcionário público, para os efeitos penais, quem, embora transitoriamente ou sem remuneração, exerce cargo, emprego ou função pública. § 1.º Equipara-se a funcionário público quem exerce cargo, emprego ou função em entidade paraestatal, e quem trabalha para empresa prestadora de serviço contratada ou conveniada para a execução de atividade típica da Administração Pública. § 2.º A pena será aumentada da terça parte quando os autores dos crimes previstos neste Capítulo forem ocupantes de cargos em comissão ou de função de direção ou assessoramento de órgão da administração direta, sociedade de economia mista, empresa pública ou fundação instituída pelo poder público.

---

[88] *Direito administrativo*, p. 232.

[89] *Direito administrativo*, p. 284.

[90] Inq 2.606/MT, Plenário, rel. Min. Luiz Fux, 04.09.2014, *Informativo* 757.

RESUMO DO CAPÍTULO

	Peculato Art. 312	Peculato mediante erro de outrem Art. 313	Inserção de dados falsos em sistema de informações Art. 313-A	Modificação ou alteração não autorizada de sistema de informações Art. 313-B	Extravio, sonegação ou inutilização de livro ou documento Art. 314	Emprego irregular de verbas ou rendas públicas Art. 315
Sujeito ativo	Funcionário público	Funcionário público	Funcionário público devidamente autorizado a lidar com o sistema informatizado ou banco de dados	Funcionário público	Funcionário público	Funcionário público
Sujeito passivo	Estado; entidade de direito público ou o particular prejudicado	Estado; entidade de direito público ou o particular prejudicado	Estado; a pessoa prejudicada	Estado	Estado; entidade de direito público ou o particular prejudicado	Estado; entidade de direito público prejudicada
Objeto material	Dinheiro, valor ou qualquer outro bem imóvel	Dinheiro ou outra utilidade	Dados falsos ou verdadeiros de sistemas informatizados ou banco de dados	Sistema de informações ou o programa de informática	Livro oficial ou outro documento	Verba ou a renda pública
Objeto jurídico	Administração Pública, levando em conta seu interesse patrimonial e moral	Administração Pública (interesses patrimonial e moral)	Administração Pública (interesses patrimonial e moral)	Administração Pública (interesses patrimonial e moral)	Administração Pública (interesses patrimonial e moral)	Administração Pública (interesses patrimonial e moral)
Elemento subjetivo	Dolo + elemento subjetivo específico	Dolo	Dolo + elemento subjetivo específico	Dolo	Dolo	Dolo

	Peculato Art. 312	Peculato mediante erro de outrem Art. 313	Inserção de dados falsos em sistema de informações Art. 313-A	Modificação ou alteração não autorizada de sistema de informações Art. 313-B	Extravio, sonegação ou inutilização de livro ou documento Art. 314	Emprego irregular de verbas ou rendas públicas Art. 315
Classificação	Próprio Material Forma livre Comissivo Instantâneo Dano Unissubjetivo ou plurissubjetivo Plurissubsistente	Próprio Material Forma livre Comissivo Instantâneo Dano Unissubjetivo Plurissubsistente	Próprio Formal Forma livre Comissivo Instantâneo Dano Unissubjetivo Plurissubsistente	Próprio Formal Forma livre Comissivo Instantâneo Dano Unissubjetivo Plurissubsistente	Próprio Formal Forma livre Comissivo ou omissivo Instantâneo Dano Unissubjetivo Unissubsistente ou plurissubsistente	Próprio Material Forma livre Comissivo Instantâneo Dano Unissubjetivo Plurissubsistente
Tentativa	Admite	Admite	Admite	Admite	Admite na modalidade plurissubsistente	Admite
Circunstâncias especiais	Peculato culposo Defesa preliminar	Peculato-estelionato	Vantagem indevida Defesa preliminar	Causa de aumento Defesa preliminar	Subsidiariedade explícita	——

	Concussão Art. 316	Corrupção passiva Art. 317	Facilitação de contrabando ou descaminho Art. 318	Prevaricação Art. 319	Prevaricação no presidio Art. 319-A	Condescendência criminosa Art. 320
Sujeito ativo	Funcionário público	Funcionário público	Funcionário público	Funcionário público	Funcionário público	Funcionário público de categoria superior a quem deu cobertura
Sujeito passivo	Estado; entidade de direito público ou o particular prejudicado	Estado; entidade de direito público ou o particular prejudicado	Estado	Estado; entidade de direito público ou o particular prejudicado	Estado; sociedade, prejudicada pelo uso do aparelho, propiciando cometimento de novas infrações penais	Estado
Objeto material	Vantagem indevida, tributo ou a contribuição social	Vantagem indevida	Mercadoria contrabandeada ou o imposto não recolhido	Ato de ofício	Aparelho telefônico, de rádio ou similar	Infração não punida ou não comunicada
Objeto jurídico	Administração Pública (interesses material e moral)	Administração Pública (aspectos patrimonial e moral)	Administração Pública (aspectos patrimonial e moral)	Administração Pública (interesses material e moral)	Administração Pública (interesses material e moral) com ênfase à segurança	Administração Pública (aspectos material e moral)
Elemento subjetivo	Dolo + elemento subjetivo específico	Dolo + elemento subjetivo específico	Dolo	Dolo + elemento subjetivo específico	Dolo	Dolo + elemento subjetivo específico

	Concussão Art. 316	Corrupção passiva Art. 317	Facilitação de contrabando ou descaminho Art. 318	Prevaricação Art. 319	Prevaricação no presídio Art. 319-A	Condescendência criminosa Art. 320
Classificação	Próprio Formal Forma livre Comissivo Instantâneo Dano Unissubjetivo Unissubsistente ou plurissubsistente	Próprio Formal Forma livre Comissivo Instantâneo Dano Unissubjetivo Unissubsistente ou plurissubsistente	Próprio Formal Forma livre Comissivo Instantâneo Dano Unissubjetivo Unissubsistente ou plurissubsistente	Próprio Formal Forma livre Comissivo ou omissivo Instantâneo Dano Unissubjetivo Unissubsistente ou plurissubsistente	Próprio Formal Forma livre Omissivo Instantâneo Perigo abstrato Unissubjetivo Unissubsistente	Próprio Formal Forma livre Omissivo Instantâneo Dano Unissubjetivo Unissubsistente
Tentativa	Admite na forma plurissubsistente	Admite na forma plurissubsistente	Admite na forma plurissubsistente	Admite na forma plurissubsistente	Não admite	Não admite
Circunstâncias especiais	Excesso de exação Qualificadora Flagrante Defesa preliminar	Concurso de pessoas Causa de aumento Figura privilegiada Defesa preliminar	Tipo remetido Exceção pluralística Defesa preliminar	Defesa preliminar	Defesa preliminar	Defesa preliminar

	Advocacia administrativa Art. 321	Violência arbitrária Art. 322	Abandono de função Art. 323	Exercício funcional ilegalmente antecipado ou prolongado Art. 324	Violação de sigilo funcional Art. 325
Sujeito ativo	Funcionário público	Funcionário público	Funcionário público	Funcionário público nomeado, porém sem ter tomado posse; na segunda hipótese, afastado ou exonerado	Funcionário público, abrangendo o aposentado ou em disponibilidade
Sujeito passivo	Estado; eventualmente entidade de direito público ou o particular prejudicado	Estado; pessoa prejudicada	Estado	Estado	Estado; pessoa prejudicada com a revelação
Objeto material	Interesse privado	Pessoa que sofre a violência	Cargo público	Função pública	Informação sigilosa; sistema de informações ou banco de dados
Objeto jurídico	Administração Pública (aspectos material e moral)	Administração Pública (aspectos material e moral)	Administração Pública (interesses material e moral)	Administração Pública (interesses material e moral)	Administração Pública (interesses material e moral)
Elemento subjetivo	Dolo	Dolo + elemento subjetivo específico	Dolo	Dolo	Dolo

	Advocacia administrativa Art. 321	Violência arbitrária Art. 322	Abandono de função Art. 323	Exercício funcional ilegalmente antecipado ou prolongado Art. 324	Violação de sigilo funcional Art. 325
Classificação	Próprio Formal Forma livre Comissivo Instantâneo Dano Unissubjetivo Plurissubsistente	Próprio Material Forma livre Comissivo Instantâneo Dano Unissubjetivo Plurissubsistente	Próprio (de mão própria) Formal Forma livre Omissivo Instantâneo Dano Unissubjetivo Unissubsistente	Próprio (de mão própria) Formal Forma livre Comissivo Instantâneo Dano Unissubjetivo Plurissubsistente	Próprio Formal Forma livre Comissivo ou omissivo Instantâneo ou permanente Dano Unissubjetivo Unissubsistente ou plurissubsistente
Tentativa	Admite	Admite	Não admite	Admite	Admite na forma plurissubsistente
Circunstâncias especiais	Qualificadora Defesa preliminar	Revogação pela Lei 4.898/1965 Defesa preliminar	Resultado qualificador Qualificadora Defesa preliminar	Defesa preliminar	Subsidiariedade explícita Resultado qualificador Defesa preliminar

Capítulo II

Crimes Praticados por Particular contra a Administração em Geral

1. USURPAÇÃO DE FUNÇÃO PÚBLICA

1.1 Estrutura do tipo penal incriminador

Objetiva-se a regularidade do funcionamento da administração. Diz NORONHA que "a eficiência da administração e o prestígio da autoridade podem ser comprometidos não só por ação do *intraneus*, como do *extraneus*. Na primeira, há uma atividade nociva interna, de natureza endógena, a comprometer o organismo estatal, sua harmonia e equilíbrio, necessários à consecução de suas finalidades. Na segunda, o fator deletério é exógeno e nem por isso menos prejudicial àquele interesse".[1] É o teor do art. 328 do CP.

Usurpar significa alcançar sem direito ou com fraude. O objeto de proteção é a função pública. *Função pública* é o conjunto de atribuições inerentes ao serviço público, que não correspondem a um cargo ou emprego.[2] Portanto, pode exercer função pública mesmo aquele que não tem cargo (posto criado por lei, cujo ingresso se dá por concurso) ou emprego (vínculo contratual, sob regência da CLT). Pode ser exercida de modo gratuito ou remunerado, pressupondo-se, ao menos, que ela exista na estrutura da Administração Pública.

Como explica GALDINO SIQUEIRA, "é de toda evidência que não haveria ordem social se a qualquer fosse dado investir-se de cargo público, sem observância das formas e condições

---

[1] *Direito penal*, v. 4, p. 355.

[2] MARIA SYLVIA ZANELLA DI PIETRO, *Direito administrativo*, p. 421.

legais. Além da perturbação da ordem, haveria ofensa ao direito do Estado de escolher seus próprios funcionários".[3]

A pena prevista no *caput* do art. 328 do CP é de detenção, de três meses a dois anos, e multa.

1.2   Sujeitos ativo e passivo

O sujeito ativo pode ser qualquer pessoa, inclusive o funcionário público, quando atue completamente fora da sua área de atribuições. O sujeito passivo é o Estado. Ressalte-se que a "inofensividade do fato exclui o crime. Assim, por exemplo, se um funcionário da polícia, em tal qualidade, concede diploma ou condecoração, não pratica nem usurpação, nem prevaricação, porque o fato é inofensivo com relação à Administração Pública".[4]

1.3   Elemento subjetivo

É o dolo. Não existe a forma culposa, nem se exige elemento subjetivo específico. Ínsito ao verbo – "usurpar" – já está o desejo de tomar conta do que não é seu de direito, de modo que não há necessidade de falar em elemento subjetivo específico.

1.4   Objetos material e jurídico

O objeto material é a função pública. O objeto jurídico é a Administração Pública, nos interesses patrimonial e moral.

1.5   Classificação

Trata-se de crime comum (aquele que não demanda sujeito ativo qualificado ou especial); formal (delito que não exige resultado naturalístico, consistente em efetivo prejuízo para a Administração); de forma livre (podendo ser cometido por qualquer meio eleito pelo agente); comissivo ("usurpar" implica ação); instantâneo (cujo resultado se dá de maneira instantânea, não se prolongando no tempo); unissubjetivo (que pode ser praticado por um só agente); plurissubsistente (em regra, vários atos integram a conduta); admite tentativa.

1.6   Figura qualificada do parágrafo único

Caso o agente, usurpando função pública, consiga obter alguma vantagem (ganho ou lucro, benefício ou privilégio), a pena será consideravelmente aumentada, de detenção para reclusão e com faixa variando de 2 a 5 anos, com multa.

"A lei, é certo, não falou em 'vantagem indevida'. Aliás, seria desnecessário fazê-lo, pois é óbvio que se alguém se arroga qualidade, ofício, ou estado que não lhe diz respeito, toda e qualquer vantagem direta ou indireta, em gênero, ou em espécie, que venha a tirar do fato, é *indevida*, porque decorre de uma fonte indevida: a fraude ou artifício que levou outro particular a dar-lhe e a origem de tal vantagem num fato que na origem e na sucessão contém vício irremovível."[5]

---

[3]   *Tratado de direito penal*, v. 4, p. 584.

[4]   ANTONIO PAGLIARO e PAULO JOSÉ DA COSTA JÚNIOR, *Dos crimes contra a Administração Pública*, p. 185.

[5]   FERNANDO HENRIQUE MENDES DE ALMEIDA, *Dos crimes contra a Administração Pública*, p. 171.

1.7   Quadro-resumo

Previsão legal	**Usurpação de Função Pública** **Art. 328.** Usurpar o exercício de função pública: Pena – detenção, de três meses a dois anos, e multa. **Parágrafo único.** Se do fato o agente aufere vantagem: Pena – reclusão, de dois a cinco anos, e multa.
Sujeito ativo	Qualquer pessoa, inclusive o funcionário público quando atue fora de sua área de atribuições
Sujeito passivo	Estado
Objeto material	Função pública
Objeto jurídico	Administração Pública (aspectos patrimonial e moral)
Elemento subjetivo	Dolo
Classificação	Comum Formal Forma livre Comissivo Instantâneo Dano Unissubjetivo Plurissubsistente
Tentativa	Admite
Circunstâncias especiais	Resultado qualificador

2.   RESISTÊNCIA

2.1   Estrutura do tipo penal incriminador

Opor-se significa colocar obstáculo ou dar combate. O objeto da conduta é a execução de ato legal. Quanto a este, é preciso que o funcionário público esteja fazendo cumprir um ato lícito. Caso pretenda concretizar algo ilegítimo, é natural que o particular possa resistir, pois está no exercício regular de direito (ou em legítima defesa, se houver agressão), já que ninguém é obrigado a fazer ou deixar de fazer alguma coisa senão em virtude de lei (art. 5.º, II, CF). O conceito de legalidade do ato não se confunde com justiça, pois contra ato *injusto*, mas legal, não é admissível a oposição, sem que se configure o delito de resistência.[6]

Para configurar o tipo da resistência, previsto no art. 329 do CP, não basta uma oposição verbal ou passiva; é fundamental haver violência ou ameaça ao funcionário competente para

---

[6]   Antonio Pagliaro e Paulo José da Costa Júnior, *Dos crimes contra a Administração Pública*, p. 191.

executá-la ou a quem lhe preste auxílio. Ex.: ameaçar de morte o oficial de justiça, que leva o mandado judicial para uma ordem de despejo.

Violência é a coerção física, enquanto *ameaça* é a intimidação. Nesse caso, não exige o tipo penal seja a ameaça *grave* (séria), embora deva ser a promessa de causar um mal injusto. Não se configura o delito se a pessoa "ameaça" o funcionário de representá-lo aos superiores, uma vez que é direito de qualquer um fazê-lo. Por outro lado, é preciso que tanto a violência quanto a ameaça sejam dirigidas contra a *pessoa* do funcionário, e não contra coisas (ex.: se alguém, ao ser preso, chutar a viatura policial, não haverá crime de resistência. No entanto, se houver dano ao veículo, pode ser processado, conforme o caso, pelo delito de dano – art. 163, parágrafo único, III). Lembremos, ainda, que ofensas não são ameaças, de modo que podem dar azo à configuração do desacato.

Não basta que a vítima seja funcionário público, pois exige o tipo penal tenha ele *competência* para executar o ato. Se um oficial de justiça vinculado a uma Vara Criminal pretende efetuar uma penhora, referente a mandado de Vara Cível, é evidente que não é "competente" para o ato. Pode, pois, o particular recusar-se a atendê-lo. Ressalte-se que o número de funcionários contra os quais se opõe o agente não faz nascer vários delitos de resistência em concurso formal, pois o objeto jurídico protegido é a Administração Pública, e não o interesse individual de cada um deles.

Fragoso expõe algo importante: "o cidadão tem sempre o direito de opor-se ao ato abusivo e arbitrário. A obediência passiva não constitui homenagem à lei, mas à autoridade. Os cidadãos não são escravos, mas homens livres a quem se confere o direito de defender sua liberdade e sua dignidade contra qualquer ato de prepotência ou de força material".[7]

Pode o funcionário público valer-se de terceiros para executar o ato legal. Se assim fizer, essa pessoa, que lhe dá assistência, também pode ser vítima do crime de resistência. Exemplo seria o do transportador de móveis, durante uma penhora realizada por oficial de justiça competente. Se ele for agredido, configurado está o delito do art. 329.

São elementos da resistência, conforme Hungria: "a) a oposição *ativa*, por meio de violência ou ameaça; b) a qualidade ou condição, no sujeito passivo, de *funcionário* competente para o ato contra o qual se resiste ou de seu ocasional assistente; c) a legalidade (substancial e formal) do ato a executar; d) dolo (genérico e específico)".[8]

A pena prevista no *caput* do art. 329 do CP é de detenção, de dois meses a dois anos.

2.1.1   Roubo e resistência

Cremos perfeitamente possível a configuração do crime de resistência se, durante a prática de um roubo, o agente voltar-se violentamente contra agentes da polícia que pretendam prendê-lo.

A violência para assegurar a posse da coisa subtraída é uma, não se podendo confundir com a outra, usada para afastar o funcionário público do exercício da sua função, ainda que no mesmo contexto. Os objetos protegidos são diversos (patrimônio, no primeiro caso, e Administração Pública, no outro). Assim, não nos parece ser a violência decorrente do roubo, que tem por fim a obtenção da coisa móvel, a mesma utilizada contra a pessoa humana (agente do Estado) – ou mera decorrência, como alguns afirmam.

---

[7]   *Lições de direito penal*, v. 4, p. 953.

[8]   *Comentários ao Código Penal*, v. 9, p. 411.

Ressalte-se que a violência utilizada para matar alguém normalmente não é confundida com a que for usada contra policial que pretenda prender o homicida, respondendo o agente, nesse caso, por homicídio (ou tentativa) e resistência, em concurso material. A mesma visão deveria valer para os crimes patrimoniais violentos.

A jurisprudência não é pacífica em torno desse tema.

2.1.2   Resistência ativa (vis corporalis ou vis compulsiva) e resistência passiva (vis civilis)

A resistência ativa consiste justamente no emprego de violência ou ameaça contra o funcionário público, servindo para configurar o crime; a passiva é a oposição sem ataque ou agressão por parte da pessoa, que se pode dar de variadas maneiras: fazendo "corpo mole" para não ser preso e obrigando os policiais a carregá-lo para a viatura; não se deixar algemar, escondendo as mãos; buscar retirar o carro da garagem antes de ser penhorado; sair correndo após a voz de prisão ou ordem de parada, entre outros.

É o que Hungria chama de "atitude *ghândica*",[9] em referência à resistência passiva e política da não violência (*satyagraha*) recomendada pelo Mahatma Ghandi, na primeira metade do século XX, na Índia, contra os ingleses, por meio de conduta pela qual os indianos não atacavam os dominadores do seu território, mas também não desocupavam um determinado local, quando instados pelas forças policiais a fazê-lo. Acabavam agredidos pelos próprios agentes do Império Britânico, sem que agissem da mesma forma.

2.1.3   Embriaguez

De acordo com a lei penal brasileira, o sujeito voluntariamente embriagado deve responder pelo que faz (art. 28, II, CP). Se pode até cometer homicídio, sendo por isso punido, cremos que também a resistência não escapa da esfera de proteção penal. Não há motivo para afastar a aplicação do art. 329 ao agente embriagado, pois o elemento subjetivo específico é, assim como o dolo, presumido (para quem acolhe a tese da presunção de responsabilidade nesse caso) ou projeta-se pela *actio libera in causa* (para quem aceita o dolo inicial, mesmo que eventual, na conduta).

Basta, pois, que o bêbado agrida fisicamente o funcionário público para se configurar a resistência. Quanto à ameaça, dependendo do que falar, por estar embriagado, pode não se configurar o crime, visto que não será considerada intimidação razoável, nem irá impressionar o funcionário.

2.2   Sujeitos ativo e passivo

O sujeito ativo pode ser qualquer pessoa, inclusive o funcionário público. "Se, porém, alguém comete a ação em que importa o fato, sendo embora funcionário, entender-se-á que, no caso, se equipara ao particular, pois não será considerada, logicamente, a sua qualidade eventual de funcionário para eximi-lo da responsabilidade que lhe cabe por um crime que cometeu, não na sua qualidade de funcionário, mas como qualquer particular."[10]

O sujeito passivo é o Estado e, secundariamente, o funcionário ou outra pessoa que sofreu a violência ou ameaça. Esta outra pessoa, à qual nos referimos, precisa estar acompanhada do funcionário encarregado de realizar a execução do ato legal (ou agir em seu nome). Não se configura o delito de resistência contra o particular que resolva prender alguém em flagrante (flagrante facultativo – art. 301, CPP), caso haja oposição, ainda que violenta. Qualquer do povo está autorizado a realizar prisão em flagrante, mas isso não o transforma em funcionário

---

9   *Comentários ao Código Penal*, v. 9, p. 411.

10   Fernando Henrique Mendes de Almeida, *Dos crimes contra a Administração Pública*, p. 176.

competente para realizá-la, razão pela qual aquele que resiste responderá pelo mal causado – por exemplo, por lesões corporais –, mas não como incurso no art. 329 do Código Penal.

2.3   Elemento subjetivo

É o dolo. Não existe a forma culposa. Exige-se elemento subjetivo específico, consistente na vontade de não permitir a realização do ato legal. Por isso, havendo dúvida *fundada* (razoável e consistente) quanto à legalidade do ato ou competência do agente, pode o particular resistir, sem a configuração do delito.

2.4   Objetos material e jurídico

O objeto material é a pessoa agredida ou ameaçada. O objeto jurídico é a Administração Pública, nos interesses material e moral.

2.5   Classificação

Trata-se de crime comum (aquele que não demanda sujeito ativo qualificado ou especial); formal (delito que não exige resultado naturalístico, consistente na efetiva falta de execução do ato legal); de forma livre (podendo ser cometido por qualquer meio eleito pelo agente); comissivo ("opor-se" implica ação); instantâneo (cujo resultado se dá de maneira instantânea, não se prolongando no tempo); unissubjetivo (que pode ser praticado por um só agente); plurissubsistente (e, como regra, vários atos integram a conduta); admite tentativa, embora seja de difícil configuração.

2.6   Figura qualificada do § 1.º

Para a configuração da qualificadora, exige-se a não realização do ato legal praticado por funcionário competente. Assim ocorrendo, modifica-se a pena de detenção para reclusão e aumenta-se a faixa de fixação para um a três anos. Trata-se de mais uma forma de exaurimento do crime, que faz elevar a pena do agente. Anota a jurisprudência que o ato legal precisa deixar de ser praticado por força *exclusiva* da oposição violenta ou ameaçadora do agente, e não por inépcia do funcionário.

2.7   Sistema da acumulação material

Tendo em vista que a violência contra a pessoa deve ser sempre punida com rigor, o tipo penal prevê, como em várias outras oportunidades, o sistema da acumulação material, isto é, o agente responde pela resistência e pelo que causou à vítima, diante do emprego da coerção física (art. 329, § 2.º, CP).

2.8   Absorção do desacato e da desobediência

A ressalva feita para os crimes violentos não se aplica ao desacato e à desobediência. Pode o agente, durante a prisão, resistir ativamente contra os policiais e ainda valer-se de ofensas verbais contra eles, deixando de cumprir suas ordens.

Todo esse contexto faz parte, em último grau, da intenção nítida de não se deixar prender, de modo que deve absorver os demais delitos. Somente quando o agente já está preso, cessando a resistência, pode configurar-se o crime de desacato, na hipótese de ofender o delegado que lavra o auto de prisão em flagrante, por exemplo.

2.9   Quadro-resumo

Previsão legal	**Resistência** **Art. 329.** Opor-se à execução de ato legal, mediante violência ou ameaça a funcionário competente para executá-lo ou a quem lhe esteja prestando auxílio: Pena – detenção, de dois meses a dois anos. § 1.º Se o ato, em razão da resistência, não se executa: Pena – reclusão, de um a três anos. § 2.º As penas deste artigo são aplicáveis sem prejuízo das correspondentes à violência.
Sujeito ativo	Qualquer pessoa
Sujeito passivo	Estado; funcionário ou outra pessoa que sofreu violência ou ameaça
Objeto material	Pessoa agredida ou ameaçada
Objeto jurídico	Administração Pública (aspectos material e moral)
Elemento subjetivo	Dolo + elemento subjetivo específico
Classificação	Comum Formal Forma livre Comissivo Instantâneo Dano Unissubjetivo Plurissubsistente
Tentativa	Admite
Circunstâncias especiais	Exaurimento Acumulação material Resistência passiva

3.   DESOBEDIÊNCIA

3.1   Estrutura do tipo penal incriminador

Desobedecer significa não ceder à autoridade ou força de alguém, resistir ou infringir. É preciso que a ordem dada seja do conhecimento *direto* de quem necessita cumpri-la. E, finalmente, que seja emitida por funcionário público competente para tanto. É o teor do art. 330 do Código Penal.

Haver uma *ordem legal* é indispensável para que o comando (determinação para fazer algo, e não simples pedido ou solicitação) seja válido, isto é, previsto em lei, formal (ex.: emitido por autoridade competente) e substancialmente (ex.: estar de acordo com a lei). Não se trata de ordem dada para satisfazer uma vontade qualquer do superior, fruto de capricho ou prepotência.

Tratando-se de ordem ilegal, o cidadão tem direito de não cumprir e, se for forçado, pode resistir em legítima defesa.

Por outro lado, como já mencionado na análise do núcleo do tipo, exige-se conhecimento direto (na presença de quem emite o comando, por notificação ou outra forma inequívoca, não valendo o simples envio de ofício ou carta) por parte do funcionário ao qual se destina a ordem, sem ser por interposta pessoa, a fim de não existir punição por mero "erro de comunicação", que seria uma indevida responsabilidade penal objetiva.

Sob outro aspecto, a legalidade da ordem não se confunde com sua justiça ou injustiça. Ordens legais, ainda que injustas, devem ser cumpridas.

"Pode o crime ser praticado por ação ou por omissão, conforme o conteúdo da ordem imponha uma conduta negativa ou positiva. Consuma-se no momento e no lugar em que se concretiza o descumprimento da ordem. Se se tratar de uma omissão, o momento consumativo se verifica quando transcorre o prazo para cumprimento (se houver) ou o decurso de um lapso e tempo juridicamente relevante, a evidenciar o propósito de opor-se ao cumprimento da ordem."[11]

A pena é de detenção, de quinze dias a seis meses, e multa.

3.2   Sujeitos ativo e passivo

O sujeito ativo pode ser qualquer pessoa, inclusive funcionário público. Nessa hipótese, torna-se indispensável verificar se a ordem dada tem ou não relação com a função exercida, uma vez que, se tiver e não for cumprida, pode configurar-se o delito de prevaricação (art. 319 do CP). Se o funcionário, que recebe ordem legal de outro, não pertinente ao exercício das suas funções, deixa de obedecer, é possível se configurar a desobediência (art. 330 do CP), pois, nessa hipótese, age como particular. Entretanto, se receber a ordem e for da sua competência realizar o ato, pode concretizar-se outro tipo penal, como o supramencionado (art. 319). O sujeito passivo é o Estado.

O Prefeito Municipal não pode ser sujeito ativo deste crime, se estiver no exercício das funções, cabendo processá-lo por crime de responsabilidade, tipificado no art. 1.º, XIV, do Decreto-lei 201/1967.

3.3   Elemento subjetivo

É o dolo. Não se exige elemento subjetivo específico, nem se pune a forma culposa. Note-se que o verbo *desobedecer* é do tipo que contém, em si mesmo, a vontade específica de contrariar ordem alheia, infringindo, violando. O engano quanto à ordem a ser cumprida (modo, lugar, forma, entre outros) exclui o dolo. Para servir de ilustração: TJMG: "O não comparecimento de testemunha na audiência, por ter se enganado quanto à data da realização da mesma, descaracteriza o crime de desobediência, visto que, não havendo dolo, que é vontade livre e consciente de desobedecer à ordem legal emanada, não há que falar em crime" (Ap. 26.049-1, 1.ª C., rel. Guimarães Mendonça, 15.09.1992, v.u., *RT* 696/381).

3.4   Objetos material e jurídico

O objeto material é a ordem dada. O objeto jurídico é a Administração Pública, nos interesses material e moral.

3.5   Classificação

Trata-se de crime comum (aquele que não demanda sujeito ativo qualificado ou especial); formal (delito que não exige resultado naturalístico, consistente na ocorrência de algum prejuízo efetivo para a Administração por conta do não cumprimento da ordem); de forma livre (podendo ser cometido por qualquer meio eleito pelo agente); comissivo

---

[11]   FRAGOSO, *Lições de direito penal*, v. 4, p. 960.

(implicando ação) ou omissivo (implicando abstenção), conforme o caso concreto. O sujeito pode desobedecer ao comando dado, fazendo, ou não, aquilo que lhe é ordenado cumprir; instantâneo (cujo resultado se dá de maneira instantânea, não se prolongando no tempo); unissubjetivo (que pode ser praticado por um só agente); unissubsistente (praticado num único ato) ou plurissubsistente (em regra, vários atos integram a conduta); admite tentativa na forma comissiva, quando plurissubsistente.

3.6   Pontos particulares do crime de desobediência

3.6.1   Proibição de venda e uso de bebida alcoólica em dia de eleição

Não se constitui ordem legal, logo, caso seja desobedecida, é fato atípico. Tornou-se costume – embora venha sendo gradativamente extinto em vários Estados da Federação – que autoridades judiciárias ou policiais editem *portarias* ou *resoluções* proibindo a venda e o consumo de bebidas alcoólicas no dia do pleito, sob o fundamento de garantir a regularidade dos trabalhos, impedindo distúrbios e contendo exageros. Alega-se, para justificar tais atos, o poder geral de cautela do juiz ou mesmo o poder de polícia do Estado.

Há nítidos desvios de perspectiva nessa atuação. O princípio da legalidade, conquista inestimável dos direitos humanos fundamentais, preceitua que ninguém é obrigado a fazer ou deixar de fazer alguma coisa senão em virtude de *lei*, bem como que só há crime caso *lei* assim o defina (art. 5.º, II e XXXIX, CF). Ora, não cabe ao juiz e muito menos a qualquer autoridade policial (mesmo que seja o Secretário da Segurança Pública) editar "leis". Não está na esfera de sua competência. Enfim, é uma irregularidade que vem sendo praticada há muito tempo, ainda que nobres sejam as intenções. Entretanto, não é com propósito elevado que se constrói segurança jurídica.

Por isso, a desobediência a tais portarias e resoluções não pode ser considerada *crime*. Ao contrário, inibir o comerciante, por meio da força, de vender bebida alcoólica, ou mesmo o consumidor de utilizá-lo, constitui abuso de autoridade.

Destacam MONIQUE VON HERTWIG BITTENCOURT e VICTOR JOSÉ SEBEM FERREIRA que "a previsão de sanção mediante aplicação do art. 330 do Código Penal por desobediência à portaria administrativa oriunda de Secretaria de Segurança Pública não pode ser aplicada, vez que o funcionário público – mesmo que Secretário ou Delegado – não tem competência para publicar ato tipificando como crime aquilo que não consta em lei".[12]

3.6.2   Ordem emanada de juiz impedido

Não tem validade para efeito de gerar o crime de desobediência. Se o magistrado está impedido de atuar no processo, qualquer ordem que dê é considerada ilegal, não configurando o crime de desobediência o seu não cumprimento.

É importante lembrar que o juiz impedido não possui *jurisdição* (poder de aplicar o direito ao caso concreto), nos termos no art. 252 do CPP. Diversamente, tratando-se de juiz suspeito, a sua ordem tem validade enquanto estiver atuando no processo e deve ser cumprida. Posteriormente, se provida uma exceção de suspeição, todos os atos passados podem ser

---

12   *A proibição do comércio e consumo de bebidas alcoólicas em locais públicos no dia do pleito*, p. 2.

anulados. Nesse caso, pode-se discutir se aquela ordem dada podia – ou não – gerar o crime de desobediência.

3.6.3   Inexistência de outro tipo de punição

Ressalta, com pertinência, Nélson Hungria que, "se, pela desobediência de tal ou qual ordem oficial, alguma lei comina determinada penalidade administrativa ou civil, não se deverá reconhecer o crime em exame, salvo se a dita lei ressalvar expressamente a cumulativa aplicação do art. 330 do CP (ex.: a testemunha faltosa, segundo o art. 219 do Código de Processo Penal, está sujeita não só à prisão administrativa e pagamento das custas da diligência da intimação, como a 'processo penal por crime de desobediência')".[13]

O mesmo não ocorre com a testemunha arrolada em processo civil, que, intimada, deixa de comparecer à audiência. Pode ser conduzida coercitivamente, mas não será processada por desobediência, em face da inexistência de preceito autorizador, como existe no Código de Processo Penal em relação à testemunha arrolada em processo criminal.

Aliás, nesse contexto inclua-se o caso da ausência do réu, que tem o *direito* de estar presente às audiências do seu processo, mas não o dever. Logo, a sua falta já provoca consequência, que é o seu desinteresse em acompanhar a instrução com prejuízo para a autodefesa. Além do mais, conforme o caso, havendo indispensável necessidade da sua presença, pode o juiz conduzi-lo coercitivamente ao fórum ou, conforme a situação, decretar a sua prisão processual. Não pode, no entanto, determinar que seja processado por desobediência.

A negativa do acusado, por outro lado, ao fornecimento de seus dados pessoais para a qualificação, algo que não está abrangido pelo direito ao silêncio, pode configurar o delito do art. 330.

Portanto, havendo sanção administrativa ou processual, sem qualquer ressalva à possibilidade de punir pelo crime de desobediência, não se configura este.

3.6.4   Descumprimento das condições impostas na suspensão condicional do processo

Não configura o crime de desobediência, pois a consequência para isso é a revogação do benefício, com o prosseguimento da ação penal.

3.6.5   Descumprimento das imposições feitas ao usuário de drogas

Não gera crime de desobediência. O art. 28 da Lei 11.343/2006 instituiu a quem adquira, guarde, tenha em depósito, transporte ou traga consigo, para consumo pessoal, drogas ilícitas, as seguintes penas: a) advertência sobre os efeitos da droga; b) prestação de serviços à comunidade; c) medida educativa de comparecimento a programa ou curso educativo. O descumprimento de qualquer medida restritiva imposta tem as consequências previstas no art. 28, § 6.º: a) admoestação verbal; b) multa.

3.6.6   Descumprimento de medida imposta com fundamento na Lei Maria da Penha

As medidas restritivas, previstas na Lei de Violência Doméstica (art. 22, II e III, Lei 11.340/2006), como, por exemplo, proibir o marido ou companheiro de se aproximar da

---

[13]   *Comentários ao Código Penal*, v. 9, p. 420.

mulher ou determinar o seu afastamento do lar, constituem ordens judiciais. Entretanto, para resolver o descumprimento de medidas protetivas de urgência, no âmbito da Lei Maria da Penha (Lei 11.340/2006), criou-se, nesta Lei, o art. 24-A, prevendo crime específico para a hipótese: "Descumprir decisão judicial que defere medidas protetivas de urgência previstas nesta Lei: Pena – detenção, de 3 (três) meses a 2 (dois) anos. § 1.º A configuração do crime independe da competência civil ou criminal do juiz que deferiu as medidas. § 2.º Na hipótese de prisão em flagrante, apenas a autoridade judicial poderá conceder fiança. § 3.º O disposto neste artigo não exclui a aplicação de outras sanções cabíveis". Logo, nesses casos, se descumpridas as ordens judiciais, tem-se configurado o delito do art. 24-A supramencionado. Não se debate mais o cabimento eventual de crime de desobediência, por existir, agora, lei específica (Lei 13.641/2018).

3.6.7　Descumprimento de convocação de militar para depor

Deve responder por desobediência na Justiça Comum. Afinal, comprovado o trâmite necessário para a sua convocação, perante seu superior, o não comparecimento significa desobedecer à ordem legal.

3.6.8　Dever da vítima de colaborar com a investigação ou processo criminal

Recusando-se a colaborar com a polícia judiciária na investigação criminal, não participando, por exemplo, da elaboração do exame de corpo de delito, que não prescinde da sua presença, no Instituto Médico Legal, pode ser processada por desobediência.

Em juízo, no entanto, uma vez que pode ser conduzida coercitivamente, não será processada por desobediência, caso falte à audiência. No entanto, se outra diligência importante, determinada pelo magistrado, necessitar da sua participação, não sendo o caso de mera condução coercitiva, é possível o processo por desobediência.

Ressalta, com pertinência, Antonio Scarance Fernandes, que, "se a vítima pode se constituir em importante auxílio, pode também representar pesado óbice para a investigação, quando se recuse a colaborar em diligências que, sem a sua participação, não podem ser efetuadas. Imagine-se, por exemplo, se ela deliberadamente não comparece para realizar exame de corpo de delito em crime de lesão corporal, fazendo com que desapareçam os vestígios; dificilmente será provada a materialidade da infração. (...) No Código de Processo Penal, ficou evidente a intenção de prestigiar o interesse na repressão ao crime. Pode, então, a autoridade adotar medidas rigorosas para forçá-la a auxiliar na investigação. Assim, se a vítima, intimada, não comparece para prestar declarações, pode ser conduzida coercitivamente (art. 201, parágrafo único, Código de Processo Penal [atual art. 201, § 1.º, com redação determinada pela Lei 11.690/2008]), exceto nos crimes de ação penal privada, quando a recusa pode configurar renúncia tácita ao direito de queixa. Pode a polícia, se a vítima não quiser ser submetida a exame de corpo de delito, instaurar inquérito policial por desobediência à ordem legal e conduzi-la para perícias externas de fácil realização (lesão corporal), não contudo para exame que implique ofensa à sua integridade, à sua intimidade".[14]

---

[14]　*La víctima en el proceso penal*, p. 126.

3.6.9   Autoacusação

Como abordamos em tópico anterior, o réu pode não comparecer às audiências, mas deve fornecer seus dados pessoais para a qualificação em interrogatório. É preciso verificar que o direito ao silêncio guarda importante sintonia com a ausência do dever de se autoacusar.

3.6.10   Ordem dada por autoridade (juiz criminal, delegado ou CPI) à testemunha ou ao indiciado ou réu para depor

Em face do direito que toda pessoa possui de não se autoacusar, como bem anotado por DELMANTO,[15] a testemunha arrolada para depor – embora tratada como se fosse acusada – não está obrigada a entregar documentos ao juiz, ao delegado ou aos parlamentares, caso esta documentação seja suficiente para incriminá-la de algum modo.

3.6.11   Sigilo médico e recusa em fornecer dados sobre o paciente

Cremos, conforme o caso, poder configurar o crime de desobediência. É certo que o sigilo profissional é previsto em lei e até mesmo o Código Penal o reconhece e protege (art. 154 – violação de segredo profissional), embora nenhum direito seja absoluto.

O médico deve guardar sigilo sobre o prontuário do paciente, a fim de assegurar o seu direito à intimidade, como preceitua o Código de Ética Médica (ainda assim, pode revelar fato de que tenha conhecimento em razão da profissão se houver *justa causa, dever legal* ou *autorização do paciente*). E, do mesmo modo, o gerente de um banco deve assegurar o sigilo pertinente à movimentação da conta bancária do seu cliente, com o mesmo fito de garantir a intimidade.

Ocorre que, para colaborar com o Poder Judiciário, na sua tarefa de apurar lesões ou ameaças a direito, pode o sigilo ser rompido, visto não haver direito absoluto. Se pode o sigilo bancário ser quebrado por ordem do magistrado, por que não poderia o sigilo médico? Por isso, quando for indispensável para apurar um crime – como a configuração da materialidade em crimes que deixam vestígios –, é lógico que deve o médico enviar ao juiz a ficha de atendimento do paciente (por vezes, vítima do crime que está sendo apurado), a fim de se formar um juízo acerca da prova. Não fosse assim e estar-se-ia negando aplicação ao art. 5.º, XXXV, da Constituição Federal ("a lei não excluirá da apreciação do Poder Judiciário lesão ou ameaça a direito").

É evidente que o caso concreto irá determinar o melhor caminho a seguir. Se o juiz deseja informações sobre o prontuário de um paciente que faz terapia, a fim de melhor conhecer sua personalidade, pode o médico recusar-se a fornecer, embora *deva* responder ao ofício, e não simplesmente ignorá-lo. Entretanto, no caso da ficha de atendimento, onde constam lesões corporais aptas a demonstrar até mesmo a ocorrência de uma tentativa de homicídio ou de outro crime grave qualquer, não se pode assimilar o sigilo médico como razoável. A lesão causada à vítima precisa ser apurada e depende, diretamente, da colaboração do médico, de forma que o Código de Ética não será, jamais, superior à própria Constituição Federal.

Registre-se o disposto, atualmente, no art. 12, § 3.º, da Lei 11.340/2006, que cuida da violência doméstica: "Serão admitidos como meios de prova os laudos ou prontuários médicos fornecidos por hospitais e postos de saúde". Confirma-se a inviabilidade de se alegar sigilo médico para a formação da materialidade de um crime.

---

[15]   *Código Penal comentado*, p. 583.

3.6.12 Sigilo do advogado

Compreende-se como razoável e não passível de punição por desobediência o sigilo do advogado, a respeito de seu cliente, pois é inerente à sua própria função ouvir e conhecer detalhes que não podem comprometer, depois, o sujeito que os narrou. Se ninguém é obrigado a se autoacusar, ao procurar o advogado, é justamente esse direito que se está exercitando. Logo, não há hipótese que obrigue o profissional da advocacia a quebrar o sigilo. A característica da sua profissão é inerente ao direito de não se autoincriminar que todos possuem.

3.6.13 Identificação dactiloscópica

Sendo ela indispensável, não pode o sujeito recusar-se a empreendê-la, sob pena de responder por desobediência. Entretanto, em outras situações, somente quando a autoridade policial tiver sérias dúvidas a respeito da identidade do indiciado, poderá exigir-lhe a identificação dactiloscópica. Recusando-se, pode configurar o crime de desobediência.

Atualmente, está em vigor a Lei 12.037/2009, disciplinando em quais casos pode ser colhida a identificação criminal da pessoa, a despeito de já ter sido apresentado documento de identificação civil. São os seguintes: "o documento apresentar rasura ou tiver indício de falsificação", "o documento apresentado for insuficiente para identificar cabalmente o indiciado", "o indiciado portar documentos de identidade distintos, com informações conflitantes entre si", "a identificação criminal for essencial às investigações policiais, segundo despacho da autoridade judiciária competente, que decidirá de ofício ou mediante representação da autoridade policial, do Ministério Público ou da defesa", "constar de registros policiais o uso de outros nomes ou diferentes qualificações", "o estado de conservação ou a distância temporal ou da localidade da expedição do documento apresentado impossibilite a completa identificação dos caracteres essenciais" (art. 3.º da referida Lei). É preciso ressaltar a modificação introduzida pela Lei 12.654/2012, acrescentando, também, a identificação pela colheita de material biológico. A negativa, em qualquer caso, dá ensejo à tipificação do delito de desobediência.

3.6.14 Distinção do delito de desobediência e da contravenção de recusa de dados sobre a própria identidade ou qualificação

Preceitua o art. 68, *caput*, da Lei de Contravenções Penais que configura infração penal "recusar à autoridade, quando por esta, justificadamente solicitados ou exigidos, dados ou indicações concernentes à própria identidade, estado, profissão, domicílio e residência".

Aparentemente, o delito de desobediência deverá ceder espaço à contravenção toda vez que o indiciado/réu se recusar a fornecer seus dados de qualificação, o que não nos parece correto. A Lei de Contravenções Penais estipulou, no art. 3.º, que, "para a existência da contravenção, basta a ação ou omissão voluntária". O dolo ou a culpa somente são exigidos quando expressamente constarem do tipo. Assim, confrontando-se o disposto nessa Lei com o Código Penal, nota-se que, havendo dolo (embutido no verbo, como já mencionado, o elemento subjetivo específico, que é a vontade de insurgir-se contra quem deu a ordem), é caso de aplicação do crime de desobediência, e não simplesmente da contravenção penal. Resta a esta, para quem ainda entende possível, a sua configuração livre de dolo, bastando a voluntariedade, um campo de aplicação mais restrito (ex.: pessoa que não fornece seus dados à polícia, na via pública, para evitar ser testemunha de algum delito, mas sem a intenção de transgredir ordem legal).

Por outro lado, caso seja acolhida a posição tomada por doutrina majoritária, atualmente, no sentido de que para todas as contravenções penais também deve ser exigida a prova do dolo ou da culpa, torna-se inaplicável a contravenção do art. 68, tendo em vista que a intenção de violação, de afronta à ordem dada legalmente, acarreta infração penal mais grave, que é a desobediência. É também a nossa posição, incluindo-se como fundamento o princípio da intervenção mínima, associado, naturalmente, ao princípio da culpabilidade.[16]

Há nítida subsidiariedade da contravenção do art. 68 em face do disposto no art. 330 do Código Penal. Aliás, é a mesma situação que ocorre quando o sujeito atribui a si mesmo falsa identidade, com o fito de obter vantagem (note-se nesse caso que, além do dolo, há a especificidade da vontade). Havendo o referido elemento subjetivo específico, deve responder pelo art. 307 do Código Penal, e não pela contravenção penal do art. 68, parágrafo único ("quem, nas mesmas circunstâncias, faz declarações inverídicas a respeito de sua identidade pessoal, estado, profissão, domicílio e residência"), que é igualmente subsidiário – a bem da verdade, nessa hipótese, explicitamente, ao mencionar: "se o fato não constitui infração penal mais grave". Finalize-se, ressaltando que o delito previsto no art. 330 tem como objeto jurídico a administração em geral, que é seriamente comprometida, quando o indiciado/réu nega a sua qualificação. Deve-se, pois, reservar a contravenção penal para casos outros, que não envolvam esse específico contexto, para quem a entenda ainda aplicável.

3.6.15 Embriaguez

Como já sustentamos no tópico 2.1.3 ao art. 329, a embriaguez do agente não afasta a tipificação do delito de desobediência.

3.7 Quadro-resumo

Previsão legal	**Desobediência** **Art. 330.** Desobedecer a ordem legal de funcionário público: Pena – detenção, de quinze dias a seis meses, e multa.
Sujeito ativo	Qualquer pessoa, inclusive o funcionário público
Sujeito passivo	Estado
Objeto material	Ordem dada
Objeto jurídico	Administração Pública (interesses material e moral)
Elemento subjetivo	Dolo
Classificação	Comum Formal Forma livre Comissivo ou omissivo Instantâneo Dano Unissubjetivo Unissubsistente ou plurissubsistente

---

[16] Ver as notas 386 e 387 à Lei de Contravenções Penais em nosso *Leis penais e processuais penais comentadas* – vol. 1.

Tentativa	Admite na forma comissiva, quando plurissubsistente
Circunstâncias especiais	Inexistência de outra punição

4. DESACATO

4.1 Estrutura do tipo penal incriminador

"Todo funcionário público, desde o mais graduado ao mais humilde, é um instrumento da soberana vontade e atuação do Estado. Consagrando-lhe especial proteção, a lei penal visa a resguardar não somente a incolumidade a que tem direito qualquer cidadão, mas também o desempenho normal, a dignidade e o prestígio da função exercida em nome ou por delegação do Estado. Na desincumbência legítima de seu cargo, o funcionário público deve estar a coberto de quaisquer violências ou afrontas."[17]

Desacatar quer dizer desprezar, faltar com o respeito ou humilhar. O objeto da conduta é o funcionário público. Pode implicar qualquer tipo de palavra grosseira ou ato ofensivo contra a pessoa que exerce função pública, incluindo ameaças e agressões físicas. É o disposto pelo art. 331 do CP. Questionou-se no Supremo Tribunal Federal se este crime teria sido recepcionado pela Constituição Federal de 1988, por conta da liberdade de expressão e opinião. O Pretório Excelso considerou vigente o desacato.

O tipo penal menciona deva o servidor estar *no exercício da função* ou *em razão dela*. Temos sustentado que as expressões, para fins de tutela do bem jurídico (administração pública nos seus aspectos material e moral), podem ser consideradas sinônimos. Evidente que, estritamente falando, estar *no exercício da função* significa encontrar-se trabalhando, atuando no seu posto; *em razão da função* delineia a viabilidade de se encontrar o funcionário público, num fim de semana, passeando, logo, não está em seu posto, ofendendo-o porque é servidor público. A ofensa teve causa por conta da função. O legislador foi apenas cuidadoso para *deixar bem claro* que onde estiver o funcionário público, mesmo que em férias, não pode ser desacatado.

Não se concretiza o crime se houver reclamação ou crítica contra a atuação funcional de alguém. "Simples censura, ou desabafo, em termos queixosos, mas sem tom insólito, não pode constituir desacato. Nem importa que o fato não tenha tido a publicidade que o agravasse, especialmente. Importa, unicamente, que ele tenha dado, de modo a não deixar dúvida, com o objetivo de acinte e de reação indevida ao livre exercício da função pública. (...) No que toca às palavras oralmente pronunciadas, importam o tom acre e a inflexão dada à voz, quando as testemunhas possam, ao depor sobre o fato, auxiliar na prova de que a configuração do desacato é ou pode ser concluída como inegável."[18]

Deve constar na denúncia e na sentença quais foram exatamente as expressões utilizadas pelo agente, mesmo que de baixo calão. Não somente para assegurar ao réu a ampla defesa e o pleno contraditório, mas para que o julgador forme a sua convicção a respeito do tipo penal.

Exige-se que a palavra ofensiva, ou o ato injurioso, seja dirigida ao funcionário que esteja exercendo suas atividades ou, ainda que ausente delas, tenha o autor levado em consideração a função pública.

---

[17] Hungria, *Comentários ao Código Penal*, v. 9, p. 421.

[18] Fernando Henrique Mendes de Almeida, *Dos crimes contra a Administração Pública*, p. 186.

A presença do funcionário é indispensável, pois o menoscabo necessita ter alvo certo, de forma que o funcionário público deve ouvir a palavra injuriosa ou sofrer diretamente o ato. Ainda que esteja a distância, precisa captar por seus próprios sentidos a ofensa, inclusive se for assistindo a um programa de televisão.[19] Se a ofensa for por escrito, caracteriza-se injúria, mas não desacato.

O sujeito passivo desse delito é a Administração Pública; porém, ela é representada, na prática, por funcionários públicos. Eis a relevância dos depoimentos das pessoas diretamente ofendidas no âmbito do crime de desacato.

Lembremos que o funcionário, ao provocar a ofensa, não permite a configuração do desacato se o particular devolve provocação do funcionário público, tendo em vista que não busca desprestigiar a função pública, mas dar resposta ao que julgou indevido.

A embriaguez do agressor, conforme já expusemos ao tratar do crime de resistência (art. 329, tópico 2.1.3), permite a configuração do crime (art. 28, II, CP). Exceção seja feita a quem está completamente embriagado, pois o que faz e fala não condiz com o dolo necessário para o desacato.

A pena para quem comete o crime previsto no art. 331 do CP é de detenção, de seis meses a dois anos, ou multa.

4.2   Sujeitos ativo e passivo

O sujeito ativo pode ser qualquer pessoa, inclusive o funcionário público. O sujeito passivo é o Estado e, em segundo plano, também o funcionário público. Aliás, para o conceito de funcionário público, quando no polo passivo, a maioria tem entendido ser aplicável o art. 327 do Código Penal.

Quanto ao funcionário como sujeito ativo, entendemos, na esteira de FRAGOSO e NORONHA,[20] poder haver desacato, pouco importando se de idêntica hierarquia, superior ou inferior. Um policial, prestando depoimento, pode desacatar o juiz, enquanto este pode desacatar o colega, em igual situação. Pode, ainda, o delegado desacatar o investigador de polícia (ou detetive).

O ponto é quem está exercendo a função e quem não está. Se for uma conversa entre dois funcionários, ambos fora da função, havendo ofensa, resolve-se pelo cenário dos crimes contra a honra.

Cremos, no entanto, ser preciso cautela na tipificação do delito, pois a intenção do agente pode não ser o desprestígio da função pública, mas o abuso do poder que detém. Quanto ao advogado como sujeito ativo, apesar de o Estatuto da Advocacia (art. 7.º, § 2.º) preceituar que há imunidade profissional e, no exercício da sua atividade, não poder constituir desacato qualquer manifestação de sua parte, esse trecho está com a eficácia suspensa por julgamento proferido pelo Supremo Tribunal Federal.

---

[19]   ANTONIO PAGLIARO e PAULO JOSÉ DA COSTA JÚNIOR, *Dos crimes contra a Administração Pública*, p. 209.

[20]   *Direito penal*, v. 4, p. 373. HUNGRIA, por seu turno, defende que somente pode ser sujeito ativo o funcionário despido dessa condição ou fora da sua função (*Comentários ao Código Penal*, v. 9, p. 424). BENTO DE FARIA argumenta que não poderá haver desacato entre funcionários do mesmo escalão, competindo-lhes a mesma função e serviço. No entanto, é viável se forem de categorias diferentes, não exercendo o mesmo cargo (*Código Penal brasileiro comentado*, v. VII, p. 140).

4.2.1   Pluralidade de funcionários ofendidos

O crime é único, pois o sujeito passivo é único, ou seja, o Estado. Assim, o agente que desacata mais de um policial, no mesmo contexto, pratica *um* desacato.

4.3   Elemento subjetivo

É o dolo. Não existe a forma culposa, nem se exige elemento subjetivo específico. Há posição em contrário, sustentando haver a vontade específica de desprestigiar a função pública, proferindo ou tomando postura injuriosa.

Assim não cremos, pois o verbo é suficiente para essa conclusão. *Desacatar* significa, por si só, humilhar ou menosprezar, implicando algo injurioso, que tem por fim desacreditar a função pública.

De qualquer forma, seja porque no verbo do tipo concentra-se o ânimo de menosprezar o funcionário público, seja porque há elemento subjetivo específico, cujo objetivo é o mesmo, exige-se essa clara intenção, sob pena de não se configurar o delito. Entretanto, cremos correta a posição de quem, para a análise do dolo, leva em consideração as condições pessoais do agressor, como sua classe social, grau de cultura, entre outros fatores.[21]

4.4   Objetos material e jurídico

O objeto material é o funcionário público. O objeto jurídico é a Administração Pública, nos seus interesses material e moral. É considerado delito pluriofensivo, por atingir a honra do funcionário e o prestígio da Administração Pública.

4.5   Classificação

Trata-se de crime comum (aquele que não demanda sujeito ativo qualificado ou especial); formal (delito que não exige resultado naturalístico, consistente no efetivo desprestígio da função pública); de forma livre (podendo ser cometido por qualquer meio eleito pelo agente); comissivo ("desacatar" implica ação); instantâneo (cujo resultado se dá de maneira instantânea, não se prolongando no tempo); unissubjetivo (que pode ser praticado por um só agente); unissubsistente (praticado num único ato) ou plurissubsistente (em regra, vários atos integram a conduta); admite tentativa na forma plurissubsistente, embora seja de difícil configuração.

4.6   Concurso de crimes

Mencionamos que o desacato pode ser praticado de variadas formas, inclusive com agressões físicas. Portanto, conforme a gravidade da violência ou da ameaça utilizada, pode ou não absorver tais delitos. Se praticar lesão corporal contra o funcionário, cremos deva responder por concurso formal (lesão + desacato); porém, cometendo vias de fato, deve responder somente pelo desacato.

4.7   Indiferença do ofendido

Se o funcionário público demonstra completo desinteresse pelo ato ofensivo proferido pelo agressor, não há que se falar em crime, pois a função pública não chegou a ser

---

[21]   DAMÁSIO, *Código Penal anotado*, p. 933.

desprestigiada. É o que pode acontecer quando um delegado, percebendo que alguém está completamente histérico, em virtude de algum acidente ou porque é vítima de um delito, releva eventuais palavras ofensivas que essa pessoa lhe dirige. Não se pode considerar fato típico, desde que o prestígio da Administração tenha permanecido inabalável. Mas caso o funcionário seja efetivamente humilhado, no exercício da sua função, a sua concordância é irrelevante, pois o crime é de ação pública incondicionada.

4.8   Quadro-resumo

Previsão legal	**Desacato** **Art. 331.** Desacatar funcionário público no exercício da função ou em razão dela: Pena – detenção, de seis meses a dois anos, ou multa.
Sujeito ativo	Qualquer pessoa
Sujeito passivo	Estado; funcionário público
Objeto material	Funcionário público
Objeto jurídico	Administração Pública (interesses material e moral)
Elemento subjetivo	Dolo
Classificação	Comum Formal Forma livre Comissivo Instantâneo Dano Unissubjetivo Unissubsistente ou plurissubsistente
Tentativa	Admite na forma plurissubsistente

5.   TRÁFICO DE INFLUÊNCIA

5.1   Estrutura do tipo penal incriminador

O título desse artigo, até 1995, era *exploração de prestígio*, cuja finalidade era exagerar a influência que o agente teria sobre terceiros para "comercializar" o seu prestígio com alguém de seu interesse, mediante alguma vantagem (ou promessa) para influir em servidor público, no exercício da função. Não deixa de ser uma forma de corrupção, o que já se reconhecia desde a Idade Média. Como ensina BENTO DE FARIA, "é a venda da mediação entre o interessado e o funcionário, na ordem administrativa".[22]

Solicitar (pedir ou rogar); *exigir* (ordenar ou reclamar); *cobrar* (exigir o cumprimento de algo); *obter* (alcançar ou conseguir). Os três primeiros verbos foram acrescidos pela Lei 9.127/1995, que alterou o título para *tráfico de influência*. Conjugam-se com outra conduta: *influir* (inspirar ou incutir). O objeto das ações é a *vantagem* relativamente a ato praticado por funcionário público. É o teor do art. 332 do CP. Na verdade, o delito é uma *baforada* de

---

[22]   *Código Penal brasileiro comentado*, v. VII, p. 142.

prestígio ao funcionário público, o que pode nem mesmo ser verdade. Por isso, HUNGRIA colocou o delito em duas formas diversas: a *venda de fumaça* nesse artigo, contra a administração pública, bem como no art. 357 (que ficou com o título *exploração de prestígio*), contra a administração da justiça.[23]

É o que se chama de *jactância enganosa, gabolice mendaz* ou *bazófia ilusória*.[24]

A denominada *carteirada*, quando uma autoridade invoca o seu posto para intimidar certo servidor público a fazer algo ou a deixar de fazer, a pretexto de influir em ato de seu superior hierárquico configura o crime descrito neste artigo.

Vantagem é qualquer ganho ou lucro para o agente, lícito ou ilícito, econômico ou não, que pode servir para configurar o tipo. *Promessa de vantagem* é obrigar-se a, no futuro, entregar algum ganho a alguém.

Não é necessário sucesso no pedido, bastando que o agente solicite, exija, cobre ou obtenha a vantagem *a pretexto* (sob a desculpa ou justificativa) de exercer ascendência sobre funcionário público. O agente *vende a si próprio*, como prestigiado e capaz de influenciar em ato de funcionário público. Pode até possuir influência, mas isso é irrelevante. Quem recebe essa solicitação e capta a demonstração de prestígio pode agir com boa ou má-fé; diante disso, a vantagem pode ser concedida ao agente porque houve um complô ou por temor de represália de quem recebeu a proposta.

O ato do funcionário, que *será influenciado,* pode ser lícito ou ilícito, pois o tipo penal não discrimina. O ato, no entanto, deve ser futuro, e não passado. Se o agente *vai influir* é natural que o ato não pode ter sido praticado.

Há de se exigir, para a configuração do tipo penal, que um *sujeito* qualquer – funcionário público ou não – solicite, exija, cobre ou obtenha de *outra pessoa* – funcionário ou não – qualquer vantagem, sob o pretexto de exercer influência em um *funcionário público* no desempenho da função. Nesse caso, por óbvio, o exercício da função é imperioso, porque somente assim o *favor* pode ser providenciado.

A pena é de reclusão, de dois a cinco anos, e multa.

5.2   Sujeitos ativo e passivo

O sujeito ativo pode ser qualquer pessoa, inclusive funcionário público. O sujeito passivo é o Estado. Secundariamente, a pessoa vitimada pelo pedido do agente, com ou sem boa-fé. Esse sujeito, não sendo funcionário público, não tem como ser punido (parte da doutrina indica que ele praticaria uma participação em corrupção ativa *putativa*). No entanto, sendo funcionário público e agindo de má-fé, precisa ser punido, ao menos no âmbito administrativo, pois descumpriu sua função.

Observe-se algo peculiar. Em muitas repartições, especialmente em zona alfandegária, existem placas, feitas pelos próprios funcionários que ali atuam, no seguinte sentido: "*carteirada* configura o crime de tráfico de influência, art. 332 do CP". Ora, se quem exerce a sua função nesse posto já conhece o tipo penal com tal clareza, a ponto de avisar o futuro e potencial agente acerca do crime, convenhamos que há duas medidas a tomar: a) quando houver a solicitação, tal como estampada no art. 332 do CP, o funcionário que a recebe deve dar voz de prisão em flagrante ao agente, seja ele quem for; b) havendo a solicitação e o funcionário,

---

[23]   *Comentários ao Código Penal*, v. 9, p. 427.

[24]   ANTONIO PAGLIARO e PAULO JOSÉ DA COSTA JÚNIOR, *Dos crimes contra a Administração Pública*, p. 218.

cedendo, para proporcionar a vantagem almejada pelo agente, conhecendo o teor do art. 332 do CP, pode responder por prevaricação (art. 319, CP) ou, no mínimo, por falta funcional, pois auxiliou a realizar um crime do qual tinha plena noção.[25]

5.3   Elemento subjetivo

É o dolo. Exige-se, ainda, elemento subjetivo específico, consistente no ânimo de ter para si ou destinar para outra pessoa a vantagem. Não existe a forma culposa.

5.4   Objetos material e jurídico

O objeto material é a vantagem. O objeto jurídico é a Administração Pública, especialmente no aspecto da moralidade.

5.5   Classificação

Trata-se de crime comum (aquele que não demanda sujeito ativo qualificado ou especial); formal (crime que não exige resultado naturalístico, consistente na efetiva prática indevida de algum ato administrativo). Cremos, reformulando posição anterior, que, somente nas formas *solicitar*, *exigir* e *cobrar*, o delito é formal, pois o objeto jurídico protegido é a escorreita Administração Pública. Portanto, quando o agente obtém a vantagem, o crime é material, pois já feriu o interesse protegido, embora possa não levar, necessariamente, à influência e prática de algo indevido. Se isso se der, trata-se do exaurimento do crime; de forma livre (podendo ser cometido por qualquer meio eleito pelo agente); comissivo (os verbos implicam ações) e, excepcionalmente, comissivo por omissão (omissivo impróprio, ou seja, é a aplicação do art. 13, § 2.º, CP); instantâneo (cujo resultado se dá de maneira instantânea, não se prolongando no tempo); unissubjetivo (que pode ser praticado por um só agente); unissubsistente (praticado num único ato) ou plurissubsistente (em regra, vários atos integram a conduta); admite tentativa na forma plurissubsistente.

5.6   Causa de aumento da pena nos termos do parágrafo único

Eleva-se a pena em metade, caso o agente afirme ou dê a entender de modo sutil que o ganho se destina, também, ao funcionário que vai praticar o ato. Caso realmente se destine, trata-se de corrupção (ativa para quem oferta e passiva para quem recebe).

5.7   Quadro-resumo

	Tráfico de Influência
Previsão legal	**Art. 332.** Solicitar, exigir, cobrar ou obter, para si ou para outrem, vantagem ou promessa de vantagem, a pretexto de influir em ato praticado por funcionário público no exercício da função: Pena – reclusão, de 2 (dois) a 5 (cinco) anos, e multa. **Parágrafo único.** A pena é aumentada da metade, se o agente alega ou insinua que a vantagem é também destinada ao funcionário.
Sujeito ativo	Qualquer pessoa, inclusive o funcionário público

[25] BITENCOURT sugere o crime de corrupção passiva, que, dependendo da situação concreta, pode também configurar-se, em lugar da prevaricação (*Tratado de direito penal*, v. 5, p. 229).

Sujeito passivo	Estado
	Secundariamente, a pessoa vitimada pelo pedido do agente, com ou sem boa-fé
Objeto material	Vantagem
Objeto jurídico	Administração Pública, especialmente no aspecto da moralidade
Elemento subjetivo	Dolo + elemento subjetivo específico
Classificação	Comum
	Formal ou material
	Forma livre
	Comissivo
	Instantâneo
	Dano
	Unissubjetivo
	Unissubsistente ou plurissubsistente
Tentativa	Admite na forma plurissubsistente
Circunstâncias especiais	Causa de aumento de pena

6. CORRUPÇÃO ATIVA

6.1 Estrutura do tipo penal incriminador

NÉLSON HUNGRIA esclarece ser a "corrupção (*corruption*, *bribery*, *Bestechung*, *coecho*, *corruzione*), no seu tipo central, a venalidade em torno da função pública, denominando-a *passiva* quando se tem em vista a conduta do funcionário *corrompido*. E *ativa* quando se considera a atuação do *corruptor*".[26]

"Corrupção lembra crime. Mas a violência física dá lugar à astúcia, à sagacidade. Assim, o corrupto é, sim, um bandido. Mas não um bandido qualquer. Sem sangue e sem armas. Também não tem nada a ver com um reles batedor de carteiras. Com pequenos furtos ou migalhas. Com mera sobrevivência. Com satisfazer as necessidades básicas ou matar a fome. (...) A palavra *corrupção* é formada por dois elementos: ruptura e co. Comecemos por este. Para haver corrupção, é preciso que haja pelo menos dois. Não há corrupção solitária, no isolamento. O mesmo acontece com *co-munhão*, *co-presença* ou *co-habitação*. Necessariamente, indicam a presença de dois ou mais agentes em relação. Assim, toda corrupção é necessariamente uma operação orquestrada, conjunta, em reunião."[27]

A opção do Código Penal brasileiro por separar a corrupção ativa da passiva deve-se justamente a evitar a indispensável bilateralidade do delito, ou seja, se houver punição para o corruptor, deve-se punir também o corrompido. Entretanto, há duas outras razões. Pode-se encaixar, didaticamente, o crime de corrupção ativa entre os delitos cometidos pelo particular contra a Administração Pública, assim como é inserido o crime de corrupção passiva entre aqueles cometidos pelo funcionário público contra a Administração.

O outro motivo é a possibilidade de se preverem penas diferenciadas para o corruptor e para o corrompido. No caso da legislação brasileira, a exclusiva diferença de penalidade se encaixa na existência da corrupção passiva privilegiada, prevista no art. 317, § 2.º.

---

[26] NELSON HUNGRIA, *Comentários ao Código Penal*, p. 367.

[27] BARROS FILHO E PRAÇA, *Corrupção, parceria degenerativa*, p. 21 e 23.

Embora não seja esse o perfil adotado pela legislação penal, soa-nos mais justa a punição em maior grau do corruptor do que do corrupto. Por vezes, o funcionário probo termina influenciado pela força materialista do dinheiro (e outros valores), caindo nas redes da corrupção. Há, pois, um malfeitor em cada agente corruptor, que pretende *levar vantagem* em detrimento da igualdade e da moralidade da Administração Pública perante a sociedade. Com sua conduta, tende a arrastar à criminalidade um servidor público exemplar, até então. Funcionaria no mesmo grau da atitude do traficante que, pretendendo cativar um usuário, fornece droga gratuitamente, patrocina festas e eventos, para envolver o futuro cliente com o produto almejado. De usuário, muitas vezes por necessidade, termina-se traficante de drogas.[28]

Oferecer (propor ou apresentar para que seja aceito) ou *prometer* (obrigar-se a dar algo a alguém), cujo objeto é a vantagem, conjuga-se com *determinar* (prescrever ou estabelecer) a *praticar* (executar ou levar a efeito), *omitir* (não fazer) ou *retardar* (atrasar) são as condutas típicas, cujo objeto é o ato de ofício. Portanto, se alguém, exemplificando, propõe vantagem a um funcionário público, levando-o a executar um ato que é sua obrigação, comete o delito previsto nesse artigo. A consumação se dá por ocasião do oferecimento ou da promessa, independendo da efetiva entrega. É o conteúdo do art. 333 do CP.

Sobre a *vantagem indevida*, pode ser qualquer lucro, ganho, privilégio ou benefício ilícito, ou seja, contrário ao direito, ainda que ofensivo apenas aos bons costumes. Entendíamos que o conteúdo da vantagem indevida deveria possuir algum conteúdo econômico, mesmo que indireto. Ampliamos o nosso pensamento, pois há casos concretos em que o funcionário deseja obter somente um elogio, uma vingança ou mesmo um favor sexual, enfim, algo imponderável no campo econômico e, ainda assim, corrompe-se para prejudicar ato de ofício. Por vezes, já que a natureza humana é complexa para abarcar essas situações, uma vantagem não econômica pode surtir mais efeito do que se tivesse algum conteúdo patrimonial. Não se tratando de delitos patrimoniais, pode-se acolher essa amplitude.[29]

A *tentativa de suborno para fugir* é uma *vantagem indevida*, configurando-se o crime de corrupção ativa, quando o preso oferece algum valor ao guarda, para deixá-lo escapar. Dizer que a fuga sem violência é ato lícito não afasta a corrupção do agente penitenciário, pois a conduta do agente ofende, de qualquer modo, a Administração Pública. Escapar, sem usar violência, pode ser conduta atípica, o que não significa corromper funcionário.

Exige-se o oferecimento ou promessa anterior ao ato. Quando qualquer vantagem for dada depois da prática do ato, sem ter havido qualquer tipo de promessa ou oferta anterior, não se trata de corrupção ativa, podendo, conforme o caso, constituir outro tipo de ilícito não penal (por exemplo, no âmbito administrativo) ou delito por parte do funcionário (ilustrando: corrupção passiva para o funcionário, com participação daquele que fornece o presente).[30]

O ato de ofício é o ato inerente às atividades do funcionário. Portanto, o ato visado deve estar na esfera de atribuição do funcionário, não necessitando ser ilícito.

A embriaguez não afasta o crime (art. 28, II, CP). Ver o tópico 2.1.3. ao art. 329.

A pena prevista no *caput* do art. 333 do CP é de reclusão, de dois a doze anos, e multa.

---

[28] Dados iniciais extraídos da nossa obra *Corrupção e anticorrupção*, na qual o leitor pode obter mais detalhes.

[29] No mesmo sentido, Bitencourt, *Tratado de direito penal*, v. 5, p. 247.

[30] Na mesma ótica, Noronha, *Direito penal*, v. 4, p. 391; Fragoso, *Lições de direito penal*, v. 4, p. 975.

6.1.1   A questão referente à conduta dar

A figura típica retratada nesse artigo não inclui o verbo *dar* (entregar algo) e, em nosso sentir, inexiste necessidade, por duas razões básicas: a) o verbo *oferecer* significa *apresentar algo para que seja aceito*; noutras palavras, simboliza, como sinônimo, *dar*; b) somente para argumentar, considerando-se que as condutas *oferecer* e *dar* têm diverso significado, não há como negar que a *oferta* antecede a *dação*, de modo que, se o *menos* é punido, por uma questão de lógica, o *mais* também o será; assim sendo, se a simples oferta constituir ato de corrupção, torna-se indubitável que a dação concretiza, ainda mais, o referido delito. Não fossem tais razões, é preciso considerar que, levantando-se outro argumento, *dar* uma vantagem indevida a funcionário público, no mínimo, configura participação no crime de corrupção passiva.[31]

Aliás, visualizamos dois cenários para a conduta *dar*: 1) se o agente der ao servidor uma vantagem indevida para que realize (omita ou retarde) ato de ofício, configurar-se-á corrupção ativa; 2) se o agente der ao funcionário uma vantagem indevida porque este solicitou ou meramente recebeu, para qualquer outro fim (que não ato de ofício), praticar-se-á corrupção passiva (nos termos do art. 29 deste Código, quem, de qualquer forma, concorre para o crime, incide nas suas penas).

6.2   Sujeitos ativo e passivo

O sujeito ativo pode ser qualquer pessoa, inclusive o funcionário público, que haja fora da sua função. O sujeito passivo é o Estado.

6.3   Elemento subjetivo

É o dolo. Exige-se elemento subjetivo específico, consistente na vontade de fazer o funcionário praticar, omitir ou retardar ato de ofício. Não há forma culposa.

6.4   Objetos material e jurídico

O objeto material é a vantagem. O objeto jurídico é a Administração Pública, nos interesses material e moral.

6.5   Classificação

Trata-se de crime comum (aquele que não demanda sujeito ativo qualificado ou especial); formal (delito que não exige resultado naturalístico, consistente no efetivo recebimento do suborno) ou material (conforme explicado no item 6.7 *infra*); de forma livre (podendo ser cometido por qualquer meio eleito pelo agente); comissivo (os verbos implicam ações); instantâneo (cujo resultado se dá de maneira instantânea, não se prolongando no tempo); unissubjetivo (que pode

---

[31] Observe-se a correção do lapso ocorrido no art. 333, corrigindo-se em tipo penal similar, criado em 2002, no qual foi incluído o verbo *dar*: "corrupção ativa em transação comercial internacional. Art. 337-B. Prometer, oferecer ou dar, direta ou indiretamente, vantagem indevida a funcionário público estrangeiro, ou a terceira pessoa, para determiná-lo a praticar, omitir ou retardar ato de ofício relacionado à transação comercial internacional (...)". Isso só confirma ser indispensável, para captar o sentido de corrupção ativa, a conduta de *dar* a vantagem indevida, já que se prevê as condutas antecedentes de *oferecer* e *prometer*.

ser praticado por um só agente); unissubsistente (praticado num único ato) ou plurissubsistente (em regra, vários atos integram a conduta); admite tentativa na forma plurissubsistente.

6.6   Crime bilateral

Não se exige que, para a configuração da corrupção ativa, esteja devidamente demonstrada a corrupção passiva. Logo, não se trata de delito bilateral.[32]

6.7   Aumento de pena do parágrafo único

Eleva-se a pena em um terço quando, em razão da promessa ou da vantagem, efetivamente o agente atrasa ou não faz o que deveria, ou mesmo pratica o ato, infringindo dever funcional. Nessa hipótese, o crime é material, isto é, exige resultado naturalístico.

6.8   Princípio da insignificância

Não há cabimento na consideração da corrupção ativa como crime de bagatela, pois é um dos mais graves do universo dos delitos contra a administração pública, contaminando várias outras áreas do direito.

É irrelevante se a vantagem ofertada é de mínimo custo ou relevância, nem é relevante se o ato de ofício buscado, igualmente, é de pequena importância para a administração. O ponto alto, nesse crime, é a depravação moral do funcionário, que, confirmando-se, fatalmente, trará problemas muito mais sérios no futuro. Além disso, é um desprestígio para a moralidade administrativa.

6.9   Quadro-resumo

Previsão legal	**Corrupção Ativa** **Art. 333.** Oferecer ou prometer vantagem indevida a funcionário público, para determiná-lo a praticar, omitir ou retardar ato de ofício: Pena – reclusão, de 2 (dois) a 12 (doze) anos, e multa. **Parágrafo único.** A pena é aumentada de um terço, se, em razão da vantagem ou promessa, o funcionário retarda ou omite ato de ofício, ou o pratica infringindo dever funcional.
Sujeito ativo	Qualquer pessoa
Sujeito passivo	Estado
Objeto material	Vantagem
Objeto jurídico	Administração Pública (interesses material e moral)
Elemento subjetivo	Dolo + elemento subjetivo específico

---

[32]   Conferir: STJ: "Prevalece na jurisprudência do STF e do STJ a inexistência de bilateralidade entre os crimes de corrupção passiva e ativa, pois, de regra, tais comportamentos delitivos, 'por estarem previstos em tipos penais distintos e autônomos, são independentes, de modo que a comprovação de um deles não pressupõe a do outro' (RHC 52.465/PE, rel. Min. Jorge Mussi, 5.ª Turma, j. 23.10.2014, *DJe* 31.10.2014)" (HC 306397/DF, 5.ª T., rel. Gurgel de Faria, 24.02.2015, v.u.).

Classificação	Comum
	Formal ou material
	Forma livre
	Comissivo
	Instantâneo
	Dano
	Unissubjetivo
	Unissubsistente ou plurissubsistente
Tentativa	Admite na forma plurissubsistente
Circunstâncias especiais	Crime bilateral
	Causa de aumento de pena
	Princípio da insignificância

7. DESCAMINHO

7.1 Estrutura do tipo penal incriminador

Antes do advento da Lei 13.008/2014, o descaminho figurava, com o contrabando, no mesmo tipo penal; portanto, ambos possuíam a mesma pena – reclusão, de um a quatro anos. Aliás, o que era criticado pela doutrina já há muito tempo, como se vê nas palavras de GALDINO SIQUEIRA: "a pena é a mesma para o *contrabando* e para o *descaminho*, o que não se justifica, pois são fatos que se distinguem e seus autores não revelam o mesmo grau de criminalidade".[33]

Pretendendo elevar a sanção do contrabando, os delitos foram separados, passando--se o contrabando para o art. 334-A, com pena de reclusão, de 2 a 5 anos, mantendo-se o descaminho no art. 334. *Iludir* (enganar ou frustrar) é a conduta, cujo objeto é o pagamento de direito ou imposto. Trata-se do denominado *contrabando impróprio*. Ou, ainda, *crime tributário aduaneiro*.

Trata-se de norma penal em branco, pois a obrigação de pagar qualquer espécie de tributo ou similar deve constar de lei específica, que complementa essa norma incriminadora. Somente se sabe se houve descaminho consultando-se a lei impositiva do dever de pagar.

O descaminho possui modos diversos para se concretizar. Pode a fraude ao pagamento de direito ou imposto ser total (completa, isto é, sem o pagamento de qualquer valor) ou parcial (pagando-se quantia inferior à devida). Tal situação, no entanto, deve ser levada em consideração para a fixação da pena. Se o agente ludibria o Estado completamente, sem nada pagar, merece pena maior do que aquele que paga ao menos uma parte do devido.

Imposto é uma espécie de tributo (prestação monetária compulsória devida ao Estado em virtude de lei – ver o art. 16 do Código Tributário Nacional), podendo haver outros pagamentos necessários para a importação ou exportação de mercadorias, como a tarifa de armazenagem ou a taxa para liberação da guia de importação.

---

[33] *Tratado de direito penal*, v. 4, p. 607. Em outro sentido, HUNGRIA diz que andou bem o legislador brasileiro ao colocar as duas figuras (contrabando e descaminho) no mesmo artigo, entendendo que as duas expressões são sinônimas (*Comentários ao Código Penal*, v. 9, p. 433). Assim não vemos. O contrabando é a introdução de mercadoria *proibida* no território nacional; o descaminho (também chamado de defraudação) cuida-se de uma evasão do imposto devido pelo ingresso da mercadoria em território nacional. Há grande diferença e o contrabando, em nosso sentir, é mais grave. Nesse prisma, BITENCOURT, *Tratado de direito penal*, v. 5, p. 259-260.

No tocante ao imposto sobre consumo, na realidade, atualmente, não mais se caracteriza o imposto incidente sobre o consumo de bens como tal, embora persista no sistema tributário brasileiro. Podem-se considerar como impostos sobre o consumo o IPI e o ICMS. Preceitua o Código Tributário Nacional: "Art. 46. O imposto, de competência da União, sobre produtos industrializados tem como fato gerador: I – o seu desembaraço aduaneiro, quando de procedência estrangeira; II – a sua saída dos estabelecimentos a que se refere o parágrafo único do art. 51; III – a sua arrematação, quando apreendido ou abandonado e levado a leilão. Parágrafo único. Para os efeitos deste imposto, considera-se industrializado o produto que tenha sido submetido a qualquer operação que lhe modifique a natureza ou a finalidade, ou o aperfeiçoe para o consumo". Quanto ao ICMS, convém ressaltar o disposto no art. 155, IX, *a*, da Constituição Federal: "IX – incidirá também: a) sobre a entrada de bem ou mercadoria importados do exterior por pessoa física ou jurídica, ainda que não seja contribuinte habitual do imposto, qualquer que seja a sua finalidade, assim como sobre o serviço prestado no exterior, cabendo o imposto ao Estado onde estiver situado o domicílio ou o estabelecimento do destinatário da mercadoria, bem ou serviço".

Finalmente, *mercadoria* é qualquer coisa móvel passível de comercialização.

Como regra, é da Justiça Federal, pois o imposto ou direito a ser recolhido destina-se à União, além de que, na maioria dos casos, ocorre em região alfandegária, cuja jurisdição é federal. No entanto, cuidando-se de ICMS, cabe à Justiça Estadual.

A pena é de reclusão, de um a quatro anos. A competência é da Justiça Federal.

A Lei 13.804/2019 introduziu o art. 278-A no Código de Trânsito Brasileiro, prevendo o seguinte: "o condutor que se utilize de veículo para a prática do crime de receptação, descaminho, contrabando, previstos nos arts. 180, 334 e 334-A do Decreto-lei n.º 2.848, de 7 de dezembro de 1940 (Código Penal), condenado por um desses crimes em decisão judicial transitada em julgado, terá *cassado seu documento de habilitação ou será proibido de obter a habilitação para dirigir veículo automotor pelo prazo de 5 (cinco) anos*. § 1.º O condutor condenado poderá requerer sua reabilitação, submetendo-se a todos os exames necessários à habilitação, na forma deste Código. § 2.º No caso do condutor preso em flagrante na prática dos crimes de que trata o *caput* deste artigo, poderá o juiz, em qualquer fase da investigação ou da ação penal, se houver necessidade para a garantia da ordem pública, como medida cautelar, de ofício, ou a requerimento do Ministério Público ou ainda mediante representação da autoridade policial, decretar, em decisão motivada, a suspensão da permissão ou da habilitação para dirigir veículo automotor, ou a proibição de sua obtenção" (grifamos).

7.2   Sujeitos ativo e passivo

O sujeito ativo pode ser qualquer pessoa. Se houver a participação de funcionário, pode configurar-se o tipo autônomo do art. 318 (facilitação de contrabando ou descaminho). O sujeito passivo é o Estado.

7.3   Elemento subjetivo

É o dolo. Não se exige elemento subjetivo específico, nem se pune a forma culposa. Nesse cenário, GUSTAVO BRITTA SCANDELARI esclarece não ser o *exaurimento da via administrativa* um *elemento do tipo*, "porque com tal circunstância o elemento subjetivo do autor não tem relação alguma: não se pode pretender que o autor *conheça e deseje* o fenômeno jurídico da decisão administrativa final irrecorrível. O elemento subjetivo necessita apenas representar o elemento normativo *tributo* (no sentido de um *valor devido* ao Estado), para *saber* que está desempenhando uma conduta cujo *fim* é sonegá-lo. Logo, o autor não tem como *prever* qual será a decisão da Administração Pública – que, como se sabe, poderá considerar insubsistente o auto de infração – isto é: ele não pode *conhecer*, tampouco *querer* algo que sequer existe (e que talvez nunca venha a existir). Afinal, o *dolo* deve ser *atual*".[34]

7.4   Objetos material e jurídico

O objeto material pode ser o direito ou o imposto devido. O objeto jurídico é a Administração Pública, nos seus interesses patrimonial e moral.

7.5   Classificação

Trata-se de crime comum (aquele que pode ser cometido por qualquer pessoa); formal (crime que não exige, para sua consumação, resultado naturalístico, consistente na produção de efetivo dano para a Administração Pública) na forma "iludir o pagamento". Entretanto, nesse caso, o Estado deixa de arrecadar valores importantes para a Administração Pública, o que se pode constatar faticamente. É de forma livre (pode ser cometido por qualquer meio eleito pelo agente); comissivo ou omissivo, conforme o caso concreto; instantâneo (cuja consumação não se prolonga no tempo, dando-se em momento determinado); unissubjetivo (aquele que pode ser cometido por um único sujeito); unissubsistente (praticado num único ato) ou plurissubsistente (delito cuja ação é composta por vários atos, permitindo-se o seu fracionamento), conforme o caso concreto; admite tentativa na forma plurissubsistente e quando comissivo.

7.6   Princípio da insignificância

Encontra aplicação nesse delito. A falta de pagamento do tributo devido pode alcançar valor ínfimo, nem chegando a prejudicar o erário. Configuraria típica infração de bagatela, passível de punição fiscal, mas não penal. Há vários exemplos de aplicação do referido princípio, que serão citados a seguir. Entretanto, é preciso ressaltar a atual posição do STJ, mencionando precedente do STF, no sentido de serem configurados *insignificantes*, no contexto do descaminho, valores inferiores a R$ 20.000,00.

Essa tese desenvolveu-se a partir de leis que permitem à Fazenda Pública não cobrar tributos em atraso até o referido montante. Se é bagatela para a União cobrar valores iguais ou inferiores a esse patamar, o contribuinte não poderia ser criminalmente processado por não ter recolhido aos cofres públicos algum valor abaixo dessa quantia. Contudo, não nos parece que, em matéria penal, deva-se confundir a medida de política fiscal com a política criminal. Num país como o Brasil, considerar R$ 20.000,00 (ou superior) como bagatela soa-nos demais permissivo. Pode ser que não compense à União acionar o Judiciário para cobrar a dívida, mas não quer dizer que o referido montante seja pífio. Entretanto, é o que vem predominando na jurisprudência. Em outro sentido, para ilustrar: STJ: "1. Nos casos de habitualidade delitiva da conduta criminosa de descaminho não se aplica o princípio da insignificância. Precedentes deste Tribunal e do Supremo Tribunal Federal. 2. Hipótese em que o recorrido possui 13 (treze) procedimentos administrativos e 5 (cinco) registros criminais relativos ao delito do art. 334 do CP, todos em razão de outras apreensões de mercadoria de forma irregular, não sendo o caso da aplicação do princípio da bagatela, ante a reiteração delitiva. 3. Recurso provido" (REsp 1500919/SC, 5.ª T., rel. Gurgel de Faria, 03.03.2015, v.u.).

---

[34]   *O crime tributário de descaminho*, p. 147.

7.6.1   Intervenção mínima

Será que é mesmo necessário o tipo penal incriminador do *descaminho*? Não haveria uma ofensa à intervenção mínima? Note-se que nem mesmo a Fazenda Pública se interessa em cobrar impostos de valores elevados, como se pode constatar no item 7.6 anterior.

GUSTAVO SCANDELARI demonstra que "durante toda a vigência do Código Criminal do Império o contrabando e o descaminho foram reprimidos somente com medidas de multa e de perdimento das mercadorias e isso parece ter sido bem acolhido pela sociedade e pela Fazenda Nacional. De fato, essa relativa aceitação da sociedade é algo de certa forma inerente (ao menos na cultura brasileira) à natureza complexa dos delitos fiscais, que acarreta, inclusive, a maior incidência do *erro de proibição* nessa área".[35]

Concluímos ser desnecessária essa figura típica, bastando punições na esfera tributária. No entanto, o Estado tem uma particular predileção para usar o direito penal como *instrumento de cobrança* de tributos.

7.7   Habitualidade delitiva

Se o agente comete várias vezes o delito, mesmo com valores inferiores a R$ 20.000,00, não é cabível a aplicação da bagatela. Nessa ótica, como exemplo: STJ: "1. Não se aplica o princípio da insignificância quando o valor do tributo iludido for superior a dez mil reais, nos termos do sedimentado pela Terceira Seção deste Superior Tribunal de Justiça, que por ocasião do julgamento do REsp n.º 1.393.317/PR e do REsp n.º 1.401.424/PR, pacificou o entendimento no sentido de que não tem aplicação qualquer parâmetro diverso de R$ 10.000,00, notadamente o de R$ 20.000,00 previsto na Portaria n.º 75/2012 do Ministério da Fazenda. Súmula 83/STJ. 2. Nos termos da jurisprudência consolidada nesta Corte Superior de Justiça, é inaplicável o princípio da insignificância quando configurada a habitualidade na conduta criminosa. Súmula 83/STJ. 3. A análise de matéria constitucional não é de competência desta Corte, mas sim do Supremo Tribunal Federal, por expressa determinação da Constituição Federal. 4. Agravo regimental a que se nega provimento" (AgRg no AREsp 491329/PR, 6.ª T., rel. Maria Thereza de Assis Moura, 03.02.2015, v.u.).

7.8   Descaminho e violação de direitos autorais

Inexiste dupla punição pelo mesmo fato, pois são objetos jurídicos diversos e vítimas, igualmente, diferentes. A competência federal, imposta pelo descaminho, atrai o julgamento do outro delito.

7.9   Figuras típicas correlatas do § 1.º

No inciso I, tipifica-se quem praticar navegação de cabotagem, ilegalmente. Esse tipo de navegação é a navegação "realizada entre portos ou pontos do território brasileiro, utilizando a via marítima ou esta e as vias navegáveis interiores" (art. 2.º, IX, da Lei 9.432/1997).[36]

---

[35]   *O crime tributário de descaminho*, p. 212.

[36]   "Tem-se que *cabotar* vem do francês *cabotage* e significa a navegação que se faz de *cabo a cabo*, isto é, de porto a porto nas águas marinhas delimitadas. Na prática, é a navegação com terra à vista, entre portos

Trata-se de norma penal em branco, que necessita de complemento, feito por legislação específica, autorizando e regulando a navegação de cabotagem. Em especial, regula o transporte aquaviário no território nacional a Lei 9.432/1997. Ver, ainda, o disposto no art. 178 da Constituição Federal e na seguinte legislação: Decreto 24.643, de 10.07.1934 (art. 39); Lei 5.025/1966 (art. 81) e Decreto-lei 190/1967 (art. 1.º).

No inciso II do § 1.º do art. 334 do CP, fala-se em *descaminho por assimilação*. É o fato semelhante ao descaminho (não pagamento de imposto devido), previsto em legislação especial. Sobre o tema, verifique-se, na jurisprudência, particular enfoque sobre a fixação da pena, para servir de ilustração: TRF, 3.ª Região: "Tratando-se de delito de descaminho por assimilação, a quantidade e o valor dos bens apreendidos configuram elementos legítimos para mensurar o grau de lesão operada pela conduta criminosa ao bem jurídico tutelado pela norma penal. Nesse diapasão, o considerável vulto das mercadorias traduz maior gravidade nas consequências do crime, recomendando, nos termos do artigo 59 do Código Penal, a exasperação proporcional da sanção penal" (ACR 2007.61.08.003245-6/SP, 2.ª T., rel. Cotrim Guimarães, 30.11.2010, v.u.).

No inciso III do § 1.º do art. 334 do CP, considera-se crime vender, expor à venda, manter em depósito ou, de outra forma, utilizar em proveito próprio ou alheio, no exercício de atividade comercial ou industrial, mercadoria de procedência estrangeira que introduz clandestinamente no País ou importar, com fraude, ou sabendo ser produto de introdução clandestina no território brasileiro ou de importação fraudulenta por parte de outrem. SCANDELARI critica o emprego da expressão *mercadoria de procedência estrangeira*, pois, "quando o legislador de 1965 não afirmou que a mercadoria deveria ser *fabricada* no exterior, passou a admitir, como objeto do crime, a produzida no Brasil, que seja exportada e, após, reimportada. Mesmo que o bem esteja em trânsito fora do país, sua 'procedência' continuará a ser 'estrangeira', permitindo, assim, a subsunção do fato à lei penal, embora não se trate de mercadoria efetivamente importada".[37]

Vender (alienar por certo preço); *expor à venda* (deixar à mostra para alienação); *manter em depósito* (conservar em determinado lugar); *utilizar* (fazer uso de algo); *introduzir* (levar para dentro); *importar* (trazer algo de fora do País para dentro de suas fronteiras). O objeto dessas condutas é a mercadoria estrangeira clandestina ou fraudulentamente introduzida no País.

A pena para quem comete qualquer das hipóteses previstas no § 1.º do art. 334 do CP é de reclusão, de um a quatro anos.

7.9.1 Sujeitos ativo e passivo

O ativo é o comerciante ou industrial. O passivo é o Estado.

7.9.2 Elemento subjetivo

É o dolo. Há o elemento subjetivo específico consistente na satisfação de interesse próprio ou alheio. Na parte em que menciona "*sabe* ser produto de introdução clandestina ou importação fraudulenta" exige-se dolo direto. Inexiste a forma culposa.

---

do mesmo país ou a distâncias pequenas, mas sempre nas águas costeiras e, de regra, por embarcações nacionais" (GUSTAVO BRITTA SCANDELARI, *O crime tributário de descaminho*, p. 218).

[37] *O crime tributário de descaminho*, p. 222.

7.9.3   Diferença entre introdução clandestina e importação fraudulenta

Nas duas situações, há uma forma de atividade ilícita, embora, no primeiro caso, a mercadoria ingresse no País sem passar pela zona alfandegária. Portanto, penetra no território nacional às ocultas. Na segunda situação, o agente traz a mercadoria para o País, introduzindo-a pela zona alfandegária, mas liberando-a sem o pagamento dos impostos devidos. Na primeira figura, o próprio agente que vende, expõe à venda, mantém em depósito ou utiliza em proveito próprio ou alheio, diretamente, introduziu ou importou a mercadoria. Há, ainda, uma segunda figura, quando o agente pratica as condutas típicas valendo-se de produto introduzido ou importado por outra pessoa.

7.9.4   Classificação

Trata-se de crime próprio (aquele que exige sujeito ativo especial, não podendo ser cometido por qualquer pessoa), consistente em ser comerciante ou industrial; material (delito que exige, para sua consumação, a ocorrência de resultado naturalístico, relativo a receber vantagem), nas formas *vender* e *utilizar*, mas formal (delito que não exige resultado naturalístico), nas modalidades *expor à venda, manter em depósito*; de forma livre (pode ser cometido por qualquer meio eleito pelo agente);[38] comissivo (os verbos implicam ações); instantâneo (cuja consumação não se prolonga no tempo, dando-se em momento determinado), nas formas *vender* e *utilizar*, mas permanente (cuja consumação se arrasta no tempo), nas modalidades *expor à venda* e *manter em depósito*; unissubjetivo (aquele que pode ser cometido por um único sujeito); unissubsistente (praticado num único ato) ou plurissubsistente (delito cuja ação é composta por vários atos, permitindo-se o seu fracionamento), conforme o caso concreto; admite tentativa na forma plurissubsistente.

7.9.5   Inciso IV do § 1.º

No inciso IV, pune-se quem adquirir, receber ou ocultar, em proveito próprio ou de terceiro, no exercício de atividade comercial ou industrial, mercadoria de procedência estrangeira, desacompanhada de documentação legal ou acompanhada de documentos que sabem serem falsos.

Adquirir (obter ou comprar); *receber* (aceitar em pagamento ou acolher); *ocultar* (esconder ou encobrir). O objeto é a mercadoria que venha do exterior, ingressando em território nacional, sem os documentos exigidos pela legislação ou com documentos falsos (ideológica ou materialmente adulterados).

O termo *documentação exigidos pela legislação* demonstra uma receptação específica para o contexto do descaminho. Quem adquirir mercadoria sem a documentação legal (como a nota fiscal) ou acompanhada de documentos falsos (imitadores dos verdadeiros), está favorecendo a prática do descaminho, razão pela qual deve responder exatamente como ocorre com a pessoa que adquire coisa que sabe ser produto de crime (art. 180, CP).

---

[38]   Alegando que a nossa posição é de que o descaminho é um crime formal, GUSTAVO SCANDELARI sustenta ser material e aponta *nossa contradição* em certos aspectos (*O crime tributário de descaminho*, p. 253). Somos levados a estranhar essa afirmação, pois a nossa classificação separa, conforme o verbo do tipo, se o delito é formal ou material. Portanto, jamais asseveramos que o descaminho é exclusivamente formal. Desse modo, cremos que o referido autor não leu todo o texto, *antes* de tecer a sua infundada crítica.

7.9.5.1   Sujeitos ativo e passivo

O ativo é o comerciante ou industrial. O passivo é o Estado.

7.9.5.2   Elemento subjetivo

É o dolo, acompanhado do elemento subjetivo específico, que é o proveito próprio ou de terceiro. Não há a forma culposa. Na figura pertinente à documentação falsa, exige-se dolo direto ("que *sabe* serem falsos").

7.9.5.3   Confronto com a receptação

Tratando-se de crime específico e doloso, quando a pessoa, exercendo atividade comercial ou industrial, adquirir, receber ou ocultar mercadoria estrangeira sem documentação válida, pratica o crime previsto nesse artigo. Entretanto, se fizer o mesmo fora da atividade comercial ou industrial, bem como se agir culposamente, poderá responder pelo delito previsto no art. 180 do Código Penal. Ver, no entanto, o item 7.10.1, tratando da exigência da habitualidade.

7.9.5.4   Objetos material e jurídico

O objeto material é mercadoria estrangeira. O objeto jurídico é a tutela da Administração Pública, nos seus espectros patrimonial e moral.

7.9.5.5   Classificação

Trata-se de crime próprio (aquele que demanda sujeito ativo especial ou qualificado, que precisa ser comerciante ou industrial); material (delito que exige, para sua consumação, a ocorrência de resultado naturalístico, consistente em ter vantagem patrimonial); de forma livre (pode ser cometido por qualquer meio eleito pelo agente); comissivo (os verbos implicam ações); instantâneo (cuja consumação não se prolonga no tempo, dando-se em momento determinado) nas formas *adquirir* e *receber*, mas permanente (cuja consumação se prolonga no tempo), na forma *ocultar*; unissubjetivo (aquele que pode ser cometido por um único sujeito); plurissubsistente (delito cuja ação é composta por vários atos, permitindo-se o seu fracionamento), conforme o caso concreto; admite tentativa.

7.10   Figura de equiparação do § 2.º

Evitando-se interpretações benéficas e excludentes de responsabilidade ao sujeito que lida com mercadorias de origem estrangeira, produtos de contrabando ou descaminho, em atividade restrita e sem ter estabelecimento comercial, o § 2.º equiparou ao comerciante regularmente estabelecido a qualquer pessoa que também comercialize as referidas mercadorias, embora em contexto residencial ou limitado. Pode-se considerar, portanto, por exemplo, o vendedor ambulante, a pessoa que comercializa na empresa onde trabalha, até chegar ao indivíduo que se vale de sua própria casa para tanto.

A pena é de reclusão, de um a quatro anos.

7.10.1   *Habitualidade*

Tanto neste parágrafo quanto no anterior, toda vez que se menciona "no exercício de atividade comercial" ou "no exercício de atividade industrial", bem como "exercido em residência", está-se referindo ao crime habitual, aquele que necessita, para sua configuração, de condutas reiteradas no tempo, de modo a concretizar um estilo de vida. Assim, não é a pessoa que, eventualmente, adquire algo de procedência ilícita que responderá pelos delitos do § 1.º desse artigo. Quer-se punir o sujeito que, habitualmente, entrega-se ao comércio (termo que, por si só, implica habitualidade) desse tipo de mercadoria. Por isso, não configurada a conduta habitual, pode responder o autor por receptação (art. 180, CP), que é crime instantâneo, como regra.

7.11   Causa de aumento do § 3.º

Eleva-se a pena do agente para o dobro caso o descaminho seja praticado por via aérea, marítima ou fluvial, tendo em vista a maior dificuldade de se detectar o ingresso ou a saída irregular das mercadorias. De fato, quem invade o País transportado por avião, por exemplo, tem menor probabilidade de ser fiscalizado do que a pessoa que segue pela via terrestre. Entretanto, deve-se ponderar que os voos regulares de companhias aéreas estabelecidas, passando por zona alfandegária, não podem incidir nesse parágrafo, uma vez que a fiscalização pode ser rígida. Refere-se o aumento, pois, aos voos clandestinos. O mesmo se dá no tocante à navegação às escondidas por mar ou rio.

7.12   Procedimento administrativo e ação penal

Atualmente, pode-se vincular o ajuizamento de ação penal ao término de procedimento administrativo instaurado para apurar a sonegação fiscal decorrente da importação ou exportação de mercadoria. E é preciso considerar que, havendo plena quitação do imposto devido à Receita Federal, não se mantém a justa causa para a ação penal. O descaminho, por ausência de dolo, não subsiste, devendo, pois, ser trancada a ação penal ou o inquérito policial.

Não se trata de extinção da punibilidade, como estabelecido no art. 34 da Lei 9.249/1995, embora seja matéria controversa, pois essa norma faz referência expressa apenas aos crimes definidos na Lei 8.137/1990 e na Lei 4.729/1965, que não cuidam do descaminho. As causas de extinção da punibilidade não comportam, em nosso entendimento, analogia *in bonam partem*. Entretanto, o agente que paga o devido à Receita Federal, em virtude de importação de mercadoria, demonstra sua intenção de não frustrar o recolhimento do imposto, merecendo tal conduta ser considerada para descaracterizar o dolo. O mesmo se diga quando nem mesmo a esfera administrativa apurou se houve descaminho.

7.13   Prova pericial

É exigida, desde que haja dúvida quanto à origem estrangeira da mercadoria.

7.14   Crime impossível

Configura-se a hipótese do art. 17 do Código Penal quando o agente, ao ingressar no País, declara ou apresenta aos agentes de fiscalização a mercadoria introduzida. O meio seria absolutamente ineficaz para configurar o descaminho.

7.15   Quadro-resumo

Previsão legal	**Descaminho** **Art. 334.** Iludir, no todo ou em parte, o pagamento de direito ou imposto devido pela entrada, pela saída ou pelo consumo de mercadoria. Pena – reclusão, de 1 (um) a 4 (quatro) anos. § 1.º Incorre na mesma pena quem: I – pratica navegação de cabotagem, fora dos casos permitidos em lei; II – pratica fato assimilado, em lei especial, a descaminho; III – vende, expõe à venda, mantém em depósito ou, de qualquer forma, utiliza em proveito próprio ou alheio, no exercício de atividade comercial ou industrial, mercadoria de procedência estrangeira que introduziu clandestinamente no País ou importou fraudulentamente ou que sabe ser produto de introdução clandestina no território nacional ou de importação fraudulenta por parte de outrem; IV – adquire, recebe ou oculta, em proveito próprio ou alheio, no exercício de atividade comercial ou industrial, mercadoria de procedência estrangeira, desacompanhada de documentação legal ou acompanhada de documentos que sabe serem falsos. § 2.º Equipara-se às atividades comerciais, para os efeitos deste artigo, qualquer forma de comércio irregular ou clandestino de mercadorias estrangeiras, inclusive o exercido em residências. § 3.º A pena aplica-se em dobro se o crime de descaminho é praticado em transporte aéreo, marítimo ou fluvial.
Sujeito ativo	Qualquer pessoa, como regra Comerciante ou industrial (§ 1.º)
Sujeito passivo	Estado
Objeto material	Direito ou imposto devido
Objeto jurídico	Administração Pública (aspectos patrimonial e moral)
Elemento subjetivo	Dolo Dolo + elemento subjetivo específico (§ 1.º)
Classificação	Comum (*caput*) ou próprio (§ 1.º) Formal ou material Forma livre Comissivo ou omissivo (conforme o caso concreto) Instantâneo ou permanente Unissubjetivo Unissubsistente ou plurissubsistente (conforme a hipótese)
Tentativa	Admite na forma comissiva plurissubsistente
Circunstâncias especiais	Princípio da insignificância

8.   CONTRABANDO

8.1   Estrutura do tipo penal incriminador

"Etimologicamente, *contrabando* vem de *contra*, preposição, e de *bando*, edito ou lei de alguma cidade ou província e, assim, significando, em sentido geral, qualquer ação contrária a um edito de um lugar."[39]

---

[39]   Galdino Siqueira, *Tratado de direito penal*, v. 4, p. 605.

Importar significa trazer algo de fora do País para dentro de suas fronteiras; *exportar* quer dizer levar algo para fora do País. O objeto é mercadoria (qualquer bem que possa ser comprado ou vendido, ou seja, comercializável) proibida. Note-se que essa vedação deve advir de lei e, como regra, visa à proteção da produção nacional do mesmo produto. Por vezes, significa a repulsa do Estado a determinada mercadoria, proibida de existir no país. Há, ainda, certas *mercadorias*, cuja tipificação se dá em legislação especial, como as drogas e armas de fogo. É o denominado *contrabando próprio*.

Após a edição da Lei 13.008/2014, o contrabando desvinculou-se do descaminho. Este permanece no art. 334, com pena menor, enquanto o contrabando passa a figurar no art. 337-A, com pena maior.

A pena é de reclusão, de dois a cinco anos. A competência é da Justiça Federal.

A Lei 13.804/2019 introduziu o art. 278-A no Código de Trânsito Brasileiro, prevendo o seguinte: "o condutor que se utilize de veículo para a prática do crime de receptação, descaminho, contrabando, previstos nos arts. 180, 334 e 334-A do Decreto-lei n.º 2.848, de 7 de dezembro de 1940 (Código Penal), condenado por um desses crimes em decisão judicial transitada em julgado, terá *cassado seu documento de habilitação ou será proibido de obter a habilitação para dirigir veículo automotor pelo prazo de 5 (cinco) anos*. § 1.º O condutor condenado poderá requerer sua reabilitação, submetendo-se a todos os exames necessários à habilitação, na forma deste Código. § 2.º No caso do condutor preso em flagrante na prática dos crimes de que trata o *caput* deste artigo, poderá o juiz, em qualquer fase da investigação ou da ação penal, se houver necessidade para a garantia da ordem pública, como medida cautelar, de ofício, ou a requerimento do Ministério Público ou ainda mediante representação da autoridade policial, decretar, em decisão motivada, a suspensão da permissão ou da habilitação para dirigir veículo automotor, ou a proibição de sua obtenção" (grifamos).

8.2   Sujeitos ativo e passivo

O sujeito ativo pode ser qualquer pessoa. Se houver a participação de funcionário, pode configurar-se o tipo autônomo do art. 318 (facilitação de contrabando ou descaminho). O sujeito passivo é o Estado.

8.3   Elemento subjetivo

É o dolo. Não se exige elemento subjetivo específico, nem se pune a forma culposa.

8.4   Objetos material e jurídico

O objeto material é a mercadoria proibida. O objeto jurídico é a Administração Pública, nos seus interesses patrimonial e moral.

8.5   Classificação

Trata-se de crime comum (aquele que pode ser cometido por qualquer pessoa); formal (crime que não exige, para sua consumação, resultado naturalístico, consistente na produção de efetivo dano para a Administração Pública) nas modalidades "importar" e "exportar". Se a mercadoria é proibida de ingressar ou sair do País, o simples fato de fazê-lo consuma o crime, embora não se tenha produzido um resultado passível de realização fática. É de forma livre (pode ser cometido por qualquer meio eleito pelo agente); comissivo (os verbos implicam ações), nas formas *importar* e *exportar*; instantâneo (cuja consumação não se prolonga no tempo, dando-se em momento determinado), na importação ou exportação, quando a mercadoria for liberada, clandestinamente, na alfândega; se não passar pela via normal, assim que invadir as fronteiras do País ou traspassá-las ao sair. É unissubjetivo (aquele que pode ser cometido por um único sujeito); unissubsistente (praticado num único ato) ou plurissubsistente (delito cuja ação é composta por vários atos, permitindo-se o seu fracionamento), conforme o caso concreto; admite tentativa na forma plurissubsistente e quando comissivo.

8.6   Princípio da insignificância no contrabando

É aplicável, com cautela. Para quase todas as figuras típicas incriminadoras, torna-se perfeitamente amoldável o denominado *crime de bagatela*, quando a ofensa ao bem jurídico tutelado é pífia. No caso do contrabando – importar ou exportar mercadoria proibida –, somente se pode aceitar a insignificância quando a mercadoria tiver valor ínfimo e não afetar bem de interesse nacional.

Exemplo de bem, cuja importação não comporta insignificância: STJ: "Não é aplicável o princípio da insignificância em relação à conduta de importar gasolina sem autorização e sem o devido recolhimento de tributos. Isso porque essa conduta tem adequação típica ao crime de contrabando, ao qual não se admite a aplicação do princípio da insignificância. Para se chegar a essa conclusão, cumpre diferenciar o crime de contrabando do de descaminho, ambos previstos no art. 334, *caput*, do CP. Contrabando é a importação ou exportação de mercadorias cuja entrada no país ou saída dele é absoluta ou relativamente proibida. Sua incriminação encontra-se na 1.ª parte do art. 334, *caput*, do CP. O crime de descaminho, por sua vez, também conhecido como contrabando impróprio, é a fraude utilizada para iludir, total ou parcialmente, o pagamento de impostos de importação ou exportação. Em face da natureza tributária do crime de descaminho, é possível a incidência do princípio da insignificância nas hipóteses em que não houver lesão significativa ao bem jurídico penalmente tutelado. Tendo como bem jurídico tutelado a ordem tributária, entende-se que a irrisória lesão ao fisco conduz à própria atipicidade material da conduta. Diversa, entretanto, a orientação aplicável ao delito de contrabando, inclusive de gasolina, uma vez que a importação desse combustível, por ser monopólio da União, sujeita-se à prévia e expressa autorização da Agência Nacional de Petróleo, sendo concedida apenas aos produtores ou importadores. Assim, sua introdução, por particulares, em território nacional, é conduta proibida, constituindo o crime de contrabando. De fato, embora previsto no mesmo tipo penal, o contrabando afeta bem jurídico diverso, não havendo que se falar em insignificância da conduta quando o objetivo precípuo da tipificação legal é evitar o fomento de transporte e comercialização de produtos proibidos. Precedente citado do STJ: AgRg no REsp 1.278.732/RR, 5.ª T., *DJe* 1.º.02.2013. Precedente citado do STF: HC 116.242, 1.ª T., *DJe* 16.09.2013" (AgRg no AREsp 348.408/RR, rel. Regina Helena Costa, j. 18.02.2014).

8.7   Figuras equiparadas do § 1.º

A primeira delas é o contrabando por assimilação. É o fato semelhante ao contrabando (importação ou exportação de mercadoria proibida), previsto em legislação especial. Exemplo disso é o disposto no Decreto-lei 288/1967 (tratando da Zona Franca de Manaus): "Art. 39. Será considerado contrabando a saída de mercadorias da Zona Franca sem a autorização legal expedida pelas autoridades competentes". Portanto, a pena para quem retirar mercadorias da Zona Franca de Manaus, sem respeitar os requisitos legais, é a mesma do art. 334-A do Código Penal, por força da incidência do § 1.º, I.

Quanto às condutas *importar* e *exportar*, além dos sujeitos e objetos do crime, consultar as notas referentes ao *caput*. Este inciso (II do § 1.º do art. 334-A do CP) foi inserido pela Lei 13.008/2014, acrescendo a possibilidade de se trazer para o território nacional (ou retirar daqui) não somente a mercadoria proibida, mas também aquela dependente de avaliação de órgãos estatais. Noutros termos, a importação ou exportação é possível, desde que autorizada. Do contrário, configura contrabando. O termo *clandestinamente* conduz a ação do agente para a atividade escondida das autoridades. Por consequência, se alguém importa ou exporta mercadoria dependente de autorização, mas o faz às claras, constitui fato atípico.

A reinserção da mercadoria (inciso III do § 1.º do art. 334-A do CP) cuida-se de figura típica introduzida pela Lei 13.008/2014, significando um contrabando *invertido*, pois o agente traz de volta ao território brasileiro a mercadoria destinada ao território estrangeiro. Na realidade, o verbo *reinserir* representa *inserir novamente*, ou seja, a mercadoria saiu e voltou; portando, o termo *destinada* não simboliza apenas uma meta futura, mas algo que realmente já foi encaminhado ao exterior – e não deveria ter voltado. A figura criminosa deve-se ao fato de que mercadorias destinadas à exportação, como regra, recebem certos incentivos fiscais, incompatíveis com a sua comercialização interna. Por isso, reintroduzir o material exportado fere interesse da Administração Pública.

O inciso IV ("vende, expõe à venda, mantém em depósito ou, de qualquer forma, utiliza em proveito próprio ou alheio, no exercício de atividade comercial ou industrial, mercadoria proibida pela lei brasileira") pode ser confrontado com o inciso III do § 1.º do art. 334: as condutas deste inciso são as mesmas, assim como os sujeitos ativo e passivo e o elemento subjetivo do crime. Mantém-se o objeto jurídico. Altera-se, apenas, o objeto material, que passa a ser mercadoria proibida por lei.

O inciso V ("adquire, recebe ou oculta, em proveito próprio ou alheio, no exercício de atividade comercial ou industrial, mercadoria proibida pela lei brasileira") em confronto com o inciso IV do § 1.º do art. 334 resulta no seguinte: as condutas deste inciso são as mesmas, assim como os sujeitos ativo e passivo e o elemento subjetivo. Mantém-se o objeto jurídico. Modifica-se, somente, o objeto material, que passa a ser a mercadoria proibida por lei.

A pena para quem comete qualquer das hipóteses previstas no § 1.º do art. 334-A do CP é de reclusão, de dois a cinco anos.

8.8   Confronto com a receptação

Tratando-se de crime específico e doloso, quando a pessoa, exercendo atividade comercial ou industrial, adquirir, receber ou ocultar mercadoria proibida, pratica o crime previsto neste art. 334-A. Entretanto, se fizer o mesmo fora da atividade comercial ou industrial, bem como se agir culposamente, pode responder pelo delito previsto no art. 180 do Código Penal. Ver, no entanto, o item 7.10.1 *supra*, tratando da exigência da habitualidade.

8.9   Figura de equiparação

No § 2.º consta: "Equipara-se às atividades comerciais, para os efeitos deste artigo, qualquer forma de comércio irregular ou clandestino de mercadorias estrangeiras, inclusive o exercido em residências".

8.10 Causa de aumento

Dispõe o § 3.º que a "pena aplica-se em dobro se o crime de contrabando é praticado em transporte aéreo, marítimo ou fluvial".

8.11 Quadro-resumo

Previsão legal	**Contrabando** **Art. 334-A.** Importar ou exportar mercadoria proibida: Pena – reclusão, de 2 (dois) a 5 (cinco) anos. § 1.º Incorre na mesma pena quem: I – pratica fato assimilado, em lei especial, a contrabando; II – importa ou exporta clandestinamente mercadoria que dependa de registro, análise ou autorização de órgão público competente; III – reinsere no território nacional mercadoria brasileira destinada à exportação; IV – vende, expõe à venda, mantém em depósito ou, de qualquer forma, utiliza em proveito próprio ou alheio, no exercício de atividade comercial ou industrial, mercadoria proibida pela lei brasileira; V – adquire, recebe ou oculta, em proveito próprio ou alheio, no exercício de atividade comercial ou industrial, mercadoria proibida pela lei brasileira. § 2.º Equipara-se às atividades comerciais, para os efeitos deste artigo, qualquer forma de comércio irregular ou clandestino de mercadorias estrangeiras, inclusive o exercido em residências. § 3.º A pena aplica-se em dobro se o crime de contrabando é praticado em transporte aéreo, marítimo ou fluvial.
Sujeito ativo	Qualquer pessoa
Sujeito passivo	Estado
Objeto material	Mercadoria proibida
Objeto jurídico	Administração Pública (aspectos patrimonial e moral)
Elemento subjetivo	Dolo
Classificação	Comum Formal Forma livre Comissivo Instantâneo Unissubjetivo Unissubsistente ou plurissubsistente (conforme o caso concreto)
Tentativa	Admite na forma comissiva plurissubsistente
Circunstâncias especiais	Princípio da insignificância Norma penal em branco Aumento da pena

9.   IMPEDIMENTO, PERTURBAÇÃO OU FRAUDE DE CONCORRÊNCIA

9.1   Revogação deste tipo penal pela Lei 8.666/1993

O delito de impedimento, perturbação ou fraude de concorrência foi substituído por lei especial, notadamente pelos seguintes artigos: "Art. 90. Frustrar ou fraudar, mediante ajuste, combinação ou qualquer outro expediente, o caráter competitivo do procedimento licitatório com o intuito de obter, para si ou para outrem, vantagem decorrente da adjudicação do objeto da licitação: Pena – detenção, de 2 (dois) a 4 (quatro) anos, e multa"; "Art. 93. Impedir, perturbar ou fraudar a realização de qualquer ato de procedimento licitatório: Pena – detenção, de 6 (seis) meses a 2 (dois) anos, e multa"; "Art. 95. Afastar ou procurar afastar licitante, por meio de violência, grave ameaça, fraude ou oferecimento de vantagem de qualquer tipo: Pena – detenção, de 2 (dois) a 4 (quatro) anos, e multa, além da pena correspondente à violência. Parágrafo único. Incorre na mesma pena quem se abstém ou desiste de licitar, em razão da vantagem oferecida"; "Art. 96. Fraudar, em prejuízo da Fazenda Pública, licitação instaurada para aquisição ou venda de bens ou mercadorias, ou contrato dela decorrente: I – elevando arbitrariamente os preços; II – vendendo como verdadeira ou perfeita mercadoria falsificada ou deteriorada; III – entregando uma mercadoria por outra; IV – alterando substância, qualidade ou quantidade da mercadoria fornecida; V – tornando, por qualquer modo, injustamente, mais onerosa a proposta ou a execução do contrato: Pena – detenção, de 3 (três) a 6 (seis) anos, e multa"; "Art. 98. Obstar, impedir ou dificultar, injustamente, a inscrição de qualquer interessado nos registros cadastrais ou promover indevidamente a alteração, suspensão ou cancelamento de registro do inscrito: Pena – detenção, de 6 (seis) meses a 2 (dois) anos, e multa". Mesmo com a edição da Lei 14.133/2021 (nova lei de licitaçõoes e contratos públicos), o art. 335 do Código Penal continua revogado, pois inexiste o efeito repristinatório. Além disso, os artigos da anterior Lei 8.666/1993 foram substituídos por artigos do Código Penal com o mesmo conteúdo na essência.

9.2   Quadro-resumo

Previsão legal	**Impedimento, Perturbação ou Fraude de Concorrência** **Art. 335.** Impedir, perturbar ou fraudar concorrência pública ou venda em hasta pública, promovida pela administração federal, estadual ou municipal, ou por entidade paraestatal; afastar ou procurar afastar concorrente ou licitante, por meio de violência, grave ameaça, fraude ou oferecimento de vantagem: Pena – detenção, de seis meses a dois anos, ou multa, além da pena correspondente à violência. **Parágrafo único.** Incorre na mesma pena quem se abstém de concorrer ou licitar, em razão da vantagem oferecida.

10.   INUTILIZAÇÃO DE EDITAL OU DE SINAL

10.1   Estrutura do tipo penal incriminador

O art. 336 do Código Penal tem por finalidade resguardar e assegurar o prestígio da Administração Pública, impondo respeito aos atos praticados pela autoridade (afixação de edital ou colocação de um selo).[40]

Rasgar (dividir em pedaços, romper ou desfazer); *inutilizar* (tornar inútil ou destruir); *conspurcar* (macular ou sujar); *violar* (devassar ou profanar); *identificar* (determinar a identidade); *cerrar* (fechar ou encobrir) são os verbos do tipo incriminador. O objeto das condutas de rasgar, inutilizar e conspurcar é o edital, enquanto o objeto das condutas de violar ou

---

40   Bento de Faria, *Código Penal brasileiro comentado*, v. VII, p. 157.

inutilizar é o selo ou sinal. O tipo é misto alternativo e cumulativo. Os verbos *rasgar, inutilizar* e *conspurcar são alternativos (a prática de um ou de todos implica um só delito); o mesmo se diz dos verbos violar e inutilizar,* na segunda parte. No entanto, se o agente rasgar edital e violar selo responde por dois crimes, em concurso material ou continuidade delitiva.

De qualquer forma é expressão que estabelece a possibilidade de o agente destruir ou macular, total ou parcialmente, o edital.

Edital é o ato escrito emanado de autoridade administrativa ou judicial para dar avisos ou intimações, devendo ser afixado em locais públicos ou de acesso ao público, bem como pela imprensa, a fim de ser conhecido por alguma pessoa determinada ou por vários interessados. Note-se que, transcorrido o prazo de validade do edital, não pode mais ser objeto material desse delito.

Selo ou sinal é qualquer marca destinada a identificar algo. Ensina HUNGRIA ser "uma tira de papel ou de pano, ou pequena chapa de chumbo, que, contendo (pelo menos) a assinatura, carimbo ou sinete da autoridade competente, se fixa, por meio de cola, tachas, cosedura, lacre, arame etc., em fechaduras, gavetas, portas, janelas, bocas de vasos, frascos, sacos ou caixas, em suma, na abertura de algum *continente,* para garantia oficial de integridade do respectivo *conteúdo*".[41] Exemplo de configuração do delito seria o caso do agente que rompe cosedura do testamento cerrado, sem ordem judicial (art. 1.869, CC).

A pena para quem comete o crime previsto no art. 336 do CP é detenção, de um mês a um ano, ou multa.

10.2 Sujeitos ativo e passivo

O sujeito ativo pode ser qualquer pessoa. O sujeito passivo é o Estado.

10.3 Elemento subjetivo

É o dolo. Não existe a forma culposa, nem se exige elemento subjetivo específico.[42] Para BENTO DE FARIA, há elemento específico, consistente na intenção de menosprezar o funcionário que ordenou a afixação do edital ou que apôs ou determinou a aposição do selo ou sinal.[43]

10.4 Objetos material e jurídico

O objeto material das primeiras condutas (rasgar, inutilizar ou conspurcar) é o edital; das outras (violar ou inutilizar) é o selo ou sinal identificador ou que cerra algo. O objeto jurídico é a Administração Pública, nos interesses patrimonial e moral.

10.5 Classificação

Trata-se de crime comum (aquele que não demanda sujeito ativo qualificado ou especial); formal (delito que não exige resultado naturalístico, consistente em efetivo prejuízo para a administração); de forma livre (podendo ser cometido por qualquer meio eleito pelo agente); comissivo (os verbos implicam ações); instantâneo (cujo resultado se dá de maneira

---

[41] *Comentários ao Código Penal,* v. 9, p. 445.

[42] Nesse sentido: FRAGOSO (*Lições de direito penal,* v. 4, p. 992); BITENCOURT (*Tratado de direito penal,* v. 5, p. 289); ROGÉRIO GRECO (*Curso de direito penal,* v. 4, p. 903); NORONHA (*Direito penal,* v. 4, p. 414).

[43] *Código Penal brasileiro comentado,* p. 159. Igualmente: GALDINO SIQUEIRA, *Tratado de direito penal,* v. 4, p. 609.

instantânea, não se prolongando no tempo); de dano (consuma-se apenas com efetiva lesão a um bem jurídico tutelado); unissubjetivo (que pode ser praticado por um só agente); plurissubsistente (em regra, vários atos integram a conduta); admite tentativa.

10.6   Quadro-resumo

Previsão legal	**Inutilização de Edital ou de Sinal** **Art. 336.** Rasgar ou, de qualquer forma, inutilizar ou conspurcar edital afixado por ordem de funcionário público; violar ou inutilizar selo ou sinal empregado, por determinação legal ou por ordem de funcionário público, para identificar ou cerrar qualquer objeto: Pena – detenção, de um mês a um ano, ou multa.
Sujeito ativo	Qualquer pessoa
Sujeito passivo	Estado
Objeto material	Edital; selo ou sinal identificador ou que cerra algo
Objeto jurídico	Administração Pública (interesses patrimonial e moral)
Elemento subjetivo	Dolo
Classificação	Comum Formal Forma livre Comissivo Instantâneo Dano Unissubjetivo Plurissubsistente
Tentativa	Admite

11.   SUBTRAÇÃO OU INUTILIZAÇÃO DE LIVRO OU DOCUMENTO

11.1   Estrutura do tipo penal incriminador

Subtrair (retirar ou tirar às escondidas) ou *inutilizar* (invalidar ou destruir), tendo por objeto livro oficial, processo ou documento. Esse tipo penal do art. 337 do CP busca punir aquele que, em vez de cuidar, com zelo, de coisas que lhe são confiadas, termina por subtraí-las ou inutilizá-las.

Menciona o tipo penal que a destruição pode ser *total* (completa, abrangendo o todo) ou *parcial* (não completa, abrangendo partes), o que torna mais difícil a tentativa, já que inutilizar parcialmente é considerado crime consumado.

Livro oficial, processo ou documento é o livro criado por força de lei para registrar anotações de interesse para a Administração Pública. O termo *processo*, como bem anotado por Maria Sylvia Zanella Di Pietro, significa "uma série de atos coordenados para a realização dos fins estatais", podendo-se falar em "processo legislativo, pelo qual o Estado elabora a lei", "processo judicial e administrativo, pelos quais o Estado aplica a lei".[44] Logo, a sua utilização no tipo penal refere-se aos *autos*, que é o conjunto das peças componentes do processo, incluindo-se, nesse contexto, também os autos de processo findo.

Documento é qualquer escrito, instrumento ou papel, de natureza pública ou privada, na visão tradicional. Modernamente, trata-se de qualquer base material apta a registrar dados de todo tipo, como disquetes, discos rígidos de computador, CDs, DVDs etc.

Confiado à custódia significa que o livro, processo ou documento foi entregue ao funcionário, em confiança, para ser guardado.

Em razão do ofício significa que o livro, processo ou documento somente chegou às mãos do funcionário em razão do seu cargo. Logo, não se inclui nesse tipo penal o sujeito que subtrai livro oficial de pessoa que não o retém por conta da sua função.

Excepcionalmente, pode-se encontrar um *particular atuando em função pública*, por exemplo, o perito judicial nomeado que recebe documentos para realizar um exame. Assim, configura-se esse tipo penal quando alguém subtrai ou inutiliza tais papéis.

Esse é outro crime, cuja tendência é encolher, pois os dados importantes da administração estão passando para a forma digital, abandonando livros e papéis em geral. Já está na hora de o tipo penal ser atualizado.

A pena é de reclusão, de dois a cinco anos, se o fato não constitui crime mais grave.

11.2   Sujeitos ativo e passivo

O sujeito ativo pode ser qualquer pessoa. O sujeito passivo é o Estado. Secundariamente, pode-se falar também na pessoa prejudicada.

11.3   Elemento subjetivo

É o dolo. Não existe a forma culposa, nem se exige elemento subjetivo específico.

11.4   Objetos material e jurídico

O objeto material pode ser um livro oficial, um processo ou um documento. O objeto jurídico é a Administração Pública, nos seus interesses material e moral.

11.5   Classificação

Trata-se de crime comum (aquele que não demanda sujeito ativo qualificado ou especial); formal (delito que não exige resultado naturalístico, consistente em efetivo prejuízo para a Administração); de forma livre (podendo ser cometido por qualquer meio eleito pelo agente); comissivo (os verbos implicam ações); instantâneo (cujo resultado se dá de maneira instantânea, não se prolongando no tempo); unissubjetivo (aquele que pode ser praticado por um só agente); plurissubsistente (em regra, vários atos integram a conduta); admite tentativa.

11.6   Crime subsidiário

Somente se pune a conduta descrita nesse tipo penal caso não se configure delito mais grave (arts. 305, 314 ou 356).

---

[44]   *Direito administrativo*, p. 481.

11.7   Quadro-resumo

Previsão legal	**Subtração ou Inutilização de Livro ou Documento**
	Art. 337. Subtrair, ou inutilizar, total ou parcialmente, livro oficial, processo ou documento confiado à custódia de funcionário, em razão de ofício, ou de particular em serviço público:
	Pena – reclusão, de dois a cinco anos, se o fato não constitui crime mais grave.
Sujeito ativo	Qualquer pessoa
Sujeito passivo	Estado; pessoa prejudicada
Objeto material	Livro oficial, processo ou documento
Objeto jurídico	Administração Pública (interesses material e moral)
Elemento subjetivo	Dolo
Classificação	Comum
	Formal
	Forma livre
	Comissivo
	Instantâneo
	Dano
	Unissubjetivo
	Plurissubsistente
Tentativa	Admite

12.   SONEGAÇÃO DE CONTRIBUIÇÃO PREVIDENCIÁRIA

12.1   Estrutura do tipo penal incriminador

O tipo penal do art. 337-A foi acrescido ao Código Penal pela Lei 9.983/2000, cujo objeto era conceder mais intensa tutela penal à seguridade social.

Suprimir (eliminar ou fazer desaparecer) ou *reduzir* (diminuir) são as condutas típicas, tendo por objeto a contribuição social previdenciária e seus acessórios. A supressão e a redução devem ser conjugadas com as condutas previstas nos incisos. Merece crítica o verbo *suprimir* utilizado, pois somente o legislador pode fazer *desaparecer* o tributo. O que se quis dizer foi *não pagar* a contribuição previdenciária, diferente de suprimi-la. Essas figuras, que estão no *caput*, devem ser associadas às descritas nos incisos do art. 337-A do CP.

Contribuição previdenciária é espécie de tributo, circunscrevendo-se no universo das contribuições sociais. Nas palavras de Leandro Paulsen, "há situações em que o Estado atua relativamente a determinado grupo de contribuintes. Não se trata de ações gerais, a serem custeadas por impostos, tampouco específicas e divisíveis, a serem custeadas por taxa, mas de ações voltadas a *finalidades específicas* que se referem a determinados *grupos de contribuintes*, de modo que se busca, destes, o seu custeio através de tributo que se denomina de contribuições".[45] O ideal seria o legislador penal ter optado pela expressão *contribuição de seguridade social*, que abrange assistência social, previdência e saúde.

A pena é de reclusão, de dois a cinco anos, e multa.

---

[45]   *Curso de direito tributário*, p. 60.

12.1.1 Condição objetiva de punibilidade

É necessária a constituição do procedimento administrativo de constatação da dívida tributária para que se possa iniciar a ação penal. Na jurisprudência: STJ: "Segundo entendimento adotado por esta Corte Superior de Justiça, os crimes de sonegação de contribuição previdenciária e apropriação indébita previdenciária, por se tratar de delitos de caráter material, somente se configuram após a constituição definitiva, no âmbito administrativo, reconhecendo a regularidade do respectivo crédito (Precedentes)" (RHC 28798/PR, 5.ª T., rel. Campos Marques, 23.10.2012, v.u.).

12.2 Sujeitos ativo e passivo

O sujeito ativo é o titular de firma individual, os sócios, os gerentes, diretores ou administradores que efetivamente tenham participado da administração da empresa. Logicamente, os que possuírem efetiva participação na sonegação. O sujeito passivo é o INSS, autarquia federal encarregada da seguridade social. Essa análise vale para todos os incisos, com os quais se conjugam as condutas *suprimir* e *reduzir*.

12.3 Elemento subjetivo

É o dolo. Cremos haver a exigência, como em todo delito de natureza fiscal, do elemento subjetivo específico, que é a vontade de fraudar a previdência, deixando de pagar a contribuição.[46] Não existe a forma culposa. Embora não diga respeito à sonegação de contribuição previdenciária, o princípio de exigência do dolo específico é o mesmo. O elemento subjetivo vale para todos os incisos, que são meras conjugações com as condutas do *caput* (suprimir ou reduzir).

12.4 Estrutura do tipo penal incriminador do inciso I

O núcleo, como já visto em tópico anterior, é composto da supressão ou redução da contribuição social previdenciária associada à *omissão* (não menção) de segurados – empregado, empresário, trabalhador avulso ou autônomo ou equiparado que preste serviço – da folha de pagamento. Tal conduta certamente provoca a sonegação do tributo devido. Trata-se da renovação, com modificação, do antigo art. 95, *a*, da Lei 8.212/1991. A alteração deveu-se ao fato de que, na norma revogada, considerava-se crime a mera omissão da folha de pagamento, sendo que, atualmente, cuida-se da figura típica fazendo expressa referência ao resultado, que é a supressão ou redução da contribuição paga, gerando prejuízo para a previdência.

Folha de pagamento "é o montante total da remuneração que o empregador irá pagar aos trabalhadores colocados a seu serviço. (...) Incidirá, assim, a contribuição sobre todos os valores pagos pelas empresas aos que exercem atividade remunerada a qualquer título e com ela estão relacionados, inclusive o *pro labore* dos sócios e dos diretores que não sejam empregados".[47] Ou ainda "é documento laboral tradicional, no qual consta o nome dos empregados

---

[46] No mesmo sentido, BITENCOURT, *Tratado de direito penal*, v. 5, p. 299, embora tenha constado que a nossa posição é contrária; porém, o autor cita exatamente o mesmo fim de agir, que é fraudar a previdência. Cremos, pois, ter havido engano na redação.

[47] WAGNER BALERA, *Curso de direito previdenciário*, p. 47.

(segurados obrigatórios), e que permite dar quitação da remuneração e torna possível o cálculo da exação previdenciária, fundiária ou sindical e do Imposto de Renda".[48]

Empregado é a "pessoa física que prestar serviços de natureza não eventual a empregador, sob a dependência deste e mediante salário" (art. 3.º, *caput*, CLT), ou a "pessoa física que, em propriedade rural ou prédio rústico, presta serviços de natureza não eventual a empregador rural, sob a dependência deste e mediante salário" (art. 2.º da Lei 5.889/1973).

Empresário é o titular de firma individual urbana ou rural, não empregado, membro do conselho de administração das S.A., sócios que participam da gestão ou recebem remuneração.

Trabalhador avulso é o trabalhador urbano ou rural sem vínculo com empresas.

Trabalhador autônomo é o prestador de serviços de natureza urbana ou rural, em caráter eventual, a uma ou mais empresas. Pode ser, ainda, a pessoa física que exerce por conta própria atividade urbana, com ou sem fim lucrativo, como um médico. Noutros termos, "a pessoa física que exerce, por conta própria, atividade econômica de natureza urbana com fins lucrativos ou não".[49]

Equiparado a autônomo é o empregador rural pessoa física, ministro de confissão ou ordem religiosa por ela mantido, entre outros.

12.5   Objetos material e jurídico

O objeto material é a folha de pagamento. O objeto jurídico é a seguridade social.

12.6   Classificação

Trata-se de crime próprio (aquele que demanda sujeito qualificado); formal (delito que não exige, para sua consumação, a ocorrência de resultado naturalístico, consistente em dano para a previdência social. Entretanto, deixando de arrecadar o que lhe é devido, certamente os serviços de seguridade social podem ser prejudicados. Cremos que alguns delitos omissivos têm força para *causar* resultados. É a situação presente. A fonte de custeio da previdência diminui e seu patrimônio também quando o devedor deixa de pagar o tributo devido. Logo, valendo-se da especial vontade de fraudar o Fisco, o sujeito embolsa quantia que juridicamente devia ter sido destinada ao Estado); de forma livre (pode ser cometido por qualquer meio eleito pelo agente); omissivo (os verbos *suprimir* e *omitir* devem ser interpretados conjugadamente, razão pela qual, unidos, implicam abstenção, e não ação). Fosse somente o verbo *suprimir* e poder-se-ia falar em crime comissivo. Entretanto, nesse caso, o agente deixa de pagar o tributo devido porque não coloca na folha de pagamento o segurado. Assim, é pura omissão. É crime instantâneo (cuja consumação não se prolonga no tempo, dando-se em momento determinado, que é o da data estipulada, em lei, para o pagamento da contribuição); unissubjetivo (aquele que pode ser cometido por um único sujeito); unissubsistente (delito cuja ação é composta por um ato, sem fracionamento); não admite tentativa.

12.7   Figura prevista no inciso II

12.7.1   Estrutura do tipo penal incriminador

Deve-se analisar o não lançamento ("lançar, contabilmente, é fazer o registro escritural dos pagamentos de interesse da Previdência Social: quantias descontadas dos segurados e

---

[48]   Wladimir Novaes Martinez, *Os crimes previdenciários no Código Penal*, p. 66.

[49]   Wladimir Novaes Martinez, *Os crimes previdenciários no Código Penal*, p. 68.

devidas pelo propiciador de serviços")[50] com a supressão ou redução da contribuição social previdenciária. Assim, o agente que não fizer constar nos títulos de contabilidade da empresa as quantias que descontou dos segurados ou devidas pelo empregador ou tomador de serviços está sonegando. É figura que equivale ao revogado art. 95, *b*, da Lei 8.212/1991.

Empregador é "qualquer pessoa, natural ou jurídica, que admite, assalaria e dirige a prestação pessoal de serviço".[51] E diz, ainda, o autor que empresa e empregador constituem termos de idêntico sentido.

Tomador de serviços "remete a terceiros, fornecedores de mão de obra que cedem obreiros para outras pessoas jurídicas. Geralmente, geralmente contribuições empresariais, como a prevista na Lei n. 9.711/98 (...)".[52]

12.7.2 Objetos material e jurídico

O objeto material é o título próprio da contabilidade da empresa. O objeto jurídico é a Seguridade Social.

12.7.3 Classificação

Trata-se de crime próprio (aquele que demanda sujeito qualificado); formal (delito que não exige, para sua consumação, a ocorrência de resultado naturalístico, consistente em dano para a previdência social. Entretanto, deixando de arrecadar o que lhe é devido, certamente os serviços de seguridade social são prejudicados. Cremos que alguns delitos omissivos têm força para *causar* resultados. É a situação presente. A fonte de custeio da previdência diminui e seu patrimônio também quando o devedor deixa de pagar o tributo devido. Logo, valendo-se da especial vontade de fraudar o Fisco, o sujeito embolsa quantia que juridicamente devia ter sido destinada ao Estado); de forma livre (pode ser cometido por qualquer meio eleito pelo agente); omissivo (os verbos *suprimir* e *deixar de lançar* devem ser interpretados conjugadamente, razão pela qual, unidos, implicam abstenção, e não ação). Fosse somente o verbo *suprimir* e poder-se-ia falar em crime comissivo. Entretanto, nesse caso, o agente deixa de pagar o tributo devido porque não coloca nos títulos contábeis da empresa as quantias descontadas dos segurados ou devidas por terceiros. Assim, é pura omissão. É crime instantâneo (cuja consumação não se prolonga no tempo, dando-se em momento determinado, que é o da data estipulada, em lei, para o pagamento da contribuição); unissubjetivo (aquele que pode ser cometido por um único sujeito); unissubsistente (delito cuja ação é composta por um ato, sem fracionamento); não admite tentativa.

12.8 Figura prevista no inciso III

12.8.1 Estrutura do tipo penal incriminador

O núcleo, como visto em nota anterior, é composto da supressão ou redução da contribuição social previdenciária associada à *omissão* (não menção) de receitas ou lucros auferidos,

---

50   Wladimir Novaes Martinez, *Os crimes previdenciários no Código Penal*, p. 69.

51   Wagner Balera, *Curso de direito previdenciário*, p. 46.

52   Wladimir Novaes Martinez, *Os crimes previdenciários no Código Penal*, p. 70.

remunerações pagas ou creditadas e outros fatos geradores de contribuições previdenciárias. Trata-se de tipo penal equivalente à revogada figura do art. 95, *c*, da Lei 8.212/1991.

A receita é o faturamento da empresa ou do empregador, que significa o ganho bruto das vendas de mercadorias, de mercadorias e serviços e de serviços de qualquer natureza, não se integrando nesta o "valor do imposto sobre produtos industrializados, quando destacado em separado no documento fiscal" e o "valor das vendas canceladas, das devolvidas e dos descontos a qualquer título concedidos incondicionalmente" (art. 2.º, parágrafo único, *a* e *b*, da Lei Complementar 70/1991). A folha de salários já não servia de base única para a contribuição à seguridade social, pois a aceleração da substituição do homem pela máquina fez cair a folha de pagamentos.

Quanto às remunerações pagas ou creditadas, "são as desembolsadas pelo devedor, de pronto ou em parcelas, mediata ou imediatamente, constantes da folha de pagamento ou de recibos. Não necessariamente consignadas nos registros contábeis da empresa. Remunerações creditadas são as contabilizadas, ainda que a disposição entre em conflito, pois se não foi feito o registro (pelo menos) não houve o crédito contábil".[53]

Surgem novas fontes de custeio, que são o faturamento e o lucro. Cabe à empresa fornecer fundos para a seguridade social porque provoca despesas com o exercício da sua atividade, que gera riscos para o trabalhador. Esses riscos implicam o pagamento de benefícios e a organização de vários serviços em benefício do trabalhador.[54]

12.8.2 Objetos material e jurídico

O objeto material é a receita, o lucro auferido, a remuneração paga ou creditada ou outro fato gerador de contribuição previdenciária. O objeto jurídico é a seguridade social.

12.8.3 Classificação

Trata-se de crime próprio (aquele que demanda sujeito qualificado); formal (delito que não exige, para sua consumação, a ocorrência de resultado naturalístico, consistente em dano para a previdência social. Entretanto, deixando de arrecadar o que lhe é devido, certamente os serviços de seguridade social são prejudicados. Cremos que alguns delitos omissivos têm força para *causar* resultados. É a situação presente. A fonte de custeio da previdência diminui e seu patrimônio também quando o devedor deixa de pagar o tributo devido. Logo, valendo-se da especial vontade de fraudar o Fisco, o sujeito embolsa quantia que juridicamente devia ter sido destinada ao Estado); de forma livre (pode ser cometido por qualquer meio eleito pelo agente); omissivo (os verbos *suprimir* e *omitir* devem ser interpretados conjugadamente, razão pela qual, unidos, implicam abstenção, e não ação). Fosse somente o verbo *suprimir* e poder-se-ia falar em crime comissivo. Entretanto, nesse caso, o agente deixa de pagar o tributo devido porque não menciona à previdência a receita, lucro, remuneração paga ou creditada ou outro fato gerador. Assim, é pura omissão. É crime instantâneo (cuja consumação não se prolonga no tempo, dando-se em momento determinado, que é o da data estipulada, em lei, para o pagamento da contribuição); unissubjetivo (aquele que pode ser cometido por um único sujeito); unissubsistente (delito cuja ação é composta por um ato, sem fracionamento); não admite tentativa.

---

53   Wladimir Novaes Martinez, *Os crimes previdenciários no Código Penal*, p. 72.
54   Wagner Balera, *Curso de direito previdenciário*, p. 49-51.

12.9 Competência

É da Justiça Federal e a ação é pública incondicionada.

12.10 Causa de extinção da punibilidade

Exigem-se, para que a punibilidade do agente da sonegação de contribuição previdenciária seja afastada, os seguintes requisitos:

a) declaração do valor devido (demonstrar à previdência o montante que deveria ser recolhido, mas não foi pela omissão de dados praticada);

b) confissão da prática delituosa, isto é, a admissão de ter omitido dados da folha de pagamento ou de documento de informações, de ter deixado de lançar nos títulos próprios as quantias descontadas ou de ter omitido receitas e lucros auferidos, entre outras fontes geradoras de contribuições. Em verdade, o termo usado não é o mais adequado, pois *confessar* significa admitir contra si, por quem seja suspeito ou acusado de um crime, tendo pleno discernimento, voluntária, expressa e pessoalmente, diante da autoridade competente, em ato solene e público, reduzido a termo, a prática de algum fato criminoso. Não é isso o que necessariamente ocorre, uma vez que, para a existência da confissão, pede-se que o indivíduo já seja considerado suspeito ou acusado pelo Estado. Ora, o próprio parágrafo prevê que a "confissão" necessita ser feita *antes do início da ação fiscal*, logo, antes de o Estado ter dado início à cobrança judicial da dívida. Assim, é bem possível que ainda não exista inquérito ou ação penal, de forma que o melhor teria sido mencionar a "autodenúncia", isto é, a admissão do cometimento de um fato criminoso (as omissões que levaram à sonegação ou à redução das contribuições), sem que o Estado já tenha elegido o sujeito como suspeito ou acusado. Embora vulgarmente se utilize o termo *confissão* para designar qualquer tipo de admissão de culpa, cremos que, na construção do tipo penal, deveria haver maior precisão terminológica;

c) prestar as informações devidas (além de declarar o devido, precisa esclarecer a previdência social a respeito da sua real situação, para que os próximos recolhimentos sejam corretamente efetuados);

d) espontaneidade (sinceridade na declaração, demonstrando arrependimento, agindo sem subterfúgios). Em direito penal, como já foi visto por ocasião do estudo da desistência voluntária e da atenuante da confissão espontânea, o termo "espontaneidade" é diferente de "voluntariedade". Significa arrependimento, vontade de efetivamente colaborar com o Estado para sanar o desvio cometido. Outra interpretação seria ilógica, ou seja, dizer que "espontâneo" é o mesmo que "voluntário" seria negar o próprio conteúdo das condutas "declarar" e "confessar". Ora, a pessoa que declara, confessa e presta as declarações devidas naturalmente o faz de maneira voluntária, sem coação. Se for coagida a fazê-lo, não está confessando, pois a admissão de culpa involuntária não pode ser ato considerado juridicamente válido. E mais: a confissão somente pode ser voluntária, pois, não fosse assim, e estaria o direito aceitando a admissão de culpa sob tortura, por exemplo, o que é uma inconsequência. Pode-se até dizer que, vulgarmente, confissão é o simples reconhecimento da culpa, em qualquer circunstância, mas não para provocar efeito jurídico. Embora admitindo que há diferença entre *voluntariedade* e *espontaneidade*, Luiz Regis Prado sustenta que houve incorreta redação do legislador, utilizando o termo *espontaneamente* em lugar de *voluntariamente*, merecendo haver correção, pelo intérprete, no momento da aplicação. Alega que o ato voluntário também deve comportar a extinção da punibilidade, valendo-se da interpretação extensiva para que se dê o devido alcance à norma.[55] Não nos parece deva o intérprete alterar, quando da aplicação da norma, a sua redação, fazendo valer a *voluntariedade* em vez da *espontaneidade*, pois, como já mencionado, se o agente *declara* e *confessa* a dívida, já o faz voluntariamente, por questão de lógica, sendo inadmissível supor que a lei contenha palavras inúteis. Logo, preferiu o legislador demandar, também, a espontaneidade, isto é, que o devedor o faça sem qualquer subterfúgio, somente para beneficiar-se do favor legal;

e) agir antes do início da ação fiscal, entendida esta como a descoberta da dívida e ajuizamento da cobrança pelo INSS (ou órgãos da arrecadação da União) da contribuição devida. Logo, não se vincula essa causa de extinção da punibilidade ao oferecimento de denúncia, mas sim à atuação do Fisco. Não há óbice a tal condição, eleita pelo legislador, como já se disse, embora seja estranha. Antes de comentar o equívoco nas exigências realizadas, é preciso considerar que a causa de extinção da punibilidade *deixou de prever* a necessidade de efetuar o pagamento do montante devido. O § 1.º menciona, simplesmente, que o agente deve *declarar* e *confessar* o que deve, bem como *prestar as informações devidas* à previdência. Pagar, não precisa. Logo, caberia extinção da punibilidade ao sujeito que admite o débito, confessa a sonegação e informa os dados necessários, mas nada paga, obrigando o Fisco a ingressar com a ação cabível. Vemos evidente falha na redação do dispositivo, embora não se possa corrigi-lo por meio da interpretação. Ainda que se admita a interpretação extensiva em direito penal, não é o caso. Trata-se de verdadeira lacuna, uma vez que absolutamente nada se falou a respeito do pagamento. Então, a única maneira de sanar o equívoco seria aplicando a analogia com o disposto no § 2.º do art. 168-A, o que é indevido, já que a analogia *in malam partem* é vedada. Portanto, beneficiado foi o sonegador que se livra da ação penal única e tão somente pela sua declaração de dívida e admissão de culpa. Por outro lado, tendo sido vetado o inciso I do § 2.º do art. 337-A do CP, não se tem o mesmo parâmetro exibido pelo inciso I do § 3.º do art. 168-A, isto é, não há permissão para aplicar perdão ou privilégio a quem já deu causa à instauração da ação fiscal, mas ainda não foi denunciado. Logo, interpretando-se literalmente esse dispositivo, vislumbra-se que o agente, declarando seu débito e admitindo sua culpa, *antes da ação fiscal*, tem direito à extinção da punibilidade, ainda que a ação penal já tenha tido início.

No art. 168-A defendemos o contrário, mas tínhamos como suporte a situação gerada pelo inciso I do § 3.º, ou seja, se não cabe perdão judicial, nem privilégio, para quem *ainda não foi denunciado*, logicamente não pode caber o mais, que é a extinção da punibilidade. No caso presente, perdendo-se esse paralelo de comparação, cremos ser admissível a extinção da punibilidade, desde que os requisitos do § 1.º tenham sido preenchidos e mesmo que a ação penal já esteja em andamento, mas não a ação fiscal. Tratando-se de causa extintiva da punibilidade, não há como operar a analogia *in malam partem*, trazendo para o art. 337-A o disposto no art. 168-A, vale dizer, aplicando a mesma regra que impediria a mencionada extinção da punibilidade, quando a ação penal tivesse início.

---

[55] *Curso de direito penal brasileiro*, v. 4, p. 573.

12.11 Não aplicação do art. 34 da Lei 9.249/1995

O Supremo Tribunal Federal considerava aplicável à hipótese do não recolhimento de contribuições previdenciárias a causa de extinção da punibilidade prevista na referida lei. Entretanto, naquela hipótese, era preciso pagar toda a dívida antes do recebimento da denúncia. Ora, existindo causa específica para o crime previdenciário, em nossa visão, não mais tem cabimento a aplicação do mencionado art. 34. Portanto, deixando de pagar o devido até a ação fiscal ter início, já não se deve considerar extinta a punibilidade caso o recolhimento seja efetuado antes da denúncia. Há posição em sentido contrário, aceitando a aplicação do referido art. 34.

12.12 Perdão judicial ou figura privilegiada

Criou-se, com o § 2.º, II, do art. 337-A do CP, uma hipótese alternativa de perdão judicial ("deixar de aplicar a pena") ou de privilégio (aplicação somente da multa). No entanto, há requisitos a respeitar: a) primariedade; b) bons antecedentes. Sobre os conceitos de primariedade e bons antecedentes, remetemos o leitor aos comentários aos arts. 63 (primariedade) e 59 (antecedentes), sabendo-se, desde logo, que primário é o sujeito que não é reincidente (o conceito é feito por exclusão) e possui bons antecedentes aquele não os ostenta negativos (mais uma vez o conceito é feito por exclusão); c) respeitar o teto estabelecido pela previdência social como o mínimo para o ajuizamento de executivo fiscal, conforme se verá na nota seguinte.

12.13 Valor devido de pouca monta

Essa hipótese para a aplicação do perdão judicial ou do privilégio é ser o montante devido aos cofres previdenciários igual ou inferior ao estabelecido pela própria previdência, *administrativamente* (o que prescinde de lei), para justificar uma execução fiscal. Se o Fisco não tem interesse em cobrar judicialmente o valor, não há cabimento para a atribuição de penalidades severas ao agente.

12.14 Critério para a escolha do juiz

Tendo em vista que o legislador previu hipótese alternativa (perdão ou privilégio), mas impôs condições cumulativas, é preciso distinguir quando o magistrado deve aplicar o perdão judicial e quando deve aplicar somente a multa. Assim, para um ou para outro benefício demandam-se primariedade, bons antecedentes e pequeno valor das contribuições devidas. Parece-nos que a escolha deve se fundar nos demais elementos norteadores, sempre, da análise do agente do crime, que são as circunstâncias judiciais do art. 59. Dessa forma, a verificação da personalidade e da conduta social do autor, dos motivos do delito e das circunstâncias e consequências da infração penal, que constituem a culpabilidade, maior ou menor reprovação social do que foi feito, levarão o juiz à decisão mais justa: perdão ou multa.

12.15 Causa de diminuição da pena ou privilégio

Em outra hipótese, prevista no § 3.º, prescindindo da primariedade e dos bons antecedentes, caso seja o empregador pessoa física e possuidor de folha de pagamento que não supere determinado valor,[56] é possível, tendo havido sonegação de contribuição previdenciária, a redução

---

[56] Quando da edição da Lei 9.983/2000, o valor inserido foi de R$ 1.510,00. Mas o § 4.º mencionava que esse montante seria atualizado nas mesmas datas e nos mesmos índices do reajuste dos beneficiários da previdência social. Portanto, o valor alterou-se para mais.

da pena de um terço até a metade *ou* pode simplesmente ser aplicada a multa. A opção pela diminuição da pena ou pela aplicação do privilégio, que é substituir a pena privativa de liberdade pela pecuniária, deve obedecer aos critérios do art. 59, que são as circunstâncias judiciais. Por outro lado, a redução, que é variável (um terço até a metade), merece pautar-se pelo valor da sonegação. Assim, as circunstâncias judiciais do art. 59 serviriam para a escolha entre um dos dois benefícios, enquanto o montante do valor devido permitiria a opção pelo *quantum* de redução.

12.16 Reajuste do valor de referência da folha de pagamento (§ 4.º)

Trata-se de norma benéfica ao réu, pois, quanto maior o valor da folha de pagamento, mais cresce a possibilidade de receber um dos dois benefícios. Assim, quando reajustados os benefícios da previdência social, que têm correlação com o salário mínimo, corrige-se também esse montante. O legislador já utilizou semelhante critério para proteger valores pecuniários no Código Penal, no art. 49, § 2.º, em relação à aplicação da correção monetária à pena de multa.

12.17 Quadro-resumo

Previsão legal	**Sonegação de Contribuição Previdenciária** **Art. 337-A.** Suprimir ou reduzir contribuição social previdenciária e qualquer acessório, mediante as seguintes condutas: I – omitir de folha de pagamento da empresa ou de documento de informações previsto pela legislação previdenciária segurados empregado, empresário, trabalhador avulso ou trabalhador autônomo ou a este equiparado que lhe prestem serviços; II – deixar de lançar mensalmente nos títulos próprios da contabilidade da empresa as quantias descontadas dos segurados ou as devidas pelo empregador ou pelo tomador de serviços; III – omitir, total ou parcialmente, receitas ou lucros auferidos, remunerações pagas ou creditadas e demais fatos geradores de contribuições sociais previdenciárias: Pena – reclusão, de 2 (dois) a 5 (cinco) anos, e multa. § 1.º É extinta a punibilidade se o agente, espontaneamente, declara e confessa as contribuições, importâncias ou valores e presta as informações devidas à previdência social, na forma definida em lei ou regulamento, antes do início da ação fiscal. § 2.º É facultado ao juiz deixar de aplicar a pena ou aplicar somente a de multa se o agente for primário e de bons antecedentes, desde que: I – (*Vetado.*); II – o valor das contribuições devidas, inclusive acessórios, seja igual ou inferior àquele estabelecido pela previdência social, administrativamente, como sendo o mínimo para o ajuizamento de suas execuções fiscais. § 3.º Se o empregador não é pessoa jurídica e sua folha de pagamento mensal não ultrapassa R$ 1.510,00 (um mil, quinhentos e dez reais), o juiz poderá reduzir a pena de um terço até a metade ou aplicar apenas a de multa. § 4.º O valor a que se refere o parágrafo anterior será reajustado nas mesmas datas e nos mesmos índices do reajuste dos benefícios da previdência social.
Sujeito ativo	Titular de firma individual, sócios solidários, gerentes, diretores ou administradores
Sujeito passivo	Estado, principalmente o INSS
Objeto material	Folha de pagamento; título próprio da contabilidade da empresa; receita, lucro auferido, remuneração paga ou creditada ou outro fator gerador de contribuição previdenciária

Objeto jurídico	Seguridade social
Elemento subjetivo	Dolo + elemento subjetivo específico
Classificação	Próprio Formal Forma livre Omissivo Instantâneo Dano Unissubjetivo Unissubsistente
Tentativa	Não admite
Circunstâncias especiais	Extinção da punibilidade Perdão judicial Causa de diminuição de pena

RESUMO DO CAPÍTULO

	Usurpação de função pública Art. 328	Resistência Art. 329	Desobediência Art. 330	Desacato Art. 331	Tráfico de influência Art. 332	Corrupção ativa Art. 333
Sujeito ativo	Qualquer pessoa, inclusive o funcionário público quando atue fora de sua área de atribuições	Qualquer pessoa	Qualquer pessoa, inclusive o funcionário público	Qualquer pessoa	Qualquer pessoa, inclusive o funcionário público	Qualquer pessoa
Sujeito passivo	Estado	Estado; funcionário ou outra pessoa que sofreu violência ou ameaça	Estado	Estado; funcionário público	Estado Secundariamente, a pessoa vitimada pelo pedido do agente, com ou sem boa-fé	Estado
Objeto material	Função pública	Pessoa agredida ou ameaçada	Ordem dada	Funcionário público	Vantagem	Vantagem
Objeto jurídico	Administração Pública (aspectos patrimonial e moral)	Administração Pública (aspectos material e moral)	Administração Pública (interesses material e moral)	Administração Pública (interesses material e moral)	Administração Pública, especialmente no aspecto da moralidade	Administração Pública (interesses material e moral)
Elemento subjetivo	Dolo	Dolo + elemento subjetivo específico	Dolo	Dolo	Dolo + elemento subjetivo específico	Dolo + elemento subjetivo específico

	Usurpação de função pública Art. 328	Resistência Art. 329	Desobediência Art. 330	Desacato Art. 331	Tráfico de influência Art. 332	Corrupção ativa Art. 333
Classificação	Comum Formal Forma livre Comissivo Instantâneo Dano Unissubjetivo Plurissubsistente	Comum Formal Forma livre Comissivo Instantâneo Dano Unissubjetivo Plurissubsistente	Comum Formal Forma livre Comissivo ou omissivo Instantâneo Dano Unissubjetivo Unissubsistente ou plurissubsistente	Comum Formal Forma livre Comissivo Instantâneo Dano Unissubjetivo Unissubsistente ou plurissubsistente	Comum Formal ou material Forma livre Comissivo Instantâneo Dano Unissubjetivo Unissubsistente ou plurissubsistente	Comum Formal ou material Forma livre Comissivo Instantâneo Dano Unissubjetivo Unissubsistente ou plurissubsistente
Tentativa	Admite	Admite	Admite na forma comissiva, quando plurissubsistente	Admite na forma plurissubsistente	Admite na forma plurissubsistente	Admite na forma plurissubsistente
Circunstâncias especiais	Resultado qualificador	Exaurimento Acumulação material Resistência passiva	Inexistência de outra punição		Causa de aumento de pena.	Crime bilateral Causa de aumento de pena Princípio da insignificância

	Descaminho Art. 334	Contrabando Art. 334-A	Inutilização de edital ou de sinal Art. 336	Subtração ou inutilização de livro ou documento Art. 337	Sonegação de contribuição previdenciária Art. 337-A
Sujeito ativo	Qualquer pessoa, como regra Comerciante ou industrial (§ 1.º)	Qualquer pessoa	Qualquer pessoa	Qualquer pessoa	Titular de firma individual, sócios solidários, gerentes, diretores ou administradores
Sujeito passivo	Estado	Estado	Estado	Estado; pessoa prejudicada	Estado, principalmente o INSS
Objeto material	Direito ou imposto devido	Mercadoria proibida	Edital; selo ou sinal identificador ou que cerra algo	Livro oficial, processo ou documento	Folha de pagamento; título próprio da contabilidade da empresa; receita, lucro auferido, remuneração paga ou creditada ou outro fator gerador de contribuição previdenciária
Objeto jurídico	Administração Pública (aspectos patrimonial e moral)	Administração Pública (aspectos patrimonial e moral)	Administração Pública (interesses patrimonial e moral)	Administração Pública (interesses material e moral)	Seguridade social
Elemento subjetivo	Dolo Dolo + elemento subjetivo específico (§ 1.º)	Dolo	Dolo	Dolo	Dolo + elemento subjetivo específico

	Descaminho Art. 334	Contrabando Art. 334-A	Inutilização de edital ou de sinal Art. 336	Subtração ou inutilização de livro ou documento Art. 337	Sonegação de contribuição previdenciária Art. 337-A
Classificação	Comum (*caput*) ou próprio (§ 1.º) Formal ou material Forma livre Comissivo ou omissivo (conforme o caso concreto) Instantâneo ou permanente Unissubjetivo Unissubsistente ou plurissubsistente (conforme a hipótese)	Comum Formal Forma livre Comissivo Instantâneo Unissubjetivo Unissubsistente ou plurissubsistente (conforme o caso concreto)	Comum Formal Forma livre Comissivo Instantâneo Dano Unissubjetivo Plurissubsistente	Comum Formal Forma livre Comissivo Instantâneo Dano Unissubjetivo Plurissubsistente	Próprio Formal Forma livre Omissivo Instantâneo Dano Unissubjetivo Unissubsistente
Tentativa	Admite na forma comissiva plurissubsistente	Admite na forma comissiva plurissubsistente	Admite	Admite	Não admite
Circunstâncias especiais	Princípio da insignificância	Princípio da insignificância Norma penal em branco Aumento da pena	——	——	Extinção da punibilidade Perdão judicial Causa de diminuição de pena

Capítulo III

Crimes Praticados por Particular contra a Administração Pública Estrangeira

1. ORIGEM DAS FIGURAS TÍPICAS

Em 17 de dezembro de 1997, foi concluída, em Paris, a Convenção sobre o Combate da Corrupção de Funcionários Públicos Estrangeiros em Transações Comerciais Internacionais, assinada, inicialmente, pelos seguintes países: Alemanha, Irlanda, Argentina, Islândia, Austrália, Itália, Áustria, Japão, Bélgica, Luxemburgo, Brasil, México, Bulgária, Noruega, Canadá, Nova Zelândia, Chile, Holanda, Coreia, Polônia, Dinamarca, Portugal, Espanha, Reino Unido, Estados Unidos, Eslovênia, Finlândia, Suécia, França, Suíça, Grécia, República Tcheca, Hungria e Turquia. No seu preâmbulo, deixou estatuído que a finalidade era punir a corrupção de funcionários estrangeiros, no âmbito das transações comerciais internacionais, "considerando que a corrupção é um fenômeno difundido nas Transações Comerciais Internacionais, incluindo o comércio e o investimento, que desperta sérias preocupações morais e políticas, abala a boa governança e o desenvolvimento econômico, e distorce as condições internacionais de competitividade". Entrou em vigor internacional no dia 15.02.1999.

O Congresso Nacional aprovou a referida Convenção por meio do Decreto Legislativo 125, de 14 de junho de 2000. Após, o Governo brasileiro depositou o Instrumento de Ratificação à mencionada Convenção em 24 de agosto de 2000, passando a vigorar no Brasil em 23 de outubro de 2000 (Dec. 3.678). Por isso, era necessário tipificar as condutas que seriam condizentes com o texto da recém-aprovada Convenção, tendo por finalidade o combate à corrupção nas transações comerciais internacionais. Resta saber, como sempre ocorre no Brasil, se haverá instrumentos suficientes e eficazes para tanto, pois o grande dilema, no contexto da corrupção, é justamente a ausência de mecanismos eficientes para detectá-la, colhendo provas, sob o crivo do devido processo legal, a fim de punir seus autores. Espera-se que tal desiderato seja atingido.

2.   CORRUPÇÃO ATIVA EM TRANSAÇÃO COMERCIAL INTERNACIONAL

2.1   Figura típica similar

Trata-se do crime de corrupção ativa (art. 333, CP).

2.2   Estrutura do tipo penal incriminador

Prometer significa obrigar-se a dar algo a alguém; *oferecer* quer dizer propor ou apresentar para que seja aceito; *dar* tem o significado de entregar a posse de algo, passar às mãos de alguém, ceder como presente. É o disposto no art. 337-B do CP.

O objeto das condutas é a vantagem indevida, para que o funcionário público estrangeiro ou terceira pessoa possa *determinar* (prescrever ou estabelecer) a *praticar* (executar ou levar a efeito), *omitir* (não fazer) ou *retardar* (atrasar) ato de ofício. Nota-se que esse tipo penal incluiu a conduta de *dar*, que é nitidamente material, gerando resultado naturalístico, o que não ocorre com o delito previsto no art. 333 (corrupção ativa), que somente possui as condutas formais (oferecer e prometer). Ato de ofício é o ato inerente às atividades do funcionário, devendo estar na sua esfera de atribuições, não necessitando ser ilícito.

Além disso, enquanto no delito de corrupção ativa menciona-se apenas o funcionário público, nesse caso há ainda a inclusão de *terceira pessoa*, abrindo a possibilidade de se punir alguém que consiga, mediante o oferecimento de uma quantia indevida qualquer, a atividade de sujeito não vinculado à Administração, mas que pode nela influir, para o fim de prejudicar ato de ofício inerente a transação comercial. Amplia-se, com isso, a possibilidade de punição, pois não é só o funcionário público estrangeiro que está habilitado a prejudicar a Administração Pública estrangeira, mas também outros que a ela tenham, de algum modo, acesso. Aliás, essas inclusões guardam harmonia com o texto da Convenção, que assim dispôs: "Cada Parte deverá tomar todas as medidas necessárias ao estabelecimento de que, segundo suas leis, é delito criminal qualquer pessoa intencionalmente oferecer, prometer ou dar qualquer vantagem pecuniária indevida ou de outra natureza, seja diretamente ou por intermediários, a um funcionário público estrangeiro, para esse funcionário ou para terceiros, causando a ação ou a omissão do funcionário no desempenho de suas funções oficiais, com a finalidade de realizar ou dificultar transações ou obter outra vantagem ilícita na condução de negócios internacionais".

Transação comercial internacional é qualquer ajuste ou acordo relativo ao comércio concernente a duas ou mais nações, envolvendo pessoas físicas e/ou jurídicas.

Diversamente do tipo penal estabelecido para o crime de corrupção ativa, que não prevê essas formas, esse delito expressamente menciona que o agente pode prometer, oferecer ou dar a vantagem indevida de maneira direta (sem interposta pessoa, sem rodeios, de forma clara) ou indireta (por intermédio de interposta pessoa, de forma dissimulada, com rodeios). Favorece, sem dúvida, a punição, pois não permite que se argumente não ter havido qualquer assédio ao funcionário, unicamente porque o agente valeu-se de cerco tortuoso para chegar ao seu propósito de corrompê-lo.

A vantagem indevida pode ser qualquer lucro, ganho, privilégio ou benefício ilícito, ou seja, contrário ao direito, ainda que ofensivo apenas aos bons costumes. Entendíamos que o conteúdo da vantagem indevida deveria possuir algum conteúdo econômico, mesmo que indireto. Ampliamos o nosso pensamento, pois há casos concretos em que o funcionário deseja obter somente um elogio, uma vingança ou mesmo um favor sexual, enfim, algo imponderável no campo econômico e, ainda assim, corrompe-se para prejudicar ato de ofício. Por vezes, já que a natureza humana é complexa para abarcar essas situações, uma vantagem não econômica pode surtir mais efeito do que se tivesse algum conteúdo patrimonial. Não se tratando de delitos patrimoniais, pode-se acolher essa amplitude.

A pena é de reclusão, de um a oito anos, e multa.

2.3   Tipo misto alternativo

As condutas previstas no tipo podem ser praticadas de modo isolado ou cumulado, implicando um único crime. Assim, caso o sujeito prometa, ofereça e depois dê uma vantagem indevida, pratica delito único, e não concurso material de infrações.

2.4   Sujeitos ativo e passivo

O sujeito ativo pode ser qualquer pessoa. O sujeito passivo é a pessoa física ou jurídica prejudicada, incluindo-se o Estado (nacional ou estrangeiro).

Para Paulo José da Costa Jr., nas modalidades *prometer* e *oferecer* é também sujeito passivo, embora mediato, o funcionário público.[1] Assim não nos parece, pois a parte lesada não é jamais o funcionário, até porque essas duas condutas são formais, independendo de qualquer resultado naturalístico.

Quem sofre o prejuízo é a pessoa que, em face do ato de ofício omitido ou praticado de modo indevido, passa pelos percalços na transação comercial internacional. E, ainda que o ato de ofício seja regularmente praticado, o sujeito passivo continua a ser a pessoa que poderia sofrer o prejuízo, pois o objeto jurídico protegido é a moralidade das relações internacionais, no que tange às transações comerciais.

2.4.1   Pessoa jurídica como sujeito ativo

Defendemos a possibilidade de a pessoa jurídica responder por crime, como nos casos de delitos ambientais, embora não na hipótese desse art. 337-B, tendo em vista que deveria sempre haver norma penal interna específica a respeito. Inexiste autorização expressa para a responsabilização da pessoa jurídica.

Convém, no entanto, ressaltar que a Convenção firma o entendimento de que devem os países signatários garantir a punição da pessoa jurídica pela corrupção de funcionários públicos estrangeiros: "Cada Parte deverá tomar todas as medidas necessárias ao estabelecimento das responsabilidades de pessoas jurídicas pela corrupção de funcionário público estrangeiro, de acordo com seus princípios jurídicos" (artigo 2). Logicamente, entre os países que aderiram à referida Convenção há divergências no tocante a essa possibilidade. Estados Unidos, França, Japão e Austrália, por exemplo, podem criar medidas punitivas criminais para as pessoas jurídicas que corrompam funcionários estrangeiros, pois seus sistemas jurídicos acolhem essa possibilidade, enquanto outros podem não o fazer.

Por isso, o texto estabelece uma ressalva: "Caso a responsabilidade criminal, sob o sistema jurídico da Parte, não se aplique a pessoas jurídicas, a Parte deverá assegurar que as pessoas jurídicas estarão sujeitas às sanções não criminais efetivas, proporcionais e dissuasivas contra a corrupção de funcionário público estrangeiro, inclusive sanções financeiras" (artigo 3.2).

---

[1]   *Comentários ao Código Penal*, 7. ed., p. 1.078.

2.4.2   Participação

A Convenção sugere que "cada Parte deverá tomar todas as medidas necessárias ao estabelecimento de que a cumplicidade, inclusive por incitamento, auxílio ou encorajamento, ou a autorização de ato de corrupção de um funcionário público estrangeiro é um delito criminal" (artigo 1.2).

Temos possibilidade de punir o partícipe (moral ou material), conforme prevê o art. 29 do Código Penal. Assim, qualquer pessoa que instigue, incentive, aconselhe, sirva de mecanismo de transmissão de mensagens, enfim, dê suporte àquele que pretende corromper o funcionário estrangeiro, deve responder como partícipe. Note-se, pois, que, sendo possível a prática da corrupção por meio indireto, isto é, por interposta pessoa, esta pode ser ou não partícipe, conforme o caso concreto. Se souber que está transmitindo promessa, oferta ou levando alguma vantagem a funcionário, no intuito de colaborar com a obtenção de vantagem ilícita, responde pelo crime. Entretanto, caso seja usada somente como transmissor de mensagem, sem noção do que se passa, não será possível a punição, evitando-se a responsabilidade penal objetiva.

2.5   Elemento subjetivo

O crime somente é punido na forma dolosa. Exige-se, ainda, elemento subjetivo específico, consistente na vontade de fazer com que o funcionário público estrangeiro pratique, omita ou retarde ato de ofício. O texto da Convenção deixa expresso que o crime só deve ser punido se for praticado *intencionalmente*.

2.6   Objetos material e jurídico

O objeto material é a vantagem prometida, oferecida ou dada. O objeto jurídico, segundo o Código Penal, é a Administração Pública estrangeira, nos seus aspectos material e moral.

Convém, entretanto, mencionar a precisa advertência feita por Luiz Regis Prado, criticando a inclusão desses novos tipos penais em capítulo destinado a proteger a "Administração Pública estrangeira", o que não seria cabível para o país que pune aquele que corrompe funcionário alheio. Assim, tendo sido o tipo penal criado para voltar-se contra o autor de corrupção ativa, o objeto jurídico não pode ser a proteção da administração de outra nação, mas sim a boa-fé, a regularidade e a transparência das transações comerciais internacionais, que "não são bens exclusivos de determinado país, mas pertencem a toda a comunidade internacional. Isso porque os Estados têm interesse na preservação da liberdade no sistema de intercâmbio e no direito de que suas administrações, seus cidadãos e suas empresas não sejam obrigados a arcar com despesas injustas. Além de um novo bem jurídico a proteger, descortina-se aqui também uma nova forma de proteção: cada Estado exerce jurisdição sobre seus nacionais no intuito de tutelar um bem jurídico que pertence à comunidade internacional".[2]

Embora concordemos com essa observação, não se pode descurar do aspecto trazido pela Convenção Internacional, ou seja, houve um pacto entre nações para que uma pudesse proteger, por meio de punição realizada em seu território, outra (ou outras) contra atos criminosos de corruptores de funcionários públicos estrangeiros. Logo, está também incluída

---

[2]   *Curso de direito penal brasileiro*, v. 4, p. 584.

nesse contexto – mas não somente como colocou o Código Penal – a Administração Pública estrangeira. Se o Brasil pune aquele que influencia um funcionário público italiano, por exemplo, está protegendo negócios realizados pela Itália, bem como permitindo que esse país descubra seus funcionários corruptos (aí está o interesse da Administração Pública estrangeira), tendo, por consequência, a mesma proteção desse país, quando algum italiano influir em funcionário brasileiro para a mesma finalidade.

2.7   Classificação

Trata-se de crime comum (aquele que não demanda sujeito ativo especial ou qualificado); formal (delito que não exige resultado naturalístico, consistente em efetivo prejuízo material para o Estado); de forma livre (pode ser cometido de qualquer modo, conforme eleição do agente); comissivo (os verbos implicam ações); instantâneo (crime cujo resultado se dá de maneira instantânea, não se prolongando no tempo); unissubjetivo (pode ser cometido por um só indivíduo); unissubsistente (praticado num único ato) ou plurissubsistente (cometido por meio de vários atos), conforme o modo eleito pelo autor); admite tentativa na forma plurissubsistente. Aliás, quanto à punição da tentativa, trata-se de recomendação expressa feita na Convenção: "A tentativa e a conspiração para subornar um funcionário público estrangeiro serão delitos criminais na mesma medida em que o são a tentativa e a conspiração para corrupção de funcionário público daquela Parte" (art. 1.2, parte final).

2.8   Não configuração de crime bilateral

Não se exige, nos moldes da corrupção ativa (art. 333), que esteja devidamente demonstrada a corrupção passiva. Aliás, esta somente seria tipificada no país de origem do funcionário público estrangeiro, interessando à Administração Pública estrangeira a sua punição. Logo, não é delito bilateral.

2.9   Causa de aumento de pena do parágrafo único

O crime, como já expusemos na classificação, pode ser considerado formal (nas formas *prometer* e *oferecer*), bem como material (na modalidade *dar*). Caso o agente apenas prometa ou ofereça vantagem indevida, sem a efetivação da sua entrega, está-se punindo a mera atividade, independentemente de haver resultado naturalístico. No entanto, havendo a dação, ocorrerá afetação da boa-fé e da moralidade das relações comerciais internacionais, podendo-se falar em crime de resultado.

Ocorre que a tipicidade construída é incongruente, pois, ainda que o agente prometa, ofereça ou dê vantagem indevida a funcionário público estrangeiro, é possível que este não deixe de praticar seu ato de ofício como a lei determina – ou termine praticando, nos termos legais –, razão pela qual configura-se o crime sem a causa de aumento. A incongruência afigura-se justamente pelo fato de o agente prometer, oferecer ou dar vantagem – consumando o crime –, mas não conseguir atingir a sua finalidade específica. O aumento torna-se aplicável com o exaurimento do delito, isto é, já consumado pelo simples oferecimento, promessa ou dação da vantagem, termina provocando o efetivo retardo ou omissão do ato de ofício, ou mesmo a sua prática fora dos ditames legais, motivo pelo qual deve ser mais severamente punido.

O aumento de pena nesses casos é de um terço (art. 337-B, parágrafo único, do CP).

2.10   Quadro-resumo

Previsão legal	**Corrupção Ativa em Transação Comercial Internacional** **Art. 337-B.** Prometer, oferecer ou dar, direta ou indiretamente, vantagem indevida a funcionário público estrangeiro, ou a terceira pessoa, para determiná-lo a praticar, omitir ou retardar ato de ofício relacionado à transação comercial internacional: Pena – reclusão, de 1 (um) a 8 (oito) anos, e multa. **Parágrafo único.** A pena é aumentada de 1/3 (um terço), se, em razão da vantagem ou promessa, o funcionário público estrangeiro retarda ou omite o ato de ofício, ou o pratica infringindo dever funcional.
Sujeito ativo	Qualquer pessoa
Sujeito passivo	Pessoa física ou jurídica prejudicada, incluindo-se o Estado (nacional ou estrangeiro)
Objeto material	Vantagem prometida, oferecida ou dada
Objeto jurídico	Administração Pública estrangeira (aspectos patrimonial e moral)
Elemento subjetivo	Dolo + elemento subjetivo específico
Classificação	Comum Formal Forma livre Comissivo Instantâneo Dano Unissubjetivo Unissubsistente ou plurissubsistente
Tentativa	Admite na forma plurissubsistente
Circunstâncias especiais	Causa de aumento de pena

3.   TRÁFICO DE INFLUÊNCIA EM TRANSAÇÃO COMERCIAL INTERNACIONAL

3.1   Figura similar

Trata-se do crime de tráfico de influência, previsto no art. 332 do Código Penal.

3.2   Estrutura do tipo penal incriminador

Solicitar significa pedir ou rogar; *exigir* quer dizer demandar com veemência, ordenar ou reclamar; *cobrar* tem o significado de exigir o cumprimento de algo; *obter* quer dizer alcançar ou conseguir. São condutas conjugadas a *influir*, isto é, inspirar ou incutir. Portanto, o objeto dessas ações é vantagem ou promessa de vantagem relativamente a ato de funcionário público. O intuito do agente é auferir algum tipo de lucro para que possa incentivar, de algum modo, um funcionário estrangeiro a promover algum tipo de facilidade em transação comercial internacional. É o disposto pelo art. 337-C do CP.

Trata-se de um tipo misto alternativo, ou seja, a prática das condutas previstas no tipo pode ser de modo isolado ou cumulado, implicando um único crime. Assim, caso o sujeito solicite, exija, cobre e depois obtenha uma vantagem qualquer, pratica delito único, e não concurso material de infrações.

Diversamente do tipo penal estabelecido para o crime de tráfico de influência, que não prevê essas formas, esse delito expressamente menciona que o agente pode praticar as condutas típicas de maneira direta (sem interposta pessoa, sem rodeios, de forma clara) ou indireta (por intermédio de interposta pessoa, de forma dissimulada, com rodeios). Favorece, sem dúvida, a punição, pois não permite a argumentação de que não houve qualquer abordagem explícita.

Vantagem é qualquer lucro, ganho, benefício ou privilégio para o agente, seja lícito ou ilícito. Não há necessidade de ter conteúdo de natureza econômica (vide item comentado no tráfico de influência do art. 332). A *promessa de vantagem* é a obrigação de, no futuro, entregar algum benefício, ganho, privilégio ou lucro a alguém.

A expressão *a pretexto de influir* trata-se de desculpa ou justificativa para a prática das condutas previstas no tipo, não sendo necessário que o agente efetivamente assedie o funcionário para influenciá-lo a praticar ou deixar de praticar qualquer ato, nem é necessário verificar se ele tem, de fato, condições de influir em ato do funcionário. Na verdade, como regra, trata-se de autêntica fraude: o agente consegue vantagem sob a justificativa de exercer futura ascendência sobre outrem, o que pode não ocorrer. Aliás, a autêntica influência em funcionário público estrangeiro por parte de quem pode fazê-lo e sem solicitar ou obter qualquer vantagem não é crime.

O ato pleiteado ao funcionário pode ser lícito ou ilícito, tendo em vista que o tipo penal não explicita. Exige-se, no entanto, que se trate de ato futuro, e não do passado.

A existência de três pessoas envolvidas é essencial, mesmo que virtualmente. Exige-se, para a concretização do tipo penal, que um sujeito qualquer – funcionário público ou não – solicite, exija, cobre ou obtenha de *outra pessoa* – funcionário ou não – qualquer vantagem, com a desculpa de exercer influência em um *funcionário público estrangeiro* no exercício da função.

Esse delito somente se caracteriza caso haja, em jogo, transação comercial internacional, ou seja, qualquer contrato ou negócio comercial envolvendo o interesse de pessoas ligadas a mais de uma nação.

A pena é de reclusão, de dois a cinco anos, e multa.

3.3 Sujeitos ativo e passivo

O sujeito ativo pode ser qualquer pessoa, inclusive outro funcionário público. O sujeito passivo é a pessoa física ou jurídica prejudicada, incluindo-se o Estado (nacional ou estrangeiro, conforme o caso). Ver o item 2.4 *supra*, que cuida desse tema quanto ao artigo anterior.

3.4 Elemento subjetivo

É o dolo. Exige-se, ainda, o elemento subjetivo específico, consistente na vontade de ter para si ou para outrem qualquer tipo de vantagem. Não se pune a forma culposa.

3.5 Objetos material e jurídico

O objeto material é a vantagem ou promessa de vantagem. O objeto jurídico, segundo o Código Penal, é a Administração Pública estrangeira, nos seus aspectos material e moral. Acreditamos que, além desse objeto, há que se considerar a boa-fé, a regularidade e a transparência das transações comerciais internacionais. Ver a nota pertinente ao artigo anterior, em que consta a posição de Luiz Regis Prado.

3.6 Classificação

Trata-se de crime comum (aquele que não demanda sujeito ativo especial ou qualificado); formal (delito que não exige resultado naturalístico, consistente em efetivo prejuízo material para o Estado). Não é necessário que o agente realmente influencie em ato praticado por funcionário público estrangeiro, em transação comercial internacional, mas, se o fizer, cuida-se de mero exaurimento do delito (continua a produzir efeitos depois de consumado); de forma livre (pode ser cometido de qualquer modo, conforme eleição do agente); comissivo (os verbos implicam ações); instantâneo (crime cujo resultado se dá de maneira instantânea, não se prolongando no tempo); unissubjetivo (pode ser cometido por um só indivíduo); unissubsistente (praticado num único ato) ou plurissubsistente (cometido por meio de vários atos), conforme o modo eleito pelo autor; admite tentativa na forma plurissubsistente. Aliás, quanto à punição da tentativa, trata-se de recomendação expressa feita na Convenção: "A tentativa e conspiração para subornar um funcionário público estrangeiro serão delitos criminais na mesma medida em que o são a tentativa e a conspiração para corrupção de funcionário público daquela Parte" (artigo 1.2, 2.ª parte).

3.7   Causa de aumento de pena do parágrafo único

Prevê-se o aumento de pena (metade), caso o agente dê a entender, explícita ou implicitamente, que a vantagem por ele percebida ou demandada destina-se, igualmente, ao funcionário público estrangeiro. Naturalmente, há maior gravidade, pois denota corrupção (ativa para quem oferta e passiva para quem a recebe).

3.8   Quadro-resumo

Previsão legal	**Tráfico de Influência em Transação Comercial Internacional** **Art. 337-C.** Solicitar, exigir, cobrar ou obter, para si ou para outrem, direta ou indiretamente, vantagem ou promessa de vantagem a pretexto de influir em ato praticado por funcionário público estrangeiro no exercício de suas funções, relacionado a transação comercial internacional: Pena – reclusão, de 2 (dois) a 5 (cinco) anos, e multa. **Parágrafo único.** A pena é aumentada da metade, se o agente alega ou insinua que a vantagem é também destinada a funcionário estrangeiro.
Sujeito ativo	Qualquer pessoa, inclusive outro funcionário público
Sujeito passivo	Pessoa física ou jurídica prejudicada, incluindo-se o Estado (nacional ou estrangeiro)
Objeto material	Vantagem ou promessa de vantagem
Objeto jurídico	Administração Pública estrangeira (aspectos patrimonial e moral); boa-fé, regularidade e transparência das transações comerciais internacionais
Elemento subjetivo	Dolo + elemento subjetivo específico
Classificação	Comum Formal Forma livre Comissivo Instantâneo Dano Unissubjetivo Unissubsistente ou plurissubsistente
Tentativa	Admite na forma plurissubsistente
Circunstâncias especiais	Causa de aumento de pena

4. FUNCIONÁRIO PÚBLICO ESTRANGEIRO

4.1 Conceito de funcionário público estrangeiro

Trata-se de conceituação própria do direito penal, não se confundindo com o sustentado pelo direito administrativo. Nesse contexto, cuida-se de toda pessoa que exerça, transitoriamente ou não, com ou sem remuneração, cargo, emprego ou função pública em entidades estatais ou em representações diplomáticas de país estrangeiro (aliás, como está disposto no art. 337-D do CP). Preceitua o texto da Convenção: "Funcionário público estrangeiro significa qualquer pessoa responsável por cargo legislativo, administrativo ou jurídico de um país estrangeiro, seja ela nomeada ou eleita; qualquer pessoa que exerça função pública para um país estrangeiro, inclusive para representação ou empresa pública; e qualquer funcionário ou representante de organização pública internacional" (artigo 1.4.a).

Entidades estatais são as pessoas jurídicas de direito público encarregadas de exercer as funções administrativas do Estado. Como lembra MARIA SYLVIA ZANELLA DI PIETRO, "a Administração Pública abrange as atividades exercidas pelas pessoas jurídicas, órgãos e agentes incumbidos de atender concretamente às necessidades coletivas; corresponde à função administrativa, atribuída preferencialmente aos órgãos do Poder Executivo".[3]

As representações diplomáticas fazem parte do conjunto de representantes de governo estrangeiro junto a um Estado. Como ensina FRANCISCO REZEK, os agentes diplomáticos são "funcionários acreditados pelo governo de um Estado, perante o governo de outro, para representarem os seus direitos e interesses".[4]

Abrange, naturalmente, os indivíduos do próprio Estado, nomeados por governo estrangeiro para representá-lo, desde que haja a concordância daquele. Um brasileiro, por exemplo, pode ser indicado cônsul de país estrangeiro, para representá-lo em território nacional, incluindo-se, então, no conceito de funcionário público estrangeiro, para efeito de aplicação desse artigo. Note-se, ademais, que todo o corpo de funcionários administrativos e técnicos das embaixadas e consulados também se inclui nessa categoria de agentes diplomáticos. Aliás, a Convenção de Viena lhes confere imunidade idêntica à que possuem os diplomatas.

Como menciona o texto da Convenção, *país estrangeiro* inclui "todos os níveis e subdivisões de governo, do federal ao municipal".

4.2 Cargo, emprego e função pública

Cargo é o posto criado por lei na estrutura hierárquica da Administração Pública, com denominação e padrão de vencimentos próprios.[5] O cargo possui função, mas nem sempre esta possui o cargo correspondente.

Emprego público é o posto existente na estrutura hierárquica da Administração Pública, que difere do cargo unicamente pelo vínculo que liga o funcionário à entidade estatal. Enquanto no cargo o vínculo é estatutário, regido pelo Estatuto dos Funcionários Públicos, no caso do emprego dá-se a ligação por vínculo contratual regido pela CLT. Evidentemente que, tratando-se de funcionário público estrangeiro, deve-se respeitar a forma pela qual alguém se vincula ao Estado na legislação estrangeira pertinente, pouco interessando se tal ocorre por

---

[3] *Direito administrativo*, p. 59.

[4] *Direito internacional público*, p. 292.

[5] MARIA SYLVIA ZANELLA DI PIETRO, *Direito administrativo*, p. 420.

força de estatuto ou por relação empregatícia. Esse é o motivo de serem mencionados nesse artigo tanto o cargo quanto o emprego.

A *função pública* é o conjunto de atribuições inerentes ao serviço público, que não correspondem a um cargo ou a um emprego.[6] Portanto, pode exercer função pública aquele que não possui cargo, nem emprego; logo, cuida-se de atividade residual. Pode ser o caso do servidor contratado por período temporário, por vezes sem concurso público, dada a urgência da situação, ou mesmo do assessor de confiança, que não exige a contratação por concurso, como ocorre para os ocupantes de cargos ou empregos.

4.3   Equiparações feitas pelo parágrafo único

Equipara-se a funcionário público estrangeiro quem exerce cargo, emprego ou função pública em empresas controladas pelo Poder Público, que são as empresas públicas, denominadas estatais ou governamentais, abrangendo todas as "sociedades civis ou comerciais, de que o Estado tenha o controle acionário, abrangendo a empresa pública, a sociedade de economia mista e outras empresas que não tenham essa natureza e às quais a Constituição faz referência em vários dispositivos, como categoria à parte (arts. 71, II, 165, § 5.º, III, 173, § 1.º)".[7]

E, também, os que exercem suas atividades em organizações públicas internacionais, os órgãos constituídos por tratados internacionais, subscritos pelos Estados, com personalidade jurídica e objetivos próprios, tais como a ONU (Organização das Nações Unidas), a OEA (Organização dos Estados Americanos), a OMS (Organização Mundial da Saúde), a OIT (Organização Internacional do Trabalho), entre outras. Na lição de Angelo Piero Sereni, "organização internacional é uma associação voluntária de sujeitos de direito internacional, constituída por ato internacional e disciplinada nas relações entre as partes por normas de direito internacional, que se realiza em um ente de aspecto estável, que possui um ordenamento jurídico interno próprio e é dotado de órgãos e institutos próprios, por meio dos quais realiza as finalidades comuns de seus membros mediante funções particulares e o exercício de poderes que lhe foram conferidos".[8]

4.4   Quadro-resumo

	Funcionário Público Estrangeiro
Previsão legal	**Art. 337-D.** Considera-se funcionário público estrangeiro, para os efeitos penais, quem, ainda que transitoriamente ou sem remuneração, exerce cargo, emprego ou função pública em entidades estatais ou em representações diplomáticas de país estrangeiro. **Parágrafo único.** Equipara-se a funcionário público estrangeiro quem exerce cargo, emprego ou função em empresas controladas, diretamente ou indiretamente, pelo Poder Público de país estrangeiro ou em organizações públicas internacionais.

6   Maria Sylvia Zanella Di Pietro, *Direito administrativo*, p. 421.
7   Maria Sylvia Zanella Di Pietro, *Direito administrativo*, p. 368.
8   *Apud* Celso D. de Albuquerque Mello, *Curso de direito internacional público*, v. 1, p. 413.

RESUMO DO CAPÍTULO

	Corrupção ativa em transação comercial internacional Art. 337-B	Tráfico de influência em transação comercial internacional Art. 337-C
Sujeito ativo	Qualquer pessoa	Qualquer pessoa, inclusive outro funcionário público
Sujeito passivo	Pessoa física ou jurídica prejudicada, incluindo-se o Estado (nacional ou estrangeiro)	Pessoa física ou jurídica prejudicada, incluindo-se o Estado (nacional ou estrangeiro)
Objeto material	Vantagem prometida, oferecida ou dada	Vantagem ou promessa de vantagem
Objeto jurídico	Administração Pública estrangeira (aspectos patrimonial e moral)	Administração Pública estrangeira (aspectos patrimonial e moral); boa-fé, regularidade e transparência das transações comerciais internacionais
Elemento subjetivo	Dolo + elemento subjetivo específico	Dolo + elemento subjetivo específico
Classificação	Comum Formal Forma livre Comissivo Instantâneo Dano Unissubjetivo Unissubsistente ou plurissubsistente	Comum Formal Forma livre Comissivo Instantâneo Dano Unissubjetivo Unissubsistente ou plurissubsistente
Tentativa	Admite na forma plurissubsistente	Admite na forma plurissubsistente
Circunstâncias especiais	Causa de aumento de pena	Causa de aumento de pena

Crimes em Licitações e Contratos Administrativos

1. FUNDAMENTO CONSTITUCIONAL

Estabelece o art. 37 da Constituição Federal que "a administração pública direta e indireta de qualquer dos Poderes da União, dos Estados, do Distrito Federal e dos Municípios obedecerá aos princípios de legalidade, impessoalidade, moralidade, publicidade e eficiência e, também, ao seguinte: [...] XXI – ressalvados os casos especificados na legislação, as obras, serviços, compras e alienações serão contratados mediante processo de licitação pública que assegure igualdade de condições a todos os concorrentes, com cláusulas que estabeleçam obrigações de pagamento, mantidas as condições efetivas da proposta, nos termos da lei, o qual somente permitirá as exigências de qualificação técnica e econômica indispensáveis à garantia do cumprimento das obrigações".

2. CONCEITOS BÁSICOS

Licitar significa oferecer algum bem ou serviço ao público em geral, para que se atinja o melhor valor possível, através de lances. No cenário da Administração Pública, a *licitação* é um procedimento democrático de eleição de prestadores de serviços e fornecedores de bens, respeitando-se os princípios gerais norteadores dos atos do Poder Público, tais como legalidade, moralidade, impessoalidade, publicidade, eficiência, dentre outros.

Nas palavras de Maria Sylvia Zanella Di Pietro, "é um procedimento integrado por atos e fatos da Administração e atos e fatos do licitante, todos contribuindo para formar a vontade contratual. Por parte da Administração, o edital ou convite, o recebimento das propostas, a habilitação, a classificação, a adjudicação, além de outros atos intermediários ou posteriores, como o julgamento de recursos interpostos pelos interessados, a revogação, a anulação, os projetos, as publicações, anúncios, atas etc. Por parte do particular, a retirada do edital, a proposta, a desistência, a prestação de garantia, a apresentação de recursos, as impugnações".[1]

O contrato é um acordo entre duas ou mais partes, de finalidades variadas, com o objetivo de fixar obrigações e promover a transferência de bens ou direitos. No âmbito administrativo, conforme define Hely Lopes Meirelles, é o "ajuste que a Administração Pública, agindo nessa qualidade, firma com particular ou outra entidade administrativa para a consecução de objetivos de interesse público, nas condições estabelecidas pela própria Administração. Nessa conceituação enquadram-se os ajustes da Administração direta e da indireta, porque ambas podem firmar contratos com peculiaridades administrativas que os sujeitem aos preceitos do Direito Público".[2]

Quanto à competência para apurar os crimes previstos neste capítulo, pode ser da Justiça Estadual ou Federal, conforme o ente estatal atingido pela licitação ou contrato irregularmente realizado. Quando a União, suas autarquias e empresas públicas forem as interessadas no certame ou no negócio, cabe à Justiça Federal processar e julgar os autores de crimes previstos nos arts. 337-E a 337-O do CP (art. 109, IV, CF). Quando se tratar de interesse de Estado, do Distrito Federal, de Município, de suas autarquias, empresas públicas, sociedades de economia mista em geral e fundações, cabe à Justiça Estadual. Lembre-se que a competência desta é residual, vale dizer, será de sua alçada sempre que não houver interesse da União, de suas autarquias e empresas públicas federais no certame.

3.   CONTRATAÇÃO DIRETA ILEGAL

3.1   Estrutura do tipo penal incriminador

Este delito, previsto no art. 337-E do Código Penal, enfoca a materialização de uma contratação direta, realizada pela Administração Pública, fora das hipóteses previstas em lei. Há três condutas alternativas para o cometimento desta infração penal: *admitir* (aceitar, estar de acordo com algo, reconhecer como possível), *possibilitar* (proporcionar que ocorra, tornar algo viável) e *dar causa* (gerar algo, permitir um acontecimento), tendo por objeto a *contratação direta*, que é o ajuste feito entre a Administração Pública e o particular ou outro ente administrativo, com o propósito de realizar algo de interesse público, transferindo bens ou direitos ou efetuando serviços, mediante determinada remuneração, sem licitação.

Não é impossível realizar contratos administrativos sem participar de licitação, desde que se cumpra o estipulado em lei, autorizando essa forma de ajuste direto. Portanto, nesta hipótese, cuida-se de uma norma penal em branco, dependente de um complemento, vale dizer, os dispositivos legais autorizando a dispensa ou a inexigibilidade de licitação antes de contratar.

Quanto à dispensa de licitação, o complemento deve ser buscado no art. 75 da Lei 14.133/2021: "É dispensável a licitação: I – para contratação que envolva valores inferiores a R$ 100.000,00 (cem mil reais), no caso de obras e serviços de engenharia ou de serviços de manutenção de veículos automotores; II – para contratação que envolva valores inferiores a

---

[1]   *Direito administrativo*, p. 291.

[2]   *Direito administrativo brasileiro*, p. 208.

R$ 50.000,00 (cinquenta mil reais), no caso de outros serviços e compras; III – para contratação que mantenha todas as condições definidas em edital de licitação realizada há menos de 1 (um) ano, quando se verificar que naquela licitação: a) não surgiram licitantes interessados ou não foram apresentadas propostas válidas; b) as propostas apresentadas consignaram preços manifestamente superiores aos praticados no mercado ou incompatíveis com os fixados pelos órgãos oficiais competentes; IV – para contratação que tenha por objeto: a) bens componentes ou peças de origem nacional ou estrangeira necessários à manutenção de equipamentos, a serem adquiridos do fornecedor original desses equipamentos durante o período de garantia técnica, quando essa condição de exclusividade for indispensável para a vigência da garantia; b) bens, serviços, alienações ou obras, nos termos de acordo internacional específico aprovado pelo Congresso Nacional, quando as condições ofertadas forem manifestamente vantajosas para a Administração; c) produtos para pesquisa e desenvolvimento, limitada a contratação, no caso de obras e serviços de engenharia, ao valor de R$ 300.000,00 (trezentos mil reais); d) transferência de tecnologia ou licenciamento de direito de uso ou de exploração de criação protegida, nas contratações realizadas por Instituição Científica, Tecnológica e de Inovação (ICT) pública ou por agência de fomento, desde que demonstrada vantagem para a Administração; e) hortifrutigranjeiros, pães e outros gêneros perecíveis, no período necessário para a realização dos processos licitatórios correspondentes, hipótese em que a contratação será realizada diretamente com base no preço do dia; f) bens ou serviços produzidos ou prestados no País que envolvam, cumulativamente, alta complexidade tecnológica e defesa nacional; g) materiais de uso das Forças Armadas, com exceção de materiais de uso pessoal e administrativo, quando houver necessidade de manter a padronização requerida pela estrutura de apoio logístico dos meios navais, aéreos e terrestres, mediante autorização por ato do comandante da força militar; h) bens e serviços para atendimento dos contingentes militares das forças singulares brasileiras empregadas em operações de paz no exterior, hipótese em que a contratação deverá ser justificada quanto ao preço e à escolha do fornecedor ou executante e ratificada pelo comandante da força militar; i) abastecimento ou suprimento de efetivos militares em estada eventual de curta duração em portos, aeroportos ou localidades diferentes de suas sedes, por motivo de movimentação operacional ou de adestramento; j) coleta, processamento e comercialização de resíduos sólidos urbanos recicláveis ou reutilizáveis, em áreas com sistema de coleta seletiva de lixo, realizados por associações ou cooperativas formadas exclusivamente de pessoas físicas de baixa renda reconhecidas pelo Poder Público como catadores de materiais recicláveis, com o uso de equipamentos compatíveis com as normas técnicas, ambientais e de saúde pública; k) aquisição ou restauração de obras de arte e objetos históricos, de autenticidade certificada, desde que inerente às finalidades do órgão ou com elas compatível; l) serviços especializados ou aquisição ou locação de equipamentos destinados ao rastreamento e à obtenção de provas previstas nos incisos II e V do *caput* do art. 3.º da Lei n.º 12.850, de 2 de agosto de 2013, quando houver necessidade justificada de manutenção de sigilo sobre a investigação; m) aquisição de medicamentos destinados exclusivamente ao tratamento de doenças raras definidas pelo Ministério da Saúde; V – para contratação com vistas ao cumprimento do disposto nos arts. 3.º, 3.º-A, 4.º, 5.º e 20 da Lei n.º 10.973, de 2 de dezembro de 2004, observados os princípios gerais de contratação constantes da referida Lei; VI – para contratação que possa acarretar comprometimento da segurança nacional, nos casos estabelecidos pelo Ministro de Estado da Defesa, mediante demanda dos comandos das Forças Armadas ou dos demais ministérios; VII – nos casos de guerra, estado de defesa, estado de sítio, intervenção federal ou de grave perturbação da ordem; VIII – nos casos de emergência ou de calamidade pública, quando caracterizada urgência de atendimento de situação que possa ocasionar prejuízo ou comprometer a continuidade dos serviços públicos ou a segurança de pessoas, obras, serviços, equipamentos e outros bens, públicos ou particulares, e somente para aquisição dos bens necessários ao atendimento da situação emergencial ou calamitosa e para as parcelas de obras e serviços que possam ser concluídas no prazo máximo de 1 (um) ano, contado da data de ocorrência da emergência ou da calamidade, vedadas a prorrogação dos respectivos contratos e a recontratação de empresa já contratada com base no disposto neste inciso; IX – para a aquisição, por pessoa jurídica de direito público interno, de bens produzidos ou serviços prestados por órgão ou entidade que integrem a Administração Pública e que tenham sido criados para esse fim específico, desde que o preço contratado seja compatível com o praticado no mercado ou com os custos da entidade a ser contratada; X – quando a União tiver que intervir no domínio econômico para regular preços ou normalizar o abastecimento; XI – para celebração de contrato de programa com ente federativo ou com entidade de sua Administração Pública indireta que envolva prestação de serviços públicos de forma associada nos termos autorizados em contrato de consórcio público ou em convênio de cooperação; XII – para contratação em que houver transferência de tecnologia de produtos estratégicos para o Sistema Único de Saúde (SUS), conforme elencados em ato da direção nacional do SUS, inclusive por ocasião da aquisição desses produtos durante as etapas de absorção tecnológica, e em valores compatíveis com aqueles definidos no instrumento firmado para a transferência de tecnologia; XIII – para contratação de profissionais para compor a comissão de avaliação de critérios de técnica, quando se tratar de profissional técnico de notória especialização; XIV – para contratação de associação de pessoas com deficiência, sem fins lucrativos e de comprovada idoneidade, por órgão ou entidade da Administração Pública, para a prestação de serviços, desde que o preço contratado seja compatível com o praticado no mercado e os serviços contratados sejam prestados exclusivamente por pessoas com deficiência; XV – para contratação realizada por Instituição Científica, Tecnológica e de Inovação (ICT) de instituição brasileira sem fins lucrativos que tenha por finalidade estatutária apoiar, captar e executar projetos de ensino, pesquisa, extensão, desenvolvimento institucional, científico e tecnológico e de estímulo à inovação, inclusive gerir administrativa e financeiramente essas atividades, ou para contratação de instituição dedicada à recuperação social da pessoa presa, desde que a contratada tenha inquestionável reputação ética e profissional e não tenha fins lucrativos; XVI – para a aquisição, por pessoa jurídica de direito público interno, de insumos estratégicos para a saúde produzidos por fundação que, regimental ou estatutariamente, tenha por finalidade apoiar órgão da Administração Pública direta, sua autarquia ou fundação em projetos de ensino, pesquisa, extensão, desenvolvimento institucional, científico e tecnológico e de estímulo à inovação, inclusive na gestão administrativa e financeira necessária à execução desses projetos, ou em parcerias que envolvam transferência de tecnologia de produtos estratégicos para o SUS, nos termos do inciso XII do *caput* deste artigo, e que tenha sido criada para esse fim específico em data anterior à entrada em vigor desta Lei, desde que o preço contratado seja compatível com o praticado no mercado".

Quanto à inexigibilidade de licitação, o complemento deve ser buscado no art. 74 da Lei 14.133/2021: "É inexigível a licitação quando inviável a competição, em especial nos casos de: I – aquisição de materiais, de equipamentos ou de gêneros ou contratação de serviços que só possam ser fornecidos por produtor, empresa ou representante comercial exclusivos; II – contratação de profissional do setor artístico, diretamente ou por meio de empresário exclusivo, desde que consagrado pela crítica especializada ou pela opinião pública; III – contratação dos seguintes serviços técnicos especializados de natureza predominantemente intelectual com profissionais ou empresas de notória especialização, vedada a inexigibilidade para serviços de publicidade e divulgação: a) estudos técnicos, planejamentos e projetos básicos ou executivos; b) pareceres, perícias e avaliações em geral; c) assessorias ou consultorias técnicas e auditorias financeiras ou tributárias; d) fiscalização, supervisão ou gerenciamento de obras ou serviços; e) patrocínio ou defesa de causas judiciais ou administrativas; f) treinamento e aperfeiçoamento de pessoal; g) restauração de obras de arte e bens de valor histórico; h) controles de qualidade e tecnológico, análises, testes e ensaios de campo e laboratoriais, instrumentação e monitoramento de parâmetros específicos de obras e do meio ambiente e demais serviços de engenharia que se enquadrem na definição deste inciso; IV – objetos que devam ou possam ser contratados por meio de credenciamento; V – aquisição ou locação de imóvel cujas características de instalações e de localização tornem necessária sua escolha".

A pena é de reclusão, de 4 a 8 anos, e multa.

3.2 Sujeitos ativo e passivo

O sujeito ativo é o funcionário público, responsável pela realização da contratação direta, sem autorização legal. Sobre o conceito de funcionário público, consultar o art. 327 do Código Penal. O sujeito passivo é o Estado (União, Estado-membro, Distrito Federal e Município), bem como as autarquias, empresas públicas, sociedades de economia mista, fundações públicas e outras entidades sob controle estatal direto ou indireto.

O crime é próprio, mas não é de mão própria, o que significa admitir coautoria e participação. Portanto, é possível haver um conluio entre vários servidores públicos (de alto e baixo escalão) para o cometimento do crime, sem que qualquer pessoa, estranha aos quadros administrativos, tenha qualquer participação. Por outro lado, é viável existir o concurso de servidores públicos e particulares (não servidores), devendo todos responder pela infração penal. Tudo depende da análise do elemento subjetivo, devendo-se demonstrar o dolo.

3.3 Elemento subjetivo

É o dolo. Em nossa visão, não há elemento subjetivo específico, nem se pune a forma culposa. Porém, a maior parte da jurisprudência fixou o entendimento de que há necessidade de se apurar o elemento específico, consistente na vontade de causar prejuízo ao Erário, no tocante ao anterior art. 89 da Lei 8.666/1993.[3] Segundo nos parece, a exigência de especial intenção de causar dano ao erário é desnecessária, porque está em jogo, além do aspecto patrimonial, a moralidade da Administração. Ora, a realização de contratação direta em hipótese na qual se exige licitação afeta, automaticamente, esse relevante valor; portanto, mesmo que, no campo patrimonial, o Poder Público obtenha ganho, lesou-se a imparcialidade administrativa para contratar serviços ou comprar bens.

3.4 Objetos material e jurídico

O objeto material é o contrato celebrado de maneira direta, sem autorização legal. O objeto jurídico é a proteção dos interesses da Administração Pública, nos seus aspectos patrimonial e moral.

---

[3] O atual art. 337-E não modificou a essência da anterior criminalização feita pelo art. 89, de modo que é possível haver continuidade dessa posição jurisprudencial, mesmo diante da nova redação dada ao tipo incriminador.

3.5   Classificação

Trata-se de delito próprio (só pode ser cometido por servidor público); formal (não exige resultado naturalístico para a consumação, consistente em efetivo prejuízo para a Administração); de forma livre (pode ser cometido por qualquer meio eleito pelo agente); comissivo (os verbos indicam ações); instantâneo (a consumação se dá em momento determinado); unissubjetivo (pode ser cometido por um só agente); plurissubsistente (cometido por intermédio de vários atos); admite tentativa.

3.6   Quadro-resumo

Previsão legal	**Contratação direta ilegal** **Art. 337-E.** Admitir, possibilitar ou dar causa à contratação direta fora das hipóteses previstas em lei: Pena – reclusão, de 4 (quatro) a 8 (oito) anos, e multa.
Sujeito ativo	Funcionário público
Sujeito passivo	Estado (União, Estado-membro, Distrito Federal e Município), bem como as autarquias, empresas públicas, sociedades de economia mista, fundações públicas e outras entidades sob controle estatal direto ou indireto.
Objeto material	Contrato celebrado de maneira direta, sem autorização legal
Objeto jurídico	Proteção dos interesses da Administração Pública, nos seus aspectos patrimonial e moral
Elemento subjetivo	Dolo (a maior parte da jurisprudência entende a necessidade de elemento subjetivo específico: causar prejuízo ao erário)
Classificação	Próprio Formal Forma livre Comissivo Instantâneo Unissubjetivo Plurissubsistente
Tentativa	Admite

4.   FRUSTRAÇÃO DO CARÁTER COMPETITIVO DE LICITAÇÃO

4.1   Estrutura do tipo penal incriminador

O tipo foi constituído em formato aberto, permitindo variadas práticas, constando do art. 337-F do Código Penal, conforme a Lei 14.133/2021. Entretanto, há duas condutas alternativas: *frustrar* (malograr, não alcançar o objetivo almejado) e *fraudar* (enganar, burlar), cujo objeto é o caráter competitivo do processo licitatório. Na anterior redação do tipo penal do art. 90 da Lei 8.666/1993, havia a previsão de *como* o agente deveria praticar o delito, apontando o ajuste (pacto), a combinação (acordo) ou qualquer outro expediente (instrumento para alcançar determinado fim). Na realidade, eram inócuas essas indicações, pois os verbos principais já indicam o principal, que é eliminar a competição indispensável da licitação. A pena é de reclusão, de 4 a 8 anos, e multa.

A expressão "*caráter competitivo do procedimento licitatório*" constitui o cenário de elementos normativos do tipo, envolvendo interpretação valorativa (não são meras descrições fáticas), nesse caso, jurídica. Deve-se analisar o que foi feito pelo agente do delito à luz do que se entende por licitação, suas finalidades, fundamentos e propósitos. Logo, constituindo a essência da licitação a promoção da justa disputa de interessados, alheios aos quadros estatais, em celebrar contrato com o Poder Público, enaltecendo-se a imparcialidade, é natural que o resultado deva ser promissor e vantajoso à Administração. Aliás, em qualquer ambiente empresarial, busca-se, por estímulo à competição e à livre concorrência, o melhor negócio. Se uma empresa privada ou um particular pretende adquirir um produto, por exemplo, faz, por sua conta, uma pesquisa no mercado, busca diversos orçamentos em variados fornecedores e termina atingindo o melhor preço para o bem mais qualificado. O Estado, não podendo sair em busca de um fornecedor de seu interesse, pois deve atuar com imparcialidade, precisa produzir, por intermédio da competição regrada, o mesmo resultado: conseguir o melhor produto com o mais baixo custo possível.

4.2   Sujeitos ativo e passivo

O sujeito ativo é o participante da licitação. O sujeito passivo é o Estado (União, Estado-membro, Distrito Federal e Município), bem como as autarquias, empresas públicas, sociedades de economia mista, fundações públicas e outras entidades sob controle estatal direto ou indireto.

4.3   Elemento subjetivo

É o dolo. Exige-se o elemento subjetivo específico, consistente no "intuito de obter, para si ou para outrem, vantagem decorrente da adjudicação do objeto da licitação". Não há a forma culposa.

4.4   Objetos material e jurídico

O objeto material é a competição do procedimento licitatório. O objeto jurídico é a proteção dos interesses da Administração Pública, nos seus aspectos patrimonial e moral.

4.5   Classificação

Trata-se de delito próprio (só pode ser cometido por participante da licitação); formal (não exige resultado naturalístico para a consumação, consistente em efetivo prejuízo para a Administração, nem tampouco se demanda a obtenção de vantagem ao agente). Em contrário, sustentando ser crime material: Paulo José da Costa Júnior (*Direito penal das licitações*, p. 27); de forma livre (pode ser cometido por qualquer meio eleito pelo agente); comissivo (os verbos indicam ações); instantâneo (a consumação se dá em momento determinado); unissubjetivo (pode ser cometido por um só agente); plurissubsistente (cometido por intermédio de vários atos); admite tentativa.

4.6   Quadro-resumo

Previsão legal	**Frustração do caráter competitivo de licitação** **Art. 337-F.** Frustrar ou fraudar, com o intuito de obter para si ou para outrem vantagem decorrente da adjudicação do objeto da licitação, o caráter competitivo do processo licitatório: Pena – reclusão, de 4 (quatro) anos a 8 (oito) anos, e multa.

Sujeito ativo	Participante da licitação
Sujeito passivo	Estado (União, Estado-membro, Distrito Federal e Município), bem como as autarquias, empresas públicas, sociedades de economia mista, fundações públicas e outras entidades sob controle estatal direto ou indireto.
Objeto material	Competição do procedimento licitatório
Objeto jurídico	Proteção dos interesses da Administração Pública, nos seus aspectos patrimonial e moral
Elemento subjetivo	Dolo + elemento subjetivo específico
Classificação	Próprio Formal Forma livre Comissivo Instantâneo Unissubjetivo Plurissubsistente
Tentativa	Admite

5. PATROCÍNIO DE CONTRATAÇÃO INDEVIDA

5.1 Estrutura do tipo penal incriminador

Cuida-se de uma espécie de advocacia administrativa, com o fim de favorecer interesse privado perante a Administração Pública, permitindo o processo licitatório ou o contrato administrativo, que, no entanto, venham a ser invalidados pelo Judiciário. Consta do art. 337-G do Código Penal, conforme a Lei 14.133/2021.

A conduta nuclear é *patrocinar* (beneficiar, apoiar), cujo objeto é qualquer interesse privado (proveito para pessoa física ou jurídica estranha aos quadros estatais), quando colocado em confronto com a Administração, promovendo o início de procedimento licitatório ou a celebração de contrato. Guarda correspondência com o art. 321 do Código Penal (advocacia administrativa), porém, no caso do art. 337-G do Código Penal (conforme a Lei 14.133/2021), diz respeito, exclusivamente, ao cenário das licitações e dos contratos administrativos. É um conflito aparente de normas (art. 321, CP *versus* art. 337-G), que se resolve com o critério da especialidade. O modo de atuação é livre, podendo ser de maneira direta, sem qualquer rodeio ou intermediário, de forma pessoal, bem como indireta, dependente da atuação de interposta pessoa ou de modo camuflado. A pena é de reclusão, de 6 meses a 3 anos, e multa.

5.2 Sujeitos ativo e passivo

O sujeito ativo é somente o servidor público, nos termos do art. 327 do Código Penal. O art. 321 do Código Penal demanda que o agente do crime patrocine interesse privado, perante a Administração, *valendo-se da qualidade de funcionário*, ou seja, utilizando seu prestígio junto a colegas ou seu fácil acesso a informes sigilosos. O art. 337-G dispensa essa condição. Logo, para a configuração do crime, basta que o servidor público – conhecido ou não dos outros funcionários, fazendo uso de informes privilegiados ou não – busque beneficiar terceiros perante os interesses estatais.

O sujeito passivo é o Estado (União, Estado-membro, Distrito Federal e Município), bem como as autarquias, empresas públicas, sociedades de economia mista, fundações públicas e outras entidades sob controle estatal direto ou indireto.

5.3   Elemento subjetivo

É o dolo. Cremos existir o elemento subjetivo específico, consistente em buscar promover a instauração de licitação ou a celebração de contrato. Aliás, não fosse assim, não haveria diferença entre este delito e o previsto no art. 321 do Código Penal. Não se pune a forma culposa.

5.4   Objetos material e jurídico

O objeto material é o interesse privado perante a Administração. O objeto jurídico é a proteção dos interesses da Administração Pública, nos seus aspectos patrimonial e moral.

5.5   Classificação

Trata-se de crime próprio (só pode ser cometido por servidor público); material (exige resultado naturalístico para a consumação, consistente na invalidação da licitação ou do contrato pelo Judiciário); de forma livre (pode ser cometido por qualquer meio eleito pelo agente); comissivo (o verbo indica ação); instantâneo (a consumação se dá em momento determinado); unissubjetivo (pode ser cometido por um só agente); plurissubsistente (cometido por intermédio de vários atos); não admite tentativa por se tratar de delito condicionado (consuma-se com a invalidação da licitação ou do contrato).

5.6   Condições objetivas de punibilidade

Há duas condições estabelecidas no tipo penal do art. 337-G (conforme a Lei 14.133/2021) para que o agente possa ser punido. Em virtude do patrocínio por ele promovido, é fundamental ocorrer: a) instauração de licitação ou celebração de contrato; b) na sequência, a invalidação de um ou outro pelo Poder Judiciário. O dolo do agente envolve o patrocínio de interesse privado perante a Administração, com o fito específico de ser instaurada licitação ou celebrado um contrato. Mesmo assim, tanto a instauração da licitação como a celebração do contrato dependem de terceiros. A invalidação, igualmente, depende de outras pessoas, fora da alçada do agente. Por tal razão, são condições objetivas de punibilidade. Dá-se o mesmo, por comparação, no contexto dos crimes falimentares, em que a sentença, decretando a falência, é condição para a punição do agente, embora não dependa deste, mas de terceira parte, no caso, o Judiciário.

O processo licitatório e o contrato administrativo regem-se pela legalidade. Se as regras não forem seguidas, cabe à parte interessada pleitear ao Poder Judiciário a sua invalidação pelo instrumento processual adequado (mandado de segurança ou ação ordinária). É perfeitamente possível anular-se tanto a licitação, antes da adjudicação, como o contrato celebrado. Exemplo: visualizando o patrocínio indevido de servidor público, um dos concorrentes, no processo licitatório instaurado, impetra mandado de segurança, pleiteando a sustação liminar do andamento da licitação para que, ao final, seja esta invalidada.

5.7   Quadro-resumo

	Patrocínio de contratação indevida
Previsão legal	**Art. 337-G.** Patrocinar, direta ou indiretamente, interesse privado perante a Administração Pública, dando causa à instauração de licitação ou à celebração de contrato cuja invalidação vier a ser decretada pelo Poder Judiciário: Pena – reclusão, de 6 (seis) meses a 3 (três) anos, e multa.
Sujeito ativo	Servidor público
Sujeito passivo	Estado (União, Estado-membro, Distrito Federal e Município), bem como as autarquias, empresas públicas, sociedades de economia mista, fundações públicas e outras entidades sob controle estatal direto ou indireto.
Objeto material	Interesse privado perante a Administração
Objeto jurídico	Proteção dos interesses da Administração Pública, nos seus aspectos patrimonial e moral
Elemento subjetivo	Dolo + elemento subjetivo específico
Classificação	Próprio Material Forma livre Comissivo Instantâneo Unissubjetivo Plurissubsistente
Tentativa	Não admite, por ser delito condicionado
Circunstâncias especiais	Condições objetivas de punibilidade

6.   MODIFICAÇÃO OU PAGAMENTO IRREGULAR EM CONTRATO ADMINISTRATIVO

6.1   Estrutura do tipo penal incriminador

Admitir (aceitar), *possibilitar* (tornar viável) ou *dar causa* (fazer nascer, originar) são as condutas, cujo objeto é a modificação ou vantagem relativa a contrato celebrado entre a Administração e terceiro. Neste caso, o contrato é modificado (alterado) ou confere vantagem (qualquer lucro) ao contratado (pessoa que celebra o ajuste com a Administração, após a licitação), inclusive com eventual prorrogação, *sem haver autorização legal* (norma penal em branco, a depender de complemento para se conhecer as hipóteses de prorrogação legal).

A outra conduta é *pagar* (satisfazer dívida), tendo por objeto fatura (escrita unilateral do vendedor, demonstrativa das mercadorias, objeto do contrato). Pune-se, nesse caso, o desprezo à ordem cronológica para o referido pagamento, o que fere a impessoalidade e a moralidade da Administração, desde que existam vários particulares contratados, todos aguardando a quitação de parcelas de serviços por eles executados. Dessa maneira, conforme os contratados forem apresentando prova de que concluíram sua etapa de realização de obras, por exemplo, devem receber na estrita ordem cronológica de finalização dos serviços. Não teria sentido pagar o contratado X, que findou uma etapa da sua obra depois do contratado Y, que já terminou muito antes e aguarda o pagamento. O tipo é misto alternativo.

Caso o contrato original tenha sido firmado, com supedâneo nas hipóteses de dispensa ou inexigibilidade, pode haver a prorrogação sem haver licitação. Cuida-se de consequência lógica do primeiro contrato.

Trata-se de norma penal em branco e há de se buscar em lei e nos editais, além dos instrumentos contratuais o complemento para este tipo penal, conhecendo-se as hipóteses legítimas de modificação contratual, incluindo prorrogação, bem como a regra de pagamento dos serviços prestados.

A pena é de reclusão, de 4 a 8 anos, e multa.

6.2 Sujeitos ativo e passivo

O sujeito ativo é o servidor público. O sujeito passivo é o Estado (União, Estado-membro, Distrito Federal e Município), bem como as autarquias, empresas públicas, sociedades de economia mista, fundações públicas e outras entidades sob controle estatal direto ou indireto.

6.3 Elemento subjetivo

É o dolo. Não há elemento subjetivo específico, nem se pune a forma culposa.

6.4 Objetos material e jurídico

O objeto material é o contrato administrativo modificado ou prorrogado, bem como pode ser, ainda, o pagamento feito a contratado. O objeto jurídico é a proteção dos interesses da Administração Pública, nos seus aspectos patrimonial e moral.

6.5 Classificação

Cuida-se de delito próprio (só pode ser cometido por servidor público ou contratado); formal (não exige resultado naturalístico para a consumação, consistente em efetivo prejuízo para a Administração); de forma livre (pode ser cometido por qualquer meio eleito pelo agente); comissivo (os verbos indicam ações); instantâneo (a consumação se dá em momento determinado); unissubjetivo (pode ser cometido por um só agente); plurissubsistente (cometido por intermédio de vários atos); admite tentativa.

6.6 Quadro-resumo

Previsão legal	**Modificação ou pagamento irregular em contrato administrativo** **Art. 337-H.** Admitir, possibilitar ou dar causa a qualquer modificação ou vantagem, inclusive prorrogação contratual, em favor do contratado, durante a execução dos contratos celebrados com a Administração Pública, sem autorização em lei, no edital da licitação ou nos respectivos instrumentos contratuais, ou, ainda, pagar fatura com preterição da ordem cronológica de sua exigibilidade: Pena – reclusão, de 4 (quatro) anos a 8 (oito) anos, e multa.
Sujeito ativo	Servidor público
Sujeito passivo	Estado (União, Estado-membro, Distrito Federal e Município), bem como as autarquias, empresas públicas, sociedades de economia mista, fundações públicas e outras entidades sob controle estatal direto ou indireto.

Objeto material	Contrato administrativo modificado ou prorrogado; pagamento feito a contratado
Objeto jurídico	Proteção dos interesses da Administração Pública, nos seus aspectos patrimonial e moral
Elemento subjetivo	Dolo
Classificação	Próprio Formal Forma livre Comissivo Instantâneo Unissubjetivo Plurissubsistente
Tentativa	Admite

7. PERTURBAÇÃO DO PROCESSO LICITATÓRIO

7.1 Estrutura do tipo penal incriminador

Impedir (obstruir, não deixar acontecer), *perturbar* (atrapalhar, causar embaraço) e *fraudar* (iludir, enganar) são as condutas mistas alternativas, que têm por objeto qualquer ato do processo licitatório. Quando a Administração realiza a licitação, visando à escolha de quem irá fornecer algum bem ou serviço, deve respeitar uma sucessão de atos formais e previstos em lei, desenrolando-se por várias etapas e, como regra, durante diversas semanas.

Por isso, aquele que não permitir o desenvolvimento da licitação, conturbar o seu andamento ou promover alguma ação para frustrar os propósitos do certame deve responder criminalmente, com base neste tipo penal. Ilustrando, registre-se o disposto no art. 17 da Lei 14.133/2021: "O processo de licitação observará as seguintes fases, em sequência: I – preparatória; II – de divulgação do edital de licitação; III – de apresentação de propostas e lances, quando for o caso; IV – de julgamento; V – de habilitação; VI – recursal; VII – de homologação". De qualquer forma, o tipo foi redigido de forma muito aberta, lesando o princípio da taxatividade, pois as condutas são descritas de maneira vaga; a experiência auferida em diversos processos licitatórios já permitiria ao legislador especificar quais seriam as condutas criminalizadas exatamente.

A pena é de detenção, de 6 meses a 3 anos, e multa.

7.2 Sujeitos ativo e passivo

O sujeito ativo pode ser qualquer pessoa. O sujeito passivo é o Estado (União, Estado-membro, Distrito Federal e Município), bem como as autarquias, empresas públicas, sociedades de economia mista, fundações públicas e outras entidades sob controle estatal direto ou indireto.

7.3 Elemento subjetivo

É o dolo. Não há elemento subjetivo específico, nem se pune a forma culposa.

7.4   Objetos material e jurídico

O objeto material é o ato do processo licitatório, que sofreu impedimento, perturbação ou fraude. O objeto jurídico é a proteção dos interesses da Administração Pública, nos seus aspectos patrimonial e moral.

7.5   Classificação

Trata-se de delito comum (pode ser cometido por qualquer pessoa); formal (não exige resultado naturalístico para a consumação, consistente em efetivo prejuízo para a Administração; se houver, cuida-se de exaurimento do delito); de forma livre (pode ser cometido por qualquer meio eleito pelo agente); comissivo (os verbos indicam ações); instantâneo (a consumação se dá em momento determinado); unissubjetivo (pode ser cometido por um só agente); plurissubsistente (cometido por intermédio de vários atos); admite tentativa.

7.6   Quadro-resumo

Previsão legal	**Perturbação de processo licitatório** **Art. 337-I.** Impedir, perturbar ou fraudar a realização de qualquer ato de processo licitatório: Pena – detenção, de 6 (seis) meses a 3 (três) anos, e multa.
Sujeito ativo	Qualquer pessoa
Sujeito passivo	Estado (União, Estado-membro, Distrito Federal e Município), bem como as autarquias, empresas públicas, sociedades de economia mista, fundações públicas e outras entidades sob controle estatal direto ou indireto.
Objeto material	Ato do processo licitatório, que sofreu impedimento, perturbação ou fraude
Objeto jurídico	Proteção dos interesses da Administração Pública, nos seus aspectos patrimonial e moral
Elemento subjetivo	Dolo
Classificação	Comum Formal Forma livre Comissivo Instantâneo Unissubjetivo Plurissubsistente
Tentativa	Admite

8.   VIOLAÇÃO DE SIGILO EM LICITAÇÃO

8.1   Estrutura do tipo penal incriminador

Um dos principais pontos para a garantia do caráter competitivo do processo licitatório é o sigilo das propostas apresentadas no certame para a avaliação da Administração Pública. O segredo da oferta torna tudo mais honesto, pois um concorrente não sabe o que o outro pretende oferecer; eis por que cada qual procura fazer o *seu melhor*, apresentando valores convidativos, com o objetivo de vencer a disputa. Se o sigilo é rompido, a licitação pode tornar-se um embuste. É justamente o conteúdo do art. 337-J do Código Penal, conforme a Lei 14.133/2021.

Devassar (descobrir, mostrar o que estava encoberto) é a conduta incriminada, cujo objeto é o sigilo (segredo) de proposta oferecida durante a licitação. A segunda conduta é *proporcionar* (dar, tornar oportuno), cujo objeto é o ensejo (oportunidade, ocasião) de devassar o referido sigilo. Logo, o agente pode, diretamente, tomar conhecimento de proposta que deveria permanecer em segredo, como tem a possibilidade de, indiretamente, levar terceiro a devassar o sigilo esperado. Integra a natureza do procedimento licitatório a concorrência feita em sigilo, apresentando cada interessado a sua proposta em envelope lacrado, que somente será aberto em momento público e solene, para que sejam conhecidas as ofertas. Vencerá a que melhor atender aos interesses da Administração. Se as propostas fossem conhecidas, aquele que apresentasse a última oferta poderia sagrar-se vencedor, pois iria adaptá-la às demais, de maneira a superá-las. Por isso, quem descobrir a proposta sigilosa, antes do instante adequado, encaixa-se na figura prevista neste tipo penal.

A pena é de detenção, de 2 a 3 anos, e multa.

8.2   Sujeitos ativo e passivo

O sujeito ativo pode ser qualquer pessoa. Em contrário, Paulo José da Costa Júnior sustenta que na primeira modalidade (*devassar*) o crime é próprio e somente o comete o funcionário público encarregado de guardar as propostas oferecidas até a sua abertura (*Direito penal das licitações*, p. 49). Assim não pensamos. Qualquer pessoa pode acessar os envelopes – embora mais comum, nesses casos, seja da alçada do servidor público fazê-lo –, tomando conhecimento do seu conteúdo sigiloso. E, também, qualquer pessoa pode tornar oportuno a terceiro que tenha conhecimento da proposta. O sujeito passivo é o Estado (União, Estado-membro, Distrito Federal e Município), bem como as autarquias, empresas públicas, sociedades de economia mista, fundações públicas e outras entidades sob controle estatal direto ou indireto.

8.3   Elemento subjetivo

É o dolo. Não há elemento subjetivo específico, nem se pune a forma culposa.

8.4   Objetos material e jurídico

O objeto material é a proposta sigilosa. O objeto jurídico é a proteção dos interesses da Administração Pública, nos seus aspectos patrimonial e moral.

8.5   Classificação

Trata-se de crime comum (pode ser cometido por qualquer pessoa); formal (não exige resultado naturalístico para a consumação, consistente em efetivo prejuízo para a Administração; se houver, cuida-se de exaurimento do delito); de forma livre (pode ser cometido por qualquer meio eleito pelo agente); comissivo (os verbos indicam ações); instantâneo (a consumação se dá em momento determinado); unissubjetivo (pode ser cometido por um só agente); plurissubsistente (cometido por intermédio de vários atos); admite tentativa.

8.6   Quadro-resumo

	Violação de sigilo em licitação
Previsão legal	**Art. 337-J.** Devassar o sigilo de proposta em processo licitatório ou proporcionar a terceiro o ensejo de devassá-lo: Pena – detenção, de 2 (dois) anos a 3(três) anos, e multa.
Sujeito ativo	Qualquer pessoa
Sujeito passivo	Estado (União, Estado-membro, Distrito Federal e Município), bem como as autarquias, empresas públicas, sociedades de economia mista, fundações públicas e outras entidades sob controle estatal direto ou indireto.
Objeto material	Proposta sigilosa
Objeto jurídico	Proteção dos interesses da Administração Pública, nos seus aspectos patrimonial e moral
Elemento subjetivo	Dolo
Classificação	Comum Formal Forma livre Comissivo Instantâneo Unissubjetivo Plurissubsistente
Tentativa	Admite

9.   AFASTAMENTO DE LICITANTE

9.1   Estrutura do tipo penal incriminador

As condutas incriminadas são *afastar* (impedir, tirar do caminho) ou *tentar afastar* (buscar impedir de algum modo), cujo objeto é qualquer licitante (participante do processo de licitação). São alternativas, significando que a prática de uma e de outra, no mesmo cenário, configura um só delito. Neste caso, por óbvio, deve envolver um só licitante. Se o agente afastar ou tentar afastar outro licitante, trata-se de crime diverso.

Estabelece, o tipo penal, como meio para isso o emprego de violência (constrangimento físico), grave ameaça (coação moral), fraude (engodo) ou oferecimento de vantagem de qualquer tipo (apresentar lucro de qualquer espécie). Não cremos correta a redação. Mescla-se, indevidamente, situações incompatíveis, algumas já previstas em outros tipos penais incriminadores. Afastar o licitante com emprego de fraude, segundo nos parece, é passível de adequação nos arts. 337-F ou 337-I do Código Penal, conforme a Lei 14.133/2021. Se o agente atua para eliminar o caráter competitivo da licitação, incide na figura do art. 337-F. Se agir para fraudar a realização de qualquer ato licitatório, incide no tipo do art. 337-I. Enfim, é desnecessário incluir, novamente, o afastamento de licitante, por meio de fraude no art. 337-K. Por outro lado, a parte final também soa estranha. Eliminar o concorrente, no processo de licitação, *oferecendo-lhe vantagem* de qualquer tipo não nos parece penalmente relevante. A Administração Pública não pode ser prejudicada se um licitante deixar o certame, tendo em vista que outro licitante lhe ofereceu algum tipo de benefício. Um negócio entre particulares, estranhos aos quadros administrativos, não fere nenhum bem jurídico protegido.

No parágrafo único do art. 337-K, prevê-se a mesma punição para quem se abstiver ou desistir de participar do processo licitatório porque recebeu alguma vantagem. Novamente, se, porventura, a atitude tiver por fim eliminar a competição, ingressa a figura do art. 337-F, não sendo aplicável a prevista neste art. 337-K. Porém, insistir na punição de alguém que se afaste da licitação, pelo oferecimento de vantagem, sem eliminar o caráter competitivo desta, parece-nos arbitrário e lesivo ao princípio da intervenção mínima, que envolve a indispensabilidade de ofensividade ao bem jurídico tutelado. Nessa modalidade, parece-nos que se está tipificando uma espécie de corrupção, abrangendo particulares.

A pena é de reclusão, de 3 a 5 anos, e multa, além da correspondente à violência.

9.2   Sujeitos ativo e passivo

O sujeito ativo pode ser qualquer pessoa. O sujeito passivo é o Estado (União, Estado--membro, Distrito Federal e Município), bem como as autarquias, empresas públicas, sociedades de economia mista, fundações públicas e outras entidades sob controle estatal direto ou indireto. Secundariamente, a pessoa agredida, ameaçada ou enganada.

9.3   Elemento subjetivo

É o dolo. Não se exige elemento subjetivo do tipo específico, nem se pune a forma culposa.

9.4   Objetos material e jurídico

O objeto material é a pessoa licitante. O objeto jurídico é a proteção dos interesses da Administração Pública, nos seus aspectos patrimonial e moral.

9.5   Classificação

Cuida-se de delito comum (pode ser cometido por qualquer pessoa) na figura do *caput*, mas próprio (somente pode ser cometido pelo licitante) na modalidade do parágrafo único; formal (não exige resultado naturalístico para a consumação, consistente em efetivo prejuízo para a Administração; se houver, cuida-se de exaurimento do delito); de forma livre (pode ser cometido por qualquer meio eleito pelo agente); comissivo (os verbos indicam ações), mas omissivo na forma abster-se, prevista no parágrafo único; instantâneo (a consumação se dá em momento determinado); unissubjetivo (pode ser cometido por um só agente), embora plurissubjetivo na forma do parágrafo único (neste caso, é preciso que alguém ofereça a vantagem para que o licitante abstenha-se ou desista, havendo, pois, mais de uma pessoa); plurissubsistente (cometido por intermédio de vários atos); não admite tentativa, por se tratar de delito de atentado (ou de empreendimento). O legislador equiparou a forma consumada (afastar licitante) da mera tentativa (procurar afastar licitante, mas não conseguir o objetivo).

9.6   Sistema da acumulação material

Adota-se, para este crime, a acumulação material, ou seja, além de se considerar a violência para efeito de gerar o delito previsto no art. 337-K, exige a lei que o juiz aplique, em cumulação, a pena referente ao crime compatível com a violência praticada (lesão leve, grave ou gravíssima).

9.7   Quadro-resumo

Previsão legal	**Afastamento de licitante** **Art. 337-K.** Afastar ou tentar afastar licitante por meio de violência, grave ameaça, fraude ou oferecimento de vantagem de qualquer tipo: Pena – reclusão, de 3 (três) anos a 5 (cinco) anos, e multa, além da pena correspondente à violência. **Parágrafo único.** Incorre na mesma pena quem se abstém ou desiste de licitar em razão de vantagem oferecida.
Sujeito ativo	Qualquer pessoa
Sujeito passivo	Estado (União, Estado-membro, Distrito Federal e Município), bem como as autarquias, empresas públicas, sociedades de economia mista, fundações públicas e outras entidades sob controle estatal direto ou indireto. Secundariamente, a pessoa agredida, ameaçada ou enganada.
Objeto material	Pessoa licitante
Objeto jurídico	Proteção dos interesses da Administração Pública, nos seus aspectos patrimonial e moral
Elemento subjetivo	Dolo
Classificação	Comum – *caput* Próprio – Parágrafo único Formal Forma livre Comissivo Omissivo - Parágrafo único Instantâneo Unissubjetivo Plurissubjetivo – Parágrafo único Plurissubsistente
Tentativa	Não admite
Circunstâncias especiais	Sistema da acumulação material

10.   FRAUDE EM LICITAÇÃO OU CONTRATO

10.1   Estrutura do tipo penal incriminador

Fraudar (enganar, ludibriar, lesar por meio de engodo) é a conduta incriminada, cujo objeto é a licitação ou o contrato dela decorrente. Exige-se prejuízo para a Administração Pública e cuida-se de tipo vinculado, pois são descritas, nos incisos I a V do art. 337-L, as maneiras pelas quais a licitação ou o contrato podem ser frustrados. Naturalmente, as condutas previstas nos referidos incisos são mistas alternativas, vale dizer, a prática de uma ou de mais de uma delas implica a realização de um só delito, quando no mesmo contexto.

As condutas descritas nos incisos I a V dizem respeito à execução do contrato (exceto, no contexto do inciso V, a parte relativa à proposta, que é relativa à licitação). A fraude prevista neste tipo, conforme evidenciam as condutas descritas nos incisos, é conduta que deixa vestígios, razão pela qual nos parece essencial a realização de exame pericial para a prova da materialidade do delito.

A primeira forma de fraude é a "entrega de mercadoria ou prestação de serviços com qualidade ou em quantidade diversa das previstas no edital ou nos instrumentos contratuais" (inciso I). A *qualidade* é um atributo especial de alguma coisa, destacando-a de outras; no contexto da aquisição feita pelo Poder Público há de ser uma característica particularmente boa; a *quantidade* representa um número, que necessita ser especificado para ser exigido e fiscalizado por meio de medição ou contagem. Portanto, este inciso se refere ao fornecimento de mercadoria (produto adquirido) ou prestação de serviços (execução de atividade de interesse da Administração) com característica diferente daquela prevista no edital de licitação ou no contrato celebrado, voltando-se, por óbvio, para pior, vale dizer, mercadoria ou serviço inferior ao prometido pelo participante da licitação ou contratado. Além disso, pode configurar-se o crime, igualmente, se, embora mantida a qualidade, o produto for entregue em número inferior ao previsto ou o serviço prestado ficar aquém do pactuado, constatando-se a ausência do preenchimento de todos os lugares para os quais foi contratado.

A segunda forma é o "fornecimento, como verdadeira ou perfeita, de mercadoria falsificada, deteriorada, inservível para consumo ou com prazo de validade vencido" (inciso II). *Falsificada* é a mercadoria não autêntica; *deteriorada* é a mercadoria autêntica, porém estragada, imperfeita para uso; *inservível para consumo* se refere a qualquer coisa imprestável, por qualquer razão, para ser consumida, geralmente no contexto da alimentação; *prazo de validade vencido* é a situação comum nas relações de consumo, onde se vislumbra que certos produtos têm um período para ser utilizado, fora do qual pode se tornar nocivo. As duas últimas situações foram incluídas na figura típica do art. 337-L, II, do Código Penal, conforme a Lei 14.133/2021. Cuida-se de um crime contra as relações de consumo *às avessas*. Na realidade, se fosse o particular a vítima, encaixar-se-ia em figura própria de crime contra o consumidor. No entanto, quem recebe a mercadoria, neste caso, é a Administração Pública, merecendo, pois, o empresário-fornecedor a punição cabível pela fraude empregada.

A terceira modalidade é a "entrega de uma mercadoria por outra" (inciso III). No mesmo prisma do parágrafo anterior, vê-se que o Estado, ao consumir bens, também pode ser ludibriado. Assim, exemplificando, caso o fornecedor entregue cobre em lugar de ouro, é natural que haverá prejuízo para o erário, que pagou pelo metal mais precioso e recebeu o de menor valor.

A quarta figura é a "alteração da substância, qualidade ou quantidade da mercadoria ou do serviço fornecido" (inciso IV). Seguindo a ótica dos parágrafos anteriores, o Estado se vê lesado, como se fosse autêntico consumidor de bens e serviços. No caso deste inciso, o fornecedor altera (modifica) substância, qualidade ou quantidade da mercadoria. Exemplo: obrigou-se a entregar 500 quilos de determinado produto, mas promove a remessa de apenas 450.

A quinta forma é "qualquer meio fraudulento que torne injustamente mais onerosa para a Administração Pública a proposta ou a execução do contrato" (inciso V). Esta figura típica, que já existia na lei anterior [Lei 8.666/1993] e agora foi inserida no Código Penal, conforme Lei 14.133/2021, experimentou pouca alteração e continuou a ser aberta e lesiva ao princípio da taxatividade. Aliás, pela atual redação, tornou-se pleonástica, pois se lê: *fraudar* licitação ou contrato mediante qualquer *meio fraudulento*. O objetivo dessa fraude é tornar mais dispendiosa ou cara a proposta feita ou a execução do contrato do que originalmente previsto. Manteve-se o termo *injustamente*, que se refere a um elemento normativo do tipo, passível de valoração; noutros termos, a proposta ou o contrato até podem ficar mais onerosos, desde que se considere *justo* – algo sempre imponderável ou de avaliação questionável. Há de se examinar com muita cautela este inciso. Em princípio, o contratado pode, como exemplo, simular um motivo de força-maior para demorar na entrega de certo bem adquirido, visando ao atendimento de outro cliente em primeiro lugar, para auferir maior ganho, o que seria uma fraude à contratação realizada com a Administração. Referindo-se ao anterior inciso V do art. 96 e considerando-o inconstitucional, por ferir a taxatividade e a legalidade, estava a posição de Marçal Justen Filho.[4]

10.2 Sujeitos ativo e passivo

O sujeito ativo é o licitante ou o contratado. O sujeito passivo é o Estado (União, Estado--membro, Distrito Federal e Município), bem como as autarquias, empresas públicas, sociedades de economia mista, fundações públicas e outras entidades sob controle estatal direto ou indireto.

10.3 Elemento subjetivo

É o dolo. Parece-nos existente o elemento subjetivo do tipo específico implícito, consistente no intuito de obter lucro abusivo. Extrai-se essa conclusão do disposto no tipo penal, analisando-se a expressão *em prejuízo da Administração Pública*. Logo, *a contrario sensu*, sofrendo o erário público lesão, é natural que o fito do agente é a obtenção de vantagem excessiva. Não se pune a forma culposa.

10.4 Objetos material e jurídico

O objeto material pode ser a mercadoria ou a prestação de serviços, bem como proposta ou execução contratual. O objeto jurídico é a proteção dos interesses da Administração Pública, nos seus aspectos patrimonial e moral.

10.5 Classificação

Trata-se de delito próprio (só pode ser cometido por licitante ou contratado); material (exige resultado naturalístico para a consumação, consistente em efetivo prejuízo para a Administração); de forma vinculada (só pode ser cometido pelos meios descritos nos incisos I a V do art. 337-L); comissivo (os verbos indicam ações); unissubjetivo (pode ser cometido por um só agente); plurissubsistente (cometido por intermédio de vários atos); admite tentativa.

10.6 Quadro-resumo

	Fraude em licitação ou contrato
Previsão legal	**Art. 337-L.** Fraudar, em prejuízo da Administração Pública, licitação ou contrato dela decorrente, mediante: I – entrega de mercadoria ou prestação de serviços com qualidade ou em quantidade diversas das previstas no edital ou nos instrumentos contratuais; II – fornecimento, como verdadeira ou perfeita, de mercadoria falsificada, deteriorada, inservível para consumo ou com prazo de validade vencido; III – entrega de uma mercadoria por outra; IV – alteração da substância, qualidade ou quantidade da mercadoria ou do serviço fornecido; V – qualquer meio fraudulento que torne injustamente mais onerosa para a Administração Pública a proposta ou a execução do contrato. Pena – reclusão, de 4 (quatro) anos a 8 (oito) anos, e multa.

---

[4] *Comentários à lei de licitações e contratos administrativos*, p. 635.

Sujeito ativo	Licitante ou o contratado
Sujeito passivo	Estado (União, Estado-membro, Distrito Federal e Município), bem como as autarquias, empresas públicas, sociedades de economia mista, fundações públicas e outras entidades sob controle estatal direto ou indireto.
Objeto material	Mercadoria ou a prestação de serviços; proposta ou execução contratual
Objeto jurídico	Proteção dos interesses da Administração Pública, nos seus aspectos patrimonial e moral
Elemento subjetivo	Dolo + elemento subjetivo específico
Classificação	Próprio Material Forma vinculada Comissivo Unissubjetivo Plurissubsistente
Tentativa	Admite

11. CONTRATAÇÃO INIDÔNEA

11.1 Estrutura do tipo penal incriminador

Há três condutas criminosas no art. 337-M do Código Penal, conforme a Lei 14.133/2021. No *caput*, indica-se a admissão à licitação de empresa ou profissional declarado inidôneo, com pena de reclusão, de 1 a 3 anos, e multa. Admitir (aceitar, acolher) à licitação é a conduta, cujo objeto é a empresa ou o profissional considerado inidôneo (inadequado, inconveniente). Busca-se evitar que o servidor público coloque em risco o erário, permitindo que pessoa física ou jurídica, reputada imprópria ou inconfiável, o que envolve vários aspectos, possa tomar parte da licitação, uma vez que tem potencial para prejudicar o processo ou, no futuro, não cumprir o contrato.

A reforma dividiu as infrações penais, atribuindo sanção mais branda à figura do *caput* e mais grave ao previsto pelo § 1.º (celebrar contrato com empresa ou profissional declarado inidôneo), com pena de reclusão, de 3 a 6 anos, e multa. *Contratar* (formalizar o ajuste) com o Poder Público é potencialmente mais danoso aos interesses do Estado, quando realizado com pessoa física ou jurídica considerada inadequada ou imprópria, que pode não cumprir a avença.

Exemplo da importância da idoneidade para contratar com o Poder Público: Lei 14.133/2021: Art. 91 (...) § 4.º Antes de formalizar ou prorrogar o prazo de vigência do contrato, a Administração deverá verificar a regularidade fiscal do contratado, consultar o Cadastro Nacional de Empresas Inidôneas e Suspensas (CEIS) e o Cadastro Nacional de Empresas Punidas (CNEP), emitir as certidões negativas de inidoneidade, de impedimento e de débitos trabalhistas e juntá-las ao respectivo processo. Art. 156. Serão aplicadas ao responsável pelas infrações administrativas previstas nesta Lei as seguintes sanções: (...) IV – declaração de inidoneidade para licitar ou contratar.

A terceira figura encontra-se no § 2.º indicando que a pessoa declarada inidônea, ao participar da licitação, responde pela sanção prevista no *caput* (reclusão, de 1 a 3 anos, e multa); porém, ao contratar com a Administração, responde com base na sanção cominada no § 1.º (reclusão, de 3 a 6 anos, e multa).

Sobre esse dever de abstenção do terceiro declarado inidôneo para participar da licitação ou contratar com a Administração, Marçal Justen Filho reputa inconstitucional o dispositivo, argumentando ferir os princípios da isonomia e da proporcionalidade.[5] Assim não entendemos. Em primeiro lugar, o fato de não ter sido prevista a hipótese de impedimento àquele que teve o direito de participar de licitação suspenso, mas ainda não declarado inidôneo, pode ser uma falha legislativa, mas não envolve, em absoluto, lesão ao princípio da isonomia. Se o legislador olvidou determinado fato grave, não quer isto significar que deva haver impunidade a todos os demais, que sejam semelhantes e tenham sido tipificados. Por outro lado, não há nenhuma ofensa à proporcionalidade, uma vez que o Estado pode, desde que o faça legal e previamente, impor o dever de omissão a quem quer que seja. Note-se, para ilustrar, os casos de omissão penalmente relevante, previstos no art. 13, § 2.º, do Código Penal. Se determinada pessoa for considerada inidônea para contratar com a Administração, é justo que dela se aguarde a conduta ideal de se abster de tomar parte em licitações, pois, assim não fazendo, desrespeita a sanção que lhe foi aplicada, após o devido processo administrativo, buscando ludibriar, novamente, o Poder Público.

11.2 Sujeitos ativo e passivo

O sujeito ativo é o servidor público. No § 2.º, cuida-se da pessoa física declarada inidônea, seja ela mesma ou o representante legal da empresa considerada inidônea. O sujeito passivo é o Estado (União, Estado-membro, Distrito Federal e Município), bem como as autarquias, empresas públicas, sociedades de economia mista, fundações públicas e outras entidades sob controle estatal direto ou indireto.

11.3 Elemento subjetivo

É o dolo. Não se exige elemento subjetivo do tipo específico, nem se pune a forma culposa. Em outro prisma, sustenta Paulo José da Costa Júnior ser exigível o elemento específico representado pela vontade consciente de admitir à licitação ou de celebrar contrato com empresa ou profissional "que sabe ser inidôneo" (*Direito penal das licitações*, p. 65). Não nos parece correta a interpretação dada. Em primeiro lugar, o tipo penal não se vale da expressão "que sabe ser inidôneo", mas apenas se refere a empresa ou profissional "declarado inidôneo". Logo, o dolo precisa ser, como naturalmente se exige, abrangente, envolvendo todos os elementos do tipo penal. Tal situação não o transforma em "dolo específico". Admite-se tanto o dolo direto quanto o eventual, sem elemento subjetivo específico.

11.4 Objetos material e jurídico

O objeto material é a empresa ou profissional inidôneo admitido no processo licitatório (*caput* e § 1.º). Na figura do § 2.º, cuida-se da licitação ou do contrato. O objeto jurídico é a proteção dos interesses da Administração Pública, nos seus aspectos patrimonial e moral.

11.5 Classificação

Trata-se de crime próprio (só pode ser cometido pelo servidor); formal (não exige resultado naturalístico para a consumação, consistente em efetivo prejuízo para a Administração);

---

[5] *Comentários à lei de licitações e contratos administrativos*, p. 636.

de forma livre (pode ser cometido por qualquer meio eleito pelo agente); comissivo (o verbo indica ação); unissubjetivo (pode ser cometido por um só agente); plurissubsistente (cometido por intermédio de vários atos); admite tentativa.

11.6   Quadro-resumo

Previsão legal	**Contratação inidônea** **Art. 337-M.** Admitir à licitação empresa ou profissional declarado inidôneo: Pena – reclusão, de 1 (um) ano a 3 (três) anos, e multa. § 1.º Celebrar contrato com empresa ou profissional declarado inidôneo: Pena – reclusão, de 3 (três) anos a 6 (seis) anos, e multa. § 2.º Incide na mesma pena do *caput* deste artigo aquele que, declarado inidôneo, venha a participar de licitação e, na mesma pena do § 1.º deste artigo, aquele que, declarado inidôneo, venha a contratar com a Administração Pública.
Sujeito ativo	Servidor público; e licitante e contratado, na hipótese do § 2.º.
Sujeito passivo	Estado (União, Estado-membro, Distrito Federal e Município), bem como as autarquias, empresas públicas, sociedades de economia mista, fundações públicas e outras entidades sob controle estatal direto ou indireto.
Objeto material	Empresa ou profissional inidôneo admitido no processo licitatório (*caput* e § 1.º). Licitação ou do contrato (§ 2.º)
Objeto jurídico	Proteção dos interesses da Administração Pública, nos seus aspectos patrimonial e moral
Elemento subjetivo	Dolo
Classificação	Próprio Formal Forma livre Comissivo Unissubjetivo Plurissubsistente
Tentativa	Admite

12.   IMPEDIMENTO INDEVIDO

12.1   Estrutura do tipo penal incriminador

O delito previsto pelo art. 337-N do Código Penal, conforme a Lei 14.133/2021, tem por objetivo sancionar quem coloca obstáculo à inscrição de interessado nos registros cadastrais da Administração Pública ou quem modifica o referido cadastro indevidamente. A primeira parte possui três condutas alternativas: *obstar* (causar embaraço), *impedir* (impossibilitar, tolher) ou *dificultar* (tornar algo custoso de ser feito ou atingido), cujo objeto é a inscrição de interessados nos registros cadastrais (arquivos mantidos pelo Poder Público para a chamada em processos de licitação). Nota-se, no entanto, a similitude entre os verbos *obstar* e *impedir*, bastando um deles para a composição do tipo, evitando-se a redundância. Exige-se que a conduta se revista de *injustiça*, o que é natural. Fosse legalmente exigível o obstáculo e o servidor nada mais faria senão cumprir seu dever.

A outra conduta é *promover* (provocar, originar) a alteração (modificação), suspensão (interrupção provisória) ou cancelamento (interrupção definitiva) de registro do inscrito. Neste caso, exige-se que assim se faça *indevidamente*, o que é óbvio, afinal, se o servidor atuar desse modo por mandamento legal ou judicial nada teria cometido de ilegal, pois estaria no estrito cumprimento de um dever.

Sobre a importância do registro cadastral, conforme estipulado na Lei 14.133/2021: "Art. 78. São procedimentos auxiliares das licitações e das contratações regidas por esta Lei: (...) V – *registro cadastral*. (...) Art. 80. A pré-qualificação é o procedimento técnico-administrativo para selecionar previamente: I – licitantes que reúnam condições de habilitação para participar de futura licitação ou de licitação vinculada a programas de obras ou de serviços objetivamente definidos; II – bens que atendam às exigências técnicas ou de qualidade estabelecidas pela Administração. § 1.º Na pré-qualificação observar-se-á o seguinte: I – quando aberta a licitantes, *poderão ser dispensados os documentos que já constarem do registro cadastral*. (...) Art. 87. Para os fins desta Lei, os órgãos e entidades da Administração Pública deverão utilizar o sistema de *registro cadastral unificado* disponível no Portal Nacional de Contratações Públicas (PNCP), para efeito de cadastro unificado de licitantes, na forma disposta em regulamento" (grifamos).

A pena é de reclusão, de 6 meses a 2 anos, e multa.

12.2   Sujeitos ativo e passivo

O sujeito ativo é o servidor público. O sujeito passivo é o Estado (União, Estado-membro, Distrito Federal e Município), bem como as autarquias, empresas públicas, sociedades de economia mista, fundações públicas e outras entidades sob controle estatal direto ou indireto. Secundariamente, a pessoa prejudicada pela atuação do agente.

12.3   Elemento subjetivo

É o dolo. Não se exige elemento subjetivo do tipo específico, nem se pune a forma culposa.

12.4   Objetos material e jurídico

O objeto material é a inscrição ou o registro. O objeto jurídico é a proteção dos interesses da Administração Pública, nos seus aspectos patrimonial e moral. Afinal, quanto mais pessoas cadastradas existirem, melhor será a licitação e, como regra, mais vantagens obterão os entes estatais.

12.5   Classificação

Cuida-se de crime próprio (só pode ser cometido pelo servidor). Em outra posição, Paulo José da Costa Júnior defende que, na primeira parte (obstar, impedir ou dificultar) pode ser sujeito ativo tanto o funcionário como qualquer outra pessoa (*Direito penal das licitações*, p. 69). Não nos parece. O tipo penal é voltado a quem pode promover a inscrição ou de qualquer forma manipular o registro, logo, somente o servidor público. Se terceiro impedir alguém de ir ao órgão competente inscrever-se, não está cometendo crime contra a Administração Pública, mas contra o particular, configurando-se constrangimento ilegal; formal (não exige resultado naturalístico para a consumação, consistente em efetivo prejuízo para a Administração); de forma livre (pode ser cometido por qualquer meio eleito pelo agente); comissivo (os verbos indicam ações); unissubjetivo (pode ser cometido por um só agente); plurissubsistente (cometido por intermédio de vários atos); admite tentativa.

12.6   Quadro-resumo

Previsão legal	**Impedimento indevido** **Art. 337-N.** Obstar, impedir ou dificultar injustamente a inscrição de qualquer interessado nos registros cadastrais ou promover indevidamente a alteração, a suspensão ou o cancelamento de registro do inscrito: Pena – reclusão, de 6 (seis) meses a 2 (dois) anos, e multa.
Sujeito ativo	Servidor público.
Sujeito passivo	Estado (União, Estado-membro, Distrito Federal e Município), bem como as autarquias, empresas públicas, sociedades de economia mista, fundações públicas e outras entidades sob controle estatal direto ou indireto. Secundariamente, a pessoa prejudicada pela atuação do agente.
Objeto material	Inscrição ou o registro cadastral
Objeto jurídico	Proteção dos interesses da Administração Pública, nos seus aspectos patrimonial e moral.
Elemento subjetivo	Dolo
Classificação	Próprio Formal Forma livre Comissivo Unissubjetivo Plurissubsistente
Tentativa	Admite

13.   OMISSÃO GRAVE DE DADO OU DE INFORMAÇÃO POR PROJETISTA

13.1   Estrutura do tipo penal incriminador

O delito do art. 337-O do Código Penal, conforme a Lei 14.133/2021, enfoca a tutela de projetos destinados a compor processos licitatórios e instruir contratos administrativos. *Omitir* (suprimir, deixar de escrever ou dizer algo, olvidar), *modificar* (alterar, mudar) e *entregar* (dar algo a alguém, passar adiante) são os verbos deste tipo misto alternativo, significando que a prática de uma ou das três condutas, no mesmo cenário, representa crime único. O objeto da omissão, modificação ou entrega é o levantamento cadastral ou a condição de contorno, ambas em *relevante dissonância* (situação de importante desarmonia ou desacordo) com a realidade, significando, pois, algo não autêntico.

Outra possibilidade é tratar do levantamento cadastral ou condição de contorno de modo a atingir uma fraude ou engodo à essência da licitação, que é a sua competitividade. Sobre o caráter competitivo da licitação, confira-se o disposto pelo art. 11 da Lei 14.133/2021: "o processo licitatório tem por objetivos: I – assegurar a seleção da proposta apta a gerar o resultado de contratação mais vantajoso para a Administração Pública, inclusive no que se refere ao ciclo de vida do objeto; II – assegurar tratamento isonômico entre os licitantes, bem como a justa competição; III – evitar contratações com sobrepreço ou com preços manifestamente inexequíveis e superfaturamento na execução dos contratos; IV – incentivar a inovação e o desenvolvimento nacional sustentável". A terceira forma de atuar representa lidar com o levantamento cadastral ou condição de contorno de modo a afastar a proposta mais vantajosa para a Administração Pública, fazendo com que esta termine selecionando alguma outra mais onerosa.

A manipulação do levantamento cadastral ou condição de contorno deve dar-se durante o processo de contratação para a elaboração de *projeto* (básico ou executivo), *anteprojeto, diálogo competitivo* ou, genericamente, em qualquer procedimento de interesse da Administração. Lembre-se que os projetos são "serviços técnicos especializados de natureza predominantemente intelectual" (art. 6.º, XVIII, Lei 14.133/2021).

A pena é de reclusão, de 6 meses a 3 anos, e multa.

O projeto básico é o "conjunto de elementos necessários e suficientes, com nível de precisão adequado para definir e dimensionar perfeitamente a obra ou o serviço, ou o complexo de obras ou de serviços objeto da licitação, elaborado com base nas indicações dos estudos técnicos preliminares, que assegure a viabilidade técnica e o adequado tratamento do impacto ambiental do empreendimento e que possibilite a avaliação do custo da obra e a definição dos métodos e do prazo de execução, devendo conter os seguintes elementos: a) levantamentos topográficos e cadastrais, sondagens e ensaios geotécnicos, ensaios e análises laboratoriais, estudos socioambientais e demais dados e levantamentos necessários para execução da solução escolhida; b) soluções técnicas globais e localizadas, suficientemente detalhadas, de forma a evitar, por ocasião da elaboração do projeto executivo e da realização das obras e montagem, a necessidade de reformulações ou variantes quanto à qualidade, ao preço e ao prazo inicialmente definidos; c) identificação dos tipos de serviços a executar e dos materiais e equipamentos a incorporar à obra, bem como das suas especificações, de modo a assegurar os melhores resultados para o empreendimento e a segurança executiva na utilização do objeto, para os fins a que se destina, considerados os riscos e os perigos identificáveis, sem frustrar o caráter competitivo para a sua execução; d) informações que possibilitem o estudo e a definição de métodos construtivos, de instalações provisórias e de condições organizacionais para a obra, sem frustrar o caráter competitivo para a sua execução; e) subsídios para montagem do plano de licitação e gestão da obra, compreendidos a sua programação, a estratégia de suprimentos, as normas de fiscalização e outros dados necessários em cada caso; f) orçamento detalhado do custo global da obra, fundamentado em quantitativos de serviços e fornecimentos propriamente avaliados, obrigatório exclusivamente para os regimes de execução previstos nos incisos I, II, III, IV e VII do *caput* do art. 45 desta Lei" (art. 6.º, XXV, da Lei 14.133/2021).

O projeto executivo é o "conjunto de elementos necessários e suficientes à execução completa da obra, com o detalhamento das soluções previstas no projeto básico, a identificação de serviços, de materiais e de equipamentos a serem incorporados à obra, bem como suas especificações técnicas, de acordo com as normas técnicas pertinentes" (art. 6.º, XXVI, Lei 14.133/2021).

O anteprojeto é a "peça técnica com todos os subsídios necessários à elaboração do projeto básico, que deve conter, no mínimo, os seguintes elementos: a) demonstração e justificativa do programa de necessidades, avaliação de demanda do público-alvo, motivação técnico-econômico-social do empreendimento, visão global dos investimentos e definições relacionadas ao nível de serviço desejado; b) condições de solidez, de segurança e de durabilidade; c) prazo de entrega; d) estética do projeto arquitetônico, traçado geométrico e/ou projeto da área de influência, quando cabível; e) parâmetros de adequação ao interesse público, de economia na utilização, de facilidade na execução, de impacto ambiental e de acessibilidade; f) proposta de concepção da obra ou do serviço de engenharia; g) projetos anteriores ou estudos preliminares que embasaram a concepção proposta; h) levantamento topográfico e cadastral; i) pareceres de sondagem; j) memorial descritivo dos elementos da edificação, dos componentes construtivos e dos materiais de construção, de forma a estabelecer padrões mínimos para a contratação" (art. 6.º, XXIV, Lei 14.133/2021).

O diálogo competitivo é a "modalidade de licitação para contratação de obras, serviços e compras em que a Administração Pública realiza diálogos com licitantes previamente selecionados mediante critérios objetivos, com o intuito de desenvolver uma ou mais alternativas capazes de atender às suas necessidades, devendo os licitantes apresentar proposta final após o encerramento dos diálogos" (art. 6.º, XLII, Lei 14.133/2021).

Tendo em vista que a infração penal tem por finalidade punir quem manipular levantamento cadastral ou condição de contorno, o art. 337-O estabelece, no § 1.º, uma norma penal explicativa: "consideram-se condição de contorno as informações e os levantamentos suficientes e necessários para a definição da solução de projeto e dos respectivos preços pelo licitante, incluídos sondagens, topografia, estudos de demanda, condições ambientais e demais elementos ambientais impactantes, considerados requisitos mínimos ou obrigatórios em normas técnicas que orientam a elaboração de projetos".

No § 2.º do mencionado art. 337-O estabelece-se que "se o crime é praticado com o fim de obter benefício, direto ou indireto, próprio ou de outrem, aplica-se em dobro a pena prevista no *caput* deste artigo". Esse dispositivo aponta um elemento subjetivo específico, consistente na finalidade de obtenção de benefício, direto ou indireto, próprio ou de terceiro. A aplicação da pena em dobro poderia dar margem ao entendimento de se tratar de uma qualificadora, alterando em abstrato a pena cominada no *caput*. Essa mesma situação já foi gerada pelo legislador em outros tipos incriminadores e temos preferido considerar uma causa de aumento, a ser aplicada na terceira fase de fixação da pena, quando o julgador estabelecer o seu *quantum*. A qualificadora deve estar expressamente prevista no tipo penal, indicando a elevação concomitante do mínimo e do máximo previsto para a faixa em abstrato da pena.

13.2   Sujeitos ativo e passivo

O sujeito ativo é o encarregado de fazer o levantamento cadastral ou a condição de contorno. O sujeito passivo é o Estado (União, Estado-membro, Distrito Federal e Município), bem como as autarquias, empresas públicas, sociedades de economia mista, fundações públicas e outras entidades sob controle estatal direto ou indireto. Secundariamente, a pessoa prejudicada pela atuação do agente.

13.3   Elemento subjetivo

É o dolo. Não se exige elemento subjetivo específico, nem se pune a forma culposa. Entretanto, há de se ressaltar a estranha situação prevista para o *caput* em contraste com o disposto pelo § 2.º do art. 337-O do Código Penal, conforme a Lei 14.133/2021. Nesta última hipótese, há o fim de obter benefício (qualquer espécie e não necessariamente uma vantagem econômica) para si ou para outrem, de maneira direta (pessoal) ou indireta (por interposta pessoa), o que nos parece uma situação óbvia e lógica.

O que se questiona é a omissão, alteração ou entrega de levantamento cadastral ou condição de contorno inautêntica, fraudada e apta a prejudicar a licitação e, por via de consequência, gerar prejuízo à Administração Pública *gratuitamente*, vale dizer, sem obter *nenhum benefício*. Parece até que se pretende punir uma conduta negligente do autor, logo culposa, mas representada pelo dolo (vontade de alterar a realidade, gerando potencial prejuízo ao Estado). Trata-se, afinal, de um grave desvio de conduta por parte do agente do crime, embora, na figura do *caput*, ele assim atue sem a finalidade (nem é preciso a efetiva obtenção) de alcançar um benefício (note-se: de qualquer espécie). Em suma, parece-nos que a pena desta infração penal será quase sempre aplicada em dobro, nos termos do § 2.º.

13.4 Objetos material e jurídico

O objeto material é o levantamento cadastral ou a condição de contorno. O objeto jurídico é a proteção dos interesses da Administração Pública, nos seus aspectos patrimonial e moral.

13.5 Classificação

Cuida-se de crime próprio (só pode ser cometido pelo produtor do levantamento cadastral ou condição de contorno); formal (não exige resultado naturalístico para a consumação, consistente em efetivo prejuízo para a Administração); de forma livre (pode ser cometido por qualquer meio eleito pelo agente); comissivo (os verbos indicam ações) nas formas *modificar* e *entregar*, mas omissivo (indicativo de inação) na conduta *omitir*; unissubjetivo (pode ser cometido por um só agente); plurissubsistente (cometido por intermédio de vários atos), nos formatos *modificar* e *entregar*, mas unissubsistente (cometido por meio de ato único) na forma *omitir*; admite tentativa somente na modalidade plurissubsistente.

13.6 Aplicação da pena de multa

Especifica o art. 337-P do Código Penal, conforme a Lei 14.133/2021, o seguinte: "a pena de multa cominada aos crimes previstos neste Capítulo seguirá a metodologia de cálculo prevista neste Código e não poderá ser inferior a 2% (dois por cento) do valor do contrato licitado ou celebrado com contratação direta".

A reforma corrigiu um grave defeito da anterior redação do art. 99 da Lei 8.666/1993, que era assim redigido: "a pena de multa cominada nos arts. 89 a 98 desta Lei consiste no pagamento de quantia fixada na sentença e calculada em índices percentuais, cuja base corresponderá ao *valor da vantagem efetivamente obtida ou potencialmente auferível pelo agente*" (grifamos).

Em diversas situações, a pena de multa se tornava inaplicável, tendo em vista não se firmar, no processo-crime, qual o montante da vantagem obtida pelo agente ou, ao menos, o potencial de ganho a ser auferido. Aliás, há delitos que nem mesmo exigem qualquer benefício ou ganho do agente (vide o caso do art. 337-O, *caput*, CP, Lei 14.133/2021). Retorna a aplicação da pena pecuniária ao critério genérico do Código Penal: 10 a 360 dias-multa, calculado cada dia entre 1/30 e 5 vezes o salário-mínimo. De qualquer forma, estabelece-se um piso: nunca inferior a 2% do valor do contrato licitado ou celebrado com a contratação direta (elemento mais concreto e passível de apuração). Na anterior legislação, a multa seria destinada ao erário da União, do DF, do Estado ou do Município, conforme o sujeito passivo do crime; a partir da nova redação, será recolhida ao fundo penitenciário, nos termos do art. 49, *caput*, do Código Penal.

13.7 Quadro-resumo

Previsão legal	**Omissão grave de dado ou de informação por projetista** **Art. 337-O.** Omitir, modificar ou entregar à Administração Pública levantamento cadastral ou condição de contorno em relevante dissonância com a realidade, em frustração ao caráter competitivo da licitação ou em detrimento da seleção da proposta mais vantajosa para a Administração Pública, em contratação para a elaboração de projeto básico, projeto executivo ou anteprojeto, em diálogo competitivo ou em procedimento de manifestação de interesse. Pena – reclusão, de 6 (seis) meses a 3 (três) anos, e multa. § 1.º Consideram-se condição de contorno as informações e os levantamentos suficientes e necessários para a definição da solução de projeto e dos respectivos preços pelo licitante, incluídos sondagens, topografia, estudos de demanda, condições ambientais e demais elementos ambientais impactantes, considerados requisitos mínimos ou obrigatórios em normas técnicas que orientam a elaboração de projetos. § 2.º Se o crime é praticado com o fim de obter benefício, direto ou indireto, próprio ou de outrem, aplica-se em dobro a pena prevista no caput deste artigo.
Sujeito ativo	Encarregado de fazer o levantamento cadastral ou a condição de contorno.
Sujeito passivo	Estado (União, Estado-membro, Distrito Federal e Município), bem como as autarquias, empresas públicas, sociedades de economia mista, fundações públicas e outras entidades sob controle estatal direto ou indireto. Secundariamente, a pessoa prejudicada pela atuação do agente.
Objeto material	Levantamento cadastral ou a condição de contorno.
Objeto jurídico	Proteção dos interesses da Administração Pública, nos seus aspectos patrimonial e moral.
Elemento subjetivo	Dolo
Classificação	Próprio Formal Forma livre Comissivo – formas modificar e entregar Omissivo – forma omitir Unissubjetivo Plurissubsistente – formas modificar e entregar Unissubsistente – forma omitir
Tentativa	Admite na modalidade plurissubsistente

RESUMO DO CAPÍTULO

	Contratação direta ilegal Art. 337-E	Frustração do caráter competitivo de licitação Art. 337-F	Patrocínio de contratação indevida Art. 337-G	Modificação ou pagamento irregular em contrato administrativo Art. 337-H	Perturbação de processo licitatório Art. 337-I	Violação de sigilo em licitação Art. 337-J
Sujeito ativo	Funcionário público	Participante da licitação	Servidor público	Servidor público	Qualquer pessoa	Qualquer pessoa
Sujeito passivo	Estado	Estado	Estado	Estado	Estado	Estado
Objeto material	Contrato celebrado de maneira direta, sem autorização legal	Competição do procedimento licitatório	Interesse privado perante a Administração	Contrato administrativo; pagamento feito a contratado	Ato do processo licitatório	Proposta sigilosa
Objeto jurídico	Administração Pública (aspectos material e moral)	Administração Pública (aspectos material e moral)	Administração Pública (aspectos material e moral)	Administração Pública (aspectos material e moral)	Administração Pública (aspectos material e moral)	Administração Pública (aspectos material e moral)
Elemento subjetivo	Dolo	Dolo + elemento subjetivo específico	Dolo + elemento subjetivo específico	Dolo	Dolo	Dolo
Classificação	Próprio Formal Forma livre Comissivo Instantâneo Unissubjetivo Plurissubsistente	Próprio Formal Forma livre Comissivo Instantâneo Unissubjetivo Plurissubsistente	Próprio Material Forma livre Comissivo Instantâneo Unissubjetivo Plurissubsistente	Próprio Formal Forma livre Comissivo Instantâneo Unissubjetivo Plurissubsistente	Comum Formal Forma livre Comissivo Instantâneo Unissubjetivo Plurissubsistente	Comum Formal Forma livre Comissivo Instantâneo Unissubjetivo Plurissubsistente
Tentativa	Admite	Admite	Não admite	Admite	Admite	Admite
Circunstâncias especiais			Condições objetivas de punibilidade			

	Afastamento de licitante Art. 337-K	Fraude em licitação ou contrato Art. 337-L	Contratação inidônea Art. 337-M	Impedimento indevido Art. 337-N	Omissão grave de dado ou de informação por projetista Art. 337-O
Sujeito ativo	Qualquer pessoa	Licitante ou o contratado	Servidor público; e licitante e contratado (§ 2.º)	Servidor público	Encarregado de fazer o levantamento cadastral ou a condição de contorno
Sujeito passivo	Estado; pessoa agredida, ameaçada ou enganada.	Estado	Estado	Estado; pessoa prejudicada pela atuação do agente	Estado; pessoa prejudicada pela atuação do agente
Objeto material	Pessoa licitante	Mercadoria ou a prestação de serviços; proposta ou execução contratual	Empresa ou profissional inidôneo (*caput* e § 1.º) Licitação ou do contrato (§ 2.º)	Inscrição ou o registro cadastral	Levantamento cadastral ou a condição de contorno
Objeto jurídico	Administração Pública (aspectos material e moral)	Administração Pública (aspectos material e moral)	Administração Pública (aspectos material e moral)	Administração Pública (aspectos material e moral)	Administração Pública (aspectos material e moral)
Elemento subjetivo	Dolo	Dolo + elemento subjetivo específico	Dolo	Dolo	Dolo
Classificação	Comum – *caput* Próprio – Parágrafo único Formal Forma livre Comissivo Omissivo – Parágrafo único Instantâneo Unissubjetivo Plurissubjetivo - Parágrafo único Plurissubsistente	Próprio Material Forma vinculada Comissivo Unissubjetivo Plurissubsistente	Próprio Formal Forma livre Comissivo Unissubjetivo Plurissubsistente	Próprio Formal Forma livre Comissivo Unissubjetivo Plurissubsistente	Próprio Formal Forma livre Comissivo - formas modificar e entregar Omissivo - forma omitir Unissubjetivo Plurissubsistente - formas modificar e entregar Unissubsistente – forma omitir
Tentativa	Não admite	Admite	Admite	Admite	Admite na modalidade plurissubsistente
Circunstâncias especiais	Sistema da acumulação material				

Capítulo V

Crimes contra a Administração da Justiça[1]

1. REINGRESSO DE ESTRANGEIRO EXPULSO

1.1 Estrutura do tipo penal incriminador

"A tutela penal exerce-se no sentido de garantir a autoridade e a eficiência do ato oficial que determinou a expulsão do estrangeiro, bem como em relação à paz pública e outros interesses, eventualmente postos em perigo pelo indesejável."[2]

Reingressar significa voltar, ingressar novamente. O retorno tem em vista o território nacional. É o teor do art. 338 do Código Penal.

O território nacional é um conceito jurídico, isto é, todo espaço onde o Brasil exerce a sua soberania. Conferir no capítulo dedicado à lei penal no espaço.

Estrangeiro é a pessoa que possui vínculo jurídico-político com outro Estado, que não o Brasil. Por exclusão, o estrangeiro é aquele que não é considerado brasileiro (art. 12, CF: "São brasileiros: I – natos: a) os nascidos na República Federativa do Brasil, ainda que de pais estrangeiros, desde que estes não estejam a serviço de seu país; b) os nascidos no estrangeiro, de pai brasileiro ou mãe brasileira, desde que qualquer deles esteja a serviço da República Federativa do Brasil; c) os nascidos no estrangeiro de pai brasileiro ou de mãe brasileira, desde que sejam registrados em repartição brasileira competente ou venham a residir na República

---

[1]   "Neste Título, incluem-se os crimes contra a administração pública, encarada no que é atinente à *administração da Justiça* e que foram uma categoria especial, eis que compreendem a atividade da administração, quanto à manutenção e atuação da organização jurídica do país" (GALDINO SIQUEIRA, *Tratado de direito penal*, v. 4, p. 611).

[2]   FRAGOSO, *Lições de direito penal*, v. 4, p. 999.

Federativa do Brasil e optem, em qualquer tempo, depois de atingida a maioridade, pela nacionalidade brasileira; II – naturalizados: a) os que, na forma da lei, adquiram a nacionalidade brasileira, exigidas aos originários de países de língua portuguesa apenas residência por um ano ininterrupto e idoneidade moral; b) os estrangeiros de qualquer nacionalidade residentes na República Federativa do Brasil há mais de quinze anos ininterruptos e sem condenação penal, desde que requeiram a nacionalidade brasileira".

A pena prevista no art. 338 do CP é de reclusão de um a quatro anos, sem prejuízo de nova expulsão após o cumprimento da pena. A competência é da Justiça Federal.

Não deixa de ser interessante mencionar que, no sistema penal cubano, pune-se o nacional que, ilegalmente, deixar o país (nos anos 1970 foi considerado crime contra a segurança do Estado). Quebra-se o direito individual fundamental referente à liberdade de locomoção. Jamais deveria pertencer ao direito penal. Pune-se, ainda, quem organiza, promove ou incita essa saída ilegal do território nacional.[3] Segundo nos parece, somente um Estado antidemocrático proíbe o cidadão de sair do país, o que é totalmente diferente de se punir o estrangeiro que, expulso por ser considerado nocivo ao Estado, retorna indevidamente.

1.2   Sujeitos ativo e passivo

O sujeito ativo somente pode ser o estrangeiro que tenha sido oficialmente expulso do País. O sujeito passivo é o Estado.

1.3   Elemento subjetivo

É o dolo. Não se pune a forma culposa, nem se exige elemento subjetivo específico.

1.4   Diferenças entre repatriação, deportação, expulsão e extradição

A repatriação é a determinação de saída compulsória do Brasil, quando ocorre a "devolução de pessoa em situação de impedimento ao país de procedência ou de nacionalidade" (art. 49, caput, Lei da Migração). São situações de impedimento de entrada em território nacional (art. 45): "I – anteriormente expulsa do País, enquanto os efeitos da expulsão vigorarem; II – condenada ou respondendo a processo por ato de terrorismo ou por crime de genocídio, crime contra a humanidade, crime de guerra ou crime de agressão, nos termos definidos pelo Estatuto de Roma do Tribunal Penal Internacional, de 1998, promulgado pelo Decreto n.º 4.388, de 25 de setembro de 2002; III – condenada ou respondendo a processo em outro país por crime doloso passível de extradição segundo a lei brasileira; IV – que tenha o nome incluído em lista de restrições por ordem judicial ou por compromisso assumido pelo Brasil perante organismo internacional; V – que apresente documento de viagem que: a) não seja válido para o Brasil; b) esteja com o prazo de validade vencido; ou c) esteja com rasura ou indício de falsificação; VI – que não apresente documento de viagem ou documento de identidade, quando admitido; VII – cuja razão da viagem não seja condizente com o visto ou com o motivo alegado para a isenção de visto; VIII – que tenha, comprovadamente, fraudado documentação ou prestado informação falsa por ocasião da solicitação de visto; ou IX – que tenha praticado ato contrário aos princípios e objetivos dispostos na Constituição Federal. Parágrafo único.

---

3   ORLANDO T. GÓMEZ GONZÁLEZ, Sistema de derecho penal cubano, In: JAÉN VALLEJO (Dir.), *Sistemas penales ibero-americanos,* p. 187 e ss.

Ninguém será impedido de ingressar no País por motivo de raça, religião, nacionalidade, pertinência a grupo social ou opinião política".

A deportação é a determinação de saída compulsória do território nacional, quando o estrangeiro aqui se encontra em situação migratória irregular, seja porque ingressou sem ter visto, este pode ter expirado, ou porque, a despeito de turista, exerceu atividade laborativa remunerada. Como diz FRANCISCO REZEK, "cuida-se de exclusão por iniciativa das autoridades locais, sem envolvimento da cúpula do governo: no Brasil, agentes policiais federais têm competência para promover a deportação de estrangeiros, quando entendam que não é o caso de regularizar sua documentação. A medida não é exatamente punitiva, nem deixa sequelas. O deportado pode retornar ao País desde o momento em que se tenha provido de documentação regular para o ingresso".[4] Poderá ser decretada a prisão do estrangeiro, por juiz federal, enquanto aguarda a deportação (o mesmo se diga para a expulsão). O procedimento administrativo de deportação sujeita-se ao contraditório, à ampla defesa e à garantia de recurso com efeito suspensivo, notificando-se sempre a Defensoria Pública da União (art. 51, Lei da Migração).

A expulsão é a determinação de saída compulsória do território nacional do estrangeiro (migrante ou turista), com impedimento de reingresso por determinado prazo (art. 54). São causas para a expulsão: a) a condenação com sentença transitada em julgado relativa à prática de crime de genocídio, crime contra a humanidade, crime de guerra ou crime de agressão, nos termos definidos pelo Estatuto de Roma do Tribunal Penal Internacional, de 1998, promulgado pelo Decreto 4.388, de 25 de setembro de 2002; b) a condenação com trânsito em julgado relativa à prática de crime comum doloso passível de pena privativa de liberdade, consideradas a gravidade e as possibilidades de ressocialização em território nacional. Os pressupostos para a expulsão são mais graves e a consequência, como regra, é a impossibilidade de retorno. Há inquérito, com contraditório e ampla defesa, notificando-se a Defensoria Pública da União a respeito. Cumpre lembrar que o reingresso de estrangeiro expulso é crime (art. 338, CP).

A extradição é um instrumento de cooperação internacional na repressão à criminalidade por meio do qual um Estado entrega a outra pessoa acusada ou condenada, para que seja julgada ou submetida à execução da pena.[5]

1.5 Objetos material e jurídico

O objeto material é o ato oficial de expulsão do governo brasileiro. O objeto jurídico é a administração da justiça.

Acesse e escute **o podcast sobre Extradição.**

> *http://uqr.to/1ynpe*

---

[4]   *Direito internacional público*, p. 199.

[5]   Lei da Migração, art. 81: "A extradição é a medida de cooperação internacional entre o Estado brasileiro e outro Estado pela qual se concede ou solicita a entrega de pessoa sobre quem recaia condenação criminal definitiva ou para fins de instrução de processo penal em curso".

1.6   Classificação

Trata-se de crime próprio (aquele que somente pode ser cometido por sujeito ativo qualificado ou especial). No caso presente, cuida-se da hipótese específica de delito de mão própria (aquele que só pode ser praticado pelo agente diretamente), pois não pode o estrangeiro valer-se de terceira pessoa para reingressar no território nacional; formal (que não exige, para sua consumação, resultado naturalístico); de forma livre (pode ser cometido por qualquer meio eleito pelo agente); comissivo ("reingressar" implica ação); instantâneo (cuja consumação não se prolonga no tempo, dando-se em momento determinado); unissubjetivo (aquele que pode ser cometido por um único sujeito); plurissubsistente (delito cuja ação é composta por vários atos, permitindo-se o seu fracionamento); admite tentativa.

1.7   Quadro-resumo

Previsão legal	**Reingresso de Estrangeiro Expulso** **Art. 338.** Reingressar no território nacional o estrangeiro que dele foi expulso: Pena – reclusão, de um a quatro anos, sem prejuízo de nova expulsão após o cumprimento da pena.
Sujeito ativo	Estrangeiro expulso do País
Sujeito passivo	Estado
Objeto material	Ato oficial de expulsão
Objeto jurídico	Administração da justiça
Elemento subjetivo	Dolo
Classificação	Próprio (de mão própria) Formal Forma livre Comissivo Instantâneo Dano Unissubjetivo Plurissubsistente
Tentativa	Admite
Circunstâncias especiais	Expulsão, deportação e extradição Nova expulsão

2.   DENUNCIAÇÃO CALUNIOSA

2.1   Crime complexo

Trata-se de crime complexo em sentido amplo, constituído, como regra, da calúnia e da conduta lícita de levar ao conhecimento da autoridade pública – delegado, juiz ou promotor – a prática de um crime e sua autoria.

Portanto, se o agente imputa falsamente a alguém a prática de fato definido como crime, comete o delito de calúnia. Se transmite à autoridade o conhecimento de um fato criminoso e do seu autor, pratica uma conduta permitida expressamente pelo Código de Processo Penal (art. 5.º, § 3.º). Entretanto, a junção das duas situações (calúnia + comunicação à autoridade) faz nascer o delito de denunciação caluniosa, de ação pública incondicionada, porque está em jogo o interesse do Estado na administração da justiça. Atualmente, o tipo foi ampliado, de modo a admitir a comunicação falsa não apenas de crime ou contravenção penal, mas, também, de infração ético-disciplinar ou ato ímprobo.

Flavio Queirós de Moraes demonstra que, desde épocas antigas, a denunciação caluniosa é considerada um crime gravíssimo, pois atenta não somente contra a honra dos indivíduos, mas invade lesivamente a administração da justiça. Nas suas palavras, "tudo, portanto, que pudesse entravar-lhe a marcha atingia o Estado numa de suas importantes funções. Aquele que acusava falsa e dolosamente a outrem da prática de uma infração às normas estipuladas era, pois, réu de grave ofensa à justiça. Cometia o crime de denunciação caluniosa".[6]

2.2 Estrutura do tipo penal incriminador

Dar causa significa dar motivo, fazer nascer algo, provocar a instauração. No caso desse tipo penal, o objeto é o inquérito policial, o procedimento investigatório criminal, o processo judicial, o processo administrativo disciplinar, o inquérito civil ou a ação de improbidade administrativa. Consta do art. 339 do Código Penal.

Ressalte-se que o agente pode agir diretamente ou por interposta pessoa,[7] além de poder fazê-lo por qualquer meio escolhido, independentemente da formalização do ato. Assim, aquele que informa à autoridade policial, verbalmente, a existência de um crime e de seu autor, sabendo que o faz falsamente, está fornecendo instrumentos para a investigação. Acrescente-se que o *aumento da gravidade do crime* originariamente praticado por alguém também pode constituir denunciação caluniosa. Exemplificando, se o agente sabe que Fulano praticou um furto, mas narra à autoridade policial, sabendo-o inocente do fato mais grave, ter havido um roubo, preenche-se o tipo do art. 339. É o correto pensamento exposto por Hungria.[8]

É preciso levar em conta, igualmente, os excessos havidos em investigação ou processo judicial já instaurado. Se, lançada a denunciação caluniosa no meio da instrução, dando ensejo a uma particular investigação, seja por incidente procedimental ou no bojo do feito principal, constrangendo quem foi injustamente acusado, também há de se considerar o crime do art. 339.

A denunciação caluniosa pode ocorrer em qualquer cenário: cível ou criminal. O ponto crítico desse delito é macular a honra (tanto que muitos autores o consideram um delito contra a honra, na sua essência) de alguém perante a autoridade administrativa ou judiciária.

Diante disso, *dar causa* a instauração de procedimento investigatório criminal, pelo Ministério Público, não quer dizer inaugurar uma única linha de investigação formalmente. Se, durante o seu andamento, o agente lança uma segunda acusação, esta sim caluniosa, é absolutamente natural que é obrigação da autoridade investigá-la. Está inaugurando uma

---

[6] *Denunciação caluniosa*, p. 7.

[7] Por meio de terceiro seria a hipótese que Fragoso chama de denunciação indireta, incluindo a denúncia anônima (*Lições de direito penal*, v. 4, p. 1005). Aliás, o § 1.º do art. 339 prevê o aumento da pena em 1/6 se o agente se valer de anonimato ou de nome falso.

[8] *Comentários ao Código Penal*, v. IX, p. 462.

segunda linha investigatória, com os constrangimentos ao investigado, por conta da falsa acusação, dando ensejo à configuração do crime do art. 339 do CP.

O mesmo raciocínio deve ser usado para o processo judicial, que, por conta de uma denunciação caluniosa, altera completamente o seu rumo, dando ensejo à produção de provas à parte, a fim de captar a essência daquela acusação falsa. Se for verdadeira, o fato é atípico e o incômodo gerado ao investigado é inócuo, devendo ainda haver apuração criminal, conforme o caso. Entretanto, se for falso, o fato é típico, pois *gerou* uma investigação *interna* no processo cível ou criminal, podendo ter sérias consequências para o acusado falsamente no deslinde da causa.

Não fosse assim, ficaria muito fácil aos acusadores ofenderem a honra alheia lançando calúnias em processos – do qual não fazem parte e não se beneficiam da imunidade judiciária do art. 142 do CP – para provocar retrocessos procedimentais, prejuízos investigatórios nítidos, mudanças de linhas de persecução e até mesmo um resultado processual diverso do que seria proferido não houvesse aquela denunciação caluniosa.

A partir da edição da Lei 14.110/2020, substituiu-se a expressão *investigação policial* por *inquérito policial* – procedimento administrativo de persecução penal do Estado, presidido pelo delegado, destinado à formação da convicção do órgão acusatório –, não mais se podendo considerar os meros atos investigatórios isolados, conduzidos pela autoridade policial ou seus agentes, proporcionados pelo simples registro de uma ocorrência. Portanto, somente se concretiza a denunciação caluniosa quando o autor da falsa imputação de crime provocar a instauração formal do inquérito.

Seria demais atribuir o delito de denunciação caluniosa a quem não conseguiu efetivamente o seu intento, vale dizer, a sua narrativa foi tão infundada que a autoridade policial, nos primeiros passos da investigação, prescindindo do inquérito, chegou à conclusão de se tratar de algo inadequado ou impossível. A administração da justiça não chegou a ser afetada, configurando, no mínimo, hipótese de aplicação do princípio da insignificância. Defendendo ser preciso instaurar o inquérito, mas sem necessidade do indiciamento para a consumação: FORTES BARBOSA.[9]

Outra modificação inserida pela Lei 14.110/2020, em função da viabilidade de o Ministério Público poder conduzir, de maneira autônoma, investigação criminal aponta para *dar causa* à instauração de procedimento investigatório criminal (cuja sigla é PIC), utilizado pelo *Parquet*. Assim sendo, a comunicação falsa de infração penal ao MP, dando ensejo à instauração do PIC, pode gerar a concretização do delito de denunciação caluniosa.

O processo judicial, ao qual se refere o tipo penal do art. 339, pode ser criminal ou cível. Quanto ao processo-crime, nunca houve dúvida; restava o cenário do processo na órbita civil. Entretanto, após a edição da Lei 10.028/2000, que acrescentou ao tipo penal a possibilidade de se dar causa, indevidamente, à instauração de inquérito civil – procedimento preparador da ação civil pública, por excelência –, bem como ampliando-se o alcance do crime para envolver meras investigações administrativas e ações de improbidade administrativa, consolidou-se a possibilidade de ser o processo, igualmente, de natureza civil. Atualmente, com a edição da Lei 14.110/2020, menciona-se, no tipo penal, claramente, levar ao conhecimento da autoridade um falso crime, infração ético-disciplinar ou ato ímprobo. Em suma, o processo judicial pode instaurar-se na esfera criminal ou civil.

---

[9] *Denunciação caluniosa*, p. 108-109.

Note-se ser perfeitamente viável que a falsa imputação de um crime possa gerar contra alguém um processo criminal, mas, igualmente, uma ação civil para a reparação do dano. Embora constitua uma só denunciação caluniosa, é preciso que o julgador considere a dupla instauração de processos judiciais para a aplicação da pena.

De todo modo, o delito de denunciação caluniosa consuma-se com o recebimento da peça inicial pelo juiz, tanto no âmbito criminal como no cível. A apresentação da denúncia ou queixa e da petição inicial, no distribuidor, sem o recebimento, situa-se na esfera da tentativa.

Outra alteração provocada pela Lei 14.110/2020 diz respeito à substituição de instauração de *investigação administrativa* por *processo administrativo disciplinar*, o que torna mais seguro o entendimento e a abrangência do crime de denunciação caluniosa. Afinal, a investigação na esfera administrativa é muito ampla e, por vezes, situação necessária para checar se há elementos mínimos para a instauração do processo administrativo, este sim destinado à aplicação da sanção cabível. Portanto, quem comunicar *falsamente* uma infração ético-disciplinar praticada por um servidor público somente responderá por denunciação caluniosa consumada se isso redundar em processo administrativo. Caso exista uma singela investigação, com pedido de informações para o funcionário acusado, sem maior desenvolvimento, o fato pode ser caracterizado como tentativa, desde que se apure o dolo direto (saber ser o servidor inocente). Sob outro aspecto, nada impede que, conforme os termos utilizados pelo *denunciante*, configure crime contra a honra (calúnia, difamação ou injúria) do *denunciado*, em concurso formal.

Quanto à instauração de inquérito civil, nas palavras de MOTAURI CIOCCHETTI DE SOUZA, trata-se de "um procedimento administrativo de natureza inquisitiva, presidido pelo Ministério Público e que tem por finalidade a coleta de subsídios para a eventual propositura de ação civil pública pela Instituição".[10] Essa colheita de provas pode dar ensejo à propositura de ação civil pública ou ação de improbidade administrativa.

Além do mais, por vezes, a partir dos elementos coletados no inquérito civil, parte o Ministério Público também para a ação penal, sem necessidade de inquérito policial, dado já existir prova suficiente para a denúncia. Assim, embora se tenha iniciado o inquérito civil para apurar ilícito civil, nada impede seja este, igualmente, um ilícito penal, causando o ajuizamento de duas demandas.

Rege o contexto dos atos de improbidade administrativa a Lei 8.429/1992, estabelecendo condutas merecedoras de apuração na esfera administrativa, mas que podem gerar ações civis e penais contra o seu autor. Estabelece o art. 14, *caput*, da mencionada lei que qualquer pessoa pode representar à autoridade administrativa competente, a fim de se instaurar investigação para apurar a prática de ato de improbidade. Realizada a investigação, não somente sanções de ordem administrativa podem ser aplicadas, mas sobretudo, por meio do Ministério Público (art. 17), cabe o ajuizamento de ação de improbidade administrativa, de natureza cível, para reaver ao erário o valor pertinente aos danos causados, bem como pode ser proposta ação penal, quando o ato tem reflexo na alçada criminal. Atualmente, o tipo penal do art. 339 prevê, expressamente, a comunicação de *ato ímprobo* de autoria de servidor sabidamente inocente.

Como já mencionado, a consumação do delito de denunciação caluniosa se dá quando da instauração de inquérito policial, de procedimento investigatório criminal, de processo judicial, de processo administrativo disciplinar, de inquérito civil ou ação de improbidade administrativa contra alguém, embora seja imperioso aguardar o deslinde de qualquer desses

---

[10] *Ação civil pública e inquérito civil*, p. 85.

procedimentos. Afinal, exemplificando, arquivado o inquérito policial, pode-se aquilatar a falsidade da imputação. Do contrário, se for ajuizada ação penal, redundando em condenação, inexistiu denunciação caluniosa. Enfim, o caso concreto determinará a efetividade da ação criminosa do agente – ou não.

O elemento do tipo *alguém* indica, nitidamente, tratar-se de pessoa certa, não se podendo cometer o delito ao indicar para a autoridade policial apenas a materialidade do crime e as várias possibilidades de suspeitos. E vamos além: somente se torna oficial a investigação policial *contra alguém,* se houver inquérito instaurado para esse fim. Antes disso, pode existir investigação, mas não se dirige contra uma pessoa determinada. Por outro lado, não há crime quando o agente noticia a ocorrência de um fato criminoso, solicitando providências da autoridade, mas sem indicar nomes. Caso se verifique não ter ocorrido a infração penal, poder-se-á configurar o crime do art. 340, mas não a denunciação caluniosa, que demanda imputado certo.

A pena é de reclusão, de 2 a 8 anos, e multa. Porém, cuidando-se da imputação de contravenção penal, aplica-se o disposto pelo § 2.º do art. 339, com pena de reclusão diminuída da metade.

2.3   Sujeitos ativo e passivo

O sujeito ativo pode ser qualquer pessoa. Acrescenta, com razão, Paulo José da Costa Jr. que, tratando-se de acusação da prática de crime de ação privada, ou de crime de ação pública condicionada, o sujeito ativo é somente o titular da queixa ou da representação.[11] Na mesma esteira, Hungria.[12] Os sujeitos passivos são, principalmente, o Estado e, em segundo lugar, a pessoa prejudicada pela falsa denunciação.

2.3.1   Autoridade que age de ofício

Pode ser sujeito ativo do crime de denunciação caluniosa. Não se exige que somente um particular provoque a ação da autoridade para a instauração de inquérito policial ou outra investigação criminal, bem como inquérito civil, processo judicial ou administrativo, uma vez que, para assegurar o escorreito funcionamento da máquina administrativa, pode haver procedimento de ofício. Assim, exemplificando, o delegado que, sabendo inocente alguém, instaura contra ele inquérito policial ou o promotor que, com igual ideia, determina a instauração de inquérito civil, pode responder por denunciação caluniosa.

2.3.2   Término da investigação ou ação

Embora já tenhamos feito menção a esse ponto, pela sua importância, torna-se imprescindível, para que se julgue corretamente o crime de denunciação caluniosa, aguardar a finalização da investigação instaurada para apurar a infração imputada, bem como a ação civil ou penal, cuja finalidade é a mesma, sob pena de injustiças flagrantes.

Eis uma questão prejudicial relevante (art. 93, CPP), que permite a suspensão do processo-crime por denunciação caluniosa, suspendendo-se igualmente a prescrição.

Recomenda Hungria que, "conforme pacífica doutrina e jurisprudência, a decisão final no processo contra o denunciante deve aguardar o prévio reconhecimento judicial da

---

[11]   *Direito penal* – Curso completo, p. 732.
[12]   *Comentários ao Código Penal,* v. IX, p. 462.

inocência do denunciado, quando instaurado processo contra este. Trata-se de uma medida de ordem prática, e não propriamente de uma condição de existência do crime".[13]

2.3.3   Confronto da denunciação caluniosa com o delito previsto no art. 19 da Lei 8.429/1992

Dispõe o art. 19: "constitui crime a representação por ato de improbidade contra agente público ou terceiro beneficiário, quando o autor da denúncia o sabe inocente. Pena: detenção, de seis a dez meses, e multa. Parágrafo único. Além da sanção penal, o denunciante está sujeito a indenizar o denunciado pelos danos materiais, morais ou à imagem que houver provocado".

Nota-se, pois, com a nova redação do art. 339, ser o caso de aplicar o disposto no Código Penal – lei mais recente e mais severa – quando a imputação leviana der margem à instauração de processo administrativo ou ação de improbidade administrativa. Para JORGE ASSAF MALULY, o crime previsto no art. 19 da Lei 8.429/1992 está revogado, implicitamente, pela atual redação do art. 339 (*Denunciação caluniosa*, p. 43). Igualmente é a posição de RUI STOCO (*Código Penal e sua interpretação jurisprudencial*, p. 4.107).

2.3.4   Elemento subjetivo

É o dolo; entretanto, somente na sua forma direta, tendo em vista que o tipo penal exige o nítido conhecimento do agente acerca da inocência do imputado. Logo, torna-se impossível que ele assuma o risco de dar causa a uma investigação ou processo contra alguém inocente (dolo eventual).[14] Não existe, obviamente, a forma culposa.

Cremos presente o elemento subjetivo específico, consistente na vontade de induzir o julgador em erro, prejudicando a administração da justiça.[15]

2.3.4.1   Inocência do imputado

Além de o agente ter esse conhecimento, exigem a doutrina e a jurisprudência majoritárias, com razão, que o imputado seja realmente prejudicado pela ação do autor, isto é, seja injustamente investigado ou processado, para, ao final, ocorrer o arquivamento ou a absolvição por falta de qualquer fundamento para vinculá-lo à autoria.

No entanto, se a punibilidade estiver extinta (pela prescrição, anistia, abolição da figura delitiva, entre outros fatores) ou se ele tiver agido sob o manto de alguma excludente de ilicitude ou de culpabilidade, enfim, se o inquérito for arquivado ou houver absolvição, por tais motivos, não há crime de denunciação caluniosa. Tal se dá porque havia possibilidade

---

[13]   *Comentários ao Código Penal*, v. IX, p. 465-466. Em igual sentido: PAULO JOSÉ DA COSTA JÚNIOR, *Direito penal* – Curso completo, p. 734.

[14]   Essa é a posição da quase unanimidade da doutrina e da jurisprudência.

[15]   No mesmo sentido: HUNGRIA, *Comentários ao Código Penal*, v. IX, p. 463; GALDINO SIQUEIRA, *Tratado de direito penal*, v. 4, p. 615. FRAGOSO diz: "desde que a ação seja praticada com o fim de determinar a instauração de investigação ou processo judicial (dolo específico), são irrelevantes os motivos do agente" (*Lições de direito penal*, v. 4, p. 1009). Mencionando apenas o dolo: BITENCOURT (*Tratado de direito penal*, v. 5, p. 324); ROGÉRIO GRECO (*Curso de direito penal*, v. 3, p. 939); ROGÉRIO SANCHES CUNHA (*Manual de direito penal*. Parte especial, p. 859, salientando, inclusive, aceitar o dolo eventual); CLEBER MASSON (*Direito penal*, v. 3, p. 855); ANDRÉ ESTEFAM (*Direito penal*, v. 4, p. 353).

concreta de ação da autoridade policial ou judiciária, justamente pela existência de fato típico (havendo autor sujeito à investigação ou processo), embora não seja ilícito, culpável ou punível. Nesse rumo está a lição de HUNGRIA.[16]

2.3.5   Crime impossível

É admissível a hipótese da tentativa inidônea (art. 17, CP) quando o agente, ainda que aja com vontade de denunciar alguém, sabendo-o inocente, à autoridade, termina por fazer com que esta encontre subsídios concretos de cometimento de outro crime. Seria indevido punir o agente por delito contra a *administração da justiça*, uma vez que esta só teve a ganhar com a comunicação efetuada. Aliás, também se configura crime impossível quando não há mais possibilidade de ação da autoridade (anistia, abolição do crime, prescrição, entre outros).

2.3.6   Autodefesa de réu em processo ou indiciado em inquérito

É comum – embora possa ser imoral ou antiético – que uma pessoa acusada da prática de um delito queira livrar-se da imputação, passando a terceiro esse ônus. Ao indicar alguém para assumir o seu lugar, pretende desviar a atenção da autoridade, livrando-se da acusação.

Ainda que indique terceira pessoa para tomar parte na ação penal ou na investigação por achar que ela teve alguma participação nos fatos, não se configura o crime. Não há, nessas hipóteses, elemento subjetivo específico, consistente no desejo de ver pessoa inocente ser injustamente processada, sem qualquer motivo, prejudicando a administração da justiça. A vontade específica do agente é livrar-se da sua própria imputação. No exercício da sua autodefesa e para não incidir na autoacusação, pode o acusado dizer o que bem entende, inclusive mentir. Se pode e deve defender-se com amplidão, é natural que o direito de faltar com a verdade esteja presente. Tanto assim que ele pode até incriminar outra pessoa para salvar-se, sem que seja punido.[17]

Entretanto, não descartamos, completamente, a possibilidade de o indiciado ou réu, pretendendo vingar-se de terceiro, utilizar o inquérito, em que já está indiciado, ou o processo que lhe foi instaurado, para delatar, maldosamente, alguém. A delação, segundo cremos, é a admissão por alguém da prática do fato criminoso do qual está sendo acusado, envolvendo outra pessoa e atribuindo-lhe algum tipo de conduta delituosa, referente à mesma imputação. Não se trata, simplesmente, de acusar outrem pela prática de um delito, buscando livrar-se da imputação, pois isso é um puro testemunho. A delação, que vem sendo admitida como meio de prova pelos tribunais pátrios, implica a assunção da autoria por parte do delator.

Por isso, para ser assim considerada, é indispensável que o autor de um crime admita a autoria e indique terceiro. Essa prova pode ser suficiente para uma condenação, razão pela qual atenta diretamente contra a administração da justiça. Ademais, o indiciado ou réu não necessita assumir o crime, indicando outra pessoa para *também* responder pelo fato, como estratégia defensiva. Sua intenção, nesse caso, não é defender-se, mas prejudicar outrem, incluindo-o onde não merece, motivo pelo qual cremos poder responder por denunciação

---

[16]   *Comentários ao Código Penal*, v. IX, p. 462.

[17]   Igualmente: HUNGRIA, *Comentários ao Código Penal*, v. IX, p. 463.

caluniosa. Afinal, configurados estão o dolo direto e o elemento subjetivo específico. Defendendo que o réu não comete, jamais, denunciação caluniosa em seu interrogatório, pois tem o ânimo de se defender, acima de tudo, está a posição de MALULY.[18]

No âmbito do crime organizado, a Lei 12.850/2013 criou um tipo específico para delações falsas: "Art. 19. Imputar falsamente, sob pretexto de colaboração com a Justiça, a prática de infração penal a pessoa que sabe ser inocente, ou revelar informações sobre a estrutura de organização criminosa que sabe inverídicas: Pena – reclusão, de 1 (um) a 4 (quatro) anos, e multa".

2.3.7 O silêncio como forma de imputação

QUEIRÓS DE MORAES lança a tese de que o silêncio é uma forma de concordância, uma verdadeira afirmação. Portanto, por meio dele, pode-se atingir o crime de denunciação caluniosa. Para ilustrar sua posição, cita o seguinte exemplo: "Paulo e Caio vão juntos a uma delegacia de polícia. O primeiro fala, acusando Tício como autor de certo crime, acrescentando tê-lo testemunhado ao lado de Caio. Este, que, como Paulo, sabe da inocência de Tício, mantém-se calado. A autoridade nada lhe pergunta e determina seja instaurada investigação policial sobre o caso. Caio sem dúvida praticou o crime de denunciação caluniosa. Se nada falou, entretanto, com seu silêncio corroborou a mentirosa afirmativa de Paulo. A autoridade ficara certa de que ambos ali tinham vindo para denunciar o crime perpetrado por Tício e que Paulo se incumbira de relatar o ocorrido. Para ordenar as providências relativas ao caso, contribuiu também o apoio que, pelo silêncio, Caio dera à narrativa de Paulo".[19]

Permitimo-nos discordar. Sem dúvida, o silêncio de alguém, conforme o caso, pode tratar-se de concordância à pessoa que descreve um fato. No entanto, está-se no universo do direito penal, em que absolutamente *nada* contra o acusado pode ser presumido. Note-se que até mesmo o silêncio do réu, diante de uma acusação, não o transforma em culpado, porque, calando-se, estaria admitindo a prática do delito.

Ademais, o exemplo é confuso, pois é *obrigação* da autoridade policial, se compareceram dois denunciantes, ouvi-los e reduzir a termo suas declarações. Não é crível que Paulo relate fato gravíssimo (denunciação caluniosa), na frente de Caio, e o delegado simplesmente ignore a existência deste último. Ao contrário, prefere acreditar que seu silêncio é uma *ratificação* do depoimento de Paulo. Portanto, se há dois denunciantes presentes, ambos *devem* ser ouvidos, registrando-se as suas declarações e fazendo-os assinar os termos. É o único modo, em nosso sistema penal, de *formalizar* a concretude de um delito, como a denunciação caluniosa.

Por outro lado, não se quer dizer que esse crime somente se configure pela forma escrita; dá-se também pela via oral, mas é preciso que alguém fale alguma coisa para que, então, terceiro possa testemunhar e ficar sabendo. O silêncio, nesse caso, funciona como um *pensamento* e o direito penal não se ocupa desse tipo de manifestação humana, mesmo as mais negativas.

Enfim, é preciso provar o dolo; esse elemento subjetivo do crime deve ser direto – que sabe ser inocente a vítima – e o silêncio somente coloca em dúvida o porquê de Caio ter ficado calado na frente da autoridade policial.

---

[18] *Denunciação caluniosa*, p. 62.

[19] *Denunciação caluniosa*, p. 54.

Concluindo, não vemos crime na atitude de Caio, da forma como narrada no exemplo supracitado.[20]

2.3.8   Conhecimento posterior da inocência do acusado

Liga-se essa questão ao momento em que se avalia o dolo direto do agente na denunciação caluniosa. Como explicamos, no capítulo referente ao dolo, não há dolo antecedente, nem dolo subsequente. O dolo é contemporâneo ao fato descrito no tipo penal.

Por isso, se o agente, no instante em que fez a denúncia, tinha plena certeza da culpa do acusado, instaurando-se investigação e processo, não comete denunciação caluniosa. No entanto, durante a instrução, o denunciante se convence de que ali está um inocente, mas nada faz para levar ao conhecimento do juiz. Sem dúvida, um ato imoral, mas não se pode dizer típico.

Moraes Queirós opina no mesmo prisma: "a denunciação caluniosa se consuma no momento da instauração, desde que intervenha, entre outros elementos, o conhecimento da inocência do imputado. Passado tal momento, não será mais possível a falsa acusação, a não ser que o agente, tendo de boa-fé provocado o inquérito, reitere suas declarações no curso do mesmo crime. E a razão é que as novas acusações feitas dolosamente podem causar a instauração de processo judicial, ao ingressarem os autos em juízo".[21] Naturalmente, se o denunciante for chamado a testemunhar e, sabendo da inocência do réu, não disser a verdade, responderá então por falso testemunho.

2.3.9   Objetos material e jurídico

O objeto material é o inquérito policial, o procedimento investigatório criminal, o processo judicial, o processo administrativo disciplinar, o inquérito civil ou a ação de improbidade administrativa indevidamente instaurados. O objeto jurídico é o interesse na escorreita administração da justiça.

2.3.10   Classificação

Trata-se de crime comum (aquele que pode ser cometido por qualquer pessoa); formal (delito que não exige, para sua consumação, resultado naturalístico, consistente no efetivo prejuízo para a administração da justiça); de forma livre (pode ser cometido por qualquer meio eleito pelo agente); comissivo ("dar causa" implica ação); instantâneo (cuja consumação não se prolonga no tempo, dando-se em momento determinado); unissubjetivo (aquele que pode ser cometido por um único sujeito); plurissubsistente (delito cuja ação é composta por vários atos, permitindo-se o seu fracionamento); admite tentativa, embora de difícil configuração.

2.3.11   Causa de aumento de pena do § 1.º

Determina o tipo penal o aumento obrigatório de um sexto na pena quando o agente se servir de anonimato ou de nome suposto, o que dificulta, sobremaneira, a identificação do autor da denúncia falsa. *Anonimato* é a posição assumida por alguém que escreve ou transmite uma mensagem sem se identificar. *Nome suposto* é a posição de quem escreve algo ou transmite uma mensagem adotando um nome fictício, isto é, sem se identificar.

---

[20]   Não significa que não se possa cometer um crime por meio do silêncio. Exemplo: basta calar-se diante de um juiz, como testemunha compromissada, e configura-se o falso testemunho.

[21]   *Denunciação caluniosa*, p. 61.

"O anonimato é uma arma tal que, se algumas vezes cura uma ferida social com a descoberta do delito, fere mais frequentemente quem dela se serve e, nas trevas, a pessoa contra quem é dirigido o golpe."[22] E completa QUEIRÓS MORAES: "o requinte de covardia assim revelada pelo acusador estava mesmo a sugerir a agravação da penalidade".[23]

2.3.12 Causa de diminuição da pena do § 2.º

Como dissemos, a denunciação caluniosa pode abranger a imputação falsa de crime ou de contravenção, pois, em ambas as hipóteses, fere-se o interesse do Estado na apurada administração da justiça. Entretanto, tendo em vista o desvalor da conduta, isto é, a menor potencialidade lesiva que propicia à vítima da denunciação caluniosa responder por uma contravenção penal do que por um crime, diminui-se a pena da metade quando o agente imputa a alguém a prática de contravenção.

2.4   Quadro-resumo

Previsão legal	**Denunciação Caluniosa** **Art. 339.** Dar causa à instauração de inquérito policial, de procedimento investigatório criminal, de processo judicial, de processo administrativo disciplinar, de inquérito civil ou de ação de improbidade administrativa contra alguém, imputando-lhe crime, infração ético-disciplinar ou ato ímprobo de que o sabe inocente: Pena – reclusão, de 2 (dois) a 8 (oito anos), e multa. § 1.º A pena é aumentada de sexta parte, se o agente se serve de anonimato ou de nome suposto. § 2.º A pena é diminuída de metade, se a imputação é de prática de contravenção.
Sujeito ativo	Qualquer pessoa
Sujeito passivo	Estado; secundariamente, o prejudicado
Objeto material	Inquérito, investigação criminal ou processo judicial ou administrativo
Objeto jurídico	Administração da justiça
Elemento subjetivo	Dolo direto + elemento subjetivo específico
Classificação	Comum Formal Forma livre Comissivo Instantâneo Dano Unissubjetivo Plurissubsistente
Tentativa	Admite
Circunstâncias especiais	Causa de aumento de pena Causa de diminuição da pena

---

[22] PERRONI-FERRANTI, *apud* QUEIRÓS MORAES, *Denunciação caluniosa*, p. 62.

[23] *Denunciação caluniosa*, p. 63.

3.   COMUNICAÇÃO FALSA DE CRIME OU DE CONTRAVENÇÃO

3.1   Estrutura do tipo penal incriminador

Introduzindo o assunto, BENTO DE FARIA destaca que todo cidadão tem o direito de comunicar à autoridade policial ou outra competente a ocorrência de um crime (art. 5.º, § 3.º, CPP). A falta dessa comunicação, para quem é funcionário público, pode gerar a contravenção penal do art. 66 da Lei das Contravenções Penais. E acrescenta: mas essa *notitia criminis* deve ser verdadeira. A infração penal imaginária não compõe esse quadro, mas sim o crime previsto no art. 340 do CP.[24]

Provocar significa dar causa, gerar ou proporcionar, que deve ser interpretado com *comunicar* (fazer saber ou transmitir), resultando na conduta mista de dar origem à ação da autoridade por conta da transmissão de uma informação inverídica. Sendo composta, é possível a tentativa, por exemplo, se o sujeito comunica a ocorrência de crime inexistente e, antes de a autoridade agir, é desmascarado por terceiro. É o teor do art. 340 do CP.

Diferentemente do disposto no art. 339, nesse tipo penal fala-se de *ação* de autoridade, e não em *investigação* policial ou *processo* judicial. Podem o delegado (registrando um boletim de ocorrência), o promotor e o juiz (requisitando a instauração de inquérito policial) tomar atitudes em busca da descoberta ou investigação de uma infração penal, ainda que não oficializem seus atos, por meio da instauração do inquérito ou do oferecimento ou recebimento da denúncia. Qualquer outra autoridade administrativa está incluída nesse cenário.

É suficiente para a concretização do delito de *comunicação falsa de crime ou de contravenção* fazer com que a autoridade aja sem qualquer motivo, perdendo tempo e comprometendo a administração da justiça, uma vez que deixa de atuar em casos verdadeiramente importantes. Há um prejuízo presumido a toda a sociedade.

A comunicação pode ser oral ou escrita. Geralmente, o delito se perfaz quando alguém deseja conseguir um álibi para ocultar outro ilícito ou pretende obter algum benefício escuso, jurídico ou não (ex.: registrar o furto do veículo, o que é falso, para receber o valor do seguro).

A pena é de detenção, de um a seis meses, ou multa.

3.2   Sujeitos ativo e passivo

O sujeito ativo pode ser qualquer pessoa. O sujeito passivo é o Estado.

3.3   Elemento subjetivo

É o dolo, apenas na modalidade direta, pois o agente precisa *saber* não se ter verificado a infração penal. Além disso, pensávamos demandar o elemento subjetivo específico, consistente na vontade de fazer a autoridade atuar sem causa. Não é real. Os motivos do agente são variáveis e múltiplos, não se relacionando com a administração da justiça.[25] Não se pune a forma culposa.

---

[24]   *Código Penal brasileiro comentado*, v. VII, p. 171.

[25]   Demandando elemento específico, FRAGOSO (*Lições de direito penal*, v. 4, p. 1012); HUNGRIA (*Comentários ao Código Penal*, v. 9, p. 470); BITENCOURT (*Tratado de direito penal*, v. 5, p. 335). Mencionando apenas o dolo: ROGÉRIO GRECO (*Curso de direito penal*, p. 947).

3.4   Ocorrência de crime diverso

Não se configura o delito, pois a ação da autoridade não foi inútil, não tendo havido qualquer prejuízo à administração da justiça. Por outro lado, se o delito existiu, mas terminou afetado por qualquer causa de extinção da punibilidade (como anistia, *abolitio criminis*, prescrição da pretensão punitiva, entre outras), também há de ser afastada a configuração do crime do art. 340.

3.5   Crime impossível

Cremos admissível a hipótese da tentativa inidônea (art. 17, CP) quando o agente, ainda que aja com vontade de provocar inutilmente a ação da autoridade, comunicando--lhe infração penal que sabe não se ter verificado, termina por fazer com que a autoridade policial ou judiciária encontre subsídios concretos de cometimento de outro crime. Seria indevido punir o agente por delito contra a *administração da justiça*, já que esta só teve a ganhar com a comunicação efetuada. Aliás, também se configura crime impossível quando não há mais possibilidade de ação da autoridade, como mencionado na nota anterior (anistia, abolição do crime, prescrição, entre outros).

3.6   Objetos material e jurídico

O objeto material é a ação da autoridade. O objeto jurídico é a administração da justiça.

3.7   Classificação

Trata-se de crime comum (aquele que pode ser cometido por qualquer pessoa); formal (que não exige, para sua consumação, resultado naturalístico); de forma livre (pode ser cometido por qualquer meio eleito pelo agente); comissivo ("provocar" e "comunicar" implicam ações); instantâneo (cuja consumação não se prolonga no tempo, dando-se em momento determinado); unissubjetivo (aquele que pode ser cometido por um único sujeito); plurissubsistente (delito cuja ação é composta por vários atos, permitindo-se o seu fracionamento); admite tentativa.

3.8   Quadro-resumo

	Comunicação Falsa de Crime ou de Contravenção
Previsão legal	**Art. 340.** Provocar a ação de autoridade, comunicando-lhe a ocorrência de crime ou de contravenção que sabe não se ter verificado: Pena – detenção, de um a seis meses, ou multa.
Sujeito ativo	Qualquer pessoa
Sujeito passivo	Estado
Objeto material	Ação da autoridade
Objeto jurídico	Administração da justiça
Elemento subjetivo	Dolo direto

Classificação	Comum
	Formal
	Forma livre
	Comissivo
	Instantâneo
	Dano
	Unissubjetivo
	Plurissubsistente
Tentativa	Admite

4. AUTOACUSAÇÃO FALSA

4.1 Estrutura do tipo penal incriminador

Tutela-se a administração da justiça, pois atenta contra o seu normal funcionamento. Difere esse crime da denunciação caluniosa, porque neste o agente acusa outrem; naquele acusa a si mesmo. Geralmente, isso é praticado para ocultar outro crime ou qualquer ato que ele considera mais grave. É evidente que pode pretender ocultar o verdadeiro culpado; aliás, essa é uma das razões pelas quais acontece a *confissão falsa*. Eis um dos motivos pelos quais o legislador, na esfera processual penal (art. 197, CPP), estipulou não bastar a confissão para a condenação do acusado, devendo esta prova unir-se a outras, formando um sólido conjunto probatório.

Acusar significa imputar falta, incriminar ou culpar. Portanto, *acusar-se* é a conduta do sujeito que se autoincrimina, chamando a si um crime que não praticou, perante a autoridade, seja porque inexistente, seja porque o autor foi outra pessoa. É o teor do art. 341 do CP.

Autoridade, tratando-se de crime contra a administração da *justiça*, é preciso entender o agente do Poder Público que tenha atribuição para apurar a existência de crimes e sua autoria ou determinar que tal procedimento tenha início. Portanto, é a autoridade judiciária ou policial, bem como o membro do Ministério Público.

É imprescindível que se trate de crime, não se aceitando a falsa imputação de contravenção penal. Por outro lado, é indispensável, para a configuração do tipo penal, que o sujeito se autoacuse da prática de crime cometido por outra pessoa, sem ter tomado parte como coautor ou partícipe.

A pena é de detenção, de três meses a dois anos, ou multa.

4.2 Sujeitos ativo e passivo

O sujeito ativo pode ser qualquer pessoa. O sujeito passivo é o Estado. Embora pareça irreal o fato de uma pessoa se autoacusar, correndo o risco de ser condenada, há muitas possibilidades para tal ocorrer. Pode o sujeito pretender assumir a prática de um delito mais leve para evitar a imputação de um crime mais grave. Pode, ainda, ter sido subornado pelo verdadeiro autor da infração penal para chamar a si a responsabilidade. Enfim, motivos existem para que a autoacusação falsa aconteça, merecendo ser evitada a qualquer custo, para preservar o interesse maior da correta administração da justiça.

4.3 Direito de mentir do réu

Embora, no exercício do seu direito de defesa, que é constitucionalmente assegurado – ampla defesa – e não deve ser limitado por qualquer norma ordinária, tenha o acusado o direito de mentir, negando a existência do crime, sua autoria, imputando-a a outra pessoa, invocando uma excludente qualquer, enfim, narrando inverdades, não lhe é conferido pelo ordenamento jurídico o direito de se autoacusar falsamente.

Nem em nome do princípio da ampla defesa é-lhe assegurado o direito de se autoacusar, pois também é princípio constitucional evitar, a qualquer custo, o erro judiciário (art. 5.º, LXXV). Não havendo hierarquia entre normas constitucionais, deve o sistema harmonizar-se sem necessidade de que uma norma sobrepuje outra. Assim, sob qualquer prisma, evitar a autoacusação é tipo penal perfeitamente sintonizado com a segurança almejada pelo sistema jurídico-penal. Note-se que uma confissão, mormente quando feita em juízo, tem valor probatório dos mais fortes em nosso processo penal. Aliás, possui valor maior do que o devido, pois costuma-se desprezar a chance de a admissão de culpa ser falsa. Ainda assim, há contundência no depoimento de uma pessoa que, sem qualquer pressão aparente, admite, perante a autoridade, a prática de um delito.

Essa conduta, se fosse penalmente admissível, iria causar a provável condenação de um inocente, com a inconsequente impunidade do autêntico autor do crime. E, não havendo delito, remanesce, ainda, o inaceitável erro judiciário do Estado, algo que a Constituição ressaltou expressamente não ser suportável, tanto que assegura indenização. Diante disso, qualquer pessoa pode defender-se, quando for acusada da prática de um delito, embora não possa ficar impune caso o faça com o ânimo de chamar a si uma responsabilidade inexistente.

4.4   Elemento subjetivo

É o dolo. Entendíamos que havia, ainda, o elemento subjetivo específico, consistente na vontade de prejudicar a administração da justiça.[26] No entanto, vislumbrando que o objetivo do agente pode ser muito diverso, como proteger um crime ou um criminoso; obter um ganho ilícito, entre outros, pode nem pensar na administração da justiça. Logo, basta o dolo, como vontade genérica de promover a autoacusação, sabendo-a falsa.

Não se pune a forma culposa.

4.5   Objetos material e jurídico

O objeto material é a declaração eivada de falsidade. O objetivo jurídico é a administração da justiça.

4.6   Classificação

Trata-se de crime comum (aquele que não demanda sujeito ativo qualificado ou especial); formal (que não exige, para sua consumação, resultado naturalístico); de forma livre (pode ser cometido por qualquer meio eleito pelo agente); comissivo ("acusar-se" implica ação); instantâneo (cuja consumação não se prolonga no tempo, dando-se em momento determinado); unissubjetivo (aquele que pode ser cometido por um único sujeito); plurissubsistente (delito

---

[26]   Assim também: BITENCOURT, defendendo apenas o dolo (*Tratado de direito penal*, v. 5, p. 339); FRAGOSO (*Lições de direito penal*, v. 4, p. 1014); HUNGRIA (*Comentários ao Código Penal*, v. 9, p. 472); BENTO DE FARIA (*Código Penal brasileiro comentado*, v. VII, p. 175).

cuja ação é composta por vários atos, permitindo-se o seu fracionamento); admite tentativa, ainda que seja de difícil configuração.[27]

4.7   Quadro-resumo

Previsão legal	**Autoacusação Falsa** **Art. 341.** Acusar-se, perante a autoridade, de crime inexistente ou praticado por outrem: Pena – detenção, de três meses a dois anos, ou multa.
Sujeito ativo	Qualquer pessoa
Sujeito passivo	Estado
Objeto material	Declaração falsa
Objeto jurídico	Administração da justiça
Elemento subjetivo	Dolo
Classificação	Comum Formal Forma livre Comissivo Instantâneo Dano Unissubjetivo Plurissubsistente
Tentativa	Admite
Circunstâncias especiais	Direito de mentir

5.   FALSO TESTEMUNHO OU FALSA PERÍCIA

5.1   Estrutura do tipo penal incriminador

Inicia-se por meio de uma crítica à titulação do art. 342, mencionando *falso testemunho e falsa perícia*, quando, na realidade, existem, ainda, o perito, contador, tradutor e intérprete, simplesmente ignorados. Como bem assinala GALDINO SIQUEIRA, "temos, pois, uma rubrica ou título, que não condiz com o conteúdo da disposição, vício de acentuados efeitos nocivos, especialmente em uma lei penal".[28]

Segue-se com outra crítica, agora dirigida ao nosso sistema processual penal, no contexto dos meios de prova. O Brasil faz parte da gama de países, cujo orçamento destinado às investigações policiais e outras, de modo geral, é pífio. Em razão disso, trabalha-se muito mais com a prova testemunhal, que é gratuita, do que com as caras, mas seguras, provas periciais. Os

---

[27]   Para FRAGOSO, a tentativa é impossível, pois, enquanto a autoacusação não chegar à autoridade, haverá tão somente atos preparatórios (*Lições de direito penal*, v. 4, p. 1014). Igualmente, sem maior explicação, HUNGRIA (*Comentários ao Código Penal*, v. 9, p. 472). Admitindo a tentativa, BITENCOURT, que cita a realização da conduta por escrito, podendo ser fracionada (*Tratado de direito penal*, v. 5, p. 339); ROGÉRIO GRECO (*Curso de direito penal*, v. 3, p. 951).

[28]   *Tratado de direito penal*, v. 4, p. 617.

exames de DNA, tão comuns em países de Primeiro Mundo, são quase ignorados na prática diária da polícia judiciária. Os laudos periciais demoram muito tempo a ficar prontos, mesmo os indispensáveis e básicos como o exame necroscópico.

O objetivo dessa explanação é a concentração das provas nas testemunhas, situação perigosa para efeito de uma segurança de condenação. Não é à toa que a testemunha é chamada, pejorativamente, como a *prostituta das provas*, pois qualquer um pode mentir, sendo subornado ou não, fazendo-o de maneira impecável. Quem possui experiência na área criminal sabe o quão inútil é, no mais das vezes, a acareação entre testemunhas, pois, mesmo quem está mentindo, colocado em confronto com quem fala a verdade, como regra, mantém o que disse e não volta atrás.

Vamos além, pois há inúmeros casos em relação aos quais nem mesmo testemunha existe, como acontece, com frequência em crimes sexuais e roubos ou extorsões. Resta a palavra da vítima apenas contra a do(s) acusado(s). Exames periciais são raríssimos, fazendo com que o julgador confie na vítima ou no réu. Em caso de dúvida, em tese, deve-se absolver, mas há magistrado que chega a condenar, diante da gravidade do fato (como estupro de vulnerável).

O sistema processual penal, enfim, é dependente (praticamente viciado) da prova testemunhal, o que faz crescer a importância do delito de falso testemunho.

As condutas possíveis são as seguintes: *fazer afirmação falsa* (mentir ou narrar fato não correspondente à verdade); *negar a verdade* (não reconhecer a existência de algo verdadeiro ou recusar-se a admitir a realidade); *calar a verdade* (silenciar ou não contar a realidade dos fatos). É o mesmo que reticência.[29] A diferença fundamental entre *negar a verdade* e *calar a verdade* é que a primeira conduta leva a pessoa a contrariar a verdade, embora sem fazer afirmação (ex.: indagado pelo juiz se presenciou o acidente, como outras testemunhas afirmaram ter ocorrido, o sujeito nega), enquanto a segunda conduta faz com que a pessoa se recuse a responder (ex.: o magistrado faz perguntas à testemunha, que fica em silêncio ou fala que não responderá). É o conteúdo do art. 342 do CP.

É essencial que o fato falso (afirmado, negado ou silenciado) seja juridicamente relevante, isto é, de alguma forma seja levado em consideração pelo delegado ou juiz para qualquer finalidade útil ao inquérito ou ao processo, pois, do contrário, tratar-se-ia de autêntica hipótese de crime impossível. Se o sujeito afirma fato falso, mas absolutamente irrelevante para o deslinde da causa, por ter se valido de meio absolutamente ineficaz, não tem qualquer possibilidade de lesar o bem jurídico protegido, que é a escorreita administração da justiça.

Sobre a natureza da falsidade, há duas posições a respeito: *a)* falso é o que, objetivamente, não corresponde à realidade; *b)* falso é o que, subjetivamente, não corresponde à realidade, ou seja, aquilo que não guarda sintonia com o que o agente efetivamente captou e compreendeu. Parece-nos melhor a segunda posição. Afinal, a verdade, para o sujeito que presta um depoimento ou elabora um parecer, é apenas uma representação ideológica que se desenha na mente de alguém, que passa a acreditar na existência de alguma coisa. Portanto, ainda que algo seja "verdade" absoluta para uma pessoa, pode ser, na realidade, uma falsidade, isto é, contrário à realidade.

---

[29] Nessa ótica: GALDINO SIQUEIRA (*Tratado de direito penal*, v. 4, p. 620); BENTO DE FARIA (*Código Penal brasileiro comentado*, p. 179); FRAGOSO (*Lições de direito penal*, v. 4, p. 1021); BITENCOURT (*Tratado de direito penal*, v. 5, p. 344).

O art. 342 faz um rol das pessoas que podem responder por esse delito em juízo (testemunha, perito, contador, tradutor ou intérprete). *Testemunha* é a pessoa que viu ou ouviu alguma coisa relevante e é chamada a depor sobre o assunto em investigação ou processo. Cremos ser indispensável que se lhe dê tal condição quando for inquirida, isto é, é indispensável que seja reconhecida como testemunha, e não como simples declarante ou informante, pessoas estas que narram seu entendimento sobre algo sem o compromisso de dizer a verdade.

Perito é a pessoa especializada em determinado assunto, preparada para dar seu parecer técnico. *Tradutor* é aquele que traslada algo de uma língua para outra, fazendo-o por escrito, enquanto o *intérprete,* conhecedor de uma língua, serve de ponte para que duas ou mais pessoas possam estabelecer conversação entre si.

Contador é o especialista em fazer cálculos. Acrescentou-se esse profissional, nem sempre considerado perito, pela Lei 10.268/2001, justamente para impedir que cálculos oferecidos em juízo possam ser fraudados, contendo dados incorretos, prejudicando, enormemente, as partes envolvidas no processo. Não são poucas as notícias de indenizações milionárias, frutos de manifestas inverdades, traduzidas em cálculos apresentados por especialistas, dificilmente contestados pelos profissionais do direito – juízes, promotores e advogados –, até por falta de aptidão.

Há, também, no tipo penal do art. 342, os ambientes em que o falso testemunho pode ser praticado: processo judicial ou administrativo, inquérito policial ou juízo arbitral.

Corrigiu-se, com a edição da Lei 10.268/2001, o erro anteriormente contido na descrição do tipo. Fazia-se referência a "processo judicial, policial ou administrativo", quando o correto deveria ser processo judicial, *inquérito policial* – que é apenas um procedimento, mas não um processo – e processo administrativo. Tal situação não mais ocorre.

Incluem-se os processos administrativos ou inquéritos substitutivos do policial, por ser essa a finalidade do tipo penal. Assim, abrange a sindicância, que não é apenas um "procedimento preparatório" do processo administrativo, tendo em vista que, por meio dela, pode-se punir um funcionário público com certos tipos de pena, como a repreensão e a suspensão (art. 269 c.c. o art. 274 da Lei 10.261/1968, Estatuto dos Funcionários Públicos do Estado de São Paulo), o inquérito produzido pela Comissão Parlamentar de Inquérito e o inquérito civil, presidido pelo Ministério Público.

Quanto ao inquérito parlamentar, destaque-se a sua nítida natureza de procedimento preparatório de um processo judicial. Além disso, há o tipo remetido da Lei 1.579/1952: "Art. 4.º Constitui crime: (...) II – fazer afirmação falsa, ou negar ou calar a verdade como testemunha, perito, tradutor ou intérprete, perante a Comissão Parlamentar de Inquérito: Pena – a do art. 342 do Código Penal". No sentido da interpretação extensiva do tipo penal, admitindo o falso em todas as hipóteses mencionadas, ANTONIO CARLOS DA PONTE.[30]

A pena prevista no art. 342 do CP é de reclusão, de dois a quatro anos, e multa.

5.2   Sujeitos ativo e passivo

Os sujeitos ativos são especiais, podendo ser somente a testemunha, o perito, o contador, o tradutor ou o intérprete. Trata-se, em verdade, de crime de mão própria, só podendo ser

---

[30]   *Falso testemunho no processo,* p. 58. E também FERNANDO JOSÉ DA COSTA, *O falso testemunho,* p. 36.

cometido por tais sujeitos diretamente, sem interposta pessoa. O sujeito passivo é o Estado; secundariamente, a pessoa prejudicada pelo ato falso.[31]

5.3 Elemento subjetivo

É o dolo. Cremos presente, ainda, o elemento subjetivo específico, consistente na vontade de prejudicar a correta distribuição da justiça. Por isso, não há viabilidade para a punição daquele que afirmou uma inverdade, embora sem a intenção de prejudicar alguém no processo. Ex.: sem ter certeza da ocorrência de determinado fato, a testemunha termina afirmando a sua existência, confiando na sua memória, em verdade lacunosa. Não tendo havido vontade específica de prejudicar a administração da justiça, o crime não se configura.[32] Não se pune a forma culposa.

5.4 Objetos material e jurídico

Os objetos materiais podem ser o depoimento prestado, o laudo apresentado, o cálculo efetuado ou a tradução realizada por escrito ou verbalmente. O objeto jurídico é a administração da justiça, que pode ficar comprometida diante das falsidades aventadas.

5.5 Classificação

Trata-se de crime próprio (aquele que somente pode ser cometido por sujeito ativo qualificado ou especial). Aliás, é delito de mão própria – que necessita ser cometido diretamente pelo agente. É crime formal (que não exige, para sua consumação, resultado naturalístico), consumando-se ao final do depoimento. É, também, de forma livre (pode ser cometido por qualquer meio eleito pelo agente); comissivo ou omissivo, dependendo da forma como é praticado; instantâneo (cuja consumação não se prolonga no tempo, dando-se em momento determinado); unissubjetivo (aquele que pode ser cometido por um único sujeito); unissubsistente (delito cuja ação é composta por ato impossível de ser fracionado); não admite tentativa. Contra, admitindo a possibilidade de tentativa, mas esvaziando totalmente a possibilidade de sua punição, Luiz Regis Prado: "Parece bem observar que o reconhecimento da possibilidade de tentativa não significa que esta deva ser punível. Ao contrário, razões múltiplas, inclusive de política criminal, favorecem sua impunidade. Além da retratação, praticamente inexiste possibilidade de uma tentativa de falso testemunho produzir uma decisão errônea".[33]

Mantemo-nos fiéis à doutrina majoritária, que não a admite, por absoluta impossibilidade lógica. Não há como fracionar um depoimento, em que a testemunha, por ir e vir muitas vezes, pode mentir e, logo em seguida, contar a verdade, pode narrar a verdade e mentir de novo. Somente quando findar o que está falando o juiz terá condições de concluir se, afinal, mentiu ou não. Logo, para aqueles que entendem ser cabível prisão em flagrante nesse caso, devem esperar que a testemunha assine o que declarou. Jamais deve-se dar a voz de prisão durante o depoimento, pois há possibilidade de a testemunha tornar atípica a conduta que possa ter se iniciado típica, isto é, voltar atrás na mentira que estaria a narrar. Acrescentamos, ainda, que o crime de falso testemunho adquire o contorno de delito condicionado, que, por sua natureza, não aceita tentativa. Exige-se, para a condenação do agente, o advento da sentença,

---

[31] Nesse prisma, Fragoso, *Lições de direito penal*, v. 4, p. 1019.

[32] No mesmo sentido: Bitencourt, *Tratado de direito penal*, v. 5, p. 353.

[33] *Falso testemunho e falsa perícia*, p. 121.

com trânsito em julgado, no processo onde o falso foi proferido, admitindo-se ter havido prejuízo à administração da justiça (até a decisão final, a testemunha pode retratar-se, o juiz pode considerar irrelevantes suas declarações ou o tribunal, em grau de recurso, considerar que ela não mentiu, não se aperfeiçoando a infração penal).

5.6   Recusa da testemunha em depor

Ensina Luiz Regis Prado que a reticência não se confunde com o mero silêncio, pois quem silencia a verdade de um fato não o está declarando e, quando o fizer, não está enganando a autoridade: "O silêncio reticente só constitui falso testemunho quando equivale à expressão de um fato positivo contrário à verdade suscetível de causar erro no processo. Por isso, não constitui falso testemunho a negação em prestar depoimento. Recusar a declarar não é o mesmo que cometer falso testemunho. Este exige antes de tudo um depoimento. Ora, a testemunha que simplesmente recusa não o presta. Na reticência diz-se algo de falso para embair a justiça, declarando ignorar o que conhece, enquanto na recusa se manifesta desobediência pura e simples ao imperativo legal. Com efeito, aquele que se recusa a depor, mesmo indevidamente, não depõe falsamente, não induz a justiça em erro, ele simplesmente se recusa a esclarecer, e a questão sob julgamento permanece íntegra, exatamente como se a testemunha estivesse impedida de comparecer".[34] Por outro lado, Bento de Faria diz que o debate em torno da *reticência* "não vale o tempo perdido, em discuti-la (salvo os proveitos que podem resultar para chicana), não só porque a testemunha (ou perito etc.) tem o dever de expor *toda* verdade, quer se trate de pergunta genérica ou específica, como também porque a lei não exige se verifique a reticência em interrogatório específico".[35]

Não nos parece correta a conclusão de Regis Prado. Melhor analisando a questão, vislumbramos que reticência é simplesmente *calar a verdade* (omitir-se) e isso é falso testemunho.[36] O resto é, de fato, debater *o sexo dos anjos*. Quem se vale da reticência na frente do juiz vai responder pelo crime do art. 342 do CP.

Note-se que o elemento subjetivo também é importante. Quando a testemunha cala, recusando-se a depor a respeito do que efetivamente sabe, está afrontando o seu dever de colaborar com a administração da justiça, e jamais buscando enfrentar funcionário público, que lhe deu uma ordem. O magistrado, ao compromissar a testemunha, cumpre a lei, e não dá ordens a quem vai depor. Cada qual cumpre sua função: o juiz ouve a testemunha e esta fala, ambos seguindo a norma legal. Por outro lado, seria privilegiar a atitude daqueles que, inconformados com o dever de depor a verdade do que sabem, mas não desejam receber uma pena de reclusão de um ano (com aumento de 1/6 a 1/3 quando se tratar de feito criminal), podem socorrer-se da recusa em depor, calando, razão pela qual poderiam responder por desobediência, cuja pena mínima é de singelos 15 dias de detenção e a máxima não ultrapassa seis meses. É, pois, evidente que deve a pessoa que se recusa a depor responder por falso testemunho.

Acrescente-se, ainda, que, se fosse processada por desobediência – a testemunha que se recusasse a depor –, não poderia se valer da faculdade prevista no art. 342, § 2.º, que é a

---

[34]   *Falso testemunho e falsa perícia*, p. 103.

[35]   *Código Penal brasileiro comentado*, p. 179.

[36]   A doutrina é praticamente unânime quanto a isso (ver o item 5.1 *supra*).

retratação, ou seja, quando o agente resolve voltar atrás e contar a verdade do que sabe. Afinal, essa causa de extinção da punibilidade tem aplicação restrita à hipótese do falso testemunho, e não a outro delito. No mesmo sentido que o nosso, encontra-se a posição de FERNANDO JOSÉ DA COSTA,[37] acrescentando o autor, com o que concordamos, que "não ir prestar depoimento após a devida intimação, importante esclarecer que não se trata de falso testemunho por omissão, já que tal omissão não diz respeito ao depoimento; trata-se de uma desobediência à ordem de autoridade, podendo, quando muito, se tratar de crime de desobediência, art. 330 do Código Penal, jamais de crime de falso testemunho por omissão".

5.7 Qualificação da testemunha

Se, no momento de ser qualificada (fornecimento de seus dados pessoais, tais como nome, filiação, endereço, profissão etc.), a testemunha faltar com a verdade, introduzindo dados inverídicos, pensamos tratar-se do delito de falsa identidade (art. 307, CP).[38]

FERNANDO JOSÉ DA COSTA, por sua vez, embora concorde parcialmente com a tese, menciona o seguinte: "Todavia, esta regra deve admitir exceções, como no caso de uma mãe que, em auxílio do filho, falseia sua qualificação, omitindo tal informação ao julgador. Neste caso, tal falsidade é crucial para o valor desta prova, influenciando diretamente no mérito e na veracidade de seu depoimento, sendo de mais salutar opinião considerá-la crime de falso testemunho, seguindo Noronha".[39] Apesar da preocupação exposta pelo autor, mantemo-nos fiéis ao cometimento do crime de falsa identidade. Não se deve abrir mão da estrita legalidade, tipificando a situação exatamente no tipo penal para ela idealizado, ainda que prejuízos outros ocorram.

5.8 Opinião da testemunha

Não configura o crime de falso, pois a testemunha deve depor sobre fatos, e não sobre seu modo particular de pensar. Quando se indaga da testemunha sua opinião acerca de algo (por exemplo, a respeito da personalidade do réu), deve-se suportar uma resposta verdadeira ou falsa, valorando o magistrado da forma como achar melhor. É curial destacar, no entanto, que a falsa opinião, no contexto da perícia, é bem diferente, pois, em grande parte, o perito termina fornecendo a sua particular visão sobre alguma matéria ou sobre algum fato. Essa opinião é técnica, possuindo intrínseco valor probatório.

5.9 Direito de se calar da testemunha

Somente existe quando a testemunha falta com a verdade ou se cala evitando comprometer-se, vale dizer, utiliza o princípio constitucional do direito ao silêncio e de não ser obrigado a se autoacusar. Por isso, é indispensável que o interrogante tenha cautela na avaliação do depoimento, para não se precipitar, crendo estar diante de testemunha mentirosa, quando, na realidade, está ouvindo um "futuro acusado", que busca esquivar-se, validamente, da imputação.

---

[37] *O falso testemunho*, p. 88.

[38] Assim, também, FRAGOSO, *Lições de direito penal*, v. 4, p. 1020; BITENCOURT, *Tratado de direito penal*, v. 5, p. 347.

[39] *O falso testemunho*, p. 94-95.

5.10 Compromisso da testemunha de dizer a verdade

A questão é polêmica e há, basicamente, duas posições:

a) não é necessário o compromisso para a configuração do crime de falso, tendo em vista que toda pessoa tem o dever de dizer a verdade em juízo, não podendo prejudicar a administração da justiça. Além do mais, a formalidade do compromisso não integra mais o crime de falso, como ocorria por ocasião do Código Penal de 1890. Nessa esteira: alinham-se nessa posição: Bento de Faria, Hungria, Noronha, Tornaghi, Tourinho Filho, Antolisei, Manzini, Maggiore, Ranieri, Marsich, Castillo, Levene, Grieco e Cantarano e Luiz Regis Prado;[40]

b) há necessidade do compromisso, pois sem ele a testemunha é mero informante, permitindo ao juiz livre valoração de seu depoimento. Como ensina Fragoso: "Em relação à testemunha é indispensável que tenha prestado o compromisso legal, pois somente neste caso surge o dever de dizer a verdade". Nessa posição, ainda, Espínola Filho, Menegale, Magalhães Drumond,[41] Galdino Siqueira,[42] André Estefam.[43] Nesse prisma, igualmente, Cezar Roberto Bitencourt, em preciosas ponderações: "toda a construção legislativa está muito clara no sentido de que o legislador diferenciou *testemunha* do mero *declarante* ou informante. O *valor probante da testemunha* é um, e o resultado das declarações obtidas pelo juiz de *meros informantes* ou declarantes é recebido e avaliado sempre com muita reserva pelo julgador, ou seja, não tem o mesmo valor probatório da testemunha, porque não são testemunhas, porque não têm a obrigação e o compromisso com a verdade, não estão sujeitas às consequências do falso testemunho, porque estão emocionalmente vinculados a uma das partes, porque, por própria natureza humana e pelos laços familiares, não podem ser imparciais e racionalmente neutras no desenrolar do processo, como é dever da testemunha".[44]

Cremos mais acertada a segunda posição, mesmo porque é a única que está em sintonia com as regras processuais penais. O art. 203 do CPP é expresso ao mencionar que "a testemunha fará, sob palavra de honra, a promessa de dizer a verdade do que souber e lhe for perguntado (…)". Em seguida, lê-se no art. 208: "Não se deferirá o compromisso a que alude o art. 203 aos doentes e deficientes mentais e aos menores de 14 (quatorze) anos, nem às pessoas a que se refere o art. 206" (nesse dispositivo legal menciona-se que podem eximir-se de depor o ascendente, o descendente, o afim em linha reta, o cônjuge, ainda que separado, o irmão, o pai, a mãe e o filho adotivo do acusado). Ora, analisando-se em conjunto tais normas, tem-se o seguinte: o compromisso é o ato solene que concretiza, tornando expresso, o dever da pessoa que testemunha de dizer a verdade, sob pena de ser processada por falso testemunho. E nem se diga que é mera formalidade, cuja falta nem mesmo implica nulidade, pois se está examinando a situação sob o prisma do sujeito ativo, e não do processo.

---

[40]   Que fez menção aos primeiros, *Falso testemunho e falsa perícia*, p. 94.

[41]   Menções de Luiz Regis Prado *Falso testemunho e falsa perícia*, p. 92-93.

[42]   *Tratado de direito penal*, v. 4, p. 620.

[43]   *Direito penal*, v. 4, p. 367.

[44]   *Tratado de direito penal*, v. 5, p. 352.

Se a falta do compromisso vai ou não causar nulidade é irrelevante, diante da ausência propositada do alerta à pessoa que vai depor de que está *obrigada* a dizer a verdade. Aliás, somente poderia estar obrigada ou desobrigada de acordo com a lei. Por isso, quando o juiz olvidar o compromisso de pessoa que está *legalmente obrigada* a dizer a verdade, não se afasta o crime de falso.

Entretanto, se, ao contrário, a ela expressamente não deferir o compromisso, deixando claro tratar-se de meras declarações, não há como punir o sujeito que mentiu. Sem o compromisso, não se pode exigir que o depoente fale a verdade, mesmo porque as pessoas que estão imunes à promessa de dizer a verdade são justamente as que não têm condições emocionais de fazê-lo ou, por conta de deficiência mental ou falta de maturidade, terminam não narrando a verdade.

Como se pode exigir do pai do réu – eximido da obrigação de depor (art. 206, CPP) – que conte a verdade do que aconteceu, mesmo sabendo que o filho pode ir, graças ao seu depoimento, para a cadeia? Excepcionalmente, diz o próprio art. 206, parte final, quando por outra forma não for possível obter ou integrar a prova do fato e de suas circunstâncias, pode o magistrado determinar a inquirição dessas pessoas, *embora sem lhes deferir o compromisso* (art. 208). E por quê? Qual razão teria o legislador ao determinar para uns o compromisso e para outros, não? É evidente, para nós, que a intenção é diferenciar a testemunha do mero declarante. A testemunha tem o dever de dizer a verdade, porque compromissada, logo, sujeita às penas do crime de falso, que é a consequência jurídica do descumprimento do dever que assumiu.

O declarante não possui o dever de narrar a verdade e está sendo ouvido por pura *necessidade* do juízo na busca da verdade real, embora não preste compromisso, como a lei assegura. O magistrado levará em consideração o seu depoimento com reserva, fazendo o possível para confrontá-lo com as demais provas dos autos. Não fosse assim e todos deveriam ser compromissados, sem exceção, respondendo pelo crime de falso.

Entendemos, outrossim, que a obrigação de depor pode existir, mesmo para os que não forem compromissados – porque está expresso em lei (art. 206, *fine*, CPP) –, mas não com a incidência do art. 342 do Código Penal. A despeito da figura típica criada para punir o falso testemunho, como crime contra a administração da justiça, é preciso considerar que o sistema de produção de provas – alicerce da distribuição de justiça – é disciplinado pelo Código de Processo Penal, não podendo a lei penal interferir em seara alheia. Se há compromisso para alguns e não há para outros, é indispensável respeitar tal sistemática, sob pena de haver o predomínio indisfarçável do Código Penal sobre o de Processo.

O mesmo se diga no tocante à vítima (art. 201), para quem também não se exige o compromisso de dizer a verdade, justamente porque é parte envolvida no fato delituoso, tendo sofrido a conduta e estando emocionalmente vinculada, em grande parte, à punição da pessoa que julga ser culpada por seu sofrimento. Tanto é verdade que a vítima não se inclui no rol de testemunhas (está em capítulo diverso do referente às testemunhas) e não presta depoimento, mas "declarações" (art. 201, *caput*, CPP). E, arrematando, note-se o disposto no art. 210, *caput*, parte final, do CPP – "... devendo o juiz adverti-las das penas cominadas ao falso testemunho" –, que se refere, naturalmente, às *testemunhas* que prestam depoimento sob compromisso, e não aos meros declarantes (incluindo-se nestes as vítimas).

Convém mencionar o raciocínio esposado por Antonio Carlos da Ponte, alegando ser dispensável o compromisso, que possui "conotação estritamente no campo valorativo das declarações da testemunha, de forma que sua dispensa serve apenas para considerar-se menos intenso seu valor probante. (...) Certamente, não é crível imaginar que, em decorrência da alteração sofrida pela lei processual civil, que deixou de exigir o competente compromisso por parte dos peritos, estes ficaram, consequentemente, à margem do tipo previsto no art. 342 do Código Penal, dirigido a testemunhas, peritos, tradutores e intérpretes, uma vez que o compromisso não integra o tipo penal".[45] Permitimo-nos discordar.

No tocante às testemunhas, já expusemos o nosso entendimento, salientando que o compromisso não tem valor unicamente decorativo, nem formal, tanto assim que há pessoas dispensadas de depor e, se o fizerem, prestam depoimento como meros declarantes – ainda que o valor probatório da declaração possa ser superior ao do depoimento da testemunha. Quanto aos peritos, a dispensa do compromisso, formalizada no ofício judicial, não foi abolida, mas, ao contrário, foi estipulada em lei, com o fito de evitar burocracia. O art. 466 do CPC menciona que "o perito cumprirá escrupulosamente o encargo que lhe foi cometido, independentemente do termo de compromisso". Fala-se em dispensa do *termo* de compromisso, e não deste último.

Logo, o compromisso é previsto em lei, abrangendo toda pessoa que se dispuser a desempenhar a função de perito. Seria como a lei estabelecer que toda pessoa, ouvida em juízo, em qualquer situação, está automaticamente obrigada a dizer a verdade. Se assim fosse, estaria fixado o compromisso legal de dizer a verdade, o que não ocorre no contexto das testemunhas. Portanto, continua o perito obrigado a não falsear seus trabalhos, porque a lei faz a determinação expressamente. Merece ser mencionado, ainda, em matéria de direito comparado, o disposto no Código Penal alemão. Com finalidade expressa de punir quem mente em juízo, há dois tipos penais: *a)* declaração falsa sem compromisso, destinado à pessoa que, como testemunha ou perito, esteja depondo em juízo e falte com a verdade. A pena será de 3 meses a 5 anos (§ 153); *b)* perjúrio, que é o autêntico falso testemunho, de quem, compromissado a dizer a verdade, mente em juízo. A pena será de, no mínimo, um ano (§ 154).

Por isso, mais uma vez insistimos, o crime de falso testemunho, previsto no Código Penal brasileiro, deve ser punido unicamente quando a pessoa prestar o compromisso de dizer a verdade. Quisesse a lei abranger as duas formas e deveria ter criado as duas figuras típicas compatíveis, pois são situações nitidamente diferentes.

5.11 Concurso de pessoas no crime de falso

Entendemos perfeitamente admissível, na modalidade de participação, o concurso de agentes. Nada impede, tecnicamente, que uma pessoa induza, instigue ou auxilie outra a mentir em juízo ou na polícia. O crime é de mão própria: embora isso queira significar ter o autor de cometê-lo pessoalmente, nada impede tenha ele o auxílio de outrem.

Há voz destoante afirmando tratar-se de exceção pluralista ao sistema monista ou unitário adotado no concurso de pessoas. Assim, quis o legislador punir aquele que presta falso testemunho ou produz falsa perícia (art. 342), e, em outro tipo penal, deliberou punir aquele que suborna testemunha ou perito (art. 343). Teria feito o mesmo com o aborto (o tipo do art. 124 é aplicado à gestante que pratica o aborto e o tipo do art. 126 seria aplicado ao sujeito que lhe dá apoio) e com outras figuras típicas. Não nos parece seja este o caso.

As exceções pluralistas à doutrina unitária do crime são específicas e não podem ser ampliadas pelo intérprete. Portanto, a pessoa que *provoca* o aborto com consentimento da

---

45 *Falso testemunho no processo*, p. 35-36.

gestante responde pelo art. 126, mas o sujeito que instiga a gestante a praticar o autoaborto ingressa, como partícipe, no art. 124. Seria injusto deixá-lo impune e seria ainda mais despropositado incluí-lo na figura do art. 126, pois ele efetivamente não *provocou*, apenas deu a ideia. Se induzir fosse o mesmo que provocar ("ser causa de"), poderíamos sustentar ser criminosa a mãe que tem a ideia fixa de abortar, terminando por conseguir um aborto natural... Ela estaria "induzindo" a si mesma, o que é ilógico, visto que a conduta é ativa e naturalística, tendo o sentido de dar causa, promover ou gerar o aborto. Destarte, a pessoa que mentiu deve responder pelo falso testemunho, enquanto aquele que a induziu ingressa no tipo como partícipe. Prevendo figura à parte, mas dando-lhe o destaque devido – até mesmo para que alguns não aleguem tratar-se de simples partícipe, reduzindo-lhe a pena –, quis o legislador tipificar o suborno (dar dinheiro para a testemunha mentir ou o perito falsear), no art. 343.

A exceção criada é específica e não impede a incursão no art. 342 de quem é partícipe. Note-se, ademais, que os defensores da impossibilidade de participação do agente que induz a mulher a abortar, na figura do art. 124, terminam sustentando o ingresso na figura mais grave do art. 126. Dever-se-ia fazer o mesmo no caso do sujeito que induz, instiga ou auxilia alguém a mentir, colocando-o, artificialmente, no art. 343? Cremos que não. A ele cabe, com perfeição, a participação no crime de falso testemunho ou falsa perícia do art. 342.

Alguns outros argumentam ser incabível a participação porque o art. 343 pune a pessoa que suborna testemunha com a mesma pena do crime de falso testemunho. Logo, seria injusto punir o partícipe, que não suborna, com a mesma sanção daquele que alicia outro a mentir. O argumento é de *justiça por comparação*. Essa posição encontra-se superada pela modificação introduzida pela Lei 10.268/2001, que aumentou consideravelmente a pena do crime de suborno a testemunha e peritos em geral (art. 343), passando-a de 1 a 3 anos para 3 a 4 anos, mantida a multa. Logo, o partícipe do falso testemunho – aquele que induziu, instigou ou auxiliou à produção da mentira ou da falsidade – será punido com sanção bem menor do que a pessoa que subornar testemunha ou perito.

A despeito disso, já sustentávamos, antes da reforma, ser indispensável considerar que muitos partícipes apresentam comportamento mais reprovável do que a testemunha que mentiu, merecendo, pois, exatamente a mesma sanção. Uma pessoa culta e preparada que induza outra, simples e ignorante, a prestar um depoimento falso pode apresentar comportamento muito mais daninho à sociedade do que a conduta do autor direto da mentira. Acrescente-se, ainda, que há pessoas com forte poder de argumentação que somente conseguem o seu objetivo – fazer alguém cometer o falso testemunho – justamente porque não lhe ofereceu dinheiro ou qualquer vantagem, mas o convenceu de que a justiça, naquela situação concreta, seria faltar com a verdade. Tivesse oferecido vantagem e não teria logrado êxito. Assim, nunca nos convenceu o argumento de que o suborno (art. 343) não poderia ter a mesma pena de quem convencesse outrem a mentir sem lhe dar, oferecer ou prometer dinheiro ou vantagem. Diga-se, a bem da verdade, que o desvalor da conduta é idêntico: convencer uma pessoa a mentir à autoridade, por dinheiro ou por força de argumentos escusos, tem a capacidade de ferir com igual intensidade a administração da justiça. Além disso, é preciso anotar que o lucro do agente que mente pode não ser visível, de forma que pode não estar configurado o suborno (figura do art. 343), e, ainda assim, o crime de falso é cometido (ex.: a pessoa, convencida pelo advogado do réu, embora sem qualquer promessa de vantagem imediata, mente em juízo para protegê-lo, crente de que, no futuro, poderá contar com favores do acusado ou mesmo do causídico). Logo, não vislumbramos óbice algum para a punição do partícipe no crime do art. 342.

Na doutrina: Antonio Carlos da Ponte, admitindo a possibilidade de punição da pessoa que induz, instiga ou auxilia outra a cometer o falso;[46] Luiz Regis Prado,[47] Fernando José da Costa,[48] acrescentando, inclusive, com nitidez, a posição do advogado partícipe: "Com relação ao advogado ser partícipe ou não do crime de falso testemunho, posição preferível é aquela que entende possível a participação do advogado como partícipe desse crime. O advogado pode e deve orientar a testemunha, porém jamais poderá induzi-la, auxiliá-la ou instigá-la à prática do falso testemunho. Tal conduta configura a participação no crime de falso testemunho".

5.12   Crime de bagatela

É possível ocorrer também no contexto do crime de falso testemunho, desde que seja uma inverdade que pouco resultado traga e, ao contrário, já tenha sido rechaçada pela própria realidade dos fatos. Registre-se o exemplo colhido da jurisprudência, de um falso testemunho cometido por familiares, dando conta de inverídicos maus-tratos, o que propiciou a instauração de inquérito policial, fruto, no entanto, de desavenças familiares, afinal superadas.

5.13   Competência para apurar o crime de falso

Cabe à Justiça Estadual, se foi da sua competência o processo onde o falso foi produzido, o mesmo aplicando-se à Justiça Federal. Se o crime de falso se der em processo eleitoral, a competência é da Justiça Federal. Verificar, ainda, o disposto na Súmula 165 do STJ: "Compete à Justiça Federal processar e julgar crime de falso testemunho cometido no processo trabalhista". Sob outro prisma, é importante destacar que cabe ao juízo deprecado, onde foi colhido o depoimento, processar e julgar o crime de falso cometido em carta precatória. Afinal, o delito de falso testemunho é formal e consuma-se após a finalização do depoimento.

5.14   Causa de aumento de pena do § 1.º

Existem quatro hipóteses para o falso testemunho, aplicando-se o mesmo raciocínio para os demais sujeitos ativos desse crime:

a) a pessoa mente sem ser subornada, tenha sido convencida por outro sujeito ou não – tipifica-se o art. 342;

b) a pessoa induz, instiga ou auxilia outrem a mentir, sem lhe prometer vantagem – tipifica-se a figura do art. 342, combinado com o art. 29 (participação);

c) a pessoa mente, porque foi subornada – responde pelo art. 342, § 1.º, ou seja, com a pena aumentada de um sexto a um terço;

d) a pessoa induz, instiga ou auxilia outrem a mentir, dando, oferecendo ou prometendo dinheiro ou qualquer vantagem – em vez de responder pelo delito do art. 342, § 1.º, preferiu o legislador criar uma figura autônoma, prevista no art. 343, atualmente com pena devidamente maior que aquela que recebe a testemunha que falseia a verdade.

---

[46] *Falso testemunho no processo*, p. 49-50.
[47] *Falso testemunho e falsa perícia*, p. 121-126 e 146.
[48] *O falso testemunho*, p. 78 e 83.

O indivíduo que suborna recebe 3 a 4 anos (na forma simples) ou a mesma pena, porém com aumento de um sexto a um terço (se o processo é criminal ou processo civil com parte constituída por entidade da Administração Pública direta ou indireta). O subornado recebe o montante de 2 a 4 anos, aumentado de um sexto a um terço.

Sobre o sentido da expressão *processo penal*, chegamos a afirmar que abrangeria, igualmente, o inquérito policial e o processo judicial, pois, em ambos, estar-se-ia produzindo prova para valer no contexto criminal. Revemos esse posicionamento, pois equivocado. Não nos parece correta a doutrina que apregoa estar o inquérito policial abrangido nessa figura com pena particularmente aumentada.[49]

Afinal, o *caput* do artigo já inclui, expressamente, o inquérito policial, não podendo, naturalmente, a figura prevista no § 1.º, que contém causa de aumento da pena, abrangê-lo novamente. Seria um despropósito. Afinal, indagar-se-ia: se o falso é cometido no inquérito policial – que se destina, unicamente, a servir de preparo para o processo penal –, responde o agente pela figura simples do *caput* ou pela específica do parágrafo? Obviamente, por exclusão e dentro da lógica, ao inquérito policial, constituindo mero procedimento administrativo, reserva-se o falso testemunho simples (*caput*), enquanto para o processo judicial penal aplica-se a figura específica do § 1.º.[50]

Nessa linha, a ótica de HUNGRIA: "processo penal se entende o que corre perante autoridade judiciária, pouco importando que verse sobre crime ou contravenção. É irrelevante que o depoimento falso seja prestado para o efeito de condenação ou de absolvição".[51] Aliás, é razoável supor que um falso prestado no inquérito policial, cujo destino primordial é formar a convicção do Ministério Público para o oferecimento de denúncia, não possa ter a mesma força que o falso cometido diante do juiz criminal, que irá, efetivamente, julgar a causa.

O aumento previsto no § 1.º aplica-se também a quem mentir em processo civil, havendo interesse de *entidade da administração pública direta* (órgão integrante das pessoas jurídicas políticas, como a União, o Estado, o Município e o Distrito Federal) ou *entidade da administração pública indireta* (pessoas jurídicas possuidoras de personalidade de direito público ou privado, executando atividade administrativa típica do Estado, como as autarquias, as empresas públicas, as sociedades de economia mista e as fundações públicas).

5.15 Condição negativa de punibilidade do § 2.º

Por política criminal, em busca da verdade real e no interesse da administração da justiça, o legislador criou uma escusa para evitar a punibilidade de um crime já aperfeiçoado.

Portanto, apesar de consumado o falso no momento em que o depoimento da testemunha é concluído ou o laudo é entregue, pode o agente, retratando-se (desdizendo-se), apresentar a verdade. Em face disso, não mais se pune o crime cometido. Expressamente, diz o art. 107, VI, tratar-se de causa extintiva da punibilidade, embora a sua natureza jurídica seja, na realidade, de excludente de tipicidade, uma vez que a lei utiliza a expressão "o fato deixa de ser punível". Se o *fato* não é punível, logo, nem mesmo deve ser considerado *típico*.

Essa retratação há de ser fruto da livre manifestação de vontade do agente, independentemente de qualquer valoração quanto aos motivos que o levaram a tanto. Correta, pois, a

---

[49] DELMANTO, *Código Penal comentado*, p. 620; DAMÁSIO, *Código Penal anotado*, p. 971.

[50] Seguindo essa linha: ROGÉRIO GRECO, *Curso de direito penal*, v. 3, p. 958.

[51] *Comentários ao Código Penal*, v. IX, p. 487.

lição de FERNANDO JOSÉ DA COSTA: "esta retratação deve ser voluntária, porém, não se exige espontaneidade. Assim, não há necessidade do retratante a explicar ou fundamentar o porquê de estar desdizendo algo. Exige-se apenas que seja uma retratação total, isto é, que o agente retrate tudo que foi falsamente declarado ou omitido, não bastando uma retratação parcial".[52] Logo, pode a testemunha pretender a retratação porque, sinceramente (espontaneidade), se arrependeu da mentira narrada, ou pelo fato de ter sido aconselhada por terceiros, evitando, com isso, responder criminalmente pelo ocorrido (mera voluntariedade).

5.15.1 Comunicabilidade aos coautores e partícipes

É possível estender a extinção da punibilidade aos coautores e partícipes, pois diz a lei que o *fato deixa de ser punível*, não havendo cabimento – dentro da teoria monista adotada para o concurso de pessoas – que alguns sejam punidos e outros não.

5.15.2 Sentença

Entenda-se, por natural, a decisão de 1.º grau do processo em que o depoimento, o cálculo, a tradução ou a perícia falsa foi produzida. A administração da justiça foi lesada a partir do instante em que o juiz do feito, crendo no depoimento, no cálculo, na tradução ou no laudo, julga o caso ao arrepio da realidade, justamente por desconhecê-la ou por estar iludido.

Não havia o menor sentido na corrente que sustentava ser admissível a retratação até o momento em que o crime de falso seria julgado, levando em consideração que a *sentença*, referida nesse parágrafo, seria a do processo-crime que apurava o ilícito.

Hoje, no entanto, a lei foi alterada, corretamente, para constar que se trata da sentença no processo "em que ocorreu o ilícito" (art. 342, § 2.º, do CP). Há julgados, ainda, ampliando a possibilidade de retratação até outros marcos, como o acórdão proferido em grau de recurso ou o trânsito em julgado da sentença, no processo em que se deu o falso.

5.15.3 Retratação no procedimento do júri

Cremos que o ápice é a decisão em sala secreta tomada pelos jurados. Se a decisão de mérito somente será proferida pelo Conselho de Sentença, não há cabimento para se levar em consideração a decisão de pronúncia, que simplesmente julga admissível a acusação. Em contrário, admitindo a retratação apenas até o momento da pronúncia: FERNANDO JOSÉ DA COSTA.[53]

5.16 Condição para instauração do inquérito ou da ação pelo crime de falso

Cometido o delito de falso testemunho ou falsa perícia, é natural que o inquérito possa ser requisitado ou instaurado de ofício. Pensávamos não devesse, no entanto, o suspeito ser indiciado, nem ter contra si ajuizada a ação penal. Alteramos o nosso entendimento, pois é preciso haver a investigação, antes que as provas se percam, em especial quando se tratar da memória de testemunhas acerca do fato, além de poder haver o indiciamento – que poderá ser cancelado, caso haja a futura retratação.

Por outro lado, o ajuizamento da ação penal é fundamental para interromper a prescrição (art. 117, I, CP). Aguarda-se, apenas, o término definitivo do processo em que o falso se deu para, então, julgar o processo-crime em que se apura o falso testemunho. Assim, suspende-se

---

[52]   *O falso testemunho*, p. 130.
[53]   *O falso testemunho*, p. 132-133.

o curso do feito em que se apura o falso, aguardando o julgamento do outro processo, o que levará à suspensão da prescrição (art. 116, I, CP).

5.17 Atipicidade do falso dependente do caso concreto

Impossibilitada a retratação do agente, bem como tornando-se impossível detectar se, realmente, houve falso testemunho, uma vez que não houve julgamento concernente ao valor do depoimento prestado, no feito em que o referido falso se deu, considera-se atípico o crime, que não se aperfeiçoou. Noutros termos, o delito de falso testemunho tem como bem tutelado a administração da justiça e, para tanto, torna-se essencial que o depoimento acoimado de falso seja avaliado, quanto ao mérito, pelo julgador. Qualquer razão impeditiva, a colocar fim ao processo em que se deu o falso testemunho, é também fator de obstáculo à formação efetiva da infração penal do art. 342. Afinal, trata-se de delito condicionado.

5.18 Extinção da punibilidade por meio de *habeas corpus* de ofício

Hipótese interessante surgiu para a nossa apreciação, consistente no seguinte caso: duas testemunhas afirmaram, na fase policial, terem visto o crime, apontando o acusado como autor; em juízo, mudaram as suas versões e disseram nada ter presenciado; o juiz mandou processá-las por falso testemunho; elas se retrataram, antes mesmo da pronúncia, no inquérito instaurado para apurar o delito de falso testemunho; o juiz valeu-se dos depoimentos produzidos na fase policial (verdadeiros, em face da retratação operada), para pronunciar o réu, que recorreu.

Apreciando o recurso em sentido estrito, verificamos a necessidade de manter a pronúncia, pois as testemunhas presenciais confirmaram ter mentido em juízo, e não na fase policial, havendo provas seguras da autoria; porém, observamos que a ação penal, pelo crime de falso testemunho, já havia sido movida contra ambas, sem que se tivesse declarado extinta a punibilidade pelo desdito consumado. Em face disso, concedemos *habeas corpus* de ofício para trancar a ação penal, sem justa causa, pois calcada em fato atípico, diante da retratação havida. Conferir, para ilustração: TJSP: "Recurso em sentido estrito – Decisão de pronúncia por homicídio qualificado – Alegada insuficiência do conjunto probatório quanto à autoria – Inadmissibilidade – Indícios suficientes ante a retratação das testemunhas L.A.S. e R.P.S. – Improvimento do recurso interposto – Concessão de *habeas corpus* de ofício, em razão da configuração de excludente de tipicidade, para trancar a ação penal instaurada contra ambos por falso testemunho (Processo n. 526/09, da 1.ª Vara de Francisco Morato)" (RSE 990.10.292550-1, 16.ª C., rel. Guilherme de Souza Nucci, 10.01.2012, v.u.).

5.19 Quadro-resumo

	Falso Testemunho ou Falsa Perícia
Previsão legal	**Art. 342.** Fazer afirmação falsa, ou negar ou calar a verdade como testemunha, perito, contador, tradutor ou intérprete em processo judicial, ou administrativo, inquérito policial, ou em juízo arbitral: Pena – reclusão, de 2 (dois) a 4 (quatro) anos, e multa. § 1.º As penas aumentam-se de um sexto a um terço, se o crime é praticado mediante suborno ou se cometido com o fim de obter prova destinada a produzir efeito em processo penal, ou em processo civil em que for parte entidade da administração pública direta ou indireta. § 2.º O fato deixa de ser punível se, antes da sentença no processo em que ocorreu o ilícito, o agente se retrata ou declara a verdade.

Sujeito ativo	Testemunha, perito, contador, tradutor, intérprete
Sujeito passivo	Estado; secundariamente, o prejudicado pelo falso
Objeto material	Depoimento, laudo, cálculo ou tradução
Objeto jurídico	Administração da justiça
Elemento subjetivo	Dolo + elemento subjetivo específico
Classificação	Próprio (de mão própria)
	Formal
	Forma livre
	Comissivo ou omissivo
	Instantâneo
	Dano
	Unissubjetivo
	Unissubsistente
Tentativa	Não admite
Circunstâncias especiais	Concurso de pessoas
	Crime de bagatela
	Causa de aumento de pena
	Condição negativa de punibilidade

6.   SUBORNO[54]

6.1   Estrutura do tipo penal incriminador

O legislador optou por não titular esse delito do art. 343 do Código Penal, como destacamos na nota feita à rubrica dada, mas é um autêntico suborno de testemunha, perito, contador, tradutor ou intérprete. Dá-se vantagem para falsear a verdade. Por isso, preferimos nomeá-lo como *suborno*.

Dar (presentear ou conceder), *oferecer* (propor para que seja aceito, apresentar) e *prometer* (comprometer-se a fazer alguma coisa) referem-se a dinheiro ou qualquer vantagem destinada a testemunha, perito, contador, tradutor ou intérprete para o cometimento de falso testemunho ou falsa perícia. É o crime de suborno (oferta de vantagem para obter algo ilícito), uma espécie de falso testemunho, embora cometido em virtude de vantagem ilícita.

Pensávamos que, ao mencionar *dinheiro ou qualquer outra vantagem*, valia-se a lei da interpretação analógica: fornecia o exemplo da vantagem (dinheiro) que podia ser destinada a testemunhas, peritos, contadores, tradutores e intérpretes, terminando por generalizar para qualquer outra semelhante. No entanto, temos vislumbrado em inúmeros outros tipos incriminadores a ideia

---

54   O legislador absteve-se de inserir um título para esse tipo penal. Poder-se-ia dizer tratar-se de um mero desdobramento do anterior (falso testemunho ou falsa perícia), o que não estaria errado. No entanto, o tipo penal do art. 343 vai além disso, prevendo o envolvimento de dinheiro ou outra vantagem para que haja falsidade. De nossa parte, portanto, configura-se o suborno. Como sustentamos: GALDINO SIQUEIRA (*Tratado de direito penal*, v. 4, p. 623); BENTO DE FARIA (*Código Penal brasileiro comentado*, p. 182). Outros autores fornecem títulos diferenciados. ROGÉRIO GRECO e BITENCOURT, por exemplo, preferem o título de corrupção ativa de testemunha, perito, contador, tradutor ou intérprete (respectivamente, *Curso de direito penal*, v. 3, p. 967; *Tratado de direito penal*, v. 5, p. 357).

legislativa de vincular o dinheiro (vantagem patrimonial) e *qualquer outra vantagem*, significando, isso sim, de qualquer natureza. É o que nos parece.[55]

Sobre os conceitos de testemunha, perito, contador, tradutor ou intérprete, ver o tópico 5.1 *supra* que trata do crime do art. 342 do CP. Exige-se, no entanto, que a pessoa, destinatária do dinheiro ou da vantagem, ostente a condição de testemunha, perito, contador, tradutor ou intérprete no momento da conduta típica.

A pena é de reclusão, de três a quatro anos, e multa.

6.2   Sujeitos ativo e passivo

O sujeito ativo pode ser qualquer pessoa. Logo, não há necessidade de ser sujeito qualificado, pois o suborno não exige nenhuma condição especial do agente. Diversamente, o falso testemunho requer a condição específica de testemunha, perito etc. O sujeito passivo é o Estado, primordialmente. Em segundo plano, pode ser a pessoa prejudicada pelo depoimento ou pela falsa perícia.

6.3   Elemento subjetivo

É o dolo. Exige-se elemento subjetivo específico, consistente na vontade de conspurcar a administração da justiça. Não existe a forma culposa.

6.4   Objetos material e jurídico

O objeto material é a testemunha, perito, contador, tradutor ou intérprete. O objeto jurídico é a administração da justiça.

6.5   Classificação

Trata-se de crime comum (aquele que pode ser cometido por qualquer pessoa); formal (que não exige, para sua consumação, resultado naturalístico); de forma livre (que pode ser cometido por qualquer meio eleito pelo agente); comissivo (os verbos implicam ações); instantâneo (cuja consumação não se prolonga no tempo, dando-se em momento determinado); unissubjetivo (aquele que pode ser cometido por um único sujeito); unissubsistente (crime que pode ser praticando em um único ato) ou plurissubsistente (delito cuja ação é composta por vários atos, permitindo-se o seu fracionamento); admite tentativa, quando na modalidade plurissubsistente.

6.6   Causa de aumento da pena do parágrafo único

Não existe mais a forma qualificada, substituída por um aumento de pena. Antes do advento da Lei 10.268/2001, previa-se a aplicação da pena em dobro – tanto o mínimo quanto o máximo eram alterados. Atualmente, quando o delito for cometido com a finalidade de produzir prova em processo penal ou em processo civil envolvendo a participação de entidade da Administração Pública direta ou indireta, dá-se um aumento variável de um sexto a um terço.

---

[55]   Mantendo-se fiel à interpretação analógica (dinheiro e outra vantagem econômica): Rogério Greco (*Curso de direito penal*, v. 3, p. 968). Sustentando constituir a vantagem qualquer utilidade: Bento de Faria (*Código Penal brasileiro comentado*, v. VII, p. 182); Bitencourt (*Tratado de direito penal*, v. 5, p. 358); André Estefam (*Direito penal*, v. 4, p. 371).

6.7   Quadro-resumo

Previsão legal	**Art. 343.** Dar, oferecer ou prometer dinheiro ou qualquer outra vantagem a testemunha, perito, contador, tradutor ou intérprete, para fazer afirmação falsa, negar ou calar a verdade em depoimento, perícia, cálculos, tradução ou interpretação: Pena – reclusão, de três a quatro anos, e multa. **Parágrafo único.** As penas aumentam-se de um sexto a um terço, se o crime é cometido com o fim de obter prova destinada a produzir efeito em processo penal ou em processo civil em que for parte entidade da administração pública direta ou indireta.
Sujeito ativo	Qualquer pessoa
Sujeito passivo	Estado; secundariamente, o prejudicado pelo falso
Objeto material	Testemunha, perito, contador, tradutor, intérprete
Objeto jurídico	Administração da justiça
Elemento subjetivo	Dolo + elemento subjetivo específico
Classificação	Comum Formal Forma livre Comissivo Instantâneo Dano Unissubjetivo Unissubsistente ou plurissubsistente
Tentativa	Admite na forma plurissubsistente
Circunstâncias especiais	Causa de aumento de pena

7.   COAÇÃO NO CURSO DO PROCESSO

7.1   Estrutura do tipo penal incriminador

O foco desse crime é a administração da justiça, na medida em que perturbada por violência (física ou moral), para que a verdade não venha à tona, influindo nas pessoas que tomam parte no processo.

Usar (empregar ou servir-se) de violência (coação física) ou grave ameaça (séria intimidação) para coagir pessoa envolvida em processo judicial, policial ou administrativo ou juízo arbitral, com o objetivo de obter algum favorecimento próprio ou alheio. É o conteúdo do art. 344 do CP.

Quanto ao caráter da ameaça, não se exige que se trate de causar à vítima algo injusto, mas há de ser intimidação envolvendo uma conduta *ilícita* do agente, isto é, configura-se o delito quando alguém usa, contra pessoa que funcione em um processo judicial, por exemplo, de grave ameaça *justa*, para obter vantagem (imagine-se o agente que, conhecendo algum crime do magistrado, ameace denunciá-lo à polícia, o que é lícito fazer, caso não obtenha ganho de causa).

Nota-se que, no caso apresentado, a conduta não é lícita, pois ninguém está autorizado a agir desse modo, buscando levar vantagem para encobrir crime alheio. Por outro lado, se a conduta disser respeito ao advogado que intimide a testemunha relembrando-a das penas do falso testemunho caso não declare a verdade, trata-se de conduta lícita, pois é interesse da administração da justiça que tal ocorra, vale dizer, que diga a verdade do que sabe.

Sobre o grau da ameaça, é preciso, como o próprio tipo penal exige, ser realmente intensa, de modo a causar potencial aflição à vítima. Como consequência, necessita cercar-se de credibilidade, verossimilhança e eficiência.

É importante haver um feito em andamento (processo, inquérito policial ou administrativo ou juízo arbitral), sob pena de atipicidade.[56]

A pena é de reclusão, de um a quatro anos, e multa, além da pena correspondente à violência.

7.2   Sujeitos ativo e passivo

O sujeito ativo pode ser qualquer pessoa, com ou sem interesse na demanda. O sujeito passivo há de ser o Estado, em primeiro plano, mas, secundariamente, a pessoa que sofreu a violência ou a grave ameaça.

7.3   Elemento subjetivo

É o dolo, havendo, expressamente, elemento subjetivo específico, consistente na finalidade de favorecer interesse próprio ou alheio em processo ou em juízo arbitral. Não há a forma culposa.

7.4   Objetos material e jurídico

O objeto material é a pessoa que sofre a coação. O objeto jurídico é a administração da justiça.

7.5   Classificação

Trata-se de crime comum (aquele que pode ser cometido por qualquer pessoa); formal (que não exige, para sua consumação, resultado naturalístico, consistente no efetivo prejuízo para a administração da justiça); de forma livre (pode ser cometido por qualquer meio eleito pelo agente); comissivo ("usar" implica ação) e, excepcionalmente, omissivo impróprio ou comissivo por omissão (quando o agente tem o dever jurídico de evitar o resultado, nos termos do art. 13, § 2.º, CP); instantâneo (cuja consumação não se prolonga no tempo, dando-se em momento determinado); unissubjetivo (aquele que pode ser cometido por um único sujeito); plurissubsistente (delito cuja ação é composta por vários atos, permitindo-se o seu fracionamento); admite tentativa.

7.6   Sistema da acumulação material

Havendo o emprego de violência, no lugar da grave ameaça, fica o agente responsável também pelo que causar à integridade física da pessoa, devendo responder em concurso material.

7.7   Causa de aumento de pena

A Lei 14.245/2021 incluiu o aumento de 1/3 até a metade se o processo envolver crime contra a dignidade sexual. O objetivo é punir mais severamente quem coagir autoridade, parte ou qualquer outra pessoa incluída no processo que envolver delito sexual. Na realidade, essa causa de elevação da pena terá pouco relevo, pois a finalidade da mencionada Lei 14.245/2021 é proteger, no campo processual, a vítima do crime sexual, impedindo que seja novamente vitimizada, quando ouvida durante a persecução penal. Tanto assim que foram incluídos os artigos 400-A e 474-A no Código de Processo Penal, bem como o art. 81, § 1.º-A na Lei 9.099/1995, vedando qualquer forma de constrangimento à pessoa ofendida, durante a sua inquirição, em juízo, além de incluir a proibição de utilização de linguagem, informes ou material ofensivo, igualmente, à dignidade da testemunha. Raramente – embora não seja

---

[56]   Bento de Faria, *Código Penal brasileiro comentado*, v. VII, p. 185.

impossível –, há situações de coação, com emprego de violência ou grave ameaça, contra vítima ou testemunha de infração penal contra a dignidade sexual.

7.8   Quadro-resumo

Previsão legal	**Coação no Curso do Processo** **Art. 344.** Usar de violência ou grave ameaça, com o fim de favorecer interesse próprio ou alheio, contra autoridade, parte, ou qualquer outra pessoa que funciona ou é chamada a intervir em processo judicial, policial ou administrativo, ou em juízo arbitral: Pena – reclusão, de um a quatro anos, e multa, além da pena correspondente à violência. **Parágrafo único.** A pena aumenta-se de 1/3 (um terço) até a metade se o processo envolver crime contra a dignidade sexual.
Sujeito ativo	Qualquer pessoa
Sujeito passivo	Estado; secundariamente, o prejudicado pela coação
Objeto material	Pessoa que sofre a coação
Objeto jurídico	Administração da justiça
Elemento subjetivo	Dolo direto + elemento subjetivo específico
Classificação	Comum Formal Forma livre Comissivo; excepcionalmente, omissivo impróprio ou comissivo por omissão Instantâneo Dano Unissubjetivo Plurissubsistente
Tentativa	Admite
Circunstâncias especiais	Sistema da acumulação material

8.   EXERCÍCIO ARBITRÁRIO DAS PRÓPRIAS RAZÕES

8.1   Estrutura do tipo penal incriminador

Fazer justiça pelas próprias mãos significa obter, pelo próprio esforço, algo que se considere justo ou correto. Trata-se de conduta de nítida equivocidade, pois se presta à visão do agente, e não da sociedade ou do Estado. Portanto, é correta a sua tipificação como delito, até mesmo porque o monopólio de distribuição de justiça é estatal, não cabendo ao particular infringir tal regra de apaziguamento social. É o teor do art. 345 do Código Penal.

O tipo penal não está de acordo com o princípio da taxatividade, pois *fazer justiça pelas próprias mãos*, em verdade, não diz nada de concreto. Com violência (física ou moral); sem violência (física ou moral)? De que modo o sujeito ativo deve ou pode atuar? Deveria ter ficado mais claro. Eis que HUNGRIA enumera, por sua conta, a existência de qualquer espécie de violência, mesmo aquela caracterizadora das *vias de fato* (sem lesões detectáveis na vítima).[57]

---

[57]   *Comentários ao Código Penal*, v. 9, p. 493.

Por isso, também, parte da doutrina afirma poder o crime ser cometido de qualquer modo, inclusive com fraude.[58]

Quanto ao caráter da pretensão, há de ser um interesse que possa ser satisfeito em juízo, pois não teria o menor cabimento considerar *exercício arbitrário das próprias razões* – delito contra a administração da justiça – a atitude do agente que consegue algo incabível de ser alcançado por meio da atividade jurisdicional do Estado.

A *legitimidade* (algo que é fundado no direito) não é levada em conta para a configuração do tipo penal, isto é, o objetivo do legislador é impedir que as pessoas invadam competência exclusiva do Estado para compor os conflitos emergentes na sociedade, de forma que é indiferente ser a pretensão do autor, na sua mente, legal ou ilegal, justa ou injusta.

A parte final do tipo penal – *salvo quando a lei o permite* – é desnecessária, pois óbvia. Se a lei permite que o agente atue dentro do exercício de um direito, torna-se evidente que não se pode considerar criminosa a conduta. Assim, quando o direito civil autoriza que o "possuidor turbado ou esbulhado" mantenha-se ou restitua-se "por sua própria força, contanto que o faça logo" (art. 1.210, § 1.º, CC), cria o direito de o agente – por meio da "legítima defesa da posse" – *fazer justiça pelas próprias mãos*. Note-se que, nesse caso, há autorização estatal para tal postura, não se considerando usurpação de função, tampouco prejuízo para a administração da justiça, até mesmo porque o Estado não pode estar em todos os lugares ao mesmo tempo. Permite, então, que o particular defenda-se diretamente, fazendo uso de um direito. A atuação do agente, quando a lei permite, torna o fato atípico.

Ainda dentro da ressalva, é possível que o agente se valha do estado de necessidade. Por vezes, fazer "justiça pelas próprias mãos", mesmo com o emprego de arma de fogo, pode configurar a excludente do art. 24 do Código Penal.

A pena prevista no art. 345 do CP é de detenção, de quinze dias a um mês, ou multa, além da pena correspondente à violência.

8.2   Sujeitos ativo e passivo

O sujeito ativo pode ser qualquer pessoa. O sujeito passivo é, principalmente, o Estado, que tem a sua atividade de compor conflitos usurpada, prejudicando a administração da justiça, mas, secundariamente, é a pessoa contra a qual se volta a conduta do agente.

8.3   Elemento subjetivo

É o dolo, havendo, ainda, o elemento subjetivo específico, consistente na vontade de satisfazer qualquer tipo de aspiração. Não existe a forma culposa.

8.4   Objetos material e jurídico

O objeto material é a coisa ou pessoa que sofre a conduta do agente. O objeto jurídico é a administração da justiça.

8.5   Classificação

Trata-se de crime comum (aquele que pode ser cometido por qualquer pessoa); formal (que não exige, para sua consumação, resultado naturalístico, consistente na efetiva satisfação da pretensão). Há posição em sentido contrário, considerando material a infração penal,

---

[58] BITENCOURT, *Tratado de direito penal*, v. 5, p. 369.

necessitando, para a consumação, que o agente satisfaça sua pretensão. É de forma livre (pode ser cometido por qualquer meio eleito pelo agente); comissivo ("fazer" implica ação); instantâneo (cuja consumação não se prolonga no tempo, dando-se em momento determinado); unissubjetivo (aquele que pode ser cometido por um único sujeito); plurissubsistente (delito cuja ação é composta por vários atos, permitindo-se o seu fracionamento); admite tentativa.

8.6   Delito de caráter subsidiário

Existindo o emprego de violência na atuação do agente, haverá concurso material de infrações, responsabilizando-se o autor pelo que causar à integridade física da pessoa. Não se trata de um caso de subsidiariedade explícita, isto é, quando o tipo deixa de ser aplicado ao ocorrer outro mais grave, envolvendo-o, mas não deixa de ter um aspecto subsidiário, demonstrando que a violência não fica absorvida pela prática da coação, merecendo punição à parte.

8.7   Crime de ação pública ou privada

Conforme o caso concreto, inexistindo violência, deixa o Estado a ação penal sob a iniciativa exclusiva da parte ofendida (art. 345, parágrafo único, do CP). No entanto, quando o agente empregar atos violentos, torna-se público o interesse, habilitando o Ministério Público a agir. Se a lesão provocada for simples, a ação pública será condicionada à representação da vítima.

8.8   Quadro-resumo

Previsão legal	**Exercício Arbitrário das Próprias Razões** **Art. 345.** Fazer justiça pelas próprias mãos, para satisfazer pretensão, embora legítima, salvo quando a lei o permite: Pena – detenção, de quinze dias a um mês, ou multa, além da pena correspondente à violência. **Parágrafo único.** Se não há emprego de violência, somente se procede mediante queixa.
Sujeito ativo	Qualquer pessoa
Sujeito passivo	Estado; secundariamente o prejudicado
Objeto material	Coisa ou pessoa que sofre a conduta
Objeto jurídico	Administração da justiça
Elemento subjetivo	Dolo direto + elemento subjetivo específico
Classificação	Comum Formal Forma livre Comissivo Instantâneo Dano Unissubjetivo Plurissubsistente
Tentativa	Admite
Circunstâncias especiais	Ação pública ou privada Exercício regular de direito Acumulação material

9. OUTRA FORMA DE EXERCÍCIO ARBITRÁRIO DAS PRÓPRIAS RAZÕES[59]

9.1 Estrutura do tipo penal incriminador

Tirar (arrancar ou retirar), *suprimir* (eliminar ou fazer com que desapareça), *destruir* (aniquilar ou extinguir) ou *danificar* (causar dano ou provocar estrago), tendo por objeto coisa própria em poder de terceiro. É tipo misto alternativo, significando que o agente pode praticar uma única conduta, ou todas, e o delito será um só. É o conteúdo do art. 346 do CP.

A coisa própria é o objeto pertencente ao próprio sujeito ativo. Pode ser coisa móvel ou imóvel.

Estar em poder de terceiro por determinação judicial ou convenção é elementar do tipo que a coisa pertença ao autor da infração penal, embora esteja sob a esfera de proteção e vigilância de terceiro, seja porque o juiz assim determinou (coisa penhorada e guardada em depósito), seja porque as partes haviam acordado que dessa maneira aconteceria (automóvel alugado em poder do locatário).

A pena é de detenção, de seis meses a dois anos, e multa.

9.2 Sujeitos ativo e passivo

O sujeito ativo é o proprietário da coisa. O sujeito passivo é o Estado, podendo-se falar, secundariamente, na pessoa prejudicada pela conduta.

9.3 Elemento subjetivo

É o dolo. Não se pune a forma culposa, nem se exige elemento subjetivo específico.

9.4 Objetos material e jurídico

O objeto material é a coisa tirada, suprimida, destruída ou danificada. O objeto jurídico é a administração da justiça.

9.5 Classificação

Trata-se de crime próprio (aquele que somente pode ser cometido por sujeito ativo qualificado ou especial); material (que exige, para sua consumação, resultado naturalístico); de forma livre (pode ser cometido por qualquer meio eleito pelo agente); comissivo (os verbos implicam ações); instantâneo (cuja consumação não se prolonga no tempo, dando-se em momento determinado); unissubjetivo (aquele que pode ser cometido por um único sujeito); plurissubsistente (delito cuja ação é composta por vários atos, permitindo-se o seu fracionamento); admite tentativa.

9.6 Quadro-resumo

Previsão legal	**Art. 346.** Tirar, suprimir, destruir ou danificar coisa própria, que se acha em poder de terceiro por determinação judicial ou convenção: Pena – detenção, de seis meses a dois anos, e multa.

---

[59] À falta de título dado pelo legislador, Hungria o nomeia como "subtração ou dano de coisa própria em poder de terceiro" (*Comentários ao Código Penal*, v. 9, p. 498). É seguido por Rogério Greco (*Curso de direito penal*, v. 3, p. 979). Preferimos a outra face do exercício arbitrário das próprias razões e, nesse sentido, também é a posição de Bitencourt (*Tratado de direito penal*, v. 5, p. 373).

Sujeito ativo	Proprietário da coisa
Sujeito passivo	Estado; secundariamente o prejudicado
Objeto material	Coisa tirada, suprimida, destruída, danificada
Objeto jurídico	Administração da justiça
Elemento subjetivo	Dolo
Classificação	Próprio Material Forma livre Comissivo Instantâneo Dano Unissubjetivo Plurissubsistente
Tentativa	Admite

10. FRAUDE PROCESSUAL

10.1 Estrutura do tipo penal incriminador

Inovar significa introduzir uma novidade. O objeto da conduta é coisa, lugar ou pessoa envolvida em processo judicial. Exige-se que a inovação tenha a capacidade de enganar, constituindo efetivamente uma modificação no estado natural das coisas. Não estão incluídas as alterações naturais das coisas, dos lugares e das pessoas (ex.: deixar crescer a barba ou o bigode). É o teor do art. 347 do CP.

FRAGOSO afirma que esse delito "aproxima-se do *falsum* e (quando visa vantagem patrimonial) do estelionato. Objeto da tutela jurídico é, porém, a administração da justiça, enquanto se procura assegurar a autenticidade dos meios de convicção oferecidos ao julgador, e, pois, a correção do pronunciamento jurisdicional".[60]

Além disso, aspectos interiores da pessoa, como modificações do estado psíquico ou de ânimo, não servem para a configuração da inovação. Questão interessante é a troca de um réu por outro para dificultar o reconhecimento em audiência: não se pode considerar inovação, pois houve, na realidade, substituição de pessoa.

Artificiosamente significa usar um recurso engenhoso, malícia ou ardil. A mera inovação, portanto, não causa a concretização do tipo, dependendo-se da atitude engenhosa e fingida do autor, vale dizer, do seu intuito de fraudar.

Quanto ao *processo civil ou administrativo*, nesse caso, não estão abrangidas as investigações de natureza civil e as sindicâncias. Tratando-se de processo penal, ver o parágrafo único do art. 347 do CP (as penas dobram).

Há uma ressalva que inclui o inquérito, quando o tipo menciona *processo penal, ainda que não iniciado*. Evidentemente, para a concretização típica, torna-se indispensável aguardar o desfecho do inquérito, pois a inovação artificiosa há de produzir efeito em futuro processo penal. Se este não puder ser iniciado, porque houve o arquivamento do inquérito policial, não há que falar em fraude processual.

---

[60]   *Lições de direito penal*, v. 4, p. 1036.

De todo modo, HUNGRIA faz uma observação muito importante, afirmando que, "no processo penal, nem mesmo o interesse da defesa justificará a inovação artificiosa por parte do acusado, e não se eximirá à pena o ofendido que, fraudulentamente, procurar agravar a situação do réu".[61] A relevância dessa afirmação evidencia que a *ampla defesa*, no processo em geral, pode ter limites, muitos dos quais estão concentrados na ética e na lisura do litígio. Defender um réu não significa valer-se de fraude ou qualquer outro artifício negativo para *vencer a qualquer custo*. Entretanto, isso não quer dizer *entregar-se* às autoridades com todas as provas contra si devidamente montadas. O meio-termo é o que se busca. Consultar o item 10.7 *infra*.

A pena prevista no *caput* do art. 347 do CP é de detenção, de três meses a dois anos, e multa.

10.2 Sujeitos ativo e passivo

O sujeito ativo pode ser qualquer pessoa. O sujeito passivo é o Estado, principalmente; em segundo plano, a pessoa prejudicada pela inovação artificiosa.

10.3 Elemento subjetivo

É o dolo. Exige-se elemento subjetivo específico, consistente na vontade de fraudar o processo, levando o juiz ou o perito a erro. Não há a forma culposa.

10.4 Objetos material e jurídico

Os objetos materiais são a coisa, o lugar ou a pessoa que sofrem a inovação. O objeto jurídico é a administração da justiça.

10.5 Classificação

Trata-se de crime comum (aquele que pode ser cometido por qualquer pessoa); formal (que não exige, para sua consumação, o resultado naturalístico previsto no tipo, ou seja, o efetivo erro do juiz ou do perito). Exige-se, pelo menos, que a inovação tenha efeito, ainda que não chegue ao conhecimento do juiz ou do perito. É de forma livre (pode ser cometido por qualquer meio eleito pelo agente); comissivo ("inovar" implica ação); instantâneo (cuja consumação não se prolonga no tempo, dando-se em momento determinado); unissubjetivo (aquele que pode ser cometido por um único sujeito); plurissubsistente (delito cuja ação é composta por vários atos, permitindo-se o seu fracionamento); admite tentativa.

10.6 Causa de aumento de pena do parágrafo único

Cuida-se de aplicação da pena em dobro, o que se dará na terceira fase, vale dizer, quando o juiz lançar as causas de aumento e diminuição existentes (art. 68, *caput*, CP). Os efeitos no processo penal são sempre mais devastadores do que no processo civil ou administrativo, tendo em vista que o erro judiciário pode levar um inocente ao cárcere ou mesmo colocar em liberdade um sujeito perigoso.

10.7 Autodefesa do acusado

Cremos fazer parte do direito de autodefesa do réu a inovação de certas coisas (como a modificação das características da arma utilizada para o homicídio para não ser apreendida),

---

[61] *Comentários ao Código Penal*, v. 9, p. 501.

de determinados lugares (a arrumação da casa, lavando-se manchas de sangue, após o cometimento do delito) ou de pessoas (buscar alterar a própria feição para não ser reconhecido). O crime destina-se, basicamente, àquele que não é réu, diretamente envolvido no processo, mas busca alterar o estado de coisa, lugar ou pessoa para levar a erro o magistrado ou o perito. Entretanto, *há limite* para a utilização da autodefesa, quando a inovação de lugar implica, por exemplo, o cometimento de delito mais grave, como a ocultação de cadáver. Este último tem objeto jurídico diverso, que é o respeito à memória do morto, a merecer sepultamento digno, além de possuir pena mais grave (reclusão, de um a três anos, e multa). Em suma, mesmo o acusado, em sua autodefesa, encontra algumas fronteiras em relação às quais não deve ultrapassar. Conforme a situação concreta, o que fizer o acusado para modificar coisa, pessoa ou lugar, pode responder por delito mais grave ou delito-fim, que absorverá este do art. 344 (por exemplo, a ocultação de cadáver, art. 211 do CP).

10.8   Absorção por crime mais grave

Se a fraude processual se confundir com o cometimento de delito mais grave ou crime-fim, deve ser por este absorvida. O exemplo já foi dado no tópico anterior. Se o agente do homicídio promove a destruição ou ocultação do cadáver, uma vez descobertos os delitos, deve responder por homicídio (art. 121, CP), em concurso material com ocultação ou destruição de cadáver (art. 211, CP), mas absorvendo-se a fraude processual. Essa infração penal perde o sentido por duas razões: houve a concretização de delito mais grave (ocultação ou destruição de cadáver), além de implicar o direito de autodefesa.

10.9   Quadro-resumo

Previsão legal	**Fraude Processual** **Art. 347.** Inovar artificiosamente, na pendência de processo civil ou administrativo, o estado de lugar, de coisa ou de pessoa, com o fim de induzir a erro o juiz ou o perito: Pena – detenção, de três meses a dois anos, e multa. **Parágrafo único.** Se a inovação se destina a produzir efeito em processo penal, ainda que não iniciado, as penas aplicam-se em dobro.
Sujeito ativo	Qualquer pessoa
Sujeito passivo	Estado; secundariamente, o prejudicado pela fraude
Objeto material	Coisa, lugar ou pessoa que sofre inovação
Objeto jurídico	Administração da justiça
Elemento subjetivo	Dolo + elemento subjetivo específico
Classificação	Comum Formal Forma livre Comissivo Instantâneo Dano Unissubjetivo Plurissubsistente
Tentativa	Admite
Circunstâncias especiais	Autodefesa Absorção por crime mais grave

11. FAVORECIMENTO PESSOAL

11.1 Estrutura do tipo penal incriminador

Auxiliar a subtrair-se significa fornecer ajuda a alguém para fugir, esconder-se ou evitar a ação da autoridade que o busca. Não são punidas as condutas de induzir ou instigar alguém a se subtrair da ação da autoridade, podendo, no entanto, haver participação – por induzimento ou instigação – ao auxílio prestado por outrem. É o teor do art. 348 do CP.

A autoridade pública pode ser o juiz, o promotor, o delegado ou qualquer outra que tenha legitimidade para buscar o autor de crime.

Quanto à expressão *autor de crime,* poder-se-ia interpretar o termo *crime* nesse contexto do mesmo modo que se procede no caso do art. 180, § 4.º, do Código Penal, ou seja, um *injusto* (fato típico e antijurídico).

Na visão da doutrina tradicional, seria o crime, sob o ângulo objetivo, sem a culpabilidade que lhe proporcionava o lado subjetivo (dolo e culpa). Na situação do art. 348, no entanto, há um adendo muito relevante – "a que é cominada pena de reclusão" –, afastando-se, com isso, a possibilidade de levar em conta apenas o injusto, pois se deve acrescer ao tipo a possibilidade concreta de o sujeito favorecido pela conduta de quem lhe deu auxílio ser, efetivamente, condenado a uma pena de reclusão.

Tal linha de raciocínio afasta, naturalmente, a possibilidade de se considerar típica a conduta da pessoa que auxilia um menor infrator a ocultar-se da polícia ou um doente mental, a quem se impôs medida de segurança, a fazer o mesmo. São sujeitos para os quais não se comina pena de reclusão. O menor de 18 anos comete ato infracional e é sancionado de acordo com legislação especial, enquanto o louco não comete crime sujeito a pena de reclusão. E mais: não existindo o crime anterior, impossível falar em favorecimento pessoal, tendo em vista não estar ferida a administração da justiça. Assim, qualquer causa que sirva para elidir a configuração do crime anterior (extinção da punibilidade, reconhecimento de excludentes de tipicidade, antijuridicidade ou culpabilidade, imunidades, entre outros) arreda, também, o delito do art. 348. Afasta-se, ainda, a possibilidade de se considerar a contravenção penal, visto que o sentido da palavra *crime* não a inclui. Não fosse assim e o legislador ter-se-ia valido do termo *infração penal.*

A pena prevista no *caput* do art. 348 do CP é de detenção, de um a seis meses, e multa.

11.2 Sujeitos ativo e passivo

O sujeito ativo pode ser qualquer pessoa. O sujeito passivo é o Estado.

11.3 Elemento subjetivo

É o dolo. Cremos existir, ínsito no tipo, o elemento subjetivo específico, consistente na vontade de ludibriar a autoridade, deixando de fazer prevalecer a correta administração da justiça. Não existe a forma culposa.

11.4 Objetos material e jurídico

O objeto material é a autoridade enganada. O objeto jurídico é a administração da justiça.

11.5 Classificação

Trata-se de crime comum (aquele que não demanda sujeito ativo qualificado ou especial); material (delito que exige resultado naturalístico, consistente na efetiva ocultação do criminoso); de forma livre (podendo ser cometido por qualquer meio eleito pelo agente); comissivo ("auxiliar" implica ação); instantâneo (cujo resultado se dá de maneira instantânea, não se prolongando no tempo); unissubjetivo (que pode ser praticado por um só agente); plurissubsistente (em regra, vários atos integram a conduta); admite tentativa.

11.6   Diferença entre o favorecimento e a participação

Para configurar o crime de favorecimento é indispensável que o auxílio seja prestado após o primeiro delito ter se consumado, isto é, depois que alguém praticou o injusto, buscando esconder-se, fornece-se a ele o abrigo necessário.

Se o sujeito oferecer abrigo ou qualquer tipo de ajuda antes do cometimento do crime, trata-se de participação.[62] Além disso, é também curial destacar não ser o autor do crime de favorecimento o coautor do primeiro, pois, do contrário, estaria havendo indevida punição. Se o comparsa esconde o outro em sua casa, é natural que não responda por favorecimento, uma vez que está, identicamente, protegendo-se. É o que HUNGRIA chama de *autofavorecimento*.[63]

11.7   Viabilidade do crime anterior

O delito anterior cometido necessita ser juridicamente viável, ou seja, é preciso ter potencialidade de provocar a condenação de alguém. Se houver absolvição, por qualquer causa, não se está diante do favorecimento, uma vez que a pessoa não pode ser considerada *autora* de *crime*.

Para tanto, torna-se necessário aguardar o deslinde do processo anterior para o reconhecimento da prática do delito de favorecimento pessoal, pois, se houver absolvição, como mencionado, esse crime deixa de existir. Entendemos que o favorecimento está configurado na hipótese de alguém prestar auxílio a criminoso ainda não condenado, não socorrendo o argumento de que o tipo penal menciona *autor de crime,* e não *acusado*. Ora, justamente porque se fala em autor de crime é que não se refere a *culpado*. Assim, se o agente dá abrigo em sua casa a um procurado pela polícia, ainda não condenado, pode ficar sujeito às penas do favorecimento, desde que se aguarde a condenação do favorecido. Parece-nos cauteloso instaurar-se o inquérito e, havendo provas suficientes, ajuizar a ação penal, aguardando-se o deslinde do processo anterior (enquanto isso a prescrição fica suspensa – art. 93, CPP).

11.8   Exercício regular de direito

Não configura favorecimento pessoal a hipótese de o morador impedir a entrada da polícia, durante à noite, em seu domicílio, ainda que seja para capturar fugitivo. Trata-se de exercício regular de direito, garantido pela Constituição Federal, no art. 5.º, XI ("a casa é asilo inviolável do indivíduo, ninguém nela podendo penetrar sem consentimento do morador, salvo em caso de flagrante delito ou desastre, ou para prestar socorro, ou, durante o dia, por determinação judicial").

Logo, caso o autor de crime esteja refugiado em casa alheia, a autoridade policial somente pode ingressar no domicílio durante o dia. Nem se diga que, nessa situação, estaria configurado o flagrante delito de favorecimento pessoal, pois, repita-se, sendo direito do morador

---

[62]   Nesse sentido: HUNGRIA, *Comentários ao Código Penal*, v. 9, p. 505-506.
[63]   *Comentários ao Código Penal*, v. 9, p. 507.

resguardar sua casa como asilo inviolável, durante a noite, é impossível dizer que tal atitude, por si só, configura o delito previsto nesse artigo. Se, quando alvorecer, permanecer o impedimento, nesse caso, pode-se falar em favorecimento pessoal. Ademais, é preciso analisar quais outras condutas o morador tomou, além de impedir a entrada da polícia durante a noite. Se houve auxílio prestado, sob diferente formato, em tese, pode-se cuidar desse delito, mas se a atitude restringiu-se a resguardar o seu lar da invasão policial após o anoitecer, nada há a ser punido.

11.9 Figura privilegiada do § 1.º

Fala-se em favorecimento pessoal privilegiado, cujos mínimo e máximo da pena diminuem quando o crime do indivíduo que foi protegido é sujeito a pena de detenção (a pena nesse caso será de detenção, de quinze dias a três meses, e multa, conforme o § 1.º do art. 348 do CP).

11.10 Escusa absolutória (imunidade absoluta)

Não é punido o agente do favorecimento pessoal quando, por razões de política criminal e motivos de ordem sentimental e humanitária, for ascendente, descendente, cônjuge ou irmão do delinquente (art. 348, § 2.º, do CP).

11.11 Quadro-resumo

	Favorecimento Pessoal
Previsão legal	**Art. 348.** Auxiliar a subtrair-se à ação de autoridade pública autor de crime a que é cominada pena de reclusão: Pena – detenção, de um a seis meses, e multa. § 1.º Se ao crime não é cominada pena de reclusão: Pena – detenção, de quinze dias a três meses, e multa. § 2.º Se quem presta o auxílio é ascendente, descendente, cônjuge ou irmão do criminoso, fica isento de pena.
Sujeito ativo	Qualquer pessoa
Sujeito passivo	Estado
Objeto material	Autoridade enganada
Objeto jurídico	Administração da justiça
Elemento subjetivo	Dolo + elemento subjetivo específico
Classificação	Comum Material Forma livre Comissivo Instantâneo Dano Unissubjetivo Plurissubsistente
Tentativa	Admite
Circunstâncias especiais	Autor de crime Figura privilegiada Imunidade

12. FAVORECIMENTO REAL

12.1 Estrutura do tipo penal incriminador

Como bem narra Fragoso, o favorecimento real muito se aproxima da receptação. Distingue-se pela diversa objetividade jurídica e pelo rumo com que a ação é praticada. O objeto da tutela no favorecimento real é a administração da justiça, enquanto na receptação volta-se ao patrimônio da vítima. No caso do art. 349, tem por fim assegurar o proveito do crime, dificultando a ação da justiça.[64]

Prestar auxílio significa ajudar ou dar assistência. O destinatário do apoio é o criminoso.

O criminoso há de ser a pessoa que comete o crime, vale dizer, o sujeito ativo do delito. Portanto, nos mesmos moldes do favorecimento pessoal, não se admite o inimputável (menor ou doente mental), posto não ser *criminoso*.

Não se incluem no tipo penal do favorecimento real a pessoa que é coautora (insira-se, também, o partícipe), tendo em vista o seu natural interesse de se favorecer ocultando o produto do delito, bem como o receptador, que possui tipo específico para sua punição. Aliás, para detectar se se trata de receptação ou favorecimento real, deve-se analisar o destino do proveito do crime: se for em benefício do agente do crime anterior, trata-se da figura do art. 349; caso seja para proveito próprio ou de terceiro, configura-se a receptação.

Se a promessa de auxílio for feita antes do cometimento do crime, configura-se, nessa hipótese, modalidade de participação, mas não o crime de favorecimento real. Para o delito do art. 349 é preciso que o agente forneça o auxílio *depois* da prática do crime, sem ter feito qualquer promessa nesse sentido anteriormente.

O proveito do crime é o ganho, o lucro ou a vantagem auferida pela prática do delito. Pode ser bem móvel ou imóvel, material ou moral. Para Hungria, é "toda vantagem ou utilidade, material ou moral, obtida ou esperada em razão do crime anterior, seja direta ou indiretamente: tanto o produto do crime (ex.: a *res furtiva*), ou o *resultado* dele (ex.: a posse de menor raptada [sequestrada], quanto a coisa que venha a substituir a que foi objeto material do crime (ex.: o ouro resultante da fusão das joias subtraídas, ou a coisa que veio a ser comprada com o dinheiro furtado), ou, finalmente, o *pretium criminis*".[65]

Quanto ao conceito de crime, é o fato típico, antijurídico e culpável, necessitando-se do julgamento definitivo do delito anterior para a consideração de mérito do tipo penal do art. 349. Pode-se processar o pretenso autor do favorecimento, devendo-se aguardar a solução no outro feito, a fim de saber se houve proveito de crime.

Se houver absolvição do autor do crime anterior, por julgar o juiz inexistente o fato, por exemplo, não é cabível falar em favorecimento real. Entretanto, causas pessoais de exclusão da pena não provocam a exclusão do tipo do art. 349, visto que o fato criminoso permaneceu íntegro. Assim, a pessoa que esconde em sua casa o veículo subtraído do pai pelo filho comete favorecimento real, tendo em vista que a imunidade absoluta atinge somente o agente, e não a situação fática.

Cremos ser indiferente o delito anterior ao favorecimento real ser consumado ou tentado, desde que o proveito seja assegurado. Fornece-nos um exemplo Paulo José da Costa

---

[64] *Lições de direito penal*, v. 4, p. 1043.

[65] *Comentários ao Código Penal*, v. 9, p. 510.

JÚNIOR: pode o agente do favorecimento auxiliar alguém a ocultar numerário já percebido para a execução de um crime de homicídio que, no entanto, não se consumou.[66]

A pena é de detenção, de um a seis meses, e multa.

12.2 Sujeitos ativo e passivo

O sujeito ativo pode ser qualquer pessoa. O sujeito passivo é o Estado.

12.3 Elemento subjetivo

É o dolo, exigindo-se, ainda, o elemento subjetivo específico, consistente na vontade de tornar seguro o proveito do crime. Não se pune a forma culposa.

12.4 Objetos material e jurídico

O objeto material é o proveito do crime, que recebe o auxílio. O objeto jurídico é a administração da justiça.

12.5 Classificação

Trata-se de crime comum (aquele que não exige sujeito ativo qualificado ou especial); formal (que não exige, para sua consumação, resultado naturalístico, consistente na efetiva ocultação do proveito do crime); de forma livre (pode ser cometido por qualquer meio eleito pelo agente); comissivo ("prestar" implica ação); instantâneo (cuja consumação não se prolonga no tempo, dando-se em momento determinado); unissubjetivo (aquele que pode ser cometido por um único sujeito); plurissubsistente (delito cuja ação é composta por vários atos, permitindo-se o seu fracionamento); admite tentativa.

12.6 Quadro-resumo

Previsão legal	**Favorecimento Real** **Art. 349.** Prestar a criminoso, fora dos casos de coautoria ou de receptação, auxílio destinado a tornar seguro o proveito do crime: Pena – detenção, de um a seis meses, e multa.
Sujeito ativo	Qualquer pessoa
Sujeito passivo	Estado
Objeto material	Proveito do crime
Objeto jurídico	Administração da justiça
Elemento subjetivo	Dolo + elemento subjetivo específico
Classificação	Comum Formal Forma livre Comissivo Instantâneo Dano Unissubjetivo Plurissubsistente
Tentativa	Admite

---

[66] *Direito penal* – Curso completo, p. 750.

13. FAVORECIMENTO REAL EM PRESÍDIO[67]

13.1 Estrutura do tipo penal incriminador

Ingressar (dar entrada de algo em algum lugar), *promover* (propiciar, dar causa a algo), *intermediar* (colocar-se entre duas pessoas, servindo-lhes de ponte ou ligação), *auxiliar* (dar ajuda ou socorro) ou *facilitar* (tornar mais fácil, favorecer) são as condutas alternativas previstas. Os verbos promover, *intermediar, auxiliar e facilitar* podem ter por objeto a entrada de aparelho telefônico de comunicação móvel (celular), de rádio ou similar. O verbo *ingressar* significa, em verdade, levar consigo o aparelho para dentro do presídio, o que não deixa de ser uma forma de promover a entrada do referido aparelho. A inclusão do art. 319-A (modalidade de prevaricação trazida pela Lei 11.466/2007) passou a criminalizar a conduta do funcionário público que deixe de cumprir seu dever de impedir o acesso do preso a aparelho telefônico, de rádio ou similar.

Entretanto, faltava a tipificação do outro lado da questão, consistente na criminalização da conduta de quem leva o aparelho de comunicação para o interior do estabelecimento penitenciário. Afinal, tanto pode o funcionário público prevaricar e permitir o acesso ao celular como pode o particular beneficiar o preso, longe das vistas do referido funcionário, facilitando a entrada de aparelhos de comunicação.

De toda forma, nos moldes ocorridos com a corrupção, há dois tipos previstos, com a mesma sanção (detenção, de três meses a um ano), para o mesmo fato, visto sob ângulos diversos: o acesso do preso a aparelho de comunicação. Na primeira hipótese (art. 319-A), pune-se o funcionário que deixou de fiscalizar convenientemente, desde que atue com dolo, permitindo o ingresso do aparelho. Na segunda situação (art. 349-A), pune-se o particular, que promoveu, de algum modo, a entrada do aparelho no presídio. Portanto, pode-se ter um único fato, com a incidência de dois tipos penais distintos, aplicando-se a exceção pluralística à teoria monística.

A expressão *sem autorização legal* torna-se elemento normativo do tipo, dependente de análise e interpretação segundo a legislação vigente. Não se trata de norma penal em branco, pois inexiste uma fonte normativa específica lidando com o assunto, tal como há no contexto das drogas ilícitas.

A pena é de reclusão, de três meses a um ano.

13.2 Sujeitos ativo e passivo

O sujeito ativo pode ser qualquer pessoa. O sujeito passivo é o Estado. Secundariamente, a sociedade, que pode ser vítima da prática de outros delitos, caso exista comunicação dos presos com o mundo exterior.

13.3 Elemento subjetivo

É o dolo, não se punindo a forma culposa. Inexiste elemento subjetivo específico.

---

[67] Como de vezes anteriores, o legislador inseriu esse tipo penal incriminador e não lhe deu título. Por isso, a doutrina diverge nessa rubrica. Afora o nosso título, BITENCOURT, por exemplo, titulou como "entrada na prisão de aparelho telefônico móvel ou similar" (*Tratado de direito penal*, v. 5, p. 405).

13.4 Objetos material e jurídico

O objeto material é o aparelho telefônico de comunicação móvel, de rádio ou similar. O objeto jurídico é a administração da justiça, com ênfase à segurança pública.

13.5 Classificação

O crime é comum (pode ser praticado por qualquer pessoa); formal (independe de qualquer resultado naturalístico, demonstrativo de prejuízo ao Estado); de forma livre (pode ser cometido por qualquer meio eleito pelo agente); comissivo (os verbos indicam ações); instantâneo (a consumação se dá em linha determinada no tempo); de perigo abstrato (há probabilidade de dano, presumida pela lei); unissubjetivo (pode ser praticado por uma só pessoa); plurissubsistente (cometido em vários atos). Admite tentativa.

13.6 Particularidades

Para o estudo da nova figura típica, alguns pontos merecem destaque:

a) para a configuração, consumação e punição do crime não é preciso apreender o aparelho em mãos do preso. Basta que se descubra o referido aparelho dentro do presídio, contra as determinações vigentes, conseguindo-se, por certo, identificar quem promoveu o seu ingresso;

b) sobre a capacitação do aparelho, devem-se volver os olhos ao art. 17, cuidando do crime impossível. Tratando-se de aparelho danificado, de modo a tornar *impossível* qualquer comunicação, trata-se de objetivo absolutamente impróprio. No entanto, se o aparelho estiver com mau funcionamento, mas capaz de alguma transmissão, o objeto passa a ser considerado relativamente impróprio, de modo que não mais se configura o crime impossível. Nesse sentido, como objeto relativamente impróprio, o celular pré-pago, sem crédito, no momento do ingresso no presídio. A qualquer instante ele pode ser carregado, logo, não é crime impossível. O mesmo se diga do sistema de proteção instalado em redor do presídio para obstar a comunicação dos aparelhos celulares. A depender de exame pericial, deve-se proceder à análise do aparelho;

c) quanto aos equipamentos de segurança destinados a bloquear a comunicação para telefones celulares e outros rádios transmissores com o mundo exterior, não há qualquer impedimento para a consumação do delito do art. 349-A. Aliás, independentemente da análise da eficiência do bloqueio, o tipo penal não faz nenhuma referência à comunicação interior-exterior. Portanto, é vedado o ingresso de aparelhos de comunicação em estabelecimentos prisionais, pois não é dado o direito ao preso de se comunicar dessa maneira, inclusive com outros detentos, situados em pavilhões ou celas diversas;

d) os aparelhos similares aos celulares e aos rádios devem adequar-se ao art. 60, § 1.º, da Lei 9.472/1997, a saber: "Serviço de telecomunicações é o conjunto de atividades que possibilita a oferta de telecomunicação. § 1.º Telecomunicação é a transmissão, emissão ou recepção, por fio, radioeletricidade, meios ópticos ou qualquer outro processo eletromagnético, de símbolos, caracteres, sinais, escritos, imagens, sons ou informações de qualquer natureza".

13.7   Quadro-resumo

Previsão legal	**Art. 349-A.** Ingressar, promover, intermediar, auxiliar ou facilitar a entrada de aparelho telefônico de comunicação móvel, de rádio ou similar, sem autorização legal, em estabelecimento prisional. Pena – detenção, de 3 (três) meses a 1 (um) ano.
Sujeito ativo	Qualquer pessoa
Sujeito passivo	Estado. Secundariamente, a sociedade
Objeto material	Aparelho telefônico de comunicação móvel, de rádio ou similar
Objeto jurídico	Administração da justiça, com ênfase à segurança pública
Elemento subjetivo	Dolo
Classificação	Comum Formal Forma livre Comissivo Instantâneo Perigo abstrato Unissubjetivo Plurissubsistente
Tentativa	Admite
Circunstâncias especiais	Consumação Crime impossível

14.   EXERCÍCIO ARBITRÁRIO OU ABUSO DE PODER

Revogado o art. 350 do CP pela Lei 13.869/2019.

15.   FUGA DE PESSOA PRESA OU SUBMETIDA A MEDIDA DE SEGURANÇA

15.1   Estrutura do tipo penal incriminador

"A *prisão*, como pena, ou como medida processual provisória ou preventiva, ou como medida administrativa ou civil de coerção, e a internação em estabelecimento de segurança (medida de segurança detentiva), para o fim de tratamento ou reeducação de delinquentes *perigosos*, dizem com a atividade judicial ou pré-judicial (preparatória da função jurisdicional) que incumbe ao Estado, na defesa da ordem jurídica."[68]

Promover significa dar causa, impulsionar ou originar; *facilitar* quer dizer tornar mais fácil, acessível sem grande esforço. O objeto dessas condutas é a fuga de pessoa presa. O fato é atípico quando se tratar de fuga de menor infrator, pois não se pode considerá-lo *preso* ou *submetido a medida de segurança*. O adolescente pode ser apenas internado, submetido a medida socioeducativa. É o teor do art. 351 do CP.

Fuga é a escapada ou o rápido afastamento do local onde se está detido. Concretiza-se a *fuga* ainda que não seja definitiva.

---

[68]   *Comentários ao Código Penal*, v. 9, p. 515.

A *pessoa presa*, conforme estipula o tipo penal, precisa estar legalmente detida, significando, atualmente, decorrer de prisão em flagrante ou por ordem escrita e fundamentada de autoridade judiciária, salvo nos casos de transgressão militar (art. 5.º, LXI, CF). Por outro lado, pode ser também pessoa sujeita a medida de segurança detentiva, que é a internação (art. 96, I, CP).

A pena prevista no *caput* do art. 351 do CP é detenção, de seis meses a dois anos.

15.2 Sujeitos ativo e passivo

O sujeito ativo pode ser qualquer pessoa, inclusive o funcionário público.[69] O sujeito passivo é o Estado.

15.3 Elemento subjetivo

É o dolo. Não se exige elemento subjetivo específico. Pune-se a forma culposa nos termos do § 4.º desse artigo.

15.4 Objetos material e jurídico

O objeto material é a pessoa fugitiva. O objeto jurídico é a administração da justiça.

15.5 Classificação

Trata-se de crime comum (aquele que pode ser cometido por qualquer sujeito); material (delito que exige, para sua consumação, resultado naturalístico consistente na efetiva fuga); de forma livre (pode ser cometido por qualquer meio eleito pelo agente); comissivo (os verbos implicam ações); instantâneo (cuja consumação não se prolonga no tempo, ocorrendo em momento determinado); unissubjetivo (aquele que pode ser cometido por um único sujeito); plurissubsistente (delito cuja ação é composta por vários atos, permitindo-se o seu fracionamento); admite tentativa.

15.6 Figura qualificada do § 1.º

A pena abstrata altera-se substancialmente – passando de 6 meses a 2 anos para 2 a 6 anos e de detenção para reclusão – quando o crime for cometido *à mão armada* (com o emprego de qualquer tipo de arma, própria ou imprópria, como instrumento), por meio de *mais de uma pessoa* (concurso de duas ou mais pessoas) ou mediante *arrombamento* (abertura forçada, rompendo-se obstáculo material).

15.7 Concurso de crimes e sistema da acumulação material

Havendo violência *contra a pessoa* (não valendo a violência realizada contra a coisa, que já pode ser suficiente para qualificar o delito, conforme § 1.º), deve-se punir o delito do art. 351 associado ao crime violento praticado (art. 351, § 2.º, do CP).

15.8 Figura qualificada do § 3.º

Altera-se, também, a pena abstrata – de detenção de 6 meses a 2 anos para reclusão de 1 a 4 anos – caso o delito seja cometido por pessoa que deveria custodiar o preso, em

---

[69] Fragoso, *Lições de direito penal*, v. 4, p. 1051.

vez de promover-lhe ou facilitar-lhe a fuga. Pode ser funcionário público ou não. Esse tipo penal – § 3.º – é especial em relação à corrupção passiva. Portanto, se o funcionário receber vantagem indevida para soltar alguém, em tese, o delito do art. 317 ficaria absorvido por este. Mas, melhor refletindo, o crime de corrupção passiva é mais grave, devendo-se aplicar o concurso formal.

15.9   Forma culposa

A previsão para a punição do delito de fuga de pessoa presa ou submetida a medida de segurança somente comporta a forma culposa – imprudência, negligência ou imperícia – quando o sujeito ativo for funcionário público incumbido da guarda ou da custódia (art. 351, § 4.º, do CP). Nessa situação, trata-se de crime próprio. Portanto, se eventualmente o particular contribuir para a fuga de alguém, por ter agido com imprudência, negligência ou imperícia, o fato é atípico.

15.10   Quadro-resumo

	Fuga de Pessoa Presa ou Submetida a Medida de Segurança
Previsão legal	**Art. 351.** Promover ou facilitar a fuga de pessoa legalmente presa ou submetida a medida de segurança detentiva: Pena – detenção, de seis meses a dois anos. § 1.º Se o crime é praticado à mão armada, ou por mais de uma pessoa, ou mediante arrombamento, a pena é de reclusão, de dois a seis anos. § 2.º Se há emprego de violência contra pessoa, aplica-se também a pena correspondente à violência. § 3.º A pena é de reclusão, de um a quatro anos, se o crime é praticado por pessoa sob cuja custódia ou guarda está o preso ou o internado. § 4.º No caso de culpa do funcionário incumbido da custódia ou guarda, aplica-se a pena de detenção, de três meses a um ano, ou multa.
Sujeito ativo	Qualquer pessoa
Sujeito passivo	Estado
Objeto material	Pessoa fugitiva
Objeto jurídico	Administração da justiça
Elemento subjetivo	Dolo ou culpa
Classificação	Comum Material Forma livre Comissivo Instantâneo Dano Unissubjetivo Plurissubsistente
Tentativa	Admite
Circunstâncias especiais	Qualificadora Acumulação material Figura culposa

16. EVASÃO MEDIANTE VIOLÊNCIA CONTRA PESSOA

16.1 Estrutura do tipo penal incriminador

O objeto da tutela jurídica é a administração da justiça, tendo em vista, como diz MAGGIORE,[70] a necessidade de impedir qualquer forma de rebelião contra a disciplina coercitiva disposta pelo Estado, aos fins da prevenção e da repressão penal, no dizer de FRAGOSO.[71]

Evadir-se significa fugir ou escapar da prisão. O tipo penal prevê, também, a forma tentada, equiparando-a à consumada, fazendo com que seja impossível haver tentativa. Assim, fugir ou tentar fugir, para as finalidades do art. 352, têm o mesmo alcance. Por outro lado, é preciso ressaltar, desde logo, que a fuga do preso somente é punida se houver violência contra a pessoa, visto ser direito natural do ser humano buscar a liberdade, do mesmo modo que se permite ao réu, exercitando a autodefesa, mentir.

Ressalte-se, ainda, que a fuga violenta exercida no momento da decretação da prisão configura o delito de resistência. No entanto, se o indivíduo já estiver preso legalmente e tentar fugir ou conseguir fugir mediante o emprego de violência, configura-se o crime do art. 352.

A legalidade da prisão é indispensável para a configuração do tipo, pois, do contrário, é direito do réu fugir e quem o impedir estará praticando uma agressão injusta, passível de ser contraposta pela legítima defesa.

O tipo menciona a violência contra a pessoa, que é a coação física exercida contra o ser humano, não se incluindo, naturalmente, a violência contra coisas, como ocorre com o detento que serra as grades da prisão. Não se encaixa no tipo penal, também, o emprego de grave ameaça. Melhor seria se o Código Penal tivesse previsto também a forma de uso de violência contra coisas, impedindo que o preso, legalmente detido, destruísse a cadeia – patrimônio público – tendo por fim a fuga. Nesse sentido, disciplinou o Código Penal venezuelano (art. 259).

A pena prevista no art. 352 do CP é de detenção, de três meses a um ano, além da pena correspondente à violência.

16.2 Sujeitos ativo e passivo

O sujeito ativo somente pode ser o preso ou a pessoa submetida a medida de segurança detentiva (internação). O sujeito passivo é o Estado. Secundariamente, pode-se mencionar a pessoa agredida, embora, nesta hipótese, remanesça a figura típica referente à violência, ou seja, o fugitivo responde pelo art. 352 em concurso com o delito violento.

16.3 Elemento subjetivo

É o dolo. Parece-nos cabível falar na existência de um elemento subjetivo específico implícito consistente na vontade de escapar da prisão *legal*, valendo-se de *violência*.

16.4 Objetos material e jurídico

O objeto material é a pessoa agredida. O objeto jurídico é a administração da justiça; em segundo plano, mas punindo-se como crime autônomo, a incolumidade física da pessoa.

---

[70] *Diritto penale*, p. 302.
[71] *Lições de direito penal*, v. 4, p. 1056.

16.5 Classificação

Trata-se de crime próprio (aquele que somente pode ser cometido por sujeito ativo qualificado ou especial), especificamente de mão própria (somente o autor, pessoalmente, pode praticá-lo); material (exige, para sua consumação, resultado naturalístico, consistente no efetivo emprego de violência contra pessoa, ainda que a fuga não se consume); de forma livre (pode ser cometido por qualquer meio eleito pelo agente); comissivo (os verbos implicam ações); instantâneo (cuja consumação não se prolonga no tempo, dando-se em momento determinado); unissubjetivo (aquele que pode ser cometido por um único sujeito); plurissubsistente (delito cuja ação é composta por vários atos, permitindo-se o seu fracionamento); não admite tentativa, pois é crime de atentado (a figura da tentativa está equiparada ao delito consumado).

16.6 Quadro-resumo

Previsão legal	**Evasão Mediante Violência contra a Pessoa** **Art. 352.** Evadir-se ou tentar evadir-se o preso ou indivíduo submetido a medida de segurança detentiva, usando de violência contra a pessoa: Pena – detenção, de três meses a um ano, além da pena correspondente à violência.
Sujeito ativo	Preso ou pessoa sujeita a medida de segurança
Sujeito passivo	Estado; secundariamente o agredido
Objeto material	Pessoa agredida
Objeto jurídico	Administração da justiça
Elemento subjetivo	Dolo + elemento subjetivo específico
Classificação	Próprio (mão própria) Material Forma Livre Comissivo Instantâneo Dano Unissubjetivo Plurissubsistente
Tentativa	Não admite
Circunstâncias especiais	Acumulação material

17. ARREBATAMENTO DE PRESO

17.1 Estrutura do tipo penal incriminador

Preso é somente a pessoa cuja prisão foi decretada, incluindo-se aqueles que, cautelarmente, foram detidos (prisão temporária, preventiva ou semelhante) e os que estão cumprindo pena. Não abrange o internado, cumprindo medida de segurança. Essa conclusão pode ser extraída por comparação aos tipos anteriores, que fizeram expressa referência ao indivíduo submetido a medida de segurança.

Arrebatar significa tirar com violência, tendo por objeto a pessoa presa. Pune-se, como em outros tipos semelhantes, também o tipo penal que configura a violência, em concurso material. O fato é atípico quando se tratar de arrebatamento de menor infrator, pois não se pode considerá-lo *preso*. O adolescente pode ser apenas internado, submetido a medida socioeducativa.

Estar o preso em poder *de quem o tem sob custódia ou guarda* é uma formalidade, pois, nesse caso, torna-se indiferente ser a prisão legal ou ilegal. Ademais, o fim do agente é maltratar o preso, e não salvá-lo de uma ilegalidade qualquer. É o teor do art. 353 do CP.

Lembra FRAGOSO que o legislador olvidou a subtração de preso, sem violência, mas com fraude.[72] Portanto, trata-se de fato atípico se ocorrer.

A pena é de reclusão, de um a quatro anos, além da pena correspondente à violência.

17.2 Sujeitos ativo e passivo

O sujeito ativo pode ser qualquer pessoa. O sujeito passivo é o Estado, mas secundariamente o preso que será maltratado.

17.3 Elemento subjetivo

É o dolo. Exige-se elemento subjetivo específico, consistente na vontade de maltratar o preso arrebatado. Não existe a forma culposa.

17.4 Objetos material e jurídico

O objeto material é o preso arrebatado. O objeto jurídico é a administração da justiça; secundariamente, a incolumidade física do preso, que é protegida também em tipo à parte, já que se pune a violência em concurso material.

17.5 Classificação

Trata-se de crime comum (aquele que pode ser cometido por qualquer sujeito); formal (que não exige, para sua consumação, o resultado naturalístico previsto no tipo, que é o maltrato ao preso); de forma livre (pode ser cometido por qualquer meio eleito pelo agente); comissivo ("arrebatar" implica ação); instantâneo (cuja consumação não se prolonga no tempo, dando-se em momento determinado); unissubjetivo (aquele que pode ser cometido por um único sujeito); plurissubsistente (delito cuja ação é composta por vários atos, permitindo-se o seu fracionamento); admite tentativa.

17.6 Quadro-resumo

Previsão legal	**Arrebatamento de Preso** **Art. 353.** Arrebatar preso, a fim de maltratá-lo, do poder de quem o tenha sob custódia ou guarda: Pena – reclusão, de um a quatro anos, além da pena correspondente à violência.
Sujeito ativo	Qualquer pessoa
Sujeito passivo	Estado; secundariamente, preso maltratado
Objeto material	Preso arrebatado
Objeto jurídico	Administração da justiça

---

[72] *Lições de direito penal*, v. 4, p. 1059.

Elemento subjetivo	Dolo + elemento subjetivo específico
Classificação	Comum Formal Forma livre Comissivo Instantâneo Dano Unissubjetivo Plurissubsistente
Tentativa	Admite
Circunstâncias especiais	Acumulação material

18.   MOTIM DE PRESOS

18.1   Estrutura do tipo penal incriminador

Amotinar-se significa revoltar-se ou entrar em conflito com a ordem vigente. O delito é de concurso necessário, embora somente se possa falar em motim ou revolta, com perturbação da ordem, quando houver mais de três presos se sublevando. Não teria cabimento considerar uma rebelião se apenas dois presos desafiam a ordem interna do presídio. É o conteúdo do art. 354 do CP.

"A situação do preso, porém, constitui privação da liberdade no interesse da justiça, o que por si só justifica a classificação. Protege, contudo, a lei penal, igualmente, a ordem e a disciplina como elementos de regularidade administrativa da prisão. É este crime de *concurso necessário* porque somente pode ser praticado por mais de uma pessoa."[73]

Ainda assim, a fixação de um número – mais de três – é sempre relativa, pois em um presídio com mais de 5.000 detentos, por exemplo, quatro pessoas, em motim, pode não significar nada. Portanto, embora possamos ter um padrão de, pelo menos, quatro pessoas, o melhor é verificar o caso concreto para determinar se o tipo está ou não concretizado.

Ordem é a tranquilidade de um lugar, enquanto *disciplina* quer dizer a observância de regras e preceitos.

Quanto ao grau de perturbação, há quem sustente devam os presos praticar efetivos atos comissivos, com violência contra pessoas e coisas, perturbando seriamente a ordem e a disciplina internas da cadeia. Não cremos desse modo. O tipo fala em sublevação de presos para perturbar a ordem e a tranquilidade do presídio, o que pode dar-se, perfeitamente, na chamada "desobediência ghândica", ou seja, todos se recusam a voltar às suas celas, permanecendo horas a fio no pátio interno, causando desordem e confusão generalizada.

Exige-se a legalidade da prisão. Os que estiverem presos ilicitamente têm o direito de se manifestar contrariamente ao abuso do Estado.

A pena é de detenção, de seis meses a dois anos, além da pena correspondente à violência.

18.2   Sujeitos ativo e passivo

O sujeito ativo somente pode ser o preso (não vale o tipo para as pessoas sujeitas a medida de segurança detentiva). No caso presente, mais de um, pois o tipo fala em *presos*. É crime de concurso necessário. O sujeito passivo é o Estado.

---

[73]   FRAGOSO, *Lições de direito penal*, v. 4, p. 1060.

18.3 Elemento subjetivo

É o dolo. Não se pune a forma culposa, nem se exige elemento subjetivo específico. O próprio verbo – "amotinarem-se" – indica a vontade de perturbar a ordem e/ou a tranquilidade do presídio.

18.4 Objetos material e jurídico

O objeto material é a disciplina carcerária. O objeto jurídico é a administração da justiça.

18.5 Classificação

Trata-se de crime próprio (aquele que somente pode ser cometido por sujeito ativo qualificado ou especial); material (aquele que exige, para sua consumação, resultado naturalístico, consistente na efetiva perturbação da ordem ou da disciplina); de forma livre (pode ser cometido por qualquer meio eleito pelo agente); comissivo ou omissivo, conforme o caso. Embora o verbo *amotinar-se* tenha significado predominantemente comissivo, é perfeitamente possível uma rebelião passiva, caso os presos resolvam não sair de suas celas ou não desocupar o pátio interno, onde tomam banho de sol; permanente (cuja consumação se prolonga no tempo, ou seja, enquanto a ordem ou a tranquilidade estejam sendo afetadas); plurissubjetivo (aquele que só pode ser cometido por mais de um sujeito); unissubsistente (praticado num único ato, como na forma omissiva, recusando-se a sair de um lugar) ou plurissubsistente (praticado mediante vários atos, como queimando colchões e destruindo coisas), conforme o caso concreto; admite tentativa na forma plurissubsistente, embora de rara configuração.

18.6 Quadro-resumo

Previsão legal	**Motim de Presos** **Art. 354.** Amotinarem-se presos, perturbando a ordem ou disciplina da prisão: Pena – detenção, de seis meses a dois anos, além da pena correspondente à violência.
Sujeito ativo	Pessoa presa
Sujeito passivo	Estado
Objeto material	Disciplina carcerária
Objeto jurídico	Administração da justiça
Elemento subjetivo	Dolo
Classificação	Próprio Material Forma livre Comissivo ou omissivo Permanente Dano Plurissubjetivo Plurissubsistente
Tentativa	Admite na forma comissiva
Circunstâncias especiais	Acumulação material

19. PATROCÍNIO INFIEL

19.1 Estrutura do tipo penal incriminador

Trair significa ser desleal ou enganar. Focaliza-se o dever profissional do advogado ou do procurador judicial, conforme preceituado no art. 33 do Estatuto da Advocacia (Lei 8.906/1994): "O advogado obriga-se a cumprir rigorosamente os deveres consignados no Código de Ética e Disciplina. Parágrafo único. O Código de Ética e Disciplina regula os deveres do advogado para com a comunidade, o cliente, o outro profissional e, ainda, a publicidade, a recusa do patrocínio, o dever de assistência jurídica, o dever geral de urbanidade e os respectivos procedimentos disciplinares". Cuida-se do tipo penal do art. 355 do Código Penal.

Quanto aos deveres profissionais do advogado, ver art. 2.º, parágrafo único, do novo Código de Ética e Disciplina da OAB, *DOU* 04.11.2015, em vigor desde 1.º.09.2016, aprovado pela Resolução 2/2015 do Conselho Federal da Ordem dos Advogados do Brasil, em especial os seguintes itens, por dizerem respeito ao patrocínio da causa em juízo: "estimular, a qualquer tempo, a conciliação e a mediação entre os litigantes, prevenindo, sempre que possível, a instauração de litígios"; "desaconselhar lides temerárias, a partir de um juízo preliminar de viabilidade jurídica"; "abster-se de: a) utilizar de influência indevida, em seu benefício ou do cliente"; "abster-se de: (...) d) entender-se diretamente com a parte adversa que tenha patrono constituído, sem o assentimento deste". E mais o art. 9.º do mesmo Código: "O advogado deve informar o cliente, de modo claro e inequívoco, quanto a eventuais riscos da sua pretensão, e das consequências que poderão advir da demanda. Deve, igualmente, denunciar, desde logo, a quem lhe solicite parecer ou patrocínio, qualquer circunstância que possa influir na resolução de submeter-lhe a consulta ou confiar-lhe a causa".

São elementares do tipo previsto no art. 355 do CP ser o patrocínio (existência de mandato ou nomeação feita pelo juiz para cuidar de uma causa) realizado em juízo (refere-se a processo ajuizado, não sendo possível ocorrer na fase do inquérito policial, por exemplo). Portanto, não comete o crime – podendo configurar-se uma infração ética – o advogado que orienta de forma errônea e aventureira uma pessoa que não lhe outorgou mandato, nem está com causa em juízo.

Como lembra HUNGRIA, "o que aqui se apresenta é uma fórmula genérica acerca da traição do advogado ou procurador no curso de causa judicial, cível ou penal, que lhe haja sido confiada. É a infidelidade do patrocínio em juízo, seja qual for o *modus faciendi*".[74]

A pena é de detenção, de seis meses a três anos, e multa.

19.2 Sujeitos ativo e passivo

O sujeito ativo só pode ser o advogado (Lei 8.906/1994, art. 3.º, *caput*: "O exercício da atividade de advocacia no território brasileiro e a denominação de advogado são privativos dos inscritos na Ordem dos Advogados do Brasil – OAB") ou o procurador judicial (integrantes da Advocacia-Geral da União, da Procuradoria da Fazenda Nacional, da Defensoria Pública e das Procuradorias e Consultorias Jurídicas dos Estados, do Distrito Federal, dos Municípios e das respectivas entidades de Administração indireta e fundacional – art. 3.º, § 1.º; o estagiário de advocacia – art. 3.º, § 2.º). O sujeito passivo é, em primeiro plano, o Estado, mas secundariamente a pessoa prejudicada.

---

[74] *Comentários ao Código Penal*, v. 9, p. 524.

19.3 Elemento subjetivo

É o dolo. Não se exige elemento subjetivo específico, nem se pune a forma culposa.

19.4 Consentimento do ofendido

Quando o interesse em disputa for disponível, havendo concordância da vítima, não se pode falar em ilicitude. Em matéria penal, não há possibilidade de se aceitar essa excludente, pois o interesse é indisponível.

19.5 Objetos material e jurídico

O objeto material é a pessoa que sofre a conduta indevida ou a coisa que materializa tal conduta. O objeto jurídico é a administração da justiça, levando-se em conta que o art. 133 da Constituição Federal preceitua ser o advogado "indispensável à administração da justiça".

19.6 Classificação

Trata-se de crime próprio (aquele que exige sujeito ativo especial); material (crime que exige resultado naturalístico para consumar-se, consistente em haver interesse legítimo efetivamente prejudicado); de forma livre (pode ser cometido por qualquer meio eleito pelo agente); comissivo (delito cometido por meio de uma ação) ou omissivo (crime cometido por uma abstenção), conforme o caso, e, excepcionalmente, comissivo por omissão (delito cometido por quem tem o dever de evitar o resultado), nos termos do art. 13, § 2.º, CP; instantâneo (delito cuja consumação não se arrasta no tempo); unissubjetivo (aquele que pode ser cometido por apenas um agente); plurissubsistente (delito cuja ação é composta por vários atos, permitindo o seu fracionamento); admite-se tentativa na forma comissiva.

19.7 Patrocínio simultâneo ou tergiversação

19.7.1 Estrutura do tipo penal incriminador

Previsto no parágrafo único do art. 355, *defender* significa sustentar com argumentos ou prestar socorro. Nesse contexto, leva-se em conta a atividade do advogado prestando auxílio técnico a quem necessita. O que se veda, nesse tipo penal, é a defesa simultânea ou sucessiva prestada a partes contrárias. Exige-se, no entanto, que o advogado ou procurador pratique algo concreto, não bastando o mero recebimento de procuração ou a nomeação feita pelo juiz. Em suma, advogar para duas pessoas, que estão em polos diversos, ao mesmo tempo, é o elemento caracterizador do crime.

Exige-se, nesse tipo, que ocorra o patrocínio – com a outorga de mandato ou nomeação – de interesses relativos a uma mesma *causa*, e não processo. Isso significa que a lide (pretensão em disputa numa mesma relação jurídica) pode estender-se por vários feitos, como ocorre numa disputa entre marido e mulher no momento da separação, envolvendo separação judicial, guarda de filhos, alimentos, regulamentação de visitas, entre outros.

Simultâneo é o que ocorre ao mesmo tempo, enquanto *sucessivo* é o que vem em seguida. No caso do tipo penal, trata-se da tergiversação.

A pena é de detenção, de seis meses a três anos, e multa.

19.7.2 Sujeitos ativo e passivo

O sujeito ativo só pode ser advogado ou procurador judicial. O sujeito passivo é o Estado; secundariamente, a pessoa prejudicada.

19.7.3   Elemento subjetivo

É o dolo. Não se exige elemento subjetivo específico, nem se pune a forma culposa.

19.7.4   Classificação

É crime próprio (aquele que exige sujeito ativo especial); formal (delito que não exige resultado naturalístico, consistente em causar, efetivamente, algum prejuízo às partes); de forma livre (pode ser praticado por qualquer meio eleito pelo agente); comissivo (delito praticado por meio de uma ação); instantâneo (cujo resultado não se arrasta no tempo); unissubjetivo (aquele que pode ser praticado por um único sujeito); plurissubsistente (consistente na prática de vários atos); admite tentativa.

19.8   Quadro-resumo

Previsão legal	**Patrocínio Infiel** **Art. 355.** Trair, na qualidade de advogado ou procurador, o dever profissional, prejudicando interesse, cujo patrocínio, em juízo, lhe é confiado: Pena – detenção, de seis meses a três anos, e multa. **Patrocínio Simultâneo ou Tergiversação** **Parágrafo único.** Incorre na pena deste artigo o advogado ou procurador judicial que defende na mesma causa, simultânea ou sucessivamente, partes contrárias.
Sujeito ativo	Advogado ou procurador judicial
Sujeito passivo	Estado; secundariamente, prejudicado
Objeto material	Pessoa prejudicada ou coisa que materializa conduta
Objeto jurídico	Administração da justiça
Elemento subjetivo	Dolo
Classificação	Próprio Material ou formal Forma livre Comissivo ou omissivo Instantâneo Unissubjetivo Plurissubsistente
Tentativa	Admite na forma comissiva
Circunstâncias especiais	Patrocínio simultâneo ou tergiversação

20.   SONEGAÇÃO DE PAPEL OU OBJETO DE VALOR PROBATÓRIO

20.1   Estrutura do tipo penal incriminador

Inutilizar significa invalidar ou destruir. É a modalidade comissiva. Há, ainda, a forma omissiva, constituída pela conduta de deixar de restituir, ou seja, sonegar ou não devolver o que é devido. O objeto é constituído dos autos do processo, documento ou outro objeto relevante para a prova. É o teor do art. 356 do CP.

O tipo penal prevê a possibilidade de o agente destruir documentos de maneira completa ou apenas uma parte. Assim, torna-se bem mais difícil a concretização da tentativa.

Autos é termo que designa o conjunto das peças que constituem um processo. Estão incluídos na proteção prevista nesse artigo os autos de processo findo. *Documento* é qualquer escrito, instrumento ou papel público ou particular destinado a produzir prova em juízo (art. 232, CPP). *Objeto de valor probatório* é qualquer coisa material destinada a convencer o juízo acerca da verdade de um fato.

É imprescindível para a configuração do tipo penal, pois, do contrário, pode-se estar punindo alguém por mera negligência, e o crime é doloso, não culposo.

Qualquer procedimento sancionador da OAB é inteiramente dispensável, pois os deveres inerentes à função do advogado não podem sobrepor-se ao tipo penal. Além disso, exigir a interferência da Ordem dos Advogados do Brasil significaria criar uma condição de procedibilidade não estabelecida em lei.

A pena prevista no art. 356 do CP é de detenção, de seis meses a três anos, e multa.

20.2 Sujeitos ativo e passivo

O sujeito ativo somente pode ser advogado ou procurador judicial. Ver item 19.2 ao artigo anterior. O sujeito passivo é o Estado; secundariamente, a pessoa prejudicada.

20.3 Elemento subjetivo

É o dolo. Não se pune a forma culposa, nem se exige elemento subjetivo específico.

20.4 Restituição dos autos, documento ou objeto antes de a denúncia ser oferecida

É irrelevante para a configuração do tipo penal, que tem por objeto jurídico, já lesionado, a administração da justiça. Pode o juiz levá-la em consideração como atenuante (art. 65, III, *b*, CP).

Não cremos possível afirmar, sem a devida prova, que a mera devolução, antes do oferecimento da denúncia, elimina o dolo. Portanto, fixado – e ultrapassado – o prazo para a restituição, somente a prova de um motivo de força maior poderia demonstrar a ausência de dolo.

20.5 Objetos material e jurídico

Os objetos materiais são os autos, documentos ou objetos de valor probatório. O objeto jurídico é a administração da justiça.

20.6 Classificação

Trata-se de crime próprio (aquele que somente pode ser cometido por sujeito ativo qualificado ou especial); material (delito que exige resultado naturalístico) na modalidade *inutilizar* e formal (crime que não exige, para sua consumação, resultado naturalístico) na modalidade *deixar de restituir*; de forma livre (pode ser cometido por qualquer meio eleito pelo agente); comissivo ("inutilizar" implica ação) ou omissivo ("deixar de restituir" significa uma abstenção); instantâneo (cuja consumação não se prolonga no tempo, dando-se em momento determinado), mas permanente (delito cujo resultado se arrasta no tempo), na forma *deixar de restituir*; unissubjetivo (aquele que pode ser cometido por um único sujeito); plurissubsistente (delito cuja ação é composta por vários atos, permitindo-se o seu fracionamento); admite tentativa na modalidade comissiva, embora de difícil configuração.

20.7   Quadro-resumo

Previsão legal	**Sonegação de Papel ou Objeto de Valor Probatório** **Art. 356.** Inutilizar, total ou parcialmente, ou deixar de restituir autos, documento ou objeto de valor probatório, que recebeu na qualidade de advogado ou procurador: Pena – detenção, de seis meses a três anos, e multa.
Sujeito ativo	Advogado ou procurador judicial
Sujeito passivo	Estado; secundariamente, prejudicado
Objeto material	Autos, documentos, objetos de valor probatório
Objeto jurídico	Administração da justiça
Elemento subjetivo	Dolo
Classificação	Próprio Material ou formal Forma livre Comissivo ou omissivo Instantâneo ou permanente Dano Unissubjetivo Plurissubsistente
Tentativa	Admite na forma comissiva

21.   EXPLORAÇÃO DE PRESTÍGIO

21.1   Estrutura do tipo penal incriminador

Essa é a outra forma de *exploração de prestígio*; a primeira, constante do art. 332, mudou de título para evitar a confusão e passou a denominar-se de *tráfico de influência*. No entanto, ambas são iguais quanto aos seus propósitos. No dizer de FRAGOSO, o "objeto da tutela jurídica é, aqui, o prestígio da administração de justiça, enquanto se faz crer na corrupção de juízes e outros auxiliares da justiça. Ao contrário do que ocorre no direito italiano (segundo o qual somente podem praticar este crime os procuradores judiciais), *sujeito ativo* pode ser qualquer pessoa".[75]

Solicitar (pedir ou buscar) e *receber* (aceitar em pagamento) vinculam-se ao *pretexto de influir* (tendo por finalidade inspirar ou insuflar) em juiz, jurado, membro do Ministério Público, serventuários da justiça, perito, tradutor, intérprete ou testemunha. É o conteúdo do art. 357 do CP.

Pede o agente dinheiro ou outra utilidade. *Dinheiro* é a moeda em curso oficial no País, enquanto *outra utilidade* deve ser entendida como algo significativo, como o é o dinheiro. Não se trata de algo necessariamente material, mas que possa converter-se, de algum modo, em benefício material para o agente. Trata-se, afinal, de uma interpretação analógica, isto é, a generalização feita pelo tipo penal (qualquer outra utilidade) necessita guardar sintonia com o exemplo dado (dinheiro).

---

[75]   *Lições de direito penal*, v. 4, p. 1069.

Sobre os conceitos das partes visadas pela exploração de prestígio, o *juiz* é a autoridade judiciária, componente do Poder Judiciário, encarregada de aplicar o direito ao caso concreto; *jurado* é o juiz leigo, que funciona, exclusivamente, no Tribunal do Júri para julgar crimes dolosos contra a vida; *órgão do Ministério Público* é o Promotor de Justiça (1.ª instância) ou o Procurador de Justiça (2.ª instância); *funcionário da justiça* é o funcionário público que exerce suas atividades no Poder Judiciário. Quanto aos conceitos de perito, tradutor, intérprete e testemunha, conferir os tópicos tratando do falso testemunho.

A pena é de reclusão, de um a cinco anos, e multa.

21.2 Sujeitos ativo e passivo

O sujeito ativo pode ser qualquer pessoa. O sujeito passivo é o Estado. Na modalidade *receber* exige o concurso de outra pessoa, que faz o pagamento.

21.3 Elemento subjetivo

É o dolo. Exige-se, ainda, o elemento subjetivo específico, consistente na finalidade de influir nas pessoas descritas no tipo penal. Não se pune a forma culposa.

21.4 Objetos material e jurídico

O objeto material é o dinheiro ou a utilidade recebida ou solicitada. O objeto jurídico é a administração da justiça.

21.5 Classificação

Trata-se de crime comum (aquele que não depende de sujeito ativo qualificado ou especial); formal (que não exige, para sua consumação, resultado naturalístico). Há quem sustente ser material o crime na modalidade *receber*, com o que não concordamos, pois o objeto jurídico é a administração da justiça, que pode não ser lesionada efetivamente pelo agente. O tipo penal menciona o recebimento para o fim de influenciar, o que não significa ter realmente ocorrido. Por isso, trata-se de delito formal nas duas modalidades; de forma livre (pode ser cometido por qualquer meio eleito pelo agente); comissivo (os verbos indicam ações); instantâneo (cuja consumação não se prolonga no tempo, dando-se em momento determinado); unissubjetivo (aquele que pode ser cometido por um único sujeito); unissubsistente (crime cometido por um único ato) ou plurissubsistente (delito cuja ação é composta por vários atos, permitindo-se o seu fracionamento); admite tentativa na forma plurissubsistente.

21.6 Causa de aumento da pena do parágrafo único

Se o agente *alegar* (apresentar como explicação) ou *insinuar* (dar a entender de modo indireto) que o dinheiro ou a utilidade destina-se, também, ao juiz, ao jurado, ao membro do Ministério Público, ao funcionário da justiça, ao perito, ao tradutor, ao intérprete ou à testemunha, sua pena deve ser aumentada em um terço. Ao valer-se dos verbos *alegar* e *insinuar*, o tipo penal deixa claro que tais pessoas não estão envolvidas no fato, mas são usadas pelo agente para a obtenção da vantagem.

21.7 Quadro-resumo

Previsão legal	**Exploração de Prestígio** **Art. 357.** Solicitar ou receber dinheiro ou qualquer outra utilidade, a pretexto de influir em juiz, jurado, órgão do Ministério Público, funcionário de justiça, perito, tradutor, intérprete ou testemunha: Pena – reclusão, de um a cinco anos, e multa. **Parágrafo único.** As penas aumentam-se de um terço, se o agente alega ou insinua que o dinheiro ou utilidade também se destina a qualquer das pessoas referidas neste artigo.
Sujeito ativo	Qualquer pessoa
Sujeito passivo	Estado
Objeto material	Dinheiro ou utilidade recebida ou solicitada
Objeto jurídico	Administração da justiça
Elemento subjetivo	Dolo + elemento subjetivo específico
Classificação	Comum Formal Forma livre Comissivo Instantâneo Dano Unissubjetivo Unissubsistente ou plurissubsistente
Tentativa	Admite na forma plurissubsistente
Circunstâncias especiais	Causa de aumento de pena

22. VIOLÊNCIA OU FRAUDE EM ARREMATAÇÃO JUDICIAL

22.1 Estrutura do tipo penal incriminador

Impedir é impossibilitar a execução ou obstruir; *perturbar* significa causar embaraço ou agitar; *fraudar* quer dizer lesar por meio de engano ou ilusão. O objeto, nessa hipótese, é a arrematação judicial. Há, ainda, as formas *afastar* (pôr de lado ou tirar do caminho) e *procurar afastar* (ter por finalidade tirar do caminho), que têm por objeto a pessoa de concorrente ou licitante. É o disposto pelo art. 358 do CP.

Arrematação judicial é a venda em hasta pública promovida pelo Poder Judiciário. Quando o leilão for promovido pelo Poder Público, aplica-se a Lei de Licitações.

Os meios de execução do crime são a violência, grave ameaça, fraude e oferecimento de vantagem. *Violência* é a coação física (nesse caso, deve voltar-se contra a pessoa, e não contra coisas); *grave ameaça* é a intimidação séria e grave; *fraude* é o ardil promovido para enganar; *oferecimento de vantagem* é propor qualquer favor, lucro ou ganho.

A pena prevista no art. 358 do CP é de detenção, de dois meses a um ano, ou multa, além da pena correspondente à violência.

22.2 Sujeitos ativo e passivo

O sujeito ativo pode ser qualquer pessoa. O sujeito passivo é o Estado, podendo, em segundo plano, figurar o terceiro prejudicado (participante da arrematação ou licitante).

22.3 Elemento subjetivo

É o dolo. Não se pune a forma culposa, nem se exige elemento subjetivo específico.

22.4 Objetos material e jurídico

O objeto material pode ser a arrematação judicial ou a pessoa que participa desta. O objeto jurídico é a administração da justiça.

22.5 Classificação

Trata-se de crime comum (aquele que pode ser cometido por qualquer sujeito); formal (que não exige, para sua consumação, resultado naturalístico), nas modalidades *perturbar* e *procurar afastar*, e material (exigindo resultado naturalístico), nas formas *impedir, fraudar, afastar*; de forma livre (pode ser cometido por qualquer meio eleito pelo agente); comissivo (os verbos implicam ações); instantâneo (cuja consumação não se prolonga no tempo, dando-se em momento determinado); unissubjetivo (aquele que pode ser cometido por um único sujeito); plurissubsistente (delito cuja ação é composta por vários atos, permitindo-se o seu fracionamento); admite tentativa.

22.6 Concurso de crimes e sistema de acumulação material

Exige o tipo penal que, havendo violência, a pena correspondente ao seu emprego seja aplicada em concurso com a do delito previsto no art. 358.

22.7 Quadro-resumo

Previsão legal	**Violência ou Fraude em Arrematação Judicial** **Art. 358.** Impedir, perturbar ou fraudar arrematação judicial; afastar ou procurar afastar concorrente ou licitante, por meio de violência, grave ameaça, fraude ou oferecimento de vantagem: Pena – detenção, de dois meses a um ano, ou multa, além da pena correspondente à violência.
Sujeito ativo	Qualquer pessoa
Sujeito passivo	Estado; secundariamente, o prejudicado
Objeto material	Arrematação judicial ou pessoa que participa desta
Objeto jurídico	Administração da justiça
Elemento subjetivo	Dolo
Classificação	Comum Formal ou material Forma livre Comissivo Instantâneo Dano Unissubjetivo Plurissubsistente

Tentativa	Admite
Circunstâncias especiais	Acumulação material

23. DESOBEDIÊNCIA A DECISÃO JUDICIAL SOBRE PERDA OU SUSPENSÃO DE DIREITO

23.1 Estrutura do tipo penal incriminador

Exercer significa desempenhar com habitualidade. Objetiva-se punir a pessoa que teve função, atividade, direito, autoridade ou múnus suspenso por decisão judicial.

Função é a prática de um serviço relativo a um cargo ou emprego; *atividade* significa qualquer ocupação ou diligência; *direito* é a faculdade de praticar um ato, autorizado por lei; *autoridade* significa o poder de dar ordens e fazer respeitar decisões, no âmbito público; *múnus* é um encargo público.

A *suspensão* significa fazer cessar por um determinado período; *privação* é o tolhimento definitivo. Essas privações precisam derivar de *decisão judicial*. Entende-se que há necessidade de ser uma decisão proferida por autoridade judiciária, voltando-se, no caso penal, principalmente, aos efeitos da condenação (art. 92, I a III, CP). Na hipótese de se cuidar de efeito da condenação, torna-se exigível o trânsito em julgado da sentença. Por outro lado, tratando-se de outras decisões judiciais, ainda que provisórias ou no exercício do poder geral de cautela, por evidente, não há necessidade de *trânsito em julgado*.

Aliás, o tipo penal do art. 359 não se aplica, unicamente, no âmbito penal; decisões judiciais civis, impondo a suspensão ou a privação de qualquer direito, também podem ser abrangidas pela figura desse artigo, caso descumpridas. Exemplo disso seria encontrado na Lei 8.429/1992 (Improbidade Administrativa), em que se prevê a possibilidade de afastamento do servidor, em decisão proferida pelo juízo civil. O descumprimento poderia dar ensejo à tipificação do delito do art. 359 do CP.

A pena prevista no art. 359 do CP é detenção, de três meses a dois anos, ou multa.

23.2 Sujeitos ativo e passivo

O sujeito ativo há de ser somente a pessoa suspensa ou privada de direito por decisão judicial (ver art. 92, CP). O sujeito passivo é o Estado.

23.3 Elemento subjetivo

É o dolo. Não se pune a forma culposa, nem se exige elemento subjetivo específico.

23.4 Objetos material e jurídico

O objeto material é a função, atividade, direito, autoridade ou múnus. O objeto jurídico é a administração da justiça.

23.5 Classificação

Trata-se de crime próprio (aquele que somente pode ser cometido por sujeito ativo qualificado ou especial); formal (que não exige, para sua consumação, resultado naturalístico); de forma livre (pode ser cometido por qualquer meio eleito pelo agente); comissivo ("exercer" implica ação); habitual (delito que somente se configura quando o agente adota frequentemente a mesma conduta, configurando um comportamento de vida); unissubjetivo (aquele que pode ser cometido por um único sujeito); plurissubsistente (delito cuja ação é composta por vários atos, permitindo-se o seu fracionamento); não admite tentativa, por se tratar de delito habitual. Portanto, não se configura o crime caso o agente, uma única vez, desempenhe função proibida ou suspensa.

23.6 Descumprimento de pena alternativa

Não se pode aplicar esse artigo para o condenado que infringiu a pena alternativa de interdição temporária de direitos, pois, para essa hipótese, existe solução, consistente na revogação do benefício concedido, com a transformação da pena em privativa de liberdade.

23.7 Suspensão condicional do processo

Não se trata de crime o descumprimento das condições impostas pelo juiz, no âmbito da suspensão condicional do processo (art. 89, Lei 9.099/1995). A consequência será o prosseguimento da ação penal.

23.8 Afastamento do cônjuge do lar

As medidas restritivas, previstas na Lei de Violência Doméstica (art. 22, II e III, Lei 11.340/2006), como, por exemplo, proibir o marido ou companheiro de se aproximar da mulher ou determinar o seu afastamento do lar, *constituem ordens judiciais*. Entretanto, para resolver o descumprimento de medidas protetivas de urgência, no âmbito da Lei Maria da Penha (Lei 11.340/2006), criou-se, nesta Lei, o art. 24-A, prevendo crime específico para a hipótese: "Descumprir decisão judicial que defere medidas protetivas de urgência previstas nesta Lei: Pena – detenção, de 3 (três) meses a 2 (dois) anos. § 1.º A configuração do crime independe da competência civil ou criminal do juiz que deferiu as medidas. § 2.º Na hipótese de prisão em flagrante, apenas a autoridade judicial poderá conceder fiança. § 3.º O disposto neste artigo não exclui a aplicação de outras sanções cabíveis". Logo, nesses casos, se descumpridas as ordens judiciais, tem-se configurado o delito do art. 24-A supramencionado. Em tese, não se configuraria o delito do art. 359, pois a situação de *marido* ou *companheiro* não constitui função, atividade, direito, autoridade ou múnus.

23.9 Suspensão ou proibição de dirigir veículos

Não configura o delito do art. 359. Essas restrições estão previstas nos arts. 294 e 296 da Lei 9.503/1997, havendo um tipo penal incriminador específico para o seu descumprimento (art. 307, Lei 9.503/1997).

23.10 Quadro-resumo

Previsão legal	**Desobediência à Decisão Judicial sobre Perda ou Suspensão de Direito** **Art. 359.** Exercer função, atividade, direito, autoridade ou múnus, de que foi suspenso ou privado por decisão judicial: Pena – detenção, de três meses a dois anos, ou multa.
Sujeito ativo	Pessoa suspensa ou privada de direito por decisão judicial
Sujeito passivo	Estado
Objeto material	Função, atividade, direito, autoridade, múnus

Objeto jurídico	Administração da justiça
Elemento subjetivo	Dolo
Classificação	Próprio Formal Forma livre Comissivo Habitual Dano Unissubjetivo Plurissubsistente
Tentativa	Não admite
Circunstâncias especiais	Acumulação material

RESUMO DO CAPÍTULO

	Reingresso de estrangeiro expulso Art. 338	Denunciação caluniosa Art. 339	Comunicação falsa de crime ou de contravenção Art. 340	Autoacusação falsa Art. 341
Sujeito ativo	Estrangeiro expulso do país	Qualquer pessoa	Qualquer pessoa	Qualquer pessoa
Sujeito passivo	Estado	Estado; secundariamente, o prejudicado	Estado	Estado
Objeto material	Ato oficial de expulsão	Investigação ou processo	Ação da autoridade	Declaração falsa
Objeto jurídico	Administração da justiça	Administração da justiça	Administração da justiça	Administração da justiça
Elemento subjetivo	Dolo	Dolo direto + elemento subjetivo específico	Dolo direto	Dolo
Classificação	Próprio (de mão própria) Formal Forma livre Comissivo Instantâneo Dano Unissubjetivo Plurissubsistente	Comum Formal Forma livre Comissivo Instantâneo Dano Unissubjetivo Plurissubsistente	Comum Formal Forma livre Comissivo Instantâneo Dano Unissubjetivo Plurissubsistente	Comum Formal Forma livre Comissivo Instantâneo Dano Unissubjetivo Plurissubsistente
Tentativa	Admite	Admite	Admite	Admite
Circunstâncias especiais	Expulsão, deportação e extradição Nova expulsão	Causa de aumento de pena Causa de diminuição da pena	——	Direito de mentir

	Falso testemunho ou falsa perícia Art. 342	Suborno Art. 343	Coação no curso do processo Art. 344	Exercício arbitrário das próprias razões Art. 345
Sujeito ativo	Testemunha, perito, contador, tradutor, intérprete	Qualquer pessoa	Qualquer pessoa	Qualquer pessoa
Sujeito passivo	Estado; secundariamente, o prejudicado pelo falso	Estado; secundariamente, o prejudicado pelo falso	Estado; secundariamente, o prejudicado pela coação	Estado; secundariamente o prejudicado
Objeto material	Depoimento, laudo, cálculo ou tradução	Testemunha, perito, contador, tradutor, intérprete	Pessoa que sofre a coação	Coisa ou pessoa que sofre a conduta
Objeto jurídico	Administração da justiça	Administração da justiça	Administração da justiça	Administração da justiça
Elemento subjetivo	Dolo + elemento subjetivo específico	Dolo + elemento subjetivo específico	Dolo direto + elemento subjetivo específico	Dolo direto + elemento subjetivo específico
Classificação	Próprio (de mão própria) Formal Forma livre Comissivo ou omissivo Instantâneo Dano Unissubjetivo Unissubsistente	Comum Formal Forma livre Comissivo Instantâneo Dano Unissubjetivo Unissubsistente ou plurissubsistente	Comum Formal Forma livre Comissivo Instantâneo Dano Unissubjetivo Plurissubsistente	Comum Formal Forma livre Comissivo Instantâneo Dano Unissubjetivo Plurissubsistente
Tentativa	Não admite	Admite na forma plurissubsistente	Admite	Admite
Circunstâncias especiais	Concurso de pessoas Crime de bagatela Causa de aumento de pena Condição negativa de punibilidade	Causa de aumento de pena	Sistema da acumulação material	Ação pública ou privada Exercício regular de direito Acumulação material

	Exercício arbitrário das próprias razões Art. 346	Fraude processual Art. 347	Favorecimento pessoal Art. 348	Favorecimento real Art. 349
Sujeito ativo	Proprietário da coisa	Qualquer pessoa	Qualquer pessoa	Qualquer pessoa
Sujeito passivo	Estado; secundariamente o prejudicado	Estado; secundariamente, o prejudicado pela fraude	Estado	Estado
Objeto material	Coisa tirada, suprimida, destruída, danificada	Coisa, lugar ou pessoa que sofre inovação	Autoridade enganada	Proveito do crime
Objeto jurídico	Administração da justiça	Administração da justiça	Administração da justiça	Administração da justiça
Elemento subjetivo	Dolo	Dolo + elemento subjetivo específico	Dolo + elemento subjetivo específico	Dolo + elemento subjetivo específico
Classificação	Próprio Material Forma livre Comissivo Instantâneo Dano Unissubjetivo Plurissubsistente	Comum Formal Forma livre Comissivo Instantâneo Dano Unissubjetivo Plurissubsistente	Comum Material Forma livre Comissivo Instantâneo Dano Unissubjetivo Plurissubsistente	Comum Formal Forma livre Comissivo Instantâneo Dano Unissubjetivo Plurissubsistente
Tentativa	Admite	Admite	Admite	Admite
Circunstâncias especiais		Autodefesa Absorção por crime mais grave	Autor de crime Figura privilegiada Imunidade	

	Favorecimento real em estabelecimento prisional Art. 349-A	Fuga de pessoa presa ou submetida a medida de segurança Art. 351	Evasão mediante violência contra pessoa Art. 352
Sujeito ativo	Qualquer pessoa	Qualquer pessoa	Preso ou pessoa sujeita a medida de segurança
Sujeito passivo	Estado. Secundariamente, a sociedade	Estado	Estado; secundariamente o agredido
Objeto material	Aparelho telefônico de comunicação móvel, de rádio ou similar	Pessoa fugitiva	Pessoa agredida
Objeto jurídico	Administração da justiça, com ênfase à segurança pública	Administração da justiça	Administração da justiça

	Favorecimento real em estabelecimento prisional Art. 349-A	Fuga de pessoa presa ou submetida a medida de segurança Art. 351	Evasão mediante violência contra pessoa Art. 352
Elemento subjetivo	Dolo	Dolo ou culpa	Dolo + elemento subjetivo específico
Classificação	Comum Formal Forma livre Comissivo Instantâneo Perigo abstrato Unissubjetivo Plurissubsistente	Comum Material Forma livre Comissivo Instantâneo Dano Unissubjetivo Plurissubsistente	Próprio (mão própria) Material Forma Livre Comissivo Instantâneo Dano Unissubjetivo Plurissubsistente
Tentativa	Admite	Admite	Não admite
Circunstâncias especiais	Consumação Crime impossível	Qualificadora Acumulação material Figura culposa	Acumulação material

	Arrebatamento de preso Art. 353	Motim de presos Art. 354	Patrocínio infiel Art. 355	Sonegação de papel ou objeto de valor probatório Art. 356
Sujeito ativo	Qualquer pessoa	Pessoa presa	Advogado ou procurador judicial	Advogado ou procurador judicial
Sujeito passivo	Estado; secundariamente, preso maltratado	Estado	Estado; secundariamente, prejudicado	Estado; secundariamente, prejudicado
Objeto material	Preso arrebatado	Disciplina carcerária	Pessoa prejudicada ou coisa que materializa conduta	Autos, documentos, objetos de valor probatório
Objeto jurídico	Administração da justiça	Administração da justiça	Administração da justiça	Administração da justiça
Elemento subjetivo	Dolo + elemento subjetivo específico	Dolo	Dolo	Dolo
Classificação	Comum Formal Forma livre Comissivo Instantâneo Dano Unissubjetivo Plurissubsistente	Próprio Material Forma livre Comissivo ou omissivo Permanente Dano Plurissubjetivo Plurissubsistente	Próprio Material ou formal Forma livre Comissivo ou omissivo Instantâneo Unissubjetivo Plurissubsistente	Próprio Material ou formal Forma livre Comissivo ou omissivo Instantâneo ou permanente Dano Unissubjetivo Plurissubsistente

	Arrebatamento de preso Art. 353	Motim de presos Art. 354	Patrocínio infiel Art. 355	Sonegação de papel ou objeto de valor probatório Art. 356
Tentativa	Admite	Admite na forma comissiva	Admite na forma comissiva	Admite na forma comissiva
Circunstâncias especiais	Acumulação material	Acumulação material	Patrocínio simultâneo ou tergiversação	

	Exploração de prestígio Art. 357	Violência ou fraude em arrematação judicial Art. 358	Desobediência a decisão judicial sobre perda ou suspensão de direitos Art. 359
Sujeito ativo	Qualquer pessoa	Qualquer pessoa	Pessoa suspensa ou privada de direito por decisão judicial
Sujeito passivo	Estado	Estado; secundariamente, o prejudicado	Estado
Objeto material	Dinheiro ou utilidade recebida ou solicitada	Arrematação judicial ou pessoa que participa desta	Função, atividade, direito, autoridade, múnus
Objeto jurídico	Administração da justiça	Administração da justiça	Administração da justiça
Elemento subjetivo	Dolo + elemento subjetivo específico	Dolo	Dolo
Classificação	Comum Formal Forma livre Comissivo Instantâneo Dano Unissubjetivo Unissubsistente ou plurissubsistente	Comum Formal ou material Forma livre Comissivo Instantâneo Dano Unissubjetivo Plurissubsistente	Próprio Formal Forma livre Comissivo Habitual Dano Unissubjetivo Plurissubsistente
Tentativa	Admite na forma plurissubsistente	Admite	Não admite
Circunstâncias especiais	Causa de aumento de pena	Acumulação material	Acumulação material

Capítulo VI
Crimes contra as Finanças Públicas

1. FUNDAMENTO CONSTITUCIONAL

A proteção dispensada às finanças públicas, no Brasil da atualidade, é crescente, espargindo-se por várias leis infraconstitucionais, embora encontre, na Constituição da República, o seu incontrastável fundamento. O Título VI, Capítulo II, cuidando das *finanças públicas*, nos arts. 163 a 169, fornece as diretrizes para a proteção, regulação, objetivos e funcionamento das finanças públicas, da dívida pública externa e interna, da concessão de garantias pelas entidades públicas, da emissão e resgate de títulos da dívida pública, da fiscalização das instituições financeiras, das operações de câmbio realizadas por órgãos e entidades da União, dos Estados, do Distrito Federal e dos Municípios, bem como da compatibilização das funções das instituições oficiais de crédito da União, resguardadas as características e condições operacionais plenas das voltadas ao desenvolvimento regional (art. 163, CF).

Nessa linha, o art. 165, § 9.º, estabeleceu que "cabe à lei complementar: (...) II – estabelecer normas de gestão financeira e patrimonial da administração direta e indireta, bem como condições para a instituição e funcionamento de fundos". Não foi outra, portanto, a missão da Lei Complementar 101, de 4 de maio de 2000, que dispõe, no art. 1.º, § 1.º, o seguinte: "A responsabilidade na gestão fiscal pressupõe a ação planejada e transparente, em que se previnem riscos e corrigem desvios capazes de afetar o equilíbrio das contas públicas, mediante o cumprimento de metas de resultados entre receitas e despesas e a obediência a limites e condições no que tange à renúncia de receita, geração de despesas com pessoal, da seguridade social e outras, dívidas consolidada e mobiliária, operações de crédito, inclusive por antecipação de receita, concessão de garantia e inscrição em Restos a Pagar". Portanto, é inegável a necessidade da lei para o País, na consecução de objetivos orçamentários claros e definidos, impeditivos do endividamento exagerado e daninho ao desenvolvimento econômico e social, que costuma tornar as gestões de órgãos e entidades públicas em desastrosas experiências para a sociedade em geral. Além de inúmeras normas, visando a regularização e controle das administrações direta e indireta, deliberou o legislador promover mudanças profundas também na esfera penal, a fim de buscar uma política preventiva, que somente a lei penal pode proporcionar, com seu caráter intimidativo e repressivo. Não são poucos os especialistas que expõem, com clareza, as mazelas do sistema político brasileiro, pouco interessado nas finanças públicas, aspectos justificadores do nascimento da Lei Complementar 101/2000 e da Lei 10.028/2000.

Esclarece RÉGIS FERNANDES DE OLIVEIRA que "crescem as frustrações com o comportamento político. O agente público assume o cargo apenas para locupletar-se. Cria-se expectativa em torno de reformas e do império da seriedade, a cada eleição. No entanto, as expectativas tendem à completa frustração, o que cria clima de rejeição aos políticos de forma geral. São frases do cotidiano: 'todos são picaretas', 'rouba mas faz', o que leva ao descrédito, fazendo com que perpetue o desânimo com o próprio processo democrático. (...) Os desmandos administrativos, o tratamento do dinheiro público como se fosse particular, as infrações que contra o erário se praticam, a absoluta falta de vergonha que cerca os detentores de mandatos eletivos levam a população ao absoluto descrédito em relação aos políticos. O eleito, no dia seguinte à sua posse, já busca recursos para sua nova eleição. Não procura honrar o mandato que lhe foi outorgado pelo povo. Não dignifica o cargo. Todas as promessas feitas nos palanques são olvidadas. Os compromissos são postergados e, no mais das vezes, esquecidos. (...) Daí a superveniência de leis que buscam pôr freio nos maus administradores públicos, criando tipos penais e instituindo comportamentos que atentam contra a probidade administrativa, de forma a tentar impedir o uso desmedido dos interesses particulares em detrimento do público".[1]

Tratando do mesmo tema, sustentam CARLOS MAURÍCIO FIGUEIREDO, CLÁUDIO FERREIRA, FERNANDO RAPOSO, HENRIQUE BRAGA e MARCOS NÓBREGA que o "equilíbrio fiscal sempre foi uma das prioridades do processo de reformas por que vem passando o País desde a implantação do Plano Real. (...) Dessa forma, o grande fator diferenciador da LRF é o de estabelecer um novo padrão fiscal no País, sobretudo do ponto de vista comportamental. (...) A LRF procura mudar esse estado de coisas, estabelecendo o que para muitos significa um 'choque de moralidade' na gestão pública, ensejando a responsabilização pelos gastos efetuados e buscando conscientizar governos, políticos e sociedade da importância desse tipo de mudança de padrão fiscal".[2] Espera-se, certamente, que os entraves trazidos por legislação tão ampla, que terminou por engessar muitas atividades públicas, entre as quais, em especial a do Poder Judiciário, sejam corrigidos com o passar do tempo. Lembra o MINISTRO CARLOS VELLOSO que, graças ao disposto na Lei Complementar 101/2000, "o serviço da Justiça, de regra deficiente, porque deficiente o número de juízes, deficiente o apoio administrativo aos juízes de 1.º grau, tende a piorar, porque os Tribunais não poderão aperfeiçoá-los. Convém registrar que, por esse Brasil afora, há juízes que não dispõem nem de máquina de escrever, quando a máquina de escrever, diante da revolução dos computadores e da informática, virou peça de museu. Se trago ao debate essas questões, é para mostrar o grau de polêmica criado pela Lei Complementar 101".[3]

---

[1]   *Responsabilidade fiscal*, p. 13-14.

[2]   *Comentários à Lei de Responsabilidade Fiscal*, p. 17.

[3]   Prefácio aos *Comentários à Lei de Responsabilidade Fiscal*, organização de IVES GANDRA DA SILVA MARTINS e CARLOS VALDER DO NASCIMENTO.

Em suma, apesar dos defeitos incontestáveis que o texto normativo recém-editado provocou, há benefícios indiscutíveis também. Portanto, corrigidos aqueles, espera-se que estes tornem o Brasil um país mais sério, mormente no setor das finanças públicas, tão desgastado e desacreditado nos últimos tempos. Sob tal prisma, inclui-se mais um capítulo ao Código Penal, tendo por finalidade tipificar a conduta ilícita dos administradores irresponsáveis no trato com o dinheiro público.

2. CONTRATAÇÃO DE OPERAÇÃO DE CRÉDITO

2.1 Estrutura do tipo penal incriminador

Ordenar significa mandar que se faça ou determinar, constituindo ato mandamental; *autorizar* quer dizer dar licença a outrem para fazer ou consentir expressamente que seja feito; *realizar* é ato executório, implicando tornar efetivo ou pôr em prática. Pode, pois, o agente do crime dar a ordem para que a operação de crédito seja efetivada, como pode simplesmente permitir que outra pessoa o faça, seja executando, seja ordenando. É o conteúdo do art. 359-A do CP.

Finalmente, pode o agente, diretamente, concretizar a operação de crédito. O tipo é misto alternativo, razão pela qual pode a autoridade competente efetivar uma ou mais das condutas previstas no tipo penal e o crime será único. É fundamental ressaltar que o pedido feito ao Ministério da Fazenda (atual Ministério da Economia) para analisar a possibilidade de realização da operação de crédito não constitui, por si só, *autorização* para a efetivação da operação de crédito, ainda que irregular e em desacordo com a lei orçamentária.

Entende LUIZ CELSO DE BARROS que, dada a autorização pelo Ministério da Fazenda (atual Ministério da Economia) ou entidade equivalente, quem concretiza a operação de crédito irregular não deve responder pelo delito, reservando-se a punição ao funcionário que autorizou, pertencente ao Ministério ou entidade mencionada.[4] Parece-nos, no entanto, que tudo depende do dolo e da consciência potencial de ilicitude. Se a autorização foi pleiteada, mas sabe o requerente que se trata de algo indevido, ainda que aquela seja dada, devem responder pelo delito todos os que nele tomaram parte conscientes de que se tratava de uma operação de crédito irregular e ilícita.

O conceito de operação de crédito é fornecido pelo art. 29, III, da Lei Complementar 101/2000: é o "compromisso financeiro assumido em razão de mútuo, abertura de crédito, emissão e aceite de título, aquisição financiada de bens, recebimento antecipado de valores provenientes da venda a termo de bens e serviços, arrendamento mercantil e outras operações assemelhadas, inclusive com o uso de derivativos financeiros". Ensina RÉGIS FERNANDES DE OLIVEIRA que "a operação de crédito é uma figura contratual que pressupõe agente capaz, objeto lícito e forma prescrita ou não defesa em lei, nos exatos termos do art. 82 [atual art. 104] do Código Civil. Guarda a peculiaridade, no caso de contratos públicos, pelo fato de que um dos contratantes é ente federativo. Trata-se de compromisso em razão de um empréstimo, gerando crédito e débito".[5]

Em resumo, as operações de crédito "são aquelas realizadas pela União, Estados, Distrito Federal e Municípios contemplando compromissos de pagamento a serem honrados

---

4   *Responsabilidade fiscal e criminal*, p. 142.

5   *Responsabilidade fiscal*, p. 63.

no futuro".[6] A regulamentação rígida estabelecida pela Lei de Responsabilidade Fiscal, em relação às operações de crédito realizadas pelos agentes públicos, gestores das finanças, tem por finalidade garantir que essas transações contribuam, de fato, para toda a coletividade, não excedendo a capacidade do ente público de arcar com o seu custo. Por isso, há necessidade de prévia fiscalização e, conforme o caso, da aprovação de vários órgãos, inclusive e especialmente do Ministério da Fazenda (art. 32, LRF), atual Ministério da Economia, bem como do Senado Federal (arts. 30, I, e 32, § 1.º, III e IV, LRF) e do Banco Central do Brasil (arts. 32, § 4.º, e 38, §§ 2.º e 3.º, LRF). O fundamental é que a operação de crédito, para efeito de futura análise e aprovação pelo Tribunal de Contas, tenha fulcro em lei orçamentária previamente aprovada, razão pela qual o parecer do Ministério da Fazenda (atual Ministério da Economia), embora não tenha caráter vinculativo, pode evitar futura sanção.[7] No mesmo sentido, esclarece JOSÉ MAURÍCIO CONTI que "a contratação das operações de crédito precisa estar previamente autorizada por lei da entidade que pleiteia realizá-la. Um Município, por exemplo, antes de contratar a operação de crédito, deve ter previsão desse ato na legislação pertinente. E a operação deverá estar em rubrica própria na lei orçamentária anual, ou em lei específica que faça constar essa previsão, mediante abertura de crédito adicional, nos termos das normas gerais de direito financeiro".[8]

A operação de crédito por equiparação, conforme dispõe o art. 29, § 1.º, da Lei de Responsabilidade Fiscal, "equipara-se a operação de crédito a assunção, o reconhecimento ou a confissão de dívidas pelo ente da Federação, sem prejuízo do cumprimento das exigências dos arts. 15 e 16".

Finalmente, a autorização prévia do Poder Legislativo trata-se de elemento vinculado à ilicitude, porém trazido para o tipo penal, constituindo seu elemento normativo. Assim, torna-se fundamental para o aperfeiçoamento da tipicidade que o agente público ordene, autorize ou realize a operação de crédito, não possuindo, anteriormente ao ato, a autorização legislativa.

A pena prevista no art. 359-A do CP é de reclusão, de um a dois anos.

2.2 Sujeitos ativo e passivo

O sujeito ativo é o funcionário público competente para ordenar, autorizar ou realizar operação de crédito. Sobre o conceito de funcionário público, ver o art. 327 do Código Penal. O sujeito passivo é, primordialmente, o Estado. Secundariamente, no entanto, é a sociedade, pois o abalo nas finanças públicas, como visto na introdução ao tema na nota 1, gera consequências desastrosas para toda a coletividade.

2.2.1 Presidente da República

Pode responder, também, por crime de responsabilidade, previsto no art. 10 da Lei 1.079/1950: "São crimes de responsabilidade contra a lei orçamentária: (...) 9) ordenar ou autorizar, em desacordo com a lei, a realização de operação de crédito com qualquer um dos demais entes da Federação, inclusive suas entidades de administração indireta, ainda que na forma de novação, refinanciamento ou postergação de dívida contraída anteriormente".

---

6   Citação de CARLOS VALDER DO NASCIMENTO, feita por JOSÉ MAURÍCIO CONTI, *Comentários à Lei de Responsabilidade Fiscal*, p. 220.

7   RÉGIS FERNANDES DE OLIVEIRA, *Responsabilidade fiscal*, p. 67.

8   *Comentários à Lei de Responsabilidade Fiscal*, p. 222.

2.2.2   Prefeito Municipal

Há lei especial, cuidando do assunto, conforme se vê no art. 1.º, XX, do Decreto-lei 201/1967: "São crimes de responsabilidade dos prefeitos municipais, sujeitos ao julgamento do Poder Judiciário, independentemente do pronunciamento da Câmara dos Vereadores: (...) XX – ordenar ou autorizar, em desacordo com a lei, a realização de operação de crédito com qualquer um dos demais entes da Federação, inclusive suas entidades de administração indireta, ainda que na forma de novação, refinanciamento ou postergação de dívida contraída anteriormente".

2.3   Elemento subjetivo

É o dolo. Não existe a forma culposa, nem se exige elemento subjetivo específico.

2.4   Objetos material e jurídico

O objeto material é a operação de crédito efetivada. O objeto jurídico é a proteção à regularidade das finanças públicas e à probidade administrativa.

2.5   Classificação

Trata-se de crime próprio (aquele que só pode ser cometido por sujeito ativo qualificado); formal (delito que não exige, para sua consumação, a ocorrência de resultado naturalístico, consistente na efetiva realização da operação de crédito, com prejuízo para o erário ou para a probidade administrativa); de forma vinculada (deve ser cometido de acordo com o meio de realização eleito pela lei para a efetivação dos atos administrativos); comissivo (os verbos implicam ações); instantâneo (cuja consumação não se prolonga no tempo, dando-se em momento determinado); de perigo abstrato (aquele que independe da prova do perigo para as finanças públicas, bastando a simples realização das condutas previstas no tipo penal); unissubjetivo (pode ser cometido por um único sujeito); unissubsistente (praticado num único ato) ou plurissubsistente (delito cuja ação é composta por vários atos, permitindo-se o seu fracionamento), conforme o caso concreto; admite tentativa, na forma plurissubsistente. Admitindo a tentativa somente na conduta *realizar*, está a posição de DAMÁSIO.[9]

2.6   Figuras equiparadas do parágrafo único

A figura equiparada prevista no parágrafo único tem as mesmas condutas já analisadas – ordenar, autorizar ou realizar operação de crédito –, embora traga diferenças na sua concretização. Enquanto a figura do *caput* prevê a hipótese de o agente público efetivar operação de crédito, *sem autorização legislativa*, no caso desse parágrafo, a autorização existe, mas a transação foi feita ao arrepio das condições fixadas pela resolução do Senado, sejam elas pertinentes ao limite da operação ou em relação a qualquer outra ou, ainda, em desacordo com o limite máximo, fixado na lei, para a consolidação da dívida resultante da operação de crédito. É o conteúdo do inciso I do referido parágrafo único.

Estabelece o art. 52 da Constituição que "compete privativamente ao Senado Federal: (...) V – autorizar operações externas de natureza financeira, de interesse da União, dos Estados, do Distrito Federal, dos Territórios e dos Municípios; VI – fixar, por proposta do Presidente da República, limites globais para o montante da dívida consolidada da União, dos Estados,

---

[9]   *Comentários à Lei de Responsabilidade Fiscal*, p. 612.

do Distrito Federal e dos Municípios; VII – dispor sobre limites globais e condições para as operações de crédito externo e interno da União, dos Estados, do Distrito Federal e dos Municípios, de suas autarquias e demais entidades controladas pelo Poder Público federal; VIII – dispor sobre limites e condições para a concessão de garantia da União em operações de crédito externo e interno; IX – estabelecer limites globais e condições para o montante da dívida mobiliária dos Estados, do Distrito Federal e dos Municípios".

2.7   Norma penal em branco

Para se ter a exata noção do seu conteúdo é preciso conhecer quais os limites, as condições e os montantes fixados em lei ou resolução do Senado, razão pela qual a figura prevista no parágrafo único é norma penal em branco, necessitando do complemento apontado.

2.8   Dívida consolidada cujo montante ultrapassa o limite legal

No inciso II do parágrafo único do art. 359-A do CP, mencionam-se a ordem, a autorização ou a realização de operação de crédito, interno ou externo, quando o montante da dívida consolidada excede o limite máximo previsto em lei.

Segundo o art. 29, I, da Lei de Responsabilidade Fiscal, o "montante da dívida consolidada" é o "montante total, apurado sem duplicidade, das obrigações financeiras do ente da Federação, assumidas em virtude de leis, contratos, convênios ou tratados e da realização de operações de crédito, para amortização em prazo superior a doze meses".

A despeito disso, comenta IVES GANDRA DA SILVA MARTINS que, "apesar da preocupação do legislador com os conceitos por ele utilizados, não há, na lei, uma definição do que seja 'dívida pública fundada ou consolidada', mas apenas a enumeração dos elementos que a compõem. O somatório total das obrigações financeiras de uma entidade federativa é que constitui seu montante global, não podendo, à evidência, haver duplicação, ou seja, a mesma obrigação aparecer em mais de um item de sua descrição". Sobre a expressão "para amortização em prazo superior a doze meses", explica o autor que deve ser lida nos seguintes termos: "das obrigações financeiras do ente da Federação assumidas para amortização em prazo superior a doze meses, decorrentes de leis, contratos, convênios, tratados e oposições de crédito".[10]

São equiparados os vocábulos "consolidada" e "fundada" Note-se que, nesse caso, não se trata de norma penal em branco, pois o conceito dado pela Lei de Responsabilidade Fiscal é incompleto e apenas enunciativo, como explica IVES GANDRA. Dessa forma, cabe ao intérprete fornecê-lo, considerando-se elemento normativo do tipo.

2.9   Quadro-resumo

	Contratação de Operação de Crédito
Previsão legal	**Art. 359-A.** Ordenar, autorizar ou realizar operação de crédito, interno ou externo, sem prévia autorização legislativa: Pena – reclusão, de 1 (um) a 2 (dois) anos. **Parágrafo único.** Incide na mesma pena quem ordena, autoriza ou realiza operação de crédito, interno ou externo: I – com inobservância de limite, condição ou montante estabelecido em lei ou em resolução do Senado Federal; II – quando o montante da dívida consolidada ultrapassa o limite máximo autorizado por lei.

---

[10]   *Comentários à Lei de Responsabilidade Fiscal*, p. 182-183.

Sujeito ativo	Funcionário público competente para ordenar, autorizar ou realizar operação de crédito (art. 327 CP)
Sujeito passivo	Estado; secundariamente, a sociedade
Objeto material	Operação de crédito efetivada
Objeto jurídico	Proteção à regularidade das finanças públicas e à probidade administrativa
Elemento subjetivo	Dolo
Classificação	Próprio Formal Forma vinculada Comissivo Instantâneo Perigo abstrato Unissubjetivo Unissubsistente ou plurissubsistente
Tentativa	Admite na forma plurissubsistente

3. INSCRIÇÃO DE DESPESAS NÃO EMPENHADAS EM RESTOS A PAGAR

3.1 Estrutura do tipo penal incriminador

Ordenar significa mandar que se faça ou determinar, constituindo ato mandamental; *autorizar* quer dizer dar licença a outrem para fazer ou consentir expressamente que seja feito. Veda esse artigo que o agente público ordene ou autorize a inscrição em restos a pagar de despesa que ainda não foi empenhada ou que, apesar de ter sido, excedeu o limite estabelecido na lei. Logo, evita-se deixar para o ano seguinte, e, principalmente, para outro administrador, despesas que já não constem expressamente como devidas e cujo pagamento há de se estender no tempo, especialmente se não houver recursos para o pagamento. É o teor do art. 359-B do CP.

Restos a pagar são as despesas empenhadas, que não foram pagas no exercício financeiro, esgotado em 31 de dezembro. Segundo RÉGIS FERNANDES DE OLIVEIRA, "constituem eles a denominada dívida flutuante e devem ser registrados em conta própria. Normalmente, são pagas por meio de crédito especial, podendo haver dotação orçamentária específica para seu pagamento". Estabelece o art. 36 da Lei 4.320/1964 que os restos a pagar se distinguem em processados e não processados. E explicam LUIZ FLÁVIO GOMES e ALICE BIANCHINI: "os *restos a pagar processados* representam as despesas que cumpriram o estágio da liquidação e que deixaram de ser pagas apenas por circunstâncias próprias do encerramento do exercício. Os *não processados* são todas as despesas que deixaram de passar pelo estágio da liquidação".[11]

A *despesa pública*, sob o prisma financeiro, diz CARLOS VALDER DO NASCIMENTO ser despesa pública "todo emprego ou dispêndio de dinheiro para aquisição de alguma coisa ou execução de um serviço".[12]

---

[11] *Crimes de responsabilidade fiscal*, p. 53.

[12] *Comentários à Lei de Responsabilidade Fiscal*, p. 107.

Sobre o empenho da despesa, *empenhar*, no contexto deste artigo, significa comprometer o orçamento imputando-lhe uma despesa da Administração Pública a ser futuramente paga. Estabelece o art. 58 da Lei 4.320/1964 que o "empenho de despesa é o ato emanado de autoridade competente que cria para o Estado obrigação de pagamento pendente ou não de implemento de condição".

O empenho é indispensável, pois é vedada a realização de despesa que não tenha sido previamente separada do orçamento para honrar o compromisso assumido (art. 60, Lei 4.320/1964). O procedimento referente à execução de despesas públicas obedece a uma ordem: primeiramente, empenha-se a despesa, destacando-a do orçamento, isto é, reservando-se recursos da dotação orçamentária para determinado pagamento. Emite-se, para tanto, a *nota de empenho*. Em seguida, o administrador providencia a sua liquidação, que significa verificar o direito do credor de receber o montante separado, checando notas e documentos. A última etapa equivale à ordem de pagamento.

Nas palavras de Luiz Flávio Gomes e Alice Bianchini, o "empenho é o instrumento de que se serve a Administração a fim de controlar a execução orçamentária. É por meio dele que o legislativo se certifica de que os créditos concedidos ao Executivo estão sendo obedecidos. O empenho constitui instrumento de programação, para que o Executivo tenha sempre o panorama dos compromissos assumidos e das dotações ainda disponíveis. Não há empenho posterior".[13]

No tocante ao limite estabelecido em lei, trata-se de norma penal em branco, exigindo-se conhecer qual é o limite fixado em lei para poder aplicar o tipo penal incriminador.

A pena prevista no art. 359-B do CP é de detenção, de seis meses a dois anos.

3.2   Sujeitos ativo e passivo

O sujeito ativo é o funcionário público competente para ordenar ou autorizar a inscrição da despesa. Sobre o conceito de funcionário público, ver o art. 327 do Código Penal. O sujeito passivo é, primordialmente, o Estado. Secundariamente, no entanto, é a sociedade, pois o abalo nas finanças públicas, como visto na introdução ao tema na nota 1, gera consequências desastrosas para toda a coletividade.

3.3   Elemento subjetivo

É o dolo. Não existe a forma culposa, nem se exige elemento subjetivo específico.

3.4   Objetos material e jurídico

O objeto material é a despesa empenhada. O objeto jurídico é a proteção à regularidade das finanças públicas e à probidade administrativa.

3.5   Classificação

Trata-se de crime próprio (aquele que só pode ser cometido por sujeito ativo qualificado); formal (delito que não exige, para sua consumação, a ocorrência de resultado naturalístico, consistente na efetiva realização da operação de crédito, com prejuízo para o erário ou para a

---

[13]   *Crimes de responsabilidade fiscal – Lei 10.028/2000*: crimes contra as finanças públicas, crimes de responsabilidade fiscal de prefeitos, legislação na íntegra (Lei 10.028 e LC 101/2000), p. 44.

probidade administrativa); de forma vinculada (deve ser cometido de acordo com o meio de realização eleito pela lei para a efetivação dos atos administrativos); comissivo (os verbos implicam ações); instantâneo (cuja consumação não se prolonga no tempo, dando-se em momento determinado); de perigo abstrato (aquele que independe da prova do perigo para as finanças públicas, bastando a simples realização das condutas previstas no tipo penal); unissubjetivo (pode ser cometido por um único sujeito); unissubsistente (praticado num único ato) ou plurissubsistente (delito cuja ação é composta por vários atos, permitindo-se o seu fracionamento), conforme o caso concreto; admite tentativa, na forma plurissubsistente. Admitindo, igualmente, a tentativa: LUIZ FLÁVIO GOMES e ALICE BIANCHINI.[14] Não admitindo: DAMÁSIO.[15]

3.6   Quadro-resumo

Previsão legal	**Inscrição de Despesas Não Empenhadas em Restos a Pagar** **Art. 359-B.** Ordenar ou autorizar inscrição em restos a pagar, de despesa que não tenha sido previamente empenhada ou que exceda limite estabelecido em lei: Pena – detenção, de 6 (seis) meses a 2 (dois) anos.
Sujeito ativo	Funcionário público competente para ordenar ou autorizar a inscrição da despesa (art. 327 CP)
Sujeito passivo	Estado; secundariamente, a sociedade
Objeto material	Despesa empenhada
Objeto jurídico	Proteção à regularidade das finanças públicas e à probidade administrativa
Elemento subjetivo	Dolo
Classificação	Próprio Formal Forma vinculada Comissivo Instantâneo Perigo abstrato Unissubjetivo Unissubsistente ou plurissubsistente
Tentativa	Admite na forma plurissubsistente

4.   ASSUNÇÃO DE OBRIGAÇÃO NO ÚLTIMO ANO DO MANDATO OU LEGISLATURA

4.1   Estrutura do tipo penal incriminador

Ordenar significa mandar que se faça ou determinar, constituindo ato mandamental; *autorizar* quer dizer dar licença a outrem para fazer ou consentir expressamente que seja feito. No caso desse artigo, a ordem ou o consentimento do administrador volta-se à assunção de obrigação, no final do seu mandato ou legislatura. É o conteúdo do art. 359-C do CP.

---

[14] *Crimes de responsabilidade fiscal – Lei 10.028/2000*: crimes contra as finanças públicas, crimes de responsabilidade fiscal de prefeitos, legislação na íntegra (Lei 10.028 e LC 101/2000), p. 45.

[15] *Adendo especial aos comentários à Lei de Responsabilidade Fiscal*, p. 615.

Quer-se proteger a Administração Pública dos constantes desmandos de ocupantes de cargos de direção que, estando prestes a deixar o governo ou o parlamento, em plena época de eleição, terminam comprometendo o orçamento vindouro, assumindo obrigações de pagamentos que não farão diretamente, mas, sim, o seu sucessor. Assume-se a obrigação de pagar levianamente, como se o orçamento fosse multiplicável, conforme o desejo do administrador, o que não ocorre, havendo constante estado de inadimplência e desequilíbrio fiscal por parte de muitos órgãos públicos.

Além disso, quer-se evitar que o administrador transmita despesa sua ao futuro ocupante do cargo. Logo, a primeira parte do tipo penal tem por finalidade abranger a assunção de dívida, que não será paga no mesmo exercício, sendo complementada pela segunda parte, voltada a garantir que a dívida, caso reste para o exercício seguinte, ao menos tenha previsão de caixa suficiente para satisfazê-la. E tudo sob a ótica geral de estar o administrador efetivando o contrato ou a operação de crédito, devidamente autorizado por lei. Essa conduta é mais grave do que a prevista no artigo anterior, tendo em vista que a inscrição de despesas não empenhadas em restos a pagar não se refere ao estouro de caixa realizado no último ano do mandato ou da legislatura, transferindo a conta para o sucessor, mas é um procedimento de rolagem de dívida indevido, ainda que seja na mesma gestão.

O art. 359-B tem por finalidade moralizar a passagem do funcionário por determinado cargo, a fim de que gaste aquilo que pode e está autorizado em lei. Trata-se do equilíbrio fiscal que uma gestão honesta deve ter. Abrange qualquer funcionário competente para ordenar ou autorizar despesa.

No caso do art. 359-C, a conduta é mais séria, pois o administrador ou parlamentar, valendo-se de mandato ou legislatura – e não qualquer funcionário –, termina atuando no sentido de empurrar a terceiros despesas e comprometimentos financeiros que assumiu, mas sabe que não irá pagar.

Assunção de obrigação significa assumir a obrigatoriedade de realizar despesa, por meio de qualquer ato ou fato. Logo, não quer dizer unicamente empenhar despesa, nem contrair obrigação de pagamento. Nessa ótica, conferir o magistério de FIGUEIREDO, FERREIRA, RAPOSO, BRAGA e NÓBREGA.[16]

Quanto aos dois últimos quadrimestres, a proibição de assunção de obrigação tem início a partir de 1.º de maio do ano final do mandato ou da legislatura.

Sobre a disponibilidade de caixa, explicam FLÁVIO DA CRUZ, ADAUTO VICCARI JÚNIOR, JOSÉ OSVALDO GLOCK, NÉLIO HERZMANN e ROSÂNGELA TREMEL que "deve ser considerado todo o estoque da dívida existente em 30 de abril, independentemente do exercício em que foi gerada. Desse montante, identifica-se o valor vencido e a vencer até 31 de dezembro, para fins da projeção da disponibilidade de caixa naquela data, levando em consideração que, pela exigência legal da observância da ordem cronológica de vencimento, estes valores deverão ter prioridade de pagamento em relação aos novos compromissos a serem assumidos, lembrando, ainda, que é crime anular despesas liquidadas, inscritas em Restos a Pagar. Num exemplo prático, se a Administração assinou um contrato no dia 28 de abril, para a execução de uma obra cujo cronograma físico financeiro avance até o dia 31 de março do exercício seguinte, a parcela a ser paga nos três meses do próximo ano não precisaria constituir disponibilidade de caixa em 31 de dezembro, pois o ato que a originou não ocorreu nos últimos dois quadrimestres.

---

[16]   *Comentários à Lei de Responsabilidade Fiscal*, p. 225.

Contudo, o valor a ser pago no decorrer do ano deverá ser considerado quando da projeção da disponibilidade de caixa. Os entes da Federação e órgãos públicos que possuem grande endividamento serão forçados a, nesse período, reduzir ao máximo suas despesas correntes e ficarão, praticamente, impedidos de realizar despesas de capital cujo valor não possa ser integralmente liquidado no exercício, tendo como alternativa tentar o aumento da receita e outras medidas no mercado fornecedor, como, por exemplo, a licitação e contratação parcial de obras etc.".[17] Assim, também, é a posição assumida por Carlos Maurício Figueiredo, Cláudio Ferreira, Fernando Raposo, Henrique Braga e Marcos Nóbrega.[18]

A pena prevista no art. 359-C do CP é de reclusão de um a quatro anos.

4.2 Sujeitos ativo e passivo

O sujeito ativo é o funcionário público competente para ordenar ou autorizar a assunção de obrigação, embora, nesse caso, deva ser ocupante de cargo para o qual foi eleito. Abrange tanto o chefe de Poder, que exerce função administrativa, quanto o integrante do Legislativo, incumbido de autorizar os gastos. Incluem-se, ainda, o chefe do Ministério Público e todos os outros gestores, nomeados para o exercício de um mandato, quando gozarem de autonomia administrativa e financeira para deliberar sobre gastos. Sobre o conceito de funcionário público, ver o art. 327 do Código Penal. O sujeito passivo é, primordialmente, o Estado. Secundariamente, no entanto, é a sociedade, pois o abalo nas finanças públicas, como visto na introdução ao tema na nota 1, gera consequências desastrosas para toda a coletividade.

4.3 Elemento subjetivo

É o dolo. Não existe a forma culposa, nem se exige elemento subjetivo específico.

4.4 Objetos material e jurídico

O objeto material é a obrigação assumida. O objeto jurídico é a proteção à regularidade das finanças públicas e à probidade administrativa.

4.5 Classificação

Trata-se de crime próprio (aquele que só pode ser cometido por sujeito ativo qualificado); formal (delito que não exige, para sua consumação, a ocorrência de resultado naturalístico, consistente no efetivo prejuízo para a administração diante da falta de recursos para arcar com a obrigação gerada); de forma vinculada (deve ser cometido de acordo com o meio de realização eleito pela lei para a efetivação dos atos administrativos); comissivo (os verbos implicam ações) e, excepcionalmente, na modalidade omissivo impróprio ou comissivo por omissão (quando o agente tem o dever jurídico de evitar o resultado, nos termos do art. 13, § 2.º, CP); instantâneo (cuja consumação não se prolonga no tempo, dando-se em momento determinado); de perigo abstrato (aquele que independe da prova do perigo para as finanças públicas, bastando a simples realização das condutas previstas no tipo penal); unissubjetivo (pode ser cometido por um único sujeito); unissubsistente (praticado num único ato) ou plurissubsistente (delito cuja ação

---

[17] *Lei de responsabilidade fiscal comentada*, p. 129-130.
[18] *Comentários à Lei de Responsabilidade Fiscal*, p. 227.

é composta por vários atos, permitindo-se o seu fracionamento), conforme o caso concreto; admite tentativa, na forma plurissubsistente. Não admitindo tentativa: DAMÁSIO.[19]

4.6   Exclusão de responsabilidade

Alerta MISABEL ABREU MACHADO DERZI, tratando da norma limitadora da contração de obrigação nos dois últimos quadrimestres do mandato (art. 42, LRF), que "o dispositivo, não obstante, não atinge as novas despesas contraídas no primeiro quadrimestre do último ano do mandato, ainda que de duração continuada superior ao exercício financeiro. Também não deverá alcançar outras despesas contraídas no final do exercício para socorrer calamidade pública ou extraordinárias para atender a urgências necessárias".[20]

É preciso acrescentar, ainda, ser possível aplicar ao contexto dos crimes previstos neste Capítulo as regras gerais de exclusão da ilicitude ou da culpabilidade. Assim, pode ocorrer hipótese de estado de necessidade ou mesmo de inexigibilidade de conduta diversa, a justificar o gasto realizado ao arrepio da Lei de Responsabilidade Fiscal. A situação, embora típica, não será considerada penalmente ilícita ou culpável, conforme o caso.

4.7   Quadro-resumo

Previsão legal	**Assunção de Obrigação no Último Ano do Mandato ou Legislatura** **Art. 359-C.** Ordenar ou autorizar a assunção de obrigação, nos dois últimos quadrimestres do último ano do mandato ou legislatura, cuja despesa não possa ser paga no mesmo exercício financeiro ou, caso reste parcela a ser paga no exercício seguinte, que não tenha contrapartida suficiente de disponibilidade de caixa: Pena – reclusão, de 1 (um) a 4 (quatro) anos.
Sujeito ativo	Funcionário público competente para ordenar ou autorizar assunção de obrigação (art. 327 CP)
Sujeito passivo	Estado; secundariamente, a sociedade
Objeto material	Obrigação assumida
Objeto jurídico	Proteção à regularidade das finanças públicas e à probidade administrativa
Elemento subjetivo	Dolo
Classificação	Próprio Formal Forma vinculada Comissivo ou omissivo impróprio Instantâneo Perigo abstrato Unissubjetivo Unissubsistente ou plurissubsistente
Tentativa	Admite na forma plurissubsistente

---

[19]   *Adendo especial aos comentários à Lei de Responsabilidade Fiscal*, p. 618.
[20]   *Comentários à Lei de Responsabilidade Fiscal*, p. 310.

5.   ORDENAÇÃO DE DESPESA NÃO AUTORIZADA

5.1   Estrutura do tipo penal incriminador

Ordenar, como já visto em nota anterior, significa mandar que se faça ou determinar. No contexto desse artigo diz respeito à despesa não autorizada previamente em lei ou em desacordo com a autorização legal, constituindo afronta ao disposto na Lei de Responsabilidade Fiscal (Lei Complementar 101/2000), cuja finalidade é moralizar a Administração Pública. É o conteúdo do art. 359-D do CP.

Ensina CARLOS VALDER DO NASCIMENTO que "recomendação dessa natureza tem razão de ser porque nem sempre os gastos públicos, objeto das decisões governamentais, obedecem ao critério da racionalidade. O que se busca, ao menos teoricamente, é direcionar a ação pública no sentido do maior proveito dos tributos em prol da coletividade, de modo que a fórmula possa ser consubstanciada no princípio da máxima vantagem social, que 'constitui uma das regras racionais em que geralmente se inspiram ou devem se inspirar os governantes'".[21]

Mesmo que haja suposto benefício para a Administração, é irrelevante, pois o delito é de perigo abstrato, cujo prejuízo para as finanças públicas e para a probidade administrativa é presumido pelo próprio tipo penal. Logo, ainda que a Administração seja beneficiada pela liberação de verba, não prevista na lei orçamentária ou em lei específica, o crime está configurado.

Em sentido contrário, estão as posições de LUIZ FLÁVIO GOMES e ALICE BIANCHINI: "Pode ocorrer, entretanto, que a despesa, ainda que não autorizada por lei, venha a ser plenamente justificada. A inexistência de autorização constitui, tão somente, indício de irregularidade, havendo necessidade, para se criminalizar a conduta, que se verifique, diretamente, a existência de uma lesão não justificada ao bem jurídico. Quando devidamente explicável a despesa, deslegitimada encontra-se a possibilidade de se punir a conduta, ao menos penalmente. O controle a ser exercido pelos órgãos que a LRF designa deve ir além do mero aspecto de legalidade, 'sempre que necessário, para efetivar o comando da legitimidade e eficiência'".[22]

Estipula o art. 15 da Lei de Responsabilidade Fiscal que "serão consideradas não autorizadas, irregulares e lesivas ao patrimônio público a geração de despesa ou assunção de obrigação que não atendam o disposto nos arts. 16 e 17".

Estes, por sua vez, disciplinam o seguinte: "A criação, expansão ou aperfeiçoamento de ação governamental que acarrete aumento da despesa será acompanhado de: I – estimativa do impacto orçamentário-financeiro no exercício em que deva entrar em vigor e nos dois subsequentes; II – declaração do ordenador da despesa de que o aumento tem adequação orçamentária e financeira com a lei orçamentária anual e compatibilidade com o plano plurianual e com a lei de diretrizes orçamentárias. § 1.º Para os fins desta Lei Complementar, considera-se: I – adequada com a lei orçamentária anual, a despesa objeto de dotação específica e suficiente, ou que esteja abrangida por crédito genérico, de forma que somadas todas as despesas da mesma espécie, realizadas e a realizar, previstas no programa de trabalho, não sejam ultrapassados os limites estabelecidos para o exercício; II – compatível com o plano

---

[21]   *Comentários à Lei de Responsabilidade Fiscal*, p. 113.

[22]   *Crimes de responsabilidade fiscal*, p. 50.

plurianual e a lei de diretrizes orçamentárias, a despesa que se conforme com as diretrizes, objetivos, prioridades e metas previstos nesses instrumentos e não infrinja qualquer de suas disposições. § 2.º A estimativa de que trata o inciso I do *caput* será acompanhada das premissas e metodologia de cálculo utilizadas. § 3.º Ressalva-se do disposto neste artigo a despesa considerada irrelevante, nos termos em que dispuser a lei de diretrizes orçamentárias. § 4.º As normas do *caput* constituem condição prévia para: I – empenho e licitação de serviços, fornecimento de bens ou execução de obras; II – desapropriação de imóveis urbanos a que se refere o § 3.º do art. 182 da Constituição" (art. 16).

"Considera-se obrigatória de caráter continuado a despesa corrente derivada de lei, medida provisória ou ato administrativo normativo que fixem para o ente a obrigação legal de sua execução por um período superior a dois exercícios. § 1.º Os atos que criarem ou aumentarem despesa de que trata o *caput* deverão ser instruídos com a estimativa prevista no inciso I do art. 16 e demonstrar a origem dos recursos para seu custeio. § 2.º Para efeito do atendimento do § 1.º, o ato será acompanhado de comprovação de que a despesa criada ou aumentada não afetará as metas de resultados fiscais previstas no anexo referido no § 1.º do art. 4.º, devendo seus efeitos financeiros, nos períodos seguintes, ser compensados pelo aumento permanente de receita ou pela redução permanente de despesa. § 3.º Para efeito do § 2.º, considera-se aumento permanente de receita o proveniente da elevação de alíquotas, ampliação da base de cálculo, majoração ou criação de tributo ou contribuição. § 4.º A comprovação referida no § 2.º, apresentada pelo proponente, conterá as premissas e metodologia de cálculo utilizadas, sem prejuízo do exame de compatibilidade da despesa com as demais normas do plano plurianual e da lei de diretrizes orçamentárias. § 5.º A despesa de que trata este artigo não será executada antes da implementação das medidas referidas no § 2.º, as quais integrarão o instrumento que a criar ou aumentar. § 6.º O disposto no § 1.º não se aplica às despesas destinadas ao serviço da dívida nem ao reajustamento de remuneração de pessoal de que trata o inciso X do art. 37 da Constituição. § 7.º Considera-se aumento de despesa a prorrogação daquela criada por prazo determinado" (art. 17).

Além desses dispositivos, outros pode haver que impeçam a geração de despesa, caso não esteja expressamente prevista e autorizada em lei, como demonstram os arts. 21 e 26 da Lei de Responsabilidade Fiscal.

A pena prevista no art. 359-D do CP é de reclusão, de um a quatro anos.

5.2   Sujeitos ativo e passivo

O sujeito ativo é o funcionário público competente para ordenar despesa. Sobre o conceito de funcionário público, ver o art. 327 do Código Penal. O sujeito passivo é, primordialmente, o Estado. Secundariamente, no entanto, é a sociedade, pois o abalo nas finanças públicas gera consequências desastrosas para toda a coletividade.

5.3   Elemento subjetivo

É o dolo. Não existe a forma culposa, nem se exige elemento subjetivo específico.

5.4   Objetos material e jurídico

O objeto material é a despesa ordenada. O objeto jurídico é a proteção à regularidade das finanças públicas e à probidade administrativa.

5.5   Classificação

Trata-se de crime próprio (aquele que só pode ser cometido por sujeito ativo qualificado); formal (delito que não exige, para sua consumação, a ocorrência de resultado naturalístico, consistente na efetiva realização da despesa, com prejuízo para o erário ou para a probidade administrativa); de forma vinculada (deve ser cometido de acordo com o meio de realização eleito pela lei para a efetivação dos atos administrativos); comissivo (o verbo implica ação); instantâneo (cuja consumação não se prolonga no tempo, dando-se em momento determinado); de perigo abstrato (aquele que independe da prova do perigo para as finanças públicas, bastando a simples realização da conduta prevista no tipo penal); unissubjetivo (pode ser cometido por um único sujeito); unissubsistente (praticado num único ato) ou plurissubsistente (delito cuja ação é composta por vários atos, permitindo-se o seu fracionamento), conforme o caso concreto; admite tentativa, na forma plurissubsistente. Admitindo, igualmente, tentativa: LUIZ FLÁVIO GOMES e ALICE BIANCHINI.[23] Não aceitando a tentativa: DAMÁSIO.[24]

5.6   Quadro-resumo

Previsão legal	**Ordenação de Despesa Não Autorizada** **Art. 359-D.** Ordenar despesa não autorizada por lei: Pena – reclusão, de 1 (um) a 4 (quatro) anos.
Sujeito ativo	Funcionário público competente para ordenar despesa (art. 327 CP)
Sujeito passivo	Estado; secundariamente, a sociedade
Objeto material	Despesa ordenada
Objeto jurídico	Proteção à regularidade das finanças públicas e à probidade administrativa
Elemento subjetivo	Dolo
Classificação	Próprio Formal Forma vinculada Comissivo Instantâneo Perigo abstrato Unissubjetivo Unissubsistente ou plurissubsistente
Tentativa	Admite na forma plurissubsistente

6.   PRESTAÇÃO DE GARANTIA GRACIOSA

6.1   Estrutura do tipo penal incriminador

Prestar garantia significa compromissar-se a satisfazer a dívida assumida, oferecendo algum tipo de caução. A Lei de Responsabilidade Fiscal trata do tema, expressamente, no art. 29, IV, nos seguintes termos: é o "compromisso de adimplência de obrigação financeira ou contratual assumida por ente da Federação ou entidade a ele vinculada".

---

[23]   *Crimes de responsabilidade fiscal*, p. 51.

[24]   *Adendo especial aos comentários à Lei de Responsabilidade Fiscal*, p. 620.

Nas palavras de MISABEL ABREU MACHADO DERZI, "garantia é expressão ampla, que inclui qualquer *caução* destinada a conferir segurança ao pagamento, quer oferecida pelo próprio devedor, em adição à garantia genérica que o seu próprio patrimônio configura, quer por terceiro, estranho à obrigação principal (...). A contragarantia tem a mesma natureza e extensão da garantia, ou seja, qualquer caução contraprestada pelo devedor ao garantidor, terceiro estranho ao vínculo obrigacional que lhe garantiu o pagamento".[25] Pode ser, segundo explica IVES GANDRA DA SILVA MARTINS, financeira ou contratual. O compromisso deve ser assinado por ente da Federação (União, Estados, Distrito Federal e Municípios) ou por entidade da Administração indireta, tal como autarquias, fundações, empresas públicas, entre outras.[26]

Por outro lado, sustenta RÉGIS FERNANDES DE OLIVEIRA que, dada a garantia – por exemplo, a União pode ser chamada a dar garantia, no caso de operação junto a organismo internacional –, deve ser exigida a contragarantia do Estado, do Município ou de outro ente que deseje obter um empréstimo. As garantias e contragarantias podem ser pessoais (ex.: aval) ou reais (ex.: hipoteca).[27] Não é diferente a expressa previsão legal para que a garantia possa ser oferecida, embora exigindo-se a contragarantia: "Os entes poderão conceder garantia em operações de crédito internas ou externas, observados o disposto neste artigo, as normas do art. 32 e, no caso da União, também os limites e as condições estabelecidos pelo Senado Federal. § 1.º A garantia estará condicionada ao oferecimento de contragarantia, em valor igual ou superior ao da garantia a ser concedida, e à adimplência da entidade que a pleitear relativamente a suas obrigações junto ao garantidor e às entidades por este controladas. (...)" (art. 40, LRF).

Em suma, a conduta típica objetivada nesse crime é impedir que o administrador apto a prestar garantia em operação de crédito possa valer-se dessa faculdade sem a devida exigência de contragarantia, o que é indispensável, para conferir segurança ao ente que assegurou o compromisso alheio. Não se admite que o funcionário preste garantia por mera liberalidade. É o teor do art. 359-E do CP.

A pena é de detenção, de três meses a um ano.

6.2   Sujeitos ativo e passivo

O sujeito ativo é o funcionário público competente para prestar garantia em operação de crédito. Sobre o conceito de funcionário público, ver o art. 327 do Código Penal. O sujeito passivo é, primordialmente, o Estado. Secundariamente, no entanto, é a sociedade, pois o abalo nas finanças públicas, como visto na introdução ao tema na nota 1, gera consequências desastrosas para toda a coletividade.

6.3   Elemento subjetivo

É o dolo. Não existe a forma culposa, nem se exige elemento subjetivo específico.

6.4   Objetos material e jurídico

O objeto material é a operação de crédito desguarnecida de contragarantia. O objeto jurídico é a proteção à regularidade das finanças públicas e à probidade administrativa.

---

[25]   *Comentários à Lei de Responsabilidade Fiscal*, p. 274-275.
[26]   *Comentários à Lei de Responsabilidade Fiscal*, p. 186.
[27]   *Responsabilidade fiscal*, p. 75-76.

6.5   Classificação

Trata-se de crime próprio (aquele que só pode ser cometido por sujeito ativo qualificado); formal (delito que não exige, para sua consumação, a ocorrência de resultado naturalístico, consistente na efetiva realização da operação de crédito, com prejuízo para o erário ou para a probidade administrativa); de forma vinculada (deve ser cometido de acordo com o meio de realização eleito pela lei para a efetivação dos atos administrativos); comissivo (os verbos implicam ações) e, excepcionalmente, na modalidade omissivo impróprio ou comissivo por omissão (quando o agente tem o dever jurídico de evitar o resultado, nos termos do art. 13, § 2.º, CP); instantâneo (cuja consumação não se prolonga no tempo, dando-se em momento determinado); de perigo abstrato (aquele que independe da prova do perigo para as finanças públicas, bastando a simples realização das condutas previstas no tipo penal). Para LUIZ FLÁVIO GOMES e ALICE BIANCHINI, no entanto, trata-se de um delito de perigo concreto, dependente da prova de que, em face da inexistência da contragarantia, as finanças públicas correram o risco de lesão;[28] unissubjetivo (pode ser cometido por um único sujeito); unissubsistente (praticado num único ato) ou plurissubsistente (delito cuja ação é composta por vários atos, permitindo-se o seu fracionamento), conforme o caso concreto; admite tentativa, na forma plurissubsistente. No mesmo sentido, GOMES e BIANCHINI.[29] Em contrário, sustentando ser inadmissível, DAMÁSIO.[30]

6.6   Quadro-resumo

Previsão legal	**Prestação de Garantia Graciosa** **Art. 359-E.** Prestar garantia em operação de crédito sem que tenha sido constituída contragarantia em valor igual ou superior ao valor da garantia prestada, na forma da Lei: Pena – detenção, de 3 (três) meses a 1 (um) ano.
Sujeito ativo	Funcionário público competente para prestar garantia em operação de crédito (art. 327 CP)
Sujeito passivo	Estado; secundariamente, a sociedade
Objeto material	Operação de crédito desguarnecida de contragarantia
Objeto jurídico	Proteção à regularidade das finanças públicas e à probidade administrativa
Elemento subjetivo	Dolo
Classificação	Próprio Formal Forma vinculada Comissivo ou omissivo impróprio Instantâneo Perigo abstrato Unissubjetivo Unissubsistente ou plurissubsistente
Tentativa	Admite na forma plurissubsistente

---

[28]   *Crimes de responsabilidade fiscal – Lei 10.028/2000:* crimes contra as finanças públicas, crimes de responsabilidade fiscal de prefeitos, legislação na íntegra (Lei 10.028 e LC 101/2000), p. 52.

[29]   *Crimes de responsabilidade fiscal – Lei 10.028/2000:* crimes contra as finanças públicas, crimes de responsabilidade fiscal de prefeitos, legislação na íntegra (Lei 10.028 e LC 101/2000), p. 52.

[30]   *Adendo especial aos comentários à Lei de Responsabilidade Fiscal,* p. 622.

7.   NÃO CANCELAMENTO DE RESTOS A PAGAR

7.1   Estrutura do tipo penal incriminador

Deixar de ordenar, autorizar ou promover fornece a nítida significação de delito omissivo, implicando uma abstenção indevida por parte do administrador. *Ordenar* quer dizer dar um comando; *autorizar* significa fornecer o consentimento, aquiescer; *promover* quer dizer ser causa geradora de algo. É o teor do art. 359-F do CP. O objetivo desse crime é complementar o anterior, previsto no art. 359-B (inscrição de despesas não empenhadas em restos a pagar). Assim, aquele que ordena ou autoriza a inscrição de despesa não autorizada, por qualquer razão, em restos a pagar responde pelo art. 359-B, mas o agente administrativo que, podendo e tendo competência a tanto, toma conhecimento do que foi feito por outro e não determina o cancelamento dessa indevida inscrição responde pelo art. 359-F. Note-se que, sendo o mesmo administrador, o crime previsto nesse artigo é considerado *fato posterior não punível*, pois, se ele inscreveu o indevido, é natural que não providencie o cancelamento.

A pena é de detenção, de seis meses a dois anos.

7.2   Sujeitos ativo e passivo

O sujeito ativo é o funcionário competente para ordenar, autorizar ou promover o cancelamento de restos a pagar. Sobre o conceito de funcionário público, ver o art. 327 do Código Penal. O sujeito passivo é, primordialmente, o Estado. Secundariamente, no entanto, é a sociedade, pois o abalo nas finanças públicas, como visto na introdução ao tema na nota 1, gera consequências desastrosas para toda a coletividade.

7.3   Elemento subjetivo

É o dolo. Não existe a forma culposa, nem se exige elemento subjetivo específico.

7.4   Objetos material e jurídico

O objeto material é a inscrição de restos a pagar. O objeto jurídico é a proteção à regularidade das finanças públicas e à probidade administrativa.

7.5   Classificação

Trata-se de crime próprio (aquele que só pode ser cometido por sujeito ativo qualificado); formal (delito que não exige, para sua consumação, a ocorrência de resultado naturalístico, consistente na efetiva realização da operação de crédito, com prejuízo para o erário ou para a probidade administrativa); de forma vinculada (deve ser cometido de acordo com o meio de realização eleito pela lei para a efetivação dos atos administrativos); omissivo (o verbo principal "deixar de" implica omissão); instantâneo (cuja consumação não se prolonga no tempo, dando-se em momento determinado); de perigo abstrato (aquele que independe da prova do perigo para as finanças públicas, bastando a simples realização das condutas previstas no tipo penal); unissubjetivo (pode ser cometido por um único sujeito); unissubsistente (praticado num único ato); não admite tentativa, por se tratar de crime omissivo próprio.

7.6   Quadro-resumo

Previsão legal	**Não Cancelamento de Restos a Pagar** **Art. 359-F.** Deixar de ordenar, de autorizar ou de promover o cancelamento do montante de restos a pagar inscrito em valor superior ao permitido em lei: Pena – detenção, de 6 (seis) meses a 2 (dois) anos.
Sujeito ativo	Funcionário público competente para ordenar, autorizar ou promover o cancelamento de restos a pagar
Sujeito passivo	Estado; secundariamente, a sociedade
Objeto material	Inscrição de restos a pagar
Objeto jurídico	Proteção à regularidade das finanças públicas e à probidade administrativa
Elemento subjetivo	Dolo
Classificação	Próprio Formal Forma vinculada Omissivo Instantâneo Perigo abstrato Unissubjetivo Unissubsistente
Tentativa	Não admite

8.   AUMENTO DE DESPESA TOTAL COM PESSOAL NO ÚLTIMO ANO DO MANDATO OU LEGISLATURA

8.1   Estrutura do tipo penal incriminador

Ordenar quer dizer dar um comando; *autorizar* significa fornecer o consentimento, aquiescer; *executar* tem o mesmo sentido de realizar, ou seja, tornar efetivo. Volta-se o tipo penal para qualquer ato que possa acarretar um aumento de despesa, referente a pessoal, no prazo de 180 dias antes do final do mandato ou legislatura. É o disposto no art. 359-G do CP.

Visa-se a coibir as elevações indevidas de salários ou concessões de vantagens em geral, passando-se a conta ao sucessor do cargo, enquanto o prestígio de ter atendido às reivindicações dos funcionários fica com o administrador que proporcionou a elevação de vencimentos.

Esse crime não se relaciona com o previsto no art. 359-C, porque, na assunção de obrigação no último ano do mandato ou legislatura, estão sendo levadas em conta despesas que não possam ser pagas no mesmo exercício, ficando a obrigação de pagamento ao sucessor, sem ter disponibilidade orçamentária para tanto. No caso do art. 359-G, o aumento de despesa com pessoal é permanente, isto é, com certeza irá atravessar o exercício, atingindo os anos vindouros. Assim acontecendo, é possível que o orçamento fique comprometido, deixando de propiciar ao administrador futuro condições para gerir, convenientemente, a máquina estatal.

Note-se, ademais, que pouco interessa para a configuração do crime, previsto nesse artigo, que haja suficiência de verbas para o pagamento, pois a vedação é expressa e tem por finalidade evitar os gestos de benemerência com o dinheiro público, justamente quando haverá de assumir outro administrador, com outras ideias e projetos. Além disso, muitos desses aumentos de vencimentos têm nítida conotação eleitoral, cujo fim é favorecer determinados partidos ou candidaturas, o que não está de acordo com a lisura exigida na Administração Pública.

Acrescente-se o disposto no art. 21, parágrafo único, da Lei de Responsabilidade Fiscal: "Também é nulo de pleno direito o ato de que resulte aumento da despesa com pessoal expedido nos cento e oitenta dias anteriores ao final do mandato do titular do respectivo Poder ou órgão referido no art. 20". E, no art. 20, encontram-se disciplinados os tetos máximos para os gastos dos Poderes do Estado e de outras instituições que possuem autonomia financeira e administrativa, como ocorre com o Ministério Público.

Torna-se importante anotar o comentário de MARIA SYLVIA ZANELLA DI PIETRO sobre o tema: "o dispositivo não proíbe atos de investidura ou os reajustes de vencimentos ou qualquer outro tipo de ato que acarrete aumento de despesa, mas veda que haja aumento de despesa com pessoal no período assinalado. Assim, nada impede que atos de investidura sejam praticados ou vantagens pecuniárias sejam outorgadas, desde que haja aumento da receita que permita manter o órgão ou Poder no limite estabelecido no art. 20 ou desde que o aumento da despesa seja compensado com atos de vacância ou outras formas de diminuição da despesa com pessoal. (...) A intenção do legislador com a norma do parágrafo único foi impedir que, em fim de mandato, o governante pratique atos que aumentem o total de despesa com pessoal, comprometendo o orçamento subsequente ou até mesmo superando o limite imposto pela lei, deixando para o sucessor o ônus de adotar as medidas cabíveis para alcançar o ajuste. O dispositivo, se fosse entendido como proibição indiscriminada de qualquer ato de aumento de despesa, inclusive atos de provimento, poderia criar situações insustentáveis e impedir a consecução de fins essenciais, impostos aos entes públicos pela própria Constituição".[31]

Em suma, é preciso considerar que o tipo penal fala em *aumento de despesa*, não envolvendo, pois, reposição de funcionários, como bem esclarece MARIA SYLVIA ZANELLA DI PIETRO. Entretanto, somos levados a discordar da eminente administrativista, no que se refere à possibilidade de aumentar as despesas, se houver folga no orçamento. O crime em tela veda *aumento* de despesa em final de mandato, com ou sem folga orçamentária, estando ou não no limite fixado pela Lei de Responsabilidade Fiscal (art. 20). Quer-se garantir que a decisão de elevação de despesas fique a cargo do futuro ocupante do cargo, e não simplesmente permitir que o administrador, que se despede, brinde o funcionalismo com qualquer tipo de aumento. Logo, quer-nos parecer que, para o fim de preenchimento desse tipo penal, basta a conduta de ordenar, autorizar ou executar ato que provoque *aumento* de despesa total com pessoal. Concordamos que a contratação de funcionários, por conta da vacância de cargos, é razoável, tendo em vista que há, aí, uma compensação, logo, inexiste aumento. No mais, ainda que haja folga orçamentária, os efetivos *aumentos* estão proibidos, nos 180 dias anteriores ao término do seu mandato ou legislatura.

Sobre despesa com pessoal, preceitua o art. 18 da Lei de Responsabilidade Fiscal entender-se como despesa total com pessoal "o somatório dos gastos do ente da Federação com os ativos, os inativos e os pensionistas, relativos a mandatos eletivos, cargos, funções ou empregos, civis, militares e de membros de Poder, com quaisquer espécies remuneratórias, tais como vencimentos e vantagens, fixas e variáveis, subsídios, proventos da aposentadoria, reformas e pensões, inclusive adicionais, gratificações, horas extras e vantagens pessoais de qualquer natureza, bem como encargos sociais e contribuições recolhidas pelo ente às entidades de previdência".

[31] *Comentários à Lei de Responsabilidade Fiscal*, p. 156.

Mencionemos, novamente, que os limites estabelecidos para os gastos pelos Poderes encontrados no art. 20 são de duvidosa constitucionalidade, por ter a União, ao fixar percentuais, invadido a competência dos outros entes federativos – os Estados e os Municípios. A matéria é polêmica e, como lembra REGIS FERNANDES DE OLIVEIRA, o "Supremo Tribunal Federal, em recentíssima decisão, entendeu constitucional o art. 20 da lei ora comentada, por seis votos a cinco. Pelo resultado, vê-se a dificuldade do problema. No entanto, para nós, não há como se entender constitucional o dispositivo, no que vincula Estados e Municípios, impondo--lhes restrições, bem como no que alcança os Poderes Judiciário e Legislativo. A norma nacional complementar apenas pode dispor sobre 'normas gerais' e, positivamente, assim não se podem entender aquelas que descem a detalhes sobre percentuais de aplicação obrigatória. Reconhece--se que o Supremo Tribunal Federal é um tribunal político e, como tal, amoldou-se à exigência ética da norma. Jamais poderia ter entendido o dispositivo como aplicação de 'norma geral'".[32]

A pena prevista no art. 359-G do CP é de reclusão, de um a quatro anos.

8.2 Sujeitos ativo e passivo

O sujeito ativo é o funcionário público competente para ordenar, autorizar ou executar o ato que acarrete aumento de despesa com pessoal, embora, nesse caso, deva ser ocupante de cargo para o qual foi eleito. Abrange tanto o chefe de Poder, que exerce função administrativa, quanto o integrante do Legislativo, incumbido de autorizar os gastos. Incluem-se, ainda, o chefe do Ministério Público e todos os outros gestores, nomeados para o exercício de um mandato, quando gozarem de autonomia administrativa e financeira para deliberar sobre gastos. Note-se, ainda, que a figura típica abrange o *executor*, isto é, o funcionário que tenha competência para implantar, efetivamente, o aumento. Logicamente, se o competente para ordenar dá um comando, é natural supor que o funcionário encarregado de implantar o aumento cumpra. Se ele vislumbrar manifesta ilegalidade, deve recusar-se a fazê-lo, pois ninguém é obrigado a cumprir ordens ilegais. No entanto, se a ordem ou autorização for de duvidosa legalidade, poderá ele se valer da obediência hierárquica – excludente de culpabilidade. No mais, se aquiesceu à ordem ou autorização dada, é coautor. Sobre o conceito de funcionário público, ver o art. 327 do Código Penal.

O sujeito passivo é, primordialmente, o Estado. Secundariamente, no entanto, é a sociedade, pois o abalo nas finanças públicas, como visto na introdução ao tema na nota 1, gera consequências desastrosas para toda a coletividade.

8.3 Elemento subjetivo

É o dolo. Não existe a forma culposa, nem se exige elemento subjetivo específico.

8.4 Objetos material e jurídico

O objeto material é o ato autorizador do aumento de despesa com pessoal. O objeto jurídico é a proteção à regularidade das finanças públicas e à probidade administrativa.

8.5 Classificação

Trata-se de crime próprio (aquele que só pode ser cometido por sujeito ativo qualificado); formal (delito que não exige, para sua consumação, a ocorrência de resultado naturalístico,

---

[32] *Responsabilidade fiscal*, p. 48.

consistente no efetivo aumento da despesa com prejuízo para as finanças públicas); de forma vinculada (deve ser cometido de acordo com o meio de realização eleito pela lei para a efetivação dos atos administrativos); comissivo (os verbos implicam ações); instantâneo (cuja consumação não se prolonga no tempo, dando-se em momento determinado); de perigo abstrato (aquele que independe da prova do perigo para as finanças públicas, bastando a simples realização das condutas previstas no tipo penal); unissubjetivo (pode ser cometido por um único sujeito); unissubsistente (praticado num único ato) ou plurissubsistente (delito cuja ação é composta por vários atos, permitindo-se o seu fracionamento), conforme o caso concreto; admite tentativa, na forma plurissubsistente.

8.6   Quadro-resumo

Previsão legal	**Aumento de Despesa Total com Pessoal no Último Ano do Mandato ou Legislatura** **Art. 359-G.** Ordenar, autorizar ou executar ato que acarrete aumento de despesa total com pessoal, nos cento e oitenta dias anteriores ao final do mandato ou da legislatura: Pena – reclusão, de 1 (um) a 4 (quatro) anos.
Sujeito ativo	Funcionário público competente para ordenar, autorizar ou executar o ato que acarrete aumento de despesa com pessoal
Sujeito passivo	Estado; secundariamente, a sociedade
Objeto material	Ato autorizador do aumento de despesa com pessoal
Objeto jurídico	Proteção à regularidade das finanças públicas e à probidade administrativa
Elemento subjetivo	Dolo
Classificação	Próprio Formal Forma vinculada Comissivo Instantâneo Perigo abstrato Unissubjetivo Unissubsistente ou plurissubsistente
Tentativa	Admite na forma plurissubsistente

9.   OFERTA PÚBLICA OU COLOCAÇÃO DE TÍTULOS NO MERCADO

9.1   Estrutura do tipo penal incriminador

Ordenar quer dizer dar um comando; autorizar significa fornecer o consentimento, aquiescer; promover quer dizer ser causa geradora de algo. O objetivo desse crime é evitar que o funcionário competente possa inserir no mercado financeiro, de alguma forma, títulos da dívida pública, sem autorização legal para a sua criação ou sem o devido registro no órgão de fiscalização competente. Evita-se, com isso, um descontrole das finanças do Estado. É o disposto no art. 359-H do CP.

Menciona o art. 29, II, da Lei de Responsabilidade Fiscal que a dívida pública mobiliária é representada por "títulos emitidos pela União, inclusive os do Banco Central do Brasil, Estados e Municípios". Na explicação de Figueiredo, Ferreira, Raposo, Braga e Nóbrega, "esses títulos são negociados em mercado através de leilões eletrônicos monitorados pelo BACEN. A LRF destaca os títulos emitidos pelo BACEN para efeito de caracterização da dívida mobiliária. Isso se deve a uma nova postura determinada pela lei quanto ao volume de dívida gerada pelo BACEN na execução da política monetária, que antes não se integrava ao montante da dívida mobiliária da União, resultando na falta de controle do Tesouro federal sobre as emissões".[33]

A pena prevista no art. 359-G do CP é de reclusão, de um a quatro anos.

9.2   Sujeitos ativo e passivo

O sujeito ativo é o funcionário público competente para ordenar, autorizar ou promover oferta pública ou colocação no mercado financeiro de títulos da dívida pública. Sobre o conceito de funcionário público, ver o art. 327 do Código Penal. O sujeito passivo é, primordialmente, o Estado. Secundariamente, no entanto, é a sociedade, pois o abalo nas finanças públicas gera consequências desastrosas para toda a coletividade.

9.3   Elemento subjetivo

É o dolo. Não existe a forma culposa, nem se exige elemento subjetivo específico.

9.4   Objetos material e jurídico

O objeto material são os títulos da dívida pública. O objeto jurídico é a proteção à regularidade das finanças públicas e à probidade administrativa.

9.5   Classificação

Trata-se de crime próprio (aquele que só pode ser cometido por sujeito ativo qualificado); formal (delito que não exige, para sua consumação, a ocorrência de resultado naturalístico, consistente na efetiva realização da operação de crédito, com prejuízo para o erário ou para a probidade administrativa); de forma vinculada (deve ser cometido de acordo com o meio de realização eleito pela lei para a efetivação dos atos administrativos); comissivo (os verbos implicam ações) e, excepcionalmente, na modalidade omissivo impróprio ou comissivo por omissão (quando o agente tem o dever jurídico de evitar o resultado, nos termos do art. 13, § 2.º, CP); instantâneo (cuja consumação não se prolonga no tempo, dando-se em momento determinado); de perigo abstrato (aquele que independe da prova do perigo para as finanças públicas, bastando a simples realização das condutas previstas no tipo penal); unissubjetivo (pode ser cometido por um único sujeito); unissubsistente (praticado num único ato) ou plurissubsistente (delito cuja ação é composta por vários atos, permitindo-se o seu fracionamento), conforme o caso concreto; admite tentativa, na forma plurissubsistente.

---

[33]   *Comentários à Lei de Responsabilidade Fiscal*, p. 183.

9.6   Quadro-resumo

	Oferta Pública ou Colocação de Títulos no Mercado
Previsão legal	**Art. 359-H.** Ordenar, autorizar ou promover a oferta pública ou a colocação no mercado financeiro de títulos da dívida pública sem que tenham sido criados por Lei ou sem que estejam registrados em sistema centralizado de liquidação e de custódia: Pena – reclusão, de 1 (um) a 4 (quatro) anos.
Sujeito ativo	Funcionário público competente para ordenar, autorizar ou promover oferta pública ou colocação no mercado financeiro de títulos da dívida pública
Sujeito passivo	Estado; secundariamente, a sociedade
Objeto material	Títulos da dívida pública
Objeto jurídico	Proteção à regularidade das finanças públicas e à probidade administrativa
Elemento subjetivo	Dolo
Classificação	Próprio Formal Forma vinculada Comissivo ou omissivo impróprio Instantâneo Perigo abstrato Unissubjetivo Unissubsistente ou plurissubsistente
Tentativa	Admite na forma plurissubsistente

RESUMO DO CAPÍTULO

	Contratação de Operação de Crédito Art. 359-A	Inscrição de despesas não empenhadas em restos a pagar Art. 359-B	Assunção de obrigação no último ano do mandato ou legislatura Art. 359-C	Ordenação de despesa não autorizada Art. 359-D	Prestação de garantia graciosa Art. 359-E	Não cancelamento de restos a pagar Art. 359-F	Aumento de despesa total com pessoal no último ano do mandato ou legislatura Art. 359-G	Oferta pública ou colocação de títulos no mercado Art. 359-H
Sujeito ativo	Funcionário público competente para ordenar, autorizar ou realizar operação de crédito (art. 327, CP)	Funcionário público competente para ordenar ou autorizar a inscrição da despesa (art. 327, CP)	Funcionário público competente para ordenar ou autorizar assunção de obrigação (art. 327, CP)	Funcionário público competente para ordenar despesa (art. 327, CP)	Funcionário público competente para prestar garantia em operação de crédito (art. 327, CP)	Funcionário público competente para ordenar, autorizar ou promover o cancelamento de restos a pagar	Funcionário público competente para ordenar, autorizar ou executar o ato que acarrete aumento de despesa com pessoal	Funcionário público competente para ordenar, autorizar ou promover oferta pública ou colocação no mercado financeiro de títulos da dívida pública
Sujeito passivo	Estado; secundariamente, a sociedade	Estado; secundariamente, a sociedade	Estado; secundariamente, a sociedade	Estado; secundariamente, a sociedade	Estado; secundariamente, a sociedade	Estado; secundariamente, a sociedade	Estado; secundariamente, a sociedade	Estado; secundariamente, a sociedade
Objeto material	Operação de crédito efetivada	Despesa empenhada	Obrigação assumida	Despesa ordenada	Operação de crédito desguarnecida de contragarantia	Inscrição de restos a pagar	Ato autorizador do aumento de despesa com pessoal	Títulos da dívida pública
Objeto jurídico	Proteção à regularidade das finanças públicas e à probidade administrativa	Proteção à regularidade das finanças públicas e à probidade administrativa	Proteção à regularidade das finanças públicas e à probidade administrativa	Proteção à regularidade das finanças públicas e à probidade administrativa	Proteção à regularidade das finanças públicas e à probidade administrativa	Proteção à regularidade das finanças públicas e à probidade administrativa	Proteção à regularidade das finanças públicas e à probidade administrativa	Proteção à regularidade das finanças públicas e à probidade administrativa
Elemento subjetivo	Dolo	Dolo	Dolo	Dolo	Dolo	Dolo	Dolo	Dolo

	Contratação de Operação de Crédito Art. 359-A	Inscrição de despesas não empenhadas em restos a pagar Art. 359-B	Assunção de obrigação no último ano do mandato ou legislatura Art. 359-C	Ordenação de despesa não autorizada Art. 359-D	Prestação de garantia graciosa Art. 359-E	Não cancelamento de restos a pagar Art. 359-F	Aumento de despesa total com pessoal no último ano do mandato ou legislatura Art. 359-G	Oferta pública ou colocação de títulos no mercado Art. 359-H
Classificação	Próprio Formal Forma vinculada Comissivo Instantâneo Perigo abstrato Unissubjetivo Unissubsistente ou plurissubsistente	Próprio Formal Forma vinculada Comissivo Instantâneo Perigo abstrato Unissubjetivo Unissubsistente ou plurissubsistente	Próprio Formal Forma vinculada Comissivo Instantâneo Perigo abstrato Unissubjetivo Unissubsistente ou plurissubsistente	Próprio Formal Forma vinculada Comissivo Instantâneo Perigo abstrato Unissubjetivo Unissubsistente ou plurissubsistente	Próprio Formal Forma vinculada Comissivo Instantâneo Perigo abstrato Unissubjetivo Unissubsistente ou plurissubsistente	Próprio Formal Forma vinculada Omissivo Instantâneo Perigo abstrato Unissubjetivo Unissubsistente	Próprio Formal Forma vinculada Comissivo Instantâneo Perigo abstrato Unissubjetivo Unissubsistente ou plurissubsistente	Próprio Formal Forma vinculada Comissivo Instantâneo Perigo abstrato Unissubjetivo Unissubsistente ou plurissubsistente
Tentativa	Admite na forma plurissubsistente	Admite na forma plurissubsistente	Admite na forma plurissubsistente	Admite na forma plurissubsistente	Admite na forma plurissubsistente	Não admite	Admite na forma plurissubsistente	Admite na forma plurissubsistente

PARTE 7

CRIMES CONTRA O
ESTADO DEMOCRÁTICO DE DIREITO

Capítulo I

Crimes contra a Soberania Nacional

1. ASPECTOS HISTÓRICOS

A Lei de Segurança Nacional (Lei 7.170/1983) foi elaborada pelo Congresso Nacional e sancionada pelo Presidente da República, mas emergiu durante a época da ditadura militar, que envolveu o Brasil por aproximadamente duas décadas. Somente por esse aspecto, confundiu-se o seu conteúdo com autoritarismo e, por via de consequência, vislumbrava-se um conjunto de normas *antidemocráticas*. O período em que foi editada é uma coisa; a *necessidade* de se ter uma lei prevendo crimes políticos é outra bem diversa. Sem dúvida, havia tipos incriminadores inadequados para um Estado Democrático de Direito, porém, nem todos eram impróprios.

Hélio Bicudo narra que "o problema da segurança nacional é uma preocupação geral das nações em todos os tempos, e não uma preocupação de hoje. Desde o momento em que as nações se constituem, manter a segurança do Estado, que representa a Nação, e da Nação enquanto constituída dos seus cidadãos, é questão que desde logo se impõe. Mas a verdade é que a expressão 'segurança nacional' tem hoje um significado que nem sempre reflete o sentido que deve ter, de defesa da Pátria".[1] Aliás, os princípios fundamentais da República Federativa do Brasil, na atualidade, calcam-se num Estado de paz, com respeito às garantias individuais e repúdio ao terrorismo e atividades violentas para derrubar o Governo, que deve ser democraticamente eleito pelo povo.

Dessa forma, no art. 5.º, consideram-se imprescritíveis e inafiançáveis as ações de grupos armados, civis ou militares, contra a ordem constitucional e o Estado Democrático (inciso XLIV). Aliás, a própria Constituição Federal de 1988 não desconsiderou a existência de crimes políticos, atribuindo a competência para julgá-los à Justiça Federal (art. 109, IV).

---

[1] *Lei de segurança nacional*, p. 8.

Nem foi novidade, pois exatamente o mesmo dispositivo é encontrado na CF de 1934 (art. 81, *i*). Atualmente, revogou-se a Lei 7.170/1983, mas se editou a Lei 14.197/2021, incluindo no Código Penal vários de seus tipos incriminadores. Na época do governo militar, os crimes políticos eram julgados pela Justiça Militar, embora a Constituição Federal de 1988 os tenha transferido para a competência da Justiça Federal comum.

2.   CONCEITO ANTERIOR DE SEGURANÇA NACIONAL

Uma das anteriores Leis de Segurança Nacional era muito mais vinculada à repressão dos denominados *inimigos internos* do que a Lei 7.170/1983. Note-se o conceito extraído do art. 3.º do Decreto-lei 898, de 29.09.1969: "a segurança nacional compreende, essencialmente, medidas destinadas à preservação da segurança externa e interna, inclusive a prevenção e repressão da guerra psicológica adversa e da guerra revolucionária ou subversiva". A diferença entre essa lei e a Lei 7.170/1983 é evidente, a começar pelo fato de ter sido esta última editada pelo Congresso Nacional; ademais, não traz nenhum conceito de segurança nacional, mas somente o critério para se visualizar um *crime político*, o que é correto.

O bem jurídico tutelado pode ser deduzido pelos tipos incriminadores existentes na Lei. Ainda a título de exemplo, a lei anterior, de 1969, no art. 3.º, § 1.º, estabelecia: "a segurança interna, integrada na segurança nacional, diz respeito às ameaças ou pressões antagônicas, de qualquer origem, forma ou natureza, que se manifestem ou produzam efeito no país". No § 2.º: "a guerra psicológica adversa é o emprego da propaganda, da contrapropaganda e de ações nos campos político, econômico, psicossocial e militar, com a finalidade de influenciar ou provocar opiniões, emoções, atitudes e comportamentos de grupos estrangeiros, inimigos, neutros ou amigos, contra a consecução dos objetivos nacionais". Finalmente, o § 3.º: "a guerra revolucionária é o conflito interno, geralmente inspirado em uma ideologia ou auxiliado do exterior, que visa a conquista subversiva do poder pelo controle progressivo da Nação". Outro importante fator a ser considerado: a lei de 1969 previa prisão perpétua e pena de morte em tempo de paz. Como diz HELENO CLÁUDIO FRAGOSO, essa lei, "de inspiração profundamente antidemocrática, constitui um dos mais típicos exemplos da chamada *legislação revolucionária*, instituída pelo regime militar que se instalou desde 1964".[2] Após, surgiu a Lei 6.620/1978, editada pelo Congresso Nacional, atenuando as penas e abolindo tais penalidades, mesmo antes do advento da CF/88. Mas ainda trazia o conceito de segurança nacional em termos similares à anterior – e inadequados para uma democracia. Estabelecer, em lei, alguns conceitos de natureza política pode não ser apropriado, exatamente o que houve com as anteriores leis de segurança nacional. FRAGOSO demonstra que, "quanto à forma, a conceituação legal é inaplicável e perigosa, por ser tautológica e sem conteúdo. Por outro lado, é imprópria e perigosa, em se tratando de lei penal. É fórmula totalitária e abrangente de elementos que nada têm a ver com os crimes políticos, únicos que devem figurar numa lei dessa natureza".[3] E propõe que, em eventual reforma, o conceito de segurança nacional deve ser eliminado, por ser inútil e defeituoso.[4]

A Lei de Segurança Nacional podia ser adaptada aos preceitos constitucionais de 1988, tutelando o Estado Democrático de Direito, pois desvinculou-se dos vícios mais graves das

---

[2]   *Lei de segurança nacional*, p. 13.

[3]   *Lei de segurança nacional*, p. 24.

[4]   *Lei de segurança nacional*, p. 38.

anteriores, especialmente porque absteve-se de definir *segurança nacional*. Entretanto, remanescia um de seus graves problemas, que era manter a Justiça Militar como competente para julgar tais delitos. No entanto, o advento da CF de 1988 transferiu essa competência para a Justiça Federal comum.

3. VISÃO PRAGMÁTICA DE SEGURANÇA NACIONAL EM CONFRONTO COM O CRIME POLÍTICO

Se estipularmos termos restritos para essa análise, verificaremos que a segurança *nacional*, vale dizer, segurança da Nação é uma tarefa do Estado, que se desdobra no Poder Público e nas Forças Armadas. Noutros termos, seria garantir a segurança dos brasileiros diante de ataques externos, que coloquem em risco a nossa integridade territorial e outros valores importantes à nação brasileira.

O crime político, na realidade, não diz respeito diretamente à segurança da Nação, pois ele é praticado internamente, com vistas a derrubar, por meios ilegais, geralmente pela força das armas, o sistema político legítimo em vigor. Busca alterar o Governo e até mesmo a forma de governar. Aliás, como bem explica Edmundo Moniz, nesse prisma, "o crime político só é crime quando não atinge os seus objetivos. Quando um partido tenta alcançar o poder bem como o indivíduo se rebela contra a ordem instituída somente são punidos ou por terem falhado em seus intentos ou por não terem condições para levá-los avante. O partido político, que se revolta contra o regime e conquista o poder, adquire a legitimidade de fato pela força das armas. O partido vencido passa a ser julgado ilegítimo pelo novo governo que o partido vitorioso controla. Não se pode dizer, portanto, que se trata de uma questão de segurança nacional ou mesmo segurança interna. O atingido é o governo e não a nacionalidade".[5]

Como dissemos linhas atrás, em termos restritivos, essa seria a mais adequada conclusão. Porém, tratando o tema em termos gerais, a segurança nacional tornou-se uma expressão de proteção dos valores mais relevantes da Nação brasileira, tal como erigidos pela Constituição Federal, mormente quando esta é tecida por uma Assembleia Nacional Constituinte, eleita pelo povo. Não se pode considerar *crime político* somente a atuação interna de grupos armados ou mal-intencionados, voltados a eliminar os valores de liberdade e pluralismo político instaurados pelo Texto Fundamental.

O delito político pode ter origem exterior, bastando que haja uma troca de auxílio, por exemplo, entre um governo estrangeiro e um grupo brasileiro para derrubar o Governo legitimamente eleito pelo povo. A atual Lei 14.197/2021 não mais faz referência à segurança nacional, optando pela expressão soberania nacional, cuja finalidade é a mesma, vale dizer, proteger o Estado Democrático de Direito. Para Itamar Franco, a segurança nacional deve ser entendida como "o estado de garantia assegurado para o regular exercício das atividades públicas e das liberdades individuais".[6] Sobre o sentido amplo da expressão *segurança nacional*, Mario Pessoa chega a dizer que, no sentido global, "é quase indefinível, uma vez que ela chega a ser também a lei que protege as atividades normais da vida humana". E, mais adiante, após várias considerações, repete: "será sempre a Segurança Nacional o fator de manutenção e a

---

5   *A lei de segurança nacional e a justiça militar*, p. 9.
6   In: Lima, *Lei de segurança nacional*, p. 7.

base da garantia dos regimes democráticos".[7] Em suma, a denominação não é tão relevante (segurança nacional ou soberania nacional, pois o importante é que ambas se voltem à tutela do Estado Democrático de Direito).

4.   OBJETO JURÍDICO DA LEI 14.197/2021

Dispõe o art. 1.º da Constituição Federal: "a República Federativa do Brasil, formada pela *união indissolúvel* dos Estados e Municípios e do Distrito Federal, constitui-se em *Estado Democrático de Direito* e tem como fundamentos: I – a *soberania*; II – a cidadania; III – a dignidade da pessoa humana; IV – os valores sociais do trabalho e da livre-iniciativa; V – o pluralismo político. Parágrafo único. Todo o poder emana do povo, que o exerce por meio de representantes eleitos ou diretamente, nos termos desta Constituição". No art. 4.º, vê-se: "A República Federativa do Brasil rege-se nas suas relações internacionais pelos seguintes princípios: I – *independência nacional*; II – prevalência dos direitos humanos; III – *autodeterminação dos povos*; IV – não intervenção; V – igualdade entre os Estados; VI – *defesa da paz*; VII – solução pacífica dos conflitos; VIII – *repúdio ao terrorismo* e ao racismo; IX – cooperação entre os povos para o progresso da humanidade; X – concessão de asilo político" (grifos nossos).

O Estado Democrático de Direito precisa contar com instrumentos legais para combater atividades ilegais, que considerem meios alternativos e violentos para chegar ao poder. Por isso, para assegurar a soberania, o poder nas mãos do povo, exercido pelo pluralismo político, além de garantir a defesa da paz, repudiando atos de grupos armados avessos à democracia, torna-se fundamental uma lei de proteção do Estado Democrático de Direito. É o objetivo da atual Lei 14.197/2021. Os objetos jurídicos focados nesta Lei são a segurança e a estabilidade do Estado Democrático de Direito.

5.   CRIMES POLÍTICOS

Os artigos 359-I a 359-R, introduzidos no Código Penal, têm natureza política e devem ser julgados pela Justiça Federal. Há, basicamente, três critérios para avaliar se um delito tem natureza política: a) objetivo, concentrando-se nos bens jurídicos lesados; b) subjetivo, enfocando apenas a motivação do agente para atentar contra interesses políticos do Estado; c) misto, considerando-se tanto o bem jurídico afetado quanto a motivação do autor.

O entendimento majoritário busca o parâmetro misto, associando-se o bem jurídico lesado e a intenção do agente, buscando desestabilizar o Estado Democrático de Direito. Um elemento relevante a ser registrado se dá no cenário da extradição, pois não se admite a entrega de criminoso político a outro país. Portanto, o STF tem-se valido do critério misto para avaliar se o delito cometido pelo extraditando é político ou não.

Sob outro aspecto, na doutrina, Heleno Cláudio Fragoso define o crime político com base no critério misto, embora dando ênfase ao critério subjetivo: "o especial fim de agir que se consubstancia no propósito de atentar contra a segurança do Estado deve ser elementar a todo crime dessa natureza. Pelo menos os crimes contra a segurança interna, que gravitam em torno da sedição (crimes políticos propriamente ditos), não podem dispensar o propósito subversivo. Essa concepção do crime político corresponde a uma visão liberal, que é

---

[7]   *Da aplicação da lei de segurança nacional*, p. 28 e 46.

sumamente importante defender, particularmente nos períodos de eclipse no sistema de garantias dos direitos de liberdade, como o que se abateu sobre nosso país. Vamos encontrá--la em doutrina autorizada e de grande prestígio. Expressando bem a opinião generalizada, Eugenio Florian ensina: 'doutrinariamente entendemos que, para obter a noção de delito político, devem associar-se critérios do *bem* ou *interesse jurídico* e do *fim político*. O critério deduzido da qualidade do bem que o delito político ofende é critério primário, posto que penetra intimamente na essência jurídica do delito... mas o critério do direito lesado não basta: o delito deve ser político objetiva e subjetivamente. Quando se considera o delito político... *o fim político tem de ser considerado elemento essencial dessa noção*".[8]

6. ATENTADO À SOBERANIA

6.1 Estrutura do tipo penal incriminador

A atual figura típica do art. 359-I congrega, em outros termos, os antigos artigos 8.º, 9.º e 10 da anterior Lei 7.170/1983. No *caput*, encontra-se a conduta *negociar* (debater um tema para atingir um acordo; ajustar ou contratar algo), tendo por parceiro um governo ou grupo estrangeiro (ou seus agentes), cuja finalidade é desencadear atos *típicos* (característicos, próprios) de uma guerra (conflito armado) contra o Brasil. Esses atos podem configurar manifestações de hostilidade, como rápidas invasões ao território nacional, com provocações aos agentes de segurança nacional. É atitude típica de traição à pátria. Em conduta alternativa, pode-se negociar com grupos estrangeiros a invasão a solo nacional. Outro ato peculiar de traição.

A pena é de reclusão, de três a oito anos.

6.2 Sujeitos ativo e passivo

O sujeito ativo pode ser qualquer pessoa. O sujeito passivo é o Estado. Secundariamente, a sociedade, que arca com os prejuízos de uma eventual guerra ou invasão.

6.3 Elemento subjetivo

É o dolo. Há elemento subjetivo específico consistente em provocar atos típicos de guerra, quanto à primeira figura. Na negociação para invadir o território brasileiro, inexiste elemento subjetivo específico. Não existe a forma culposa.

6.4 Objetos material e jurídico

O objeto material é a negociação ou a invasão; o objeto jurídico é, especificamente, a soberania nacional, lembrando-se do bem maior, que é tutela ao Estado Democrático de Direito.

6.5 Classificação

Cuida-se de crime comum (pode ser cometido por qualquer pessoa); formal (não exige o resultado naturalístico previsto no tipo, que é a guerra ou a efetiva invasão); de forma livre (pode ser cometido por qualquer meio ou método eleito pelo agente); comissivo (a execução se dá por meio de ação); instantâneo (consuma-se no momento da atividade, não se prolongando

---

[8]   *Lei de segurança nacional*, p. 27.

no tempo); unissubjetivo (pode ser cometido por uma só pessoa); plurissubsistente (praticado em mais de um ato); admite tentativa.

6.6   Causa de aumento de pena

Deve ser ponderada na terceira fase de aplicação da pena privativa de liberdade (prevista no § 1.º). A elevação deveria ter um valor fixo, pois é uma circunstância objetiva: ocorrer a declaração de guerra. Porém, há um aumento variável de metade até o dobro, podendo-se deduzir o grau de hostilidade real de nação ou grupo estrangeiro em relação ao Brasil.

Havendo apenas a declaração de guerra, sem a concretização de atos, o aumento pode se dar em metade; caso os atos de guerra se efetivem, o aumento deve atingir o máximo (dobro).

6.7   Figura qualificada

Se a atuação do agente se voltar à participação de operação de guerra, cuja meta é a submissão do território nacional (ou parte dele) a domínio ou soberania estrangeira (previsto no § 2.º). Outro ato grave de traição à pátria. A pena passa a ser de reclusão, de quatro a doze anos (anteriormente, era delito autônomo, com pena de reclusão de quatro a vinte anos). Não se cuida de exaurimento do delito, pois a criminalização se volta apenas ao compartilhamento do agente nos atos de guerra, mesmo que não atinja resultados concretos.

6.8   Quadro-resumo

Previsão legal	**Atentado à soberania** **Art. 359-I.** Negociar com governo ou grupo estrangeiro, ou seus agentes, com o fim de provocar atos típicos de guerra contra o País ou invadi-lo: Pena – reclusão, de 3 (três) a 8 (oito) anos. § 1.º Aumenta-se a pena de metade até o dobro, se declarada guerra em decorrência das condutas previstas no *caput* deste artigo. § 2.º Se o agente participa de operação bélica com o fim de submeter o território nacional, ou parte dele, ao domínio ou à soberania de outro país: Pena – reclusão, de 4 (quatro) a 12 (doze) anos.
Sujeito ativo	Qualquer pessoa
Sujeito passivo	Estado; secundariamente, a sociedade
Objeto material	Negociação ou invasão
Objeto jurídico	Soberania Nacional
Elemento subjetivo	Dolo + elemento subjetivo específico
Classificação	Comum Formal Forma livre Comissivo Instantâneo Unissubjetivo Plurissubsistente
Tentativa	Admite
Circunstâncias especiais	Causa de aumento de pena Figura qualificada

7. ATENTADO À INTEGRIDADE NACIONAL

7.1 Estrutura do tipo penal incriminador

Praticar (realizar, efetivar, concretizar) é a conduta principal, voltada à violência ou grave ameaça, cuja meta é *desmembrar o território nacional para constituir país independente* (destacar parte do território, formando uma nação soberana e separada do Brasil). Na lei anterior, punia-se quem *tentava* desmembrar o território nacional, mesmo sem violência ou grave ameaça, podendo ser realizada por discursos, campanhas e atos de convencimento público. Houve caso de pessoas que tentaram liderar um movimento separatista – sem emprego de violência ou ameaça – mas eliminados desde logo por conta da tipificação do art. 11 da Lei 7.170/1983.

Pela nova redação, o discurso separatista não encontra criminalização, mas somente o desenvolvimento de práticas violentas ou ameaçadoras para esse fim. Não deixa de ser estranho, pois a atividade de pessoas querendo dividir o Brasil, separar Estados e constituir um país independente não é nada democrática e deveria ser punida, independentemente do emprego de violência ou grave ameaça. Uma das razões disso é que, havendo o convencimento da população de um certo local, para o desmembramento do território nacional, o passo seguinte terminará em belicosidade, possivelmente, com violência e derramamento de sangue.

O tipo presente foi abrandado, pois o anterior mencionava *tentar desmembrar* o território nacional; o atual exige que essa tentativa seja realizada – para haver criminalização – com violência ou grave ameaça. É temerário, como dissemos, pois do discurso de convencimento – sem qualquer agressividade – pode brotar de outras pessoas recursos violentos. De qualquer modo, cuida-se de um delito de atividade, sem a exigência de se atingir o resultado: desmembramento do território e formação de país independente. Ademais, se isto realmente ocorrer, nada mais se pode fazer, pois um país soberano nasceu e somente a guerra poderia submetê-lo, novamente, à soberania brasileira. Justamente por isso é que o título do delito é *atentado* à integridade nacional.

A pena é de reclusão, de dois a seis anos, além da pena correspondente à violência.

7.2 Sujeitos ativo e passivo

O sujeito ativo pode ser qualquer pessoa. O sujeito passivo é o Estado. Secundariamente, a sociedade brasileira.

7.3 Elemento subjetivo

É o dolo. Há elemento subjetivo específico, consistente em desmembrar parte do território nacional para constituir país independente. Não há a forma culposa.

7.4 Objetos material e jurídico

O objeto material é a pessoa ou coisa que sofre a violência ou a grave ameaça; o objeto jurídico é a soberania nacional, incluindo a proteção ao Estado Democrático de Direito.

7.5 Classificação

Trata-se de crime comum (pode ser cometido por qualquer pessoa); formal (não exige o resultado naturalístico previsto no tipo, que é a efetiva constituição de país independente à custa de parte do território nacional); de forma livre (pode ser cometido por qualquer meio ou método eleito pelo agente); comissivo (a execução se dá por meio de ação); instantâneo (consuma-se no momento da atividade, não se prolongando no tempo); unissubjetivo (pode ser cometido por uma só pessoa); plurissubsistente (praticado em mais de um ato); admite tentativa.

7.6   Quadro-resumo

Previsão legal	Atentado à integridade nacional
	Art. 359-J. Praticar violência ou grave ameaça com a finalidade de desmembrar parte do território nacional para constituir país independente:
	Pena - reclusão, de 2 (dois) a 6 (seis) anos, além da pena correspondente à violência.
Sujeito ativo	Qualquer pessoa
Sujeito passivo	Estado; secundariamente, a sociedade
Objeto material	Pessoa ou coisa que sofre violência ou grave ameaça
Objeto jurídico	Soberania Nacional – proteção ao Estado Democrático de Direito
Elemento subjetivo	Dolo + elemento subjetivo específico
Classificação	Comum
	Formal
	Forma livre
	Comissivo
	Instantâneo
	Unissubjetivo
	Plurissubsistente
Tentativa	Admite

8.   ESPIONAGEM

8.1   Estrutura do tipo penal incriminador

Esta figura criminosa guarda correspondência com o anterior art. 13 da Lei 7.170/1983, inclusive com a mesma penalidade. *Entregar* é a conduta principal, significando dar algo a alguém, que, nesta hipótese, é um governo estrangeiro, seus agentes, ou uma organização criminosa estrangeira (art. 359-K, CP). Envolve qualquer país estrangeiro (ou agentes do governo) ou grupo criminoso estrangeiro (na hipótese deste tipo, mencionou-se *organização criminosa* e não qualquer criminoso individual ou associado a outros).

Na figura anterior havia maior amplitude, prevendo a entrega a qualquer grupo estrangeiro, mesmo de natureza não governamental, o que não ocorre na atual previsão. O espião deve fornecer os dados para servidores públicos estrangeiros ou integrantes do crime organizado estrangeiro. Qualquer situação fora disso não serve para caracterizar o delito, o que nos parece inadequado, afinal, se o documento é sigiloso não deveria ser remetido a ninguém, especialmente estrangeiro.

O objeto da entrega é *documento* (base material disposta a armazenar dados), envolvendo, igualmente, a cópia do documento, não necessitando tratar-se do original, ou *informação* (dados, planos, assuntos ou esclarecimentos sobre o funcionamento de algo). Os mencionados dados precisam ser classificados como *secretos* ou *ultrassecretos*, nos termos da lei, portanto, abre-se uma norma penal em branco, cujo complemento se dará em legislação específica (consultar a Lei 12.527/2011 e o Decreto 7.845/2012) para considerar um documento ou uma informação de natureza sigilosa (ou muito sigilosa, o que nos parece integralmente desnecessário, pois o que é secreto já envolve o ultrassecreto).

Entretanto, cumpre esclarecer ter o tipo adotado a classificação da documentação em secreta e ultrassecreta, porque esta última é a que impõe maior rigor, nos termos de lei específica e respectivo decreto. Além de ser transmitido o dado sigiloso, exige-se que essa revelação seja potencialmente danosa à *preservação da ordem constitucional* (às estruturas do Estado Democrático de Direito, pois este é o objetivo do Título XII do Código Penal) ou à *soberania nacional* (autodeterminação do povo brasileiro, como base da República Federativa do Brasil, conforme art. 1.º, I, CF). Um elemento normativo, concernente à ilicitude, foi incluído no tipo (*em desacordo com determinação legal ou regulamentar*). Portanto, por razão evidentes, caso a entrega se der de acordo com as normas vigentes, o fato é atípico. Nota-se, portanto, constituir um delito de fundo político, cujo objetivo do agente, denominado *espião*, é minar os alicerces democráticos da nação brasileira, não envolvendo atividades empresariais de qualquer ordem, nem outros interesses econômico-financeiros ou de natureza diversa da política. A maior parte dos países, senão todos, busca guardar em absoluto sigilo alguns informes de sua própria estrutura, visando à segurança interna e externa, no que se refere à estrutura política vigente.

A pena é de reclusão, de três a doze anos.

8.2   Sujeitos ativo e passivo

O sujeito ativo pode ser qualquer pessoa. O espião é aquele que consegue ingressar em sistema protegido, retirando dali o dado secreto, para o fim de entregar a governo ou crime organizado estrangeiro, podendo ser brasileiro ou forasteiro.

O sujeito passivo é o Estado. Secundariamente, a sociedade brasileira, interessada em manter as bases democráticas da República.

8.3   Elemento subjetivo

É o dolo. Não há elemento subjetivo específico. Não se pune a forma culposa.

8.4   Objetos material e jurídico

O objeto material é constituído pelos documentos ou informes secretos ou ultrassecretos. O objeto jurídico é a soberania nacional, incluindo a proteção ao Estado Democrático de Direito.

8.5   Classificação

Trata-se de crime comum (pode ser cometido por qualquer pessoa); formal (não exige o resultado naturalístico consistente em fazer uso dos dados sigilosos, prejudicando o país); de forma livre (pode ser cometido por qualquer meio ou método eleito pelo agente); comissivo (a execução se dá por meio de ação); instantâneo (consuma-se no momento da atividade, não se prolongando no tempo); unissubjetivo (pode ser cometido por uma só pessoa); de perigo (coloca em risco a soberania nacional e o Estado Democrático de Direito); unissubsistente (cometido num só ato) ou plurissubsistente (praticado em mais de um ato), conforme o modo de execução eleito pelo agente; comporta tentativa na forma plurissubsistente.

8.6   Favorecimento pessoal específico

A inserção da figura prevista no § 1.º cria um tipo particular de favorecimento a quem ajuda o espião a escapar à ação da autoridade pública. Deixa bem claro que o prestador de auxílio deve conhecer a condição de *espião* do autor do delito previsto no art. 359-K, *caput*.

Por isso, recebe a mesma pena elevada de reclusão, de 3 a 12 anos. Note-se que a comum figura do favorecimento pessoal do art. 348 do Código Penal comina uma pena bem menor: detenção, de um a seis meses, e multa (quando o autor favorecido responde por crime apenado com reclusão) ou detenção, de quinze dias a três meses, e multa (quando ao crime do favorecido não for cominada pena de reclusão). Há dois pontos a analisar. O primeiro deles concerne ao indispensável conhecimento da situação de *espião* do criminoso; portanto, se o auxiliador favorecer um criminoso a fugir, sem ter noção específica de se tratar do delito do art. 359-K, logo, sem saber tratar-se de espião, deve responder pela figura geral do art. 348 do Código Penal.

Outro ponto a ser observado diz respeito à escusa absolutória (imunidade absoluta) referente à não punição do ascendente, descendente, cônjuge ou irmão do delinquente, quando auxiliar seu ente querido a escapar da ação da autoridade. Na hipótese específica do § 1.º deste art. 359-K, inexiste essa possibilidade, em face da gravidade da infração penal.

8.7   Figura qualificada

Quando o agente for encarregado de resguardar o sigilo do documento, dado ou informação, como regra, servidor público, por óbvio, a revelação a governo estrangeiro ou organização criminosa estrangeira torna o delito muito mais grave, tanto que a pena se eleva para reclusão, de seis a quinze anos, conforme prevê o § 2.º.

8.8   Figura privilegiada

Facilitar é tornar algo mais fácil, em sentido estrito; porém, ampliando-se, significa um modo de favorecimento ou de auxílio para que alguém atinja um objetivo, conforme § 3.º do art. 359-K do Código Penal. Neste tipo penal, representa exatamente o modelo de prestar auxílio, de qualquer forma, para a prática dos tipos previstos no *caput*, §§ 1.º e 2.º. Este favorecimento distingue-se do previsto no § 1.º, pois neste a meta é ajudar o criminoso espião a escapar da persecução penal, enquanto nesta modalidade a facilitação envolve três condutas: *atribuir* (designar alguém a fazer algo); *fornecer* (entregar algo) e *emprestar* (entregar algo para uso temporário e posterior devolução).

Tais condutas abrangem a *senha* (código criado para proteger o ingresso em algum lugar físico ou virtual) ou outra forma de acesso de pessoas (genericamente, a entrada em sistemas eletrônicos, atualmente, pode dar-se por meio de leitura óptica, de digitais ou dos traços faciais) não autorizadas a sistema de informações (conjunto informatizado destinado a armazenar dados).

Cuida-se da criação específica de uma participação de menor importância, com pena mais brande: detenção, de um a quatro anos. Se não houvesse essa figura, o fornecedor de senha, que permita o acesso do espião a documentos sigilosos e a consecução da entrega dos dados a estrangeiros, conforme previsto no *caput*, seria um autêntico partícipe, nos termos do art. 29, *caput*, do Código Penal. Por outro lado, é viável que a senha sirva para permitir a fuga do espião.

O sujeito ativo pode ser qualquer pessoa, embora se concentre naquelas com capacidade para gerar a senha, modificá-la ou consegui-la por qualquer meio para que, então, possa facilitar o crime de espionagem, passando-a a terceiros não autorizados. O sujeito passivo é o Estado. Secundariamente, a sociedade brasileira, interessada em manter as bases democráticas da República.

O elemento subjetivo é o dolo. Não há elemento subjetivo específico. Não se pune a forma culposa.

O objeto material é a senha. O objeto jurídico é a soberania nacional, incluindo a proteção ao Estado Democrático de Direito.

Trata-se de crime comum (pode ser cometido por qualquer pessoa); formal (não exige o resultado naturalístico consistente em fazer uso dos dados sigilosos, prejudicando o país); de forma livre (pode ser cometido por qualquer meio ou método eleito pelo agente); comissivo (a execução se dá por meio de ação); instantâneo (consuma-se no momento da atividade, não se prolongando no tempo); unissubjetivo (pode ser cometido por uma só pessoa); de perigo (coloca em risco a soberania nacional e o Estado Democrático de Direito); unissubsistente (cometido num só ato) ou plurissubsistente (praticado em mais de um ato), conforme o modo de execução eleito pelo agente; comporta tentativa na forma plurissubsistente.

A pena é de detenção, de um a quatro anos.

8.9   Excludente de ilicitude

Por uma questão de política criminal de nível constitucional, optou-se pela previsão de uma exclusão de antijuridicidade para a comunicação (dar conhecimento de algo a alguém), a entrega (dar algo a alguém) ou a publicação (tornar algum informe ou dado de conhecimento geral da sociedade), caso alguém exponha um documento ou uma informação secreta ou ultrassecreta, com a finalidade de denunciar o cometimento de um crime ou a violação de direitos humanos, entendidos esses como os inerentes à dignidade humana, muitos dos quais estão previstos no art. 5.º da Constituição Federal, mas, também, em convenções e tratados internacionais. Entretanto, há alguns pontos a destacar.

Em primeiro lugar, insere-se uma causa excludente de ilicitude no cenário de um grave delito de espionagem, que pode colocar em perigo a preservação da ordem constitucional ou a soberania nacional. Portanto, pode-se questionar essa *troca*, vale dizer, um crime revelado (nem se especifica qual) ou a exposição genérica de violação de direitos humanos (nem se especifica quais e em qual proporção). Assim sendo, torna-se uma permuta delicada e contestável, pois se pode trocar um direito individual em prejuízo do direito de muitos.

Em segundo, o crime, onde se inseriu a excludente, é de espionagem, prevendo que um indivíduo entregue a governo estrangeiro ou ao crime organizado informes sigilosos do Brasil, colocando em risco valores muito relevantes (ordem constitucional e soberania nacional). Nesta hipótese, poderia o espião invadir sistemas protegidos, extrair dados, passá-los a governo estrangeiro (não se menciona nenhuma corte internacional de direitos humanos, nem mesmo a órgãos das Nações Unidas) apenas para denunciar a prática de um crime, o que nos soa ilógico.

8.10 Quadro-resumo

Previsão legal	**Espionagem** **Art. 359-K.** Entregar a governo estrangeiro, a seus agentes, ou a organização criminosa estrangeira, em desacordo com determinação legal ou regulamentar, documento ou informação classificados como secretos ou ultrassecretos nos termos da lei, cuja revelação possa colocar em perigo a preservação da ordem constitucional ou a soberania nacional: Pena – reclusão, de 3 (três) a 12 (doze) anos. § 1.º Incorre na mesma pena quem presta auxílio a espião, conhecendo essa circunstância, para subtraí-lo à ação da autoridade pública. § 2.º Se o documento, dado ou informação é transmitido ou revelado com violação do dever de sigilo: Pena – reclusão, de 6 (seis) a 15 (quinze) anos. § 3.º Facilitar a prática de qualquer dos crimes previstos neste artigo mediante atribuição, fornecimento ou empréstimo de senha, ou de qualquer outra forma de acesso de pessoas não autorizadas a sistemas de informações: Pena – detenção, de 1 (um) a 4 (quatro) anos. § 4.º Não constitui crime a comunicação, a entrega ou a publicação de informações ou de documentos com o fim de expor a prática de crime ou a violação de direitos humanos.
Sujeito ativo	Qualquer pessoa
Sujeito passivo	Estado; secundariamente, a sociedade
Objeto material	Documentos; informes secretos
Objeto jurídico	Soberania Nacional – proteção ao Estado Democrático de Direito
Elemento subjetivo	Dolo
Classificação	Comum Formal Forma livre Comissivo Instantâneo Unissubjetivo De perigo Unissubsistente ou plurissubsistente
Tentativa	Admite na forma plurissubsistente
Circunstâncias especiais	Favorecimento pessoal específico Figura qualificada Figura privilegiada Excludente de ilicitude

RESUMO DO CAPÍTULO

	Atentado à soberania Art. 359-I	Atentado à integridade nacional Art. 359-J	Espionagem Art. 359-K
Sujeito ativo	Qualquer pessoa	Qualquer pessoa	Qualquer pessoa
Sujeito passivo	Estado; secundariamente, a sociedade	Estado; secundariamente, a sociedade	Estado; secundariamente, a sociedade
Objeto material	Negociação ou invasão	Pessoa ou coisa que sofre violência ou grave ameaça	Documentos; informes secretos
Objeto jurídico	Soberania Nacional	Soberania Nacional – proteção ao Estado Democrático de Direito	Soberania Nacional – proteção ao Estado Democrático de Direito
Elemento subjetivo	Dolo + elemento subjetivo específico	Dolo + elemento subjetivo específico	Dolo
Classificação	Comum Formal Forma livre Comissivo Instantâneo Unissubjetivo Plurissubsistente	Comum Formal Forma livre Comissivo Instantâneo Unissubjetivo Plurissubsistente	Comum Formal Forma livre Comissivo Instantâneo Unissubjetivo De perigo Unissubsistente ou plurissubsistente
Tentativa	Admite	Admite	Admite na forma plurissubsistente
Circunstâncias Especiais	Causa de aumento de pena Figura qualificada		Favorecimento pessoal específico Figura qualificada Figura privilegiada Excludente de ilicitude

Capítulo II
Crimes contra as Instituições Democráticas

1. ABOLIÇÃO VIOLENTA DO ESTADO DEMOCRÁTICO DE DIREITO

1.1 Estrutura do tipo penal incriminador

Tentar significa buscar atingir algum objetivo, sem ter êxito. No caso deste tipo penal, a meta do agente é *abolir* (eliminar, suprimir) o Estado Democrático de Direito. O meio utilizado é o emprego de violência (coerção física, força bruta) ou grave ameaça (coação moral, intimidação intensa). Além disso, a estratégia para chegar à sua meta é *impedir* (obstar, deter, parar) ou restringir (limitar, estreitar, delimitar) o exercício dos poderes constitucionais (Executivo, Legislativo e Judiciário). Vale para a União e para os Estados, mas não abrange o Município, que, certamente, não abala o Estado Democrático de Direito e pode ser mais facilmente controlado, por ser atividade muito localizada.

O agente pode agir diretamente, valendo-se de força física ou de intimidação, mas, também, pode se utilizar de terceiras pessoas, atuando como indutor, instigador ou mandante. Desse modo, são concorrentes (art. 29, CP) tanto quem açula quanto quem comete o ato violento ou intimidador. Este tipo guarda semelhança com os anteriores delitos previstos nos artigos 16 e 18 da revogada Lei de Segurança Nacional. Por outro lado, tem como correspondente nesta lei o tipo previsto no art. 359-M (Golpe de Estado), embora nesta hipótese busque-se depor o governo legitimamente constituído, referindo-se, em particular, ao Poder Executivo.

O tipo do art. 359-L tutela todos os três Poderes. Logo, é mais abrangente. É importante destacar que o delito se apresenta na forma *tentada*, porque, se houver triunfo na abolição do Estado Democrático de Direito, quem ocupar o poder não será, naturalmente, processado e punido. Tornou-se o novo governo e haverá outros poderes, razão pela qual a lei está correta ao prever a figura da tentativa. Entretanto, lembremos que a Constituição Federal de

1988 manifesta o seu repúdio à ação de grupos armados, civis ou militares, contra a ordem constitucional e o Estado Democrático, tornando tal conduta inafiançável e imprescritível (art. 5.º, XLIV).

A pena é de reclusão, de quatro a oito anos, além da pena correspondente à violência. Esta última parte demonstra que se adota o sistema da acumulação material, ou seja, além da prática do delito do art. 359-L, deve-se punir qualquer resultado violento.

1.2   Sujeitos ativo e passivo

O sujeito ativo pode ser qualquer pessoa. O sujeito passivo é o Estado. Secundariamente, a sociedade brasileira, interessada em manter as bases democráticas da República.

1.3   Elemento subjetivo

É o dolo. Não há elemento subjetivo específico. O objetivo é romper a ordem constitucional, mas isto é exatamente o previsto no tipo, não se perquirindo qual a intenção do agente por realizar a conduta. Não se pune a forma culposa.

1.4   Objetos material e jurídico

O objeto material é o livre exercício dos poderes constitucionais. O objeto jurídico é a livre atuação das instituições democráticas, o que abrange a proteção ao Estado Democrático de Direito.

1.5   Classificação

Trata-se de crime comum (pode ser cometido por qualquer pessoa); formal (não exige o resultado naturalístico consistente em abolir o Estado Democrático de Direito); de forma livre (pode ser cometido por qualquer meio ou método eleito pelo agente); comissivo (a execução se dá por meio de ação); instantâneo (consuma-se no momento da atividade, não se prolongando no tempo); unissubjetivo (pode ser cometido por uma só pessoa); de perigo (coloca em risco o Estado Democrático de Direito); plurissubsistente (praticado em mais de um ato). Não cabe tentativa, pois já é um delito de atentado (a simples tentativa consuma o crime). Não é possível haver *tentativa da tentativa*.

1.6   Quadro-resumo

Previsão legal	**Abolição violenta do Estado Democrático de Direito**
	Art. 359-L. Tentar, com emprego de violência ou grave ameaça, abolir o Estado Democrático de Direito, impedindo ou restringindo o exercício dos poderes constitucionais:
	Pena - reclusão, de 4 (quatro) a 8 (oito) anos, além da pena correspondente à violência.
Sujeito ativo	Qualquer pessoa
Sujeito passivo	Estado; secundariamente, a sociedade
Objeto material	Livre exercício dos poderes constitucionais
Objeto jurídico	Livre atuação das instituições democráticas - proteção ao Estado Democrático de Direito
Elemento subjetivo	Dolo

Classificação	Comum
	Formal
	Forma livre
	Comissivo
	Instantâneo
	Unissubjetivo
	De perigo
	Plurissubsistente
Tentativa	Não admite

2. GOLPE DE ESTADO

2.1 Estrutura do tipo penal incriminador

Tentar significa buscar atingir algum objetivo, sem ter êxito. A meta é a *deposição* (destituição de alguém de seu cargo) do governo legitimamente constituído (o chefe do Executivo federal, eleito pelo povo). O meio utilizado é o emprego de violência (coerção física, força bruta) ou grave ameaça (coação moral, intimidação intensa).

O crime prevê a forma tentada porque, se realmente o governo for deposto, ingressa-se em nova situação político-institucional, de qualquer formato, não se punindo quem passa a governar. Um *golpe de Estado*, por mais ilegítimo que seja, se triunfante, passa a ser o governo e, portanto, protegido pela força das armas. Lembremos que a Constituição Federal de 1988 manifesta o seu repúdio à ação de grupos armados, civis ou militares, contra a ordem constitucional e o Estado Democrático, tornando tal conduta inafiançável e imprescritível (art. 5.º, XLIV).

A pena é de reclusão, de quatro a doze anos, além da pena correspondente à violência. Nesta última parte, adota-se o sistema da acumulação material, aplicando-se a sanção correspondente ao resultado da violência empregada além do delito do art. 359-M, *caput*, do Código Penal.

2.2 Sujeitos ativo e passivo

O sujeito ativo pode ser qualquer pessoa. O sujeito passivo é o Estado. Secundariamente, a sociedade brasileira, interessada em manter as bases democráticas da República.

2.3 Elemento subjetivo

É o dolo. Não há elemento subjetivo específico. O objetivo é depor o governo, exatamente o previsto no tipo. Inexiste necessidade em perquirir a intenção do agente para tal atitude. Não se pune a forma culposa.

2.4 Objetos material e jurídico

O objeto material é o governo constituído. O objeto jurídico é a livre atuação das instituições democráticas, o que abrange a proteção ao Estado Democrático de Direito.

2.5 Classificação

Trata-se de crime comum (pode ser cometido por qualquer pessoa); formal (não exige o resultado naturalístico consistente em depor o governo); de forma livre (pode ser cometido por qualquer meio ou método eleito pelo agente); comissivo (a execução se dá por meio de ação); instantâneo (consuma-se no momento da atividade, não se prolongando no tempo); unissubjetivo (pode ser cometido por uma só pessoa); de perigo (coloca em risco o Estado Democrático de Direito); plurissubsistente (praticado em mais de um ato). Não cabe tentativa, pois já é um delito de atentado (a simples tentativa consuma o crime). Não é possível haver *tentativa da tentativa*.

2.6   Quadro-resumo

Previsão legal	**Golpe de Estado** **Art. 359-M.** Tentar depor, por meio de violência ou grave ameaça, o governo legitimamente constituído: Pena - reclusão, de 4 (quatro) a 12 (doze) anos, além da pena correspondente à violência.
Sujeito ativo	Qualquer pessoa
Sujeito passivo	Estado; secundariamente, a sociedade
Objeto material	Governo constituído
Objeto jurídico	Livre atuação das instituições democráticas - proteção ao Estado Democrático de Direito
Elemento subjetivo	Dolo
Classificação	Comum Formal Forma livre Comissivo Instantâneo Unissubjetivo De perigo Plurissubsistente
Tentativa	Não admite

RESUMO DO CAPÍTULO

	Abolição violenta do Estado Democrático de Direito Art. 359-L	Golpe de Estado Art. 359-M
Sujeito ativo	Qualquer pessoa	Qualquer pessoa
Sujeito passivo	Estado; secundariamente, a sociedade	Estado; secundariamente, a sociedade
Objeto material	Livre exercício dos poderes constitucionais	Governo constituído
Objeto jurídico	Livre atuação das instituições democráticas - proteção ao Estado Democrático de Direito	Livre atuação das instituições democráticas - proteção ao Estado Democrático de Direito
Elemento subjetivo	Dolo	Dolo

	Abolição violenta do Estado Democrático de Direito Art. 359-L	Golpe de Estado Art. 359-M
Classificação	Comum Formal Forma livre Comissivo Instantâneo Unissubjetivo De perigo Plurissubsistente	Comum Formal Forma livre Comissivo Instantâneo Unissubjetivo De perigo Plurissubsistente
Tentativa	Não admite	Não admite

Capítulo III

Crimes contra o Funcionamento das Instituições Democráticas no Processo Eleitoral

1. INTERRUPÇÃO DO PROCESSO ELEITORAL

1.1 Estrutura do tipo penal incriminador

Impedir (obstruir, bloquear) e *perturbar* (causar transtorno, estorvar) são as condutas alternativas, cuja meta é a *eleição* (ato de escolha de representantes no Legislativo e no Executivo) ou a *aferição do resultado* (constatação do produto final). O mecanismo para tanto é a *violação* (rompimento) indevida dos mecanismos de segurança (aparatos para assegurar a integridade de algo), cujo objeto é o sistema eletrônico de votação, conforme fixado pela Justiça Eleitoral.

O tipo penal foi construído para proteger a forma eleitoral que se usa, no Brasil, há vários anos. Os acontecimentos mais recentes, nos anos de 2020 e 2021, demonstram ataques verbais, por ora, contra o sistema eletrônico de votação, por parte de alguns grupos, com ou sem partidarismo político. O delito se volta a quem puser em ação atitudes concretas para colocar obstáculos ou inserir dificuldade para a eleição ou para a sua apuração. Esses atos consistem em invadir o mecanismo de segurança criado pela Justiça Eleitoral.

A pena é de reclusão, de três a seis anos, e multa.

1.2 Sujeitos ativo e passivo

O sujeito ativo pode ser qualquer pessoa. O sujeito passivo é o Estado. Secundariamente, a sociedade, que tem interesse na mantença do sistema democrático nacional.

1.3 Elemento subjetivo

É o dolo. Não há elemento subjetivo específico. Inexiste a forma culposa.

1.4   Objetos material e jurídico

O objeto material é violação de mecanismos de segurança do sistema eletrônico de votação. O objeto jurídico é o funcionamento das instituições democráticas no processo eleitoral.

1.5   Classificação

Trata-se de crime comum (pode ser cometido por qualquer pessoa); formal (não exige o resultado naturalístico consistente no integral comprometimento do sufrágio); de forma livre (pode ser cometido por qualquer meio ou método eleito pelo agente); comissivo (a execução se dá por meio de ação); instantâneo (consuma-se no momento da atividade, não se prolongando no tempo); unissubjetivo (pode ser cometido por uma só pessoa); de perigo (coloca em risco a eleição); plurissubsistente (praticado em mais de um ato). Cabe tentativa.

1.6   Quadro-resumo

Previsão legal	**Interrupção do processo eleitoral** **Art. 359-N.** Impedir ou perturbar a eleição ou a aferição de seu resultado, mediante violação indevida de mecanismos de segurança do sistema eletrônico de votação estabelecido pela Justiça Eleitoral: Pena – reclusão, de 3 (três) a 6 (seis) anos, e multa.
Sujeito ativo	Qualquer pessoa
Sujeito passivo	Estado; secundariamente, a sociedade
Objeto material	Violação dos mecanismos de segurança do sistema eletrônico de votação
Objeto jurídico	Funcionamento das instituições democráticas no processo eleitoral
Elemento subjetivo	Dolo
Classificação	Comum Formal Forma livre Comissivo Instantâneo Unissubjetivo De perigo Plurissubsistente
Tentativa	Admite

2.   ART. 359-O. (VETADO)

Sobre o veto: "*Comunicação enganosa em massa*. Art. 359-O. Promover ou financiar, pessoalmente ou por interposta pessoa, mediante uso de expediente não fornecido diretamente pelo provedor de aplicação de mensagem privada, campanha ou iniciativa para disseminar fatos que sabe inverídicos, e que sejam capazes de comprometer a higidez do processo eleitoral: Pena – reclusão, de 1 (um) a 5 (cinco) anos, e multa."

Razões do veto: "A proposição legislativa estabelece como tipo penal a comunicação enganosa em massa definindo-o como 'promover ou financiar, pessoalmente ou por interposta pessoa, mediante uso de expediente não fornecido diretamente pelo provedor de aplicação de mensagem privada, campanha ou iniciativa para disseminar fatos que sabe inverídicos, e que sejam capazes de comprometer a higidez do processo eleitoral', estipulando pena de reclusão, de um a cinco anos, e multa. A despeito da boa intenção do legislador, a proposição legislativa contraria o interesse público por não deixar claro qual conduta seria objeto da criminalização, se a conduta daquele que gerou a notícia ou daquele que a compartilhou (mesmo sem intenção de massificá-la), bem como enseja dúvida se o crime seria continuado ou permanente, ou mesmo se haveria um 'tribunal da verdade' para definir o que viria a ser entendido por inverídico a ponto de constituir um crime punível pelo Decreto-Lei n.º 2.848, de 7 de dezembro de 1940 – Código Penal, o que acaba por provocar enorme insegurança jurídica. Outrossim, o ambiente digital é favorável à propagação de informações verdadeiras ou falsas, cujo verbo 'promover' tende a dar discricionariedade ao intérprete na avaliação da natureza dolosa da conduta criminosa em razão da amplitude do termo. A redação genérica tem o efeito de afastar o eleitor do debate político, o que reduziria a sua capacidade de definir as suas escolhas eleitorais, inibindo o debate de ideias, limitando a concorrência de opiniões, indo de encontro ao contexto do Estado Democrático de Direito, o que enfraqueceria o processo democrático e, em última análise, a própria atuação parlamentar".

◄» **Comentário do autor:** o tipo penal vetado volta-se ao combate das denominadas *fake news* (informes falsos), em ambiente bem claro: comprometimento da higidez (lisura e bom andamento) do processo eleitoral (sufrágio para a escolha, por meio do voto, dos representantes parlamentares e integrantes dos cargos do Executivo). Portanto, o dispositivo não tinha por finalidade apenas criminalizar a disseminação de qualquer informação falsa, visto que o intuito era a punição de quem promover (impulsionar, dar ênfase) ou financiar (custear, pagar algo), de maneira direta ou indireta, valendo-se de expedientes camuflados, a disseminação (espalhamento, difusão), na rede mundial de computadores, de fatos *que sabe* (dolo direto) inverídicos. Esses fatos mentirosos teriam potencial para comprometer a honestidade e transparência do pleito. Portanto, não nos parece tenha sido um tipo penal aberto em demasia e que poderia gerar qualquer cerceamento do idôneo debate democrático em torno das propostas de campanhas dos diversos partidos políticos e seus candidatos. Note-se que o texto vetado era expresso no sentido de que o agente da notícia, passando-a originalmente ou retransmitindo-a, *tem perfeita ciência* de se tratar de informe *falso*. Logo, não seria necessário um "tribunal da verdade", tendo em vista que, no cenário do Direito Penal, existem inúmeras figuras típicas incriminadoras tratando da promoção de injustificadas lesões à honra de uma pessoa (como os delitos de calúnia, difamação e injúria), assim como delitos voltados à punição de condutas discriminatórias e racistas, sem que se aufira qualquer prejuízo à segurança jurídica, visto ser atribuição do Judiciário avaliar se houve a mentira ou a pecha lesiva à honra ou a discriminação racial, conforme o caso concreto. No mesmo caminho, andou bem o Legislativo – tal como fez no caso do art. 359-O do CP – ao criminalizar a propagação proposital de *fake news* com o nítido objetivo de prejudicar algo extremamente relevante ao Estado Democrático de Direito que, no caso objeto do veto, são as eleições e seu processo de debates de ideias. Ademais, em tempos pretéritos, as *fake news* já constituíam uma realidade, inclusive em processos eleitorais, mas o seu controle, até mesmo pela justiça eleitoral, era mais fácil e rápido, pois o lançamento da notícia falsa se dava num programa de rádio ou televisão, geralmente em horário político gratuito, havendo o pronto direito de resposta. Mesmo assim, houve casos de graves prejuízos a certos candidatos, porque não se conseguiu disseminar, em tempo útil, a resposta. A Internet e seus vários meios de comunicação tornaram o espalhamento de notícias – verdadeiras ou falsas – uma opção extremamente rápida e abrangente, sendo quase impossível o eficaz direito de resposta. Portanto, a realidade demonstra a indispensabilidade de um maior controle estatal para que as informações comprovadamente inverídicas e sabidamente falsas por quem as dissemina se tornem um poderoso instrumento de causação de desordem em relação a vários aspectos da organização do Estado Democrático de Direito e de suas instituições. No contexto do sufrágio, simbolizando o fiel espelho da democracia, o estrago das *fake news* pode ser inaceitável. Por isso, parece-nos injustificado o veto.

3.   VIOLÊNCIA POLÍTICA

3.1   Estrutura do tipo penal incriminador

As condutas alternativas são *restringir* (limitar, estreitar), *impedir* (obstar, travar) e *dificultar* (tornar algo mais complicado e custoso), voltando-se ao exercício dos direitos políticos (nesta situação, dirige-se ao direito de votar e ser votado). O meio empregado é a violência física (constrangimento físico e lesivo), sexual (constrangimento dirigido a ter qualquer ato libidinoso) ou violência psicológica (intimidação ou grave ameaça). A razão para as referidas condutas é peculiar, em contexto de infração penal política, pois se volta a *sexo, raça, cor, etnia, religião ou procedência nacional*. Intitulado o crime como *violência política*, na realidade, tem ares de um delito de pura discriminação. Pode-se apontar que o fundamento para isso pode ser o intuito de prejudicar que pessoas, integrantes de grupos minoritários ou vulneráveis (por conta de orientação sexual, cor da pele, religião e outros fatores similares) sejam obstados ou pressionados indevidamente nos seus direitos de votar e ser votado. De todo modo, de maneira inédita, inclui-se violência sexual no âmbito de violência política, algo estranho. Ilustrando, seria a utilização de um estupro para compelir alguém a não se candidatar ou a não votar.

A pena é de reclusão, de três a seis anos, e multa, além da pena correspondente à violência. Neste último caso, o resultado do crime, que acarrete lesão corporal, será acrescido à pena.

3.2   Sujeitos ativo e passivo

O sujeito ativo pode ser qualquer pessoa. O sujeito passivo é o Estado, primordialmente, que tem interesse no processo eleitoral democrático e isento. Secundariamente, a sociedade, em seu interesse no processo democrático de sufrágio. Há, também, a pessoa diretamente prejudicada pelo agente.

3.3   Elemento subjetivo

É o dolo. O elemento subjetivo específico diz respeito a intuito discriminatório. Inexiste a forma culposa.

3.4   Objetos material e jurídico

O objeto material é a pessoa discriminada. O objeto jurídico é o correto funcionamento das instituições democráticas eleitorais.

3.5   Classificação

Trata-se de crime comum (pode ser cometido por qualquer pessoa); formal (não exige o resultado naturalístico consistente no integral comprometimento dos direitos políticos da vítima); de forma livre (pode ser cometido por qualquer meio ou método eleito pelo agente);

comissivo (a execução se dá por meio de ação); instantâneo (consuma-se no momento da atividade, não se prolongando no tempo); unissubjetivo (pode ser cometido por uma só pessoa); de perigo (coloca em risco o direito político); plurissubsistente (praticado em mais de um ato). Cabe tentativa.

3.6 Quadro-resumo

Previsão legal	**Violência política** **Art. 359-P.** Restringir, impedir ou dificultar, com emprego de violência física, sexual ou psicológica, o exercício de direitos políticos a qualquer pessoa em razão de seu sexo, raça, cor, etnia, religião ou procedência nacional: Pena – reclusão, de 3 (três) a 6 (seis) anos, e multa, além da pena correspondente à violência.
Sujeito ativo	Qualquer pessoa
Sujeito passivo	Estado; secundariamente, a sociedade
Objeto material	Pessoa discriminada
Objeto jurídico	Correto funcionamento das instituições democráticas eleitorais
Elemento subjetivo	Dolo + elemento subjetivo específico
Classificação	Comum Formal Forma livre Comissivo Instantâneo Unissubjetivo De perigo Plurissubsistente
Tentativa	Admite

4. ART. 359-Q. (VETADO)

Sobre o veto: *"Ação penal privada subsidiária.* Art. 359-Q. Para os crimes previstos neste Capítulo, admite-se ação privada subsidiária, de iniciativa de partido político com representação no Congresso Nacional, se o Ministério Público não atuar no prazo estabelecido em lei, oferecendo a denúncia ou ordenando o arquivamento do inquérito." Razões do veto: "A proposição legislativa estabelece a ação penal subsidiária privada definindo que 'para os crimes previstos neste Capítulo, admite-se ação privada subsidiária, de iniciativa de partido político com representação no Congresso Nacional, se o Ministério Público não atuar no prazo estabelecido em lei, oferecendo a denúncia ou ordenando o arquivamento do inquérito'. A despeito da boa intenção do legislador, a proposição legislativa contraria o interesse público, por não se mostrar razoável para o equilíbrio e a pacificação das forças políticas no Estado Democrático de Direito, o que levaria o debate da esfera política para a esfera jurídico-penal, que tende a pulverizar iniciativas para persecução penal em detrimento do adequado crivo do Ministério Público. Nesse sentido, não é atribuição de partido político intervir na persecução penal ou na atuação criminal do Estado".

◄» **Comentário do autor:** nesse aspecto, parece-nos correto o veto, pois não cabe legitimar um partido político a propor ação penal contra quem quer que seja. Seria a intervenção política direta na área criminal, o que não se afigura adequado no Estado Democrático de Direito. Aliás, a Constituição Federal confere a exclusividade da ação penal ao Ministério Público, que, nesses crimes do capítulo III, pode agir de maneira não concentrada, pois depende de quem seja o agente do delito; noutros termos, inexiste um foco exclusivo na órbita de um só órgão do *Parquet*. Ademais, o texto constitucional atribui, como exceção à titularidade da ação penal do MP, à vítima do crime, nos termos do art. 5.°, LIX, a propositura da ação penal privada subsidiária da pública.

RESUMO DO CAPÍTULO

	Interrupção do processo eleitoral **Art. 359-N**	**Violência política** **Art. 359-P**
Sujeito ativo	Qualquer pessoa	Qualquer pessoa
Sujeito passivo	Estado; secundariamente, a sociedade	Estado; secundariamente, a sociedade
Objeto material	Violação dos mecanismos de segurança do sistema eletrônico de votação	Pessoa discriminada
Objeto jurídico	Funcionamento das instituições democráticas eleitorais	Funcionamento das instituições democráticas eleitorais
Elemento subjetivo	Dolo	Dolo + elemento subjetivo específico
Classificação	Comum Formal Forma livre Comissivo Instantâneo Unissubjetivo De perigo Plurissubsistente	Comum Formal Forma livre Comissivo Instantâneo Unissubjetivo De perigo Plurissubsistente
Tentativa	Admite	Admite

Crimes contra o Funcionamento dos Serviços Essenciais

1. SABOTAGEM

1.1 Estrutura do tipo penal incriminador

Destruir (danificar por completo, arruinar) e *inutilizar* (tornar algo imprestável) são as condutas alternativas, que se voltam aos meios de comunicação (todos os aparatos para comunicar ao público o que se passa na política e na sociedade em geral, desde televisões, rádios, até atingir a Internet e seus amplos canais). Além disso, podem ter por alvo os estabelecimentos ou serviços (locais ou atividades) dirigidas à defesa nacional (nesta hipótese, como regra, instalações e atuações militares). A finalidade do agente, ao prejudicar os meios de comunicação e os mecanismos de defesa do Estado é justamente a eliminação do Estado Democrático de Direito. Intitula-se o crime de *sabotagem* (danificar, de propósito, alguma coisa ou um sistema). Cuida-se de um delito vinculado às atividades antidemocráticas, previstas nos artigos 359-L e 359-M.

A pena é de reclusão, de dois a oito anos.

1.2 Sujeitos ativo e passivo

O sujeito ativo pode ser qualquer pessoa. O sujeito passivo é o Estado. Secundariamente, a sociedade brasileira, interessada em manter as bases democráticas da República.

1.3 Elemento subjetivo

É o dolo. Há elemento subjetivo específico, consistente em eliminar o Estado Democrático de Direito. Inexiste a forma culposa.

1.4   Objetos material e jurídico

O objeto material pode ser o meio de comunicação ao público ou o estabelecimento, instalação ou serviço destinado à defesa nacional. O objeto jurídico se volta, especificamente, ao funcionamento dos serviços essenciais, tendo por cenário o Estado Democrático de Direito.

1.5   Classificação

Trata-se de crime comum (pode ser cometido por qualquer pessoa); formal (não exige o resultado naturalístico consistente no integral comprometimento dos meios de comunicação ou sistema de defesa nacional); de forma livre (pode ser cometido por qualquer meio ou método eleito pelo agente); comissivo (a execução se dá por meio de ação); instantâneo (consuma-se no momento da atividade, não se prolongando no tempo); unissubjetivo (pode ser cometido por uma só pessoa); de perigo (coloca em risco o direito político); plurissubsistente (praticado em mais de um ato). Cabe tentativa.

1.6   Quadro-resumo

	Sabotagem
Previsão legal	**Art. 359-R.** Destruir ou inutilizar meios de comunicação ao público, estabelecimentos, instalações ou serviços destinados à defesa nacional, com o fim de abolir o Estado Democrático de Direito:
	Pena - reclusão, de 2 (dois) a 8 (oito) anos.
Sujeito ativo	Qualquer pessoa
Sujeito passivo	Estado; secundariamente, a sociedade
Objeto material	Meio de comunicação; estabelecimento, instalação ou serviço destinado à defesa nacional
Objeto jurídico	Funcionamento dos serviços essenciais – Estado Democrático de Direito
Elemento subjetivo	Dolo + elemento subjetivo específico
Classificação	Comum
	Formal
	Forma livre
	Comissivo
	Instantâneo
	Unissubjetivo
	De perigo
	Plurissubsistente
Tentativa	Admite

Capítulo V
(Vetado)

1. ART. 359-S (CRIMES CONTRA A CIDADANIA)

Sobre o veto: "Capítulo V. Dos crimes contra a cidadania. *Atentado a direito de manifestação.* Art. 359-S. Impedir, mediante violência ou grave ameaça, o livre e pacífico exercício de manifestação de partidos políticos, de movimentos sociais, de sindicatos, de órgãos de classe ou de demais grupos políticos, associativos, étnicos, raciais, culturais ou religiosos: Pena – reclusão, de 1 (um) a 4 (quatro) anos. § 1.º Se resulta lesão corporal grave: Pena – reclusão, de 2 (dois) a 8 (oito) anos. § 2.º Se resulta morte: Pena – reclusão, de 4 (quatro) a 12 (doze) anos." Razões do veto: "A proposição legislativa estabelece como tipo penal o atentado a direito de manifestação definindo-o como 'impedir, mediante violência ou grave ameaça, o livre e pacífico exercício de manifestação de partidos políticos, de movimentos sociais, de sindicatos, de órgãos de classe ou de demais grupos políticos, associativos, étnicos, raciais, culturais ou religiosos', que resultaria em pena de reclusão de um a quatro anos. Se culminar em lesão corporal grave, resultaria em pena de reclusão de dois a oito anos. Por sua vez, se resultar em morte, a reclusão seria de quatro a doze anos. A despeito da boa intenção do legislador, a proposição legislativa contraria o interesse público, ante a dificuldade de caracterizar, a *priori* e no momento da ação operacional, o que viria a ser manifestação pacífica, o que geraria grave insegurança jurídica para os agentes públicos das forças de segurança responsáveis pela manutenção da ordem. Isso poderia ocasionar uma atuação aquém do necessário para o restabelecimento da tranquilidade, e colocaria em risco a sociedade, uma vez que inviabilizaria uma atuação eficiente na contenção dos excessos em momentos de grave instabilidade, tendo em vista que manifestações inicialmente pacíficas poderiam resultar em ações violentas, que precisariam ser reprimidas pelo Estado".

📢 **Comentário do autor:** em qualquer sociedade realmente democrática inexiste empecilho para toda e qualquer manifestação pacífica sobre algum tema, seja em formato de protesto, de apoio ou de sugestão à adoção de medida legislativa. Há algum tempo, o STF considerou que passeatas pela liberação do uso da maconha faziam parte do livre exercício do pensamento e não se tratava de apologia ao crime. Afinal, o que se pleiteava nessas manifestações era a alteração legislativa para que o uso fosse autorizado; não se tratava de passeata *pregando* a utilização de drogas *contra a lei*. Do mesmo modo, pode haver manifestação pela legalização do aborto, como pode haver outra pela sua total criminalização. De toda forma, mormente no campo político, as pessoas devem ter plena liberdade de se expor, manifestando o seu pensamento. O art. 5.º, XVI, da Constituição Federal é bem claro: "todos podem reunir-se pacificamente, sem armas, em locais abertos ao público, independentemente de autorização, desde que não frustrem outra reunião anteriormente convocada para o mesmo local, sendo apenas exigido prévio aviso à autoridade competente". O artigo vetado criminaliza o impedimento a direito constitucionalmente assegurado, por meio de violência ou grave ameaça. Aliás, a bem da verdade, não se trata somente de manifestação política, pois envolve movimentos sociais, sindicatos, órgãos de classe, associações, grupos étnicos, raciais, culturais e religiosos, o que pode abranger desde uma passeata LGBT até uma passeata religiosa. Por que impedi-la de modo violento ou intimidador? Inexiste razão para tanto. O fundamento dado pelo veto é paradoxal. Um primeiro argumento aponta para a *dificuldade de caracterizar* o que seria uma manifestação *pacífica*, gerando incerteza para a ação dos agentes de segurança pública. Ora, se assim for, até hoje não se entenderia o teor do próprio texto constitucional, ao mencionar ser livre a reunião *pacífica*. A contrário senso, se não se consegue vislumbrar o que é *pacífico*, distinguindo-o do que é *destrutivo*, *agressivo*, *violento* etc., logo, o art. 5.º, XVI, da CF não teria aplicabilidade. A contradição do argumento do veto se torna mais evidente quando esclarece que as "manifestações inicialmente pacíficas poderiam resultar em ações violentas, que precisariam ser reprimidas pelo Estado". Ora, então, sabe-se perfeitamente bem o que é uma manifestação *inicialmente pacífica* que termina em depredação, atos violentos e quebra-quebra. Em suma, se a própria polícia não conseguisse diferenciar um ato pacífico de um outro considerado destrutivo, a segurança pública se encontraria em precárias condições. Por isso, o veto nos soa injustificado.

Capítulo VI

Disposições Comuns

1. EXCLUDENTE DE ILICITUDE

Essa previsão ("art. 359-T. Não constitui crime previsto neste Título a manifestação crítica aos poderes constitucionais nem a atividade jornalística ou a reivindicação de direitos e garantias constitucionais por meio de passeatas, de reuniões, de greves, de aglomerações ou de qualquer outra forma de manifestação política com propósitos sociais"), voltada a todos os crimes previstos no Título XII, ficou deslocada no contexto, em razão das infrações penais que restaram, após os vetos feitos pelo Poder Executivo.

Afinal, o único delito para o qual se aplicaria o disposto pelo art. 359-T era o tipo penal do art. 359-O ("promover ou financiar, pessoalmente ou por interposta pessoa, mediante uso de expediente não fornecido diretamente pelo provedor de aplicação de mensagem privada, campanha ou iniciativa para disseminar fatos que sabe inverídicos, e que sejam capazes de comprometer a higidez do processo eleitoral"). Se o veto não for derrubado, essa excludente do art. 359-T não terá aplicabilidade.

Os crimes constantes do Título XII vigentes não abrangem delito de opinião, a fim de justificar o apontamento de que a manifestação crítica aos poderes constitucionais, a atividade jornalística e a reivindicação de direitos e garantias estão imunes à criminalização. Neste último caso, mesmo quando feitas por meio de passeatas, reuniões, greves, aglomerações ou outra forma de expressão política com propósitos sociais. Note-se o panorama dos crimes políticos: a) atentado à soberania, significando negociar com governo ou grupo estrangeiro a provocação de guerra contra o Brasil ou invadi-lo; ou participar de operação bélica para submeter o território nacional ao domínio estrangeiro (art. 359-I); b) atentado à integridade nacional, representando a prática de violência ou grave ameaça para desmembrar o território nacional e constituir país independente (art. 359-J); c) espionagem, que significa entregar a governo estrangeiro ou organização criminosa estrangeira dados sigilosos aptos a prejudicar a ordem constitucional ou a soberania nacional (art. 359-K); d) abolição violenta do Estado

Democrático de Direito, simbolizando o uso de violência ou grave ameaça para impedir ou restringir o exercício dos poderes constitucionais (art. 359-L); e) golpe de estado, representando o uso de violência ou grave ameaça para depor o governo (art. 359-M); f) interrupção do processo eleitoral, simbolizando o impedimento ou a perturbação da eleição, violando mecanismo de segurança do sistema eletrônico de votação (art. 359-N); g) violência política, que já exprime o emprego de violência para impedir, restringir ou dificultar alguém de exercer seus direitos políticos (art. 359-P); h) sabotagem, significando a destruição ou inutilização de meio de comunicação ou serviços de defesa nacional, para abolir o Estado Democrático de Direito (art. 359-R).

2.   ART. 359-U. (VETADO)

Sobre o veto: *"Aumento de pena.* Art. 359-U. Nos crimes definidos neste Título, a pena é aumentada: I – de 1/3 (um terço), se o crime é cometido com violência ou grave ameaça exercidas com emprego de arma de fogo; II – de 1/3 (um terço), cumulada com a perda do cargo ou da função pública, se o crime é cometido por funcionário público." Razões do veto: "A proposição legislativa estabelece que, nos crimes definidos neste Título, a pena é aumentada de um terço, se o crime é cometido com violência ou grave ameaça exercidas com emprego de arma de fogo; de um terço, cumulada com a perda do cargo ou da função pública, se o crime é cometido por funcionário público; e de metade, cumulada com a perda do posto e da patente ou da graduação, se o crime é cometido por militar. Em que pese a boa intenção do legislador, a proposição contraria interesse público, pois não se pode admitir o agravamento pela simples condição de agente público em sentido amplo, sob pena de responsabilização penal objetiva, o que é vedado".

◄))   **Comentário do autor:** as causas de aumento de pena foram duas, considerando-se os incisos I e II: utilizar violência ou grave ameaça com emprego de *arma de fogo* (inciso I); crime cometido por funcionário público (além da elevação, a perda do cargo ou função pública). O veto comentou apenas a parte referente ao funcionário público, alegando que o agravamento não pode se dar pela *simples condição* de agente público, pois seria responsabilidade penal objetiva, o que é vedado. Inexiste razão para vetar o uso de arma de fogo como causa de aumento, aliás, nem mesmo foi mencionado o motivo, pois é notório o maior perigo à integridade física e à vida das pessoas quando se emprega violência ou grave ameaça, utilizando essa espécie de armamento. Não fosse assim, a pena do roubo, sancionada a mudança legislativa pelo mesmo Poder Executivo, não teria atingido um aumento de 2/3 pelo emprego de arma de fogo (art. 157, § 2.º-A, I, CP) e uma elevação atingindo o dobro se a arma de fogo for de uso restrito ou proibido (art. 157, § 2.º-B, CP). Para cometer um crime contra o Estado Democrático de Direito, não pode haver aumento da pena pelo emprego de arma de fogo, mas para praticar crimes patrimoniais é viável e em grau muito mais elevado: uma evidente contradição, tornando o veto sem sustentação. Outro ponto, cujo argumento jurídico é inédito: aumentar a pena do funcionário público, que agride o próprio Estado, é responsabilidade penal objetiva. Nem pode haver aumento, nem perda do posto. Nesse caso, todo o Capítulo I do Título XI do Código Penal seria *incabível*, pois leva em consideração ser o agente funcionário público em crimes contra a administração pública para prever sanções mais severas do que as cominadas ao cidadão comum. O furto tem pena de reclusão de um a quatro anos; a apropriação indébita, idem (e multa). O peculato, nas modalidades furto e apropriação, é punido pela pena de reclusão, de dois a doze anos (e multa), somente porque quem comete o delito é *funcionário público* contra a *administração pública*. Ora, é inadmissível que funcionários públicos atentem contra o Estado Democrático de Direito. Por isso, perfeitamente justificado o aumento de pena, que não tem absolutamente nada a ver com responsabilidade penal objetiva (punir alguém que age sem dolo ou culpa). A perda do cargo ou função não é novidade. O art. 92, I, *a* e *b*, do Código Penal, prevê a viabilidade da perda do cargo, função ou mandato eletivo, como efeito da condenação. Em suma, esse veto é não somente inconsistente como lacunoso.

Ainda sobre o veto: "Aumento de pena. Art. 359-U (...) III – de metade, cumulada com a perda do posto e da patente ou da graduação, se o crime é cometido por militar." Razões do veto: "A proposição legislativa estabelece que, nos crimes definidos no Título 'Dos crimes contra o Estado de Direito', acrescido por esta proposição à Parte Especial do Decreto-Lei n.º 2.848, de 7 de dezembro de 1940 – Código Penal, a pena seria aumentada de metade, cumulada com a perda do posto e da patente ou da graduação, se o crime fosse cometido por militar. A despeito da boa intenção do legislador, a proposição legislativa contraria o interesse público, uma vez que viola o princípio da proporcionalidade, colocando o militar em situação mais gravosa que a de outros agentes estatais, além de representar uma tentativa de impedir as manifestações de pensamento emanadas de grupos mais conservadores. Ademais, em relação à pena acessória da perda do posto e da patente, vislumbra-se violação ao disposto nos incisos VI e VII do § 3.º do art. 142 da Constituição, que vincula a perda do posto e da patente pelo oficial das Forças Armadas a uma decisão de um tribunal militar permanente em tempos de paz, ou de tribunal especial em tempos de guerra. Dessa forma, a perda do posto e da patente não poderia constituir pena acessória a ser aplicada automaticamente, que dependesse de novo julgamento pela Justiça Militar, tendo em vista que o inciso I do *caput* do art. 98 e o art. 99 do Decreto-Lei n.º 1.001, de 21 de outubro de 1969 – Código Penal Militar, já preveem como pena acessória no caso de condenação a pena privativa de liberdade por tempo superior a dois anos para a perda do posto e patente pelo oficial."

◄» **Comentário do autor:** na esteira do que já foi mencionado quanto ao aumento previsto para o funcionário público (inciso II), não há dúvida de ser muito mais grave que o militar, incumbido pela força das armas, a zelar pela segurança externa e interna do País, impedindo qualquer agressão ao Estado Democrático de Direito, constitucionalmente tutelado, seja o autor dos crimes previstos neste Título. Quem guarda, cuida; quem protege, impede lesão ao protegido. Quem tem o poder das armas possui o dever de guarnecer a democracia. Enfim, inexiste desproporcionalidade; ao contrário, está-se utilizando o princípio da isonomia, tratando desigualmente os desiguais, o que se busca empreender justamente para equilibrar a igualdade das pessoas diante da lei. Matar a mulher constitui feminicídio, uma forma qualificada de homicídio, com pena de reclusão, de doze a trinta anos. A pena leva em consideração a maior vulnerabilidade da vítima. Idêntico critério se utiliza para o estupro de vulnerável, com pena mais grave do que o estupro contra pessoa adulta. A proporcionalidade é usada para atender às situações desiguais entre as pessoas, inclusive no cenário da prática de crimes. Por outro lado, restou ininteligível a outra parte da razão do veto: "tentativa de impedir as manifestações de pensamento emanadas de grupos mais conservadores". Em primeiro lugar, seriam os militares brasileiros componentes de grupos mais conservadores? Se afirmativo, o que significaria esse *conservadorismo*? Em segundo, considerando-se a manifestação de pensamento emanadas por militares conservadores (não se está tratando de civis neste ponto da lei; cuida-se de aumento de pena para militares, autores de crimes contra o Estado Democrático de Direito), podem eles, em tese, expor opiniões nos meios próprios e dentro das regras regentes da sua instituição, sem que isso implique delito contra o Estado Democrático de Direito. Logo, não há sentido algum em considerar o aumento de pena uma meta de cercear *manifestações conservadoras*. Quanto à perda do posto e da patente, a Constituição Federal cuida somente de oficiais, no art. 142, § 3.º, VI ("o oficial só perderá o posto e a patente se for julgado indigno do oficialato ou com ele incompatível, por decisão de tribunal militar de caráter permanente, em tempo de paz, ou de tribunal especial, em tempo de guerra") e VII ("o oficial condenado na justiça comum ou militar a pena privativa de liberdade superior a dois anos, por sentença transitada em julgado, será submetido ao julgamento previsto no inciso anterior"). Observe-se que o inciso VI não cuida de crime, mas de indignidade para o oficialato. Quanto ao inciso VII, de modo claro, prevê condenação na Justiça Comum (Justiça Federal, que cuida de crimes políticos) a pena privativa de liberdade superior a dois anos, devendo, então, ser julgado por tribunal militar para perder o posto e a patente. Aliás, o Código Penal Militar já prevê a viabilidade de pena acessória de perda de posto e patente (art. 98, I), indicando condenação a pena privativa de liberdade por tempo superior a dois anos, importando a perda das condecorações (art. 99). Por *muito menos*, uma lei infraconstitucional impõe a perda do posto e patente, enquanto, para ilustrar, o cometimento do crime do art. 359-L resulta em pena de reclusão de quatro a oito anos (além da pena relativa à violência) e o delito do art. 359-M comina pena de reclusão de quatro a doze anos (além da pena relativa à violência). Com muito mais fundamento, a maior sanção deveria orientar a perda do posto, patente ou graduação. Em suma, não há razão para o veto, mesmo que se entenda que a perda, em face da condenação, precisa ser consumada em tribunal militar. O importante é haver previsão legal para tanto, o que, ademais, nem seria preciso, pois o texto constitucional é expresso nesse sentido (art. 142, § 3.°, VII).

Referências Bibliográficas

Aboso, Gustavo Eduardo. *Derecho penal sexual*. Estudio sobre los delitos contra la integridad sexual. Montevideo-Buenos Aires: Editorial B de f, 2014.

Abrão, Eliane Y. *Direitos de autor e direitos conexos*. São Paulo: Editora do Brasil, 2002.

Abrão, Eliane Y. (Org.). Propriedade imaterial. Direitos autorais, propriedade industrial e bens de personalidade. São Paulo: Editora Senac, 2006.

Accioly, Hildebrando. *Manual de direito internacional público*. Revisão Geraldo Eulálio do Nascimento e Silva. 11. ed. 11.ª tiragem. São Paulo: Saraiva, 1995.

Aleixo, Délcio Balestero; Meirelles, Hely Lopes; Burle Filho, José Emmanuel. *Direito administrativo brasileiro*. 39. ed. São Paulo: Malheiros, 2013.

Alessi, Giorgia. O direito penal moderno entre retribuição e reconciliação. In: Dal Ri Jr., Arno; Sontag, Ricardo. *História do direito penal entre medievo e modernidade*. Belo Horizonte: Del Rey, 2011.

Alexy, Robert. *Teoria dos direitos fundamentais*. Trad. Virgílio Afonso da Silva. 2. ed. 4.ª tiragem. São Paulo: Malheiros, 2015.

Almada, Célio de Melo. *Legítima defesa*. Legislação. Doutrina. Jurisprudência. Processo. São Paulo: José Bushatsky, 1958.

Almeida, Carlota Pizarro de. *Modelos de inimputabilidade*: da teoria à prática. Coimbra: Almedina, 2000.

Almeida, Carlota Pizarro de; D'Almeida, Luís Duarte; Patrício, Rui; Vilalonga, José Manuel. *Código Penal anotado*. Coimbra: Almedina, 2003.

Almeida, Fernando Henrique Mendes de. *Dos crimes contra a Administração Pública*. São Paulo: RT, 1955.

ALMEIDA JR., A.; COSTA JR., J. B. de O. *Lições de medicina legal*. 9. ed. São Paulo: Companhia Editora Nacional, 1971.

ALONSO, Carmen Salinero. *Teoría general de las circunstancias modificativas de la responsabilidad criminal y artículo 66 del Código Penal*. Granada: Editorial Comares, 2000.

ALTAVILLA, Enrico. *Psicologia judiciária*. Trad. Fernando de Miranda. 3. ed. Coimbra: Arménio Amado, 1981.

ALVES, Jamil Chaim. *Penas alternativas*: teoria e prática. Belo Horizonte: Del Rey, 2016.

ALVES, Roque de Brito. *A moderação na legítima defesa*. Recife: União Gráfica, 1957.

ALVES, Roque de Brito. *Ciúme e crime*. Recife: Fasa, 1984.

ALVES, Roque de Brito. *Crime e loucura*. Recife: Fasa, 1998.

ALVES, Roque de Brito. *Direito penal* – Parte geral. 5. ed. Recife: Editora do Autor, 2010.

AMARAL, Boanerges do. *Tudo sobre legítima defesa*. Rio de Janeiro: Jus Lex, 1964.

AMARAL, Sylvio do. *Falsidade documental*. 2. ed. São Paulo: RT, 1978.

AMERICANO, Odin. Da culpabilidade normativa. *Estudos de direito e processo penal em homenagem a Nélson Hungria*. Rio de Janeiro-São Paulo: Forense, 1962.

ANCEL, Marc. *A nova defesa social. Um movimento de política criminal humanista*. Trad. Osvaldo Melo. Belo Horizonte-Rio de Janeiro, 1979.

ANDRADE, Christiano José de. *Hermenêutica jurídica no Brasil*. São Paulo: RT, 1991.

ANDRADE, Vander Ferreira de. *A dignidade da pessoa humana* – valor-fonte da ordem jurídica. Rio de Janeiro: Editora Cautela, 2007.

ANDREUCCI, Ricardo Antunes; DOTTI, René Ariel; REALE JR., Miguel; PITOMBO, Sérgio M. de Moraes. *Penas e medidas de segurança no novo Código*. 2. ed. Rio de Janeiro: Forense, 1987.

ANTOLISEI, Francesco. *Manuale di diritto penale* – Parte generale. Atual. Luigi Conti. 14. ed. Milano: Giuffrè, 1997.

ANTOLISEI, Francesco. *Manuale di diritto penale* – Parte speciale. Atual. Luigi Conti. 12. ed. Milano: Giuffrè, 1997.

ANTOLISEI, Francesco. *Manuale di diritto penale* – Parte speciale. Atual. Luigi Conti. 13. ed. Milano: Giuffrè, 1999.

ANTÓN ONECA, José. *Obras*. Buenos Aires: Rubinzal-Culzoni, 2000/2002/2003. t. I-III. (Coleção Autores de direito penal.)

ARAGÃO, Antonio Moniz Sodré de. *As três escolas penais*: clássica, antropológica e crítica – Estudo comparativo. Rio de Janeiro: Freitas Bastos, 1977.

ARANHA, Adalberto José Q. T. de Camargo. *Crimes contra a honra*. São Paulo: Saraiva, 1995.

ARAÚJO, Cláudio Th. Leotta de; MENEZES, Marco Antônio. Em defesa do exame criminológico. *Boletim do IBCCRIM*, n. 129, p. 3, ago. 2003.

ARAÚJO, Luis Ivani de Amorim. *Curso de direito internacional público*. Rio de Janeiro: Editora Forense, 2002.

ARAÚJO, Luiz Alberto David. *A proteção constitucional das pessoas portadoras de deficiência*. Brasília: Coordenadoria Nacional para Integração da Pessoa Portadora de Deficiência-Corde, 1994.

ARAÚJO, Luiz Alberto David. *A proteção constitucional do transexual*. São Paulo: Saraiva, 2000.

Araújo, Marina Pinhão Coelho. *Tipicidade penal.* Uma análise funcionalista. São Paulo: Quartier Latin, 2012.

Araújo, Marina Pinhão Coelho; Nunes Júnior, Vidal Serrano. *Curso de direito constitucional.* 3. ed. São Paulo: Saraiva, 1999.

Araújo Júnior, João Marcello de. *Delitos de trânsito.* Rio de Janeiro: Forense, 1981.

Araújo Júnior, João Marcello de. *Dos crimes contra a ordem econômica.* São Paulo: RT, 1995.

Arbenz, Guilherme Oswaldo. *Compêndio de medicina legal.* Rio de Janeiro-São Paulo: Livraria Atheneu, 1983.

Arnau, Frank. *Por que os homens matam.* Trad. Vera Coutinho. Rio de Janeiro: Civilização Brasileira, 1966.

Arostegui Moreno, José et al. *Introducción a la criminología.* 2. ed. Salamanca: Ratio Legis, 2015.

Arrieta, Andrés Martínez. Acoso sexual. *Delitos contra la libertad sexual.* Madrid: Consejo General del Poder Judicial, 1999.

Arroyo de Las Heras, Alfonso. *Manual de derecho penal* – El delito. Pamplona: Aranzadi, 1985.

Arroyo Zapatero, Luis; Ferré Olivé, Juan Carlos; García Rivas, Nicólas; Serrano Piedecasas, José Ramón; Gómez de La Torre, Ignacio Berdugo. *Lecciones de derecho penal* – Parte general. 2. ed. Madrid: La Ley, 1999.

Atencio, Graciela (Ed.). *Feminicidio.* De la categoría político-jurídica a la justicia universal. Madrid: Fibgar-Catarata, 2015.

Azevedo, André Boiani e. *Assédio sexual. Aspectos penais.* 1. ed. 6.ª tiragem. Curitiba: Juruá, 2011.

Azevedo, David Teixeira de. *Atualidades no direito e processo penal.* São Paulo: Método, 2001.

Azevedo, David Teixeira de. *Dosimetria da pena*: causas de aumento e diminuição. 1. ed. 2.ª tiragem. São Paulo: Malheiros, 2002.

Bacigalupo, Enrique. *Principios de derecho penal* – Parte general. 5. ed. Madrid: Akal, 1998.

Bacila, Carlos Roberto. *Teoria da imputação objetiva no direito penal.* 1. ed. 2.ª reimpressão. Curitiba: Juruá, 2012.

Bajo Fernández, Miguel; Feijoo Sánchez, Bernardo José; Gómez-Jara Díez, Carlos. *Tratado de responsabilidad penal de las personas jurídicas.* 2. ed. Navarra: Aranzadi--Civitas-Thomson Reuters, 2016.

Balcarce, Fabián Ignacio. *Dogmática penal y principios constitucionales.* Buenos Aires: Editorial B de f, 2014.

Balera, Wagner (Org.). *Curso de direito previdenciário.* 3. ed. São Paulo: LTr, 1996.

Baltazar Jr., José Paulo. Aspectos penais. In: Freitas, Vladimir Passos de (Org.). *Direito previdenciário* – Aspectos materiais, processuais e penais. 2. ed. Porto Alegre: Livraria de Advogado, 1999.

Baltazar Jr., José Paulo; Lima, Luciano Flores de (Org.). *Cooperação jurídica internacional em matéria penal.* Porto Alegre: Verbo Jurídico, 2010.

Barbosa, Marcelo Fortes. *Crimes contra a honra.* São Paulo: Malheiros, 1995.

Barbosa, Marcelo Fortes. Denunciação caluniosa. *Direito penal atual (estudos)*. São Paulo: Malheiros, 1996.

Barbosa, Marcelo Fortes. Do crime continuado. *Justitia* 83/149.

Barbosa, Marcelo Fortes. *Latrocínio*. 1. ed. 2.ª tiragem. São Paulo: Malheiros, 1997.

Barreto, Tobias. *Menores e loucos em direito criminal*. Campinas: Romana, 2003.

Barros, Carmen Silvia de Moraes. *A individualização da pena na execução penal*. São Paulo: RT, 2001.

Barros, Flávio Augusto Monteiro de. *Direito penal* – Parte geral. São Paulo: Saraiva, 1999. v. 1.

Barros, Luiz Celso de. *Responsabilidade fiscal e criminal*. São Paulo: Edipro, 2001.

Barroso, Luís Roberto. *Interpretação e aplicação da Constituição*. São Paulo: Saraiva, 1996.

Barroso, Luís Roberto. Legitimidade da recusa de transfusão de sangue por teste-munhas de Jeová. Dignidade humana, liberdade religiosa e escolhas existenciais. Programa de Direito Público da Universidade do Estado do Rio de Janeiro, 05.10.2010 [parecer].

Bastos, Celso Ribeiro. *Curso de direito constitucional*. 18. ed. São Paulo: Saraiva, 1997.

Bastos, Celso Ribeiro. *Hermenêutica e interpretação constitucional*. São Paulo: Celso Bastos Editor, 1997.

Bastos, Celso Ribeiro; Martins, Ives Gandra da Silva. *Comentários à Constituição do Brasil*. São Paulo: Saraiva, 1988. v. 1.

Batista, Nilo. Alternativas à prisão no Brasil. *Revista da Escola do Serviço Penitenciário*, n. 4, jul.-set. 1990.

Batista, Nilo. *Concurso de agentes* – Uma investigação sobre os problemas da autoria e da participação no direito penal brasileiro. 2. ed. Rio de Janeiro: Lumen Juris, 2004.

Batista, Nilo. *Decisões criminais comentadas*. Rio de Janeiro: Liber Juris, 1976.

Batista, Vera Malaguti. *Introdução crítica à criminologia brasileira*. 2. ed. Rio de Janeiro: Revan, 2015.

Battaglini, Giulio. *Direito penal* – Parte geral. Trad. Paulo José da Costa Jr. e Ada Pellegrini Grinover. São Paulo: Saraiva, 1964.

Baumann, Jürgen. *Derecho penal* – Conceptos fundamentales y sistema (introducción a la sistemática sobre la base de casos). Trad. Conrado A. Finzi. 4. ed. Buenos Aires: Depalma, 1981.

Beling, Ernst von. *A ação punível e a pena*. Trad. Maria Carbajal. São Paulo: Rideel, 2006.

Beling, Ernst von. *Esquema de derecho penal*. La doctrina del delito-tipo. Trad. Sebastian Soler. Buenos Aires: Depalma, 1944.

Beneti, Sidnei Agostinho. *Execução penal*. São Paulo: Saraiva, 1996.

Beneti, Sidnei Agostinho. Responsabilidade penal da pessoa jurídica: notas diante da primeira condenação na justiça francesa. *RT* 731/471, set. 1996.

Benfica, Francisco Silveira; Vaz, Márcia. *Medicina legal*. 3. ed. Porto Alegre: Livraria do Advogado, 2015.

Bentham, Jeremy. *O panóptico*. Organização de Tomaz Tadeu da Silva. Trad. Guacira Lopes Louro. M. D. Magno e Tomaz Tadeu da Silva. Belo Horizonte: Autêntica, 2000.

Beristain, Antonio. *Victimología*: nueve palabras clave. Valencia: Tirant Lo Blanch, 2000.

BERNALDO DE QUIRÓS, Constancio. *Derecho penal* (parte general). Puebla: José M. Cajica Jr., 1949. v. I e II.

BETTIOL, Giuseppe. *Diritto penale* – Parte generale. 4. ed. Palermo: G. Priulla, 1958.

BETTIOL, Giuseppe. Os princípios fundamentais do direito penal vigente. *Revista do Instituto de Pesquisas e Estudos Jurídico-Econômico-Sociais,* Instituição Toledo de Ensino, n. 4, abr.-jun. 1967.

BETTIOL, Giuseppe; BETTIOL, Rodolfo. *Istituzioni di diritto e procedura penale.* 5. ed. Padova: Cedam, 1993.

BEZERRA, Jorge Luiz. *Segurança pública.* Uma perspectiva político criminal à luz da teoria das janelas quebradas. São Paulo: Blucher Acadêmico, 2008.

BEZERRA FILHO, Aluízio. *Crimes sexuais.* Curitiba: Juruá, 2002.

BIANCHINI, Alice; GOMES, Luiz Flávio. *Crimes de responsabilidade fiscal* – Lei 10.028/2000: crimes contra as finanças públicas, crimes de responsabilidade fiscal de prefeitos, legislação na íntegra (Lei 10.028 e LC 101/2000). São Paulo: RT, 2001. (Série As ciências criminais no século XXI, v. 2.)

BIANCHINI, Alice; GOMES, Luiz Flávio. *Curso de direito penal* – Parte geral. São Paulo: JusPodivm, 2015. v. 1.

BICUDO, Márcia Regina Silveira; COELHO, Airton. Direitos conexos de empresas fonográficas. In: ABRÃO, Eliane Y. (Org.). Propriedade imaterial. Direitos autorais, propriedade industrial e bens de personalidade. São Paulo: Editora Senac, 2006.

BIERRENBACH, Sheila. *Crimes omissivos impróprios.* 3. ed. Niterói: Impetus, 2014.

BIRNBAUM, Johann Michael Franz. *Sobre la necesidad de una lesión de derechos para el concepto de delito.* Trad. José Luis Guzmán Dalbora. Montevideo-Buenos Aires: Editorial B de f, 2010.

BITENCOURT, Cezar Roberto. A exasperação penal nos crimes de furto, roubo e receptação. Reflexões sobre as inovações da Lei 9.426/96. *Ajuris* 72/195.

BITENCOURT, Cezar Roberto. *Erro de tipo e erro de proibição* – Uma análise comparativa. 3. ed. São Paulo: Saraiva, 2003.

BITENCOURT, Cezar Roberto. *Falência da pena de prisão* – causas e alternativas. 2. ed. São Paulo: Saraiva, 2001.

BITENCOURT, Cezar Roberto. *Penas alternativas.* 4. ed. São Paulo: Saraiva, 2013.

BITENCOURT, Cezar Roberto. *Teoria geral do delito.* Uma visão panorâmica da dogmática penal brasileira. Coimbra: Almedina, 2007.

BITENCOURT, Cezar Roberto. *Tratado de direito penal* – Parte geral. 22. ed. São Paulo: Saraiva, 2016. v. 1.

BITENCOURT, Cezar Roberto. *Tratado de direito penal* – Parte geral. 16. ed. São Paulo: Saraiva, 2016. v. 2.

BITENCOURT, Cezar Roberto. *Tratado de direito penal* – Parte especial. 12. ed. São Paulo: Saraiva, 2016. v. 1 e 3.

BITENCOURT, Cezar Roberto. *Tratado de direito penal* – Parte especial. 10. ed. São Paulo: Saraiva, 2016. v. 4 e 5.

BITENCOURT, Monique von Hertwig; FERREIRA, Victor José Sebem. A proibição do comércio e consumo de bebidas alcoólicas em locais públicos no dia do pleito. Disponível em: <http://www.tre-sc.gov.br/sj/cjd/doutrinas/monique.htm>.

BITTAR, Carlos Alberto. *Contornos atuais do direito do autor*. Atualização de Eduardo Carlos Bianca Bittar. 2. ed. São Paulo: RT, 1999.

BITTAR, Carlos Alberto. *Direito de autor*. Atualização de Eduardo Carlos Bianca Bittar. 4. ed. Rio de Janeiro: Forense Universitária, 2003.

BLANCO LOZANO, Carlos. *Derecho penal* – Parte general. Madrid: La Ley, 2003.

BLASI NETTO, Frederico. *Prescrição penal* – Manual prático para entendê-la e calculá-la. São Paulo: Juarez de Oliveira, 2000.

BLEGER, José. *Psicologia da conduta*. Trad. Emilia de Oliveira Diehl. 2. ed. Porto Alegre: Artes Médicas, 1989.

BOSCARELLI, Marco. *Compendio di diritto penale* – Parte generale. Milano: Giuffrè, 1968.

BOSCHI, José Antonio Paganella; SILVA, Odir Odilon Pinto da. *Comentários à Lei de Execução Penal*. Rio de Janeiro: Aide, 1987.

BOSCHI, José Antonio Paganella. *Das penas e seus critérios de aplicação*. 2. ed. Porto Alegre: Livraria do Advogado, 2002.

BOTTINI, Pierpaolo Cruz. *Crimes de perigo abstrato e princípio da precaução na sociedade de risco*. São Paulo: RT, 2007.

BOZOLA, Túlio Arantes. *Os crimes de perigo abstrato no direito penal contemporâneo*. Belo Horizonte: Del Rey, 2015.

BRACK, Karina; FAYET JÚNIOR, Ney; FAYET, Marcela. *Prescrição penal*. Temas atuais e controvertidos. Porto Alegre: Livraria do Advogado, 2007.

BRAGA, Henrique; RAPOSO, Fernando; FIGUEIREDO, Carlos Maurício; FERREIRA, Cláudio; NÓBREGA, Marcos. *Comentários à Lei de Responsabilidade Fiscal*. 2. ed. São Paulo: RT, 2001.

BRAGA JÚNIOR, Américo. *Teoria da imputação objetiva nas visões de Claus Roxin e Günther Jakobs*. Belo Horizonto: Ius Editora, 2010.

BRANCO, Vitorino Prata Castelo. *Da defesa nos crimes contra o patrimônio*. São Paulo: Sugestões Literárias, 1965.

BRANDÃO, Cláudio. *Tipicidade penal*. Dos elementos da dogmática ao giro conceitual do método entimemático. Coimbra: Almedina, 2012.

BRITO, Alexis Couto de. *Imputação objetiva*. Crimes de perigo e direito penal brasileiro. São Paulo: Atlas, 2015.

BRITO, Auriney. *Direito penal informático*. São Paulo: Saraiva, 2013.

BRUNO, Aníbal. *Crimes contra a pessoa*. 5. ed. Rio de Janeiro: Editora Rio, 1979.

BRUNO, Aníbal. *Das penas*. Rio de Janeiro: Editora Rio, 1976.

BRUNO, Aníbal. *Direito penal* – Parte especial. 2. ed. Rio de Janeiro: Forense, 1972. t. IV.

BRUNO, Aníbal. *Direito penal* – Parte geral. Rio de Janeiro: Forense, 1978. t. I, II e III.

BRUNO, Aníbal. Sobre o tipo no direito penal. *Estudos de direito e processo penal em homenagem a Nélson Hungria*. Rio de Janeiro-São Paulo: Forense, 1962.

BUENO, Paulo Amador Thomas Alves da Cunha. *Crimes na Lei do Parcelamento do Solo Urbano*. São Paulo: Lex Editora, 2006.

Bueno, Paulo Amador Thomas Alves da Cunha. *O fato típico nos delitos da Lei do Parcelamento do Solo Urbano* – Lei n. 6.766, de 19 de dezembro de 1979. Tese de mestrado. Pontifícia Universidade Católica de São Paulo. São Paulo, 2001.

Bulgarelli, Waldirio. *Títulos de crédito*. 2. ed. São Paulo: Atlas, 1982.

Burle Filho, José Emmanuel; Aleixo, Délcio Balestero; Meirelles, Hely Lopes. *Direito administrativo brasileiro*. 39. ed. São Paulo: Malheiros, 2013.

Burri, Juliana et al. O crime de estupro sob o prisma da Lei 12.015/09 (artigos 213 e 217-A do Código Penal). RT 902. In: Silva Franco, Alberto; Nucci, Guilherme de Souza (Org.). *Doutrinas essenciais* – Direito penal. São Paulo: RT, 2010. v. VI.

Busato, Paulo César. *Direito penal*. Parte geral. 2. ed. São Paulo: Atlas, 2015. v. 1.

Busato, Paulo César. *Direito penal*. Parte especial. 2. ed. São Paulo: Atlas, 2016. v. 2.

Busato, Paulo César. *Direito penal*. Parte especial. São Paulo: Atlas, 2016. v. 3.

Bustos Ramírez, Juan (Org.). *Prevención y teoria de la pena*. Santiago: Editorial Jurídica ConoSur, 1995.

Bustos Ramírez, Juan; Valenzuela Bejas, Manuel. *Derecho penal latinoamericano comparado*. Parte generale. Buenos Aires: Depalma, 1981. t. I.

Cabette, Eduardo Luiz Santos. *Responsabilidade penal da pessoa jurídica*. 1. ed. 4.ª tiragem. Curitiba: Juruá, 2006.

Cabral Netto, J. Recurso *ex officio*. RT 692/242, jun. 1993.

Cadoppi, Alberto; Veneziani, Paolo. *Elementi di diritto penale* – Parte generale. Padova: CEDAM, 2002.

Calabrich, Bruno; Fischer, Douglas; Pelella, Eduardo (Org.). *Garantismo penal integrado*. Questões penais e processuais, criminalidade moderna e aplicação do modelo garantista no Brasil. 3. ed. São Paulo: Atlas, 2015.

Callegari, André Luís. A imputação objetiva no direito penal. *RT* 764/434, jun. 1999.

Callegari, André Luís. *Imputação objetiva, lavagem de dinheiro e outros temas de direito penal*. 2. ed. Porto Alegre: Livraria do Advogado, 2004.

Callegari, André Luís. *Teoria geral do delito e da imputação objetiva*. 3. ed. São Paulo: Atlas, 2014.

Callegari, André Luís; Giacomolli, Nereu José (Coord.). *Direito penal e funcionalismo*. Trad. André Luís Callegari, Nereu José Giacomolli e Lúcia Kalil. Porto Alegre: Livraria do Advogado, 2005.

Callegari, André Luís; Pacelli, Eugênio. *Manual de direito penal* – Parte geral. São Paulo: Atlas, 2015.

Callegari, André Luís; Wermuth, Maiquel Ângelo Dezordi. *Sistema penal e política criminal*. Porto Alegre: Livraria do Advogado, 2010.

Camargo, Antonio Luis Chaves. *Culpabilidade e reprovação penal*. 1993. Tese (Professor titular da cadeira de Direito Penal) – USP, São Paulo,

Camargo, Antonio Luis Chaves. *Imputação objetiva e direito penal brasileiro*. São Paulo: Cultural Paulista, 2001.

Camargo, Joaquim Augusto de. *Direito penal brasileiro*. 2. ed. São Paulo: Ed. RT, 2005.

Camargo Hernandez, César. *El delito continuado*. Barcelona: Bosch Casa Editorial, 1951.

CANEIRO, Margarita Beceiro. Las dimensiones de la violencia: hacia una tipología de la con- ducta antisocial. In: CLEMENTE, Miguel; ESPINOSA, Pablo. *La mente criminal*. Madrid: Dykinson, 2001.

CANOTILHO, José Joaquim Gomes. *Direito constitucional*. 6. ed. Coimbra: Almedina, 1995.

CANT, Paul de. O trabalho em benefício da comunidade: uma pena em substituição? *Prestação de serviços à comunidade*. Porto Alegre: Ajuris – Associação dos Juízes do Rio Grande do Sul, 1985.

CAPECCE, Bruno Gabriel; TOLEDO, Otávio Augusto de Almeida. *Privação de liberdade*. Legis- lação, doutrina e jurisprudência. São Paulo: Quartier Latin, 2015.

CARNELUTTI, Francesco. *El problema de la pena*. Trad. Santiago Sentís Melendo. Buenos Aires: Rodamillans, 1999.

CARNELUTTI, Francesco. *Lecciones de derecho penal – El delito*. Buenos Aires: Editora Jurídicas Europa-América, 1952.

CARRARA, Francesco. *Derecho penal*. México: Editorial Pedagógica Iberoamericana, 1995.

CARRARA, Francesco. *Programa do curso de direito criminal – Parte geral*. Trad. José Luiz V. de A. Franceschini e J. R. Prestes Barra. São Paulo: Saraiva, 1956. v. I.

CARRARA, Francesco. *Programa do curso de direito criminal – Parte geral*. Trad. José Luiz V. de A. Franceschini e J. R. Prestes Barra. São Paulo: Saraiva, 1957. v. II.

CARRAZZA, Roque Antonio. *Curso de direito constitucional tributário*. 14. ed. São Paulo: Malheiros, 2000.

CARVALHO, Américo A. Taipa de. *A legítima defesa* – Da fundamentação teorético-normativa e preventivo-geral e especial à redefinição dogmática. Coimbra: Coimbra Editora, 1995.

CARVALHO FILHO, Aloysio. *Comentários ao Código Penal*. 4. ed. Rio de Janeiro: Forense, 1958. v. 4.

CARVALHO FILHO, Luís Francisco. *A prisão*. São Paulo: Publifolha, 2002.

CASTIÑEIRA, Maria T. *El delito continuado*. Barcelona: Bosch, 1977.

CASTRO, Francisco José Viveiros de. *Attentados ao pudor* (Estudos sobre as aberrações do instincto sexual). 2. ed. Rio de Janeiro: Freitas Bastos, 1932.

CASTRO, Francisco José Viveiros de. *Os delictos contra a honra da mulher*. 3. ed. Rio de Janeiro: Freitas Bastos, 1936.

CASTRO, Francisco José Viveiros de. *Questões de direito penal*. Rio de Janeiro: Jacintho Ribeiro dos Santos, 1900.

CASTRO, Regina de. Aborto. Rio de Janeiro: Mauad, 1997.

CEREZO MIR, José. *Curso de derecho español. – Parte general*. 5. ed. Madrid: Tecnos, 1998. v. 1.

CEREZO MIR, José. *Curso de derecho penal español*. 6. ed. Madrid: Tecnos, 1999. v. 2.

CEREZO MIR, José; HIRSCH, Hans Joachim; DONNA, Edgardo A. (Org.). *Hans Welzel en el pensamiento penal de la modernidad*. Buenos Aires: Rubinzal-Culzoni, 2005. (Coleção Autores de direito penal.)

CERNICCHIARO, Luiz Vicente. O princípio de legalidade: um campo de tensão. In: DAL RI JR., Arno; SONTAG, Ricardo. *História do direito penal entre medievo e modernidade*. Belo Horizonte: Del Rey, 2011.

CERNICCHIARO, Luiz Vicente; COSTA JR., Paulo José. *Direito penal na Constituição*. 3. ed. São Paulo: RT, 1995.

CERNICCHIARO, Luiz Vicente; TOLEDO, Francisco de Assis. *Princípios básicos de direito penal*. 5. ed. São Paulo: Saraiva, 1994.

CHAVES, Antonio. *Adoção*. Belo Horizonte: Del Rey, 1995.

CHAVES, Antonio. *Direito à vida e ao próprio corpo* (intersexualidade, transexualidade, transplantes). 2. ed. São Paulo: RT, 1994.

CHRISTIE, Nils. *Uma razoável quantidade de crimes*. Rio de Janeiro: Instituto Carioca de Criminologia, 2011. (Coleção Pensamento criminológico.)

CIA, Michele. *Medidas de segurança no direito penal brasileiro*: a desinternação progressiva sob uma perspectiva político-criminal. São Paulo: Editora Unesp, 2011.

CLEMENTE, Miguel; ESPINOSA, Pablo. *La mente criminal* – Teorías explicativas del delito desde la psicología jurídica. Madrid: Dykinson, 2001.

CLÈVE, Clèmerson Merlin. Contribuições previdenciárias. Não recolhimento. Art. 95, *d*, da Lei 8.212/91. Inconstitucionalidade. *RT* 736/503, fev. 1997.

CLONINGER, Susan C. *Teorias da personalidade*. São Paulo: Martins Fontes, 1999.

COELHO, Inocêncio Mártires; MENDES, Gilmar; BRANCO, Paulo Gustavo Gonet. *Curso de direito constitucional*. 2. ed. São Paulo: Saraiva, 2008.

COELHO, Nelson. *O primeiro homicídio*. São Paulo: Edigraf, 1955.

COMPARATO, Fábio Konder. *A afirmação histórica dos direitos humanos*. 10. ed. 2.ª tiragem. São Paulo: Saraiva, 2016.

CONTIERI, Enrico. *O estado de necessidade*. São Paulo: Saraiva, 1942.

CORDOBA RODA, Juan. *Culpabilidad y pena*. Barcelona: Bosch, 1977.

CORREA, Pedro Ernesto. *El delito continuado*. Buenos Aires: Abeledo-Perrot, 1959.

CORRÊA JUNIOR, Alceu; SHECAIRA, Sérgio Salomão. *Teoria da pena*. São Paulo: RT, 2002.

CORREIA, Eduardo. *Direito criminal*. Coimbra: Almedina, 1993. v. 1.

COSTA, Álvaro Mayrink da. *Direito penal* – Parte especial. 4. ed. Rio de Janeiro: Forense, 1994. v. 2, t. I e II.

COSTA, Álvaro Mayrink da. *Exame criminológico. Doutrina e jurisprudência*. 2. ed. Rio de Janeiro: Forense, 1989.

COSTA, Carlos Adalmyr Condeixa da. *Dolo no tipo* – Teoria da ação finalista no direito penal. Rio de Janeiro: Liber Juris, 1989.

COSTA, Fernando José da. *O falso testemunho*. Rio de Janeiro-São Paulo: Forense Universitária, 2003.

COSTA, José de Faria. *Tentativa e dolo eventual* (ou da relevância da negação em direito penal). Reimp. Coimbra: Coimbra Editora, 1996.

COSTA, Mário Ottobrini; SUCENA, Lílian Ottobrini Costa. A eutanásia não é o direito de matar. *RT* 263/25, set. 1957.

COSTA, Pietro. O princípio de legalidade: um campo de tensão. In: DAL RI JR., Arno; SONTAG, Ricardo. *História do direito penal entre medievo e modernidade*. Belo Horizonte: Del Rey, 2011.

Costa, Tailson Pires. *Penas alternativas* – Reeducação adequada ou estímulo à impunidade? São Paulo: Max Limonad, 1999.

Costa e Silva, A. J. da. *Código Penal* (Decreto-lei 2.848, de 7 de dezembro de 1940). São Paulo: Companhia Editora Nacional, 1943. v. 1.

Costa e Silva, A. J. da. *Comentários ao Código Penal brasileiro*. 2. ed. atual. Luiz Fernando da Costa e Silva. São Paulo: Contasa, 1967. v. I.

Costa Jr., J. B. de O.; Almeida Júnior, A. *Lições de medicina legal*. 9. ed. São Paulo: Companhia Editora Nacional, 1971.

Costa Jr., Paulo José da. *Comentários ao Código Penal*. 4. ed. São Paulo: Saraiva, 1996.

Costa Jr., Paulo José da. *Comentários ao Código Penal*. 7. ed. São Paulo: Saraiva, 2002.

Costa Jr., Paulo José da. *Direito penal* – Curso completo. São Paulo: Saraiva, 1999.

Costa Jr., Paulo José da. *Nexo causal*. 2. ed. São Paulo: Malheiros, 1996.

Costa Jr., Paulo José da. *O crime aberrante*. Belo Horizonte: Del Rey, 1996.

Costa Jr., Paulo José da; Cernicchiaro, Luiz Vicente. *Direito penal na Constituição*. 3. ed. São Paulo: RT, 1995.

Costa Netto, José Carlos. *Direito autoral no Brasil*. São Paulo: FTD, 1998.

Costa Netto, José Carlos; Pagliaro, Antonio. *Dos crimes contra a Administração Pública*. São Paulo: Malheiros, 1997.

Costa Netto, José Carlos; Queijo, Maria Elizabeth. *Comentários aos crimes do novo Código Nacional de Trânsito*. São Paulo: Saraiva, 1998.

Crespo, Eduardo Demetrio. *Prevención general e individualización judicial de la pena*. Salamanca: Ediciones Universidad de Salamanca, 1999.

Creus, Carlos. *Introducción a la nueva doctrina penal*. Santa Fé: Rubinzal-Culzoni, 1992.

Croce, Delton; Croce Jr., Delton. *Manual de medicina legal*. 8. ed. São Paulo: Saraiva, 2015.

Cruz, Flávio da (Coord.); Glock, José Osvaldo; Herzmann; Nélio, Tremel, Rosângela; Viccari Junior, Adauto. *Lei de Responsabilidade Fiscal comentada*. 2. ed. São Paulo: Atlas, 2001.

Cuello Contreras, Joaquín. *El nuevo derecho penal de menores*. Madrid: Civitas, 2000.

Cunha, Rogério Sanches. *Manual de direito penal*. Parte especial. 6. ed. Salvador: JusPodivm, 2014.

Cunha, Rogério Sanches. *Manual de direito penal*. Parte geral. 2. ed. Salvador: JusPodivm, 2014.

Cunha, Sérgio Sérvulo da. *Princípios constitucionais*. São Paulo: Saraiva, 2006.

D'Almeida, Luís Duarte; Patrício, Rui; Vilalonga, José Manuel; Almeida, Carlota Pizarro de. *Código Penal anotado*. Coimbra: Almedina, 2003.

D'Andrea, Flavio Fortes. *Desenvolvimento da personalidade*. 15. ed. Rio de Janeiro: Bertrand Brasil, 2001.

Del Rio, J. Raimundo. *Derecho penal* – Parte general. Santiago: Editorial Nascimento, 1935. t. II.

Delitala, Giacomo. *Scritti di diritto penale*. Milano: Giuffrè, 1976. v. 1.

Delmanto, Celso et al. *Código Penal comentado*. 5. ed. Rio de Janeiro: Renovar, 2000.

Dias, Jorge de Figueiredo. *Direito penal* – parte geral, t. 1. Coimbra: Coimbra Editora.

DIAS, Jorge de Figueiredo. *Liberdade, culpa, direito penal*. 3. ed. Coimbra: Coimbra Editora, 1995.

DIAS, Jorge de Figueiredo. *O problema da consciência da ilicitude em direito penal*. 5. ed. Coimbra: Coimbra Editora, 2000.

DIAS, Jorge de Figueiredo. *Questões fundamentais do direito penal revisitadas*. São Paulo: RT, 1999.

DIAS, Jorge de Figueiredo. *Temas básicos da doutrina penal* – Sobre os fundamentos da doutrina penal, sobre a doutrina geral do crime. Coimbra: Coimbra Editora, 2001.

DÍEZ RIPOLLÉS, José Luis (Dir.). *Delitos contra la libertad sexual*. Madrid: Consejo General del poder judicial, 1999.

DÍEZ RIPOLLÉS, José Luis. *Los elementos subjetivos del delito*. Bases metodológicas. 2. ed. Montevideo-Buenos Aires: Editorial B de f, 2007.

DINIZ, Debora; RIBEIRO, Diaulas Costa. *Aborto por anomalia fetal*. Brasília: Letras Livres, 2003.

DINIZ, Maria Helena. *Conflito de normas*. 3. ed. São Paulo: Saraiva, 1998.

DINIZ, Maria Helena. *Dicionário jurídico*. São Paulo: Saraiva, 1998. v. 1-4.

DINSTEIN, Yoram. *Guerra, agressão e legítima defesa*. Trad. Mauro Raposo de Mello. 3. ed. São Paulo: Manole, 2004.

DIP, Ricardo; MORAES JÚNIOR, Volney Corrêa Leite de. *Crime e castigo*. Reflexões politicamente incorretas. 2. ed. Campinas: Millenium, 2002.

DOLCINI, Emilio; MARINUCCI, Giorgio. *Corso di diritto penale*. 2. ed. Milano: Giuffrè, 1999. v. 1.

DOMINGUEZ, Humberto Barrera. *Delitos contra el patrimonio economico*. Bogotá: Temis, 1963.

DONNA, Edgardo A. *La imputación objetiva*. Buenos Aires: Belgrano, 1997.

DONNA, Edgardo A.; HIRSCH, Hans Joachim; CEREZO MIR, José (Org.). *Hans Welzel en el pensamiento penal de la modernidad*. Buenos Aires: Rubinzal-Culzoni, 2005. (Coleção Autores de direito penal.)

DOTTI, René Ariel. *Bases e alternativas para o sistema de penas*. 2. ed. São Paulo: RT, 1998.

DOTTI, René Ariel. *Curso de direito penal*. Parte geral. Rio de Janeiro: Forense, 2002.

DOTTI, René Ariel. *O incesto*. Curitiba: Guignone, 1976.

DOTTI, René Ariel. Os atentados ao meio ambiente: responsabilidade e sanções penais. *Revista Brasileira de Ciências Criminais* 7/117.

DOTTI, René Ariel. Processo penal executório. *RT* 576/309, out. 1993.

DOTTI, René Ariel. Visão geral da medida de segurança. In: SHECAIRA, Sérgio Salomão (Org.). *Estudos criminais em homenagem a Evandro Lins e Silva* (criminalista do século). São Paulo: Método, 2001.

DOTTI, René Ariel; REALE JR., Miguel; ANDREUCCI, Ricardo Antunes; PITOMBO, Sérgio M. de Moraes. *Penas e medidas de segurança no novo Código*. 2. ed. Rio de Janeiro: Forense, 1987.

DUNI, Mario. *Il perdono giudiziale*. Torino: UTET, 1941.

DURKHEIM, Émile. *O suicídio*. Estudo de sociologia. Trad. Andréa Stahel M. da Silva. São Paulo: Edipro, 2014.

DUTRA, Mário Hoeppner. *O furto e o roubo em face do Código Penal brasileiro*. São Paulo: Max Limonad, 1955.

ENRIQUE EDWARDS, Carlos. *Garantías constitucionales en materia penal*. Buenos Aires: Astrea, 1996.

ESBEC RODRÍGUEZ, Enrique; GÓMEZ-JARABO, Gregorio. *Psicología forense y tratamiento jurídico-legal de la discapacidad*. Madrid: Edisofer, 2000.

ESER, Albin et al. *De los delitos y de las víctimas*. 2.ª reimp. Buenos Aires: Ad Hoc, 2008.

ESPINOSA CEBALLOS, Elena B. Marín de. *La reincidencia*: tratamiento dogmático y alternativas político criminales. Granada: Comares, 1999.

ESTEFAM, André. *Direito penal. Parte geral*. 2. ed. São Paulo: Saraiva, 2012. v. 1.

ESTEFAM, André. *Direito penal*. Parte especial. 2. ed. São Paulo: Saraiva, 2012. v. 2.

ESTEFAM, André. *Direito penal*. Parte especial. São Paulo: Saraiva, 2011. v. 3.

ESTEFAM, André. *Direito penal*. Parte especial. São Paulo: Saraiva, 2011. v. 4.

FABRETTI, Humberto Barrionuevo; SMANIO, Gianpaolo Poggio. *Introdução ao direito penal*. Criminologia, princípios e cidadania. 4. ed. São Paulo: Atlas, 2016.

FARHAT, Alfredo. *Do infanticídio*. São Paulo: RT, 1956.

FARIA, Antonio Bento de. *Código Penal brasileiro comentado*. São Paulo: Record, 1961.

FARO JÚNIOR, Luiz P. F. de, *Direito internacional público*. Rio de Janeiro: Editor Borsoi, 1965.

FÁVERO, Flamínio. *Medicina legal*. 7. ed. São Paulo: Martins Fontes, 1962. v. 3.

FAYET, Fabio Agne. *O delito de estupro*. Porto Alegre: Livraria do Advogado, 2011.

FAYET, Marcela; BRACK, Karina; FAYET JÚNIOR, Ney. *Prescrição penal*. Temas atuais e controvertidos. Porto Alegre: Livraria do Advogado, 2007.

FAYET JÚNIOR, Ney. *Do crime continuado*. 7. ed. Porto Alegre: Livraria do Advogado, 2016.

FAYET JÚNIOR, Ney; FAYET, Marcela. BRACK, Karina. *Prescrição penal*. Temas atuais e controvertidos. Porto Alegre: Livraria do Advogado, 2007.

FAYET JÚNIOR, Ney; FAYET, Marcela. BRACK, Karina. *Prescrição penal*. Porto Alegre: Livraria do Advogado, 2009. v. 2.

FAYET JÚNIOR, Ney; FAYET, Marcela. BRACK, Karina. *Prescrição penal*. Porto Alegre: Livraria do Advogado, 2011. v. 3.

FAYET JÚNIOR, Ney; FAYET, Marcela. BRACK, Karina. *Prescrição penal*. Porto Alegre: Livraria do Advogado, 2013. v. 4.

FAYET JÚNIOR, Ney; FERREIRA, Martha da Costa. Da imprescritibilidade. In: FAYET JÚNIOR, Ney. *Prescrição penal*. Temas atuais e controvertidos. Porto Alegre: Livraria do Advogado, 2007. v. 3, p. 47-87.

FEDELI, Mario. *Temperamento, caráter, personalidade* – Ponto de vista médico e psicológico. Trad. José Maria de Almeida. São Paulo: Paulus, 1997.

FEIJOO SÁNCHEZ, Bernardo José; GÓMEZ-JARA DÍEZ, Carlos; BAJO FERNÁNDEZ, Miguel. *Tratado de responsabilidad penal de las personas jurídicas*. 2. ed. Navarra: Aranzadi--Civitas-Thomson Reuters, 2016.

FERNANDES, Antônio Scarance; MARQUES, Oswaldo Henrique Duek. Estupro – Enfoque vitimológico. *RT* 653/265.

FERNANDES, David Augusto. *Tribunal penal internacional*: a concretização de um sonho. Rio de Janeiro: Renovar, 2006.

FERNANDES, Newton; FERNANDES, Valter. *Criminologia integrada*. 2. ed. São Paulo: RT, 2002.

FERNANDES, Paulo Sérgio Leite. *Aborto e infanticídio*. São Paulo: Sugestões Literárias, 1972.

FERNANDES, Valter; FERNANDES, Newton. *Criminologia integrada*. 2. ed. São Paulo: RT, 2002.

FERNANDÉZ, Alonso. *Las atenuantes de confesión de la infracción y reparación o disminuición del daño*. Barcelona: Ed. Bosch S.A., 1999.

FERNÁNDEZ, Gonzalo D. *El elemento subjetivo de justificación en derecho penal*. Montevideo--Buenos Aires: Editorial B de f, 2015.

FERRAJOLI, Luigi. *Direito e razão* – Teoria do garantismo penal. Trad. Ana Paula Zommer Sica, Fauzi Hassan Choukr, Juarez Tavares e Luiz Flávio Gomes. São Paulo: RT, 2002.

FERRANTE, Marcelo. *Filosofía y derecho penal*. Buenos Aires: Ad Hoc, 2013.

FERRAZ, Esther de Figueiredo. *A codelinquência no direito penal brasileiro*. São Paulo: José Bushatsky, 1976.

FERRAZ, Esther de Figueiredo. *Os delitos qualificados pelo resultado no regime do Código Penal de 1940*. 1948. 139 p. Dissertação (Livre-docência) – São Paulo: Universidade de São Paulo, São Paulo.

FERRÉ OLIVÉ, Juan Carlos; GARCÍA RIVAS, Nicólas; SERRANO PIEDECASAS, José Ramón; GÓMEZ DE LA TORRE, Ignacio Berdugo; ARROYO ZAPATERO, Luis. *Lecciones de derecho penal* – Parte general. 2. ed. Madrid: La Ley, 1999.

FERREIRA, Amadeu. *Homicídio privilegiado*. 3.ª reimp. Coimbra: Almedina, 2000.

FERREIRA, Cláudio; FIGUEIREDO, Carlos Maurício; RAPOSO, Fernando; BRAGA, Henrique; NÓBREGA, Marcos. *Comentários à Lei de Responsabilidade Fiscal*. 2. ed. São Paulo: RT, 2001.

FERREIRA, Cristiane Caetano Simões; DIAS, Ricardo Ferreira. Abuso de autoridade: das necessárias mudanças da lei. In: TOLEDO, Armando (Coord.). *Direito Penal* – Reinterpretação à luz da Constituição: Questões polêmicas. São Paulo: Elsevier, 2009.

FERREIRA, Ivette Senise. *O aborto legal*. 1982. Tese (Doutoramento) – Universidade de São Paulo, São Paulo.

FERREIRA, Manuel Cavaleiro de. *Direito penal português* – Parte geral. 2. ed. Lisboa: Editorial Verbo, 1982. v. 1.

FERREIRA, Victor José Sebem; BITENCOURT, Monique von Hertwig. A proibição do comércio e consumo de bebidas alcoólicas em locais públicos no dia do pleito. Disponível em: <http://www.tre-sc.gov.br/sj/cjd/doutrinas/monique.htm>.

FERREIRA, Waldemar Martins. *História do direito brasileiro*. Rio de Janeiro/São Paulo: Livraria Freitas Bastos, 1952. t. 2.

FERREIRA FILHO, Manoel Gonçalves. *Comentários à Constituição brasileira de 1988*. 2. ed. São Paulo: Saraiva, 1997. v. 1.

FERRI, Enrico. *L'Omicida nella psicologia e nella psicopatologia criminale*. Torino: UTET, 1925.

FIGUEIREDO, Carlos Maurício; FERREIRA, Cláudio; RAPOSO, Fernando; BRAGA, Henrique; NÓBREGA, Marcos. *Comentários à Lei de Responsabilidade Fiscal*. 2. ed. São Paulo: RT, 2001.

FIORE, C. *Diritto penale* – Parte generale. Torino: UTET, 1999. v. 1.

FISCHER, Douglas. O que é garantismo (penal) integral? In: CALABRICH; FISCHER; PELELLA. *Garantismo penal integral*. 3. ed. Porto Alegre: Livraria do Advogado, 2015.

FONTÁN BALESTRA, Carlos. *Tratado de derecho penal*. 2. ed. Buenos Aires: Abeledo-Perrot, 1992. t. III.

FÖPPEL, Gamil (Coord.). *Novos desafios do direito penal no terceiro milênio*. Estudos em homenagem ao Prof. Fernando Santana. Rio de Janeiro: Lumen Juris, 2008.

FOUCAULT, Michel. *Vigiar e punir* – Nascimento da prisão. Trad. Raquel Ramalhete. 25. ed. Petrópolis: Vozes, 2002.

FRADIMAN, James; FRAGER Robert. *Teorias da personalidade*. São Paulo: Harbra, 2002.

FRAGOSO, Heleno Cláudio. Alternativas da pena privativa da liberdade. *Revista de Direito Penal*, Rio de Janeiro: Forense, n. 29, jan.-jul. 1980.

FRAGOSO, Heleno Cláudio. *Conduta punível*. São Paulo: Bushatsky, 1963.

FRAGOSO, Heleno Cláudio. *Lições de direito penal* – Parte especial. Rio de Janeiro: Forense, 1958. v. 1 e 2; 1959. v. 3 e 4.

FRAGOSO, Heleno Cláudio. *Lições de direito penal* – Parte geral. 15. ed. Rio de Janeiro: Forense, 1994.

FRAGOSO, Heleno Cláudio. Pressupostos do crime e condições objetivas de punibilidade. *Estudos de direito e processo penal em homenagem a Nélson Hungria*. Rio de Janeiro: Forense, 1962.

FRANÇA, Rubens Limongi. *Hermenêutica jurídica*. 7. ed. São Paulo: Saraiva, 1999.

FRANÇA, Rubens Limongi. O conceito de morte, diante do direito ao transplante e do direito hereditário. *RT* 717/ 65.

FRANCO, José Henrique Kaster. *Funções da pena e individualização*. Aspectos teóricos e práticos. Rio de Janeiro: Lumen Juris, 2013.

FREITAS, Gilberto Passos de; FREITAS, Vladimir Passos de. *Abuso de autoridade*. 5. ed. São Paulo: RT, 1993.

FREITAS, Vladimir Passos de. O crime ambiental e a pessoa jurídica. *Revista da Associação dos Magistrados Brasileiros*, n. 6, 1.º semestre 1999.

FREITAS, Vladimir Passos de; FREITAS, Gilberto Passos de. *Abuso de autoridade*. 5. ed. São Paulo: RT, 1993.

FREITAS, Vladimir Passos de (Org.). *Direito previdenciário* – Aspectos materiais, processuais e penais. 2. ed. Porto Alegre: Livraria do Advogado, 1999.

FREUD, Sigmund. *Artigos sobre hipnotismo e sugestão* – A psicoterapia da histeria. Trad. José Luís Meurer e Christiano Monteiro Oiticica. Rio de Janeiro: Imago, 1998.

FRISCH, Wolfgang; ROXIN, Claus; JAKOBS, Günther; SCHÜNEMANN, Bernd; KÖHLER, Michael. *La imputación objetiva del resultado. Desarrollo, fundamentos y cuestiones abiertas*. Trad. Ivó Coca Vila. Barcelona: Atelier, 2015.

FRISCH, Wolfgang; ROXIN, Claus; JAKOBS, Günther; SCHÜNEMANN, Bernd; KÖHLER, Michael. *Sobre el estado de la teoria del delito* (Seminario en la Universitat Pompeu Fabra). Madrid: Civitas, 2000.

FROMM, Erich. *Anatomia da destrutividade humana*. Trad. Marco Aurélio de Moura Matos. 2. ed. Rio: Guanabara Ed. 1987.

GALEOTTI, Giulia. *História do aborto*. Trad. Sandra Escobar. Lisboa: Edições 70, 2007.

GALLO, Marcello. *Il concetto unitário di colpevolezza*. Milano: Giuffrè, 1951.

GALVÃO, Fernando. *Direito penal* – crimes contra a pessoa. São Paulo: Saraiva, 2013.

GALVÃO, Fernando. *Direito penal* – Parte geral. São Paulo: Saraiva.

GAMA, Guilherme Calmon Nogueira. *A família no direito penal*. Rio de Janeiro-São Paulo: Renovar, 2000.

GARCIA, Basileu. *Instituições de direito penal*. 5. ed. São Paulo: Max Limonad, 1980. v. 1, t. I, e 2.

GARCÍA, Fernando Santa Cecilia. *Objeto de la criminologia. Delito y delinquente*.

GARCÍA, Esther Romera. Teorías del aprendizaje social. In: CLEMENTE, Miguel; ESPINOSA, Pablo (Coord.). *La mente criminal*. Teorías explicativas del delito desde la Psicología Jurídica. Madri: Dykinson, 2001.

GARCIA, Waléria Garcelan Loma. *Arrependimento posterior*. Belo Horizonte: Del Rey, 1997.

GARCÍA ARÁN, Mercedes. Dos crimes contra a administração pública. *Revista Forense*, nov. 1944.

GARCÍA ARÁN, Mercedes. *Fundamentos y aplicación de penas y medidas de seguridad en el Código Penal de 1995*. Pamplona: Aranzadi, 1997.

GARCÍA ARÁN, Mercedes; MUÑOZ CONDE, Francisco. Crimes patrimoniais entre cônjuges e parentes. *Revista Forense*, v. 143, 1952.

GARCÍA ARÁN, Mercedes; MUÑOZ CONDE, Francisco. *Derecho penal* – Parte general. 3. ed. Valencia: Tirant lo Blanch, 1998.

GARCÍA-PABLOS DE MOLINA, Antonio. *Tratado de criminología*, 5. ed. Valencia: Tirant lo blanch, 2014.

GARCÍA RIVAS, Nicólas; SERRANO PIEDECASAS, José Ramón; GÓMEZ DE LA TORRE, Ignacio Berdugo; ARROYO ZAPATERO, Luis; FERRÉ OLIVÉ, Juan Carlos. *Lecciones de derecho penal* – Parte general. 2. ed. Madrid: La Ley, 1999.

GAROFALO, Rafael. *Criminologia. Estudo sobre o delito e a repressão penal*. Trad. Danielle Maria Gonzaga. Campinas: Péritas, 1997.

GATTAZ, Wagner F. Violência e doença mental: fato ou ficção? *Folha de S. Paulo*, 7 nov. 1999, 3.º Caderno, p. 2.

GIACOMOLLI, Nereu José. Função garantista do princípio da legalidade. *RT* 778/476.

GIACOMOLLI, Nereu José; CALLEGARI, André Luís (Coord.). *Direito penal e funcionalismo*. Trad. André Luís Callegari, Nereu José Giacomolli e Lúcia Kalil. Porto Alegre: Livraria do Advogado, 2005.

GIL GIL, Alicia. *La ausencia del elemento subjetivo de justificación*. Buenos Aires: Rubinzal- -Culzoni, 2006. (Coleção Autores de direito penal.)

GIL GIL, Alicia et al. *Curso de derecho penal* – Parte general. 2. ed. Madrid: Dykinson, 2015.

GIMBERNAT ORDEIG, Enrique. *Conceito e método da ciência do direito penal*. Trad. José Carlos Gobbis Pagliuca. São Paulo: RT, 2002.

GIMBERNAT ORDEIG, Enrique. *Estudios sobre el delito de omisión*. 2. ed. Montevideo-Buenos Aires: Editorial B de f, 2013.

GIMBERNAT ORDEIG, Enrique. *La causalidad en la omisión impropria y la llamada "omisión por comisión"*. Buenos Aires: Rubinzal-Culzoni, 2003. (Coleção Autores de direito penal.)

GLINA, Sidney; REIS, José Mário; VARELLA, Drauzio. Médicos especializados. Disponível em: <www.drauziovarella.com.br/entrevistas/reis_impotencia.asp>; <www.drauziovarella.com.br/entrevistas/eprecoce4.asp>. Acesso em: 1.º dez. 2009.

GLOCK, José Osvaldo; CRUZ, Flávio da (Coord.); HERZMANN, Nélio; TREMEL, Rosângela; VICCARI JUNIOR, Adauto. Lei de Responsabilidade Fiscal comentada. 2. ed. São Paulo: Atlas, 2001.

GOGLIANO, Daisy. Morte encefálica. Revista de Direito Civil, ano 17, v. 63-64, jan.-mar. 1993.

GOGLIANO, Daisy. Pacientes terminais – Morte encefálica. Revista do Curso de Direito da Universidade Federal de Uberlândia, v. 23, n. 1-2, dez. 1994.

GOMES, Luiz Flávio; MAZZUOLI, Valerio. Comentários à Convenção Americana sobre Direitos Humanos. São Paulo: RT, 2009.

GOGLIANO, Daisy; BIANCHINI, Alice. Crimes de responsabilidade fiscal – Lei 10.028/2000: crimes contra as finanças públicas, crimes de responsabilidade fiscal de prefeitos, legislação na íntegra (Lei 10.028 e LC 101/2000). São Paulo: RT, 2001. (Série As ciências criminais no século XXI, v. 2.)

GOGLIANO, Daisy; BIANCHINI, Alice. Curso de direito penal – Parte geral. São Paulo: JusPodivm, 2015. v. 1.

GOMES, Mariângela Gama de Magalhães. O princípio da proporcionalidade no direito penal. São Paulo: RT, 2003.

GOMES JUNIOR, João Florêncio de Salles. O crime de extorsão no direito penal brasileiro. São Paulo: Quartier Latin, 2012.

GÓMEZ, Eusebio. Tratado de derecho penal. Buenos Aires: Compañia Argentina de Editores, 1939. t. I.

GÓMEZ DE LA TORRE, Ignacio Berdugo; ARROYO ZAPATERO, Luis; FERRÉ OLIVÉ, Juan Carlos; GARCÍA RIVAS, Nicólas; SERRANO PIEDECASAS, José Ramón. Lecciones de derecho penal – Parte general. 2. ed. Madrid: La Ley, 1999.

GÓMEZ-JARA DÍEZ, Carlos. Fundamentos modernos de la responsabilidad penal de las personas jurídicas. Montevideo-Buenos Aires: Editorial B de f, 2010.

GÓMEZ-JARA DÍEZ, Carlos; FEIJOO SÁNCHEZ, Bernardo José; BAJO FERNÁNDEZ, Miguel. Tratado de responsabilidad penal de las personas jurídicas. 2. ed. Navarra: Aranzadi-Civitas-Thomson Reuters, 2016.

GÓMEZ-JARABO, Gregorio; ESBEC RODRÍGUEZ, Enrique. Psicología forense y tratamiento jurídico-legal de la discapacidad. Madrid: Edisofer, 2000.

GONÇALVES, M. Maia. Código Penal português anotado e comentado e legislação complementar. 11. ed. Coimbra: Almedina, 1997.

GONÇALVES, Odonel Urbano. Seguridade social comentada. São Paulo: LTr, 1997.

GONÇALVES, Victor Eduardo Rios. Curso de direito penal – Parte geral. São Paulo: Saraiva, 2015.

GONZAGA, João Bernardino. Crimes comissivos por omissão. Estudos de direito e processo penal em homenagem a Nélson Hungria. Rio de Janeiro-São Paulo: Forense, 1962.

GONZAGA, João Bernardino. O direito penal indígena. À época do descobrimento do Brasil. São Paulo: Max Limonad: 1972.

GONZÁLEZ CAMPO, Eleutério; ZÁRATE CONDE, Antonio. Derecho penal – Parte general. Madrid: La Ley, 2015.

GONZÁLEZ CUSSAC, José L.; ORTS BERENGUER, Enrique. *Compendio de derecho penal* – Parte general. 5. ed. Valencia: Tirant lo Blanch, 2015.

GORAIEB, Elizabeth. *Tribunal penal internacional*. São Paulo: Letras Jurídicas, 2012.

GOTI, Jaime E. Malamud. *Legítima defensa y estado de necesidad*. Buenos Aires: Cooperadora de Derecho y Ciencias Sociales, 1977.

GOYENA, José Irureta. *El delito de homicidio*. Conferencias orales. 2. ed. Montevideo: Casa A. Barreiro y Ramos, 1928.

Gramatica, Filippo. *Principios de defensa social*. Trad. Jesus Muñoz Y Nuñez de Prado e Luis Zapata Aparicio. Madri: Editorial Montecorvo, 1974.

GRAMATICA, Filippo. *Principios de derecho penal subjetivo*. Trad. Juan Del Rosal e Victor Conde. Madrid: Reus, 2003.

GRAU, Eros Roberto. *Sobre a prestação jurisdicional* – direito penal. São Paulo: Malheiros, 2010.

GRECO, Alessandra Orcesi Pedro. *A autocolocação da vítima em risco*. São Paulo: RT, 2004.

GRECO, Alessandra Orcesi Pedro; RASSI, João Daniel. *Crimes contra a dignidade sexual*. São Paulo: Atlas, 2010.

GRECO, Luís. *Um panorama da teoria da imputação objetiva*. 4. ed. São Paulo: RT, 2014.

GRECO, Luís; LEITE, Alaor. O que é e o que não é a teoria do domínio do fato sobre a distinção entre autor e partícipe no direito penal. *Revista dos Tribunais*, v. 933, p. 61-92, jul. 2013.

GRECO, Rogério. *Curso de direito penal* – Parte geral. 18. ed. Niterói: Impetus, 2016. v. 1.

GRECO, Rogério. *Curso de direito penal* – Parte especial. 13. ed. Niterói: Impetus, 2016. v. 2.

GRECO, Rogério. *Curso de direito penal* – Parte especial. 13. ed. Niterói: Impetus, 2016. v. 3.

GRECO FILHO, Vicente. *Tóxicos* – Prevenção – Repressão. 9. ed. São Paulo: Saraiva, 1993.

GRECO FILHO, Vicente. *Tutela constitucional das liberdades*. São Paulo: Saraiva, 1989.

GRISOLIA, Giovanni. *Il reato permanente*. Padova: Cedam, 1996.

GUADAGNO, Gennaro. *Manuale di diritto penale* – Parte generale. 2. ed. Roma: Casa Editrice Stamperia Nazionale, 1967.

GUERRA FILHO, Willis Santiago. Dignidade humana, princípio da proporcionalidade e teoria dos direitos fundamentais. *Tratado luso-brasileiro da dignidade humana*, 2. ed. In: MIRANDA, Jorge. SILVA, Marco. São Paulo: Quartier Latin, 2009.

GUERRERO, Hermes Vilchez. *Do excesso em legítima defesa*. Belo Horizonte: Del Rey, 1997.

GUSMÃO, Chrysolito de. *Dos crimes sexuais*. Estupro, atentado violento ao pudor, sedução e corrupção de menores. 4. ed. Rio de Janeiro-São Paulo: Freitas Bastos, 1954.

HASSEMER, Winfried. *Crítica al derecho penal de hoy*. Trad. Patricia S. Ziffer. Buenos Aires: Ad Hoc, 1995.

HASSEMER, Winfried. *Direito penal libertário*. Trad. Regina Greve. Belo Horizonte: Del Rey, 2007.

HASSEMER, Winfried; MUÑOZ CONDE, Francisco. *Introducción a la criminología y al derecho penal*. Valencia: Tirant lo Blanch, 1989.

HEIDEGGER, Martin. *A essência da liberdade humana*: introdução à filosofia. Trad. Marco Antonio Casanova. Rio de Janeiro: Viaverita, 2012.

HERNANDEZ, César Camargo. *El delito continuado*. Barcelona: Bosch, 1951.

HERNÁNDEZ, Héctor H. *El garantismo abolicionista*. Estudio sobre la "criminología crítica". Madrid-Barcelona-Buenos Aires-São Paulo: Marcial Pons, 2013.

HERZMANN, Nélio; CRUZ, Flávio da (Coord.); GLOCK, José Osvaldo; TREMEL, Rosângela; VICCARI JUNIOR, Adauto. *Lei de Responsabilidade Fiscal comentada*. 2. ed. São Paulo: Atlas, 2001.

HIGUERA GUIMERA, Juan Felipe. *Las excusas absolutorias*. Madrid: Marcial Pons, 1993.

HIRSCH, Hans Joachim. La antijuridicidad de la agresión como presupuesto de la defensa necesaria. *Obras*. Buenos Aires: Rubinzal-Culzoni, 2001. t. III

HIRSCH, Hans Joachim. Derecho penal material y reparacion del daño. In: ESER, Albin et al. *De los delitos y de las víctimas*. 2. reimp. Buenos Aires: Ad Hoc, 2008. p. 89.

HIRSCH, Hans Joachim. Derecho penal. *Obras completas*. Trad. José Cerezo Mir e Edgardo Alberto Donna (Dirk Styma, t. IV). Buenos Aires: Rubinzal-Culzoni, 2005/2000/2003/2005/2011. t. I a V.

HIRSCH, Hans Joachim; CEREZO MIR, José; DONNA, Edgardo A. (Org.). *Hans Welzel en el pensamiento penal de la modernidad*. Buenos Aires: Rubinzal-Culzoni, 2005. (Coleção Autores de direito penal.)

HORVATH, Estevão; OLIVEIRA, Régis Fernandes de. *Manual de direito financeiro*. 3. ed. São Paulo: RT, 2000.

HUÉLAMO BUENDÍA, Antonio Jesús; POLO RODRÍGUEZ, José Javier. *La nueva ley penal del menor*. Madrid: Colex, 2000.

HUNGRIA, Nélson. *A legítima defesa putativa*. Rio de Janeiro: Livraria Jacintho, 1936.

HUNGRIA, Nélson. *Comentários ao Código Penal*. Rio de Janeiro: Forense, 1958. v. 1, t. I e II, 2, 5, 6, 7.

HUNGRIA, Nélson. *Comentários ao Código Penal*. Rio de Janeiro: Forense, 1959. v. 3, 8, 9.

HUNGRIA, Nélson. *Comentários ao Código Penal*. 5. ed. Rio de Janeiro: Forense, [?]. v. 5.

HUNGRIA, Nélson. Concurso de infrações penais. *Revista Forense* 193/16, jan.-fev. 1961.

HUNGRIA, Nélson. Direito penal e criminologia. *Revista Brasileira de Criminologia e Direito Penal*, Guanabara: Instituto de Criminologia da Universidade do Estado da Guanabara, v. 1, p. 5, abr.-jun. 1963.

HUNGRIA, Nélson. Ortotanásia ou eutanásia por omissão. *RT* 221/14, mar. 1954.

HUNGRIA, Nélson; LYRA, Roberto. *Direito penal – Parte geral*. Rio de Janeiro: Livraria Jacintho, 1938.

IENNACO, Rodrigo. *Responsabilidade penal da pessoa jurídica*. 2. ed. Curitiba: Juruá, 2010.

ISOLDI FILHO, Carlos Alberto da Silveira. Exame criminológico, parecer da CTC e a nova Lei 10.792/2003. *Informe – Boletim do Sindicato dos Promotores e Procuradores de Justiça do Estado de Minas Gerais*, n. 21, fev. 2004.

ITAGIBA, Ivair Nogueira. *Do homicídio*. Rio: Forense, 1945.

JAÉN VALLEJO, Manuel (Dir.); REYNA ALFARO, Luis (Coord.). *Sistemas penales iberoamericanos*. Libro Homenaje al Profesor Dr. D. Enrique Bacigalupo en su 65 Aniversario. Lima: ARA Editores, 2003.

JAKOBS, Günther. *Derecho penal del enemigo*. Trad. Manuel Cancio Meliá. Madrid: Thompson-Civitas, 2003.

JAKOBS, Günther. *Derecho penal – Parte general – Fundamentos y teoría de la imputación*. Trad. Cuello Contreras e Gonzalez de Murillo. 2. ed. Madrid: Marcial Pons, 1997.

JAKOBS, Günther. *Fundamentos do direito penal*. Trad. André Luís Callegari. São Paulo: RT, 2003.

JAKOBS, Günther. *La imputación objetiva en derecho penal*. Trad. Manuel Cancio Meliá. Madrid: Civitas, 1999.

JAKOBS, Günther. *Sobre la teoría de la pena*. Trad. Manuel Cancio Meliá. Cuadernos de Conferencias y artículos. n. 16. Bogotá: Universidad Externado de Colombia, 2001.

JAKOBS, Günther. *Teoria da pena e suicídio e homicídio a pedido*. Trad. M. A. R. Lopes. São Paulo: Manole, 2003. (Coleção Estudos de Direito Penal, v. 3.)

JAKOBS, Günther; FRISCH, Wolfgang; ROXIN, Claus; SCHÜNEMANN, Bernd; KÖHLER, Michael. *Sobre el estado de la teoria del delito* (Seminario en la Universitat Pompeu Fabra). Madrid: Civitas, 2000.

JAPIASSÚ, Carlos Eduardo Adriano; SOUZA, Artur de Brito Gueiros. *Curso de direito penal – Parte geral*. 2. ed. Rio de Janeiro: Forense, 2015. v. 1.

JEFFREYS, Sheila. *The idea of prostitution*. Melbourne: Spinifex Press Pty, 2008.

JESCHECK, Hans-Heinrich. *Tratado de derecho penal – Parte general*. Trad. Mir Puig e Muñoz Conde. Barcelona: Bosch, 1981.

JESUS, Damásio Evangelista de. In: MARTINS, Ives Gandra da Silva; NASCIMENTO, Carlos Valder do (Org.). *Adendo especial aos comentários à Lei de Responsabilidade Fiscal*. São Paulo: Saraiva, 2001.

JESUS, Damásio Evangelista de. *Código Penal anotado*. 21. ed. São Paulo: Saraiva, 2012.

JESUS, Damásio Evangelista de. *Direito penal – Parte Geral*. 36. ed. São Paulo: Saraiva, 2015. v. 1.

JESUS, Damásio Evangelista de. *Imputação objetiva*. São Paulo: Saraiva, 2000.

JESUS, Damásio Evangelista de. *Teoria do domínio do fato no concurso de pessoas*. 3. ed. São Paulo: Saraiva, 2009.

JHERING. Rudolf von. *A Evolução do Direito*. Salvador: Livraria Progresso Editora, 1950.

JIMÉNEZ DE ASÚA, Luis. *Lecciones de derecho penal*. México: Editorial Pedagógica Iberoamericana, 1995.

JIMÉNEZ DE ASÚA, Luis. *Principios de derecho penal – La ley y el delito*. Buenos Aires: Abeledo-Perrot, 1997.

JIMÉNEZ DE ASÚA, Luis. *Tratado de derecho penal*. 2. ed. Buenos Aires: Losada, 1950. t. II.

JUNQUEIRA, Gustavo; VANZOLINI, Patrícia. *Manual de direito penal – Parte geral*. 2. ed. São Paulo: Saraiva, 2014.

KANT, Immanuel. *Fundamentação da metafísica dos costumes e outros escritos*. Trad. Leopoldo Holzbach. São Paulo: Martin Claret, 2011.

KÖHLER, Michael; FRISCH, Wolfgang; ROXIN, Claus; JAKOBS, Günther; SCHÜNEMANN, Bernd. *Sobre el estado de la teoria del delito* (Seminario en la Universitat Pompeu Fabra). Madrid: Civitas, 2000.

LA MEDICA, Vincenzo. *O direito de defesa*. Trad. Fernando de Miranda. São Paulo: Saraiva, 1942.

LAFER, Celso. O STF e o racismo: o caso Ellwanger. *Folha de S. Paulo*, 30.03.2004, Tendências e Debates, p. A3.

LAFER, Celso. Racismo – o STF e o caso Ellwanger. *O Estado de S. Paulo*, 20.07.2003, Espaço Aberto, p. A2.

LAGENEST, J. P. Barruel de (Org.). *O aborto voluntário. Aspectos éticos e jurídicos.* São Paulo: Paulinas, 1983.

LAJE ROS, Cristóbal. *La interpretación penal en el hurto, el robo y la extorsión* (desviación y crisis). Córdoba: Lerner, 2013.

LEITE, Alaor; GRECO, Luís. O que é e o que não é a teoria do domínio do fato sobre a distinção entre autor e partícipe no direito penal. *Revista dos Tribunais*, v. 933, p. 61-92, jul. 2013.

LEMES, Alexandre Barbosa. *Tutela penal da previdência social.* Curitiba: Juruá, 2009.

LEONE, Giovanni. *Del reato abituale, continuato e permanente.* Napoli: Jovene, 1933.

LESCH, Heiko H. *La función de la pena.* Madrid: Dykinson, 1999.

LEVENE, Ricardo. *El delito de homicidio.* Buenos Aires: Perrot, 1955.

LEWANDOWSKI, Enrique Ricardo. A formação da doutrina dos direitos fundamentais. *Resvista USP.* São Paulo, 2003.

LIMA, Carolina Alves de Souza. *Aborto e anencefalia.* Direitos fundamentais em colisão. Curitiba: Juruá, 2009.

LIMA, Carolina Alves de Souza; MARQUES, Oswaldo Henrique Duek. O Princípio da Humanidade das Penas. In: MIRANDA, Jorge; MARQUES DA SILVA, Marco Antonio (Org.). *Tratado Luso-Brasileiro da Dignidade Humana.* 2. ed. São Paulo: Quartier Latin, 2009. v. 1.

LIMA, Luciano Flores de; BALTAZAR JÚNIOR, José Paulo (Org.). *Cooperação jurídica internacional em matéria penal.* Porto Alegre: Verbo Jurídico, 2010.

LINHARES, Marcello Jardim. *Coautoria (o concurso de pessoas do art. 29 da nova Parte Geral do Código Penal).* Direito penal aplicado. 3. ed. Rio de Janeiro: Aide, 1987.

LINHARES, Marcello Jardim. *Direito penal aplicado.* São Paulo: Sugestões Literárias, 1977.

LINHARES, Marcello Jardim. *Direito penal aplicado.* 3. ed. Rio de Janeiro: Aide, 1987.

LINHARES, Marcello Jardim. *Estrito cumprimento de dever legal.* Exercício regular de direito. Rio de Janeiro: Forense, 1983.

LINHARES, Marcello Jardim. *Legítima defesa.* 4. ed. São Paulo-Rio de Janeiro: Saraiva-Forense, 1994.

LISZT, Franz von. *Tratado de derecho penal.* Madri: Liberia la Candela Murcia, 1927. t. II.

LITRENTO, Oliveiros. *Curso de direito internacional público.* Rio de Janeiro: Forense, 2003.

LOMBROSO, Cesar. *O homem delinquente* (2. ed francesa). Trad. Maristela Bleggi Tomasini e Oscar Antonio Corbo Garcia. Porto Alegre: Ricardo Lenz Editor, 2001.

LONGFORD, Lord. *Punishment and the punished.* London: Chapmans, 1991.

LOPES, Jair Leonardo. *Curso de direito penal* – Parte geral. 2. ed. São Paulo: RT, 1996.

LÓPEZ, Lacruz. *Curso de derecho penal* – parte general. Madri: Dykinson, 2015.

LOUREIRO NETO, José da Silva. *Embriaguez delituosa.* São Paulo: Saraiva, 1990.

LUFT, Lya. Medo e preconceito. *Veja*, Ed. Abril, 10.09.2014, p. 24.

LUISI, Luiz. *Os princípios constitucionais penais.* Porto Alegre: Fabris, 1991.

LUISI, Luiz. Um novo conceito de legalidade penal. *Ajuris* Especial, p. 110-117, jul. 1999.

LUZÓN CUESTA, José María. *Compendio de derecho penal* – Parte especial. Madrid: Dykinson, 2015.

LUZÓN PEÑA, Diego-Manuel. *Lecciones de derecho penal* – Parte general. 3. ed. Valencia: Tirant lo Blanch, 2016.

LYRA, Roberto. *Comentários ao Código Penal.* 2. ed. Rio de Janeiro: Forense, 1955. v. 2.

LYRA, Roberto. *Criminologia.* Rio de Janeiro: Forense, 1964.

LYRA, Roberto; HUNGRIA, Nelson. *Direito penal* – Parte geral. Rio de Janeiro: Livraria Jacintho, 1938.

MACHADO, Raul. *A culpa no direito penal.* 2. ed. São Paulo: [s.n.], 1951.

MAGGIO, Vicente de Paula Rodrigues. *Curso de direito penal* – Parte especial. São Paulo: JusPodivm, 2015. v. 2.

MAGGIO, Vicente de Paula Rodrigues. *Curso de direito penal* – Parte especial. São Paulo: JusPodivm, 2015. v. 3.

MAGGIO, Vicente de Paula Rodrigues. Infanticídio. São Paulo: Edipro, 2001.

MAGGIORE, Giuseppe. *Derecho penal.* Bogotá: Temis, 1954. v. 1.

MALULY, Jorge Assaf. *Denunciação caluniosa* – A acusação falsa de crimes ou atos de improbidade (comentários atualizados conforme a Lei 10.028, de 19.10.2000). Rio de Janeiro: Aide, 2001.

MANSCHRECK, C. L. *A History of Christianity*: from Persecution to Uncertainty. New Jersey: Prentice-Hall, Englewood Cliffs, 1974.

MANTOVANI, Ferrando. *Diritto penale* – Parte speciale. Padova: Cedam, 1989.

MANTOVANI, Ferrando. *Los principios del derecho penal.* Trad. Martín Eduardo Botero. Lima: Ediciones Legales, 2015.

MANZINI, Vincenzo. *Trattato di diritto penale italiano.* Atual. P. Nuvolone e G. D. Pisapia. 5. ed. Torino: Torinese, 1981.

MARANHÃO, Odon Ramos. *Curso básico de medicina legal.* 3. ed. São Paulo: RT, 1984.

MARCÃO, Renato; GENTIL, Plínio. *Crimes contra a dignidade sexual.* Comentários ao Título VI do Código Penal. 2. ed. São Paulo: Saraiva, 2015.

MARCOCHI, Marcelo Amaral Colpaert. Posse de celular em presídio – Lei n. 11.466/2007. In: TOLEDO, Armando (Coord.). *Direito penal* – reinterpretação à luz da Constituição: questões polêmicas. São Paulo: Elsevier, 2009.

MARGADANT, Guillermo F. *Panorama de la historia universal del derecho.* 7. ed. México: Porrúa, 2007.

MARINUCCI, Giorgio; DOLCINI, Emilio. *Corso di diritto penale.* 2. ed. Milano: Giuffrè, 1999. v. 1.

MARQUES, José Frederico. *Elementos de direito processual penal.* Atual. Victor Hugo Machado da Silveira. Campinas: Bookseller, 1997. v. 1 e 4.

MARQUES, José Frederico. Os princípios constitucionais da justiça penal. *Revista Forense* 182/20, mar.-abr. 1959.

MARQUES, José Frederico. *Tratado de direito penal.* Atual. Antonio Cláudio Mariz de Oliveira, Guilherme de Souza Nucci e Sérgio Eduardo Mendonça Alvarenga. Campinas: Bookseller, 1997. v. 1 e 2.

Marques, José Frederico. *Tratado de direito penal*. Atual. Antonio Cláudio Mariz de Oliveira, Guilherme de Souza Nucci e Sérgio Eduardo Mendonça Alvarenga. Campinas: Millenium, 1999. v. 3 e 4.

Marques, Oswaldo Henrique Duek. *A pena capital e o direito à vida*. São Paulo: Juarez de Oliveira, 2000.

Marques, Oswaldo Henrique Duek. Crimes culposos no novo Código de Trânsito. *Revista da Associação Paulista do Ministério Público* 14/23, jan. 1998.

Marques, Oswaldo Henrique Duek. *Elementos de direito processual penal*. Atual. Victor Hugo Machado da Silveira. Campinas: Bookseller, 1997. v. 1.

Marques, Oswaldo Henrique Duek. *Fundamentos da pena*. São Paulo: Juarez de Oliveira, 2000.

Marques, Oswaldo Henrique Duek; Fernandes, Antônio Scarance. Estupro – Enfoque vitimológico. *RT* 653/265.

Marrey Neto, José Adriano. *Transplante de órgãos* – Disposições penais. São Paulo: Saraiva, 1995.

Marsich, Piero. *Il delitto di falsa testimonianza*. Padova: Cedam, 1929.

Marsico, Alfredo de. *Delitti contro il patrimonio*. Napoli: Jovene, 1951.

Marsico, Alfredo de. *Diritto penale* – Parte generale. Napoli: Jovene, 1937.

Martín, Ma. Ángeles Rueda. La teoría de la adequación social. In: Hirsch, Cerezo Mir; Alberto Donna. *Hans Welzel en pensamiento penal de la modernidade*. Buenos Aires: Rubinzal-Culzoni, 2005. (Coleção Autores de Direito Penal)

Martínez, Javier Jiménez. *Elementos de derecho penal mexicano*. Cidade do México: Porruá, 2011.

Martinez, Wladimir Novaes. *Os crimes previdenciários no Código Penal*. São Paulo: LTr, 2001.

Martinez Escamilla, Margarita. *La suspensión e intervención de las comunicaciones del preso*. Madrid: Tecnos, 2000.

Martins, Ives Gandra da Silva; Nascimento, Carlos Valder do (Org.). *Comentários à Lei de Responsabilidade Fiscal*. São Paulo: Saraiva, 2001.

Martins, Ives Gandra da Silva; Martins, Roberto Vidal da Silva; Martins Filho, Ives Gandra da Silva. *A questão do aborto*. Aspectos jurídicos fundamentais. São Paulo: Quartier Latin, 2008.

Martins, José Salgado. *Direito penal* – Introdução e parte geral. São Paulo: Saraiva, 1974.

Martins, Roberto Vidal da Silva. *Aborto no direito comparado*: uma reflexão crítica. Belém: Cejup, 1991.

Martins, Roberto Vidal da Silva; Martins Filho, Ives Gandra da Silva; Martins, Ives Gandra da Silva. *A questão do aborto*. Aspectos jurídicos fundamentais. São Paulo: Quartier Latin, 2008.

Martins Filho, Ives Gandra da Silva; Martins, Roberto Vidal da Silva; Martins, Ives Gandra da Silva. *A questão do aborto*. Aspectos jurídicos fundamentais. São Paulo: Quartier Latin, 2008.

Maruotti, Luigi; Santaniello, Giuseppe. *Manuale di diritto penale* – Parte generale. Milano: Giuffrè, 1990.

Marx, Karl. Sobre o suicídio. Trad. Rubens Enderle e Francisco Fontanella. 1. ed. 4.ª tiragem. São Paulo: Boitempo, 2016.

Marzagão Jr., Laerte I. Assédio sexual e seu tratamento no direito penal. São Paulo: Quartier Latin, 2006.

Masson, Cleber. Direito penal – parte geral. 4. ed. Rio de Janeiro: Método, 2011. v. 1.

Masson, Cleber. Direito penal – Parte especial. 9. ed. Rio de Janeiro: Método, 2016. v. 2.

Masson, Cleber. Direito penal – Parte especial. 6. ed. Rio de Janeiro: Método, 2016. v. 3.

Massud, Leonardo. Da pena e sua fixação. Finalidades, circunstâncias judiciais e apontamentos para o fim do mínimo legal. São Paulo: DPJ Editora, 2009.

Matthews, Roger. Criminología realista. Trad. Antonella Combra, Alicia A. Magurno e Mariela A. Barresi. Caba: Ediciones Didot, 2015.

Maurach, Reinhart; Zipf, Heinz. Derecho penal – Parte general. Trad. da 7. ed. Jorge Bofill Genzsch e Enrique Aimone Gibson. Buenos Aires: Astrea, 1994. v. 1 e 2.

Maximiliano, Carlos. Hermenêutica e aplicação do direito. 19. ed. Rio de Janeiro: Forense, 2002.

Meccarelli, Massimo. Regimes jurídicos de exceção e direito penal. In: Dal Ri Jr., Arno; Sontag, Ricardo. História do direito penal entre medievo e modernidade. Belo Horizonte: Del Rey, 2011.

Medica, Vincenzo La. O direito de defesa. Trad. Fernando de Miranda. São Paulo: Saraiva, 1942.

Medina, Avelino. Distúrbios da consciência: coma. Rio de Janeiro: Cultura Médica, 1984.

Mehmeri, Adilson. Noções básicas de direito penal – Curso completo. São Paulo: Saraiva, 2000.

Meirelles, Hely Lopes. Direito administrativo brasileiro. 42. ed. São Paulo: Malheiros, 2016.

Meirelles, Hely Lopes. Direito municipal brasileiro. 7. ed. atual. por Izabel Camargo Lopes Monteiro e Yara Darcy Police Monteiro. São Paulo: Malheiros, 1994.

Meirelles, Hely Lopes; Aleixo, Délcio Balestero; Burle Filho, José Emmanuel. Direito administrativo brasileiro. 39. ed. São Paulo: Malheiros, 2013.

Mello, Celso D. de Albuquerque. Curso de direito internacional público. 7. ed. Rio de Janeiro: Freitas Bastos, 1982. vol. 1.

Mello, Dirceu de. Aspectos penais do cheque. São Paulo: RT, 1976.

Mello, Dirceu de. Violência no mundo de hoje. Revista Serviço Social & Sociedade. n. 70. São Paulo: Cortez, 2002.

Mello, J. Soares de. Da receptação. São Paulo: RT, 1937.

Mendonça, Yolanda. O crime de receptação. Rio de Janeiro: Livraria São José, 1973.

Menezes, Marco Antônio; Araújo, Cláudio Th. Leotta de. Em defesa do exame crimi-nológico. Boletim do IBCCRIM, n. 129, p. 3, ago. 2003.

Messina, Salvatore Donato; Spinnato, Giorgia. Manuale breve diritto penale. Milano: Giuffrè, 2015.

Messuti, Ana. El tiempo como pena. Buenos Aires: Campomanes, 2001.

Mestieri, João. Do delito de estupro. São Paulo: RT, 1982.

Mezger, Edmundo. Tratado de derecho penal. Madrid: Revista de Derecho Privado, 1955. t. I.

Militello, Vincenzo. Prevenzione generale e commisurazione della pena. Milano: Giuffrè, 1982.

MILLER, Jacques-Alain. A máquina panóptica de Jeremy Bentham. In: BENTHAM, Jeremy. *O panóptico*. Organização de Tomaz Tadeu da Silva. Trad. Guacira Lopes Louro. M. D. Magno e Tomaz Tadeu da Silva. Belo Horizonte: Autêntica, 2000.

MIR PUIG, Santiago. *Curso de derecho penal español – parte generale*, v. 1. Salamanca: Tecnos.

MIR PUIG, Santiago. *Derecho penal* – parte general. 10. ed. Barcelona: Reppertor, 2016.

MIR PUIG, Santiago. *Direito penal. Fundamentos e teoria do delito*. Trad. Cláudia Viana Garcia e José Carlos Nobre Porciúncula Neto. São Paulo: RT, 2007.

MIR PUIG, Santiago. *Estado, pena y delito*. Montevideo-Buenos Aires: Editorial B de f, 2013.

MIRABETE, Julio Fabbrini. *Código Penal interpretado*. São Paulo: Atlas, 1999.

MIRABETE, Julio Fabbrini. *Execução penal*. São Paulo: Atlas, 1996.

MIRABETE, Julio Fabbrini. *Manual de direito penal*. 8. ed. São Paulo: Atlas, 1994. v. 2.

MIRABETE, Julio Fabbrini. *Manual de direito penal*. 7. ed. São Paulo: Atlas, 1994. v. 3.

MIRABETE, Julio Fabbrini. *Manual de direito penal* – Parte geral. 11. ed. São Paulo: Atlas, 1996. v. 1.

MOLINA, García-Pablos de. *Criminologia*. 5. ed. São Paulo: Ed. RT, 2006.

MOMMSEN, Theodor. *Derecho penal romano*. Trad. Pedro Dorado Montero. Madrid: La España Moderna, 2014. t. I e II.

MONTALVO, Choclán. *Individualización judicial de la pena* – Función de la culpabilidad y la prevención en la determinación de la sanción penal. Madri: Colex, 1997.

MONTEIRO, André Vinícius et al. Os contornos normativos da proteção do vulnerável prescrita pelo Código Penal (arts. 218-A e 218-B, introduzidos pela Lei 12.015/2009). *Revista Brasileira de Ciências Criminais*, n. 86.

MONTEIRO, André Vinícius et al. Os contornos normativos da proteção do vulnerável prescrita pelo Código Penal (arts. 218-A e 218-B, introduzidos pela Lei 12.015/2009). In: SILVA FRANCO, Alberto; NUCCI, Guilherme de Souza (Org.). *Doutrinas essenciais* – Direito penal. São Paulo: RT, 2010. v. VI.

MONTEIRO, Antonio Lopes. *Crimes contra a Previdência Social*. São Paulo: Saraiva, 2000.

MORAES, Alexandre de. *Constituição do Brasil interpretada e legislação constitucional*. São Paulo: Atlas, 2002.

MORAES, Alexandre de. *Direito constitucional*. 7. ed. São Paulo: Atlas, 2000.

MORAES, Alexandre de. Imunidades parlamentares. *RT* 742/81, ago. 1997.

MORAES, Alexandre Rocha Almeida de. *Direito penal do inimigo* – a terceira velocidade do direito penal. Curitiba: Juruá, 2008.

MORAES, Flavio Queiroz de. *Delito de rixa*. São Paulo: Saraiva.

MORAES, Flavio Queiroz de. *Denunciação caluniosa* (problemas que suscita no Código Penal vigente). São Paulo: Saraiva, 1944.

MORAIS, Paulo Heber. *Homicídio*. 3. ed. Curitiba: Juruá, 1978.

MOREIRA, Virginia; SLOAN, Tod. *Personalidade, ideologia e psicopatologia crítica*. São Paulo: Escuta, 2002.

MOSSIN, Heráclito Antônio; MOSSIN, Júlio César O. G. *Prescrição em matéria criminal*. 2. ed. Leme: JHMizuno Editora, 2015.

MUNHOZ NETO, Alcides. Causas de exclusão da culpabilidade. *Anais do Ciclo de Conferências sobre o Novo Código Penal*. São Paulo: Associação dos Advogados de São Paulo, 1972.

MUÑOZ CONDE, Francisco. *Teoria geral do delito*. Trad. Juarez Tavares e Luiz Regis Prado. Porto Alegre: Sergio Antonio Fabris Editor, 1988.

MUÑOZ CONDE, Francisco; GARCÍA ARÁN, Mercedes. *Derecho penal* – Parte especial. 12. ed. Valencia: Tirant lo Blanch, 1999.

MUÑOZ CONDE, Francisco; GARCÍA ARÁN, Mercedes. *Derecho penal* – Parte general. 3. ed. Valencia: Tirant lo Blanch, 1998.

MUÑOZ CONDE, Francisco; HASSEMER, Winfried. *Introducción a la criminología y al derecho penal*. Valencia: Tirant lo Blanch, 1989.

NAHUM, Marco Antonio R. *Inexigibilidade de conduta diversa*. Causa supralegal. Excludente de culpabilidade. São Paulo: RT, 2001.

NASCIMENTO, Carlos Valder do; MARTINS, Ives Gandra da Silva (Org.). *Comentários à Lei de Responsabilidade Fiscal*. São Paulo: Saraiva, 2001.

NASCIMENTO, Walter Vieira do. *A embriaguez e outras questões penais*. Doutrina, legislação, jurisprudência. 2. ed. Rio de Janeiro: Forense, 1990.

NERY JUNIOR, Nelson. *Princípios do processo na Constituição Federal* (processo civil, penal e administrativo). 9. ed. São Paulo: RT, 2009.

NERY JUNIOR, Nelson; NERY, Rosa Maria de Andrade. *Constituição Federal comentada*. 5. ed. São Paulo: Ed. RT, 2014.

NICÁS, Nuria Castelló. *El concurso de normas penales*. Granada: Comares, 2000.

NISTAL BURÓN, Javier; RODRÍGUEZ MAGARIÑOS, Faustino Gudín. *La historia de las penas*. De Hammurabi a la cárcel electrónica. Valencia: Tirant lo Blanch, 2015.

NÓBREGA, Marcos; BRAGA, Henrique; RAPOSO, Fernando; FIGUEIREDO, Carlos Maurício; FERREIRA, Cláudio. *Comentários à Lei de Responsabilidade Fiscal*. 2. ed. São Paulo: RT, 2001.

NOGUEIRA, Carlos Frederico Coelho. Efeitos da condenação, reabilitação e medidas de segurança. *Curso sobre a reforma penal*. Coord. Damásio E. de Jesus. São Paulo: Saraiva, 1985.

NOGUEIRA, J. C. Ataliba. *Medidas de segurança*. São Paulo: Saraiva, 1937.

NORONHA, E. Magalhães. *Crimes contra os costumes*. Comentários aos arts. 213 a 226 e 108, n. VIII do Código Penal. São Paulo: Saraiva, 1943.

NORONHA, E. Magalhães. *Direito penal*. 5. ed. São Paulo: Saraiva, 1968. v. 1.

NORONHA, E. Magalhães. *Direito penal*. 4. ed. São Paulo: Saraiva, 1967. v. 2.

NORONHA, E. Magalhães. *Direito penal*. 3. ed. São Paulo: Saraiva, 1966. v. 3.

NORONHA, E. Magalhães. *Direito penal*. 3. ed. São Paulo: Saraiva, 1968. v. 4.

NORONHA, E. Magalhães. *Do crime culposo*. São Paulo: Saraiva, 1957.

NORONHA, E. Magalhães. Questões acerca da tentativa. *Estudos de direito e processo penal em homenagem a Nélson Hungria*. Rio de Janeiro-São Paulo: Forense, 1962.

NOVOA MONREAL, Eduardo. *Causalismo y finalismo en derecho penal*. 2. ed. Bogotá: Temis, 1982.

NUCCI, Guilherme de Souza. *Código de Processo Penal comentado*. 24. ed. Rio de Janeiro: Forense, 2025.

NUCCI, Guilherme de Souza. *Código Penal comentado*. 25. ed. Rio de Janeiro: Forense, 2025.

Nucci, Guilherme de Souza. *Estatuto da Criança e do Adolescente Comentado*. 6. ed. Rio de Janeiro: Forense, 2025.

Nucci, Guilherme de Souza. *Leis Penais e Processuais Penais Comentadas*. 15. ed. Rio de Janeiro: Forense, 2023. vol. 1 e 2.

Nucci, Guilherme de Souza. *Individualização da pena*. 8. ed. Rio de Janeiro: Forense, 2022.

Nucci, Guilherme de Souza. *Tratado de crimes sexuais*. Rio de Janeiro: Forense, 2022.

Nucci, Guilherme de Souza. *Criminologia*. Rio de Janeiro: Forense, 2021.

Nucci, Guilherme de Souza. *Organização criminosa*. 5. ed. Rio de Janeiro: Forense, 2021.

Nucci, Guilherme de Souza. *Direitos humanos* versus *segurança pública*. Rio de Janeiro: Forense, 2016.

Nucci, Guilherme de Souza. *Corrupção e anticorrupção*. Rio de Janeiro: Forense, 2015.

Nucci, Guilherme de Souza. *Princípios constitucionais penais e processuais penais*. 4. ed. Rio de janeiro: Forense, 2015.

Nunes, Clayton Alfredo. Execução penal: o cálculo para benefícios (crime comum *x* crime hediondo). *Boletim do IBCCRIM*, n 83, p. 4.

Nunes Júnior, Vidal Serrano; Araújo, Luiz Alberto David. *Curso de direito constitucional*. 3. ed. São Paulo: Saraiva, 1999.

Núñez Paz, Miguel Ángel. *Homicidio consentido, eutanasia y derecho a morir con dignidad*. Madrid: Tecnos, 1999.

Oliveira, Ana Sofia Schmidt de. *A vítima e o direito penal*. São Paulo: RT, 1999.

Oliveira, Antonio Cláudio Mariz de. O direito penal e a dignidade humana – a questão criminal: discurso tradicional, *Revista do Instituto dos Advogados de São Paulo – RIASP*, v. 11, n. 21, p. 36-51, jan./jun. 2008.

Oliveira, Frederico Abrahão de. *Crimes contra a honra*. 2. ed. Porto Alegre: Sagra-DC Luzzato, 1996.

Oliveira, Guilherme Percival. *Estados afetivos e imputabilidade penal*. São Paulo: RT, 1958.

Oliveira, Regis Fernandes de. *Responsabilidade fiscal*. São Paulo: RT, 2001.

Oliveira Neto, Olavo de. *Comentários à Lei das Contravenções Penais*. São Paulo: RT, 1994.

Oliveira Neto, Olavo de; Horvath, Estevão. *Manual de direito financeiro*. 3. ed. São Paulo: RT, 2000.

Orts Berenguer, Enrique; González Cussac, José L. *Compendio de derecho penal* – parte general. 5. ed. Valencia: Tirant lo Blanch, 2015.

Pacelli, Eugênio; Callegari, André. *Manual de direito penal* – Parte geral. São Paulo: Atlas, 2015.

Pacileo, Vincenzo; Petrini, Davide. Reati contro la persona. In: Grosso, Carlos Frederico; Padovani, Tullio; Pagliaro, Antonio. *Trattato di diritto penale*. Milano: Giuffrè, 2016. t. II.

Pacileo, Vincenzo; Petrini, Davide. Reati contro la persona. In: Grosso, Carlos Frederico; Padovani, Tullio; Pagliaro, Antonio. *Trattato di diritto penale*. Milano: Giuffrè, 2016. t. III.

Padovani, Tullio. *Diritto penale*. 5. ed. Milano: Giuffrè, 1999.

Pagliaro, Antonio. *Principi di diritto penale* – Parte Generale. 8. ed. Milano: Giuffrè, 2003.

PAGLIARO, Antonio; COSTA JR., Paulo José da. *Dos crimes contra a administração pública*. São Paulo: Malheiros, 1997.

PALMA, João Augusto da. *Código Penal aplicado ao trabalho*. São Paulo: LTr, 2000.

PASCHOAL, Janaina Conceição. *Ingerência indevida*. Os crimes comissivos por omissão e o controle pela punição do não fazer. Porto Alegre: Fabris, 2011.

PASSETI, Edson; SILVA, Roberto Baptista Dias da (Org.). *Conversações Abolicionistas* – Uma crítica do sistema penal e da sociedade punitiva. São Paulo: IBCCrim – PEPG Ciências Sociais PUC/SP, 1997.

PATRÍCIO, Rui; VILALONGA, José Manuel; ALMEIDA, Carlota Pizarro de; D' ALMEIDA, Luís Duarte. *Código Penal anotado*. Coimbra: Almedina, 2003.

PAULO FILHO, Pedro. Grandes advogados, grandes julgamentos, Depto. Editorial OAB-SP. Disponível em: <http://www.oabsp.org.br/institucional/grandes-causas/as-mortes-de--euclides-da-cunha-e-seu-filho>. Acesso em: 27 jul. 2014.

PAVON VASCONCELOS, Francisco. *Manual de derecho penal mexicano* – Parte generale. 2. ed. México: Porrúa, 1967.

PEDRO, Alessandra Orcesi. *Homicídio doloso qualificado*: a suficiência ou não das qualificadoras previstas no Código Penal atual. São Paulo: Polo Positivo, 2000.

PEDROSO, Fernando de Almeida. *Direito penal*. Parte geral. 4. ed. São Paulo: Método, 2008. v. 1.

PEDROSO, Fernando de Almeida. *Homicídio, participação em suicídio, infanticídio e aborto (crimes contra a vida)*. Rio de Janeiro: Aide, 1995.

PELUSO, Vinicius de Toledo Piza. *Introdução às ciências criminais*. São Paulo: JusPodivm, 2015.

PEÑARANDA RAMOS, Enrique. *Estudios sobre el delito de asesinato*. Montevideo-Buenos Aires: Editorial B de f, 2014.

PENNA, Antonio Gomes. *Introdução à motivação e emoção*. Rio de Janeiro: Imago, 2001.

PERISTERIDOU, Christina. *The principle of legality in European criminal law*. Cambridge--Antwerp-Portland: Intersentia, 2015.

PERRON, Walter. El reciente desarrollo de los delitos sexuales em el derecho penal alemán. *Delitos contra la libertad sexual*. Madrid: Consejo General del Poder Judicial, 1999.

PERROT, Michelle. O inspetor Bentham. In: BENTHAM, Jeremy. *O panóptico*. Organização de Tomaz Tadeu da Silva. Trad. Guacira Lopes Louro. M. D. Magno e Tomaz Tadeu da Silva. Belo Horizonte: Autêntica, 2000.

PESSAGNO, Hernán A. *El delito de desacato*. Buenos Aires: Depalma, 1952.

PETRINI, Davide; PACILEO, Vincenzo. Reati contro la persona. In: GROSSO, Carlos Frederico; PADOVANI, Tullio; PAGLIARO, Antonio. *Trattato di diritto penale*. Milano: Giuffrè, 2016. t. II.

PETRINI, Davide; PACILEO, Vincenzo. Reati contro la persona. In: GROSSO, Carlos Frederico; PADOVANI, Tullio; PAGLIARO, Antonio. *Trattato di diritto penale*. Milano: Giuffrè, 2016. t. III.

PETRONE, Marino. *Reato abituale*. Padova: Cedam, 1999.

PIERANGELI, José Henrique. *Códigos Penais do Brasil* – Evolução histórica. Bauru: Jalovi, 1980.

PIERANGELI, José Henrique. Desafios dogmáticos da culpabilidade. *RT* 761/445, mar. 1999.

PIERANGELI, José Henrique. *Escritos jurídico-penais*. 2. ed. São Paulo: RT, 1999.

PIERANGELI, José Henrique. *O consentimento do ofendido na teoria do delito*. 2. ed. São Paulo: RT, 1995.

PIERANGELI, José Henrique; ZAFFARONI, Eugenio Raúl. *Manual de direito penal brasileiro –* Parte geral. 11. ed. São Paulo: RT, 2015.

PIERANGELI, José Henrique; ZAFFARONI, Eugenio Raúl. *Da tentativa*. 4. ed. São Paulo: RT, 1995.

PIERANGELI, José Henrique; SOUZA, Carmo Antônio de. *Crimes sexuais*. 2. ed. Belo Horizonte: Del Rey, 2015.

PIETRO, Maria Sylvia Zanella Di. *Direito administrativo*. 11. ed. São Paulo: Atlas, 1999.

PIMENTEL, Manoel Pedro. A crise da administração da justiça criminal. *Justitia*, n. 78, 1972.

PIMENTEL, Manoel Pedro. A culpabilidade na dogmática penal moderna. *RJTJSP* 124/19.

PIMENTEL, Manoel Pedro. *Crime continuado*. 2. ed. São Paulo: RT, 1969.

PIMENTEL, Manoel Pedro. *Crimes de mera conduta*. 1959. Tese (Livre-docência de Direito Penal) – Faculdade de Direito da Universidade de São Paulo, São Paulo.

PINHEIRO, Geraldo de Faria Lemos. Breves notas sobre a embriaguez ao volante de veículos automotores. *Revista do Advogado* 53/18, out. 1998.

PINHO, Ruy Rebello. *História do direito penal brasileiro*. São Paulo: José Bushatsky Editor, 1973.

PINOTTI, José Aristodemo. Anencefalia. *Revista de cultura IMAE*, ano 5, n. 12, p. 63, jul.-dez. 2004.

PINTO FERREIRA. *Comentários à Constituição brasileira*. São Paulo: Saraiva, 1990. v. 2.

PINTO FERREIRA. *Princípios gerais do direito constitucional moderno*. 6. ed. ampl. e atual. São Paulo: Saraiva, 1983. v. 1 e 2.

PINTO FERREIRA. *Teoria geral do Estado*. 3. ed. rev. e ampl. São Paulo: Saraiva, 1975. v. 1 e 2.

PIRES, André de Oliveira. *Estado de necessidade*. Um esboço à luz do art. 24 do Código Penal brasileiro. São Paulo: Juarez de Oliveira, 2000.

PISAPIA, Domenico. *Reato continuato*. Napoli: Jovene, 1938.

PITOMBO, Antonio Sergio Altieri de Moraes. *Vinte anos, liberdade*. Duas décadas de escritos sobre advocacia, prisão e liberdade. São Paulo: Singular, 2015.

PITOMBO, Sérgio Marcos de Moraes. Breves notas sobre a novíssima execução penal das penas e das medidas de segurança. *Reforma penal*. São Paulo: Saraiva, 1985.

PITOMBO, Sérgio Marcos de Moraes. Conceito de mérito, no andamento dos regimes prisionais. *Revista Brasileira de Ciências Criminais*, n. 27, São Paulo, RT, jul.-set. 1999, p. 149.

PITOMBO, Sérgio Marcos de Moraes. Execução penal. *RT* 623/257, set. 1987.

PITOMBO, Sérgio Marcos de Moraes. Os regimes de cumprimento de pena e o exame criminológico. *RT* 583/312, maio 1984.

PITOMBO, Sérgio Marcos de Moraes; ANDREUCCI, Ricardo Antunes; DOTTI, René Ariel; REALE JR., Miguel. *Penas e medidas de segurança no novo Código*. 2. ed. Rio de Janeiro: Forense, 1987.

POLO RODRÍGUEZ, José Javier; HUÉLAMO BUENDÍA, Antonio Jesús. *La nueva ley penal del menor*. Madrid: Colex, 2000.

PONTE, Antonio Carlos da. *Falso testemunho no processo*. São Paulo: Atlas, 2000.

Pontes, Elio Monnerat Sólon de. *A propósito dos atos internacionais e da prevalência das normas de direito interno dos mesmos decorrentes. Revista Forense.* Rio de Janeiro: Forense. v. 92, n. 333, p. 75-81, jan./mar. 1996.

Porto, Antonio Rodrigues. *Da prescrição penal.* 5. ed. São Paulo: RT, 1998.

Prado, Luiz Regis. *Bem jurídico-penal e Constituição.* 2. ed. São Paulo: RT, 1997.

Prado, Luiz Regis. *Curso de direito penal brasileiro.* 2. ed. São Paulo: RT, 2002. v. 2, 3, 4.

Prado, Luiz Regis. *Curso de direito penal brasileiro* – Parte geral. 3. ed. São Paulo: RT, 2002. v. 1.

Prado, Luiz Regis. *Falso testemunho e falsa perícia.* 2. ed. São Paulo: RT, 1994.

Prado, Luiz Regis. *Tratado de direito penal.* São Paulo: RT, 2014. v. 1-9.

Punzo, Massimo. *Il problema della causalità materiale.* Padova: Cedam, 1951.

Puppe, Ingeborg. *A distinção entre dolo e culpa.* Trad. Luís Greco. São Paulo: Manole, 2004.

Queijo, Maria Elizabeth; COSTA JR., Paulo José da. *Comentários aos crimes do novo Código Nacional de Trânsito.* São Paulo: Saraiva, 1998.

Queiroz, Narcélio de. *Teoria da actio libera in causa.* Rio de Janeiro: Livraria Jacintho, 1936.

Queiroz, Paulo de Souza. A teoria da imputação objetiva. *Boletim do IBCCRIM,* n. 103, jun. 2001, p. 6.

Queiroz, Paulo de Souza. *Curso de direito penal* – Parte geral. 8. ed. São Paulo: JusPodivm, 2012. v. 1.

Queiroz, Paulo de Souza. *Curso de direito penal* – Parte especial. 2. ed. São Paulo: JusPodivm, 2015.

Queiroz, Paulo de Souza. *Do caráter subsidiário do direito penal.* Belo Horizonte: Del Rey, 1998.

Queiroz, Paulo de Souza. *Direito penal* – Parte geral. 9. ed. Salvador: JusPodivm, 2013.

Quintano Ripolles, Antonio. *Tratado de la parte especial del derecho penal.* 2. ed. atual. por Carlos García Valdés. Madrid: Revista de Derecho Privado, 1977. t. II.

Quiroga, Barja de. *Teoría de la pena.* Madri: Akal, 1991.

Radbruch, Gustav. *Introdução à ciência do direito.* Trad. Vera Barkow. 2. ed. São Paulo: Martins Fontes, 2010.

Rampioni, Roberto. *Contributo alla teoria del reato permanente.* Padova: Cedam, 1988.

Ranieri, Silvio. *Manuale di diritto penale* – Parte generale. Padova: Cedam, 1952. v. 1.

Raposo, Fernando; Figueiredo, Carlos Maurício; Ferreira, Cláudio; Braga, Henrique; Nóbrega, Marcos. *Comentários à Lei de Responsabilidade Fiscal.* 2. ed. São Paulo: RT, 2001.

Rassi, João Daniel. *Imputação das ações neutras e o dever de solidariedade no direito penal.* São Paulo: LiberArs, 2014.

Rassi, João Daniel; Greco, Alessandra Orcesi Pedro. *Crimes contra a dignidade sexual.* São Paulo: Atlas, 2010.

Reale Jr., Miguel. A lei penal do mínimo esforço. *Folha de S. Paulo,* 30 nov. 1998.

Reale Jr., Miguel. *Antijuridicidade concreta.* São Paulo: José Bushatsky, 1973.

Reale Jr., Miguel. *Instituições de direito penal* – parte geral. 4. ed. Rio de Janeiro: Forense, 2013.

Reale Jr., Miguel. *Parte geral do Código Penal* – Nova interpretação. São Paulo: RT, 1988.

Reale Jr., Miguel. *Problemas penais concretos.* São Paulo: Malheiros, 1997.

REALE JR., Miguel. *Teoria do delito*. São Paulo: RT, 1998.

REALE JR., Miguel; DOTTI, René Ariel; ANDREUCCI, Ricardo Antunes; PITOMBO, Sérgio M. de Moraes. *Penas e medidas de segurança no novo Código*. 2. ed. Rio de Janeiro: Forense, 1987.

REIS, José Mário; VARELLA, Dráuzio; GLINA, Sidney. Médicos especializados. Disponível em: <www.drauziovarella.com.br/entrevistas/reis_impotencia.asp>; <www.drauziovarella.com.br/entrevistas/eprecoce4.asp>. Acesso em: 1.º dez. 2009.

REQUIÃO, Rubens. *Curso de direito comercial*. 13. ed. São Paulo: Saraiva, 1984. v. 2.

REYNA ALFARO, Luis (Coord.); JAÉN VALLEJO, Manuel (Dir.). *Sistemas penales iberoamericanos*. Libro Homenaje al Profesor Dr. D. Enrique Bacigalupo en su 65 Aniversario. Lima: ARA Editores, 2003.

REYNOSO DÁVILA, Roberto. *Teoría general del delito*. 2. ed. México: Porrúa, 1995.

REZEK, J. F. *Direito internacional público* – Curso elementar. 6. ed. São Paulo: Saraiva, 1996.

RIBEIRO, Diaulas Costa; DINIZ, Debora. *Aborto por anomalia fetal*. Brasília: Letras Livres, 2003.

RIBEIRO, Gláucio Vasconcelos. Infanticídio. Crime típico. Figura autônoma. Concurso de agentes. São Paulo: Pillares, 2004.

RISTORI, Roberta. *Il reato continuato*. Padova: Cedam, 1988.

ROCCO, Arturo. *El objeto del delito y de la tutela jurídica penal*. Contribución a las teorías generales del delito y de la pena. Trad. Gerónimo Seminara. Montevideo-Buenos Aires: Editorial B de f, 2013.

ROCHA, Fernando A. N. Galvão. *Direito penal, parte geral*. Rio: Impetus, 2004.

ROCHA, Maria Isabel de Matos. Transplantes de órgãos entre vivos: as mazelas da nova lei. *RT* 742/67, ago. 1997.

RODRIGUES, Anabela Miranda. *A determinação da medida da pena privativa de liberdade*. Coimbra: Coimbra Editora, 1995.

RODRÍGUEZ, Víctor Gabriel. *Livre-arbítrio e direito penal*: revisão frente aos aportes da neurociência e à evolução dogmática. 2014. Tese (Livre-docência) – USP, São Paulo.

RODRÍGUEZ MAGARIÑOS, Faustino Gudín; NISTAL BURÓN, Javier. *La historia de las penas*. De Hammurabi a la cárcel electrónica. Valencia: Tirant lo Blanch, 2015.

ROIG, Rodrigo Duque Estrada. *Aplicação da pena*. Limites, princípios e novos parâmetros. 2. ed. São Paulo: Saraiva, 2015.

ROMEIRO, Jorge Alberto. A noite no direito e no processo penal. *Estudos de direito e processo penal em homenagem a Nélson Hungria*. Rio de Janeiro-São Paulo: Forense, 1962.

ROSA, Antonio José Miguel Feu. *Direito penal* – Parte geral. 1. ed. 2.ª tiragem. São Paulo: RT, 1995.

ROSA, Antonio José Miguel Feu. Do crime continuado. *RTJE* 33/3, jul.-ago. 1985.

ROSA, Fábio Bittencourt da. Crimes e seguridade social. *Revista de Informação Legislativa*, n. 130, Brasília, abr.-jun. 1996.

ROXIN, Claus. A culpabilidade como critério limitativo da pena. *Revista de Direito Penal*, n. 11-12, jul.-dez. 1973.

ROXIN, Claus. *Autoría y dominio del hecho en derecho penal*. 7. ed. Madrid-Barcelona: Marcial Pons, 2000.

Roxin, Claus. *Derecho penal* – Parte general (Fundamentos. La estructura de la teoría del delito). Trad. Diego-Manuel Luzón Peña, Miguel Díaz y García Conlledo, Javier de Vicente Remesal. Madrid: Civitas, 1999. t. I.

Roxin, Claus. *La evolución de la política criminal, el derecho penal y el proceso penal.* Valencia: Tirant lo Blanch, 2000.

Roxin, Claus. *La imputación objetiva en el derecho penal.* Trad. Manuel A. Abanto Vasquez. Lima: Idemsa, 1997.

Roxin, Claus. *La teoría del delito en la discusión actual.* Trad. Manuel Abanto Vásquez. Lima: Editora Jurídica Grijley, 2007.

Roxin, Claus. Resolução do fato e começo da execução na tentativa. *Problemas fundamentais de direito penal.* 3. ed. Lisboa: Vega, 1998.

Roxin, Claus. *Teoria del tipo penal* – Tipos abertos y elementos del deber jurídico. Buenos Aires: Depalma, 1979.

Roxin, Claus; Frisch, Wolfgang; Jakobs, Günther; Schünemann, Bernd; Köhler, Michael. *Sobre el estado de la teoria del delito* (Seminario en la Universitat Pompeu Fabra). Madrid: Civitas, 2000.

Sá, Alvino Augusto de. *Reincidência criminal sob o enfoque da psicologia clínica preventiva.* São Paulo: Editora Pedagógica e Universitária, 1987.

Sabino Júnior, Vicente. *Direito penal* – Parte geral. São Paulo: Sugestões Literárias, 1967. v. 1 e 2.

Sabino Júnior, Vicente. *Direito penal* – Parte especial. São Paulo: Sugestões Literárias, 1967. v. 3 e 4.

Salles Júnior, Romeu de Almeida. *Homicídio culposo (e a Lei 4.611/65).* São Paulo: Saraiva, 1982.

Santaniello, Giuseppe; Maruotti, Luigi. *Manuale di diritto penale* – Parte generale. Milano: Giuffrè, 1990.

Santoro, Arturo. *Manuale di diritto penale.* Torino: Torinese, 1958.

Santoro Filho, Antonio Carlos. *Teoria de imputação objetiva.* Apontamentos críticos à luz do direito positivo brasileiro. São Paulo: Malheiros, 2007.

Santos, Antonio Furtado dos. *Direito internacional penal e direito penal internacional* – Aplicação da lei penal estrangeira pelo juiz nacional. Lisboa: Petrony, 1960.

Santos, Ary dos. *O crime de aborto.* Lisboa: Livraria Clássica Editora, 1935.

Santos, Christiano Jorge. *Prescrição penal e imprescritibilidade.* Rio de Janeiro: Elsevier, 2010.

Santos, Hugo Leonardo Rodrigues. *Estudos críticos de criminologia e direito penal.* Rio de Janeiro: Lumen Juris, 2015.

Santos, José Carlos Daumas. *Princípio da legalidade na execução penal.* São Paulo: Manole & Escola Paulista da Magistratura, 2005.

Santos, Juarez Cirino dos. *Direito penal* – parte geral. 3. ed. Curitiba: Lumen Juris, 2008.

Santos, Lycurgo de Castro. O princípio de legalidade no moderno direito penal. *Revista Brasileira de Ciências Criminais* n. 15/182.

Santos, Maria Celeste Cordeiro Leite. *Morte encefálica e a lei de transplante de órgãos.* São Paulo: Oliveira Mendes, 1998.

SALVADOR NETTO, Alamiro Velludo; SOUZA, Luciano Anderson; SILVEIRA, Renato de Mello Jorge (Coord.). *Direito penal na pós-modernidade*. Escritos em homenagem a Antonio Luis Chaves Camargo. São Paulo: Quartier Latin, 2015.

SARDINHA, Alvaro. *Homicídio culposo*. Rio de Janeiro: Coelho Branco Editor, 1936.

SARLET, Ingo Wolfgang. As dimensões da dignidade da pessoa: construindo uma compreensão jurídico-constitucional necessária e possível. *Revista Brasileira de Direito Constitucional – RBDC*. n. 09, jan./jun. 2007.

SARMENTO, Daniel. Legalização do aborto e Constituição. In: CAVALCANTE, Alcilene; XAVIER, Dulce (Org.). Em defesa da vida: aborto e direitos humanos. São Paulo: Católicas pelo Direito de Decidir, 2006.

SCANDELARI, Gustavo Britta. *O crime tributário de descaminho*. Porto Alegre: LexMagister, 2013.

SCHULTZ, Duane; P. SCHULTZ, Sydney Ellen. *Teorias da personalidade*. São Paulo: Thomson, 2002.

SCHÜNEMANN, Bernd; FRISCH, Wolfgang; ROXIN, Claus; JAKOBS, Günther; KÖHLER, Michael. *Sobre el estado de la teoria del delito* (Seminario en la Universitat Pompeu Fabra). Madrid: Civitas, 2000.

SCHÜNEMANN, Bernd. *Obras*, Trad. Edgardo Alberto Donna. Buenos Aires: Rubinzal-Culzoni, 2009. t. I e II.

SEELIG, Ernst. *Manual de criminologia*. Trad. Guilherme de Oliveira. Coimbra: Arménio Amado, 1959. v. I e II.

SEGRE, Marco. Considerações éticas sobre o início da vida: aborto e reprodução assistida. In: CAVALCANTE, Alcilene; XAVIER, Dulce (Org.). Em defesa da vida: aborto e direitos humanos. São Paulo: Católicas pelo Direito de Decidir, 2006.

SEGRE, Marco. Eutanásia: aspectos éticos e legais. *Revista da Associação Médica Brasileira* 32/141, 1986.

SEMER, Marcelo. *Crime impossível e a proteção dos bens jurídicos*. São Paulo: Malheiros, 2002.

SERRANO PIEDECASAS, José Ramón; GÓMEZ DE LA TORRE, Ignacio Berdugo; ARROYO ZAPATERO, Luis; FERRÉ OLIVÉ, Juan Carlos; GARCÍA RIVAS, Nicólas. *Lecciones de derecho penal* – Parte general. 2. ed. Madrid: La Ley, 1999.

SHECAIRA, Sérgio Salomão. *Criminologia*. 6. ed. São Paulo: RT, 2014.

SHECAIRA, Sérgio Salomão. *Estudos de direito penal*. São Paulo: Forense, 2014. v. III.

SHECAIRA, Sérgio Salomão. *Prestação de serviços à comunidade*. São Paulo: Saraiva, 1993.

SHECAIRA, Sérgio Salomão. *Responsabilidade penal da pessoa jurídica*. 1. ed. 2.ª tiragem. São Paulo: RT, 1999.

SHECAIRA, Sérgio Salomão; CORRÊA JUNIOR, Alceu. *Teoria da pena*. São Paulo: RT, 2002.

SILVA, Evandro Lins e. De Beccaria a Filippo Gramatica. *In*: Fragoso Advogados. Disponível em: http://www.fragoso.com.br/wp-content/uploads/2017/10/20171 002212053-beccaria_filippo_gramatica_4.pdf. Acesso em: 23 jan. 2020

SILVA, Germano Marques da. *Direito penal português* – Parte geral – Teoria das penas e das medidas de segurança. Lisboa: Verbo, 1999.

SILVA, Haroldo Caetano da. *Embriaguez & a teoria da* actio libera in causa. 1. ed. 2.ª tiragem. Curitiba: Juruá, 2011.

Silva, José Afonso da. *Comentário contextual à Constituição*. 9. ed. São Paulo: Malheiros, 2014.

Silva, José Afonso da. *Curso de direito constitucional positivo*. 39. ed. São Paulo: Malheiros, 2016.

Silva, José Afonso da. *Manual do vereador*. 3. ed. São Paulo: Malheiros, 1997.

Silva, M. Nelson da. *A embriaguez e o crime*. Rio de Janeiro-São Paulo: Forense, 1968.

Silva, Roberto Baptista Dias da; Passeti, Edson (Org.). *Conversações abolicionistas* – Uma crítica do sistema penal e da sociedade punitiva. São Paulo: IBCCrim – PEPG Ciências Sociais PUC/SP, 1997.

Silva Filho, Artur Marques da. *O regime jurídico da adoção estatutária*. São Paulo: RT, 1997.

Silva Franco, Alberto. Aborto por indicação eugênica. *RJTJSP* 132/9.

Silva Franco, Alberto. *Crimes hediondos*. 3. ed. São Paulo: RT, 1994.

Silva Franco, Alberto et al. *Código Penal e sua interpretação jurisprudencial*. 5. ed. São Paulo: RT, 1995.

Silva Franco, Alberto; Marrey, Adriano; Stoco, Rui. *Teoria e prática do júri*. 7. ed. rev. atual. e ampl. São Paulo: RT, 2000.

Silva Sánchez, Jesús Maria. *A expansão do direito penal. Aspectos da política criminal nas sociedades pós-industriais*. Trad. Luiz Otavio de Oliveira Rocha. São Paulo: RT, 2002.

Silva Sánchez, Jesús Maria. *Aproximación al derecho penal contemporáneo*. Barcelona: Bosch, 1992.

Silva Sánchez, Jesús Maria (Dir.) et al. *Lecciones de derecho penal* – Parte especial. 4. ed. Barcelona: Atelier, 2015.

Silva Sánchez, Jesús Maria *Política criminal y nuevo derecho penal* – Libro homenaje a Claus Roxin. Barcelona: Bosch, 1997.

Silveira, Alípio. A sentença indeterminada nos Estados Unidos. *Estudos de direito e processo penal em homenagem a Nélson Hungria*. Rio de Janeiro-São Paulo: Forense, 1962.

Silveira, Alípio. *Hermenêutica no direito brasileiro*. São Paulo: RT, 1968. v. 1 e 2.

Silveira, Euclides Custódio. *Direito penal* – Crimes contra a pessoa. 2. ed. Atual. Everardo da Cunha Luna. São Paulo: RT, 1973.

Silveira, Renato de Mello Jorge. *Crimes sexuais*: bases críticas para a reforma do direito penal sexual. São Paulo: Quartier Latin, 2008.

Silveira, Renato de Mello Jorge. *Direito penal supraindividual* – Interesses difusos. São Paulo: RT, 2003.

Silveira, Renato de Mello Jorge; Salvador Netto, Alamiro Velludo; Souza, Luciano Anderson (Coord.). *Direito penal na pós-modernidade*. Escritos em homenagem a Antonio Luis Chaves Camargo. São Paulo: Quartier Latin, 2015.

Siqueira, Galdino. *Tratado de direito penal*, v. 1. Rio de Janeiro: José Konfino, 1950.

Sisco, Luis P. *La defensa justa* (Estudio doctrinario, legal y jurisprudencial sobre la legitima defensa). Buenos Aires: El Ateneo, 1949.

Smanio, Gianpaolo Poggio; Fabretti, Humberto Barrionuevo. *Introdução ao direito penal*. Criminologia, princípios e cidadania. 4. ed. São Paulo: Atlas, 2016.

Soares, Ana Raquel Colares dos Santos. Eutanásia: direito de morrer ou direito de viver? In: Guerra Filho, Willis Santiago (Coord.). *Dos direitos humanos aos direitos fundamentais.* Porto Alegre: Livraria do Advogado, 1997.

Soler, Sebastián. *Derecho penal argentino.* Buenos Aires: El Ateneo, 1940. t. I.

Souza, Artur de Brito Gueiros; Japiassú, Carlos Eduardo Adriano. *Curso de direito penal –* Parte geral. 2. ed. Rio de Janeiro: Forense, 2015. v. 1.

Souza, Carmo Antônio de; Pierangeli, José Henrique. *Crimes sexuais.* 2. ed. Belo Horizonte: Del Rey, 2015.

Souza, Luciano Anderson; Silveira, Renato de Mello Jorge; Salvador Netto, Alamiro Velludo (Coord.). *Direito penal na pós-modernidade.* Escritos em homenagem a Antonio Luis Chaves Camargo. São Paulo: Quartier Latin, 2015.

Souza, Nélson Bernardes de. Ilícitos previdenciários: crimes sem pena? *RT* 730/393, ago. 1996.

Souza, Paulo Vinicius Sporleder de. *A criminalidade genética.* São Paulo: RT, 2001.

Souza, Percival de. *A prisão –* Histórias dos homens que vivem no maior presídio do mundo. 2. ed. São Paulo: Alfa-Omega, 1976.

Spinnato, Giorgia; Messina, Salvatore Donato. *Manuale breve diritto penale.* Milano: Giuffrè, 2015.

Stevenson, Oscar. Concurso aparente de normas penais. *Estudos de direito e processo penal em Homenagem a Nélson Hungria.* Rio de Janeiro-São Paulo: Forense, 1962.

Sucena, Lílian Ottobrini Costa; Costa, Mário Ottobrini. A eutanásia não é o direito de matar. *RT* 263/25, set. 1957.

Sumariva, Paulo. *Criminologia.* Teoria e prática. 3. ed. Niterói: Impetus, 2015.

Swensson, Walter. A competência do juízo da execução. In: Lagrasta Neto, Caetano; Nalini, José Renato; Dip, Ricardo Henry Marques (Coord.). *Execução penal –* Visão do TACRIM-SP. São Paulo: Oliveira Mendes, 1998.

Tangerino, Davi de Paiva Costa. *Culpabilidade.* 2. ed. São Paulo: Saraiva, 2014.

Taquary, Eneida Orbage de Britto. *Tribunal penal internacional & a Emenda Constitucional 45/04* (sistema normativo brasileiro). 1. ed. 2.ª reimp. Curitiba: Juruá, 2011.

Tasse, Adel El. *Criminologia.* São Paulo: Saraiva, 2013. (Coleção Saberes do direito.)

Tavares, Juarez. *Teoria do injusto penal.* Belo Horizonte: Del Rey, 2000.

Tavares, Juarez. *Teoria dos crimes omissivos.* Madrid-Barcelona-Buenos Aires-São Paulo: Marcial Pons, 2012.

Tavares, Juarez. *Teorias do delito –* Variações e tendências. São Paulo: RT, 1980.

Telles Júnior, Goffredo. Preleção sobre o justo. *Justitia,* v. 50.

Teodoro, Frediano José Momesso. *Aborto eugênico. Delito qualificado pelo preconceito ou discriminação.* Curitiba: Juruá, 2008.

Terragni, Marco Antonio. *El delito culposo.* Santa Fé: Rubinzal-Culzoni, 1998.

Toledo, Armando; Barbosa Jr., Salvador José. A nova tipificação do delito de embriaguez ao volante. In: Toledo, Armando (Coord.). *Direito Penal –* Rein-terpretação à luz da Constituição: Questões polêmicas. São Paulo: Elsevier, 2009.

Toledo, Francisco de Assis et al. *Reforma penal.* São Paulo: Saraiva, 1985.

Toledo, Francisco de Assis. Teorias do dolo e teorias da culpabilidade. *RT* 566/271, dez. 1992.

TOLEDO, Francisco de Assis; CERNICCHIARO, Luiz Vicente. *Princípios básicos de direito penal*. 5. ed. São Paulo: Saraiva, 1994.

TOLEDO, Otávio Augusto de Almeida; CAPECCE, Bruno Gabriel. *Privação de liberdade*. Legislação, doutrina e jurisprudência. São Paulo: Quartier Latin, 2015.

TORON, Alberto Zacharias. *Inviolabilidade penal dos vereadores*. São Paulo: Saraiva, 2004.

TOURINHO FILHO, Fernando da Costa. *Código de Processo Penal comentado*. 4. ed. São Paulo: Saraiva, 1999. v. 1 e 2.

TREMEL, Rosângela; CRUZ, Flávio da (Coord.); GLOCK, José Osvaldo; HERZMANN, Nélio; VICCARI JUNIOR, Adauto. *Lei de Responsabilidade Fiscal comentada*. 2. ed. São Paulo: Atlas, 2001.

VALENZUELA BEJAS, Manuel; BUSTOS RAMÍREZ, Juan (Org.). *Derecho penal latinoamericano comparado* – Parte generale. Buenos Aires: Depalma, 1981. t. I.

VALLADÃO, Haroldo. Imunidades dos agentes diplomáticos. *RT* 434/307, dez. 1971.

VANRELL, Jorge Paulete (Coord.). *Manual de medicina legal*. Tanatologia. Leme: JHMizuno Editora, 2016.

VARELLA, Drauzio; GLINA, Sidney; REIS, José Mário. Médicos especializados. Disponível em: <www.drauziovarella.com.br/entrevistas/reis_impotencia.asp>; <www.drauziovarella.com.br/entrevistas/eprecoce4.asp>. Acesso em: 1.º dez. 2009.

VAZ, Márcia; BENFICA, Francisco Silveira. *Medicina legal*. 3. ed. Porto Alegre: Livraria do Advogado, 2015.

VENEZIANI, Paolo. *Motivi e colpevolezza*. Torino: Giappichelli, 2000.

VENZON, Altayr. *Excessos na legítima defesa*. Porto Alegre: Fabris, 1989.

VERDÚ PASCUAL, Fernando. *El diagnóstico de la muerte*. Diligencia y caución para evitar injustificables yerros. Granada: Comares, 2015.

VERGARA, Pedro. *Da legítima defesa subjetiva*. 2. ed. Rio de Janeiro: Imprensa Nacional, 1949.

VIANA, Lourival Vilela. *Embriaguez no direito penal*. Belo Horizonte: Imprensa Oficial, 1949.

VIANNA, Rafael Ferreira. *Diálogos sobre segurança pública*. O fim do estado civilizado. Curitiba: Ithala, 2011.

VICCARI JUNIOR, Adauto; CRUZ, Flávio da (Coord.); GLOCK, José Osvaldo; HERZMANN, Nélio; TREMEL Rosângela. *Lei de Responsabilidade Fiscal comentada*. 2. ed. São Paulo: Atlas, 2001.

VIDAL, Hélvio Simões. *Causalidade científica no direito penal*. Belo Horizonte: Mandamentos, 2004.

VILALONGA, José Manuel; ALMEIDA, Carlota Pizarro de; D'ALMEIDA, Luís Duarte; PATRÍCIO, Rui. *Código Penal anotado*. Coimbra: Almedina, 2003.

VON HIRSCH, Andrew. *Censurar y castigar*. Trad. Elena Larrauri. Madrid: Trotta, 1998.

VON LISTZ, Franz. *Tratado de derecho penal*. Trad. Luis Jiménez de Asúa. 18. ed. Madrid: Reus, 1999. t. I a III.

WELZEL, Hans. *Derecho penal alemán*. Trad. Juan Bustos Ramírez e Sergio Yáñez Pérez. 4. ed. Santiago: Editorial Jurídica de Chile, 1997.

WELZEL, Hans. *El nuevo sistema del derecho penal* – Una introducción a la doctrina de la acción finalista. Barcelona: Ariel, 1964.

Wessels, Johannes. *Direito penal – Parte geral – Aspectos fundamentais*. Trad. Juarez Tavares. Porto Alegre: Fabris, 1976.

Williams, Lúcia Cavalcanti de Albuquerque. *Pedofilia. Identificar e prevenir*. São Paulo: Editora Brasiliense, 2012.

Xavier, Dulce; Cavalcante, Alcilene (Org.). *Em defesa da vida:* aborto e direitos humanos. São Paulo: Católicas pelo Direito de Decidir, 2006.

Zaffaroni, Eugenio Raúl. *Tratado de derecho penal – Parte general*. Buenos Aires: Ediar, 1988.

Zaffaroni, Eugenio Raúl; Pierangeli, José Henrique. *Manual de direito penal brasileiro – Parte geral*. 11. ed. São Paulo: RT, 2015.

Zaffaroni, Eugenio Raúl; Pierangeli, José Henrique. *Da tentativa*. 4. ed. São Paulo: RT, 1995.

Zaniolo, Pedro Augusto. *Crimes modernos*. O impacto da tecnologia no direito. 2. ed. Curitiba: Juruá, 2012.

Zárate Conde, Antonio; González Campo, Eleuterio. *Derecho penal – Parte general*. Madrid: La Ley, 2015.

Zaza, Carlo. *Le circostanze del reato*. Elementi generali e circostanze comuni. Padova: CEDAM, 2002. v. I.

Zimmaro, Rafael Barone et al. O crime de estupro sob o prisma da Lei 12.015/09 (artigos 213 e 217-A do Código Penal). *RT* 902.

Zimmaro, Rafael Barone. O crime de estupro sob o prisma da Lei 12.015/09 (artigos 213 e 217-A do Código Penal). In: Silva Franco, Alberto; Nucci, Guilherme de Souza (Org.). *Doutrinas essenciais* – Direito penal. São Paulo: RT, 2010. v. VI.

Zipf, Heinz; Maurach, Reinhart. *Derecho penal – Parte general*. Trad. da 7. ed. por Jorge Bofill Genzsch e Enrique Aimone Gibson. Buenos Aires: Astrea, 1994. v. 1 e 2.

Zisman, Célia Rosenthal. *O princípio da dignidade da pessoa humana*. São Paulo: IOB Thomsom, 2005.

Casos Práticos

1. ESTUPRO DE VULNERÁVEL (ART. 217-A, CP) E ERRO DE TIPO (ART. 20, CP)

Caso: nos dias 28 e 30 de dezembro de 2018, na Rua J, n. 453, Comarca M, o acusado teve conjunção carnal com ES, de 11 anos de idade. Eles se conheciam e mantinham contato por meio do aplicativo WhatsApp. No primeiro dia, sem autorização do pai da vítima, o réu a levou para a sua casa, onde pernoitaram e tiveram relação sexual. No segundo dia, novamente tiveram relação sexual. O laudo pericial indicou ter havido conjunção carnal. O acusado admitiu as relações sexuais com a ofendida, porém afirmou que a conheceu pela internet e ela alegou ter 15 anos de idade. Ele explicou que a garota era "mulher formada, com peitos e bunda grandona" e sabia conversar. Antes dos encontros, a vítima, estando nua, lhe enviava fotos. Na fase policial, a vítima confirmou ter se envolvido sexualmente com o réu, de 35 anos de idade, embora o fizesse consensualmente, além de lhe ter enviado fotos suas sem roupa. Em juízo, ela se recusou a depor. O pai da ofendida asseverou que sua filha, embora com 11 anos, parecia uma moça de 16 a 18 anos e costumava dizer que tinha 15 ou 18 em *sites* de relacionamento. Diante desse quadro, o juiz considerou ter havido erro de tipo, pois o acusado se equivocou quanto à idade da vítima.

Avaliação preliminar: houve recurso do Ministério Público pleiteando a condenação por entender comprovada a imputação de estupro de vulnerável, afastando-se o erro de tipo e apenando-se o delito em continuidade delitiva.

Fontes legais principais: Erro sobre elementos do tipo. Art. 20 – O erro sobre elemento constitutivo do tipo legal de crime exclui o dolo, mas permite a punição por crime culposo, se previsto em lei. **Estupro de vulnerável**. Art. 217-A. Ter conjunção carnal ou praticar outro ato libidinoso com menor de 14 (catorze) anos: Pena – reclusão, de 8 (oito) a 15 (quinze) anos.

Decisão de 1ª. instância: houve absolvição, com base no art. 386, VI, do CPP, reconhecido o erro de tipo.

Situação jurídica: verificar se houve a configuração de estupro de vulnerável e, com isso, se a absolvição por erro de tipo foi correta ou não. Conferir se o caso deixou de seguir o conteúdo da Súmula 593 do STJ. Analisar, ainda, se considerada a hipótese de erro de tipo, seria ele escusável ou inescusável e qual a consequência de ambas as situações jurídicas.

Decisão do Tribunal: negou provimento ao recurso do Ministério Público, considerando ter havido erro de tipo e, portanto, ausência de dolo, mantendo a absolvição do acusado.

Fundamento do acórdão: cuidando-se de fatos incontroversos, as relações sexuais do réu (35 anos) com a vítima (11 anos), resta a análise do erro de tipo, ou seja, se o réu sabia estar mantendo relacionamento sexual com pessoa menor de 14 anos (art. 217-A, *caput*, CP). Avaliando as provas colhidas, entendeu-se não demonstrado o dolo do agente, porque não abrangeu a elementar do tipo "menor de 14 anos". Baseou-se essa decisão, que confirmou a de primeira instância, nas declarações da vítima, do seu genitor, bem como no estudo social realizado. A ofendida narrou ter conhecido o acusado por meio do aplicativo WhatsApp e pediu que ele a pegasse na esquina próxima de sua casa para saírem juntos. Concordou em ter relações sexuais com ele, além de ter, igualmente, confirmado o envio de fotos suas sem roupas. No mesmo prisma, o réu confirmou o relacionamento sexual, afirmando ora que a vítima lhe disse ter 15 anos, ora que teria 16 ou mesmo que seria maior de idade. O pai da ofendida alegou que ela aparentava ter de 16 a 18 anos, mesmo com apenas 11 anos, e era capaz de "enganar uma pessoa". Confirmou que a filha lhe disse terem sido consensuais as relações sexuais (TJSP, Apelação n. 1500102-26.2019.8.26.0278, 16ª. C., rel. Leme Garcia, 22.09.2023, v. u.).

Trechos relevantes do acórdão (do voto do relator): "a despeito de a prova dos autos indicar que que o acusado praticou conjunções carnais com a vítima (prova testemunhal e laudo de fls. 40/42), não há embasamento suficiente para que se possa imputar ao réu a prática do crime previsto no artigo 217-A, do Código Penal. Não se ignora que a atual jurisprudência das Cortes Superiores, nos termos da Súmula n. 593, do Egrégio Superior Tribunal de Justiça ['O crime de estupro de vulnerável se configura com a conjunção carnal ou prática de ato libidinoso com menor de 14 anos, sendo irrelevante eventual consentimento da vítima para a prática do ato, sua experiência sexual anterior ou existência de relacionamento amoroso com o agente'], presume a vulnerabilidade dos menores de 14 anos e, assim, reconhece a configuração do crime de estupro de vulnerável sempre que houver a prática de conjunção carnal ou de outro ato libidinoso com menor de 14 anos, considerando irrelevante eventual consentimento da vítima ou mesmo a existência de relacionamento amoroso com o agente. No entanto, no presente caso, o acusado afirmou que não tinha conhecimento da menoridade da vítima, cuja aparência representava uma 'mulher formada', versão corroborada pelo próprio genitor da ofendida, que esclareceu que, de fato, ela aparentava ter idade superior e poderia 'enganar uma pessoa'. Além disso, ele relatou que sua filha manteve relação sexual consentida com o acusado, revelando que não foi forçada a praticar o ato sexual com o réu (mídia digital). Ademais, quando da realização do estudo psicossocial (fls. 299/303), a vítima demonstrou que não via o ato como abuso sexual e expressou não ter interesse em prestar depoimento especial em juízo. A avaliação concluiu que 'a adolescente não apresenta crítica à experiência que vivenciou com o acusado, de maneira que verbaliza que compreende com algo bom que lhe ocorreu, sem ponderar sua pouca idade e a diferença de idade entre ela e seu 'namorado', como assim ela o nomeou à época. Desse modo, não é possível extrair do conjunto probatório que o acusado tivesse conhecimento da idade da vítima, o que afasta o reconhecimento do dolo do acusado para a prática do crime de estupro de vulnerável".

Acesse e veja **Sugestões de Análise e Debate**
> https://uqr.to/1omka

Acesse e veja as **Respostas**
> https://uqr.to/1omkb

2. INFRAÇÃO DE MEDIDA SANITÁRIA PREVENTIVA (ART. 268, CP)

Caso: a ré ND foi processada com base no art. 268 do Código Penal e absolvida tanto pela primeira quanto pela segunda instâncias, por atipicidade, porque o complemento da norma penal em branco foi efetivado por decreto estadual e se entendeu que somente a União poderia editar o decreto disciplinando quais seriam essas medidas. O Ministério Público recorreu alegando violação ao art. 22, I, da Constituição Federal. O STF entendeu presentes os requisitos para o recurso extraordinário, inclusive a repercussão geral, dando-lhe provimento para que a ação seja devidamente julgada quanto ao mérito nas instâncias inferiores. Adotou-se a seguinte tese: "o art. 268 do Código Penal veicula norma penal em branco que pode ser complementada por atos normativos infralegais editados pelos entes federados (União, Estados, Distrito Federal e Municípios), respeitadas as respectivas esferas de atuação, sem que isso implique ofensa à competência privativa da União para legislar sobre direito penal (CF, art. 22, I)".

Avaliação preliminar: o Ministério Público propôs recurso extraordinário, afirmando ter havido negativa de aplicação de lei federal, sob o prisma constitucional da interpretação a ser feita no tocante ao art. 22, I, da CF.

Fonte legal principal: Infração de medida sanitária preventiva. Art. 268 – Infringir determinação do poder público, destinada a impedir introdução ou propagação de doença contagiosa: Pena - detenção, de um mês a um ano, e multa. Parágrafo único – A pena é aumentada de um terço, se o agente é funcionário da saúde pública ou exerce a profissão de médico, farmacêutico, dentista ou enfermeiro.

Decisão de 1ª. instância: o juízo de primeiro grau rejeitou a ação penal, afirmando atipicidade, visto que o complemento da norma penal em branco (art. 268, CP) foi feito por decreto estadual.

Situação jurídica: avaliar se a condição de se tratar de norma penal em branco, referente ao art. 268 do Código Penal, admite complementação apenas por norma advinda da União ou se comporta, igualmente, a edição de decretos pelo Estado e/ou Município.

Decisão do Tribunal: deu provimento ao recurso extraordinário para afastar a rejeição da ação penal em instâncias inferiores (por atipicidade), determinando o prosseguimento do feito para avaliar o mérito da causa.

Fundamento do acórdão: o art. 268 do Código Penal é uma norma penal em branco, a ser complementada pelo Poder Público; questiona-se no âmbito desse recurso extraordinário a competência da União, dos Estados e dos Municípios para editar ato normativo, estabelecendo normas sanitárias a serem cumpridas pelos cidadãos, enfocando a pandemia da covid-19. A União detém competência privativa para legislar sobre direito penal (art. 22, I, CF). Estabelecida uma lei penal incriminadora em branco, torna-se preciso saber se o seu complemento poderia advir de fonte estadual ou municipal. Destaque-se a atividade concorrente dos entes federativos para, em cooperação, exercer o poder de polícia sanitário, como preceituado nos arts. 198 a 200 da Constituição Federal, inclusive porque há um Sistema Único de Saúde, que é universal e regido pela descentralização. Havendo omissão da regulação, torna-se possível adotar medidas à luz da autonomia federativa. Reafirma-se a possibilidade de governadores e prefeitos, mediante decretos, no âmbito de suas respectivas competências, disciplinarem atividades e serviços públicos essenciais. A meta é assegurar a proteção à saúde, compartilhada entre a União, o Distrito Federal, os Estados e os Municípios, inclusive para impor medidas restritivas destinadas a impedir a introdução ou propagação de doença contagiosa. Portanto, o complemento da norma do art. 268 do Código Penal pode ser editado por qualquer dos entes federativos e ter origem administrativa. Não se está analisando o conteúdo das medidas sanitárias, nem mesmo o teor da transação penal ofertada nos autos de origem, mas apenas a viabilidade do prosseguimento da ação penal obstada de início (Repercussão Geral no Recurso Extraordinário com Agravo 1.418.846-RS, Plenário, rel. Rosa Weber, 24.03.2023, m.v.).

Trechos relevantes do acórdão (do voto do relator): "referendo em medida cautelar em ação direta da inconstitucionalidade. Direito constitucional. Direito à saúde. Emergência sanitária internacional. Lei 13.979 de 2020. Competência dos entes federados para legislar e adotar medidas sanitárias de combate à epidemia internacional. Hierarquia do sistema único de saúde. Competência comum. Medida cautelar parcialmente deferida. 1. A emergência internacional, reconhecida pela Organização Mundial da Saúde, não implica nem muito menos autoriza a outorga de discricionariedade sem controle ou sem contrapesos típicos do Estado Democrático de Direito. As regras constitucionais não servem apenas para proteger a liberdade individual, mas também o exercício da racionalidade coletiva, isto é, da capacidade de coordenar as ações de forma eficiente. O Estado Democrático de Direito implica o direito de examinar as razões governamentais e o direito de criticá-las. Os agentes públicos agem melhor, mesmo durante emergências, quando são obrigados a justificar suas ações. 2. O exercício da competência constitucional para as ações na área da saúde deve seguir parâmetros materiais específicos, a serem observados, por primeiro, pelas autoridades políticas. Como esses agentes públicos devem sempre justificar suas ações, é à luz delas que o controle a ser exercido pelos demais poderes tem lugar. 3. O pior erro na formulação das políticas públicas é a omissão, sobretudo para as ações essenciais exigidas pelo art. 23 da Constituição Federal. É grave que, sob o manto da competência exclusiva ou privativa, premiem-se as inações do governo federal, impedindo que Estados e Municípios, no âmbito de suas respectivas competências, implementem as políticas públicas essenciais. O Estado garantidor dos direitos fundamentais não é apenas a União, mas também os Estados e os Municípios. 4. A diretriz constitucional da hierarquização, constante do *caput* do art. 198 não significou hierarquização entre os entes federados, mas comando único, dentro de cada um deles. 5. É preciso ler as normas que integram a Lei 13.979, de 2020, como decorrendo da competência própria da União para legislar sobre vigilância epidemiológica, nos termos da Lei Geral do SUS, Lei 8.080, de 1990. O exercício da competência da União em nenhum momento diminuiu a competência própria dos demais entes da federação na realização de serviços da saúde, nem poderia, afinal, a diretriz constitucional é a de municipalizar esses serviços. 6. O direito à saúde é garantido por meio da obrigação dos Estados Partes de adotar medidas necessárias para prevenir e tratar as doenças epidêmicas e os entes públicos devem aderir às diretrizes da Organização Mundial da Saúde, não apenas por serem elas obrigatórias nos termos do Artigo 22 da Constituição da Organização Mundial da Saúde (Decreto 26.042, de 17 de dezembro de 1948), mas sobretudo porque contam com a expertise necessária para dar plena eficácia ao direito à saúde. 7. Como a finalidade da atuação dos entes federativos é comum, a solução de conflitos sobre o exercício da competência deve pautar-se pela melhor realização do direito à saúde, amparada em evidências científicas e nas recomendações da Organização Mundial da Saúde. 8. Medida cautelar parcialmente concedida para dar interpretação conforme à Constituição ao § 9º do art. 3º da Lei 13.979, a fim de explicitar que, preservada a atribuição de cada esfera de governo, nos termos do inciso I do artigo 198 da Constituição, o Presidente da República poderá dispor, mediante decreto, sobre os serviços públicos e atividades essenciais" (ADI 6.341-MC-Ref/DF, red. p/ acórdão Min. Edson Fachin, Tribunal Pleno, j. 15.04.2020, *DJe* 13.11.2020).

Acesse e veja **Sugestões de Análise e Debate** > https://uqr.to/1omkc

Acesse e veja as **Respostas** > https://uqr.to/1omkd

3. USO DE DOCUMENTO FALSO – FALSIDADE GROSSEIRA (ART. 304, CP)

Caso: no dia 18 de fevereiro de 2018, na rodovia SP 310, km 273, na Comarca de A, o réu TC fez uso de documento público falso, consistente em carteira de habilitação, que teria sido expedida no Paraguai. Restou apurado que ele conduzia um caminhão, quando foi abordado em fiscalização de trânsito de rotina, apresentando a referida carteira. Os policiais rodoviários constataram que ele possuía uma carteira nacional suspensa, o que levantou suspeita sobre a autenticidade do documento apresentado. O documento apreendido foi submetido a exame pericial, oficiando-se ao Consulado do Paraguai; a resposta atestou a não autenticidade documental. O acusado alegou não saber da falsidade, mas admitiu que a adquiriu em um despachante em Ponta Porã, pelo valor de R$ 1.200,00. Não fez nenhum exame teórico ou prático. Disse ter conseguido fazer o seguro do caminhão apresentando essa carteira e passou a acreditar na sua validade. Sobre a carteira nacional, afirmou ter sido cassado em razão da pontuação. Os policiais, ouvidos, disseram ter ficado em dúvida quanto à autenticidade do documento apresentado pelo réu, até porque foi confeccionado em cartolina.

Avaliação preliminar: o réu interpôs apelação, pleiteando a absolvição, em razão da atipicidade da conduta, vez que a falsificação do documento era grosseira; alternativamente, em razão da ausência de dolo, pois o acusado não tinha ciência da falsidade do documento.

Fontes legais principais: Crime impossível. Art. 17 – Não se pune a tentativa quando, por ineficácia absoluta do meio ou por absoluta impropriedade do objeto, é impossível consumar-se o crime. **Falsificação de documento público.** Art. 297 – Falsificar, no todo ou em parte, documento público, ou alterar documento público verdadeiro: Pena – reclusão, de dois a seis anos, e multa. **Uso de documento falso.** Art. 304 – Fazer uso de qualquer dos papéis falsificados ou alterados, a que se referem os arts. 297 a 302: Pena – a cominada à falsificação ou à alteração.

Decisão de 1ª. instância: o juízo de primeiro grau condenou o acusado à pena de 2 anos de reclusão, em regime inicial semiaberto, e ao pagamento de 10 (dez) dias-multa, no mínimo legal, substituída a pena privativa de liberdade por duas restritivas de direitos, consistentes em prestação de serviços à comunidade ou a entidades públicas e prestação pecuniária, no valor de 1 salário mínimo, em favor de entidade pública ou privada, com destinação social, a serem especificadas na fase de execução, por incurso no art. 304, do Código Penal, deferido o direito de recorrer em liberdade.

Situação jurídica: avaliar se os fatos indicam ter ocorrido um crime contra a fé pública, consistente em uso de documento falso, ou se deve ser considerada a atipicidade da conduta.

Decisão do Tribunal: deu provimento ao apelo, para absolver TC da imputação prevista no art. 304, c.c. o art. 297, ambos do Código Penal, com fundamento no art. 386, inciso III, do Código de Processo Penal.

Fundamento do acórdão: considerou que, embora a carteira de habilitação não fosse autêntica, aguardando-se a confirmação disso por meio de informação prestada pelo diretor de trânsito da cidade paraguaia, a falsificação era grosseira, de fácil constatação. Confeccionada em cartolina, com a foto do réu grosseiramente recortada nas laterais e plastificada com informações datilografadas, sem sinal identificador, constando no verso apenas a palavra "extranjero". Confrontando-a com a carteira autêntica expedida pelo Paraguai, com sinais identificadores de segurança e código de barras, vê-se que a falsificação era incapaz de ludibriar. Os policiais desconfiaram da sua autenticidade e apreenderam o documento. Por isso, não teria havido lesão ao bem jurídico consistente na fé pública (Apelação n. 1500547-88.2019.8.26.0037, 10ª. C., rel. Jucimara Esther de Lima Bueno, 14.10.2022, v. u.).

Trechos relevantes do acórdão (do voto do relator): "Nesse sentido, o seguinte julgado do C. Superior Tribunal de Justiça (...) 1. A mera falsificação grosseira de documento, incapaz de ludibriar pessoa comum, afasta o delito de uso de documento falso, previsto no art. 304 do Código Penal, tendo em vista a incapacidade de ofender a fé pública e a impossibilidade de ser objeto do mencionado crime. 2. Incidência das Súmulas 7 e 83/STJ. 3. O agravo regimental não merece prosperar, porquanto as razões reunidas na insurgência são incapazes de infirmar o entendimento assentado na decisão agravada. 4. Agravo regimental improvido" (AgRg no REsp n. 1.311.566/SP, rel. Min. Sebastião Reis Júnior, Sexta Turma, j. 18.09.2012, *DJe* 1º.10.2012). Logo, restou evidenciado que a conduta do apelante não representou o menor risco de prejuízo à fé pública, objeto jurídico do tipo penal a ele imputado, sendo impossível, desde o início da execução delitiva, que seu ato surtisse qualquer efeito, de sorte que se trata de fato atípico".

Acesse e veja
**Sugestões de
Análise e Debate**
> https://uqr.to/1omkf

Acesse e veja as
Respostas
> https://uqr.to/1omkg

4. DESACATO (ART. 331, CP) E EMBRIAGUEZ AO VOLANTE (LEI 9.503/1997)

Caso: o réu DFS foi acusado da prática de embriaguez ao volante (art. 306, Lei 9.503/1997) e de desacato (art. 331, CP), porque, no dia 30 de novembro de 2021, na Av. SP, 917, na cidade de M., conduziu veículo automotor, em via pública, com a sua capacidade psicomotora alterada em razão da influência de álcool. Depois de buscar confusão em um bar, estando alcoolizado, a polícia militar foi acionada. Na sequência, o réu entrou e seu carro e arrancou bruscamente, quase colidindo com a viatura policial. Quando foi abordado, saiu do automóvel chamando os policiais de "cornos", "porcos" e "filhos da puta". Constatou-se que ele estava com olhos avermelhados, fala pastosa e forte odor etílico.

Avaliação preliminar: o acusado apelou, pleiteando a absolvição por insuficiência de provas ou, subsidiariamente, postulou a redução da pena e o afastamento da suspensão de sua CNH.

Fontes legais principais: Desacato. Art. 331 – Desacatar funcionário público no exercício da função ou em razão dela: Pena – detenção, de seis meses a dois anos, ou multa. **Embriaguez ao volante.** Art. 306. Conduzir veículo automotor com capacidade psicomotora alterada em razão da influência de álcool ou de outra substância psicoativa que determine dependência: Penas – detenção, de seis meses a três anos, multa e suspensão ou proibição de se obter a permissão ou a habilitação para dirigir veículo automotor. § 1º As condutas previstas no caput serão constatadas por: I – concentração igual ou superior a 6 decigramas de álcool por litro de sangue ou igual ou superior a 0,3 miligrama de álcool por litro de ar alveolar; ou II – sinais que indiquem, na forma disciplinada pelo Contran, alteração da capacidade psicomotora. § 2º A verificação do disposto neste artigo poderá ser obtida mediante teste de alcoolemia ou toxicológico, exame clínico, perícia, vídeo, prova testemunhal ou outros meios de prova em direito admitidos, observado o direito à contraprova. § 3º O Contran disporá sobre a equivalência entre os distintos testes de alcoolemia ou toxicológicos para efeito de caracterização do crime tipificado neste artigo. § 4º Poderá ser empregado qualquer aparelho homologado pelo Instituto Nacional de Metrologia, Qualidade e Tecnologia – INMETRO – para se determinar o previsto no *caput*.

Decisão de 1ª. instância: o juízo de primeiro grau condenou o acusado a cumprir a pena de 1 ano, 10 meses e 5 dias de detenção, fixando o regime aberto, e 12 dias-multa, além da suspensão do direito de dirigir veículo automotor pelo mesmo período da privativa de liberdade.

Situação jurídica: avaliar como se pode comprovar a embriaguez para fins criminais, bem como se, estando o agente embriagado, tem condições de desacatar, conscientemente, qualquer autoridade.

Decisão do Tribunal: deu provimento parcial ao recurso da defesa apenas para reduzir a pena.

Fundamento do acórdão: considerou-se que, sob o crivo do contraditório, formou-se prova suficiente para manter a condenação por ambos os delitos. Os policiais militares, ouvidos na fase policial e em juízo, confirmaram ter encontrado o réu embriagado ao volante, dirigindo perigosamente, quase colidindo com a viatura. Quando foi parado, desceu nervoso e apresentava nítidos sinais de embriaguez, passando a xingar os policiais. Além disso, a médica que atendeu o acusado atestou a embriaguez. O quadro probatório formado permite concluir pela configuração de ambos os delitos. Entretanto, ponderou--se ter sido muito elevada a fixação da pena, razão pela qual foi reduzida, levando-se em conta principalmente os antecedentes criminais (Apelação n. 1500388-38.2021.8.26.0341, 16ª. C., rel. Otávio de Almeida Toledo, 10.08.2023, v. u.).

Trechos relevantes do acórdão (do voto do relator): "sob a justificativa de que DFS 'é motorista profissional, de modo que se exige conduta exemplar na direção de veículos, e, não obstante, embriagado, arrancou de forma brusca com o seu veículo pela contramão de direção, dirigiu por várias vias da cidade com velocidade incompatível, de modo a colocar em risco outros condutores e pedestres', bem como pelo fato de ele possuir antecedentes criminais (Processo no 1500244-35.2019.8.26.0341 fls. 131), foi a pena de DFS fixada em 1 ano, 1 mês e 14 dias de detenção, e pagamento de 12 dias-multa. Ocorre que os aumentos mostraram-se um tanto severos. Entendo mais razoável o aumento de metade pela primeira circunstância mencionada pelo il. Magistrado, e de 1/6 pelos maus antecedentes, de modo a totalizar 10 meses e 15 dias de detenção, e 17 dias-multa, para o crime de embriaguez ao volante, e procedo ao aumento de 1/6 da pena do desacato em razão dos maus antecedentes, resultando em 7 meses de detenção. Referente ao desacato, presente a atenuante da confissão qualificada (artigo 65, III, 'd' do Código Penal), diminuo a reprimenda na fração de 1/6, de forma que a pena retorna ao mínimo legal. Conforme o artigo 293 do Código Brasileiro de Trânsito, 'a penalidade de suspensão ou de proibição de se obter a permissão ou a habilitação, para dirigir veículo automotor, tem a duração de dois meses a cinco anos'. Assim, partindo da pena mínima de 2 meses, procedo aos aumentos sucessivos de 1/2 pela culpabilidade acima apontada e de 1/6 pelos maus antecedentes, de modo a totalizar 3 meses e 15 dias de suspensão ou proibição de se obter a permissão ou habilitação para dirigir veículo automotor".

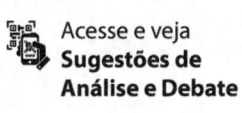 Acesse e veja
**Sugestões de
Análise e Debate**

> https://uqr.to/1omki

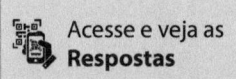 Acesse e veja as
Respostas

> https://uqr.to/1omkj

Obras do Autor

Código de Processo Penal comentado. 24. ed. Rio de Janeiro: Forense, 2025.

Código Penal comentado. 25. ed. Rio de Janeiro: Forense, 2025.

Curso de Direito Penal. Parte geral. 9. ed. Rio de Janeiro: Forense, 2025. vol. 1.

Curso de Direito Penal. Parte especial. 9. ed. Rio de Janeiro: Forense, 2025. vol. 2.

Curso de Direito Penal. Parte especial. 9. ed. Rio de Janeiro: Forense, 2025. vol. 3.

Curso de Direito Processual Penal. 22. ed. Rio de Janeiro: Forense, 2025.

Curso de Execução Penal. 8. ed. Rio de Janeiro: Forense, 2025.

Drogas – De acordo com a Lei 11.343/2006. Rio de Janeiro: Forense, 2025.

Estatuto da Criança e do Adolescente Comentado. 6. ed. Rio de Janeiro: Forense, 2025.

Manual de Direito Penal. Volume Único. 21. ed. Rio de Janeiro: Forense, 2025.

Manual de Processo Penal. Volume Único. 6. ed. Rio de Janeiro: Forense, 2025.

Código Penal Militar Comentado. 5. ed. Rio de Janeiro: Forense, 2024.

Direito Penal. Partes geral e especial. 9. ed. São Paulo: Método, 2024. Esquemas & Sistemas.

Prática Forense Penal. 15. ed. Rio de Janeiro: Forense, 2024.

Processo Penal e Execução Penal. 8. ed. São Paulo: Método, 2024. Esquemas & Sistemas.

Tribunal do Júri. 10. ed. Rio de Janeiro: Forense, 2024.

Leis Penais e Processuais Penais Comentadas. 15. ed. Rio de Janeiro: Forense, 2023. vol. 1 e 2.

Habeas Corpus. 4. ed. Rio de Janeiro: Forense, 2022.

Individualização da pena. 8. ed. Rio de Janeiro: Forense, 2022.

Provas no Processo Penal. 5. ed. Rio de Janeiro: Forense, 2022.

Prisão, medidas cautelares e liberdade. 7. ed. Rio de Janeiro: Forense, 2022.

Tratado de Crimes Sexuais. Rio de Janeiro: Forense, 2022.

Código de Processo Penal Militar comentado. 4. ed. Rio de Janeiro: Forense, 2021.

Criminologia. Rio de Janeiro: Forense, 2021.

Organização Criminosa. 5. ed. Rio de Janeiro: Forense, 2021.

Pacote Anticrime Comentado. 2. ed. Rio de Janeiro: Forense, 2021.

Execução Penal no Brasil – Estudos e Reflexões. Rio de Janeiro: Forense, 2019 (coordenação e autoria).

Instituições de Direito Público e Privado. Rio de Janeiro: Forense, 2019.

Manual de Processo Penal e Execução Penal. 14. ed. Rio de Janeiro: Forense, 2017.

Direitos Humanos versus *Segurança Pública.* Rio de Janeiro: Forense, 2016.

Corrupção e Anticorrupção. Rio de Janeiro: Forense, 2015.

Prostituição, Lenocínio e Tráfico de Pessoas. 2. ed. Rio de Janeiro: Forense, 2015.

Princípios Constitucionais Penais e Processuais Penais. 4. ed. Rio de Janeiro: Forense, 2015.

Crimes contra a Dignidade Sexual. 5. ed. Rio de Janeiro: Forense, 2015.

Dicionário Jurídico. São Paulo: Ed. RT, 2013.

Código Penal Comentado – versão compacta. 2. ed. São Paulo: Ed. RT, 2013.

Tratado Jurisprudencial e Doutrinário. Direito Penal. 2. ed. São Paulo: Ed. RT, 2012. vol. I e II.

Tratado Jurisprudencial e Doutrinário. Direito Processual Penal. São Paulo: Ed. RT, 2012. vol. I e II.

Doutrinas Essenciais. Direito Processual Penal. Organizador, em conjunto com Maria Thereza Rocha de Assis Moura. São Paulo: Ed. RT, 2012. vol. I a VI.

Doutrinas Essenciais. Direito Penal. Organizador, em conjunto com Alberto Silva Franco. São Paulo: Ed. RT, 2011. vol. I a IX.

Crimes de Trânsito. São Paulo: Juarez de Oliveira, 1999.

Júri – Princípios Constitucionais. São Paulo: Juarez de Oliveira, 1999.

O Valor da Confissão como Meio de Prova no Processo Penal. Com comentários à *Lei da Tortura.* 2. ed. São Paulo: Ed. RT, 1999.

Tratado de Direito Penal. Frederico Marques. Atualizador, em conjunto com outros autores. Campinas: Millenium, 1999. vol. 3.

Tratado de Direito Penal. Frederico Marques. Atualizador, em conjunto com outros autores. Campinas: Millenium, 1999. vol. 4.

Tratado de Direito Penal. Frederico Marques. Atualizador, em conjunto com outros autores. Campinas: Bookseller, 1997. vol. 1.

Tratado de Direito Penal. Frederico Marques. Atualizador, em conjunto com outros autores. Campinas: Bookseller, 1997. vol. 2.

Roteiro Prático do Júri. São Paulo: Oliveira Mendes e Del Rey, 1997.